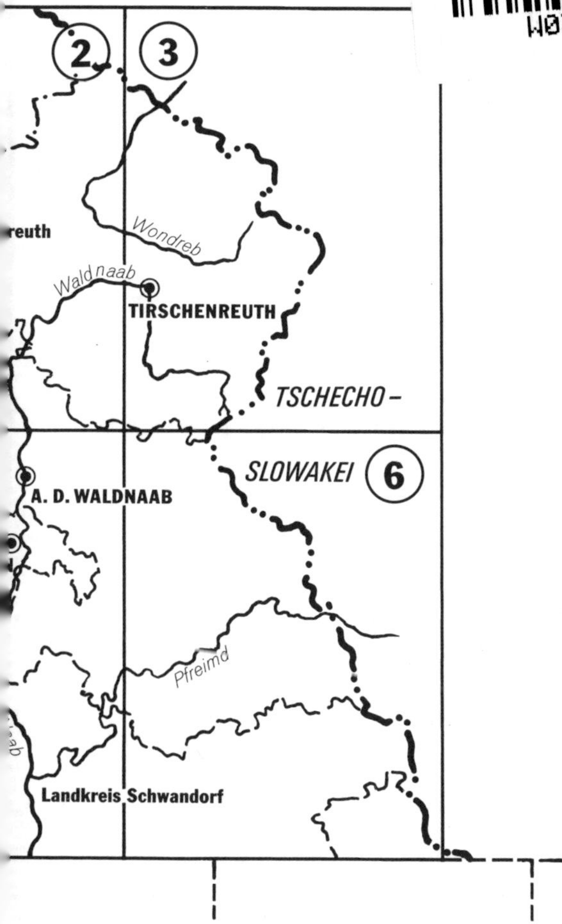
2
3
reuth
Wondreb
Waldnaab
TIRSCHENREUTH
TSCHECHO-
SLOWAKEI
6
A. D. WALDNAAB
Pfreimd
Landkreis Schwandorf

Georg Dehio

Handbuch der Deutschen Kunstdenkmäler

Bayern V: Regensburg und die Oberpfalz

Regensburg und die Oberpfalz

Bearbeitet von
Jolanda Drexler und Achim Hubel
unter Mitarbeit von
Astrid Debold-Kritter u. a.

1991
Deutscher Kunstverlag

Georg Dehio

Handbuch der Deutschen Kunstdenkmäler

Begründet vom Tag für Denkmalpflege 1900

Fortgeführt von Ernst Gall

Neubearbeitung

besorgt durch die Dehio-Vereinigung

(Wissenschaftliche Vereinigung zur Fortführung des kunsttopographischen Werkes von Georg Dehio e. V.)

Redaktion:

Michael Petzet, Jolanda Drexler

Die Deutsche Bibliothek – CIP-Einheitsaufnahme

Handbuch der Deutschen Kunstdenkmäler / Georg Dehio. –
Begr. vom Tag für Denkmalpflege 1900. – Neubearb. / besorgt durch die
Dehio-Vereinigung. – München ; Berlin : Dt. Kunstverl.
Teilw. fortgef. von Ernst Gall
NE: Dehio, Georg [Begr.]; Gall, Ernst [Hrsg.]

Bayern.
Neubearb. / besorgt durch die Dehio-Vereinigung
Bd. 5. Regensburg und die Oberpfalz / bearb. von Jolanda Drexler und
Achim Hubel. – 1991
ISBN 3-422-03011-5
NE: Drexler, Jolanda [Bearb.]

Im Sinn Georg Dehios will das Handbuch der deutschen Kunstdenkmäler „ein urteilender und klärender Führer durch die Denkmälermasse“ sein (Dehio auf dem Tag für Denkmalpflege 1901), der einer Orientierung „am Schreibtisch“ wie vor den Denkmälern selbst dient. Das Handbuch ist in seiner ersten, von Georg Dehio verfaßten fünfbändigen Auflage 1905–1912 erschienen, darunter auch der Bereich des heutigen Regierungsbezirks Oberpfalz als Teil des Bandes Süddeutschland. Nachdem schon 1914 der Deutsche Verein für Kunstwissenschaft die Betreuung des Handbuchs übernommen hatte, empfahl Dehio kurz vor seinem Tod 1932, das Handbuch durch Ernst Gall neu bearbeiten zu lassen. Dieser hinterließ das Werk unvollendet, – leider erfuhr auch die Oberpfalz damals keine Neubearbeitung mehr. 1958 rekonstituierte sich dann die Vereinigung zur Herausgabe des Dehio-Handbuchs, die schon einmal, 1941, statt des Deutschen Vereins für Kunstwissenschaft die Betreuung des Handbuchs übernommen hatte.

Die seit langem ausstehende Neubearbeitung der bayerischen Bände des Handbuchs der Deutschen Kunstdenkmäler wird mit dem hier vorgelegten Band Oberpfalz (Bayern V) abgeschlossen, nachdem 1979 der Band Franken (Bayern I) erschienen ist, der die Regierungsbezirke Ober-, Unter- und Mittelfranken umfaßt, dann 1988, 1989 und 1990 die Bände Niederbayern (Bayern II), Schwaben (Bayern III) und Oberbayern (Bayern IV).

Bei der Gebietsreform von 1972 verlor die Oberpfalz den südlichen Teil des Altlandkreises Beilngries samt der Stadt an Oberbayern, ebenso den südlichen Teil des Kreises Riedenburg, die Stadt Riedenburg selbst an Niederbayern. Von Niederbayern kam das Gebiet um Schierling südlich von Regensburg sowie der gesamte Landkreis Kötzting an die Oberpfalz. Als Grundlage der Neubearbeitung dienten die zwischen 1905 und 1915 erschienenen Inventare der Reihe „Die Kunstdenkmäler von Bayern“, 1933 durch die Regensburger Bände vervollständigt. Einen Überblick über den gesamten Denkmälerbestand boten auch die vom Bayerischen Denkmalschutzgesetz geforderten, in der Reihe „Denkmäler in Bayern“ und 1986 publizierten Denkmallisten für den Regierungsbezirk Oberpfalz. Auf dieser Grundlage kam es zu einer weitgehend neuen Erfassung und Charakterisierung der oberpfälzischen Kulturlandschaft, wobei die Bearbeitung einem modernen Denkmalverständnis Rechnung zu tragen hatte. Eine Würdigung der Denkmäler des 19. und 20. Jahrhunderts ist ja heute ebenso selbstverständlich, wie die Berücksichtigung hervorragender Zeugnisse der Vor- und Frühgeschichte, der Volkskultur oder der Industriegeschichte. Die Neuaufnahme vor allem jüngerer Kunstdenkmäler erfolgte nach den geforderten strengen Auswahlkriterien. Großer Wert wurde auch auf die Ausstattung sakraler und bedeutender profaner Bauten gelegt. Die nahezu vollständige Neuerfassung bot auch die Chance, veränderte

Schwerpunkte zu setzen. Dabei wurde besonderer Wert auf komplexe historische Einleitungen gelegt, ebenso auf die Herausstellung historisch-topographischer Zusammenhänge bei den Ortsanlagen, die in der Oberpfalz ungewöhnlich häufig ihre ursprüngliche Geschlossenheit bewahrt haben.

Den größten Teil der Texte hat *Jolanda Drexler* erstellt. Die in den Jahren 1983–1987 erfolgte Bearbeitung der wichtigsten Objekte der Landkreise Neustadt a.d. Waldnaab, Regensburg und Schwandorf sowie der Städte Regensburg und Weiden durch *Astrid Debold-Kritter* diente dabei als Grundlage. *Achim Hubel* ergänzte das Manuskript zur Stadt Regensburg in wesentlichen Teilen und unterzog es einer Gesamtüberarbeitung. Das Manuskript des Landkreises Schwandorf brachte *Martin Mannewitz* auf den neuesten Stand. *Peter Morsbach* steuerte Beiträge für den Landkreis Regensburg bei und überprüfte einzelne historische Angaben im Manuskript der Stadt Regensburg. Von *Hermann Reidel* stammen Beiträge zu den Brunnen und Standbildern der Stadt Regensburg; außerdem lieferte er Material zu Baudenkmälern des Landkreises Regensburg. *Volker Liedke* überarbeitete verschiedene Abschnitte über Grabdenkmäler. *Wolf Koenigs* gab für den Profanbau der Stadt Regensburg wichtige Hinweise.

Die Grundrisse und Schnitte wurden nach Unterlagen des Bayerischen Landesamtes für Denkmalpflege, regionaler Hochbauämter und privater Unternehmen von *Thea Polaski-Bühler* und *Albrecht Schober* angefertigt. Die Kartenbeilagen stammen von *Wilhelm Kappel.*

Achim Hubel übernahm die Auszeichnung besonders sehenswerter Denkmäler und Ausstattungen mit Sternchen.

Herausgeber und Bearbeiter sind zahlreichen Fach- und Ortskundigen zu großem Dank verpflichtet, vor allem *Rudolf* und *Gotthard Kießling* aus Sulzbürg, *Bernhard M. Baron,* dem Kulturamtsleiter von Weiden, *Günther Pongratz,* dem Bürgermeister von Traitsching, *Cäcilia Karl* aus Sattelbogen und *Franz Hummel,* dem Ortsheimatpfleger von Wolfsegg. Herzlichen Dank schulden sie einigen Kollegen am Bayerischen Landesamt für Denkmalpflege, vor allem *Heinrich Habel,* der jederzeit zu fachkundigem Rat bereit war, und *Tilman Breuer* sowie den zuständigen Gebietsreferenten *Gunter Becker, Paul Unterkircher* und *Harald Gieß.*

Die wissenschaftliche Bearbeitung und Neuauflage des Bandes war nur dank der mehrjährigen Förderung möglich, welche der Bundesminister für Forschung und Technologie (hervorzuheben ist die stets wohlwollende Unterstützung durch die Herren *Bernhard Döll* und *Karl-Friedrich Wismath*) der Vereinigung zur Herausgabe des Dehio-Handbuchs gewährte. Die entscheidenden Vorarbeiten hat die Deutsche Forschungsgemeinschaft finanziert; zu danken ist hierfür und für weiterführende Hinweise Herrn *Sylvester Rostosky.* In gleicher Weise ist hervorzuheben, daß der Bezirk Oberpfalz mit Herrn Bezirkstagspräsident *Alfred Spitzner* und Herrn ltd. Verwaltungsdirektor *Franz Xaver Zimmermann* entscheidende finanzielle Voraussetzungen für die

Neubearbeitung geschaffen hat. Der Deutsche Kunstverlag, der das Gesamtwerk seit 1929 betreut, hat unter der Leitung von *Michael Meier* auch diesen Band mit gewohnter Sorgfalt herausgebracht.

Vereinigung zur Herausgabe des Dehio-Handbuchs
Prof. Dr. MICHAEL PETZET
Erster Vorsitzender

Prof. Dr. HANS-HERBERT MÖLLER
Zweiter Vorsitzender

Dr. DIETER MARTIN
Schriftführer

Die Bearbeiter und ihre Beiträge

JOLANDA DREXLER
Landkreise Amberg-Sulzbach, Cham, Neumarkt i.d.Opf., Neustadt a.d. Waldnaab, Regensburg und Tirschenreuth, Stadt Amberg und Stadt Weiden

ACHIM HUBEL
Stadt Regensburg

ASTRID DEBOLD-KRITTER
Manuskripte zu den Landkreisen Neustadt a.d. Waldnaab, Regensburg und Schwandorf und zur Stadt Regensburg

MARTIN MANNEWITZ
Landkreis Schwandorf

PETER MORSBACH
Beiträge zum Landkreis Regensburg

HERMANN REIDEL
Brunnen und Standbilder in der Stadt Regensburg

VOLKER LIEDKE
Beiträge zu verschiedenen Grabdenkmälern

A

ABBACHHOF Gem. Wenzenbach, Kr. Regensburg. *Karte 9*

Profanierte Kirche. Im 12. Jh. aus gleichmäßig verlegten, jedoch unterschiedlich hohen Sandsteinquaderlagen errichtet. Seit 1803 profaniert, Apsis abgebrochen. – Der Gutshof, an dessen Nordseite die Kirche steht, stammt im Kern aus dem 16./17. Jh. Wohnstallhaus über mittelalterlichem Keller, Nebengebäude 1876.

ADERTSHAUSEN
Markt Hohenburg, Kr. Amberg-Sulzbach. *Karte 8*

Kath. Pfarrkirche St. Peter. 1889 Neubau in historisierenden Formen unter Beibehaltung des gotischen Turms. – Flachgedeckter Saalbau mit eingezogenem Chor im $^5/_8$-Schluß. Turm mit Zwiebelhaube im südlichen Chorwinkel, oktogonaler Aufsatz mit Rundbogenfries, wohl um 1600, ▷ die Kirchen in Ransbach und Stettkirchen. Westseite mit Maßwerkrosette. – Weitgehend purifizierte neugotische Ausstattung. An der nördlichen Langhausostwand überarbeitete spätgotische Figur der Mondsichelmadonna.

ADLERSBERG Gem. Pettendorf, Kr. Regensburg. *Karte 13*

Ehem. Dominikanerinnenkloster. Burgartig auf der Kuppe des Adlersberges, nordwestlich über Regensburg einsam gelegen. Als Dominikanerinnenkloster um 1260 von Pettendorf aus gegründet. Gestiftet von Herzog Ludwig dem Strengen; möglicherweise anstelle der alten Burg Pettendorf, nachdem der Herzog 1259 auf Befestigungen gegen die Stadt Regensburg verzichtet hatte. – Als Kloster Mitte des 16. Jh. aufgegeben, als das Gebiet zum Herzogtum Pfalz-Neuburg gelangte. Ab 1628 im Besitz des Klosters Hl. Kreuz, seit 1660 des Regensburger Dominikanerklosters St. Blasius. Im 18. Jh. an das Zisterzienserinnenkloster Pielenhofen.

★ **Kath. Kirche St. Maria, ehem Klosterkirche.** Bau des 13. Jh.; nach Bränden mittels Stiftungen wiederholt baulich verändert, nachweislich 1471 (Bauinschrift). 1902 Restaurierung.
Typische Kirchenanlage eines Frauenklosters, kurz nach der Dominikanerinnenkirche in Regensburg erbaut. Langgestrecktes Kirchenschiff mit nicht ausgeschiedenem Chor. Bruchsteinmauerwerk, verstärkt durch Quader. Ohne Turm, Dachreiter im Westen. Wirkungsvolle Lage: Die Fernwirkung bestimmt durch den schlanken, von Strebepfeilern umstellten Chor. Schlichte Westfassade, Hauptportal mit Kleeblattbogen. – Inneres. Einjochiger kreuzgratgewölbter Chor mit $^5/_8$-Schluß, Rippengewölbe mit Schlußstein, die gekehlten Rippen auf zugespitzten Polygonalkonsolen. Kräftiger Gurtbogen auf polygonalen

Wandpfeilern mit Sockel und skulptierten Kämpfern; Blattwerk und Tiere als einzige figürliche Plastik am Bau. Schmale hochliegende Fenster ohne Maßwerk. Spitzer Chorbogen, Laibung auf Polygonalkonsolen. – Kastenartiges Langhaus mit (nachmittelalterlicher) Flachdecke. Schmale Fenster im westlichen Teil, hochliegend über einer ehem. Nonnenempore. Sie reichte, wie in ▷ Seligenporten, sehr tief in das Kirchenschiff hinein; in der Südwand ehem. Zugang. – Wandmalerei aus dem frühen 14. Jh., freigelegt 1910 und restauriert von *Franz Hagenmiller*. Im Chor: Kreuzabnahme Christi sowie Geburt und Anbetung, Tod Mariä und Noli me tangere. Im Langhaus Schutzmantelmadonna zwischen den hll. Johannes Ev. und Johannes Bapt., mit den beiden Stiftern Ludwig dem Bayern und Ludwig dem Strengen. Über der ehem. Nonnenempore die hll. Barbara und Katharina, in Dreipaßrahmung. Legende der hl. Ursula. – An der Südseite Martyriumsszene sowie Darstellungen aus der Legende der Maria Ägyptiaca. – Ausstattung. – Hochaltar Rokoko, im Zentrum Muttergottes, Steinfigur des späten 14. Jh., neu gefaßt. – An der Südwand Bauinschriftplatte mit figürlichem Relief der Verkündigung Mariä, von 1471, ein Werk der Regensburger Dombauhütte. – Grabdenkmäler: Im Chor Rotmarmorepitaph für Christoph Schwäbl († 1621). – An der Westinnenwand Grabplatte für Pfarrer Otto († 1300). – An der Klostermauer nördlich der Kirche Fragment einer Grabplatte mit Relief eines Kreuzes, wohl noch 14. Jh.; weitere Grabplatte mit Kreuzrelief, 1. Hälfte 15. Jh.

Klosteranlage. Erhalten der mittelalterliche Bering mit südlichem Torhaus. Im 17./18. Jh. verändert. Südlich der Kirche vormals ein Kreuzgang; Teile des daran angrenzenden Konventsgebäudes im Kern der heutigen Gaststätte. – Nahe dem urspr. Westtor Ruine des gotischen Zehentkastens aus Bruchstein.

AICHKIRCHEN Stadt Hemau, Kr. Regensburg. *Karte 12*

Kath. Pfarrkirche Mariä Himmelfahrt. 1878 Neubau unter Verwendung des gotischen Turms. – Saalbau mit Putzlisenengliederung. Eingezogener, dreiseitig geschlossener Chor, an seiner Nordseite Turm mit Spitzhelm, an dessen Ostseite kleines Fenster mit Maßwerknase. Im Erdgeschoß des Turms Kreuzrippengewölbe, spitze Scheidbogen, ein originaler Schlußstein des 15. Jh. mit Relief der Vera Icon über dem Südportal eingemauert. – Chor mit Kreuz- und Kappengewölbe, im Langhaus mit Rahmenstuck verzierte Flachdecke. – Neuromanische Ausstattung 1884 nach Entwürfen des Regensburger Domvikars *Georg Dengler,* Fenster mit kleinen nazarenischen Heiligenmedaillons. – Halbkugelförmiges Taufbecken aus Kalkstein mit Maßwerkfries, Anfang 15. Jh. – Stuhlwangen mit Akanthus- und Bandelschnitzwerk, um 1720. – Spätgotische Holzfiguren: am Chorbogen eine kleine Muttergottes, nach Mitte 15. Jh., nachträglich in Rosenkranz gestellt, an der Nordwand eine Mondsichelmadonna des ausgehenden 15. Jh., gegenüber hl. Elisabeth.

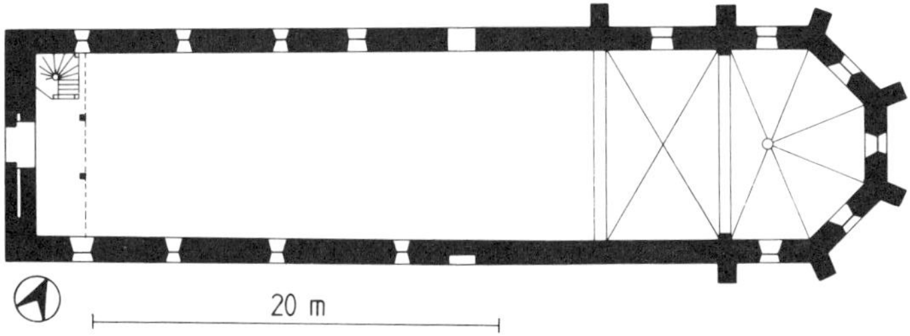

Adlersberg, ehem. Klosterkirche St. Maria

ALBERTSHOFEN Stadt Hemau, Kr. Regensburg. *Karte 12*

Kath. Filialkirche St. Lorenz. 1763 anstelle eines angeblich bis in das 11. Jh. zurückreichenden Vorgängers erbaut. Renovierung 1989/90. – Außen durch Rechteckblenden gegliederter, flachgedeckter Putzbau. Ecken am Langhaus, am eingezogenen Chor und am Turmobergeschoß abgerundet. Der Ostturm mit eingezogener Zwiebelhaube ist großenteils in den Chor einbezogen. – Viersäuliger Hochaltar und Kanzel mit Rokokodekor um 1765.

ALLERSBURG Markt Hohenburg, Kr. Amberg-Sulzbach. *Karte 8*

Kath. Pfarrkirche St. Michael. Eine Kirche bereits 848 erwähnt. Gotischer, mehrfach veränderter Bau; eine größere Umgestaltung erfolgte wohl 1745. Restaurierung außen 1979, innen 1984/85. – Das saalförmige Langhaus im 18. Jh. durch südliches Seitenschiff erweitert. Eingezogener Chor mit $^3/_8$-Schluß und Kreuzgewölbe über Pilastergliederung. – Turm mit Zeltdach an der Südseite des Chores. – Ranken- und Bandelwerkstuck, im Langhaus großes, stuckgerahmtes Deckenbild im Nazarenerstil von *Georg Lang* aus Deining, 1870; darunter befindet sich immer noch das ältere Deckenbild von *Otto Gebhard* aus Prüfening. Von *Gebhard* erhalten das südliche Wandbild „Mariä Verkündigung." – Die Barockausstattung im späten 19. Jh. durch eine neugotische ersetzt. Purifizierung in den sechziger Jahren. An der nördlichen Stirnwand des Langhauses die ehem. Kanzelfiguren, Ende 17. Jh.; gegenüber spätgotische Figur der Muttergottes auf spätromanischer Knotensäule. An der Südwand des Langhauses Figur des hl. Leonhard, um 1480; an der Nordwand ehem. Hochaltarblatt mit Darstellung des hl. Michael von *Michael Wild,* 1761. Zahlreiche Grabsteine des 16. bis frühen 19. Jh. am Außenbau der Kirche. – Ein großer romanischer Taufstein nördlich vor der Kirche.
Die Kirche liegt in einem ehemals befestigten Friedhof, dessen starke Umfassungsmauern und Wehrgang aus dem Mittelalter teilweise erhalten sind. Östlich der Kirche an der Mauer die profanierte **Leonhards-**

kapelle, wohl urspr. Karner. Doppelgeschossiger Rundbau mit teilweise abgetragenem Obergeschoß und späterem rechteckigen Anbau gegen Norden, entlang der Innenseite der Befestigungsmauer. Südöstlich Erkerapsis auf reich profilierter Vorkragung, gegenüber das 1967 freigelegte romanische Portal mit mehrfach profilierten Kämpfern und Gewände aus Wulst und Kehle.

Ehem. Pfarrhof. Zweigeschossiges Gebäude in drei unregelmäßigen Flügeln, Anfang 17. Jh. – Innen anspruchsvolle Renaissance-Stuckdekken: in geometrischem, kräftigem Rahmenwerk achteckige Reliefs der vier Jahreszeiten und Eckmedaillons mit Halbfiguren, im Zentrum das Wappen des Regensburger Bischofs Albert IV. von Törring (1613–1649).

ALLERSDORF Gem. Schierling, Kr. Regensburg. *Karte 13*

Kath. Filialkirche Mariä Himmelfahrt. Neubau durch den Schierlinger Pfarrer Ignaz Loibl unter Beibehaltung des Turms aus der 2. Hälfte des 13. Jh., Weihe 1731. – Turm an der Nordseite des Langhauses mit östlichem genasten Spitzbogenfenster, das achteckige Glockengeschoß barock. Die Rundbogenfenster außen mit rechteckigen Rahmen. – Langhaus über Hohlkehle flachgedeckt mit Rahmenstuck, in der Hohlkehle stucco-finto-Malereien. Der eingezogene, halbrund geschlossene Chor tonnengewölbt mit Stichkappen und Gurtbogen. Im Untergeschoß des Turms Reste eines spätgotischen Netzgewölbes; Gewölbeanfänger über Schildbögen, Rippen gekehlt.
Ausstattung – Hochaltar um 1680. Säulenretabel mit Altarblatt Marienkrönung, 19. Jh. Seitenfiguren der hll. Petrus und Paulus. Seitenaltäre um 1760, Altarblätter mit hl. Andreas und hl. Ursula, in den Auszügen die hll. Magdalena und Aloisius, 19. Jh. – Holzfigur der Muttergottes, um 1520/30, ein dem Leinbergerkreis nahestehendes Werk. – In der Sakristei Steinfigur des Schmerzensmannes, um 1460. Zwei Reliefs der hll. Barbara und Katharina, um 1530.

ALLING Gem. Sinzing, Kr. Regensburg. *Karte 13*

Kath. Filialkirche St. Martin. Auf einer Anhöhe oberhalb des Ortes gelegen. Früheste Erwähnung 1154 als Besitz des Armenhospitals in Prüll. Die urspr. selbständige Pfarrei spätestens seit 1666 Filiale von Eilsbrunn. – Mittelalterliche Anlage des 14. Jh. mit späteren Umbauten. – Saalkirche mit eingezogenem, niedrigerem Chor und polygonaler östlicher Sakristei. – Ausstattung zumeist 19. Jh. Hochaltar um 1850, Altarblatt Mantelspende des hl. Martin. Im rechten Seitenaltar Figur der Muttergottes um 1600.

ALTEGLOFSHEIM Kr. Regensburg. *Karte 14*

Kath. Pfarrkirche St. Laurentius. Von einer spätgotischen Vorgängerkirche ist das Turmuntergeschoß erhalten, laut Bauinschrift 1446. Ausbau um 1600 mit gekuppelten rundbogigen Schallöffnungen, Satteldach und Giebeln mit gotisierendem Stabwerk. Chor und Langhaus 1720–22 neu errichtet mit einer Gruft der Grafen von Königsfeld (Wappen an der Chorwand). – Saalbau mit eingezogenem, halbrund geschlossenem Chor. Stichkappen-Tonnengewölbe, im Langhaus auf flachen Wandpfeilern mit Pilastervorlagen. – Dünner Akanthusstuck im Chor, im Langhaus Felderung. – Deckenmalereien 1848 von *Gottfried H. Sagstätter* aus München: im Chor Anklage des hl. Laurentius, im Langhaus hl. Dreieinigkeit und Laurentiusdarstellungen.

Ausstattung. – Hochaltar 1755 von *Franz Anton Neu*. Stattlicher Säulenaufbau, Gemälde von *Sagstätter*. Schnitzfiguren der Kirchenväter und, an den Chorwänden, der hll. Katharina und Barbara von *Neu*. – Gemälde der Schönen Maria, dat. 1683. – Seitenaltäre aus Stuckmarmor, um 1724 von *Joseph Hepp* aus Burghausen, Altarblätter von *Sagstätter*. – Kanzel um 1750, *Neu* zugeschrieben. – Chorgestühl um 1730, Beichtstühle und Orgelgehäuse Anfang 18. Jh.

Grabdenkmäler. – Hinter dem Hochaltar überlebensgroßes Rotmarmorrelief des Weihbischofs Johann Baptist Pihelmair, Ende 16. Jh. – Unter den zahlreichen Epitaphien der Familie von Königsfeld sind hervorzuheben der frühklassizistische Marmoraufbau für Johann Christian August († 1785), Kämmerer Karls VII., mit Büste des Grafen über der Stirnseite eines auf hohem Sockel stehenden Sarkophags, Wappenmedaillon; seitlich Trophäen und Attribute von Kunst und Wissenschaft.

★ **Schloß.** Urkundlich erwähnt ist das Geschlecht der Eglofsheimer seit dem 12. Jh., ab 1240 als Lehensträger des Hochstifts Regensburg. 1266 kaufte Bischof Leo Thundorfer die Veste, vermutlich eine Wasserburg, von der noch der Bergfried erhalten ist. 1373 war sie im Besitz Konrads IV. und gelangte 1394 an die Abensberger, 1434 wieder an die bayerischen Herzöge, 1481 an die Parsberger. Nach 1583 im Besitz des Erasmus Neustetter, Domherr zu Würzburg und Bamberg. 1607 im Besitz der Schad zu Mittelbiberach. 1658 kaufte Johann Georg I. Freiherr von Königsfeld die Herrschaft. Durch ihn, der 1685 in den Reichsgrafenstand erhoben wurde, Erweiterung des spätmittelalterlichen Hauptbaues um eine Raumsuite nach Süden. Sein Enkel Reichsgraf Hans Georg II. von Königsfeld war 1717–31 kurbayerischer Gesandter am Immerwährenden Reichstag in Regensburg. Er baute das Landschloß aus und erweiterte es, orientiert an der Kunst des Münchner Hofes, mit den besten Kräften seiner Zeit. 1835–1939 Eigentum der Fürsten Thurn und Taxis. Seit 1973 im Besitz des Freistaats Bayern, betreut vom Bauamt der Universität Regensburg. Restaurierung noch nicht abgeschlossen.

Baugeschichte und Ausstattung

Von der mittelalterlichen, erstmals 1240 erwähnten Wasserburg ist der Bergfried der 2. Hälfte des 13. Jh. erhalten. Aus der Spätgotik stammt der sog. Altbau, ein verputztes Steinhaus mit Satteldach; ab

1596 nachweisbar, mit rundem Treppenturm an der Nordseite. 1607 angebaut zwei Turmerker an der Ostseite, im 16. Jh. Aufstockung des Bergfrieds. – 1665 unter Johann Georg I. Freiherrn von Königsfeld Beginn der barocken Erweiterung, zunächst mit einem Raum südöstlich am Hauptbau, ausgestattet mit Bildern von *Jakob Heybel*. – 1679 Korrespondenz des Grafen mit *Enrico Zuccalli* über ein Planungsvorhaben. 1679/80 bereits Errichtung einer repräsentativen Raumfolge in Fortsetzung des zweigeschossigen äußeren Südflügels, vermutlich nach Maßgabe von *Zuccalli*, 1680/81 ausgestattet mit Stuck von *Giovanni Battista Carlone* und *Jacopo Tornino*. – Ausbau des Treppenhauses im Hauptbau. Neubau eines kurzen Westflügels. 1687 Vollendung der Schloßkirche im Erdgeschoß des Südflügels. Um 1688 Verlängerung des Westflügels. – Um 1702 Bau einer, später wieder abgebrochenen, Sala Terrena nach *Giovanni Antoni Viscardi* (?), 1705 ausgemalt von *Georg Asam*. 1710 Planung eines französischen Lustgartens von *Matthias Diesel*, ausgeführt 1711. Um 1717/18 Überfassung der Räume des Südflügels, vielleicht durch *Joseph Offenhuber* aus Regensburg. In der Großen Stube Stuck von *Joseph Bader*. Stuckkamin und Teile der Kapelle von *Giovanni Antonio Ottelli* aus Mailand.

1725–1734 unter Reichsgraf Hans Georg II. durchgreifende Umgestaltung der Schloßanlage einschließlich Garten und Ökonomie, prächtige Erweiterung. Im Südflügel Abbruch des Treppenturms, Neugestaltung von Eingang und Treppenhaus: Maler *Johann Adam Müller*, Bildhauer *Johann Wagner* aus Ellingen. – Abbruch der Sala Terrena. 1725–31 Errichtung des bestehenden *Westflügels* durch *Michael Wolf* aus Stadtamhof. Zusammen mit anderen Künstlern und Handwerkern vorher in Weltenburg tätig. Der Fassadenplan jedoch stammt – nachweislich – von einem Münchner Architekten. Stuckierung der herrschaftlichen Zimmer durch *Joseph Hepp* aus Burghausen und seinen Gesellen *Hans Michael Haas*; Skulpturen von *Johann Wagner* und *Franz Anton Neu* aus Prüfening. Geländer der Treppe von Bildhauer *Johann Peter Kaltenbacher*(?) – Die Ausgestaltung des Festsaals, 1728–31, besorgten die Brüder *Egid Quirin* und *Cosmas Damian Asam*. Steinboden durch *Johann Jakob Kürschner* aus Weltenburg. – 1731/32 Neubau des Pavillons anschließend an den äußeren Südflügel, vermutlich nach Plänen von *François Cuvilliés* und beraten von *Johann Baptist Zimmermann*. Gleichzeitig bis 1734 Neuausstattung der östlich anschließenden „Schönen Zimmer" mit Stuck von *Johann Georg Üblher*. 1732 Ausmalung des Grünen Zimmers durch *Nikolaus Gottfried Stuber* aus München, 1734 Ausmalung des Roten Zimmers durch *Johann Gebhard* aus Prüfening. 1776/77 Veränderung der Raumdisposition im sog. Altbau durch Einbau einer Verwalterwohnung, teilweise auch die Ausstattung im Westflügel verändert. 1778–80 Restaurierung der „Schönen Zimmer" durch den kurfürstlichen Maurermeister *Leonhard Matthäus Giessl* aus München und Hofmaler *Johann Jakob Dorner d. Ä.*

Baubeschreibung

Unregelmäßige Mehrflügelanlage um zwei Höfe: repräsentativer Hof mit barocker Gartenanlage nach Osten, Ökonomiehof im Westen. Die winkelförmige Schauseite spiegelt verschiedene Entstehungsphasen: den romanischen Bergfried im Kern des spätgotischen Satteldachbaues, dem sog. Altbau. Runderker an der Giebelseite deuten auf Veränderungen der Renaissance, das geschweifte Pilasterportal auf eine spätbarocke Überformung im Erschließungsbereich. Rückwärtig als eigenständiger Bauteil mit Satteldach der zweigeschossige Südflügel des 17. Jh., im Innern reich ausgestaltet. Im Erdgeschoß Kapelle, 1687 vollendet. Schlichter Rechteckraum, durch quadratische Pfeiler in zwei Schiffe unterteilt, Kreuzgratgewölbe. Sparsamer, altertümlich wirkender Quadraturstuck, Ausstattung weitgehend ausgeräumt. Zwei Altäre von 1790/91. Teile der figürlichen Ausstattung im Regensburger Diözesanmuseum – Treppenhaus im Altbau. Um 1680 zunächst zweiläufig angelegte Treppe, 1779 um einen südlichen Lauf erweitert. Deckengemälde um 1725, *Johann Adam Müller* zugeschrieben, einem Schwager von *Nikolaus Gottfried Stuber*: Verherrlichung des Wappens der Königsfeld durch Apoll und die olympischen Götter. – Ecksaal, südöstlich im zweiten Obergeschoß, mit Stuck von *Joseph Bader* 1718/19. Kamin mit Stuckaufsatz von *Giovanni Antonio Ottelli*, 1719. Im anschließenden zweigeschossigen Turmzimmer Gewölbefresko um 1730, Endymion und Selene, *Cosmas Damian Asam* zugeschrieben.

Im Äußeren Südflügel die sog. Schönen Zimmer, in Anlehnung an die „Reichen Zimmer" der Münchner Residenz. Von acht Räumen gehören vier zu der um 1680, wahrscheinlich nach Plan von *Enrico Zuccalli*, angelegten Enfilade, zeitlich und typologisch eine Parallele zum Umbau der Münchner Residenz, den sog. Alexanderzimmern nach dem Pariser Plan *Zuccallis*. Barocke Erstausstattung nur noch im sog. Kaisersaal, ein annähernd quadratischer Raum mit später angebautem Alkoven. Prächtig stuckierter Plafond von *Giovanni Battista Carlone* und *Jacopo Tornino* (Akanthusranken und Fruchtgirlanden, sowie Figuren der Erdteile) mit eingelassenen Ölgemälden: im Zentrum Apotheose Kaiser Leopolds I., nach 1680, *Jakob Heybel* zugeschrieben, in den umgebenden Feldern: Geburt der Venus, Pluto raubt Proserpina, Mars und Venus, Rainaldo und Armida (dieses Gemälde vielleicht von *Carpoforo Tencalla*). Wände und Fensterlaibung urspr. mit Akanthusranken bemalt. – In der Folge der Schönen Zimmer geschnitzte Lamberien, Hohlkehlen und Fenstergewände, um 1731–34 von *Hans Georg Üblher* stuckiert, die zugehörige Ausstattung (Gemälde als Supraporten, Spiegel über Konsoltischchen u. a.) schon vor dem Verkauf an den Freistaat entfernt. – Am östlichen Ende der Enfilade des 17. Jh. das „Große Tafelzimmer" mit Stukkaturen, Laub- und Bandelwerkmotive von *Üblher*. Eingelassen waren hier Ölbilder der Erstausstattung, bez. *Jacob Heybel*, 1669: als Mittelbild das Urteil des

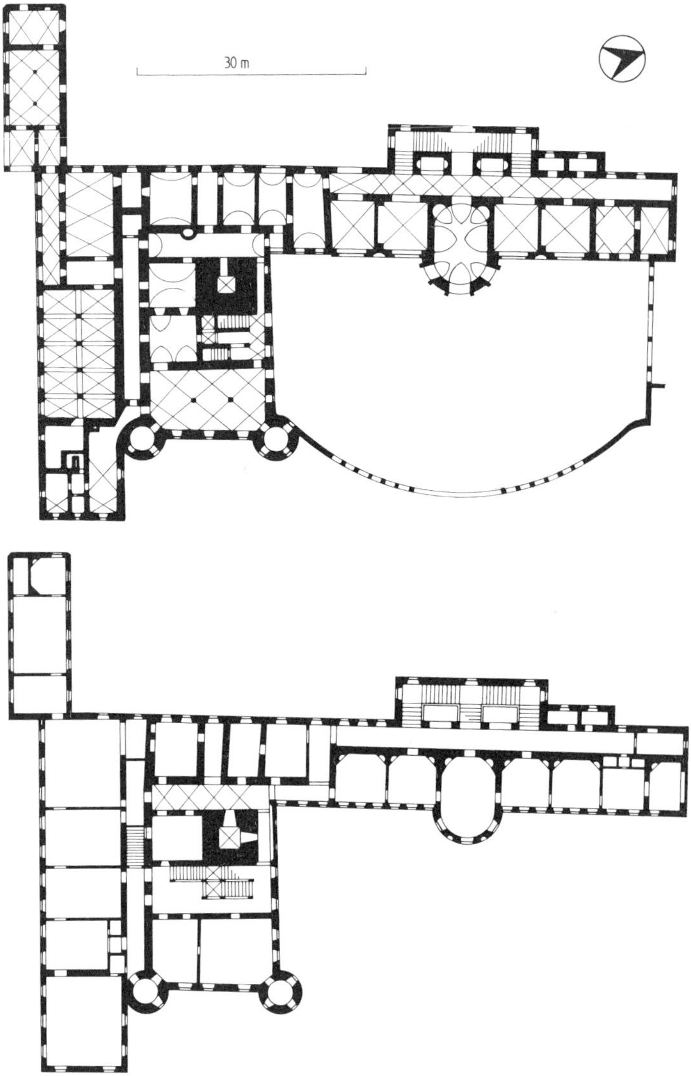

Alteglofsheim, Schloß, Erdgeschoß und Obergeschoß

Paris, umgeben von vier Götterdarstellungen, Symbole der vier Elemente (nach Stichvorlagen von *Melchior Küsel*, Motive von *Vouet*). Die dazugehörige Architekturmalerei im 18. Jh. von Wandbespannung und Vertäfelung verdeckt. – Goldenes Zimmer, vergoldeter Stuck in Hohlkehle und Deckenmedaillon, ähnlich den Reichen Zimmern der Münchner Residenz, mit wasserspeienden Delphinen, aus Füllhörnern sprudelnden Fontänen, Putten, Masken und Vögeln. – Rotes Zimmer, Eingangsraum der Enfilade, vom Treppenhaus des Altbaus zugänglich. Über stuckierter Hohlkehle Deckenfresko von *Johann Gebhard* 1734: Hermes bringt Jupiter und Io das Haupt des Argos. Die Supraportenbilder waren möglicherweise ebenfalls von *Gebhard*: Personifikation der Jahreszeiten. – Grünes Zimmer mit Plafondmalerei um 1730, dem Münchner Maler *Nikolaus Gottfried Stuber* zugeschrieben. In den Ecken Kartuschenbilder, Venus und Amor; Figuren der Jahreszeiten. – An den Südflügel versetzt angebauter Pavillon mit einer an den Kaisersaal anschließenden Raumfolge, im Südwesten Treppenzugang. In der ehem. Bibliothek der Bandelwerkstuck der Hohlkehlen brokatartig hinterlegt, Kartuschen mit Büstenreliefs. – Im Saal Bandelwerk mit Masken, Vögeln und Gitterwerk, Eckkartuschen mit Initialen der Bauherren, urspr. Ledertapeten. – Im Kabinett reicher, den Deckenspiegel ausfüllender Stuck mit eingestreuten Putten, Löwen und Adlern; originale Fassung auf weißem Grund: Gold und Blau über Silber. Im Zentrum der Decke früher ein Ölbild, Rebecca gibt dem Elieser zu trinken.

Westflügel. – Vornehme, nach französischem Geschmack gebildete barocke Schauseite mit turmartigem, halbrund aus der Flucht vorgewölbtem Mittelrisalit, rustiziertes Erdgeschoß mit Gruppen von je drei Arkaden, in den Obergeschossen z.T. als Fenstertüren ausgebildete Rechteckfenster. Mittelrisalit ausgezeichnet durch korinthische Säulenstellung an den Eingangsarkaden der zentralen Durchfahrt, darüber Festsaalfront mit Balkon, hausteingerahmten Segmentbogenfenstern und verzierten Nischen. – Inneres. Zentrale Durchfahrt mit ovalem Vestibül, beiderseits der Durchfahrt großzügige, symmetrisch geführte Podesttreppen. Wie im sog. Altbau geschnitztes Geländer mit laubwerkgeschmückten Docken, in den ansteigenden Gewölben Rahmenstuck. Die ganze Deckenfläche ausfüllendes Fresko, Apoll mit den Musen, *Gottfried Nikolaus Stuber* zugeschrieben, 1963 renoviert. – Festsaal. Ein Höhepunkt profaner Raumkunst 1729–31 im Zusammenwirken der *Brüder Asam*, unter Beteiligng der Weltenburger Bauhütte, Marmorarbeit von *Johann Jakob Kürschner*. Einbezogen sind Ölbilder mit Stilleben von Hofmaler *Joseph Anton Harrath* und Jagdstücke der 2. Hälfte des 17. Jh. – Ovaler zweigeschossiger Saal mit Muldengewölbe, nach Osten zur Hof- und Gartenseite vorgewölbt, in Fenstertüren geöffnet. In der Querachse zu den angrenzenden Appartements Flügeltüren, bekrönt von Stuckbüsten, Mars und Minerva, Trophäen und den Wappenreliefs der Bauherren. Das stuckierte Dekorationssystem ist zweizonig: paarweise angeordnete Hermenpilaster, Attika als Brüstungszone der Fenster ausgebildet, mit Puttenreliefs, u.a. Darstellung der vier Elemente, Obergeschoß mit lockerem Rahmenstuck und geschweifter Felderung reich verziert, eingelassene Ölbilder. Der Boden, in wellenförmigem Steinschnitt, ist strahlenförmig mit schachbrettartigem Farbwechsel verlegt. – Die Deckenmalerei der Voute setzt in unterschiedlicher Höhe an. Dargestellt ist Apoll, der wie eine Sonne strahlend auf vierspännigem Wagen den Raum durchquert, begleitet von Horen und Grazien, rechts die Musen, in lichter Höhe auf dem Friedensthron Venus, die den kampfbereiten Mars zurückhält. Gegen das Licht verhüllt sich die Nacht mit Ungeheuern im Gefolge. In der Längsachse arkadische Szenen: Jupiter nähert sich in Gestalt eines Satyrs der schlafenden Antiope, Zeus' Adler begleitet Pomona mit ihrem als alte Frau verkleideten Verehrer Vertumnus, auf der Gartenseite Diana und Aktäon. – Beiderseits anschließende Appartements, wohl urspr. alle von *Joseph Hepp* aus Burghausen und seinem Gesellen *Hans Michael Haas* stuckiert. In zwei Räumen Regencestuck, jeweils mit allegorischer Figur im Zentrum.

ALTENDORF Kr. Schwandorf. *Karte 9*

Kath. Pfarrkirche St. Andreas. Das ehem. Langhaus der gotischen Anlage des 14./15. Jh. bildet den Chor, das barocke Langhaus 1724 unter Leitung des Amberger Maurermeisters *Johann Konrad Hiller* angebaut. Mittelalterlicher Turm auf der Nordostseite. Die kreuzrippengewölbte Sakristei ist möglicherweise ein Fragment des urspr. Chores. – Breiter Rechteckchor zu zwei Jochen mit sternförmig figuriertem Kreuzrippengewölbe auf Spitzkonsolen, rundbogig gegen das Langhaus geöffnet. Vierachsiges Langhaus mit Stichkappentonne über Pilastern, im Westen zweigeschossige Empore. – Die Deckenmalereien in Chor und Langhaus sind stilistisch geprägt von der Erneuerung zu Beginn des 20. Jh.

Barocke Ausstattung. – Hochaltar, eine Stiftung der Freiin von Schellenberg, dat. 1732. Viersäuliger dem Chor eingepaßter Aufbau, seitlich Akanthusschnitzerei, mit Schnitzfiguren: unter einem Baldachin der hl. Andreas, seitlich Johannes Bapt. und Johannes Ev., Büsten der hll. Petrus und Paulus. Im Auszug Figur des hl. Johannes von Nepomuk. Tabernakel mit reichem Muschelwerk, 1778 von Schreiner *Johann Christoph Luybl* und Maler *Johann Franz Lidtmann* aus Nabburg. Seitenaltäre in gleichem Aufbau: der rechte mit 1739 dat. Allianzwappen der Schellenberg-Horneck, auf dem Altarblatt die Vierzehn Nothelfer; links Maria im Rosenkranz. – Im Westen achteckiger gotischer Taufstein aus Granit. Kanzel mit Figuren der Evangelisten und des hl. Michael. – Geschnitztes Chorgestühl um 1730. – Orgelprospekt mit Akanthusschnitzwerk. Beichtstühle mit Aufsatzbildern in Empirerahmen: hl. Magdalena, Guter Hirte, Verlorener Sohn. Holzkruzifix mit Mater dolorosa und Maria-Hilf-Bild, Mitte 18. Jh. An

den Emporenbrüstungen Ölgemälde: Salvator und die Zwölf Apostel, Mitte 18. Jh.
Grabdenkmäler: u.a. Epitaph für Wolfgang Maximilian Graf von Überacker auf Sighartstein und Pfongau, Hofkriegsrat, Kämmerer und Obristwachtmeister († 1777); Wappenepitaphien des 18. Jh. der Familien Schellenberg, Horneck und Saur.

Ehem. Schloß. Dreigeschossiger, langgestreckter Barockbau mit Walmdach als Erweiterung eines im östlichen Drittel erhaltenen romanischen Ursprungsbaus. Zentrale barocke Treppenanlage und nordseitiger Erschließungsgang. Im Erdgeschoß gewölbte Wirtschaftsräume, in den Obergeschossen Rahmenstuckdecken.

ALTENSTADT Kr. Neustadt a.d. Waldnaab. *Karte 5*

Kath. Pfarrkirche Mariä Himmelfahrt. Grabungsfunde von 1972/73 geben Anhaltspunkte für einen tieferliegenden, etwa 5 m breiten Vorgängerbau mit leicht eingezogener Apsis aus vorstaufischer Zeit mit dem Patrozinium des hl. Martin, das bis zur Gegenreformation beibehalten wurde. Der heutige Bau ist im Kern des Langhauses romanisch mit barocken Veränderungen; Chor und Turm spätmittelalterlich. 1676 durch den Neustädter Polier *Johann Kirchberger* unter Leitung des *Pietro Spineta* verändert. Neue Wölbung in Chor und Langhaus 1751–54. Letzte Innenrenovierung 1990, Freilegung bescheidener Reste der barocken Wandmalerei.
Über dem Talgrund der Naab gelegen ist der schlichte Kirchenbau mit wuchtigen, pyramidenbedachtem Turm und von Strebepfeilern umstellten Chor weithin sichtbar und prägend für das Ortsbild. Der wenig eingezogene Chor umfaßt ein Joch mit $^5/_8$-Schluß. In beiden Raumteilen barockes Tonnengewölbe mit Stichkappen auf Pilastern mit reichem Gebälk. Westlich Doppelempore. Deckenmalerei von *Leonhard Thoma* aus München 1898, in einfacher Stuckrahmung.
Ausstattung. – Hauptaltar, 1782 von dem Bildhauer *Wolfgang Kurzwart* und Schreiner *Johann Peter Reber*, beide aus Waldthurn. Aufbau mit auseinandergezogenen, schräg gestellten Säulen unter gesprengtem Gebälk, seitlich die Figuren der hll. Johannes Bapt. und Johannes von Nepomuk. Das Gemälde, Himmelfahrt Mariens, 1689 von dem Neustädter Maler *Johann Albrecht Landträchtinger*, 1782 angestückt durch den Maler *Rabusky*. Von diesem auch im Auszug die Darstellung des hl. Martin. – Seitenaltäre mit Rocailleschnitzerei, 1757 von Bildhauer *Georg Peter Hauttmann* und Schreiner *Andreas Veit Wenda* aus Waldthurn. Die Altarbilder dem *Johann Matthias Goetz* aus Neustadt zugeschrieben. – Taufstein, Sandstein, aus zwei Teilen: zylindrischer romanischer Fuß und Becken mit Sitzfiguren der Vier Evangelisten; achteckiges Becken um 1600 mit neutestamentlichen Reliefs: Joachims Opfer, Geburt Mariä, Verkündigung, Christi Geburt, Beschneidung, Anbetung der Weisen, Taufe Christi und Segnung der Kinder. – Kanzel mit Laub- und Bandelwerk, 1754 von

Johann Peter Reber. – Am Chorbogen rechts Kreuzaltar mit eindrucksvoller Mater Dolorosa von 1600; an der Chorwand Pietà um 1430, in neugotischem Schrein mit neuerer Fassung. – Grabdenkmäler des Georg von Heideck († 1551) und seiner Gemahlin Felicitas, geb. Marschalkin von Rabeneck († 1567), in zeitgenössischer Tracht.

ALTENSTADT bei Vohenstrauß
Stadt Vohenstrauß, Kr. Neustadt a. d. Waldnaab. *Karte 6*

★ **Simultankirche St. Johannes Baptist.** Bereits 1261 in Altenstadt eine Kirche nachgewiesen; der heutige, aus dem 14. Jh. stammende Bau, ehem. befestigt mit Friedhof, wurde im 17. Jh. verändert. – Satteldachbau mit glatten Giebelwänden, im Osten gerade abschließender Chor. Nordöstlich sind die Sakristei und südöstlich der Turm, dessen Pyramidendach bereits in Firsthöhe ansetzt, einbezogen. Spitzbogenöffnungen im Turm und an der Nordwand des Langhauses. – Chor kreuzgratgewölbt mit Zugang zum tonnengewölbten Untergeschoß des Turms. Nach Norden spitzbogige Tür in die Sakristei. Darüber Reste spätmittelalterlicher Wandmalerei, mit Ausnahme des hl. Michael nicht mehr identifizierbar. – Breiter Saal, Emporen nach Norden und Westen mit Treppe zum Dach.
Der letzte Simultankirchenraum im Landkreis hat sich hier im Stilcharakter des 17./18. Jh. in seltener Ursprünglichkeit mit Holzfelderdekke, Ziegelboden, überkommener Stuhlordnung, gegliederter Emporenbrüstung und Ausstattung erhalten. – Hauptaltar, um 1720, strenger Aufbau mit vier Säulen, seitlich kniende Engel, Ranken- und Gitterwerk. Altarblatt mit Muttergottes und zwei Heiligen, davor im Glasschrein hölzerne Figurengruppe, Anfang 18. Jh.: sitzende Anna Selbdritt. – In der Nordwand des Langhauses eingemauerte Grabdenkmäler, u. a. ein Epitaph für Martin Haubner († 1601) und seine beiden Gemahlinnen († 1585 bzw. nach 1600).

ALTENSCHWAND Gem. Bodenwöhr, Kr. Schwandorf. *Karte 9*

Kath. Filialkirche St. Nikolaus. Romanischer Rechteckbau mit gotischem, gerade schließendem Chor ohne Einziehung, vergleichbar ▷ Mitterauerbach. Rundbogiger Eingang im Westen, Dachreiter erneuert. Die gotischen Veränderungen stehen vermutlich in Verbindung mit dem Geschlecht der Zenger von Schwarzeneck, die um 1348 nördlich der Kirche eine nicht mehr erhaltene Wasserburg errichteten. – Zweijochiger Chor des 14. Jh., kreuzrippengewölbt über Polygonkonsolen, Spitzbogenfenster mit Nasen, Lichtnische. Mächtiger rundbogiger Chorbogen, in den Zwickeln Wappenreliefs, rechts das der Zenger, links das kurfürstliche Wappen. Das Langhaus mit Spitzbogenfenstern, flacher Holzdecke und Westempore. – Altar 17. Jh., Nikolausfigur neu. Gotische Schnitzfigur der Muttergottes, 2. Hälfte 15. Jh., verändert.

ALTENTHANN Kr. Regensburg. *Karte 9*

Kath. Pfarrkirche St. Nikolaus. Eine 1712 errichtete Kirche brannte 1832 nieder; bis 1860 Wiederaufbau. 1905 Neubau nach Plänen von *Heinrich Hauberrisser*, Regensburg. Beim Neubau blieben der ältere Westturm und der alte Ostchor stehen, die neue Kirche wurde nach Süden ausgerichtet. Der alte Chor als Michaelskapelle an der östlichen Langhauswand. – Flachgedecktes Langhaus mit schmalem, kreuzgratgewölbtem Seitenschiff im Osten. Eingezogener tonnengewölbter Chor mit durch Gurtbogen abgesetzter Apsis. – Deckengemälde 1911 von *Josef Wittmann*, München: im Vorjoch Christus empfängt Maria, im Langhaus Apotheose des hl. Nikolaus, die Schmalfelder zeigen Christus von der Menschheit, den Erdteilen, biblischen und kirchlichen Personen verehrt; hl. Cäcilia an der Orgel. – Ausstattung. – Hochaltar 1906/07 von Bildhauer *Georg Schreiner*, Regensburg. Neoklassizistisches Säulenretabel mit Altarblatt hl. Nikolaus, seitlich Figuren eines hl. Bischofs und des hl. Wolfgang, im Auszug Gottvater, umgeben von Engeln. Neben dem Altar zugehörige Leuchter. – Seitenaltäre nach Brand von 1832 bis spätestens 1859 geschaffen. Zweisäulige Retabel, mit flacher Figurennische, gesprengtem Giebel und schlankem Auszug, Seitenfiguren: links Muttergottes auf der Mondsichel, seitlich hl. Agnes und hl. Scholastica (?); rechts hl. Joseph, flankiert von den hll. Wendelin und Leonhard. – Kanzel nach 1832. Geschwungener Korb mit Volutenspangen, an der Front Relief des Sämanns. – Im alten Chor neubarocker Altar, um 1900. Altarblatt Grablegung Christi, seitlich Figuren. – Orgelgehäuse 1907, von Bildhauer *Ludwig*.

ALTENTRESWITZ
Stadt Vohenstrauß, Kr. Neustadt a.d. Waldnaab. *Karte 6*

Kath. Filialkirche St. Matthäus. Malerische Lage zwischen Bäumen auf einer leichten Anhöhe im Ort. – Romanischer, im späten 17. Jh. veränderter Bau, zuletzt renoviert 1989. – Kleiner, hoher Bau mit eingezogener, halbkreisförmiger Apsis und westlichem Zwiebeldachreiter; nur noch am Apsisscheitel ein urspr. Fenster. – Im Schiff hohe Flachdecke mit Rahmenstuck. Das sockelartig bis knapp zur Mitte der hochsitzenden Fenster verstärkte Mauerwerk markiert wohl den ursprünglichen Baubestand, der vermutlich mit einer Tonne, über der ein Wehrgeschoß lag, überwölbt war. Eckkonsolen und Pfeiler unter der Empore deuten auf eine zweijochige Unterwölbung hin. Von den einfachen Kämpfern des Apsisbogens nur noch ein Fragment enthalten. – Altar Ende 17. Jh., ein Säulenretabel mit Seitenfiguren und nazarenischem Altarblatt des Titelheiligen.

ALTENVELDORF Stadt Velburg, Kreis Neumarkt. *Karte 8*

Kath. Filialkirche St. Johannes Bapt. Mitte 18. Jh. erbaut. – Flachgedeckter Saalbau mit außen dreiseitigem, innen rundem Chorschluß.

An der Westfront Giebelturm mit Achteckaufsatz und Spitzhelm. – Deckenbild Enthauptung des hl. Johannes, dat. 1767. – Hochaltar, viersäuliger Aufbau um 1740, mit Figuren der hll. Johannes Bapt., Sebastian und Florian.

ALTFALTER

Gem. Schwarzach b. Nabburg, Kr. Schwandorf. *Karte 9*

Alte kath. Pfarrkirche St. Bartholomäus. Über dem Ort gelegene kleine romanische Saalkirche mit eingezogener Halbkreisapsis, wohl 2. Hälfte 12. Jh., im 18. Jh. verändert: Turmaufbau über Apsis, Stichkappentonne und vergrößerte Fenster im Langhaus. – Hauptaltar Anfang 18. Jh. mit wohl älterem Bild des Kirchenpatrons. Seitenaltar, vormals mit Stifterinschrift des Pfarrers von 1725. – Grabsteine mit Wappenreliefs des 17. bis frühen 19. Jh.

ALTMANNSBERG Stadt Berching, Kr. Neumarkt i. d. Opf. *Karte 7*

Kath. Filialkirche St. Johannes und Paulus. Romanische Anlage, im 18. Jh. umgestaltet, Inneres 1976 instandgesetzt. – Eingezogener, quadratischer Chor mit Tonnengewölbe, darüber Giebelturm mit achtseitigem Spitzhelm, Schiff flachgedeckt. – Neuromanische Ausstattung.

ALTRANDSBERG Gem. Miltach, Kr. Cham. *Karte 10*

Ehem. Schloß, im 12. Jh. durch die Rampsberger, Ministerialen der Grafen von Bogen, gegründet. 1445 im Besitz des Hans von Paulsdorf, 1550 – ca. 1620 der Nothaft. 1985 ff. revitalisiert und für gemeinnützige Zwecke (z. B. Museum) ausgebaut. – Landschaftlich ansprechende Lage auf einem nach drei Seiten steil abfallendem Hügel. Das Schloß ist von Westen über einen erhaltenen Torbogen zugänglich, urspr. breiteten sich hier die Wirtschaftsgebäude und der Schloßgarten aus. – Ältere Mauerteile einschließende Vierflügelanlage des 16./17. Jh. um annähernd trapezförmigen Innenhof. Die zweigeschossigen Gebäude heute ohne Gliederung. – Westlich lange Durchfahrt mit Kreuzgratgewölbe und Balkendecke. Im Norden tonnengewölbte Räume, in Arkaden zum Hof geöffnet; darüber Altan mit Holzbalustrade. In den Obergeschoßräumen Flachdecken mit Rahmenstuck, teilweise erneuert.

Ehem. Schloßkapelle St. Michael im Südflügel, durch Zwiebeldachreiter ausgezeichnet. Rechteckraum, im 20. Jh. zweimal vergrößert, 1985 renoviert. An der Ostwand zwei Frührokoko-Altäre um 1740, mit reichgeschnitzten Antependien. Differenzierter Aufbau des rechten Altars mit glatten und gewundenen Säulen sowie von Putten bekrönten Volutenpilastern; im Mittelfeld Figur der Muttergottes, darüber die Hl. Dreifaltigkeit. Der linke Altar einfacher im Aufbau, mit Seitenfiguren der hll. Katharina und Florian sowie Altarblatt hl. Antonius von Padua, im Hintergrund das Schloß zeigend. Vermittelnd zwischen beiden Altären eine Figur des hl. Michael, urspr. des hl. Johannes von Nepomuk, heute an der Südwand; dieser gegenüber der hl. Joseph, urspr. ebenfalls zu den Altären gehörig. – Kanzel um 1650, heute als Ambo verwendet. – Grabdenkmäler: Epitaphien aus Solnhofer Kalkstein, an der Westwand für Johannes Georg von Leoprechting († 1748), in Stuckrahmung mit bekrönender Justitia. Am Eingang, in urspr. analoger Rahmung für Freifrau Josepha von Leoprechting († 1740).

ALTZIRKENDORF

Markt Kirchenthumbach, Kr. Neustadt a.d. Waldnaab. *Karte 4*

Kath. Kirche Maria-Hilf. Bescheidener Bau mit Zwiebeldachreiter, 1734 neu erbaut, restauriert 1961. – Im eingezogenen, gerade geschlossenen Chor Kreuzgewölbe mit verschliffenem Scheitel, Tonnengewölbe mit Stichkappen im Langhaus. – Hochaltar mit glatten, und gewundenen Säulen, Anfang 18. Jh. Maria-Hilf-Bild nach Lukas Cranach, flankiert von Figuren der hll. Petrus und Paulus. Wohl etwas früher die Seitenaltäre (2. Hälfte 17. Jh.) mit erneuerten Altarblättern. Barockfiguren der hll. Joachim und Anna an der nördlichen Langhauswand. – Orgelprospekt mit Rocailleschnitzwerk.

AMBERG *Karte 4*

Die Stadt wurde erstmals 1034 erwähnt, als Kaiser Konrad II. das Hochstift Bamberg mit der „Villa Ammenberg" belehnte. Schon in der Frühzeit war Amberg aufgrund der Lage am Schnittpunkt zweier wichtiger Handelsstaßen und der schiffbaren Vils eine bedeutende Handelsniederlassung. Die Bezeichnung als „oppidum forense" um 1144, die Gleichstellung der Amberger mit den Nürnberger Kaufleuten 1163 durch Kaiser Friedrich I. und 1166 die Gleichstellung mit den Regensburger Handelsleuten durch den Bischof von Passau zeugen von dem raschen wirtschaftlichen Aufstieg. Im letzten Viertel des 13. Jh. erhielt Amberg das 1294 urkundlich belegte Stadtrecht. Ausschlaggebend für die bis zum Dreißigjährigen Krieg währende Prosperität der Stadt mit ihrem weitverzweigten Handelsnetz war der 1269/71 erstmals archivalisch faßbare Eisenerzbergbau. Durch die seit 1341 geschlossenen Hammereinigungen – Vorformen des Kartells – sicherten sich Amberg und Sulzbach eine Monopolstellung.

1269 kam Amberg an die Wittelsbacher; die Stadt wurde besonders durch Ludwig den Bayern gefördert; sie fiel 1329 im Teilungsvertrag von Pavia an die Kurpfalz und erlebte in der bis 1628 dauernden pfälzischen Ära einen Höhepunkt ihrer Entwicklung. 1378 dem pfälzischen Kurpräzipium zugeteilt, wuchs Amberg zum Mittelpunkt der oberpfälzischen Kurlande heran. Nach der 1499 vollzogenen Wiedervereinigung der 1410 geteilten oberpfälzischen Lande wurde Amberg Hauptstadt mit der Residenz des Kurprinzen als Statthalter der Oberpfalz.

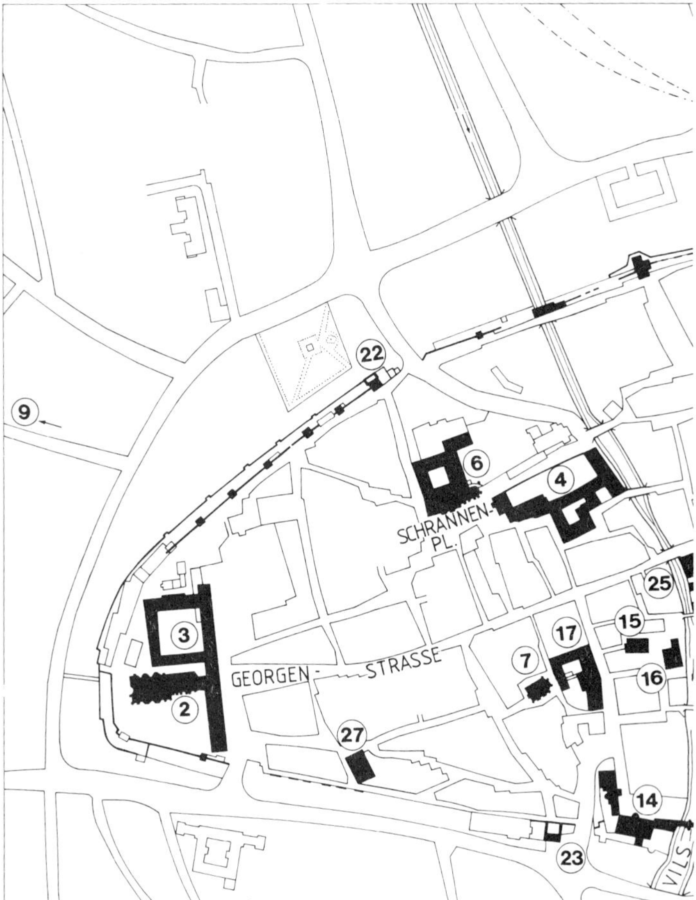
22
9
6
4
SCHRANNEN-
PL.
25
3
15
17
7
16
GEORGEN-
STRASSE
2
27
14
23
VILS
13

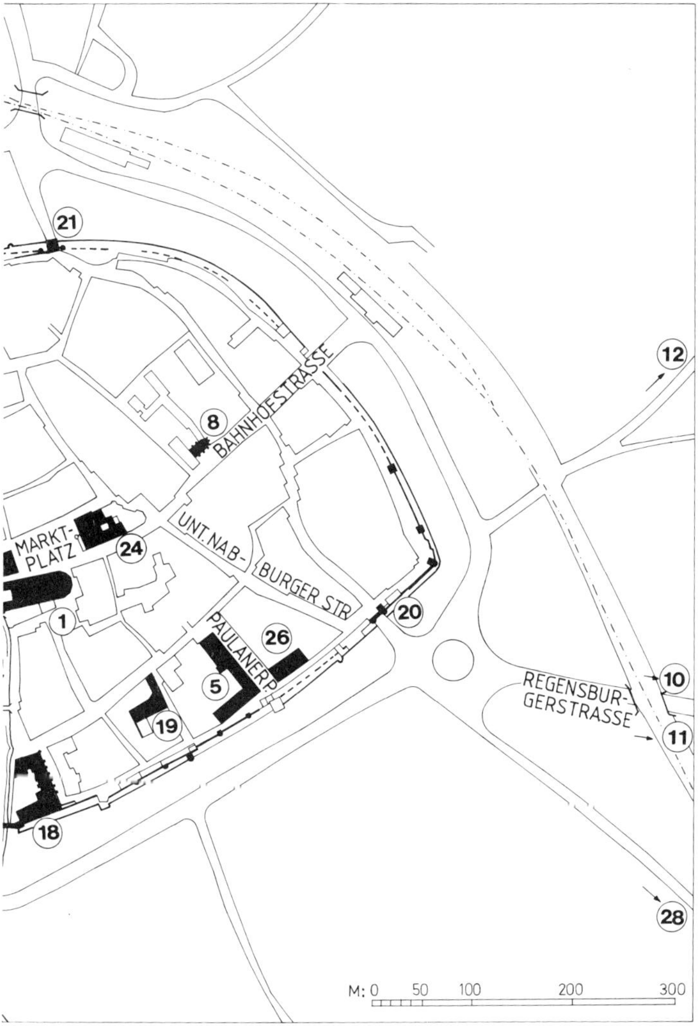
21
12
8
BAHNHOFSTRASSE
MARKT-PLATZ
24
UNT. NAB-BURGER STR
20
1
PAULANERP
26
5
19
REGENSBUR-GERSTRASSE
10
11
18
28
M: 0 50 100 200 300

Amberg

1 *Stadtpfarrkirche St. Martin*
2 *Stadtpfarrkirche St. Georg*
3 *Ehem. Jesuitenkolleg*
4 *Ehem. Salesianerinnenkirche*
5 *Ehem. Paulanerkirche und Kloster*
6 *Ehem. Franziskanerkirche*
7 *Frauenkirche*
8 *Spitalkirche*
9 *Katharinenkirche*
10 *Friedhofskirche*
11 *Stadtpfarrkirche Hl. Dreifaltigkeit*
12 *Wallfahrtskirche Maria-Hilf*
13 *St. Sebastian*
14 *Ehem. Kurfürstliches Schloß*
15 *Ehem. Herzogsburg*
16 *Ehem. kurfürstliche Hofhaltung (Zweigmuseum der Prähistorischen Sammlung)*
17 *Ehem. Regierungskanzlei*
18 *Ehem. kurfürstliches Zeughaus*
19 *Ehem. städtisches Zeughaus*
20 *Nabburger Tor*
21 *Ziegeltor*
22 *Vilstor*
23 *Wingershöfer Tor*
24 *Rathaus*
25 *Ehem. Ratstrinkstube*
26 *Ehem. kurfürstliches Wagenhaus*
27 *Sog. Malzkeller, Kastenbau*
28 *Thomas Glaswerk der Rosenthal Aktiengesellschaft*

Die lutherische Lehre setzte sich unter Friedrich II. (1544–56) durch. Spannungen zwischen der lutherischen Bevölkerung und den kalvinischen Kurfürsten Friedrich III. (1559–76) und Friedrich IV. (1583–1610) führten zu Religionsunruhen, in denen viele Kirchen ihrer Einrichtungen beraubt wurden.
Mit dem Sieg Bayerns in der Schlacht am Weißen Berg setzte 1621, endgültig aber erst 1625/28, die Gegenreformation ein. Im 18. Jh. wurde Amberg vor allem während des Spanischen und des Österreichischen Erbfolgekriegs hart getroffen. Mit dem Übergang des Regierungssitzes auf Regensburg 1810 verlor die Stadt ihre Vorrangstellung.

★ Anlage und Entwicklung der Stadt

Der bereits im 12. Jh. befestigte Kern Ambergs verdichtet sich um das Achsenkreuz der Vils und der in westöstlicher Richtung verlaufenden Hauptstraße. Dieser Bereich ist durch annähernd gleich große Grundstücke in einem dichten Netz enger Gassen gekennzeichnet, hier konzentriert sich die bürgerliche Bautätigkeit mit überwiegend dreigeschossigen Wohngebäuden. Westlich der Kaufmannssiedlung bildete sich um die urspr. Pfarrkirche St. Georg der zweite Siedlungskern der späteren Stadt heraus. Bei der Stadterweiterung seit 1326 wurde dieser zweite Siedlungskern ebenso wie das Spital im Osten in den Bering einbezogen. Der bürgerliche Reichtum während der wirtschaftlichen Blütezeit schlug sich sichtbar in einer regen Bautätigkeit nieder, durch die das Stadtbild bis heute geprägt ist. Kurz nach der Mitte des 14. Jh. setzten mit dem Neubau von St. Georg und dem Ausbau des Rathauses Baumaßnahmen in ungewöhnlichem Umfang ein. Es folgten Ende des

Jahrhunderts die Katharinenkirche, Anfang des 15. Jh. Frauenkirche und Spitalkirche, seit 1421 schließlich St. Martin, das bedeutendste Bauvorhaben. Gleichzeitig wurde 1417 der Schloßbau in Angriff genommen. Mit nachlassender politischer Bedeutung der Bürgerschaft gingen die größeren Baumaßnahmen vom Landesherrn aus: Kanzlei (1544), Umbau des Schlosses (1602/03) und Zeughauses (1604), Wagenhaus (1610).
Obgleich Amberg nicht eingenommen wurde, bahnte sich im Dreißigjährigen Krieg ein wirtschaftlicher Niedergang an. In der Barockzeit wurde das mittelalterliche Stadtbild noch einmal nachhaltig verändert. Die großzügige, platzbeherrschende Anlage des Jesuitenkollegs erforderte erhebliche Eingriffe in das Stadtgefüge und auch die Klöster der Salesianerinnen und Paulaner setzten neue Akzente. Schwere Zerstörungen im Spanischen und Österreichischen Erbfolgekrieg änderten die Bebauungsstruktur nicht wesentlich und das eindrucksvolle alte Stadtbild blieb bis in unsere Zeit ohne gravierende Einriffe erhalten.

Charakteristische Platz- und Strassenbilder

Seit jeher bildet der Markplatz den sakralen, politischen und wirtschaftlichen Mittelpunkt bürgerlichen Lebens. Den Platz beherrschen neben Wohn- und Geschäftshäusern des 16. bis 19. Jh. die repräsentativsten Bauten der Bürgerschaft: Martinskirche und Rathaus. Südlich der Martinskirche, an der alten Schiffslände, ergeben die geschlossene Reihe von Bürgerhäusern des 16. und 17. Jh. und das ehem. kurfürstliche Zeughaus am östlichen Vilsufer zusammen mit der gedeckten Schiffbrücke (bez. 1761) und den repräsentativen landesherrlichen Bauten auf der Westseite ein vielgestaltiges, eindrucksvolles Bild. Die Georgen- und Rathausstraße, der alte ostwestliche Haupthandelsweg, zeichnen sich durch besondere stilistische Vielfalt der zwischen dem 16. und 19. Jh. entstandenen Bürgerhäuser aus. Die zum Schloß führende Regierungsstraße wird von repräsentativen landesherrlichen und großbürgerlichen Gebäuden gesäumt. Anspruchsvolle Bauten des Adels konzentrieren sich in der von der Rathausstraße abzweigenden Herrnstraße. Dem unregelmäßig geformten Schrannenplatz geben der langgestreckte Bau der ehem. Franziskanerkirche (Stadttheater) im Norden, das ehem. Kloster der Salesianerinnen im Osten, im übrigen stattliche Bürgerhäuser mit Fassaden des 18. Jh., ein unverwechselbares Gepräge. Die Häuserzeile mit malerisch aneinandergefügten Steildächern auf der Ostseite des Paulanerplatzes kontrastiert mit der monumentalen Gebäudefront von Paulanerkirche und Kloster. Ähnlich verhält es sich bei der Vilsstraße, in der schmale Häuser, z. T. mit barocken Stuckfassaden, dem ehem. Franziskanerkloster gegenüberstehen. Einen typisch Amberger Straßenzug gibt die Untere Nabburger Straße wieder: Die meist barock überformten Häuser lassen in ihrer Kleinteiligkeit den mittelalterlichen Ursprung spüren. Eine entsprechende bauliche Situation auch am Paradeplatz.

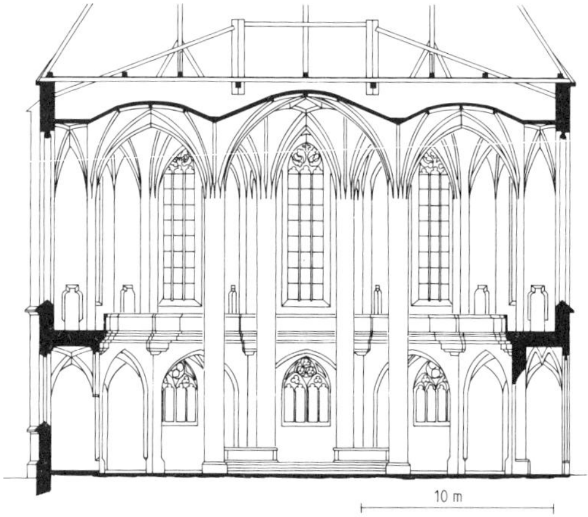

Amberg, Stadtpfarrkirche St. Martin, Querschnitt

★ **Kath. Stadtpfarrkirche St. Martin.** Das 1182 erstmals erwähnte „Monasterium Ammenperch", dessen Anfänge wohl in karolingische Zeit zurückreichen, läßt sich mit den 1962 im Westteil der Kirche entdeckten Fundamenten einer dreischiffigen romanischen Basilika (mit drei Apsiden, Chorturm und Doppelturmfassade rekonstruierbar) in Verbindung bringen. Das Gewölbe eines zugehörigen Karners des späteren 14. Jhs. ist noch heute im Keller der Leonhardskapelle, jetzt Sakristei, sichtbar. Bereits in der zweiten Hälfte des 14. Jh. Stiftungen von Amberger Zechmeistern für einen projektierten Neubau, der dann lt. Bauinschrift an der Nordostecke des Chores 1421 begann. Wölbung des Chores seit 1442; seit 1452 gottesdienstliche Nutzung. Mit dem Abbruch der alten Martinskirche 1456 wurde der Platz für den Langhausbau freigegeben. Im zweiten Bauabschnitt (Baunaht links des nördlichen Ostportals) wurde der ursprüngliche Plan mit nur geringfügigen Abweichungen beibehalten. Anstelle der urspr. geplanten Zweiturmfassade wurden 1461 die Fundamente für nur einen Turm ausgehoben. Mit *Marsilius Pol(t)z* wird 1460 erstmals ein Baumeister genannt (1460–1474), 1460/61 abgelöst von *Hans Zunter,* Nachfolger *Hans Florschütz* (1476–96). 1478 Errichtung des Dachstuhls durch Stadtzimmermeister *Hans Erhardt.* Abbruch der Bauhütte 1522. 1534 Vollendung des Turms durch *Wolf Kaul.* Etwa seit 1629 Barockisierung der Ausstattung. 1723/24 Neuaufbau der beiden oberen Turmgeschosse durch *Hans Kaspar Schubert* und die *Gebrüder Wolf.* 1869–79 neugotische Ausstattung durch die Landshuter Schreiner *Paul Weiß*

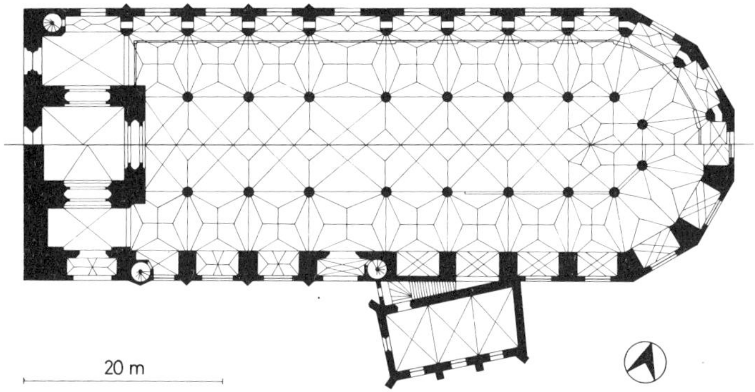

Amberg, Stadtpfarrkirche St. Martin

und *Michael Mayer*. Bei der Gesamtrestaurierung 1971–73 Rekonstruktion der originalen Raumfassung.

Lage und Bedeutung

St. Martin, nach dem Regensburger Dom die bedeutendste gotische Kirche der Oberpfalz, liegt im Zentrum der Altstadt und beherrscht weithin sichtbar das Stadtbild. Die häufig mit den Hallenkirchen des Hans Stethaimer in Verbindung gebrachte Martinskirche läßt deutliche stilistische Bezüge zur böhmischen spätgotischen Architektur und deren Einflußbereich erkennen. Mit der Ausbildung der Umgangsempore nimmt sie eine Schlüsselstellung für die Weiterentwicklung der spätgotischen Architektur ein (Ausstrahlung nach Sachsen).

Baubeschreibung

Dreischiffiger Hallenbau mit eingezogenen Strebepfeilern und nicht abgesetztem Umgangschor (Binnenchor $^5/_8$-Schluß, außen $^7/_{12}$-Schluß).

Außenbau

Geschlossener, wenig gegliederter Sandsteinbau unter hohem Satteldach mit durchlaufender Firstlinie. Der in das Langhaus einbezogene, quadratische Westturm überragt die Kirche mit drei Freigeschossen und laternenbekröntem Kuppeldach. Horizontalgliederung durch die Doppelreihe der axial angeordneten Maßwerkfenster (vierbahnig in der Kapellen-, dreibahnig in der Maßwerkzone) und die Gesimse; die

Dreiecksvorlagen im Westabschnitt bilden einen schwachen vertikalen Gegenzug. Altertümliche Maßwerkformen (durchweg Nachbildungen des 19. Jh.): Statische Drei- und Vierpaßformen der unteren Zone kontrastieren mit dynamisch schwingenden Fischblasen-Motiven der Emporenzone. An den Längsseiten je zwei Stufenportale mit Vorhallen, an den beiden östlichen Portalen Baldachinfiguren, wohl auf urspr. Vorbilder zurückgehende Schöpfungen der 2. Hälfte 19. Jh., darunter eine Figur einer gekrönten weiblichen Heiligen, 2. Hälfte 15. Jh. (nordöstliches Portal).

Inneres

Zwischen den eingezogenen Strebepfeilern die Kapellenräume, darüber die Umgangsempore, die mit breitem Gesims und Maßwerkbrüstung den Innenraum gleichsam umgürtet und so eine starke Horizontalwirkung hervorruft. Zu beiden Seiten der Kapellen über Konsolen vorgekröpfte Abschnitte bewirken eine rhythmische Gliederung. Ebenso wie die schlanken, richtungslosen Rundpfeiler unterstreicht die Umgangsempore den von der geschlossenen Wand-Raumgrenze bestimmten, weitgehend vereinheitlichten Raumeindruck. Altertümliche Rippenkonfigurationen: jochverschleifendes, im Chorhaupt sich zu einer Sternform verdichtendes Netzgewölbe des Mittelschiffs, gefaßt von den statisch anmutenden Sterngewölben der Seitenschiffe und des Umgangs. Im Chorhaupt originaler Schlußstein mit Christuskopf, in der östlichen Umgangskapelle Schlußstein mit Schweißtuch der hl. Veronika. – In der letzten Kapelle des südlichen Seitenschiffs 1947 aufgedeckte Reste der urspr. Wandbemalung. – Die Bildfenster stammen zumeist aus der Regensburger Werkstatt *Schneider*, 2. Hälfte 19. Jh.; das früheste im Chorumgang mit der Darstellung des Abendmahls nach Leonardo da Vinci von dem Schweden *de Rom* 1852, das letzte von 1896 im nördlichen Seitenschiff (Elisabeth-Fenster).

Ausstattung

Altäre zumeist neugotisch, außerdem einige aus Beständen unterschiedlicher Provenienz zusammengesetzte gotische Altäre. Im Chorumgang von dem Regensburger Domkapitular *Georg Dengler* nach 1870 zusammengestellter Flügelaltar mit Schnitzfiguren der Muttergottes, der Apostel Jakobus und Johannes, seitlich hl. Leonhard, spätes 15. Jh., und hl. Norbert, 2. Hälfte 19. Jh. Ein weiterer Flügelaltar in der jetzigen Marienkapelle: im neugotischen Schrein rheinische Schnitzfigur der Muttergottes aus dem frühen 16. Jh., als Flügel Tafelgemälde des 15. Jh., auf der Innenseite Geburt Christi und Anbetung der Könige, auf der Außenseite Verkündigung.
Bronzenes Taufbecken aus der Vorgängerkirche, nach der umlaufenden Inschrift ein Werk des Meisters *Erasmus Kandlgießer* von 1417, auf der Kuppa in Arkadenbogen Kreuzgruppe und die Zwölf Apostel, auf dem Deckel Figurengruppe der Taufe Christi von *Franz*

Xaver Schlott, 1728. – Derselbe Künstler fertigte zusammen mit *Peter Hirsch* 1729 die Stuhlwangen mit Akanthusranken-Ornamentik.
Gemälde. – Im Chorumgang eines der bedeutendsten Werke der Kirche, Kreuzauffindung durch die hl. Helena, eine vielfigurige, detailfreudige Szene mit prachtvollen Gewändern des Münchner Stadtmalers *Jan Polack*, Ende 15. Jh. – Zahlreiche ehem. Altarbilder. Von dem Rubensschüler *Caspar de Crayer*: in der Empore über der Sakristei das ehem. Hochaltarblatt mit einer Marienkrönung und den Schutzheiligen der Amberger Kirchen, 1658; am Turmpfeiler die Enthauptung des hl. Johannes, neben dem Sakristeizugang Maria mit Heiligen, dat. 1644, Vorstudie des heutigen Hochaltarbildes (1646) in der Münchner Theatinerkirche. – Von dem Wiener *Nikolaus Bruno Belau* die Altarbilder Martyrium des hl. Laurentius in der Laurentiuskapelle und hl. Barbara vor dem Richter in der Barbarakapelle, beide 1731.
Steinfiguren. – Im Turmjoch lebensgroße Verkündigungsgruppe des ausgehenden 13. Jh., aus dem Vorgängerbau, ehem. am vermauerten ersten Ostzugang (dort durch Kopien ersetzt). – Verkündigungsgruppe, Nürnberger Werk des mittleren 15. Jh., ehem. am Portal der Frauenkirche (dort duch Kopien ersetzt), 1982 Freilegung der farbigen Fassung.
Schnitzfiguren. – Am südlichen Chorpfeiler überlebensgroße Muttergottes (aus der Frankschen Dienstbotenstiftung), 1. Hälfte 15. Jh. – Am Choraufgang die hll. Magdalena und Rupert, frühes 16. Jh., 1875 aus Niederbayern angekauft. – Zahlreiche prächtige Zunft- und Familienwappen im Kapellenbereich legen eindrucksvolles Zeugnis vom Reichtum und Selbstbewußtsein der Amberger Bürger ab. An der Emporenbrüstung über dem nordöstlichen Portal ein geschnitztes Triptychon: in der Mitte Anna Selbdritt, seitlich die Stifterfamilie Kastner, bez. 1509. – Im Chorumgang zahlreiche Prozessionsstangen der Amberger Zünfte und Bruderschaften, 18. Jh.

Grabdenkmäler

Große Zahl von Grabplatten und Epitaphien des 14.–19. Jh., bemerkenswert vor allem die Tumba hinter dem Hochaltar für den Pfalzgrafen Rupert Pipan († 1397). Der Verstorbene auf der Deckplatte in fast vollrunder Figur ruhend, im Harnisch mit Fürstenmantel und Fürstenhut, in der Rechten das Banner mit dem bayerischen Wappen, in der Linken das pfalz-bayerische Wappen. Die Füße auf einem Löwen, ein emporspringendes Hündchen neben seinem linken Bein und zu seiten seines Hauptes zwei Engel, das Totenkissen bzw. das Banner erfassend. Ein gewelltes Schriftband die Deckplatte rahmend. An den Seitenwänden der Tumba Szenen aus der Passion Christi bzw. dem Marienleben, die mit dem Tod in besonderer Weise in Verbindung stehen, nämlich die Kreuztragung, die Grablegung und die Auferstehung Christi sowie der Marientod; hervorragende Arbeit eines bislang noch unbekannten Meisters. – An der östlichen Seitenwand der Wolfgangska-

pelle Epitaph für den Prinzen Friedrich Philipp († 1562), einem Sohn des Kurfürsten Ludwig VI. – An der westlichen Innenwand dieser Kapelle Epitaph für den Prinzen Philipp († 1575), einem Bruder des Vorgenannten, mit Relief der Kreuztragung Christi, umrahmt von Karyatiden und trauernden Putten. Das vorzügliche Werk wird einem Meister, der sonst wohl für den Heidelberger Hof tätig war, zugeschrieben. – In der Kreuzkapelle die Epitaphien zweier jung verstorbener Prinzen bzw. Prinzessinnen des vorgenannten Kurfürsten († 1569 bzw. † 1568). – In der Annakapelle Rotmarmorgrabplatte für Heinrich Baumgartner († 1460) und seine Gemahlin Anna, geb. von Hirschberg († 1495) mit Relief des verstorbenen Ehepaars. – Beim westlichen Portal Kalksteingrabplatte für Konrad Woltzhofer († 1310) mit dem Relief eines Kreuzes über einem Dreiberg sowie einem Wappenschild. – An der Südaußenwand großes Rotmarmorepitaph für Martin Merz († 1501), den berühmtesten Büchsenmeister der Oberpfalz im ausgehenden Mittelalter. Der Verstorbene unter einem Astwerkbogen auf einem Kanonenrohr in reicher höfischer Gewandung stehend, das rechte Auge mit einem Pflaster zugedeckt, wohl Arbeit eines Amberger Bildhauers. – An der Sakristei Kalksteinepitaph für den Bürgermeister Jakob Mohr († 1682) mit Relief des Gekreuzigten in einer reich verzierten Renaissance-Ädikula. – An der Nordseite querrechteckiges Rotmarmorepitaph für Hans Klopfer († 1473), unter Arkaden Kreuzigungsgruppe, die hll. Nikolaus und Wolfgang sowie in den beiden äußeren Arkaden die Wappenschilde des Verstorbenen und seiner Gemahlin, gute Arbeit der Regensburger Dombauhütte der *Roritzer*.
In der Ölbergkapelle an der Vils knapp lebensfrohe, farbig gefaßte Steinfiguren, um 1500.

★ **Kath. Stadtpfarrkirche St. Georg.** 1094 erstmals als außerhalb der Siedlung liegende Pfarrkirche erwähnt. 1599–1619 wurde sie geschlossen, 1622 Übergabe an die Jesuiten, 1629 Übertragung der Pfarrrechte auf St. Martin. 1782–1808 im Besitz des Malteserordens, seit 1808 Garnisons- und Studienkirche, seit 1923 wieder Pfarrkirche. – Aufgrund der 1977 durchgeführten Grabungen läßt sich ein wohl kurz nach 1034 entstandener Saalbau mit eingezogener Apsis als erster Vorgängerbau bestimmen. Nach Bauinschrift am Chor wurde der Neubau 1359 begonnen. 1379 *Heinrich Hirsel* als Baumeister bezeugt, Vollendung des Kirchenraums um 1407, des Turms Anfang 16. Jh. 1652 erste Barockisierung unter Leitung *Francesco Garbaninis*. 1672 Vergrößerung der Sakristei. 1675 Anbau der Kreuzkapelle, 1695 der Marienkapelle (durch *Wolfgang Dientzenhofer)*, 1754 der Schutzengel- und der Aloisiuskapelle. (1718–1723) Umfassende Barockisierung: Stuckierung durch *Johann Baptist Zimmermann* (die Seitenkapellen erst um die Jahrhundertmitte durch seinen Neffen *Anton Landes*), Ausmalung durch *Johann Adam Müller*. Gesamtrestaurierung 1977–1984.

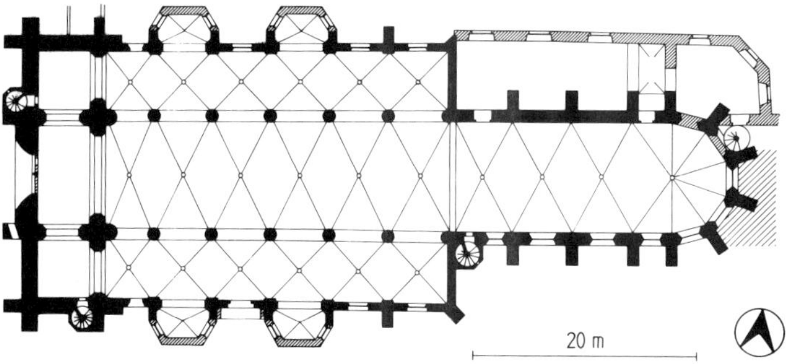

Amberg, Stadtpfarrkirche St. Georg

Baubeschreibung

Gotische dreischiffige Rundpfeilerbasilika mit Kreuzrippengewölben, eingezogener Langchor mit $^{7}/_{10}$-Schluß.
Außenbau. Gliederung des Baukörpers durch Lanzettfenster – nur im Obergaden barocke Rundfenster – und Strebepfeiler, die am Chor kräftig und gestuft ausgebildet sind. Der in das Langhaus einbezogene Westturm nimmt mit seinem querrechteckigen Unterbau die Breite des Mittelschiffs ein und überspannt mit mächtigen Strebepfeilern die Seitenschiffe. Nach oben verjüngt er sich zum Quadrat und schließlich zum Oktogon mit Welscher Haube und Laterne. Drei polygonale Treppentürme, die vier barocken Seitenkapellen symmetrisch angeordnet und dreiseitig geschlossen. Im Westen von krabbenbesetztem Steilgiebel überragtes Gewändeportal mit zweiteiliger Maßwerköffnung. Gewände durch Birnstäbe in vier tiefe Kehlen unterteilt, die Figurenbaldachine heute leer. Das barocke Hauptportal zwischen den beiden südlichen Seitenkapellen. – Turm und hervorgehobene Partien des Außenbaus zeigten Mauerwerk aus Sandsteinquadern, im übrigen verputzt. 1977 kamen an der Chorsüdseite Reste der originalen Fassung zum Vorschein: Fresken mit Figuren vor Häuserreihe und Inschriften.
Inneres. – Der Gesamteindruck des gotischen Raumgefüges wird durch die Stuckdekoration des 18. Jh. bestimmt, die sich über die konstruktiven Architekturglieder – Rundpfeiler, Arkadenbogen, Konsolen, Rippen – legt und streng den vorgegebenen Gewölbefeldern eingepaßt ist. Die ungewöhnlichen Proportionen des gotischen Raums (Chor von gleicher Höhe und Breite wie das Mittelschiff, das doppelt so hoch und knapp sechsmal so lang wie breit ist) bewältigte *Zimmermann* durch eine kontrastierende Gliederung von Chor und Langhaus: im Chor eine vertikal wirksame Pilastergliederung, im Langhaus eine

mehr horizontale Ausrichtung der Stuckdekoration und Gemäldeabfolge. Das Gewölbe ruht im Mittelschiff auf kräftigen, profilierten Konsolen mit eingezogen segmentbogigen Umrissen, in den Seitenschiffen auf ionischen Pilastern; im Chor wird es von kannelierten korinthischen Pilastern mit ausladenden Gebälkstücken aufgefangen. Die Rundpfeiler wurden mit ionischen Kapitellen umgestaltet, die Schenkel der Arkadenbogen am Scheitel volutenförmig eingerollt. – Als Meisterwerke der Stuckplastik gelten die zwölf um 1720 von *Zimmermann* ausgeführten Apostel. Über den Arkadenscheiteln auf Wolkenbänken schwebend, zeichnen sie sich durch lebendige und individuelle Charakterisierung aus. – Die Fresken von *Müller* schildern an den Chor- und Mittelschiffsgewölben das Martyrium des Kirchenpatrons, das mit dessen Enthauptung über dem Hochaltar endet; an den Obergadenwänden seine Mittler- und Schutzherrschaft, am nördlichen Seitenschiffsgewölbe drei Szenen aus dem Leben des Ordenspatrons Ignatius, am südlichen Szenen aus der Vita des hl. Franz Xaver (die 1895 erfolgte Übermalung der Seitenschiffsfresken 1980–83 entfernt und die Fehlstellen ergänzt).
Fresko der unteren Westempore: der hl. Georg bekennt sich zum Kreuz, bez. 1772 *J. Ad. Müller*.

Ausstattung

Die prachtvolle Ausstattung größtenteils von dem Jesuitenfrater *Johannes Hörmann* († 1699) konzipiert. Mächtiger Hochaltar von 1695 mit ausladender Sockelzone. Das Altarblatt: Glorie des hl. Georg, von *Johann Nepomuk Schöpf*, 1766 signiert und datiert. – Die zweisäuligen Seitenaltäre von 1669; das Altarblatt des nördlichen: hl. Ignatius, das des südlichen: hl. Franz Xaver, beide von *Caspar de Crayer*. Kreuzaltar in der nordöstlichen Kapelle, wohl gleichzeitig mit dem Hochaltar; mit Altarblatt: Kreuzabnahme Christi, ebenfalls von *Caspar de Crayer*. Gegenüber der Marienaltar von 1695; Altarblatt: Maria Immaculata, von *Johann Andreas Wolf*, 1696/97.
Im Tabernakel das aus dem Kloster Kastl stammende Gnadenbild einer Muttergottes in halber Figur, niederländisches Tafelbild der 2. Hälfte des 15. Jahrhunderts, das aufgrund seiner Beschädigung im kalvinistischen Bildersturm als „Maria, der in Flammen unversehrte Dornbusch" bezeichnet wird.
Die rückwärtigen Seitenaltäre 1754; die Holzaufbauten mit Säulen und Volutenpilastern von der Amberger Schreinerwerkstatt *Bacher*, Faßmalerei von *Georg Andreas Zellner* und *Franz Xaver Zellner*; die Altarblätter: auf dem nördlichen der hl. Schutzengel, auf dem südlichen der hl. Aloisius, von *Johann Georg Wolcker* aus Augsburg. – Die Kanzel von 1702, Schalldeckel mit Fama auf Weltkugel. – Orgelgehäuse mit reichem Rokokodekor, 1767. Die übrige Einrichtung ebenfalls größtenteils nach Entwürfen *Johannes Hörmanns*: Chor- und Langhausgestühl 1701/02, die ältesten Beichtstühle an der Westwand

um 1700, Schränke mit Knorpelwerkschnitzereien und Kassettendecke der Sakristei nach 1672.
Im nördlichen Seitenschiff Kalksteinepitaph für den Malteserkomtur Clemens Freiherr von Weichs († 1801), sign. *F(riedrich) Wagner.*

★ **Ehem. Jesuitenkolleg.** 1665–69 Errichtung des Kollegiums durch Baumeister *Wolfgang Hirschstetter*, gefolgt von *Georg Hagn* und *Andreas Wels* d.Ä. Nordflügel erst 1684, wohl unter Leitung *Georg Dientzenhofers*, entstanden, 1689 Aufstockung des Westflügels, nach dem Tode Georgs durch dessen Bruder *Wolfgang Dientzenhofer*. Bau des Gymnasiums 1672–74, des südöstlichen Verlängerungstrakts 1674–78. – Vierflügelige Anlage um rechteckigen Innenhof. Mit dem südlichen Verlängerungstrakt des Ostflügels entstand eine etwa 160 m lange, augenfällig gegen die Stadt abriegelnde Gebäudefront. – Dreigeschossige, sparsam gegliederte Bauten, nur der Verlängerungstrakt mit reich gestalteter Fassade: stattliche Portale, in den einzelnen Geschossen variierte Fensterrahmungen und Volutengiebel. Am Westflügel hofseitig Erker mit Schweifhelm. – Kongregationssaal im Verlängerungstrakt. Die erste Innenausstattung des zweigeschossigen, traktbreiten Saals von Frater *Johannes Hörmann* entworfen: Kassettendecke 1677/78, mit Ölgemälde der Verkündigung (Stiftung Präses Rapp) im runden Mittelfeld; Kanzel 1693, mit Erzengel Michael auf dem Schalldekkel; Orgelempore und Portale. Zwischen den Fenstern große Gemälde, darunter sechs Darstellungen aus dem Marienleben von *Johann Caspar Sing*. Nach Zerstörung im Österreichischen Erbfolgekrieg 1742/43 Neugestaltung der Altarwand in üppigen Rokokoformen: Konkaves, sechssäuliges Retabel mit älterem Altarblatt der Himmelfahrt Mariens von *Caspar des Crayer* (erworben 1672) und Oratorien, geschreinert von *Leonhard Bacher*, gefaßt von *Andreas Zellner* (alte Fassung 1953/54 freigelegt). – Fünf große, aus Silber getriebene Figuren der Maria Immaculata und der hll. Anna, Joseph, Joachim, Johannes Ev., augsburgisch, Anfang 18. Jh. – Bibliothek im Ostflügel. Im langgestreckten, niedrigen Raum Spiegeldecke mit Stichkappen; Laub- und Bandelwerkstukkaturen um 1730, mit figuralen Einsprengseln aus der Studierwelt. Deckengemälde von *Johann Gebhard* 1727: Adam und Eva am Baum der Erkenntnis, Jesus unter den Schriftgelehrten (sign.), Pfingstwunder. – Schrankausstattung um 1680, mit Knorpelwerkdekor und Fruchtschnüren. – Bemerkenswert der z.T. urspr. bzw. aus oberpfälzischen säkularisierten Klöstern zusammengetragene Buchbestand im originalen Ordnungssystem. – Speisesaal im Nordflügel, mit Kassettendecke, Portal, Wandvertäfelung und Lavabo nach Entwürfen *Johannes Hörmanns*. 1687/88. Im darüberliegenden Rekreationssaal einfachere Kassettendecke. – Holzfigur der Muttergottes auf Mondsichel, um 1500, neu gefaßt 1959.

★ **Wallfahrtskirche Maria-Hilf.** Zu dem auf einem Bergrücken östlich der Stadt liegenden Wallfahrtsbezirk mit Kirche, Kloster, ehem. Mesnerhaus (1709) und ehem. Herberge (1725) führt seit 1760 eine Lindenallee, seit 1858/59 ein Kreuzweg mit einer älteren ehem. Loretokapelle. Im Pestjahr 1634 gelobte die Bürgerschaft die Errichtung einer Kapelle auf dem Amberg, wo noch Reste der mittelalterlichen Burg der Amberger standen. 1646 brannte die Kapelle ab; das von den Jesuiten gestiftete Gnadenbild blieb unversehrt. 1651 Wiederaufbau. 1696/98 wurde zur Betreuung der stark angewachsenen Wallfahrt ein Franziskanerkloster errichtet. 1697–1703 Neubau der Kirche durch Maurermeister *Georg Peimbl* unter Leitung des Franziskanerfraters *Philipp Plank*, vermutlich nach Plan von *Wolfgang Dientzenhofer*; Weihe 1711. – Stuckierung 1702 durch *Giovanni Battista Carlone* begonnen, 1717 durch seinen Schüler *Paolo Allio* vollendet; Fresken 1717 von *Cosmas Damian Asam*. 1720/23 Turmbau anstelle des früheren Dachreiters durch *Johann Caspar Schubert* aus Würzburg. – Gesamtrestaurierung 1976–81.

Nordwestlich ausgerichtete Wandpfeilerkirche mit eingezogenem, rechteckigem Chor und östlich anschließendem Turm. – Zweigeschossiger Sandsteinbau, gedrungener Turm mit eingezogener Zwiebelhaube und Laterne, durch Doppelpilaster gestufter Ordnungen kräftig gegliedert. Zweigeschossige Anbauten beiderseits des Chores. Über 1895 angelegter monumentaler Freitreppe fünfachsige Westfassade mit Ädikulaportal und über hoher Sockelzone ansetzenden, ionischen Kolossalpilastern. Seitlich Nischen mit Figuren der Evangelisten, im von Voluten mit Obelisken gesäumten Giebel Maria Immaculata und die hll. Antonius und Franziskus, bambergisch, 2. Hälfte des 19. Jahrhunderts. – In Chor und Langhaus durch Doppelgurte gegliederte Tonnengewölbe mit verschliffenen Stichkappen. Die mächtigen Wandpfeiler, denen ionisierende Doppelpilaster mit Gebälkstücken vorgelegt sind, werden durch einen die Seitenkapellen abschließenden Emporengang verbunden; nur das vordere Joch bleibt ausgespart, wodurch der Eindruck eines Querhauses entsteht; die Kapellen- und Emporenräume von Quertonnen überwölbt. – Die kraftvolle Stuckdekoration zeichnet sich durch besonderen Figurenreichtum mit Engeln, Putten und Hermen aus; am Chorbogen und an den Pfeilern große Stuckfiguren von Propheten und Heiligen. Die Deckenfresken von *Cosmas Damian Asam* schildern die Geschichte der Wallfahrt, bereichert um allegorische Darstellungen: im Chor Pestprozession von 1634; im Schiff Übertragung des Gnadenbildes 1634, dessen Rettung beim Brand 1646, Weihe der Kirche 1711, unter der Orgelempore Pilgerzüge zum Marienheiligtum.

Ausstattung. – Hochaltar von *Carlone* und *Allio*, 1703. Mächtiges, konkaves Säulenretabel aus Stuckmarmor, flankiert von den Figuren der hll. Joachim und Joseph; im Auszug Gottvater zwischen Sibyllen. Das Gnadenbild im Typus des Maria-Hilf-Bildes von *Lukas Cranach* in St. Jakob, Innsbruck, mit getriebenem Metallrahmen von 1760, ebenso wie der reich verzierte Tabernakel von dem Amberger Goldschmied *Christoph Seidl*. Antependium mit Treibarbeit von *Felix Anton Zeckl*, 1779–1786 mit Darstellung der Verehrung Mariens durch die vier Weltteile. – Im querhausartigen Joch zwei große Seitenaltäre aus Stuckmarmor von *Balthasar Rothärmbl* 1712. – Die vordersten Altäre der Seitenkapellen mit Säulenaufbauten um 1710 mit nazarenischen Altarblättern. Die vier rückwärtigen Altäre in Rokokoformen: Antonius-Altar (urspr. Magdalenenaltar) 1757, der Johannes-Nepomuk-Altar von dem Amberger Bildhauer *Philipp Lutz* 1766, Altarblatt von *Johann Michael Wild*. – Kanzel aus Stuckmarmor von *Rothärmbl* 1713, reich verziert und bekrönt von Figur des hl. Paulus. – Orgelgehäuse 1733, Beichtstühle um 1715 und Gestühl von *Wolfgang Bacher* und *Xaver Schlott*.

★ **Sog. Deutsche Schulkirche (ehem. Salesianerinnenkirche).** 1692 Niederlassung der Salesianerinnen; 1694 Baubeginn des Klosters; 1697–99 Bau der Kirche durch *Wolfgang Dientzenhofer*. Ab 1696 Stuckierung durch die *Carlone-Allio*-Werkstatt. Baumängel des westlich ausgerichteten Zentralbaus erforderten 1757/58 Umbau- und Erweiterungsmaßnahmen nach Westen durch den Regensburger Baumeister *Johann Paul Ufferer;* Stuckdekoration wahrscheinlich von *Anton Landes* und *Franz Xaver Höflmayer*; Fresken von *Gottfried Bernhard Göz*. Klostergebäude mehrmals erweitert. 1802 Säkularisation; 1846 Übernahme durch die Armen Schulschwestern. Gesatmrestaurierung 1982–88.

Außenbau. – Lediglich durch schlichte Fensterrahmungen gegliederter Putzbau. Stattliches Portal im Südwesten mit Giebelfiguren der hll. Augustinus und Franz von Sales, 1699; das reiche Rokokoschnitzwerk der Oberlichter und Türflügel um 1758.

Inneres. – Saal mit zentralisierendem Chor (quadratisches Joch mit segmentbogiger Apsis), seitliche Oratorien. Schräggestellte Konchenkapellen vermitteln zum breiteren Langhaus. Im Westen eingezogene Vorhalle mit muschelförmiger Orgelempore. Im Langhaus Muldengewölbe mit Stichkappen, im Chor böhmische Kappe. – Reiche Rokokostukkaturen mit Brokaten und Vasen bzw. Rocaillen als Allegorien der vier Elemente und der vier Jahreszeiten auf den Konsolen des Gewölbeansatzes; Apostelköpfe an den Langhauswänden; die leuchtende farbige Fassung bei der letzten Renovierung nach Befund erneuert. – Hauptdeckenfresko im Langhaus bez. „*G.B. Göz* Invenit et Pinxit 1758“, mit Szenen aus der Gründungsgeschichte des Ordens, gruppiert um die auf Wolken schwebende und von Dreifaltigkeitssymbolen umgebene Divina Providentia, „durch welche der hl. Orden ausersehen und angeordnet worden ist“; in den Gewölbezwickeln die Vier Kirchenväter. Im Chor Deckenbild mit Hl. Dreifaltigkeit, von Zwickelbildern der Vier Evangelisten umgeben; die Oratorien mit jüngst freigelegten Darstellungen der hll. Sebastian und Florian. Über der Orgelempore die sel. Ordensgründerin Johanna von Chantal, die sich im Beisein der personifizierten göttlichen Tugenden das Jesusmonogramm auf die Brust brennt; an der Emporenbrüstung zwei Szenen aus dem Leben des hl. Augustinus. Stuckgerahmte Fresken an den

Langhauswänden zeigen die Verehrung des Herzens Jesu, hl. Joseph und hl. Apollonia im Norden, Maria Immaculata, hl. Judas Thaddäus und hl. Hedwig im Süden; seitlich der Sohlbänke Medaillons mit Brustbildern der Apostel als Säulen des Glaubens. An der Westwand der Vorhalle die hll. Walburga, Florian und Nikolaus von Tolentino.

Reiche Ausstattung des Rokoko durch überwiegend einheimische Künstler, um 1758. Hochaltar, Kanzel, Orgelgehäuse und Beichtstühle mit prächtigem Rocailledekor von *Franz Joachim Schlott*, die Schreinerarbeiten von *Johann Peter Bacher*, Faßmalerei von *Johann Andreas Georg Zellner* aus Furth. Dem Hochaltar angeglichen die Seitenaltäre von *Johann Peter Hirsch* und *Johann Wolfgang Eder*. Alle Altarblätter von *Gottfried Bernhard Göz*, Hochaltar: hl. Augustinus bringt sein flammendes Herz der Fides-Ecclesia dar, Seitenaltäre: Mariä Heimsuchung bzw. hl. Franz von Sales bei der Abfassung der Ordensregel. – Abschlußgitter von *Johann Franz Eberhard* 1699, erweitert 1757/58.

Die Klostergebäude schließen mit zwei unregelmäßigen, dreigeschossigen Flügeln in Putzrahmengliederung an den Chor an. In einigen Räumen Stukkaturen der *Carlone-Allio*-Werkstatt.

Kath. Dreifaltigkeits- und Friedhofskirche. Die 1514/15 für die Sondersiechen erbaute Dreifaltigkeitskapelle liegt östlich der Stadt am zugehörigen, 1580 durch die Leprosenverwaltung angelegten Friedhof. 1551/52 Errichtung eines neuen, 1872 abgebrochenen Siechenhauses. Um 1700 Anbau einer Kapelle an die Chorsüdseite durch die Familie Weinzierl, 1748 barocke Veränderung des Langhauses (Baudatum am Portal der Westvorhalle). Restaurierung 1982ff.

Saalbau mit 1879 gotisiertem Dachreiter, der eingezogene Chor mit $^5/_8$-Schluß. Am Langhaus Lisenengliederung, Chor mit Kaffgesims, abgesetzten Strebepfeilern und zweibahnigen Fenstern mit knappem Fischblasenmaßwerk. – Im Chor reich figuriertes Netzrippengewölbe, im Langhaus vermittelt eine breite Hohlkehle zwischen der pilastergegliederten Wand und der Rahmenstuckdecke; Westempore. – Ausstattung. – Hochaltar um 1710, seitlich Schnitzfiguren der hll. Martin und Wolfgang. Seitenaltäre um 1724, nördlich mit Altarblatt, hl. Barbara und hl. Nikolaus von Tolentino, von *Johann Adam Müller* 1724, südlich mit Altarblatt Johannes von Nepomuk von *Anton Richter*. – Grabsteine des 17.–19. Jh.

Weinzierlkapelle. – Über quadratischem Grundriß Tambourkuppel mit Dreifaltigkeitsfresko, reiche Stuckdekoration der *Carlone*-Werkstatt.

Kath. Stadtpfarrkirche Hl. Dreifaltigkeit, als dritte Pfarrkirche südöstlich der Stadt 1926 nach Plänen von *Gustav Gsänger* und *Georg Holzbauer* errichtet, 1929 konsekriert. – Abstimmung auf die Umgebung durch pedantisches Aufgreifen des barocken lokalen Formenrepertoires. Wuchtiger Westturm mit Schweifhelm und Laterne. – Pfeilerarkaden separieren drei flachgedeckte Schiffe. – Vor der Ostwand des Chores monumentales Holzrelief der Hl. Dreifaltigkeit von *Andreas Schwarzkopf* 1935, vom gleichen Künstler kleinere Reliefs und die Kanzel. – Der an die Langhauswände gemalte Kreuzweg von *Ludwig Angerer* sowie die Gemälde an den Seitenaltären und der Emporenbrüstung in herber, klassizisierender Formensprache der Dreißiger Jahre. – In der Vorhalle Schnitzfigur der Muttergottes mit dem spielenden Jesuskind, 18. Jh.

Kath. Frauenkirche, ehem. Hofkapelle. Anfang 15. Jh. auf dem Platz der ehem. Synagoge als Marienkapelle errichtet, seit dem 16. Jh. Hofkapelle. Einrichtung in den Glaubenskriegen verwüstet. Seit 1630 Kirche der Kongregation „Maria unter dem Kreuz“. Neugotische Umgestaltung mit partieller Farbverglasung seit 1864. – Die dreischiffige spätgotische Hallenkirche mit kämpferlos in die einfachen Kreuzrippengewölbe übergehenden Rundpfeilern steht in Anlage und Baudetails der Martinskirche nahe, wobei die Anwendung des Hallenbauschemas auf eine derart kleine Kirche ungewöhnlich erscheint. – Auf dem Steildach gotisierender Dachreiter von 1876/77. Außengliederung des dreiseitig geschlossenen Baus durch Strebepfeiler und einfache Maßwerkfenster. Schräggestellte Westseite, am Westportal nicht verifizierbares Entstehungsdatum 1312, am Südportal Kopie der jetzt in der Martinskirche aufgestellten spätgotischen Verkündigungsgruppe. – Vollständige neugotische Einrichtung, nur die Stuhlwangen aus dem 18. Jh.

Kath. Spitalkirche zum Hl. Geist. 1317 stiftete Ludwig der Bayer das damals unmittelbar vor der alten Stadtmauer gelegene Bürgerspital. Vorgängerbau der Spitalkirche war die 1311 erwähnte Johanniskirche, angeblich eine der ältesten Kirchen Ambergs, wohl als Taufkapelle mit der Martinskirche verbunden. Nach stilistischen Details erfolgte der Neubau der Spitalkirche Anfang 15. Jh. (Fischblasenmotiv im sonst altertümlichen Maßwerk). 1454 erstmalige Nennung eines Hl.-Geist-Altars. Mehrmalige Ausräumung der Kircheneinrichtung. Spitalgebäude 1953/54 umgebaut, 1961/62 erweitert. Gesamtrenovierung der Kirche 1965–77. – Kreuzrippengewölbtes, niedriges Schiff und eingezogener Chor mit $^5/_8$-Schluß. Bis auf hervorgehobene Partien verputzt, Gliederung durch zweibahnige Maßwerkfenster und Strebepfeiler, Dachreiter von 1860. – Zwei figürliche Schlußsteine aus der Entstehungszeit. Gotische Altarmensa; am nördlichen Seitenaltar Mondsichelmadonna, 2. Hälfte 15. Jh. – Am Chor außen Sandsteinrelief mit Darstellung des knienden Stifterpaares Heinrich Baumgartner d. Ä. († 1425) und seiner Gemahlin, einer geb. Ehenheim. – Im Inneren zahlreiche Epitaphien des 18. Jh.

Kath. Katharinenkirche. Die westlich der Altstadt im zugehörigen Friedhof gelegene Kirche bildet mit dem westlich angebauten ehem. Städt. Krankenhaus und dem weiter östlich gelegenen, in das 14. Jh.

zurückgehenden ehem. Leprosenhaus einen architektonisch und funktional zusammenhängenden Komplex. – Die Kirche mit eigenem Benefizium von dem 1382 verstorbenen Wolfhart Reich gestiftet, im 18. Jh. verändert. – Flachgedeckter Saalbau mit eingezogenem Chor im $^{5}/_{8}$-Schluß, spitzer Dachreiter. Gliederung des Chors durch schlichte zweibahnige Maßwerkfenster und Strebepfeiler. – Im Langhaus Rahmenstuckdecke über Hohlkehle, Chor und Vorzeichen über quadratischem Grundriß kreuzrippengewölbt, Schlußsteine mit Christuskopf, Lamm Gottes und Maske reliefiert. – Neugotische Ausstattung mit Schnitzaltären. An der südlichen Langhauswand ehem. Hochaltarbild, Martyrium der hl. Katharina, von *Johann Nepomuk Schöpf* 1766. Am nördlichen Seitenaltar Schnitzfiur der Mondsichelmadonna, 2. Hälfte 15. Jh. – Stuhlwangen mit Akanthusdekor um 1715. – Zahlreiche Grabdenkmäler, darunter Epitaph für Paul Hartung († 1654), eine formenreiche Renaissance-Ädikula mit Relief der Jakobsleiter. – Außen am Chor Epitaph für den Bürgermeister und Stadtkämmerer Johann Stephan Bäuml († 1772), mit Relief der Steinigung des hl. Stephanus. – Sandsteintafel für den Grabmeister Georg Beuml und seine Gemahlin Barbara, geb. Haßler, dat. 1584.

Ev.-Luth. Pfarrkirche, ehem. Paulanerkirche. 1652 Niederlassung der Paulaner in Amberg. 1802 Aufhebung des Klosters, 1812 Kirche profaniert, seit 1862 Besitz der protestantischen Gemeinde. – 1696–1702 Bau des Klosters durch *Wolfgang Dientzenhofer* 1717–19 Bau der Kirche, Weihe 1729. Stuckierung 1719 durch einen Waldsassener (*Franz Christoph Muttone?*) begonnen, zum großen Teil erst um 1735/40 ausgeführt; Fresken von *Anton Helt*. 1759 Errichtung der Fassadentürme, die 1819 abgetragen wurden, 1866 Bau des jetzigen Turms. 1888–1903 Umbau der Kirche: Erneuerung der Emporen, Übertünchung der Fresken. 1916–19 Umbau der Klostergebäude. 1954–57 Innenrenovierung der Kirche, Außenrenovierung 1980/81, dabei die Farbfassung des 19. Jh. wiederhergestellt, Innenrenovierung 1987/88.
Außenbau. – Nach Süden gerichtete Wandpfeilerkirche mit großen, 1888 verlängerten Rundbogenfenstern. Der Turm mit quaderverblendeten Obergeschossen und von zierlicher Laterne bekröntem Kuppelhelm tritt an der Westseite des Chores nur leicht aus der Mauerflucht. Nördliche Eingangsfront durch gestaffelte toskanische Kolossalpilaster mit Gebälk, Sprenggiebelportal und Volutengiebel ausgezeichnet.
Inneres. – Zwischen den mit korinthischen Doppelpilastern besetzten Pfeilern flache Seitenräume mit umlaufender Empore. Der Chorraum abgesondert durch weiter in den Raum vorgezogene Emporen, die hier im Gegensatz zu den flachgedeckten Kapellen kreuzgratunterwölbt sind. Daran anschließend ein schmales Vorjoch mit schwach eingezogener, segmentförmiger Apsis. In Chor und Langhaus Stichkappentonne. Stukkaturen mit Bandelwerk und Gittermotiven. Deckenfresken von *Helt* an den Quertonnen über den Emporen erhalten, an der Ostseite den Namen Jesu, an der Westseite den Namen Mariä in Allego-

rien verherrlichend. – In der Nordwand Farbfenster von 1888, die Apostelfürsten nach *Albrecht Dürer* darstellend. – Zweiteiliges, symmetrisch angeordnetes Orgelgehäuse in klassizistischen Formen um 1888. – Moderne Ausstattung durch den Oberbayern *Karlheinz Hoffmann.*
Ehem. Klostergebäude (heute Amtsgericht) an den Chor anschließend, eine dreigeschossige Zweiflügelanlage mit Putzgliederung. – Ehem. Refektorium im Südflügel. An der von Stichkappen durchsetzten Spiegeldecke schwere Stukkaturen mit Akanthus- und Kartuschenmotiven von *Paolo Allio* 1699.

Kath. Filialkirche St. Sebastian. Ein gotischer Vorgängerbau wurde auf kurfürstlichen Befehl 1557 teilweise und 1566 ganz abgebrochen, in der Zwischenzeit (1562) zu einem Lazarett umgebaut. 1711–17 Neubau auf den alten Grundmauern unter Verlängerung nach Westen durch Maurermeister *Georg Peimbl.* 1753 nördlicher Anbau der Wieskapelle. 1878 Renovierung, Gesamtrestaurierung 1982–84. – Saalbau mit eingezogenem, dreiseitig geschlossenem Chor; am Chorhaupt Turm mit gedrückter Zwiebelhaube und Laterne. Nur das Obergeschoß des Turmes zeigt unverputztes Quadermauerwerk. – Im Innern eine korbbogige Stichkappentonne mit Rahmenstuck, die Wände durch toskanische Doppelpilaster mit Gebälkstücken gegliedert. – Ausstattung größtenteils aus der Erbauungszeit. Hochaltar von dem Landshuter *Bernhard Ehehamb* 1715, Altarblatt, hl. Irene nimmt den gemarterten Sebastian vom Baum, von *Anton Richter.* – Die zweisäuligen Seitenaltäre und das Gestühl von Schreinermeister *Eder* um 1722. – Prunkvolle Kanzel von *Johann Peter Hirsch* und Schreinermeister *Bacher* 1740, auf dem Schalldeckel Figur des Guten Hirten mit verlorenem Schaf, am Korpus Reliefs der getreuen Schafe. – Schnitzfiguren des 18. Jh.: im Langhaus Auferstandener von *Hirsch* (Mitte 18. Jh.), die hll. Sebastian und Florian, wohl aus der Martinskirche stammend; in der Kapelle Wiesheiland im Tabernakel, Kruzifixus mit Assistenzfiguren.

★ **Stadtbefestigung.** Amberg war wohl schon im 12. Jh. mit Wehrmauer, Graben und zwei Toren befestigt. Der Umriß dieser Wehranlage zeichnet sich mit annähernd quadratischem Grundriß auf dem Stadtplan ab: Zeughausstraße, Paulanergasse und Spitalgraben verlaufen vor, Schiffbrück-, Kanzlei-, Haffner- und Franziskanergasse hinter dem 1926 bzw. schon im 15. Jh. eingefüllten Stadtgraben. Das starke Anwachsen der Stadt veranlaßte Ludwig den Bayern seit 1326 zum Bau eines neuen Mauerrings. Zur Finanzierung überließ er den Bürgern bedeutende, bis dahin landesherrliche Einkünfte. Die nachfolgenden Landesherren behielten diese Finanzierungspraktik unter Vorbehalt der Mitsprache bei. Der langen, bis in das 15. Jh. währenden Bautätigkeit folgten in der 2. Hälfte 16. Jh. Vorbefestigung und Verstärkung des Berings. Unter Kurfürst Maximilian von Bayern wurde Amberg zu einer der am stärksten befestigten Städte Süddeutschlands ausgebaut.

Nach den Eroberungen von 1703 und 1745 Ausbesserung und partielle Aufstockung. Seit 1788 Umgestaltung der Vorbefestigung zu Parkanlagen, verändernde Eingriffe im 19. Jh., um 1900 Schleifung zwischen Neutor und Wingershofer Tor zum Bau der Ringstraße. 1977/78 Restaurierung.
Die ovalförmige Anlage, bestehend aus hoher Ringmauer mit Rund- und Vierkanttürmen in regelmäßigen Abständen, Zwinger, Toren und Wassergraben, ist gut erhalten und zählt zu den großartigsten Beispielen mittelalterlicher Stadtbewehrung. – Von den 97 Türmen und den fünf Toren, die ein Chronist des 16. Jh. überlieferte, steht noch ein großer Teil. Das Teilstück zwischen St. Georg und dem Vilstor im Nordwesten ist besonders gut, streckenweise sogar mit Wehrgang erhalten, ebenso der östliche Mauerzug zwischen Ziegeltor und Nabburger Tor mit im 18. Jh. durchgeführten Ausbesserungen in Quaderwerk. Besonders bewehrt die Ein- und Austrittsstellen der Vils: Im Süden der Schloß und Zeughaus verbindende, dreibogige Wassertorbau mit Resten eines Turmes, bez. 1588 (zwei Bögen spiegeln sich im Wasser, deshalb Bezeichnung als „Stadtbrille“). Der Mittelbogen innen und außen mit beidseitig vorgezogenen Streichwehren verstärkt. – Von den vier erhaltenen Toren – alle mit Stadt- und Kurpfalzwappen ausgestattet – am eindrucksvollsten das Nabburger Tor im Südosten. Spitzbogige Durchfahrt, flankiert von Halbrundtürmen, 14. Jh., mit polygonalen Aufsätzen von 1587, gleichzeitig der mittlere Überbau. – Wingershofer Tor im Süden, bez. 1579 und 1580, niedriger Torturm über zweigeschossigem Querbau mit Innenhof und Wehrgang. Gliederung durch Bänderrustika und Maulscharten; kreuzgratgewölbte Durchfahrt mit Rosettenschlußstein. – Vilstor, viergeschossiger Torturm, 14. Jh., mit Vorwerk, bez. 1574. Am Turm stadtseitig Biforium mit Maßwerk, von Stichkappentonne überwölbte Durchfahrt mit Spitzbogenöffnungen; Vorwerk rustiziert, innen dreiseitiger Wehrgang. – Ziegeltor im Nordosten, Turm im Unterbau gotisch, rustizierter Aufbau mit Maulscharten um 1580, flankiert von halbrunden Batterietürmen mit Schießluken des 18. Jh.; von Stichkappentonne überwölbte Durchfahrt mit Spitz- bzw. Segmentbogenöffnung. – Das mittelalterliche Georgentor wurde 1630, das anschließend weiter südlich errichtete Neutor 1870 abgebrochen.

Ehem. Kurfürstliches Schloß, jetzt Landratsamt (Schloßgraben 3). Die kurfürstliche Residenz lag urspr. am alten Bering („Eichenforst“ und Alte Veste). Seit 1417 Bau eines Schlosses an der neuen Stadtmauer, 1454 Ausbau zu einer starken, gegen die Stadt abgeschirmten Veste durch Friedrich I. 1483 war hier der Baumeister der Martinskirche, *Hans Flurschütz,* tätig. Die mehrflügelige Anlage mit Innenhof, 1557 abgebrannt, im folgenden Jahr erweitert wieder aufgebaut. 1602/03 Umbau und Aufstockung des Südflügels durch einheimische Handwerker nach dem Entwurf des Heidelberger Baumeisters *Johann Schoch.* 1644 schwerer Brandschaden. Im 18. Jh. wurde der Südflügel als

Stadthalterwohnung eingerichtet, die übrigen Teile 1768 abgebrochen. 1900–1903 Errichtung eines Westfügels. Gesamtrenovierung 1967. Bis auf die abgetragenen Zwerchgiebel gibt der Außenbau des Südflügels den Zustand von 1603 wieder: dreigeschossiger Putzbau mit Satteldach und Volutengiebeln, in der Mittelachse der Nordseite polygonaler Treppenturm. Südöstlich der unter Friedrich I. entstandene Torbau mit Tor, Mannloch und Anschlagfalz der Zugbrücke im Unterbau erhalten. Von der urspr. zweigeschossigen Anlage mit Eckerkern, die im frühen 17. Jh. von *Schoch* erneuert wurde, sind die reich profilierten Erkervorkragungen erhalten. Das Obergeschoß der Toranlage im 18. Jh. abgetragen und mit Steinbalustrade in eine Altane verwandelt. – Inneres. – Die jetzt verbaute, große mehrschiffige Halle mit Kreuzgratgewölben im Erdgeschoß des Südflügels stammt noch aus dem 15. Jh. Im ersten Obergeschoß die Hauskapelle, ein hoher, annähernd quadratischer Raum mit reicher Ausstattung des 18. Jh. (1982/83 restauriert). Deckenfresko mit kreuztragendem Engel, von Putten und Engeln umgeben, ornamental-vegetabil bemalte Wandvertäfelung, um 1720/30. Letztere um 1760 mit Rocaille-Ornamentik bereichert; um 1800 erhielten die schmalen Füllungen christologische Gemälde, auf der Supraporte Rebekka am Brunnen. – Rokoko-Altar mit Volutenpilastern und Altarblatt Verkündigung an Maria.
Von der stadtseitigen wehrhaften Toranlage blieb der Stumpf eines Turms – sog. Fuchssteiner – mit Arrestlokalen erhalten, ein Quaderbau, dat. 1454. Benennung angeblich nach dem ersten Arrestanten Johann Fuchssteiner, dem Kanzler Friedrichs II.

Ehem. Herzogsburg Alte Veste. (Marstallgasse 4). Die frühere Herzogsburg war bis zur Errichtung des Schlosses ab 1417 Sitz der Statthalterei der Heidelberger Linie der Wittelsbacher. In der Folgezeit kurfürstlicher Marstall, Landschaftsständehaus, Wohnung des Hofkastners bzw. Kanzlers. 1784, als Palais umgebaut, Mittelpunkt des Amberger gesellschaftlichen Lebens unter Gräfin Josefa von Holnstein und ihrem Gatten Freiherr von Egckher. – Nach den Formen der ältesten aufgedeckten Gewände wurde die Burg in der 1. Hälfte des 13. Jh. errichtet. Umbauten und Dachkonstuktion um 1600. Neugestaltung 1. Viertel 18. Jh., spätbarock-frühklassizistische Umgestaltung 1784. Sanierung bzw. bzw. Restaurierung 1979–1986.
Dreigeschossiger Putzbau mit Walmdach; fasziert gerahmte Kreuzstockfenster. An der Nordseite korbbogiges Portal mit dem stuckierten Ehewappen Egckher/Holnstein bekrönt. An der Westseite restaurierter bzw. ergänzter Quaderputz der 2. Hälfte des 13. Jh. und freigelegte gotische Biforien.
Das Innere weist zahlreiche gotische Architekturfragmente auf; im ersten Obergeschoß gotische Sitznischen. Im zweiten Obergeschoß freskiertes Wappen der Rosenberger (ein Rosenberger war 1364 Vitztum der pfälzischen Wittelsbacher in Amberg).

★ **Ehem. kurfürstliche Hofhaltung, sog. Eichenforst, jetzt Zweigmuseum der Prähistorischen Staatssammlung** (Eichenforstgäßchen 12). Die Hofhaltung gegenüber der Alten Veste war der Überlieferung nach das alte Pfalzgrafenschloß, später als Freihaus kurpfälzisches Lehen, 1440 von Pfalzgraf Ludwig III. an den Regensburger Bischof Konrad VII. und dessen Schwester verkauft, 1446 im Besitz des Wilhelm von Hohenrechberg, Vitztum von Amberg. 1839 als Kloster der Armen Schulschwestern (daher die Bezeichnung „Klösterl") eingerichtet.
Das im Kern in das 14. Jh. zurückgehende Gebäude wurde mehrmals umgebaut. Letzte Restaurierung 1987/88. – Zweigeschossiger Putzbau mit hohem Stufengiebel, an der Vilsfront auf Polygonalpfeiler ein Chorerker. – Hauskapelle im ersten Obergeschoß, über Wanddiensten mit Laub- und Bestienkapitellen Rippengewölbe mit Rosettenschlußsteinen; im Erker freihängendes Rippengewölbe, mit lilienendigen Kleeblattbogen besetzt, hängender Schlußstein mit Christuskopf, partiell restaurierte Glasgemälde mit Gnadenstuhl und Heiligen unter Baldachintürmen, nürnbergisch, frühes 15. Jh.

★ **Ehem. Regierungskanzlei, jetzt Landgericht** (Regierungsstr. 8). 1544 durch Kurfürst Friedrich II. erbaut. 1601 Errichtung des Treppenturms. Seit 1768 Erweiterungsbau gegen Norden nach Plänen des Münchener Baumeisters *Leonhard Matthäus Gießl*. 1784 und 1791–93 bauliche Veränderungen im Innern.
Außenbau. – Traufseitiger, dreigeschossiger Quaderbau. In der Mittelachse der Ostseite über dem 1545 bez. Portal ein zweigeschossiger rechteckiger Erker, symmetrisch dazu angelegter Flacherker, bez. 1546 und 1547, und polygonaler Treppenturm auf der Hofseite. Schweres Traufgesims mit Eierstab, im Südgiebel kräftige Gliederung durch Blendnischen und Pilaster. Einen wirkungsvollen Blickpunkt bietet der Erker der Ostfront, vielleicht von *Conrad Forster* aus Heidelberg. Er erhebt sich mit mehrfach profilierter Vorkragung zweigeschossig über den Portalsäulen und schließt mit einem kleeblattbogigen Giebel ab. Reiche architektonische und ornamentale Gliederung in Renaissanceformen, mit spätgotischen Motiven durchsetzt. In den Brüstungsfeldern des Obergeschosses vier Medaillons mit den Brustbildern Friedrichs II., seiner Gemahlin Dorothea von Dänemark und seiner Mündel Ottheinrich und Philipp. – Der einfachere Erker der Hofseite mit Flachreliefs der Vier Laster. Der Treppenturm mit rundbogigem Portal, 1601 bez. Gewände aus schraubenförmig gedrehten Rundstäben, als Bekrönung das von Rollwerk eingefaßte kurfürstliche Allianzwappen; innen steinerne Spindeltreppe. – Inneres. – Netzrippengewölbte Eingangshalle, Tellerstein mit Kurpfalzwappen, in den beiden Schlußsteinen die Bildnisse des Fürstenpaares. Vier symmetrisch angeordnete Ädikula-Portale. An der Nordwand der sog. Amberger Schuh, das alte Normalmaß. Hinter dem nordwestlichen Portal urspr. ein Stiegenhaus mit netz- und sterngewölbtem Treppenansatz. – Im Obergeschoß Kamin, im Fries seines Gebälks die Personifikationen von Glaube, Liebe,

Hoffnung und der Vier Kardinaltugenden. Ein Raum mit dekorativem Netzrippengewölbe auf gedrehten Eckpfeilern. Der Erweiterungsbau des 18. Jh. ist ein dreigeschossiger Putzbau, durch genutete Lisenen und stuckgerahmte Fenster gegliedert; Portal mit Sandsteinrahmung und geschnitzten Rokoko-Türflügeln.

Ehem. kurfürstliches Zeughaus, jetzt Finanzamt (Zeughausstr. 2). Ende 15. Jh. durch Kurfürst Philipp erbaut, 1604 Errichtung des Südflügels nach Plan von *Johann Schoch*. – Mehrflügeliger, zweigeschossiger Bau mit Eckquaderung. Der ältere Bau mit Treppengiebeln an der Nord- und Westseite. In der Mitte der Nordseite Spitzbogenportal mit gedreht profiliertem Hausteingewände. – Osttrakt mit Spitzbogenfenstern zwischen Strebepfeilern im Erdgeschoß. – Der südliche Erweiterungsbau mit Volutengiebeln und Hausteingewänden. In der Südostecke des Innenhofes viergeschossiger Treppenturm mit flachem Pyramidendach, Eck- und Fensterquaderung; innen vierarmige, kreuzgratgewölbte Treppenanlage um quadratischen Mittelpfeiler.

Ehem. kurfürstliches Wagenhaus, sog. Paulanerstadel (Paulanerplatz 17). Nach Bauinschrift 1615 errichtet, heute Brauerei; renoviert 1960. – Sandsteinbau mit hohem Giebel, der durch fünf Gurtgesimse, Kugel- und Obeliskenaufsätze reich gegliedert ist, traufseitig entsprechende Zwerchgiebel.

Ehem. Hofkastenamtsgebäude (Untere Nabburger Str. 2). Im Kern gotisch, weitgehender Neubau um 1795, Umbau 1913 und 1928. – Bau mit vorgeblendetem, in Voluten auslaufendem Dreiecksgiebel und Zierputzformen. An der abgeschrägten Nordostecke durchgehender Erker. Auf der Nordseite Ädikula mit Maria Immaculata, um 1500 (1964 durch Kopie ersetzt).

★ **Rathaus.** (Marktplatz 11). Das Rathaus schließt den Marktplatz gegen Osten ab, während der Vorgängerbau des 12./13. Jh. wohl in der Mitte des Marktplatzes lag (nach den Mauerresten im Keller zu schließen). Grundlegende Umgestaltung in der 2. Hälfte 14. Jh. Bis ins 15. Jh. hinein entstand ein Komplex aus separaten Einzelbauten, der in der 1. Hälfte 16. Jh. durch gemeinsames Dach und einheitliche Fassadengliederung zusammengefaßt wurde. 1552 Anbau eines zweigeschossigen Altans auf der Marktseite. 1571–73 großer Erweiterungsbau nach Osten durch *Hans Fuchs*. 1761 umfassende Renovierung. Im Lauf des 19. Jh. Umbau des Inneren, 1873–74 Veränderung der Westfassade. 1880 Abbruch des Obergeschosses des Altans, an der Nordecke Errichtung eines offenen Wendelsteins nach dem Entwurf von *Gnath* aus Nürnberg. 1920–24 Erweiterungsbau nach Osten und gründliche Wiederherstellung unter *Anton Dollacker*: annähernde Rückführung der Westfassade in den Originalzustand, Abriß und Wiederaufbau des Altans mit offenen Arkaden, auf der Südseite wurden die Rundbogenöffnungen des Erd- und die Rechteckfenster des Mezzaningeschosses zu hohen Spitzbogen zusammengefaßt. 1982–88 Re-

staurierung innen und außen, Wiederherstellung der Fassung von 1573.
Außenbau. – Zweigeschossiger, langgestreckter Giebelbau. Giebel- und Südseite bis zur fünften Fensterachse gegen Osten geben den Kernbau der 2. Hälfte 14. Jh. zu erkennen. Der auf den nördlichen Annexbau übergreifende Altan der Marktplatzfront erhebt sich mit steinerner Maßwerkbrüstung über Rundpfeilerarkaden – ein Motiv der italienischen Renaissance –, Vorhalle von Kreuzrippengewölben mit hängenden Schlußsteinen unterwölbt. Im Hauptgeschoß hohe Spitzbogenfenster mit Maßwerkfüllung, der Steilgiebel durch hohe Blendbogen belebt und von einem Dachreiter (1920) bekrönt. Bauplastischer Schmuck von 1883 bzw. 1920 mit Personifikationen von Handel und Gewerbe bzw. Mildtätigkeit, nördlich Wasserspeier mit der Büste des Apothekers Karl Ebert. An der Südfront große Maßwerkfenster, beim Erweiterungsbau das Gliederungsschema adaptiert (Rechteckfenster mit vorgeblendeten Spitzbogen). Am Zusammenschluß Kastenerker mit Maßwerkverzierung, wohl urspr. Gerichtserker (vgl. Erker im Nürnberger Kleinen Rathaushof von *Hans Beheim d. Ä.* 1514/15). – Im großen Innenhof rechtwinkelige, von Arkaden getragene Treppe mit Maßwerkbrüstung, südöstlich Portal mit gedreht profiliertem Hausteingewände. – Inneres. – Im Hauptgeschoß des Kernbaus der sog. Große Rathaussaal mit rautenförmig kassettierter Decke aus dem späten 16. Jh. Nördlich angrenzend das sog. Gotische Zimmer, aufgrund der reichen architektonischen Gestaltung wohl urspr. Ratskapelle, Kreuzrippengewölbe mit Birnstabprofilen auf Bündelpfeilern mit Laubwerkkapitellen, figürliche Schlußsteine: Löwe, der seinen Jungen Leben einhaucht, drei ineinanderverschlungene Jünglinge (wohl zahlensymbolisch zu deuten), Kopf eines bärtigen Mannes. – Im Erweiterungsbau führt eine Wendeltreppe mit Hohlspindel zum Vorplatz des Obergeschosses, steinernes Treppengeländer mit alternierenden Rosetten und Pilastern in Renaissanceformen. Am Schlußstein des Gurtbogens die Jahreszahl 1573. Südöstlich führt ein Portal mit Gebälk und Inschrifttafel in den Kleinen Rathaussaal. Kassettendekke, edle Vertäfelung aus verschieden gemaserten Hölzern von dem Schreiner *Balthasar Geisl*, gegliedert durch gekuppelte, kannelierte Halbsäulen mit Kompositkapitellen und Muschelnischen auf rustizierten Sockeln. Zwei prächtige Portale mit von Löwen getragenen Stadtwappen im Gebälk. Neben dem nördlichen Portal hinter der Holzwand zinnerner Gießbehälter von 1579, wohl von *Christoph Ranft*. Im Mezzaningeschoß das Archiv, ein niedriger, mehrschiffiger Raum mit Kreuzgratgewölben auf ionisierenden Säulen.

Stadttheater, ehem. Franziskanerkirche (Schrannenplatz 8). Nach der Überlieferung wurde die Gründung des Minoritenklosters 1452 (Stiftung Hans Pachmann) durch den Besuch des hl. Johannes Capistranus angeregt. 1455 Grundsteinlegung, 1456 war der Kreuzgang im Bau. Nach Inschrift an einem Strebepfeiler Beginn des Chorbaus 1464;

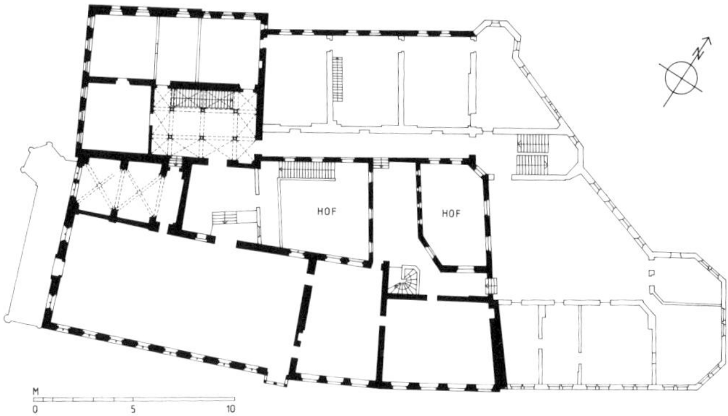

Amberg, Rathaus

1478 konsekriert. 1667ff. barocke Umgestaltung; 1761 renoviert. 1802 Säkularisation, 1803 Umgestaltung der Kirche zum Stadttheater, das 1872 durch den Darmstädter Hofmaler *Weber* renoviert wurde. 1971–1978 Instandsetzung und Umbau: Drehung des Theaterraums um 180°, um den Chor als Foyer nutzen zu können, dabei Übernahme bzw. Rekonstruktion der Ausstattung von 1872.
Eingezogener, heute zweigeschossiger Langchor mit 5/8-Schluß und gestuften Strebepfeilern. – Chor im oberen Teil Foyer mit freigelegter, bzw. rekonstruierter gotischer Architekturmalerei. Im früheren Langhaus das Rangtheater mit historisierender Dekoration; die Wandpfeiler und Seitenkapellen der barocken Raumschale kaschiert; über der Stichkappentonne blieb das ursprüngliche Holztonnengewölbe erhalten. Klostergebäude nördlich der Kirche mit teilweise erhaltenem Kreuzgang. Am Nordflügel außen Polygonalerker mit Reliefs franziskanischer Mediationsthematik, 1482 bez.

Ehem. städtischen Zeughaus, jetzt Museum der Stadt Amberg (Baustadelgasse 2 und Zeughausstraße 18). Diente zur Aufbewahrung von Getreidevorräten, Baumaterial und Waffen. Die rechtwinklig angeordnete Baugruppe des „Kolonnenhauses" und des ehem. Baustadels in der Mitte des 16. Jh. errichtet; Veränderungen im Laufe des 17. Jh., 1986–88 saniert.
Das „Kolonnenhaus" ist ein dreigeschossiger Putzbau mit Treppengiebel; Fenster und Eingänge in profilierten Hausteingewänden; bez. 1739. – Der Baustadel ist ein zweigeschossiger, giebelständiger Bau mit hohem Satteldach, bez. 1544 und 1682; Dachstuhl mit vier Konstruktionsgeschossen.

Kastenbau, sog. Malzkeller (Neustift 45). Nach Bauinschrift 1526 errichtet, 1590 und 1640 erneuert; Südseite vermutlich 1704 zerstört. Giebelseitiger Putzbau mit Eckquadern; Rundbogeneingang und Rechteckfenster in Hausteingewänden, in der Mitte vier Ladeluken übereinander. Tonnengewölbter Keller; Dachstuhl mit vier Böden.

Ehem. Ratstrinkstube (Kreissparkasse). 1728 Neubau anstelle eines älteren Baus, 1756–64 Erweiterung, 1957 Entkernung. Renovierung 1985/86 mit achsensymmetrischer Ausrichtung der Fassade zum Marktplatz. – Dreigeschossiger Sandsteinquaderbau mit Walmdach. Ostfassade reich gegliedert, in Muschelnischen Holzfiguren des 18. Jh. als Personifikationen der Vier Elemente.

Ehem. Renthaus (Regierungsstr. 10). 1697–99 wohl von *Wolfgang Dientzenhofer* errichtet. Walmdachbau, in der Mitte Portal mit Sprenggiebel, von rustizierten Pilastern flankiert, die sich im ersten Obergeschoß nach innen eingerückt fortsetzen.

Ehem. Unterrichtshaus (Schiffsbrückgasse 6), im 19. Jh. sog. Bürgermeisterhaus. Im Kern 15. Jh., im Norden und Süden spätere Anbauten. Portal und Fenster in Hausteingewänden bzw. Putzrahmungen, kräftig profiliertes Traufgesims. An der Vils Rundturm mit Kegeldach. Im Inneren Reste der alten Stadtbefestigung.

Jesuitenrichterhaus des 18. Jh. (Georgenstraße 46). Erbaut vor 1500, zweites Obergeschoß 1. Hälfte 18. Jh., Renovierung 1900. Die Schwarz-Weiß-Putzgliederung (angeblich jesuitischer Tradition folgend) wurde 1986/87 gelegentlich einer Sanierung wiederhergestellt. An der Südostecke Kastenerker mit Maßwerkbrüstung.

Ehem. Münze, später **Kaufhaus Storg** (Bahnhofstraße 10 und 12). Errichtet in der Mitte 18. Jh. durch Baron von Armknecht, 1762–94 Münze, 1801–74 Gewehrfabrik. 1981 Erdgeschoß erneuert. – Dreigeschossiger, traufseitiger Bau mit Satteldach, rückwärtige Flügel. Ausgeprägt plastische Gliederung in Neurenaissanceformen. Im Innenhof von Zwiebeldachreiter bekrönter, turmartiger Anbau mit Hauskapelle im ersten Obergeschoß.

★ **Thomas Glaswerk der Rosenthal Aktiengesellschaft** (Rosenthalstr. 12). Nach einem Entwurf von *Walter Gropius* im Sinn einer „Kathedrale der Arbeit“ 1968–70 erbaut (von den Ambergern „Glaskathedrale im Grünen“ genannt). Das optisch dominierende dreieckige Dach des in einer Senke gelegenen Hüttentrakts („Mittelschiff“) hat aufgrund der ausgeprägt plastischen Wirkung der zwischen überdimensionalen „Sparren“ gespannten Betonplatten gewissermaßen Fassadencharakter. Die als Drehtüren und Kippfenster konzipierten Außenwände ermöglichen eine Abführung der Wärme ohne mechanische Entlüftungseinrichtungen.

BÜRGERLICHE UND ADELIGE WOHNBAUTEN, GEWERBEHÄUSER

Die Amberger Wohnhäuser sind in der Regel zwei- bis dreigeschossig, Lage zur Straße überwiegend traufseitig, häufig gewalmt. Im Inneren der oft mehrmals überformten Gebäude sind vielfach einfache Stuckdecken des 18. und 19. Jh. erhalten. Unter der großen Anzahl bemerkenswerter Häuser sind im einzelnen hervorzuheben:

Georgenstraße 1/3. Sog. „Neues Haus" der Stadt. Stattlicher verputzter Quaderbau mit steilem Satteldach. Straßenseitig bez. „1577 *G(eorg) H(aßfurter)*" und Stadtwappen.

Georgenstraße 33. Sog. Fenzlhaus, 1772 durch Regierungsrat *Kaspar Wolf* erbaut, Umbau 1909, Fassadenrenovierungen 1970 und 1985. Mansarddachbau mit zweifach geschweiftem Giebel, Fenster und Runderker an der Nordostecke mit reichen Rocaillestukkaturen. Traufseitig Gauben mit geschnitzten Holzblenden, zwischen den Fenstern des ersten Obergeschosses drei Muschelnischen mit Holzfiguren des 18. Jh.: Muttergottes und Heilige.

Georgenstraße 34. An der alten Stadtmauer gelegener schmaler Giebelbau mit steilem Satteldach und Fachwerkerker, 16. Jh.

Georgenstraße 44. Putzbau mit Halbwalmdach und eingezogenem rundbogigem Giebel. Übereck gestellter Kastenerker aus Sandstein mit Maßwerkbrüstung um 1500, bez. 1678 und 1921, Fassadenänderung 1960, Instandsetzung 1972–74.

Hallplatz 4. Im 18. Jh. als Palais des Grafen von Morawitzky erbaut. Zweiflügeliger Bau in schweren Barockformen. Tordurchfahrt flankiert von großen toskanischen Säulen mit verkröpftem Segmentgiebel, darin Holzfigur des hl. Johannes von Nepomuk, 18. Jh.

Herrnstr. 10. Stadthaus der Barone Wildenau und Frank, 1726 erbaut. Gliederung durch Nutzung im Erdgeschoßbereich, mit Bandelwerk und Köpfen stuckierte Lisenen und Fensterfelder.

Herrnstr. 12. Errichtet 1747. Mansarddachbau, durch genutete Lisenen und Rahmungen gegliedert, Mittelteil durch glatte Lisenen mit mächtigem Gebälk und Dreiecksgiebel risalitartig betont. Im Giebel Stuckrelief: von Putten getragenes Medaillon mit Maria Immaculata.

Ledererstraße 5 und 7. Zwei Handwerkerhäuser, im Kern romanische Steinbauten; Reste eines Biforiums und Bohlenbalkendecke des 14. Jh. erhalten. Saniert und restauriert 1987/88. Haus Nr. 5: ehem. Färberanwesen, im 17. Jh. umgebaut, mit hohem Satteldach und Trocknungsaltane im Giebel; im oberen Bereich verputztes Fachwerk. Haus Nr. 7: Rotgerberanwesen, stichbogige Tordurchfahrt mit Unterzügen über Balkenlage.

★ **Löffelgasse 2.** Sog. Walfisch- oder Jonashaus, im Kern 16. Jh., 1685 vom jüdischen Schwarzfärber Samuel Balthasar Hetzendorfer erworben und 1693 als Färberei umgebaut. – Halbwalmdachbau mit vorgezogener Traufe zum Trocknen der Färberware. Gewachste und gefirnißte Schwarzweiß-Putzgliederung, 1983 nach Befund wiederhergestellt. Seitlich plastischer Schmuck: Meerfrau und Ritter sowie zwei Walfische, den Jonas verschlingend bzw. ausspeiend, als Dachkonsolen.

Marktplatz 6. Patrizierhaus, dat. 1579 GSH (wohl *Georg Haßfurter*), 1911 renoviert. Hausteinrahmungen, Rustizierung des Erdgeschosses um 1900.

Marktplatz 9. Stadthaus der Hammerwerksfamilie Kastner mit 1543 dat. Kastnerwappen und zugesetztem Loggiabogen auf der Marktplatzseite, Gußeisenverkleidung des Erdgeschosses um 1870. An der Ostseite Schwibbögen, rückwärtig im Kern gotische Laubengänge. Am Innenbau einzelne Bauabschnitte gut ablesbar.

Paradeplatz 17. Stattliches Beamtenwohnhaus aus der 1. Hälfte 18. Jh. mit Zierputzformen. Im Sprenggiebel des Portals Madonnenbild.

Rathausstr. 4. Sog Schlodererhaus, Stadtpalais der Familie Blumenthal. Um 1720 aus zwei spätgotischen Häusern zusammengeschlossen, um 1875 Fassade neugestaltet. – Stuckrahmengliederung. Tordurchfahrt gerahmt von ionisierenden Pilastern mit verkröpftem Gebälk, darüber Stuckfigur der Maria Immaculata, um 1720. Die Ausstattung der Kaufmannsfamilie Schloderer um 1900 erhalten.

Rathausstr. 6. Gasthof Goldenes Lamm, erbaut im 16. Jh., Fassade im 18. Jh. neu gestaltet, renoviert 1969. Stuckgliederung mit Bandelwerk. Muschelnische mit Holzfigur des hl. Florian, 18. Jh.

Regierungsstr. 7. Als eines der wenigen klassizistischen Bauwerke in Amberg, 1793 errichtet. Ionisierende Lisenen und sparsame plastische Portalbekrönung gliedern den stattlichen Walmdachbau.

Schiffbrückgasse 1 und 3. Mit schön figurierten Andreaskreuzen im zweiten Obergeschoß Nr. 3: ehem. Lebzelterei, bez., „1599 GHS" und „1924 J. Sch".

Schrannenplatz 3. Ehem. Regierungsadvokatenhaus, im 16. Jh. errichtet, durchgreifender Umbau im 18. Jh. – Walmdachbau in zwei Flügeln mit Putzrahmengliederung. Im Gebäudezwickel Portalrisalit mit Stuckdekoration und Segmentgiebel.

Schrannenplatz 6. Ehem. Beamtenwohnhaus mit kräftiger Stuckgliederung, 18. Jh.

Bemerkenswert sind in Amberg ferner die ungewöhnlich zahlreichen Nischen- und Eckfiguren, ebenso die große Anzahl schön geschnitzter Haustüren, z.B. in der Unteren Apothekergasse 5 mit Masken und Akanthus-Dekor, um 1700 oder das reich verzierte Rokokoportal in der Löffelgasse 8 (ehem. Predigerhaus).

ARMESBERG Gem. Kulmain, Kr. Tirschenreuth. *Karte 2*

Kath. Wallfahrtskirche zur Heiligsten Dreifaltigkeit. Zur Kirche auf dem Basaltkegel des Armsberges führen 14 Kreuzwegstationen (1870–75). – 1677/78 ließ der Kulmainer Pfarrer Johann Christoph Arckhauer anstelle einer geplanten dreipaßförmigen Anlage mit drei Kuppeldächern (Vorläufer der Kappel) einen Rundbau mit Kuppeldach und offener Laterne errichten. Nach Brand 1819 Neubau unter Einbeziehung verbliebener Mauerteile, 1836 Weihe. Renovierung 1976. – Verputzter Rundbau, in Quadertechnik die streng architektonischen Rahmungen, das stark betonte Kranzgesims, der vorangestellte Westturm und die östlich angebaute, niedrige Sakristei. Die klassizistische Baugesinnung äußert sich vor allem in der mehrfachen Verwendung flacher Dreiecksgiebel. – Im Innern Flachdecke und klassizistische Holzempore mit vegetabilem Schnitzwerk auf dorischen Säulen.
Ausstattung überwiegend 2. Drittel 19. Jh., mit barocken Teilen unterschiedlicher Herkunft kombiniert: Hochaltar aus der bis auf wenige Reste zerstörten nahen Michaelskapelle von 1705, von *Wild* aus Kemnath erweitert und mit Altarblatt, Hl. Dreifaltigkeit und kniende Maria, versehen; Seitenaltäre, Baldachinretabel mit Figurennischen, in der linken Maria Immaculata, in der rechten hl. Michael. – Kanzel klassizistisch.

ARNSCHWANG Kr. Cham. *Karte 11*

Kath. Pfarrkirche St. Martin. Auf einer östlich zum Chamb steil abfallenden Anhöhe angeblich schon unter Karl dem Großen gegründet. 1723 unter Einbeziehung von gotischen Chormauern und Turmunterbau neu errichtet. 1899 erhöht, erweitert und um zwei Joche nach Westen verlängert. Gesamtinstandsetzung 1988/89. – Stattlicher Bau in moderner Putzfassung. Westfront mit reicher barockisierender Gliederung. Im südlichen Chorwinkel der Turm mit Laternenzwiebelhaube. Der eingezogene Chor außen dreiseitig, innen halbrund geschlossen. – Innenraum von Stichkappentonne über gestaffelten Pilastern mit Gebälkstücken überwölbt. Freilegungsproben barocker Deckenfresken. – Kanzel Rokoko, aus Roding erworben, am Korpus bemalte Reliefs der Evangelisten zwischen Volutenpilastern, an der Rückwand der Gute Hirte. Stuhlwangen, zwei Beichtstühle mit glatten und gewundenen Säulen sowie hohen, reichgeschnitzten Aufsätzen, um 1723. – An der Westwand Leinwandbild der hl. Margareta, 18. Jh. – Mehrere Figuren des 18. Jh.: an der Ostwand Kruzifixus mit huldigenden Engeln, eine Pietà unter der Empore, an der nördlichen Stirnwand des Langhauses bewegte Figuren der hll. Joachim und Anna.

Ehem. Kapelle St. Margareta, jetzt Leichenhalle. 1499 erbaut, spätere Veränderungen. – Im Westen offener Dachreiter mit schiefergedeckter Zwiebelhaube. – Eingezogener, leicht trapezförmiger Chor mit Stichkappen-Tonnengewölbe. Das Schiff über Hohlkehle flachgedeckt mit Rahmenstuck, Wandgliederung durch gestaffelte Pilaster mit spärlichen klassizistischen Stuckauflagen. – An der Langhausnordwand Epitaph aus grauem Sandstein für Anna Mayr († 1592), mit Relief der Taufe Christi und Darstellung der großen Familie der Verstorbenen. Friedhofsummauerung, über Resten der mittelalterlichen Friedhofsbefestigung errichtet. Darin eingelassen Grabplatten: an der Westseite eine aus grauem Sandstein für Thomas Hemmerlein († 1604), mit ganzfigurigem Porträt des fünfjährigen Pfarrersohnes; eine weitere beim Chor der Kirche aus weißem Marmor für den Pfarrer Stephan Eckel († 1601), mit Relief: Steinigung des hl. Stephanus sowie der Verstorbene mit seinen beiden Ehefrauen und elf Kindern.

Ehem. Schloß (Schloßweg 15). Das am nordöstlichen Ortsrand gelegene Schloß war Sitz der Arnschwanger bis ins 14. Jh., dann u. a. der Kälbeln. Im 15. Jh. Besitz der Sattelboger. 1431 von den Hussiten niedergebrannt. 1483 unter die Herrschaft Herzog Albrechts IV., seit 1504 kurpfälzisch. Bis zur Verstaatlichung 1833 häufige Besitzablösung durch verschiedene Adelsgeschlechter; zuletzt Privatbesitz. – Von der ehem. Wasserveste erhalten ein mehrfach gebrochener, bruchsteingemauerter Gebäudeabschnitt (derzeit ruinös), wohl 15./16. Jh., und der westliche Teil des tiefen Ringgrabens.

Pfarrhof (Schloßweg 6), nördlich der Kirche. Zweigeschossiger Bau mit hohem Satteldach, 1858 über älterem Kern errichtet. – Nördlich dahinter der Pfarrstadel, ehem. Zehentstadel. Verputzter bruchsteingemauerter Bau mit Treppengiebeln, großen Toröffnungen und Luftschlitzen, um 1860 über Kernsubstanz des 16./17. Jh. errichtet.

Sog. Zimmermannshaus (Schloßweg 9). Zweigeschossiger Bau mit Kniestock in Blockbauweise und flachem Satteldach, 17. Jh., 1811 umgebaut.

ARNSDORF Stadt Dietfurt, Kr. Neumarkt i. d. Opf. *Karte 12*

Kath. Kirche St. Jakobus. Spätromanische Anlage, Westturm mit Spitzhelm aus dem 19. Jh. Außenrenovierung 1982. – Eingezogener, quadratischer Chor mit späterem Kreuzgewölbe, flachgedecktes Langhaus mit Deckenbild der Marienkrönung, 19. Jh. – Altar um 1700, mit hl. Jakobus in Mittelnische.

ARRACH Markt Falkenstein, Kr. Cham. *Karte 11*

★ **Kath. Pfarrkirche St. Valentin.** Auf leichter Anhöhe in schindelgedeckter Friedhofsummauerung des 18. Jh.; nordöstlich Friedhofskapelle des 18. Jh., schindelgedecktes Zeltdach mit aufgesetzter Zwiebelkuppel. – Frühe, um 1200 von den Regensburger Bischöfen gegründete

Pfarrei. – Unter Einbeziehung des gotischen Chores im 2. Viertel 18. Jh. erneuert. Renovierung außen 1980, innen 1989/90.
Saalbau mit eingezogenem Chor im 5/8-Schluß, östlich vier unterschiedlich große Spitzbogenfenster. Westturm mit Oktogonaufsatz und eingezogener Zwiebelhaube, über dem Eingang Steinrelief der Muttergottes im Altöttinger Typus, mit Inschrift 1752 dat. – Im Chor, dessen Gewölberippen abgeschlagen sind, Spitzkonsolen am Gewölbeansatz, im Langhaus korbbogige Stichkappentonne über gestaffelten Pilastern mit Gebälkstücken. – Deckenfresken 3. Viertel 18. Jh., großenteils renoviert: im Chor Maria Immaculata, der Auferstandene und die vier Evangelisten, im Schiff Übertragung des hl. Hauses von Nazareth nach Loreto, an der oberen, geschweiften Emporenbrüstung musizierende hl. Cäcilie.
Prachtvolle, einheitliche Ausstattung des Rokoko, 3. Viertel 18. Jh., ausgeführt von *Simon Sorg*, dem Hofbildhauer der Thurn und Taxis, von den Faßmalern *Xaver März* aus Bogen und *Georg Kaspar Zellner* aus Stadtamhof sowie von dem Reichenbacher Schreiner *Mathias Inhofer*. – Hochaltar, raumgreifender Aufbau mit gewundenen Säulen und Spiegeln an den Schrägseiten, Altarblatt: hl. Valentin heilt fallsüchtigen Knaben, Seitenfiguren der hll. Petrus und Paulus sowie liturgische Geräte tragende Putten, weitere Putten auf dem Abschlußgesims der urspr. Wandbespannung. – Seitenaltäre, konkave Retabel mit Volutenpilastern und gewundenen Säulen. Linker Seitenaltar mit Gruppe der hl. Anna Selbdritt auf der Mensa, Reliquienschrein des hl. Clemens, 1747 von Rom hierher gebracht. Rechter Seitenaltar mit Verkündigungsgruppe beiderseits des Tabernakels, in der Mittelnische Figur der Immaculata um 1960. – Taufstein, Rotmarmorbecken, von Schnitzgruppe der Taufe Jesu bekrönt. – Kanzel 1764 von Schreiner *Inhofer* und Bildhauer *Anton Pfeffer* aus Prüfening, mit Szenenreliefs und bekrönendem hl. Paulus mit Fischernetz. – Zwei Beichtstühle dekoriert mit je drei Figurenreliefs und Putten. – Ebenfalls mit reichen Schnitzereien das Chor- und Laiengestühl, die Pulte mit Messingblech beschlagen. – Leinwandbilder: Kreuzwegstationen in üppigen Rocaillerahmen; die Zwölf Apostel an der unteren Emporenbrüstung. – An den Langhauswänden weiß-gold gefaßte Figuren: links hl. Johannes Ev. und Schutzengel, rechts Mater Dolorosa und hl. Johannes von Nepomuk.

ASCHACH Gem. Freudenberg, Kr. Amberg-Sulzbach. *Karte 5*

Kath. Pfarrkirche St. Ägidius. Die Chorturmkirche liegt in einem ehem. befestigten Friedhof. – Im Kern romanisch. 1749–1755 wurde das Langhaus durch den Maurermeister *Joseph Wolf*, 1766 der Turm durch *Wolfgang Diller* erneuert. Instandsetzung des Turmes 1966/67, der Kirche 1979–82. – Langhaus durch Putzlisenen gegliedert. Eingezogener, quadratischer Chorturm aus Sandsteinquadern, Gliederung durch Cordongesimse, Viertelsäulen an den Ecken des Obergeschosses; achtseitiger Spitzhelm. – In Langhaus und Chor Stichkappentonne über Pilastergliederung, Rahmenstuck; Westempore mit konvex vorgezogenem Mittelstück. – Drei stattliche Rokokoaltäre um 1770 mit nazarenischen Altarblättern. Hochaltar, bühnenhafter viersäuliger Aufbau mit Seitenfiguren der hll. Sebastian und Rochus. Seitenaltäre mit Volutenpilastern und kleinen Seitenfiguren. – Kanzel mit klassizistischer Ornamentik um 1800. – Beichtstuhl in Rokokoformen.

ASCHACH Gem. Lappersdorf, Kr. Regensburg. *Karte 13*

Kath. Kapelle St. Wenzeslaus. Zum Katharinenspital Regensburg gehörig. – Saalbau des 14./15. Jh., nahezu quadratischer eingezogener Chor mit Kreuzgratgewölbe und Untergeschoß. Einachsiges Langhaus mit Flachdecke und Quadraturstuck des 18. Jh. – Zwei spitzbogige Südfenster mit Maßwerknasen. Südlicher Spitzbogenzugang mit Steinmetzzeichen. – Das von Osten zugängliche Untergeschoß der Kapelle mit Tonnenwölbung. – Neuromanischer Altar, letztes Viertel 19. Jh. Predella mit den Evangelistensymbolen.

AST Stadt Waldmünchen, Kr. Cham. *Karte 10*

★ **Kath. Pfarr- und Wallfahrtskirche Unserer Lieben Frau.** Der Ursprung der Wallfahrt beruht auf einem Gelübde der Gräfin von Schwarzenburg. 1265 erste Erwähnung der dem Kloster Walderbach inkorporierten Kirche. – Frühgotische dreischiffige Basilika mit eingezogenem, rechteckigem Chor, 2. Hälfte 13. Jh. 1665 barocker Umbau. Letzte Gesamtrenovierung 1988/89.

Außenbau. Der verputzte Bruchsteinbau ohne Gliederung. Lanzettfenster (Maßwerk abgeschlagen) in der Ostwand, zweibahniges Maßwerkfenster in der Westwand, die übrigen barock umgeformt zu geohrten Oval- (Seitenschiffe) bzw. Rundbogenfenstern (Obergaden). Profilierter Spitzbogenzugang an Nordseite, südliches Vorzeichen von 1665. Im nördlichen Chorwinkel der Turm mit Spitzbogenzugang und Lichtschlitzen an der Ostseite, sein Obergeschoß mit rundbogigen gekuppelten Klangarkaden und Zeltdach.

Inneres. Der zweijochige Chor wegen seiner harmonischen Raumwirkung gerühmt: hohe, weite Kreuzgewölbe mit ausgekehlten Rippen, getrennt durch rechteckige, an den Kanten fein profilierte Gurte auf Halbrunddiensten mit polygonalen, profilierten Kapitellen und nach unten abschließenden Konsolen, analog ausgebildet die Aufsatzpunkte der Rippen in den Chorecken. An der Nordwand Sakramentsnische, wohl 14. Jh. – Die Schiffe trennen spitze, im Süden etwas höhere Arkadenbögen auf ungegliederten Pfeilern – Reste eines urspr. Kämpfers am nordöstlichen Pfeiler sichtbar. 1665 wurde im Mittelschiff ein Tonnengewölbe mit Stichkappen über ionisierender Pilastergliederung und eine doppelte, im Untergeschoß unterwölbte Westempore eingezogen; Rahmenstuck um 1770. In den Seitenschiffen die urspr. Kreuzgewölbe mit Schlußsteinen, ausgekehlten Rippen und Gurten über plumpen profilierten Konsolen, teils rechteckig, teils poly-

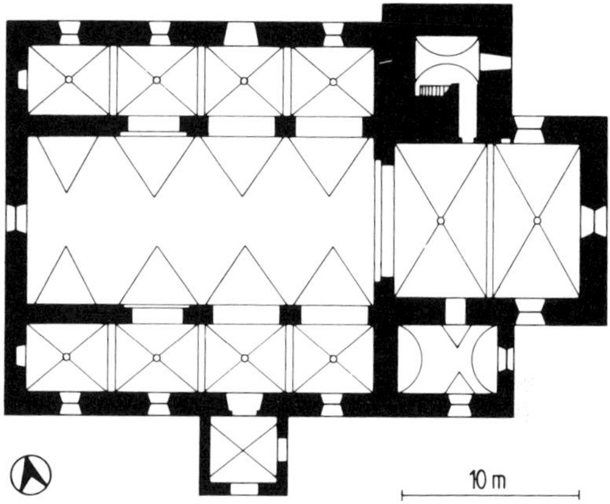

Ast, Wallfahrtskirche Unserer Lieben Frau

gonal ausgeformt. An der Ostwand setzen die Rippen auf drei derben Menschenkopf-Konsolen auf.

Ausstattung. – Drei Altäre 1720–30. Der Hochaltar ein bemerkenswertes Viersäulenretabel mit Rokoko-Applikationen. Überlebensgroße Seitenfiguren der hll. Wolfgang und Benedikt, seitlich Laub- und Bandelschnitzwerk, das kleine Medaillonbilder mit den Geheimnissen des Rosenkranzes umschließt. Im Mittelfeld das Gnadenbild, eine Marienfigur mit nacktem Kind, um 1480. – Die Seitenaltäre mit Altarblättern, Vermählung Mariens bzw. hl. Michael. Von zwei weiteren, um 1770 angefertigten Altären stammen die Gemälde an den Kirchenwänden. – Kanzel mit reichem Rocailledekor um 1770, auf dem Schalldeckel ein das Gnadenbild bergender Ast als Verweis auf die Entstehung der Wallfahrt.

Orgel 1730 in Nabburg gebaut, 1774 von dem Rodinger Maler *F. X. Turban* mit Schnitzwerk verziert und gefaßt. – Laien- und Teile des Chorgestühls um 1680, mit spiralig eingedrehten Ranken. – Am Chorbogen Rosenkranzmadonna, Anfang 18. Jh. – Am Chorbogen rechts Grabplatte aus Solnhofer Kalkstein für Maria Rosina und Maria Barbara von Werner, beide 1747 im jugendlichen Alter verstorben.

Die Kirche umgibt ein Friedhof mit mittelalterlicher, im 18. Jh. ausgebesserter Ummauerung; darin ein wohl spätgotisches Steinkreuz mit drei Schleifschalen.

ATZLRICHT Stadt Amberg. *Karte 4*

Kath. Filialkirche Mariä Schnee. 1664 erbaut, 1723 erweitert, letztmals renoviert 1987/88. – Kleiner oktogonaler Zentralbau, an seiner Westseite der querrechteckige Chor, westlich anschließend quadratischer Turm mit eingezogener Zwiebelhaube, im Unterbau auf die Flucht des Chores verbreitert. An der östlichen Eingangsfront Portal mit gestaffelten Pilastern und Sprenggiebel. – Im Oktogon kuppeliges Gewölbe mit Stuckrippen, am Scheitel Stuckfigur Gottvaters mit Hl.-Geist-Taube, um 1730; die Wände durch korinthisierende Pilaster mit umlaufendem Gebälk gegliedert; geschwungene Empore im Osten. Im Chor Flachdecke mit Rahmenstuck. – Zweisäuliger Altar um 1700. Seitlich große spätgotische Figuren der hll. Apollonia und Barbara (Ende 15. Jh.). – Im Schiff mehrere Figuren des 18. Jh. – Chorgitter um 1730.

ATZMANNSRICHT
Gem. Gebenbach, Kr. Amberg-Sulzbach. *Karte 4*

Kath. Filialkirche St. Wolfgang. Im Kern spätgotische Chorturmkirche. – Gedrungener Chorturm mit Zeltdach. – Im quadratischen, eingezogenen Chor Kreuzrippengewölbe mit Bandelwerkstuck um 1730, spitzbogiger Sakristeizugang. – Reiche Ausstattung. – Hochaltar mit gedrehten Weinrebensäulen und Knorpelschnitzwerk, Mitte 17. Jh. Im Schrein Figur des hl. Wolfgang, die Seitenflügel mit Relieffiguren der hll. Heinrich und Kunigunde, qualitätvolle Schnitzarbeiten um 1490, restauriert 1986. Im entsprechendem Aufbau der südliche Seitenaltar mit bedeutenden Holzfiguren um 1490: im Schrein hl. Georg, seitlich Reliefs der hll. Bernhard und Stephanus. Nördlicher Seitenaltar neugotisch 1873, mit spätgotischer Figur der Muttergottes. – Kanzel 2. Hälfte 17. Jh., mit erneuerten Bildern der Evangelisten. Rosenkranzmadonna, 2. Hälfte 17. Jh. – In Nische der Langhaussüdwand Sandsteinfigur des Erbärmde-Christus, vermutlich 14. Jh.

AUBURG Gem. Barbing, Kr. Regensburg. *Karte 14*

Kath. Pfarrkirche St. Stephan. Kleiner romanischer Saalbau aus verputztem Granitquadermauerwerk, um 1150–1200, im 17. Jh. Veränderung des Langhauses; Sakristei und Dachreiter von 1898. Eingezogene halbrunde Apsis. Langhaus mit Holzfelderdecke. An der Südseite zwei rundbogige Fenster und eigentümlich einseitiger Portalschmuck aus der Erbauungszeit: übereinandergestellt drei kleine gekuppelte Blendarkaden, kantige Halbsäulchen mit Schaftring und Würfelkapitellen. Die Portalöffnung später spitzbogig verkleinert.
Ausstattung. – Drei Säulenretabel um 1680/1700, mehrfach verändert. Hochaltar mit Gemälde des hl. Sebastian, um 1650. – Seitenaltäre mit spätgotischen Figuren: links Muttergottes, um 1500/1520, daneben hl. Margarethe, um 1500; rechts hl. Sebastian und hl. Bi-

schof, beide um 1500. Auf der Leuchterbank davor zierliche Muttergottes, um 1490. – Sechseckige Spätrenaissancekanzel, 1. Hälfte 17. Jh., mit kannelierten Ecksäulen, geohrten Blendrahmen, Rollwerk, zweifarbigem Furnier und Holzeinlegearbeiten.

AUERBACH Kr. Amberg-Sulzbach. *Karte 4*

Stadtentwicklung

Der 1008 erstmals erwähnte Ort kam 1119 in den Besitz des Klosters Michelfeld, das 1144 seinen Markt dorthin verlegte und eine Kirche gründete, an die der dreiecksförmige Obere Markt angeschlossen wurde. 1184 vom Bistum Bamberg erworben, 1314 Erlangung des Stadtrechts. Kaiser Karl IV. machte die Stadt 1373 zum Mittelpunkt seiner oberpfälzischen Besitzungen und löste dadurch eine kurze wirtschaftliche Blüte aus, der wohl die Anlage des Unteren Marktes in Form eines Straßenmarktes zu verdanken ist.
Das freistehende Rathaus hat gewissermaßen Gelenkfunktion zwischen dem Oberen und Unteren Markt, die überwiegend von im 19. Jh. überformten dreigeschossigen Traufseithäusern gesäumt werden.
Von der Stadtbefestigung – eine Dreitoranlage mit Mauerring, Zwinger und niedrigen Vierkanttürmen – sind nur geringe Reste erhalten.

★ **Kath. Pfarrkirche St. Johannes Baptist.** Die Kirche, bis ins 17. Jh. von einem Friedhof umgeben, bildet einen markanten Ostabschluß des Straßenmarktes. – 1144 wurde bei der Martkverlegung des Klosters Michelfeld nach Auerbach eine Kirche anfänglich aus Holz, später aus Stein errichtet. Schwere Beschädigungen durch die Hussitenstürme 1430 erforderten einen weitgehend neuen Wiederaufbau. 1555 Erhöhung des Turms und Haube. 1685–86 Um- und Erweiterungsbau des Langhauses unter Verwendung der gotischen Außenmauern und des alten Turms durch den Neustädter Maurermeister *Johann Kirchberger* nach Plänen *Georg Dientzenhofers*. 1730 Anbau der Annakapelle an die Langhausnordseite als Stiftung des Pfarrers Friedrich Trettenbach. 1755 Veränderung der Orgelempore. 1779–1781 Chorneubau und Anfügung der Sakristei durch *Thomas Sebastian Preysinger* aus Kirchenthumbach, 1794 Ausbesserungen am Chorgewölbe. 1886 Wiederaufbau des Turmes nach dem Brand von 1868. Renovierungen der Kirche um 1900, 1939/40 und 1976/79.
Wandpfeilerkirche mit eingezogenem, dreiseitig geschlossenem Chor und Turm im Südwestwinkel des Chores. Die östlichen Partien des sonst verputzten Baues zeigen Sandsteinquader. Zweiachsige Westfassade mit Korbbogenportalen, darüber bemalte, mehrfach restaurierte Stuckfigur des hl. Johannes von Nepomuk, Mitte 18. Jh. – Der weite, leicht gedrückte Kirchenraum im Langhaus von Stichkappentonne mit Gurten überwölbt, im Chor durch Stuckrahmen bereichert, Deckengemälde von 1944. Zwischen den Wandpfeilern mit Gebälk die Kapel-

len, darüber die Emporen mit marmorierten Balustraden, über zwei Wendeltreppen am Westende zugänglich, Emporen und Kapellen mit Quertonnen. – Die Fresken an der Brüstung der Orgelempore mit König David und musizierenden Engeln wohl von *Johann Michael Wild* 1762.

Reiche Barockausstattung. Hochaltar: Stiftung des in Wien tätigen Kaufmanns Johann Michael Niller (†1780), aufwendig gestalteter Säulenaufbau, 1780 von dem Amberger Bildhauer *Philipp Lutz* und 1785 von *Wolfgang Pösl* gefaßt. Altarblatt Taufe Christi, flankiert von den Seitenfiguren der hll. Zacharias und Elisabeth, darüber die Erzengel Michael und Gabriel, obenauf Hl. Geist und Gottvater. – Die mächtigen Nebenaltäre zu Seiten des Chorbogens 1762/63 von dem in Amberg tätigen Bildhauer *Franz Xaver Schlott* und dem Auerbacher Schreiner *Rab,* Fassung, Altarblätter und kleine Bilder an Architekturteilen von *Johann Michael Wild* 1765/68, nördliches Altarblatt Maria Immaculata, südlich Verehrung des Allerheiligsten Altarsakraments durch die Vier Weltteile. – Altar in der Annakapelle 1730, wohl von dem Bildhauer *Johann Michael Doser* und Maler *Johann Thomas Wild,* Altarblatt, hl. Anna unterrichtet Maria, 1861 von *Ludwig Seitz.* – Altäre der ersten beiden Seitenkapellen 1680/90, der nördliche mit Altarblatt hl. Joseph von *Johann Karl* 1831, der südliche 1720/30 mit Laub- und Bandelwerk geschmückt, Altarblatt mit Kreuzigung Christi wohl von demselben Maler. – In den vier westwärts folgenden Kapellen prächtige Akanthusaltäre von *Johann Michael Doser,* Fassung *Thomas Wild* – eine oberpfälzische Sonderform der Altargestaltung. – Nördlich der Marienaltar: in durch Blüten und Putten belebtem Kranz aus wogenden Akanthusranken Nischenfigur der Muttergottes, gegen 1500, Kopf um 1900 erneuert. Gegenüber das Pendant mit barocker Nischenfigur des hl. Sebastian. Beide Altäre um 1710. In etwas altertümlichen, schwereren Laubwerkformen die rückwärtigen Blumenbüschelaltäre, um 1705. Der nördliche mit gegen 1500 entstandener Figur der hl. Barbara, der Schutzpatronin der Bergleute (Auerbach besitzt heute die einzige noch fördernde Eisenerzgrube Süddeutschlands). Das südliche Gegenstück mit pathetischer Barockfigur des hl. Jakobus.

In der Annakapelle Taufstein, mit Astwerkbögen verziert, bez. 1525, sächsisch beeinflußt. – Kanzel von *Schlott* 1762/63, von *Wild* 1765/68 gefaßt. Hl. Paulus auf dem Schalldeckel. – Beichtstühle ebenfalls von *Niller* gestiftet, 2. Hälfte 18. Jh. – Oratorien von *Pösl* farbig gefaßt. – Orgel 1755 von *Doser* nach Entwurf von *Konrad Brandenstein* aus Stadtamhof. – Geschnitzte Johannes-Schüssel, gegen 1500, an der Südwand des Chores. – Am Chorbogen Kruzifixus, um 1500. An den Pfeilern etwa lebensgroße Figuren der hll. Johannes Bapt., Florian, Jakobus und Barbara von *Johann Michael Moser* 1728. Neben den östlichen Seitenaltären Figuren der hll. Michael und Johannes von Nepomuk, um 1730, die originale Lüsterfassung 1978 freigelegt.

Kath. Gottvaterberg-Kirche. Als Stiftung (1682) des Auerbacher Bürgermeisters Hans Georg Merkel 1689 auf dem Ebersberg errichtet, 1805/06 angeblich Neubau, renoviert 1981–83. – Schlichter Saalbau mit segmentbogigem Chorschluß und Zwiebeldachreiter. – Über Hohlkehle Flachdecke. – Altar 2. Hälfte 18. Jh., ein konkaver Volutenpilasteraufbau mit Engelshermen. – Kanzel in klassizistischen Formen.

Kath. Friedhofskirche St. Helena. 1596–1599 in Formen der spätesten Gotik errichtet, 1721 verändert. 1735 Bau der Sakristei, restauriert 1976. Flachgedeckter Saalbau mit eingezogenem Chor im $^{3}/_{8}$-Schluß und Dachreiter von 1760. – Spitzbogenfenster mit breitem, eigentümlichen Maßwerk. Rundbogiges, profiliertes Hauptportal auf der West-
★ seite. Bemerkenswert die 1611 von *Johann Krapp* bemalte Bretterdecke mit Unterzug und Westempore mit Darstellungen von Aposteln und Szenen aus ihrem Leben, Wappen des Landesfürsten und zahlreicher Auerbacher Bürger in reicher Renaissanceornamentik. – Hochaltar, um 1721 von *Joh. Michael Doser* mit seitlichem Aktanthusrankenwerk. Im Mittelfeld Figur der hl. Katharina, seitlich die hll. Florian und Laurentius. – Die Seitenaltäre ebenfalls von *Doser,* der linke mit Kreuzgruppe, der rechte mit Pietà.

Kath. Spitalkirche St. Katharina und Barbara. Im Kern 14. Jh. (Erstnennung 1384), 1657 verändert. Renovierungen 1904 und 1980. – Saalförmiges Langhaus mit Flachdecke über Hohlkehle, eingezogener, gerade geschlossener Chor mit Kreuzrippengewölbe. Emporenbrüstung 1735 von *Johann Michael Wild* bemalt. – Hochaltar, 1735–42 von *Johann Michael Doser,* 1749 von *Johann Michael Wild* gefaßt, mit Figuren der Vierzehn Nothelfer. Die Seitenaltäre von den gleichen Künstlern 1749, der nördliche mit Figur des Wiesheilands, der südliche mit den Seitenfiguren der hll. Florian und Martin, Mittelfigur, hl. Johannes von Nepomuk, an die Südwand versetzt.

Rathaus. Baubeginn 1418, erweitert 1524 und vor allem 1551; Umbaumaßnahmen 1838/39, 1843 und 1927–29. – Hoher schmaler Satteldachbau mit Dachreiter und profilierten Rechteckfenstern. Auf der Südseite Wappensteine mit dem städtischen Auerochsen, darunter zweiteiliges Steinrelief mit Maßwerk und Menschenköpfen, 1524 dat. – Im Vorraum des Erdgeschosses Kreuzrippengewölbe mit 1551 dat. Stadtwappen als Schlußstein.

Ehem. Städtisches Schulhaus (Oberer Marktplatz 17). Mansarddachbau mit Standerker und Rahmungen aus Sandstein. Torbogen 1757 dat. Rückwärtige Gebäude mit Holzaltane. Sanierung 1987/88. – Im Inneren teilweise Kreuzgratgewölbe.

Untere Vorstadt 7. Spätgotischer Kern, das heutige Erscheinungsbild geht auf den Umbau von 1655 zurück. Renoviert 1986/87. – Verputzter Bruchsteinbau mit Eckquadern. Hoher, reich figurierter Fachwerkgiebel und profilierte Sandsteinrahmungen. Hofseitig umlaufende Altane.

AUFHAUSEN. Kr. Regensburg. *Karte 14*

Eine der ältesten Siedlungen des südlichen Landkreises. Erstmals 769 urkundlich nachgewiesen. Vermutlich Sitz einer herzoglichen Pfalz der Agilolfinger. Um 889 soll ein fränkischer Königshof hier bestanden haben.

Kath. Pfarrkirche St. Bartholomäus. 1267 dem Kloster St. Emmeram inkorporiert. Baudaten sind nicht bekannt. – Turm, im Untergeschoß romanisch, südseitig in das Langhaus eingerückt. Glockenstube um 1600. Spätgotischer eingezogener Chor mit 5/8-Schluß, ein Joch tief, mit Sternrippengewölbe. Schlichtes flachgedecktes Langhaus des 17./18. Jh. – Neugotischer Hochaltar von Domvikar *Georg Dengler* aus Regensburg. Über dem Tabernakel Kruzifix, seitlich Holzreliefs mit Verkündigung an Maria und Geburt Christi, unter Baldachinen Figuren der hll. Bartholomäus und Dionysius.

★ **Kath. Wallfahrtskirche Maria Schnee, ehem. Oratorianer-Stiftskirche.** 1668 stellte Johann Georg Seidenbusch, seit 1667 Pfarrvikar in Aufhausen, eine aus dem Münchner Jesuitenkolleg stammende Marienfigur auf, die bald als Gnadenbild Verehrung fand. 1670 Grundsteinlegung zu einer ersten Kirche, Weihe 1673 durch Weihbischof Graf von Wartenberg. Erstausstattung gefördert durch Kaiser Leopold I. – 1692 gründete Seidenbusch das erste deutschsprachige Oratorianerkollegium, das bis 1886 hier bestand. – Eine neue Wallfahrtskirche wurde 1734 geplant und durch *Johann Michael Fischer* errichtet. 1736 Grundsteinlegung. 1739 galt sie bereits als eine der Hauptkirchen des Architekten. Unter dem Protektorat Karls VII. wurde sie auch von Kurfürst Max Emanuel, Fürst Thurn und Taxis u.a. mit Spenden gefördert. Baulich im Wesentlichen 1746 abgeschlossen, Weihe 1751. Turm 1761 noch unfertig. Außer *Fischer* ist kein Künstler namhaft bekannt; eine Einflußnahme *Cosmas Damian Asams* auf die Gewölbemalerei ist ungesichert. – Restaurierung 1980-1986.
Landschaftsbeherrschend, in Südausrichtung auf einem nur wenig aus der weiten Ebene herausgehobenen Höhenrücken gelegen. – Schlichter rechteckiger Außenbau mit Walmdach, nördlicher Turm mit eingezogener Laternenzwiebelhaube. Die Südseite, auf Fernsicht berechnet, als leicht vor- und rückschwingender Prospekt ausgebildet. Dreiteilig durch schräggestellte Pilaster über hoher Sockelung gegliedert. Dem geschlossenen Längsbau ist von außen nicht zu entnehmen, daß ihm eine Folge zentralisierter Räume eingestellt ist. – *Johann Michael Fischer* thematisiert hier die Verbindung von Lang- und Zentralbau in einer Variante zu Rott am Inn und den Münchner Kirchen St. Anna im Lehel und St. Michael in Berg am Laim.

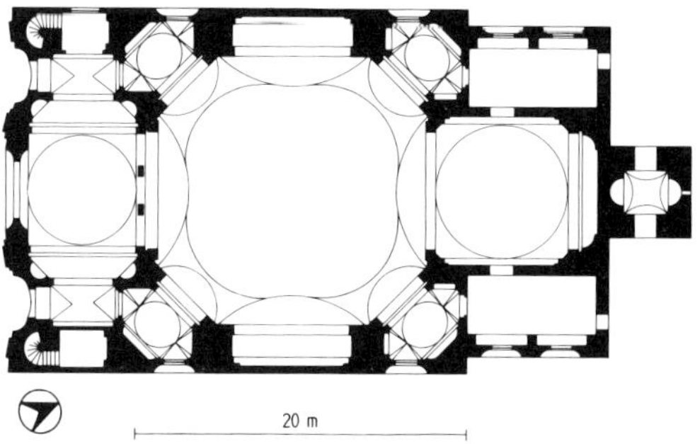

Aufhausen, Wallfahrtskirche Maria Schnee

Inneres. – Ein zentrales unregelmäßiges Oktogon, in großen Arkadenbögen geöffnet. In den Hauptrichtungen schließen rechtwinklige Räume an, in den Diagonalen polygonale doppelgeschossige Kapellen, eine kontrastvolle Komposition selbständiger Teilräume in einem Rechteckgehäuse. – Den Hauptraum umstellen stumpfwinklig gebrochene Pfeiler. Sie tragen im Wechsel gestelzte Korbbögen und schmale Rundbögen. Gewölbte Kappen leiten zum geschweiften Rand der Flachkuppel über. – Das annähernd quadratische, eingezogene Presbyterium übergreift eine Hängekuppel. Die querrechteckigen Kapellen in der Querachse tonnenüberwölbt. Raumbestimmend die diagonalen, lichterfüllten Nebenräume, dem Grundriß nach Sechsecke mit einschwingender Rückwand. Hinter doppelgeschossiger, dünnwandiger Bogenstellung und vorgewölbter Emporenbrüstung wie Raumzylinder wirkend. Spannungsvolle Akzente in dem deutlich gerichteten, zentralisierten Gesamtraum. Die Form der hinter schmalen Oktogonseiten quergestellten Kapellen paraphrasiert *Fischer* in der dreijochigen Vorhalle mit darüber liegender Empore. Das quadratische, flachkuppelig überwölbte Eingangsjoch öffnet sich seitlich mit stark eingezogenen Arkadenpfeilerstellungen zu schmalen äußeren Jochen. Auf zwei Geschoßebenen sind sie mit den westlichen Kapellenräumen verbunden. – Die Raumgrenzen der Wallfahrtskirche bestehen nur zum geringen Teil aus geraden Wandflächen. Es dominiert ein System aus Pfeilerbogenstellungen und differenzierten Wölbungen.

Sparsame, in Höhe der Kapitell- und Brüstungszone ansetzende Stukkaturen: Bandelwerk mit pflanzlichen Motiven und vereinzelten Muschelformen, gelblich getönt, auf lichtgrauen und grünen Farbflächen. – Deckenbilder füllen die zentrale Flachkuppel und die Hängekuppeln der Anräume. In geschweifter Stuckumrandung über pendentivartig eingesetzten Bildmedaillons. – Dargestellt in der Hauptkuppel: Stif-

tung und Erbauung der Kirche St. Maria ad neves in Rom, mit ringförmig angeordneten Szenen. In einer an *Cosmas Damian Asam* erinnernden, aus Treppen und Balustraden gebildeten Architektur die Vision des Patriziers Johannes; der Stifter mit Entwurfsplan der gelobten Kirche. Begegnung mit Papst Liberius; rückwärtig in einer Landschaft Prozession auf den Esquilin, Ort der ersten, Maria geweihten Kirche. – Über den Bögen der Diagonalkapellen Tonmalerei mariologischer Thematik. Im Chor Verherrlichung des Ordensgründers Philippus Neri; Szenen dieses Heiligen in Bildmedaillons. – In den Kapellen Darstellung der Kirchenväter, sowie der Evangelisten. Über der Orgel König David. In der Vorhalle Opferung des Isaak. – Die Pfeilernischen ausgemalt mit Marienemblemen.
Für eine ländliche Kirche ungewöhnlich reiche Ausstattung, z.T. aus der Gründungskirche des 17. Jh. Zudem kostbare Stiftungen namhafter Gönner des Ordens und der Wallfahrt. – Hochaltar, barocker, im 18. Jh. veränderter Säulenaufbau mit ergänzender Malerei an der Presbyteriumsrückwand. In der Glorie (Schnitzarbeit des Rokoko) das kleine Gnadenbild Unserer Lieben Frau, um 1580 in München gefertigt, seitlich Figuren der hll. Johannes Ev. und Johannes Bapt., im Auszug Taube des Hl. Geistes, Gemälde Gottvater. – In den Querflügeln: Benediktusaltar und Josephialtar, Aufbauten des 17. Jh., mit Gemälden des 18. Jh.; Stiftungen des Pfarrers zu Sallach von 1747. – In den nördlichen Diagonalkapellen: Marienaltar und Philippus Neri-Altar, Stiftungen des Bernhard von Pichelmair aus Augsburg, von 1696. Schöne Exemplare geschnitzter barocker Oberpfälzer Akanthus-Altäre mit vollplastischen Putten. Das Gemälde mit Darstellung der in offener Halle sitzenden Muttergottes, um 1512, *Jörg Breu d.Ä.* aus Augsburg zugeschrieben. Zur Zeit der Stiftung bereits „ein gar hoch aestimiertes Kunstblatt", ein Hauptwerk süddeutscher Frührenaissancemalerei. Dargestellt eine sitzende Muttergottes in offener Halle mit seitlichen Landschaftsausblicken. Am Bildrand zurückgesetzt hl. Joseph. Nischenartig rahmende Architektur, die über Maria einen Ausschnitt der Himmelsglorie zeigt, im Vordergrund Engelskonzert. Kühles, auf Architektur und Landschaft vor blauem Himmel abgestimmtes Kolorit. Naturalistische Pflanzen und Stilleben in spätmittelalterlicher Symbolik, verbunden mit dekorativen Motiven der frühen Renaissance in Architektur und Ornament, kennzeichnen dieses Altarbild. Nach einer Zeichnung *Albrecht Dürers* von 1509, vermutlich in Augsburg entstanden, gehört es unmittelbar in das künstlerische Umfeld der Fugger. – Altarblatt des Philippus Neri als Patron der Sterbenden und Armen Seelen, 1697 gestiftet von Reichshofrat Scheller aus Wien. – Renaissance-Altäre der südlichen Diagonalkapellen: geweiht den hll. Karl Borromäus und Franz von Sales. Urspr. Stiftungen des Ferdinand von Wartenberg, Bruder Herzog Wilhelms V., um 1600; von Seidenbusch für die 1673 durch Bischof von Wartenberg geweihte Wallfahrtskirche erworben. Die Altarblätter jünger, eingesetzt in bemalte Leinwandrahmen des 18. Jh. – Kanzel, um 1670,

mit Säulen verzierter, geschnitzter Korpus, Tafelbilder der Evangelisten. – Gemälde. – Im Presbyterium Tafelbild in geschnitztem Renaissancerahmen, um 1600: Mystische Vermählung der hl. Katharina in Anwesenheit der hll. Leopold und Wilhelm, Replik einer Darstellung des *Joachim von Sandrart* (im Kunsthistorischen Museum in Wien). – Spätgotische Tafelbilder: Mariä Verkündigung und Geburt Christi. Stiftung des Bernhard Pichelmair aus Augsburg, 1696. – Auf zwölf Ölbildern Geschichte des Gnadenbildes aus München und der Wallfahrt in Aufhausen. – Kreuzwegzyklus, bez. 1741 von *Georg Vischer* aus Landshut. – Holzfiguren. – Am Kuppelpfeiler Pietà, Mitte 18. Jh. – Im Presbyterium spätgotische Flachreliefs der hll. Ottilie und Apollonia, um 1520 aus dem Umkreis des *Meisters der Madonna aus Alteglofsheim* (heute Diözesanmuseum Regensburg). – In der Borromäuskapelle Relief der Opferung Mariä, bemerkenswerte Arbeit des frühen 17. Jh. – Orgelprospekt und Stuhlwangen, Schnitzwerk um 1750. – Barocke Gitter aus der Gründungskirche, 1986 restauriert und ergänzt. – Grabdenkmäler. – Im Presbyterium rechts, Epitaph für Sebastian Anton von Zillerberg († 1751), Salzburgischer Rat und Gesandter in Regensburg; gegenüber Epitaph der Maria Anna von Caspis († 1732).

AXTHEID-BERG Stadt Vilseck, Kr. Amberg-Sulzbach. *Karte 4*

Kath. Kreuzerhöhungskirche auf dem Berg. 1823–27 Bau der Wallfahrtskirche auf Initiative des Handelsmannes Bartholomäus Kopf. 1849–62 Erweiterung des Langhauses, 1872 verändert, renoviert 1980–81. – Saalbau mit eingezogenem, dreiseitig geschlossenem Chor und spitzem Dachreiter im Westen. – Tonnengewölbe mit Stichkappen. – Ausstattung von Tischler *Franz Ringer* um 1860.

B

BACHHAUSEN Gem. Mühlhausen, Kr. Neumarkt. *Karte 7*

Ev. Pfarrkirche. Friedhofsummauerung mit Rundbogentor, 17. Jh. Kirche 1736 unter Einbeziehung des gotischen Ostturms durch Graf Christian Albert von Wolfstein errichtet. Um 1900 Veränderungen am Innen- und Außenbau. Instandsetzungen innen 1952, außen 1966. – Ostturm mit Oktogonaufsatz und Spitzhelm. – Rechteckraum mit Spiegeldecke. 1908/09 wurde der Deckenstuck auf schlichte Rahmenmotive und Christusmonogramm reduziert, gleichzeitig stuckiert die an drei Seiten umlaufende Holzempore auf schlanken Balusterstützen. – Von zwei Säulen eingeschlossener Kanzelaltar in klassizistischen Stilformen, wohl um 1800, renoviert 1904. – An der Westwand das Ehewappen von Wolfstein-Hohenlohe mit beschädigter Inschrift des Erbauers, dat. 1736.

BACHMEIERHOLZ Stadt Kötzting, Kr. Cham. *Karte 11*

Kath. Wallfahrtskapelle zur Schmerzhaften Muttergottes. Als Lohn für seine Transportdienste erhielt 1737/38 der mit Reiserbesen handelnde Inmann Christoph Kurz von einem Künstler ein Muttergottesbild, das bald als Gnadenbild verehrt wurde. – 1746 Kapellenbau, 1751 Weihe, 1791 Schiff erneuert. Renovierung 1981. – Flachgedeckter Saalbau mit eingezogenem, segmentbogig geschlossenem Chor und verschindeltem Zwiebeldachreiter; Langhausanschluß gerundet. – Rokoko-Altar aus der Bauzeit, mit Gnadenbild einer Pietà (Urbild in Reggio di Calabria), 1737 von *J. C. Haffner*. – Figuren und Bilder des 18. Jh., eine Darstellung der Kapellenweihe von *Reisbacher* 1835. – An der Emporenbrüstung etwa 150 Votivbilder, zumeist 19. Jh. und älter.

BÄRNAU Kr. Tirschenreuth. *Karte 3*

Als Reichsgut 1296 an das Kloster Waldsassen verpfändet. 1343 Verleihung des Stadtrechtes durch Ludwig den Bayern. Mit dem Übergang an Karl IV., der den Bürgern wichtige Privilegien einräumte, wurde die Stadt befestigt, wovon sich der Graben und einzelne Mauerreste erhalten haben. Infolge der wittelsbachischen Übernahme 1404 Verlust von Reichsprivilegien, dafür aber Ausbau eines pfälzischen Pflegamtssitzes.

Stadtanlage

Die Stadt ist auf einer von Steinbach und Waldnaab umflossenen Bergkuppe ovalförmig angelegt; sie wird von einem breiten Straßenmarkt der Länge nach geteilt. Die meist zweigeschossigen, traufseitigen Akkerbürger- und Handwerkerhäuser gehen auf den Wiederaufbau nach den großen Stadtbränden von 1839 und 1869 zurück.

Bärnau

1 *Pfarrkirche St. Nikolaus*
2 *Kath. Wallfahrtskirche zum Gegeißelten Heiland*
3 *St. Elisabeth*
4 *Friedhofskapelle St. Michael*
5 *Rathaus*

Kath. Pfarrkirche St. Nikolaus. 1733 durch *Philipp Mühlmayer* und *Johann Georg Diller* erbaut. Nach den Bränden von 1808 und 1839/40 erneuert. 1977/78 Umbau und Erweiterung, anschließende Renovierung. – Dreischiffiges Langhaus mit eingezogenem, dreiseitig geschlossenem Chor. Turm mit Spitzhelm im südlichen Chorwinkel. – Die urspr. Tonnengewölbe mit stuckierten Stern- und Kreuzformen 1977 in Rabitzgewebe wiederhergestellt. Gliederung der Wände durch Korbbogennischen und klassizistische Stukkaturen. – Hochaltar in barocken und klassizistische Formen, auf der Rückseite dat. 1897. Altarblatt – Martyrium des hl. Andreas – und die beiden Gemälde an der Langhausostwand – hl. Johannes Ev. und Auferweckung des Lazarus – *Oswald Onghers* zugeschrieben, 1840 aus dem Bamberger Dom transferiert.

Kath. Filialkirche St. Elisabeth, sog. Kappel, südwestlich von Bärnau auf einer Anhöhe. – 1656 auf dem Platz einer 1556 abgebrochenen Kirche errichtet. Renovierung 1976–79. – Flachgedeckter Saalbau mit polygonalem Schluß und westlichem Dachreiter. – Qualitätvolle Dekken- und Wandgemälde, nach neuen Erkenntnissen von *Vitus Fuchs* und seinem Sohn *Maurus Fuchs* (um 1800). An der Decke: hl. Maria Magdalena salbt die Füße Christi, hl. Elisabeth pflegt Kranke, an den Wänden Szenen aus dem Leben der hl. Elisabeth, Brustbilder der hll. Helena und Rupert über den Portalen und an der Emporenbrüstung Johannes von Nepomuk und die Vier Kirchenväter; dekorativ-illusionistische Malereien um Altar und Kanzel, an Sockel und Deckenrändern. – Weiß-gold gefaßter Hochaltar, an der Predella 1656 dat. In der Mittelnische Figur der hl. Elisabeth um 1500 (durch Kopie ersetzt), seitlich Nachbildungen der geraubten, 1656 geschnitzten Figuren der hll. Katharina und Barbara.

Kath. Wallfahrtskirche zum Gegeißelten Heiland, sog. Steinbergkirche, auf dem Steinberg östlich der Stadt an der Goldenen Straße nach Böhmen gelegen. Zugang über mächtige Baumallee mit Kreuzweg. – 1752 ließ der Hufschmied Ulrich Kräftiger eine Holzkapelle errichten; 1765–68 erbaute Maurermeister *Thomas Mühlmayer* an ihrer Stelle die bestehende Kirche. 1787 Weihe und Übernahme der Tachauer Wallfahrt. 1818/19 Erweiterung des Chores. Renovierung 1982–85.

Saalbau mit eingezogenem, dreiseitig geschlossenem Chor und westlichem Dachreiter. Gerundeter Langhausabschluß, Stichkappentonne über Doppelpilaster. Deckengemälde von *Johann Fischer* aus Naab 1794: Schutzmantelmadonna, hl. Johannes und die Vierzehn Nothelfer im Langhaus sowie Passionsszenen im Chor.

Ausstattung ausgehendes 18. Jh. – Hochaltar in späten Rokokoformen, die urspr. Weiß-Gold-Fassung bei der letzten Renovierung wieder hergestellt. Im Mittelfeld monumentale Gruppe mit Kruzifixus und Schmerzhafter Muttergottes sowie das Gnadenbild, Christus an der Geißelsäule, ein vermutlich oberammergauisches Werk des mittleren 18. Jh. Seitenfiguren der hll. Florian und Wendelin. Anstelle der Seitenaltäre Figurennischen mit Maria Immaculata und hl. Josef. – Kanzel klassizistisch.

Kath. Friedhofskapelle St. Michael. 1700 in dem seit 1590 außerhalb der Stadtmauer liegenden Friedhof errichtet. 1983 Renovierung. – Nordöstlich ausgerichteter Saalbau mit Dachreiter. – An der Nordostwand Gemälde mit Auferweckung des Lazarus von *Wilhelm Stoiber* aus Regen 1881. An der Nordwestwand Gemälde mit hl. Michael, 18. Jh.

Rathaus (Marktplatz 1). Stattlicher neubarocker Bau von 1898 mit Mittelrisalit, reicher Gliederung und Walmdach.
Auf dem Marktplatz Granitstatue des hl. Johannes von Nepomuk, (laut. Inschrift von Freiherrn Daniel von Froschheim 1722 gestiftet).

Tillyschanze. Östlich der Stadt Reste einer quadratischen, um 1621 angelegten Wehranlage.

BARBARABERG

Gem. Speinshart, Kr. Neustadt a. d. Waldnaab. *Karte 1*

★ **Wallfahrtskirche St. Barbara.** Vorgängerbau 14. Jh., in der Reformationszeit zerstört. Seit 1661 Bemühungen um Wiederaufbau und Wiederbelebung der Wallfahrt. Dominikus Lieblein, Abt von Speinshart, ließ 1741 die 1666 erbaute Kirche abbrechen. Grundsteinlegung für einen Neubau unter Leitung des Ordensbruders *Hugo Strauß*. Weihe 1765. – Für den Entwurf wird neuerdings dessen Lehrer, der Bamberger Hofbaumeister *Justus Heinrich Dientzenhofer*, vorgeschlagen (Adolf Mörtl). Ausführung durch die Maurermeister *Thomas Sebastian* und *Adam Preysinger* aus Kirchenthumbach. – Einführung der Bruderschaft der hl. Barbara. Die Wallfahrtsanlage, so zeigt der jetzt ebenfalls *Justus Heinrich Dientzenhofer* zugeschriebene Plan, war Teil einer weiträumig gestalteten, repräsentativen Kultur- und Sakrallandschaft (Mörtl). – Durch die Säkularisation Verkauf der Gebäude samt Ausstattung. Altäre heute in ▷ Erbendorf, ▷ Kirchendemenreuth und ▷ Bärnau, die Kanzel in ▷ Parkstein. 1920 Wiederherstellung des alten Gnadenbildes und Eröffnung der Wallfahrt. Restaurierung 1980 abgeschlossen.
Weithin sichtbarer Giebelprospekt der Kirche zwischen Walmdachbauten, ehem. Wohngebäude für die Wallfahrt und Sommerresidenz des Abtes. Kastanienallee. Sandsteinfassade mit Wappen des Speinsharter Abtes, bez. 1770. Die Mittelachse bis zum Giebel konvex geschwungen, von je drei Pilastern gerahmt, der mittlere kantig geknickt. Plastizität und Spannung erhält die Fassade durch die Heiligenfiguren von Bildhauer *Jacob von der Hack:* Barbara (beschädigt) in gerahmter Giebelnische, sowie Augustinus und Norbert, die überlebensgroß auf eigenen Sockeln seitlich des Schmuckportals postiert sind. – Im übrigen sind von der ehem. kreuzförmigen zentralen Kirchenanlage mit

segmentförmig geschlossenen Armen und zweigeschossigen Nebenräumen in den vier Winkeln seit dem Brand von 1914 nur Fragmente erhalten: Reste der Umfassungsmauer an der Nord- und Ostseite bis in die obere Fensterzone und die Begrenzungswände des östlichen und nördlichen Kreuzarmes. – Im ehem. Westflügel wurde 1921 eine Kapelle eingerichtet. Fragmente der Stuckierung von *Andreas Lambeck* und Sohn *Ulrich*. Von diesen auch der um 1770 geschnitzte Rokokotabernakel mit seitlichen Engeln. Schreinerarbeiten vom Klosterschreiner *Steinl*. Gnadenbild der hl. Barbara, eine Holzfigur des 15. Jh.

BARBING Kr. Regensburg. *Karte 14*

Kath. Pfarrkirche St. Martin. Bau des 17./18. Jh. in den der Turm des 14. Jh. einbezogen wurde. Chorturm mit Zwiebelhaube. Langhaus mit höherem und breiterem Westbau von 1936/37; Flachdecke von 1978. Im eingezogenen Chor Kreuzgewölbe mit ausgekehlten Rippen und Tellerschlußstein. – Ausstattung. – Im Hochaltar, einem Säulenretabel der 1. Hälfte des 18. Jh., lebt der Typ des Oberpfälzer Akanthusaltars weiter. Das Altarblatt, wohl regensburgisch, 2. Hälfte 17. Jh., zeigt die Mantelspende des hl. Martin, Seitenfiguren der Bischöfe Emmeram und Erhard, um 1750. Seitenaltäre, klassizistische Schöpfungen um 1800. Säulenretabel mit zierlichem Dekor und Figuren: Maria Immaculata, Christus an der Geißelsäule. – Runder Taufstein auf gewundenem Schaft um 1500–1520. – Kanzel, eine klassizistische Schöpfung um 1800, mit Medaillonbild des hl. Johannes Ev. – Stuhlwangen des frühen 18. Jh. mit Akanthusschnitzereien. – Kreuzweg gerahmt mit aufwendigen, geschnitzten Rocaille-Aufsätzen, um 1760/70.

Ehem. Schloß, heute Rathaus (Kirchstr. 1). Von 1826–1832 Sommerresidenz des Regensburger Bischofs Johann Michael Sailer. – Dreigeschossiger Mansarddachbau um 1770. Fassade mit Eckpilastern, rustiziertem Rundbogenportal. – Am Treppenaufgang Allianzwappen des Hochstifts Regensburg und des Fürstentums Pfalz-Neuburg mit bekrönender Mitra, frühes 16. Jh. – Westlich des Schlosses der ehem. Park, heute durch ein barockes, gebändertes Seitenportal mit Dreiecksgiebel zugänglich. An der Straßenseite des Parks barockes Gartenhaus mit Eckquaderung und Pyramidendach.

BEIDL Markt Plößberg, Kr. Tirschenreuth. *Karte 2*

★ **Kath. Pfarrkirche Mariä Himmelfahrt.** Kirche und Friedhof in weitgehend gotischer Ummauerung mit abgefastem, spitzbogigem Torgewände. 1732 Bau der Kirche durch *Philipp Muttone* unter Verwendung älteren Mauerbestandes. 1979/80 Innenrenovierung.

In der kräftigen Nischengliederung der Flanken wirkt die Waldsassener Baukunst nach. Westturm mit Doppelzwiebelhaube. – Die am Außenbau durch Blendarkaden angedeuteten Wandpfeiler treten im

von einer Stichkappentonne überwölbten Innenraum nur ganz schwach mit aufgesetzten Doppelpilastern aus der Wand. Eingezogener, gerade geschlossener Chor. – An den Doppelpilastern flache, in der Bewegung wie erstarrte Stuckfiguren der hll. Heinrich, Wolfgang, Notburga, Isidor, Barbara und Ignatius, Ende 18. Jh. Auf den Gebälkstücken klassizistische Stuckvasen mit Putten und Girlanden. – Erneuerte Deckengemälde mariologischer Thematik, im Chor stuckgerahmt. Über dem Chorbogen Wappen, dat. 1732.
Ausstattung. – Altäre 2. Drittel 18. Jh. Mächtiger viersäuliger Hochaltar mit Gemälde Mariä Himmelfahrt, Seitenfiguren der hll. Anna und Elisabeth (unten), Joachim und Zacharias (oben), Johannes Bapt. und Johannes Ev. (außen in Nischen). Nördlicher Nebenaltar mit Seitenfiguren der hll. Antonius von Padua und Florian und Gemälde der Kreuzabnahme Christi, sign. „*Ernstberger*" 1868. Der südliche Nebenaltar mit Seitenfiguren der hll. Joseph und Johannes von Nepomuk und Altarblatt Pietà vom gleichen Maler. – Kanzel zeitgleich, von Lehrendem Jesus bekrönt, am Gesims Figürchen der Evangelisten. – Orgelgehäuse, obere Emporenbrüstung und Beichtstühle klassizistisch.
Am Chorscheitel Kapelle St. Leonhard, 1. Hälfte 18. Jh. (1980 restauriert). – Kreuzgratgewölbter Rechteckraum. – Deckenbilder der 2. Hälfte 18. Jh.: im Zentrum hl. Leonhard, umgeben von durch Inschriften erläuterten Medaillons mit Darstellungen seiner Wunderwirkungen. Schablonenmalerei des ausgehenden 19. Jh. (Vorhangmotive, Fliesenmuster) 1980 freigelegt und restauriert. – Altar mit gedrehten Säulen und seitlichen Bäumchen, 3. Viertel 18. Jh.; zentrale Nischenfigur des hl. Leonhard, Seitenfiguren der hll. Sebastian und Rochus. Im Tabernakel Figürchen des Wiesheilands.
An der Südseite der Kirche flacher, langer Anbau mit Ölberg, überlebensgroße Steinfiguren, 1. Hälfte 18. Jh., 1976 restauriert.
An der Straße nach Leichau Granitbildstock mit Relief der Marienkrönung, am Sockel Stifterinschrift, dat. 1732.
In der Umgebung von Beidl vier steinerne Feldaltäre für die Flurprozessionen: an der Straße nach Schönficht mit 1711 bez. Relief (zwei knieende Engel mit Monstranz), die übrigen aus dem 19. Jh.

BERATZHAUSEN Kr. Regensburg. *Karte 8*

★ **Kath. Pfarrkirche St. Peter und Paul.** Vermutlich eine romanische Vorgängerkirche. 1286 ein Pfarrsitz nachgewiesen. Veränderungen zu Beginn des 16. Jh.: gotischer Chor, Erweiterung des Langhauses auf drei Schiffe, Errichtung des Westturmes. Ab Mitte des 18. Jh. durchgreifender Umbau und Erneuerung der Kirche. Mit der Planung betraut waren Maurermeister *Gotthard Ettel* und Zimmermeister *Peter Eichenseher* aus Hemau. 1762 Grundsteinlegung, 1764 Weihe der Kirche. Deckenmalereien von *Otto Gebhard*, 1764 dat. und sign. Innenrestaurierung 1964.

Einfacher, für die Gegend typischer spätbarocker Saalbau mit eingezogenem, halbrund schließendem Chor. Westturm, das untere Geschoß mit gotischer Rippenwölbung. – Innenraum in einheitlicher Rokokodekoration von repräsentativer lokaler Qualität. Wandgliederung durch Pilaster mit kräftig verkröpften Gebälkstücken; flache Spiegeldecke mit Stichkappen. In der zweiten Querachse von Osten flache Altarnischen wie in ▷ Hemau. Doppelgeschossige Westempore. – Großfigurige Rocaillerahmen mit Brokatflächen, großenteils in Scheinmalerei ausgeführt. – Am Chorbogen Wappen des Pfalz-Neuburgischen Hofes.

Großflächige Deckenbilder von *Otto Gebhard*. In geschwungener Rahmung aus Stuck und Malerei. Im Langhaus Martyrium der Apostel: Kreuzigung Petri, rückwärtig Enthauptung des hl. Paulus. Zeitlich unmittelbar vorausgehend dem Deckengemälde des *Matthäus Günther* in Geiselhöring. – Im Chor Abschied der Apostel. Figurenreiche Kompositionen mit reizvoller Landschafts- und Architekturstaffage. Kräftig bunte, teilweise changierende Farbgebung über das ganze Bildfeld.

Ausstattung. – Hochaltar, 1763 von *Georg Leonhard Däntl* aus Velburg. Bemerkenswertes Altarblatt, 1764 dat. und sign. von *Johann Anwander* aus Lauingen: Einsetzung der Apostel Petrus und Paulus, Christus als Guter Hirte übergibt Petrus den Hirtenstab, im Hintergrund Ecclesia. Seitlich Figuren der hll. Sebastian, Benedikt, Josef und Florian. – Seitenaltäre ebenfalls von *Däntl*. – Kirchengestühl mit reicher Schnitzarbeit von Bildhauer *Johann Gebhard Geschwender* aus Burglengenfeld und *Michael Josef Hueger* aus Kallmünz.

Grabdenkmäler: An der Westinnenwand großer figürlicher Grabstein für Johann von Stauf zu Ehrenfels († 1478) mit Hochrelief des Verstorbenen in spätgotischer Plattenrüstung, auf einem Löwen stehend, ein Werk des Regensburger Dombaumeisters *Konrad Roritzer*, um 1470. – Großer Wappengrabstein für Dietrich von Stauf zu Ehrenfels († 1417). – Außen an der Nordseite figürlicher Rittergrabstein für einen Staufer von Ehrenfels († 1462) mit abgespitztem Relief. Figürlicher Rittergrabstein für Dietrich von Stauf († 1380) und seine Gemahlin Anna, gleichfalls mit stark beschädigtem Relief.

Kath. Michaelskapelle nördlich der Pfarrkirche. Zweigeschossiger gotischer Karner mit Polygonalchor, nach 1432. Langhaus flachgedeckt, im Chor Rippengewölbe auf polygonalen Konsolen, z.T. ornamental skulpiert, Schlußstein mit Wappen der Staufer von Ehrenfels.

Wallfahrtskirche Maria-Hilf. Eine erste Kapelle bereits 1710 von der Bürgerschaft errichtet. 1734 erweiterter Neubau, 1742 Weihe. 1845 Zerstörung durch Brand, Wiederaufbau 1847. – Innenrenovierung 1947/48, dabei Deckenausmalung durch *Hermann Kaspar* aus München. Außenrenovierung 1956/57, neue Turmhaube. – Eingezogener, halbrund geschlossener Chor. Schlichtes Langhaus mit Spiegeldecke über Pilastergliederung. – Einheitliche Ausstattung des Rokoko, um

1750. Im Hochaltar Gnadenbild Maria-Hilf, barocke Kopie eines Stadtamhofer Malers nach dem Muttergottesbild des *Lukas Cranach* in St. Jakob zu Innsbruck. In Schnitzrahmen, von Engeln gehalten. Seitlich große Figuren der hll. Joachim und Anna. Wappen des Marktes sowie des Papstes Pius XII. (siehe Renovierung). Seitenaltäre mit Gemälden: hl. Philippus Neri und hl. Johannes von Nepomuk, Seitenfiguren der hll. Walburga, Magdalena, Florian und Wendelin.

Kath. Friedhofskapelle St. Sebastian. Die 1496 erstmals erwähnte Kapelle in der Mitte des 15. Jh. errichtet, 1713 verändert. Innenrenovierung 1972. – Flachgedeckter Saalbau mit Dachreiter. Der eingezogene Chor mit 3/8-Schluß und beschädigtem Kreuzrippengewölbe, ausformende Details vergleichbar mit der etwa gleichzeitigen ⊳ Michaelskapelle. – Hochaltar Mitte 17. Jh., Säulenretabel mit Holzfigur des hl. Sebastian. Als Seitenaltäre Epitaphien der Familie des Freiherrn Tobias Hersztenczky. Stattliche Renaissance-Ädikulen aus feinem Kalkstein, links für dessen Kinder († 1604), mit Relief der Auferstehung im Mittelfeld; das beschädigte Gegenstück mit Inschrift des Bildhauers *Konrad Jos* aus Stuttgart.– Bemaltes Holzepitaph für den Beratzhausener Schreiner Georg Hueber († 1620?) mit Darstellung des Verstorbenen vor dem Gekreuzigten.

Ehem. Zehentstadel (Paracelsusstr. 29) nahe dem ehem. Pflegschloß Herzog Philipp Ludwigs von Pfalz-Neuburg gelegen. – Stattlicher dreigeschossiger Satteldachbau mit dreigeschossigem Giebel. Bez. 1599, umgebaut 1811, Sanierung 1986. – Quaderputz nach Befund wiederhergestellt. Fenstergewände aus Sandstein. Klassizistisches Portal von 1811. – Im Innern Balkendecken, teilweise auf Eichenstützpfeilern mit verzierten Sattelhölzern. Fast vollständig erhaltenes Dachwerk.

BERCHING Kr. Neumarkt i. d. Opf. *Karte 7*

Der Berchinger Raum im Sulztal – ebenso wie das Altmühltal – ist reich an vor- und frühgeschichtlichen Funden. Der Ort selbst, wohl eine bajuwarische Gründung des 6./7. Jh., wurde erstmals 883 in einer Schenkungsurkunde Kaisers Karls III. als „villa Pirihinga“ erwähnt. 912–1802 dem Hochstift unterstellt, wurde Berching 1296 erstmals „oppidum“, 1314 „civitas“ und 1320 „stat“ genannt.

Stadtanlage

Die von Nord nach Süd verlaufende Sulz verleiht Berching den Charakter einer Doppelstadt. Westlich die „Innenstadt“ über rechteckigem, nach Südosten keilförmig ausbuchtendem Grundriß mit der ostwestlich ausgerichteten Mittelachse zweier versetzt ineinander übergehender Straßenmärkte (Reichenau- und Pettenkoferplatz, früher Vieh- und Jahrmarkt). Die geschlossenen Reihen der meist in das 16./17. Jh. zurückgehenden Giebelhäuser mit abwechslungsreichen Giebelkonturen und stellenweise Zierfachwerk, die am Marktplatz früher vor-

nehmlich den Bürgern und der bischöflichen Verwaltung vorbehalten waren, und der mitten durch den unregelmäßig gepflasterten Platz fließende Stadtbach tragen zum ausgesprochen malerischen Stadtbild bei. Im südöstlichen Bereich bildete sich um die im Kern frühgotische Stadtpfarrkirche ein Kirchplatz mit eigener, kleinteiliger Bebauungsstruktur heraus. Östlich der Sulz die Vorstadt, der eigentliche Siedlungskern, der sich wohl aus dem Hof der von Eichstätt eingesetzten Ministerialen entwickelte. Der langgestreckte Straßenmarkt zieht hier von Nord nach Süd, am Zentrum, der Lorenzkirche, vorbei. Architektonisches Bindeglied zwischen den beiden Stadtteilen ist das 1722 gegründete Kapuzinerkloster.
Der heute noch hohe Bestand an gewerblichen Betrieben, vor allem Mühlen, läßt die einstige Bedeutung des alten Mittelpunktes des Sulzgaus als Handelsumschlagplatz erkennen.

★ Stadtbefestigung

Von einzigartiger Geschlossenheit die mittelalterliche Befestigung der Innenstadt (1973–83 instandgesetzt), die beim Anreisenden das Bild einer mittelalterlichen Stadt wachruft. Heute führt der Main-Donau-Kanal (siehe ▷ Ludwig-Donau-Main-Kanal) hart an der westlichen Stadtmauer entlang. – Um 1470 unter Bischof Wilhelm von Reichenau (1464–1496) unter Einbeziehung der alten Tore und wohl auch Mauerteile, in der bestehenden Form angelegt. Die Wehrmauer, aus mit unregelmäßigem Quaderwerk verblendeten, etwa 6 m hohen und 1,5 m starken Füllmauern bestehend, mit noch begehbarem, gedecktem Wehrgang ist fast vollständig erhalten, ebenso die beiden Tore im Osten und Westen und 12 (urspr. 15) Wehrtürme, im Volksmund mit originellen Namen bedacht. Sie sind überwiegend rechteckig, vereinzelt Rund- oder Schalentürme (mit Wohnungseinbau). Der doppelte Wallgraben ist ebenfalls im Südabschnitt erkennbar. „Mittleres Tor“ im Osten: quadratischer Turm aus rohem Quaderwerk, Anfang 15. Jh., mit spitzbogiger Durchfahrt und Türmerwohnung. Vortor aus verputztem Bruchsteinmauerwerk, korbbogige Durchfahrt mit Balkendecke, an der Außenseite Wappen von Eichstätt, Berching und des Bischofs Wilhelm von Reichenau. Die Flankenbauten des Torturms mit Fachwerkobergeschossen stammen aus dem 16. Jh., der südliche zweigeschossig und 1590 dat. (Erneuerung), der nördliche zu drei Geschossen. Das „Gredinger Tor“ im Westen analog aufgebaut, 1819 nach Blitzschlag teilweise erneuert. Der hier aus regelmäßigen Kalksteinquadern gefügte Turm ebenfalls mit urspr. spitzbogigen, später rundbogig zugesetzten Zugängen, die Durchfahrt spitztonnengewölbt.
Auch die Vorstadt wurde im 15. Jh. ummauert. Der Mauerring aus Bruchsteinwerk fast geschlossen erhalten, jedoch stark abgetragen. Die Tore im Norden und Süden gehen in das 13. Jh. zurück. Sie sind heute noch, ebenso wie das Gredinger Tor, mit starken eichenen Bohlentüren

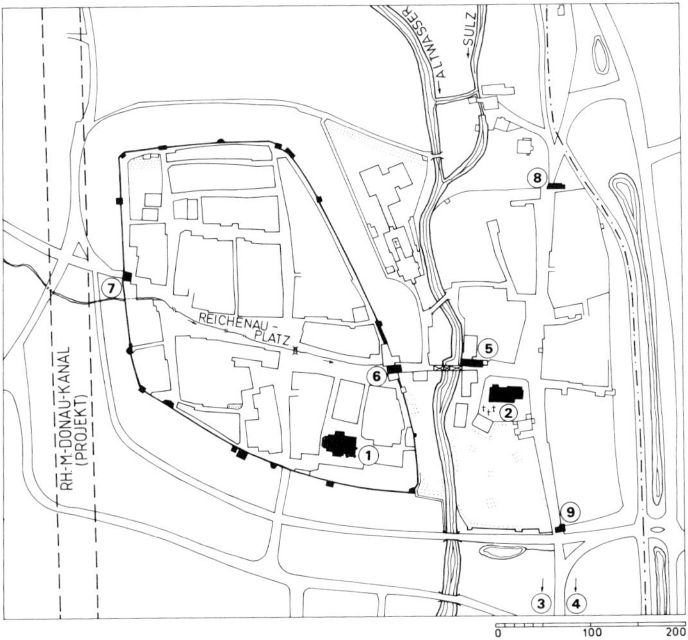

Berching

1 *Kath. Stadtpfarrkirche Mariä Himmelfahrt*
2 *St. Lorenz*
3 *Wallfahrtskirche Maria-Hilf*
4 *Ehem. Siechhaus, heute Kapelle St. Cäcilia*
5 *Ehem. Heilig-Geist-Spital*
6 *Östl. Tor*
7 *Westl. Tor*
8 *Nördl. Tor*
9 *Südl. Tor*

und „Schlagtürln“ bewehrt. Im Norden das „Krapfentor“, Torturm mit später rundbogig vergrößerter Durchfahrt, seitlich spitzbogige Einlaßpforte, 19. Jh. Im Süden das „Siechentor“, Torhaus mit rundbogigen Einfahrten und Bohlendecke über der Durchfahrt.

★ **Kath. Stadtpfarrkirche Mariä Himmelfahrt.** Eine kleine frühgotische Chorturmkirche erhielt 1488 – noch Kapelle genannt – Seitenkapellen und löste 1519 die Lorenzkirche als Pfarrkirche ab. 1661–63 Reparaturen, 1684/85 Umbau durch *Johann Baptist Camesino* nach Plänen von *Jakob Engel*. Nachdem Mitte 18. Jh. *Gabriel de Gabrieli, Matthias Seybold*, beide aus Eichstätt, und der Ingolstädter Stadtbaumeister *Michael Anton Prunnthaler* starke Baufälligkeit der Kirche bescheinigt hatten, führte 1755–58 der Eichstätter Hofbaudirektor *Maurizio Pedetti* den erweiternden Umbau aus (Weihe 1760): Vergrößerung des Kirchenraums, Hereinnahme des Chors in das Schiff, Anbau von großen Seitenkapellen. Letzte Renovierungen: außen 1974, innen 1982/85, wobei die urspr. Fassung des Raums und der Ausstattung angestrebt wurde.

Außenbau. – Turm und Sakristeianbauten fügen sich zur ungegliederten, asymmetrischen Ostfassade. Frühgotischer Turm mit Klangarkaden aus dem 16. Jh. und achtseitigem Spitzhelm über Dreiecksgiebeln. Im Erdgeschoß, das urspr. den Chor enthielt, noch die frühgotischen Gewölbekonsolen. Nach Westen schließt der lichterfüllte rechteckige Kirchenraum mit Altarapsis an, den Pedetti durch die den Altarraum aussondernden Freipfeiler, die querschiffartigen Seitenkapellen und den eingezogenen, dreiseitigen Westabschluß zentralräumlich umdeutete. – Am eingezogenen Westteil liegen sich korbbogig gerahmte Portale, dat. 1756, gegenüber, über ihnen geschnitzte Nischenfiguren der Bistumspatrone Willibald und Walburga.

Inneres. – Gemuldetes Gewölbe im Schiff und im Chor, dessen Anräume kreuzgratgewölbt. Wandgliederung durch ionisierende Pilaster mit umlaufenden, verkröpftem Gebälk. Die Freipfeiler tragen in der Mitte einen Karniesbogen, seitlich gestelzte Rundbogen. Im Westen Doppelempore. – Elegante graugetönte Stukkaturen in Rocailleformen von dem Nürnberger *Johann Michael Berg* 1757/58. Die Dekkengemälde von dem Eichstätter Hofmaler *Johann Michael Baader* 1758: Im Chor das von Engeln präsentierte Marienemblem, im großen Deckenspiegel des Schiffs Marienkrönung und Huldigung der Vier Erdteile, signiert und datiert, über der Empore musizierender David und Engel.

Ausstattung. – Hochaltar und Seitenaltäre mit reichem Rocailledekor, Holzaufbauten in dunkler Marmorierung. Sechssäuliger Hochaltar in den früheren Chorbogen eingepaßt, mit vergoldeten Seitenfiguren der Bistumspatrone und Altarblatt Mariä Himmelfahrt von *Willibald Wunderer* 1779 (sign.). – Zweisäulige Seitenaltäre ebenfalls mit Altarblättern von *Wunderer:* links Abendmahl, rechts Vierzehn Nothelfer, dazu Seitenfiguren links hl. Johannes Bapt. und Moses,

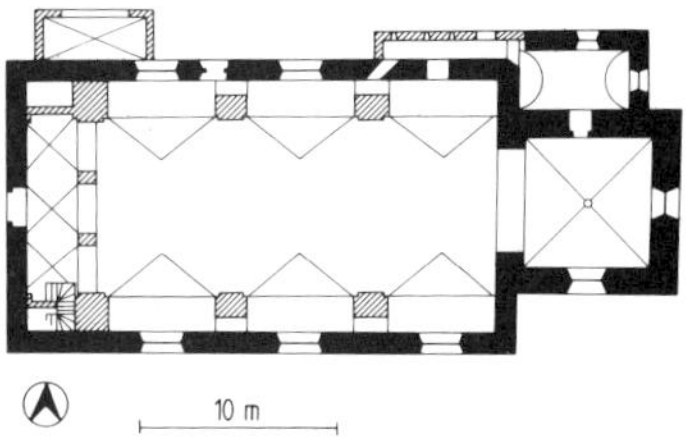

Berching, St. Lorenz

rechts hll. Anna und Joachim. Die Bilder auf den Altartischen um 1770. – Altäre der Seitenkapellen aus der gleichen Zeit, jedoch bescheideneren Formats, mit Altarblättern des Eichstätter Hofmalers *Chrysostomus Winck*: links die hll. Joseph, Antonius von Padua und Franz Xaver, rechts Ölbergszene. Die Heiligenbilder auf den Mensen 19. Jh. – Kanzel aus Stuckmarmor, von dem Eichstätter Hofbildhauer *Matthias Seybold* um 1760. – Orgelprospekt 1758. – Beichtstühle und Gestühl ebenfalls in Rokokoformen, auf der unteren Empore das roh gezimmerte Dienstbotengestühl (um 1760) mit separatem Platz für den Schinder. – An den Wänden kleinere Figuren der Zwölf Apostel von *Johann Georg Voraus,* Anfang 18. Jh. – In der rechten Seitenkapelle Figur der himmelfahrenden *Maria,* Mitte 18. Jh. Am Öffnungsbogen der linken Seitenkapelle Kruzifixus und Schmerzhafte Muttergottes von *Lorenz Raab* 1785. – An den Bänken bemerkenswerte Zunftstangen, 18. Jh., vereinzelt mit gotisierenden Motiven.
Grabdenkmäler. Am Öffnungsbogen der linken Seitenkapelle westlich das Kalksteinepitaph für den fürstbischöflichen Propst Georg Keller († 1542) und seine Gemahlin Helena Sauerzapf († 1547), mit Darstellung des verstorbenen Ehepaars zu Füßen des Gekreuzigten knieend, gute Arbeit des Eichstätter Bildhauers *Loy Hering.* Gegenüber das Kalksteinepitaph für den fürstbischöflichen Propst Johann Christoph Schrehl († 1685) mit Relief der Auferweckung des Lazarus in frühbarocker Rahmung.

★ **Kath. Kirche St. Lorenz.** Ein Vorgängerbau 883 erwähnt. Die Langhausmauern des bestehenden Baus lassen sich durch Weihedaten um 1060 und Ende 12. Jh. zeitlich fixieren. Chorturm 13. Jh., sein Obergeschoß und Abschluß Ende 16. Jh.; 1680–85 gestaltete *Johann Baptist Camesino* das Langhaus zu einer gewölbten Wandpfeileranlage um. 1688 Einbau der Empore. 1788 unausgeführtes Gliederungskonzept für den Turm von *Maurizio Pedetti.* Letzte umfassende Renovierung 1980–82.

Außenbau. – Chorturm mit gekapptem vierseitigem Spitzhelm und Laternenbekrönung. Der schlichte, kompakte Außenbau an der Nordseite belebt durch rechteckige und rundbogige Blendnischen, und ein frühgotisches Tympanon mit Kreuz zwischen zwei Rosetten in flachem Relief, westlich Ölbergkapelle mit Zinnengiebel. Ölberggruppe mit lebensgroßen Sandsteinfiguren und Relief eines über einen Zaun steigenden Schergen, Mitte 16. Jh. – Schiff mit Stichkappentonne über Wandpfeilern, unter der Empore dreischiffiger Vorraum mit Kreuzgratgewölben. Eingezogener Chor über quadratischem Grundriß mit kräftigen, abgefasten Kreuzrippen auf dreieckigen Eckkonsolen. An der rechten Chorwand farbig gefaßtes Sakramentshäuschen des späten 15. Jh.: Vera Icon in Wimpergrahmung.
Ausstattung mit kostbaren spätgotischen Werken. Als Hochaltar neugotisches Flügelretabel mit spätgotischen Figuren und Reliefs. Im Schrein Marienkrönung, seitlich die hll. Laurentius und Stephanus, an den Flügeln Reliefszenen aus dem Leben des hl. Laurentius: links Dekanatsweihe und Begräbnis, rechts Laurentius vor dem Kaiser und hl. Sippe. Beiderseits des Tabernakels Verkündigungsgruppe. Die Gruppe der Marienkrönung und die Flügelreliefs stammen vom 1502 geweihten urspr. Hochaltar. Auf der Rückseite nazarenische Passionsbilder. Die Seitenaltäre 1947 als Triptychen zusammengesetzt, an den Giebeln die Wappen des damaligen Bischofs (links) und Stadtpfarrers (rechts). Schmälere Figurennischen werden von jeweils vier Tafelbildern mit Szenen aus dem Leben des hl. Laurentius gerahmt. Diese um 1515 entstandenen Werke eines bislang unbekannten Meisters unter dem Einfluß der *„Donauschule"* zeichnen sich durch packende Dramatik und ebenso subtile wie brillante Farbgebung aus; zuletzt 1980–82 restauriert. Links Mittelfigur des hl. Laurentius, rechts des hl. Sebastian. – Kanzel mit Figuren der Kirchenväter und des hl. Paulus, gegen 1700. – An der Emporenbrüstung Ölbilder musizierender Engel, 1688. – Beichtstühle 1691. – An der linken Chorwand Figur des hl. Liborius, Ende 15. Jh. – An der Langhaussüdwand Schnitzrelief der Kreuztragung Christi, das 1420/30 entstandene Werk bis 1952 in der Durchfahrt des „Inneren Tores". – An den westlichen Wandpfeilern bemalte Relieftafeln um 1504: Anna Selbdritt und hl. Barbara.
Grabdenkmäler: Am Chorbogen Epitaphien für den Spitalbenefiziaten Petrus Eusebius Hämmerle († 1755) und den Dechanten Dr. Philipp Billinger († 1734), jeweils von einer zierlichen Figurengruppe mit sieben Nothelfern bekrönt. – Am nördlichen Emporenpfeiler Kalksteinplatte mit Kreuz und Inschrift in gotischen Majuskeln, wohl 1. Hälfte 14. Jh. – An der Langhaussüdwand Renaissanceepitaph für den fürstbischöflichen Propst Georg Schöttel († 1583) und seine Frau Maria Fürsich († 1581) mit Relief der Verstorbenen und ihren Kindern vor dem Auferstandenen, dat. 1584.

Kath. Friedhofskapelle St. Michael, südlich neben der Lorenzkirche im 1860 aufgelassenen Friedhof; heute als Kriegergedächtnisstätte genutzt. – Anstelle eines zweigeschossigen Karners 1701–03 nach Plänen des Graubündners *Anton Andreota* errichtet. 1816 Abbruch bis auf den südlich ausgerichteten Chor, der außen rechteckig, innen als Apsis in Erscheinung tritt (Renovierung 1974). Reiche Stukkaturen der Bauzeit, Fresko mit Ansicht von Berching. – Lebensgroße Steinfigur des hl. Michael, um 1700, wohl von dem Eichstätter Hofbildhauer *Christian Handschuher*.

Kath. Wallfahrtskirche Maria-Hilf. 1796 südlich der Stadt anstelle einer Feldkapelle (2. Hälfte 17. Jh.) als Stiftung der Berchinger Bürgerin Anna Maria Vögele, geb. Pettenkofer, vielleicht von Hofbaudirektor *Maurizio Pedetti* errichtet. Restaurierungen außen 1976/77, innen 1985. – Nach Westen gerichteter Saalbau mit eingezogenem, halbrund geschlossenem Chor und überkuppeltem Dachreiter. Östliche Eingangsfront mit segmentbogig überdachtem Säulenportal, Stiftungsinschrift und geschweiftem Zwerchgiebel. – Flachdecke mit umlaufender Hohlkehle über toskanischen Doppelpilastern; die Langhausecken ausgerundet. Erneuerte Deckenfresken in stuckierten Rahmen: Marienkrönung und Verkündigung.
Ausstattung der Erbauungszeit in späten Rokokoformen, mit frühklassizistischen Ornamenten durchsetzt. Der viersäulige Hochaltar mit Gnadenbild Maria-Hilf und Figuren der hll. Willibald und Walburga über den seitlichen Durchlässen. Am rechten Seitenaltar bemerkenswerte Figurengruppe mit dem Schmerzensmann in Begleitung von Maria und Johannes; das manieristische Werk um 1480/90. – Linker Seitenaltar mit Muttergottes im Strahlenkranz, Ende 15. Jh. – Kanzel mit rundem Korpus und Aufsatzfigur des hl. Michael als Seelenwäger. – An den Längswänden zwei Relieftafeln eines Flügelaltars: Anna Selbdritt und hl. Ottilia, Anfang 16. Jh., früher in der Cäcilienkapelle. – Votivbilder, u. a. klassizistisch gerahmte Maria-Hilf-Darstellungen über Kirche und Wallfahrer.

Kath. Kapelle St. Cäcilia, ehem. Siechenhauskapelle oder Lazarettkirche, und **ehem. Siechenhaus.** 1345 stiftete südöstlich der Vorstadt Propst Heinrich von Berching das Sondersiechenhaus mit der Kapelle St. Cäcilia und Ottilia. Nach der Zerstörung im Dreißigjährigen Krieg 1629 erneuert. Außenrenovierung 1980–82. – Saalbau mit eingezogenem, außen gerade, innen halbrund geschlossenem Chor. An der Westseite Vorzeichen, Dachreiter mit Glockenhaube. Die barocke Fassung mit gemalten und geritztem zweigeschossigen Doppelpilastern in Grau-Ocker 1982 nach Befund rekonstruiert. – Apsis mit Muschelkalotte. – Altar aus der Mitte des 17. Jh. mit bemerkenswerten ▷ spätgotischen Nischenfiguren der Muttergottes, der hll. Lazarus (?) und Nikolaus.
Südlich daneben das ehem. Siechenhaus, bis 1902 als Krankenhaus genutzt, heute Zimmerei. Modern umgebauter, zweigeschossiger Giebelbau mit Inschrifttafel, im Kern 1692.

Ehem. Kapuzinerkloster, heute Pfarrzentrum („Pettenkofer-Haus") und Altersheim. 1722 Gründung eines Kapuzinerhospizes aufgrund einer Stiftung Johann Georg Pettenkofers d. Ä. 1722/23 Bau der Klosterkirche St. Trinitatis. 1738 Aufstieg zum Konvent. 1806, nach der Übersiedlung der Kapuziner nach Eichstätt, übernahmen die Franziskaner von Beilngries das Kloster (1827 restituiert). 1967 vom Provinzialat der bayerischen Franziskaner aufgelöst. 1970/72 Umbau des Klosters und großer Anbau (Altersheim St. Franziskus) durch den Caritasverband, Architekt *Friedrich Haindl*, München. 1972/73 Umgestaltung der Kirche in ein Pfarr- und Jugendzentrum („Pettenkoferhaus").

Ehem. Klosterkirche. Grundriß (eingezogener, rechteckiger Chor), Ausmaße und Dachreiter lassen die urspr. Funktion erkennen. Das südliche Vorzeichen des nach Norden gerichteten Baus 1723 dat.

Ehem. Heilig-Geist-Spital, heute Stadtbibliothek. 1354 Gründung des Heilig-Geist-Spitals durch Dekan Ulrich Kirchner, die Bürgerschaft und Heinrich Hofner von Hofen, außerhalb der Innenstadt an der zum „Inneren Tor" führenden Brücke. – Das zweigeschossige, traufständige Gebäude mit steilem, an der Flußseite abgewalmtem Satteldach, Glockenstuhl und östlich angebautem ehem. Seelenhäuschen ist unter Einbeziehung älterer Bausubstanz wohl noch im 16. Jh. entstanden, im 17./18. Jh. verändert. 1987/88 Sanierung und Umbau des Erdgeschosses zur Bibliothek, des Obergeschosses zu Sozialwohnungen. – An der Straßenseite zugesetzter, ausgekehlter Spitzbogenzugang und einfaches Maßwerkfenster der Gotik. – Im Erdgeschoß die rechteckige ehem. Spitalkapelle Hl. Geist (1873 erneuert), heute Lesesaal. Die nördlich anliegende Sakristei und der Chor kreuzgratgewölbt, vom tonnengewölbten Schiff mit segmentbogig einschneidenden Stichkappen durch einspringenden Chorbogen mit Schmiedeeisengitter, um 1700, getrennt. – Wandmalereireste der Renaissance. – Altärchen um 1700.

Profanbauten

Unter den an historischer Substanz reichen Profanbauten sind hervorzuheben:

Pfarrhof gegenüber der Lorenzkirche (Bahnhofstraße 2). Frühbarockes Schweifgiebelhaus mit Kastenerker und Wappen des Bischofs Christoph von Westerstetten, dat. 1617.

Pettenkofer-Platz: Nr. 12/13. Der Walmdachbau des späten 17. Jh. war 1720–95 im Besitz der Pettenkofer. Dann ersetzte er das 1795 am Viehmarkt abgerissene alte Rathaus. (1982/83 außen renoviert). – Nr. 18. Ehem. Weingasthaus, seit 1869 Apotheke, 1681 vom Berchinger Weinhändler und Bürgermeister Hans Georg Rumpf erbaut. Dreigeschossiger Giebelbau mit zwei symmetrisch angeordneten Kastenerkern und Kalkstein-Nischenrelief der Muttergottes mit Sockelinschrift. Hofseitig Fachwerkwände und Laubengänge mit Balusterbrüstungen, 1981 restauriert.

Reichenauplatz: Nr. 4. Dreigeschossiger Stufengiebelbau mit Spitzerker und Ladeluken, 15. Jh. Über dem Eingang Wappenrelief. – Nr. 7. Sog. Herrler'sches Haus, im Kern 15. Jh., mit urspr. Zinnengiebel, Außenrenovierung 1988. – Nr. 16. Ehem. Vogtei, später Engelwirt. Giebelbau des 17. Jh. mit Ladeluken. – Nr. 17. Ehem. Propstamt mit Halbwalmdach. Wappen der Abtei Plankstetten und Nischenfigur der Muttergottes, Sandstein, Anfang 16. Jh. – Nr. 19. Ehem. Gasthaus zum Goldenen Kreuz. Spätgotischer zweigeschossiger Bau mit zinnenbesetztem Dreiecksgiebel. An der Vorderseite zugesetztes Spitzbogenportal mit Wappenscheitelstein.
In der Stadt besonders viele ansehnliche **Kasten-** und **Stadelbauten** des 15.–18. Jh., u.a. in der Propststraße ein Stadel mit Fachwerkobergeschoß, 17. Jh. und ein Steinbau mit Treppengiebel, um 1461, ebenso in der Schmiedstraße.

BERG Kr. Neumarkt i.d. Opf. *Karte 7*

Kath. Pfarrkirche St. Vitus. Nach großem Brand 1917–21 Neubau unter Verwendung von Mauerresten des im 17. Jh. erneuerten romanischen Langhauses und des frühgotischen, kreuzgewölbten Unterbaus des Turms, der mit dem von Ecktürmen gesäumten Achtseithelm das alte Aussehen erhielt. Gleichzeitig Erweiterung nach Westen in angepaßten Formen durch ein das Schiff überragendes Querhaus und einen außen dreiseitig, innen rund geschlossenen Chor aus grobem Quadermauerwerk. – Im Innern flaches Tonnengewölbe mit Stichkappen.
Die alte Ausstattung größtenteils verbrannt, Altäre und Kanzel aus dem schwäbischen Gundelsdorf. Hochaltar Spätrokoko, mit frühklassizistischen Ornamenten durchsetzt. Viersäulenretabel mit vier Seitenfiguren und Altarblatt Kreuzigung Christi. – Kanzel und Seitenaltäre im Stil Louis XVI, der linke mit Relief des hl. Vitus, der rechte mit dem aus den Flammen geretteten Gnadenbild, Holzfigur einer Muttergottes auf der Mondsichel, Ende 15. Jh., 1845 aus Rasch hierher übertragen.

Ehem. Schloß. Das Geschlecht derer von Perege (Perge) war vom 12. bis 14. Jh. bezeugt. Nachfolgend war die Burg im Besitz bedeutender Familien, wie der Schweppermänner und der Voith von Rosenberg. Vom Schloß sind die wohl in das 16. Jh. zurückgehenden ehem. Wirtschaftsgebäude erhalten. Innen ein- außen zweigeschossige Anlage um rechteckigen Innenhof. Die Nordseite gibt mit gerundeten Ecken, Turmerker und Schlüsselscharten die urspr. Gestalt zu erkennen.

BERGMATTING Gem. Sinzing, Kr. Regensburg. *Karte 13*

Kath. Filialkirche St. Leodegar. Zweiachsige Saalkirche des 13./14. Jh. mit nordöstlichem, spitzbehelmten Turm. Langhaus barock verändert, über Hohlkehle flachgedeckt; eingezogener, quadratischer Chor. Kreuzgewölbe mit ausgekehlten Rippen über polygonalen Spitzkonsolen, an der Nordseite Sakramentsnische mit krabbenbesetztem Blendwimperg vor Zinnen. – Hauptaltar um 1740/50: ausgebreiteter Vorhang mit Baldachin, seitlich Putten; Altarblatt mit Herz-Jesu-Darstellung, um 1850. Auf dem Altar Figuren der hll. Nikolaus und Leodegar, um 1740/50, eines Bischofs (Nikolaus?) und hl. Sebastian, 2. Hälfte 15. Jh. – Zweisäuliger Seitenaltar, frühes 18. Jh., mit Figur der Muttergottes, 1. Hälfte 15. Jh. Auf dem Gebälk Figuren der hll. Nikolaus und Joseph, dazwischen hl. Wolfgang, Anfang 16. Jh., wohl von einem früheren Altar. – Unter der Empore zwei Glocken, gegossen 1599 von *Georg Lehner*, Regensburg und 1727 von *Martin Neumaier*, Stadtamhof.

BERGSTETTEN Markt Laaber, Kr. Regensburg. *Karte 13*

Kath. Filialkirche St. Lorenz. Wohl romanische Anlage, in gotischer Zeit, 1599 und im 18. Jh. geringfügig verändert. – Flachgedeckter Saalbau mit eingezogener, halbrunder Apsis. Giebelturm mit eingezogener Zwiebelhaube, Westzugang mit abgefastem Spitzbogengewände. – Apsisgewölbe mit Stichkappen nicht urspr. – Die Rokoko-Ausmalung nach Inschrift 1791 entstanden, 1824 überarbeitet. Großes Deckenfresko mit Krönung Mariens; an den Wänden Architekturmalereien: 1,35 m hohe Pilasterstümpfe am Deckenansatz (rekonstruiert), Scheinnischen als Ersatz für die Seitenaltäre zur Rahmung plastischer Figuren. – Hochaltar, barockes Retabel mit Altarblatt Martyrium des hl. Laurentius, 1790 von *Georg Hämmerl* aus Kallmünz. – Kreuzwegbilder des 18. Jh. – Lebensgroße Figur des hl. Johannes von Nepomuk. – Unter dem Pflaster Gruft der Schloßherren von Drechsel.

Ehem. Schloß. Ab 1627 im Besitz des Simon von Labrique. 1697–1712 war Michael von Drechsel Hofmarksherr, durch ihn angeblich Neubau des Schlosses. – Barocker Walmdachbau mit genuteten Ecklisenen und Putzgliederung; rechtwinklig anschließender Torbau mit Wappen von Franz Wilhelm Bernhard Drechsel von Deufstetten, dat. 1728.

BERNGAU Kr. Neumarkt i. d. Opf. *Karte 7*

Der zum staufischen Reichsgut um Nürnberg gehörende Ort kam 1269 an Herzog Ludwig II. von Oberbayern; 1270 Bezeichnung als Amt. 1329 ging die Hofmark an die pfälzische Linie der Wittelsbacher über.

Kath. Pfarrkirche St. Peter und Paul. Weihe einer Vorgängerkirche Ende 12. Jh. durch Bischof Otto von Eichstätt. – Gotischer Chorturm,

Langhausneubau durch *Hanns Meier,* Neumarkt. – Der heute durch Putzlisenen gegliederte Turm 1869 mit Oktogonaufsatz und Spitzhelm versehen. An der Nordostecke verwitterter Eckstein mit Inschrift in gotischen Majuskeln, 1359 dat., und Wappen der Sondersfelder. Eingezogener, quadratischer Chor, kuppelig gewölbt. – Hochaltar, eine Neumarkter Arbeit von 1752: viersäuliger Aufbau mit Seitenfiguren der hll. Wendelin und Notburga (innen), Augustinus und Monika (außen), Altarblatt mit den Titelheiligen und der Krönung Mariens. – Kanzel Mitte 18. Jh., elegant geformter Aufbau mit reichem Muschelwerk, bekrönend ein Posaunenengel. – An der Langhausostwand von Putten begleitete Himmelskönigin, 1. Hälfte 18. Jh. – An den Langhauswänden 14-teilige Figurenfolge der Zwölf Apostel und Heiliger, wohl 1. Hälfte 17. Jh. – Orgelgehäuse in spätbarock-frühklassizistischen Formen, Ende 18. Jh.

BERNSTEIN

Stadt Windischeschenbach, Kr. Neustadt a.d. Waldnaab. *Karte 2*

Kath. Filialkirche St. Nikolaus. Romanische Anlage des späten 12. Jh., ehem. in Verbindung mit einem Edelsitz – die Bernsteiner Leuchtenberger Ministerialen im 13. und 14. Jh. archivalisch faßbar. Die Tatsache, daß der Westbau ein Obergeschoß enthält, das urspr. ohne Verbindung zum Langhaus, d.h. selbständig war, legt nahe, den Bau dem Typ der Burgkapellen mit profanem Obergeschoß zuzuordnen. – Schlichter, einschiffiger Bau, Westbau- und Langhausmauern aus Granitquadern, 12. Jh. Chor später, dreiseitig abschließend, südseitig Sakristei. Dem Westgiebel aufgesetzt ein zweigeschossiger Turm mit Doppelzwiebelhaube. – Eingang von Süden durch den mit zwei Bögen zum Kirchenschiff sich öffnenden Westbau. Langhaus tonnengewölbt mit Stichkappen auf Pilastern, Chor mit Kappengewölbe. Emporenartiges Geschoß im Westen, nur durch einen neueren Zugang erreichbar. Eine rundbogige, heute vermauerte Öffnung in der Nordwand in Höhe des Obergeschosses stellte wohl urspr. eine Verbindung zur Burg her. – Ausstattung. – Hochaltar um 1670, mit gedrehten, weinlaubumkränzten Säulen, verkröpftem Gebälk und gebrochenem Giebel. Seitenaltar um 1740, mit Figur der Siegreichen Maria. Origineller Aufbau: Volutenpilaster mit geschwungenem, verkröpftem Gesims, Muschelbekrönung, von reichem Schnitzwerk seitlich begleitet und giebelförmig überfangen. Antependium mit Heiligenszene bemalt.

BIBERBACH Gem. Treffelstein, Kr. Cham. *Karte 10*

Kath. Expositurkirche St. Peter und Paul. Neugotischer, nach Süden ausgerichteter Bau von 1905/06. Eingezogener dreiseitig geschlossener Chor mit gestuften Strebepfeilern, an seiner Westseite der Turm mit Spitzhelm. An der nördlichen, durch Bogenblenden gegliederten Eingangsfront Vorzeichen. – Chor gewölbt, Schiff mit Holzdecke. – Aus der bis in die Romanik zurückreichenden, barock umgestalteten Vorgängerkirche einige Ausstattungsstücke übernommen: an der linken Schiffswand ehem. Hochaltarblatt mit den hll. Peter und Paul, um 1720, mehrere Barockfiguren.

BIRNBACH Gem. Schierling, Kr. Regensburg. *Karte 13*

Kath. Kirche St. Klemens. Vom Bau her eng verwandt mit den Kirchen in ▷ Schierling und ▷ Wahlsdorf. 1720 durch Pfarrer Ignaz Loibl von Schierling errichtet. Turm im Westen, mit achteckigem Glockengeschoß. Saalkirche mit eingezogenem, halbrund geschlossenem Chor. Durch Gurtbogen gegliedertes, segmentbogiges Tonnengewölbe mit Stichkappen; geschweifter Rahmenstuck. Wandgliederung durch Pilaster auf breiter Rücklage.
Ausstattung. – Hochaltar um 1715/20, Viersäulenretabel, eng verwandt mit dem Hochaltar von Wahlsdorf. Das Altarblatt zeigt Papst Klemens von Engeln umgeben, *Johann Gebhard* aus Prüfening zuzuschreiben. Die urspr. Seitenfiguren der hll. Clemens und Nikolaus, um 1480/1500, jetzt über dem Sakristeizugang aufgestellt. – Seitenaltäre, um 1780/90. Säulenretabel mit Figuren des hl. Josef und der Maria Immaculata. Kanzel um 1670/80, wohl aus dem Vorgängerbau. – Die Kirche weist einen bemerkenswerten Bestand an spätgotischen Skulpturen auf: über dem Sakristeieingang Papst Klemens, um 1480; hl. Sebastian, um 1480; unter dem Kreuz an der Langhaussüdseite eine Pietà, um 1460. An der Chornordseite eine Muttergottes, frühes 17. Jh., verwandt der Gruppe in ▷ Wahlsdorf.

BIRKENHOF Gem. Wenzenbach, Kr. Regensburg. *Karte 9*

Kath. Kapelle St. Andreas. Wohl Bau des 12. Jh. mit eingezogener halbrunder Apsis und westlichem Dachreiter, aus großteiligem Granitquaderwerk, ruinös. Westportal mit halbrundem Werksteinbogen; Westempore. In der Apsis neuzeitliches Segmentbogenfenster, Chorbogen weit heruntergezogen.

BLAIBACH Kr. Cham. *Karte 11*

Kath. Pfarrkirche St. Elisabeth. Eine Pfarrei 1361 erstmals erwähnt. – Spätrokokobau von 1779, der wohl noch mittelalterliche Turm wurde 1787 ausgebaut. – Saalbau mit eingezogenem, korbbogig geschlossenem Chor und konvex vorschwingender Westfront. An der Chornordseite Turm mit oktogonalem Obergeschoß und Laternenzwiebelhaube. – Quadratisches Chorjoch mit böhmischer Kappe. Langhaus mit ausgerundeten westlichen Ecken, Choranschluß über Schrägseiten mit Rundnischen zur Aufnahme der Seitenaltäre. Im Schiff flache Stichkappentonne über rhythmisierten toskanischen Pilastern mit Gebälkstücken, deren Kranzgesims geschweift durchgezogen und in die Korbbogennischen der geschweiften Fenster fortgesetzt ist. – Bildfenster in Neurokoko, von der Münchner Kunstanstalt *Kirchmair,* mit Maria Immaculata 1895 dat., die übrigen ornamental, 1910. – Große naza-

renische Deckenfresken von *Georg Halter* aus Regensburg 1895: Szenen aus dem Leben der hl. Elisabeth. – Ausstattung. – Hochaltar barockisierend, 2. Hälfte 19. Jh. Seitenaltäre. Konkave Pilasteraufbauten, 1785, von den Chamern *Peter Herold* und *Fidelis Illsperger*, mit Muscheldekor und gelängten Seitenfiguren. Altarblätter von *Heinrich Oesterer* 1872. – Kanzel mit gleicher Ornamentik wie die Seitenaltäre, der Gute Hirte obenauf, 1787 von *Joseph Hueber* aus Kötzting gefaßt. – Orgelprospekt mit kräftigem seitlichen Akanthuswerk 1709–13, an der Bekrönung Allianzwappen der Zenger-Weichs und Pelkoven 1713 dat. – Neben dem Hochaltar Figur der hl. Elisabeth, um 1500.
Grabdenkmäler. – An den Langhauswänden u.a. zwei Schieferplatten mit farbig gefaßten Wappen, links für Anna Justina Freifrau von und zu Weichs († 1721), rechts daneben für Josepha Freifrau von Pelkoven auf Lichteneck, Blaibach und Klebstain († 1731). – An der Westwand zwei Rotmarmorepitaphien, nördlich für Genovefa Sarah Nothaft von Weißenstein, geb. Wieninger († 1674) mit Ehewappen und Todessymbolen, südlich für Joachim Wieninger zu Wartberg und Blaibach, kurf. bayr. Rat, Hauptmann und Pfleger zu Stadtamhof, sowie seine Gemahlin Barbara, geb. Egkher von Lichteneck, dat. 1636.

Ehem. Schloß, heute Gasthof (Kirchplatz 10). Um 1370 trat ein Götlinger als erster Besitzer der Hofmark auf. 1579–1829 mit kurzer Unterbrechung Eigentum der Nothaft. – Nach überlieferter Inschrift im Hauptraum des Erdgeschosses 1604/05 durch Wolf Albrecht Nothaft von Wernberg erbaut. 1672–78 Innenausbau und Bau der Wirtschaftsgebäude, die in den letzten Jahrzehnten großenteils um- bzw. neugebaut wurden. Renovierung 1976. – Zweigeschossiger Treppengiebelbau mit rundbogigem Eingang. – Im Erdgeschoß tonnengewölbte Räume, der südwestliche mit ungleich großen, ineinandergreifenden Stichkappen, deren Spitzen verschliffen sind, auf Konsolen und Wandpfeilern. Im Flur des Obergeschosses originale Holzdecke mit Unterzug. – Einfahrtstore im Osten und Westen.

BÖHMISCHBRUCK Stadt Vohenstrauß, Kr. Neustadt. *Karte 6*

Der Ort kam Mitte 13. Jh. an das Regensburger Emmeramskloster und besaß ein Spital.

Kath. Pfarrkirche Mariä Himmelfahrt. Bau mit gotischer Kernsubstanz, im 18. Jh. umgebaut. Innenrenovierung 1985. – Durch Putzlisenen gegliederter Saalbau mit eingezogenem, dreiseitig geschlossenem Chor, der von schwachen, gestuften Strebpfeilern umgeben ist. Westliches, kreuzgratgewölbtes Vorzeichen, Südturm mit achteckigen Obergeschossen und eingezogener Zwiebelhaube, im Unterbau einbezogen in den im rechten Winkel an die Kirche angebauten ehem. Pfarrhof mit Halbwalmdach und Chronogramm 1761 (1990 renoviert). – Im Langhaus Flachdecke über Hohlkehlen, im Chor gurtengegliederte Stichkappentonne über kräftigen toskanischen Pilastern. Monumentale, pathetische Deckenbilder, 1919 von *Leonhard Thoma* aus München. Ausstattung in Formen des Frührokoko. Altäre mit Quastendekor, um 1730/40. Hochaltar, reichdekoriertes, konkaves Viersäulenretabel mit Altarblatt Mariä Himmelfahrt und zwei Seitenfiguren der hll. Joachim und Josef, die restlichen beiden, hl. Elisabeth und hl. Zacharias, heute an den Langhauswänden, im Auszug Figur der Muttergottes, Anfang 18. Jh. – Seitenaltäre, konkave Säulen-Pilaster-Aufbauten, mit nazarenischen Altarblättern: hl. Johannes von Nepomuk bzw. hl. Sebastian. – Kanzel mit bekrönendem hl. Petrus, Stuhlwangen gleichzeitig. – Orgel Rokoko. – In der südwestlichen Langhausecke Quarzgrabplatte für Agnes Sauerzepfin († 1592), mit Relief der Verklärung Christi und vier Ahnenwappen.

BREITENBRUNN Kr. Neumarkt i.d. Opf. *Karte 12*

Der idyllisch in einem Tal der Laaberjura gelegene, 876 erstmals erwähnte Ort weist in seiner Umgebung Besiedlungsspuren bis zurück in das 2. vorchristliche Jahrtausend auf. Im 9. Jh. angeblich im Besitz des Grafen Ernst I. von Scheyern, Anfang 12. Jh. an die Herren von Breitenbrunn auf Breitenegg, deren Erbe im 13. Jh. die Herren von Laaber antraten, 1473–1592 durch die Herren von Wildenstein abgelöst. 1624 samt der Burg Breitenegg und dem Dorf Kemnathen als Geschenk des Kurfürsten Maximilian an General Tilly.

Marktanlage

Das Zentrum von Breitenbrunn, das früher mit fünf Toren ausgestattet war, bildet der Marktplatz mit der dominierenden Pfarrkirche im Süden. Markanter Ostabschluß ist der dreigeschossige Gasthof zur Post (Marktplatz 12) aus der 1. Hälfte des 16. Jh., mit Stufengiebel, Erkern und abgeschrägter Südwestecke. Südlich daneben das Rathaus des mittleren 19. Jh. mit Treppengiebeln, Glockenstuhl und zwei Wappenmedaillons der Grafen von Tilly (Anfang 18. Jh.). Auf dem modernem Marktbrunnen farbig gefaßte Steinfigur der hl. Barbara, Ende 15. Jh. Südlich der Kirche der Kirchhof, dem gegen Süden der viereckige Untere Marktplatz mit Giebelhäusern des 16./17. Jh. folgt.

★ **Pfarrkirche Mariä Himmelfahrt.** Schon 962 eigene Pfarrei. Der Chorturm gotisch (wohl noch 13. Jh.), das Langhaus 1716–20 umgebaut, 1726 Turmausbau durch *Antonio Rigalia*. – Eingezogener Chorturm mit Mansarddach. Dreiachsige Giebelfront im Westen mit toskanischen Pilastern, Triglyphengebälk, Säulenportal und zwei Figurennischen. – Im quadratischen Chor Kreuzgratgewölbe mit verschliffenem Scheitel, im Schiff flache Stichkappentonne über ein Triglyphengebälk tragenden Doppelpilastern, deren Zwischenräume Nischen und Heiligenfiguren aus der Umbauphase tragen. – Bandelwerkstukkaturen mit Gitter- und Laubwerkornamentik. Deckenfresken im 19. Jh. erneuert.

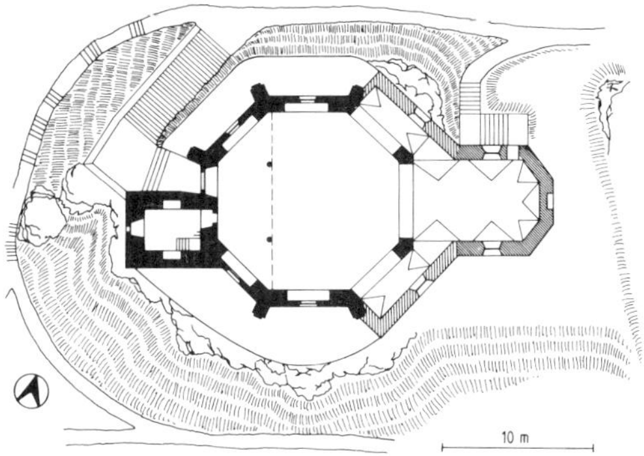

Breitenbrunn, Wallfahrtskirche St. Sebastian

– Einheitliche spätbarocke Ausstattung wohl um 1720/30. Stattlicher sechssäuliger Hochaltar mit Seitenfiguren der hll. Nikolaus und Blasius, über dem Rokokotabernakel bemerkenswerte Figur der Muttergottes, 2. Hälfte 15. Jh. Seitenaltäre: links mit Figuren der Himmelskönigin und den hll. Dominikus und Katharina von Siena, rechts mit den hll. Josef, Franziskus und Antonius von Padua; Antependien mit Rankenschnitzwerk. – Taufstein Mitte 16. Jh. – Kanzel mit szenischen Reliefs und bekrönender Figur des Guten Hirten. – Stuhlwangen mit Akanthusrankendekor. – Monumentale Kreuzigungsgruppe, 1. Hälfte 18. Jh.
Grabdenkmäler. – Im Chor rechts Kalksteinepitaph für Albrecht von Wildenstein zu Breitenegg († 1532) sowie seine beiden Gemahlinnen Agnes, geb. von Freundsberg († 1510) und Felicitas, geb. von Eglofstein († 1535), in Flachnische die Verstorbenen hintereinander vor dem Gekreuzigten knieend. Vorzügliches Werk von *Loy Hering*. – Im Chor links Epitaph für den Ritter Martin von und zum Wildenstein († 1547) sowie seine beiden Gemahlinnen Barbara, geb von Eyb († 1501) und Anna, geb. von Pienzenau († 1543), in ähnlicher Darstellungsweise wie das vorhergehende Epitaph und gleichfalls eine Arbeit des Eichstätter Meisters. – Epitaph für Alexander von Wildenstein zu Breitenegg († 1533) und seine Gemahlin Ursula, geb. von Rotenhan († 1534), in Flachnische die Verstorbenen einander zugekehrt vor dem im Wolkenkranz stehenden Schmerzensmann knieend; ebenso *Loy Hering* zugeschrieben. Die drei Epitaphien gehören drei Brüdern an, die die Söhne des Albrecht von Wildenstein waren.

Kath. Wallfahrtskirche St. Sebastian, südlich gegenüber der Burg Breitenegg auf einem Felsen, der eine Ölberggruppe, Anfang 18. Jh., birgt. Oktogonaler Zentralbau mit Westturm 1386–1401 von den Wilden-

steinern erbaut, 1702–08 durch Graf Ferdinand Lorenz Franz Xaver von Tilly nach Osten erweitert. Kriegsschäden 1946 behoben. Renoviert 1983/84. Der quadratische Westturm mit oktogonalem Obergeschoß und Zwiebeldach, von der Achse abweichend. Nördlich daneben, in abgefastem Spitzbogen, Eingangstür mit spätgotischen Beschlägen und zahlreichen Hufeisen. Ebenfalls mit Zwiebeldach der hohe oktogonale Dachreiter des Zentralbaus. Außenbau durch halbhohe Strebepfeiler gegliedert, innen Flachdecke, die Wände der drei östlichen Oktogonseiten rundbogig zum dreiseitig geschlossenen Chor mit Stichkappentonne und zu kapellenartigen Annexen mit Stichkappen-Quertonnen durchbrochen.
Ausstattung. – Sechssäuliger Hochaltar aus Lutzmannstein im Truppenübungsplatz, wohl 2. Hälfte 18. Jh., mit Gemälde hl. Sebastian und Wappen. – Seitenaltäre um 1700, links mit wohl späterem Altarblatt hl. Maria Magdalena, rechts hl. Florian. – Kanzel um 1700. Zwischen gewundenen Säulen Figuren der Evangelisten und Halbfigur des hl. Sebastian. – Spätgotische Figuren: am linken Pfeiler hl. Sebastian, Ende 15. Jh.; an den Wänden hl. Georg und Heiliger mit Schwert, Anfang 16. Jh.; ferner zwei Flachreliefs mit je zwei Heiligen: links Petrus und Paulus, rechts Martin und Johannes Bapt.

Kath. Friedhofskirche Zur Schmerzhaften Muttergottes. Der nach Süden gerichtete, dreiseitig geschlossene Saalbau 1737/38 errichtet, 1967-69 Instandsetzung und Einbau eines Leichenhauses im Nordabschnitt. – Chorscheitelturm mit Achteckaufsatz und Zwiebeldach. – Gänzlich bemalte Holzfelderdecke mit Chronogramm 1739, 1846 mit intensiven Farben überarbeitet (jedes einzelne Bild bez.): Großes Mittelbild der Schutzmantelmadonna, von 32 Bildern mit Armeseelenthematik umgeben. – Altar aus der Bauzeit, stattlicher Säulen-Pilaster-Aufbau mit dem Tillywappen und Symbole der Vergänglichkeit tragenden Engeln auf den Giebelschenkeln. Altarblatt Mater Dolorosa, von Putten und Armenseelen umgeben. – An den Wänden Bilderzyklus mit den Sieben Schmerzen Mariens, 18. Jh.

Kath. Friedhofskapelle St. Michael. Weihe des zweigeschossigen Baus 1500, nach 1750 umgebaut. Flachgedeckte Oberkirche mit dreiseitigem Ostabschluß, die elf Stufen der unter Niveau liegenden Unterkirche heute ungenutzt.
Ausstattung. – Altar mit Tillywappen, um 1720. Altarblatt mit Darstellung des hl. Michael; als Seitenfiguren die Erzengel Gabriel und Schutzengel. Das ehem. Altarblatt mit den Vierzehn Nothelfern bez. *J. O. Gebhard* ... 1743, im Pfarrhof. An der linken Chorschrägwand spätgotisches Freskenfragment mit drei Heiligen. An der Südwand Schlußstein mit Christuskopf, wohl 14. Jh. An der Rückwand Ölberg, Anfang 18. Jh. mit affektiert bewegten Figuren, teilweise grell gefaßt. – An der Südwand repräsentatives *Grabdenkmal* in klassizistischen Formen für Maria Franziska Baronin von Gumppenberg († 1775).

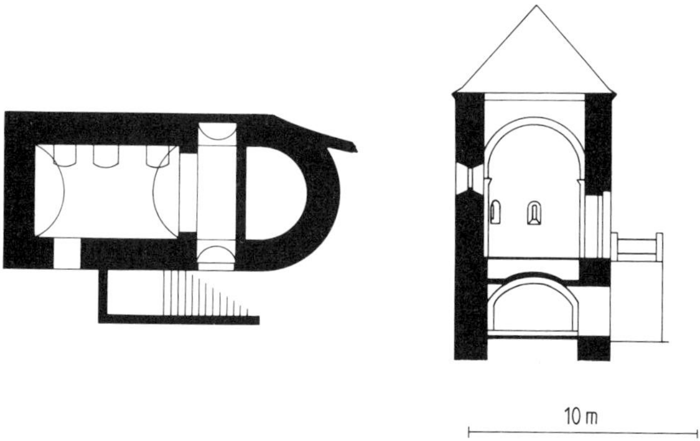

Breitenstein, ehem. Burgkapelle Hl. Dreifaltigkeit und hl. Johannes von Nepomuk, Grundriß und Querschnitt

Burgruine Breitenegg. Die Burgruine liegt nordöstlich über Breitenbrunn auf einem Bergplateau, Reste der dem Plateau angepaßten Ringmauer aus romanischer, gotischer und späterer Zeit erhalten, teilweise in die anliegenden Häuser einbezogen. In der Nordwestecke der Stumpf des mächtigen quadratischen Bergfrieds aus sorgfältig behauenen Buckelquadern.

Ehem. Schloß (Von-Tilly-Straße 5, 7, 3). Wohl anläßlich der Verlegung des Pflegamts von der Burg Breitenegg nach Breitenbrunn 1733 von Maria Anna Katharina Reichsgräfin Tilly erbaut. 1746 ließ Ignaz Joseph Freiherr von Gumppenberg ein analoges Gebäude daneben errichten. Instandsetzung und Umbau 1988/89. – Zwei symmetrische Walmdachbauten mit kurzen äußeren Flügeln, gegliedert durch Portalrahmungen, Zwerchgiebel mit Figurennischen und alternierende Segment- und Dreiecksgiebeln. Westlich zugehörige Stadelbauten aus dem 17./18. Jh.

BREITENSTEIN

Markt Königstein, Kr. Amberg-Sulzbach. *Karte 4*

Ehem. Burgkapelle Hl. Dreifaltigkeit und hl. Johannes von Nepomuk. Auf steilem Felsen mit weitem Blick über die Oberpfälzer Hochalb. – Das urspr. Reichslehen Burg Breitenstein in der 2. Hälfte 13. Jh. erstmals erwähnt. Streitigkeiten aufgrund der Aufteilung des Besitzes zwischen Kaiser Karl IV. und den Wittelsbachern im Jahre 1373 führten langfristig zum Untergang der Herrschaft Breitenstein. – Zwei Burgen, entstanden im 12. und mittleren 13. Jh., sind nachweisbar. Verfall im 17. Jh. 1713 Renovierung der Kapelle durch die Sulzbacher Herzogin Eleonore. Instandsetzung 1974. – Von der Burg ist die romanische Doppelkapelle wohl des späten 12. Jh. erhalten. Südwestlich durch eine im 19. Jh. aus Quadersteinen der Burg aufgeführte Stützmauer stabilisiert (mehrmals renoviert). – Zweigeschossiger, apsidial geschlossener Bau aus Großquaderwerk, mit Glockenstuhl. Urspr. Flachdecken in beiden Geschossen, möglicherweise ein zweites profanes Obergeschoß. Im 18. Jh. wurde die Kapelle gegen Westen verkürzt, das Untergeschoß erhielt eine gedrückte Tonnenwölbung und einen schmalen, quertonnengewölbten Raum zur Abtrennung der Apsis; an dessen Schmalseiten vermauerte romanische Rundbogenportale, das nördliche, mit Kämpfer aus Platte und kugelbesetzter Schräge reicher gestaltet, führte wohl über eine Brücke zur Hauptburg. Im Obergeschoß wurde im 18. Jh. die Flachdecke erhöht (vermauerte Fenster), die Fenster stichbogig vergrößert. – Hier ein einfacher Rokoko-Altar mit Bild der Krönung Mariens und Seitenfiguren der hll. Petrus und Paulus.

BRENNBERG Kr. Regensburg. *Karte 14*

Kath. Pfarrkirche St. Rupert. 1851/52 unter Einbeziehung von Bauteilen der Zeit nach 1689 erneuert. – Westturm mit volutengeziertem Helm und zwiebelbekrönter Laterne. – Der eingezogene, dreiseitig geschlossene Chor mit Stichkappentonne, Flachdecke im Langhaus, nazarenische Bildfenster. – Drei Altäre, konkave Säulenretabel in barockisierend klassizistischen Formen, angeblich 1825 von dem Regensburger Bildhauer *Ittelsberger*. Der viersäulige Hochaltar mit Seitenfiguren der hll. Jakobus Maior, Paulus, Wolfgang und Erasmus (?). Nördlicher Seitenaltar mit Figur der Muttergottes auf der Mondsichel, flankiert von den hll. Joachim und Anna. Südlicher Nebenaltar mit bemerkenswertem Altarblatt des 17. Jh., den hl. Sebastian darstellend, Seitenfiguren der hll. Wendelin und Notburga. – Taufstein aus Granit, bez. 1690. – Kanzel nach Mitte 17. Jh. – Kreuzwegbilder des 18. Jh. – Großer Barockkruzifixus, Heiligenfiguren des 19. Jh.

Burgruine Brennberg. Erste Nennung angeblich 967, gegen Ende des 11. Jh. im Besitz der Herren von Brennberg. 1276 war die gesamte Burg Lehen des Hochstifts Regensburg, nachfolgend das Regensburger Patriziergeschlechts der Auer, die 1379 eine Teilung in Ober- und Unterbrennberg vornahmen. 1460 Übergang an die Nußberger. 1567 Wiedervereinigung der beiden Teile. 1571–1776, mit kurzfristiger Unterbrechung, im Eigentum der Lerchenfelder, darauf der Gumppenberger, seit 1832 der Fürsten Thurn und Taxis; jetzt Gemeindebesitz.
Urspr. romanische Anlage, im 14. Jh. umgebaut und erweitert. Oberbrennberg brannte 1642, Unterbrennberg 1689 ab, 1692 Wiederaufbau, Anfang 18. Jh. Neubauten z.T. unter Verwendung vorhandenen

Mauerwerks. Im 19. Jh. partielle Abtragungen. Unbefriedigende Sanierung 1978–81. – Die Burgruine liegt auf einer schmalen, langgezogenen Bergkuppe (653 m Höhe) nordöstlich über dem Ort. Nordwestlich die Anlage Oberbrennberg, südöstlich, auf tieferem Niveau anschließend Unterbrennberg. Steil abfallende Hänge, die flache Nordseite zusätzlich durch einen Graben geschützt, Reste der mittelalterlichen mit Granitbruchsteinen aufgeführten Ringmauer. Auf dem Burgareal verstreut Fundamente und Mauerreste aus Granitquader- bzw. Bruchsteinmauerwerk. Nordwestlich der unregelmäßig polygonale Rumpf des „Auerturms" aus stark unregelmäßigem Quaderwerk, gelegentlich versetzt mit aus älteren Bauteilen übernommenen Kropfquadern. Daneben Baufragmente über hufeisenförmigem Grundriß, mit 1985/86 freigelegtem Ziehbrunnen. Weiter südöstlich der aus groben Bruchsteinen erstellte barocke Wohnbau, seine beiden Obergeschosse 1894 abgetragen. Am Südabhang stand die 1843 abgebrochene Schloßkapelle St. Georg. – Den Kernbereich der Burg bildet die Anlage Unterbrennberg. Umfassungsmauern des mittelalterlichen Wohnbaus aus unregelmäßigem Quaderwerk, gelegentlich romanische Kropfquader. An der Südspitze der Felskuppe Stumpf des romanischen Wartturms in regelmäßiger Quadertechnik, 1980 mit störendem Aussichtsturm in Holzkonstruktion versehen. – Östlich darunter liegen ehem. Wohn- bzw. Wirtschaftsgebäude des 18. Jh.

BRUCK i. d. Opf. Kr. Schwandorf. *Karte 9*

Kath. Pfarrkirche St. Ägidius. Erster Bau für das 12. Jh. bezeugt. Im Kern gotische Barockkirche, zuletzt 1856 vollständig umgebaut: Langhauswölbung. – Barocke Altarausstattung um 1700: Hauptaltar hl. Familie, im Auszug Kirchenpatron, seitlich Schnitzfiguren der hll. Petrus und Paulus. Rechter Seitenaltar Anbetung der Könige, im Auszug hl. Florian; linker Seitenaltar Auferstehung, im Auszug hl. Sebastian. – An der Südwand drei Rotmarmorepitaphien der Familie Sechser von Rauberweiherhaus, 1. Hälfte 18. Jh.

Kath. Friedhofskirche St. Sebastian. Am südlichen Ortseingang innerhalb des Friedhofs gelegener spätgotischer Saalbau des 15. Jh., im 18. Jh. verändert. Dachreiter über dem Chor. – Eingezogener Chor mit 5/8-Schluß, ein Joch tief; die Rippen des Netzgewölbes wachsen aus der Wand heraus. Zweibahnige gotische Maßwerkfenster. Flachgedecktes Langhaus. – An der Langhausnordwand bis zur Decke reichendes Wandbild von 1507: Christophorus in einer Flußlandschaft, links der Stifter, rechts ein Einsiedler mit Kirche, Rankenumrahmung. Hölzerne Westempore mit Apostelbildern und Salvator, 18. Jh. – Hauptaltar um 1700 mit gutem Altarblatt des Kirchenpatrons, Anfang 18. Jh.

BRUCKBACH Gem. Brennberg, Kr. Regensburg. *Karte 9*

1353 durch Friedrich Auer d.Ä. zu Brennberg aus dem Besitz des Regensburger Hochstifts erworben und dem Kloster Frauenzell vermacht.

Kath. Filialkirche St. Peter. ehem. Chorturmanlage, das ehem. Langhaus, heute der Chor, romanisch, Unterbau des Ostturms wohl auf romanischen Fundamenten in der 2. Hälfte 15. Jh. errichtet, sein Aufbau wohl um 1600. Veränderungen im 18. Jh.; westlicher Erweiterungsbau 1953. Innenrenovierung 1987. – Satteltum mit Stufengiebeln, an seiner Ostseite schlichtes zweibahniges Maßwerkfenster; innen mit Sterngewölbe. – Im heutigen Chor Flachdecke über Hohlkehle, der ehem. Chorbogen abgefast spitzbogig. – Hochaltar 1712, Aufbau mit übereck gestellten, von gewundenen Säulchen flankierten Säulen. Entsprechend die Seitenaltäre von 1715 bzw. 1723, mit Nischenfiguren, links hl. Florian. – Kanzel mit Hermenpilastern, 2. Hälfte 17. Jh., 1730/40 um Ornamentik und bekrönenden Posaunenengel bereichert. – Stuhlwangen mit dekorativen Schnitzapplikationen, um 1730/40. – Im Chor gotische Steinfiguren der hl. Barbara, um 1500, und des hl. Leonhard.

BRUCKDORF Gem. Sinzing, Kr. Regensburg. *Karte 13*

Kath. Kirche Hl. Kreuz. Der Überlieferung nach von Papst Leo IX. Mitte des 11. Jh. geweihte romanische Chorturmkirche, Turmobergeschoß mehrfach verändert; Langhaus 18. Jh., nach Westen segmentbogig schließend. Nach Säkularisation und zweckentfremdender Nutzung wurde die Kirche 1819 neu geweiht und durch den letzten Abt des aufgehobenen Klosters Prüfening mit kompilierten wertvollen spätbarocken Arbeiten aus dem Regensburg-Prüfeninger Kreis ausgestattet. – Hochaltar, Aufbau um 1700 mit nachträglichen Rocailleaufsätzen. Nicht zugehörige Kreuzgruppe mit Maria und Johannes, um 1746, *Simon Sorg* zugeschrieben. Seitenaltäre, merkwürdig kulissenhaft vor dem Chorraum errichtete symmetrische Säulenstellungen mit geschwungenem Gebälk, fürstlich gekleidete kniende Heiligenfiguren, wohl Heinrich II. und Kunigunde, um 1755–60, vermutlich ebenfalls von *Simon Sorg*. – Kanzel dat. 1766, *Joachim Anton Pfeffer* zugeschrieben.

BRUDERSDORF Stadt Nabburg, Kr. Schwandorf. *Karte 5*

Kath. Filialkirche Mariä Heimsuchung. Schlichte romanische Chorturmkirche, wohl 13. Jh.; Zackenfries unter der Traufe des Langhauses; in gotischer Zeit nach Westen verlängert; umlaufende Friedhofsmauer. – Gedrungener Rechteckturm mit Pyramidendach, im Untergeschoß wenig eingezogene Apsis über gestelztem Halbkreisbogen, Ergebnis der in gotischer Zeit vorgenommenen Verlängerung nach Westen. Langhaus flachgedeckt, nachmittelalterlich verändert. – Altar des frühen 18. Jh. – Bedeutende Muttergottes auf einer in die Chorwand eingebundenen Konsole, farbig gefaßte Steinfigur wohl regensburgischer Herkunft, 2. Viertel 14. Jh., 1983 restauriert. Die gelängte Gestalt in weich fließendem Umhang hält mit verhüllter Hand das halbbekleidete Kind, das nach einer ihm dargereichten Blume greift.

BRUNN Kr. Regensburg. *Karte 8*

Kath. Filialkirche St. Peter und Paul. Unter Verwendung romanischer Langhausmauern um die Mitte des 18. Jh. erneuert. – Halbrund geschlossener Saalbau, Choreinziehung unmerklich; verschindelter Giebelturm mit Zeltdach. – Über Hohlkehle flachgedeckt, segmentbogiger Chorbogen. – Ausstattung Rokoko, um Mitte 18. Jh. Hochaltar, konkaver Aufbau mit Volutenpilastern, Seitenfiguren der hll. Bernhard von Clairvaux und Wendelin, im Auszug Relief des Salvator Mundi. – Kanzel mit Aufsatz des hl. Petrus.

BUBACH a. FORST

Gem. Holzheim am Forst, Kr. Regensburg. *Karte 9*

Kath. Filialkirche St. Peter und Paul. Spätromanische Anlage mit Chor des frühen 15. Jh., Langhaus 1678 umgebaut, 1881 vergrößert. – Eingezogener Chor mit 3/8-Schluß. Turm in die südöstliche Langhausecke einbezogen, sein Obergeschoß durch Pilaster gegliedert und mit eingezogener Zwiebelhaube abgeschlossen. – Langhaus flachgedeckt, Dekken- und Wandfresken von *Ludwig Magnus Hotter,* 1939. – Im Chor Netzgewölbe mit ausgekehlten Rippen über Spitzkonsolen, kleine Schlußsteine an allen Schnittpunkten. Spätgotische Ausmalung, in den Jahren 1888, 1913/14, 1924 freigelegt; 1935 von *Walter Scheidemandel* aus München renoviert und ergänzt: an den Wänden Thronender Christus (Ergänzung), Heilige und Passionsszenen, im Gewölbe und am spitzbogigen Chorbogen von Rankendekor umgebene Medaillons mit den Kirchenvätern, Evangelisten, den Törichten und Klugen Jungfrauen. – Im tonnengewölbten Erdgeschoß des Turms romanische Baudetails: Südfenster, nordwestlicher Eckpfeiler mit abgeschrägtem Kämpfer. – Hochaltar mit gewundenen Säulen und gefälligem Tabernakel in Frührokokoformen; Altarblatt mit hl. Petrus und hl. Paulus, 1924 von *Fried. Gegenmeier,* Regensburg. – Seitenaltar, Säulenretabel um 1700 mit späteren Veränderungen. Nischenfigur der Muttergottes, eine Nachbildung des Altöttinger Gnadenbildes. – Taufbecken aus Kalkstein, frühes 15. Jh. Am quadratischen Fuß vier Masken, achtekkiger Schaftring als Verbindung zum großen kelchförmigen Becken. – Im Chor Sakramentshäuschen mit Wimperg, Anfang 15. Jh. – Kanzel mit Bandelschnitzwerk und Engelsköpfchen, um 1720. – Rosenkranzmadonna um 1700. – Großer Kruzifixus mit Schmerzensmutter, in weicher gelenkloser Modellierung des späten 18. Jh.

BUCHHAUSEN Gem. Schierling, Kr. Regensburg. *Karte 14*

Erste Nennungen des Ortes 831 und 864/91 als „Buochusa“ und „Puohhusa“.

Kath. Kirche St. Ulrich. Eine 1139 erwähnte Kapelle war vermutlich ein Vorgängerbau. – Bescheidener, flachgedeckter Saalbau des 18. Jh., der 1850 um eine Fensterachse nach Westen verlängert wurde. – Ausstattung. – Hochaltar des späten 17. Jh.: vier Säulenretabel mit Seitenflügeln, die als Arkaden mit gedrehten Säulen gestaltet sind. Nischenfigur des hl. Ulrich, um 1460, überarbeitet, seitlich die Figuren der hll. Joachim und Anna mit Marienkind. – Seitenaltar um 1720, mit Muttergottes um 1520; das geschnitzte Antependium heute Volksaltar. – Kanzel um 1800, mit Halbfigurenbildern der Evangelisten. – Dem Eingang gegenüber kleine Figur des hl. Ulrich, um 1490. Rosenkranzmadonna des 17. Jh., heute an der Nordwand. – Kerzenleuchter mit dreieckigem Bild der Rosenkranzmadonna (lebendiger Rosenkranz) von Maler *Kainz,* Pfaffenberg, um 1890 (▷ Kirche in Oberdeggenbach).

BURGGRIESBACH Stadt Freystadt, Kr. Neumarkt i. d. Opf. *Karte 7*

Burggriesbach, das Zentrum der Seglau, erstmals 1080 erwähnt. In der Umgebung Gräber aus der Bronze- und Hallstattzeit sowie Funde keltischer Münzen. Östlich der Pfarrkirche lag einst die Burg der seit 1088 archivalisch faßbaren Herren von Griesbach.

Kath. Pfarrkirche St. Gangolf. 1770/71 Kirchenneubau durch den Schmellnrichter Maurermeister *Georg Kerl* unter Einbeziehung des mittelalterlichen Westturms, dessen in den Kirchenraum einbezogene Untergeschosse 1932 gekappt wurden, gleichzeitig der Eingang von der West- auf die Südseite verlegt. Außen 1964, innen 1979 renoviert. – Saalbau mit eingezogenem, halbrund geschlossenem Chor. Giebelturm mit Zeltdach. Im Innern Flachdecken über Vouten, die Wände des Schiffs durch Pilaster gegliedert. Deckenfresken aus der Bauzeit von *Johann Anton Nepomuk Stadlmejer* aus Freystadt: im Chor Abendmahl, im Schiff großes Bild mit der Glorie des hl. Gangolf, umgeben von kartuschenförmigen Medaillons mit Szenen aus seinem Leben.

Einheitliche Spätrokoko-Ausstattung aus der Bauzeit. Die drei Altäre von dem einheimischen Schreiner *Johann Luther* und dem Berchinger Bildhauer *Lorenz Rab* ausgeführt, Fassung von *Stadlmejer.* – Hochaltar, weitgestelltes achtsäuliges Retabel mit Seitenfiguren der hll. Joachim, Johannes von Nepomuk (innen), Willibald und Walburga (außen); Altarblatt, hl. Gangolf vor der Muttergottes von *Sebastian Holzner* 1870. Seitenaltäre viersäulig, links mit Gemälde von *Chrysostomus Winck:* von Engel präsentiertes Brustbild der Maria mit Kind vor dem Hintergrund eines minutiös ausgearbeiteten Seestücks; rechts mit Gemälde von *Holzner:* hl. Wendelin. – Kanzel mit Figuren der

Kirchenväter, um 1700, gegen 1780 um Rocailleornamentik und Aufsatzfigur des hl. Paulus bereichert. – Das große Votivbild an der linken Langhauswand mit Ortsansicht und hl. Wendelin steht mit der örtlichen Wendelin-Bruderschaft in Verbindung. – Über dem Chorbogen geschnitztes Wappen des Eichstätter Fürstbischofs Raymund Anton von Strasoldo (1757–81). – An der linken Chorwand Gedenkplatte für den Erbauer Pfarrer Johann Baptist Carl († 1777).
Im Friedhof Grabdenkmal des Kunsthistorikers Felix Mader († 1941), der 1867 im benachbarten Obernricht geboren wurde. Mit 21 Bänden war er maßgeblich an der Bearbeitung des bayerischen Kunstdenkmälerinventars beteiligt.

Kapelle St. Wendelin am östlichen Ortsrand. Bau des 17. Jh. mit vorgezogenem Dach über gemauerten Säulen auf hohen Sockeln.

Pfarrhof (Haus Nr. 26). Um 1550 durch die Herren von Hirnheim errichtet, 1974/75 renoviert und umgebaut. Treppengiebelbau mit Ladeluken, zugehörig ein Steinstadel des 19. Jh.

BURGGRUB Gem. Krummennaab, Kr. Tirschenreuth. *Karte 2*

Ehem. Landsassengut. Besitzer vor 1373 Peter Mylin, 1373–1565 ein Zweig der Redwitz, 1655–1861 Familie Sauerzapf. – Auf einer Anhöhe über der Fichtelnaab liegt der bescheidene, zweiflügelige Bau mit hohem Satteldach, 1599 errichtet, im 18. Jh. verändert.

BURGLENGENFELD Kr. Schwandorf. *Karte 9*

Burg und Ort am Naab-Übergang, Mitte 11. Jh. erstmals urkundlich belegt, gelangten 1119 von den Grafen von Lengenfeld an Pfalzgraf Otto von Wittelsbach. Ab 1255 wurde Burglengenfeld mit Sitz eines Viztumamtes zum Zentrum des Nordgaues. 1270 zum Markt, 1542 unter der Herrschaft von Pfalz-Neuburg zur Stadt erhoben. 1641 Zerstörung durch die Schweden.

Stadtanlage und -befestigung

Die Altstadt liegt in einer Mulde zwischen Burg und Kreuzberg: quadratischer Grundriß mit Straßenmarkt in Nordwest-Südost-Richtung. Der mittelalterliche Siedlungskern befand sich südwestlich der Burg im Bereich von Pfarrkirche, Kirchengasse und Altmannschem Schlößchen am Almenhof. Er ist in seiner historischen Struktur am Stadtgrundriß noch ablesbar. Nach der Erhebung zum Markt wurde die Stadt in südwestlicher Richtung erweitert und erhielt mit dem heutigen Marktplatz ihren neuen Mittelpunkt. – Der Baubestand mit bürgerlichen Giebel-, Traufseit- und Walmdachhäusern stammt noch großteils aus dem 16. bis 19. Jh. – Seit 1462 war Burglengenfeld vollständig befestigt und durch Mauern mit dem Bering des Burgberges verbunden. Diese haben sich ebenso wie der äußere Bering im Süden und Westen der Stadt in Teilen erhalten. die Stadttore wurden im 19. Jh. abgebrochen.

Kath. Pfarrkirche St. Vitus. Von der spätgotischen, flachgedeckten Anlage des späten 15. Jh. besteht noch das Langhaus in seinen Umfassungsmauern, um 1748 vollständig im Stil des Rokoko überformt. 1891 Verlängerung nach Westen mit neuromanischem Turm, 1937/38 Abbruch des gotischen Chores und Anbau der Chorrotunde nach Plänen von *Franz Günthner* aus Regensburg. 1985 Innenrestaurierung, Rekonstruktion der ersten Raumfassung im Langhaus. – Gedrückter vierachsiger Saal über Hohlkehle mit Stichkappen flachgedeckt, an der Wand komposite Doppelpilaster; Westempore. Hinter eingezogenem Chorbogen geräumige, kuppelartig überwölbte Erweiterung mit Säulenumgang und nischenförmigen Anräumen. – Im Langhaus reiche Stuckdekoration mit Rocaille-, Bandel- und Gitterwerk, pflanzlichen und figürlichen Motiven. – Die freigelegten Deckenfresken in zentralisierender Bildfeldanordnung stellen die Marienkrönung und Verherrlichung des Rosenkranzes dar, umgeben von Passionsdarstellungen und Szenen aus dem Marienleben. – Barocke Ausstattung – Mächtiger Hauptaltar mit gewundenen Säulen und reichem Akanthusschnitzwerk, seitlich Holzfiguren der hll. Petrus und Paulus, um 1700. In der Altarnische Kreuzgruppe, Mitte 18. Jh. Seitlich zwei einfache Rokokoaltäre mit Gemälde Madonna mit Vierzehn Nothelfern bzw. Madonnenskulptur, 2. Viertel 18. Jh. – Früheres Altarbild hl. Johannes von Nepomuk, Mitte 18. Jh. Auf der Empore zwei szenische Figurengruppen des Rokoko, Mitte 18. Jh.

★ **Kath. Pfarrkirche St. Josef am Sand.** Querrechteckiger Kirchenbau mit flach ansteigendem Pultdach und freistehendem Glockenturm in Stahlrohrkonstruktion, erbaut 1977–79 vom Münchner Architekten *Franz Kießling*. An der Eingangsfront um den Rasenplatz angeordnet: Pfarrhaus, Pfarrsaal und ein (noch nicht ausgeführter) Kindergarten. – Klar gegliedertes Raumgefüge, bestimmend die Decke in Holz- und Stahlkonstruktion, die von der niedrigen Eingangswand zur hohen Altarwand mit gerasterter, durch Lamellen abschattierter Glasfläche aufsteigt. – Von der Innenaustattung besorgte der Architekt Altartisch, Ambo, Tabernakelstele, Sedilien und Orgelprospekt. Der Tabernakel und das Kreuzjuwel stammen von *Hermann Jünger*, das frei hängende Bronzekreuz 1988 von *Blasius Gerg*, der Kreuzweg in Aquarelltechnik von *Otto Baumann*, die Glasgemälde „St. Josef" und „Taufe" von *Josef Oberberger*.

★ **Burgruine, jetzt Pflegeheim.** Die Ursprünge der Grafen von Lengenfeld und damit wohl auch der Burg lassen sich bis in die Mitte des 11. Jh. zurückverfolgen. 1119 kamen die Besitzungen an Pfalzgraf Otto V. von Wittelsbach. 1172 wird erstmals die Burg erwähnt. – Auf einem nach Westen gerichteten bergförmigen Vorsprung des Höhenplateaus am linken Ufer der Naab gelegen. Eine der ausgedehntesten romanischen Burganlagen Bayerns. Vollständig erhaltener Bering des 12. Jh., ehem. mit Wehrgang; Um- und Ausbauten im 14./15. Jh.; im Dreißig-

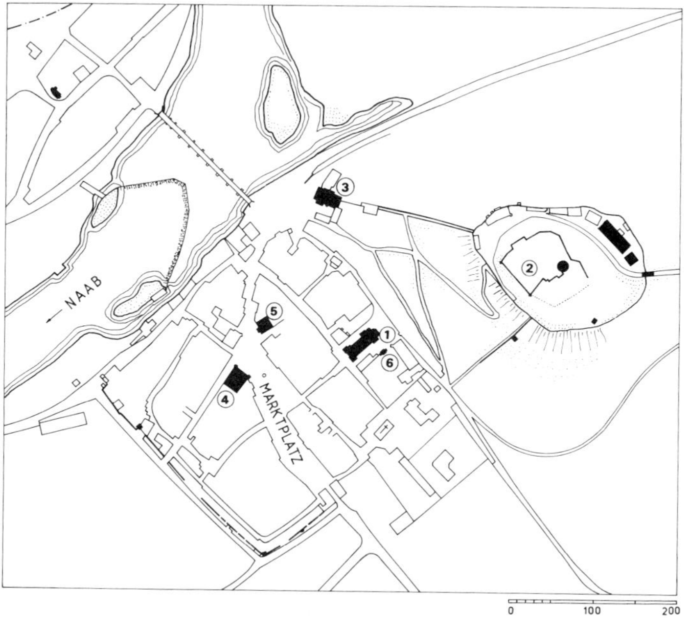

Burglengenfeld

1 *Kath. Pfarrkirche St. Vitus*
2 *Burgruine, jetzt Pflegeheim*
3 *Ehem. Pfleghaus, jetzt Oberpfälzer Volksschulmuseum*
4 *Rathaus*
5 *Pfälzerhof*
6 *Torhaus zum Altmannschen Schlößchen*

jährigen Krieg beschädigt. Die 1806 begonnene Demolierung 1814 durch Kronprinz Ludwig aufgehalten; es folgten Sicherungs- und ab 1864 Wiederherstellungsmaßnahmen. Durch Ausbau zum Pflegeheim seit 1968 z.T. verändert.
Zufahrt in den ehem. äußeren Burghof von Osten durch Torhaus mit quadratischem romanischen Turm und spätgotischem Vorbau, einst mit Schlagbrücke. Zur Deckung von Eingang und Angriffsseite mächtiger quadratischer Bergfried, sog. Sinzenhofer Turm, um 1100, aus zweischaligem Großquadermauerwerk; hochliegende rundbogige Einstiegsöffnung; ebenerdiger Eingang 19. Jh. Benachbart der ehem. Zehentkasten, auch Zeughaus: breitgelagerter, im Kern gotischer Satteldachbau. Ein zweiter Zugang zur Burg von der Stadtseite im Südwesten. An der Südostseite nahe der Ringmauer über Eck stehender sog. Pulverturm, 1. Hälfte 12. Jh. aus Großquadermauerwerk; Erdgeschoß tonnengewölbt; erhöhte Einstiegsöffnung; Schießscharten unter dem Pyramidendach.
Von der erhöht auf viereckigem Plateau gelegenen inneren Burg, deren Bauten – Alte und Neue Dürnitz, Schloßkapelle, Neuer Bau mit Fürstenzimmern – den inneren Hof ehemals vollständig umschlossen, stehen noch ein vorgelagerter, runder Bergfried aus großformatigem Quadermauerwerk, 1. Hälfte 12. Jh. Einstiegsöffnung westlich; Reste der Umfassungsmauern sowie tonnengewölbte Kelleranlagen im Norden und Westen, die zu den im 19. Jh. abgebrochenen Bauten gehörten.

Rathaus (Marktplatz 2). Zweigeschossiges breitgelagertes Giebelhaus mit flankierenden Achtecktürmen, Ende 16. Jh.

Torhaus zum Altmannschen Schlößchen (Am Almenhof 4). Walmdachbau mit Flankentürmchen, Ende 16. Jh. zum ehem. vierseitig umbauten Burggut gehörig, dessen Hof bereits 871 genannt wird. Erhalten ist noch Nr. 8, ein Halbwalmdachbau, 18. Jh.

Ehem. Pfleghaus (Berggasse 3), jetzt Oberpfälzer Volkskundemuseum. Dreigeschossiger Walmdachbau aus der Mitte des 16. Jh.

Pfälzerhof (Hauptstr. 2). Im Südteil dreigeschossiger Treppengiebelbau mit viergeschossigem, aus der Mitte gerücktem Standerker, um 1600; im Nordteil dreigeschossiges Traufseithaus.

Kellerreihe des 16./17. Jh. westlich der Altstadt zwischen Naabufer und Kreuzberg, ein bedeutendes Beispiel einer oberpfälzischen Kelleranlage.

BURGTRESWITZ

Markt Moosbach, Kr. Neustadt a.d. Waldnaab. *Karte 6*

Kath. Filialkirche Mariä Unbefleckte Empfängnis. 1857–59 in neugotischen Formen errichtet. – Dreiseitig geschlossener Saalbau mit gequadertem Giebelreiter. – Bemerkenswerter Hochaltar nach Mitte 17. Jh., angeblich aus der früheren Schloßkapelle. Aufbau mit weinrebenumrankten Säulen und reichem, liebenswürdig-handwerklich ausgeführtem Figurenschmuck: eine Mondsichelmadonna in der Mittelnische, in den flankierenden Nischen hl. Joachim und hl. Anna, im Auszug hl. Johannes Ev. Antependium mit Rankenschnitzwerk des frühen 18. Jh. – Kanzel zeitgleich mit Statuetten der Vier Evangelisten am Korpus.

Ehem. Schloß. Der Stammsitz der Treswitzer gelangte 1329 an die Kurpfalz und wurde Amtssitz. Dieser wurde 1594 mit dem Amt Tännesberg im Pflegamt Treswitz-Tännesberg vereinigt, das 1803 in ein Landgericht umgewandelt wurde. 1819 Einbau einer Brauerei. Instandsetzungsmaßnahmen der baufälligen Gebäude seit 1985.
Auf nach Osten und Süden steil zum Pfreimdtal abfallendem Hügel. – Die mauerumwehrte mittelalterliche Anlage, die eine Ansicht von 1600 mit Tor- und Treppenturm wiedergibt, ist 1634 weitgehend niedergebrannt. 1733–40 Neubau unter Einbeziehung älterer Bauteile. – Zweigeschossige, bruchsteingemauerte Gebäudetrakte um einen unregelmäßig viereckigen Innenhof: langestreckter, von Nord nach Süd gerichteter Trakt, an dessen Westseite die übrigen Gebäude annähernd bogenförmig anschließen. – Torbau im Norden, Portal dat. 1786, mit originalem Holztor samt Schlupftüre, darüber noch aus dem 14. Jh. stammendes Wappenrelief aus Granit. Im Obergeschoß die 1779–86 umgestaltete Pflegerwohnung.

BURKHARTSREUTH

Gem. Trabitz, Kr. Neustadt a.d. Waldnaab. *Karte 1*

Kath. Pfarrkirche St. Jakobus. An der 1958 neu erbauten Kirche gotischer Chorturm mit eingezogenem Spitzhelm. In seinem von einer Stichkappentonne überwölbten Erdgeschoß ein konkaver viersäuliger Rokoko-Altar mit Gemälde des hl. Jakobus, auf der Rückseite laut Überlieferung durch Inschrift dat. 1778. – Im Kirchenraum Figur der Muttergottes auf der Mondsichel, Ende 15. Jh. – Friedhofsummauerung mit Rundbogentoren, im Kern mittelalterlich.

BURKHARDSRIETH

Stadt Pleystein, Kr. Neustadt a.d. Waldnaab. *Karte 6*

Kath. Wallfahrtskirche St. Ulrich, einsam auf dem Ulrichsberg östlich des Ortes gelegen. – Erste Erwähnung 1583. Nach Inschrift an den Portalen 1689 errichtet, Renovierung 1979–82. – Saalbau mit eingezogenem, rechteckigem Chor, an dessen Stirnwand Turm mit eingezogenem Spitzhelm. – Der Chor kreuzgratgewölbt, im Langhaus eine Holzfelderdecke, kräftige toskanische Wandpilaster. – Altäre, strenge Säulenretabel mit Seitenfiguren und erneuerten Altarblättern, Farbfassung etwas grell renoviert. Hochaltar mit Knorpelwerk, 2. Hälfte 17. Jh. – Seitenaltäre Anfang 18. Jh. – Kanzel zeitgleich mit dem Hochaltar, am Korpus Figuren der Evangelisten in Muschelnischen. – Rosenkranzmadonna um 1700.

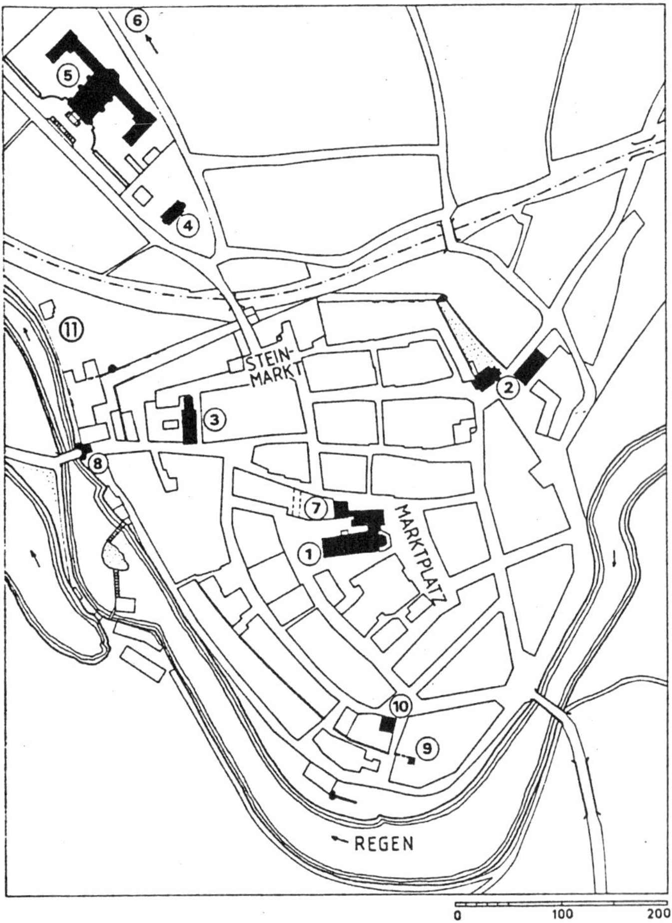

Cham

1 Pfarrkirche St. Jakob
2 Spitalkirche Hl. Geist
3 Ehem. Franziskanerkirche
4 Erlöserkirche
5 Kath. Kirche Maria-Hilf und Kloster der Redemptoristen
6 Kalvarienbergkirche
7 Rathaus
8 Biertor
9 Spatzenturm
10 Cordonhaus
11 Ehem. Armenhaus

C

CAROLINENHÜTTE Markt Kallmünz, Kr. Regensburg. *Karte 8*
Villa. Der repräsentative Bau von 1830–32 liegt erhöht auf einem Felsen. – Dreigeschossiger Hauptbau mit Satteldach. Kurze zweigeschossige Querflügel mit Walmdach. Sie bilden auf der Schauseite eine einheitliche Front mit dem Hauptbau, der risalitartig vorgezogen und durch Pilastergliederung hervorgehoben ist.

CHAM Reg. Bez. Oberpfalz. *Karte 10*

Topographie und Geschichte

Die Kreisstadt Cham liegt im Regental, das zu den frühesten Siedlungsgebieten Bayerns zählt, wie der 1961 bei Pösing gefundene Faustkeil aus der Altsteinzeit (Acheuléen) beweist. Spuren einer jungsteinzeitlichen Siedlung bei Köbling und einer bronzezeitlichen bei Satzdorf sind Zeugen einer kontinuierlichen Besiedlung. Ringwälle und Viereckschanzen auf dem Galgen- bzw. Lamberg, ferner eine bei Weiding gefundene Münze (wohl 4. Jh. v. Chr.) gehen in keltische Zeit zurück. Cham bildet das Zentrum des sich von Roding nach Furth erstreckenden Chamer Beckens. Im Osten verläuft durch das Tal der Chamb die Further Senke, durch die schon seit merowingischer Zeit die wichtige Heer- und Handelsstraße von Regensburg nach Prag zog.
Wahrscheinlich unter Heinrich III. entwickelte sich aus Cham und Roding – wohl beide schon in karolingischer Zeit Königshöfe – die 1050 und 1055 genannte Mark Cham, die mit zahlreichen Burgengründungen Grenzsicherung gegen Böhmen leistete. Den politischen und militärischen Mittelpunkt bildete die alte, in wenigen Resten (Wall und Graben) heute noch erkennbare Reichsburg auf dem Galgenberg östlich der heutigen Stadt. Dahin zog sich bereits Kaiser Otto II. 978 nach seiner Niederlage bei Pilsen zurück und Kaiser Heinrich III. versammelte dort 1040 sein Heer gegen Böhmen.
Die ersten Markgrafen kamen aus dem Geschlecht der Rapotonen und den nachfolgenden Vohburg-Diepoldingern, die sich zuletzt nur noch als die Grafen von Cham bezeichneten. Nach deren Aussterben 1204 Übergang an die Wittelsbacher, 1255 an ihre niederbayerische Linie. Im Hausvertrag von Pavia (1329) zwar der altbayerischen Linie zugesprochen, wurde Cham 1352 an die Kurpfalz verpfändet und fiel erst 1625, nach der Schlacht am Weißen Berg, an Bayern zurück. Das Chamer Grenzland hatte oft unter kriegerischen Auseinandersetzungen zu leiden: Verwüstungen brachten die Hussiteneinfälle, die Ritteraufstände in der 2. Hälfte des 15. Jh., der Landshuter, der Spanische und der Österreichische Erbfolgekrieg.
Am Südwesthang des Galgenberges entstand unter der Reichsburg eine Siedlung, – das spätere Altenstadt –, die aus strategischen, siedlungs-

und verkehrstechnischen Gründen an die Stelle der heutigen Stadt verlegt wurde. Ob diese Umsiedlung von den Wittelsbachern Anfang 13. Jh. oder schon früher (z. B. nach dem Brand von 1191) eingeleitet wurde, ist bisher nicht eindeutig geklärt. Jedenfalls wurde Cham, das 1230 erstmals die Bezeichnung Stadt erhielt, 1210 als „novum Chambe“ erwähnt.

Stadtanlage und -befestigung

Die Stadt über annähernd oval, im nördlichen Bereich eckig ausgebildetem Grundriß wurde mehrmals erweitert. Sie erhebt sich auf dem Südausläufer des Katz- oder Kalvarienberges, schützend in eine große Flußschleife des Regens eingebettet. Vom Hinterland schirmte ein künstlich angelegter Graben ab, den sich später die Eisenbahn zunutze machte. Cham wurde bereits um die Mitte 13. Jh. durch eine Wehrmauer mit Türmen befestigt. Ausbesserungen nach dem Stadtbrand 1344. Die Hussiteneinfälle erforderten den Bau einer zweiten, großenteils am Flußufer entlanglaufenden Stadtmauer (nach einer Inschrifttafel des 1872 abgebrochenen Fleischstores) 1430 fertiggestellt. Im Nordosten wurde das an der inneren Stadtmauer gelegene Spital einbezogen. Die Stärke der gesamten Befestigungsanlage mit doppelter Ringmauer, Türmen und Graben ist im Nordwestbereich noch erkennbar. Im übrigen sind von der äußeren Stadtmauer nur noch geringe Reste, von der inneren einzelne Abschnitte, vor allem im Norden und Westen, erhalten. Zur inneren Befestigung aus dem 13. Jh. gehört der „Straubinger Turm“, ein bruchsteingemauerter Satteltum mit Eckquadern. An der äußeren Wehrmauer stehen u. a. noch der „Spatzenturm“ im Nordwesten und der „Graßlturm“ im Nordosten. Als einziges der urspr. vier Tore erhalten das am nordwestlichen Flußübergang malerisch gelegene „Biertor“ (früher Burgtor genannt), 1418 erstmals erwähnt, wurde es wohl 1430 erneuert. Der Torbau mit zweiteiliger Durchfahrt, außen spitzbogigen, innen segmentbogigen Torrahmungen aus Granit wird von gedrungenen Rundtürmen mit Kegeldächern flankiert; Obergeschosse leicht vorgekragt. – Nördlich grenzte einst die Burg an, die im 17. Jh. in ein kurfürstliches Weißbierbrauhaus umgestaltet wurde (der Bau heute völlig verändert.)

Stadtgestalt

Das historische Stadtbild hat durch elf Brände erheblich gelitten: u. a. wurde die Stadt 1742 unter dem Pandurenoberst Trenck angezündet, weitere Feuersbrünste 1873 und 1877. – Der trapezförmige, nach Süden abfallende Marktplatz erhält im Nordwesten durch den barocken Turmaufsatz und den gotischen Chor der Pfarrkirche sowie der anschließenden spätgotischen Rathausfront sein unverwechselbares Gepräge. Einen abwechslungsreichen Akzent setzt das südwärts folgende ehem. Gasthaus zur Krone mit seiner prächtigen osteuropäisch beeinflußten Renaissance-Attika. Gegen Süden schließt ein im 19. Jh. aufgestocktes Treppengiebelhaus an, dessen untere Geschosse mit Kastenerker in das 15. Jh. zurückgehen. Den Südabschluß der westlichen Platzwand bildet das angebliche einstige Pflegeschlößchen, das schon seit 1750 als Apotheke genutzt wurde, ein dreigeschossiger Walmdachbau des 18. Jh. mit mittelalterlicher Kernsubstanz. An der nördlichen und östlichen Platzseite stehen überwiegend Häuser des 19. Jh. oder angeglichene Neubauten. Der Kaufhausneubau von 1971 an der Nordostecke setzt neue Akzente in dem um historische Authenzität bemühten Platzbild.

★ **Kath. Pfarrkirche St. Jakob.** 1210 als Filiale von Chammünster erwähnt. Zur urspr. Anlage des 13. Jh. gehört der Unterbau des quadratischen Turms an der südöstlichen Chorseite, sein nördliches Gegenstück kam wegen des Rathausanbaus nicht zur Ausführung. Chor im 14. Jh. erneuert, Langhaus im Barock mehrfach umgestaltet, 1894/95 um zwei Joche nach Westen verlängert. Renovierung innen 1960/61, außen 1977.
Wandpfeilerbau mit eingezogenem, dreiseitig geschlossenem Chor. – Außenbau. – Turm mit Eckquaderung, sein Aufsatz mit abgeschrägten Ecken und mit Laterne zusammengezogener, eingeschnürter Zwiebelhaube des 18. Jh. Schlanker Chor aus Sandsteinquadern mit gestuften Strebepfeilern, Langhaus verputzt mit Lisenen. Drei Halbsäulenportale mit Segmentgiebeln, geschnitzte Türblätter um 1700. In den Tympana gotische Sandsteinreliefs; nördlich ein Schlußstein mit Christuskopf, westlich das Schweißtuch Christ. – Inneres. – Im Chor Stichkappentonne über Wandpilastern, das kreuzgratgewölbte Vorjoch durch einspringenden Turm- bzw. Rathausbau schmäler. Das weiträumige, von einer Stichkappentonne überwölbte Langhaus wird durch Lünetten belichtet. Dichte Stukkaturen des Rokoko, im Chor figural bereichert, von *Benjamin Schreiter* aus Hengersberg; Putten mit den Leidenswerkzeugen Christi auf dem Gebälk der Wandpfeiler. – Deckenfresken von *Johann Gebhard* mit seinem Sohn *Otto*, bez. „*J. O. Gebhard* 1750". Im Chor Martyrium des hl. Jakobus d. Ä., im Langhaus eine großangelegte Kompostition der Schlacht von Tolosa. Im Westjoch die Errettung Schiffbrüchiger durch den hl. Jakobus, 1900 von *Waldemar Kolmsberger sen.*, München, in Anlehnung an den Stil *Gebhards*.
Die Ausstattung nach der neuromanischen Phase von 1849–54 um 1900 aufwendig rebarockisiert. Fünf Neubarockaltäre von Münchner Künstlern entworfen, die lebensgroßen, gold-weiß gefaßten Seitenfiguren überwiegend von dem Regensburger Bildhauer *M. Roider* 1912. Hochaltar 1916/17 von *Anton Bachmann* entworfen, mit Relief der Verklärung Christi, vom Vorgängeraltar (Mitte 19. Jh.) übernommen. Seitenaltäre 1914 von *Leonhard Romeis*, mit Altarblättern von *Waldemar Kolmsberger jun.*, München. Altäre im zweiten Langhausjoch 1905 von *Romeis*. Altarblätter von *Kolmsberger sen.*, Seitenfiguren von *Thomas Buscher*. – Altar an der Nordwand des ersten Langhaus-

jochs mit breitem, reichdekoriertem Pilasteraufbau um 1760, Bild des hl. Aloisius und seitlichen kartuschenförmigen Reliefs mit Szenen aus dem Leben des Heiligen (vom alten Hochaltar). – An der Südwand Figur des hl. Jakobus, 1. Hälfte 18. Jh. An den Wandpfeilern neubarocke Heiligenfiguren in hellgrauer Fassung. Verschiedene Epitaphien des 17./18. Jh.

Spitalkirche Hl. Geist. 1282 erste Erwähnung eines Bürgerspitals, von 1330 an reicher Spendenfluß. Nach Bauinschrift an einem Strebepfeiler der Chorsüdseite 1514 nach dem Stadtbrand von 1512 neu errichtet. Der urspr. Anschluß an die innere Stadtmauer durch den 1913 erfolgten Portalbau mit Empore und Außenaufgang nicht mehr erkennbar. Gesamtrenovierung 1984–86. – Saalbau mit eingezogenem, dreiseitig geschlossenem Chor. An der Chornordseite Turm mit kreuzrippengewölbtem Erdgeschoß, Oktogonobergeschossen und Spitzhelm. Am Chor gestufte Strebepfeiler mit geschwungenen Gesimsen und Kaffgesims aus Granit. Gewände des Südportals mit durchgesteckten Stäben und kugelbesetzter äußerer Hohlkehle. – Innenraum nach der Beschädigung durch die Panduren (1742) wiederhergestellt. Im einjochigen Chor Tonnengewölbe mit Stichkappen. Ein spitzer, gedrungener Chorbogen vermittelt zum kurzen breiten Schiff mit Flachdecke. – Deckengemälde dat. 1756; im Chor weibliche Personifikationen der Sieben Gaben des Hl. Geistes, im Schiff Taufe Christi, von den Vier Kardinaltugenden umgeben.
Ausstattung spätes Rokoko. Der Hochaltar ein bühnenhafter Volutenpilasteraufbau mit Altarblatt Ausgießung des Hl. Geistes, Seitenfiguren der hll. Nikolaus und Augustinus; seitlich daneben die hll. Elisabeth und Agathe. Die Seitenaltäre konkave Säulenretabel; links mit Altarblatt Tod des hl. Joseph, Seitenfiguren der hll. Johannes von Nepomuk und Philippo Neri, rechts mit Altarblatt der Vierzehn Nothelfer, von hl. Bartholomäus und hl. Ignatius flankiert, am Gebälk Kartusche mit Stiftungsinschrift des Stadtkämmerers und kaiserlichen Reichsposthalters Stephan Löb, dat. 1794. – Kanzel mit Relief des hl. Johannes Bapt.
Südöstlich das ehem. Bürgerspital, ein Neubau nach dem Stadtbrand 1877, in dem seit 1976 die Stadtbibliothek untergebracht ist, – Stattlicher zweigeschossiger Bau mit Treppengiebeln. An der westlichen Giebelfront polygonaler Erkeranbau, darin eingelassen ein farbig gefaßtes Kreuzigungsrelief aus Granit, dat. 1447.

Ehem. Franziskanerkirche, heute Klosterkirche der Armen Schulschwestern. Erste Niederlassung der Franziskaner in Cham angeblich schon 1281. Nach Zerstörung des Klosters durch die Hussiten 1631 Neugründung. Nach der Säkularisation wurde die Kirche als Baustadel benutzt, dann den Armen Schulschwestern übergeben; 1866 unter Einbeziehung von Mauerteilen und der Gruft des Vorgängerbaus aus dem 17. Jh. erneuert, 1913 erweitert. Letzte Renovierung außen 1980, innen 1982.

Nach Norden gerichteter Saalbau mit eingezogenem, dreiseitig geschlossenem Chor. Turm mit Spitzhelm über Dreiecksgiebeln an der Chorwestseite. – Im Innern Stichkappentonne über kräftigen, verkröpften Wandpilastern, vegetabiler barockisierender Deckenstuck. Bei der letzten Restaurierung, spärliche spätbarocke Freskenreste festgestellt (nicht sichtbar). – Ausstattung. – Altäre aus Griffenwang im Hohenfelser Truppenübungsplatz. Hochaltar, Viersäulenretabel in späten Rokokoformen, Seitenaltäre frühklassizistisch; links mit Marienikone, angeblich aus Adrianopel. – Großformatige Gemälde, überwiegend 19. Jh., außerdem ehem. Altarblatt, hl. Sebastian wird vom Baum abgenommen, 18. Jh. – Nazarenischer Kreuzweg, 1871 von *Ernstberger* gemalt.

Ev. Erlöserkirche. Neugotischer, durch Strebepfeiler gegliederter Backsteinbau von 1891. Eingezogener, dreiseitig geschlossener Chor, Westturm mit Spitzhelm. Im Innern holzverschalte Dachstuhlkonstruktion. Gotisierende Farbfenster, um 1900 von der kgl. bayerischen Hofglasmalereianstalt *Franz Xaver Zettler* in München, mit vegetabil-ornamentalen und szenisch-figuralen Darstellungen.

Kalvarienbergkirche, inmitten von Bäumen auf einer Anhöhe über Cham. 15 Kreuzwegstationen aus Granit mit modernen, abstrahierenden Sandsteinreliefs, große, farbig gefaßte Kreuzigungsgruppe aus Gußeisen (Ende 19. Jh.) und unterirdischer Klause im Umfeld der Kirche. – Neugotischer Backsteinbau mit Strebepfeilern und Giebelturm, 1881–83. Gesamtrenovierung 1983/84. – Neugotischer Innenraum mit Netzgewölbe über Wanddiensten, die ornamental-dekorative Erstfassung des Raumes bei der letzten Renovierung wieder hergestellt, ornamentale und figurale Bildfenster. Einheitlich neugotische Einrichtung.

★ **Kirche Maria-Hilf und Kloster der Redemptoristen.** Die repräsentative Klosteranlage aus Backstein dominiert weithin sichtbar die Altstadt. Die stattliche Kirche mit beiderseits des Chors anschließenden, rechtwinkligen Exerzitien- bzw. Klostergebäuden über große Rampe mit Aussichtsbalkonen und Freitreppe zugänglich. Gegen die Straße abgegrenzt durch eine Backsteinmauer mit Konsolfries und gußeisernen Nischenfiguren der Zwölf Apostel im Stil der italienischen Frührenaissance (in einer Pariser Gießerei hergestellt). – 1900–02 auf Initiative des Redemptoristenpaters Josef Schleinkofer nach Plänen *Ludwig von Stempels* aus München erbaut, nachdem die Entwürfe des Ordensbruders *Max Schmalzl* nicht gebilligt worden waren. 1904–09 Ausgestaltung des Innenraums durch *Schmalzl.* Seit 1986 umfangreiche Renovierungen. – Neuromanischer Backsteinbau mit reicher Gußsteingliederung, nur hervorgehobene Glieder in Sandstein bzw. Granit. Dreischiffige Pfeilerbasilika mit eingezogenem, apsidial geschlossenem Chor, der von zwei spitzbehelmten Türmen flankiert wird.

Der Innenraum von *Schmalzl* gänzlich im byzantinisierend-trecentesken Stil ausgemalt. In der Apsis, an den Chor- und Mittelschiffswänden auf den Ordenskult bezogener, spätnazarenischer Bilderzyklus (auf Leinwand) mit 14 Szenen aus dem Marienleben und Heiligendarstellungen, von Schablonen- und reichdifferenzierter Ornamentmalerei eingefaßt. – Farbfenster der Firma *Hans Bockhorni jun.*, München, mit reichem Bildprogramm. – Die aufwendige Einrichtung zumeist nach Entwürfen von *Schmalzl* ausgeführt. Über dem neugotischen Hochaltar Gnadenbild der Muttergottes von der „Immerwährenden Hilfe", eine Kopie der griechischen Ikone in der römischen Alfonskirche.

★ **Rathaus.** Im 14. Jh. wurde der dem Marktplatz zugewandte Osttrakt, in der 1. Hälfte 15. Jh. der Westbau errichtet – 1448 ist von einem alten und einem neuen Rathaus die Rede. Schwere Beschädigung durch die Brände von 1657 und 1742, Wiederinstandsetzungen 1765 und 1770. 1873–75 umfassend regotisiert, 1934–37 purifiziert. 1985–89 Instandsetzung, Umbau und großer Erweiterungsbau nach Westen. Restaurierung 1989/90, auf Befunduntersuchungen und analytisches Bauaufmaß gestützt. – Zwei parallel versetzte Giebelbauten mit profilierten Steinrahmungen und Konsolgesimsen, durch rechtwinkligen Verbindungsbau mit tonnengewölbter Tordurchfahrt zusammengefaßt. – Der Osttrakt mit Glockenstuhl und Erker zum Marktplatz greift mit langer, von Stichkappentonne überwölbter Durchfahrt auf den Chor der Pfarrkirche über. Westbau mit Treppengiebel und übereck gestelltem Erker, hier eingelassen eine jüdische Grabplatte von 1230, die während des Judenpogroms 1519 von Regensburg nach Cham kam. Unter der Erkerauskragung Inschrift über eine 1910 von Max Stückl durchgeführte Renovierung. Im ersten Obergeschoß originale Fenstergewände mit herausgebrochenen Mittelpfosten, an der Ostseite Sohlbank mit zwei Wappenschilde tragenden Konsolen. Ebenfalls an der Ostseite Steintafel mit von Löwen gehaltenem Stadtwappen und Inschrift, 1430 dat., vom 1872 abgebrochenen Fleischtor übertragen. – Vereinzelt im Innern auf die Lokalgeschichte bezogene, heroisierende Fresken von *Johann Spitzner* 1937. – Vor der Ostfront zeigt ein Säulenstrumpf den ehem. Pranger an.

Ehem. Armenhaus (Schützenstraße 7). Anfang 16. Jh., vermutlich nach dem großen Stadtbrand von 1512 errichtet (1529 ist eine größere Stiftung für die Armen bezeugt). Im 18. Jh. verändert. 1987–89 erfolgte eine auf baugeschichtliche Befunduntersuchungen gestützte Sanierung; Einrichtung eines Museums der Gruppe Spur geplant. Zweigeschossiger, breitgelagerter Bau mit kleinen Rechteckfenstern. Der urspr. Treppengiebel, wie er auf dem Merian-Stich von 1644 erkennbar ist, im 18. Jh. durch einen flachen Vorschußgiebel ersetzt. – Im Innern einzelne gotische Baudetails erhalten, zweigeschossige Rauchkuchl.

Cordonhaus (Propsteistraße 46). Vermutlich ehem. Propstei des Klosters Reichenbach, die 1321 hierher, in die Nähe des Birkensteins, verlegt und nach dem Stadtbrand von 1512 unter Abt Otto 1527–36 wieder aufgebaut wurde. Nach der Reformation Übergang an den Paulanerorden. Ende 18. Jh. Quartier von Grenzschutztruppen, später Lazarett. Seit einer durchgreifenden Renovierung von 1980–82 kulturelle Begegnungsstätte. – Der Bau des 16. Jh. mit steilem, rückwärtig abgewalmtem Satteldach an die innere Stadtmauer gesetzt. Hofseitig ein kreuzgratgewölbter Arkadengang auf dorisierenden, gemauerten Säulen, vielleicht barockzeitlicher Anbau.
(Vom **ehem. Salz- und Getreidespeicher** ein runder Treppenturm des 16. Jh. erhalten (Steinmark 12).

Ehem. Gasthof zur Krone (Marktplatz 14). Hier verbündeten sich 1489 die Löwlerritter gegen den bayerischen Herzog, 1615 stieg der pfälzische Kurfürst Friedrich V. hier ab. – Dreigeschossiges Doppelhaus des 15. Jh. mit Erker und Vorschußmauer mit prächtiger Renaissance-Attika in Form einer Biforienreihe.
Am bereits 1394 erwähnten **Rindermarkt** der ehem. Straubinger Brauereigasthof (Nr. 18). Früher angeblich Herberge der Reichenbacher Propstei („Klösterchen" genannt), 1722 von der Brauereifamilie Straubinger erworben. – Das in das 16. Jh. zurückreichende Gebäude mit flachem Satteldach und Vorschußgiebel an die innere Stadtmauer gerückt. Rundbogige Tordurchfahrt aus Granit. Ausgedehnte tonnengewölbte Kelleranlagen der Gotik.

Rosenstraße 2. Wohl in der 2. Hälfte des 14. Jh. errichtetes Bürgerhaus mit späteren Veränderungen (1983 renoviert). Im 19. Jh. aufgestockt und Vorschußgiebel mit Eckbekrönungen aufgesetzt. – Im Erdgeschoß tonnengewölbte Räume. Rückwärtig die ehem. Hauskapelle, ein trapezförmiger zweijochiger Raum, Gewölbe mit abgefasten Kreuzrippen, stilistisch in die 1. Hälfte 15. Jh. einzuordnen.

CHAMERAU Kr. Cham. *Karte 10*

Die bereits im 11. Jh. erwähnten Ritter von Chamerau genossen im Mittelalter hohes Ansehen.

Kath. Pfarrkirche St. Peter und Paul. Gotische Anlage, 1669 erneuert, 1959/60 um oktogonalen Anbau nach Westen erweitert. Gesamtrenovierung 1983/84. – An der Chornordseite der Turm, dessen Fundamente angeblich ins 13. Jh. zurückreichen, Oktogon mit Zwiebeldach im 18. Jh. aufgesetzt. – Schwach eingezogener, halbrund geschlossener Chor mit Stichkappen-Tonnengewölbe über Pilastergliederung. – Deckenfresken mit Schlüsselübergabe an Petrus und Bekehrung des Paulus (teilweise überarbeitet), bez. „*I. A. S.* pinxit 1753". Im Chor nazarenische Fresken von *Heinrich Oesterer* 1895, Hauptbild mit Steinigung des hl. Stephanus. – Ausstattung des Rokoko, Mitte 18. Jh. – Hochaltar, Retabel mit gewundenen und glatten Säulen, vier Seitenfiguren und Gottvater im Auszug. In der Mitte von Engeln präsentiertes Maria-Hilf-Bild nach dem Innsbrucker Gnadenbild des *Lukas Cranach*. Die Seitenaltäre Volutenpilasteraufbauten mit nazarenischen Altarblättern, links mit Seitenfiguren der hll. Florian und Sebastian, im Tabernakel das Prager Jesuskind, zu dem 1650–1750 Wallfahrer pilgerten (nach Diebstahl durch ein anderes altes Exemplar aus Privatbesitz ersetzt). Rechter Seitenaltar mit Figuren der hll. Barbara und Apollonia. – Kanzel mit Relief des Guten Hirten an der Rückwand. – Großer Taufstein aus Granit mit Reliefs der Zwölf Apostel in genaster Bogenreihe, Mitte 13. Jh. Die Figuren mit großen, archaisch-strengen Köpfen und in der Gestik differenziert. – Kruzifixus mit Schmerzhafter Muttergottes, Rokoko.

CHAMEREGG Stadt Cham. *Karte 10*

Burgruine. 1352 als Besitz der Chamerauer angeführt, im 15. Jh. von den Pollingern übernommen. – Renoviert 1965/66. Ausgrabungen im Zuge der Sicherung bzw. Sanierung 1988/89 machten die Gesamtanlage mit Bering nachvollziehbar. Von der Anlage des 12. Jh. erhalten der sog. Ödenturm mit dem Westabschnitt einer vier Geschosse hohen Umfassungsmauer, bis zu drei Meter dickes Mauerwerk, das außen mit Buckelquadern aus Granit verblendet ist.

CHAMMÜNSTER Stadt Cham. *Karte 10*

★ **Kath. Pfarrkirche Mariä Himmelfahrt.** Um 740 schenkte Bayernherzog Odilo der Regensburger Benediktinerabtei St. Emmeram zur Gründung eines Rodungs- und Missionsklosters ein Gebiet im Nordwald. 819 als „cella apud Chambe" angeführt. Als die Cella 975 unmittelbar dem Bischof unterstellt wurde und deshalb die Mönche nach Regensburg zurückkehren mußten, wurde sie die Urpfarrei des mittleren Böhmerwaldes. 1260 vom Regensburger Domkapitel inkorporiert. Im Spätmittelalter wurde der Pfarrsitz nach Cham verlegt. – Ein romanischer Vorgängerbau wohl nach Zerstörung 1266 durch den böhmischen König Ottokar II. ersetzt durch eine frühgotische Anlage mit zwei Chorflankentürmen. Anfang 15. Jh. Beginn des spätgotischen Neubaus unter Beibehaltung der Chorumfassungsmauern und der Türme, nach Inschrift eines Glasgemäldefragments dürfte der Bau 1476 schon vollendet gewesen sein. Südturm 1874–77 erneuert. 1912 umfangreiche Freilegungen an der Raumschale. Renovierung innen 1972, außen 1986.

Baubeschreibung

Dreischiffige Pseudobasilika; die Hochschiffenster führen in die Dachstühle der Seitenschiffe. Der mittelschiffsbreite Chor mit $^5/_8$-Schluß von Türmen mit Zeltdächern und gekuppelten, spitzbogigen Schallöffnungen flankiert.

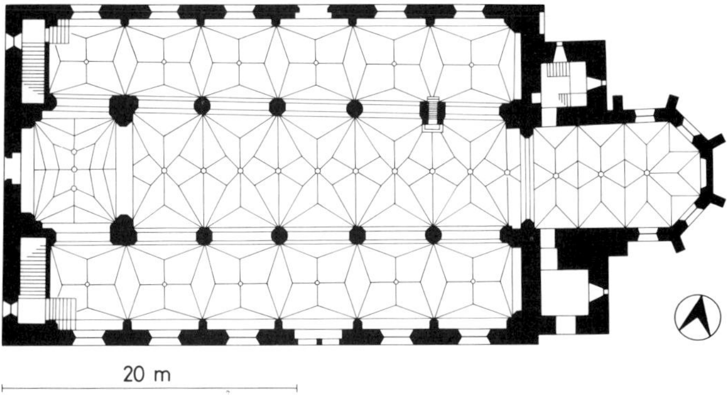

Chammünster, Pfarrkirche Mariä Himmelfahrt

Außenbau. – Verputzter Bruchsteinbau mit Kantenquaderung, im frühgotischen Teil sorgfältiger geschichtet. Der Chor durch gestufte Strebepfeiler mit herumgekröpftem Kaffgesims und zweibahnige Maßwerkfenster gegliedert, das dreibahnige Chorscheitelfenster zugesetzt; in der Ausformung der Baudetails stilistische Nähe zur ▷ Regensburger Dominikanerkirche. Die separat überdachten Seitenschiffe gliedern kurze, dreibahnige Maßwerkfenster und rechteckige Blendnischen zur Aufnahme von Grabplatten. Drei Spitzbogenportale, das nördliche und westliche mit überkreuzten Stäben im Gewände; das südliche mit schulterbogig gerahmter Doppelöffnung, im Tympanon Fresko mit Marientod, nach 1460.

Inneres. – Die Schiffe verbinden sechs Paare kräftiger, mit beiderseitigen Hohlkehlen profilierter Spitzbogenarkaden. Sie ruhen auf runden bzw. oktogonalen Granitpfeilern, die im diagonalen Wechsel korrespondieren, oktogonale Sockel und entsprechende, profilierte Kämpfer. Das struktive Architekturgerüst verhältnismäßig sparsam ausgeführt: in allen Raumteilen Netzgewölbe mit dünnen, ausgekehlten Rippen, im Langhaus sternförmig figuriert. Sie münden in halbrunde Dienste, deren Aufsatzpunkte an den Pfeilerkämpfern bzw. Wandpfeilerkonsolen durch Dreiecksschildchen betont sind. Einfache runde Schlußsteine, z.T. mit Wappenschilden, an den Schnittpunkten der Rippen in den Seitenschiffen Dreiecksschildchen. Südlich neben dem mehrfach profilierten Chorbogen Ansatz seines niedrigeren Vorläufers oder eines geplanten Gewölbes. Die Westempore, zu der beiderseits Steintreppen führen, unterwölbt.

Glasfenster. – Von der urspr. Farbverglasung spärliche Reste erhalten, u.a. der Auferstandene mit zwei Engeln im Maßwerk des südwestlichen Seitenschiffensters, im gegenüberliegenden Fenster Frag-

ment mit Inschrift, dat. 1476. Die Bildfenster im Chorscheitel 1904 von der Firma *Schneider*, Regensburg, im Maßwerk originale Reste. Fresken der Erbauungszeit, 1912 freigelegt: an der nördlichen Hochwand Legende der Drei Lebenden und der Drei Toten, östlich daneben Wappen der Chamerauer und Göttlinger, weiter westlich eine Schutzmantelmadonna.
Ausstattung. – Hochaltar 2. Hälfte 18. Jh., weitausgreifender Aufbau mit vier Pfeilern und reichem Rocailledekor. Über den seitlichen Durchlässen überlebensgroße Figuren der hll. Petrus und Paulus, im Mittelfeld Figurengruppe: von Engeln begleitete Muttergottes im Strahlenkranz, darüber Hl. Geist-Taube und Gottvater mit Weltkugel. Rechter Seitenaltar mit konkavem, geschlossenem Rokoko-Aufbau, ehem. Hochaltar der Wallfahrtskapelle auf dem Lamberg. Altarblatt, Einkleidung der hl. Walburga, flankiert von Figuren der hll. Leonhard und Wendelin. Der linke Seitenaltar ist eine neubarocke Nachbildung des rechten, mit Altarblatt hl. Michael, dat. 1939, und barocken Figuren der hll. Katharina und Barbara. – Zwei runde romanische Taufbecken aus Granit, eines im Emporenjoch wohl um 1200, mit abgewetzten Halbfigurenreliefs Christi und der Apostel zwischen einzelnen Blättern, das andere Taufbecken im südlichen Seitenschiff, 13. Jh., mit Blendarkaden und z. T. vegetabilen Zwickelfüllungen. – Bemerkenswert die an den nordöstlichen Pfeiler gebaute Sandsteinkanzel des 15. Jh., ihr rechteckiger Korpus mit Maßwerkblenden verziert. Eine weitere Besonderheit ist der gegenüberliegende Pfeilersockel mit eingebauter Steinbank.

Grabdenkmäler

Chammünster war seit alters Begräbnisstätte der Chamer Bürger, der Beamten der dortigen Verwaltung, des Klerus und des Adels des Umlandes. Im Inneren und an den Außenwänden der Kirche noch etwa hundert Grabplatten, Epitaphien und Totenschilde erhalten, davon hervorzuheben: Granitplatte mit gotischer Majuskelinschrift für Reicherus de Lengau, wohl 14. Jh. – Im Boden des südlichen Seitenschiffs mehrere spätgotische Granitplatten mit flachen Kreuzreliefs, 14. und 15. Jh. – An der Südinnenwand neun Grabsteine für Angehörige des Adelsgeschlechts der Poyßl von Loifling, die im Wappen ein achtendiges Hirschgeweih führten. – Große Rotmarmorgrabplatte für Nikolaus Panholz († 1428) mit von grotesken Tieren umgebenem Wappenschild, bedeutende Arbeit des Regensburger Dombaumeisters *Andres Engel.* – Granitgrabplatte für den bayerischen Geschichtsschreiber und Chamer Predigers Hans Kraft († 1495). – Westlich des Südportals Quarzgrabplatte für den kurpfälzischen Pfleger Peter von Gernetz († 1596). – Kalksteinepitaph für den Dekan Oswald Rulan († 1578), den ersten lutherischen Pfarrer in Cham. -- Am nördlichen Emporenaufgang Epitaph aus Solnhofner Kalkstein für den gelehrten Chamer Stadtphysikus Doktor Johannes Salmonsperger († 1653). –

Totenschild für den Chamer Pfleger und Rechtsgelehrten Hilarius Rulandt († 1591). – An den Außenwänden der Kirche, östlich des Südportals, figürliches Rotmarmorepitaph für Otto von Gleißenthal zu Zandt und Schacherdorf († 1581) mit dem Hochrelief des Verstorbenen in einer Plattenrüstung, mit Halskrause und Ehrenkette. – Wappenepitaph für Ulrich Poyßl von Loifling, wohl letztes Viertel 15. Jh. – Rechts daneben Epitaph aus Solnhofer Kalkstein für Johann Michael Poyßl von Loifling, gestorben 1700 im Alter von 103 Jahren.

St.-Anna-Kapelle. Südwestlich des Münsters 1367–93 durch die Ritter von Chamerau als Grabeskapelle erbaut. 1505 ein eigenes Benefizium bezeugt. Langhaus im 18. Jh. geändert. Urspr. Fenster und Eingangssituation bei der Außenrenovierung von 1964 bestimmt. Seit der Renovierung von 1987–89 als Stationskirche und Museum für sakrale Kunst genutzt. – Verputzter Bruchsteinbau mit Kantenquaderung, am Chor zweibahnige Maßwerkfenster, ein weiteres, kleines Spitzbogenfenster an der Langhaussüdwand kürzlich freigelegt. An der Nordseite gotische, profilierte Spitzbogenrahmung mit schulterbogigem Eingang, im Tympanon Wappenrelief der Chamerauer, ebenfalls gotisch das rundbogige Westportal. – Eingezogener Chor mit 5/8-Schluß; Kappengewölbe mit ausgekehlten Rippen über Spitzkonsolen, die nordwestliche mit Wappenrelief der Chamerauer. Schiff mit Flachdecke. – Auf der Chornordseite tonnengewölbte Sakristei mit östlichem Schlitzfenster und gotischem Ausgußstein in der Nordwestecke. – Von der gotischen Ausmalung freigelegt nur ein Apostelkreuz an der rechten Schiffswand.

Karner. An der Nordostecke des mit Schmiedeeisenkreuzen aus dem 18./19. Jh. ausgestatteten Friedhofs das 1965 errichtete Leichenhaus. Darunter das Untergeschoß eines romanischen Karners. Die zweijochige, der hl. Katharina geweihte Oberkirche mit Johannes-Benefizium um 1600 von den Kalvinisten zerstört, verschiedene, skulptierte Architekturfragmente des mittleren 13. Jh. heute in der St. Anna-Kapelle ausgestellt. Das Beinhaus wurde 1885–1903 freigelegt, die zahlreichen Knochen und etwa 5000 Schädel sortiert. – Annähernd rechteckiger Raum mit Tonnengewölbe, an seiner Ostseite schmaler, ebenfalls tonnengewölbter Querraum, wohl urspr. ein Durchgang, der später zugemauert wurde. An der Westseite, die quaderartig geschichtetes Mauerwerk zeigt, rundbogige Eingangs- und Fensteröffnung.

„Biendl-Haus“ (Pfarrer-Biendl-Straße 1). Erbaut Ende 17. Jh. unter Einbeziehung spätgotischer Bausubstanz im Erdgeschoß. 1983–87 gründliche Instandsetzung auf Grundlage einer Befunduntersuchung. – Zweigeschossiger Satteldachbau mit egerländisch beeinflußtem Fachwerkgiebel. Im Innern zwei Rauchkuchln.

D

DARSHOFEN Stadt Parsberg, Kr. *Karte 8*

Kath. Pfarrkirche Allerheiligen. Der Saalbau 1724 errichtet, renoviert 1975/76. Über dem eingezogenen, rechteckigen Chorturm mit Achteckaufsatz und eingeschnürter Glockenhaube. Im Chor Kreuzgratgewölbe, im Schiff durch Gurte unterteilte Stichkappentonne über Pilastergliederung. Geschwungene Westempore über zwei Holzsäulen. Bandelwerkstuck mit Gitter- und Rankenwerk sowie spärliche Dekkenmalereien der Bauzeit. – Ausstattung. – Altäre aus der Bauzeit. Viersäuliger Hochaltar, Seitenfiguren der Apostelfürsten. Seitenaltäre, konkave Aufbauten mit gestaffelten Pilasterstellungen, der linke Seitenaltar mit Gruppe der Pietà, nach 1450, der rechte mit volkstümlicher Figur des hl. Wendelin. – Kanzel Mitte 18. Jh.

DARSTEIN Gem. Waffenbrunn, Kr. Cham. *Karte 10*

Kath. Kirche St. Johannes Bapt. Auf dem Darstein, der einst die Burg der um 1300 bezeugten Donnersteiner – im 15. Jh. gefürchtete Raubritter – trug. Wenige Mauerreste südlich der Kirche. – Die Kirche im 17. Jh. errichtet, im 18. Jh. erneuert. Außeninstandsetzung 1967. – Rundgeschlossener, flachgedeckter Saalbau, Südturm mit Achteckaufsatz und verschindelter, eingezogener Zwiebelhaube. – Altar 2. Hälfte 17. Jh., schwarz-gold gefaßter Aufbau mit zwei rotmarmorierten Säulen und Knorpelwerk. – Im Fußboden der schwarze „Donarstein".

DECHANTSEES Gem. Pullenreuth, Kr. Tirschenreuth. *Karte 2*

Sog. Klausenkirche zum Hl. Kreuz, 1720 in freier Landschaft von dem Kemnather Maurermeister *Mathias Weber* erbaut. Außeninstandsetzung 1978–80. – Grund- und Aufrißgestaltung im Zeichen des Patroziniums: dreiseitig geschlossener, flachgedeckter Saalbau mit Querhaus; Dachreiter über dem Chor. – Wertvolle Ausstattung geraubt.

Ehem. Landsassengut, im 17. Jh. im Besitz der Ramskopf, dann des Klosters Waldsassen (1768 Landsassenrechte). – Langgestreckter zweigeschossiger Bau mit kräftigem Traufgesims und Holzlauben auf der Außenseite. Nördlich vorspringender, erhöhter Mittelteil, durch Mansarddach hervorgehoben. Über dem Portal Wappenstein des Klosters Waldsassen, dat. 1796. Ausgedehnte Ökonomiegebäude und Stallungen in Massivbauweise, wohl 17. Jh.

DEINDORF Markt Wernberg-Köblitz, Kr. Schwandorf. *Karte 5*

Kath. Filialkirche St. Leonhard. Seitlich der Straße in Ortsmitte zwischen Bauernhäusern 1715 ff. errichtet. Kurzes, zweiachsiges Langhaus mit abgewalmtem Dach und ein Joch tiefem, nach Norden gerichtetem Chor mit dreiseitigem Schluß. Auf der Ostseite Turm mit Zwiebelhaube, flache Bänder- und Lisenengliederung. – Innen Pilastergliederung, korbbogiges Stichkappen-Tonnengewölbe mit Rahmenstuck, hölzerne Doppelempore mit Stuckfelderung. – Einheitliche Ausstattung der Erbauungszeit. Hochaltar, Aufbau mit vier schräg gestellten Säulen und reich verkröpftem Gebälk, im Auszug gedrehte Säulen, von Blumen- und Blattgirlanden umwickelt, seitlich Engel und Figuren der hll. Florian und Rochus. Von der gleichen Werkstatt die beiden Seitenaltäre.

DEINING Kr. Neumarkt i.d. Oberpfalz. *Karte 7*

Deining, eines der ältesten Landsassengüter der Oberpfalz, ging durch den ersten regionalen Kartoffelanbau 1724 und die Schlacht zwischen Österreichern und Franzosen 1796 in die Geschichte ein.

Kath. Pfarrkirche St. Willibald. Ein Vorgängerbau wurde Ende 12. Jh. geweiht. 1733 Neubau über den alten Grundmauern durch *Georg Diller,* Amberg. 1930/40 um rundgeschlossenen Altarraum mit querschiffartigen Seitenkapellen nach Osten erweitert. Äußeres 1981, Inneres 1983/84 renoviert. – Westturm mit an den Ecken abgeschrägtem Aufsatz und achtseitigem Spitzhelm über Dreiecksgiebeln. – Im Langhaus Flachdecke über Hohlkehle; Laub- und Bandelwerkstukkaturen der Bauzeit; großflächige neubarocke Deckenfresken, sign. „*Johann* und *Ulrich Preindl*, Sigenhofen." – Ausstattung. – Hochaltar aus St. Zeno in Bad Reichenhall, 1962 über Coburg erworben. Säulenretabel von 1700, mit modernen Seitenfiguren. Bemerkenswertes Altarblatt, Anbetung der Hirten, nach einem Stich nach *Peter Paul Rubens* (zur Zeit in Restaurierung). – Seitenaltäre, zweisäulige Rokoko-Aufbauten, vor kurzem aufgestellt. – Epitaphien der Freiherrn von Löwenthal, und zwar für Karl Joseph Andreas auf Deining und Leutenbach († 1772) sowie für Johann Andreas Felix († 1745) und seine Gemahlin Maria Theresia († 1763).

Ehem. Schloß. (Schloßstraße 1). 1345 wird Hartung Schweppermann als Eigentümer genannt, 1692 Übergang an die Freiherrn von Löwenthal, nach 1844 an die Freiherrn von Gumppenberg-Oberbrennberg und die Freiherrn von Guttenberg. – Der zweigeschossige Bau mit gestuftem Walmdach im 17. Jh. wohl unter Einbeziehung älterer Bausubstanz errichtet; instandgesetzt 1985. An der Ostfront Säulenportal mit Sprenggiebel, nördlicher Eckturm mit Achteckaufsatz und Zeltdach. Umfassungsmauer mit Toreinfahrt und Wappen, 17. Jh.

DEINSCHWANG Markt Lauterhofen, Kr. Neumarkt. *Karte 7*

Kath. Pfarrkirche St. Martin. Gotische Chorturmanlage um 1400, Langhaus im 17. Jh. verändert. Innenrenovierung 1980–83. – Im Ostturm mit niedrigem, achtseitigem Spitzhelm der eingezogene, quadratische Chor und Kreuzgratgewölbe. In dem durch flache Wandpfeiler gegliederten Schiff Tonnengewölbe mit fast zusammentreffenden Stichkappen. – Ausstattung. – Hochaltar und Kanzel in reichen Rokokoformen, Mitte 18. Jh., Altarblatt nazarenisch. Seitenaltäre mit kannelierten Säulen und Akanthusranken, der linke mit bemerkenswerter Figur der Mondsichelmadonna in Mittelnische, gegen Mitte 16. Jh., seitlich die hll. Rochus und Sebastian. – An der Ostwand spätgotisches Sakramentshäuschen, beschädigt. – Beichtstuhl in der rechten Langhauswand, mit Rankenwerk und Figur des hl. Wolfgang geschmückt, Ende 17. Jh. – An der Rückwand Figuren der hll. Martin, Michael und Georg, nach Mitte 17. Jh., mit sehr detailliert gearbeiteten Attributen. – An den Langhauswänden Figurenfolge der Zwölf Apostel, 18. Jh. – An der rechten Chorwand Grabplatte des kurfürstlichen Forstmeisters zu Pfaffenhofen und Deinschwang, Georg Adam Kandler († 1722).

Kath. Kapelle St. Willibald, Wunibald und Walburga (Freibergkapelle). 1712 südlich des Ortes durch Forstmeister Kandler erbaut und mit Linden umgeben, 1984 innen renoviert. – Flachgedeckter Rechteckbau. – Zweisäuliger Altar der Bauzeit mit Seitenfiguren der hll. Willibald und Walburga; im Mittelfeld Nachbildung des Altöttinger Gnadenbildes, darüber die Hl. Dreifaltigkeit.

Ehem. Schloß. Geschenk Kaiser Ludwigs des Bayern an Seyfried Schweppermann, der hier gestorben sein soll. Von 1356 an häufiger Besitzerwechsel. Im Landshuter Erbfolgekrieg wurde das Schloß niedergebrannt. 1527 ließ es Pfalzgraf Friedrich als Jagdschloß wiederaufbauen. Nach dem Dreißigjährigen Krieg Nutzung als Forstamt, dann als Bauernhof. – Stattlicher zweigeschossiger Walmdachbau, modern ausgebaut.

DEGERNDORF Markt Lupburg, Kr. Neumarkt. *Karte 8*

Kath. Filialkirche Mariä Himmelfahrt. Anlage des 14. Jh., nach Brand im Dreißigjährigen Krieg erst 1737 wieder aufgebaut. Außen 1975, innen 1984 renoviert. – Im quadratischen Chorturm mit Zeltdach der wenig eingezogene kreuzgratgewölbte Chor; spitzer Chorbogen. Im Schiff Flachdecke über Hohlkehle, Wände durch Pilaster gegliedert. Deckengemälde gegen Mitte 18. Jh., Übermalungen 1954 weitgehend beseitigt: im Chor die Kirchenväter, im Schiff großes Bild mit Himmelfahrt und Krönung Mariens und kartuschenförmige Medaillons mariologischer Thematik, von Rocailleornamentik umgeben.
Ländlich-heitere Ausstattung Mitte 18. Jh. – Viersäuliger Hochaltar mit Muttergottes um 1500, unter Baldachin. Seitenfiguren der hll. Joachim und Anna. Die Seitenaltäre mit nazarenischen Altarblättern und Figuren der hll. Notburga bzw. Florian; wohl ebenfalls von den Altären stammen die Muttergottes und der hl. Joseph am Chorbogen.

DEMLING Gem. Bach a.d. Donau, Kr. Regensburg. *Karte 14*

Kath. Filialkirche St. Andreas. Schlichte flachgedeckte Saalkirche in barocker Friedhofsummauerung. Eingezogener, halbrund geschlossener Chor, im Westen Dachreiter mit Zeltdach. – Hochaltar in historistischen Formen, klassizistische Seitenaltäre, Rokokokanzel. – Spätgotische Holzfiguren: Muttergottes um 1500, eine weitere Maria mit lebhaft agierendem Kind, Anfang 16. Jh.; Hochrelief des hl. Andreas, um 1500. Kruzifixus des 17. Jh.

DENGLING Gem. Mötzing, Kr. Regensburg. *Karte 14*

Kath. Filialkirche Unserer Lieben Frau und St. Markus. Das romanische Langhaus im 18. Jh. nach Westen verlängert, Chor mit 5/8-Schluß. Auf der Nordseite Turm mit Spitzhelm über Dreiecksgiebeln. Gotische Spitzbogenfenster. – Im Chor Sterngewölbe auf profilierten Konsolen, Tellerschlußstein. – Im Langhaus Deckenbilder der 2. Hälfte 18. Jh., stark restauriert: Gottvater mit Lamm Gottes, Maria Immaculata und hl. Franz Xaver; in der Hohlkehle Grisaillebilder der Religio, der Vier Evangelisten, der hll. Maria Magdalena und Petrus. – Im Chor Glasgemälde von 1891. – Neugotischer Hochaltar um 1860. Seitenaltäre in früklassizistischen Formen um 1800, mit Nischenfiguren der Muttergottes und des hl. Leonhard. Kanzel um 1800 mit Relief des Sämanns und der Evangelisten. – An der Chornordwand Sakramentsnische aus Sandstein, 15. Jh., mit Wimperg.

DEUERLING Kr. Regensburg. *Karte 13.*

Kath. Pfarrkirche St. Martin, auf nach Norden zum Laabertal steil abfallendem Felsen.. – Im 17. Jh. unter Verwendung des gotischen Chores erneuert. Ostturm von 1717/18, Verlängerungen nach Westen 1723/24, 1842. – Saalbau mit eingezogenem, rechteckigem Chor, an dessen Stirnwand Turm mit Oktogonaufsatz und Zwiebelhaube. – Chor mit Kreuzgewölbe zwischen Gewölbestreifen, Langhaus flachgedeckt über stuckgerahmter Hohlkehle, geschweifte Westempore mit Rahmenstuck.

Altäre um 1720. – Hochaltar viersäulig, mit seitlichem, von Rosen durchwirktem Laub- und Bandelschnitzwerk; an den Chorwänden zwei Halbfiguren Heiliger, Rokoko, urspr. am Hochaltar. – Seitenaltäre, Säulenretabel, der nördliche mit Figur der Muttergottes. – Taufstein aus rotem Adneter Marmor, dat. 1499. Mit polygonaler Kupa über breitem, kelchförmigem Fuß den sog. Adneter Typus vertretend. – Kanzel um 1730, mit Gitterwerk und Tafelbildern der Evangelisten, als Bekrönung Salvator Mundi. – An der Langhausnordwand Holzfigur eines Heiligen mit birettartiger Kopfbedeckung, Ende 15. Jh., zahlreiche Heiligenfiguren des 18. Jh., u.a. ein lebhaft bewegter hl. Florian des frühen 18. Jh.

Weiter südlich der Pfarrhof, ein barocker Walmdachbau mit Wappentafel des Klosters Prüfening, dat. 1502, an der nördlichen Längsfront.

DEUSMAUER Stadt Velburg, Kr. Neumarkt. *Karte 8*

Kath. Pfarrkirche St. Maria und Margareta. 1710–12 wohl unter Verwendung gotischer Chormauerreste von *Martin Puchtler* erbaut, Weihe 1720. Außenrenovierung 1988/89. – Nordturm mit Oktogonaufsatz und glockenförmiger Haube. – Im Chor Tonnengewölbe mit Stichkappen, Langhaus flachgedeckt mit Fresken des 19. Jh.

★ Prächtige Ausstattung. Der Hochaltar ist ein Meisterwerk von *Johann Michael Schaller* 1733, Fassung von *Christian Böhm*, Neumarkt. Aufbau mit zwei korinthisierenden Säulen bzw. Pilastern und herzförmigem Altarblatt, Apotheose der hl. Margareta, von *Johann Gebhard* aus Prüfening, umgeben von Akanthusrankenwerk, das Wolkenbänken bzw. Blütenkelchen entwachsende Halbfiguren der Vierzehn Nothelfer und des Christkindes trägt. Seitenfiguren die hll. Franz Xaver und Johannes von Nepomuk. – Seitenaltäre um 1700, mit zwei Säulen und seitlichen Akanthusranken- bzw. Blütenbändern. Links mit Figur der Mondsichelmadonna (Ende 15. Jh.) und Seitenfigur des hl. Michael, rechts Seitenfigur des hl. Wendelin. – Kanzel um 1700, mit Figuren der Evangelisten zwischen gewundenen Säulchen. – An der Langhausnordwand Barockfigur der hl. Margareta.

DIESENBACH Markt Regenstauf, Kr. Regensburg. *Karte 9*

★ **Kath. Pfarrkirche St. Johannes Ev.,** 1977–79 von dem Münchner Architekten *Alexander Freiherr von Branca* im „altrömischen Stil" erbaut, mit nordwestlich vorgelagertem „Atrium", bestehend aus Pfarrhaus und Pfarrzentrum. Die Kirche ist ein gestrecktes kompaktes Polygon mit Satteldach, an der Nordseite mit den flachgeneigten Dächern der niedrigen Pfarrgebäude zur ländlich geprägten Umgebung überleitend. – Im Innern mächtige, im Scheitel durch Lichtband aufgerissene Holzdecke, gestützt auf vier monumentale Holzstützen im Altarbereich. – Altar, Taufstein und Johannesbrunnen (1990) im Vorhof stammen von *Josef Mauermann*, Tabelnakel und Kruzifix von *Josef Hamberger*, der textile Altarbaldachin von *Hilda Sandner*, die Kreuzwegstationen in Hinterglasmalerei von *Erich Schickling*, das Auferstehungsbild von *Thomas Denny*.

DIESSFUHRT
Stadt Pressath, Kr. Neustadt a. d. Waldnaab. *Karte 5*

★ **Hammerschloß.** Ehem. zu einer der bedeutendsten Eisenhütten der Oberpfalz gehörend. Seit dem 14. Jh. nachweisbar; 1469–1549 im Besitz der Nürnberger Patrizier Kreß von Kressenstein, nacheinander dann an die Zedtwitz, Wild, Podewils und Haberland; 1760 an die Heldmann. – Restaurierung 1983.
Von Wasser und Mauerresten umgeben. Südlich vorgelagert ein Wirtschaftshof des 16. Jh. mit späteren Veränderungen. Ein im Kern gotischer Torturm an der Südwestseite, Reste der Befestigung.

Das Schloß aus „älterem“ und „neuem“ Teil. Spätgotischer Wohnturm über quadratischem Grundriß, dreigeschossig, der untere Teil mit Quadern verblendet, im oberen Teil Eckquaderung. Farbig gefaßter Sandsteinerker nach Süden mit Maßwerkblenden, bez. 1526. – Das gewölbte Erdgeschoß besitzt statt der Fenster Schießscharten. Spindeltreppe in die beiden oberen Geschosse. Spätgotische Raumschale noch großenteils intakt. – Rundturm als Teil der Schloßbefestigung erhalten, um 1800 als Kapelle eingerichtet. – Das „neue“ Schloß zweigeschossig, bez. 1544, mit Allianzwappen Kreß und Eyb. In der heutigen Form mit Mansarddach weitgehend intakt aus der Umbauphase des 18. Jh. erhalten.

DIETERSKIRCHEN Kr. Schwandorf. *Karte 10*

Kath. Pfarrkirche St. Ulrich. Neubau um 1741 durch den Amberger Baumeister *Josef Wolf* unter Einbeziehung gotischer Bauteile im Chor. 1755 Weihe. Renovierung 1983. – Außenbau mit Lisenen und Bändergliederung, Nordturm mit gedrückter Zwiebelhaube. – Dreiachsiger Saalraum mit Stichkappentonne über reich gegliederten, schmalen Wandpfeilern, Chor mit dreiseitigem Schluß. An der Ostseite des Langhausgewölbes Allianzwappen Perglas-Horneck. – Deckengemälde von *Johann Georg Merz* aus Neunburg v. W.: hl. Ulrich als Fürbitter über Darstellung der Schlacht auf dem Lechfeld, Abendmahl, Evangelisten. – Reiche Ausstattung um 1750–67. – Hauptaltar mit Darstellung des Kirchenheiligen, Ende 19. Jh., seitlich Figuren der hll. Johannes Bapt. und Joseph. Linker Seitenaltar mit Skulptur der Immaculata, 2. Hälfte 17. Jh. Rechter Seitenaltar mit barockem Altarblatt hl. Christophorus, sign. „1753 *J. G. Merz* pinxit“. – Kanzel mit Aufsatzfigur hl. Michael. – In der Nordkapelle Beichtstuhl des Frührokoko mit Laub- und Bandelwerk. – Zahlreiche Grabsteine und Gruft der Familie von Horneck, die auf dem nicht mehr erhaltenen Schloß in Dieterskirchen saßen, 18. Jh.

DIETFURT a.d. Altmühl

Kr. Neumarkt i.d. Oberpfalz. *Karte 12*

Die „Sieben-Täler-Stadt“ mit vorgeschichtlichen Besiedlungsspuren; Gräber der Hallstattzeit, auf dem nahen Wolfsberg ein 3 km langer keltischer Ringwall. Dietfurt hat im Mündungsbereich der Weißen Laaber und des Ludwig-Donau-Main-Kanals in die Altmühl die Funktion eines Verkehrsknotenpunktes. – Der 1109 erstmals erwähnte Markt, vielleicht eine Gründung der Grafen von Hirschberg, gelangte 1305 an die bayerischen Herzöge. 1304 „oppidum“, 1416 Stadt genannt. Durch Plünderungen im Dreißigjährigen Krieg und im Spanischen Erbfolgekrieg wurde die Stadt stark in Mitleidenschaft gezogen.

Stadtanlage

Über annähernd rundem Grundriß ist die Altstadt von einer Mittelachse durchzogen, die sich platzartig mit freistehendem Rathaus ausweitet. Häuser des 15.–18. Jh. wenden dem Platz in gestaffelter Anordnung ihre flachen, mitunter gestuften Giebel zu. Die Ackerbürgerhäuser auf der Südseite reichen mit ihren Wirtschaftsgrundstücken bis an die Stadtmauer. Der Kern der Siedlung ist in der nördlichen Hälfte um die Pfarrkirche herum anzunehmen. Wohl noch älter die „Untere Vorstadt" im Südosten, in der die Frauen- und die Friedhofskirche stehen. Das Herzstück der nordwestlichen „Oberen Vorstadt" jenseits der Weißen Laaber bildet das 1660 gegründete Franziskanerkloster.

Stadtbefestigung

Im Auftrag Herzog Albrechts von Bayern-München wurde die Altstadt 1444 mit drei, über Zäune verbundenen Torhäusern gesichert. In der Folgezeit Verstärkung durch einen großenteils von der entlangziehenden Weißen Laaber geschützten Mauerring, Wehr- und Stadttürme (1671). Erhalten haben sich Mauerreste an den rückwärtigen Häuserfronten und einige rechteckige Mauertürme mit Satteldächern, zwei davon mit Treppengiebeln.

★ **Kath. Stadtpfarrkirche St. Ägidius.** Die Kirche, von den umliegenden Häusern eng umringt, prägt mit ihrem hohen Turm das Ortsbild. – 1144 erste Erwähnung einer Kirche, 1540 eigene Pfarrei. – Der Turm geht auf einen Kirchenneubau um 1400 zurück, die Glockenstube 1590 aufgesetzt. 1734–36 in durchgreifendem Umbau erhöht und nach Westen verlängert, Bauleitung *Domenico Barbieri* nach Plänen des *Gabriel de Gabrieli.* Renovierung außen 1975, innen 1980/81. – Saalbau mit eingezogenem, dreiseitig geschlossenem Chor. An der Chornordseite hoher Turm mit Spitzhelm über Dreiecksgiebeln (1879 und 1975 neu eingedeckt). Die urspr. reich gegliederte Westfassade 1807 beträchtlich vereinfacht, über dem Portal das Eichstätter Bistumswappen, dat. 1734. An der Langhausnordseite spitzbogige Portalrahmung erhalten. An der Westwand der nördlichen Seitenkapelle Ölberg mit farbig gefaßten Schnitzfiguren, Anfang 16. Jh. – Im Turminnern teilweise verbautes Kreuzgewölbe mit ausgekehlten Rippen und Tellerschlußstein, Spitzbogenzugang über den Chor.

In Chor und Schiff Flachdecken über Vouten. – Maßvolle Stukkaturen wohl von dem Eichstätter *Franz Horneis* († 1749), am Chorbogen Wappen des Eichstätter Bischofs Franz Ludwig Schenk von Castell (1725–36). – Deckenfresken der Umbauphase – u.a. Christus als Krankenheiler, hl. Ägidius, Marienkrönung – 1863 von *Carl von Waibel* aus Elling renoviert und ergänzt, 1964 Übermalungen von 1884 abgenommen.

Ausstattung. – Die gesamte Ostwand einnehmender Hochaltar von *Johann Jakob Bochler* 1737, gefaßt 1739 von *Johann Anton Wild,*

Dietfurt

1 Stadtpfarrkirche St. Ägidius
2 Frauenkirche
3 Friedhofskirche St. Sebald
4 Franziskanerkloster
5 Rathaus

aus Dietfurt: Säulenretabel mit bemerkenswertem Altarblatt, hl. Ägidius, wohl von dem 1670 gestifteten Vorgängeraltar, 1754/55 geschaffene Seitenfiguren der hll. Willibald, Walburga, Florian und Wendelin, zwei Anbetungsengel von *Ignaz Günther*. – Seitenaltäre ebenfalls von *Bochler* entworfen, 1738 von dem Dietfurter Schreiner *Mathias Jäger* ausgeführt. Das linke Altarblatt Maria Immaculata, von *Hans Apel* aus Ingolstadt, das rechte von 1929. – In der Seitenkapelle: Sebastiansaltar von dem Dietfurter *Georg Reindl* 1751; Herz-Jesu-Altar in Rokokoformen, von *Hans Georg Waller* aus Parsberg, mit Gemälde von dem Eichstätter Hofmaler *Michael Franz* (sign.). – Über dem Öffnungsbogen zur Seitenkapelle Relief einer von Engeln flankierten Mondsichelmadonna, Ende 15. Jh. In der Nordwestecke stark überarbeitete Pietà, 2. Hälfte 15. Jh. – Neben dem rechten Seitenaltar Kalksteinrelief in farbiger Fassung: kniender Ordensgeistlicher vor Schmerzensmann und Arma Christi, dat. 1537, *Loy Hering* zugeschrieben.

Kath. Kirche Unserer Lieben Frau. Kirchenbau 1454, wohl als Gründung von Martin I. von Wildenstein, im 18. Jh. mehrmals umgestaltet: 1744 Erneuerung des Turms, 1748 Barockisierung, 1752 Neuweihe. Außen 1977/78, innen 1979 restauriert. – Saalbau mit eingezogenem Chor im $^{3}/_{8}$-Schluß und zweiseitigem Westabschluß. Chorscheitelturm mit oktogonalen Obergschossen, geschweifter Haube und Laterne. Am Chor beiderseits je ein gestufter Strebepfeiler. – Im Chor gotische Wanddienste erhalten, die im Chorhaupt bis zum Boden durchlaufen, Stichkappen-Tonnengewölbe; Deckenfresko: Maria hält Strafgericht Gottes von der Welt ab, Mitte 18. Jh. Im flachgedeckten Schiff drei Fenster in der urspr. Spitzbogenrahmung. – Ausgedehnte spätgotische Wandfresken unter Putz.

Ausstattung. – Kostbarer Hochaltar von der Premertshofener Bäuerin Anna Hyltnerin 1685 gestiftet. Vier gewundene Säulen mit Weinlaub umschließen die 1767 von *Hans Georg Waller* geschaffene Figurengruppe des Gnadenbilds: auf Wolken thronende Maria, das Kind, das mit Kreuz auf einer Weltkugel steht, umfassend. – Seitenaltäre von *Waller* und *Mathias Jäger* 1752. – Kanzel mit den vier Evangelistensymbolen, Ende 17. Jh. – Spätgotische Figuren der hll. Katharina und Margareta sowie die urspr. auf dem Opferstock befindliche kleine Muttergottesfigur (2. Hälfte 15. Jh.) verwahrt. – Epitaphien an der Rückwand, für den Dietfurter Pfarrherrn Johann Mercl († 1587), für den Benefiziaten Georg Perstl († 1615) und für Maria Salome von Thierheim († 1618). – An der linken Schiffswand aus der Pfarrkirche stammendes Holzepitaph für Johann Neuhauser († 1524) und seine Frau Barbara († 1534), mit Gemälde: der Mondsichelmadonna im Kreise Heiliger, seitlich kleine Gestalten der Familie des Verstorbenen.

Kath. Friedhofskirche St. Sebald. 1736 als Stiftung des Eutenhofener Pfarrherrn Sebald Forchhammer erbaut, 1752 geweiht; zuletzt um 1980 restauriert. – Flachgedeckter Saalbau mit eingezogenem, dreiseitig geschlossenem Chor, darüber großer Dachreiter mit Achteckaufsatz und Zwiebelhaube. Westliche Eingangsfront mit Schweifgiebel und Portal mit Stifterinschrift, dat. 1736; Putzlisenengliederung, – Zweisäuliger Hochaltar der Erbauungszeit mit Gemälde hl. Sebastian. – Am Chorbogen Kalksteinepitaph des Stifters († 1736).

Franziskanerklosterkirche St. Johannes Ev. Nach einer Stiftung des Dietfurter Bürgermeisters Johann Huebmer erfolgte 1660–67 der Bau von Kirche und Kloster durch den Ordensmaurermeister *Fr. Hugolin Partenhauser.* Seit 1715 Noviziatskloster der bayerischen Franziskaner. 1715–17 Anbau der Antoniuskapelle mit Gruft an die nordwestliche Längsseite der Kirche. 1766/67 Verlängerung der Kirche nach Westen. 1802 Säkularisation, 1827 Restauration. 1846 Errichtung des Klosterfriedhofs, 1873–75 neuromanische Umgestaltung des Kirchenraums. 1926 Neubau des Noviziatshauses im Garten. Kirchenrenovierung 1963/64, Innenrestaurierung 1982. – Saalbau mit eingezogenem, dreiseitig geschlossenem Chor, und analogem Westabschluß und sechsseitigem Dachreiter. Am Westabschluß drei rundbogige Zugänge. – Chor und höhergelegene Antoniuskapelle mit Stichkappentonne gewölbt. Im Schiff Flachdecke mit nazarenischen Deckenfresken von 1873–75 in Rahmenstuck: Szenen aus der Franziskus-, Klara- und Elisabeth-Legende; in der Antoniuskapelle Szenen aus dem Leben des hl. Franziskus. – Ausstattung. – Wuchtiger viersäuliger Hochaltar um 1700, Altarblatt, hl. Johannes unter dem Kreuz, 1963/64 von *Sebastian Heusinger,* München, über den seitlichen Durchgängen Figuren der Maria Immaculata, wohl 2. Hälfte 18. Jh., und des hl. Michael um 1700. – Zweisäulige Seitenaltäre aus Velburg, gegen 1700, mit Muschelnischen und seitlichen Akanthusranken, links bemerkenswerte spätgotische Figur der Muttergottes, Ende 15. Jh., rechts hl. Franziskus. – Rokoko-Kanzel, als Bekrönung hl. Michael. – An den Langhauswänden Bilder der Zwölf Apostel, vielleicht von dem Münchner *Dominikus Scheftlhuber* († 1728). – In der Seitenkapelle Rokoko-Altar mit Figuren des hl. Antonius und des Christus Salvator.

Franziskanerkloster. Die Klostergebäude schließen an die südöstliche Längsseite der Kirche um einen annähernd quadratischen Innenhof an, nordöstlich der ausgedehnte Klostergarten. Nach Südwesten folgen um einen dreieckigen Innenhof die ehem. Wirtschaftsgebäude und der 1715 errichtete, langgestreckte ehem. Noviziatstrakt entlang der Laaber. Der Nordwestrakt grenzt den Kirchenvorplatz ab, an dessen Nordwestecke ein weiteres Wirtschaftsgebäude des 18. Jh. steht.

Rathaus. Dendrochronologischen Untersuchungen zufolge um 1479 erbaut, spätere Veränderungen. 1970/71 Umbau. – Zweigeschossiger Bau mit Stufengiebel und Glockentürmchen an der Südostfront, mit Zinnengiebel an der Nordwestfront. Im Erdgeschoß jetzt offene Mittelpassage. Die urspr. durch alle Geschosse gehende Eichenholzkonstruktion ist teilweise noch sichtbar.

Beispiele für die lokale Bevorzugung des Treppen- bzw. Zinnengiebels sind die **Wohnhäuser** Hauptstraße Nr. 35 (im Kern um 1450) und Nr. 38 (16./17. Jh.).

DIETKIRCHEN Gem. Pilsach, Kr. Neumarkt. *Karte 7*

Die Legende leitet den Ortsnamen von einer Kirchengründung des Bajuwarenherzogs Theodo her.

Kath. Pfarrkirche St. Stephan. Umgeben von einem im 17. Jh. ummauerten, später terrassenförmig erweiterten Friedhof, ausschließlich mit zumeist barocken Schmiedeeisenkreuzen ausgestattet, die von dem Geistlichen Rat Johann Weis zusammengetragen wurden. – Romanische Anlage, mehrfach, vor allem im 18. Jh. umgestaltet. 1920/21 Anbau von Seitenkapellen durch *Friedrich Haindl*. Außen 1980, innen 1983 restauriert. – Turm mit Spitzhelm an der Chornordseite, ein Eckstein 1550 dat. Flachgedeckter Saalbau, eingezogener, dreiseitig geschlossener Chor mit Tonnengewölbe und kleinem gotischen Spitzbogenfenster in der Ostwand. – Ausstattung. – Der stattliche Hochaltar nach lokaler Tradition aus der Amberger Paulanerkirche. Säulen-Pilaster-Aufbau um 1730/40, mit Seitenfiguren der hll. Ivo und Frenzel (Hinweis auf die augustinische Provenienz) und mit nazarenischem Altarblatt von *Georg Lang* 1893. – Zweisäulige Seitenaltäre mit Rankenwerk um 1700 und weiteren Altarblättern von *Lang*; auf den Mensen historisierend gerahmte, detailfreudige Bilder von *Georg Ernstberger* bzw. *M. Eckerle*, 2. Hälfte 19. Jh. – Kanzelkorpus mit Figuren der Evangelisten zwischen Pilastern, um 1700. – Figuren: an der linken Chorwand Kruzifixus des 18. Jh., links vom Chorbogen Rosenkranzmadonna um 1700.

Friedhofskapelle St. Michael. Südlich der Kirche kleiner rundgeschlossener Barockbau mit Flachdecke, 1989 renoviert. Altar mit vier gedrehten Säulen, seitlichen Akanthusranken und Knorpelwerk, 2. Hälfte 17. Jh., in Mittelnische Figur des hl. Michael.

DIETLDORF Stadt Burglengenfeld, Kr. Schwandorf. *Karte 8*

Kath. Pfarrkirche St. Pankratius. Auf einer Anhöhe oberhalb von Ort und Schloß gelegene, im Kern mittelalterliche Chorturmkirche. Im Barock Neubau des Langhauses, am Portal bez. 1723. Turm mit Laternenkuppel von 1785. – Saalraum mit Spiegeldecke über Pilastergliederung; eingezogener Chor mit Kreuzgratgewölbe; zweigeschossige Westempore. – Hauptaltar, um 1720, mit Gemälde des Kirchenheiligen, seitlich Holzfiguren der hll. Johannes von Nepomuk und Franz Xaver. Seitenaltäre zeitgleich, der rechte mit Altarbild Martyrium des hl. Sebastian. – Kanzel um 1700.

★ **Schloß.** Bereits im Mittelalter bestand hier ein Hammerwerk mit Gut, das 1573 Hofmark wurde. Seit 1660 im Besitz der Freiherrn Tänzl von Tratzberg. Um 1700, laut Bauinschrift am Portal des Schloßhofes, ließ

Friedrich Eberhard Tänzl das Schloß von einem italienischen Architekten erbauen, angeblich nach dem Vorbild einer Veroneser Villa. Dank einer starken Familientradition ist der Bau mit seiner Ausstattung und dem Mobiliar des 18. Jh. einzigartig erhalten. – Annähernd quadratischer dreigeschossiger Rechteckbau am Ufer der Vils mit turmartig überhöhten, seitlichen Mittelrisaliten, breiterem Risalit mit gestaffelter Fenstergruppe an der Hauptfront im Osten, belvedereartigem Aufsatz und zwei parallelen Walmdächern. – Singulär für ein Landschloß dieser Zeit und dieser Region ist die Orientierung am italienischen Villentyp: durchgegliederter nüchtern-kubischer Baukörper mit klarer Innendisposition und sparsamem Dekor. Der Verzicht auf Stuckornament und Wandmalerei kennzeichnet diesen Landsitz gegenüber palastartig aufwendigen Bauten wie beispielsweise Schloß ▷ Schönach. – Im Innern durch breiten Mittelgang dreigeteilter Grundriß, darüber geschoßweise ein Fletz zur Erschließung der umgebenden Raumfolge. Segmentbogig gewölbte Erdgeschoßhalle, an ihrem Ende steile Treppenanlage als dreiläufige Podesttreppe durch alle Geschosse frei geführt, in Holz mit Balustergeländer. In der südwestlichen Ecke Hauskapelle, ein Rechteckraum mit großen Fenstern, an der Westseite kleiner Altar des ausgehenden Rokoko, das Gemälde mit Darstellung der Kreuzigung angeblich von *Gebhard* aus Prüfening. – Saal über dem Eingang in Breite des Risalits; Flachdecke mit strengem Rahmenstuck. Handbedruckte Tapete des 18. Jh. Hier hängen von Alters her die von *Georg Hämmerl* aus Kallmünz 1793-1802 gezeichneten Ansichten des Herzogtums Pfalz-Neuburg: Schlösser, Städte und Märkte, wertvolle Dokumente zur Topographie Bayerns, vergleichbar der älteren Stichfolge von *Wening*.

DINAU Markt Kallmünz, Kr. Regensburg. *Karte 8*

Kath. Filialkirche St. Stephan. Schlichter romanischer Bau mit eingezogener, halbkreisförmiger Apsis, kräftiger Zwiebeldachreiter. – Inneres flachgedeckt; der Mauerabsatz im oberen Wandbereich der Apsis läßt auf eine urspr. Wölbung schließen. Chorbogen auf profilierten Kämpfern. Langhausmauern auf der unteren Hälfte über Schräge sockelartig verbreitert. – Hauptaltar um 1700, Säulenretabel mit seitlichen Akanthusranken. Als Seitenaltäre kleine klassizistische Aufbauten. – Bemerkenswerte gotische Kanzel um 1500 mit polygonalem Korpus und vegetabil-ornamentalen Flachschnitzereien und Wappen.

DÖLLNITZ

Markt Leuchtenberg, Kr. Neustadt a. d. Waldnaab. *Karte 5*

Kath. Expositurkirche St. Jakob d. Ä. Seit 1363 eigene Pfarrei, 1671 Leuchtenberg zugeteilt, ab 1856 Expositur. 1927/28 unter Einbeziehung des gotischen ehem. Chorturms Kirchenneubau nach Plänen des Münchner Architekten *Georg Holzbauer*. Renovierung 1980. – Bau aus grobem Granitquaderwerk. An der Nordseite des eingezogenen, dreiseitig geschlossenen Chores quadratischer, bruchsteingemauerter Turm wehrhaften Charakters, mit Schlitzfenstern und Biforium, das oberste Geschoß aufgestockt und mit Helm und zwiebelbekrönter Laterne abgeschlossen. Im Erdgeschoß des Turms Kreuzgratgewölbe mit spärlichen spätgotischen Freskenfragmenten. Der gesamte Kirchenraum mit reicher Ausmalung in expressiv-abstrahierendem Duktus, bez. „*Glette* 1928", im Langhaus Holzdecke mit massiver Unterzugs- und Binderkonstruktion. Bildfenster im Chor nach Entwurf von *Karl Knappe*, ausgeführt von der Glasmalereianstalt *Franz Mayer*, München. – Ausstattung. – Barockaltäre mit späteren Veränderungen. Hochaltar, viersäuliges Retabel mit verkröpftem Gebälk, Altarblatt, hl. Jakobus d. Ä., 1910 von *Rudolf Penkert*, Reichenau.

DÖLLWANG

Gem. Deining, Kr. Neumarkt i.d. Oberpfalz. *Karte 7*

In der Umgebung des gegen 1200 urkundlich faßbaren ehem. Edelsitzes Döllwang keltische Grabhügel.

Kath. Pfarrkirche St. Alban. Frühgotischer Chorturm, das Schiff im 18. Jh. erneuert; Innenrestaurierung 1962. – Im Turm mit Zeltdach der eingezogene, kuppelig gewölbte Chor. Im Schiff Flachdecke über Vouten mit Bandelwerkstukkaturen um 1730. Deckenfresken wohl von *Walter Scheidemandel* um 1962 erneuert. – Ausstattung. – Hochaltar Anfang 18. Jh. mit zwei Aposteln als Seitenfiguren und Altarblatt hl. Alban (übergangen). – Seitenaltäre um 1700 mit gewundenen, laubumrankten Säulen und Engeln, neubarocke Altarblätter von *Scheidemandel* um 1960, links Seitenfiguren des hl. Joachim und der Anna Selbdritt, rechts die hll. Zacharias und Elisabeth. – An der Langhaussüdwand handwerklicher Kruzifixus mit Schmerzhafter Muttergottes, 1730 von Sebastian Bachmeier gestiftet.

DÖRFLING Gem. Michaelsneukirchen, Kreis Cham. *Karte 10*

Kath. Filialkirche St. Ägidius. 1752 errichtet; nach Brand 1929 instandgesetzt und Turm erneuert. Letzte Renovierung 1982/83. – Lisenengegliederter Putzbau; Westturm mit an den Ecken abgerundetem Obergeschoß, eingeschnürter Zwiebelhaube und geschlossener Laterne. Eingezogener, halbrund geschlossener Chor; die östlichen Langhausecken ausgerundet. Stichkappentonnengewölbe (Holz) mit Rahmenstuck; Pilastergliederung. Einheitliche Ausstattung des Rokoko. Viersäuliger Hochaltar und Seitenaltäre mit bewegten Figuren.
Von der Kirche führt ein unterirdischer Gang zu einem Einödhof.

DONAUSTAUF Kr. Regensburg. *Karte 14*

Ortsanlage

Donaustauf und die Walhalla sind Teil einer im 19. Jh. vollendeten, auf Regensburg, die bayerische Metropole des Mittelalters, bezogenen Denkmallandschaft: die Burgruine auf einem Granitkegel am Nordufer der Donau, dem Ort einer vorgeschichtlichen Befestigung; die Marktsiedlung am Flußübergang, an dem seit 1367 eine Brücke nachweisbar ist; die Pfarrkirche auf halber Höhe des Burgberges; gegenüber auf einem Felsenvorsprung des Bräuberges die mittelalterliche Wallfahrtskirche St. Salvator; auf der Kuppe des Höhenzuges die Walhalla, beherrschend über der weiten Ebene der Donau, eine klassizistische Tempelanlage, bildhaft in eine Kulturlandschaft gesetzt, die als Umgebung gewählt einen Teil des Künstlerentwurfes darstellt.

Kath. Pfarrkirche St. Michael. Chorturmkirche mit Friedhof, auf einer in den Fels getriebenen Terrasse des Burgbergs. Gedrungener, im Obergeschoß achteckiger gotischer Turm. Vermutlich Teil des 1388 zur Verteidigung der Burg abgebrochenen Vorgängerbaus. Im Turmuntergeschoß eingezogener quadratischer Chor, Kuppelwölbung um 1900. Langhaus zu vier Achsen mit Spiegeldecke, von 1724. Rechteckige Kapellenanbauten, zweigeschossige Westempore. – Deckenmalerei von *Josef Altheimer,* 1901 sign., Engelsturz und Heilige in Medaillons. – Ausstattung überwiegend erst gegen 1930 erworben und mit Ergänzungen aufgestellt: Hauptaltar, Choraltäre und Kanzel um 1730. In den Seitenkapellen Altäre um 1720. Altarblätter: hl. Bernhard, 18. Jh., Pietà von *Josef Altheimer* sign., frühes 20. Jh. – An den Langhauswänden Holzfiguren der hll. Johannes von Nepomuk, Albert d. Gr. und Michael als Seelenwäger. – An der Emporenbrüstung Ölbilder des frühen 18. Jh., querformatige Landschaftsdarstellungen mit Szenen der hll. Georg und Christophorus sowie eines Bischofs. – Im Leichenhaus Grabdenkmäler: Rotmarmorepitaphien mit lebensgroßem Flachrelief für Melchisedech Hohenauer, Pfarrer von Donaustauf († 1605), rechts für Georg Hundt, fürstl. Gerichts- und Mautgegenschreiber († 1600).

★ **Burgruine Donaustauf.** Unter Bischof Tuto (894–930) erste Erwähnung einer Burg. Die bestehende Anlage vermutlich um 1050, stilistische Verwandschaft der Torturmkapelle mit Regensburger Bauten aus der Zeit des Bischofs Reginward. – Die Burg, jahrhundertelang umkämpft, wechselte häufig den Besitzer. 1355 wurde sie durch den Bischof von Regensburg an Kaiser Karl IV. verpfändet, der sie 1373 an die Wittelsbacher abtrat. 1385 ging sie an die Freie Reichsstadt Regensburg, die eine Verstärkung der Befestigung vornahm, so daß sie 1388 – von 170 Mann verteidigt – der Belagerung durch Bayern standhielt. Erst 1488 wurde sie bayerisch. Herzog Maximilian I. ließ die Burg 1610 erneut befestigen und mit Bastionen ausbauen. Seit der

Plünderung und Schleifung durch die Schweden 1634 dem Verfall preisgegeben. Die Ruine kam 1812 an den Fürsten Thurn und Taxis, seit 1986 Eigentum der Gemeinde Donaustauf.
Auf einem nach Süden nah an die Donau heranreichenden Bergkegel günstig gelegen zur Überwachung des Verkehrs zu Wasser und Land. – Eine romanische Abschnittsburg, ungewöhnlich stark befestigt mit insgesamt fünf, übereinander in gerader Folge angelegten, Torbauten und Zwingern in der westlichen Berghälfte. Am höchsten Punkt im Süden steht über steilem Abhang die Hauptburg mit Palas und Torturmkapelle, von weither aus der Donauebene sichtbar. Den gesamten Berg umgibt eine romanische Ringmauer mit Zugang von Nordosten, dort bis 1634 ein Torbau. – Im äußeren Torhof von Süden nach Norden eine Lindenallee, im frühen 19. Jh. gepflanzt. Wildwüchsig belassen, hat die Burganlage heute den Charakter eines Naturparks und erschwert dadurch eine systematische Übersicht über den Verlauf von Zwingermauern, Gräben, Terrassierungen und Bastionen. – Das urspr. vierte Tor flankiert im Osten ein mächtiger Rundturm, etwa 9 m hoch mit nahezu 5 m starken doppelschaligen Mauern, Buckelquader mit grobem Randschlag. Nach Süden als Ausgleich des Geländeabfalls ein Sockel aus großen Granitquadern, (vgl. Römerturm in ▷ Regensburg). – Das fünfte Tor ist nordseitig in fein gefugtem Quaderwerk ausgeführt, wohl 12. Jh., modern aufgebaut. – Von dem dicht an den südlichen Steilhang gerückten Palas nur die Umfassungsmauern erhalten; die nordöstliche Ecke ragt in den äußeren Burghof hinein. Nach Norden schließt der Torturm zur Hauptburg an. Rechteckig, urspr. dreigeschossig mit Burgkapelle über dem Durchgang. Bruchsteinmauerwerk mit Eckquadern, an der Ostseite Rundbogenblenden auf kleinen Wandpfeilern. Erhalten sind von der Burgkapelle – ehedem eine dreischiffige Halle zu drei Jochen – die Nord- und Westmauer mit halbrunden Wandnischen und seitlich vorgestellten Stützen. Die Würfelkapitelle (größtenteils erneuert) stehen in der Nachfolge der Wolfgangskrypta und der Magdalenenkapelle von St. Emmeram in ▷ Regensburg, woraus eine Datierung um 1050 resultiert. Die zu Beginn des 20. Jh. noch vorhandenen Umrisse gemalter stehender Bischofsfiguren in den Wandnischen sind zugrundegegangen. – Im Winkel zwischen Torturm und Palas schließt ein rechteckiger, ehem. gewölbter Raum an, Biforienfenster aus dem 12. Jh.

Wallfahrtskirche St. Salvator. Der Legende nach um 1389 gegründet, am Ort der Auffindung eines aus der Sulzbacher Kirche geraubten Hostiengefäßes. Auf seinem Weinberg errichtete der Regensburger Bürger Thomas Sittauer zunächst eine Kapelle aus Holz, später, als sich die Wallfahrt entwickelte, eine Kirche aus Stein. Der Überlieferung nach vermachte Sittauer Kirche und Weinberg 1430 der Gemeinde Donaustauf. Chor und Langhaus wurden 1607 erneuert. 1743–45 ließ Pfarrer Georg Friedrich Weinzierl die Kirche wölben, mit Stuck und Malerei barockisieren und neu ausstatten. Zur Eröffnung der

Walhalla 1842 paßte *Leo von Klenze* den Außenbau dem Stil des Mittelalters an. 1972–77 Restaurierung der zuvor abbruchgefährdeten Kirche. Freilegung spätgotischer Wandmalerei.

Am Berganstieg, auf gewachsenen Felsen gegründete Saalkirche. Mit Westturm und quergelagerter Vorhalle auf enger Plattform situiert, aufragend über der zweiläufigen Rampentreppe. Verputzter Saalbau, Rundbogenlisenenrahmung auch um das achteckige Turmobergeschoß. Rundbogenfenster, Zinnenkranz über den seitlichen Vorhallenjochen. – Tonnengewölbe mit Stichkappen, nicht eingezogener Chor mit 3/8-Schluß. Westempore über toskanischen Säulen, dreijochig tonnenunterwölbt mit Stichkappen. Von der Empore Zugang zum Turm. Spätgotische Sakristei östlich im Anschluß an den Chor.

★ Bedeutende spätgotische Wandmalereien, an der Süd- und Westwand der urspr. flachgedeckten Kirche. Um 1400 von einem Paduaner oder Veroneser Meister; Rest eines umfangreichen, zweireihig angelegten Zyklus mit Szenen aus dem Leben Christi, teilweise nur Vorzeichnungen: Handwaschung des Pilatus, Geißelung Christi, Einzug in Jerusalem (?), dazugehöriger Apostelzug (?), Versammlung der Apostel, Darstellung im Tempel (?), Stifterbild (?); Deutungen bisweilen unsicher. – Das Gefühl für präzise dargestellte Räumlichkeit geht über alle Möglichkeiten der zeitgenössischen deutschen Malerei hinaus. In der Verfeinerung und Preziosität der Darstellung der Veroneser Malerei um *Jacopo da Verona* und *Stefano da Verona* nahestehend.

Deckenbilder, 1743–45, *Otto Gebhard* zugeschrieben. Im Scheitel der Tonne Jesus und der Hauptmann von Kapernaum, Brotvermehrung und Abendmahl. In den Stichkappen Wunder Jesu. – Ausstattung. – Hochaltar, 1745 von *Anton Neu*. Raumhaltiger Aufbau mit gesprengtem Giebel. Der Auszug, vom Retabel getrennt, an der Chorwölbung angebracht. – An den Seitenwänden in Stuckrahmung acht Tafelbilder des frühen 17 Jh.: Geschichte der Wallfahrt nach dem Bericht Aventins, mit Ansichten von Burg und Markt Donaustauf. – Bemerkenswerte Steinfigur der Muttergottes, um 1500.

★ **Walhalla.** Die Idee zur Stiftung eines Nationaldenkmals faßte Kronprinz Ludwig von Bayern 1807, im Jahr der Niederlage Preußens gegen Napoleon, in den Tagen von „Teutschlands tiefster Schmach". Geplant war ein Ehrentempel mit Bildnissen von „rühmlich ausgezeichneten Teutschen" zur „Erstarkung und Vermehrung Deutschen Sinnes". Büsten wurden zunächst bei dem Münchner Hofbildhauer *Joseph Heinrich Kirchmayer* in Auftrag gegeben, dann bei auswärtigen Künstlern, u.a. *Rudolph Schadow, Christian Daniel Rauch, Friedrich Tieck, Johann Heinrich von Dannecker* und *Peter Kauffmann*. Die Auswahl beriet bis 1809 der Schweizer Historiker Johannes von Müller. Auf ihn geht die Namensgebung zurück: Walhalla, gemäß altnordischer Mythologie Wohnort und Aufenthalt der Seligen. Die architektonische Planung und die Festlegung des landschaftlichen Umfeldes zog sich über zwanzig Jahre hin. Den endgültigen Entwurf eines deutschen

Nationaldenkmals entwickelte *Klenze* im Geist der Theorie Müllers über den Ursprung der Germanen. Aus Zentralasien eingewandert, sollen diese verschiedene Kulturen durchlaufen haben, vor allem die griechische und die römische. Ein Tempel im klassischen Baustil über der Donau ist demzufolge geeigneter Rahmen für ein Bildungsprogramm, das durch museale Betrachtung von Büsten Verwirklichung finden sollte.

Planungs- und Baugeschichte

Zunächst war *Karl von Fischer* beauftragt, von ihm 1809 zwei Entwürfe: Projekt I eine Verbindung des dorischen Tempels mit der römischen Pantheon-Rotunde, Projekt II eine Orientierung am Parthenon und am Poseidontempel in Paestum. Als Ort war u.a. der Englische Garten in München vorgesehen. Ab 1811 trat beratend der in Griechenland archäologisch tätige Bauinspektor *Haller von Hallerstein* hinzu; von ihm die Anregung zu einer Situierung des Tempels in einer weiten Landschaft. 1814 Ausschreibung eines öffentlichen Wettbewerbs. Gefordert war ein Peripteros mit zwei Nebenräumen, als Ziegelbau mit Marmorverkleidung, Beleuchtung von oben, Schmuckfußboden, Pforten aus Erz. 51 Entwürfe, darunter auch neugotische von *Schinkel* und *Daniel Ohlmüller*, gingen ein. Prämiert wurde ein Plan von *Fischer*. 1817 übernahm *Leo von Klenze* die Planung, zunächst noch mit einem Rundtempelentwurf, jedoch bereits in der Vorstellung „auf einem Donauberge nächst Regensburg" zu bauen. Erst 1821 sein Plan für einen Peripteros auf monumentalem Unterbau. 1826 entschied sich Ludwig I. für das Gelände im Besitz des Fürsten Thurn und Taxis bei Donaustauf. – Ab 1822 bereitete *Martin von Wagner*, Kunstagent des Kronprinzen, in Rom den Relieffries mit der Geschichte der Germanen vor. 1829 handelte *Klenze* mit dem Berliner Bildhauer *Rauch* die Gestaltung des Südgiebels und der Ruhmesgenien im Innern aus.

Grundsteinlegung 1830, am 17. Jahrestag der Völkerschlacht bei Leipzig, in der die verbündeten deutschen Staaten den Sieg über Napoleon errungen hatten. 1832 Auftrag für die Giebelfiguren an *Ludwig Schwanthaler*. 1835 wurde die geplante „Halle der Erwartung" aufgegeben. 1836 Änderung des Deckenkonzepts: statt einer Tonnenwölbung eine giebelförmige Binderkonstruktion in Schmiede- und Gußeisen. 1842 Eröffnung der Walhalla mit einer prozessionsartig über die Terrassen heraufgezogenen Festinszenierung. – Ab 1869 Eigentum des Deutschen Reiches. 1890 Errichtung der Statue Ludwig I. im Innern. Seit 1945 in Treuhandverwaltung des Freistaates Bayern. Gemäß Beschluß des Bayerischen Ministerrates zuletzt Büsten von Richard Strauß, C. M. von Weber und J. G. Mendel aufgestellt.

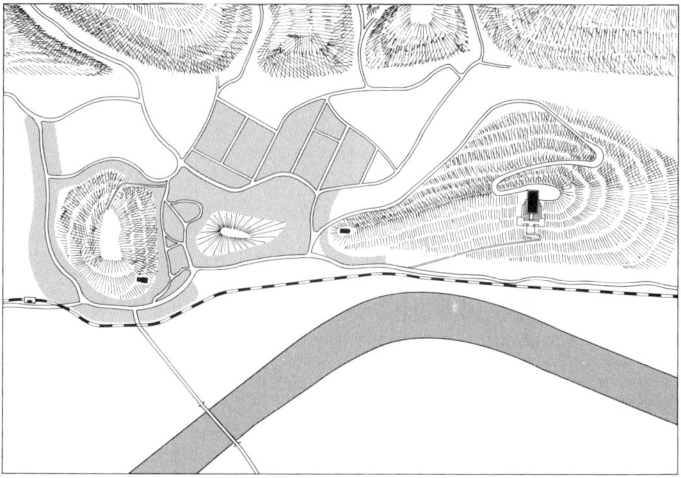

Donaustauf, Walhalla

Bedeutung

Die Walhalla steht als nationale Ruhmeshalle in der Nachfolge des Pariser Pantheon und der 1806 von Napoleon zum Ehrentempel für die französische Armee bestimmten Kirche St. Madeleine. Für klassizistische Ehrenhallen war die klassische Tempelform verbindlich, als Nationaldenkmal ergänzt durch einen architektonischen Unterbau (*Gillys* Denkmalprojekt für Friedrich den Großen). Für das Innere sind Antikenmuseum und Galeriesäle vorbildlich (Vatikan und Louvre). An der vor 1830 in München entstandenen Glyptothek konnte *Klenze* vor allem die Frage der Büstenpräsentation vorbereiten. Weitere Voraussetzungen für den Entwurf bilden *Klenzes* archäologische Studien zu Konstruktion, Farbgebung und Plastik des griechischen Tempels.

Beschreibung

Außenbau. – Gräzisierender dorischer Peripteros über dreistufigem Stylobat. Aus der Ebene gesehen eine Prospektarchitektur mit gewaltigem, gegen den Hang gesetztem Unterbau für eine über Rampen und Terrassen geführte Freitreppe à la Persepolis. Kunstvoll gefügtes, scharfkantig stereometrisches Mauerwerk. Im Aufbau bis zur Hauptterrasse „pelasgisch" (aus polygonalen Dolomitblöcken), darüber „zyklopisch" (ungleich hohe, hakenförmig zusammengesetzte Steinquader). An den Außenwänden des dorischen Oktastylos regelmäßige waagrechte Quaderung aus ungeschliffenem Eichstätter Marmor. – Monumentales Figurenprogramm in den Giebeln: Südgiebel, einer der ersten Bildhaueraufträge des Königs Ludwig I., ausgeführt von *Ludwig Schwanthaler* nach Modellen von *Rauch*, Kompositionsentwurf von *Martin von Wagner.* Allegorie der Siegesfeier und Errichtung des Deutschen Bundes nach den Napoleonischen Kriegen. Der thronenden Germania huldigen, als behelmte Krieger und Frauen dargestellt, die einzelnen Bundesstaaten und -festungen. In den Zwickeln Rhein und Mosel. Nordgiebel, entworfen und ausgeführt von *Schwanthaler,* Sieg der Germanen über die Römer, Hermann der Cherusker treibt Varus in die Flucht.

Inneres. – Zweigeschossiger Wandpfeilersaal aus drei Quadraten unter einem dreifach geöffneten Sparrendach. Im Mosaik des Fußbodens spiegelt sich die jochartige Gliederung des Raums mit Quergurten und einer Folge von Inschriften zur Baugeschichte. – Ein weihevoller Raum, hofartig – vornehmlich von oben – beleuchtet, für eine galerieartige Präsentation von Büsten. Marmorne Schmucksessel, Kandelaber mit Feuerschalen und Viktorien, im Obergeschoß Namenstafeln, erinnern an Grabkammern. – Wände und Schmuckfußboden mit kostbarer, polierter polychromer Marmorverkleidung. Kassettierte Bronzedecke, vergoldet mit himmelblauen Feldern und weißgoldenen Sternen. In gleichem Farbklang die Giebel. Buntfarbig gefaßte klassizistische Ornamentik. – Nach Norden sog. Opistodom, eine ionische Vorhalle mit dem einzigen Wandfenster im Raum. Darüber Empore, seitlich begehbare Galerien, die über Rechtecköffnungen mit dem Hauptraum verbunden sind. Umlaufender Figurenfries in Geschoßhöhe. Über den Wandpfeilern paarweise Karyatiden unter verkröpftem Gebälk als Auflage für die giebelförmigen Eisenbinder. Dachstuhl aus Schmiedeeisen, die Unterlagen liegen auf gußeisernen Rollen. – Ohne jegliche Malerei enthält der Raum vielfältige Bauplastik. Relieffries nach Modellen von *Martin von Wagner,* ausgeführt von den Bildhauern *Ferdinand Pettrich* und *Peter II. Schöpf.* Dargestellt ist die Frühgeschichte der Germanen, ihre Wanderung von den Ursitzen im Kaukasus nach Westen bis zur Annahme des Christentums. Über dem Eingangsportal links beginnend, Aufbruch des Volkes und Überquerung der Donau. An der Westseite das religiöse, häusliche und politische Leben der Germanen. Zug der Germanen über die Alpen; Sieg der Kimbern bei Noreia; gegenüber Erstürmung der römischen Lagerplätze am Rhein; Sieg der Westgoten bei Adrianopel 378 n. Chr.; Eroberung Roms durch Alarich 410 n. Chr.; an hervorragender Stelle über dem Opistodom die Christianisierung durch den hl. Bonifaz. – Der klassizistische, in den Innenraum verlegte Fries, illustriert von Müllers Theorie, derzufolge Urgeschichte, klassisches Altertum und germanische Tradition in einer Abfolge stehen. Nichtzuletzt hieraus legitimiert sich der Synkretismus der Architektur. Besonders deutlich in dem Motiv der Walküren, entworfen von *Klenze,* nach Gipsmodellen

Schwanthalers von seinen Schülern ausgeführt. Übergroße, der griechischen Architektur entlehnte Koren im Gewand altdeutscher Jungfrauen. Sie umstellen das Obergeschoß, das auf Marmortafeln mit goldenen Lettern Namen derjenigen Helden präsentiert, von denen kein Bildnis überliefert ist. – Die Senkgiebel der Dachbinder mit durchbrochener Stirnseite in Zinkguß. Figurengruppen nach Entwürfen von dem Maler *Wilhelm Lindenschmitt* aus Mainz, ausgeführt von Erzgießer *Stiglmayer* aus München. Dargestellt sind – der nordischen Mythologie zufolge – Schöpfung, Blütezeit und Untergang der Welt. Auf dem ersten Giebelfeld z.B. der Eisriese Ymir, aus dessen Schulter das erste Menschenpaar emporsteigt.
Ausstattung. – Sechs Viktorien aus Carraramarmor, von *Rauch* aus Berlin. Auf verkröpften Sockelbänken, zwischen gleichmäßig gereihten Büsten hervorgehoben, verkörpern sie den rasch und mutig erfochtenen, aber auch den ruhigen oder den schmerzhaft erreichten Sieg. – Eindrucksvoll die Galerie der Büsten, die das Porträt als Herrscher-, Philosophen-, Künstler- oder Gelehrtenbildnis vorführt. 96 Büsten waren zur Eröffnung 1842 aufgestellt, in chronologischer Anordnung. Mit Martin Luther (1831 von *Rietschel*) wurde die Aufstellung später ergänzt und in der Reihe der jeweiligen Aufnahme fortgesetzt. In die Parade ruhmvoller Männer sind zwei Frauen eingereiht: Katharina von Rußland und Amalia, Landgräfin von Hessen-Kassel. – Allgemein bekannt und oft reproduziert die Büsten von: Kant, 1808 von *Schadow*. – Beethoven, Modell 1822, ausgeführt 1866 von *Lossow*. – Schiller, 1794 nach dem Leben, von *Johann Heinrich von Dannecker*. – Goethe, 1808 von *Tieck*. – Bismarck, von *E. Kurz* aus München, aufgestellt 1908. Hervorzuheben sind darüber hinaus die Bildnisse: Herder, 1815 von *Tieck*. – *Erwin von Steinbach*, 1811 von *L. Ohnmacht*. Wieland, 1808 von *Schadow*. Friedrich Wilhelm Herschel, 1816 von *Eberhard* in Rom. Von den neueren Büsten verdienen besondere Aufmerksamkeit: Justus von Liebig, von *Th. Georgii* aus München, aufgestellt 1925. – Adalbert Stifter, 1954 von *H. Hajek*.

Topographie

Die Idee der Walhalla setzte eine Landschaft voraus, die „mit tiefer Umsicht“ ausgewählt wurde (zeitgenössische Quelle). Blickbeziehungen spielten eine Rolle, die „Umschau aus dem Säulengange des Tempels … Gegen Norden begrenzen höhere Waldberge den Horizont … Westwärts erhebt sich, wie zum Gegensatze des neuen friedlichen Baues, die zerstörte Burg Stauffen auf dunkelbraunem Felsen und hinter diesem zeichnen sich die Türme von Regensburg ab. In wunderbaren Windungen erglänzen die Spiegel der Donau … Den Vordergrund aber bilden ein Wallfahrtskirchlein St. Salvator, höchst malerisch auf einem Felsenvorsprung des Walhallaberges gelegen, und der gewerbige Ort Donaustauf mit einer Brücke über den Fluß …“. *Klenze* hatte diese Vision bereits 1839 in einem Ölbild festgehalten. Der zeitgenössische Chronist Gruber vermerkte 1843, daß der Donau, „diesem deutschen Hauptstrome“, erst in neuerer Zeit die ihr „gebührende Aufmerksamkeit“ zugewandt worden sei. – Kaum eineinhalb Jahrhunderte später ist die Donau unterhalb der Walhalla zur Teilstrecke des Main-Donau-Kanals (siehe ▷ Ludwig-Donau-Main-Kanal) umgebaut, eine Wasserfläche mit begradigten steinernen Ufern, während das Nationaldenkmal des Königs eigens mit einer mythisch belebten, zeitlosen Flußlandschaft verbunden worden war.

DRAHTHAMMER

Gem. Reuth b. Erbendorf, Kr. Tirschenreuth. *Karte 2*

Sog. Drahthammer. Hauptbau des ehem. Hammerwerks, bis 1962 Sägewerk. – Zweigeschossiger Bau mit Schopfwalmdach und zwei Figurennischen, Portal innen dat. 1782, im Kern älter, Umbauten in neuerer Zeit.

DÜNZLING Kr. Regensburg. *Karte 8*

Kath. Pfarrkirche, mit Hochaltar (Akanthusaltar) aus Kittensee (vgl. ▷ Wolkering) und Kanzel aus Schauerstein bei Griffenwang (Truppenübungsplatz Hohenfels).

DUGGENDORF Kr. Regensburg. *Karte 8*

Kath. Pfarrkirche St. Maria. Bau der 1. Hälfte des 18. Jh.: der Turm bez. 1705, über dem südlichen Kirchenportal Inschrift des Erbauers W. J. Fraenkl, dat. 1736. Letzte Renovierung außen 1969, innen 1971. – Saalbau mit eingezogenem, dreiseitig geschlossenem Chor, an dessen Südseite Turm mit Oktogonaufsatz und Zwiebelhaube. – Chor mit im Scheitel flacher Stichkappentonne, im Langhaus, dessen östliche Ecken ausgerundet sind, Spiegeldecke mit Stichkappen. Wandgliederung durch korinthisierende, mit Engelsköpfen verzierte Doppelpilaster mit Gebälkstücken. – Deckenmalereien aus der Bauzeit, 1951 von *Walter Scheidemandel* überarbeitet: großes stuckgerahmtes Bild mit Hl. Dreifaltigkeit und Mariä Himmelfahrt und vielen Heiligen, neben dem Chorbogen David und Moses auf gemalten Marmorpodesten. Angeglichene Neuschöpfungen des gleichen Künstlers im Chor und an der Emporenbrüstung: Mariä Tempelgang bzw. Schlacht von Lepanto zwischen Medaillons mit Fürsten und Heiligen. Nazarenische Bildfenster wohl von 1904.
Ausstattung. – Frührokoko-Altäre der Bauzeit. Viersäuliger *Hochaltar* mit Seitenfiguren der hll. Petrus, Paulus, Florian und Georg, im Auszug von Engeln flankierte Gruppe der göttlichen Trinität, Altarblatt 2. Hälfte 19. Jh. Seitenaltäre, konkave Säulenretabel mit großen Seitenfiguren, südlich hl. Franz Xaver und hl. Johannes von Nepomuk, nördlich hl. Barbara und hl. Katharina, Altarblatt hl. Anna unterrichtet Maria, davor Figur der Muttergottes um 1480. Ausladen-

des, reich geschnitztes Orgelgehäuse, 1738, Renovierungsdaten 1888 und 1988. – Kanzel, Stuhlwangen und stattliche Beichtstühle mit Akanthusschnitzwerk des frühen 18. Jh. Kreuzwegbilder und Halbfiguren der Zwölf Apostel, 18. Jh. – Grabdenkmäler: An der Ostwand der Sakristei Sandsteingrabplatten für den Pfarrer Georg Beseck († 1521); dgl. für den Pfarrer Erhard Folnhals († 1530).

E

EBERMANNSDORF Kr. Amberg-Sulzbach. *Karte 8*

★ **Kath. Filialkirche St. Johannes Bapt.** 1701–05 nach Plänen von *Wolfgang Dientzenhofer* wohl unter Einbeziehung alter Mauerbestände errichtet. Außenrenovierung 1978. – Im Westen Fassadenturm mit Welscher Haube, Segmentgiebelportal und Oculus. – Bestimmend für den Raumeindruck der Saalkirche ist der Gegensatz des geweiteten und durch kräftige Pfeiler ausgezeichneten Jochs vor dem Chor und dem konvex eingezogenen, segmentförmig geschlossenen, dunklen Chor selbst. Das umlaufende, auf kannelierte, korinthisierende Pilaster gestützte Gebälk und die korbbogige Wölbung tragen wesentlich zur Vereinheitlichung des Raumes bei. Reiche Ausstattung der 1. Hälfte 18. Jh. Hochaltar mit freistehendem Tabernakel vor großzügig drapiertem, puttenbesetztem Stuckbaldachin mit Altarblatt der Taufe Christi. Zu seiten der Mensa lebensgroße Figuren: nördlich Abraham-Isaak-Gruppe, südlich Moses. – Seitenaltäre, niedrige Tabernakelaufbauten mit Sprenggiebeln und Gemälden, nördlich die Marienkrönung, bekrönt von Figur des Auferstandenen. – Kanzel mit Wappen der Löfen. – Im Chor symmetrisch angelegte, holzgerahmte Türöffnungen, darüber Oratorien mit Bandelwerkgittern.

Schloß. Das Schloß aus dem mittleren 18. Jh. (1977/78 saniert) wird im Süden von dem oktogonalen Bergfried der mittelalterlichen Stammburg der bereits im 12. Jh. erwähnten Ebermannsdorfer überragt. – Im Norden langgestreckter, zweigeschossiger Walmdachtrakt mit Putzgliederung, Mittelrisalit mit Mansarddach. Südlich mit der Kirche über einen Quertrakt mit Mansarddach und einen von Walmdach bekrönten Treppenturm verbunden.

EBERSROITH Gem. Rettenbach, Kr. Cham. *Karte 14*

Kath. Filialkirche St. Nikolaus. Bau des frühen 18. Jh., zuletzt renoviert 1989. – Saalbau mit dreiseitigem Ostabschluß. Südturm mit achteckigen Obergeschossen und Zwiebeldach; Putzfeldergliederung. – Flachdecke mit Deckenbild, bzw. „*A. Schmalzl* 1903". – Nazarenische Bildfenster. – Zwei Altäre und Kanzel 1. Drittel 18. Jh., Hochaltar mit Altarblatt, Glorie des hl. Nikolaus, und Seitenfiguren der hll. Joseph und Leonhard. – An der Emporenbrüstung Bilder der Zwölf Apostel und des Salvator Mundi, 2. Hälfte 17. Jh., aus dem Kloster Frauenzell. – Kruzifixus und Mater Dolorosa, 18. Jh.

EBNATH Kr. Tirschenreuth. *Karte 2*

Kath. Pfarrkirche St. Ägidius. 1180 Weihe der ersten Kirche. 1664 selbständige Pfarrei. 1741/43 ein wohl die Schloßkapelle ersetzender Kirchenneubau von *Georg Diller* aus Amberg. 1800 Turmbau. Letzte

Renovierung 1979–81. – Saalbau mit eingezogenem, dreiseitig geschlossenem Chor. Westturm mit Zwiebeldach und Laterne. – Langhaus über Hohlkehle flachgedeckt, im Chor Stichkappentonne auf Pilastergliederung.
Nahezu vollständige Ausstattung der Erbauungszeit. Hochaltar 1753 von dem Kemnather Schreiner *Johann Eckhmann* und dem Auerbacher Bildhauer *Johann Georg Veldt.* Stattlicher Säulenaufbau mit seitlichen Akanthusranken, Seitenfiguren der hll. Petrus und Paulus, Altarblatt hl. Ägidius von *Johann David Radius* aus Oberröslau. Seitenaltäre, Kanzel und Gestühl um 1740. Nördlicher Seitenaltar mit Maria-Hilf-Bild und Reliquientabernakel, südlicher Seitenaltar mit Altarblatt Marienkrönung von *Radius,* Wiesheiland im Tabernakel. – Taufstein aus Sandstein mit ornamentiertem Balusterfuß, 1. Hälfte 17. Jh., zwei reich geschnitzte Beichtstühle an den Langhauswänden, der südliche bez. 1752. – Orgelgehäuse in Rokokoformen 1902. – Figuren der hll. Johannes Nepomuk, Johannes Bapt. (am Chorbogen) und Joseph mit Putten (an der Emporenbrüstung), Mitte 18. Jh. – Kreuzweg von *Radius.* – Mehrere Epitaphien des 17. Jh.

Ehem. Schloß (Brander Straße 1). Die Hofmark ging 1335 von den Kammersteinern an die Grafen von Hirschberg über. – Zweieinhalbgeschossiger Bruchsteinbau mit Walmdach und Rundbogenfenstern im Erdgeschoß, Mitte 19. Jh. Das alte Schloß (Neusorger Straße 10) in der 1. Hälfte 19. Jh. zum Wohnhaus umgebaut.

ECKERTSHOF Stadt Hemau, Kr. Regensburg. *Karte 12*

Kath. Kirche St. Anna. Spätromanische Chorturmkirche. Letzte Renovierung innen 1964, außen 1983. – Schwach eingezogener Chorturm mit steilem Zeltdach, nördlich in gleicher Flucht angebaut die Sakristei. – Im Schiff barocke mit Rahmenstuck verzierte Flachdecke über Hohlkehle. Im quadratischen Chor Tonnengewölbe, ebenso in der Sakristei. Sehr breiter, in Kämpferhöhe rückspringender Chorbogen. – Ausstattung. – Hochaltar wohl um 1730. Zierlicher Säulenaufbau mit seitlichem Gitterschnitzwerk, in Mittelnische Gruppe der Anna Selbdritt, Anfang 16. Jh. – Seitenaltäre mit Knorpeldekor und gewundenen Säulen, 2. Hälfte 17. Jh. Gleichzeitig die Kanzel mit Figürchen der Evangelisten. – An der Nordwand Figur des hl. Benedikt, Anfang 16. Jh.

EDELSFELD Kr. Amberg-Sulzbach. *Karte 4*

Die Entstehung der Nordgausiedlung reicht noch vor die Zeit der Sulzbacher Grafen zurück.

Ev.-Luth. Kirche St. Stephan. Um 1150 konsekriert, Chor (1498), Sakristei und Turm in der Gotik angebaut. Größere Veränderungen im 18. Jh. und um 1900. Renovierung außen 1974, innen 1986. – Flachgedecktes Langhaus, nicht eingezogener Chor mit $^{5}/_{8}$-Schluß. Turm mit Zeltdach südwestlich des Langhauses, 1827 und 1907 aufgestockt. Chor durch zweibahnige Maßwerkfenster und Kaffgesims gegliedert. Im Südosten des Langhauses romanischer Kragstein. Sprenggiebelportal auf der Westseite. Der urspr. romanische Eingang führt heute in den Turm, sein Tympanon mit Kreuz- und ornamentalen Reliefs.

Kath. Pfarrkirche St. Stephan. Neubarocker Bau von 1910 mit zwiebelbekröntem Turm an der Langhaussüdseite. Renovierung innen 1971, außen 1986. – Stichkappentonne mit Malereien über Pilastergliederung. – Barocke Ausstattung. Hochaltar von 1687, Altarblatt Steinigung des hl. Stephanus, Flügelbilder der hll. Wendelin und Ägidius. – Seitenaltäre mit gedrehten Säulen, wohl Anfang 18. Jh. – Kanzel Mitte 17. Jh.

EGGLFING Gem. Köfering, Kr. Regensburg. *Karte 14*

Kath. Nebenkirche St. Margareta. Spätromanische flachgedeckte Saalkirche des frühen 13. Jh. mit späteren Veränderungen. Leicht eingezogene, halbrunde Apsis; darüber Turm mit steilem Zeltdach, Anfang 17. Jh. Im Westen gestuftes Rundbogenportal mit reich profilierten, verkröpften Kämpfern. Oculi an Langhausseiten und Westfront, an der Apsis zwei um 1600 spitzbogig erweiterte Fenster, im Osten, nur wenig über dem Fußbodenniveau versetzt, das ursprüngliche Apsisfenster, von außen zu öffnen zum Läuten der Gebetsglocke. Am Ostgiebel des Langhauses ein frühgotisches Radfenster.
Barocke Ausstattung. – Zweisäuliger Hochaltar mit seitlichen Akanthusranken und später angebrachter Rokokokartusche, lt. Inschrift in der Predella eine Stiftung der Sybilla von Lerchenfeld, geborene von Ratzenried, aus dem Jahre 1620. Tafelbild: hl. Margareta, umgeben von zehn hl. Jungfrauen, seitlich ebenfalls Tafelbilder mit hl. Florian und hl. Sebastian; im Auszug hl. Familie. – Heiligenbilder des 18. Jh., u. a. hl. Isidor und hl. Wendelin anstelle der Seitenaltäre. – Kruzifix des 17. Jh.

EGGMÜHL Gem. Schierling, Kreis Regensburg. *Karte 14*

Kath. Filialkirche St. Laurentius in der Südecke der Schloßbefestigung. Auf der Ansicht des Ortes im Antiquarium der Münchner Residenz *(Hans Donauer)*, um 1590, steht der Vorgängerbau der heutigen Kirche jedoch noch außerhalb der Befestigung. – Der heutige, einfache Saalbau entstand 1720. – Südöstlicher Turm mit achteckigem Glokkengeschoß. – Schlichtes, flachtonnengewölbtes Langhaus. Eingezogener Chor, halbrund schließend mit großer Muschelnische. Dünne Pilastergliederung, unterbrochen durch Stichkappen. Geschweifte Stuckfelderung im Gewölbe.
Ausstattung. – Hochaltar um 1678, zierliches Retabel mit vier gewundenen Säulen und reichem, vegetabilem Schnitzdekor. Nischenfigur des hl. Laurentius, um 1450/60, seitlich Figuren der hll. Nikolaus und Johannes von Nepomuk. Antependium mit Verkündigung an Ma-

ria, um 1680, von einem anderen Altar übertragen. – Seitenaltäre um 1680/1700. Retabel mit zwei gewundenen Säulen, Altarblätter unbekannter Herkunft: links Kreuzabnahme, 17. Jh., rechts Geburt Christi, frühes 17. Jh. (beschnitten), vielleicht Kopie eines älteren Gemäldes; Stiftung des Münchner Patriziers und Ratsherrn Kaspar Schrenk von Notzing zu Egmating, der der Inschrift zufolge 1517 einen Altar in die Kirche setzen ließ. – Unter der Westempore links ein zierlicher Altar, um 1680, aus Oberlaichling, in der Predella zahlreiche Reliquien in Boullionfassung. – Stuhlwangen mit Akanthusschnitzereien, um 1700.

★ **Schloß.** Im 12. Jh. saßen zu Eggmühl die Truchsesse zu Heilsberg, die sich nach dem Ort nannten. Eggmühl war pfalzgräfliches Lehen, das nach dem Aussterben des alten Ministerialengeschlechtes um 1333 an den Truchseß Ulrich den Leublfinger kam, der von Kaiser Ludwig dem Bayern 1341 das Marktrecht für den Ort Eggmühl erhielt, somit auch das Recht, sich mit Zaun und Graben zu schützen. Mehrfacher Besitzwechsel. 1432 Bau eines Zwingers. Ab 1475 Pfleggericht der Herzöge von Bayern. 1812 ging das Schloß an den Grafen Montgelas, 1834 an das Haus Thurn und Taxis. In den letzten Jahren grundlegend umgebaut als Altersheim, dabei Nordflügel verlängert.
Ursprünglich eine mittelalterliche Weiherhausanlage. Heutige Erscheinung aus dem 16.–18. Jh. Annähernd rechteckige Wallanlage. Die inzwischen aufgeschütteten Wassergräben teilweise noch ablesbar. Weitgehend erhalten die Zwingermauer mit Bastionen. – Unregelmäßige Vierflügelanlage um einen nach Nordosten geöffneten Rechteckhof. Niveau nachträglich angehoben. – Ältester Bauteil der sog. Speicher mit Halbwalmdach des 18. Jh. Umfassungsmauern vermutlich 15. Jh. Ein Flacherker an der Nordwestseite deutet auf ehem. Wohnfunktion. Gewölbtes, tief liegendes Erdgeschoß mit zweischiffiger Pfeilerhalle im Südosten und einer dreischiffigen daneben, wohl beide aus dem frühen 16. Jh. Drei Obergeschosse in Holzkonstruktion. – Im Südwesten ehem. Torbau, im Kern ebenfalls 16. Jh., Schweifgiebel und seitliche Flügelbauten des 18. Jh., erdgeschossig gewölbt.

„Löwendenkmal". In einer neugestalteten Anlage erhebt sich auf einem Sockel die mächtige Gestalt eines Bronzelöwen, der 1909 nach einem Entwurf von *Ferdinand von Miller* gegossen wurde. Anlaß der Errichtung war die 100-Jahr-Feier der Schlacht von Eggmühl am 22. April 1809, in der sich die französische Armee unter Napoleon mit verbündeten bayerischen Truppen und die in dieser Schlacht geschlagenen Österreicher gegenüberstanden.

EHENFELD Stadt Hirschau, Kr. Amberg-Sulzbach. *Karte 5*

Kath. Kuratiekirche St. Michael. Die Kirche liegt auf einer Anhöhe in einem ehem. befestigten Friedhof, dessen gotischer Torturm im Nordosten erhalten blieb. Die in der Bausubstanz romanische Kirche wurde

mehrmals umgebaut (vor allem Langhauserweiterungen): 15. Jh., 16./17. Jh., 1782. 1961–63 Freilegung und Restaurierung der Fresken im Turm, Renovierung des Wehrturmes. 1983/84 Außenrenovierung. – Mit Satteldach gedeckter Saalbau ohne Choreinziehung, auf der Ostseite Turm mit Zeltdach und Laterne, auf der Nordseite Sakristeianbau des 15. Jh., am Langhaus und am verbreiterten Westabschnitt Strebepfeiler aus Sandsteinquadern. Westfront mit Rundfenstern und durch Gesimse gegliedertem Treppengiebel (erneuert). – Im Kirchenraum Tonnengewölbe mit Stichkappen; barockisierende Deckenfresken, 1948 von *Josef Wittmann,* der wohl auch die Altarblätter malte. Nazarenische Bildfenster von 1918. – Im Erdgeschoß des Turms auf der Westseite der romanische halbkreisförmige Chorbogen auf unterschiedlich ausgebildeten Kämpfern, gotisches Kreuzrippengewölbe auch im nördlich anschließenden Raum. Auf der Nord- und Südseite Fresken, fragmentarische Wandgemälde des 13. Jh.: hl. Anna mit dem Marienkind, Schutzengel; darüber auf allen Seiten umlaufend eine spätgotische Ausmalung der 2. Hälfte 15. Jh.: Apostelfries, darüber Kirchenlehrer, am Chorbogen kluge und törichte Jungfrauen, hl. Bischof, in den Gewölbefeldern Symbole der Vier Evangelisten mit dekorativer Maßwerkornamentik.
Ausstattung. – Hochaltar 1791 von Schreiner *Leonhard Bacher* und Bildhauer *Friedrich Wagner*. Viersäuliger Aufbau in spätesten Rokokoformen, Seitenfiguren der Apostelfürsten. Seitenaltäre um 1730, konkave Säulenretabel mit Seitenfiguren, nördlich hl. Katharina und hl. Margareta, südlich hl. Sebastian und hl. Florian. – Kanzel der 2. Hälfte des 17. Jh., mit Figuren der Evangelisten zwischen gewundenen Säulen. – An der Langhaussüdwand ausdrucksstarker Kruzifixus des mittleren 18. Jh. – Kupferne Taufschüssel mit Relief der Verkündigung, 16. Jh.

EICH Markt Kallmünz Kr. Regensburg. *Karte 8*

Kath. Kirche St. Jakobus. Pittoreske Lage auf steilem Kalksteinfelsen über der Naab, landeinwärts ummauert und von alten Linden flankiert. – Schlichter romanischer Bau mit barocken Veränderungen; polygonaler Zwiebeldachreiter über der Westseite. – Der eingezogene Chor tonnengewölbt, Schiff mit Flachdecke, geschweifte Westempore auf dünnen Holzstützen. – Altar um 1730, mit Nischenfigur des hl. Jakobus. – Rosenkranzmadonna des 17. Jh.

EICHENHOFEN
Gem. Seubersdorf, Kr. Neumarkt i. d. Opf. *Karte 8*

Kath. Pfarrkirche St. Nikolaus. Schiff und Westturm von 1716/17. Das Querschiff und der eingezogene, halbrund geschlossene Chor wurden 1906 hinzugefügt. Durchgreifende Renovierung 1935/36: Dekkenbilder von *Joseph Wittmann,* München, Neufassung von Altären und Figuren. Außeninstandsetzung 1988. – Westturm mit durch kräftige Pilaster gegliedertem Achteckaufsatz und Zwiebeldach. – Im Schiff Stichkappentonne auf Wandpfeilern. Westempore dat. 1906. – Ausstattung in hochbarocken Formen gehalten, angeblich von dem Velburger Maler *Joseph Eder* im späten 18. Jh. angefertigt, stellenweise mit Ornamentapplikationen des Rokoko und Frühklassizismus. Hochaltar mit Seitenfiguren und überlebensgroßer Nischenfigur des hl. Nikolaus. Seitenaltäre mit Altarblättern, links hl. Anna lehrt Maria lesen, rechts hl. Joseph. – Kanzel mit Figuren der Evangelisten zwischen gewundenen Säulen. – An den Wänden einige Heiligenfiguren des 18. Jh.

EICHHOFEN Gem. Nittendorf, Kr. Regensburg. *Karte 13*

Schloß. Spätgotisches Giebelhaus. Im Kern an der Westseite romanische Kapelle, ehem. zur oberhalb gelegenen Burg Loch gehörend. Auf Leonhard Sauerzapf, der Eichhofen 1560 erwarb, geht der bestehende Schloßbau zurück. Ehewappen Sauerzapf-Rosenbusch, um 1600, über dem Hauptportal an der Ostfassade. Umbau unter Fr. W. von Rosenbusch († 1736). Neugotische Umgestaltung 1866 durch *Ludwig Foltz*. Seit 1936 im Besitz der Familie von Braunbehrens. Renovierung 1939 durch Architekt *Steinbach* aus Aachen, Entfernung der neugotischen Bestandteile. – Traufseitbau in Hanglage mit polygonalem Eckturm und Eckerker. Stufengiebel nach Norden und Süden. – Im Innern großzügige dreigeteilte Raumdisposition aus der Erbauungszeit, um 1560. Das Hauptportal an der Ostseite erschließt einen gewölbten Fletz, dem beidseitig Räume zugeordnet sind, die beiden Obergeschosse über barockes Treppenhaus von der Rückseite her zugänglich. Hier ebenfalls mittig großräumige Fletze, gewölbt bzw. mit Rahmenstuckdecke. – Spätgotische Bohlenbalkendecken und Teile der festen Ausstattung des 18. Jh. sind erhalten. – Von Mauern umgrenzte Gartenanlage mit kleinem Pavillon des 19. Jh.

Burgruine Loch am steilen Westhang der Jurakalkfelsenwände über der Schwarzen Laaber gelegen, seit dem 14. Jh. nachweisbar. Die ehem. Kirche Bestandteil des Schlosses Eichhofen. – Runder Bergfried, eingebunden in die Südmauer. Aus geschichtetem Bruchsteinmauerwerk, mit Lichtscharten, zuoberst Fenster. Der Eingang liegt ostseitig gegen den Berg auf halber Höhe des Turmes. Westseitig Rechteckerker, zu dem eine in der Mauer ausgesparte Treppe führt. – In der Südostecke der Burg große natürliche Höhle, in die ein Rechteckraum mit Tonnenwölbung eingebaut war. Kleinere Höhlen nach Norden.

EICHLBERG Stadt Hemau, Kr. Regensburg. *Karte 8*

★ **Kath. Pfarr- und Wallfahrtskirche zur Hl. Dreifaltigkeit.** Auf 582 m hohem Bergkegel der waldreichen Jurahöhen, umringt von einer

Baumgruppe. – 1692 erhielt die Mesnersfrau Margarete Lutz, unterstützt durch Kurfürst Philipp Wilhelm, vom Regensburger Bischof Clemens die Erlaubnis, einer inneren Stimme folgend, eine Säule mit dem Gnadenbild der Hl. Dreifaltigkeit aufzustellen. 1693–95 Bau einer Kapelle. Kurz darauf erfolgte aufgrund des großen Wallfahrerzustroms der Bau der bestehenden großen Kirche: 1697 Baubeginn durch den Graubündner *Johann Baptist Camesino,* ab 1702 oblag die Bauführung Maurermeister *Johann Ulrich Beystadler* aus Hemau und Baumeister *Martin Strauß* aus Stadtamhof, 1711 Vollendung. Seit 1805 Pfarrsitz. Letzte Gesamtrenovierung 1976–80.

Wandpfeilerkirche mit eingezogenem, dreiseitig geschlossenem Chor, flankiert von niedrigen, mit den Langhausflanken fluchtenden Anbauten, die sich bis zum Chorhaupt erstrecken. Westturm mit Säulenportal, seine 1901 erneuerte Laternenzwiebelhaube 1990 vom Sturm heruntergerissen. – Kirche und Turm mit kräftiger Pilastergliederung, am obersten Turmgeschoß reicher durchgebildet, am Chor toskanisch gegliederte Strebepfeiler, an der Stirnwand zwischen zwei Strebepfeilern eine große Bildnische. – In Schiff und Chor Tonnengewölbe mit Stichkappen, die Wandpfeiler durch eine gestaffelte und verkröpfte korinthische Pilasterordnung gegliedert, dazwischen Kapellenräume mit Quertonnengewölbe. Unterwölbte Westempore mit ornamental durchbrochener Holzbrüstung. – An der Nordseite des Chors die alte Gnadenkapelle: kurzes, kreuzrippengewölbtes Schiff mit gemuldeten Eckpilastern, spärliche, stark renovierte Gewölbefresken mit der Entstehungsgeschichte der Wallfahrt, oktogonaler Altarraum mit Kappengewölbe und Laternenkuppel.

Ausstattung 1710/20. Hochaltar: prächtiger Aufbau mit acht Säulen, von Engeln und Putten umspielt. Altarblatt: Marienkrönung durch die hl. Dreifaltigkeit; goldgewandete Seitenfiguren der Vier Evangelisten. Seitenaltäre: Säulenretabel mit neuen Altarblättern, auf dem rechten Seitenaltar eine barocke Pietà. – Altar in der Gnadenkapelle, zierliches, konkaves Retabel der 2. Hälfte des 18. Jh., akanthusgerahmtes Gnadenbild von *Johann Held* aus Regensburg, um 1690. – Kanzel, ebenso wie der Hochaltar eine Stiftung der Rummel von Herrnried, mit Volutenpilastern und reichem Bandelschnitzwerk. Auf dem Schalldeckel die göttliche Trinität, umgeben von den Evangelistensymbolen und Putten mit den Attributen der Kirchenväter. Sechs Beichtstühle, in den reichgeschnitzten Aufsätzen Rundbilder mit Halbfiguren Heiliger. – Stuhlwangen mit Laub- und Blütenschnitzereien. – An den Chorflanken zwei Rokokogemälde mit den Gründern des Trinitarierordens, der hl. Johannes von Matha und hl. Felix von Valois. In ähnlich reichen Rocaillerahmen die großformatigen Kreuzwegbilder der 2. Hälfte des 19. Jh. Im Chor kleine Figur der Anna Selbdritt, Anfang 16. Jh. Im Langhaus Wiesheiland, von Engeln umgeben, Mitte 18. Jh. – Zahlreiche Votivgaben und Votivbilder, u. a. eine Ansicht von Beilngries 1796.

EILSBRUNN Gem. Sinzing, Kr. Regensburg. *Karte 13*

Kath. Pfarrkirche St. Wolfgang. Bis zur Säkularisation dem Reichsstift St. Emmeram in Regensburg inkorporiert. – Romanisches Langhaus mit Querhaus und Apsis des 19. Jh. Westturm mit Bänderung und Ecknutzung, im Sockel vielleicht noch mittelalterlich, pilastergegliedertes Obergeschoß mit geschwungenem Kranzgesims und Zwiebelhaube (1749). – Flachgedeckte Saalkirche mit Querhaus, Apsis mit Stichkappen. – In den östlichen Querhausfenstern und in der Apsis vier Bildfenster der 2. Hälfte 19. Jh. – Um 1838/40 Reste der Ausstattung der abgebrochenen Augustinerkirche in Regensburg übernommen. Teile des barocken Hauptaltars (um 1700) Anfang der sechziger Jahre aus dem Kloster Speinshart erworben. Im Altar Figur des hl. Wolfgang, um 1480–1510. Seitenfiguren der hll. Paulus und Petrus, um 1700. – Im nördlichen Querhausarm mittelalterliches rundes Taufbecken. – Im südlichen Querhausarm Figur der Muttergottes, um 1500. An der nördlichen Langhauswand bemerkenswerte Figur der hl. Katharina mit reicher Gewandbildung, um 1730/40. – Grabdenkmäler. – Im Inneren zahlreiche Epitaphien, insbesondere der Familie von Rosenbusch, 16.–18. Jh. – Im Vorraum des Westeingangs Wappengrabplatte für Kaspar Reisacher († 1483), ein Werk der Regensburger Dombauhütte unter der Leitung von *Matthäus Roritzer*. Wappengrabplatte für Johann Schönhofer († 1421) mit Allianzwappen.

ELTHEIM Gem. Barbing, Kr. Regensburg. *Karte 14*

Kath. Kirche St. Laurentius. Um 1740 errichtet, 1741 konsekriert. Achteckiger Turm-Dachreiter über der Ostapsis. – Schiff mit Flachdecke über Hohlkehle, zum eingezogenen, segmentbogig schließenden Chor in Rundung überleitend. Wandgliederung durch flache Spiegelpilaster. – In Stuckrahmen Deckenmalereien, um 1740, 1965/71 wieder-aufgedeckt und restauriert. Im Mittelfeld Apotheose des hl. Laurentius, Eckmedaillons mit den Vier Evangelisten. – Sechssäuliger Hochaltar um 1700, Altarblatt mit Marter des hl. Laurentius. Seitlich spätgotische Figuren der hll. Paulus und Petrus, um 1500/1510, teilweise übergangen. – Seitenaltäre 1. Hälfte 18. Jh. mit Veränderungen des späten 18. Jh., Säulenretabel mit weit vorgezogenen Seitenteilen, Nischenfiguren des hl. Nikolaus und Christi an der Geißelsäule, darunter Leinwandbilder des hl. Leonhard und der Muttergottes. – Kanzel um 1770, mit Aufsatzfigur eines Posaunenengels. – Rosenkranzmadonna, 1. Hälfte 18. Jh.

EMHOF Markt Schmidmühlen, Kr. Amberg-Sulzbach. *Karte 8*

Kath. Filialkirche St. Jakobus. Bereits im 10. Jh. zu den Besitzungen des Klosters St. Emmeram in Regensburg gehörig. – Romanischer Bau, im 18. Jh. umgestaltet. Gesamtinstandsetzung 1989. – Flachgedeckter Saalbau, eingezogener, rechteckiger Chor mit Kreuzgratgewölbe. Turm mit eingezogener Zwiebelhaube, nordöstlich in das Langhaus eingebunden. – Romanisches Portal auf der Nordseite: Rechtecköffnung, von Rundbogen auf Kämpfer aus Platte und Schräge überfangen. – An den Wänden spätgotische Figuren der hll. Barbara und Wolfgang, um 1500. Einige Figuren des 18. Jh. Grabdenkmäler: an der Turmwestwand Renaissance-Triptychon aus Kirchenödenhart: Im Mittelfeld Relief der Transfiguration; darunter die Stifter mit den Wappen der Bertholdshofer und Sauerzapf, Kalksteinrelief um 1591. – An der Turmsüdseite Epitaph aus Solnhofer Kalkstein mit Hochrelief zweier Kinder, um 1600.

ENDORF Markt Laaber, Kr. Regensburg. *Karte 13*

Kath. Filialkirche St. Maria. 1610 errichtet, Turm 1805. – Trapezförmig abschließender Saalbau, Westturm mit Spitzhelm. – Flachdecke über Hohlkehle. Ausmalung der 2. Hälfte 18. Jh. mehrmals renoviert: mariologische Deckenbilder mit großer zentraler Darstellung der Himmelfahrt Mariä, an der Emporenbrüstung drei Szenen aus dem Alten Testament, die üppige Rocailledekoration wie die Eckpilaster mit Vasenaufsätzen nach Befund rekonstruiert. – Hochaltar, Aufbau mit gewundenen Säulen und seitlichem Laubschnitzwerk, letztes Drittel 17. Jh. In Mittelnische Figur der Muttergottes auf Weltkugel, am Chorbogen die ehem. Seitenfiguren. – Seitenaltar mit ähnlichem Aufbau, um 1700, Altarblatt Marienkrönung. – Relief des hl. Urban, um 1500, etwa gleichzeitig eine Figur der hl. Barbara.

ENSDORF Kr. Amberg-Sulzbach. *Karte 8*

★ **Ehem. Benediktinerabtei.** 1121 gründeten Graf Friedrich von Burglengenfeld-Hopfenohe-Pettendorf, sein Nachfolger Pfalzgraf Otto von Wittelsbach und Bischof Otto von Bamberg das Kloster im wirtschaftlich aufstrebenden Rodungsgebiet des Vilstals. Besetzung mit Mönchen aus dem cluniazensischen Reformkloster St. Blasien. Seit 1166 als Doppelkloster bezeugt. Einem Holzbau von 1123 folgte bereits 1179 ein Steinbau nach der Hirsauer Tradition: kreuzförmige flachgedeckte Basilika mit Dreiapsidenschluß sowie Doppeltürmen und zweigeschossigem „Paradies“ im Westen. Wirtschaftlicher und kultureller Aufschwung durch die Einführung der Kastler Reform im 15. Jh. Niedergang im 16. Jh. durch schweren Brand (1507) und die Säkularisation 1554 durch Pfalzgraf Ottheinrich. Für die umfangreichen Reparaturen legte 1604–05 u.a. der Heidelberger *Johann Schoch* Pläne vor. 1669 Restauration des Klosters durch Kurfürst Ferdinand Maria, 1695 Wiedererhebung zur Abtei. 1695–1717 wich die romanische Kirche einem Neubau, wohl unter der Leitung des *Wolfgang Dientzenhofer* durch dessen Schüler *Martin Funk* und *Christoph Grantauer* errichtet. Seine Blütezeit erreichte das Kloster unter dem Polyhistor und Abt Anselm Desing (1761–72). – Nach der Säkularisation 1802 wurde die Kirche 1803 Pfarrkirche. Seit 1920 ist das Kloster Wirkungsstätte der Salesianer Don Boscos. Brandschäden (Dachstuhl) von 1940 wurden 1962/63 behoben. Außenrenovierung 1978/79.

Kath. Pfarrkirche St. Jakob, ehem. Benediktinerabteikirche. Rechteckbau mit stark eingezogenem, dreiseitig geschlossenem Chor, nördlich von der Stifterkapelle, südlich von der Sakristei und dem darüberliegendem Mönchschor begleitet. Dreiteilige Turmfassade mit breiten, durch Gesimse gegliederten toskanischen Pilastern; die Seitenachsen durch variierende Fensterverdachungen akzentuiert und durch Voluten und Obelisken abgeschlossen; der leicht vortretende Turm von eingezogener Zwiebelhaube und Laterne bekrönt. Prächtiges Säulenportal mit Chronogramm 1718 und fast lebensgroßen Figuren der hll. Jakobus Maior, Benedikt und Otto von *Franz Joachim Schlott* 1718–25.

Inneres: – Weite Wandpfeilerkirche mit breiten Abseiten; das Querhaus mit Vierungskuppel vor dem Chor tritt nicht aus der Langhausflucht heraus. Tonnengewölbe mit Stichkappen, über den Seitenschiffen Quertonnen. Die Wandpfeiler sind unterhalb der Attikazone mit gold-rosa marmorierten korinthischen Pilastern besetzt. – Flach aufgesetzte, spröde wirkende Stukkaturen von den Brüdern *Thomas Ehehamb* (1696), *Matthias Ehehamb* und *Bernhard Ehehamb* (1711–12) aus Landshut sowie *Philipp Jakob Schmuzer* und *Thomas Aicher* (1716) aus Wettershausen. Weitverzweigte Akanthusranken, durch Kartuschen, Muscheln und Bäume angereichert. – Der figurale Stuck weitgehend von *Egid Quirin Asam:* im Chor vier Kartuschen mit rosarot gefaßten, weiblichen Allegorien; unter der Vierungskuppel fast vollplastische, elfenbeinfarbene Reliefs der Vier Kirchenväter (1714). – Deckengemälde von *Cosmas Damian Asam,* 1714–1715. Als Frühwerke, welche die römischen Vorbilder deutlich erkennen lassen, sind sie noch gemäß der Tradition des 17. Jh. in die Jochgliederung eingebunden. Sie sind dem Leben des hl. Jakobus Major als Apostel Spaniens gewidmet. Stichkappen und die Quertonnen der Kapellen mit Emblemen ausgeschmückt. Das Chorfresko, hl. Jacobus als Beschützer des ihm geweihten Klosters Ensdorf, dat. 1714, ist als einziges nicht von Asam gemalt. Das Kuppelfresko, sign. „*C. D. Asam* 1714“, mit in konzentrischen Ringen angeordnetem Allerheiligenhimmel, der in der Hl. Dreifaltigkeit gipfelt; in den Pendentifs Grisaillen mit Szenen aus dem Leben des hl. Jakobus. Im Langhaus von Ost nach West: Enthauptung des hl. Jakobus, hl. Jakobus führt das christliche Heer in der Schlacht von Clavigo gegen die Mauren zum Sieg, hl. Jakobus befreit Gefangene.

Ausstattung. – Hochaltar, sechssäuliger, streng architektonischer Stuckmarmor-Aufbau der Erbauungszeit, Auszugs- und Altarbild, Apotheose des hl. Jakobus, von *Johann Gebhard* aus Prüfening 1711. Über den Durchlässen vergoldete Stuckfiguren der hll. Petrus und Paulus von *Egid Quirin Asam.* – Die östlichen vier Seitenaltäre, zweisäulige, dem Hochaltar entsprechende Aufbauten von *Matthias Ehehamb.* Die von auf den Giebelschenkeln sitzenden Figuren flankierten, weißgold gefaßten Stuckreliefgruppen in den Auszügen von der *Carlone*-Werkstatt, an einzelnen Figuren erstmals der Stil *Egid Quirin Asams* faßbar. Die rückwärtigen vier Altäre 1752–59 von dem Bildhauer

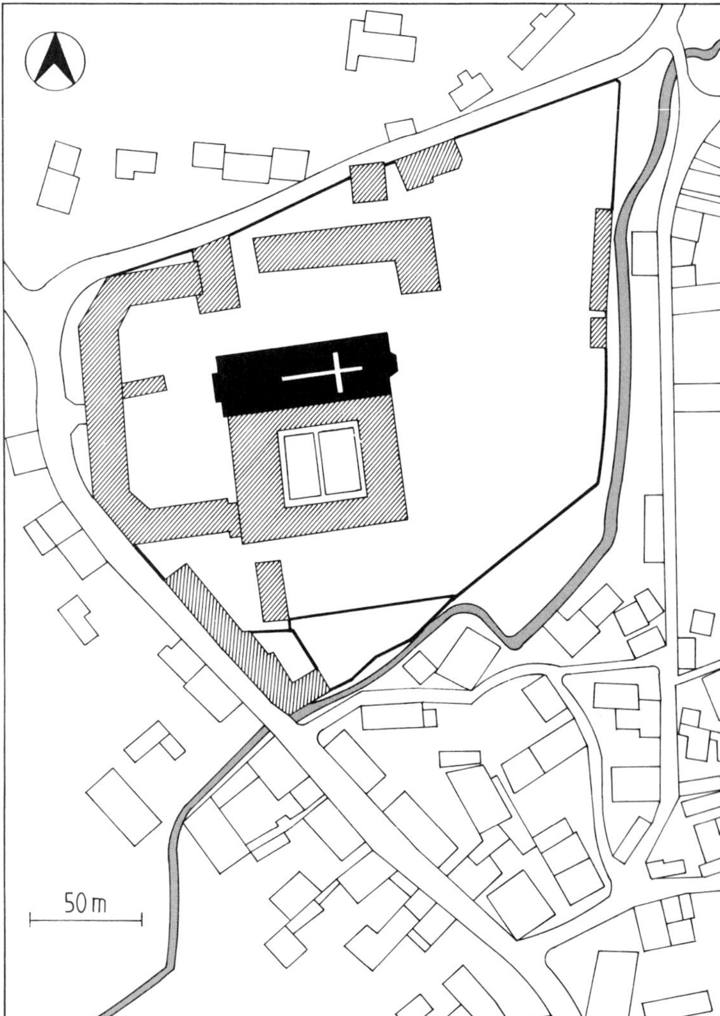

Ensdorf, Pfarrkirche, ehem. Benediktinerabtei St. Jakob

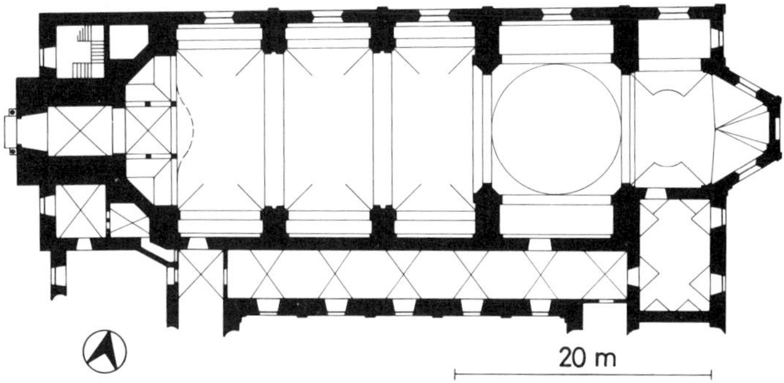

Ensdorf, Pfarrkirche, ehem. Benediktinerabtei St. Jakob

Johann Franz Dult aus Nabburg, dem Maler *Johann Franz Lidmann* und den Schreinern *Franz Xaver Söllner* und *Johann Michael Forst.* Konkave Retabel in paarweiser Entsprechung, mit lebhaft geschwungenen Gebälkstücken und reichem Rokokoschnitzwerk; Altarblätter und Seitenfiguren. Antependien der beiden östlichen Seitenaltäre mit Silbertreibarbeiten. – Kanzel aus Stuckmarmor, 1711/12, 1781 mit Rocailledekor überarbeitet. – Beichtstühle Anfang 18. Jh. bis 1736, in den Auszügen Heiligenbilder von *Johann Mastabus* und *Johann Michael Letsch,* darunter angeblich ein Selbstbildnis *Cosmas Damian Asams.* – Orgelgehäuse, ungefaßt, von *Hans Georg Grundler* aus Högling, figuraler Schmuck von *Dult,* Faßarbeiten von *Lidmann* und *Letsch.* – In der mittleren südlichen Kapelle Figur der Muttergottes um 1500, 1720 von Abt Anselm Meiller erworben. An der Querhaussüdwand farbig gefaßtes Holzrelief mit Beweinung Christi, um 1500. Darunter Rotmarmorgrabstein für Abt Johannes Hausner († 1503) mit figürlichem Relief. – Nördlich des Chores die Stifterkapelle mit dem für Pfalzgraf Otto von Wittelsbach und Familienangehörige 1715–21 errichteten Mausoleum aus Stuckmarmor. – Tonnengewölbte Sakristei, stuckiert von den in der Kirche tätigen Künstlern. Prachtvolle, reich geschnitzte Ausstattung, durch Wappen des Abtes Anselm Meiller 1743 dat. Die Kaiserinsignien als Bekrönung des Paramentenschranks lassen an den bayerischen Kurfürsten Karl Albrecht als Stifter denken. Die ausgesprochen lebendig gestalteten Hermen erinnern an die von *Karl Stilp* bis 1726 vollendeten Atlanten der ▷ Waldsassener Klosterbibliothek.

Klosterbezirk. Der Klosterkomplex stößt im Westen auf die an der Vils entlang führende Durchgangsstraße zwischen Regensburg und Amberg. Den Westabschluß bilden die dreiflügeligen, mit abgeschräg-

ten Ecken dem Straßenzug angepaßten Wirtschaftsgebäude (1988 saniert). Zweigeschossig um Innenhof, aufwendig gerahmte Durchfahrt mit Figurennischen in den Sprenggiebeln und Chronogramm 1742.
Südlich der Kirche schließt der Konventbau in vier Flügeln um rechteckigen Innenhof an. Der urspr. geplante Flügel nordwestlich der Kirche blieb unausgeführt. Die Sandsteingliederung der dreigeschossigen Putzbauten nimmt auf die Kirche Bezug. Im Westtrakt Säulenportal mit Wappen des Abtes Bonaventura Oberhuber im Sprenggiebel, dat. 1715.
Von der einstigen Bedeutung des Klosters zeugen externe Verwaltungsgebäude: in der Hauptstraße 30 und 24/26 das ehem. Amtshaus, bez. 1568, und das ehem. Klosterrichterhaus, eine Dreiflügelanlage mit Tordurchfahrt, bez. 1618, in der Schwandorfer Straße 4 das ehem. Eisenamtshaus der Klosterhofmark, ein Walmdachbau des 18. Jh. und schließlich das im 20. Jh. veränderte ehem. Forsthaus in der Thanheimer Straße 2.

Ehem. Pfarrkirche St. Stephan. Im Friedhof der Turm der 1805 abgebrochenen Pfarrkirche, um 1600, mit Treppengiebeln und rundbogigen Schallöffnungen.

Kath. Wallfahrtskirche St. Dionysius und Nothelfer. Die nach Norden gerichtete Kirche liegt auf dem Eggenberg westlich von Ensdorf. – Eine Kapelle 1669 errichtet, vergrößert 1732, abermals verlängert und gewölbt 1791–93. Außenrenovierung 1970. – Der leicht eingezogene Südabschnitt der ältere Teil, halbrundgeschlossener Nordabschnitt, Zwiebeldachreiter. – Tonnengewölbe mit Stichkappen, einspringender Chorbogen. – Rokoko-Altäre des ausgehenden 18. Jh. – Kanzel in klassizistischen Formen um 1800. – Schrankorgel mit bemalten Flügeln, 17. Jh., renoviert 1972.

ERASBACH Stadt Berching, Kr. Neumarkt i.d. Opf. *Karte 7*

Erasbach, 1080 erstmals genannt, war urspr. ein Reichsministerialensitz; später wohl Übergang an die Grafen von Hirschberg, 1346 an die Koppen, dann häufiger Besitzerwechsel, 1714 wurde hier Christoph Willibald Gluck geboren.

Kath. Filialkirche Mariä Heimsuchung. Um Kirche und Friedhof spätgotische Befestigungsmauer mit zinnenbekröntem Tor. – Der verputzte Chorturm mit Zeltdach und laternenartigem Aufsatz gotisch, das unverputzte Langhaus im 18. Jh. angefügt, 1924/25 nach Westen in neuromanischen Formen erweitert. Außen- und Inneninstandsetzung 1979. – Im eingezogenen, quadratischen Chor Kreuzgewölbe mit ausgekehlten Rippen; die Seitenwände durch spitze Schildbögen gegliedert; an der Südseite schlichtes gotisches Maßwerkfenster; spitzer Chorbogen. Im Schiff Flachdecke über Vouten und Pilastergliederung;

Deckenfresken von *Anton Wittmann* 1946. – Ausstattung. – Hochaltar Ende 17. Jh. in Schwarz-Gold-Fassung, zweisäuliger Aufbau mit seitlichen Durchlässen, reicher Akanthusdekor und Engel; im Mittelfeld Gruppe der Heimsuchung Mariens. Als Seitenaltäre einfache Säulenretabel um 1725, links mit Nischenfigur des hl. Joseph, rechts Rosenkranzmadonna. – Kanzel Rokoko. – An der rechten Schiffswand spätgotisches Relief der hl. Katharina.
Südlich neben der Kirche das **ehem. Landsassengut,** ein ehem. Weiherhaus des 16. Jh. mit Satteldach. Am östlichen Ortsrand steht der ehem. Zehentstadel aus dem 17. Jh.

ERBENDORF Kr. Tirschenreuth. *Karte 2*

Hauptort des Steinwaldes ist die alte Bergbaustadt Erbendorf mit vielen Eisenhämmern und Glasschleifen in ihrer Umgebung. Nach einer Abschrift aus der Mitte 12. Jh. wurde 1109 erstmals Altenstadt, der älteste Ortsteil Erbendorfs, erwähnt. Zum Amt Parkstein gehörig, teilte Erbendorf dessen äußerst wechselvolle Geschichte. Ein Markt bildete sich im Laufe des 13. Jh. heraus, 1281 erstmals als „forum" bezeichnet. 1352 Erhebung zur Stadt unter Karl IV., erneute Bewilligung zur Bezeichnung als Stadt 1842.

Anlage

400 m langer, quer über den von der Fichtelnaab aufsteigenden Hügel verlaufender Straßenmarkt ohne Befestigung. Am Scheitelpunkt mündet die ehemals nach Böhmen führende „Goldstraße" (Bräugasse) im rechten Winkel ein. Das Straßenbild mit überwiegend gestaffelten zweigeschossigen Traufseitbauten ging aus den Stadtbränden von 1796 und 1832 hervor.

Kath. Pfarrkirche Mariä Himmelfahrt. Erste Erwähnung einer Kirche 1279. Ende 14. Jh. existierten bereits drei Kirchen in Erbendorf. Religiöse Unruhen im 16. und 17. Jh. Nach den Brandkatastrophen von 1771 und 1796 Neubau unter Einbeziehung der spätgotischen Umfassungsmauern des Chores (Bauinschrift 1474), Weihe 1799. Nach 1864 entstand am Chorscheitel der neuromanische Quaderturm mit Spitzhelm über Dreiecksgiebeln. Nach Auflösung des Simultaneums ein 1918–23 von der kath. Pfarrgemeinde veranlaßter, barockisierender Umbau und westlicher Erweiterungsbau nach Plänen *Heinrich Hauberrissers,* Ausführung *Heinrich Bauer.* Letzte Renovierung 1988.
Eingezogener, dreiseitig geschlossener Chor mit Stichkappentonne, weites Langhaus mit im Scheitel flacher Stichkappentonne (Holzgewölbe) über Doppelpilastern, barockisierende Deckengemälde von *Rudolph Schmalzl* 1927–29. – Reiche Rokoko-Ausstattung unterschiedlicher Provenienz. Stattlicher viersäuliger Hochaltar aus der ehem. Franziskanerkirche in Kemnath: Seitenfiguren der hll. Johannes Bapt. und Sebastian; Altarblatt, Krönung Mariens, im Nazarener-

stil. Die zweisäuligen Seitenaltäre mit Engelshermen stammen aus der ehem. Wallfahrtskirche auf dem Barbaraberg bei Speinshart, 1750–55 wahrscheinlich von den Brüdern *Michael Luybl* und *Christoph Luybl* aus Bruck angefertigt. Der nördliche Seitenaltar mit den Seitenfiguren der hll. Johannes von Nepomuk und Dominikus sowie Emmausbild ein Werk des Regensburger Malers *Josef Altheimer*, 1894. Der südliche Seitenaltar mit Altarblatt „hl. Anna lehrt Maria lesen", datiert 1691, mit Seitenfiguren der hll. Florian und Wendelin; als Antependien Intarsien mit mariologischen Emblemen. Kanzel und Orgelprospekt aus der Kemnather Franziskanerkirche. – Drei Beichtstühle vom Barbaraberg übernommen (1750/1760). – An den Chorwänden sechs hochrechteckige Tafelgemälde mit Szenen aus dem Marienleben, urspr. im Tabernakel des Hochaltars. – An der Emporenstirnwand Figuren der hll. Donatus und Wendelin, spätes Rokoko.

★ **Kath. Loreto-Kapelle Unserer Lieben Frau.** 1848–57 in neugotischen Formen über Mauerteilen des Vorgängers aus der Mitte des 18. Jh. an die Nordseite des ehem. Benefiziatenhauses (1798) angebaut. Sanierung 1980. – Dreiseitig geschlossener, westlich ausgerichteter Saalbau mit hölzernen Maßwerkfenstern. Östliche Eingangsfront aus Granitquadern, hervorgehoben durch große Spitzbogenöffnung mit Maßwerkfeld, aufgekröpftes Gesims, und eine 1857 dat. Konsolfigur, krabbenbesetzter Dachreiter. – Im Innern einspringender, spitzer Chorbogen, Tonnengewölbe mit stuckiertem Rippennetz, Sternenhimmel; an den Wänden Schablonenmalerei. – Einheitlich neugotische Ausstattung durch Schreiner *Johann Tretter* aus Wäldern. 1901–04 neuer Flügelaltar von *F. Driesler* aus Würzburg. Von Astwerk gerahmte Schnitzreliefs: im Schrein thronende Muttergottes mit Engeln, die das hl. Haus nach Loreto tragen, seitlich die hll. Wolfgang und Dionysius, Außenseiten mit Bildern einer Verkündigungsgruppe.

Windischkapelle. An der Straße nach Reuth steht inmitten von Linden die Anfang 19. Jh. von Josef Windisch erworbene Kapelle von 1679 (im Kern 1537). – Dreiseitig geschlossener Bau mit Stichkappentonne, renoviert 1956. Eingangsfront mit korbbogig gerahmtem Zugang und Pilastern.

Altenstädter Schloß (Schloßstraße 12 und 10). Nach häufigem Besitzerwechsel seit 1781 Eigentum der Freiherrn von Lindenfels. – Der zweigeschossige, auf 1578 (Bauinschrift im Keller) zurückgehende Giebelbau nach 1832 erneuert. An der Ostseite aufwendiges, spätbarockes Korbbogenportal (letztes Viertel 18. Jh.), von schräg gestellten Steinpfeilern und Schweifgiebel gerahmt; darüber leere Figurennische. – Östlich begleitet von Nebengebäude (im Kern ebenfalls 1578) mit Türrahmung, dat. 1784, nördlich von Ställen mit Korbbogeneinfahrten.

Mariensäule auf dem Marktplatz, farbig gefaßter Granitpfeiler mit korinthisierendem Kapitell, dat. 1710; auf den Pfeilerseiten Reliefs der hll. Sebastian, Johannes von Nepomuk, Antonius von Padua und Michael.

ERGGERTSHOFEN
Markt Breitenbrunn, Kr. Neumarkt i.d. Opf. *Karte 12*

Kath. Filialkirche St. Johannes Bapt. Außerhalb des Ortes in ummauertem Friedhof gelegen. – Unter Verwendung des romanischen Chorturms im 17./18. Jh. erbaut, 1903 nach Westen verlängert. – Chorturm mit Achteckaufsatz und Zwiebeldach, an der Ostseite romanisches Rundbogenfenster. – Im eingezogenen, quadratischen Chor späteres Kreuzgewölbe, im Schiff niedrige Flachdecke mit erneuertem Fresko des hl. Johannes Bapt. – Ausstattung Anfang 18. Jh. Viersäuliger Hochaltar mit seitlichen Akanthusranken. Zweisäulige Seitenaltäre, mit Figuren, links hl. Joseph, rechts hl. Anna Selbdritt. – Prozessionsstange mit gefesselter, nackter Figur des hl. Sebastian, um 1500.

ERLHAMMER
Gem. Reuth b. Erbendorf, Kr. Tirschenreuth. *Karte 2*

Ehem. Hammerschloß. In das 16. Jh. zurückgehender, hoher Halbwalmdachbau mit Granitrahmungen, großenteils 18. Jh. – Rückwärtig der langgestreckte niedrige Bau des Eisenhammers in analogen Formen (wohl 18. Jh.), mit offener Doppelarkade auf Steinpfeiler.

ERLHEIM Gem. Ursensollen, Kr. Amberg-Sulzbach. *Karte 8*
Mittelalterlicher Adelssitz der Oerlheimer.

Kath. Kirche St. Laurentius. 1433 bis zur Gegenreformation eigene Pfarrei. – Gotischer Chor mit später verändertem und erweitertem Langhaus. – Eingezogener Chor mit $^5/_8$-Schluß und Kreuzrippengewölbe; Dachreiter. – Rokoko-Ausstattung.

ERNERSDORF Stadt Berching, Kr. Neumarkt. *Karte 7*

Kath. Filialkirche St. Ägidius. Von Friedhofsmauer mit Rundbogenzugängen aus unregelmäßigem Kalkstein, stellenweise Sandsteinmauerwerk umgeben, wohl 16./17. Jh. – Romanische Chorturmanlage, im 18. Jh. verändert. Renovierung außen 1972/73, innen 1976/77. – Im Ostturm mit barockem Achteckaufsatz und Schweifhelm der eingezogene, quadratische Chor. Flachdecken mit spärlichen Laub- und Muschelwerkstukkaturen, um 1740; über dem Chorbogen Wappen des Eichstätter Bischofs Johann Anton II. von Freiberg (1736–1757). Nazarenische Deckenbilder, an der Emporenbrüstung sign. und dat. „*S. Holzer,* Amberg 1872". – Viersäuliger Hochaltar, Anfang 18. Jh., mit Ranken- und Bandelwerk, etwas später die Seitenaltäre mit neubarocken Ergänzungen. Alle Altäre tragen spätgotische Figuren, die durch grelle, maskenhafte Fassungen beeinträchtigt sind. Auf dem Hochaltar die hll. Ägidius, Jakobus und ein nicht näher charakterisierter Bischof (Anfang 16. Jh.), am linken Seitenaltar eine Mondsichelmadonna (um 1520), am rechten der hl. Sebastian (Anfang 16. Jh.).

ESCHENBACH i. d. Opf. Kr. Neustadt a. d. Waldnaab. *Karte 4*

Der um 1170 erstmals erwähnte Ort um 1269/71 „forum", 1329 „marcht" genannt – möglicherweise eine Gründung der Hohenstaufen. 1358 Stadtgründung durch Karl IV. Bis 1972 Kreisstadt.

STADTANLAGE

Regelmäßige Anlage über langgezogenem, trapezförmigem Grundriß, von Ost nach West der Länge nach halbiert durch einen breiten, steil ansteigenden Straßenmarkt. Im westlichen Bereich laufen schmale, durch wenige Quergassen erschlossene Gassen parallel zum Straßenmarkt. An der talwärtigen, östlichen Schmalseite des Trapezes, auf einem kleinen, abseits des Marktplatzes erhöht gelegenen Platz, die Stadtpfarrkirche, – hier dürfte wohl der älteste Siedlungskern zu suchen sein. Den prägnanten Westabschluß bildet die Maria-Hilf-Bergkirche, die an höchster Stelle der Stadt vor dem einstigen oberen Tor beim ehem. Schloß errichtet wurde. Das 1570 inmitten des großen Marktplatzes erbaute Rathaus (1958 nach Norden erweitert, 1980 umgebaut und instandgesetzt) trennt diesen in den unteren Marien- und oberen Karlsplatz. Das Stadtbild ist durch den Wiederaufbau nach den Bränden von 1867 und 1868 geprägt. Neue Siedlungen nach dem Zweiten Weltkrieg.
Die Stadtbefestigung, eine Zweitoranlage, in der 2. Hälfte 19. Jh. bis auf geringe Reste abgetragen.

★ **Kath. Pfarrkirche St. Laurentius.** 1285 im Kloster Speinshart inkorporiert. – Gotische Staffelhalle des 15. Jh. Unterbau des Turmes von „Wercksmeister" *Hans von Auerbach* 1492 begonnen (Inschrift), 1506 Stiftung von Glocken (Inschrift), 1541 der zylindrische, mit Kegeldach abgeschlossene Renaissance-Aufbau mit kleinen Rundtürmchen über den Ecken fertiggestellt. 1893 Verlängerung des mittelalterlichen Hausteinbaues um ein Joch und eine Vorhalle, dabei durchgreifende Umgestaltung der Nord- und Westseite. Die in dem Restaurierungskonzept des Amberger Bauamtsassessors *von Schab* 1892 gerügten Mißstände, u. a. die Westfassade, die mit einem schlichten Krüppelwalmdach „mehr einem Stadel als einer Kirche gleicht", wurden im Sinne monumentaler Einheitlichkeit historisierend korrigiert und umgestaltet.
Außenbau. – An der Nordseite des Langhauses, dicht hinter der Sakristei, der Turm, sein fünfgeschossiger Quaderunterbau durch Kaffgesimse gegliedert. Am Chor gotische, gestufte Strebepfeiler mit Maßwerkblenden wie in ▷ Neustadt am Kulm. Nur am Chorscheitel

ein originales zweibahniges Maßwerkfenster erhalten, die übrigen Fenster- und Portalöffnungen neugotisch. Imposant der in Anlehnung an das ▷ Amberger Rathaus maßwerkverblendete Westgiebel mit Vorhalle und seitlichem Treppenturm. Am nordwestlichen neugotischen Strebepfeiler des Langhauses Sandsteinreliefs mit Gekreuzigtem zwischen Engeln und Vera Icon (?), aufgrund der starken Verwitterung archaisch anmutend, wohl spätmittelalterlich.

Inneres. – Breitgelagerter niedriger Raum. Der Chor ein Joch tief mit $^5/_8$-Abschluß, wenig breiter als das Mittelschiff, mit diesem in gleicher Höhe kreuzrippengewölbt. Das Mittelschiff mit Netzgewölbe öffnet sich in weiten kämpferlosen, nach zwei Seiten abgefasten Rundbogen auf ungleichen Achteckpfeilern gegen die Seitenschiffe, das südliche mit Kreuzrippen-, das nördliche mit Netzgewölbe. Die Rippen im nördlichen Seitenschiff haben Birnstabprofil, alle übrigen ausgekehlt, der Chorbogen beiderseits ausgekehlt. Alle gliedernden Architekturteile aus Sandstein. Am nordöstlichen Pfeiler Stifterinschrift von 1506, möglicherweise ein Hinweis auf die Vollendung des Langhauses. Westempore mit neugotischer Maßwerkbrüstung, auf fünf, im Mittelschiff konvex gestellten spitzbogigen Arkaden.

Ausstattung. – Als Hochaltar großer neugotischer Flügelaltar von 1887, astwerkgerahmte Reliefs mit Passionsszenen. – Stattliches Chorgestühl mit gedrehten Säulen und Muschelnischen, wohl 2. Hälfte 17. Jh. – Reiche Figurenausstattung des 19./20. Jh., wenige Barockfiguren, u.a. bewegte Figur des Johannes Bapt., hl. Dorothea (?). – Grabdenkmäler des 16./17. Jh., u.a. ein Epitaph in Altarform für Caspar Köferl († 1585) mit Darstellung des Jüngsten Gerichts, darunter links die Grablegung, rechts die Auferstehung und in der unteren Hälfte die Bestellung des Ackers durch Adam, vorzügliche Renaissancearbeit eines Amberger Bildhauers, ein ähnliches Grabmal in der dortigen Georgskirche.

Kath. Maria-Hilf-Bergkirche. 1771–74 von dem Amberger Hofbaumeister *Wolfgang Diller* auf dem Platz einer Kapelle von 1680 erbaut, Weihe 1778, letzte Renovierung 1972–78. – Nördlicher Kuppelturm, 1906 nach Plan des kgl. Bauamtsassessors *Anding* aus Weiden neu gebaut. Verputzter Satteldachbau mit Spiegelfelderung. – Eingezogener, abgerundeter Chor, wie das Langhaus mit flacher Stichkappentonne überwölbt; im Westen Empore. – Muschelwerkstukkaturen im Chor und am Chorbogen. Bildfenster von Fa. *Schneider* aus Regensburg, 1920. – Ausstattung. – Drei breit aufgebaute, durch Rocailleformen und kleinteilige, bewegte Figuren aufgelockerte Altäre. Bildhauerarbeiten des Hochaltars 1772 von *Joachim Schlott* aus Amberg; im Auszug über dem Gnadenbild Dreieinigkeit von *Johann Michael Wild* aus Amberg. Für die Fassungen von Hochaltar und Kanzel nachgewiesen *Wolfgang Pösl* aus Amberg, 1788–89. Altarblätter der Seitenaltäre mit hl. Sebastian und Mariä Heimsuchung narazenisch, um 1830.

Friedhofskirche Mater Dolorosa. Mehrmals renovierter Bau des 16. Jh., Langhaus 1812 abgebrochen. – Gliederung durch zweibahnige Maßwerkfenster und gestufte Strebepfeiler; spitzer Dachreiter. – Altar um 1700 mit vier gewundenen, weinlaubumrankten Säulen.

Ehem. Pflegschloß, später Landratsamt (Karlsplatz 29). Entwickelte sich aus einem der urspr. drei in der Stadt verteilten Burggüter. Nach dem Brand von 1670 wieder aufgebaut, erneuert. Dreigeschossiger Bau mit Walmdach; an der Südseite Relief der Anna Selbdritt, um 1530/40, in Nische der Ostseite eine Pietà des 18. Jh.

Sog. Malzhaus (Wassergasse 7). Mächtiger Bau aus Brocken- und Quadermauerwerk, dat. 1606 (baufällig). Halbwalmdach, wulstförmiges Traufgesims, kleine Rechteckfenster mit abgeschrägten Gewänden. Im Erdgeschoß gewölbte Pfeilerhalle.

Ehem. Färberei und Tuchmacherei (Pressather Str. 10). Stattlicher Bau mit Mansarddach, Ende 18. Jh., wohl ältere Kernsubstanz.

Sandsteinstatue der Immaculata auf dem Marienplatz, 1720 aufgestellt, 1788 verändert (Inschriften).

ESCHENFELDEN

Gem. Hirschbach, Kr. Amberg-Sulzbach. *Karte 4*

Simultankirche SS. Corpus Christi. Mächtiger Chorturm mit Spitzhelm 14. Jh., das Langhaus 1863 erneuert. Instandsetzung 1978–82. – Flachgedeckter Saalbau, eingezogener, quadratischer Chor mit östlichem Maßwerkfenster und Kreuzrippengewölbe, Schlußstein mit Relief, Christuskopf. – Ausstattung. – Hochaltar mit Knorpelwerk, Ende 17. Jh., mit um 1500 geschnitzten Figuren: in der Mittelnische der Schmerzensmann, Maria und Johannes, im Auszug zwei Engel, die eine neu ergänzte Monstranz tragen. – Seitenaltäre angeblich aus einem Vilsecker Kloster. Der nördliche, 1. Drittel 18. Jh., mit Nischenfigur der Muttergottes, der südliche Josephsaltar um 1700, spätere Veränderungen. – Kanzel von 1686, strenger architektonischer Aufbau, mit Bildern der Evangelisten. – Reste des spätgotischen Chorgestühls im Chor. – An der Rückseite der Mensa des nördl. Seitenaltars Grabplatte für Margarete von Breitenstein, geb. von Redwitz († 1581).

ESCHLKAM Kr. Cham. *Karte 11*

Als eine der ältesten Siedlungen des Grenzgebietes schon um 1240 als herzoglich bayerischer Amtssitz überliefert. 1451 verlieh Bayernherzog Albrecht III. das gesamte Gebiet „Winkel im Aigen" dem Hussitenanführer Pribik von Klenau, 1465 folgten die Degenberger nach. Ab 1474 nur noch Sitz eines Pflegamts, der 1654 an Furth fiel und 1774 ganz aufgehoben wurde.

Anlage

Das ehem. Pflegschloß auf der Spitze des Berges verband sich mit der im Zentrum gelegenen Kirche und dem befestigten Friedhof zu einer Art Kirchenburg, vergleichbar der Anlage in ▷ Kötzting. Teile der mittelalterlichen Befestigung, die 1633 von den Schweden niedergebrannt wurde, noch in der rechteckigen Friedhofsummauerung (1987 instandgesetzt) enthalten. In der Nordostecke urspr. Rundturm mit Kegeldach, jetzt zur Lourdes-Kapelle ausgebaut. An der Südseite standen einst die Wohngebäude des Schlosses, in der Südostecke noch im Kern erhalten das ehem. Torhaus mit rundbogiger, flachgedeckter Durchfahrt.

Kath. Pfarrkirche St. Jakobus d.Ä. Im 17. Jh. unter Einbeziehung des gotischen Chores und des Turmunterbaus erneuert. 1866–68 nach Westen erweitert und Turm erhöht. Renovierung 1983/84. – Ausladendes Langhaus mit Lisenengliederung. Am eingezogenen, dreiseitig geschlossenen Chor gestufte Strebepfeiler. Turm mit Spitzhelm über Dreiecksgiebeln an der Chornordseite. – Im Chor Tonnengewölbe mit Stichkappen, Langhaus mit Flachdecke, hölzerne Doppelempore. – Der gesamte Innenraum im byzantinisierend-trecentesken Stil ausgemalt, letztes Drittel 19. Jh., 1983/84 freigelegt. Spätnazarenische Dekken- und Wandbilder, häufig Mosaikgrund imitierend. – Farbfenster 1888–1903, im Schiff zehn Fenster mit Szenen aus dem Marienleben und der Passion Christi, im Chor Heiligenfiguren. – Reiche Ausstattung aus dem letzten Drittel des 19. Jh.: drei neuromanische Altäre, Kanzel, Figurenzyklus. – An der Südwand unter Kruzifixus (2. Hälfte 19. Jh.) weiß-gold gefaßte Assistenzfiguren (Mitte 18. Jh.) – Grabplatten aus Solnhofer Kalkstein, u.a. im Chor für Maria Jakobe Francisca Frejin Docfort († 1731).

Gasthof zur Post (Waldschmidtstr. 14) mit Dauerausstellung über Leben und Werk des in Eschlkam geborenen Schriftstellers Maximilian Schmidt, gen. Waldschmidt (1832–1919). Halbwalmdachbau, im Kern 15./16. Jh., dat. 1838.

ESLARN Kr. Neustadt a.d. Waldnaab. *Karte 6*

★ **Kath. Pfarrkirche Mariä Himmelfahrt.** 1326 erstmalig als Pfarrkirche erwähnt. Mittelalterliche Vorgängerbauten nicht bekannt, jedoch spätestens seit dem 16. Jh. an der heutigen Stelle zu vermuten. Ab 1681 Neubau der Pfarrkirche. Als Baumeister wurde *Johann Kirchberger* aus Neustadt a.d. Waaldnaab berufen, der zuvor in ▷ St. Quirin und am Chor der Pfarrkirche von ▷ Altenstadt gearbeitet hatte. Rohbau 1685 vollendet, 1689 Einweihung. Nach Einsturz des Turmes 1722 Neubau. Durch den Stadtbrand von 1895 Zerstörung des Altarraums samt Hochaltar. 1910 Verlängerung der Kirche nach Westen: Emporen, zwei Treppentürme, Eingangsbau mit Freitreppe. Turmbekrönung 1927. – Renovierung 1967/68, dabei Beseitigung des neuba-

rocken Hochaltars; freie Gestaltung des Altarraums mit Neuaufstellung des Gnadenaltars (bisher am Chorbogen) und zweier Seitenaltäre, jeweils abgelöst von der Mensa.
Erhöht in Ortsmitte gelegen. Schlichtes Langhaus mit hohem Satteldach, Westgiebel neubarock konturiert und durch von Treppentürmen flankierte Vorbauten ergänzt. Barocker Turm mit nachträglich vergrößerter, zweifach eingezogener Zwiebelhaube. – Tonnengewölbter Wandpfeilerbau mit seitlichen Emporen; in der architektonischen Grundhaltung, der Proportionierung bis hin zu baukünstlerischen Details verwandt der Wallfahrtskirche ▷ St. Quirin.
Die Ausstattung enthält u.a. qualitätsvolle, für die Oberpfalz typische Akanthusaltäre der 1. Hälfte des 18. Jh., die jedoch infolge der musealen Neuaufstellung und Restaurierung der sechziger Jahre in der Wirkung beeinträchtigt sind. – Gnadenaltar, ehem. am Chorbogen, heute im Altarraum auf trapezförmigem Sockel aufgestellt. Der Typus des architekturlosen, geschnitzten Altaraufbaus um 1700 erfährt hier eine bedeutungsvolle Ausbildung in der Anspielung auf das bei barocken Wallfahrten geläufige Motiv der Marienfigur in einem Baum: aus dem mit Akanthus belegten Stamm verteilen sich in großen symmetrischen Schwüngen Blattranken baumkronenartig um den von Rosen umrandeten, ovalen Schrein mit gotischer Figur der Muttergottes; seitlich im Blattwerk Engel. Über monumentaler, von Ranken gehaltener Krone Gottvater mit Weltkugel und Taube, seitlich des Stamms die hll. Joseph und Joachim. – Zwei Retabel, Stiftungen von 1725, auf Sockel gestellt, mit Bildern der Kreuzigung und der Herabkunft des Hl. Geistes. Prächtiges Akanthusschnitzwerk, in kontrastreicher Gold-Weiß-fassung. – Vier Seitenaltäre Anfang 18. Jh., stilistisch ähnliche Aufbauten mit z.T. rankenumwundenen gedrehten Säulen und gesprengtem Gebälk, die beiden östlichen Altäre mit Bildern des frühen 18. Jh.: Johannes Bapt. in der Wüste, hl. Anna lehrt Maria lesen. Im zweiten Kapellenpaar Schnitzfiguren des hl. Sebastian (16. Jh.) und des hl. Joseph (18. Jh.) – Rosenkranzmadonna um 1700. – Kanzel, 1759 von Bildhauer *Peter Hirsch* und Kistler *Peter Bacher*, beide aus Amberg. Reich geschmückter Korb mit Sitzfiguren der Evangelisten, Reliefs mit Wunder und Gleichnissen Christi; auf dem Schalldeckel Paulus und Putten als der Verkörperung der Vier Erdteile. – Orgelprospekt 1757, von den gleichen Künstlern, die zusammen auch in der Wieskirche in ▷ Moosbach nachweisbar sind. Rocailleschnitzwerk mit musizierenden Putten. – Neues Kirchengestühl unter Verwendung geschnitzter Wangen und Abschlußwände des späten 17. Jh. mit Fruchtgirlanden und Putten. – Eslarner Zunftstangen um 1720, mit Leuchterengeln, die bezeichnete Wappenschilder tragen.

ETSDORF Gem. Freudenberg, Kr. Amberg-Sulzbach. *Karte 5*

Kath. Expositurkirche St. Barbara. Im 18. Jh. barockisierter gotischer Bau. Renovierung innen 1977/78, außen 1988. – Flachgedeckter Saalbau mit Rahmenstuck im eingezogenen, dreiseitig geschlossenen Chor.

Tonnengewölbe mit Stichkappen. Nördlich des Chores freistehender Turm mit Spitzhelm und zweibogigen Schallöffnungen. – Seitenaltäre 2. Drittel 18. Jh. – Kanzel 1783. – Stuhlwangen mit Rocailledekor. – An der Südseite spätgotisches Ölbergrelief.

ETTERZHAUSEN Gem. Nittendorf Kr. Regensburg. *Karte 13*

Kath. Kirche St. Michael. 1937/38 nach Plänen von *Franz Günthner*, Regensburg, gebaut.

Ehem. kath. Kirche St. Wolfgang, seit 1985 Privatbesitz in Nutzung der ev. Gemeinde. Am Ufer der Laaber gelegene kleine romanische Saalkirche mit eingezogenem, rechteckigem Chor, im Westen Dachreiter. Treffliches Beispiel einer mittelalterlichen Dorfkirche. Im Chor gratiges Kreuzgewölbe, halbrunder Chorbogen auf Kämpfern aus Platte und nach unten abgesetztem Wulst. Flach gedecktes Schiff mit kleinen halbrunden Fenstern, seitlich hölzerne Emporen. Westeingang, nachträglich vergrößert. – Holzfiguren der hll. Ulrich und Nikolaus um 1500. – Mehrere Epitaphien des 17. Jh. für die Erlbeck von Sinning auf Etterzhausen sowie die Haller von Hallerstein auf Etterzhausen.

Schloß (nicht zugänglich). Die Herren von Etterzhausen im 13. Jh. nachweisbar. Das Schloß entstand am Ufer der Laaber um 1590, wurde im Dreißigjährigen Krieg brandzerstört und 1769 renoviert (Bauinschrift). 1799 Umbau durch Freiherrn von Dittmer. Mehrfacher Besitzwechsel, seit Beginn dieses Jahrhunderts im Eigentum der heutigen Familie. – Zweigeschossige Anlage mit vortretendem, an den Ecken abgerundetem Mitteltrakt, darüber achteckiger hoher Turm mit Helm, abgeschlossen durch zwiebelbekrönte Laterne; schmälere Seitenflügel.

ETZELWANG Kr. Amberg-Sulzbach. *Karte 4*

Ev. Pfarrkirche St. Nikolaus. Die erste Kirche von Etzelwang wurde 1059 konsekriert. 1717–34 Errichtung der bestehenden dritten Kirche, 1762–65 Turmbau. 1881 und 1970/71 renoviert. – Dreiseitig abgeschlossener Saalbau, Westturm mit eingezogener Laternenzwiebelhaube. – Weiter Raum mit Flachdecke, Rahmenstuck. – Ausstattung. – Hochaltar von 1757, Säulenretabel mit Altarblatt der Auferstehung Christi, Seitenfiguren der hll. Nikolaus von Myra und Nikolaus von Naumburg. – Kanzel Ende 17. Jh. – Orgelwerk von *Elias Hössler* aus Mersbruck 1745, restauriert 1985. – Dreiseitig umlaufende Holzempore mit 25 Ölbildern, wohl 2. Hälfte 18. Jh.: christologischer Zyklus mit erläuternden Inschriften. – Im Chorschluß farbig gefaßte Sandsteingrabplatte für Georg von Brand († 1567): Der von einem Löwen begleitete Ritter kniet vor dem Kruzifixus.
Bemerkenswerte **Fachwerkhäuser, -kästen, -städel** in der Umgebung von Etzelwang (Penzendorf, Lehendorf). Generell sind im westlichen Bereich des Landkreises vor allem in den Gemeinden Hirschbach

(Oberklausen), Birgland (Poppberg, Fürnried), Weigendorf und Neukirchen häufig Fachwerkbauten aus dem 17.–19. Jh. anzutreffen.

ETZENRICHT Kr. Neustadt a.d. Waldnaab. *Karte 5*

Ev. Kirche St. Nikolaus auf einem baumbewachsenen Berg über dem Ort, von Ringwall und Graben umzogen. In runder Friedhofsummauerung, über dem nordwestlichen Rundbogenzugang Baudatum 1675. – In das 14. Jh. zurückgehender, mehrfach veränderter Bau. 1932 historisierende Ausgestaltung mit Holzfelderdecke, Emporen und Kanzel. Renovierung 1978/79. – Giebelturm mit Spitzhelm; eingezogener, rechteckiger Chor mit Kreuzgratgewölbe, an seiner Stirnseite schmales Spitzbogenfenster mit Maßwerknase, Kehlgewände. – Hochaltar mit weinrebenumrankten, gewundenen Säulen aus der Ausstattung des späten 17. Jh. verblieben, überarbeitet. – Stuhlwangen nach dem Original um 1680.

ETZGERSRIETH
Markt Moosbach, Kr. Neustadt a.d. Waldnaab. *Karte 6*

Die Rodungssiedlung des mittleren 12. Jh. 1255 erstmals erwähnt.

Kath. Filialkirche St. Georg. Wohl Mitte 18. Jh. errichtet, 1839 erneuert, 1914 erweitert. – An der Nordseite des eingezogenen, rechteckigen Chors ein Turm aus rohem Quadermauerwerk, Anfang 20. Jh. – Im Chor Kreuzgratgewölbe über Eckpfeilern mit Gebälk. Im Langhaus Spiegeldecke mit großen Deckengemälden von dem Münchner Maler *Leonhard Thoma* 1918: Geburt Christi, Auferstehung, Pfingsten. – Ausstattung. – Hochaltar Anfang 18. Jh., ein Säulenretabel mit Altarblatt von 1963. – Bescheidene, neubarocke Seitenaltäre. – Kanzel um 1730. – An den Langhauswänden Figuren der hll. Katharina und Barbara, 1. Hälfte 18. Jh.

EUTENHOFEN Stadt Dietfurt, Kr. Neumarkt i.d. Opf. *Karte 12*

Kath. Pfarrkirche Mariä Himmelfahrt. 1719 Beginn des Kirchenbaus durch den Dietfurter Stadtmaurermeister *Michael Anton Prunthaller,* der Chorturm 1734, Weihe 1736. Restaurierung innen 1970, außen 1987. – Chorturm mit oktogonalem Aufsatz und Zwiebelhaube. Der eingezogene, quadratische Chor über Eckpilastern kreuzgratgewölbt, im Schiff Tonnengewölbe mit Stichkappen über Pilastergliederung. Deckenbilder erneuert von *Joseph Wittmann,* München. – Ausstattung aus der Erbauungszeit. Sechssäuliger Hochaltar mit Allianzwappen, 1725 dat., und Seitenfiguren der hll. Joseph und Joachim, Altarblatt Muttergottes im Kreise Heiliger. Die Seitenaltäre etwas schlichter, von einem Velburger Bildhauer, Architekturteile von *Jakob Püntter* aus Mühlbach, Fassung von *Anton Widmann* aus Dietfurt. Links Altarblatt Vierzehn Nothelfer, rechts Apotheose des hl. Wendelin mit Ansicht von Eichelberg. – Taufstein aus Kalkstein mit Maßwerkblenden, 2. Hälfte 15. Jh.

F

FALKENBERG Kr. Tirschenreuth. *Karte 2*

Kath. Pfarrkirche St. Pankratius. 1905/06 von *Johann Baptist Schott* aus München in reichen neuromanischen Formen errichtet. – Nach Süden gerichteter Bau aus grobem Bruchsteinmauerwerk, Turm mit Spitzhelm im östlichen Chorwinkel. Querhaus innen und Chor apsidial geschlossen, einschiffiges Langhaus mit Holzdecke. – Ausstattung mit neubarocken und modernen Figuren.

★ **Burg.** Die im 11. Jh. errichtete Burg war Mitte 12. bis Mitte 13. Jh. Sitz der Falkenberger, dann der Leuchtenberger. Um 1300 Übergang an das Kloster Waldsassen. Wiederaufbau unter Abt Konrad (1393–1417); weiterer Ausbau bis 1465, vor allem zur Hussitenabwehr. Verfall nach Beschießung im Dreißigjährigen Krieg. 1934–39 ließ Werner Graf von der Schulenburg die Burg unter Verwendung des großenteils noch erhaltenen aufgehenden Mauerwerks zu Wohnzwecken rekonstruieren, Architekt *Franz Günthner* aus Regensburg. Seit 1988 Instandsetzungsmaßnahmen.
Aufgrund der Lage auf einem nach drei Seiten jäh abfallenden Granitfelsen hoch über der Waldnaab waren keine Ringmauern erforderlich. Die unregelmäßig ovale Anlage mit engem, annähernd trapezförmigem Innenhof im Osten und Südosten durch Halsgraben vom Hinterland getrennt. – Originale Teile der Bruchsteinmauern 15. Jh., das unregelmäßige Quadermauerwerk von Bergfried und Unterbau des Torturms weist in die Zeit der Hussitenabwehr. – Zugang über Zugbrücke und den rechteckigen Torturm im Süden. Dessen Obergeschoß enthielt urspr. die Burgkapelle: an der Südseite Altarerker über originaler, profilierter Konsole. An der Ost- und Westseite des Burghofs die urspr. Wohngebäude mit gerundet dem Terrain angepaßten Außenmauern, hier geringe Reste des Granitmauerwerks aus dem 11. Jh. Im Burghof der quadratische Bergfried, das originale Quadermauerwerk bis zu 14 m Höhe erhalten, rundbogiger Einstieg an der Westseite. Im Norden der annähernd rechteckige ehem. Brunnenbau mit Spitzbogenzugang.

Rathaus (Marktplatz 5). Zweigeschossiger Giebelbau, im Kern 16./17. Jh., saniert 1987/88. – Während der Sanierungsarbeiten wurden im Obergeschoß eine farbig gefaßte Bohlenbalkendecke, Fachwerkwände und Reste ornamentaler Wandmalereien aufgedeckt.

Im Ort einige **Wohnhäuser** des 17./18. Jh. mit fränkisch beeinflußtem Fachwerk, östlich der Kirche Haus Marktplatz 14, dat. 1683.

FALKENSTEIN Kr. Cham. *Karte 10*

Kath. Marktkirche St. Sebastian. Seit 1924 eigene Pfarrei. – Im Kern gotisch. Der verputzte Ostabschnitt mit dem seit 1934 die Eingangsfront bildenden Polygon und mit dem durch Lisenen und Bogenfries gegliedertem Turm mit eingezogenem Obergeschoß und Spitzhelm (statt dem ursprünglichen Satteldach). 1853 romanisierend umgebaut. 1934 um dreischiffige Säulenanlage mit eingezogener Apsis erweitert, in grobem Bruchsteinmauerwerk; 1989 grundlegend renoviert. Durch Rundfenster nur spärlich beleuchteter, flachgedeckter Innenraum mit Apsis- und Wangemälden wohl aus der Erweiterungsphase.

★ **Burg.** Weithin sichtbar auf felsigem, dicht bewachsenem Granitkegel. – Seit dem 11. Jh. Besitz des Regensburger Hochstifts, als Lehen Anfang 12. Jh. den Regensburger Domvögten übereignet, 1130 vorübergehend von Herzog Heinrich dem Stolzen erobert, dann an die Hohenfelser, gefolgt von den Leuchtenbergern. 1332 erwarben die Wittelsbacher die Burg. 1344 wurde sie an die Stadt Regensburg, 1347–79 an die Herren von Satzenhofen verpfändet. 1429 Hussitenabwehr unter Mithilfe der Frauen (der dem Bergfried vorgelegte Zwinger erhielt daraufhin die Bezeichnung „Weiberwehr"). Seit dem 16. Jh. häufiger Besitzerwechsel. 1634 von den Schweden eingenommen, ein zweiter Angriff 1641 erfolgreich abgewehrt. 1664–1829 im Besitz der Grafen von Törring. Die seit der 2. Hälfte des 18. Jh. vernachlässigte Burg kam schließlich an das Haus Thurn und Taxis; 1967 an die Marktgemeinde.

Anlage des 11. Jh., in der Gotik geringfügig, um 1619 großenteils umgebaut; partielle Abtragungen im 19. Jh., 1976/77 saniert und in ein „Haus des Gastes" umgestaltet. – Dem Gelände angepaßte Anlage um unregelmäßigen Innenhof. Den westlichen Abschluß bildet ein großer Felsen, auf dem sich der quadratische Bergfried mit nördlich anschließendem Wehrbau erhebt. An dessen nordwestlicher Außenseite das Chorhaupt der Schloßkapelle. Die Burg ist von Süden über einen gewölbten Tordurchgang zugänglich, diesem südlich gegenüber der schlichte, langgestreckte Bau des ehem. Zehentstadels, 1780 zum Herrenhaus, später Forsthaus ausgebaut. – Der dreigeschossige Bergfried mit rundbogigem Einlaß und abschließendem Zinnenkranz wie auch die Kernsubstanz der übrigen dreigeschossigen Burggebäude aus Bruchstein mit Eckquadern. An der Hofseite des nördlichen Trakts zweigeschossiger von Stichkappentonnen überwölbter Arkadengang, um 1619. – Im Osttrakt mit polygonalem Erker des 17. Jh. an der Südostecke ist u. a. das Jagdmuseum untergebracht.

Schloßkapelle. – Im 17. Jh. errichtet, renoviert 1988. – Saalbau mit dem Felsen angepaßtem, unten gerundeten, oben dreiseitigen Ostabschluß. Durch Pilaster gegliederter Westturm mit achteckigen Obergeschossen und verschindelter Zwiebelhaube. – Auf Konsolen aufsetzende Stichkappentonne mit dekorativen gotisierenden Stuckrippen. –

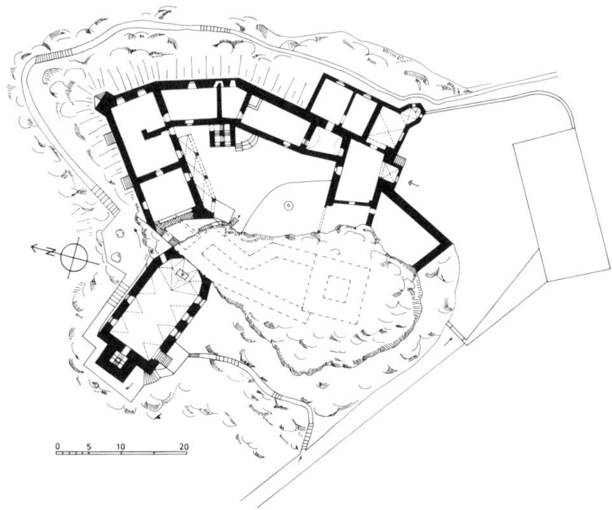

Falkenstein, Burganlage

Im neugotischen Schnitzaltar Muttergottesfigur der 1. Hälfte des 15. Jh.

Rathaus (Marktplatz 1). 1710 als neues Pfleghaus von den Törringern errichtet, im 3. Viertel des 19. Jh. erneuert. – Zweigeschossiger Traufseitbau mit mittelachsialen Zwerchhäusern an den Längsseiten und Staffelgiebeln.
In entsprechenden Formen der langgestreckte **Gasthofbau** von 1860/70 (Marktplatz 7) mit rückwärtigem Wirtschaftshof.

FEILERSHAMMER

Gem. Trabitz, Kr. Neustadt a.d. Waldnaab. *Karte 1*

Ehem. Hammerschloß des Klosters Speinshart, durch Abt Lieblein 1752 von den Erben der Schlammersdorfer erworben, 1796 wieder verkauft. Zweigeschossiger Walmdachbau des 18. Jh. mit Steingewänden und Lisenengliederung; im Erdgeschoß die urspr. Gewölbe erhalten. Seitenflügel mit Halbwalmdach, verändert.

FILCHENDORF

Stadt Neustadt a. Kulm, Kr. Neustadt a.d. Waldnaab. *Karte 1*

Ehem. Schloß (Schloßgasse 2). Erneuerter Satteldachbau, traufseitig Wappentafel „Neidhard Pfreimbder von Bruckh und Anna Maria von Schlammersdorff“, dat. 1626.

Ehem. Mühle (Hauptstr. 24). Ehem. Wohnstallhaus mit Walmdach, spätbarocke Gliederung, Portal dat. 1807.

FINKENHAMMER

Stadt Pleystein, Kr. Neustadt a.d. Waldnaab. *Karte 6*

Ehem. Hammer. 1531 Wiederaufbau des „Hammers zum Pleystein“. – Hauptbau mit hohem Walmdach und Steingewänden, bez. 1766, an der östlichen Längsseite Kapellenanbau. – Ein weiteres Beispiel eines der in der Umgebung von Pleystein liegenden Hammerwerke ist der ebenfalls 1531 erwähnte Peugenhammer.

FISCHBACH Stadt Nittenau, Kr. Schwandorf. *Karte 9*

Kath. Pfarrkirche St. Jakob. 1169 ist bereits eine Jakobskirche mit zwei Höfen nachweisbar. Von einem dieser Höfe stammt wohl der mittelalterliche Bauteil im Südwesten des angrenzenden Schlosses. 1725/26 ließ Georg Sigismund Christoph Graf von Thürheim einen Kirchenneubau mit Gruft errichten. 1727 Weihe. 1919 Umbau durch *Heinrich Hauberrisser,* Regensburg. Dabei wurde die Ostwand des dreiseitig schließenden barocken Chors durchbrochen und der Hauptaltar in das nun geöffnete Turmuntergeschoß zurückversetzt. Außenrenovierung 1988. – Chorturmkirche mit mittelalterlichem Kern. An das langgestreckte Schiff schließt sich östlich ein Querhaus an, im Westen die ehemals vom unmittelbar angrenzenden Schloß aus zugängliche Herrschaftsempore. Umlaufende Pilastergliederung, gedrücktes Tonnengewölbe mit Stichkappen. Einfacher Rahmenstuck, die Deckenbilder sign. von *Joseph Wittmann.* – Ausstattung. – Drei barocke Altäre, vom Bauherrn gestiftet, stammen angeblich aus München; im Hauptaltar Gemälde des Kirchenpatrons, sign. *J. Harzath* (?). Die Seitenaltarblätter, Maria und hl. Michael, 1903 von *Josef Altheimer,* Regensburg. – An den westlichen Querschiffswänden Dreikönigsbild und lebensgroßes Porträt des Georg Sigismund Graf von Thürheim, Stifter der Pfarrei, um 1730. – Grabstein der Cäcilie Schott († 1617).

Schloß. Gleichzeitig mit Kirche und Pfarrhof 1726/27 von Graf Thürheim erbaut; 1860 wurde der Dachstuhl mitsamt dem obersten Geschoß abgetragen und durch das jetzige Walmdach ersetzt. Heute im Besitz des Grafen von der Mühle-Eckart. – Der einfache zweigeschossige Bau hatte urspr. vier Ecktürme. Dreigeteilter Grundriß mit breitem mittleren Fletz in Ost-West-Richtung, Stuckdecke. – Zweischiffiger gewölbter ehem. Pferdestall im Südwesten. – Im Obergeschoß

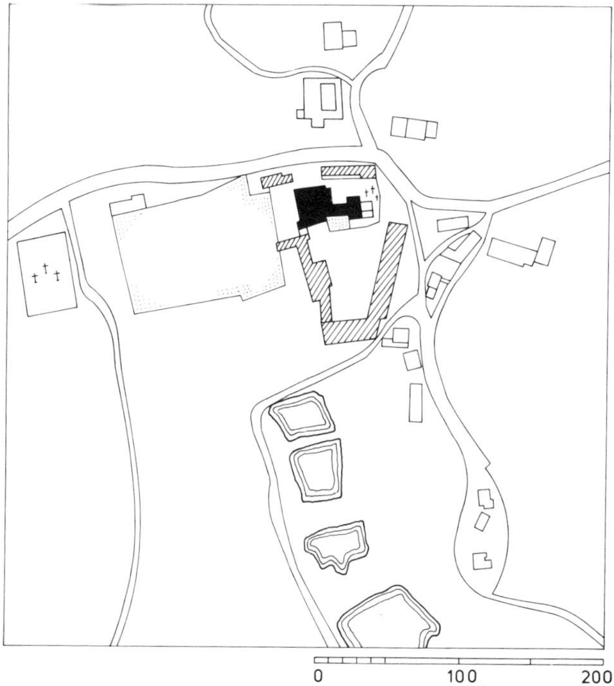

Fischbach

Saal mit Allianzwappen des Bauherrn Georg Sigismund Christoph Graf von Thürheim und seiner Frau Maria Katharina Freiin von Closen auf Haidenburg. Mehrere großzügige Räume mit stuckierten Decken: Rahmenstuck, Akanthus-, Palmwedel- und Muschelformen.

FLOSS Kr. Neustadt a.d. Waldnaab. *Karte 5*

Anlage

Ältester Bau St. Johannes Bapt., ehemals befestigt. In einiger Entfernung südöstlich das ehem. Pflegschloß. Als Ensemble ausgewiesen heute der Markt Floß, der Bereich, der durch Weisung des Neustädter Landrichters Karl Franz Reisner Freiherr von Lichtenstern nach dem Brand von 1813 einem klassizistischen Konzept zufolge eine systematische Neuordnung erfuhr: eine Hauptdurchgangsstraße parallel der

Floß, gekreuzt von der Verbindungsstraße Weiden-Plößbach, seitlich regelmäßige Parallelerschließungen für rechtwinklige Baublöcke mit traufseitiger Bebauung. Die kath. Pfarrkirche erst nach Auflösung des Simultaneums erhöht in der Nähe des ehem. Pflegschlosses errichtet.
Auf dem Berghang nördlich der Floß über dem Markt die Judensiedlung, die 1684 nach der Vertreibung aus Neustadt a.d. Waldnaab entstand. Die von der Sulzbachischen Landesregierung gegen Entgelt geförderte Ansiedlung begann mit vier Häusern und umfaßte 1780 bereits 40 Familien; nach dem Stadtbrand wurde die Siedlung ebenfalls den neuen Brandschutzbestimmungen angepaßt; 1842 lebten hier 72 Familien; starke Abwanderung in der 2. Hälfte des 19. Jh., 1900 nur noch 43 Personen, 1933, ein Jahr vor der 250-Jahrfeier, wurde das letzte Gemeindemitglied auf dem seit 1692 bestehenden Friedhof bestattet.

Ev. Pfarrkirche St. Johannes Bapt. 1328 wurde die Pfarrei dem Kloster Waldsassen inkorporiert. 1543 Einführung des protestantischen Kultus, von 1652 bis 1912 simultan genutzt. 1503 (Inschrift an einem Strebepfeiler) wohl Entstehungsdatum für Chor und Turm. Reparatur des Langhauses 1781–83 durch Baumeister *Johann Martin Beer* aus Pleystein ausgeführt: Holzdecke durch Stuckdecke ersetzt, Doppelempore. 1828 Obergeschoß und Helm des Turmes.
Außenbau. – Eingezogener Chor mit $^5/_8$-Schluß, Strebepfeiler zweimal abgesetzt mit Sockel. Turm in den drei verputzten hohen Untergeschossen mit unregelmäßig übereinander angeordneten Fensterschlitzen und fragmentierten Biforienfenstern, gekuppelten rundbogigen Schallöffnungen, Obergeschoß in Haustein mit abgeschrägten Ecken und Blendbögen, geschweiftes Pyramidendach. An Turm und Chor Kantenquaderung. – Inneres. – Die Raumwirkung einschließlich der Stuckdekoration (denkt man sich die Doppelempore weg) ähnlich der, nur wenige Jahre zuvor vom gleichen Baumeister fertiggestellten Wallfahrtskirche zu ▷ Oberfahrenberg (gleiche Künstler für die Altarausführung in beiden Kirchen). – Chor mit schmalem Vorjoch, gotisches Kreuzrippengewölbe auf einfachen, spitz zulaufenden Konsolen. Breitgelagertes Langhaus mit flacher Stichkappentonne, dreiseitig umlaufende Doppelempore in Überschneidung der hochliegenden Seitenfenster. – Die Stuckdekoration, Rahmenfelderung und Ornamente, farbig herausgehoben und durch Malereien ergänzt, ist durch die frei gestaltende Restaurierung der sechziger Jahre beeinträchtigt.
Ausstattung. – Hochaltar 1788, vereinfachte Ausführung nach Entwurf von Bildhauer *Wolfgang Kurzwart*. Zweisäuliger Aufbau mit seitlichem Schweifwerk. Über dem Tabernakel vollplastische Gruppe der Taufe Christi. – Spätgotischer Taufstein aus Granit, sechzehnseitige Schale auf Achteckfuß. – Kanzel um 1740, mit Volutenpilastern, Laub- und Bandelschnitzwerk, als Bekrönung hl. Johannes Bapt. – Stuhlwangen mit Rocailledekor.

Kath. Pfarrkirche St. Johannes Bapt. 1910–12 von *Heinrich Hauberrisser* in neubarocken Formen errichtet, im Typus ähnlich der ▷ Püchersreuther Kirche. – Basilikale Anlage mit Querhaus und eingezogenem, dreiseitig geschlossenem Chor. Turm an der südöstlichen Langhausecke, seine Obergeschosse aus rustikalem Quaderwerk, neubarokker Schweifhelm. – Im Giebel der Westfassade Relief der hl. Familie. – Flaches Tonnengewölbe mit Stichkappen und Rahmenstuck, die Seitenschiffe kreuzgratgewölbt. – Ausstattung großenteils neubarock. – Als linker Seitenaltar ein Akanthusretabel von 1723: Flaches Ranken- und Bandelschnitzwerk umschließt das Altarblatt mit hl. Familie, flankiert von Engeln. Das Gegenstück rechts 1912 von *Ignaz Dippel* aus Pressath geschnitzt, barockes Altarbild mit Schlüsselübergabe an Petrus.

Kath. Wallfahrtskirche St. Nikolaus auf dem Nikolausberg nördlich über dem Ort. – Ein mittelalterlicher Vorgängerbau 1561 abgetragen. 1722/23 nach Norden gerichteter Neubau, um 1900 Erweiterung nach Westen. Renovierung 1980/81. – Turm mit Spitzhelm an der Nordseite des eingezogenen, dreiseitig geschlossenen Chores, beide Bauteile vermutlich mit mittelalterlichem Mauerkern. – Chor mit Kreuzgrat- und Kappengewölbe, im Schiff Holzdecke mit dekorativen Auflagen (um 1900), kräftige toskanische Wandpilaster auf hohem, durchgehenden Sockel. – Barockausstattung. – Hochaltar, Säulenretabel mit Maria-Hilf-Bild nach Lukas Cranach und Seitenfiguren der hll. Sebastian und Rochus, 2. Hälfte 17. Jh., bekrönendes Akanthusschnitzwerk Anfang 18. Jh. – Seitenaltar gegen 1730, große Nischenfigur des hl. Johannes von Nepomuk, flankiert von Volutenpilastern, auf denen füllige Putten sitzen, Laub- und Bandelwerkbekrönung. – Kanzel mit kleinteiligem Rokokoschnitzwerk, farbig gefaßte Reliefs mit hl. Johannes von Nepomuk und begleitenden Putten, bekrönender Posaunenengel. – Am Chorbogen ein Kruzifixus des 17. Jh.

Synagoge (Am Berg 1). Eine erste, 1722 in Holz errichtete Synagoge fiel 1813 einem Großbrand zum Opfer. 1815 Grundsteinlegung für den heutigen Bau. 1938 vollständige Zerstörung des Innern. Beschluß zur Wiederherstellung 1971, am 9. 11. 1980 Einweihung der restaurierten Synagoge.
Zweigeschossiger, gelängter Achteckbau mit Walmdach, freistehend in der Zeile der Reihenhäuser. Der Haupteingang ehemals im Süden von der Judengasse aus, heute an der Westseite; Eingang zur Frauenempore über eine Freitreppe an der Nordseite. Der Innenraum von zwei übereinanderstehenden, an der Misrach aussetzenden Emporen auf Säulen umgeben. Gedrücktes Tonnengewölbe mit Kappen im Osten und Westen. – Thoraschrein in Ädikulaform mit schräg gestellten Säulen, achteckiger Almemor in Raummitte.

Ehem. Pflegschloß (Rathausplatz 1). Südöstlich des Ortes etwas erhöht 1671–73 von *Johann Heinrich Seyfried* errichtet, Umbauten 1726 und

1922. – Breitgelagerter, stattlicher zweigeschossiger Putzbau mit unregelmäßig rhythmisierter, kolossaler Pilasterordnung, darüber kräftiges Kranzgesims. Giebel mit profiliertem Ortgang und geschoßtrennenden Gesimsen, Aufzugsgiebel. Kreuzgratgewölbte Räume im Erdgeschoß.
Vor dem ehem. Pflegschloß stark verwitterte Granitfigur eines sitzenden Mannes („Bäumännchen"), mittelalterlich.

Alter Pfarrhof (Friedhofring 1) östlich der ev. Kirche. Barocker zweigeschossiger Walmdachbau mit geohrten Fenstergewänden und kräftigen, gegliederten Eckvorlagen, an der nordwestlichen Wappenrelief des Klosters Waldsassen, dat. 1757.
Oberhalb der Flossenbürger Straße der um 1700 angelegte **jüdische Friedhof** mit Grabsteinen des 18.–20. Jh.

FLOSSENBÜRG Kr. Neustadt a.d. Waldnaab. *Karte 6*

Ev. Pfarrkirche St. Pankratius. 1716 errichtet (Inschrift über dem Portal), nach Brand 1888 wiederaufgebaut. Innen 1968, außen 1985 renoviert. – Putzfeldergliederung; Turm mit erneuertem Spitzhelm an der Nordseite des eingezogenen, dreiseitig geschlossenen Chores. – Im Langhaus Flachdecke mit Rahmenstuck, der Chor mit Kreuz- und Kappengewölbe. – Hochaltar mit Laubwerkbekrönung, 1716, seitlich Figuren des hl. Eligius (?) und eines grüßenden Engels. Aus der gleichen Zeit die Kanzel mit Akanthusdekor.

Burgruine. Anfang 12. Jh. von Graf Berengar von Sulzbach erworben, nach dem Tod seines Sohnes Gebhard II., der sich vorzugsweise Graf von Floß nannte, durch Kaiser Friedrich I. Barbarossa angekauft. 1212 gelangte das Reichsgut vorübergehend an den böhmischen König. Nach dem Niedergang der Staufer niederbayerisch. 1273 Einigung mit König Ottokar von Böhmen. In der Folgezeit verwickelte Besitzverhältnisse aufgrund zahlreicher Verpfändungen und Übereignungen. – 1634 brannte die Burg samt dem bereits 1280 als Markt bezeichneten Ort nieder.
Die Burgruine liegt auf einem Granitfelsen. – Entstehung in drei Bauphasen vom Beginn des 12. Jh. bis um 1500. 1581 ff. bereits Abbrüche zur Wiederverwendung für den Bau der Vohenstraußer Burg, später im 18. Jh. für den Turm der Michaelskirche in Weiden. – Die Anlage, die zwei Burgenwohnungen aus der frühen und späten Romanik enthält, veranschaulicht die Entwicklung, die sich im fortifikatorischen Wohnbau im Lauf des 12. und der 1. Hälfte des 13. Jh. zu einer ein bequemeres Wohnen ermöglichenden Bauweise vollzogen hat.
Der älteste Teil weithin sichtbar auf dem höchsten Punkt der Erhebung, ein romanischer dreigeschossiger Wohnturm auf trapezförmigem Grundriß, mit Schlitzfenstern in beiden Untergeschossen und Kamin im ersten Obergeschoß. Reste einer Ringmauer schließen sich an, als südöstlicher Abschluß des inneren Burghofs eine hohe Deckungs-

mauer, der sog. „hohe Mantel". Die nahezu uneinnehmbare Lage erlaubte den Verzicht auf einen Bergfried. Äußerer Burghof mit zwei Torbauten und dazwischenliegendem Batterieturm um 1500; in dem nach Nordosten anschließenden, zweiten inneren Hof vermutlich ehem. ein spätmittelalterlicher Wohnbau. Ungewöhnlich außerhalb des Berings ein vorgeschobener, bergfriedartiger, fast quadratischer Turm mit Quaderverblendung nach innen und außen. Im zweiten Geschoß ein Kamin, der eindeutig auf eine Wohnnutzung hinweist. Bukkelquader mit Randschlag, ab der fünften Quaderreihe Zangenlöcher, weisen auf eine Datierung zwischen 1200 und 1250.

KZ-Grab- und Gedenkstätte. Am Ostrand des Ortes unmittelbar neben den früheren Granitsteinbrüchen das ab 1938 hier eingerichtete Konzentrationslager des nazionalsozialistischen Regimes, zu einer Grab- und Gedenkstätte umgestaltet. Von den ehemals 16 enggestellten und von einem elektrischen Zaun umgebenen Baracken ist noch eine im Grundriß erhalten; zwei begehbare Zellen einbezogen in das Dokumentationszentrum. – Die eigentliche Grab- und Gedenkstätte ist nach Art eines Landschaftsgartens gestaltet. – Neben einem Wachtturm die 1946–48 aus Abbruchquadern anderer Türme im Typ der Dorfkirche errichtete Kapelle Jesus im Kerker. Unterhalb der Kapelle das Tal des Todes mit der Hinrichtungsstätte und einer aus der Asche der Getöteten aufgeschichteten, von Gras überwachsenen Pyramide. – Eine künstlerische Auseinandersetzung mit der Geschichte und dem furchtbaren Geschehen dieses Ortes (30000 Tote) ist bis heute nicht erkennbar.

FOCKENFELD Markt Konnersreuth, Kr. Tirschenreuth. *Karte 2*

Ehem. Schloß, heute Salesianum. Als Sommerschloß der Äbte Alexander und Wigand von Deltsch 1750/70 von *Philipp Muttone* erbaut. Durch Generalsanierung 1986/87 stark verändert. – Vierflügelanlage um rechteckigen Innenhof, die rückwärtigen Trakte im 20. Jh. neugebaut. Langgestreckte, eindrucksvolle Front des zweigeschossigen Wohntrakts: Eckrisalite und dreigeschossiger Mittelpavillon mit Doppelsäulenportal aus Granit und Mansarddach. – Das imposante dreischiffige Vestibül mit vier Mittelpfeilern heute verändert.

FORCHHEIM Stadt Freystadt, Kr. Neumarkt i. d. Opf. *Karte 7*

Kath. Pfarrkirche St. Ägidius. Weihe des Neubaus 1767, nach Westen verlängert 1903. Innenrenovierung 1971. – Saalbau mit eingezogenem, dreiseitig geschlossenem Chor. Turm mit Achteckaufsatz und Doppelzwiebelhaube an der Chorsüdseite. – Im Innern Flachdecken über Vouten, Pilastergliederung im Langhaus. Chor mit Laubwerkstukkaturen, im Schiff um Bandelwerk bereichert, um 1730. Die originalen Deckenfresken bez. „*Georg Früeth*", 1971 gänzlich freigelegt: im Chor Lamm Gottes, im Langhaus großes Bild mit Muttergottes, den hll. Ägidius und Johannes von Nepomuk sowie Wallfahrern, seitlich kartuschenförmige Medaillons mit Heiligendarstellungen. – Ausstattung. – Hochaltar nach Mitte 18. Jh., reich dekorierter, viersäuliger Aufbau mit Seitenfiguren, nazarenisches Altarblatt, hl. Ägidius, von *Georg Lang* 1880. Viersäulige Seitenaltäre um 1720 mit seitlichem Rankenwerk und Figuren des 19. Jh. – Rokoko-Kanzel mit Bildern der Evangelisten. – An der linken Langhauswand spätgotische Figur der Anna Selbdritt.

FRANKENHOF

Gem. Illschwang, Kr. Amberg-Sulzbach. *Karte 4*

Simultankirche St. Margareten. Dreiseitig geschlossener, flachgedeckter Saalbau, wohl aus dem 18. Jh., renoviert 1982–84. – Dachreiter mit eingeschnürter Zwiebelhaube, 19. Jh. – Ausstattung 2. Drittel 18. Jh.

FRAUENBERG Gem. Brunn, Kr. Regensburg. *Karte 13*

Kath. Pfarrkirche St. Maria. Bau des 15. Jh. 1930 nach Norden gerichteter Neubau unter Verwendung des ehem. Chores als Seitenkapelle und des Westturms. – Turm südwestlich am Langhaus, mit barockem Achteckaufsatz und Zwiebelhaube. Der ehem. Chor mit $^5/_8$-Schluß und genasten Spitzbogenfenstern, innen Kreuz- bzw. Kappengewölbe mit ausgekehlten Rippen. – Ausstattung. – Altäre und Kanzel Rokoko, nach Mitte 18. Jh. – Hochaltar, Aufbau mit weit vorgestelltem vorderen Säulenpaar, unter Baldachin Figur der Muttergottes um 1500. – Seitenaltäre, Retabel mit Volutenpilastern, Altarblätter im Nazarenerstil. – Kanzel mit Aufsatzfigur des Guten Hirten. – An der rechten Langhauswand Figur der Muttergottes, überarbeitet, das Kind eine zu klein geratene Ergänzung um 1900. Mehrere barocke Heiligenfiguren an den Kirchenwänden.

FRAUENZELL Gem. Brennberg, Kr. Regensburg. *Karte 14*

Ehem. Benediktinerabtei. Entstanden als Einsiedelei. Um 1320 der Regel des hl. Benedikt und dem Abt von Oberalteich unterstellt. 1325 Weihe der Kirche, 1424 zur Abtei erhoben. Nach der Reformation 1582 Wiederherstellung des Klosters durch den Regensburger Bischof Kardinal Herzog Philipp. Die Verehrung des Gnadenbildes begann während des Dreißigjährigen Kriegs. Erneuerung des Klosters unter Abt Benedikt Eberschwang, 1727–30 Nordflügel mit Refektorium und ehem. Bibliothek. Säkularisation 1803. Renovierung des Refektoriums 1985.

★ **Kath. Pfarrkirche Mariä Himmelfahrt,** ehem. Benediktinerklosterkirche. Bauentwicklung. – Turm der gotischen Vorgängerkirche. Unter Abt Benedikt Eberschwang Grundsteinlegung zum Kirchenneubau 1737. Durch den alsbaldigen Tod des Abtes Bauunterbrechung, unter Benedikt Cammermeyer 1745 Fortsetzung des Baus nach Abbruch der

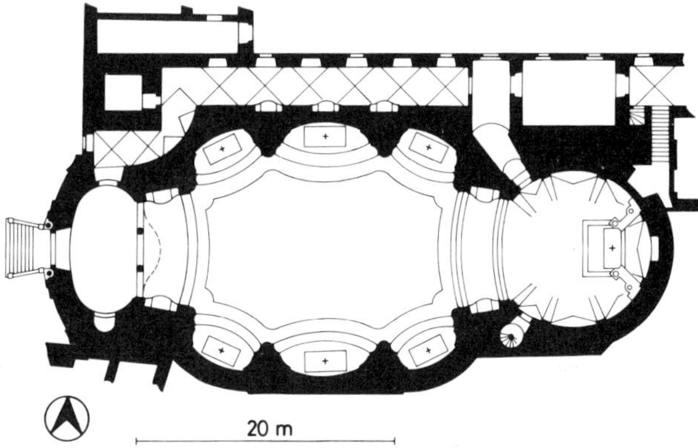

Frauenzell, Pfarrkirche, ehem. Benediktinerabtei Mariä Himmelfahrt

alten Kirche. Innenausstattung unter Abt Heinrich Schneider (1751–66). Hochaltar erst 1790, Weihe 1795. – Seit 1803 Pfarrkirche. Innen- und Außenrenovierung 1962–67. – Als beteiligte Künstler sicher nachweisbar die Deckenmaler *Otto Gebhard* mit Sohn *Andreas Gebhard* und *Martin Speer*. Die archivalische Nennung der *Brüder Asam* unter den für den Bauentwurf konsultierten Baumeistern legte eine Zuschreibung an diese nahe, ohne jedoch zwingend zu sein. Die Raumform hat Ähnlichkeit mit Weltenburg, mehr noch mit *Johann Michael Fischers* St. Anna-Kirche in München. Deutlich sind Einflüsse der *Dientzenhofer* aus Břevnov und Wahlstatt, Kirchen in denen *Cosmas Damian Asam* die Deckenmalerei schuf. – Die Bauleitung hatte angeblich der Mettener Klosterbaumeister *Benedikt Schöttl* mit seinem Sohn *Albert*. Stuckierung dem Wessobrunner *Anton Landes* zugeschrieben. Hochaltar von Frater *Albert Kaupp,* Figuren und Tabernakel von *Christian Jorhan d. Ä.* aus Landshut. Beichtstühle, Stuhlwangen und Chorgestühl von *Gottfried Gaßl* aus Frauenzell.

Beschreibung. – Die Kirche ist mit Turm und Westfassade dem Klosterhof zugewandt, Mittelpunkt der östlichen Platzwand, nach Norden verbunden mit dem Konvent, nach Südwesten freistehend. Eingezogener, segmentförmig schließender Chor. Langhaus, an den Ecken abgerundet, mit überhöhtem, allseitig abgewalmten Dach. Konvexe Westfassade mit kolossaler Pilasterordnung, Schweifgiebel über der nischenartig eingezogenen Mittelachse. Skulptierte Kapitelle und Schmuckportal mit bekrönender Madonnenstatue. Seitlich in Rahmen eingelassene Grabplatten mit Ritterdarstellungen: rechts Gedenkplatte von 1631 für den Klosterstifter Reimar von Brennberg († 1356), links

Grabstein für Albrecht von Murach zu Guteneck († 1501). – Quadratischer Turm, wohl Ende 14. Jh. aus Granitquadern, unverputzt belassen. Die fünf Geschosse durch Gurtgesimse gegliedert, gemauertes Pyramidendach mit Dacherkern.

Inneres. – Längsbau mit zentralisiertem, überhöhtem Hauptraum, rundem, eingezogenem Chor und querovaler Vorhalle mit Empore. Das Presbyterium überwölbt eine Hängekuppel mit Stichkappen. Vorgeschaltet ist ein schmales Joch mit schräg eingestellten Wänden und eingezogenem Tonnengewölbe: ein tiefer Chorbogen mit der Wirkung eines perspektivischen Rahmens für das Presbyterium, das aus dem Langhaus weniger als Zentralraum sondern als Nische für den Hochaltar wirkt. – Hauptraum von drei Achsen, im Typ eines Wandpfeilersaales. Die äußeren Pfeiler in Schrägstellung zur Mitte hin vorgezogen, wie die seitlich angrenzenden Kapellennischen nicht diagonal ausgerichtet, sondern auf die Querachse bezogen. Das Langhaus überspannt ein Muldengewölbe mit Hängezwickeln auf schmalen Fußpunkten über segmentbogigen Pfeilerstirnseiten. Seitlich in rhythmisierte Bogenstellungen mit verzogenen Gurten geöffnet. Gleitende Überleitung zu den Kappengewölben der Anräume und den eingezogenen Tonnengewölben vor Presbyterium und Vorhalle. – Auch die Wandgliederung, fast ohne ebene Flächen, ist entspannt, aus Teilräumen gebildet. – Die Wandpfeiler haben dreieckigen Grundriß, sind an den Stirnseiten abgerundet, zu den Seiten abgeschrägt und gegen die Außenwand konkav eingezogen. Sie nehmen seitlich windschiefe Gurte auf. Schmuckpilaster bezeichnen schanierartig den Übergang in die Kapellennischen. Die Pfeilerstirnseiten, vertikal ohne Betonung, sind als gleitende Begrenzungspunkte des Langhauses auf achtmal gebrochener Grundrißlinie raumbildend. Durch leichte Schwenkung der Pfeiler wirkt der Hauptraum gerundet. – Segmentbogige Rückwände der Kapellennischen sowie der Zentralräume in der Hauptachse bilden eine ondulierende Raumbegrenzung. Ein rhythmisiertes, dem Oval angenähertes Wandpfeiler-Wandkontinuum, dem in der Wölbzone gleitende Übergänge entsprechen. Der Raumeindruck ist der einer ausschwingenden Raumschale, eine „malerische" Raumschöpfung des Rokoko, durchaus vorstellbar als Entwurf eines Malerarchitekten wie *Cosmas Damian Asam*. – Stuck in der Art des *Anton Landes*. Feines Muschelwerk verbunden mit Ranken und Gitterflächen. Freiplastische Sitzfiguren der Kardinaltugenden und Prunkvasen auf den Pfeilervorsprüngen am Gewölbeabsatz, ähnlich wie in St. Kassian und der Alten Kapelle in ▷ Regensburg. – Deckenmalerei, im Langhaus *Otto Gebhard* zugeschrieben, in der Vorhalle von *M(artin) Speer* 1752 sign. Ein Marienprogramm: im Chor Schmerzensmutter, im Langhaus Himmelfahrt Mariä. Bilder aus dem Marienleben in den Kapellen, mariologische Symbole in Tonmalerei auf den Pilasterkapitellen. Über dem Psallierchor im Westen Unbefleckte Empfängnis und Verheißung der Erlösung, in der Vorhalle die Wunderwirkung des Gnadenbilds von Frauenzell. – Die Dekoration aus Stuck und Malerei ergänzt sich zu einem baldachinartigen Bildhimmel. Die figurenreichen, gedrängten und lebhaft bunten Kompositionen in den Gewölben belasten den lockeren, aus Pfeilerarkaden gebildeten Wandaufbau.

Ausstattung uneinheitlich und nicht auf die Architektur abgestimmt, zum Teil aus der Vorgängerkirche übernommen oder auch nachträglich eingebracht. – Hochaltar, um 1790 von Frater *Albert Kaupp*, Figuren von *Christian Jorhan d. Ä.* Am Sockel Wappen des Abtes W. Krieger (1766–88). Weiß-Gold-Fassung von 1962, vorher marmoriert. Viersäuliger, dem Chorschluß eingepaßter Aufbau mit Gnadenbild des 17. Jh. Hoher Tabernakel, Figuren von Liebe und Hoffnung, Leuchterengel und Putten bemerkenswerte Arbeiten des Frühklassizismus von *Jorhan d. Ä.* – Nebenaltäre. An der Nordseite Kreuzaltar, um 1740, vermutlich aus der Werkstatt des *Franz Anton Neu*. Maria und Johannes möglicherweise früheste Werke des *Simon Sorg*. An den Wänden die hll. Scholastika und Benedikt, Schnitzfiguren des 18. Jh. – An der Südseite Sebastiansaltar, um 1700, seitlich Petrus und Paulus. Frei aufgestellt Figuren der hll. Leonhard und Johannes von Nepomuk. – Benediktusaltar mit Wappen des Abtes Stephan Rieger (1626–53), vermutlich der ehem. Hochaltar. Um 1630 gestiftet, im Typ vergleichbar den Altären in St. Georg in ▷ Prüfening und ▷ Karthaus-Prüll. Altarblatt Tod des hl. Benedikt, um 1750. Pendant dazu das Altarblatt Tod der hl. Scholastika. – In der östlichen Kapelle der Südseite Pietà, nur die Marienfigur 17. Jh.; Petrus und Maria Magdalena bemerkenswerte Figuren des späten Rokoko. – Kanzel des ausgehenden 17. Jh., Aufgang neu. Taufstein dat. 1610. – Chorgestühl dat. 1750, Beichtstühle von 1752. Vortreffliche Schnitz- und Intarsienarbeit. Wie die Stuhlwangen von dem Stiftsangehörigen *Gottfried Gaßl*. – Orgelprospekt, reiche Schnitzarbeit, um 1752. – Im Kapellenraum, angrenzend an die Vorhalle, lebensgroßer Kruzifixus des 17. Jh.

Grabdenkmäler. – An der Westaußenwand zu beiden Seiten des Portals zwei große Rotmarmorepitaphien. Nördlich für Albrecht von Murach zu Guteneck († 1501) mit Relief des Verstorbenen im spätgotischen Plattenharnisch, die Rechte am Schaft der Rennfahne, die Linke am Schwertgriff. Südlich das 1631 für die Klosterstifter errichtete Ehrendenkmal für Reimar von Brennberg und Friedrich Auer von Brennberg, mit figürlichem Relief eines Geharnischten. – Im Kreuzgang Epitaph für den niederbayerischen Erbmarschall Achaz von Nußberg auf Brennberg und Welchenberg († 1565): Solnhofer Stein mit Relief des Verstorbenen zu Füßen des Kreuzes kniend und acht Wappen auf den seitlichen Pilastern; Epitaph für Johann Jakob Weiß († 1629), Abt des Schottenklosters in Regensburg; Epitaphien für Petrus Widmann († 1626) und Maurus Trauner († 1670), Äbte von Frauenzell, letzterer zugleich Abt von Prüfening.

Klosteranlage. Im Kern mittelalterlich. Als Anlage des 18. Jh. mit Hoftor im Norden, umbautem Platz im Westen, ummauerten Gartenflächen (jenseits von Kirche und Konvent) erhalten. – Vierflügelanlage

um rechteckigen Innenhof, der urspr. durch einen Nord-Südtrakt unterteilt war. Im Westflügel Säulenportal mit Wappen des Abts Benedikt Eberschwang, dat. 1737. Im Nordflügel Refektorium von 1729, ein Rechtecksaal mit Tonnenwölbung, Stuckdekoration in der Art des *Jacopo Appiani,* Deckenbilder von *Johann Gebhard* aus Prüfening.
Südlich der Kirche ehem. Klosterrichterhaus, später Brauerei, von 1729.

FREIHUNG Kr. Amberg-Sulzbach. *Karte 5*

1542 als Bergbauort entstanden.

Kath. Pfarrkirche Hl. Dreifaltigkeit. 1764–65 durch den Sulzbacher Maurermeister *Sebastian Regner* erbaut, 1922 nach Westen erweitert. 1929 Neufassung des Inneren (Deckenbilder, Stuckergänzung) durch Firma *Böckl* aus Regensburg. Renovierungen 1960–61 und 1986–88 entsprechend der Fassung von 1929. – Saalbau mit eingezogenem, dreiseitig geschlossenem Chor. Achteckiger, über fünf Seiten in das Langhaus eingebundener Westturm aus unregelmäßigen Sandsteinquadern, zylindrisches Obergeschoß mit Kegeldach. – Im Innern eine flache Stichkappentonne. – Stattliche Altäre und Kanzel des späten Rokoko.

FREISCHWEIBACH
Markt Kastl, Kr. Amberg-Sulzbach. *Karte 8*

Kath. Kirche St. Stephan. Im Kern romanisches Langhaus mit gotischem Chor; Westturm mit Spitzhelm, 17. Jh. – Langhaus mit Holzfelderdecke, schwach eingezogener, dreiseitig geschlossener Chor mit barockem Kreuzgratgewölbe. – Reich verzierter Hochaltar, nach Mitte 17. Jh., Säulenretabel mit lebensgroßer Nischenfigur des hl. Stephanus. – Südlicher Seitenaltar, Anfang 18. Jh., mit Nischenfigur der Maria Immaculata. – Kanzel mit Figuren der Evangelisten zwischen gedrehten Säulen, Ende 17. Jh.

FRENGHOFEN Gem. Bach a. d. D., Kr. Regensburg. *Karte 14*

Kath. Filialkirche St. Bartholomäus. Gotische Chorturmkirche um 1400, barocke Umgestaltung. – Turm mit Oktogonaufsatz und Zwiebelhaube, in seinem Unterbau der kreuzgratgewölbte Chor, im Langhaus Flachdecke über seitlichen Hohlkehlen, Rahmenstuck. – Altäre nach Mitte 17. Jh., mit spätgotischem Figurenschmuck. – Hochaltar mit barockem Halbfigurenmedaillon Gottvaters im Auszug. In Mittelnische Maria, dem Kind eine Traube reichend, Kopie des jetzt im Regensburger Diözesanmuseum befindlichen Originals aus der Mitte des 15. Jh. Seitlich hl. Urban und hl. Bischof, um 1470. – Schlichte zweisäulige Seitenaltäre mit Knorpeldekor, links nazarenisches Bild, flankierend die hll. Johannes Bapt. und Florian, rechts Gemälde des hl. Johannes von Nepomuk, seitlich hl. Petrus und hl. Jakobus; alle Figuren um 1490. – Kanzel Anfang 18. Jh., bekrönend ein Putto mit den Gesetzestafeln.

FREUDENBERG Kr. Amberg-Sulzbach. *Karte 5*

Wallfahrtskirche St. Johannes Bapt. (Johannisbergkirche). Nach Zerstörung des Vorgängerbaus 1652 auf dem dicht bewaldeten Westgipfel des „Freudenberger Gebirges" errichtet. Nach Ausplünderung im Spanischen Erbfolgekrieg weitgehende Neuausstattung 1712/13. Renovierungen mehrmals im 19. Jh., 1911, 1967, zuletzt 1975–79.
Rechteckiger Saalbau mit quadratischem Chor, beiderseits Sakristeien mit darüberliegenden Oratorien. Turm mit Spitzhelm im Westen. Im Chor eine Stichkappentonne, die Sakristeien mit Kreuzgratgewölben, im Langhaus Kassettendecke mit rautenförmigen Akanthusrosetten an den Schnittpunkten, um 1710. – Hölzerne Doppelempore, das Mittelstück der unteren trapezförmig vorgezogen. An den Brüstungen Gemälde: unten neun Szenen aus dem Johannesleben, oben die Vier Evangelisten und Vier Kirchenlehrer, von der Orgel verdeckt die Auferstehung Christi, wohl Anfang 18. Jh.
Ausstattung. – Altäre, Säulenretabel mit seitlichem Rankenschnitzwerk und nazarenischen Altarblättern. Hochaltar 1712, 1715 von *Martin Wild* aus Kemnath gefaßt. Breitgelagerter Aufbau mit Muschelnischen zwischen vier Säulen, Seitenfiguren der hll. Zacharias und Elisabeth, Johannes Ev. und Joachim (?), Altarblatt von dem Amberger Maler *Ernstberger* 1868. – Seitenaltäre von *Matthias Bösl* aus Oberviechtach 1717. – Kanzel mit Knorpelschnitzwerk, um die Mitte 17. Jh., 1672 aus der ▷ Amberger Maria-Hilf-Kirche bezogen. – Reich geschnitzte Stuhlwangen, gegen 1720. – Großer barocker Steinopferstock mit Eisenbeschlägen. – In Kapelle an der südwestlichen Langhausecke kleiner Akanthusrahmenaltar, 1729 „von Hans Ulrich von Vilseck angeschafft".

Kapelle St. Jakob. Im 17. Jh. im Ort errichtet und 1828 erweitert. – Rechteckiger flachgedeckter Saalbau. – Altar Ende 17. Jh.

FREYSTADT Kr. Neumarkt i. d. Opf. *Karte 7*

Gründung im letzten Viertel des 13. Jh. durch Heinrich II. und Hilpolt I. von Stein am Ostufer der Schwarzach in den westlichen Ausläufern des Oberpfälzer Jura. Erste Nennung 1298, 1393 Bestätigung des Stadtrechts, 1662 Neuverleihung. Leichtere Schäden im Zweiten Weltkrieg.

Anlage und Befestigung

Planmäßige Gründung im letzten Viertel 13. Jh. Über Grundriß von geometrisch-strenger Klarheit. Langgezogener, breiter Straßenmarkt mit zentralem, freistehendem Rathaus. An den Enden im Kern gotische, noch in das 13. Jh. zurückgehende Tortürme aus Kalksteinmauerwerk (1988 instandgesetzt), Innenausbau und Walmdächer später; von der übrigen Befestigungsanlage – Ringmauer mit Türmen und doppeltem Graben – nur noch einzelne Mauerabschnitte erhalten. Den Marktplatz begleiten beiderseits zwei parallele, im Leitersystem erschlossene Gassen. Die Pfarrkirche liegt nördlich abseits. Zur Mitte, zum Rathaus hin, leicht konkav ausschwingende Platzreihen von vielfach barocken Giebelhäusern mit abwechslungsreich gestalteten Fronten.

Kath. Pfarrkirche St. Peter und Paul. Um 1730 unter Verwendung des hochgotischen Ostturms errichtet, 1762 umgebaut; renoviert 1987. – Rechteckiger Saalbau, an der Ostseite der Turm mit oktogonalem Obergeschoß und Spitzhelm über Dreiecksgiebeln (1863). An der Südseite bemaltes Ölberg-Relief aus Sandstein, Mitte 15. Jh. (spätere Ergänzungen in Ton). – Flachdecke mit Laub-, Bandel- und Gitterwerkstukkaturen sowie stark überarbeiteten Fresken mit Szenen aus dem Leben der Kirchenpatrone. – Ausstattung. – Hochaltar nach Mitte 18. Jh., ein mächtiges viersäuliges Retabel mit Seitenfiguren der hll. Johannes Ev. und Johannes Bapt.; Altarblatt mit den Apostelfürsten (Ende 18. Jh.). – Altar in der nördlichen Seitenkapelle 2. Viertel 18. Jh., ein viersäuliger Aufbau mit Kruzifixus (Anfang 16. Jh.) in der Mittelnische, darunter Figur der Schmerzhaften Muttergottes, von Maria Magdalena und Johannes begleitet. Über der Mensa vier weitere kleinere Heiligenfiguren um 1730. – Kanzel Anfang 18. Jh. mit den ganzfigurigen Evangelisten in Muschelnischen zwischen gedrehten Säulen, auf dem Schalldeckel der Gute Hirte. – An den Längswänden Hochreliefs: hl. Christophorus und hl. Johannes Bapt. (beide Anfang 16. Jh.), hl. Stephanus (um 1500).

★ **Kath. Wallfahrtskirche Maria-Hilf.** Nordwestlich der Stadt auf freiem Feld gelegen. – Der Ursprung der Wallfahrt geht auf die beiden Hirtenjungen Hans Steinmetz und Johann Popp zurück, die 1644 auf der Roßweide eine kleine Kapelle aus Lehm bauten. Durch Spenden entwickelte sich daraus ein Maria-Hilf-Heiligtum, dem jedoch Kriegswirren und ein Bauverbot ein baldiges Ende bereiteten. 20 Jahre später veranlaßte der Freystädter Bürgermeister Friedrich Kreiwich erneut den Bau einer Kapelle (1664–1667) und stattete sie mit einem Gnadenbild aus. Die mangelhafte Fundamentierung machte bald einen Neubau nötig. 1699, nachdem *Georg Martin Puchtler* erste Pläne eingereicht hatte, beauftragte Ferdinand Lorenz Franz X. Graf Tilly den Graubündner Baumeister *Giovanni Antonio Viscardi* mit dem Kirchenbau. 1700 Grundsteinlegung, 1708/09 Stuckierung durch *Pietro Francesco Appiani* und Ausmalung durch *Georg Asam,* unterstützt von seinen Söhnen, 1710 Weihe. 1710–14 Klosterbau nördlich der Kirche für die Franziskaner, die seit 1681 – von Dietfurt aus – die Wallfahrt betreuten, 1718 Erweiterung. Einen 1802 im Zuge der Säkularisation geplanten Abriß der Kirche konnte der kgl. Generalmajor

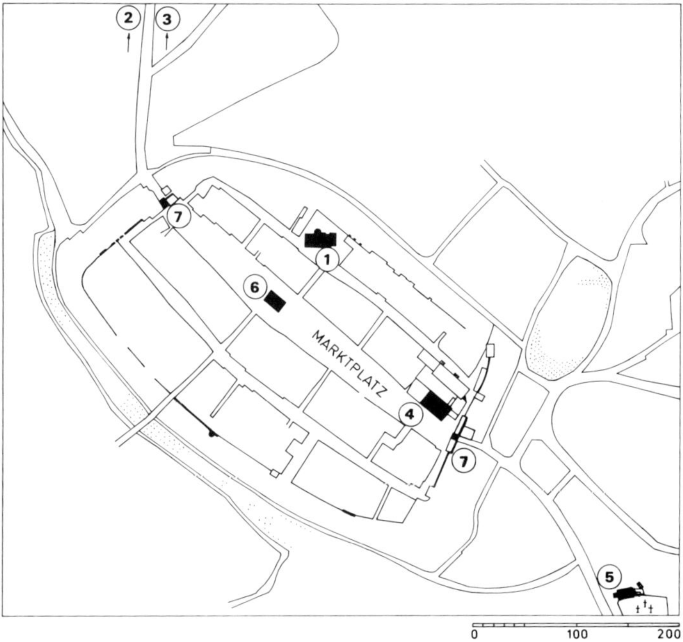

Freystadt

1 *Pfarrkirche St. Peter und Paul*
2 *Wallfahrtskirche Maria-Hilf*
3 *Franziskanerkloster*
4 *Ehem. Spitalgebäude mit Kirche Hl. Dreifaltigkeit*
5 *St. Sebastian*
6 *Rathaus*
7 *Stadttore*

Carl Ernst Freiherr Griessenbeck von Griessenbach verhindern (in der Vorhalle erinnert ein Epitaph an seinen Großvater). 1835 Rückgabe des Klosters an die Franziskaner. Im Laufe des 19. Jh. mehrmalige Renovierung und Neuausstattung, 1875 Schließung wegen Einsturzgefahr. Bei der darauffolgenden Instandsetzung 1877–79 wurden alle Altäre ausgewechselt und die Fresken von *Georg Lang* aus Deining übermalt bzw. ergänzt. Im Zuge der Innenrenovierung 1954–59 legte Erwin Vogt aus München die Fresken frei. 1980–84 Raumfassung nach Befund, weitere Freilegung (Inschriften und vier Medaillons im Langhaus) und Restaurierung der Fresken.

Die an die römische Bautradition anknüpfende Wallfahrtskirche von Freystadt gilt als einheitlichster Zentralbau des bayerischen Hochbarock; sie beeinflußte nachhaltig die Weiterentwicklung der Sakralbaukunst im 18. Jh. – vor allem das Werk *Johann Michael Fischers.*

Grundriß. – Zentralbau, dessen Kern die mächtige, auf einem fensterlosen Tambour ruhende Kuppel über oktogonalem Grundriß bildet. Durch nur risalitartig hervortretende Querarme erhält der Grundriß die Form eines griechischen Kreuzes, wobei die Längsachse nach Osten durch Altarraum und Sakristei, nach Westen durch eine Vorhalle weiter ausgreift, ohne jedoch – aufgrund der abgeschrägten Ecken – am Gesamtbau dominierend hervorzutreten. Vier Diagonalkapellen erweitern den Umriß zum Polygon. Außenbau. – Die im Schaffen *Viscardis* einzigartige Haussteinarchitektur (rötlicher Sandstein) ist als Anpassung an lokale Baugewohnheiten zu werten. – Über den Diagonalkapellen steigen zweigeschossige Türme mit Glockendächern auf, dazwischen die flachen Walmdächer der Kreuzarme und unmittelbar über dem Scheintambour je eine flachgiebelige Lukarne. Die Kuppel wird von einer vierseitigen Laterne mit volutenförmigen Eckbetonungen und einer Glockenhaube bekrönt. – Die abgeschrägten Ecken und die strenge Gliederung durch Kolossalpilaster toskanischer Ordnung mit verkröpftem, umlaufendem Gebälk verleihen dem Bau die charakteristische Geschlossenheit. Inneres. – Der Innenraum wird beherrscht von der lichterfüllten Kuppel, die ebenso hoch wie der Unterbau ist. Die Ecken des oktogonalen Unterbaus sind durch korinthische Doppelpilaster mit verkröpftem Gebälk akzentuiert. Die Kreuzarme von Quertonnen überwölbt, in der Vorhalle Kreuzgewölbe mit verschliffenem Scheitel. In den Diagonalen zweigeschossige Konchenkapellen von halber Kreuzarmbreite, deren gestelzte Öffnungsbogen der oberen Zone mit den Rundbogen der Querarme alternieren.

Die zartgetönten und goldgehöhten Stukkaturen von *Appiani* sind klar disponiert und akzentuieren das Architekturgefüge, dem Zeitstil entsprechend – nach französischem Vorbild – in der Üppigkeit gezügelt: Blumen- und Fruchtgirlanden entlang der Arkadenbogen, Akanthusranken, Palmwedel und Kartuschen, von figuralen Motiven belebt. In den Muschelnischen der Kreuzarme acht große Stuckfiguren von Heiligen, die mit dem Marienkult in Verbindung stehen. – Alle Fresken von *Georg Asam* entworfen, stilistische Unterschiede ma-

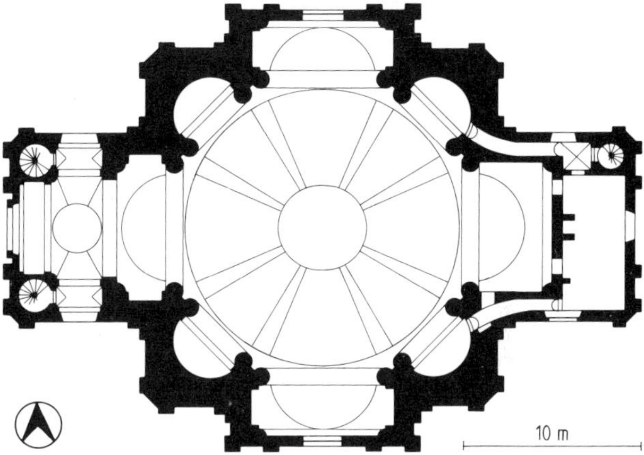

Freystadt, Wallfahrtskirche Maria-Hilf

chen die Mitarbeit seiner Söhne kenntlich (vor allem in den Bildern der Zwickel und der Vorhalle). Von den wohl urspr. 50 *Asam*-Fresken sind noch 33 erhalten, die Fresken in der Kuppel und in den Konchenkapellen 1878 von *Georg Lang* erneuert. Dem umfangreichen Bildprogramm der Stuck- und Freskendekoration liegt – abgesehen von der Entstehungsgeschichte der Freystädter Wallfahrt in der Vorhalle – die Marienthematik mit symbolischen und prophetischen Aussagen über die Stellung Mariens im Erlösungswerk Christi zugrunde.
Ausstattung. – Hochaltar mit freischwebender Figurengruppe der Himmelfahrt Mariens von *Hans Osel*, 1957; Tabernakel und ehem. Auszugsgruppe von verschiedener Herkunft, 1. Hälfte 18. Jh. Die beiden Seitenaltäre ebenfalls unterschiedlicher Provenienz, 1. Hälfte 18. Jh., der rechte 1975 mit dem Gnadenbild von 1664 versehen, der linke mit Altarblatt: hl. Familie. – Kanzel in Stuck von *Appiani* 1709, von Pelikan bekrönt, am Korpus Fresken der Evangelisten von *Asam*. – Acht Beichtstühle und das Gestühl von den Schreinern *Ulrich Fries* (Freystadt), *Weber* (Stadtamhof) und dem Bildhauer *Johann Georg Voraus* (Berching). – Abschlußgitter von dem Freystädter Schlosser *Johann Konrad Kölbich* 1724. – An den Wänden große Figuren von – überwiegend franziskanischen – Heiligen, 1. Hälfte 18. Jh. – Rotmarmor-Epitaph für Maria Anna Catharina Walburga Franziska Clara Freiin von Schicker († 1757), neuerdings als Werk *Ignaz Günthers* erkannt. Lebendig geschnitzte, auf die Ämter des Vaters anspie-

lende Bekrönungsgruppe mit geflügeltem Putto (Anima ?) und Reichsadler mit den Emblemen des wittelsbachischen Kurfürstentums (Zepter und Rautenwappen); beide halten das mit der Freiherrnkrone bekränzte Familienwappen.

Franziskanerklosterkirche. Weihe 1714. Kreuzgewölbter Saalbau mit dreiseitigem Ostabschluß und Dachreiter. – An den Längswänden und an der Emporenbrüstung nazarenische Bildtondi in Stuckrahmen. An der Altarwand Figur der Mondsichelmadonna, um 1490. An der Südwand spätgotisches Tafelbild: Maria mit Kind, durch Brautring in mystischer Vermählung mit der hl. Katharina verbunden.

Ev. Kirche St. Sebastian, ehem. Friedhofs- oder Pestkapelle. 1617 unter Einbeziehung eines gotischen Turms errichtet. 1930 Umgestaltung, Gesamtrenovierung 1988/89. – Flachgedeckter Saalbau mit dreiseitigem Ostabschluß. Westturm mit offenem Erdgeschoß, Achteckaufsatz und Spitzhelm.

Ehem. Spitalgebäude mit Kirche Hl. Dreifaltigkeit. 1367 wurde das Spital durch eine gemeinsame Stiftung von Hilpolt d. Ä. und d. J. von Stein erweitert. – Das bestehende Gebäude um 1730 errichtet, Äußeres 1972 renoviert. – Langgestreckter Bau mit kolossaler Pilastergliederung an den Ecken und am Mittelteil, im Sprenggiebel des Portals das Pfalz-Bayern-Wappen, Walmdach mit Dachreiter. – Kirche 1959/60 instandgesetzt. – Dreiseitig geschlossener Saal mit einheitlicher Raumdekoration und Ausstattung um 1730. Reiche Laub- und Bandelwerkstukkaturen, durch Gitter, Vasen und Köpfe belebt; Stukkaturen auch an den geschweiften Emporen der Längsseiten. Deckenfresken von *Melchior Puchner:* Auge Gottes und musizierende Engel. – Stuckaltar mit ausladendem Baldachin, Altarblatt Himmelfahrt Mariens. Seitlich Wandnischen mit Figuren der hll. Georg und Margareta. – Im Schiff eine Mondsichelmadonna, um 1480.

Rathaus. Zweigeschossiger Satteldachbau mit hohem Giebel und Dachreiter, um 1665 errichtet; Fachwerkreste unter Putz. 1969–71 erneuert und umgebaut.

Unter den **Bürgerhäusern** am Marktplatz sind hervorzuheben: **Nr. 17:** Zweigeschossiges Haus mit hohem Satteldach und Erker, 16. Jh. – **Nr. 19:** Gasthaus Traube, um 1750 errichteter Walmdachbau, Sandsteinfassade mit kolossaler Pilastergliederung. – **Nr. 24:** Erdgeschossiges Giebelhaus, im Kern 18. Jh. – **Nr. 27:** Ehem. Gasthaus zur Post, um 1730 erbaut, 1985/86 instandgesetzt und umgebaut. Giebelfront durch Pilaster und horizontale Mauerbänder dicht gefeldert. – **Nr. 30:** Ehem. Knabenschule, Sandsteinquaderbau mit Kordongesimsen und Eckpilastern, 17./18. Jh., umgebaut 1987. – **Nr. 28:** Schmales Haus mit zinnenbesetztem Giebel, im Kern wohl 16. Jh. – **Nr. 46:** Haus um 1800 mit älterer Bausubstanz. Giebelfront durch Pilaster und Stukkaturen gegliedert. – **Nr. 58:** Apotheke. Giebelbau mit von Horizontalbändern überschnittenen Kolossalpilastern und aufwendigem Viersäulenportal aus Sandstein, vom ehem. Franziskanerkloster Möningerberg hierher transferiert.

FRIBERTSHOFEN

Stadt Berching, Kr. Neumarkt i. d. Opf. *Karte 12*

Kath. Filialkirche St. Anna. Lage in ummauertem Friedhof, wohl 16. Jh. – Romanischer Chorturm mit barockem, angeblich 1711 entstandenem Langhaus. Renovierung innen 1975, außen 1980. – Chorturm mit vierseitigem Spitzhelm und moderner Laterne. Der eingezogene quadratische Chor und die nördlich anliegende Sakristei kreuzgratgewölbt, im Schiff Flachdecke mit Rahmenstuck und mariologischen Fresken. – Ausstattung großenteils um 1711. Viersäuliger Hochaltar mit späterem Altarblatt hl. Familie (Ende 18. Jh.). Linker Seitenaltar mit Schnitzrelief um 1520: Muttergottes im Strahlenkranz, umgeben von den Stiftern, Franziskanermönchen und Engeln. Rechter Seitenaltar mit nazarenischem Altarblatt hl. Joseph. – Kanzel mit bekrönendem Guten Hirten. – An den Langhauswänden Holzskulpturen des frühen 16. Jh.: rechts Relief des Marientodes und Figur der Mutter Anna mit Maria im Arm, links Figur der Anna Selbdritt. Ebenfalls an der linken Wand Gemälde der Muttergottes in reichgeschnitztem Rahmen mit den Wappen des Klosters Plankstetten und des Abtes Maurus Herbst, um 1745.

FRIEDENFELS Kr. Tirschenreuth. *Karte 2*

Kath. Pfarrkirche Mariä Himmelfahrt. 1877 errichtet, 1937/38 umgebaut. 1987 Außenrenovierung. – Nach Norden gerichteter Saalbau mit eingezogenem, rechteckigem Chor; an der Südseite Turm aus Granitquadern mit Spitzhelm. Asymetrisches Schopfwalmdach, Gliederungen in herb-klassizisierenden Formen. – Im Innern Holztonnenkonstruktion. – Neugotisch-byzantinisierende Ausstattung.

Schloß. Seit dem 16. Jh. bis 1717 Eigentum der Nothaft, zuletzt der Freiherrn von Gemmingen. – Nach Brand 1816 unter Einbeziehung von Bauteilen aus der 2. Hälfte 16. Jh. wiederaufgebaut. Um 1900 Umbau, 1979 Renovierung. – In ausgedehnter Parkanlage mit weiter Sicht ins Umland ein stattlicher dreigeschossiger Walmdachbau. Fenster mit Granitgewänden, an der Südseite turmartiger Vorsprung, dessen Brüstungsfelder Wappen- und Maßwerkreliefs enthalten (vgl. ▷ Thumsenreuth).
Nördlich die Ökonomiegebäude, um 1800. Vierflügelanlage um rechteckigen Innenhof. Erhöhter Wohntrakt mit Schopfwalm, Fledermausgauben und strengen Gliederungsformen aus Granit.

Sog. Schlößl. Zweigeschossiger Verwaltungsbau mit Mansarddach, im Kern 1778, in der 2. Hälfte des 19. Jh. nach Norden erweitert. Portalrahmung dat. 1778.

FRIEDERSRIED Markt Stamsried, Kr. Cham. *Karte 10*

★ **Kath. Filialkirche hl. Drei Könige und St. Matthäus.** Gemeinsam mit ▷ Fronau durch Bischof Otto I. von Bamberg dem Kloster Prüfening übergeben. Die Kirche war wohl urspr. Kapelle der von den Friedrichsreutern errichteten Burg, deren Mauerrest durch den westlich daneben liegenden Bauernhof überbaut wurde. – Das Langhaus im frühen 13. Jh., der Chor im 15. Jh. errichtet. Außenrenovierung 1968 und 1983, Innenrenovierung 1987.

Außenbau des Langhauses. Starke Mauern mit Granit- und Sandsteinquadern verblendet, an der Südseite durch verputzte Strebepfeiler aus der Bauzeit des Chores gestützt; Zwiebeldachreiter des 18. Jh. Hochsitzende Rundbogenfenster, innen und außen mit tiefen Leibungen. Südportal 1959 freigelegt: Stufenportal mit je drei Säulen – als Archivolte wulstig fortgeführt – und zwei breiten Kehlen; Basen und Kapitelle mit Wülsten. Die Steinmetzzeichen über dem Portal bislang nicht identifiziert. – Anstelle der urspr. Apsis gotischer Chor mit $^5/_8$-Schluß, eine Einziehung nur am Außenbau durch geringere Mauerstärke bemerkbar, einbahnige Lanzettfenster mit Maßwerknasen. Im Innern Sterngewölbe mit ausgekehlten Rippen über Spitzkonsolen. Runder Chorbogen auf Kämpfern mit doppeltem Karniesprofil. – Das Langhaus ein Rechteckraum mit unterwölbter Westempore und um 1700 eingezogener Spiegeldecke mit Rahmenstuck. Die erhaltenen Eck- und Pfeilervorlagen lassen eine zweischiffige Halle zu drei Jochen mit Westempore rekonstruieren. Diese war urspr. Herrschaftsempore mit eigenem Altar (vgl. Nikolauskirche in ▷ Nabburg-Venedig) und wohl durch hölzernen Gang mit dem Edelsitz verbunden; Westaufgang in der Mauerstärke ausgespart. Im Untergeschoß der Empore – wie urspr. auch darüber – zwei durch Scheidbogen getrennte Kreuzgewölbe mit halbrunden Rippen, aufgefangen durch dienstartige Halbrundvorlagen in den Westecken, ferner in den Ecken der flachen Pfeiler an der Westwand und beiderseits der Öffnungsbogen sowie in den westlichen Ecken des längsrechteckigen Mittelpfeilers. An dessen Ostseite zusätzlich eine mittlere Halbrundvorlage, die sich urspr. in die Scheidrippe des westlichen Langhausjochs fortsetzte. In der Mitte der Längsseiten, bis in Höhe der Fenstersohlbänke reichend, je ein flacher Wandpfeiler mit drei analogen Vorlagen, zwei weitere Vorlagen in den östlichen Langhausecken. Alle Vorlagen haben wulstige Basen mit Eckspornen und Kapitelle mit Wülsten und Kehlen in variierter Ausführung.

Ausstattung. – Altar 1697 von *Georg Job* angefertigt, Fassung von *Reinhard Eisching*, Regensburg, mehrmals renoviert. Viersäulenretabel mit Altarblatt Anbetung der Könige und spätgotischen Figuren um 1500: seitlich die hll. Petrus und Paulus, im Auszug hl. Matthäus. – Am Chorbogen Halbfiguren Herz Jesu und Herz Mariä, um 1700. An der Rückwand kleiner Grabchristus, 17. Jh., nach gotischem Vorbild.

FRIESHEIM Gem. Barbing, Kr. Regensburg. *Karte 14*

Kath. Filialkirche Unserer Lieben Frau. Spätgotische Saalkirche, im 18. Jh. teilweise verändert. Eingezogener Chor mit 5/8-Schluß, Kreuzgewölbe mit ausgekehlten Rippen auf Polygonalkonsolen, Schlußstein mit Christushaupt. In der Nordwand gotische Nische mit Dreipaßmaßwerk. Langhaus flachgedeckt, in der Südwand spitzbogige Fenster. Turm auf der Chornordseite, quadratischer Sockel, darüber achteckig mit Kuppeldach, zur Donau hin wiederhergestelltes Madonnenbild.

Ausstattung. – Hochaltar, 1809 von Bildhauer *Christoph Ittelsberger.* Noch ganz dem Rokoko verhaftet, ein viersäuliger Aufbau mit Baldachin, seitlich die hll. Barbara und Katharina. Im Zentrum gotische Muttergottesfigur, traditionell um 1400 dat.; doch sind wohl nicht nur die beiden Kronen in nachgotischer Zeit verändert. – Am nördlichen Seitenaltar die hll. Dionysius und Ulrich, mittelalterliche Schnitzfiguren, die stilistisch der Muttergottes nahestehen, anscheinend beide später überarbeitet. – An der Nordwand bemerkenswerter Kruzifixus, um 1500. – Geschweifte Kanzel, Mitte 18. Jh. mit Relief der Bekehrung des Paulus. – Ehem. Taufstein, jetzt Weihwasserbekken, spätgotisch, Sandstein, Fuß und Becken mit gewundenen Kehlungen.

FROHNBERG Markt Hahnbach, Kr. Amberg-Sulzbach. *Karte 4*

Auf dem im Zentrum des Hahnbacher Keuperbeckens aufsteigenden Frohnberg, an dessen Fuß ein Rastplatz des späten Paläolithikums (8000–7000 v. Chr.) lokalisiert wurde. Das von Ost nach West lang hingezogene, schmale Plateau umgibt eine wohl karolingische Wallanlage einer vermutlich zur Bewachung des oberen Vilstales errichteten Burg (ca. 750 m langer und 130 m breiter Ringwall, im Westen durch drei Abschnittswälle unterteilt). Die älteste, dem hl. Petrus geweihte Vorgängerkirche ging wohl aus der Burgkapelle hervor. Im 17. Jh. Aufleben der Marienwallfahrt, 1670 erste Wunderwirksamkeit.

Kath. Wallfahrtskirche Unserer Lieben Frau. 1723–25 Bau von Chor und Langhaus, 1751–52 Anbau des Westturms durch den Amberger Maurermeister *Georg Diller.* Renovierungen 1893, 1950 und 1981. – Saalbau mit eingezogenem, dreiseitig geschlossenem Chor, im Westen Zwiebelturm aus Sandsteinquadern. – In Chor und Langhaus Stichkappentonne, im Langhaus mit Doppelgurten über Doppelpilastern. Deckengemälde im Chor mit Darstellungen aus dem Marienleben, 1782 von *Johann Michael Wild* aus Amberg, im Langhaus in der 2. Hälfte 19. Jh. erneuert. – Einheitliche Ausstattung der Erbauungszeit. – Altäre mit Laub- und Bandelwerkdekor. Im Tabernakel des Hochaltars Gnadenbild einer sitzenden Muttergottes, um 1500, Altarblatt Mariä Himmelfahrt, Seitenfiguren der hll. Anna und Joachim, im Auszug Gottvater in Wolkengloriole. – Seitenaltäre, nördlich Altarblatt hl. Florian, südlich hl. Wendelin. – Zu beiden Seiten des Hochaltars Nebenaltäre in Rokokoformen, mit plastischen Bildwerken, nördlich hl. Johannes von Nepomuk, südlich ein Kruzifixus. – Kanzel mit Putten besetzt, um 1730. – Orgel mit Akanthusdekor, um 1720. – An den Langhauswänden großformatige Gemälde mit Kreuzweg und zwei Kirchenvätern, 18. Jh. – Heiligenfiguren des 18. Jh. – Zahlreiche beachtenswerte Votivbilder.

FRONAU Stadt Roding, Kr. Cham. *Karte 10*

Kath. Filialkirche St. Stephan. In ehem. Friedhofsummauerung mit mittelalterlichen Reststücken (1987 saniert). – Romanische Chorturmanlage, wohl 1. Hälfte 12. Jh., Langhaus im 15. Jh., wohl um 1467, erneuert; Turmobergeschoß 18. Jh. Gesamtrestaurierung 1969, letzte Außenrenovierung 1987. – Rechteckiger Chorturm mit eingezogener Zwiebelhaube, an der Südseite späterer, erweiterter Sakristeianbau. Turmunterbau aus verputzten Sandsteinquadern, durch Rechteckblenden mit Bogenfriesen gegliedert, an der Ostseite urspr. Rundbogenfenster erhalten. – Am Langhaus ein Südportal und kleine Spitzbogenfenster mit ausgekehlten Gewänden, auf den Längsseiten hohe Sockel und schräg vorgekragte Traufgesimse. – Eingezogener Chor mit Tonnengewölbe und rundem Chorbogen auf Kämpfern aus Schräge, Kehle und Platte. An der Nordwand Sakramentsnische mit archaisch strengem Christuskopf in Kielbogenrahmung, eine Granitskulptur des 15. Jh. – Im Schiff im 19. Jh. erneuerte Holzfelderdecke über Längsunterzug, dessen Südseite urspr. mit 44 Wappen bemalt war, 1930/40 als umlaufender Fries an den Wänden rekonstruiert. Von der urspr. Ausmalung des gesamten Innenraums spärliche Fragmente an der Süd- und Nordseite freigelegt (hl. Katharina, Engel).
Ausstattung. – Neugotische Schreinaltäre mit spätgotischen Figuren: am Hochaltar die hll. Katharina, Paulus und bekrönend Stephanus; am linken Seitenaltar Muttergottes, alle ausgehendes 15. Jh., am rechten Seitenaltar hl. Anna Selbdritt, 16. Jh. (das Marienkind der Gruppe später ergänzt). – Orgelprospekt mit Ornamentik des Spätrokoko und Frühklassizismus, wohl Ende 18. Jh. – An der Südwand ausdrucksstarker barocker Kruzifixus. – Neun Stationen des alten Kreuzweges, Hinterglasmalerei aus Winklarn, dat. 1774. – Neugotische Kreuzwegstationen, bemalte Terrakottareliefs, 2. Hälfte 19. Jh. – Bemaltes Holzepitaph für Katharina Beimblin († 1598) und ihre beiden Söhne, Christi Auferstehung und die knieende Familie der Verstorbenen darstellend.

★ **Altes Schulhaus** südlich der Kirche. 1779 erstmals erwähnt mit Handwerks- und Landwirtschaftsbetrieb. 1981/82 renoviert und nach geschichtlicher Vorlage als Schulmuseum eingerichtet. – Wohl um 1756 errichteter Blockbau mit Kniestock und schindelgedecktem Flachsatteldach, über den bruchsteingemauerten Sockel auf der Südseite in die Friedhofsmauer einbezogen. Kleine Fenster, an der südlichen Längsseite niedriger Schrot.

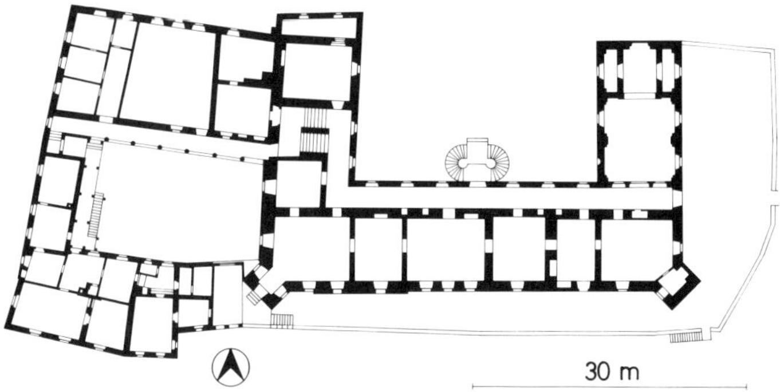

Fronberg, Schloß

FRONBERG Stadt Schwandorf, Kr. Schwandorf. *Karte 9*

★ **Schloß und Schloßkapelle Unsere Liebe Frau.** Die Geschichte des Schlosses läßt sich urkundlich bis in das Jahr 1305 zurückverfolgen. Damals wurde zum Wiederaufbau der abgebrannten Burg ein Lehen an die Fronberger vergeben. 1504 Brand. Besitzer u.a. bis zur Mitte des 15.Jh. die Fronberger, 1521–86 die von Vestenberg, 1601–22 Hans Wilhelm von und zu Guttenberg, 1622–1829 die Freiherrn von Spiering, seit 1875 die Freiherrn von Breidbach-Bürresheim. – Ungeklärt ist bisher die Baugeschichte der bestehenden Anlage, ein vierseitig umbauter Hof mit Renaissance-Arkaden im Norden, östlich anschließend eine Dreiflügelanlage, die sich gegen den im Norden gelegenen Schloßpark öffnet, ehem. Wirtschaftshof im Süden.

Die Jahreszahl 1587 an den Hofarkaden bezieht sich auf den westlichen Teil: eine zweigeschossige Vierflügelanlage mit Torbau im Süden. Das Wappen des Goßwein Freiherr von Spiering (1622–38) über dem Durchgang zum inneren Schloßhof weist möglicherweise auf einen Umbau dieses Durchgangsgebäudes sowie des östlich anschließenden dreigeschossigen Hauptflügels mit seinen zwei über Eck stehenden Rechtecktürmen. Das Niveau des inneren Schloßhofs liegt etwas höher als das des äußeren. In einer späteren Bauphase entstand 1677/78 unter Wilhelm Franz von Spiering (1676–1720) der Ostflügel mit der Schloßkapelle; als Baumeister ist hier der Italiener *Pietro Spineta* überliefert. Möglicherweise in diesem Zusammenhang wurde das Innere des Schlosses zum Teil umgebaut. Darauf deuten ein Saal mit stuckiertem Spiegelgewölbe im Westflügel, die dreiläufige Podesttreppe an der Verbindungsstelle von Arkadenhof und Dreiflügelanlage sowie der nordseitige Erschließungsgang hin, der in jedem Fall erst nachträglich angebaut wurde. – Unter Max Karl von Spiering (1775–87), dessen

Wappen sich am Torbau findet, erfolgten die letzten wesentlichen Veränderungen. Er dürfte den Schloßpark neugestaltet haben, in dem die ehem. Orangerie errichtet wurde und er erbaute die Petruskapelle, einen laternenbekrönten Rundbau östlich außerhalb des Parks als Endpunkt einer Kastanienallee, die eine zweite Zufahrt zum Schloß bildet. Damals wurde möglicherweise auch die zweiarmige ovale Außentreppe im Ehrenhof errichtet. – Im Westflügel Saal, hohes Spiegelgewölbe mit reich profiliertem Rahmenstuck, 2. Hälfte 17. Jh. Die übrigen, regelmäßig angeordneten Räume mit einfachen Stuckdecken, z.T. Wanddekoration des späten 18. Jh. Zur historischen Ausstattung des Schlosses gehören u.a. zahlreiche Porträts der Familien Spiering und Schönborn.

Kunsthistorisch bedeutungsvoll an dieser über mehrere Jahrhunderte errichteten und immer wieder um- und ausgebauten Anlage, die urspr. allseitig von einem Graben umgeben war, ist der zweigeschossige Laubengang der Renaissance mit seiner gedrungenen Säulenstellung, altertümlichen Kapitellen und einer Brüstung aus gotisierendem Maßwerk mit Wappenstein derer von Vestenberg und Jahreszahl 1587.

Die Schloßkapelle wurde 1677/78 errichtet. Schlichter Rechtecksaal mit eingezogenem, gewölbtem Chorraum, an der Südwand Oratorium mit Wappen der Bauherrn. – Ausstattung der Erbauungszeit: drei Altaraufbauten mit gewundenen Säulen, seitlich Knorpelwerk. – Im Hauptaltar Gemälde Maria und Dreifaltigkeit, möglicherweise in Anlehnung an ein Wallfahrtsbild in Telchte am Niederrhein. – An der Ostwand Ölbild Kreuzigung in Akanthusschnitzrahmen.

Nördlich des Schlosses der ausgedehnte Park; darin das Grabdenkmal des letzten, 1829 verstorbenen Freiherrn von Spiering.

FUCHSMÜHL Kr. Tirschenreuth. *Karte 2*

Kath. Wallfahrtskirche Unserer Lieben Frau. 1688 ließ Franz Heinrich Dionysius Freiherr von Froschheim zur Aufstellung einer Kopie des Passauer Maria-Hilf-Bildes eine Kapelle auf dem sog. Hahnenberg errichten. Der große Pilgerzustrom erforderte 1712 den Bau einer Kirche, Weihe 1726. Innenrenovierung 1986/88. – Hoher westlich ausgerichteter Rechteckraum mit nicht ausgesondertem Chor. Am Langhausansatz gegen Norden und Süden schmale Querarme mit Kapellen und Oratorien. Am vorletzten nördlichen Langhausjoch die wohl noch auf 1688 zurückgehende Wallfahrtskapelle. – Zweigeschossige Zweiturmfassade mit schlichter Pilastergliederung, Dreiecksgiebel zwischen – infolge mehrfacher Beschädigungen – ungewöhnlich niedrigen Türmen mit flachen Zeltdächern. – Gurtengegliederte Stichkappentonne über Wandvorlagen mit Doppelpilastern. Querarme durch pfeilerartige Verstärkung der Wandvorlagen ins Schiff vorgezogen.

Ausstattung. – Hochaltar um 1700, 1885 aus der Deutschherrenkirche St. Ägidius in Regensburg erworben. Hoher eleganter Säulenaufbau in Nußbaumfurnier. Altarblatt, Beweinung Christi, *Oswald Onghers* zugeschrieben, Seitenfiguren der hll. Georg und Elisabeth, im

Sprenggiebel hl. Michael, am Gebälk das Wappen des damals amtierenden Deutschmeisters. – Kanzel Anfang 18. Jh., mit hl. Michael als Seelenwäger auf dem Schalldeckel. – Orgelprospekt 1. Viertel 18. Jh., 1983 wesentlich erweitert. – An der Südwand monumentale Kreuzigungsgruppe, wohl Ende 17. Jh. – An den Langhauswänden Figuren der hll. Sebastian, Judas Thaddäus (Südseite), Franz Xaver, Aloisius (Ostseite), Johannes Bapt., Johannes von Nepomuk und Wendelin, 1. Hälfte 18. Jh., die urspr. polychrome Fassung weiß-gold überfaßt.
Wallfahrtskapelle. Kreuzgratgewölbter Rechteckraum mit polychromen Girlanden-, Laub- und Bandelwerkstukkaturen, um 1725. Altar, Baldachinaufbau mit Gnadenbild nach dem Maria-Hilf-Bild von *Lukas Cranach* im Strahlenkranz, Seitenfiguren der hll. Joachim und Anna, Antependium mit reicher Laub- und Bandelwerkschnitzerei.

Ehem. Schloß. 1348 kamen Fuchsmühler Güter vom Kloster Waldsassen an Konrad Heckel von Erbendorf. 1394 im Besitz des Landgrafen Johann I. von Leuchtenberg und des Pfalzgrafen Ruprecht d. J. 1432 fiel das Gut an Kurfürst Ludwig, dann an die Trautenberger, 1657 an die Daniel von Froschheim. Im 19. Jh. mehrfacher Besitzerwechsel. – Dreigeschossiger Walmdachbau des 18. Jh., südlich daneben eine 1958/59 erweiterte und ausgebaute Dreiflügelanlage mit der Schloßkapelle Mariä Opferung, dat. 1752: von Stichkappentonne überwölbter Rechtecksaal mit Pilastergliederung, spärliche Reste der urspr. Ausmalung.

FÜRNRIED Gem. Birgland, Kr. Amberg-Sulzbach. *Karte 4*

Simultankirche St. Willibald. 1794/97 nach Plan des Neukirchener Maurermeisters *Franz Iganz Himbsel* erbaut. Restaurierung 1985. – Nach Norden gerichteter Saalbau mit schwach eingezogenem, dreiseitig geschlossenem Chor. Turm mit Spitzhelm an der Langhauswestseite. – Tonnengewölbe mit Stichkappen über Pilastergliederung. Korbbogiger Chorbogen, dat. 1797, gerundeter Langhausanschluß, an drei Seiten umlaufende Doppelempore. – Ausstattung. – Hochaltar in neugotischen Formen mit Gemälden von *K. Weigand* 1869: im Schrein Kreuzigung, seitlich die hll. Petrus und Paulus. – Linker Seitenaltar, wohl Mitte 17. Jh., im Tabernakel Christus an der Geißelsäule, 18. Jh. – An den Langhauswänden Figuren von Maria und Johannes, wohl 17. Jh.

FURTH i. Wald Kr. Cham. *Karte 11*

1086 schenkte Kaiser Heinrich IV. das Dorf Furth gemeinsam mit dem nahen Seuchau und weiteren Orten dem Regensburger Domvogt Friedrich aus dem Hause der Grafen von Bogen. Nach deren Aussterben 1242 Übergang an die Wittelsbacher. 1331 veranlaßte Herzog Heinrich der Natternberger die Übersiedlung aus dem Tal des Chamb auf den Berg, um die im ausgehenden 11. Jh. erbaute Grenzburg. Bereits 1332 wird Furth als Stadt bezeichnet. Verwüstungen durch die

Hussiten und 1634 durch die Schweden. Der Bau der Eisenbahn zwischen Nürnberg und Prag 1861 brachte wirtschaftlichen Aufschwung. Vom wirtschaftlichen Rückgang nach dem Zweiten Weltkrieg konnte sich die Grenzstadt durch intensiven Ausbau des Fremdenverkehrs erholen. – In der zweiten Augustwoche wird der Further Drachenstich als ältestes Volksschauspiel Deutschlands aufgeführt, seit 1952 in einer Neufassung von Josef Martin Bauer.

STADTANLAGE, STADTBEFESTIGUNG, SCHLOSS

Bebauung über ovalem Grundriß mit deutlich ausgebildetem Kern auf einem nach drei Seiten steil abfallendem Hügel über dem Chambtal. In Nordsüdrichtung geteilt durch die Hauptstraße, die sich in der nördlichen Hälfte zum Stadtplatz ausweitet. – An die Stadtbefestigung der Gründungszeit erinnert nur noch das im 17. Jh. veränderte Bachtor im Westen, während die übrigen beiden Tore 1863 niederbrannten. – Im Zentrum, östlich des Stadtplatzes, erhob sich auf einem Gneiskegel das in das Mittelalter zurückgehende herzogliche Pflegschloß. Die ringförmige, gut befestigte Anlage wurde nach den Zerstörungen durch die Hussiten und Schweden wiederhergestellt; 1863 bis auf den 1914 zum Wohnhaus umgestalteten Unterbau des gotischen bruchsteingemauerten Lärmerturms abgebrannt. Seit 1866 erhebt sich am Schloßplatz – mittlerweile zum Kulturzentrum ausgebaut – ein neugotischer Turm mit abschließendem Zinnenkranz und erkerartigen Eckverstärkungen, der als Wahrzeichen der Stadt an seinen Vorgänger erinnert.

Kath. Stadtpfarrkirche Mariä Himmelfahrt. Furth wurde erst 1585 eigene Pfarrei. – 1725–27 unter Verwendung des spätgotischen Turmunterbaus nach Plänen von *Michael Wolf* aus Stadtamhof errichtet, 1765 Weihe. 1823 Erhöhung des Turms. 1890–93 wurde nach Plänen des Regensburger Domvikars *Georg Dengler* das Langhaus um das Doppelte verlängert, eine Unterkirche eingebaut und ein Ostquerschiff eingezogen. 1969/70 Innenrenovierung und weitgehende Purifizierung der Ausstattung von 1893, Außenrenovierung 1977/78. – Verputzter Bau mit Lisenengliederung. Im nördlichen Chorwinkel Turm mit Oktogonaufsatz und Laternenzwiebelhaube. Westfront mit zweiarmiger Freitreppe auf Granitunterbau, der durch den Rundbogeneingang zur Unterkirche und zwei Nischen mit Bronzegruppen von *Günther Mauermann*, 1978, gegliedert ist. – Der eingezogene, halbrund geschlossene Chor extrem kurz im Verhältnis zum langen, weiträumigen Schiff. Stichkappen-Tonnengewölbe über toskanischen Pilastern mit Gebälkstücken, die Querarme flachgedeckt. – Fresken mit Personifikationen der Vier Erdteile von *Andreas Merz* 1727, als einzige Teile der originalen Ausmalung 1970 freigelegt. Sonst spätnazarenische Deckengemälde (1893) mit umfangreichem Marienzyklus – zeitgleich mit den klassizistischen Stukkaturen – flankiert von modernen monochromen Dreipaßmedaillons mit Putten; auf der Chornordseite Wandgemälde mit

Frauen am Grabe (1893), gegenüber Farbfenster mit Heiligenfiguren in reicher Stuckrahmung mit Wappen der Voith von Voithenberg, 1893.

Ausstattung. – Hochaltar. Imposanter Aufbau mit gewundenen und glatten Säulen, 1735–38 von *Hans Wolfgang Fischer* gezimmert, von *Georg Andreas Zeller* gefaßt (1748), beide aus Furth, die Bildhauerarbeiten von dem Kötztinger *Johann Paul Hager.* Seitenfiguren der Stadtpatrone der hll. Sebastian und Georg, Altarblatt Mariä Himmelfahrt, 1862 von *Hermann Anschütz* aus München. – Stattlicher Orgelprospekt mit reichem Rokokoschnitzwerk, 1788 von *Johann Andreas Weys,* Nabburg. – Beachtenswert die übrige, mit opulentem Akanthus- und Bandelschnitzwerk verzierte Einrichtung der Erbauungszeit von *Hans Wolfgang Fischer:* Priestersitz, Kredenztisch und Herrengestühl (dessen Bekrönung 1924 ergänzt) von 1727, drei Beichtstühle mit floralen Kerbarbeiten von 1732 (ein vierter 1893 stilgleich ergänzt), Laiengestühl (1893 teilweise formgleich ergänzt). – Kreuzwegbilder 1859–61 von Münchner Künstlern der *Cornelius*-Schule nach Entwurf des Wieners *Joseph von Führich.* – Unter den Rokokofiguren bemerkenswert ein hl. Wolfgang und eine Pietà (von den vernichteten Seitenaltären), *Christian Jorhan d. Ä.* zugeschrieben. – Unter den zahlreichen Grabdenkmälern ein Epitaph aus Solnhofer Kalkstein mit Relief der Auferstehung Christi, Ende 16. Jh.

Unterkirche. Dreischiffige kreuzgratgewölbte Halle zu drei Jochen, mit Lourdes-Grotte.

Kath. Hl.-Kreuz-Kirche. 1781 bis weit ins 19. Jh. Wallfahrt zu Ehren des „göttlichen Heilands auf der Rast". – 1668/69 erbaut, 1797 um ein Joch nach Westen verlängert und umgebaut, renoviert 1985–87. – Saalbau mit eingezogenem Chor im $^3/_8$-Schluß. Westturm mit achteckigen Obergeschossen und Zwiebelhaube. – Der Innenraum von Stichkappentonnen überwölbt, im Langhaus über Pilastern. Spätnazarenisches Deckenbild, Christus als Weltenherrscher. – Am modernen Hochaltar Figur des Christus in der Rast, 18. Jh. Am linken Seitenaltar sitzender Christus in Ketten, 18. Jh. – Teile des Gestühls mit Rokokodekor. – In Nische der Nordwand bemaltes Granitrelief einer Kreuzigungsgruppe, 2. Hälfte 14. Jh.

★ **Ev. Kirche.** 1903 von *Joseph Koch* und *Heinrich Hauberrisser,* Regensburg, errichtet. 1978 innen, 1981 außen renoviert. – Erst 1933 verputzter Backsteinbau mit spitzbehelmtem Westturm. Saalbau mit eingezogenem kreuzgewölbtem Chor und Apsis, im Schiff die Konstruktion des Dachstuhls sichtbar belassen, jedoch ausgekleidet. Neugotische Bildfenster, dat. 1903. Entspricht die Architektur dem zeitgenössischen Heimatstil, so weist die Ausstattung Jugendstileinflüsse auf. Altar, Kamin, Kanzel, Taufstein und Emporenrelief aus figural und ornamental reliefiertem Gußstein. Die ornamental-dekorative Raumfassung wurde 1978 wiederhergestellt.

Strassen und Plätze

Der **Stadtplatz** ist vor allem durch den Wiederaufbau nach dem großen Brand von 1863 geprägt. Zwei Zeilen zwei- bis dreigeschossiger Traufseithäuser mit wechselnder Firsthöhe, an der nordöstlichen Seite auch einige Giebelbauten. Im Süden begrenzen den Platz repräsentative Gebäude: Rathaus (Burgstraße 1). 1924 errichteter, mehrgliedriger Walmdachbau mit Glockenstuhl. An der Ostfront Mittelrisalit mit Schweifgiebel und in Haustein ausgeführte Arkadenvorhalle mit Terrasse. – Gegenüber das Amtsgericht (Stadtplatz 2). Der Walmdachbau mit Pilastergliederung 1863 anstelle des niedergebrannten Vorwerks der Burg errichtet. Am nördlichen zweigeschossigen Erker schmeideeisernes Glockenspiel, das 1979 der sudetenländische Heimatkreis Bischofteinitz stiftete. – Gegen Norden folgt die Perlinger-Villa (Stadtplatz 4), ein stattlicher Bau in reduzierten historisierenden Formen von Architekt *Schmuderer*, 1922. Mit Erkern und Säulenportal.

Behäbige Villenbauten des frühen 20. Jh. in der den Stadtplatz nördlich fortsetzenden **Kreuzkirchstraße:** Thomas-Morus-Haus, ehem. Dostert-Villa (Nr. 1). Malerisch-asymmetrischer Gruppenbau in Neurenaissanceformen, dat. 1904. Seit 1926 Schulkloster der Dillinger Franziskanerinnen, 1975 Umbau zu einem Pfarrjugendzentrum, Außeninstandsetzung 1977. – Stückl-Villa (Nr. 9). Historisierender dreigeschossiger Bau von 1908, mit Treppen- und Zinnengiebel sowie polygonalem Erkerturm und zwei massiven Balkonen.

Der dörfliche Charakter der bereits im 15. Jh. besiedelten westlichen Vorstadt veränderte sich durch den Bau des Bahnhofs mit Zollamt, 1860/61 (Bahnhofstraße Nr. 20). Der größte Bahnhof Ostbayerns mit einer Frontlänge von 100 m wurde bis 1953 auch von der CSFR benutzt. – Dreigeschossiger Hauptbau mit langen, niedrigeren Seitentrakten; strenge Sandsteingliederung, Konsolgesims. Gegenüber das Hotel Hohenbogen (Bahnhofstraße Nr. 25), um 1880 von *Franz Holm* errichtet. Stattlicher Flachdachbau mit erhöhtem Mittelteil; kräftige, spätklassizistische Putzgliederung, zweigeschossiger Eisenbalkon an der abgeschrägten Nordwestecke.

G

GAILSBACH Gem. Hagelstadt, Kr. Regensburg. *Karte 14*

Kath. Nebenkirche St. Stephan. Kleine Saalkirche, im Kern mittelalterlich, zuletzt 1986/87 renoviert. – Der eingezogene, halbrund geschlossene Chor zu Beginn des 18. Jh. erneuert. An dessen Nordseite wurde nach 1721 der Turm mit achteckigem Aufsatz und eingezogener Zwiebelhaube angebaut. An der Südseite des Langhauses, das in der Substanz Kalksteinquaderwerk aufweist, wurde 1987 ein Rundbogeneingang freigelegt. – Im Chor Tonnengewölbe mit Stichkappen, das Langhaus über seitlichen Hohlkehlen flachgedeckt. – Neuromanischer Hochaltar. Spätgotische Figur des hl. Stephanus, um 1500.

GEBELKOFEN Gem. Obertraubling, Kr. Regensburg. *Karte 14*

Kath. Pfarrkirche St. Johannes Bapt. Romanischer Westturm, erhöht 1792 beim Neubau der Kirche. Schlichter Saalbau mit eingezogenem, segmentbogig schließendem Chor. Durchgehende Flachdecke. – Ausstattung 1975 umgestaltet. Altaraufbau in Scheinmalerei an der Chorwand; Gemälde mit Taufe Christi, 18. Jh. – Zahlreiche Epitaphien der Familie von Lerchenfeld, 16.–19. Jh. Reliefs, zum Teil fragmentarisch und ohne Inschrift erhalten.

Schloß. Das Geschlecht der Gebelkofer Ende 11. Jh. erwähnt, das Schloß erstmals um 1200 nachgewiesen. 1553 kaufte es der fürstliche Rat Kaspar Lerchenfelder von Straubing. Zerstörungen im Dreißigjährigen Krieg. Im 18. Jh. wiederhergestellt. 1934 Dachstuhlbrand einschließlich Glockentürmchen über der Kapelle im Nordflügel. – 1953 Verkauf nach vierhundertjährigem Besitz. – Vierflügelige Weiherhausanlage aus der Mitte des 18. Jh., dreigeschossig um einen Innenhof. An der südlichen Hofseite gewölbter Arkadengang. – Keller des Südflügels mittelalterlich, tonnengewölbt. Die östliche Ecke wohl Rest eines Wehrturms. – Im Nordflügel Schloßkapelle St. Barbara. Qualitätvolle Rokoko-Ausstattung in bedauerlichem Zustand. Wand- und Deckenmalerei *Martin Speer* zugeschrieben, Stuck in der Art des *Anton Landes,* möglicherweise von *Franz Höflmayer,* der zusammen mit *Speer* in Scheuer gearbeitet hat. – Annähernd quadratischer, über zwei Geschosse reichender Kapellenraum mit Flachdecke, Oratorium im Westen. Wandgliederung durch Lisenen, zum Teil pilasterartig mit Stuckornament dekoriert. Decke und Hohlkehle sind netzartig mit Rocaillestuck überzogen. – Deckenbild: Verklärung des hl. Maximilian. – Origineller Wandaltar ohne eigenes Retabel: Über geschwungener Steinmensa und Tabernakel stukkierte Kartuschenrahmung, Freskenbild der hl. Barbara.

GEBENBACH Kr. Amberg-Sulzbach. *Karte 4*

Kath. Pfarrkirche St. Martin. Gotischer Chor (renoviert 1974–80), das 1690 errichtete Langhaus 1975–76 von *Fritz Schwertle* aus Regensburg durch einen Sechseckbau mit durchgehenden Betonfenstern ersetzt; der dabei eingebrochene, im Kern romanische Turm neu aufgebaut. – Eingezogener, gerade geschlossener Chor mit Kreuzrippengewölben auf Konsolen, am Chorbogen Konsolen in Form einer Maske und als Frauenkopf; Schlußsteine mit Christuskopf und Lamm Gottes, auf das gotische Original zurückgehende Architekturmalereien. – Im Chor Grabplatte von 1350 mit Flachrelief eines Kreuzes und einem Wappenschild.

Sog. Gemeindeturm. Zylindrischer Turm mit Schlüsselscharten, Kegeldach und barocker, zwiebelbekrönter Laterne, wohl zur ehem. mittelalterlichen Friedhofsbefestigung gehörend. Die Überlieferung sieht darin das Überbleibsel eines Berings, der mit Ring- und Zwingermauer ein früheres Schloß auf dem Platz des Friedhofs und der Kirche umgab.

GEISLING Gem. Pfatter, Kr. Regensburg. *Karte 14*

Kath. Pfarrkirche Unserer Lieben Frau. Im Kern gotisch, Chor und Langhaus barockisiert, Westturm von 1724. Gute Ausstattung aus dem 17. und 18. Jh. bis zum frühen Klassizismus. – Dreiseitig schließender, wenig eingezogener Chor zu drei Jochen, von Strebepfeilern umstellt. Langhaus, wie der Chor, von gedrungener Proportion; wohl über mittelalterlichen Umfassungsmauern. Im Äußeren schlicht. Hoher Westturm mit Lisenen- und Pilastergliederung, ausladende Laternenzwiebelhaube. – Flachgedecktes Langhaus, Chor mit Stichkappen-Tonnengewölbe. – Gotische Wandmalerei, an der Nordwand 1979 freigelegt: Szenen aus dem Leben des hl. Nikolaus.

Ausstattung. – Hochaltar, Aufbau des 17. Jh., klassizistisch umgestaltet 1793–97 durch Schreiner *Kaspar Mayr* aus Stadtamhof und Bildhauer *Hundertpfund* aus Regensburg. Statt eines Altarbilds Nische mit Figur der Muttergottes, seitlich über den Durchgängen die hll. Emmeram und Ulrich. – Seitenaltäre von Bildhauer *Johann Millbauer* aus Regensburg und Schreiner *E. Müller* aus Stadtamhof. Altarblätter: hl. Sebastian und hl. Katharina, laut Chronik von dem Regensburger „Hofmaler“ *Kollmüller*. – Spätgotischer Taufstein. – Kanzel 1778 von *Johann Ignaz Andres*, „Bildhauer zu Obermünster“. – Beichtstühle Mitte 18. Jh. – Stuhlwangen mit Akanthusrankenwerk, um 1715, gleichzeitig das Orgelgehäuse. – An der Nordwand großer Kruzifixus, frühes 18. Jh. – Beachtenswert der klassizistische Kreuzweg von dem Regensburger Maler *Johann Hartmann*, 1797. – An der Südwand großes Votivbild der Gemeinde von 1728: Die Himmelskönigin über dem Ort Geisling. – In der Vorhalle große Rotmarmorgrabplatte für Wernto Auer von Triftlfing († 1375) und seine Gemahlin Anna († 1370) mit Wappen des Ehepaars.

Kath. Kapelle St. Ursula. 1365 stiftete Wernto Auer von Triftlfing, Inhaber des Hochstiftslehens Geisling, ein Benefizium in der Kapelle. Sein Wappen im Chor nicht eindeutig auf einen gotischen Neubau beziehbar. Möglich, daß es sich um die Umgestaltung einer romanischen Vorgängerkapelle handelt. Am Dachstuhl Jahreszahl 1772. – Restaurierung 1985 ff.

★ Der schlichte Satteldachbau mit Fragment einer Kreuzblume über dem Ostgiebel ist bemerkenswert wegen seiner spätgotischen Glasgemälde, den einzigen in der Region. Die um 1360/70 entstandenen Werke werden der Regensburger Domwerkstatt des *Heinrich Menger* zugeschrieben. – Wenig eingezogener quadratischer Altarraum, kreuzrippengewölbt. Spitzer Chorbogen, Langhaus flachgedeckt, Nordportal; an der Ostwand des Presbyteriums zweibahniges Maßwerkfenster mit Dreipaß, die übrigen schmal mit Nasen. Erhalten sind vier Glasfenster mit den hll. Georg (?), Petrus, Barbara und einem Papst; dazu das Wappen der Auer von Brennberg, jedoch nicht mehr in urspr. Anordnung und Anzahl.

GIMPERTSHAUSEN

Markt Breitenbrunn, Kr. Neumarkt i.d. Opf. *Karte 7*

Kath. Pfarrkirche St. Pankratius. Im 17. Jh. unter Verwendung des romanischen Ostturms erbaut. Renovierung 1982/83. – Saalbau mit eingezogenem, dreiseitig geschlossenem Chor. Chorscheitelturm mit Achteckaufsatz und Zwiebeldach. – Im Chor Stichkappentonne über Konsolen, im Langhaus Flachdecke mit großem Deckenbild Mariä Himmelfahrt von 1874 (sign. und dat.). – Viersäuliger Hochaltar, Mitte 18. Jh., mit Seitenfiguren der hll. Franz Xaver und Johannes von Nepomuk, Altarblatt Martyrium des hl. Pankratius von *Weinmayer* 1858 (sign. und dat.). – Seitenaltäre wohl 1720/30, mit Altarblättern von *J. M. Schaeffer* aus Beilngries 1753 (sign. und dat.): links Muttergottes, Hilfe der Christenheit, rechts hl. Antonius von Padua. – Kanzel Mitte 18. Jh. mit kräftigem Muschelwerkdekor, obenauf hl. Paulus.

GLEISSENBERG Kr. Cham. *Karte 10*

Kath. Pfarrkirche St. Bartholomäus. 1858 unter Einbeziehung älterer Teile erbaut. – Turm mit Spitzhelm an der Chornordseite, durch Rechteckblenden mit Zinnenfries gegliedert. – Flachgedeckter Saal mit eingezogenem, dreiseitig geschlossenem Chor. – Von der früheren Ausstattung nur die Orgel, um 1720, und etliche Heiligenfiguren, überwiegend 18. Jh., überkommen.

GLEISSENTHAL

Stadt Windischeschenbach, Kr. Neustadt a.d. Waldnaab. *Karte 2*

Kath. Kirche Maria-Hilf. Erbaut 1747, Stiftung eines Bauernsohnes als „Kapelle Unserer Lieben Frau von der Insel Schütt", erweitert 1770. Renoviert 1987/88. – Ländlicher, zweckmäßig errichteter und mit ge-

ringen Mitteln originell dekorierter Kirchenbau. – Eingezogener, rechtwinkliger Westchor mit segmentbogig abschließendem Sakristeiraum, Spiegeldecke. Im Langhaus Flachdecke über Hohlkehle und Pilastergliederung; verblaßte Deckenbilder mit emblematischen Darstellungen. Langhaus mit Empore; Eingangshalle im Untergeschoß des dreigeschossigen Ostturms mit eingezogener Laternenzwiebelhaube; Nischenfigur des hl. Johannes von Nepomuk.
Ausstattung. – Choraltar, kleinteilig bewegter Rokoko-Aufbau mit Marienbild. – Die Retabel für hl. Wendelin und hl. Florian in Scheinmalerei über steinernen Altarmensen angebracht, in den abgerundeten Ecken des Langhauses geschickt zwischen die Pilastervorlagen eingepaßt, stark übergangen.

GMÜND Gem. Pfatter, Kr. Regensburg. *Karte 14*

Kath. Expositurkirche St. Georg. Dreiachsiger Bau des 17. Jh., auf der Chornordseite romanischer Turm aus Bruchsteinmauerwerk mit schmalen Lichtschlitzen, das achteckige Glockengeschoß barock mit Zwiebelhaube. Eingezogener, dreiseitig geschlossener Chor mit Kreuzgratgewölbe, im Schiff Flachdecke mit bewegtem Stuckrahmen über Hohlkehle. Chorbogen korbbogig mit Stucco-finto-Malereien um 1730. – Ausstattung. – Altäre der 2. Hälfte des 19. Jh., Hochaltar mit Kreuzgruppe und Tafelbildern der Vier Evangelisten. – Ölgemälde, Drachenkampf des hl. Georg, 18. Jh., vielleicht früheres Hochaltarbild. – Viereckiger Taufstein aus Kalkstein mit Kannelierungen, barock.

GNADENBERG Gem. Berg, Kr. Neumarkt i. d. Opf. *Karte 7*

Ehem. Birgittenkloster. Die Kirchenruine liegt eindrucksvoll auf halber Bergeshöhe über dem Schwarzachtal. – 1426 Gründung als erstes Birgittenkloster Bayerns durch Pfalzgraf Johann von Neumarkt und seine Gattin Katharina, die ihre Jugend im Schwedischen Mutterkloster Vadstena verbracht hatte. Entgegen dem Klosterusus zunächst nur als Männerkloster mit Mönchen aus Paradiso bei Florenz besiedelt. Seit 1435 trafen Nonnen aus dem dänischen Maribo ein. 1451 Baubeginn der Kirche, Eindeckung erst 1477–79, Weihe 1483, endgültiger Abschluß der Gewölbearbeiten 1511. Einfluß der Nürnberger Bauhütte: Am Kirchenbau beteiligt der Ratsbaumeister *Jakob Grimm,* der auch am Chor von St. Lorenz tätig war, gefolgt von *Hans Frommiller* (1474) und Zimmermeister *Eucharius Gaßner.* 1483 Weihe von elf anstatt der vom Orden geforderten 13 Altäre. Auf die bis in das frühe 16. Jh. währende Blüte weist das 1487 hier einberufene Generalkapitel. Mit der Einführung des Protestantismus löste sich das Kloster bis 1563 auf und fungierte dann als Klosterrichteramt. 1635 wurden die Kirche und weite Teile des Klosters von den Schweden in Brand gesteckt und später nicht mehr wieder aufgebaut. 1671 Übergabe an die Münchener Salesianerinnen bei St. Anna. 1655 wurden im Nordflügel des Klosters das ehem. Nonnenrefektorium und das darüberliegende Refektorium zur Kirche ausgebaut. Seit 1803 war die Kirchenruine Privateigentum, 1898 ging sie an den bayerischen Staat über. 1961 Erweiterung der Kirche, 1970/71 und 1983 Renovierungen.

★ **Ruine der ehem. Klosterkirche.** Die drei verbliebenen gewaltigen Umfassungsmauern aus roten Sandsteinquadern geben noch deutlich den an den strengen und ungewöhnlichen Bauvorschriften der hl. Birgitta von Schweden orientierten Bautypus wie auch einzelne Baudetails wieder: eine südwestlich (üblicherweise westlich) ausgerichtete, dreischiffige Halle zu fünf Jochen von 70 m Länge und 37 m Breite mit stark eingezogenem, etwa quadratischem Chor. An den Wänden, die durch unter großen Spitzbogen zusammengefaßte Dreiergruppen zweibahniger Maßwerkfenster gegliedert sind, die Ansätze des Netzgewölbes. An der Nordostfront Portale in die Seitenschiffe. Im unteren Bereich zeichnen sich in den umlaufenden spitzen Schildbogen und Ansätzen von Rippengewölben die Überreste des vom Orden geforderten, vergitterten Wandelganges für die Mönche ab. An der Nordwestseite Verbindung mit dem Kloster über einen Nonnenchor. – An der Südostwand innen die Rotmarmorgrabplatte für den Ritter Martin von Wildenstein († 1466), Schultheiß von Neumarkt und Statthalter des Herzogtums Pfalz-Neumarkt-Neunburg, mit Relieffigur des Verstorbenen, geharnischt mit ausgezaddelten Hängeärmeln. Über dem Kopf des Ritters die Insignien des Lintwurm- oder Drachenordens sowie des dänischen Drachenordens, an der Halskette das des Schwanenordens. Zu Füßen die Wappen der Absberg, Egloffstein, Marschälle von Bopfingen und Egloffstein. In den Ecken des Steins die Symbole der Vier Evangelisten. Hervorragende Arbeit von großem kulturhistorischen Interesse.

Kath. Pfarrkirche St. Birgitta. Kirche im einzig erhaltenen nordöstlichen Klosterflügel (15. Jh.), an dessen Ostseite ein kurzer Quertrakt anschließt. – An der Eingangsfront des Saalbaues Giebelreiter mit Zwiebelhaube. – Der flachgedeckte Rechteckraum 1961 durch einen auskragenden, querrechteckigen Altarraum vergrößert. An der linken Längswand 1983 zwei Nischen freigelegt. – Ausstattung. – Altäre Ende 17. Jh. Hochaltar mit vier gewundenen Säulen und Altarblatt: Mystische Vermählung der hl. Birgitta mit Christus, 1689. Seitenaltäre mit gewundenen Weinlaubsäulen, Mittelnischen und seitlichen Wangen aus Rankenwerk: links mit Figuren der Muttergottes, der hll. Joseph und Franz von Sales, rechts mit Relief der Vierzehn Nothelfer, Seitenfiguren der hll. Antonius und Franz von Assisi. – An den Längswänden lebensgroße Figuren der Zwölf Apostel aus dem frühen 18. Jh., dem Neumarkter Bildhauer *Johann Paul Wirsching* zugeschrieben.

GÖTZENDORF Gem. Illschwang, Kr. Amberg-Sulzbach. *Karte 4*

Filialkirche St. Magdalena. Bau des 12./13. Jh. 1734 und 1789 Umbau und Errichtung des Westturms mit Zwiebelhaube. Außen 1983, innen

1986/87 renoviert. – Saalbau mit tief herabgezogener Stichkappentonne, eingezogener, dreiseitig geschlossener Chor mit Tonnengewölbe. – Hochaltar angeblich erst 1768, niedriger Säulenaufbau mit seitlichem Akanthuswerk auf hoher Tabernakelzone mit seitlichen Durchlässen, Altarblatt hl. Maria Magdalena unter dem Kreuz, 1830. – Seitenaltar mit gedrehten Säulen und seitlichen Rankenschnitzereien, wohl um 1734, Altarblatt hl. Wendelin, Figur der Muttergottes 1. Hälfte 18. Jh. – Spätgotisches achteckiges Taufbecken aus Kalkstein. – Einfaches Barockgestühl. – Orgel 1836. – Nazarenische Kreuzwegbilder von *Georg Ernstberger* 1876.

GRAFENKIRCHEN Gem. Pemfling, Kr. Cham. *Karte 10*

Kath. Pfarrkirche St. Laurentius. Eingezogener, gerade geschlossener Chor 14. Jh., Schiff und Westturm mit pilastergegliedertem Achteckaufsatz und Zwiebelhaube, 1. Hälfte 18. Jh. – Letzte Außenrenovierung 1987. – Im Chor Kreuzgewölbe mit ausgekehlten Rippen, im Schiff Flachdecke über Hohlkehle, Rahmenstuck; Deckenbilder mit Szenen aus dem Leben des hl. Laurentius, ebenso wie zwei Bildfenster Neurokoko. – Ansehnliche Ausstattung. – Hochaltar Anfang 18. Jh. Aufbau mit glatten und gewundenen Säulen, Seitenfiguren der hll. Sebastian und Florian; nazarenisches Altarblatt von *Anton Scheibmaier.* – Seitenaltäre, hohe Rokokoretabel mit gewundenen Säulen und weiß-gold gefaßten Seitenfiguren; nazarenische Altarblätter von *Erwin Schöppl.* – Kanzel Rokoko, oben die Gesetzestafeln. – Orgel Rokoko, seitlich Knorpelornamentik, 2. Hälfte 17. Jh. – In Nische der Langhausnordwand Kerkerheiland, 2. Hälfte 18. Jh.
Teile der Friedhofsmauer des 18. Jh. erhalten. – **Kramerhäusl** (Jakobstraße 11), 18. Jh. Erdgeschoß massiv, Obergeschoß als Blockbau mit umlaufender Laube, verschaltem Giebel und Schopfwalm.

GRAFENWIESEN Kr. Cham. *Karte 11*

Kath. Pfarrkirche Hl. Dreifaltigkeit. Neubarocker Bau heimischer Tradition von 1920–23, renoviert 1983/84. – Saalbau mit eingezogenem Chor und Apsis. – Westturm mit Achteckaufsatz und Zwiebelhaube. – Rokoko-Ausstattung um 1760, aus der ehem. Schloßkapelle übernommen. Altäre mit gewundenen Säulen. – Hochaltar mit vier Seitenfiguren und Altarblatt: Hl. Dreifaltigkeit mit Maria als Fürsprecherin der Armen Seelen. – Am rechten Seitenaltar zwei Figuren einer Trinität nach gotischem Vorbild.

Ehem. Schloß. Jetzt Schloßgaststätte. 1217 ist Sifridus de Grafenwiesen bezeugt, 1314 Hans Hohenwarter auf Grafenwiesen. Häufiger Besitzerwechsel. 1702–1803 Eigentum des Klosters Rott am Inn. – Hauptgebäude 1612–20 entstanden. – Die ehem. Dreiflügelanlage um den durch einen unregelmäßigen Mauerzug im Norden abgeschlossenen Innenhof, auf dem früher die Schloßkapelle stand, ist heute reduziert und teilweise umgebaut.

GRAFENWÖHR Kr. Neustadt a.d. Waldnaab. *Karte 4*

1361 erstmals genannt anläßlich der Erhebung zur Stadt, im Besitz der Landgrafen von Leuchtenberg. Wirtschaftliche Regression nach dem Dreißigjährigen Krieg. Infolge der Anlage des dritten bayerischen Truppenübungsplatzes (1907) Anwachsen der Stadt.

Stadtanlage

Strategisch günstige Lage im Mündungswinkel der Flüsse Thumbach und Creußen, gegen Westen abgeschirmt durch den Annaberg, der einst die alte, nur 1414–21 bezeugte Burg trug. Annähernd trapezförmiger Stadtgrundriß, wobei sich die nördliche und südliche Längsseite unregelmäßig gekrümmt dem Gelände anpassen. Breiter, von Ost nach West lang hingezogener Marktplatz, aus seiner Mitte etwas nach Westen gerückt das Rathaus. Abseits, in der Südostecke, die Pfarrkirche. Südwestlich, in der Nähe des ehem. Getreidekastens, ein wohl die Höhenburg ablösendes Schloß, erwähnt ab 1414, als die kurpfälzische Linie der Wittelsbacher an die Herrschaft kam (bereits im 18. Jh. Ruine). Die Bebauung zu Seiten des Marktplatzes auf den traditionellen Ackerbürgerhausparzellen stammt mit zumeist zweigeschossigen Traufseithäusern aus der Zeit nach dem letzten Stadtbrand von 1870.

Stadtbefestigung

Teilstücke der Stadtbefestigung der 2. Hälfte des 14. Jh. sind auf allen Seiten erhalten, an den Talseiten urspr. zudem Weiheranlagen. Ehem. zwei Tore, im Westen 1880, im Süden 1945 zerstört.

★ **Kath. Stadtpfarrkirche Mariä Himmelfahrt.** Chor und Langhaus im Kern Ende 14. Jh., Turmuntergeschoß spätgotisch. Langhaus nach Brand 1839/40 neu aufgebaut, ebenso der obere Teil des Turms. Renovierung 1911, Restaurierung 1979.
Breit gelagerter Sandsteinquaderbau. Mächtiger Turm an der Chornordseite, mit an den Ecken abgeschrägtem Obergeschoß und eingezogenem Spitzhelm. An der Westfassade, in den Giebel hineinreichend, eine durch Birnstab mit seitlichen Kehlen konturierte Spitzbogenblende. Der in der Proportionierung durchaus noch barocke Bau ist im Äußeren durch neugotisches, großflächiges Relief geprägt. – Eingezogener, kreuzrippengewölbter Chor mit $^{5}/_{8}$-Schluß. Eigenwillige barocke Überformung durch Stuckierung von *Andreas Kern* aus Amberg und Bilder von *Thomas Wild* aus Auerbach, 1737–40. Von dieser ungewöhnlich gedrängten, historistisch wirkenden Dekoration waren 1911 nur Fragmente überliefert; sie wurden konserviert und ergänzt. Ein Vergleich mit der ebenfalls spätbarocken Verkleidung der gotischen Georgskirche in ▷ Amberg verdeutlicht stilistische Gemeinsamkeiten des 18. Jh. – Stuck und Malerei an der Spiegeldecke des Langhauses und an der Orgel neu im Rahmen der Renovierung von 1911. –

Ausstattung. – Drei Altäre von *Johann Michael Doser* aus Auerbach. Ähnlich im Typus mit schräg gestelltem Säulenpaar und seitlichen, teilweise zu gewichtigem Schnitzwerk über kleinen Seitenfiguren. Hauptaltar 1726, seitlich Figuren der hll. Wolfgang und Benno. Die Nebenaltäre 1718–21, gefaßt von dem Tirschenreuther Maler *Albrecht Nickl,* in Auftrag gegeben; Schreine mit 1708 in Rom erworbenen Reliquien von sieben Heiligen, mit Figurenschmuck, links Muttergottes zwischen hl. Katharina und hl. Barbara, rechts hl. Sebastian, flankiert von den Apostelfürsten. – Gotischer, achtseitiger Taufstein geziert mit in Lilien endenden Maßwerkbogen. – Kanzel 1731 ebenfalls von *Doser,* gefaßt von *Johann Thomas Wild.* Die anspruchsvolle Arbeit mit bekrönendem Gottvater und Putten ist eine Stifung des Wolf Dietrich Mayr, kurfürstlicher Hofkammersekretär in München.

Kath. Maria-Hilf-Kirche. 1849 unter Beibehaltung des Chores aus dem 18. Jh. auf dem Annaberg errichtet, Turm 1899 erhöht. – Eingezogener, halbrund geschlossener Chor, an dessen Südseite der Turm mit neuromanischem Quaderaufsatz und eingezogenem Spitzhelm. – Im Innern korbbogige Stichkappentonne mit neueren Deckenbildern, Gliederung durch toskanische Doppelpilaster. – Drei Rokoko-Altäre. – In der Umgebung Heilig-Grab-Gruft und Lourdes-Grotte, Ende 19. Jh.

Kath. Friedhofskirche St. Ursula. Spätgotischer Bau, barock erweitert, quadratischer Choranbau um 1900. 1947 Dacherneuerung nach Kriegsbeschädigung. – Zwiebeldachreiter, im Westen profiliertes Spitzbogenportal. An der südwestlichen Fenstersohlbank Baudatum 1767. – Im Chor böhmische Kappe auf Schildbogen, eine mit Rahmenstuck verzierte Flachdecke im Schiff, westliche Holzempore auf Balusterstützen. – Ausstattung. – Hochaltar: auf barocker Predella sitzende Muttergottes um 1460, in Strahlen- und Wolkenkranz. – Seitenaltäre barock mit späteren Veränderungen, Altarblätter: links hl. Ursula, rechts Vierzehn Nothelfer. – Spätgotische Kanzel, gemauert mit Sandsteinverkleidung, polygonaler Korpus auf profilierter Konsole. – An der Nordwand barocker Kruzifixus mit spätgotischer Schmerzensmutter.

Rathaus (Marktplatz 1). Freistehender hoher Giebelbau, dat. 1567, mit Eckquaderung und Sandsteingewänden (im Typ vergleichbar mit dem besser erhaltenen ehem. ▷ Getreidekasten). Veränderungen im Innern und an den Fassaden vor allem im 19. und 20. Jh.

Ehem. Getreidekasten, jetzt Heimatmuseum (Martin Posser-Str. 14). Letzter Zeuge des abgegangenen Schlosses. Dreigeschossiger Giebelbau mit abgefasten Hausteinrahmungen und Eckquaderung, nordöstlich dat. 1532. Vier Ladeluken ab dem ersten Obergeschoß. Auf der Südseite an die Stadtmauer angebaut, auf der Westseite ein Torbau.

Sog. Pestsäule. Östlich des Rathauses aufgestellter Sandsteinbildstock dat. ..96, wohl 1496. Reliefs mit Vera Icon und Passionsszenen unter krabbenbesetztem Bogen, getragen von gewunden kannelierter Säule.

GRANSWANG Markt Hohenfels, Kr. Neumarkt. *Karte 8*

Kath. Filialkirche Hl. Dreifaltigkeit. Bau des 15. Jh., im 17. Jh. verändert. Der unförmige Schindeldachreiter mit Zeltdach Anfang 20. Jh. Kompakte Westfront mit zwei Ochsenaugen. – Eingezogener Chor mit 5/8-Schluß mit schweren, ausgekehlten Rippen; breites niedriges Schiff mit Flachdecke, erneuertes Deckenbild des Gnadenstuhls. – Hochaltar um 1720/30 mit glatten und gewundenen Säulen, seitlichem Ranken- und Bandelwerk, Altarblatt hl. Familie, dat. 1748. Der rechte Seitenaltar ist ein originelles Beispiel des böhmisch-oberpfälzischen Akanthus-Altars, wohl von *Johann Michael Doser* um 1710. Der Schrein mit Mondsichelmadonna um 1500 (Köpfe stark überarbeitet) von stark plastischen Ranken mit Blütengehängen und Füllhörnern eingefaßt.

GRASSLFING Gem. Pentling, Kr. Regensburg. *Karte 13*

Kath. Kirche St. Nikolaus. Urspr. zu einem Edelsitz gehöriger romanischer Saalbau um 1200, verändert um 1700. – Eingezogener Rechteckchor im Ostturm, an der Westseite romanisches Rundbogenportal mit rechteckiger Türöffnung. Langhaus flachgedeckt, im Chor Stichkappentonnengewölbe um 1700. – Ausstattung. – Drei Altäre um 1700, aus der gleichen Werkstatt. Am Hauptaltar spätgotische Holzfiguren der 2. Hälfte des 15. Jh.: Muttergottes, seitlich die hll. Wolfgang und Nikolaus. Nördlicher Seitenaltar mit Figur des hl. Sebastian, ebenfalls 2. Hälfte des 15. Jh. Südlicher Seitenaltar mit Nischenfiguren der hll. Maria, Elisabeth von Thüringen und Barbara, um 1700. – Kreuzwegbilder 1778

GRIESBACH Markt Mähring, Kr. Tirschenreuth. *Karte 3*

Kath. Pfarrkirche St. Martin. 1793 errichtet, 1969/70 umgestaltet, Innenrenovierung 1987/88. – Saalbau mit eingezogenem, dreiseitig geschlossenem Chor. Westturm mit Spitzhelm über Dreiecksgiebeln. – Flache Stichkappentonne über Pilastergliederung. – Drei Altäre in klassizistischen Formen. Viersäuliger Hochaltar 1801 von dem Tirschenreuther Schreiner *Joseph Bulling*, Gemälde von *Maurus Fuchs*, über den Durchgängen Figuren der hll. Petrus und Paulus. – Kanzel mit Posaunenengel auf dem Schalldeckel, um 1730. – Orgelgehäuse Rokoko (aus Kloster Speinshardt). – An den Langhauswänden Figuren der Vier Kirchenväter, um 1700.

GRIESSTETTEN

Stadt Dietfurt, Kr. Neumarkt i.d. Opf. *Karte 12*

★ **Kath. Pfarr- und Wallfahrtskirche St. Martin.** Ältester Wallfahrtsort des Landkreises Neumarkt, in idyllischer Lage an der Altmühl. – Um 1140 ließen sich die „drei elenden (= ausländischen) Heiligen“, die Benediktiner Zimius, Vimius und etwas später Marinus aus dem Regensburger Schottenkloster im nahen Einsiedel nieder. Infolge des regen Pilgerzustroms am Grab des 1153 verstorbenen Marinus errichtete Abt Christian III. in Griesstetten eine dem hl. Martin geweihte Kapelle, in der ein Jahr später die beiden anderen Mönche beigesetzt wurden. Nach Vertreibung der Mönche und starker Beschädigung der Kirche im Dreißigjährigen Krieg neuer Aufschwung der Wallfahrt, als der Regensburger Weihbischof Albert Ernest Graf von Wartenberg 1689 die Gebeine der „drei elenden Heiligen“ hinter den Hochaltar transferieren und über sie eine Legende verfassen ließ. Auf Veranlassung des Abtes Bernhard Baillie (1721–48) Kirchenneubau 1740–47, unter der Leitung des Schottenpaters *Anton Stuart* von den Riedenburgern *Johann Georg Fuchs* und *Johann Schlutt* ausgeführt. 1750 wurde der zu hohe Turm aus statischen Gründen zur Hälfte abgetragen. Nachdem sich bald nach der Fertigstellung der Kirche die Schottenmönche zurückgezogen hatten, wurde sie in der Folgezeit hauptsächlich von den Dietfurter Franziskanern betreut. 1862 wurden die neugefaßten Reliquien in einem Wandschrein zur Verehrung aufgestellt. Letzte Renovierung 1978–83.

Durch toskanische Pilaster gegliederter, gestreckt oktogonaler Zentralbau, östlich angesetzt der quadratische Chor, über dem sich der zweigeschossige Turm mit Zeltdach und Laterne erhebt, das hohe Kirchendach nur wenig überragend. Niedrige Sakristei an der Ostseite. – Den Raumeindruck bestimmt das flachkuppelige Gewölbe mit Stichkappen über einer ionisierenden Pilasterordnung mit verkröpften Gebälkstükken; im Chor Tonnengewölbe mit Stichkappen. – Stukkaturen in Rocailleformen, *Johann Michael Berg* zugeschrieben, der auch die Pfarrkirchen in ▷ Berching und ▷ Sulzbürg ausgeschmückt hat. Weiß-Grau-Fassung nach Befund wiederhergestellt. – Deckengemälde bei der letzten Restaurierung von früheren Übermalungen befreit. Das große Kuppelfresko zeigt die drei Schottenmönche im Himmel, umgeben von anderen Benediktinern, darunter die Weltkarte, bez. „*Johannes Adam Fux* Maller Feccit 1750“. In den Stichkappen ausführlicher Zyklus mit Szenen aus dem Leben der drei Heiligen. Die Fresken im Chorgewölbe (hl. Martin) und an der Emporenbrüstung wurden erst 1983 freigelegt.

Einheitliche Ausstattung Mitte 18. Jh. – Als Hochaltar ein effektvoller Säulenaufbau mit Figurengruppe des hl. Martin zu Pferd mit Bettler vor einer Stadtkulisse. Seitenaltäre mit säulenlosen, von Voluten gerahmten Retabeln, links mit Halbfiguren der drei Schottenmönche in Gloriolen, rechts Figur der Maria mit Kind auf Mondsichel. – Kanzel mit Salvator Mundi auf dem Schalldeckel. – Zwei Beichtstühle

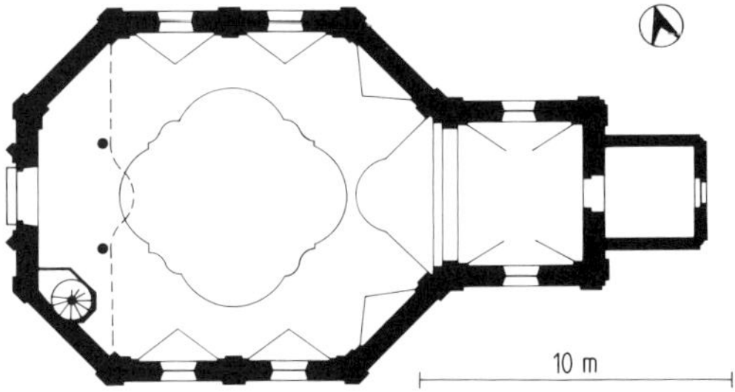

Griesstetten, Wallfahrtskirche St. Martin

mit einfachen Intarsien. – An der Rückwand zahlreiche Votivtafeln, die älteste von 1699. – Spätgotische Relikte aus dem Vorgängerbau übernommen: fragmentarische Sakramentsnische in der Sakristei und schmuckloser Taufstein, beide aus Kalkstein 15. Jh.

GRÖBENSTÄDT

Markt Moosbach, Kr. Neustadt a. d. Waldnaab. *Karte 6*

Ehem. Hammer, später Glasschleife. 1386 erstmals erwähnt. Hammerhaus mit Halbwalmdach und Steingewänden, dat. 1838, davor Kapelle, dat. 1742 (baufällig).

GRÖTSCHENREUTH

Stadt Erbendorf, Kr. Tirschenreuth. *Karte 2*

Schloß. Das östlich über dem Dorf gelegene Schloß war um 1600 im Besitz der Steinhauser und ging 1651 an die Weickmann über. Renovierung 1988/89. – Zweigeschossiger Walmdachbau des beginnenden 17. Jh. mit Fenstern in Steingewänden. An den Südecken um 1923 angebaute barockisierende Polygontürme mit Kuppeldächern, an der Ostseite Portalturm aus dem ausgehenden 19. Jh., über dem Portal Wappentafel mit Inschrift, dat. 1611. – Östlich angefügte Hofanlage, Ende 19. Jh.

Ehem. Hammerhaus. Zweiflügeliger Walmdachbau mit Zwerchgiebel und Dachreiter, im Kern 17./18. Jh., 1804 erneuert (Datierung am Dachbalken). 1985 Umbau des Inneren. – Daneben die neugotische, dreiseitig geschlossene „Drahthammerkapelle" von 1857, mit neugotischer Ausstattung.

GROSSAIGN Markt Eschlkam, Kr. Cham. *Karte 11*

Kath. Kapelle St. Leonhard. Im frühen 18. Jh. inmitten des Ortes erbaut. – Durch Lisenen gegliederter Saalbau mit eingezogenem, halbrund geschlossenem Chor und Zwiebeldachreiter. – Im Innern Flachdecke über Hohlkehle. – Drei Altäre um 1720. Aufbauten mit zwei glatten und zwei gewundenen Säulen. Altarblätter: hl. Leonhard, links Tod des hl. Franz Xaver, rechts hl. Johannes von Nepomuk wird aus der Moldau geborgen.

GROSSALFALTERBACH

Gem. Deining, Kr. Neumarkt i.d. Opf. *Karte 7*

Kath. Pfarrkirche St. Vitus. Ein Vorgängerbau 1063 geweiht. Der bestehende Bau unter Einbeziehung eines mittelalterlichen Chorturms 1750 wohl von *Johann Lösch* aus Neumarkt. Letzte Innenrestaurierung 1981–84. – Nach Norden gerichteter Saalbau mit eingezogenem, dreiseitig geschlossenem Chor. Der ehem. Chorturm an der östlichen Langhausseite, mit Oktogonaufsatz und Doppelzwiebelhaube. Sein heute als Sakristei genutztes Erdgeschoß hat derbe abgefaste Kreuzrippen, wohl spätgotisch. Im Innern korbbogiges Tonnengewölbe mit Stichkappen über toskanischen Doppelpilastern mit verkröpften Gebälkstücken. – Bandelwerkstukkaturen, mit Gittermotiven durchsetzt (für die Zeit um 1750 altertümlich). – Die ausgedehnten Deckenfresken urspr. 1751 von *Johann Endres,* 1888 von *Georg Lang,* 1947 von *Adalbert Spitzner* und *Walter Scheidemandel* erneuert. – Ausstattung. – Hochaltar Mitte 18. Jh., 1752 aus Berngau angekauft, Säulenretabel mit Seitenfiguren der hll. Willibald und Walburga, Altarblatt hl. Vitus. Die Seitenaltäre mit Bandel- und Quastenschnitzwerk ähnlich gestaltet, links Figuren der Mondsichelmadonna sowie der hll. Anna und Joseph, rechts ebenfalls Seitenfiguren und Altarblatt hl. Sebastian von *Scheidemandel* 1949. – Stuckkanzel mit Bandelwerk, 1750. – An der linken Schiffswand Gedenktafel für Pfarrer Willibald Holzhammer († 1776), den Erbauer der Kirche.

GROSSBERGHAUSEN

Stadt Freystadt, Kr. Neumarkt i.d. Opf. *Karte 7*

Kath. Kirche Hl. Dreifaltigkeit. Unter Einbeziehung des romanischen Turms im 17. Jh. erbaut. Inneninstandsetzung 1975–78. – Saalbau mit eingezogenem, dreiseitig geschlossenem Chor, Turm mit Doppelzwiebelhaube an der Chornordseite. – Laub- und Bandelwerkstukkaturen, mit Brokaten, Putten und Engelsköpfen durchsetzt, wohl von *Hieronymus Andrioli* um 1735. Deckenfresken bei der letzten Restaurierung erneuert. – Altäre 1. Hälfte 18. Jh. Hochaltar, Retabel mit vier weitgestellten Säulen, Ranken- und Rocailledekor; im Mittelfeld Figur der Maria Immaculata, darüber Hl. Dreifaltigkeit, zwischen den Säulen die hll. Franz Xaver und Johannes von Nepomuk. Linker Seitenaltar mit Altarblatt hl. Walburga sowie Seitenfiguren der hll. Antonius von Padua und Joseph. Rechter Seitenaltar mit Gemälde hl. Wendelin, seitlich die hll. Nikolaus und Ulrich. – Stuckkanzel um 1700; im 18. Jh. nach Osten erweitert, Stukkaturen mit Fruchtgehängen und

Ranken, dazwischen Fresken der Evangelisten. – Stuhlwangen mit Rankenschnitzwerk, Anfang 18. Jh.

GROSSETZENBERG Markt Laaber, Kr. Regensburg. *Karte 13*
Früher Sitz einer Hofmark.

Kath. Filialkirche St. Johannes Bapt. Romanischer, flachgedeckter Saalbau, der eingezogene, dreiseitig geschlossene Chor angeblich von 1726 (Instandsetzung 1984/85). Überdimensionierter Dachreiter mit vierseitigem Spitzhelm. Nördliche Langhausflanke leicht gekrümmt, auf beiden Seiten in Emporenhöhe je ein romanisches Rundbogenfenster mit tiefer Laibung. – Im tonnengewölbten Chor ein sog. Akanthusaltar, wohl 1726: Vor Geflecht aus Laub- und Bandelwerk von kräftigen Putten getragene, dekorative Säulchen. In Mittelnische Barockfigur der Muttergottes, seitlich Figuren des frühen 16. Jh.: hl. Johannes Bapt. und hl. Johannes Ev. – Am linken Seitenaltar Wiesheiland (18. Jh.), flankiert von Reliefs der hll. Barbara und Katharina, Anfang 16. Jh. – Mehrere Epitaphien des 18. Jh., darunter für den Hofmarksherrn Franz Xaver Jakob von Geyer auf Lauf und Etzenberg († 1731).

GROSSKONREUTH
Markt Mähring, Kr. Tirschenreuth. *Karte 3*

Kath. Pfarrkirche St. Johannes Bapt. Mittelalterlichen Ursprungs ist der quadratische innen tonnengewölbte Chorturm mit achteckigem Obergeschoß und Zeltdach. Das frühere Langhaus (1726 von *Philipp Mühlmayer*) 1928/29 durch ein barockisierendes längsgestrecktes Oktogon mit Pilastern und Muldengewölbe in Rabitzkonstruktion ersetzt. Innenrenovierung 1977–79. – Ausstattung größtenteils um 1726, neu gefaßt. – Drei Altäre mit seitlichem Akanthusrankenwerk: Hochaltar mit Gemälde des Titelheiligen und Seitenfiguren der hll. Petrus und Paulus, nördlicher Seitenaltar mit Bild des hl. Johannes Ev., südlicher Seitenaltar mit Nischenfigur der Muttergottes.

GROSSCHÖNBRUNN
Markt Freihung, Kr. Amberg-Sulzbach. *Karte 4*

Kath. Pfarrkirche St. Johannes Bapt. In die Romanik zurückgehender Sandsteinquaderbau. Turm im Unterbau gotisch, seine verputzten Obergeschosse 16./17. Jh. Langhaus im 18. Jh. erhöht und nach Westen erweitert. Innenrenovierungen 1864, 1914, 1947, 1969–71, Außenrenovierungen 1966 und 1977. – Chorturmkirche, Turm mit Strebepfeilern an den Ecken, zweibahnigem Maßwerkfenster in der Ostwand, Zeltdach. An der Langhausnordseite Spitzbogenportal mit überkreuzten Stäben. – Leicht eingezogener, quadratischer Chor mit achtteiligem Rippengewölbe, die ausgekehlten Rippen auf profilierten bzw. fächerförmigen Konsolen, Schlußstein mit Relief des Lamm Gottes. Im Langhaus Flachdecke über Hohlkehle, in Stuckrahmen Dekkenbilder mit Verklärung und Geburt Christi von *Fr. Goss* 1914 (bez.). – Hochaltar um 1780. Viersäuliger Aufbau mit Rocailledekor, als Seitenfiguren hll. Bischöfe, Altarblatt Taufe Christi. Seitenaltäre um 1730, Säulenretabel mit Seitenfiguren, nördlich hl. Agatha und hl. Katharina, südlich hl. Franz Xaver und hl. Johannes von Nepomuk. – Kanzel um 1700, mit Figuren der Evangelisten in Muschelnischen, bekrönend der Salvator Mundi. – Heiligenfiguren des 18. Jh.

GÜNCHING Stadt Velburg, Kr. Neumarkt i. d. Opf. *Karte 7*

★ **Kath. Pfarrkirche St. Maria.** Um 1716 erbaut, Weihe 1720. Außenrenovierung 1980. – Westturm mit Achteckaufsatz und doppelter Zwiebelhaube. Chor leicht eingezogen und dreiseitig geschlossen. Stichkappentonnengewölbe, im Chor über Pilastern, im Schiff über Wandpfeilern. – Deckenfresken 1716 von *Cosmas Damian Asam,* 1901 übermalt: im Chor Geburt Christi, im Langhaus Auferstehung Christi und Himmelfahrt Mariens, von Medaillons der Vier Evangelisten umgeben. – Bemerkenswerte Ausstattung. – Stattlicher Hochaltar, mit zwei gewundenen Säulen, Engeln und Rankenwerk, Anfang 18. Jh., Seitenfiguren der hll. Joachim und Anna Selbdritt, wohl älter (17. Jh.), Altarblatt Mariä Verkündigung, 1716 von *Cosmas Damian Asam.* Tabernakel Mitte 18. Jh., angeblich aus der ehem. Helfenberger Schloßkapelle. – Seitenaltäre um 1700, links mit Altarblatt hl. Joseph, Seitenfiguren der hll. Willibald und Walburga, rechts mit Altarblatt hl. Sebastian, Seitenfiguren der hll. Johannes von Nepomuk und Benedikt (?). – Kanzel 2. Hälfte 17. Jh., mit Fruchtgehängen und Engelsköpfchen dekoriert. – An den Seitenwänden Figuren der hll. Johannes Ev. und Michael, um 1700.
Verbunden mit der Sakristei an der Chornordseite die Seelenkapelle, ein 1728 erbauter Achteckbau mit Laterne. Im Innern origineller Altar, 1728 von *Johann Michael Schaller:* in und auf der Mensa Halbfiguren Armer Seelen hinter Gittern, darüber Figur des Auferstandenen in Wolkengloriole, begleitet von den knienden Maria und Johannes.

Kath. Waldkapelle St. Jakobi. Um 1730 auf dem „Pinzbügl“ erbaut. Sechsseitiger, tempiettoartiger Bau auf korinthisierenden Holzsäulen, mit Figuren des Geißelheilands, der Schmerzhaften Muttergottes und der hll. Johannes und Petrus; als Bekrönung hl. Jakobus.

GUTENECK Kr. Schwandorf. *Karte 5*

Schloß. Auf felsiger Anhöhe oberhalb des Katzbachs über den Mauern einer gotischen Burganlage errichtet, die auf dem höchsten Punkt im Westen (heute Schloßgarten) wohl einen Bergfried trug. Nach Süden und Osten sind auf abfallendem Gelände doppelte Zwingermauern vorgelagert (von dieser Seite vermutlich der urspr. Zugang zur Burg). – Nach verheerendem Dorfbrand von 1822 Wiedererrichtung der Kapelle mit östlich anschließendem „Kirchenschloß“. Erst 1894/95 wurde der ältere zweiflügelige Wohnteil mit barocker Substanz über mittelalterlichen Fundamenten wiederhergestellt, hofseitig durch einen zweigeschossigen Erschließungsgang in der Formensprache der Neurenaissance mit Arkaden im Erdgeschoß ergänzt und mit dem „Kirchenschloß" verbunden. Es entstand eine Dreiflügelanlage mit neugotischer Fassade im Norden; über der spitzbogigen Tür die Wappen der Besitzer seit dem 13. Jh., der Herren von Murach (ab 1283), der Grafen von Kreith (ab ca. 1570), von Spreti (ab 1894) und der Grafen Beissel von Gymnich (seit 1961).

Kath. Schloßkapelle St. Katharina. Schlichter, flachgedeckter Saalbau von 1823. Von der urspr. Barockausstattung nur das ehem. Altarbild des hl. Antonius, 18. Jh., erhalten.

GUTMANING Stadt Cham. *Karte 18*

Ehem. Schloß. 1387 wird Michael Götlinger zu Gutmaning erwähnt. Vom 15. bis 17. Jh. mehrmaliger Besitzerwechsel. Von 1649 bis in die 2. Hälfte des 19. Jh. Eigentum der Herrn von Schrenk. – In die Gotik zurückgehender, dreigeschossiger Bau mit Satteldach, mehrfach verändert, u.a. 1887. Letzte Instandsetzungsmaßnahmen 1977 ff. An der Südwestecke schräggestellter Turm mit Zinnenabschluß, an der Südseite durch ionische Doppelpilaster gegliederter Vorbau. – Kachelofen des späten 16. Jh. mit Grotesken und Allegorien der Vier Weltteile.

Schloßkapelle St. Joseph (ehem. Hl. Dreifaltigkeit). 1674 durch Freiherrn Joseph Jakob Schrenk an die Ostseite des Schlosses angebaut. Letzte Renovierung 1968. – Über dem eingezogenen, dreiseitig geschlossenen Chor hölzerner Turm mit Spitzhelm. – Im flachgedeckten Innenraum Altar mit Allianzwappen des Stifters, Erbauungszeit. Aufbau mit gewundenen Weinlaubsäulen, Seitenfiguren der hll. Antonius von Padua und Joseph, Altarblatt Mariä Tempelgang. – Barockbilder: Herz Jesu und Herz Mariä, Vierzehn Nothelfer. – Rosenkranzmadonna, 1. Hälfte 18. Jh. – Zwölf Apostelleuchter, farbig gefaßte Schnitzreliefbüsten, spätes 17. Jh.

H

HAAG Stadt Hemau, Kr. Regensburg. *Karte 13*

Kath. Filialkirche St. Nikolaus. 1699 unter Verwendung der Langhausmauern des romanischen, 1634 zerstörten Vorgängers neu gebaut. – Saalbau mit kurzem, eingezogenem Chorpolygon, das innen segmentförmig schließt. Polygonaler Dachreiter mit überdimensionierter Zwiebelhaube. An der Südseite leicht spitzbogige, abgefaste Türrahmung aus gotischer Zeit. – Das mit Kappen durchsetzte Chorgewölbe ruht auf kräftigen, kurzen Pilasterstümpfen. Die Holzdecke im Schiff wurde gemeinsam mit dem Dach 1935 erneuert. Der Mauerrücksprung auf halber Fensterhöhe kennzeichnet das starke romanische Mauerwerk, im rückwärtigen Teil Auflager für die urspr. Balkendecke erhalten. – Ausstattung. – Hochaltar, Säulenretabel mit Knorpeldekor, 2. Hälfte 17. Jh., 1902 überarbeitet, aus dieser Zeit auch das Altarblatt, freie Kopie eines 1769 von *Joseph Haemmerl* aus Laaber gemalten Originals. Gotische Seitenfiguren der hll. Johannes Ev. und Stephanus (beide um 1500), weitere spätgotische Figuren im Langhaus: Muttergottes, 2. Hälfte 15. Jh., hl. Nikolaus.

HABSBERG Stadt Velburg, Kr. Neumarkt i. d. Opf. *Karte 8*

1098/1102 erste Erwähnung der Grafen auf dem Habsberg, an dem östlich seit dem 8. Jh. eine bedeutende Verkehrsstraße vorbeiführt. Nach deren Erlöschen mit Otto von Habsberg († nach 1108) wechselte die Burg, deren letzte Reste noch im 18. Jh. sichtbar waren, häufig den Besitzer: 1175 an die Grafen von Sulzbach, 1188 an die Hirschberger, 1305 an die Wittelsbacher und schließlich 1624 mit dem Amt Helfenberg als Geschenk an den Feldherrn Tilly.

★ **Wallfahrt Habsberg.** Auf dem höchsten Wallfahrtsberg der westlichen Oberpfalz (621 m) als letzte der regionalen Marienkirchen im späten Rokoko nördlich neben der bereits im späten 17. Jh. gestifteten Gnadenkapelle erbaut. – 1680–82 errichtete Johann Panzer, Amtspfleger der Burg Helfenberg, zur Heilung seines schweren Gichtleidens auf dem Habsberg eine oktogonale Gnadenkapelle zu Ehren Mariä, Heil der Kranken. Aufgrund des wachsenden Pilgerzustroms 1731 Erweiterungsbau durch Gräfin Maria Anna Katharina von Tilly-Montfort († 1744), Weihe 1747. 1760–69, auf Initiative der Grundherren von Helfenberg, Bau der großen Wallfahrtskirche nach Plänen des Münchner Hofmaurermeisters *Leonhard Matthäus Gießl.* Letzte umfassende Renovierung der Kirche 1967–72, der Kapelle 1978/79.

Kath. Gnadenkapelle Mariä Himmelfahrt. Saalbau mit eingezogenem dreiseitig geschlossenem Chor, vom urspr. Achteckbau übernommen. Durch gleichhohen östlichen Sakristeianbau rechteckiger Ostabschluß.

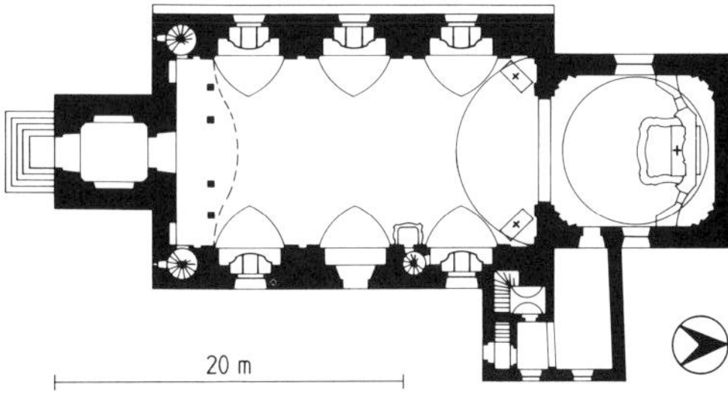

Habsberg, Wallfahrtskirche Habsberg

Dachreiter im 19. Jh. entfernt. Im Chor Tonnengewölbe mit Stichkappen, im Langhaus Flachdecke über Pilastern mit Gebälkstücken. Geschwungene Westempore von 1911–18. – Deckenfresko Mariä Himmelfahrt, 1948 von *Josef Weininger.* – Ausstattung aus der Bauzeit 1730/40. Der Hochaltar mit gewundenen Säulen, vier Seitenfiguren und Figur der Mondsichelmadonna als Gnadenbild Maria, Heil der Kranken, Ende 17. Jh. – Zwei Beichtstühle, Stuhlwangen mit Akanthusrankenschnitzereien. – An der linken Chorwand Votivrelief des Stifters im Kreise seiner Vertrauten, Schnitzarbeit nach 1680, mit moderner Inschrift.

Kath. Wallfahrtskirche Mariä Heimsuchung. Durch Putzlisenen gegliederte Wandpfeilerkirche mit eingezogenem, annähernd quadratischem Chor, nach Norden gerichtet. Eingang durch den Südturm mit eingezogener Laternenzwiebelhaube von 1881. Im Langhaus Tonnengewölbe mit Stichkappen, der Chor flachkuppelig gewölbt. Den Wandpfeilern vorgelegt toskanische Doppelpilaster mit verkröpftem Gebälk. Zweigeschossige Westempore. – Der Kirchenraum zählt mit seiner einheitlichen Spätrokoko-Ausstattung, die weitgehend von einheimischen Künstlern stammt, zu den schönsten der westlichen Oberpfalz. Elegante, farbig gefaßte Muschelwerkstukkaturen von dem Wessobrunner *Joseph Dietmayer* 1764. – Fresken 1764 von *Johann Michael Wild* aus Amberg. Im Chor Heimsuchung Mariens, in zeitgenössiger Kleidung und Umgebung, von Medaillons der Vier Evangelisten und Grisaillen marianischen Inhalts umgeben. Das große Deckenbild im Langhaus mit dem übergeordneten Thema Maria, Heil der Kranken, und der Entstehung der Wallfahrt (sign. und dat.), seitlich kartuschenförmige Medaillons mit mariologischer Thematik, in den Stichkappen Grisaillen mit Allegorien; an der Empore großes Engelskonzert. –

Die prächtige Ausstattung großenteils von dem Velburger *Georg Leonhard Däntl* 1767 geschaffen: Hochaltar, Kanzel und wohl auch die beiden Seitenaltäre, die originale Fassung bei der letzten Restaurierung wieder hergestellt. – Hochaltar als mächtiger perspektivischer Sechssäulen-Aufbau mit reichem Muschelwerkdekor, endgültige Fassung 1769 durch Georg *Matthias Pösl,* Amberg. Am Gebälk Allianzwappen des Helfenberger Grundherrn, des Feldmarschalls und Vizestatthalters von Ingolstadt, Georg Sigmund Freiherr von Hegnenberg-Dux, und seiner Gemahlin Maria Adelheid. Seitenfiguren der hll. Zacharias, Johannes Bapt., Johannes Ev. und Joachim, im Auszug Gottvater, im Mittelfeld Kopie der Berchinger himmelfahrenden Maria, 1950 von *Eduard Graf* aus Eichstätt. – Etwas schlichter gehalten die Seitenaltäre, die historisierenden Altarblätter von *Joseph Lang* bei der letzten Restaurierung durch lebensgroße Figuren der Erbauungszeit ersetzt: links hl. Florian, flankiert von den hll. Elisabeth und Ottilie, rechts hl. Georg, seitlich hl. Franz Xaver und hl. Johannes von Nepomuk. Auf der Mensa Reliquienschrein von *Däntl* mit den Gebeinen des hl. Fortunatus. – Orgel 1767 von Amberger Meistern: das Werk (Pfeifen noch zu neunzig Prozent erhalten) von *Johann Conradt Funtsch,* das Gehäuse von Schreiner *Christoph Bacher* und Bildhauer *Johann Philipp Lutz.* – Fünf Beichtstühle mit Bildern büßender Heiliger, um 1770. – In der Turmeingangshalle volkstümliche, fast lebensgroße Schnitzreliefs von Pilgern, letztes Drittel 18. Jh.

HACKENHOFEN Stadt Parsberg, Kr. Neumarkt i.d. Opf. *Karte 8*

Kath. Kirche St. Laurentius. Mauerwerk im Kern romanisch, Umbau im 17. Jh. – Flachgedeckter Saalbau. Eingezogener, halbrund geschlossener Chor mit achteckigem Obergeschoß und Dachreiter. – Der Chor mit Stichkappentonne über Pilastergliederung; segmentbogiger Chorbogen auf verkröpftem Gesims. – Ländliche Barockausstattung. – Hochaltar in Schwarz-Gold-Fassung, Anfang 18. Jh. Zwischen vier Weinlaubsäulen spätgotische Nischenfiguren: in der Mitte der hl. Laurentius, seitlich hl. Stephanus und hl. Laurentius (um 1500). Seitenaltäre in Formen des Rokoko, Fassung dem Hochaltar angeglichen. Säulen-Baldachin-Aufbauten mit je zwei Bildern. – Kanzel mit gewundenen Säulen und Knorpelwerk, 2. Hälfte 17. Jh.

HADERLSDORF Markt Beratzhausen, Kr. Regensburg. *Karte 8*

Burgruine Ehrenfels. 1256 erste urkundliche Erwähnung, 1335 an die Herrn von Stauf. Nach der Einnahme durch die Regensburger 1416 von dem Regensburger Dombaumeister *Wenzel Roritzer* nach neuen fortifikatorischen Erkenntnissen wiederaufgebaut. 1492 Zerstörung durch Albrecht IV. im Kampf gegen den Löwenbund, in dem Hieronymus von Stauf zu Ehrenfels eine Hauptrolle spielte. 1567 von Pfalz-Neuburg erworben. 1635 durch die Schweden erobert, seitdem Ruine. 1982ff. saniert und stellenweise rekonstruiert. – Auf einem 555 m hohen Bergkegel nordwestlich von Beratzhausen. – Von der Anlage relativ gut erhalten nur der im 15. Jh. unregelmäßig polygonal angelegte Bering mit zwei zylindrischen und einem halbschaligen Turm, von Wall und Graben umgeben. Mauerwerk aus Bruchsteinen und zahlreichen Buckelquadern mit Randschlag. Der Umbau des 15. Jh. veranschaulicht deutlich die veränderten kriegstechnischen Erfordernisse: Der alte, viereckige Bergfried war funktionslos geworden und wurde abgetragen; seine Buckelquader mußten zur Weiterverwendung für die Rundtürme erst noch behauen werden. Der durch die Mitte des Burgareals verlaufende Graben läßt darauf schließen, daß die urspr. Anlage um die Hälfte kleiner war.

HAGELSTADT Kr. Regensburg. *Karte 14*

Kath. Nebenkirche St. Vitus. Barocker Saalbau mit eingezogenem, dreiseitig geschlossenem Chor, durchweg kreuzgratgewölbt. Spitzbehelmter Dachreiter über dem Chor. – Zwei spätgotische Holzfiguren heute in der neuen, 1969–71 von *Fritz Schwertle*, Regensburg, erbauten Pfarrkirche.

HAHNBACH Kr. Amberg-Sulzbach. *Karte 4*

MARKTANLAGE

Die Anlage Hahnbachs – ein ehem. Ministerialensitz – ist beispielhaft für einen Straßenmarkt. Schutz bot ein von der Vils gespeister, um den Markt geführter Graben. Von den drei Toren nur noch das Amberger Tor aus dem 16. Jh. erhalten (1987/88 renoviert). Das heutige Erscheinungsbild des Marktes ist durch den Wiederaufbau nach dem Brand von 1819 bestimmt.

★ **Kath. Pfarrkirche St. Jakob.** Chor 1434 vollendet, südliches Seitenschiff 1467 begonnen. 1521 Anbau des Westturms. In der 2. Hälfte 18. Jh. Umgestaltung des Innenraums. Renovierungen 1895, 1948/49 und 1977/78. – Dreischiffige Basilika, Chor mit 5/8-Schluß, von gleicher Breite wie das Mittelschiff; Westturm mit von einer Laternenzwiebel bekröntem Zeltdach. – Sandsteinquaderbau, gegliedert durch drei- und vierbahnige Maßwerkfenster, Strebepfeiler und Kaffgesims. Auf der Südseite ein Vorzeichen, übergewölbt mit zwei Rippenkreuzen auf Blattkonsolen, Gewändeportal; ein entsprechendes Portal nördlich gegenüber. Am Turm ebenfalls zwei symmetrisch angeordnete Spitzbogenportale mit tiefen Gewänden, das südliche dat. 1521, ein weiteres in der Turmvorhalle, mit gedrehtem Wulst zwischen tiefen Kehlen. – Vom Typ her urspr. eine Pseudobasilika, das Mittelschiff jedoch im 18. Jh. durch Oculi belichtet. Das östliche, nach beiden Seiten durch kräftige spitze Scheidbogen abgesetzte Joch des nördlichen Seitenschiffs ist deutlich schmäler und kürzer, was vermuten läßt, daß hier ein älterer, erst bei der Vollendung des Westturms abgebrochener Turm stand. – Abgefaste Spitzbogenarkaden mit kämpferlosen Rundpfeilern. In Chor, Mittelschiff und nördlichem Seitenschiff Kreuzrippengewölbe, im südlichen Seitenschiff Stern- und Netzgewölbe. Im Langhaus ruht das Gewölbe auf segmentförmig aus der Wand heraustretenden, mit den Rundpfeilern verbundenen Vorlagen, die im 18. Jh. mit Rocaillestukkaturen, Kapitellen und vasentragenden Gesimsen verziert wurden; im Chor im 18. Jh. aufgelegte Wandpilaster mit entsprechender Dekoration. Die Gewölbeanfänger der Seitenschiffe noch urspr.: an der Außenwand des südlichen Seitenschiffs eine Schildkonsole und Spitzkonsolen; im übrigen setzen die Rippen auf rechteckigen Verstärkungen bzw. ohne Vermittlung auf, Schlußsteine mit Rosetten und Tartschen. Durchgehende Westempore, urspr. wohl unterwölbt, früher mit eigenem Altar, dessen gemauerte Mensa über dem Mittelpfeiler erhalten. – Rokokostuckierung, zurückhaltend eingepaßt in die gotische Gewölbekonstruktion. – Fresken wohl um 1755, *Johann Michael Wild* zugeschrieben, vorwiegend Darstellungen aus dem Leben des hl. Jakobus Maior. – Sechs Fresken der 2. Hälfte 15. Jh. wurden 1938 an der Stirnwand des Chores freigelegt: hl. Katharina, Grablegung, Auferstehung und Himmelfahrt Christi, hl. Bonifatius, Martyrium des hl. Stephanus. – An der Chorsüdwand Sakramentsnische mit krabbenbesetztem Giebel und Blendmaßwerk der Erbauungszeit.

Ausstattung. – Hochaltar um 1730. Mächtiger konkaver Viersäulenaufbau mit Seitenfiguren der hll. Petrus und Paulus (innen), Sebastian und Florian (außen), Altarblatt, Apotheose des hl. Jakobus Maior; die Bildkomposition eng verwandt mit dem Hochaltarbild von *Johann Gebhard* in der Ensdorfer Klosterkirche. – Seitenaltäre, konkave Säulen-Pilaster-Retabel in fortgeschrittenen Rokokoformen (nach Mitte 18. Jh.), nördliches Altarblatt: hl. Joseph, südliches: Abendmahl, der Corpus-Christi-Bruderschaft gewidmet, in Klosterarbeit gefaßter Leib des hl. Felix. – Kanzel um 1780, gefaßt 1789 von *Wolfgang Pösl* aus Amberg. Rocailledekor, auf dem Schalldeckel Moses, von Sitzfiguren der Evangelisten umgeben. Die gewundene Steinstütze der spätgotischen Kanzel unter der Rokokoverkleidung sichtbar. – Orgel mit bizarrem Rocailleschnitzwerk. – Zwölfeckiger Taufstein mit Blendmaßwerk auf fächerförmig geripptem Fuß, dat. 1556, 1858 renoviert. – Mehrere Heiligenfiguren des 18. Jh., u.a. ein Schmerzensmann in Wandnische.

Kath. Dreifaltigkeitskirche (Friedhofskirche). Saalbau um 1600 mit Dachreiter, der Chor dreiseitig geschlossen, Fenster und Südportal spitzbogig. – Niedriger, breitgelagerter Raum, weiter segmentbogiger Chorbogen. Deckenmalereien von *M. Ankermüller* 1930. – Altar und Kanzel mit Knorpelornamentik der 2. Hälfte des 17. Jh. Säulenretabel mit Altarblatt Marienkrönung, Seitenfiguren der hll. Apollonia(?) und Barbara, Kanzel mit Bildern der Evangelisten. – Volkstümliche Holzfiguren, u.a. Christus in der Rast, 18. Jh.

HAIDENKOFEN Gem. Sünching, Kr. Regensburg. *Karte 14*

Kath. Kirche St. Ägidius. Romanische Chorturmkirche, restauriert 1984. Bauuntersuchungen ermittelten einen romanischen Zentralbau aus Kalksteinquaderwerk mit Mittelstütze. Demnach handelte es sich ehemals um ein in Bayern seltenes Beispiel des gewölbten Einstützenraums. Die Jahreszahl 1691 im Innern weist wohl auf das Datum der barocken Veränderung. – Mittelalterlicher Rechteckturm mit Rundbogenfenstern und Scharten, oktogonaler Barockaufbau mit Zwiebelhaube. – Der eingezogene, querrechteckige Altarraum ist kreuzgratgewölbt. Hohes achteckiges Langhaus mit barocker Flachdecke, umlaufende Empore. Doppelte Fensterreihe, an der Südseite romanische Rundbogenöffnung. – Altar um 1730 mit Altarblatt: hl. Ägidius, seitlich Ansicht der Kirche mit nebenstehendem Herrenhaus (vor der Aufstockung 1821).

HAIDSTEIN Gem. Chamerau, Kr. Cham. *Karte 11*

Auf dem hohen, dicht bewaldeten Haidstein stand die untergegangene Burg eines um 1200 erstmals archivalisch faßbaren Vasallengeschlechts der Markgrafen von Cham-Vohburg. Hier hielt sich zeitweise Wolfram von Eschenbach auf. 1467/68 auf Befehl Herzog Albrechts IV. wegen angeblicher Raubzüge zerstört; später Übergang an die Nothaft von Runding.

Kath. Wallfahrtskirche St. Ulrich. Um 1656/57 durch Hans Heinrich von Nothaft erneuert, 1718/19 erweitert. – Flachgedeckter Saalbau mit trapezförmigem Ostabschluß; verschindelter spitzer Giebelreiter. – Ausstattung. – Drei Altäre, Säulenretabel, 1741 von *Ernst Georg Weinzierl* aus Cham angefertigt. Hochaltar mit zwei Karmeliterheiligen als Seitenfiguren und Altarblatt: hl. Ulrich und hl. Wolfgang unter Maria-Hilf-Darstellung nach *Lukas Cranach,* 1816 von Maler *März* aus Neunburg vorm Wald. Seitenaltäre mit seitlichem Ranken- und Bandelschnitzwerk, Altarblätter von 1817: links Heimsuchung, rechts Himmelfahrt Mariens. – Kanzel wohl 1. Viertel 18. Jh., mit Bildern der Vier Evangelisten zwischen gedrehten Säulen, der Aufgang mit späterer Rocaille-Ornamentik. – An der Emporenbrüstung Brustbilder der Apostel, 18. Jh. – Kruzifixus an der Nordwand, das bedeutende, wohl bayerische Werk am Übergang von der Spätromanik zur Frühgotik um 1200 entstanden. Bei der Restaurierung 1964 kamen nach Entfernung der Fassung des 19. Jh. minimale Reste der Originalfassung zum Vorschein. – Vier spätgotische Figuren ausgelagert: Christus als Gärtner, hl. Leonhard und hl. Dionysius (alle um 1500), Muttergottes um 1530.

HAIMBURG

Gem. Berg b. Neumarkt i. d. Opf., Kr. Neumarkt i. d. Opf. *Karte 7*

Burgruine. Im Hochmittelalter Sitz der Haimburger, einer Seitenlinie der Herren von Stein. – Von der pittoresk auf hohem Felssporn gelegenen Burg sind nur noch vereinzelt aufragende Mauerreste aus dem 15.–17. Jh. und der Graben erhalten.

HAINSACKER Gem. Lappersdorf, Kr. Regensburg. *Karte 13*

Kath. Pfarrkirche St. Ägidius. Errichtet 1737–42 anstelle einer älteren, kleineren Kirche. 1893/94 Erweiterung um zwei Fensterachsen nach Westen. Turm 1900 neu errichtet. – Schlichter Außenbau. Nordöstlicher Turm mit durch Eckpilaster gegliedertem Glockengeschoß. Fünfachsiger Saalbau mit flacher Tonnenwölbung und Stichkappen. Wandgliederung durch Doppelpilaster mit stark profilierten Gesimsen. Langhausecken zum eingezogenen, halbrund geschlossenen Chor, ausgerundet. – Die Deckengemälde von 1742, nach teilweisem Absturz 1938 restauriert, beziehen sich auf die Legende des hl. Ägidius: im Langhaus Auffindung des Einsiedlers Ägidius durch Herzog Wamba und sein Gefolge, darüber Dreifaltigkeit und musizierende Engel. Über der Orgelempore Herz-Jesu-Verehrung, 1932 von *H. Diermeier.* Zwischen den Stichkappen weitere Szenen aus dem Leben des Heiligen und die Vier Kirchenväter, in den Stichkappenfeldern wie auch im Chorbereich stucco finto-Malereien. Chorfresko: Messe des hl. Ägidius in Gegenwart König Karl Martells. – Im Langhaus fünf Fenster mit figürlicher Buntverglasung von 1902. – Ausstattung. – Hochaltar der Erbauungszeit. Sechssäulige, monumentale Anlage mit Altarblatt des hl. Ägidius als Patron und Fürbitter der Gemeinde Hainsakker vor der Hl. Dreifaltigkeit. Figuren der hll. Petrus, Paulus, Bartholomäus und ein weiterer Apostel. – Seitenaltäre wohl aus der Erbauungszeit, links Altarblatt Mariä Himmelfahrt von *Georg Halter,* 1893, und Figuren der Apostel Andreas und Jakobus; rechts Altarblatt Tod des hl. Joseph von *Leopold Weinmayer,* Regensburg, 1863, und Figuren der Apostel Johannes Ev. und Matthias. – Kanzel um 1720, bekrönt von Figur des hl. Augustinus. – In einer Wandnische neben dem Nordportal bemerkenswerte Figur der Muttergottes, um 1500.

HAINSBERG
Stadt Dietfurt a.d. Altmühl, Kr. Neumarkt i.d. Opf. *Karte 12*

Kath. Pfarrkirche St. Leodegar. Unter Beibehaltung des mittelalterlichen Chorturms 1737 errichtet, 1757 geweiht. Außen 1966, innen 1971/72 renoviert. – Turm mit Achteckaufsatz und kurzem Spitzhelm, in seinem Erdgeschoß der eingezogene, quadratische Chor. Innenraum mit Flachdecken über Vouten, Bandel- und Laubwerkstukkaturen der Erbauungszeit. Die barocken Deckenfresken 1971 freigelegt und teilweise ergänzt: großes Mittelbild mit Hl. Dreifaltigkeit, hl. Leodegar und Ortsansicht, seitlich und im Chor Medaillons mit Szenen aus dem Leben des Kirchenpatrons. – Ausstattung der Erbauungszeit. Hochaltar, Viersäulenretabel mit Altarblatt hl. Leodegar, Seitenfiguren der hll. Johannes von Nepomuk und Franz Xaver. Seitenaltäre mit Figuren der Muttergottes und des hl. Wendelin. – An der Emporenbrüstung bemerkenswertes Ölbild mit der Überführung des hl. Leodegar nach der Stadt Autun. – An der rechten Schiffswand Kruzifixus und Schmerzhafte Muttergottes, 1. Hälfte 18. Jh.; Figur des hl. Leodegar, Anfang 16. Jh.

HARDECK Markt Neualbenreuth, Kr. Tirschenreuth. *Karte 3*

Ehem. Sommerschloß der Zisterzienserabtei Waldsassen. 1316 von den Leuchtenbergern an das Kloster Waldsassen. – Um 1708 auf steil abfallendem Felsen errichtet. Zweigeschossiger Walmdachbau mit Eckrustika und Steinrahmungen, an den Schmalseiten polygonale Standerker.

HARDT Markt Beratzhausen, Kr. Regensburg. *Karte 8*

Kath. Filialkirche St. Katharina. Anlage des 14. Jh. wohl unter Verwendung eines romanischen Chorturms, barock umgebaut. – Turm mit Zeltdach, an seiner Ostseite niedrige Sakristei. – Im eingezogenen, rechteckigen Chor Kreuzgewölbe, die Rippen abgeschlagen; halbrunder Chorbogen. Im Langhaus Flachdecke über Hohlkehle mit Rahmenstuck. – Hochaltar um 1700, zierliches, viersäuliges Retabel, Altarblatt Vierzehn Nothelfer. – Kreuzwegbilder von *Franz Krombach* aus München 1880.

HARENZHOFEN
Stadt Velburg, Kr. Neumarkt i. d. Opf. *Karte 7*

Kath. Filialkirche St. Äquidius. 1693 von *Martin Puchtler* wohl unter Einbeziehung mittelalterlicher Bausubstanz errichtet, 1763 durch *Georg Plankl* verändert. – Saalbau mit eingezogenem, dreiseitig geschlossenem Chor und polygonalem Dachreiter mit Zwiebelhaube. – Tonnengewölbe mit Stichkappen, im Schiff über Wandpfeilern. – Großes Deckenfresko: Wunder und Apotheose des hl. Ägidius mit Chronogramm 1763, von *Georg Hämmerl.* – Ausstattung. – Drei Altäre, Säulenretabel von 1709, mit Altarblättern von *Georg Asam* 1710, der im nahen Helfenberger Schloß tätig war; Fassung durch seine Frau *Maria Sophia.* Hochaltar mit Altarblatt: hl. Ägidius mit Hirschkuh in Begleitung eines Jägers und einer Königin. Die Seitenaltäre mit Altöttinger Madonna bzw. Wiesheiland in Rokokotabernakeln, links mit Altarblatt hl. Familie, unter Mitwirkung von *Georg Asams* Sohn *Cosmas Damian* entstanden, rechts hl. Michael, bez. „1710 *G. Asam.*" – Kanzel von 1697 mit Figuren der Evangelisten. – Kreuzwegbilder in reich geschnitzten Rahmen, wohl 1720/30. – Figuren Anfang 18. Jh.: seitlich des Hochaltars hl. Wendelin und hl. Leonhard, in Nische der Nordwand hl. Ägidius.

HARTHAM Gem. Riekofen, Kr. Regensburg. *Karte 14*

Kath. Kapelle St. Sixtus. 878 erste urkundliche Erwähnung einer Kapelle. Gotischer Saalbau mit dreiseitigem Ostabschluß. An der Südseite urspr. Spitzbogenfenster mit Maßwerknasen. Westlicher Satteldachturm, durch Inschrifttafel dat. 1868. – Flachdecke mit Rahmenstuck, kleiner Barockaltar und Kruzifixus.

HARRLING Gem. Zandt, Kr. Cham. *Karte 10*

Kath. Expositurkirche St. Bartholomäus. Um 1760 errichtet. Letzte Instandsetzung 1981–85. – Das Langhaus schließt an den eingezogenen Chor mit abgerundeten Ecken an. Chorscheitelturm mit an den Ecken abgerundetem Obergeschoß und eingeschnürter Zwiebelhaube. – Im Chor Tonnengewölbe mit Stichkappen über Pilastergliederung. Handwerkliches Deckenbild, Glorie des hl. Bartholomäus, 2. Hälfte 18. Jh.; nazarenische Bildfenster. Nach Einsturz des Gewölbes im Langhaus Anfang 19. Jh. Einzug einer Flachdecke mit Hohlkehle, Pilastergliederung. – Ausstattung. – Hochaltar wohl 2. Viertel 18. Jh. Stattlicher Aufbau mit vier gewundenen und zwei glatten Säulen, Seitenfiguren der hll. Ambrosius und Johannes von Nepomuk, Altarblatt Ausgießung des Hl. Geistes, im Auszug Gruppe der Marienkrönung. – Orgelprospekt. Ferner von *Johann Weiß* aus Nabburg. – Kreuzwegstationen, Öl auf Leinwand, 1889 von *Heinrich Oesterer.* – In der linken Langhausrundung Figur der Muttergottes, um 1480. Einige Barockfiguren, überwiegend 2. Hälfte 18. Jh., u. a. ein expressiver Kruzifixus in der rechten Langhausrundung.

HASELBACH Stadt Schwandorf, Kr. Schwandorf. *Karte 9*

Kath. Pfarrkirche St. Peter und Paul. Im Kern gotischer Bau um 1400. Aus dieser Zeit sind der Turmunterbau sowie der querrechteckige Chor mit Kreuzrippengewölbe über tief sitzenden Konsolsteinen und skulptiertem Schlußstein, Christus mit Dornenkrone, erhalten. Das Langhaus im 18. Jh. umgestaltet und 1886 nach Westen erweitert. Bei der Innenrenovierung 1961/62 die neugotische Ausstattung entfernt. – Im Chor kleiner barocker Säulenaltar, um 1690, mit Ölgemälde der hl. Familie, um 1720. – An der Südwand des Langhauses hl. Sebastian, Ölgemälde in Originalrahmen, bez. „*Johann Gebhardt* fe. in Priffing 1714". – Im Chor zwei Renaissance-Epitaphien von Kindern aus der Familie von Rußwurm zu Haselbach († 1586 bzw. 1609).

HASELMÜHL Gem. Kümmersbruck, Kr. Amberg-Sulzbach. *Karte 8*

Ehem. Hammergut. 1387 trat der Besitzer Heimeran Alhardt der großen Hammerwerkseinigung zwischen Amberg und Sulzbach bei. 1619 erhielt der Besitzer Tobias Mendel von Steinfels die Landsassenfreiheit. – Dreigeschossiger Walmdachbau, nordwestlich vorgestellter Rundtum mit Kegeldach, mit dem Hauptbau in den Obergeschossen verbunden. An der Westseite Wappentafel des ersten Besitzers und Zwiebeldachreiter.

HAUGENRIED Gem. Nittendorf Kr. Regensburg. *Karte 13*

Kath. Kirche St. Nikolaus. Schlichte romanische Chorturmkirche, einsam zwischen Feldern gelegen; wohl in der Mitte des 12. Jh. errichtet, angeblich von Bergleuten der Erzgewinnung. – Aus unregelmäßig großen Quadern, der Turm im oberen Teil Bruchsteinmauerwerk. Eingang an der Südseite mit halbrundem Türsturz; östlich davon erhöht eine romanische Einstiegsöffnung mit giebelartigem Türsturz. – Eingezogener Chor im Turmuntergeschoß, annähernd quadratisch, kreuzgratgewölbt. Chorbogen aus Werkstein mit Kämpfergesims. Das gedrungene Langhaus hat eine Holzdecke, hölzerne Westempore von 1717, Blocktreppe. – Altar mit gedrehten Säulen, um 1740/50, spätgotische Reliefs (Ende 15. Jh.): Maria und hl. Nikolaus.

HAUNRITZ Gem. Weigendorf, Kr. Amberg-Sulzbach. *Karte 4*

Ehem. Hammerschloß. Im 14. Jh. erstmals bezeugt, meist im Besitz Sulzbacher oder Nürnberger Adelsgeschlechter. – Weitgehend veränderte Baugruppe mit zentralem turmartigen Walmdachbau, bez. 1719, im Kern gotisch. – Im Inneren gotische Steingewände, dreigeschossige Holzspindeltreppe. Sanierung 1986.

HAUSEN Gem. Ursensollen, Kr. Amberg-Sulzbach. *Karte 8*

Kath. Pfarrkirche St. Georg. Stattlicher neubarocker Bau von *Heinrich Hauberrisser,* 1914. Innenrenovierung 1966. – Eingezogener, segmentbogig geschlossener Chor, Ostquerhaus, Turm mit Schweifhelm an der Chornordseite, vom Vorgängerbau des 18. Jh. übernommen. – Im Chor Stichkappentonne, im Langhaus Spiegeldecke mit neubarokken Deckenbildern, wohl von *Josef Weininger.* – Ausstattung. – Altäre durchgreifend klassizistisch überarbeitet, Hochaltar mit Seitenfiguren der hll. Sebastian und Martin, 1. Hälfte 18. Jh. – Seitenaltäre als Säulen-Pilaster-Aufbauten, links mit spätgotischer Figur der Maria in der Hoffnung, Ende 15. Jh., Kopf und Hände stark überarbeitet, rechts Figur des hl. Wendelin. – Kanzel klassizistisch, auf dem Schalldeckel Figur des hl. Paulus. – Weitere Figuren der 1. Hälfte 18. Jh., u. a. eine Rosenkranzmadonna.

HAUSHEIM
Gem. Berg b. Neumarkt i. d. Opf., Kr. Neumarkt i. d. Opf. *Karte 7*

Kath. Pfarrkirche St. Peter und Paul. Frühgotische Chorturmkirche, im 18. und 19. Jh. mehrfach verändert. Renovierung innen 1971/72, außen 1976. – Im quadratischen Ostturm mit Achteckaufsatz und Spitzhelm der eingezogene, tonnengewölbte Chor. Im Langhaus Flachdecke mit pastellartigen Deckengemälden des 18. Jh., 1971 freigelegt: Marienkrönung, von den Apostelfürsten und Vier Evangelisten in Rundmedaillons umgeben. Geschweifte Holzempore, ihre Brüstung mit Tafelgemälden der Zwölf Apostel und des Christus Salvator zwischen Pilastern, wohl Anfang 18. Jh., renoviert im 19. Jh. – Ausstattung. – Hochaltar mit Knorpelwerk, Mitte 17. Jh., mit Seitenfiguren der hll. Petrus und Paulus, Altarblatt Schlüsselübergabe (18. Jh.). – Seitenaltäre wohl neubarock, links mit Altarblatt hl. Wendelin, rechts mit nazarenischer Figur der Muttergottes. – Kanzel mit Figuren der Evangelisten, Mitte 17. Jh.

HAUZENDORF Gem. Bernhardswald, Kr. Regensburg. *Karte 9*

Schloß. Das Geschlecht der Hauzendorfer ist im 12. Jh. nachgewiesen. In dieser Zeit stand hier wohl eine Burg, deren romanische Kapelle den Kern der barocken Anlage bildet. Die 1784 nach einem Brand wieder aufgebaute, zweigeschossige Vierflügelanlage um einen Innenhof wurde 1950 unter ein großes Walmdach mit mittigem Dachreiter zusammengefaßt; 1985 im Zuge von Sicherungs- und Umbaumaßnahmen der Nordflügel um 8 m eingerückt. In der Südostecke Einstützenraum. – Kath. Schloßkapelle hl. Drei Könige. Romanischer Saalbau, ungewöhnlicherweise aus Großquadermauerwerk errichtet, mit halbrunder, in Werkstein erstellter Apsis, im Westen Unterwölbung einer ehem. Westempore; Kreuzgratgewölbe erneuert (die alten Gewölbe waren höher angesetzt). In der Südwand gestuftes Rundbogenportal mit glattem Tympanon.

HAUZENSTEIN Gem. Wenzenbach, Kr. Regensburg. *Karte 8*

Schloß. Eine mittelalterliche Burg, nördlich des Schlosses auf einem nach drei Seiten abfallenden Bergvorsprung gelegen, wurde angeblich als Steinbruch für den Schloßneubau des 17./18. Jh. abgetragen. – Im ausgehenden 18. Jh. stellte *Hämmerl* das Schloß als einen Walmdachbau mit westseitigem Turm und östlich zweigeschossigem Seitentrakt dar, nach Süden eine barocke Gartenanlage, Ökonomiegebäude im Osten. Seit 1830 im Besitz der Grafen von Walderdorff. Der Seitentrakt wurde 1915 ausgebaut und an der Fassade überformt. Den kubischen Hauptbau beleben geschoßtrennende Putzbänder, Hauptportal im Süden.
Die Schloßkapelle ist, seit 1835, in der südwestlich gelegenen zweischiffigen Säulenhalle eingerichtet, wohl ehemals Pferdestall. – Zierlicher klassizistischer Altar aus Füssener Marmor. Gemälde mit Gekreuzigtem und hl. Maria Magdalena. – Quadratischer viergeschossiger Turm mit Uhr, Pyramidendach und zwiebelbekrönter Laterne für zwei Glocken, dat. 1725 und 1793.

HEILBRÜNNL Stadt Roding, Kr. Cham. *Karte 10*

★ **Kath. Wallfahrtskirche Unserer Lieben Frau.** Die heute noch viel besuchte Wallfahrtskirche liegt malerisch auf einer bewaldeten Anhöhe am Regen, gegenüber der Burg ▷ Regenpeilstein. – Nach dem Dreißigjährigen Krieg suchten Kranke beim „Haylbrunnen“ Heilung. 1668 entstand anstelle einer Martersäule eine Kapelle, die bereits 1684 erweitert werden mußte. 1730 Neubau, Weihe 1732. Renovierung außen 1966, innen 1975. – Nach Süden gerichteter Saalbau mit abgeschrägten Ecken gegen den halbrund geschlossenen Chor. Am Chorscheitel Turm mit oktogonalen Obergeschossen und eingezogener Zwiebelhaube. – Der weite Innenraum überwölbt von Stichkappentonnen (im Schiff Holzkonstruktion) über toskanischen Pilastern mit Gebälkstücken. – Zweigeschossige Westempore, an der oberen Brüstung vier Bildfelder mit Entstehungsgeschichte der Wallfahrt und zwei allegorischen Darstellungen: im Chor kleines Deckenbild mit kniender Maria, 18. Jh., über dem Chorbogen Jahreszahl 1799. – Zwei Bildfenster mit Maria Immaculata bzw. hl. Maria Magdalena, Neurokoko. Ausstattung um 1740. Hochaltar, stattlicher, viersäuliger Aufbau mit dem von Engeln und Putten präsentierten Gnadenbild des 17. Jh., eine Kopie der Marienikone in der Alten Kapelle zu Regensburg (Typus „Salus populi Romani" in Sta. Maria Maggiore, Rom). Seitenfiguren der hll. Joachim und Anna, im Auszug Gottvater. – Seitenaltäre konkave Säulenretabel mit Seitenfiguren; der linke mit Altarblatt hl. Maria Magdalena unter dem Kreuz, 1671 von *Franz Waldraft*, gegenüber hl. Sebastian von dem Rodinger *Franz Karl*, 1873. – Kanzel mit Rocailledekor. Am Korpus vergoldete Schnitzreliefs mit den Vier Kirchenvätern und dem wunderbaren Fischzug, auf dem Schalldeckel der hl. Paulus. – An der rechten Langhauswand Gemälde hl. Pankratius, 1764 von *Johann Martin Speer* aus Regensburg, ehem. Altarblatt der Rodinger Pfarrkirche. – Mehrere Rokokofiguren, u. a. eine Kreuzigungsgruppe, angeblich aus der Rodinger Pfarrkirche, sowie die hll. Joachim und Anna, die aus Reichenbach stammen. – Vor dem Altarraum der Heilbrunnen, ein ovales, geripptes Rotmarmorbecken, 18. Jh.

HEILINGHAUSEN Markt Regenstauf Kr. Regensburg. *Karte 9*

Kath. Benefiziumskirche St. Michael. Die ehem. Wallfahrtskirche ist ein gotischer Bau der 1. Hälfte des 15. Jh., der nach dem Brand von 1793 wiederhergestellt wurde. Renovierung 1966. – Dreiseitig geschlossener Saalbau, über dem Westgiebel ein Zwiebeldachreiter. An der Nordseite quadratische Sakristei als Überrest des früheren Turms; innen kreuzrippengewölbt, Schlußstein mit Wappenschild. Der Kirchenraum flachgedeckt über Voute, Deckenfresko von *Walter Scheidemandel* 1966. Ausstattung. – Hochaltar, stattlicher Rokoko-Aufbau mit gewundenen Säulen, Seitenfiguren der Apostelfürsten, im Auszug Relief der Marienkronung. In Mittelnische, unter Baldachin, Figur des Auferstandenen (Weltkugel später ergänzt), um 1500. – Kanzel Rokoko. – In Nische der Langhausnordwand Steinfigur des hl. Christophorus (1966 wieder zusammengesetzt), um 1400. Heiligenfiguren des 18. Jh. – In der Sakristei der originale Wallfahrtsbrunnen, wohl 16. Jh., Aufzugsbalken und Brüstung mit Schuppenornament beschnitzt.

HEIMHOF Gem. Ursensollen, Kr. Amberg-Sulzbach. *Karte 8*

★ **Schloß.** Das Geschlecht der Haimenhofer ist Mitte 13. Jh. erstmals archivalisch faßbar. Seit 1331 Lehen des Klosters Kastl. Ende 16. Jh. bis in das 19. Jh. Besitz der Familie von Loefen. Nach 1855 allmählicher Verfall. Seit 1922 Sicherung, Aus- und Umbau durch *Bodo Ebhardt*, dann *Ernst Maier*. – Malerische Lage auf einer zur Lauterach steil abfallenden Anhöhe. Zugang von Westen über vom Hinterland trennenden Halsgraben hinweg, Bering weitgehend niedergelegt. Das Erscheinungsbild der in die Gotik zurückgehenden Anlage mit hohem Palas und südlich um unregelmäßigen Innenhof anschließenden Schloßgebäude wird durch die runden, turmartig ausgebauten Eckerker mit Kuppeldächern bestimmt. – Hauptbau wohl 14. Jh. Einschließlich des Untergeschosses viergeschossiger Dolomitquaderbau, wohl etwas später die unregelmäßige Mauertechnik des obersten Geschosses. An der Südseite Spitzbogenzugang und Eckerker, östlich ein übereck gestellter Kastenerker aus dem 15. Jh., darüber ein in Backstein gemauerter Runderker um 1600, sein westliches Gegenstück im 20. Jh.um ein drittes Geschoß erhöht. – Urspr. innere Einteilung in seltener Vollständigkeit überkommen: geradläufige, zweiarmige Treppen, Balkendecken über Unterzügen und Holzstützen. Das dritte Obergeschoß wehrhaft ausgebaut mit Schießscharten und höher liegenden Rechtecköffnungen (wohl zur Aufnahme der Pechnasen). – Schloßgebäude im ausgehenden 16. Jh. weitgehend umgebaut. An der Südostecke zweigeschossiger Runderker; stellenweise Fachwerk. – Im Osttrakt befanden sich reiche Wand- und Deckenstukkaturen um 1610.

HEINERSREUTH

Markt Kirchenthumbach, Kr. Neustadt a. d. Waldnaab. *Karte 1*

Kath. Wallfahrtskapelle St. Maria. Im Wald einsam gelegen. An Lindenbäumen Totenbretter nach altem Oberpfälzer Brauch zum Gedächtnis der Verstorbenen. 1737–39 erbaut und einheitlich qualitätsvoll ausgestattet. 1975–77 restauriert. Außenrenovierung 1989. – Kleiner Walmdachbau mit eingezogenem, gerade abschließendem Chor, Dachreiter. Verputzt mit feiner Hausteinrahmung von Sockel, Ecken, Fenstern; Schmuckportal. – Schlichter Saal. Stichkappentonnengewölbe auf Doppelpilastern, Rahmenstuck. Im Westen Balusterempore. – Ausstattung. – Hochaltar, vielleicht von *Joh. Michael Doser;* ausgewogener Rokoko-Aufbau mit Gnadenbild um 1600. Seitlich auf Pilastern kleine Kartuschenbilder mit der Heilig-Blut-Legende. Im Auszug Schnitzgruppe Gottvater mit Puttenkranz. – Seitenaltäre am Chorbogen. Links Altarblatt hl. Anton, rechts hl. Wendelin. – Kanzel mit engelbekröntem Schalldeckel, aus der Erbauungszeit, desgleichen vier Beichtstühle.

HEINRICHSKIRCHEN Stadt Rötz, Kr. Cham. *Karte 10*

Kath. Pfarrkirche St. Nikolaus. Bau der 2. Hälfte 18. Jh., 1894/95 wurde der Turm mit Spitzhelm an die Chorsüdseite angefügt. Renovierung 1980, Außenrestaurierung 1990. – Tonnengewölbter Chor mit dreiseitig geschlossener Altarnische, im Langhaus Flachdecke über Vouten; die Ecken im Chor abgeschrägt, im Schiff ausgerundet. In späten Rokokoformen geschweifte Fenster. Wandgliederung durch toskanische, im Schiff gekuppelte Pilaster mit Gebälkstücken. Große neubarocke Deckenfresken, 1927 von *Josef Wittmann,* von ihm wohl auch das Altarblatt. – Rokoko-Altäre 2. Hälfte 18. Jh. Die Seitenaltäre säulenlose Baldachinaufbauten mit erneuerten Figuren. – An der südlichen Langhausseite Figur eines sitzenden hl. Nikolaus, um 1500.

HEITZENHOFEN Gem. Duggendorf, Kr. Regensburg. *Karte 8*

Kath. Schloßkapelle St. Wolfgang. Um 1715 von dem Hofmarksherrn Ignatz von Kuchler erbaut. An der Laaber für sich stehender kleiner Rechteckbau mit abgerundetem, eingezogenem Chor; ehemals Teil der Schloßanlage. Das breite Langhaus hat abgeschrägte Ecken mit Halbrundnischen, im Westen geschweifte Empore, Spiegeldecken mit Rahmenstuck. – Hauptaltar von 1736, viersäuliger Aufbau mit seitlichen Figuren der hll. Joseph und Franziskus; in der Mitte gotische Holzfigur der Muttergottes, verändert, neue Fassung. – Seitenaltäre mit Rocailleschnitzerei. – Kanzel gleichzeitig mit dem Hauptaltar.

HEMAU Kr. Regensburg. *Karte 13*

★ **Kath. Pfarrkirche St. Johannes Bapt.** Eine erste Kirche weihte Bischof Otto von Bamberg 1125. Sie wurde 1249 dem Kloster Prüfening inkorporiert. 1477 Anbau eines Chores (Pfeilerinschrift), das gotische Gewölbe 1705 durch eine Spiegeldecke ersetzt. Nach Abbruch des romanischen Langhauses legte Abt Otto von Prüfening 1719 den Grundstein für einen Neubau, den Maurermeister *Johann Ulrich Beystadler* und Zimmermeister *Georg Eichenseher* aus Hemau ausführten. 1721 Weihe. 1724–25 Abbruch des spätgotischen Turms, Neubau 1729. Restaurierung des barocken Chores 1755, unter teilweiser Veränderung der Fenster. 1852 und 1879 Restaurierungen mit neuer Deckenausmalung.

Der breite, eingezogene Chor mit Fünfachtelschluß und Strebepfeilern ist spätgotisch. Langhaus barock, ein für das Gebiet typischer Saal, in der zweiten östlichen Achse in flachbogige Kapellennischen mit Muschelwölbung geöffnet. Umlaufend Pilastergliederung, doppelgeschossige Westempore. Südlich am Chor Oratorium über der barocken Sakristei. – Sparsame Stukkatur der Erbauungszeit, um 1720.

Ausstattung. – Hochaltar 1757–63 von *Franz Anton Neu.* Statt Altarblatt hinter dem Rahmen eine nachträglich aufgestellte Kreuzigungsgruppe. – An der Chorwand zwei für die Oberpfalz typische Akanthusaltäre, 1721 bzw. 1723, *Johann Michael Schaller* aus Velburg zugeschrieben. Links ehem. Sebastiansaltar, rechts ehem. Josephsaltar, gerahmt von breitem Akanthusrankenwerk, in das Putten eingefügt sind. Beide Hauptfiguren inzwischen an die Seitenkapellenaltäre versetzt. Auch am Rahmen des Josephsaltars geänderte Figuren. – Geschnitztes Chorgestühl und Kirchengestühl der Erbauungszeit. – An der nördlichen Chorwand Bild der Schwarzen Madonna, feiner Schnitzrahmen des Rokoko. – Bedeutende spätgotische Holzreliefs, um 1500, beeinträchtigt durch neue Fassung. Darstellungen von Johannes Bapt. und Johannes Ev., wohl aus einem Flügelaltar stammend. Stilistisch dem Frühwerk des *Veit Stoß* nahestehend. Eigentümlich die Weiträumigkeit der Landschaft des Johannes auf Patmos, wirkungsvoll drapierte Gewandfigur. Die Raumbildung und Details zeitgenössischer Tracht und Innenausstattung ähnlich auf zwei Relieftafeln des hl. Andreas aus Vohburg (im Diözesanmuseum Regensburg). – Bemerkenswerte Kreuzwegbilder, um 1700. – Grabdenkmäler: An der Nordaußenwand monumentales Epitaph für den Hemauer Pfleger Sebastian von Parsberg zu Lupburg († 1525) mit Relief des Verstorbenen in voller Rüstung, gerahmt von einer Renaissanceädikula, in den Zwickeln der Archivolte die Wappen Parsberg und Murach. – An der Südseite Epitaph für den Hemauer Pfleger Wilhelm Berlin († 1572) mit ganzer Figur des Verstorbenen in Rüstung, dem Regensburger Bildhauer *Hans Pötzlinger* zugeschrieben. – Von drei Glocken eine mit romanischer Umschrift, möglicherweise noch aus dem Gründungsbau von 1125.

Ehem. Rentamtsgebäude, später Amtsgericht (Kirchengasse 12). Nördlich der Kirche um 1600 als Neues Schloß entstanden. Stattlicher Walmdachbau, einfach gegliedert. Barockes Säulen-Pilasterportal mit verkröpftem Segmentgiebel.

HENG Gem. Postbauer-Heng, Kr. Neumarkt i.d.Opf. *Karte 7*

Kath. Filialkirche St. Jakob. Grundsteinlegung des Vorgängerbaus 1037, Weihe 1068. Neubau im 15. Jh. 1882 neugotischer Erweiterungsbau nach Westen. Gesamtrenovierung 1983/84. – Westturm mit Achteckobergeschoß und Spitzhelm sowie Westabschnitt des Schiffs aus Sandsteinquadern. Eingezogener Chor mit 3/8-Schluß; Sterngewölbe mit ausgekehlten Rippen auf profilierten Konsolen; einspringender, spitzer Chorbogen. Im Schiff Flachdecke mit nazarenischen Bildern von *Georg Lang* 1880/81. – Hochaltar 2. Hälfte 18. Jh., konkaver Säulen-Pilaster-Aufbau mit dem hl. Jakobus d. Ä. in Mittelnische und den beiden Apostelfürsten als Seitenfiguren. Übrige Ausstattung weitgehend historisierend, 2. Hälfte 19. Jh.

HERINGNOHE Stadt Vilseck, Kr. Amberg-Sulzbach. *Karte 4*

Ehem. Hammergut. Das Hammerschloß mit südöstlich angebauter Kapelle liegt inmitten der großzügig angelegten Wirtschaftsbauten des 18./19. Jh. – 1387 im Besitz des Gewerken Hans Hegner. Um 1530 errichtete die Familie Portner den bestehenden Bau. Renovierung 1955. – Dreigeschossiger Bau mit durch Blendnischen gegliederten Schopfwalmen. An der Südseite Wappenstein, dat. 168(?). – Im Inneren Stuckdecken und zwei klassizistische Kachelöfen. – Laurentiuskapelle. Dreiseitig abschließender Saalbau mit Dachreiter. – Stichkappentonne über Pilastergliederung. – Rokoko-Altärchen mit Bild des hl. Laurentius.

HERRNRIED Stadt Parsberg, Kr. Neumarkt i.d.Opf. *Karte 8*

Kath. Filialkirche Mariä Himmelfahrt. 1854 nach Abbruch der Schloßkirche errichtet. Instandsetzung 1987. – Dreiseitig geschlossener Saalbau mit Lisenengliederung. Turm mit achtseitigem Spitzhelm über Dreiecksgiebeln. – Innenraum durch einspringenden Chorbogen unterteilt. Dekorativ-ornamentale Raumfassung von 1960/61. – Einheitlich neugotische Ausstattung der Erbauungszeit. An der rechten Chorwand Rotmarmorgrabplatte mit großem Wappen für Conrad Eychsteter (oder Liechsteter?) († 1416), Besitzer der Hofmark Herrnried, gute Arbeit eines Regensburger Meisters, der Wappengrabplatte Wiltinger in der Dominikanerklosterkirche zu Regensburg stilistisch eng verwandt.

Ehem. Schloß. 1114 Übergang von einem Bamberger Ministerialen an die Regensburger Burggrafen. 1469–1602 war die Hofmark dem Regensburger Hochstift unterstellt, dann kam sie an Pfalz-Neuburg. – Dreigeschossiges Mansarddachhaus mit Putzgliederung, ein Bau der 2. Hälfte 18. Jh. mit gotischem Kern.

HERZOGAU Stadt Waldmünchen, Kr. Cham. *Karte 10*

Um 1270 erste Erwähnung. 1579 errichtete hier der Waldmünchner Pfleger Gebhardt Rueland eine Glashütte. 1708 entwickelte sich der Ort unter den Wildenauern zur Hofmark. 1728 Übergang an Johann Zacharias von Voith Freiherr von Voithenberg.

Kath. Kuratiekirche St. Anna und Sebastian. Nach Inschrifttafel über dem Eingang 1787 von Joseph Ferdinand von Voith Freiherr von Voithenberg und seiner Frau Renata neu erbaut. Letzte Gesamtinstandsetzung 1981/82. – Saalbau mit mächtigem Zwiebeldachreiter und eingezogenem, dreiseitig geschlossenem Chor, flankiert von Sakristeien mit darüberliegenden Emporen. Im Chor Kreuzgratgewölbe, im Schiff flaches Tonnengewölbe mit Rahmenstuck über Pilastergliederung. Raumfassung in Gelb-Rosa nach Befund. Geschweifte Westempore über Granitsäulen. – Einheitliche Ausstattung in spätesten Rokokoformen der Erbauungszeit. Hochaltar, bühnenhafter Volutenaufbau mit seitlichen Durchlässen, Figuren der hll. Joseph und Zacharias (Anspielung auf die Vornamen der Voith von Voithenberg). Altarblatt hl. Sebastian, bez. „*Schultes* 1907“, wohl nach *Sodoma,* italienischem Vorbild, Auszugsbild hl. Anna. – Seitenaltäre, links Altarblatt hl. Familie, als Seitenfiguren Wiesheiland und Schmerzhafte Muttergottes, rechts Altarblatt hl. Michael, 1959 eingebaut, Seitenfiguren der hll. Johannes von Nepomuk und Wendelin. – Am Chorbogen Relief der Marienkrönung, 18. Jh. – An den Kirchenwänden klassizistische Epitaphien aus Solnhofer Kalkstein für die Kirchenstifter: nördlich für Joseph Ferdinand von Voith († 1798), südlich für seine Gemahlin Sabina Renata († 1803).

Nördlich der Kirche das **ehem. Benefiziatenhaus,** heute Pfarrhaus, gleichzeitig mit der Kirche errichtet. – Zweigeschossiger Mansarddachbau mit Schopf, geohrte Granit-Fensterrahmungen an der Westfront.

Neues Schloß, heute Brauereigaststätte. 1891 errichteter Bau mit Flachsatteldach, genuteten Ecklisenen und stuckierten Fensterbekrönungen.
Gegenüber das ehem. Schloßgut, eine mehrteilige Anlage mit Halbwalmdach, um 1840.

HERZOGÖD Markt Fuchsmühl, Kr. Tirschenreuth. *Karte 2*

Altes Forsthaus. Eingeschossiger Blockbau mit verbrettertem Giebel, 17./18. Jh.

HETZENBACH Gem. Zell, Kr. Cham. *Karte 9*

Kath. Filialkirche St. Leonhard, ehem. Wallfahrtskirche. Lisenengegliederter Putzbau, Westturm mit an den Ecken abgerundetem Obergeschoß und Schweifhelm. Das Langhaus schließt mit abgerundeten Ekken an den eingezogenen, halbrund geschlossenen Chor. Im Langhaus Tonnengewölbe mit Stichkappen, im Chor eine böhmische Kappe über gestaffelten Pilastern mit Gebälkstücken; Rahmenstuck. – Prächtige Rokoko-Ausstattung. – Hochaltar, Viersäulenretabel mit Altarblatt Glorie des hl. Leonhard, Seitenfiguren der hll. Leonhard und Wolfgang. – Seitenaltäre, Aufbauten mit Volutenpilastern und Putten, Altarblätter: links Tod des hl. Joseph, rechts die hll. Petrus und Paulus. – Kanzel mit reichem Rocailledekor und bekrönendem Posaunenengel. – An der Nordwand Gemälde mit hl. Katharina und hl. Barbara, 18. Jh. – An der rechten Chorwand Gedenktafel von 1677 mit Darstellung der Wallfahrtsgeschichte: Zur Strafe, weil sie am Leonhardstag buk, blieben einer Bäuerin die Hände im Teig stecken. Gegenüber ihre Handknochen und eiserne Votivfiguren.

HILLSTETT Stadt Rötz, Kr. Cham. *Karte 10*

Oberpfälzer Handwerksmuseum mit kompletten Einrichtungen verschiedener Werkstätten. U. a. wiederaufgebaut der erstmals im 15. Jh. erwähnte sog. Seebarnhammer; die Anlage des frühen 19. Jh. war bis 1960 in Betrieb.

HILTERSRIED Gem. Schönthal, Kr. Cham. *Karte 10*

Der seit 1290 dem Augustiner-Kloster in ▷ Schönthal unterstellte Ort bekannt durch die Niederlage eines Hussitenheeres „am Hussitenbühel“ (1433).

Kath. Pfarrkirche St. Johannes Bapt. Durch Rechteckblenden gegliederter Neubau von 1878. Gesamtrenovierung 1984–86. – Westturm mit Bogenfries im Obergeschoß und Spitzhelm über Dreiecksgiebeln. –

Eingezogener, kreuzrippengewölbter Chor mit Apsis, Langhaus flach gedeckt. – Dekorative Raumfassung und nazarenische Deckenbilder der Erbauungszeit. Ornamentale Farbfenster, nur in der Apsis figural, gegen 1900. – Einheitliche neuromanische Ausstattung des ausgehenden 19. Jh. Hochaltar mit Gemälde der Darstellung im Tempel, 1897 von *F. Hartmann*, Füssen. – Einige Heiligenfiguren des 18. Jh.

HIRSCHAU Kr. Amberg-Sulzbach. *Karte 5.*

Burg und Markt nach 1205 offensichtlich durch die Grafen von Hirschberg am Schnittpunkt mehrerer Handelsstraßen gegründet. 1271 Erstnennung, Stadtgründung wohl in der 1. Hälfte 14. Jh., wichtige Privilegien durch Karl IV.

Stadtanlage und Befestigung

Der Grundriß der Stadt beschreibt in etwa die Form eines langgestreckten gleichschenkligen Dreiecks. Die Mittelachse, gebildet von dem breiten Straßenmarkt (Hauptstraße), stößt an der Ostspitze auf das ehem. stadtherrliche Schloß, während sie im Westen in einer Gabelung Rathaus und Kirche umschließt. Der älteste Kern ist in der einzeiligen Häuserreihe auf der Nordseite des Straßenmarktes zu suchen, der breiter und mit Quergassen angelegte Südabschnitt geht auf eine spätere Erweiterung zurück (vielleicht im Zuge der Stadterhebung).
Die auf das 14. Jh. zurückgehende Stadtbefestigung war mit Ringmauer, vorgelegtem Wassergraben und Weihern (im 19. Jh. trockengelegt), ferner mit mehreren Türmen und drei über Zugbrücken zugänglichen Toren ausgestattet. Vor allem auf der Südseite haben sich in Wohnhäuser einbezogene Mauerzüge und ein Halbrundturm erhalten. Die Anlage des 1946 eingeebneten Wassergürtels ist noch gut erkennbar.

Kath. Pfarrkirche Mariä Himmelfahrt. 1301 erste Erwähnung einer Kirche. Anfang des 15. Jh. Bau des Chores, 1753 des Turms, 1843 gotisierende Umgestaltung des Langhauses und Neuausstattung. Renovierungen 1945, 1968, 1986 (innen) und 1988 (außen). Flachgedeckter Saalbau mit eingezogenem Chor im 5/8-Schluß. Westturm aus Sandsteinquadern mit Zwiebelhaube und Laterne. Gliederung des Chores durch Strebepfeiler und zweibahnige, im Scheitel dreibahnige Maßwerkfenster. Im Inneren Kreuzgewölbe mit ausgekehlten Rippen, spitzer Chorbogen. – Neugotische Ausstattung, 1986 wiederhergestellt. – Figurenreicher Hochaltar, im Schrein drei um 1520 entstandene, fast lebensgroße Figuren: Mondsichelmadonna (stark überarbeitet), hl. Wolfgang und hl. Johannes Ev. – Taufstein mit Muschelbecken, 17. Jh. – An der Chorsüdwand Figur des hl. Leonhard, Anfang 16. Jh. – An der Südostwand des Chores nobles Kalksteinepitaph für Jörg Wurmrauscher von Frauenberg zu Pfalzpaint († 1596) und seine Gemahlin Margarete, geb. von Trugenhofen († 1593), dat. 1585.

Am Chorhaupt die Liebfrauenkapelle, Mitte 18. Jh. Rokoko-Altar um 1750, im Baldachinaufbau bemalte Steinfigur einer sitzenden Muttergottes, um 1460.

Kath. Filialkirche Vierzehn Nothelfer. Die auf das 15. Jh. zurückgehende urspr. Wallfahrtskirche erhielt Ende 17. Jh. die heutige Gestalt. Renovierung außen 1978, innen 1983/84. – Flachgedeckter Saalbau mit eingezogenem, dreiseitig geschlossenem Chor, westlich zwiebelbekrönter Dachreiter, im 19. Jh. erneuert. – Chor mit Stichkappentonne und Gurten über Pilastergliederung, in den Seitenwänden Figurennischen. – Ausstattung. – Prachtvoller, origineller Akanthus-Altar ★ von dem Amberger *Johann Hirschl* um 1710 (Stiftung des Stadtschreibers Johann Jakob Weinzierl, † 1713). Im Rankenwerk, das – einer Ikonostase vergleichbar – die gesamte Ostwand einnimmt, 18 Figuren: Maria, die hll. Sebastian, Rochus, Florian und die Vierzehn Nothelfer (hl. Eustachius 1972 ergänzt). – Zeitgleiche zweisäulige Seitenaltäre, nördlich mit Gemälden: Geburt Christi, südlich Kreuzabnahme Christi. – Kanzel Anfang 18. Jh., die Figuren der Evangelisten erneuert. – Orgel 1769 von dem Amberger Orgelbauer *Funtsch*. – An der Emporenbrüstung Leinwandbilder mit Christus Salvator, Maria und den Zwölf Aposteln, Anfang 18. Jh.

Ehem. Pflegschloß. Ein Schloß mit Ringmauer und Torturm wohl noch vor der Stadtbefestigung des 14. Jh. entstanden. Grundlegender Umbau in der 2. Hälfte 15. Jh. Ab 1817 im Besitz der Brauerei Dorfner, seit dem 19. Jh. Um- und Anbauten. 1981–88 Sanierung. – Dreigeschossiger Bau mit nördlich abgetrepptem Satteldach und Sandsteingewänden, an der westlichen Traufseite Sandsteinerker, bez. „1478 Wilhalm Tondorffer“ (Pfleger in Hirschau).

Rathaus. Mitte des 16. Jh. errichtet, 1977 und 1983–85 Renovierung und Umbau. – Zweigeschossiger Satteldachbau mit Treppengiebeln, Zwiebeldachreiter, Eckquaderung, profilierten Portal- und Fenstergewänden. Ost- und Westseite mit Relief eines springenden Hirschen. Spätgotischer Dachstuhl.

HIRSCHBACH Kr. Amberg-Sulzbach. *Karte 4*

Für Hirschbach – idyllisch in der Fränkischen Alb gelegen und besonders reich an Fachwerkbauten – erstmals im 14. Jh. ein Hammer bezeugt.

Ev. Kirche, ehem. Schloßkapelle. 1458–60 erbaute der Sulzbacher Bürger und Hammergutsbesitzer Jakob Sauerzapf mit päpstlicher Genehmigung eine Schloßkapelle in Hirschbach. – Barockbau wohl mit gotischer Mauersubstanz, 1964–66 renoviert. – Flachgedeckter dreiseitig schließender Saalbau. Westlicher Dachreiter mit Glockendach. In den beiden südöstlichen Fenstern Wappenmedaillons, dat. 1565 und 1584. – Ausstattung. – Hochaltar mit gedrehten Weinrebensäulen und seitlichem Akanthusschnitzwerk um 1700, als Kanzelaltar umfunktioniert. – In hochliegenden Nischen der Ostwand Figuren der Mondsichelmadonna und des hl. Wolfgang, beide Ende 15. Jh.

Ehem. Hammerschloß. Dreigeschossiger Satteldachbau, im Kern 15. Jh., profilierte Fenstergewände im Giebel erhalten.

HIRSCHLING Markt Regenstauf, Kr. Regensburg. *Karte 9*

Schloß. Seit dem 12. Jh. ist ein Edelgeschlecht nachweisbar. Im Norden des Schlosses sind Reste einer etwa 10 m breiten Großquadermauer, z. T. mit Buckelquadern, erhalten, wohl einem ehem. Turm des 12. Jh. zugehörig. – 1759 erworben von dem kurfürstlich bayerischen Reichstagsgesandten Joseph Freiherr von Schneid, auf den vermutlich die Ausgestaltung der Kapelle zurückgeht. – Das spätmittelalterliche Stufengiebelhaus behauptet sich, weithin sichtbar unterhalb der Ostterrasse, in dem hier nahezu unbebauten Regental; die Häuser des Weilers bleiben mit ihrer Firstlinie unterhalb der Trauflinie des Schlosses. Auf dem westlichen Giebel quadratischer Dachreiter mit spitzbogigen Schallöffnungen.
In der südlichen Hälfte des schlichten zweigeschossigen Satteldachbaus liegt die Kath. Schloßkapelle St. Dionysius. Der Chor, eingerückt in die südliche Gebäudeflucht, ist kreuzgratgewölbt, wohl ehemals das Untergeschoß eines mittelalterlichen Turms. Flachgedecktes Langhaus mit Herrschaftsempore nach Westen. Feiner Rokokostuck an der Decke, als Rahmung um Chorbogen, Fenster und Bilder sowie an den Altarunterbauten. – Ausstattung. – Altarblatt mit Himmelskönigin, Mitte 18. Jh.; gleichzeitig Brustbild eines Heiligen und ein großes Leinwandbild mit Mariä Verkündigung.

HIRSCHWALD Gem. Ensdorf, Kr. Amberg-Sulzbach. *Karte 8*

Kath. Kapelle St. Johannes Bapt., sog. Jagdkapelle. Die im Kern romanische Chorturmkirche im späten 17. Jh. umgestaltet, 1971 renoviert. – Turm mit eingezogener Zwiebelhaube, in seinem Erdgeschoß der eingezogene, quadratische Chor mit Kreuzgratgewölbe; im Langhaus Stichkappentonne. Altar um 1730, mit Seitenfiguren der hll. Hubertus und Eustachius sowie dem Kurpfalzwappen.
Neben der Kapelle blieb das spätgotische **Torhaus** des Jagdschlosses von Pfalzgraf Friedrich II. erhalten.

HÖGELSTEIN Markt Mähring, Kr. Tirschenreuth. *Karte 3*

Kath. Kirche St. Nikolaus. Urspr. Kirche des während der Hussitenkriege durch die Pest ausgelöschten Dorfs Högelstein, das zur Propstei Hohenstein gehörte. – 1894/99 nach Brand auf den Grundmauern der bis in das 12. Jh. zurückreichenden Vorgängerkirche wiederaufgebaut. Renovierung 1975–78. – Saalkirche mit eingezogenem, quadratischem Chor und offenem Dachreiter. – Durch vier Engelskaryatiden gegliederter Rokokotabernakel, von Figur des hl. Nikolaus bekrönt.

HÖHENBERG Gem. Hagelstadt, Kr. Regensburg. *Karte 14*

Kath. Kirche Unserer Lieben Frau. 1213 urkundlich erwähnt; Baudaten für diese urspr. wehrhafte, im Kern romanische Anlage fehlen; möglicherweise verwandt den Burgkirchen am Regen wie ▷ Hof. – Hochgelegener, ehemals von einem Friedhof umgebener romanischer Saalbau mit Westturm an der Nordecke, gotisch und barock verändert. – Wenig eingezogener Rechteckchor. Im Osten zeichnet sich außen ein Rundbogenfenster ab, an der Innenseite steinernes gotisches Sakramentshäuschen. Langhaus zweiachsig, wie der Chor flach gedeckt, im Kern romanisch; rundbogiges, Südportal mit Kämpfern aus Platte, Wulst und Schräge. Westempore, verbunden mit einem Dachraum, von dem aus der Turm von Süden über eine enge, urspr. verschließbare Rundbogenöffnung zugänglich ist. Der bemerkenswerte Turm ist bergfriedartig angelegt, aus großem Granitquaderwerk, die Fugen verputzt mit Kellenstrich. Die beiden unteren Geschosse sind tonnengewölbt, das Erdgeschoß gegen das Langhaus geöffnet. Im oberen Teil gotische Rechteckfenster mit abgefasten Gewänden, Pyramidenhelm. – Die Ausstattung ist stark reduziert. – Altaraufbauten aus der 1. Hälfte des 18. Jh.

HÖRMANNSDORF
Stadt Parsberg, Kr. Neumarkt i. d. Opf. *Karte 8*

Kath. Pfarrkirche St. Willibald. Gotischer Chorturm, Langhaus 1897, in neubarocken Formen angebaut. 1973 außen, 1983 innen renoviert. Turm mit Oktogonaufsatz und Zwiebeldach, mit der nördlich angebauten Sakristei zur asymetrischen Ostfront verbunden. – Eingezogener, quadratischer Chor mit kuppeligem Stichkappengewölbe, im Schiff Flachdecke über Hohlkehle und Doppelpilastergliederung. Rahmenstuck, Decken- und Wandfresken neubarock. – Altäre aus dem ehem. Augustinerchorherrnstift Rebdorf bei Eichstätt, Mitte 18. Jh. Hochaltar, ein säulenloser Aufbau mit reichem Muscheldekor; Altarblatt neubarock. Seitenaltäre schlichter gehalten, links Altarblatt Hl. Dreifaltigkeit über Klosteransicht, rechts hl. Anna lehrt Maria lesen.

HÖTZING Gem. Schorndorf, Kr. Cham. *Karte 10*

Ehem. Schloß. 1003 erste Erwähnung des Orts in einer Reichsurkunde Kaiser Heinrichs II. Die Hetzinger Ende 14. Jh. erstmals urkundlich faßbar. Später wechselte der Besitz zwischen verschiedenen Adelsfamilien der Umgebung. – In einsamer Lage mit von Norden zum Schloß führender Allee. – 1762 unter Einbeziehung älterer Bauteile erneuert. – Zweigeschossiger Walmdachbau mit östlich angeschlossener Kapelle, ausgezeichnet durch Portalrahmung, stark geschweifte Fenster und Giebelreiter mit Zwiebelhaube. – Nördlich vorgelagert die Wirtschaftsgebäude mit Mansarddach, 18. Jh., teilweise umgebaut.

Hof, Filialkirche St. Ägidius, Grundriß und Längsschnitt

HOF a. REGEN Stadt Nittenau, Kr. Schwandorf. *Karte 9*

★ **Burg.** Vom 12. bis zum 15. Jh. Sitz des bedeutenden Geschlechts der Hofer, seit dem 16. Jh. häufiger Besitzerwechsel. 1736 Kauf durch Graf Thürheim zu Fischbach. – Auf einem Granithügel oberhalb des Regentals gelegen. Die Burg besteht aus einer nur noch in Resten erhaltenen Vorburg mit Wirtschaftsbauten und der eigentlichen Burg im Norden, deren Gebäude sich um einen leicht trapezförmigen Hof gruppieren. – An der Südseite, der Angriffsseite, erhebt sich ein mächtiger, mit Granitquadern verkleideter dreigeschossiger Bau über rechteckigem Grundriß, der im Erdgeschoß eine Kapelle, in den Obergeschossen Verteidigungszwecken dienende Räume, möglicherweise auch Wohnräume, birgt, wohl 2. Hälfte 12. Jh. – Die Kapelle ist von der Hofseite durch eine hoch gelegene Öffnung zugänglich. Die Erschließung der Obergeschosse erfolgt durch eine in der Mauerstärke der Südwand liegende geradlaufige Treppe. – Die Kapelle, ein zweijochiger Saalraum mit eingezogenem Chor, schließt mit einer Halbkreisapsis in der Mauerstärke; das Westjoch nimmt die Empore ein. Das Langhaus wird von einem Kreuzgratgewölbe, der Chor von einer Tonne überwölbt. Im Chor haben sich spätgotische Decken- und Wandmalereien mit Heiligendarstellungen und Rankenwerk erhalten, um 1470.

HOF Stadt Oberviechtach, Kr. Schwandorf. *Karte 6*

Kath. Filialkirche St. Ägidius. Romanische Kapelle auf abfallendem, im 17. Jh. teilweise aufgeschüttetem Gelände, quer zum Hang ausgerichtet. – Baugeschichte und Funktion der Kapelle sind ungeklärt: möglicherweise handelt es sich um eine Wehrkirche aus der 2. Hälfte des 12. Jh., die – gemäß lokaler Überlieferung – in Verbindung mit dem Herrensitz Haus Murach in ▷ Obermurach entstand. Der mittelalterliche Bau wurde nach Zerstörungen 1658/60 wiederhergestellt. 1974–76 renoviert. – Rechteckiger, zweiachsiger Quaderbau mit bis zu 55 cm hohen Steinlagen aus großformatigem Granit. Eingezogener, annähernd quadratischer Chor mit Kreuzrippengewölbe, im Osten romanisches Fenster. An der Westseite erhöht, heute geschlossene große Rechtecköffnung eines ehem. Anbaus oder Zugangs. Der Westeingang sowie die Rundbogenfenster sind barocke Veränderungen; ein gestuftes Rundbogenportal 1974 freigelegt. – Das Langhaus hat eine Holzdecke des 17. Jh. und eine hölzerne Westempore, in der Südwand eine Gerätenische. In der Nordmauer Reste einer anscheinend symmetrisch ansteigenden, geradläufigen Treppe (vom Dachboden aus sichtbar).

Südwestlich ein **Holzstadel**, dat. 1835, mit schön gezimmerten zweiflügeligen Toren.

HOFDORF Stadt Wörth a. d. Donau, Kr. Regensburg. *Karte 14*

Kath. Expositurkirche St. Michael. Neugotischer Bau von 1882. Westturm mit achteckigem Glockengeschoß und Rhombendach. Reiche Gliederung des Außenbaus durch Maßwerkfenster, abgetreppte Strebepfeiler und gestuften Sockel. – Netzgewölbe über dünnen Diensten im Langhaus und im eingezogenen Chorpolygon. Bunte figürliche Glasfenster der Erbauungszeit im Chor. – Ausstattung spätes 19. Jh. – Hochaltar mit Sprengwerk, Figuren von Engeln und Heiligen. – Seitenaltäre mit Figuren der hll. Anna, Maria, Joseph und des Guten Hirten links, der hll. Florian, Sebastian, Theresia und Aloisius rechts. – Kanzel mit Reliefs der Evangelisten.

HOFEN Gem. Mühlhausen, Kr. Neumarkt i. d. Opf. *Karte 7*

Ev. Kirche. Frühgotischer, 1716 erweiterter Bau. Außen 1976, innen 1979 renoviert. – Chorturm mit Oktogonaufsatz und Spitzhelm. Im eingezogenen, quadratischen Chor Sterngewölbe mit ausgekehlten Rippen über profilierten Rundkonsolen. – Innenraum in der Nazizeit umgestaltet. – Von der urspr. Ausstattung das ehem. Altarblatt mit Darstellung des Abendmahls erhalten, 2. Hälfte 17. Jh.

HOHENBURG Kr. Amberg-Sulzbach. *Karte 8*

Hohenburg wird im Südwesten von den bizarren Resten der schon 1080 bezeugten Burg überragt (die mächtigen Hohenburger Grafen spielten eine wichtige Rolle in der staufischen Italienpolitik). Marktgründung wohl beim Übergang der Herrschaft an das Hochstift Regensburg 1248, erste Nennung 1383.

Marktanlage

Von Nordwest nach Südost langgestrecktes Rechteck, das nördlich im schwachen Bogen an der Lauterach entlang geführt ist, halbiert von einem breiten Straßenmarkt. Der gedrängten Lage zwischen dem südlichen Höhenzug und der Lauterach im Norden verdankt dieser Straßenmarkt seine ungewöhnliche bauliche Geschlossenheit. Die im 16.–18. Jh. errichteten Bürgerhäuser wenden ihre häufig steilen Giebelfronten zur Straße. Einzelne Treppengiebel bereichern die Silhouette. Rückwärtig mächtige Stadelbauten mit Fachwerk oder aus Stein mit Schopfwalmen. – Im Zentrum der nördlichen Straßenseite das Rathaus, westlich, auf der gegenüberliegenden Seite, tritt die Bebauungslinie zurück, um Nordflanke und gotischen Ostturm der Pfarrkirche sichtbar zu machen. Weiter südöstlich, abseits vom Straßenmarkt, das ehem. Pflegschloß.

Kath. Pfarrkirche St. Jakobus d. Ä. 1663/64 Neubau unter Verwendung des spätgotischen, auf romanischen Mauerresten basierenden Ostturms. Um 1725 Umgestaltung. 1962 Innenrenovierung, 1986 gründliche Außenrenovierung. – Nach Westen gerichteter Saalbau mit eingezogenem, dreiseitig geschlossenem Chor. Turm mit gekuppelten, spitzbogigen Schallöffnungen und schindelgedecktem Spitzhelm. An der Nordseite zwei Zugänge und Nische mit Holzfigur des hl. Johannes von Nepomuk in analogen architektonischen Rahmungen um 1725. – Raumeindruck bestimmt von der flachen hölzernen Stichkappentonne des Langhauses, Wände durch toskanische Pilaster mit Gebälkstücken gegliedert. Im Chor über Gebälkstützen Kreuzgewölbe mit verschliffenem Scheitel – Zarte Muschel- und Bandelwerkstukkaturen, um 1730/40. – Am weiten segmentbogigen Chorbogen Wappen des Marktes Hohenburg, urspr. des Hochstifts Regensburg. – Dekkengemälde mit Szenen aus dem Leben des hl. Jakobus, Heiligen und Grisaillen mit Emblemen, im Chor Glorie des hl. Jakobus von *Otto Gebhard* aus Prüfening, um Mitte 18. Jh., die übrigen im 19. Jh., dann größtenteils durch *Walter Scheidemandel* 1964 erneuert.
Ausstattung. – Viersäuliger Altar in Rokokoformen, Altarblatt, hl. Jakobus als Fürsprecher Hohenburgs, von *Hausinger* 1961. – Kanzel und zweisäulige Seitenaltäre wohl gegen 1740, der linke mit Figur der Schmerzhaften Muttergottes (angeblich aus der ehem. Burgkapelle von Hohenburg) um 1450, letzte Neufassung 1962, der rechte mit Altarblatt hl. Familie. – Kanzel mit goldgefaßten Reliefs der Taufe Christi und des Guten Hirten, auf dem Schalldeckel Figur des Weltenrichters, von den Vier Evangelisten umgeben. – Gestühl mit prächtigen Akanthusschnitzereien um 1725. – Im Turm Prozessionsstangen des 18. Jh.

Kath. Friedhofskirche St. Salvator. Die im späten 14. Jh. errichtete Kirche 1451 als außerhalb der Marktmauern gelegen erwähnt. Nutzung als Spitalkirche. Im 17. Jh. geringfügig verändert. 1981–84 Renovierung. – Hochgotischer Bau durch Rund- und Rundbogenfenster gegliedert, am Chor schwach gestufte Strebepfeiler. Profilierter Spitzbogenzugang auf der Südseite, Dachreiter östlich über dem Schiff. – Dreijochiges Schiff mit eingezogenem Chor im 5/8-Schluß. Kreuzrip-

pengewölbe, im Schiff mit Konsolen auf Wandpfeilern, im Chor auf grotesken Figürchen aufsetzend; polychrome Schlußsteine mit Weinlaub, Christuskopf und Rosettenmotiven.
Ausstattung. – Stattlicher viersäuliger Hochaltar, Anfang 18. Jh., in der Mitte Figur des Schmerzensmanns, um 1540, seitlich Barockfiguren, Maria und Johannes, von *Johann Michael Schaller,* bez. „17. *I.M.S.*08". – Seitenaltäre 1. Drittel 18. Jh., nördlich Altarblatt Maria als Fürsprecherin der Armen Seelen, südlich Vierzehn Nothelfer. – Über dem Eingang Nische mit ungefaßter Halbfigur des Salvator Mundi, Anfang 16. Jh., früher in der Außenwand. Zur reichen Figurenausstattung gehört u. a. die Monumentalgruppe des Kruzifixus und der Schmerzhaften Muttergottes an der Nordwand, verwandt mit den Seitenfiguren des Hochaltas. – Zahlreiche Grabdenkmäler des 16.–18. Jh.

Ehem. Pflegschloß. Nach dem Aussterben der Grafen von Hohenburg (1245) Übergang an das Regensburger Bistum; der Markt war bis 1810 bischöflich-regensburgisches Pflegamt. – Dreigeschossiger Putzbau um 1600. Hexagonaler, zweigeschossiger Erker an der Südostekke. Später Nutzung als Pfründnerhaus (Stiftungstafel Franz und Kath. Hueber, dat. 1900).

Rathaus. Um 1562 erbaut, 1719/20 umgestaltet und erweitert, 1988 saniert. – Nach rückwärts langgestreckter dreigeschossiger Bau, Straßenfront mit Volutengiebel, Sprenggiebelportal, Stuckgliederung.

Ehem. Gasthof (Marktplatz 15). Bau des 16. Jh., 1981–88 saniert. – Giebelbau mit Kordongesimsen sowie Türen und Fenstern in Sandsteingewänden. Rückwärtige Ökonomiegebäude mit Fachwerkgiebel, 1808–09. – Die urspr. Kreuzgrat- und Tonnengewölbe erhalten. In den südöstlichen Räumen Bohlenbalkendecken mit Schiffskehlenprofilen, im Obergeschoß zusätzlich Wandmalereien.

HOHENFELS Kr. Neumarkt i. d. Opf. *Karte 8*

Hohenfels liegt in wilder, formenreicher Jura-Landschaft mit keltischen Grabhügelfunden. Seit 1938 Eingangstor zum gleichnamigen Truppenübungsplatz, der 1951 zum Nato-Übungsplatz erweitert wurde.

Burgruine Hohenfels und Marktanlage. Seit dem 12. Jh. Stammsitz der Herren von Hohenfels, 1375 an Pfalzgraf Ruprecht I. verkauft, 1628 Übergang an Bayern, 1631 als Geschenk an den Grafen Tilly. – Die im frühen 12. Jh. begonnene Anlage mit zwei Bergfrieden erstreckt sich über den Schloßberg, an dessen Abhängen sich hufeisenförmig die Marktbebauung ausbreitet. Zerstörungen der Burg 1250 und um 1427, im 19. Jh. weitgehend abgetragen. – Erhalten haben sich nicht näher definierbare Mauerreste und im Osten ein hoher, runder Bergfried aus unregelmäßigen Kalksteinquadern (Anfang 12. Jh.). – Am Nordhang ein Zehentstadel mit Schopfwalmdach, wohl 17. Jh.

★ **Kath. Pfarrkirche St. Ulrich.** 1716–21 unter Einbeziehung des mittelalterlichen Ostturms durch Graf Ferdinand Lorenz Franz Xaver von Tilly erbaut, lokaler Tradition nach von einem italienischen Baumeister, von dem auch die ▷ Breitenbrunner Pfarrkirche stammt. Nach Brand 1743 Erneuerung des Turms, Neuweihe 1787, in der 2. Hälfte 19. Jh. mehrmals renoviert. Innenrestaurierung 1973. – Nach Westen gerichteter Saalbau, Ostturm mit Spitzhelm über Dreiecksgiebeln, zum Teil in das Schiff eingebunden. – Der Innenraum mit eingezogenem, halbrund geschlossenem Chor von im Scheitel flachen Stichkappentonnen überwölbt. Die Schiffswände gegliedert durch tiefe Fensterlaibungen und weitgestellte toskanische Doppelpilaster mit Gebälk, dazwischen Nischen mit farbig gefaßten Stuckfiguren der Zwölf Apostel. Zweigeschossige Westempore, deren Untergeschoß geschweift um den Turm geführt ist. – Laubwerkstukkaturen mit Quasten und spärlich eingestreutem Bandelwerk der Erbauungszeit, unter der Empore bez. „*P.I.S.* INV.". – Deckenfresken aus der Erbauungszeit, 1889 übergangen: im Chor der Barmherzige Samariter, Kirchenväter und Wappen des Johann Michael Schnitter (1695–1745 Pfarrer von Hohenfels), im Schiff die Ungarnschlacht auf dem Lechfeld, neuesten Erkenntnissen zufolge von *Cosmas Damian Asam*, gefolgt vom großen Mittelbild, Maria mit hl. Simon Stock und Gläubigen, östlich hl. Johannes auf Patmos (urspr. sign. „*Letsch* 1719"); zwischen den Stichkappen kartuschenförmige Medaillons mit biblischen und christologischen Szenen; vier davon zeigen Zunftwappen. – Ausstattung großenteils um 1730. Als Hochaltar ein wandfüllender achtsäuliger Aufbau mit großen Seitenfiguren der hll. Johannes und Paulus, Altarblatt hl. Ulrich, Ende 19. Jh. – Seitenaltäre, konkave Säulenretabel mit Wappen und Seitenfiguren, die mittleren Figuren der Immaculata und des hl. Joseph wohl später hinzugefügt. In den Fensternischen neubarocke Altäre. – Taufstein mit rundem Becken aus Sandstein, Mitte 16. Jh. – An der rechten Chorwand farbig gefaßtes Relief der hl. Sippe, um 1530, in neugotischem Flügelaltärchen. – Kanzel mit großem Posaunenengel, Ornamentik später überarbeitet. – Stuhlwangen mit Ranken und Bandelwerk, um 1720. – Grabdenkmäler im Bodenpflaster und in den Chorwänden u. a., auf der rechten Seite ein Kalksteinepitaph für die drei Brüder Schnitter um 1750, die drei Totenköpfe zeigt, geschmückt mit ihren entsprechenden Amtsmützen und Initialen.

Kath. Filialkirche St. Stephan. 1687–90 erbaut. Innenrenovierung 1979. – Nach Süden gerichtete, flachgedeckte Saalkirche mit weit vorgezogenem Traufgesims und Giebelreiter mit achtseitigem Spitzhelm. Eingezogener dreiseitig geschlossener Chor, von Stichkappentonne überwölbt. – Ausstattung gegen 1700, in originellen Formen. Hochaltar, breites Retabel mit gekuppelten, von einem Segmentbogen überfangenen Säulen und seitlichen Durchlässen. In der Mittelnische

Figur des hl. Sebastian, seitlich die hll. Franziskus und Antonius von Padua. – Seitenaltäre, strenge Säulenaufbauten mit Figuren: links Muttergottes, rechts hl. Andreas. – An der linken Langhauswand Marienikone in reich geschnitztem Rahmen, um 1730. – An den Wänden und im Fußboden Epitaphien des ausgehenden 17. Jh. und des 18. Jh., vor allem die der Familie Geyer.
Im und um den Ort herum mehrere **Kapellen** des 18. und 19. Jh., u.a. die Kalvarienbergkapelle, ein Achteckbau des 19. Jh., zu dem gemauerte Kreuzwegstationen führen.
Friedhofsmauer mit abgetreppten Dreiecksgiebeln, Mitte 19. Jh. Darin eingelassen ein Steinrelief mit Kreuzigungsgruppe, um 1400.

Turmgasse 2. Stattlicher zweigeschossiger Halbwalmdachbau, dat. 1796; 1985–87 Sanierung und Außeninstandsetzung. Reiche, flach aufgesetzte Fassadenstukkaturen mit ländlichen Motiven.

HOHENGEBRACHING

Gem. Pentling, Kr. Regensburg. *Karte 13*

Kath. Pfarrkirche Mariä Himmelfahrt. Der Neubau von 1783–85 ist nur in drei Achsen des Langhauses erhalten; nach Abbruch von Chor und mittelalterlichem Turm 1911/12 durch *Heinrich Hauberrisser* um Querschiff, neuen Chor und Turm nach Osten erweitert. Die übertünchten Deckenfresken von *Matthias Schiffer* (um 1785) sollen wieder freigelegt werden. – Ausstattung. – Drei Altaraufbauten um 1785, im Übergang von Rokoko zum Klassizismus, der Hochaltar dem *Simon Sorg* zugeschrieben. Darin steht seit 1910 anstelle des Altarblattes eine Muttergottes, Tonfigur um 1450. Seitlich des Altars Figuren der hll. Leonhard und Sebastian, ebenfalls *Sorg* zugeschrieben. – Für das Lesepult wiederverwendet wurde die frühere Vorderwand des barocken Kanzelkorbes mit Relief des Sämanns.

Im Süden **Schloß,** ehem. Sommerresidenz der Äbte von St. Emmeram. Dreigeschossiger Wohnbau mit Schweifgiebel von 1727 (Wappentafel über dem Osteingang). Über der Seitenpforte des Hoftors Wappentafel mit Inschrift, dat. 1574.

HOHENSCHAMBACH Stadt Hemau, Kr. Regensburg. *Karte 13*

Die Ortsgeschichte läßt sich ins 7./8. Jh. zurückverfolgen. Bereits die Agilolfinger gründeten hier eine Kirche.

★ **Kath. Pfarrkirche Mariä Heimsuchung.** 1007 von Heinrich II. dem neu errichteten Bistum Bamberg gestiftet. 1399 wurde die Pfarrei dem Kloster Prüfening inkorporiert, bis 1803. – Eine Vorgängerkirche brannte 1758 ab, das Gnadenbild blieb erhalten. 1759 Grundsteinlegung für einen Neubau durch Abt Peter II. von Prüfening (Wappen des Klosters am Chorbogen). Deckenfresko von *Otto Gebhard,* sign. und 1760 dat. Neubarocke Seitenaltäre von 1934. Erneuerung von Fußboden

und Gestühl 1961. Restaurierung 1976–79. Der umgebende Friedhof 1960 nach Norden verkleinert.
Einfache Saalkirche mit eingezogenem, halbrund schließendem Chor von gleicher Firsthöhe wie das Langhaus. Außengliederung durch Mauerbänder. Turm, südseitig an das Chorjoch angefügt, Welsche Haube über geschweiftem Gesims. – Das Innere der ländlichen Pfarrkirche qualitätvoll im Stil des Rokoko gestaltet. An Chor- und Langhauswänden verkröpfte Pilastervorlagen mit reich profilierten Gebälkstücken zur Aufnahme der Stichkappentonnengewölbe. Geschwungene Doppelempore im Westen. Rocaillestuck an Kapitellen und großzügigen Deckenkartuschen. – Jochübergreifende Deckenbilder von *Gebhard.* Im Chor Verehrung des Gnadenbildes durch Benediktinermönche, von denen einer den Grundrißplan der Kirche in Händen hält. Im Langhaus Maria als Himmelskönigin thronend über Heiligen. Am Bildrand zeigt ein Engel den Grundriß des Klosters Prüfening mit der (historisch unrichtigen) Jahreszahl 1209.
Ausstattung. – Hochaltar 1760, viersäuliger, dem Chorschluß eingepaßter Aufbau. Im Zentrum Gnadenbild der Maria vom Guten Rat, geschnitzter Rahmen von Engeln in einer Glorie getragen, bekrönt von der Taube des Hl. Geistes. Im Auszug Gottvater in der Glorie. Über seitlichen Durchgängen lebensgroße Schnitzfiguren der Apostelfürsten. – Kanzel um 1760/70. Über dem Schalldeckel kreuztragender Christus mit Engeln; am Korpus Relief mit Fischzug Petri. – Gruppe mit Kruzifixus und Schmerzensmutter, 3. Viertel 18. Jh. – Offene Beichtstühle in Baldachinform. – Kreuzwegbilder, wohl frühes 18. Jh.

HOHENTHAN Stadt Bärnau, Kr. Tirschenreuth. *Karte 3*

Kath. Pfarrkirche St. Bartholomäus. Der dreijochige Westabschnitt des Langhauses mit flacher Stichkappentonne 1729 von *Philipp Mühlmayer* erbaut. Westturm 1786, mit Eckquadern, Zwiebeldach und Laterne. 1933/34 um achteckigen Zentralraum mit Flachkuppel und Altarraum nach Osten erweitert. Renovierung 198/ /88. – Ausstattung um 1729. Viersäuliger Hochaltar mit Seitenfiguren. – Kanzel mit Reliefs der Kirchenväter, auf dem Schalldeckel hl. Paulus.

Pfarrhof. Der zweigeschossige Satteldachbau 1752 wohl von *Philipp Muttone* errichtet. Fenster in geohrten Granitrahmungen, breite Eckpilaster, der nordwestliche mit dem Wappen des Stifts Waldsassen. Einfassungsmauer mit kugelbekrönter Toreinfahrt.

HOHENWARTH Kr. Cham. *Karte 11*

Kath. Pfarrkirche St. Johannes Bapt. Neugotischer Bau von 1861, durch flache, gestufte Strebepfeiler gegliedert. Turm im nördlichen Chorwinkel mit oktogonalem Obergeschoß und Spitzhelm über Dreiecksgiebeln. Im eingezogenen, dreiseitig geschlossenen Chor Netzrippengewölbe über Wanddiensten, Schiff mit ornamentierter Holzdecke.

– Raumfassung einschließlich der Wandbilder neugotisch. Zwei Farbfenster mit gotisierenden Heiligenstandfiguren, dat. 1902. – Geschlossene, reiche Ausstattung der Neugotik.

Friedhofskapelle. Einjochiger Chor der 2. Hälfte des 16. Jh. mit 5/8-Schluß und Sterngewölbe aus Rundstäben von der urspr. Pfarrkirche und Schloßkapelle verblieben (1983–87 renoviert). – Hochaltar Rokoko, mit Altarblatt Johannes Bapt. – Epitaphien der Schloßherrschaft der Poißl, 18. Jh.

Ehem. Schloß. Die Herren von Hohenwarth im späten 13. Jh. bezeugt. – Zweigeschossige Vierflügelanlage um rechteckigen Innenhof, im 17./18. Jh. über mittelalterlichem Kern erneuert, moderner Ausbau.

HOLLERSTETTEN

Stadt Velburg, Kr. Neumarkt i. d. Opf. *Karte 8*

Kath. Filialkirche St. Stephan. Um 1750 erbaut. Außenrenovierung 1976. – Giebelturm mit Achteckaufsatz und Zwiebelhaube. Im eingezogenen, dreiseitig geschlossenen Chor Stichkappentonne über Wandpfeilern, im Schiff korbbogige Stichkappentonne über kräftigen Doppelpilastern mit verkröpften Gebälkstücken. Deckenbilder: Marienkrönung und Steinigung des hl. Stephanus, im Chor das Allerheiligste Altarsakrament. – Hochaltar wohl gegen Mitte 18. Jh.: Altarblatt hl. Stephanus, seitlich Figuren der hll. Wolfgang und Leonhard, im Auszug Gottvater. Rechter Seitenaltar nach Mitte 17. Jh., mit zwei gewundenen, lorbeerumrankten Säulen, seitlich Figuren und Knorpelwerk, nazarenisches Altarblatt hl. Michael. Linker Seitenaltar Mitte 18. Jh. mit demselben architektonischen Aufbau unter Verwendung von Muschelwerkornamentik, Seitenfiguren nazarenisch. – An der linken Langhauswand Figur des hl. Stephanus um 1480.

Südöstlich von Hollerstetten, auf hoher Bergkuppe, die **Burgruine Adelburg,** deren Umfassungsmauern aus dem 12. Jh. großenteils erhalten sind. Die etwa 1,45 m dicken Mauern mit unregelmäßigem Bruchsteinwerk verblendet. – Um 1180 erste Erwähnung der Adelburger mit dem Minnesänger Engilhard.

HOLNSTEIN Stadt Berching, Kr. Neumarkt i. d. Opf. *Karte 7*

Ein Ringwall und Grabhügelfunde auf dem Höglberg weisen auf eine frühgeschichtliche Besiedlung hin.

Kath. Pfarrkirche St. Georg. Romanischer Bau (ein Vorgänger bereits im 3. Viertel des 11. Jh. geweiht), 1893 nach Westen verlängert. – Turm mit Achteckaufsatz und verschindeltem Spitzhelm an der Langhausnordseite. Apsis und Kirchensüdseite durch Rundbogenfries gegliedert. – Eingezogene Apsis mit Stichkappen gewölbt; im Schiff Flachdecke mit Rahmenstuck über Hohlkehle, Deckenfresken 1954 von *Michael P. Weingartner* (sign. und dat.), von dem auch das Altarblatt und die Kreuzwegbilder stammen. Sie nehmen auf das Leben des sel. Reymotus bezug, der wegen seiner vorbildlichen Nächstenliebe zum Lokalheiligen aufstieg. – Ausstattung aus der 2. Hälfte des 18. Jh. – Hochaltar, konkaves Viersäulenretabel mit Seitenfiguren der hll. Johannes von Nepomuk und Johannes Bapt. – Schlichter die Seitenaltäre, der linke mit bemerkenswerter Figur der Muttergottes, um 1510/20. – An den Kirchenwänden zahlreiche Grabdenkmäler des 17. und 18. Jh., vor allem für Angehörige der Familie von Tilly. Neben dem linken Seitenaltar die halbverdeckte Kalksteinplatte für den sel. Reymotus, mit Ritzzeichnung, wohl 15. Jh.

Burgruine und ehem. Pflegschloß. Die Edelfreien von Holnstein im 12./13. Jh. bezeugt, nachfolgend die Heidecker. 1329 Übergang an die Wittelsbacher von Oberbayern. 1631–1724 im Besitz der Grafen Tilly. – Nördlich und östlich der Kirche kaum wahrnehmbare Reste der mittelalterlichen Burg. Um die Mitte des 18. Jh. wurde auf dem Burgareal ein Pflegschloß errichtet, Ende 19. Jh. und vor allem 1981 erweitert und modernisiert.
Am südwestlichen Ortsrand **ehem. Zehentstadel** des Schlosses, ein geräumiger, dreigeschossiger Steinstadel mit Krüppelwalmdach, 17./18. Jh., nach Brand 1956 instandgesetzt.

HOLNSTEIN Gem. Neukirchen, Kr. Amberg-Sulzbach. *Karte 4*

Ehem. Schloß auf einem terrassenartigen Felsvorsprung. – Die Herren von Holnstein, Truchsesse der Grafen von Sulzbach, 1167 erstmals genannt. Nach 1430 häufiger Besitzerwechsel. – Dreigeschossige Gebäude um Innenhof, an der südlichen Hofseite polygonaler Treppenturm und Standerker. – Im Erdgeschoß des durch Dachreiter hergehobenen Südflügels die im Kern gotische Schloßkapelle St. Katharina, im frühen 18. Jh. unmgestaltet und neu eingerichtet. – Gerade geschlossener, kreuzgratgewölbter Chor mit reichen Akanthusstukkaturen, im Schiff Balkendecke mit vegetabiler Bemalung der Putzfelder. Bei der Renovierung durch *Krämer* 1927 Ergänzung der Malereien an Decke, Wänden und Emporenbrüstung; 1986 in der Fassung von 1927 restauriert. – Altar mit Gemälde des letzten Abendmahls, um 1715. – Kanzel, dat. 1714.

HOLZHAMMER
Stadt Schnaittenbach, Kr. Amberg-Sulzbach. *Karte 5*

Ehem. Hammerschloß (Schloßstraße 1). 1366 erhielt Friedrich der Kastner die pfalzgräfliche Genehmigung für die Errichtung eines Eisenhammers. 1387 ist Hermann Holder als Hammermeister bezeugt, um 1500 die Bär, bis um 1600 wiederum das Hammergeschlecht der Kastner, dann häufiger Besitzerwechsel. – Anlage des 18. Jh. Der Hauptbau ein Walmdachhaus mit geohrten Fensterrahmungen; Mittelachse hervorgehoben durch rahmende genutete Pilaster, korbbogiges Sprenggiebelportal und rundgiebeligen Abschluß. – Ehem. Schloßkapelle St. Maria. Eingezogener, dreiseitig geschlossener Chor mit Stichkappentonnengewölbe, flachgedecktes Schiff mit zum Chor abgeschrägten Ecken, spitzbehelmtes Osttürmchen. – Als Hochaltar ein oberpfälzischer Akanthusaltar von *Johann Michael Doser,* Anfang 18. Jh. Das Retabel besteht aus ovalem Geflecht von breiten, mit drei großen Distelblüten geschmückten Akanthusranken. Urspr. befand sich in der Mittelnische eine Marienfigur, zusammen mit den Postamentfiguren geraubt.

HOPFAU Stadt Kemnath Kr. Tirschenreuth. *Karte 2*

Ehem. Hammerschloß. Zweigeschossiger Satteldachbau Anfang 17. Jh., 1733 erneuert. – An der Südseite polygonaler Treppenturm mit erneuertem Spitzhelm, leerer Figurennische und Inschrifttafel, dat. 1605.

HÜTTEN Stadt Grafenwöhr,
Kr. Neustadt a. d. Waldnaab. *Karte 5*

Kath. Kirche St. Laurentius. 1472 von Konrad Mendl von Steinfels auf seinem Gut errichtet. Kleine Kirche mit eingezogenem, in unregelmäßigem Polygon abschließendem Chor, an dessen Südseite eine Schlüsselscharte. Westlich vorgesetzter, quadratischer Turm mit abgefastem Rundbogenzugang und Zeltdach. – Herrschaftsempore an der Nordwand.

Ehem. Hammergut. Von den ältesten, ins 13. Jh. zurückreichenden Eisenhammern: Grub, Unterparkstein und Hütten nur noch in letzterem bauliche Zeugnisse im Ortsbild sichtbar. – Einfacher, zweigeschossiger Bau mit Walmdach, wohl 17. Jh.; die abgefasten und mit Hohlkehle versehenen Fensterlaibungen weisen auf den spätmittelalterlichen Kernbestand.

I

ILLKOFEN Gem. Barbing, Kr. Regensburg. *Karte 14*

Früheste Erwähnung des Ortes Illkofen 864 in einer Tauschurkunde des Klosters St. Emmeram in Regensburg. 1145–1810 Pfarrei des Domkapitels Regensburg. Das Kirchenpatrozinium St. Martin legt die Gründung der Pfarrei schon in karolingischer Zeit (ab 788) nahe.

Kath. Pfarrkirche St. Martin. Von einer romanischen Kirche blieben Chor und Turm erhalten. Das Langhaus ist in seiner Substanz auf jeden Fall spätmittelalterlich, wie ein dort aufgefundenes Wandgemälde nahelegt. Um 1700–1750 Einwölbung des Langhauses und Errichtung der östlichen Sakristei. 1933 Erweiterung der Kirche um den Emporenraum nach Westen. – Äußeres – Vierachsiger Bau mit erhöhtem Westteil. Ostturm mit achteckigem Obergeschoß und Laternenkuppeldach gegen Ende des 17. Jh. aufgestockt. – Inneres – Dreijochiger, kreuzgratgewölbter Saalbau, die Joche durch Pilaster getrennt. Gerade schließender Chor. Die Einwölbung gehört dem 17. Jh. an. Das niedrige Turmgeschoß, die Läutstube, scheint den Chor der romanischen Kirche gebildet zu haben, worauf eine dort vorhandene Sakramentsnische schließen läßt. Nach Westen an das Schiff anschließend der flachgedeckte Erweiterungsbau mit Empore. An der Südwand neben der Kanzel der Rest eines spätgotischen Wandbilds mit Darstellung der Messe des hl. Gregor, spätes 15. Jh. Deckenmalereien im Langhaus: Herz-Jesu und Mantelspende des hl. Martin. In den Fenstern Medaillons von 1908.
Ausstattung. – Altäre um 1690/1700 mit reichem Akanthusschnitzwerk. – Hochaltar, Viersäulenretabel mit Figur des hl. Martin. Das urspr. Altarblatt mit Mantelspende des hl. Martin (Regensburg, um 1690) heute auf der Westempore. Nebenfiguren der Pestheiligen Sebastian und Rochus. – Seitenaltäre, Zweisäulenretabel mit Figuren, links Muttergottes, rechts hl. Joseph. – Vor einer Nische in der Nordwand spätmittelalterlicher Taufstein mit sternförmigem Fuß und gewundenem achtseitigen Becken. – Die zahlreichen Skulpturen der Kirche zumeist 19. Jh. An der Nordseite des Turms außen Nische mit Ölbergszene, um 1400. – Am Chor bemerkenswerte Grabplatte des 1618 verstorbenen Pfarrers Konrad Rieger.
Im Westen neben der Kirche Kreuzstein mit Reliefdarstellung der thronenden Ecclesia mit Nimbus, Krone und Lilienszepter, dat. 1527.

ILLSCHWANG Kr. Amberg-Sulzbach. *Karte 4*

Illschwang, 1086 erstmals erwähnt, ging 1648/49, als es hier fast zu einem erneuten Kriegsausbruch kam, in die europäische Geschichte ein.

ANLAGE

Die Hanglage des Ortes bedingte eine gestaffelte Bebauung, die von Süden her eine eindrucksvolle Ansicht bietet. Die Spitze des Kirchbergs nimmt die Pfarrkirche mit Friedhof ein, von einer Wehrmauer mit Torturm eingefaßt. Leicht nach Süden versetzt folgen der stattliche Schopfwalmdachbau des Gasthofs Weißes Roß und der ev. Pfarrhof mit Fachwerkstadel, Ende 18. Jh. Das abwechslungsreiche Bild wird am Fuß der Anhöhe durch zwei Fachwerkbauten mit charakteristischem Bändermuster abgerundet.

Simultane Pfarrkirche St. Veit. Die 1109 erstmals genannte Kirche wurde 1118 als Besitz des Klosters Kastl von Markgraf Diepold III. seiner Klosterneugründung Reichenbach übereignet. Zur Verwaltung des ausgedehnten Besitzes in Illschwang Errichtung einer Propstei. – Ehem. romanische Chorturmkirche, Weihe angeblich 1188. Zerstörung im Dreißigjährigen Krieg. Beim Erweiterungsbau 1701/02 durch *Wolfgang Dientzenhofer* wurden Turm und Langhausmauern mit einbezogen. Instandsetzung 1986. – Saalbau mit eingezogenem, rechteckigen Chor. An dessen Ostwand quadratischer, fünfgeschossiger Turm mit Pyramidendach, verputztes Quadermauerwerk. Die einzelnen Geschosse durch Rechteckblenden gegliedert, im Erdgeschoß kleines Ostfenster mit Maßwerknase, die beiden obersten Geschosse mit Arkadenschallfenstern, unten zweiteilig, oben dreiteilig und mit Bogenfries gerahmt. Bei der letzten Renovierung wurden im Erdgeschoß, heute kath. Sakristei, Reste der urspr. Ausmalung festgestellt. – Im Langhaus flache Stichkappentonne über verkröpften Pilastern, der Chor mit Kreuzgratgewölbe und nördlicher Seitenkapelle.
Ausstattung. – Hochaltar 2. Drittel 18. Jh., Anfang 19. Jh. überarbeitet und 1807 von *Josef Anton Magg* aus Augsburg gefaßt. Zusammen mit dem in Empireformen gehaltenen Beichtstuhl in der Kapelle angeblich Geschenk des letzten Abts von Reichenbach. – Die Seitenaltäre Anfang 18. Jh., gemeinsam mit der Kanzel 1806 aus dem Amberger Franziskanerkloster erworben. Qualitätvolle Altarblätter des frühen 18. Jh., vielleicht venezianischer Abstammung, nördlich Mariä Verkündigung, 1984 restauriert, südlich Szene aus dem Leben des hl. Vitus. – Gestühl mit reichen Laub- und Bandelwerkschnitzereien, um 1730/40, mit ähnlichem Dekor die Kirchentüren. – Spätgotischer Taufstein 15. Jh. mit barockem Aufsatz.

ILSENBACH

Gem. Püchersreuth, Kr. Neustadt a. d. Waldnaab. *Karte 5*

Kath. Filialkirche St. Johannes Bapt. Romanische Chorturmanlage mit barocken Veränderungen. – Quadratischer Chorturm mit eingezogenem Spitzhelm. Im eingezogenen Chor Kreuzgratgewölbe mit Scheitelring, an der Ostseite romanisches Schlitzfenster. Spitzer Chorbogen auf nachmittelalterlichen, über breiten Kehlen ansetzenden Kämpfern.

Schiff mit Flachdecke über Hohlkehle, Deckenfresko der Taufe Christi, ebenso wie das 1945 dat. Altarblatt von *Wilhelm Vierling*. – Rokokohochaltar. – Seitenaltar um 1720, Retabel mit Laub- und Bandelwerkrahmen um neues, halbfiguriges Schnitzrelief der Muttergottes, vielleicht auch von *Vierling*. – Kreuzweg, Öl auf Holz, dat. 1759.

Ehem. Landsassengut. Die Herren von Ulsenbach traten im mittleren 12. Jh. erstmals auf. Der bestehende Bau entstand nach dem Brand von 1661. – Dreigeschossiger, aus Bruchsteinen gemauerter Putzbau mit Walmdach und Steingewänden. Östlich angebaut ein eingeschossiges Stallgebäude mit hohem Satteldach.

INKOFEN Gem. Schierling, Kr. Regensburg. *Karte 14*

Kath. Pfarrkirche Mariä Reinigung. 1438 gehörte Inkofen zu den Kaplaneien der Pfarrei Pfakofen. 1660 gelangten Schloß, Hofmark und Kirche an das Kloster Mallersdorf. Die an die Ostseite des Schlosses angebaute Kirche entstand neu zwischen 1719 und 1723. – Saalbau mit eingezogenem, halbrund geschlossenem Chor, durch die Ausrichtung des Schlosses nach Nordosten orientiert. Turm an der Südseite mit achteckigem Obergeschoß und eingezogener Zwiebelhaube. – Im Langhaus Flachdecke über Hohlkehle, der Chor flachkuppelig überwölbt; korinthische Wandpilaster und umlaufendes, verkröpftes Abschlußgesims. – Deckenbild im Langhaus von *J. Weninger*, 1923: Berufung des Apostels Petrus, im Chor Krönung Mariens, 1972 von *Walter Scheidemandel* durchgreifend restauriert.
Ausstattung. – Hochaltar 1723/32 von einem Geiselhöringer Schreiner im Auftrag des Mallersdorfer Abtes Corbinian Stange. Sechssäuliger Aufbau mit Altarblatt der Himmelfahrt Mariens, in der Art des *Johann Gebhard*, Prüfening. – Seitenaltäre um 1723 von dem Inkofener Schreiner *Ruhrer* im Auftrag des Mallersdorfer Propstes Bernhard Staudinger. Säulenretabel, deren Altarblätter den Drachenkampf des hl. Georg bzw. die Marter des hl. Sebastian zeigen, daneben Figürchen des hl. Erasmus. – Kanzel, 2. Hälfte 18. Jh. – Figuren der 2. Hälfte des 18. Jh.: hl. Johannes von Nepomuk, hl. Leonhard, hl. Florian, Schmerzhafte Muttergottes, Christus an der Geißelsäule. Am Chorbogen eine Rosenkranzmadonna, frühes 18. Jh.

Schloß. Das Schloß wird 1365 urkundlich faßbar, als es von seinem Besitzer Ulrich von Abensberg unter den Schutz der bayerischen Herzöge gestellt wurde. Nach zahlreichen Zwischenbesitzern kamen Schloß und Hofmark 1660 an das Kloster Mallersdorf, das hier eine Propstei einrichtete. Heute Gutsverwaltung und Mälzerei. – Im Dreißigjährigen Krieg war das Schloß, dessen Grundriß, wie Anlage und Raumdisposition nahelegen, wohl auf das 16. Jh. zurückgeht, offensichtlich so stark beschädigt worden, daß es unter der Familien Pittlmair in den 1650er Jahren über dem alten Grundriß weitgehend neugebaut werden mußte.

Kirche und Schloß, das auf drei Seiten von einem Park umgeben ist, liegen auf einer kleinen Anhöhe im Süden der Ortschaft, zu der von Norden die Auffahrt führt. – Zweigeschossige Vierflügelanlage um kleinen rechteckigen Innenhof, an deren Ostseite die Kirche anschließt. Die Quertrakte schließen mit Giebelfronten, wobei der östliche schmaler als der westliche ausgebildet ist. – Überwiegend kreuzgratgewölbte Erdgeschoßräume im Ost- und Westflügel. Hier lagen urspr. Remisen, Ställe und die Wachtkammer. – Im Obergeschoß des Nordflügels Nische mit Holzfigur der Muttergottes, 17. Jh.

IRCHENRIETH Kr. Neustadt a.d. Waldnaab. *Karte 5*

Kath. Kirche St. Barbara. Die Barbaraverehrung wird mit dem ehemals hier vorhandenen Bergbau, dem Abbau von Feldspat, erklärt. – Ansprechende barocke Dorfkirche, um 1725 anstelle eines Vorgängerbaus. – In Ortsmitte gelegen, mit quadratischem, durch Zeltdach abgeschlossenem Ostturm. Westportal bez. 1863. – An den als Muschelnische gestalteten, im Turm gelegenen Chor schließt ein dreiachsiges mit Stichkappentonne überwölbtes Langhaus an, die Wände durch kräftige Pilaster gegliedert, am Gewölbe Quadraturstuck. Im Westen vorschwingende Empore, mit ungewöhnlichem Zugang über einen dreigeschossigen, in der südwestlichen Ecke gelegenen Wendeltreppenturm mit Rundbogenöffnungen; möglicherweise eine Anspielung auf das Attribut der Kirchenpatronin, den Turm. – Ausstattung. – Hochaltar um 1670, Säulenädikula mit gesprengtem Giebel, Altarblatt hl. Barbara. Seitlich hl. Margareta und hl. Dorothea, gotische Schnitzfiguren um 1500 in neuerer Fassung. – Seitenaltäre und die geschnitzten Stuhlwangen aus der Erbauungszeit. – Kanzel Ende 17. Jh. – Gotische Holzfigur der hl. Barbara an der Nordwand, durch neuere Fassung beeinträchtigt.

IRLBACH Markt Hahnbach, Kr. Amberg-Sulzbach. *Karte 4*

Ehem. Hammerkapelle St. Laurentius. Anfang 15. Jh. errichtet. Renoviert 1971/72. – Mit dem unterkellerten Schiff gleichbreiter Chor im 5/8-Schluß, zwiebelbekrönter Dachreiter, im Westen profilierter Spitzbogenzugang. – Im Chor ausgekehlte Rippen mit heraldischem Schlußstein. – Altar nach Inschrift 1640 entstanden, 1747 renoviert. Altarblatt Kreuzigung, Seitenfiguren, wohl Mitte 18. Jh.

IRLBACH Gem. Wenzenbach, Kr. Regensburg. *Karte 13*

Kath. Pfarrkirche Mariä Himmelfahrt. Unter teilweiser Weiterverwendung romanischer Baureste wurde in der 1. Hälfte des 14. Jh. der erhaltene Chor einer Wallfahrtskapelle erbaut. Der Turm und die beiden ersten Fensterachsen des Langhauses sind ebenfalls noch mittelalterlich. Nach einer nochmaligen Verlängerung des Langhauses um eine dritte Achse erneute Erweiterung 1888/89 durch Baumeister *Simon Strobel.* 1956 Innenrestaurierung mit weitgehender Zerstörung der Inneneinrichtung des späten 18. Jh. – An einem Hang südlich des Ortes gelegen. – Wegen einseitiger Langhausverbreiterung Choreinziehung nur im Süden. Der Turm mit Staffelgiebeln großenteils in die südöstliche Langhausecke einbezogen. An der Nordwand überlebensgroßer Holzkruzifixus, um 1520. – Im Langhaus Flachdecke mit Stuckfelderung. Im eingezogenen Chor mit 5/8-Schluß ein schmales gotisches Ostfenster mit Maßwerknase. Kreuzgewölbe mit ausgekehlten Rippen über spitzen Achteckkonsolen. In der Querachse der Längsseiten gehen die Rippen absatzlos in Halbrunddienste über, zwei Tellerschlußsteine. Noch romanisch der runde Chorbogen mit unterschiedlich ausgebildeten Kämpfern, südlich differenzierterer Aufbau mit zwei Kehlen unter der Kämpferplatte. – Im heutigen Hochaltar die Sakramentsnische des 15. Jh. eingemauert, mit Wimperg. Die heute auf der Mensa aufgestellte Kreuzigungsgruppe befand sich früher am Chorbogen. Überlebensgroßer Kruzifixus um 1600, Maria und Johannes etwas kleiner, vermutlich 1. Viertel 16. Jh. – Am Volksaltar fünf Reliefs der Evangelisten und Christi von der früheren Kanzel, spätes 19. Jh. – Seitenaltar 1730, zusammengesetzt 1910 von Bildhauer *Hans Loibl*, Stadtamhof. In der Mensa verschließbares Hl. Grab. Régence-Aufbau um 1730: Den Rahmen bildet ein Geflecht aus pflanzlich besetzten Bandelwerkleisten mit Gitterfüllung, seitlich Vorhang, den zwei Putti raffen. In der Mittelnische Sandsteinfigur der Muttergottes eine exzellente Regensburger Arbeit der 2. Hälfte des 14. Jh., das Kind der Mutter zugewandt. – Über dem Chorbogen und am Seitenaltar kleine Relieftafeln vom ehem. Hochaltar, Verkündigung und Marienkrönung, 1882/83 von Bildhauer *Hofmann*, Steinweg. – Von einem der früheren Seitenaltäre stammen die Figuren der hl. Familie, der hll. Leonhard und Sebastian unter der Westempore, um 1900. An den Langhauswänden Figuren des Auferstandenen und des hl. Joseph, dramatisch bewegte Werke in der Art des *Franz Anton Neu*, 1740/50. – Orgelgehäuse um 1890. – Kreuzweg 1891 von Maler *Schweiger*, Steinweg.

ITTELHOFEN

Gem. Seubersdorf, Kr. Neumarkt i. d. Opf. *Karte 7*

Ehem. Hofmarksitz, der seit 1109 nachweisbaren Herren von Ittelhofen. 1544–1608 im Besitz der Familie Apian, die den berühmten Kartographen Philipp Apian hervorgebracht hat.

Kath. Filialkirche St. Jakob. 1730–31 durch die Hofmarksfrau Anna Maria Grüner erbaut. – Eingezogener, dreiseitig geschlossener Chor, darüber niedriger Turm mit Zeltdach, westliches Vorzeichen. – Viersäuliger Hochaltar um 1730 mit nazarenischem Altarblatt. – Im Schiff Grabdenkmäler des Ortsadels, u. a. der Familie Apian.

J

JETTENHOFEN

Stadt Freystadt, Kr. Neumarkt i.d. Opf. *Karte 7*

Ehem. Schloß. Im 13. Jh. Sitz der Herren von Utenhofen, dann mehrmaliger Besitzerwechsel. Seit 1492 Eichstätter Lehen, 1530 an die Herren von Hirnheim verpfändet. Seit 1587 fürstbischöflich eichstättischer Kastenamtssitz. In der Säkularisation wurde das Schloß in vier Bauernhöfe aufgeteilt. – Das Weiherhaus 1562 durch Rudolf von Hirnheim errichtet, 1978 saniert. – Ovale Anlage, umgeben von breitem Wassergraben, dessen begrenzende Wehrmauern abschnittweise noch gut sichtbar sind. – Der zweigeschossige Hauptbau in Weiß-Ocker-Fassung mit steilem Satteldach, südwestlich angeschlossen ein kleiner Bau, der wohl die Bedienstetenwohnungen enthielt. An der östlichen Längsfront des Schlosses ein runder Torbogen erhalten, der urspr. zu einer Fallbrücke überleitete. Darüber das Allianzwappen von Hirnheim-Pappenheim mit Inschrift des Erbauers, dat. 1562, ein Kalksteinrelief in der Nachfolge *Loy Herings*. – Westlich des Gebäudes ein Steinstadel des 18. Jh. mit Ladeluken. Südlich daneben stand einst der Zehentstadel.

K

KAIBITZ Stadt Kemnath, Kr. Tirschenreuth. *Karte 1*

Schloß. Als Leuchtenberger Lehen an häufig wechselnde Besitzer. – Ein ummauerter, großzügiger Schloßpark umgibt die stattliche Dreiflügelanlage des späten 18. Jh. mit zum Teil älterer Bausubstanz. Instandsetzung 1982/83. – Dreigeschossiger Hauptbau mit Mansarddach, von zweigeschossigen Walmdachbauten flankiert. Über dem Portal die Inschrift „Christian Adam Lochner von Hüttenbach und Amalia Lochnerin von Hüttenbach geb. Gräfin von Holnstein aus Baiern 1795". – Nördlich und nordöstlich vorgelagert die Ökonomiegebäude (18. Jh.), darunter langer, niedriger Bau mit Treppengiebeln, 1. Hälfte 19. Jh.

KALLMÜNZ Kr. Regensburg. *Karte 8*

Im Mündungswinkel zwischen den historischen Wasserstraßen Vils und Naab gelegen, unterhalb eines Burgbergs, der bereits in vorgeschichtlicher Zeit besiedelt und befestigt war. Urkundlich erwähnt 983 in einer Schenkungsurkunde des Bischofs Wolfgang an das Kloster St. Paul in Regensburg. Seit 1233 zum Markt erhoben, war Kallmünz Vogtei der Wittelsbacher Herzöge.

Anlage

★ Langgezogener Straßenmarkt in ausgeprägt schöner Lage. Bausubstanz vorwiegend aus dem 16.–18. Jh. – Ortskern mit Rathaus, kleinem Markt und Pfarrkirche, der sog. Innere Markt, unterhalb des Burgbergs westlich der mittelalterlichen Naabbrücke. Am östlichen Brückenkopf, auf einer ehem. Naabinsel, die Häusergruppe Am Planl. Jenseits des Flusses erstreckt sich der äußere Markt von der Brücke aus entlang der Langen Gasse sowie parallel zum Flußlauf. Aus der durch Handwerker- und Ackerbürgerhäuser geprägten Bebauung heben sich stattliche Anwesen heraus: das ehem. Burggut der Ritter von Raitenbuch, südlich der Pfarrkirche; das Bertholzhofener'sche Schlößchen, Vilsgasse 24, und das sog. Silbermann'sche oder Holzheimer Schlößchen in der Langen Gasse 23, Giebelhaus mit daneben stehendem Turm. – 1903 entdeckte *Wassily Kandinsky* mit *Gabriele Münter* den malerischen Ort.

Kath. Pfarrkirche St. Michael. Auf einer Felskanzel unterhalb des Burgbergs errichtet. Mit starker Substruktion zur Vilsgasse. Traufseitbau mit torähnlichem Durchgang nach Südwesten. Der mittelalterliche Vorgängerbau, vermutlich eine romanische Wehrkirche, war bis 1650 von einem Friedhof umgeben. Neubau von 1751, Weihe 1758, Renovierung 1970. – Einfache Saalkirche mit wenig eingezogenem, dreiseitig geschlossenem Chor. Nordseitiger Turm, Obergeschosse mit Lisenen- und Pilastergliederung, geschweiftem Gebälk, doppelter Zwiebelhaube. – Geräumig proportionierter Rokokoraum. Der lichte, von einer Spiegeldecke mit flacher Ovalkuppel überwölbte Chor öffnet sich mit gedrücktem breiten Chorbogen gegen das Langhaus, das nahezu gleich hoch, mit ausgerundeten Ecken anschließt. Umlaufend Pilastergliederung mit Gebälkstücken, darüber Blendbögen, die stichkappenartig Rundbogenfenster überfangen. Niedrige Kapellenanbauten in der Querachse des Langhauses. Doppelt geschweifte Westempore. – Deckengemälde von 1752, *Mathias Zintl* zugeschrieben. Dargestellt sind im Chor die Dreifaltigkeit und die Übergabe des Skapuliers an den hl. Simon Stock. Im Langhaus Engelssturz; in den Kartuschen die Zwölf Apostel. Stukkaturen: Muschelwerk, Palmzweige, Blütenschnüre und Schmuckvasen. Die bemerkenswerte Dekoration steht den Stukkaturen von *Anton Landes* in der ▷ St. Kassianskirche in Regensburg nahe. Einzelne Motive erinnern auch an die von *Höflmayer* ausgestatteten Kapellen in ▷ Gebelkofen und ▷ Scheuer. – Ausstattung. – Hochaltar, Mitte 18. Jh. Sechssäuliger Aufbau mit Baldachin. Gemälde hl. Michael im Kampf; im Auszug Muttergottes in Engelsglorie, seitlich die Apostelfürsten. – Die Seitenaltäre sind zweisäulige, in die Wandrundung eingepaßte Aufbauten. Altarblatt mit Kreuzigung sign. *Math(ias) Zintl* pinxit 1756.

Kath. Friedhofskapelle St. Elisabeth (Friedhofsplatz 10). Bau von 1891. – An der Nordwand erheblich beschädigte ehem. Tumbadeckplatte einer unbekannten Frau unter reichem Maßwerkbaldachin, zwei Engel halten das Bahrtuch hinter der Verstorbenen. Vortreffliche Arbeit, wohl eines Regensburger Bildhauers aus dem letzten Viertel des 15. Jh. – An der südlichen Außenwand Grabstein des Joachim von Bertolzhofen († 1543).

Kath. Pestkirche St. Sebastian. 1713 von der Marktgemeinde auf dem Auberg errichtet. – Halbrund geschlossener Saalbau mit Pilastergliederung, Glockenstuhl über der Westfront. – Innen Flachdecke. Malereien an Decke und Emporenbrüstung durch Chronogramm über dem Chorbogen 1764 dat. Im Zentrum: Pestkranke wenden sich hilfesuchend an die Hl. Dreifaltigkeit, die hll. Sebastian, Rochus und Johannes von Nepomuk, gerahmt von Medaillons mit Szenen aus der Sebastianslegende. Bild in der Apsis und über der Empore 19. Jh. – Hochaltar, Säulenretabel mit seitlichem Akanthusschnitzwerk, um 1730. Altarblatt mit den drei Pestheiligen. – Seitenaltäre des ausgehenden 18. Jh., der südliche mit Figur der Muttergottes, 18. Jh.

★ **Burgruine.** Den Schloßberg besetzte bereits in vorgeschichtlicher Zeit eine Wehranlage. Der Außenwall, die sog. Vordere Schanze auf der weniger steil abfallenden nördlichen Seite, hat ihren Ursprung im ersten Jahrtausend v. Chr. – Auch die Spitze des Höhenrückens vermutlich damals befestigt. – In frühmittelalterlicher Zeit, wohl unter Kaiser

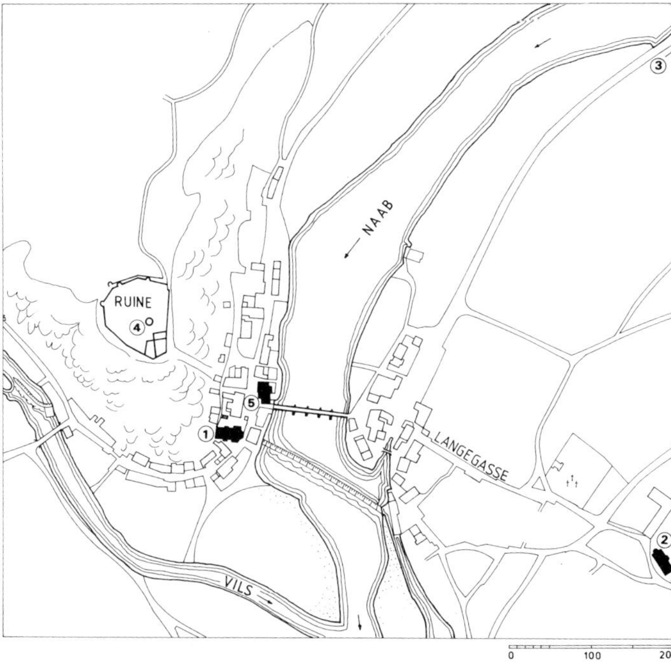

Kallmünz

1 *Pfarrkirche St. Michael*
2 *Friedhofskapelle St. Elisabeth*
3 *Pestkirche St. Sebastian*
4 *Ruine*
5 *Rathaus*

Heinrich I., wurde der vorgeschichtliche Wall auf annähernd 10 m erhöht. – Über die mittelalterliche Burg ist wenig bekannt. Von den Sulzbacher Grafen kam sie 1188 an den bayerischen Herzog. Die bestehende Anlage wohl unter Herzog Ludwig I. von Bayern, dem Kelheimer (1183–1231) entstanden. 1504 im Landshuter Erbfolgekrieg zerstört, dann 1607 durch Pfalz-Neuburg instandgesetzt, 1641 von den Schweden endgültig zur Ruine gemacht.
Weithin beherrschend über dem aus Jurakalk aufgebauten, nach Westen, Osten und Süden schroff abfallenden Berg erstreckt sich die innere Ringmauer mit südöstlich gelegenem Palas und einem mächtigen Bergfried, der den Burghof überragt. Zugang und Angriffsseite im Norden. Dort die sog. Vordere Schanze, als Aufschüttung erkennbar. An sie schloß sich ein Ringwall von 1 km Durchmesser an, der als Schutz für eine – nicht ausgeführte – Stadtgründung der Spätlatènezeit geplant war. – Ein Halsgraben ist dem frühgotischen Torhaus im Norden (rekonstruiert) vorgelagert. Die innere Ringmauer mit drei halbrunden Wehrtürmen umschreibt ein unregelmäßiges, nach Süden spitz zulaufendes Vieleck. Im Burghof nur noch der Bergfried und Reste von Kapelle und Palas. Der Bergfried ist auf dem höchsten Geländepunkt situiert. Zylindrisch, aus fast 2 m starkem, hausteinverblendetem Mauerwerk mit urspr. hochgelegener Bogenöffnung. Neuer Zugang, im Innern ausgebaut. – Südlich die ehem. Kapelle, quaderverblendete Mauerreste mit Spuren einer westlichen Herrschaftsempore. Palas, in Ost-Westrichtung zweigeteilt; große rund- und spitzbogige Biforienfenster weisen auf ehem. Haupträume im 2. Obergeschoß.

Rathaus. Satteldachbau von 1603. Traufständig zum Marktplatz; an der Straße über die Naab Giebel mit Kuppeltürmchen. Bis heute als Rathaus genutzt und baulich nahezu vollständig erhalten. Im 1. Obergeschoß durchgehende Balkendecke: in Firstrichtung profilierter Unterzug über achteckiger Eichenstütze (nachträgliche Teilungswände). Im 2. Obergeschoß Vorplatz, westlich ehem. Marktschreiberstube. Südlich in ganzer Giebelbreite der Ratssaal: Holzdecke dat. 1603, mit profiliertem Unterzug; an der Ostwand Inschrift von 1792, Ermahnungen an die Ratsherren. – Holztafel des frühen 17. Jh. mit Wappen von Landsassen der Gerichte Kallmünz und Burglengenfeld, sowie von Pfalz-Neuburg im Zentrum. – Zunftstangen des frühen 19. Jh.

Steinerne Naabbrücke. Um 1550 errichtet. Mit drei Bögen erhalten, im übrigen ersetzt. Steinfiguren: hl. Johannes von Nepomuk und Engel, 18. Jh.

KALMREUTH

Markt Floß, Kr. Neustadt a. d. Waldnaab. *Karte 5*

Ehem. Landsassengut. 1403 erstmals erwähnt, 15.–17. Jh. im Besitz der Schirndinger, später der Podewils. – Zweigeschossiger Walmdachbau, mehrfach verändert. Das Erdgeschoß mit geohrten Fensterrahmungen, Portal dat. 1623 und 1819.

KALTENBRUNN

Gem. Weiherhammer, Kr. Neustadt a. d. Waldnaab. *Karte 5*

Kath. Pfarrkirche St. Martin. 1932 im Stil der Neuen Sachlichkeit erbaut (vgl. Herz-Jesu in ▷ Weiden). – Nach Norden gerichteter Bau, Turm mit steilem Zeltdach an der südöstlichen Langhausecke. – Im Langhaus rustikale Holzdecke, Bildfenster von 1933. – Ausstattung aus der ehem. Simultankirche, Rokoko. Hochaltar 1757 von *Michael Barmann* aus Sulzbach, viersäuliges Retabel mit Altarblatt hl. Martin und vier Seitenfiguren. Seitenaltäre mit übereck gestellten Säulen, Altarblättern und Seitenfiguren, wohl 1781. – Rosenkranzmadonna um 1700.

Ev. Pfarrkirche St. Martin. 1756 erbaut, Turm erst 1773 vollendet. Gesamtrenovierung 1981/82. – An der Nordseite des eingezogenen, dreiseitig geschlossenen Chors mächtiger, mit Sandsteinquadern verblendeter Turm mit eingezogener Laternenzwiebelhaube. Nordportal in geohrter Sandsteinrahmung, dat. 1756. – Im Chor Stichkappentonne, im Langhaus Spiegeldecke, Rahmenstuck, Pilastergliederung. – Im südlichen Chorfenster zwei Kabinettscheiben, um 1520, mit Darstellung der Muttergottes und des hl. Ulrich. – Kanzel Rokoko, noch von der urspr. Ausstattung.
Nordwestlich der Kirche der **ev. Pfarrhof,** ehem. Bauernhaus, der steile Giebel bez. 1554.

KAMMERERMÜHLE

Gem. Krummennaab, Kr. Tirschenreuth. *Karte 2*

Ehem. Mühle. Blockbau über Bruchsteinfundament, Ende 18. Jh. mit alter technischer Ausrüstung.

KAPPEL Stadt Waldsassen, Kr. Tirschenreuth. *Karte 2*

★ **Kath. Wallfahrtskirche Hl. Dreifaltigkeit.** Von Waldsassen führen 15 Rosenkranzstationen von 1698 (1988 instandgesetzt) zur Kappel. – Eine Kapelle bestand angeblich schon Ende des 12. Jh. Eine Wallfahrt ist seit 1527 bezeugt. 1682–89 Kirchenneubau durch *Georg Dientzenhofer* im Auftrag des Klosters Waldsassen, Hauptweihe 1711. 1880 vernichtete ein Brand den Dachstuhl des Waldershofer Zimmermeisters *Johann Schenkel* und die Türme, die ein Jahr später mit höheren Kuppeldächern wieder aufgebaut wurden. 1980/82 letzte Renovierung.

Die konsequente Umsetzung der Dreifaltigkeitssymbolik ist durch den Münchenreuther Pfarrer Paulus Eckhardt angeregt, der das „Mysterium Sanctissimae Trinitatis, per omne Trinium" architektonisch sichtbar machen wollte: Das Prinzip der Dreiheit durchdringt das übergeordnete Grundkonzept wie die Detailform gleichermaßen.
Über dreipaßförmigem Grundriß umschließen drei Konchen ein gleichseitiges Dreieck. In den drei Zwickeln drei Rundtürme zur Aufnahme der Treppen mit eingezogenen Zwiebelhauben und Laternen, auf dem Kegeldach drei Laternen als zwiebelbekrönte Dachreiter. Niedriger Umgang mit Pultdach um den gesamten Baukörper. – Die Häufung der Zwiebeltürme und die Aufrißgestaltung wurde verschiedentlich mit östlich-slawischen Bauwerken in Verbindung gebracht, obwohl die Raumbildung eher durch den italienischen Barock angeregt wurde, besonders durch die Bauten *Borrominis*. – Im Inneren werden die Konchen durch mit Doppelpilastern besetzte Pfeiler gegliedert, die jeweils drei tonnengewölbte Nischen einschließen, deren mittlere einen großen Altar aufnimmt, während die seitlichen durch Emporen geteilt werden. Die Ecksituation an den Nahtstellen der Konchen wird in zurückhaltender Weise lediglich durch in konkave Pfeilerausbuchtungen gestellte Säulen akzentuiert, über denen das umlaufende Gebälk nicht verkröpft ist. Profilierte Gurte scheiden den sphärisch gewölbten Mittelzwickel – „Triangel" genannt – von den Halbkuppeln der Konchen, die durch Scheitellaternen belichtet werden. Durch den Hauptaltar und die fächerförmig auskragende Orgelempore am Pfeiler gegenüber erhält der Raum eine liturgisch motivierte Achse. – Die urspr. Gewölbeausmalung in Öl von *Anton Smichäus* aus Prag um 1730 wurde 1934–40 durch Kuppelfresken von *Oskar Martin-Amorbach* ersetzt.
Ausstattung. – Neun Altäre – drei Hauptaltäre und sechs Nebenaltäre – Anfang 18. Jh. Hauptaltäre in stilistischer Nähe zur *Carlone*-Werkstatt: viersäulige, rötliche Stuckmarmor-Retabel mit reichem Figurenschmuck und freistehenden Tabernakelaufbauten, Antependien in versilberter und vergoldeter Treibarbeit um 1715, wohl von *Georg Göhringer* aus Eger. – Im Hochaltar von Putten und Engeln gerahmtes Gemälde des 17. Jh.: Hl. Dreifaltigkeit mit Ansicht der alten Kappelkirche, aus der Vorgängerkirche; Seitenfiguren: hl. Leo der Große und hl. Augustinus, beide besondere Verehrer der Hl. Dreifaltigkeit. Über dem Tabernakel mit Klosterarbeit eingefaßtes Holzrelief der Marienkrönung, 17. Jh. – Nördlicher Hauptaltar mit Gemälde der hl. Familie und Seitenfiguren der hll. Joachim und Anna; südlicher Hauptaltar mit Gemälde Mariä Himmelfahrt von *Johann Gebhard*, 1716, und Seitenfiguren des hl. Bernhard von Clairvaux und eines Benediktinerheiligen, im Tabernakel die „Kappl Pietà", eine byzantinisierende Darstellung der Marienklage. – In den Nebenaltären, zierlichen Viersäulenretabeln, wird die Marienthematik fortgeführt. – Kanzel 1. Viertel 18. Jh., mit reichen Akanthusschnitzereien, am Korpus Reliefmedaillons der Evangelisten, deren Symbole vollplastisch am

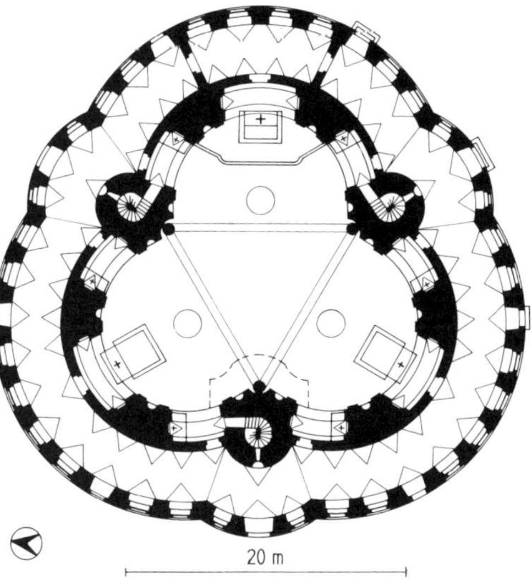

Kappel, Wallfahrtskirche Hl. Dreifaltigkeit

Schalldeckel, obenauf das Dreifaltigkeitssymbol. – Orgelgehäuse von 1735–38, ein hoher, eleganter Aufbau in Weißgoldfassung mit Verarbeitung älterer Rankenwerkteile, als Bekrönung Personifikationen der Drei göttlichen Tugenden, unter der Auskragung Figur der Maria Immaculata. – Beichtstühle in Rokokoformen. – Stuhlwangen in strengem architektonischen Aufbau, von Rankenwerk bekrönt, um 1690.

KAPPL Stadt Maxhütte-Haidhof, Kr. Schwandorf. *Karte 9*

Kath. Wallfahrtskirche St. Maria Dolorosa, sog. Unterkappl. Einheitlich barocker Neubau, Mitte 18. Jh. Renovierung 1985/86. – Zweiachsiges Langhaus zum Chor in Rundung überleitend, Langchor mit dreiseitigem Schluß. Gedrückte Stichkappentonne mit Rahmenstuckfeldern, das reich profilierte Gebälk über Pilastern mit aufgemalten Kompositkapitellen. Im Gewölbe sowie an der Empore reiche figürliche und emblematische Malereien, z. T. durch spätere Übermalungen beeinträchtigt: im Chor Arche Noah und Embleme in Rocaillerrahmen, Mitte 18. Jh.; im Langhaus Anbetung der Könige, Darbringung im Tempel, Flucht nach Ägypten, Kreuztragung, Kreuzannagelung und Beweinung, das Deckenbild der Grablegung bzw. „*I. C. Kollmiller,* pinxit 1782". – Im Chor Gnadenbild, Mater Dolorosa-Gruppe, Mitte 18. Jh. – Gefaßte Brunnenquelle. – Gestühl mit geschwungenen Wangen und Bandwerk, um 1730/40.

Kath. Wallfahrtskirche St. Michael, sog. Oberkappl. Einfacher dreiachsiger Saalraum; eingezogener Chor mit 5/8-Schluß und Dachreiter. Im Kern gotisch (gefaßtes Spitzbogenportal an der Südseite, spitzbogiges Chorfenster), im 18. Jh. vollständig umgebaut. 1989 Außenrenovierung. – Gedrückte Stichkappentonne über Pilastern und kräftigem Gebälk, im Westen zweigeschossige Barockempore auf hölzernen Stützen. – Stattlicher Hochaltar mit Laub- und Bandelwerk, Holzfiguren der hll. Georg und Florian, um 1730/40. – Kanzel mit reichem, stark aufgelösten Rocailleschnitzwerk, um 1760.

KAPPL Markt Neualbenreuth, Kr. Tirschenreuth. *Karte 3*

★ **Kath. Wallfahrts- und Expositurkirche St. Sebastian.** Auf einer Anhöhe zwischen alten Linden, das Land in der Fraisch beherrschend. – In der Mitte 15. Jh. von den Lamingern als eine dem hl. Sebastian geweihte Schloßkapelle mit alsbald einsetzender Wallfahrt errichtet. 1725–27 wich diese Kirche dem heutigen Bau, einer Stiftung des Johann Joseph Werndl von Lehenstein und seiner Frau Maria Sophia, geb. Weller von Molsdorf. Renovierung außen 1964/65, innen 1970/71. – Saalbau mit Spiegeldecke, eingezogener dreiseitig geschlossener Chor mit Stichkappentonne. Schindeldachreiter über dem Chor, westliches Vorzeichen, über dem Portal Allianzwappen der Stifter und deren Initialen. – Deckengemälde 1770 von *Elias Dollhopf* aus Tachau. Chorfresken (durch Überarbeitung im 19. Jh. stark beeinträchtigt): hl. Sebastian hält die strafenden Pfeile Gottes von der christlichen Menschheit ab. Die Darstellungen in den Stichkappen verweisen auf die Menschwerdung und das Erlösungswerk Christi. Langhaus: Mitteltondo mit Krönung Mariens, von den Zwölf Aposteln umgeben, in den Ecken Heilsszenen aus dem Alten Testament – Dankopfer Noahs, Besuch der drei Engel bei Abraham, Jakobs Traum, Errettung Lots. Hohlkehle: über dem Chorbogen mit dem Wappen der Werndl die thronende Himmelskönigin, zu der von beiden Seiten Prozessionszüge ziehen, außerdem legendäre Szenen aus der Geschichte der Kappl. An den Treppenaufgängen der Empore die hll. Martin und Georg, die hll. Gregor und Augustinus an der Rückwand 1922/23 ergänzt.
Ausstattung. – Viersäuliger Hochaltar von 1727. Altarblatt Martyrium des hl. Sebastian (Kopie des Bildes *Hans von Aachens* in der Münchener Michaelskirche), Auszugsbild mit den Drei göttlichen Tugenden, um 1770; Seitenfiguren: unten die Pestpatrone hl. Rochus und hl. Rosalie, oben die Namenspatrone des Stifters, hl. Johannes Bapt. und hl. Joseph. – Ebenfalls aus der Erbauungszeit stammen Orgelgehäuse, Stuhlwangen und Beichtstühle mit Akanthusschnitzwerk. – Die übrige prächtige Rokoko-Ausstattung erfolgte um 1769 durch Ernst Werndl anläßlich seiner Pilgerfahrt nach Rom (1755/56): drei Neben-

altäre und Kanzel – allesamt mit dem Familienwappen der Werndl – von dem Tirschenreuther Schreiner *Georg Peter Hauttmann* vermutlich nach Entwürfen *Dollhopfs* angefertigt. Nebenaltar an der Chornordwand mit Gemälde des hl. Johannes Nepomuk von *Dollhopf*, Seitenfiguren der Wetterpatrone hl. Johannes und hl. Paulus, Reliquienschrein des römischen Märtyrers Felix auf der Mensa. – Nördlicher Seitenaltar mit Bild der Maria Immaculata, 1856, Auszugsbild des hl. Florian von *Dollhopf*, Seitenfiguren der hll. Wolfgang und Adalbert. Südlicher Seitenaltar mit Altarblatt, hl. Anna unterrichtet Maria und Auszugsbild, hl. Antonius von Padua, von *Dollhopf*, Seitenfiguren der hll. Katharina und Barbara. – Kanzel mit üppigem Rokokodekor (vgl. Maria Kulm), am Korpus Reliefs: lehrender Jesus im Tempel, Kananäisches Weib, Heilung der Blutflüssigen, darunter die göttlichen Tugenden Glaube, Liebe und Hoffnung. – In der Mittelnische der Langhausnordwand das Gnadenbild mit Martyrium des hl. Sebastian (1977/78 restauriert), vielleicht seitenverkehrte Vorstudie des Hochaltarblatts. – Kostbare Reliquienmonstranzen mit Rokokodekor in Nischenvitrine der Langhausnordwand.

KARETH Gem. Lappersdorf, Kr. Regensburg. *Karte 13*

Die Pfarrei Sallern, zu der der Ort Kareth gehörte, wurde 1228 vom Regensburger Bischof Siegfried dem Domkapitel einverleibt. Seit 1966 eigenständig.

★ **Kath. Pfarrkirche St. Elisabeth.** Neuromanischer Bau mit 1987 weitgehend rekonstruierter Ausstattung. Anstelle einer mittelalterlichen Chorturmkirche 1900/1901 errichtet nach Plänen von *Johann Baptist Schott*, München. – Chorpolygon mit abgetreppten Strebepfeilern, Turm im Nordosten, Westportal mit gemalter Darstellung Gottvaters im Tympanon, im Giebel Nische mit Figur Mariens. – Saal mit gefelderter Holzdecke über Unterzügen mit Rankenbemalung, der eingezogene, dreiseitig geschlossene Chor kreuzgratgewölbt. Die urspr. ornamental-dekorative Ausmalung des frühen 20. Jh. bei der Renovierung 1962 beeinträchtigt, 1977 völlig übertüncht, jetzt wieder freigelegt und zum Teil frei ergänzt. – Glasgemälde mit hl. Elisabeth von der Hofglasmalerei *Georg Schneider*, Regensburg, die übrigen Fenster nach Originalentwürfen rekonstruiert. – Hochaltar 1987 unter Verwendung alter Teile rekonstruiert, mit Reliefdarstellungen der Mildtätigkeit der hl. Elisabeth. – Pantokratorrelief an der Südwand, von der früheren Kanzel.

KARLSTEIN Markt Regenstauf, Kr. Regensburg. *Karte 9*

Schloß. Die Anlage ist im südöstlichen Teil romanisch; archivalisch jedoch erst im 14. Jh. nachweisbar. In der 2. Hälfte des 18. Jh. gehörte sie Joseph Freiherrn von Schneid. Seit 1841 ununterbrochen im Besitz der Grafen von Drechsel. Unter August von Drechsel, der mit Gräfin Bayrstorf, einer Nichte Ludwigs I. verheiratet war, romantische

Umgestaltung von Schloß und Park im Stil der Neugotik. Um 1870 späthistoristische Ausstattung. 1901 bauliche Erweiterung nach Westen für ein zweites Treppenhaus. – Vierflügelanlage in Hanglage. Südwestlich vorgelagert Ökonomiebauten mit Hof. Neugotische Fassade nach Süden, mit Zinnenkranz und Polygonaltürmchen. Die Eingangsachse durch einen Stufengiebel hervorgehoben, feine Maßwerkblenden um die Fenster.
Im Südflügel, rechts von der Durchfahrt Schloßkapelle St. Ulrich, mit Gruft der Geschlechter Teufel und Horneck (Wappen an der Empore). Romanischer Rechteckraum ohne ausgeschiedenen Chor. Das Sanktuarium kreuzgratgewölbt, einspringender runder Chorbogen, tonnengewölbtes Langhaus, neugotische Fenster. Westempore mit zwei Kreuzgratgewölben, romanisches Außenfenster. Ausstattung. Altar des späten 17. Jh. mit Akanthusschnitzereien; Gemälde nazarenisch, übermalt. Vier barocke Reliquienkästen, Stiftung von Kaiserin Maria Theresia. Gleichzeitig die Silberbüsten des Kirchenpatrons und eines Heiligen. – Gemälde in geschnitzten Akanthusrahmen: Verlobung der Maria, möglicherweise von *Gebhard* aus Prüfening; Brustbild eines Heiligen.
Raumausstattungen der ersten Hälfte des 19. Jh. Im Billardzimmer elsässische Panoramatapete der Manufaktur Zuber in Rixheim, 1831 gezeichnet von *Jean Julien Deltil,* Landschaft mit Jagdszenen. – Ein wohl mittelalterlicher, tonnengewölbter Raum im Obergeschoß, nördlich der Kapelle, als Laubengang mit Weinrankenspalier-Tapeten dekoriert. Er hat direkten Treppenabgang in den Park und Sichtbezug auf ein klassizistisches Gartenhaus. – Schlafzimmer, um 1840, Wandbespannung aus Kattundruck. Im gleichen Dessin Vorhänge und Möbelbezüge. – Renaissancezimmer aus der Gründerzeit. In Ecklage, holzvertäfelt, Kassettendecke und Mobiliar. – Im Westteil des Südflügels ehem. Pferdestall, eine zweischiffige Pfeilerhalle.

KASTL Kr. Amberg-Sulzbach. *Karte 8*

Anlage

Die Bebauung des Marktes ist halbkreisförmig um den Fuß des Klosterberges angelegt und entlang der Lauterach gegen Westen ausgedehnt. Der längsrechteckige Marktplatz wird von überwiegend giebelständigen, zweigeschossigen Wohn- und Wirtshäusern eingefaßt. Den nördlichen Abschluß bildet das Rathaus mit Treppengiebelfront und polygonalem Giebelreiter (später verändert), Baudatum 1552 an Eckstein und Wappentafel, die Abt Johannes Menger als Auftraggeber nennt.

Ehem. Benediktinerabtei. Die „Klosterburg" Kastl, auf einem Felsvorsprung über der Lauterach situiert, ist die älteste Benediktinerabtei des bayerischen Nordgaus. Die reichspolitisch motivierte Gründung war als Reform- und Kulturzentrum des Nordgaus geplant. – Aller Wahr-

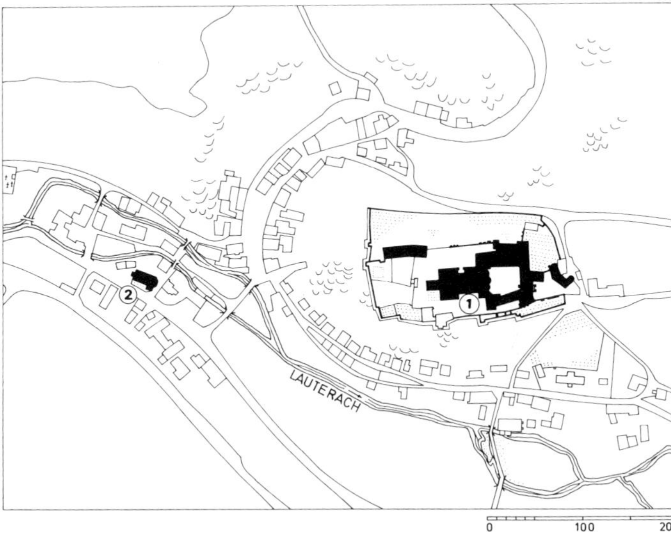

Kastl

1 Ehem. Benediktinerabtei
2 Marktkirche

scheinlichkeit nach gründeten 1103 (laut Klostertradition schon 1098) Markgräfin Luitgard, die Grafen Berengar II. von Kastl-Sulzbach, Friedrich von Kastl-Habsberg und dessen Sohn Otto das Kloster im Bereich der alten, wohl in das 9. Jh. zurückgehenden Burg. Der aus Konstanz verdrängte Bischof Gebhard III., ein Bruder der Markgräfin, schickte den Gründungskonvent mit Abt Theoderich und zwölf Mönchen des Hirsauer Reformklosters Petershausen bei Konstanz nach Kastl. Bereits 1118 besiedelte Kastl die Klosterneugründung ▷ Reichenbach. Zum Zeitpunkt der Chorweihe 1129 war der Kirchenbau wohl weitgehend vollendet. 1231 Begräbnisrecht für die Kirche. Durch den Einsturz des nördlichen Ostturmes 1264 Beschädigung des Chors und des Klosters. Die Besitz und Ansehen ständig steigernde Abtei erlebte im 14. Jh. ihre Glanzzeit. Abt Hermann (1323–56), der Verfasser der berühmten Kastler Reimchronik, erhielt 1325 das Pontifikalienrecht. Einem einsetzenden Niedergang gegen Ende des Jahrhunderts wirkte Abt Otto III. Nortweiner (1377–1399) durch die Kastler Reform entgegen. 1413 Erhebung in den Reichsstand durch Kaiser Sigismund. Um 1400 lebte der Mystiker Johannes von Kastl im Konvent. Wohl unter Abt Georg Kemnather (1399–1434), der intensive Beziehungen zu Böhmen unterhielt, Einwölbung der Hauptapsis, des Langhauses und der Vorhalle. 1460 Anbau der Seitenkapellen, 1552 Brandschäden. Mit der Einführung der kalvinischen Kirchenordnung 1556 Auflösung der Abtei. Nach der Übergabe an die Amberger Jesuiten 1636 begann eine gründliche Renovierung und Neuausstattung der Kirche. 1679 Abbruch des Lettners. Vermutlich fiel in diese Zeit auch der Abbruch der Seitenschiffe der Vorhalle und am Südchor. 1715 abermalige Konsekration. 1782 Übergang an den Malteserorden. Seit 1808 Staatseigentum. Die Kirche wurde Pfarrkirche, das Kloster seit 1825 Landgericht, später unterschiedlichen Nutzungen zugeführt. In der gründlichen Renovierung von 1906 war das Hauptinteresse auf die Rückgewinnung des mittelalterlichen Erscheinungsbildes gerichtet. 1952–57 wurden Turm und Südflügel wegen der Instabilität des wasserempfindlichen Dolomitgesteins abgetragen und neu aufgebaut. Bei der Restaurierung 1963–67 weitere Rückführung in den urspr. Zustand. 1977 nordöstlicher Erweiterungsbau des Klosters.

★ **Ehem. Abteikirche, heute Pfarrkirche St. Peter.**

Typus

Die im wesentlichen bis 1129 fertiggestellte romanische Anlage bestand aus einem flachgedeckten, fünfjochigen Langhaus basilikalen Querschnitts mit einfachem Stützenwechsel und aus einer gewölbten dreischiffigen, in drei Apsiden schließenden Ostpartie zu vier Jochen, östlich begleitet von ungleich disponierten Chorflankentürmen, westlich querhausartig auf fünf Schiffe erweitert (die Apsidiolen der äußeren Schiffe in den Westwänden der Türme noch erkennbar), ferner aus

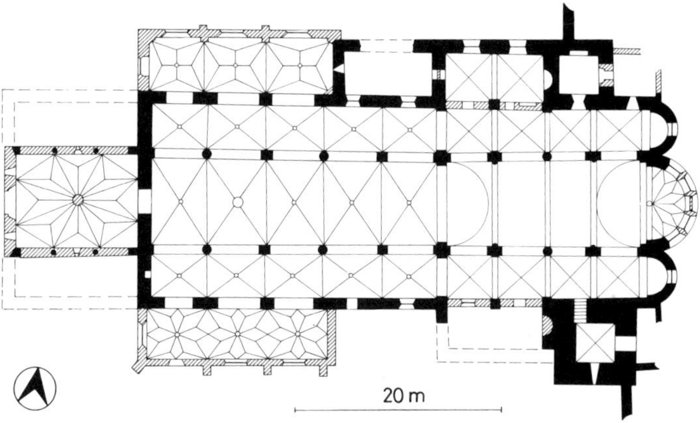

Kastl, ehem. Abteikirche, heute Pfarrkirche St. Peter

einer wie das Langhaus dreischiffigen, doppelgeschossigen Vorhalle im Westen. Der romanische Charakter ist heute noch dominierend, trotz späterer Veränderungen: Nordturm 1264 bis auf den bestehenden Stumpf eingestürzt; die westlichen beiden Chorjoche auf drei Schiffe reduziert durch Umbau zur Sakristei im Norden, durch Abbruch im Süden; gotische Wölbung (durchweg Formationen mit ausgekehlten Rippen) von Langhaus, Apsis und Vorhalle, die um 1700 auf den heutigen Einstützenraum reduziert wurde; symmetrische, mit der Westwand fluchtende Kapellenanbauten zu drei Jochen von 1460.

Außenbau

Geschlossener Baukorper, mit regelmäßigem Dolomitquaderwerk verblendet. Die dem Klosterhof zugewandte Dreiapsidengruppe beiderseits eingeschlossen von Klosterflügeln, die an den Chorflankentürmen ansetzen. Apsiden gegliedert durch Blenden mit Lisenen und auf Konsölchen ruhendem Bogenfries sowie abschließendes Deutsches Band. Die Hauptapsis von gotischen Fenstern dicht durchbrochen, Ansatz der romanischen Friese an den seitlichen Rändern erhalten. – Die ungleiche Disposition und Dimension der quadratischen Chorflankentürme ist wohl auf eine spätere Planänderung zurückzuführen. Den mächtigen, mit gotischem Spitzhelm abgeschlossenen Südturm (1952/53 erneuert), gliedern Wulste in sechs Geschosse; Anzahl der Rundbogenöffnungen nach oben ansteigend, die oberen Geschosse durch wulstige Bogenfriese auf Konsolen mit Köpfen belebt. – Romanische Rundbogenfenster nur im Obergaden, außerdem blieben an der Ostwand der Vierzehn-Nothelferkapelle kleine romanische Öffnungen einer abgebrochenen Kapelle erhalten. Gotische Seitenkapellen mit großen Fenstern (maßwerklos wie jene der Hauptapsis), Kaffgesims und Strebepfeilern. – Südwestlich das spätgotische Hauptportal mit Wimpergbekrönung. Weiter östlich ein einfaches romanisches Stufenportal, die eingestellten Säulen mit Würfelkapitellen. Vorhalle mit einfachem Spitzbogenzugang und urspr. reich bemaltem romanischen Rundbogenportal zum Kirchenraum.

Inneres

Chor. – Dreischiffige, pseudobasilikale Anlage. Das erhöhte, jedoch fensterlose Mittelschiff mit einer nach Osten ansteigenden, gegurteten Tonne überwölbt, verbreitert sich nach Osten auf Kosten der Seitenschiffe, die durch Gurte getrennte Kreuzgratgewölbe haben. Die Arkaden gebildet aus zwei rechteckigen Pfeilerpaaren mit Halbsäulenvorlagen zur Aufnahme der Gurtbogen, dazwischen ein Säulenpaar, die nördliche Säule mit frühgotischem Knospenkapitell wohl nach dem Einsturz des Turms entstanden, die südliche den Rundpfeilern des Langhauses entsprechend. Die Gurte setzen hoch über den Rundstützen auf einfachen keilförmigen Konsolen auf, während sie mit den Kapitellen der Pfeilervorlagen durch rechteckige Vorlagen verbunden sind. Die Gurte der Seitenschiffe ruhen auf Pilastern bzw. Konsolen. Kämpfer bzw. Kapitelle im östlichen Bereich durch verschiedene Ornamentfriese reicher gestaltet. – In der Hauptapsis fächerartige Rippenkonfiguration, Schlußstein mit Halbfigur des hl. Petrus. Runder, beidseitig ausgekehlter Chorbogen, westlich begleitet von ornamentierter Archivolte auf Diensten, der südliche mit Relief eines Fischweibs am Sockel.

Langhaus von weiter Raumwirkung. Arkaden mit Stützenwechsel. Die Rechteckpfeiler mit Kämpfern, unterschiedliche Profilierungen bzw. Abschrägungen variierend. Die Rundpfeiler mit glatten Kämpfern, deren Ecken knollenartige Sporne aufweisen, diese Form vergleichbar mit St. Leonhard in ▷ Regensburg und Reichenau-Niederzell (vor 1100). Hier findet auch der Halsring des zweiten südwestlichen Rundpfeilers seine Parallele. – Die Kreuzrippengewölbe im Mittelschiff ruhen auf Konsolen, die abwechselnd als Wappenschilde und als kauernde Mönche ausgebildet sind; polychrome Schlußsteine: Muttergottes, Petrus, Wappenschilde. Die direkt an der Wand ansetzenden Kreuzrippengewölbe der Seitenschiffe mit figuralen und Rosettenschlußsteinen: nördlich Märtyrerin, Pelikan, Vera Icon, Frauenkopf in Mondsichel, Arma Christi, südlich Auferstehungssymbole (Lamm Gottes, Phönix, Löwe, seine Jungen anhauchend). – Die Seitenkapellen mit reich figurierten Rippengewölben. In der nördlichen Vierzehn Nothelfer-Kapelle Sterngewölbe mit Maßwerkeinschreibung, Rippen an der Außenwand auf Rechteckvorlagen als Dienstbündel fortge-

führt. Prächtige Schlußsteine mit Muttergottes, Petrus und Paulus. Die südliche Benediktuskapelle mit Netzgewölbe auf Blattkonsolen, Rippen und Bändern dekoriert. Wappenschlußsteine. – In der Vorhalle Sterngewölbe über hexagonalem Mittelpfeiler und profilierten Konsolen, als Schlußsteine Lamm Gottes und Rosetten.
Reste vorwiegend gotischer ornamentaler und figuraler Wandmalereien in Chor und Langhaus 1906 aufgedeckt und teilweise ergänzt, 1967 restauriert.
An den Hochschiffwänden mit Hilfe freigelegter Reste rekonstruierter Fries mit 69 Wappen, 14. Jh. Am zweiten südwestlichen Langhauspfeiler Muttergottes zwischen den hll. Katharina und Willibald, 1. Hälfte 14. Jh., an den übrigen Pfeilern Einzelfiguren von Christus Salvator und Heiligen, 15. Jh.

Bedeutung

Die große kunsthistorische Bedeutung der Klosterkirche von Kastl gründet sich auf ihre stilistische Sonderstellung: von verschiedenen Einflußsphären ableitbare Stileigenheiten sind hier eigenwillig miteinander kombiniert. So läßt die Tonnenwölbung des Chores – nach Dehio 1924 „der älteste größere Gewölbebau außerhalb der Rheinlande" – deutlich burgundisch-cluniazensische Herkunft erkennen. Die querhausartige fünfschiffige Erweiterung der westlichen beiden Chorjoche kann als bayerische Variante des Hirsauer Reformschemas gedeutet werden. Stilistische Details finden ihre Parallelen in Reichenau-Niederzell. Der einfache Stützenwechsel kommt in oberrheinischen Sakralbauten vor, – in Erwägung gezogene Vergleiche mit lombardischen Kirchenbauten des frühen 12. Jh., die ebenfalls Stützenwechsel und Tonnengewölbe aufweisen, scheinen zu diesem frühen Zeitpunkt wenig plausibel. Die pseudobasilikale Anlage des Chores schließlich ist in der Regensburger Kirchenbaukunst geläufig. Diese unterschiedlichen Einflüsse zusammenfassend, tritt der burgundisch-cluniazensisch beeinflußte südwestdeutsche Raum in den Vordergrund, ein Gebiet, das auch von der Gründungsgeschichte her eng mit dem Nordgaukloster Kastl in Verbindung steht.

Ausstattung

Hochaltar in Weiß-Goldfassung mit monumentaler Kreuzigungsgruppe über dem Tabernakel und Stifterwappen des Malteser-Komturs Maximilian Graf von Törring-Seefeld, 1782. – Altäre der Nebenapsiden um 1715. Die Fenster einbeziehende Säulenretabel in Schwarz-Gold-Fassung. In den freien Mittelfeldern weiß-gold gefaßte plastische Gruppen, nördlich Kruzifixus mit Muttergottes und hl. Ignatius, südlich hl. Franz Xaver tauft einen Hindu. – Altar in der südlichen Kapelle, Säulenaufbau mit Knorpelwerkdekor und Altarblatt, hl. Benediktus, von *Franz Joseph Geiger*, sign. und dat. 1673. Das Gegenstück in der nördlichen Kapelle erst 1715 angefertigt. Als

Altarblatt Schmerzhafte Muttergottes. – In der Nordwestecke der sog. Stifteraltar mit Figur der Muttergottes, gegen 1700. – Kanzel mit Posaunenengel auf dem Schalldeckel, 1679. – Bemerkenswert die Reste des gotischen Chorgestühls in den Seitenschiffen des Langhauses, mit Spiralenmotiven, Maßwerk und krabbenbesetzten Giebeln verziert. – Auf Mauersockel vor der Vorhalle bemalte Steinfiguren der drei Stifter, um 1370/80 wohl in Nürnberg entstanden. In die Mauer eingelassen romanisches Steinrelief mit der Darstellung eines sitzenden, sich an den Bart greifenden Mannes mit nacktem Oberkörper.

Grabdenkmäler

An den östlichen Chorpfeilern zwei Epitaphien aus poliertem Kalkstein für Abt Johannes Menger (1538–54) von *Loy Hering:* Der Papst kniet im Pontifikalornat vor der Muttergottes bzw. vor dem Gekreuzigten. – In einer Wandnische des südlichen Seitenschiffs der romanische, mit einer flachen Bogenreihe geschmückte Steinsarkophag der Markgräfin Luitgard. – Die übrigen Grabmäler 1964 in der Vorhalle zusammengetragen. Vom Westportal nach rechts fortschreitend: Grabplatte des Markgrafen Dipold von Hohenburg († 1226). – An der Nordwand das Denkmal für Seyfried Schweppermann († 1337), den populären Feldherrn Ludwigs des Bayern, 1782 von dem Malteser-Komtur Maximilian Graf von Törring-Seefeld zusammengestellt: Rotmarmorplatte mit Ritzzeichnung, davor klassizistische Ehrentumba, wohl von dem Amberger *Friedrich Wagner* 1782, als Bekrönung die zwei, auf den legendären Ausspruch Ludwigs anspielenden Eier. – Figürliche Grabplatte für Abt Leonhard († 1490). – Wappengrabplatte für Hans († 1458) und Ulrich († 1482) von Raidenbuch, ein Werk der Münchner *Haldner*-Werkstatt. – In der Nordostecke mit genasten Spitzbogenblenden verzierte gotische Steintumba der hier 1319 verschiedenen Prinzessin Anna, einer Tochter Ludwigs des Bayern, an der Wand der zugehörige Gebeinschrank von 1715. – In der Südostecke das Gegenstück mit den Gebeinen der Stifter. – Westwärts die Grabsteine für Konrad Pollinger († 1461) und Georg Pollinger († 1473). – Südwestlich davon vier Epitaphien. Fragment mit einer Kreuzigungsgruppe und Kalksteinepitaph für Abt Johannes Lang († 1524), beide *Loy Hering* zugeschrieben, sowie die Rotmarmorepitaphien der Äbte Ulrich Prethaler († 1495) und Johannes Menger († 1554).

Ehem. Klostergebäude, heute **Ungarisches Gymnasium.** Der schmale, dreiseitig steil abfallende Bergrücken bewog schon im Spätmittelalter zum Bau einer Burg. Bei der Umwandlung in das Kloster wurden weite Teile des Berings übernommen und ausgebaut. Zwinger mit Halbrundtürmen aus dem späten Mittelalter an der Südseite. Die weitläufige Gartenmauer als nördliche Begrenzung, dat. 1526. Östlich Zugang über eine spätmittelalterliche Toranlage, wohl nach dem Brand von 1552 errichtet, Turm mit Zeltdach und spitzbogiger Durchfahrt. Nördlich der alte Torturm des 13. Jh. – Die gedrängte Situation erforderte ein Abweichen von der üblichen Anordnung: Die Klostergebäude gruppieren sich östlich der Kirche um den Kreuzhof. Der in die Romanik zurückreichende Konventstrakt schließt sich an den nur noch auf der Nordseite zusammenhängend erhaltenen flachgedeckten Kreuzgang aus der Gotik. Wie das am Turm verbliebene Reststück des 1677 abgebrochenen südlichen Kreuzgangflügels zeigt, waren die übrigen Teile mit Kreuzrippengewölben, figuralen Schlußsteinen (hl. Petrus und Kleriker) und Konsolen reicher gestaltet. – Nordflügel und Kirche verbindet ein quadratischer Raum, ehem. Kapelle, heute Treppenhaus, mit nur noch schwach erkennbarem Fresko des Erbärmde-Christus, 1. Hälfte 15. Jh. – Im Erdgeschoß des Nordflügels der ehem. Kapitelsaal, 1958 in eine Turnhalle umgebaut. An der Südwand von profiliertem Blendbogen überfangene, dreiteilige Arkadenöffnungen mit hintereinander gekuppelten Säulen (1958 ergänzt), die sich gemäß cluniazensischer Tradition zum Kreuzgang öffneten. – Aufgrund der völlig veränderten Raumeinteilung ist die häufig erwähnte Johanneskapelle nicht mehr bestimmbar. Von der urspr. reichen Ausstattung zeugt der von einer Trennwand übrig gebliebene beidseitig gestaltete Mittelabschnitt, der sog. Altar: Über Säulen mit Würfelkapitellen Rundbogenöffnung, im Bogenfeld Mittelstreifen mit kreuzförmiger Öffnung. – Das gotische Obergeschoß des Nordtrakts barg das Dormitorium. – Aus der Zeit um 1400 stammt das Refektorium im Ostflügel. Hohe Halle, durch Kreuzgewölbe mit ausgekehlten Rippen geschlossen, als Konsolen Männerbüsten, figurale, polychrome Schlußsteine: Christushaupt, Muttergottes, Petrus, Abt, Klosterwappen. Spuren der ehem. reichen Wandbemalung, dat. 1607. Kleeblattbogige Türöffnung zum Kreuzgarten. An der Westwand farbig gefaßtes Steinlavabo, von einem Wimperg und zwei Mönchen mit Waschutensilien bekrönt. – Im Keller Reste der alten Heizung (Hypokaustum). – Südflügel nach 1552 wiedererstellt und 1954–57 neu aufgebaut. Am vorspringenden Südostteil Erker mit spätgotischen Maßwerkblenden. Im Westabschnitt die in die Frühgotik zurückgehende Marienkapelle (auch Stifterkapelle genannt) erhalten; zweischiffiger, kreuzgratgewölbter Raum mit kräftigen spitzen Gurtbogen, am Mittelpfeiler Halbsäule mit Knospenkapitell.

Nordwestlich der Kirche das ehem. Amtsgerichtsgefängnis mit frühgotischen Fensteröffnungen in der gequaderten Ostwand.

Kath. Marktkirche St. Christophorus. Um 1519 erbaut, westliches Vorzeichen 1766. – Im Langhaus Flachdecke mit Rahmenstuck und Gemälde im Nazarenerstil, der Chor eingezogen und dreiseitig geschlossen. Über Schiff und Chor ein zwiebelbekrönter Fachwerkdachreiter. – Hochaltar mit Figuren der hll. Christophorus, Ägidius und Hubertus, um Mitte 17. Jh., spätere Ergänzungen. – An der Nordseite kreuzrippengewölbte Ölbergkapelle mit knapp lebensgroßen bemalten Steinfiguren um 1500.

Ehem. Spital. (Hohenburger Str. 28) urspr. Kirche, in kalvinischer Zeit profaniert, 1601 als Spital adaptiert. – Satteldachbau mit eingezogenem Ost- und Westabschnitt. Am Ostgiebel Sandsteinrelief des Erbärmde-Christus, wohl 1. Hälfte 15. Jh.

Marktplatz 17. Ehem. Notariat. Stattlicher, in das 15. Jh. zurückgehender Giebelbau mit Krüppelwalmdach und verputztem Fachwerk.

KASTL Kr. Tirschenreuth. *Karte 1*

Kath. Pfarrkirche St. Margareta. Die Kirche, die seit 1374 dem Kloster Speinshart unterstand, erhebt sich in einem befestigten Friedhof über dem Ort. – Wohl noch im 14. Jh. Bau des Chores mit zunächst einschiffigem Langhaus, wie dessen noch erhaltene Stirnmauern zeigen. Um die Mitte des 15. Jh. (Westportal dat. 1450) erfolgten, durch Konrad von Sparnberg auf Wolframshof und seine Frau Anna Ochs angeregt, der dreischiffige Ausbau des Langhauses, die gesamte Einwölbung des Kirchenraums, der Anbau der Seitenkapellen. Der gleichzeitig angelegte Turm erst im letzten Viertel 15. Jh. vollendet, wie aus der Stiftertafel des Pfarrers Georg Sparnberger († 1498) hervorgeht. Innenrestaurierung 1982, 1985/86.
Spätgotische dreischiffige Halle mit – in der Achse gegen Süden verschobenem – eingezogenem Chor im 3/8-Schluß. An der Langhausnordseite viergeschossiger Turm mit 1787 aufgesetztem Zwiebeldach und Laterne, im letzten Obergeschoß gekuppelte, genaste Schallöffnungen westlich mit zu Kreisen vereinfachtem Maßwerk. – Einheitliches Satteldach, Außengliederung nur am Chor durch gekehlten Sockel und Kaffgesims. Spitzbogiges Westportal in profiliertem Gewände, darüber Nischenfigur des hl. Donatus. Die spitzbogigen Fensterformen stammen aus dem 19. Jh. Das Langhaus, an dem gegen Südosten zwei gleichfluchtende Kapellen ausspringen, ist niedriger als der Chor und von gedrückter Wirkung. Die Schiffe trennen Rundpfeiler mit absatzlos einmündenden, ausgekehlten Gewölberippen, die sich im Mittelschiff zu Netz-, in den Seitenschiffen und unter der Empore zu Kreuz- und in den Seitenkapellen zu Sternfigurationen formieren. Auf einfachen Konsolen stehendes Netzgewölbe über dem einschiffigen Chor. Schlußsteine häufig mit dem Wappen der Sparnberg, in den Seitenkapellen mit dem Wappen der Ochs. Dreischiffige Westempore mit Maßwerkbrüstung; urspr. diente sie wohl als Altar- und Herrschaftsempore.
Komplette neugotische Ausstattung: vier Flügelaltäre mit Gesprenge und Figurenschmuck, Kanzel. – Am südöstlichen Seitenaltar Figur der Muttergottes, Ende 15. Jh. – Taufbecken aus Granit mit Rocailledekor des 17. Jh. – Vereinzelt Figuren und Gemälde aus dem 18. Jh. – Grabdenkmäler. – An der Westwand der westlichen Kapelle Epitaph der Martha von Sparnberg, geb. Truppach († 1587) mit von 16 Ahnenwappen gerahmtem Relief der Auferstehung. – An der Turmnordseite figürliche Quarzplatte für Pfarrer Georg Sparnberger

(† 1498). – An der Langhausnordseite Quarzgrabplatte für Lorenz Sparnberger († 1510) mit zwei Ehewappen übereinander.

KATZBERG Stadt Cham. *Karte 10*

Kath. Filialkirche St. Ägidius. Ehem. Schloßkapelle des 1170 erstmals genannten Edelsitzes. – Romanische Chorturmanlage aus unregelmäßigem Quadermauerwerk. 1874 wurden Brandschäden ausgebessert. Letzte Innenrenovierung 1983. – Turm mit achtseitigem Spitzhelm und gekuppelten rundbogigen Schallöffnungen, in seinem Erdgeschoß der eingezogene, quadratische Chor mit Kreuzgratgewölbe. Ein gestelzter runder Chorbogen auf Kämpfer aus Platte und Schräge leitet zum hohen, flachgedeckten Langhaus über. – Hochaltar um 1730 mit vier gewundenen Säulen, Seitenfiguren der hll. Sebastian und Rochus, nazarenisches Altarblatt hl. Ägidius. – Seitenaltäre, klassizistische Säulenretabel mit volkstümlichen Altarblättern. – Orgel zeitgleich mit dem Hochaltar. – Am linken Chorbogen Epitaph aus Solnhofer Kalkstein für den Hofmarksherrn von Katzberg, Jeremias Hoffmann († 1668).

KATZDORF Stadt Neunburg v. Wald., Kr. Schwandorf. *Karte 9*

★ **Kath. Filial- und Wallfahrtskirche St. Maria Dolorosa.** Über dem Schwarzachtal auf einem Hügelvorsprung gelegen. Auf dem von Linden umstandenen Platz vor der Kirche 15 steinerne Bildstöcke, ehemals mit Darstellungen der Rosenkranzgeheimnisse, 1. Hälfte 18. Jh. – Ein Vorgängerbau bestand vermutlich schon im 12. Jh. im Nordwesten, nahe der 1156 nachgewiesenen Burg. Die Wallfahrt zum Gnadenbild der Pietà ist 1631 bezeugt. – Der heutige Bau wurde vermutlich in den zwanziger Jahren des 18. Jh. errichtet, eine Konsekration 1725. Erneuerungen und Reparaturen im Dach- und Kuppelbereich nach einem Brand von 1754. 1934 Restaurierung, 1951 Turminstandsetzung.
Auftraggeber und Künstler dieser eigenwilligen, architekturgeschichtlich bisher wenig beachteten Wallfahrtskirche sind nicht bekannt. – Außenbau. – Der Longitudinalbau mit segmentbogigem Chorschluß und Westturm besitzt im Zentrum eine von einer Kuppel bekrönte Rotunde, die sich über die Flucht der querrechteckigen Joche von Chor und Vorraum herauswölbt; umlaufende, flache Pilastergliederung mit Kranzgesims. An der Nordseite Eingänge in die Rotunde und das westliche Vorjoch, Säulenportale mit Sprenggiebel aus Haustein. – Das Innere bestimmt der steile Rundbau, der sich in Halbkreisarkaden gegen den Chor und den westlichen Vorraum mit der Orgelempore öffnet. In der Rotunde sind die durch Pilaster mit reich profilierten Kämpferstücken gegliederten Wandvorlagen rhythmisiert und in Form gestelzter Blendbogen pendentifartig an den Kuppelrand heraufgezogen. Der Achtarkadenraum wird von einer leicht gedrückten Holzspantenkuppel überwölbt, die sich im Scheitel in eine Laterne öffnet; Anräume mit Stichkappentonnen. – Feiner Stuckdekor aus Bandel-

werk, Akanthus- und dünnen Blütenranken umschließt großflächige, möglicherweise für Bilder bestimmte Kartuschenrahmen; auf den Gebälkstücken Vasen. Über dem Chorbogen Wappen mit Katze. – Ausstattung. – Hauptaltar um 1725, Säulenaufbau aus Stuckmarmor: in der von Putten gerahmten Nische das Gnadenbild, eine bemerkenswerte spätgotische Pietà des ausgehenden 15. Jh. Im Auszug vor dem Rundfenster Dreifaltigkeitsgruppe. – Die Seitenaltäre, Holzaufbauten, in den östlichen Diagonalen der Rotunde angeordnet, besitzen Altarblätter der hll. Anna und Johannes von Nepomuk, angeblich von *Anton Merz*. – Stuckmarmorkanzel mit Aufsatzengel, um 1725. – Orgel Mitte 18. Jh., restauriert 1976. – Grabsteine. – Im westlichen Vorjoch Epitaph für Georg Christoph Zenger († 1730); im Altarraum für Klement August von Zehman auf Kaz- und Pettendorf († 1776), Maria Theresia von Zehman, geb. von Mospurger († 1758) und Johann Georg von Mospurger († 1791).

KEMNATH Kr. Tirschenreuth. *Karte 1*

1009 gelangte Kemnath als Schenkung Kaiser Heinrichs II. an das Hochstift Bamberg, das damit die Herren von Hopfenohe-Lengenfeld-Pettendorf belehnte. Nach ihrem Aussterben 1119 Übergang an die Landgrafen von Leuchtenberg, 1283 – bereits als Markt – an die Wittelsbacher. Stadtgründung wohl im 3. Viertel 14. Jh. unter dem pfälzischen Kurfürsten Ruprecht I.

Anlage, Befestigung

Kemnath liegt in einer Ebene zwischen Südausläufern des Fichtelgebirges an wichtigen Handelsstraßen. Breiter, sich auf ca. 600 m von Ost nach West ausdehnender Straßenmarkt, den beiderseits ein rasterförmiges Netz aus einer Parallel- und drei Querstraßen begleitet. Im Zuge der Stadtgründung befestigt durch einen doppelten Mauerring über annähernd rechteckigem Grundriß aus wenig sorgfältigem Bruchsteinmauerwerk. Der inneren, noch abschnittsweise erhaltenen Mauer boten acht Türme und ein vorgelagerter Zwinger mit weiteren 15 Türmen Schutz. Zusätzliche Verstärkung durch einen umlaufenden Wassergraben (bis 1801) und einen Stadtweiher im Süden. Zugänge durch das Untere Tor, den sog. Krautturm (1813 abgebrochen) im Westen, das durch den Turm der Stadtpfarrkirche führende Obere Tor im Osten und einen „Einlaß" im Norden.
Die Stadt, die ihre frühe Bedeutung der Eisenindustrie verdankt, wurde oft von Bränden heimgesucht. Als wichtigster mittelalterlicher Bau hat sich nur die Stadtpfarrkirche erhalten. Aus der Wiederaufbauphase nach 1572 stammt das ehem. kurfürstliche Kastenamt. Die übrige Bebauung erhielt – zumeist über Bausubstanz des 16. Jh. – ihr Aussehen nach den Bränden von 1848 und 1854. Die zahlreichen Verwaltungsbauten verweisen auf die einstige administrative Vorrangstellung. – Den Stadtplatz säumen zwei lange Häuserreihen mit im Ostab-

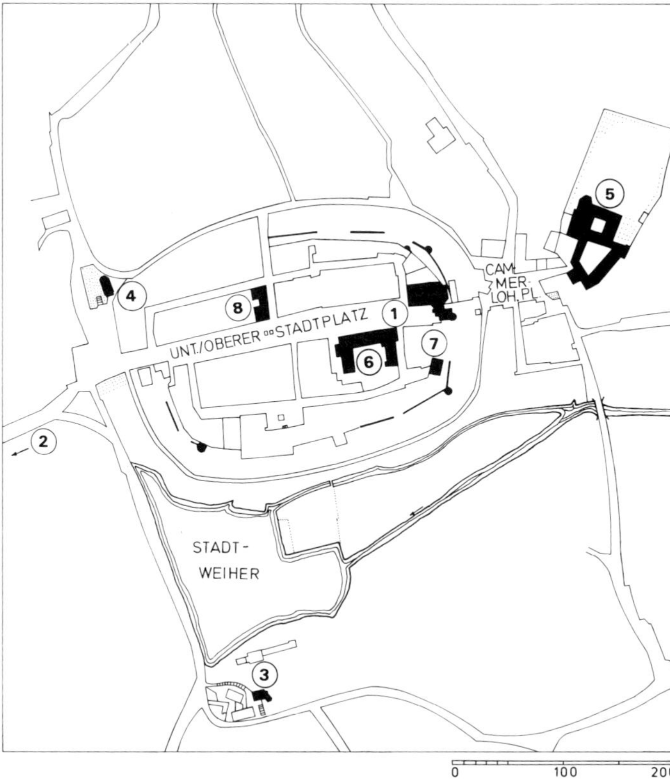

Kemnath

1 *Stadtpfarrkirche Mariä Himmelfahrt*
2 *Friedhofskirche St. Maria Magdalena*
3 *Kalvarienbergkirche zum Gekreuzigten Heiland*
4 *Grabenkapelle*
5 *Ehem. Franziskanerkloster*
6 *Ehem. kurfürstliches Kastenamt*
7 *Alte Fronfeste*
8 *Ehem. Rathaus*

schnitt meist schmalen Giebelfronten, die gelegentlich durch Treppen- und Volutengiebel aufgelockert werden. Zur Mitte hin ansteigend finden sie ihren markanten Ostabschluß in der Pfarrkirche mit ihrem hohen, zugleich als Torturm fungierenden Turm, der im Süden vom ehem. Torhaus mit Treppengiebeln (im Kern 16. Jh.) begleitet wird. – Mit der Gründung des Franziskanerklosters im 17. Jh. bildete sich östlich außerhalb der Stadtmauer ein eigener, hauptsächlich von Handwerkern bewohnter Stadtteil („Klostervorstadt") um einen annähernd sternförmigen Platz (Cammerloherplatz) heraus.

★ **Kath. Pfarrkirche Mariä Himmelfahrt.** Nach Bauinschrift wurde die Kirche 1448 auf dem Platz eines 1259 erwähnten Vorgängerbaus errichtet. Größere Reparaturen 1572 (vor allem Turm) und 1669. 1848–54 Turm erneuert, Neueindeckung 1967, Gesamtrenovierung 1973–75.
Dreiseitig geschlossene, dreischiffige Hallenkirche zu sechs Jochen. – An der südöstlichen Langhausecke der quadratische Turm, zugleich Stadtturm, mit spitzbogiger Durchfahrt und achteckigem Obergeschoß, sein Spitzhelm 1923/24. Nördlich gegenüber die im spitzen Winkel angebaute, leicht geknickt die Flucht der Chorschräge fortsetzende Sakristei mit Tonnengewölbe. Der Baukörper gegliedert durch einfache, einem Kaffgesims aufliegende Spitzbogenfenster. Westfront mit zwei spitzbogigen Seitenportalen in profilierten Gewänden, das nördliche dat. 1448; spitzbogige Figurennische. – Im Innern trennen abgefaste Spitzbogenarkaden mit Rundpfeilern, von denen die Gewölberippen absatzlos aufsteigen, die Schiffe. Zwischen eingezogenen Wandpfeilern Nischen, die dem Turm anliegende vertieft. Durchweg Kreuzrippengewölbe mit Tellerschlußsteinen, nur im nördlichen Seitenschiff als Tartschen, Rosette und Dreipaß ausgebildet. Dreischiffige, unterwölbte Westempore mit steinerner Maßwerkbrüstung und Wappen, das südliche Rautenwappen dat. 1506.
Ausstattung großenteils 2. Hälfte 17. Jh., Altäre 1963 renoviert. – Hochaltar, staatliches konkaves Säulenretabel, 1644 aufgestellt, 1690 geweiht, 1739 von Schreiner *Johann Ekhmann* in Rokokoformen überarbeitet und von *Anton Wild* gefaßt, Tabernakel 1908. Altarblatt mit Himmelfahrt Mariens von den Kemnather Malern *Johann* und *Anton Wild* 1859. Seitlich medaillonförmige Reliefs mit Heiligenbüsten. – Die östlichen Seitenaltäre um 1650, Weihe 1690: reich dekorierte Ädikula-Aufbauten mit Sprenggiebeln, nördlich mit Altarblatt Martyrium des hl. Sebastian (nach dem Bild des *Hans von Aachen* in der Münchener Michaelskirche) und Taufe Jesu im Jordan im Auszug, südlich mit Altarblatt hl. Laurentius auf dem Rost und Steinigung des hl. Stephanus im Auszug. – Nordwestlich der Kreuzaltar aus der profanierten Kemnather Franziskanerkirche. Ein das große Fenster einbeziehender, effektvoller Viersäulenaufbau des mittleren 18. Jh. Vor dem Fenster monumentale Gruppe mit Kruzifixus und Schmerzensmutter, zwischen den Säulen Johannes und Maria Magdalena. Gegenüber, in

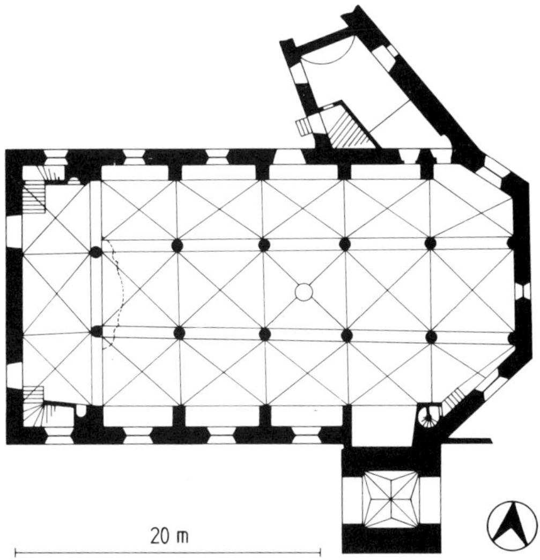

Kemnath, Pfarrkirche Mariä Himmelfahrt

entsprechenden Formen, der Kriegeraltar von 1930 mit Figurenschmuck: Pietà, hl. Georg und hl. Barbara. – Stuhlwangen mit Rokokoschnitzwerk von *Johann Ekhmann* 1753. – Christus im Kerker, südlich unter der Empore, Mitte 18. Jh. – Weitere Figuren des 17./18. Jh.: (Maria Immaculata, hl. Antonius von Padua und Anna Selbdritt (Teile 15. Jh.). – Südlich des Hochaltars prächtiges Epitaph für Christoph von Trautenberg († 1575) und seine beiden Gemahlinnen, ädikulaförmiges Sandsteinrelief, in einer Rundbogennische der vor dem Kruzifix knieende Ritter mit einem Löwen, mit Wappen der Trautenberg, Kotzau und Hirschberg.

Kath. Friedhofskirche St. Maria Magdalena. Den zwei Inschrifttafeln über dem Südportal zufolge 1604 von „*Gabriel Vischer*" und „*Sewolt Seitzen*" erbaut. 1976 außen, 1981/83 innen renoviert. – Dreiseitig geschlossener Saalbau mit östlichem Zwiebeldachreiter. Gliederung des Chores durch Spitzbogenfenster mit auf Kreise reduziertem Maßwerk; an der Kirchensüdseite ein um das Portal aufgekröpftes Kaffgesims. – Im Innern über Längsunterzug Holzfelderdecke mit farbigen geometrisierenden Ornamentmalereien, dat. 1606. – Hochaltar Mitte 18. Jh., Pietà-Gruppe im Mittelfeld, darüber Gottvater. – Orgel und

Beichtstuhl ebenfalls Mitte 18. Jh. – An der Langhausnordwand geschnitzte Ölberggruppe, 18. Jh. – Mehrere Epitaphien, vor allem des 16. Jh.

Kath. Kalvarienbergkirche zum Gekreuzigten Heiland. 1736/37 am Weiher südlich der Stadt von dem einheimischen *Lorenz Weber* als Stiftung des Adam Krauß erbaut. 1804 Säkularisation, 1832 Rückgabe an die Kirche. Außenrenovierung 1977. – Rundgeschlossener Saalbau mit Zwiebeldachreiter, Westportal und Fenster 1822 verändert. Südlich des Chors gerundeter Sakristeianbau mit Kreuzgratgewölbe. – Im Kircheninneren Tonnengewölbe mit Stichkappen. – Auf dem Hochaltar Gruppe mit Kruzifixus und den drei trauernden Marien vor dem gemalten Hintergrund der Stadt Jerusalem, 1. Hälfte 18. Jh. – An den Seitenwänden Halbfiguren der hll. Petrus und Paulus, an der Rückwand Christus an der Geißelsäule, 18. Jh.

Profanierte Wallfahrtskirche zur Schmerzhaften Muttergottes, sog. Grabenkapelle (Schützenstraße). Von hier brachen die Kemnather zur Schlacht gegen die Franzosen bei Kastl auf. – Der rundgeschlossene Saalbau mit Flachtonnengewölbe über Pilastergliederung wurde 1787 anstelle einer Feldkapelle erbaut; 1804 profaniert. – An der Südseite Epitaph der Rebecca Christopha Freiin von Podewils, geb. Freiin von Hirschberg († 1716).

Ehem. Franziskanerkloster (Klosterhofstraße 1). 1657 Gründungsgesuch, 1658 erste Besiedelung, 1660 Grundsteinlegung des Klosters, 1665 Weihe. Nach Brandkatastrophe 1758 erweiterter Wiederaufbau des Klosters. Bei der Säkularisation von 1802 Kirche profaniert, Klostergebäude privat genutzt. Kirchenrenovierung 1977–80. – Kirche. Turmloser, nach Norden gerichteter Saalbau mit eingezogenem, dreiseitig geschlossenem Chor. An der Westseite des Langhauses gerundeter Kapellenanbau. Dreiachsige Eingangsfront im Süden mit drei Korbbogenzugängen. – Klostergebäude. – Vierflügelige Klosteranlage um annähernd quadratischen Innenhof an der Ostseite der Kirche.

Ehem. kurfürstliche Kastenamt, heute Polizeigebäude (Stadtplatz 40). Die Ursprünge reichen in die Romanik zurück (1950 unterirdische Pfeilerpostamente und ein Gang aufgedeckt). Auf spätgotischen Bauteilen nach Brand von 1572 neu errichtet. Anfang 20. Jh. Abriß des südlich anschließenden Kastenstadels und Neubau des Ostflügels in Neurenaissanceformen; im Westen durch den Bau des Landratsamts (Stadtplatz 38) zur Dreiflügelanlage ergänzt. – Ostflügel mit Sandsteingliederung; Volutengiebel und Dreiseiterker, dat. 1903. – Kernbau ebenfalls mit Sandsteingewänden; über dem zweiten Fenster von Westen Kurpfalzwappen, dat. 1582, das westliche Fenstergewände mit verwitterten Löwenköpfen und Kurpfalzwappen. – Im Innern besitzt das Erdgeschoß einen Hausflur mit zweijochigem Kreuzrippengewölbe, als Schlußsteine Kurpfalzwappen, das südliche ehem. 1573 dat.

Westlich anschließend ein zweischiffiger Saal zu zwei Jochen mit Kreuzrippengewölben über rundem Mittelpfeiler; Schlußsteine mit Wappen der Kurpfalz. Im Obergeschoß kannelierte Fenstertrennsäule mit denselben Wappen, dat. 1625.

Alte Fronveste (Trautenbergstraße 36). An der 1421 fertiggestellten Stadtmauer neben dem Kastenamt errichtet. – Erste Erwähnung 1544. Neubau im 17. Jh., Renovierung 1981–84. – Dreigeschossiger Walmdachbau mit Eckquaderung und profilierten, geohrten Fensterrahmungen aus Sandstein. – Urspr. Raumdisposition noch erkennbar (Gefängniszellen in den Obergeschossen).

Amtsgericht, ehem. Rathaus (Stadtplatz 27). Als Ersatz des 1848 abgebrannten Rathauses, das inmitten des Stadtplatzes stand, 1857/59 in der nördlichen Häuserzeile von den Kemnathern *Theodor Fichtl* und *Adam Schatz* nach Plan des kgl. Bezirksbauinspektors *Zeitler* errichtet. Außenrestaurierung 1981, Sanierung des Inneren 1986. – Dreigeschossiger Bau mit reicher Sandsteingliederung in der Nachfolge *Friedrich von Gärtners:* profilierte polygonale Eckvorlagen, abschließender Zinnenkranz und auskragender Uhrenturm; Fensterrhythmus in Anlehnung an venezianische Vorbilder (wohl daher früher die Zuschreibung an einen italienischen Baumeister).

Pfarrhof-Nebengebäude (Schmidtstraße 17). Nordwestlich der Kirche liegt der Pfarrhof mit dreigeschossigem, traufseitigem Nebengebäude, das östlich mit einem Turm der Stadtmauer verbunden ist. Nach Befunduntersuchung 1982 urspr. wohl Teil der Stadtbefestigung. Im 16. Jh. Aufstockung um zwei Obergeschosse, im 18. Jh. um ein weiteres Geschoß, im 19. Jh. Umgestaltung der beiden oberen Geschosse. Instandsetzungsmaßnahmen 1985–87. – Im dritten Obergeschoß Tür in Renaissance-Formen mit seitlichen Hermenpilastern, dat. 1682.

Bürgerliche Bauten. Trautenbergstraße 8 und 10, „Weißbräuhaus", Giebelbau mit zwei Aufzugsöffnungen und Inschrifttafel, dat. 1677. – Am Stadtrand Scheunenanlagen der 1. Hälfte 19. Jh. Am langen Steg und in der Badstraße/Schulstraße: geschlossene Reihen meist traufständiger Sandsteinbauten (häufig Quadermauerwerk) mit großen Segmentbogeneinfahrten.
In der Mitte des Stadtplatzes **Säulenbildstock** mit hl. Sebastian und Chronogramm 1714; ein weiterer Bildstock mit hl. Primianus von 1695 auf dem Primianusplatz.

KEMNATHEN

Markt Breitenbrunn, Kr. Neumarkt i. d. Opf. *Karte 8*

Kath. Pfarrkirche St. Walburga. Die nach Norden gerichtete Kirche unter Verwendung des romanischen Ostturms – urspr. ein Chorturm – 1632–33 erbaut. Nach Brand von 1636 erst im 18. Jh. durch die

Reichsgräfin Tilly wiederaufgebaut, Neuweihe 1740. Renovierung und Erweiterung 1960, Restaurierung 1983/84. – Turm mit Achteckaufsatz, ausschwingendem Spitzhelm und Laterne, in seinem jetzt als Seitenkapelle verwendeten Erdgeschoß ein Tonnengewölbe, an der Nordseite gotische Sakramentsnische aus Sandstein. Im eingezogenen, halbrund geschlossenen Chor ebenso wie im Schiff eine Flachdecke. – Deckenbilder mit Szenen aus dem Leben der hl. Walburga, angeblich von dem Eichstätter Hofmaler *Johann Michael Franz* (2. Hälfte 18. Jh.), 1899 übergangen. – Ausstattung 1. Viertel 18. Jh. Viersäuliger Hochaltar mit Rokokofigur der hl. Walburga in Mittelnische, Seitenfiguren der hll. Petrus und Paulus, im Auszug Dreifaltigkeitsgruppe. – Zweisäulige Seitenaltäre mit erneuerten Altarblättern.

KIRCHBERG Markt Regenstauf, Kr. Regensburg. *Karte 9*

Kath. Pfarrkirche Mariä Himmelfahrt. Neubau von 1769, Weihe 1788, Chor und Turm mit gotischer Bausubstanz. Innenrenovierung 1990/91. – Saalbau mit eingezogenem, dreiseitig geschlossenem Chor. Turm im südlichen Chorwinkel mit Spitzhelm über Dreiecksgiebeln. – Durchweg im Scheitel flaches Tonnengewölbe mit Stichkappen, korinthische Pilaster; im Langhaus, dessen Ecken ausgerundet sind, gekuppelt. In Stuckrahmen barockisierende Deckenfresken, bez. *J(osef) Wittmann* 1939: Krönung Mariens, darunter der hl. Franziskus. – Ausstattung. – Hochaltar mit gewundenen und glatten Säulen sowie Nischenfigur der Muttergottes, ebenso wie der nördliche Seitenaltar in Rokokoform. Südlicher Seitenaltar um 1680, Retabel mit vier gewundenen Säulen, das 1787 dat. Wappen der Schneid weist auf einen späteren Ankauf hin. – Spätgotischer Granittaufstein mit rundem Becken. – Kanzel und Gestühl mit Rocailledekor, Chorstuhl mit Wappen der Schneid. – Grabdenkmäler des ortsansässigen Adels, u. a. im Langhaus für die Kleinkinder Hans Christoph († 1588) und Georg Theodor († 1589), Freiherrn von Stauf zu Ehrenfels. Die Solnhofer Steinplatte zeigt die beiden Kinder im Totenhemd, umgeben von ihren Ahnenwappen. Im Chor Grabplatte für einen Pfarrer († 1340). – Im Friedhof Gruft der Grafen von Drechsel, ein neubarokker Tuffsteinbau, bez. 1907.

KIRCHENDEMENREUTH
Kr. Neustadt a. d. Waldnaab. *Karte 2*

★ **Kath. Pfarrkirche St. Johannes Bapt.** Romanischer Turmunterbau, Langhaus und Turmausbau 1709. – Chorturmkirche, seltenes und eindrucksvolles Beispiel eines ländlichen Barocksaals mit bemalter Holzfelderdecke und Empore. Eingezogener, quadratischer Chor mit barockem Kreuzgratgewölbe. Der Gemeinderaum breit und niedrig, an den Wänden Doppelpilaster. – Der Holzplafond, bez. 1717 mit lateinischer Inschrift, zeigt entlang der Mittelachse großfigurige Bildfelder in marmorierter Rahmung: hl. Veronika, Engel mit den Leidenswerkzeugen, Taufe Christi, Krönung Mariens, die hll. Johannes Ev. und Maria, hl. Franziskus, hl. Michael, Jüngstes Gericht. Seitlich Felder mit kräftigem Grotesken- und Rankenwerk. – An der Emporenbrüstung acht Halbfigurenbilder von Heiligen in antikisierender Manier. – Ausstattung. – Hochaltar 1755 von dem Amberger Bildhauer *Xaver Joachim Schlott*, laut lokaler Überlieferung aus der Wallfahrtskirche auf dem ▷ Barbaraberg bei Speinshart. Kleinteiliger Rokoko-Aufbau, im Zentrum unter geraffter Baldachindraperie Pietà, seitlich Engelhermen, darunter hl. Joachim und hl. Anna. Die spätgotische Figur des hl. Johannes Bapt. links und die barocke Figur des hl. Johannes von Nepomuk erst später angefügt. – Seitenaltäre Ende 17. Jh. Im nördlichen Aufbau spätgotische, barock veränderte Madonnenfigur, südlich Altarblatt hl. Sebastian, bez. „*M. F.* pinxit 1707". – Der Kreuzweg ist eine moderne Kopie nach einem Original der ausgehenden 18. Jh. – An der Südwand auf der Empore Pestvotivbild mit Ansicht von Kirchendemenreuth, drei Inschriften von Pestzeiten 1635, 1742 und 1832.

KIRCHENROHRBACH Gem. Walderbach, Kr. Cham. *Karte 10*

Der Ort gehörte urspr. zum Königsgut Nittenau, das Heinrich II. 1007 dem Hochstift Bamberg schenkte. 1424 wurde das Dorf, 1466 die Pfarrei dem Kloster Walderbach inkorporiert.

Kath. Filialkirche St. Maria Magdalena. 1749 ff. unter Beibehaltung des mittelalterlichen Turmuntergeschosses errichtet. Restaurierung 1983. – Nach Norden gerichteter Saalbau mit schwach eingezogenem Rechteckchor und Altarapsis. Turm mit Glockendach an der östlichen Langhausseite. – Im Inneren Tonnengewölbe mit Stichkappen, Wandgliederung durch Pilaster, die Langhausecken ausgerundet. – Deckengemälde des 18. Jh., 1960 freigelegt: im Langhaus hl. Maria Magdalena salbt Christus die Füße, im Chor das Abendmahl.

Ausstattung. – Drei Altäre der 2. Hälfte des 18. Jh., Hochaltar mit Rokokodekor. Der Apsis mit großem Fresko der hl. Maria Magdalena als Büßerin eingepaßt die vier Säulen, zwischen denen die Apostelfürsten stehen. Zweisäulige Seitenaltäre mit frühklassizistischer Ornamentik und Heiligenbüsten; links Altarblatt hl. Florian über Kloster Walderbach, rechts hl. Wendelin. In den Längswänden segmentförmige, illusionistisch ausgemalte Nischen; links Wiesheiland und volkstümliche Heiligenfiguren; rechts mit kleinem, viersäuligem Marienaltar der Skapulierbruderschaft, 1. Hälfte 18. Jh. (restauriert 1979). – Rokokokanzel mit hl. Paulus als Bekrönung. – Chorgestühl Rokoko, die Füllungen bemalt mit durch Sinnsprüche erläuterten Bilderfolgen, Blumen- und Früchtestilleben (verblaßt), Inschriften von Ortshonoratioren, dat. 1750 und 1754. – Orgelprospekt wohl um 1740.

KIRCHENTHUMBACH Kr. Neustadt a.d. Waldnaab. *Karte 4*

Wallfahrtskirche Maria-Zell. Erbaut 1714 als Kapelle, 1756 Neubau der Kirche, renoviert 1958. Die Gründungsgeschichte dargestellt auf einem Votivbild im Altarraum neben der Kanzel. – Auf einem Hügel oberhalb des Ortes gelegen. Als Zugang eine Lindenallee mit Kreuzwegstationen, Eisengußreliefs, Ende 19. Jh. – Nach Süden gerichteter, rechteckiger Saalbau mit ausgerundeten Ecken; verschindelter Zwiebeldachreiter von 1958. – Flachdecke mit Hohlkehle, Deckenmalereien von 1937, bez. *Wittmann.* – Hochaltar von dem Kemnather Schreiner *Eckmann.* Stattlicher Rokoko-Aufbau mit zwei Säulen und seitlichem Schweifwerk. Das Altarblatt ist, entsprechend dem Gelöbnis, ein Bild der frühgotischen Schnitzfigur aus der Wallfahrtskirche Maria-Zell in der Steiermark. – Kanzel und Beichtstühle des mittleren 18. Jh.

Handwerksbetriebe am Marktplatz: ehem. Bäckerei (Nr. 8), ein Traufseitbau um 1871 mit klassizistischer Fassadengliederung; ehem. Färberhaus (Nr. 30), zweigeschossiger Bau mit vorgezogenem Schopfwalm über Pilastern mit Volutenkonsolen, spätbarocke Gliederung, Fassadenfigur des hl. Johannes von Nepomuk.
Vor der neuen Pfarrkirche **Marienstatue,** farbig gefaßter Sandstein bez. 1719 M. A. N. P. K. T.

KLAPFENBERG Stadt Parsberg, Kr. Neumarkt i.d. Opf. *Karte 8*

Kath. Pfarrkirche St. Martin. Chorturmanlage des mittleren 14. Jh., im 17. Jh. verändert, 1731 Ausbau des Turms, 1883 nach Westen verlängert. Renovierung 1975. – Turm mit pilastergegliedertem Oktogonaufsatz und Zwiebeldach. Im eingezogenen, rechteckigen Chor Gewölbe mit derben, abgefasten Kreuzrippen über Schildkonsolen, als Schlußstein Scheibe mit Kugel (wohl heraldisch zu deuten); an der Ostwand ein Sakramentshäuschen mit dem gleichen Ornament, 2. Hälfte 14. Jh. Die Chorflanken durch unterschiedlich tiefe Spitzbogenblenden gegliedert. – Im Langhaus Flachdecke über Hohlkehle, Deckenbild erneuert. – Hochaltar um 1730, sechssäuliges Retabel mit Seitenfiguren der hll. Franz Xaver, Johannes von Nepomuk, Rochus und Wendelin. Seitenaltäre des frühen 18. Jh. mit gedrehten, rosenumrankten Säulen, reichem Akanthuswerk und Nischenfiguren links: Immaculata, rechts hl. Joseph, im Auszug hl. Sebastian. – Taufstein mit rundem Becken auf oktogonalem Pfeiler, Kalkstein, 15. Jh. – Stuhlwangen in Rokokoformen. – An der Südwand eine expressive Kreuzgruppe des 18. Jh.

KLEINALFALTERBACH
Gem. Deining, Kr. Neumarkt i.d. Opf. *Karte 7*

Kath. Filialkirche St. Andreas. 1739 Kirchenneubau, Weihe 1747; 1977 außen, 1980/81 innen restauriert. – Flachgedeckter Saalbau mit eingezogenem, dreiseitig geschlossenem Chor, der von einer Stichkappentonne überwölbt wird. Turm an der Chornordseite mit Achteckaufsatz und Zwiebeldach. – Gliederung der Schiffswände durch Doppelpilaster, großes Deckenbild, Martyrium des hl. Andreas, von *Georg Lang* 1885. – Ausstattung. – Hochaltar wohl um 1740, Viersäulenaufbau mit Seitenfiguren der hll. Johannes von Nepomuk und Franz Xaver; Altarblatt; Glorie des hl. Andreas. – Seitenaltäre mit gewundenen Weinlaubsäulen um 1700 (1702 sind Faßarbeiten von *Georg Asam* bezeugt), frühklassizistisch überarbeitet. Altarblätter 1762 von *Johann Georg Haemerl*, Velburg (sig. und dat.): links hl. Familie, rechts hl. Johannes von Nepomuk, als Auszüge akanthusgerahmte Medaillonbilder, links mit Nachbildung des Innsbrucker Maria-Hilf-Bilds. – Figuren im Chor: links Anna Selbdritt, rechts hl. Joseph, wohl 2. Hälfte 17. Jh.

KNEITING Gem. Pettendorf, Kr. Regensburg. *Karte 13*

Kath. Kirche St. Peter und Paul. Anlage des 17. Jh., mit dreiseitigem Chorschluß, einschiffiges Langhaus, der Westturm neu. – Der Hochaltar stammt aus dem Regensburger Dom, wohl 2. Hälfte 18. Jh., Schnitzfiguren des hll. Petrus und Paulus mit fein gezeichneten Gesichtern, Altarblatt: Abschied Petri und Pauli.

Ehem. Wallfahrtskirche Unserer Lieben Frau. Einfache spätgotische Kapelle mit eingezogenem dreiseitig geschlossenem Chor, flachgedeckt wie auch das Langhaus. Spitzbogenfenster mit einfachem Maßwerk. Spitzbogiges Portal an der Südseite; Dachreiter im Osten. – Der spätgotische Flügelaltar, 1506 aufgestellt, zählt zu den Hauptwerken der Regensburger Schnitzkunst, allerdings seit der Restaurierung 1959/60 durch eine neue Fassung beeinträchtigt (abgenommen damals auch die Beschriftung und der Brokathintergrund des 19. Jh.). Dreifigurenschrein mit beweglichen Flügeln, die an der Feiertagsseite große Reliefs haben: in der Mitte Muttergottes und die hll. Katharina und Barbara, Figuren mit schmalem röhrenförmigen Körper, langem Hals und eiförmiger Kopfform, charakteristisch die anliegenden, tief gefurchten Gewänder mit eingeschlagenen Faltenbäuschen und -zipfeln, spitze Faltenmotive, die zu knittern beginnen. Die seitlichen Reliefs stellen die Geburt Christi und den Tod Mariens dar. Die Außenseiten sind bemalt mit Verkündigungsengel und Maria; auf den feststehenden Seitenteilen die hll. Urban und Wolfgang. In der Predella Anbetung der Könige, die Flügel bemalt mit Heiligen.

KÖFERING Kr. Regensburg. *Karte 14*

Kath. Pfarrkirche St. Michael. 1717 im Auftrag von Franz Adam Graf von Lerchenfeld mit einer Begräbniskapelle erbaut; von der 1618 errichteten Vorgängerkirche blieb nur der Westturm erhalten mit achtekkigem Obergeschoß und Zwiebelhaube. Schlichter Saalbau mit eingezogenem, dreiseitig schließendem Chor und Doppelempore im Westen, Spiegelgewölbe mit Stuckfelderung. Anläßlich einer Renovierung der sechziger Jahre wurde die Ausstattung des 19. Jh. verbannt, die nordseitig an das Langhaus anschließende Grabkapelle zweckentfremdet, der Zugang durch einen Beichtstuhl verstellt und die Familiengruft ★ vermauert. Ausstattung. – Im Chor bedeutendes Tafelbild, eine Stiftung des Grafen Maximilian von Lerchenfeld († 1859), das als Werk des ausgehenden 15. Jh. dem Kreis um den Augsburger ‚*Meister von 1477*' zugeschrieben wird: Christus am Kreuz zwischen Maria und Johannes vor einer Landschaft, seitlich Stifter aus den Augsburger Patrizierfamilien Lieber-Illsung. – Taufstein des 17. Jh. – Eisengitter um 1718. – Grabdenkmäler der seit 1569 ortsansässigen Familie von Lerchenfeld; im Chor ein Kalksteinepitaph für den Kirchenstifer († 1734); an der Südwand bemerkenswertes Epitaph für Kaspar von Lerchenfeld († 1598) mit Relief der Familie vor dem Kreuz; gegenüber im gleichen Typus das Epitaph für Kaspar Sigmund von Lerchenfeld († 1619); an der Südwand Grabplatte für Ludwig Graf von Lerchenfeld († 1907).

Schloß. Die mittelalterliche Festung des seit dem 13. Jh. nachweisbaren Geschlechts der Köferinger wurde 1491 durch Herzog Albrecht weitgehend zerstört. Seit 1569 ist Köfering im Besitz der Familie Lerchenfeld, die 1690 in den Reichsgrafenstand erhoben wurde. – Die Bauentwicklung des heutigen Schlosses ist wenig erforscht. *Michael Wening* überliefert, das alte Schloß sei im Dreißigjährigen Krieg ‚verderbt' worden. Bis etwa 1720 entstand eine barocke Hofanlage mit Garten und Pavillon im Osten, und Kirche im Westen außerhalb des umlaufenden Grabens und der weitläufigen Ummauerung mit Zugang von Norden. Abgebildet bei *Wening*, jedoch vermutlich nicht in allen Teilen so ausgeführt. Veränderungen seit dem ausgehenden 18. Jh., vor allem in der Zeit der Jahrhundertwende betrafen vor allem Erschließungsanlagen und Raumgestaltung; u. a. wurde die Hauskapelle aus dem Obergeschoß in das Erdgeschoß des Torbaus verlegt und durch eine Bibliothek ersetzt. Umfassende Restaurierung begannen 1981, Außenanstrich an der Fassung des 19. Jh. orientiert.
Stattliche asymmetrische Dreiflügelanlage umgeben von gefluteten Wassergräben. Kernbau ist das auf mittelalterlichen Umfassungsmauern über geschalten Tonnengewölben errichtete Torhaus, dreigeschossig mit Mansarddach und Zwerchhaus. Westlich schließt sich der Hauptflügel an, im rechten Winkel dazu der Westflügel mit zwei Eckrisaliten; im Süden, möglicherweise auf alten Grundmauern, der ehem. Marstall mit Zwerchhaus. Zum Hof dreiseitig Pfeilerarkadengänge, z.T. zugesetzt. – Das Erdgeschoß ist nahezu durchgängig gewölbt. Die innere Anordnung mit Enfilade auf der Feldseite und gegen den Hof vorgesetztem Gang. Bemerkenswerte Innenräume im Torhaus, das 1. Obergeschoß geprägt von Dekoration und Einbauten des frühen 20. Jh. mit Resten barocker und klassizistischer Gestaltung, darüber die repräsentativen Räume mit Stuckdecken der Erbauungszeit um 1720/30, Vertäfelung und bemerkenswerter Ofen in Empireformen. Seit 1985 Vorbereitung einer Restaurierung mit Dokumentation. Im

„Weißen Saal", dem über die ganze Tiefe des Torbaus sich erstreckenden Festsaal ungewohnter Deckenstuck, der in einigen Régencemotiven Zusammenhänge mit ▷ Pielenhofen aufweist. Frühklassizistische Wandpaneele, steinerne Kaminrahmung, Intarsienparkett. – Gartenpavillon, rechteckiger, nach Osten zum Garten hin geöffneter Saal mit Flachdecke über Hohlkehle, an den Wänden reiche Stuckdekoration, Neurokoko.

Ehem. Pfarrhof (Gebelkofenerstr. 1). Stattliches Mansarddachhaus von 1780 mit Scheune, einem Ständerbau auf Steinsockel.

KÖNIGSTEIN Kr. Amberg-Sulzbach. *Karte 4*

Ev. Pfarrkirche St. Georg. 1785/86 erbaute Maurermeister *Franz Ignaz Himbsel* die gegen Süden gerichtete Kirche unter Beibehaltung des aus dem 15. Jh. stammenden Ostturms. Außenrenovierung 1984. – Saalbau mit eingezogenem, dreiseitig geschlossenem Chor. Im Turm mit eingezogener Laternenzwiebelhaube der urspr. Chor, heute Sakristei; Kreuzrippengewölbe mit Christuskopf als Schlußstein; an den Rippen Reliefs: Engel mit Leidenswerkzeugen. – Hölzerne zweigeschossige Empore mit klassizistischer Bemalung. – Hochaltar mit vier gewundenen Säulen mit Akanthusschnitzwerk, 1693, angeblich 1787 von den Auerbachern erworben. – Die Seitenaltäre, 1710–15 von *Johann Michael Doser* ausgeführte Aufbauten aus Akanthusranken samt Muttergottesfigur (nürnbergisch um 1470) inzwischen in der 1965 neu errichteten kath. Pfarrkirche St. Michael aufgestellt. – An der Langhauswestwand Doppelgrabmal für Katharina und Balthasar von Breitenstein († 1594), beide mit dem figürlichen Relief der Verstorbenen.

Ehem. Schloß (Schlossgasse 12, 13). Um 1130 wurde ein Mitglied des wenig später erloschenen Geschlechts der Königsteiner erwähnt, dann wechselnde Besitzer. – Die in das 16. Jh. zurückgehenden, durch einen gewölbten Torweg verbundenen Schloßgebäude erheben sich westlich über der Kirche und sind zwischen zwei steilaufragenden, mit spärlichen Mauerresten der mittelalterlichen Burg bedeckten Felsen zugänglich.

Ehem. Rotgerberhaus, seit 1989 Rathaus und Gemeindebibliothek (Oberer Markt 20). Wohl noch im 16. Jh. als bruchsteingemauerters Malzhaus zum gegenüberliegenden, 1972 abgerissenen herzoglichen Weißbrauhaus errichtet, 1801 an Rotgerber verkauft. Um 1720/21 um ein ziegelgemauertes Obergeschoß aufgestockt, weitere Umbauten infolge Besitzer- und Funktionswechsels: um 1744 (zweischiffige, Eingangshalle zu fünf Jochen, Sandsteingewände), um 1773 (u.a. Stuckdecke im Obergeschoß, 1888. Eine umfassende Instandsetzung 1989 abgeschlossen. – Zweigeschossiger Walmdachbau mit profilierten Steingewänden.

KÖSSING

Stadt Vohenstrauß, Kr. Neustadt a. d. Waldnaab. *Karte 6*

Kath. Filialkirche St. Peter und Paul. Saalbau des 18. Jh. – An der Nordseite des eingezogenen, dreiseitig geschlossenen Chors Turm mit achteckigen Obergeschossen und Spitzhelm der 2. Hälfte 19. Jh. Der Unterbau des Chors geht auf eine gotische Kapelle zurück; eine Bauinschrift „HPR 1667". – Im Erdgeschoß des Turms Kappengewölbe über Konsolen. Im Chor Spiegeldecke, Schiff mit Flachdecke über Hohlkehle, Rahmenstuck. – Rokoko-Altar wohl gegen Mitte 18. Jh., ein Säulen-Pilaster-Retabel mit nazarenischem Altarblatt und weißgold gefaßten Seitenfiguren. Aus der gleichen Zeit die Kanzel.

KÖTZTING Kr. Cham. *Karte 11*

Grundbesitz des Klosters Rott am Inn seit dessen Gründung in der 2. Hälfte des 11. Jh. bis 1614. Seit Ende 12. Jh. Sitz der „Chostinger", Ministerialien der Grafen von Cham. 1204 Übergang an die Wittelsbacher. Marktrechte wahrscheinlich nach 1255 verliehen, 1344 durch Kaiser Ludwig den Bayern erneuert und später mehrmals bestätigt. Verwüstungen durch Kriege und schwere Brände, besonders häufig in der 2. Hälfte des 19. Jh. 1953 Stadterhebung, bis 1972 niederbayerische Kreisstadt. – Der Kötztinger Pfingstritt, eine Bittprozession zu Pferd, seit 1412 nachweisbar.

Stadtanlage

Die bürgerliche Ansiedlung nahm ihren Ausgang wohl am Fuß der auf einer Anhöhe über dem Weißen Regen situierten Kirchenburg. Nördlich, auf der Ostseite der Herrenstraße, liegt der Bereich des 1803 aufgehobenen Priorats des Klosters Rott am Inn, dessen Hauptgebäude, 1913 durch einen Neubarockbau ersetzt, später als Landgericht, Bezirks- und Landratsamt, seit 1972 als „neues Rathaus" dient; südlich daneben das 1871–73 in spätklassizistischen Formen errichtete Amtsgericht. Nach Norden stellt die Herrenstraße die Verbindung zum gebogenen, planmäßig angelegten Straßenmarkt her, der zum nordwestlichen Gegenpol, der Marktkirche St. Veit, ansteigt. Die Marktstraße, die sich zur Veitskirche hin platzartig verbreitert, wird an ihrer Biegung durch das Alte Rathaus mit markantem Zwiebelturm akzentuiert. – Im Zuge des Aufschwungs der fünfziger Jahre und des Fremdenverkehrs rege Bautätigkeit, die das Stadtbild entscheiden prägte.

★ **Kirchenburg.** Beispielhaft für die Grenzbefestigungen dieser Gegend. Die Wehranlage setzt sich aus befestigtem Friedhof, Schloß und zentral gelegener Kirche zusammen. Die Ansicht von Südosten mit „Hungerturm", Ringmauer, Annakapelle und Pfarrkirche ist noch heute – über den modernen Kindergartenbau hinweg – eindrucksvoll. – Das Schloß war von etwa 1200 an Sitz der Herren von Cho-

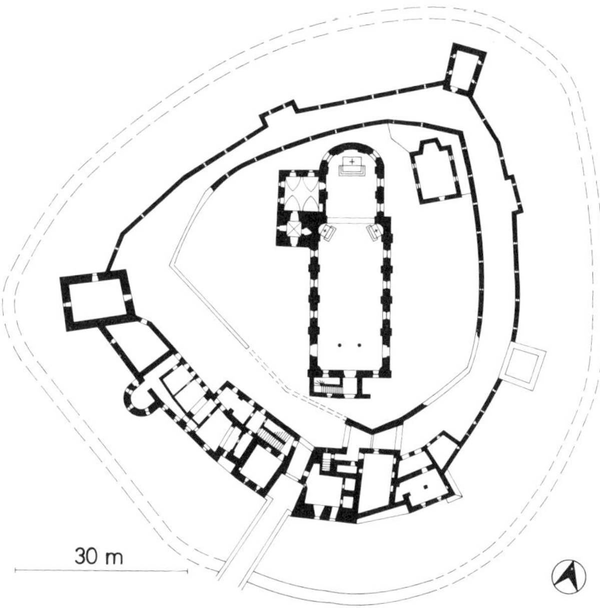

Kötzting, Ehem. Kirchenburg

stingen, seit 1361 herzogliches Pflegeamt. 1459 auf älteren Fundamenten erneuert, 1581 ausgebaut, 1698 umgestaltet. Seit 1805 Pfarrhof, später auch Pfarrheim. Letzte Renovierung 1977.
Die ovale Gesamtanlage im 15. Jh. durch inneren Befestigungsring, Graben und heute größtenteils abgetragene äußere Mauer geschützt. Zugang von Norden, urspr. durch ein unterirdisch mit dem Schloß verbundenes Vorwerk und eine Zugbrücke über den großenteils eingeebneten Graben. Der innere Bering aus doppelter, stellenweise quaderartig zugerichteter Bruchsteinmauer mit Zwinger großenteils erhalten. An der Südostecke quadratischer, etwa 6 m hoher Walmdachturm aus Gneisbruchstein, südwestlich rechteckiger Turmstumpf. – Das ehem. Schloß setzt im Nordwesten als Wehrwohnbau den inneren Bering fort. Unregelmäßiger, mehrfach gebrochener Gebäudezug mit zwei Obergeschossen, gegen Norden durch turmartigen Querbau abschließend, ein Halbrundturm an der nördlichen Außenseite. Im westlichen

Drittel durch tonnengewölbten Tordurchgang geteilt. Beiderseits des Tores Schlüsselscharten, nördlich Stein, dat. 1459.

Kath. Pfarrkirche Mariä Himmelfahrt. Die bis zur Säkularisation dem Kloster Rott am Inn inkorporierte Pfarrei wurde 1805 selbständig. – Das Langhaus der 1179 erstmals erwähnten, mehrmals zerstörten Kirche 1737/38 erweitert, 1766–69 Neubau von Chor und Turm. Letzte Renovierung innen 1979, außen 1987. – Saalbau mit eingezogenem, halbrund geschlossenem Chor. An der Nordseite Turm mit Zwiebelhaube und Laterne. – Außenbau in rot konturierter Felderfassung, das Langhaus durch kräftige Pilaster gegliedert. – Im Langhaus Stichkappen-Tonnengewölbe mit geschweiftem Rahmenstuck, Wandgliederung durch toskanische Doppelpilaster. – Deckenfresken um 1928 mit Ereignissen aus der lokalen Kirchengeschichte und Motiven aus dem Pfingstritt (urspr. Ausmalung um 1769 durch *Otto Gebhard* und dessen Sohn).
Anspruchsvolle Ausstattung. Altäre 1770–72 nach Rissen von *Christian Jorhan d. Ä.* Hochaltar, viersäuliger Rokoko-Aufbau mit Altarteilen von 1739, 1786 von dem Kötztinger *Martin Joseph Hueber* gefaßt, 1890 und 1913 kleinere Ergänzungen. Im Mittelfeld von Engeln gehaltener Schrein mit kleiner frühbarocker Figur der Muttergottes, Seitenfiguren der hll. Nikolaus und Wolfgang. – Die Seitenaltäre von Schreiner *Fischer* aus Furth. Altarblätter von *Franz Anton Rauscher* aus Aicha: links büßende Maria Magdalena, rechts hl. Sebastian. Kapriziös bewegte Seitenfiguren von *Jorhan,* links hl. Barbara und hl. Thekla, rechts hl. Rochus und Wetterheiliger. – Taufstein aus Granit um 1200, das Becken mit geometrischem Ritzmuster verziert; abgesetzte Sockelbasis mit Eckspornen. – Kanzel 1730, Rückwand-Relief mit Gutem Hirten wohl von *Johannes Paul Hager.* – Orgelprospekt und Beichtstühle um 1730/40. – An den Langhauswänden Figuren von *Hager:* hl. Michael, hl. Judas Thaddäus (Sockel 1738 dat.), hl. Florian (Sockel 1740 dat.), hl. Johannes von Nepomuk (Sockel 1733 dat.). Kreuzwegbilder von *Heinrich Oesterer* 1878. – In der nördlichen Vorhalle Bruder-Konrad-Bild von *Berta Hummel,* 1932. – Epitaphien aus Rotmarmor: an der nördlichen Außenwand figürliche Platte für Georg von Nußdorf zu Neuennußberg († 1570) in voller Rüstung; für den Pfleger Romanus von Hochholting und seiner Gemahlin Agnes von Weittingen († 1603) mit Ehewappen sowie für den Pfleger Hans Jakob von Aham auf Lichteneck und Wildenau († 1608). – Im Pfarrhof Kreuz einer Kasel, Seidenstickerei, Mitte 15. Jh.: Astkreuz mit Christus, zu seinen Füßen hl. Benedikt.

Kath. Kapelle St. Anna, ehem. Friedhofskapelle. 1590 als der hl. Katharina geweihte Kapelle erstmals erwähnt, 1665 bereits das Anna-Patrozinium bezeugt. Kurz vor 1689 Neubau unter Verwendung älterer Mauerteile. – Analog der Pfarrkirche gefaßter Saalbau mit polygonalem, zwiebelbekröntem Giebelturm und trapezförmiger, kreuzgratgewölbter Chornische; Holzfederdecke mit Rosetten wie die Empore

1690 von dem Kötztinger Schreiner *Imerl.* – Ausstattung. – Hochaltar mit Knorpeldekor, 1664 von dem Kötztinger Bürger Hans Raith gestiftet. In der mit Stifterinschrift versehenen Muschelnische bemerkenswerte Figur der Anna Selbdritt, 1. Viertel 16. Jh. Antependium Frührokoko, mit Emmausbild von *Franz Amerling* 1946. – Seitenaltäre 1689 von einem Lamer Schreiner. Zwischen gedrehten Weinrebensäulen Altarblätter von *Martin Joseph Hueber* 1689, der auch die Fassung besorgte, links Schutzengel, über dem die Rotter Klosterheiligen Marinus und Anianus zusammen mit den hll. Benedikt und Scholastika der Marienkrönung beiwohnen, rechts hl. Antonius von Padua, (sign. und dat.). – Im südlichen Anbau von 1790 Granit-Taufstein des 13. Jh., 1979 unter dem Fußboden der Pfarrkirche entdeckt. Abgeriebene Reliefs mit streng frontalen Apostelköpfen zwischen sphärischen Dreipässen. – An den Wänden zahlreiche Kalkstein-Grabplatten, überwiegend 18. Jh.: u.a. eine für den kurfürstlichen Gerichtsschreiber und Rottischen Propsteiverwalter Simon Schirmkhover († 1695), mit Wappen und Meistersignatur des einheimischen Bildhauers und Malers *Johann Joachim Khaltenbacher;* daneben Epitaph mit Relief des Gekreuzigten und der betenden Familie der verstorbenen Pflegersgattin Katharina Simerl († 1574). An der Nordwand Sammelgrabplatte der hier verstorbenen Seelsorger des Klosters Rott am Inn.
Vor der Kirche Säulenbildstock aus Granit mit Immaculata, bzw. IBF (wahrscheinlich *Johann Baptist Fabrici*) 1774.

Kath. Kirche St. Veit. Vorgänger 1633 zerstört, Wiederaufbau ab 1645, Chor und Turm 1696 erneuert. Letzte Renovierung 1987. – An der zum Marktplatz gewandten Chorstirnfront Außenaltar mit Steinmensa und Fresko, beide erneuert, sowie kräftige Ädikularahmung, dat. 1696, mit Tafelbild der Schutzmantelmadonna, 1733 von *Georg Joseph Hueber* neu gemalt, mehrmals renoviert; darüber Giebelturm mit oktogonalem Obergeschoß und Spitzhelm über Dreiecksgiebeln (nach dem Brand von 1867 als Ersatz für die urspr. Zwiebelhaube). – Leicht eingezogener, dreiseitig geschlossener Chor mit Stichkappentonne über Pilastern, im Langhaus eine Flachdecke. – Ausstattung. – Hochaltar, schwarz-gold gefaßter Aufbau mit rotmarmorierten, gewundenen und glatten Säulen, 1696 von *Leonhard Weingarttner* aus Runding, 1698 von dem Kötztinger *Martin Joseph Hueber* gefaßt. Altarblatt, h. Sebastian, 1645 von *Johann Egerdacher* aus Pilsen, 1871 von *Heinrich Oesterer* aus Kötzting erneuert. – Links vom Chorbogen gotisierender Kruzifixus, 1698 von *Hueber* restauriert, mit elegant bewegten Assistenzfiguren, Rokoko. – Rechts vom Chorbogen beachtenswerte Pietà-Gruppe, wohl Anfang 18. Jh.

Rathaus. Wohl in das Spätmittelalter zurückgehende Anlage des 18. Jh., Umbau 1939/40, Sanierung 1983. – Zweigeschossiger Bau mit Halbwalmdach. An der dem Marktplatz zugewandten nördlichen Traufseite Turm mit achteckigem Obergeschoß und gestrecktem Schweifhelm.

KOHLBERG Kr. Neustadt a.d. Waldnaab. *Karte 5*

Ursprung des von Köhlern gegründeten Ortes im 12. Jh., 1344 als Markt erwähnt. Große Marktbrände 1634 und 1800.

Ev. Pfarrkirche St. Nikolaus. Auf eine romanische, gotisch veränderte Chorturmkirche zurückgehend. Nach Zerstörung durch die Schweden (1636), wiederhergestellt 1642. Bis 1922 Simultankirche, 1975–77 Restaurierung. – Den langen mittelalterlichen Straßenmarkt nach Norden abschließend war die Kirche, wie in der Gegend üblich (vgl. ▷ Floß und ▷ Luhe), von einem befestigten Friedhof umgeben, von dem die rechteckige Mauerumgrenzung und ein Turm erhalten blieben. – Gedrungener Chorturm mit Zeltdach, am oberen spitzbogigen Fenster dat. 1645. Querrechteckiger, kreuzgratgewölbter Chor auf kräftigen, zur Mitte hin abgeschrägten Pfeilervorlagen. Spitzer, kämpferlos ansetzender Chorbogen. Breites, flachgedecktes Langhaus mit spitzbogigem Fenster an der Nord- und Südseite. – Ausstattung. – Rokoko-Altar von 1791, Aufbau mit locker gestellten Säulen und geschweiften Streben, seitlich Figuren der hll. Petrus und Paulus. – An der Nordwand Gemälde der Nazarenerzeit mit Anbetung des Kindes. – An der hölzernen Empore ein Bildzyklus sign. *Wilhelm Grau*, 1923: über mehrere Felder sich fortsetzende Landschaft mit biblischen Szenen.

Torturm. Im unteren Teil mittelalterliches Bruchsteinmauerwerk mit Eckquaderung, Spitzbogentor mit Sandsteingewänden, darüber Ziegelmauerwerk des 16./17. Jh. mit Blendbögen in drei Reihen übereinander an den Giebelseiten. – Ende des 18. Jh. wurde nach Süden ein Schulhaus vorgesetzt, durch das heute der Zugang zu Friedhof und Kirche führt.

Kath. Pfarrkirche Herz-Jesu. Nach Bauinschrift 1915 von *Heinrich Meckel* in neubarocken Formen errichtet. 1933 Neugestaltung des Innenraums. – Nach Westen orientierter Bau mit eingezogenem, dreiseitig geschlossenem Chor, an dessen Südseite der Turm mit reichgegliedertem Oktogon und Laternenzwiebel, 1988 nach dem urspr. Plan aufgesetzt. An den Ecken abgerundetes Querhaus. – Stichkappentonne mit neubarocken Stukkaturen und christologischen Deckenfresken. – Hochaltar, neubarocker Aufbau von dem Amberger Bildhauer *Pongratz*, 1933 umgebaut. – Die Seitenaltäre aus der ehem. Simultankirche, wohl um 1720/30, Säulen-Pilaster-Aufbauten mit seitlichen Laub- und Bandelwerkschnitzereien sowie reicher z.T. erneuerter Figurenausstattung.

KOLLERSRIED Stadt Hemau, Kr. Regensburg. *Karte 13*

Kath. Filialkirche St. Jakob. Kleine romanische Kapelle um 1200, 1626 und 1656/67 durch den Hofmarksherrn von Labrique umgestaltet. 1900 Turmanbau – Im 17. Jh. nach Norden gerichtet, Südturm mit Achteckaufsatz und Glockenhaube. Die romanische, apsidial geschlossene Kapelle bildet heute den leicht eingezogenen, querrechteckigen

Chor mit halbkreisförmiger Seitenkapelle. – Ausstattung. – Altar mit vier gewundenen Säulen, Ende 17. Jh., auf dem Gebälk Wappen der Labrique, in Mittelnische Mondsichelmadonna, um 1480. – Epitaphien des 17./18. Jh. für die Hofmarksherren, deren Schloß, ein später veränderter Halbwalmdachbau des 17. Jh., westlich neben der Kirche steht.

KONNERSREUTH Kr. Tirschenreuth. *Karte 2*

Konnersreuth, bekannt als Wohnort der stigmatisierten Therese Neumann, wird erstmals 1242 als Ministerialensitz erwähnt.

Kath. Pfarrkirche St. Laurentius. 1775–82 erbaut, Innenrenovierung 1986/87. – Saalbau mit eingezogenem, dreiseitig geschlossenem Chor. Westturm mit Zwiebelhaube und Laterne. – Tonnengewölbe mit Stichkappen und Rahmenstuck, im Langhaus sehr flach und durch Doppelgurte unterteilt; mit Doppelpilastern besetzte Wandvorlagen. Gewölbemalereien von 1912. – Spätrokoko-Ausstattung der Erbauungszeit. Viersäuliger Hochaltar mit von Engeln präsentiertem Altarblatt und Seitenfiguren der hll. Stephanus und Florian. – Achteckiges Taufbecken aus Granit in Formen der spätesten Gotik, auf dem Deckel Schnitzgruppe der Taufe Christi, Rokoko. – Stuhlwangen mit Rocailledekor. – An den Langhauswänden Heiligenfiguren des 18. und 19. Jh.
Am Benefizium (Hauptstraße 2) sog. Pestsäule. Granitbildstock mit vier Reliefs: zwei Passionsszenen, Himmelskönigin und Stifterwappen des Bäckers und Bürgermeisters Lorenz Eckhard, am Schaft Inschrift, dat. 1652.

KRAPPENHOFEN
Gem. Seubersdorf, Kr. Neumarkt i. d. Opf. *Karte 8*

Kath. Filialkirche St. Maria und Katharina. In der 1. Hälfte 18. Jh. unter Einbeziehung von Mauerteilen aus dem 16. Jh. erbaut. Inneninstandsetzung 1978. – Westturm mit Achteckaufsatz und Zwiebeldach. Im eingezogenen, dreiseitig geschlossenen Chor Stichkappentonne über kräftigen Pilastern, im Schiff Flachdecke mit großem, erneuertem Deckengemälde. – Hochaltar gegen Mitte 18. Jh., konkaves Viersäulenretabel mit Seitenfiguren der hll. Katharina und Barbara. Als Seitenaltäre konkave Pilasteraufbauten, nach Mitte 18. Jh. Sämtliche Altarblätter im Nazarenerstil erneuert.

KREUZBERG Markt Hahnbach, Kr. Amberg-Sulzbach. *Karte 4*

Kath. Nebenkirche Hl. Kreuz. 1725 errichtet, außen 1963, innen 1967 restauriert. – Flachgedeckter Saalbau mit eingezogenem, dreiseitig geschlossenem Chor, Dachreiter. Spitzbogenportal auf der Südseite. – Seitenaltäre, Kanzel und Stuhlwangen aus der Erbauungszeit.

KRONSTETTEN Stadt Schwandorf, Kr. Schwandorf. *Karte 9*

Kath. Pfarrkirche St. Johannes Bapt., ehem. Wallfahrtskirche. Umbau in der 2. Hälfte des 17. Jh. unter Beibehaltung der Umfassungsmauern einer Chorturmkirche des 13. Jh. – Rechteckiger Saalraum, der Chor durch eine eingestellte Bogenwand abgesetzt, auf der Nordseite kapellenartiger Anbau, ehem. mit Empore. Langhaus flach korbbogig überwölbt, Chor und Kapelle mit Stichkappentonnen; Rahmenstuck um 1700. Westempore. – Ausstattung. – Hauptaltar mit Säulenaufbau und Heiligenfiguren, Mitte 18. Jh. Nebenaltäre 2. Hälfte 17. Jh.; der rechte Altar mit ursprünglichem Leinwandbild: Vierzehn Nothelfer in Verehrung der Muttergottes, im Auszug Marienkrönung. – Kanzel Mitte 18. Jh., mit geschnitzten Büsten der Vier Kirchenväter, am Schalldeckel Evangelistensymbole und apokalyptisches Lamm. – In der Seitenkapelle Madonna im Rosenkranz, Anfang 18. Jh. – Gut erhaltener barocker Kreuzweg in Hinterglasmalerei, 2. Hälfte 18. Jh.

KRUMBACH Stadt Amberg, Kr. Amberg-Sulzbach. *Karte 4*

Kath. Filialkirche St. Johannes Bapt. Im Kern romanischer bzw. frühgotischer, im 17. Jh. gotisierend umgestalteter Putzbau. – Flachgedeckter Saalbau mit eingezogenem, halbrund geschlossenem Chor; spitzer Dachreiter. – Gefelderte Holzdecke. – Hochaltar in Stuckmarmor, um 1700, mit Altarblatt hl. Johannes Bapt. und Seitenfiguren der hll. Sebastian und Florian. An der Decke Rosenkranzmadonna des 18. Jh.

KRUMMENNAAB Kr. Tirschenreuth. *Karte 2*

Ev. Pfarrkirche St. Leonhard, bis 1931 Simultanpfarrkirche. Mitte 15. Jh. Gründung einer Pfarrei. 1731 Umbau unter Beibehaltung der gotischen Umfassungsmauern. Nach Brand 1832 wiederhergestellt. Innenrestaurierung 1986. – Verputzter Saalbau mit Strebepfeilern. Westturm aus Granitquadern mit achtseitigem Spitzhelm. – Eingezogener, dreiseitig geschlossener Chor mit Fürstenloge auf der Nordseite. Korbbogiges Tonnengewölbe mit Rahmenstuck, im Langhaus über ionisierender Pilastergliederung. – Ausstattung – Viersäuliger Hochaltar um 1731, Altarblatt des 19. Jh. mit Kreuzigung, das urspr. Altarblatt, Erschaffung der Welt, heute an der Chorsüdwand, Seitenfiguren der hll. Joachim und Anna. – An der Chorsüdwand Epitaph aus Quarz für Wolf Christoph von Trautenberg zu Reuth († 1597), mit 16 Ahnenwappen.

Kath. Pfarrkirche Mariä Himmelfahrt. Die achteckige Hallenkirche aus grob behauenen Granitsteinen 1931 nach Plan von *Georg Holzbauer,* München, errichtet. Im Innern freskierter Kreuzweg von *Ludwig Angerer.*

KÜMMERSBRUCK Kr. Amberg-Sulzbach. *Karte 8*

Kath. Pfarrkirche St. Antonius Abbas. Gotischer Chor, Langhaus 18. Jh. 1974 an der Nordseite mit Kirchenerweiterungsbau und Pfarrzentrum verbunden. – Saalbau mit eingezogenem Chor im 5/8-Schluß, an dessen Ostseite ein zweibahniges Maßwerkfenster. Turm mit Zwiebelhaube und Laterne an der Chornordseite. – Im Chor Kreuzrippengewölbe mit figürlichen Schlußsteinen: Rosette und Patriarchalkreuz. Im Langhaus Stichkappentonne mit Rahmenstuck über Pilastergliederung. – Ausstattung. – Drei Altäre, Säulenretabel um 1700. Hochaltar reich mit Figuren geschmückt. Tabernakel der Seitenaltäre in Rokokoformen, Altarbilder angeblich aus der Amberger Franziskanerkirche, nördliches Altarblatt Maria Immaculata, südliches hl. Anna unterrichtet Maria, *Caspar de Crayer* zugeschrieben. – Kanzel 2. Drittel 18. Jh. – Orgelgehäuse und ein Teil der Stuhlwangen 1. Viertel 18. Jh. – Reiche Skulpturenausstattung, überwiegend 18. Jh.

Ehem. Landsassengut (Dorfplatz 3). Im 12.–14. Jh. Sitz der Kümmersbrucker. – Stattlicher Satteldachbau um 1600. An der Nordseite profiliertes Rundbogenportal und Aufzugsgaube. Fensterrahmung auf der Westseite bez. 1607.

KÜRMREUTH Markt Königstein, Kr. Amberg-Sulzbach. *Karte 4*

Simultankirche St. Laurentius. Die Chorturmkirche mit ehem. befestigtem Friedhof in der Spätgotik errichtet, das Langhaus nach Bauinschrift am Vorzeichen 1786 erneuert. Letzte Instandsetzung 1972/73. – Niedriger Turm mit abgewalmtem Ostgiebel, im eingezogenen, quadratischen Chor Sterngewölbe mit ausgekehlten Rippen und Tellerschlußstein, Langhaus mit Flachdecke. – Kreuzrippengewölbte Sakristei und Vorzeichen an der Südseite der Kirche. – Hochaltar Mitte 18. Jh., Säulenaufbau mit Rokokodekor. – Dahinter Fragment einer spätgotischen Sakramentsnische mit Christuskopf unter krabbenbesetztem Kielbogen. – Kanzel um 1680, mit Rokokozutaten. – Sandstein-Grabplatten des 17. Jh. und Ölbergrelief der 2. Hälfte 15. Jh., aufgrund ihres beschädigten Zustands heute im Kircheninnern aufgestellt.

KÜRN Gem. Bernhardswald, Kr. Regensburg. *Karte 9*

Schloß. Die mittelalterliche Burg wurde im 13. Jh. zerstört, nachfolgende Anlagen 1689 und 1825. Schlichte klassizistische Vierflügelanlage um 1830, mit Walmdächern, Hauptfassade gegen Osten mit Fronton. – Großer Naturpark in südwestlicher Hanglage, einbezogen sind gewachsene Granitblöcke, reicher Buchenbestand.

KÜRNBERG Markt Stamsried, Kr. Cham. *Karte 10*

Burgruine. Nach 1354 von Dietrich dem Kürner, der sich fortan Kürner von Kürnberg nannte, auf dem Haidberg errichtet. Seit dem 15. Jh. häufiger Besitzerwechsel. Um 1633 von den Schweden zerstört. 1742 Übergang an das Regensburger Schottenkloster, nach der

Säkularisation Staatseigentum. – Die ausgedehnte, drei Burghöfe einschließende Anlage – eine der größten der Oberpfalz – liegt, mit weitem Blick auf das Umland, auf einem nach Norden und Süden steil abfallenden Bergrücken. Das aufgehende Mauerwerk aus groben Granitbruchsteinen zu großen Teilen erhalten. – Der Zugang erfolgt von Westen über einen tiefen Graben zur Vorburg mit südwestlichem Torbau und nordwestlichem Großen Batterieturm: Der noch zu vier Geschossen stehende Bau mit dichten Öffnungsreihen wohl im frühen 16. Jh. entstanden. Die östliche Umfassungsmauer des Hofes mit zwei Halbschalentürmen im Norden und weiterem Torweg, der zum inneren Burghof führt. Dort erhebt sich noch bis zu 8 m Höhe der rechteckige Hauptbau mit großen Segmentbogenfenstern und Klötzchenfries. Am Hauptbau setzt um den großen, dritten Hof eine starke, geknickt rechteckig an den Felsen geschmiegte Ummauerung an, deren Südabschnitt gänzlich zerfallen ist. Die z. T. wirtschaftlich genutzten Gebäude auf der Südseite des äußeren und innern Hofes sind nicht mehr erhalten.

KULMAIN Kr. Tirschenreuth. *Karte 1*

★ **Kath. Pfarrkirche Mariä Himmelfahrt.** Umgeben von hoher Mauer mit spätmittelalterlicher Bausubstanz, an der Außenseite farbig gefaßte Steinfigur des hl. Johannes von Nepomuk, 1. Hälfte 18. Jh. –1379 an das Kloster Reichenbach. 1700–02 Kirchenneubau nach Plan von *Wolfgang Dientzenhofer,* nach Brand von 1834 mit den größtenteils erhaltenen Mauern wieder aufgebaut. Renovierungen 1977–79 und 1982. – Durch Putzlisenen gegliederter Saalbau mit eingezogenem, querrechteckigem Chor. Turm mit achtseitigem Helm an der Langhaussüdseite. – Flache Stichkappentonne mit Rahmenstuck, die kräftigen Wandvorlagen mit toskanischen Doppelpilastern besetzt. – Prunkvolle klassizistische Ausstattung des frühen 19. Jh. Monumentaler Hochaltar von *Wilhelm Wurzer* aus dem Bamberger Dom: zweigeschossiger Säulenaufbau mit den Personifikationen von Hoffnung und Liebe auf dem Gebälk, Tabernakel als Rundtempel mit ionischen Säulen. – Seitenaltäre in ähnlichen Formen, links Altarblatt hl. Schutzengel, rechts hl. Anna unterrichtet Maria. – In der Langhausnordwand breite Ädikulanische mit Pietà. – Kanzel aus Hollfeld (Kr. Ebermannstadt), 2. Hälfte 18. Jh., von *Johann Bernhard Kamm,* mit reichem Figurenschmuck, am Korpus die personifizierten göttlichen Tugenden.

KULZ Gem. Thanstein, Kr. Schwandorf. *Karte 10*

Kath. Expositurkirche St. Joseph. Einheitlicher Bau in neugotischen Formen 1870–74, renoviert 1985–88. – Saalraum mit eingezogenem Chor. Die reiche neugotische Ausstattung, u. a. Altäre, Kanzel, Glasfenster, Gestühl, ist in seltener Vollständigkeit erhalten, die Fassungen von Raum und Ausstattung nach Befund rekonstruiert. Unter der Empore Opferstock aus Granit., bez. 1769.

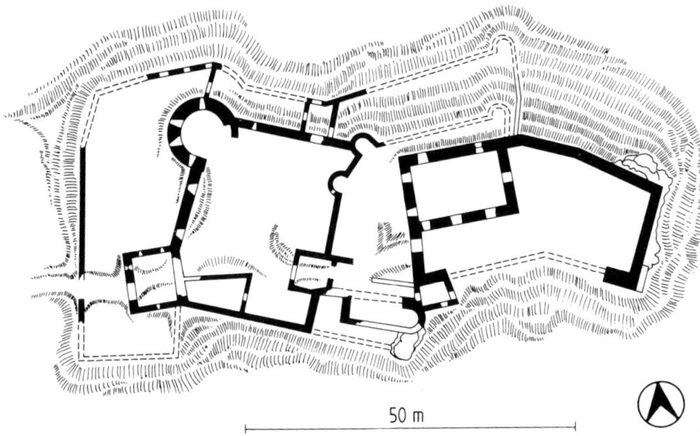

Kürnberg, Burgruine

L

LAABER Gem. Pilsach, Kr. Neumarkt i.d. Opf. *Karte 7*

Der keltische Ortsname Laaber leitet sich von dem hier entspringenden Fluß ab. Eine Reichsministerialenburg um 1200 belegt.

Kath. Filialkirche St. Johannes Ev. Die romanische Anlage war wohl Burgkapelle, 1486 umgestaltet, Turm im 17. Jh. angefügt. 1980–82 Altarraum beträchtlich erweitert, Innenrestaurierung 1983. – Westturm mit Oktogonaufsatz und Spitzhelm. Dreiseitig geschlossener Chor mit Spiegeldecke, breiter als das flachgedeckte Langhaus. – Nazarenische Deckengemälde, im Langhaus bez. „*Georg Lang 1897*". – Altäre mit gewundenen Säulen und einrahmenden Akanthusranken um 1700; Altarblätter nazarenisch. Hochaltar mit zwei Seitenfiguren und Altarblatt Johannes Ev., bez. „*Ernstberger* ..., Amberg 1871".

LAABER Kr. Regensburg. *Karte 13*

Kath. Pfarrkirche St. Jakob. Erhöht über dem westlichen Teil des Marktes gelegen. Im Kern eine gotische Anlage des 15. Jh. – Turm im Westen, 1735 erneuert. Langhaus 1738 barockisiert. Deckenfresko von *Otto Gebhard,* um 1750, nur im Entwurf erhalten (Städtisches Museum, Regensburg), Stuckierung um 1760. – Durchgreifende Erweiterung der Kirche 1952 durch Architekt *Hans Beckers:* neuer Chor im Norden, nach Süden verlängertes Langhaus. Spuren einer Restaurierung von 1884 wurden restlos beseitigt mit dem Ziel, dem Raum ein einheitlich barockes Aussehen zu geben. Spätbarocke Ausstattung. – Hochaltar um 1750, Altarblatt Verherrlichung des hl. Jakobus. – Seitenaltar gleichzeitig, Gemälde in der Art des *Otto Gebhard,* Maria als Königin der Heiligen. – Im gotischen Chor Kruzifixus, Anfang 18. Jh. – Romanisches Taufbecken auf gotischem Fuß. – Großer Rotmarmorgrabstein für Hadmar IV. von Laaber († 1420), Bürgermeister zu Regensburg, mit Hochrelief des Verstorbenen in voller Rüstung, gute Arbeit eines Regensburger Steinmetzen, stilistisch dem großen Rittergrabstein der Saller in der Karmelitenkirche zu Abensberg (Kr. Kehlheim) verwandt.

Torturm wohl noch 13. Jh., Teil der ehem. Ortsbefestigung, die mit der Burg über eine Zwingermauer in Verbindung stand. Quadratischer Grundriß, der Durchgang tonnengewölbt. An der Ostseite bestand eine Zugbrücke.

Burgruine. Auf einem Felsmassiv hoch über dem Tal der Schwarzen Laaber. Über dem ehem. befestigten Marktflecken gelegen. 1118 urkundlich erstmals genannt. Bis 1435, mit Unterbrechungen, im Besitz der Herren von Laaber, von denen Hadmar III. als Minnesänger Be-

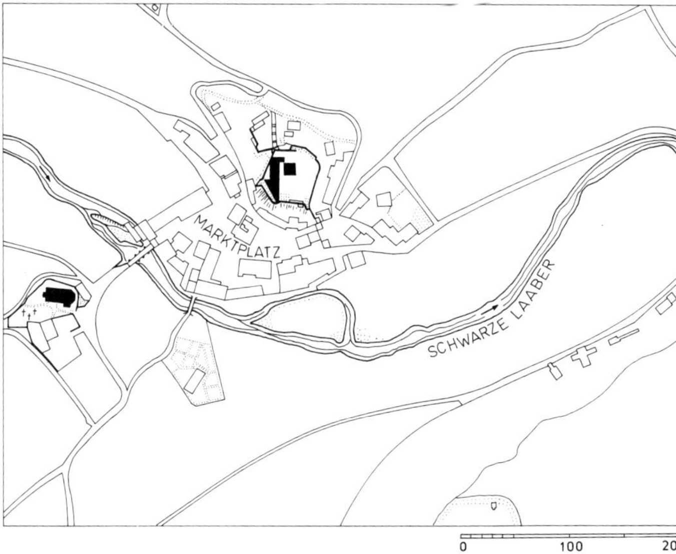

Laaber

deutung erlangte. Durchgreifender Umbau der Burg wohl unter Werner IV. von Laaber (1209–34), Veränderungen Anfang 15. Jh., zuletzt Ende 16. Jh. Seit dem ausgehenden 18. Jh. im Verfall begriffen. Einbau von Wohnhäusern in die Ruine, Erhaltung der Umfassungsmauern.
Eine der interessantesten romanischen Burgruinen der Oberpfalz. – Von Norden zugänglich über eine neuzeitlich aufgeschüttete Rampe vor dem gotischen Torbau mit Zwinger. Das zweite Tor romanisch, im Rundbogen aus sorgfältig behauenen Quadern gearbeitet. Es bildet mit gleichartigem, südlichem Tor einen zweiten Zwinger. Der romanische Bering erhalten mit quadratischem Bergfried von 8 m Seitenlänge. Im Unterbau gewaltige Buckelquader mit Randschlag (bis zu 1,80 x 0,8 m). Südlich ehem. Kapelle, annähernd quadratisch, in der gesamten Grundfläche mit neuem Wohnhaus überbaut. Im Süden Hausteinportal, Zugang zu einem querliegenden Tonnengewölbe aus senkrecht geschichteten Kalksteinplatten (frühmittelalterlich?). – Von dem mittelalterlichen Palas nichts erhalten, nachmittelalterliche Mauerreste.

LAM Kr. Cham. *Karte 11*

Der 1279 erstmals erwähnte Markt gehört zu den ältesten Fremdenverkehrsorten des Bayerischen Waldes; Bergbau seit 1463, Glashütten in der 2. Hälfte 17. Jh. nachweisbar.

Kath. Pfarrkirche St. Ulrich. Seit 1322 eigene, dem Kloster Rott am Inn inkorporierte Pfarrei, die unter Kaiser Ludwig dem Bayern zur Klosterhofmark aufstieg. – 1699 Kirchenbrand, der auf den ganzen Ort übergreift. 1699–1765 Wiederaufbau der Kirche unter Einbeziehung des gotischen Turms. Letzte Gesamtrenovierung 1987–89.
Durch Lisenen gegliederter Putzbau mit konkav vorschwingender Westfront. An der Chornordseite niedriger, gedrungener Turm mit Zwiebelhaube. – Das Langhaus schließt über Schrägseiten an den eingezogenen, dreiseitig geschlossenen Chor an. – Tonnengewölbe mit Stichkappen über gestaffelten Wandpilastern mit Gebälkstücken. – Im Langhaus spätnazarenische Deckenfresken mit Szenen aus der Legende des hl. Ulrich, 1905 von *Josef Hann*, Regensburg; im Chor Herz Jesu, 1930 von *Rudolf Schmalzl*, München. Nazarenische Bildfenster. – Reiche Ausstattung um die Mitte des 18. Jh. Altäre vermutlich von *Egid Vischer*, Kötzting. Hochaltar, breiter konkaver Aufbau mit gewundenen und glatten Säulen, sowie Seitenfiguren der hll. Johannes Bapt. und Florian. Seit 1930 mit Altarblatt hl. Ulrich, vorher mit freiplastischer Kreuzigungsgruppe, die sich heute an der Chornordwand befindet. – Seitenaltäre, hohe Säulenretabel mit nazarenischen Altarblättern von 1905. Am linken Altar Seitenfiguren der hl. Katharina und der hl. Barbara, die als Schutzpatronin der Bergleute in Lam große Verehrung genoß, über dem Tabernakel die Himmelskönigin. Am rechten Altar Figuren der Apostelfürsten. – Kanzel klassizistisch; Korpus mit Bildmedaillons der Evangelisten und des Salvator Mundi zwischen Volutenpilastern, an der Türe in der Rückwand Relief des Guten Hirten. – Chorgestühl und Beichtstühle 1750/60. – Im Chor sog. Pestbild, im 17. Jh. von der Gemeinde gestiftet, mit Schmerzhafter Muttergottes und den drei Pestheiligen unter dem Gekreuzigten. – An den Kirchenwänden einige Heiligenfiguren des 18. Jh. und der Zeit um 1905.
Bemerkenswert die Anlage von Nischengräbern mit Heiligenfiguren in der Friedhofsmauer, im Süden durch Dreiecks-, im Norden durch Rundgiebel über kannelierten Halbsäulen abgeschlossen; teilweise modernisiert.

Kath. Wallfahrtskapelle Maria-Hilf. In einem Wald nördlich von Lam. – 1752 erneuert, 1851 renoviert, 1909 nach Westen erweitert. Renovierung 1986/87. – Flachgedeckter Saalbau mit eingezogenem, halbrund geschlossenem Chor, spitzer Dachreiter. – Figurale und ornamentale Farbfenster, 1904 von Arbeitern der Glasfabrik und dem Gutsherrn Willmann in Lambach gestiftet. – Neuromanischer Altar von 1851 mit dem Gnadenbild Maria-Hilf, einer Hinterglasmalerei des 18. Jh.

Mineralien-Museum im „Haus zum Steiger" (Osserstraße). Dokumentation zum Bergbau, der in Lam, 1463 erstmals bezeugt, neben der Glasindustrie heimisch war, außerdem eine über 10000 Exponate aus der ganzen Welt umfassende Gesteinssammlung.

LAMBACH Markt Lam, Kr. Cham. *Karte 11*

Ehem. Willmann-Villa. Um 1900 erbaut, renoviert 1987/88. Malerisch-asymmetrische Gliederung mit polygonalem Eckturm und Schweifgiebeln in Formen der deutschen Renaissance, zum Teil Zierfachwerk.

LAMBERG Stadt Cham. *Karte 10*

Kath. Wallfahrtskirche St. Walburga. Auf dem südöstlich von Cham gelegenen hohen Lamberg, wo sich frühgeschichtliche Ringanlagen erhalten haben. – Die Kirche geht wohl auf die Kapelle einer angeblich schon im frühen Mittelalter erbauten, 1470 erwähnten Burg zurück, von der nur noch Reste eines Ringwalls mit Graben zeugen. Aufblühen der Walpurgis-Wallfahrt bis zum Abbruch der Kirche im Zuge der Reformation (1556). Neubau um 1628 und neuerliche Blüte: 1654 sollen am 1. Mai 6000 Pilger angereist sein. 1718 Behebung von Brandschäden. Bei der Säkularisation 1806 Teilzerstörung der Kirche und Plünderung der Einrichtung, 1832 durch die Chamer Bürger wieder aufgebaut. Letzte Restaurierung 1970.
Kreuzförmige Anlage, kleiner Turm mit Zeltdach auf der Ostseite der südlichen Seitenkapelle. – Im eingezogenen, dreiseitig geschlossenen Chor Tonnengewölbe mit Stichkappen, das Schiff und die halbrunden Seitenkapellen flachgedeckt. – Drei klassizistische Altäre, Ädikula-Aufbauten mit Altarblättern von *Johann Baptist Reisbacher* 1844/45. – An der Südwand Bild der Maria Immaculata mit Adam und Eva umschlingender Schlange, 18. Jh. – In der südlichen Seitenkapelle Votivtafeln ab 1832. – Barockfiguren ausgelagert.

LAMPERTSHOFEN Stadt Neumarkt i. d. Opf. *Karte 7*

Kath. Kirche St. Andreas. Unter Einbeziehung des gotischen Chorturms 1725/26 errichtet. Renovierung außen 1974, innen 1980/81. – Im Turm mit Zeltdach der eingezogene, quadratische Chor; Schiff flachgedeckt. – Hochaltar um 1700, Säulenretabel mit seitlichem Akanthusschnitzwerk und Nischenfigur des hl. Andreas. – Orgelprospekt und Stuhlwangen mit Akanthusschnitzwerk.

LANGENERLING Gem. Hagelstadt, Kr. Regensburg. *Karte 14*

Kath. Pfarrkirche St. Johannes Bapt. Neubau 1716–18 im Auftrag des Grafen von Königsfeld (Wappen und Büste über dem Chorbogen). Plan und Ausführung der Kirche einschließlich Stuckierung von *Josef Bader (I)* aus Rohr, zeitweilig Mitarbeiter von *Egid Quirin Asam.*

– Turm im Kern älter, 1925 erhöht und mit neuem Helm versehen. Innenrestaurierung 1959, Außeninstandsetzung 1986.
Eingezogener, halbrund schließender Chor. Tonnengewölbe mit Stichkappen über flachen Wandpfeilervorlagen, kräftiges Gebälk, an der Chorwand als Gesims fortgeführt. Langhaus mit Spiegeldecke. Differenzierte, auf Schattenwirkung angelegte Stukkatur aus Akanthus- und Blumenranken, drapierten Tüchern, Muscheln und Puttenköpfen, Blattstäbe an den Gewölbegraten. – Deckenbilder im Chor von *Hans Carl von Gallen* aus Regensburg: Himmelfahrt Mariä, umgeben von Medaillons mit Verkündigung, Geburt Christi. Im Langhaus Taufe Christi, Enthauptung des Johannes d.T., Johannes Ev. auf Patmos. – Ausstattung. – Hochaltar 1718/19 von *Joseph Georg Ba(a)der* aus München. Viersäuliger Aufbau in Stuckmarmor, Altarbild 1718/19 von *Johann Valentin Reischl* aus Waldmünchen. – Seitenaltäre der Erbauungszeit: im rechten Muttergottes, qualitätsvolle Steinfigur des frühen 15. Jh., neu gefaßt. – Kanzel 1728 von Stukkator *Joseph Polzer* aus Ellingen.

LANGENTHONHAUSEN
Markt Breitenbrunn, Kr. Neumarkt i.d. Opf. *Karte 12*

Kath. Filialkirche St. Stephan. Chorturmanlage des 14. Jh., in der 2. Hälfte 17. Jh. umgebaut. Innen 1966, außen 1977 renoviert. – Turm mit sechseitigem, zwiebelbekröntem Spitzhelm, in seinem Erdgeschoß der quadratische Chor mit Kreuzgratgewölbe. Im Schiff Flachdecke mit Rahmenstuck (19. Jh.). – Sechssäuliger Hochaltar Anfang 18. Jh., mit Altarblatt, Steinigung des hl. Stephanus, 1857 von *Leopold Weinmayer* aus Regensburg, Seitenfiguren der hll. Florian und Wendelin. Seitenaltäre 1730/40, links Altarblatt: Muttergottes über Langenthonhausen, auf der Mensa Figur der Muttergottes, 16. Jh. (Gesicht überarbeitet); rechts Christus an der Geißelsäule, als linke Seitenfigur spätgotische Muttergottes (Anfang 16. Jh.), gegenüber hl. Joachim. – Kanzel mit reichem Rocailledekor, Mitte 18. Jh. – An der linken Schiffswand Figur des hl. Nikolaus, Ende 15. Jh.

LAPPERSDORF Kr. Regensburg. *Karte 13*

Kath. Pfarrkirche Mariä Himmelfahrt. 1930 nach Plänen des Münchner Architekten *Georg Holzbauer* unter Beibehaltung des mittelalterlichen Turms errichtet. Schlichtes Äußeres mit Eckquaderung und rundbogigen Fenstern. Saalkirche mit eingezogenem, schachtartig erhöhtem Chor. – Ausstattung: – Hochaltar 17. Jh., mit Gemälde Mariä Himmelfahrt nach *Steinle*, 1897 durch *Gebr. Goß*, Stadtamhof, Seitenfiguren der hll. Florian und Barbara, im Altarauszug hl. Sebastian. – Seitenaltäre Mitte 17. Jh., rechts Figur der Muttergottes, 2. Hälfte 15. Jh., seitlich hl. Katharina und weibliche Heilige; links Figur des hl. Sebastian, spätes 15. Jh., flankiert von Bischöfen mit neuen Attributen (hll. Wolfgang und Ulrich). – Kanzel um 1750/60, mit stark bewegten Evangelistenbildern.

Steinkreuz. Neben der 1894 neu errichteten Wegkapelle Ecke Pielmühler Straße/Waldweg mächtiges Steinkreuz mit Relief des Gekreuzigten, 1513 durch Reichsmünzmeister Martin Lerch als Jagdgrenzstein errichtet, 1631, 1649 Beschädigungen, 1694 durch den kaiserlichen Rat und Truchseß Johann Jakob Freiherrn von Batzendorf wiederhergestellt.

LAUFENTHAL Stadt Hemau, Kr. Regensburg. *Karte 13*

Kath. Filialkirche St. Ottilia. Die mittelalterliche Schloßkapelle im 17. Jh. unter Einbeziehung des romanischen Turms erneuert. Nach Einsturz 1946 Turmneubau in den alten Formen mit ortsüblichem Barockaufbau. – Fast quadratischer Saalbau, Turm an der Nordostekke. – Flachdecke durch Längsunterzug geteilt.
Ausstattung. – Hochaltar Ende 17. Jh. Retabel mit gewundenen Säulen, Seitenfiguren der hll. Ottilia und Hugo. Altarblatt hl. Ottilia, mit Wappen der Familien Dalem und von Labrique, dat. 1692, außerdem zahlreiche Renovierungsdaten. – Seitenaltar, ungefaßtes Säulenretabel mit seitlichen Akanthusranken und Wappen des Schoßherrn Balthasar Geyer auf Etzenberg, Laufenthal und Peilnstein, dat. 1717, Altarblatt hl. Johannes von Nepomuk. – Zwei kleine rocaillegerahmte Passionsbilder in Applikationsarbeit. – Prächtige Silberlichtampel des ausgehenden 18. Jh. – Kalksteinepitaphien der Schloßherrn, 18. Jh.

Ehem. Schloß oberhalb der Kirche. Die ehem. Hofmark im Mittelalter Sitz der Laufenthaler. 1698–1793 im Besitz der Geyer von Etzenberg und Laufenthal, zu dieser Zeit Neubau des Schlosses. – Barocker Walmdachbau mit Turm, bei der Modernisierung in den sechziger Jahren nur die Fassade beibehalten.

LAUTERBACH Stadt Freystadt, Kr. Neumarkt i. d. Opf. *Karte 7*

Kath. Filialkirche St. Willibald. Bau 17. Jh. unter Beibehaltung des gotischen Chors. Innen 1964, außen 1988 renoviert. – Über dem eingezogenen, gerade geschlossenem Chor polygonaler Dachreiter mit Doppelzwiebelhaube. – Im Innern Flachdecken über Hohlkehlen. – Hochaltar gegen 1730, viersäuliger Aufbau mit Altarblatt hl. Willibald und Seitenfiguren der hll. Richard und Walburga. – Auf dem linken Seitenaltar Ölbild der Beweinung Christi, spätes 17. Jh.

LAUTERHOFEN Kr. Neumarkt i. d. Opf. *Karte 7*

In der Gegend um die Lauterachquelle vorgeschichtliche Besiedlungsspuren. 1953 Freilegung von 85 bajuwarischen Reihenfeldergräbern der Zeit zwischen 650 und 750. Im Teilungsvertrag Karls des Großen

(806) als „Königshof Lutrahahof" angeführt. 1125 wurde Lauterhofen Markt und erhielt Siegel und Wappen. 1305 Übergang an die oberbayerische Wittelsbacher. 1513 Großbrand.

Kath. Pfarrkirche St. Michael. Der erste Bau gilt als älteste bekannte romanische Saalkirche der Oberpfalz (1. Hälfte 8. Jh.). Untersuchungen von 1962–64 lassen einen flachgedeckten Saal mit eingezogener, halbkreisförmiger Apsis und wohl westlicher Vorhalle vermuten. Der nachfolgende Bau wurde um 1100 durch Graf Berengar I. von Sulzbach errichtet und von Bischof Gebhard III. von Konstanz geweiht. 1515 und 1652 Umgestaltungen. 1699–1701 Neubau durch den Ensdorfer *Martin Funk* unter Verwendung des romanischen Ostturms. 1919 Erweiterung nach Westen um Querhaus und Chor. Letzte Innenrenovierung 1983/84. – Nach Westen gerichteter Wandpfeilerbau mit Querschiff und stark eingezogenem, querrechteckigem Chor. Romanischer Ostturm aus Dolomitquadern, im Obergeschoß dreiteilige Arkadenfenster, teilweise mit Maßwerk, frühes 16. Jh.; der zwiebelbekrönte Kuppelhelm 1748 von *Georg Diller,* Amberg. – Tonnengewölbe mit Stichkappen, im Chor über Eckkonsolen, an den Wandpfeilern ionisierende Doppelpilaster mit Gebälk und Figurennischen in den Zwischenräumen. – Einheitliche Ausstattung des ausgehenden 17. Jh. Viersäulige Altäre in Gold-Fassung: Hochaltar mit gedrehten Säulen, Engeln und Altarblatt Engelsturz (18. Jh.); linker Seitenaltar mit Altarblatt Tod des hl. Joseph, 1797 wohl von dem Münchener Hofmaler *Joseph Hauber;* rechter Seitenaltar mit Abendmahl von dem Kastler Maler *Wilhelm Ebenhöch* 1798. – Kanzel von 1652: zwischen kannelierten Säulen Muschelnischen mit Figuren der Kirchenväter, an der Rückwand Guter Hirte. – Taufstein des 15. Jh., oktogonales Becken mit spiegelbildlich ausgeführtem Fuß. – Stuhlwangen mit Rautenwappen in Empiredekor, 1819 von *Joseph Riedl* und *Ludwig Riedl* aus Lauterhofen. – Im Querschiff einige Barockbilder. – Holzfiguren: fünf Apostel in den Wandpfeilernischen, um 1700; am südwestlichen Pfeiler Kreuzigungsgruppe, 1. Hälfte 17. Jh.; in nördlicher Querhausnische Pietà in Strahlenkranz, um 1500; an der südlichen Querhauswand die hll. Sebastian, Rochus und Jakobus, 17. Jh. – Unter den Grabdenkmälern ein Kalksteinepitaph für Pfarrer Paulus Stepperger († 1675).
Nördlich der Kirche Ölbergkapelle mit spätgotischen bemalten Steinfiguren.

Kath. Mariahilfkapelle östlich gegenüber der Pfarrkirche. – Vor 1711 Kapellenbau unter Einbeziehung eines zweigeschossigen spätromanischen Karners im Osten. – Im östlichen Bereich in das Nachbarhaus integrierte Saalkirche mit flach dreiseitigem Westabschluß und Dachreiter. – Vom Karner übernommen der schwach eingezogene, querrechteckige Chor mit Kreuzgratgewölbe und in der Wand ausgesparter Apsis sowie das Untergeschoß mit zwei durch Gurtbogen getrennten Kreuzgratgewölben. – Konzeption und Baudetails mit ▷ Pfaffenhofen vergleichbar. Beträchtlich höher als der Chor das zweijochige Schiff mit Stichkappentonne über kräftiger Pilastergliederung. – Kleiner Altar um 1710 mit Maria-Hilf-Bild in Rankenrahmung; entsprechend gerahmt das Gemälde hl. Familie über dem Chorbogen.

Kalvarienbergkapelle Mater Dolorosa. Auf einem Berg nordwestlich von Lauterhofen. Am Weg liegen drei Kapellen mit zeitgenössischen Passionsbildern: kleine spätgotische Satteldachbauten, zwei davon mit der urspr. Spitzbogenöffnung. Den Aufstieg zur Kalvarienbergkapelle säumen neugotische, gußeiserne Kreuzwegstationen von 1886. – Rechteckiger Satteldachbau um 1650, renoviert 1988/89. Eingangsfront mit Figurennische, im Innern Bretterdecke und Altarnische. Volkstümliche Ausstattung.

Rathaus (Marktplatz 11). 1593 nördlich der Kirche an den Abhang gebaut. – Dreigeschossiger Bau mit profilierten Fensterrahmungen. An der Nordfront Steinrelief mit von Inschriften begleiteten Wappen von Pfalz-Bayern und des Marktes, 1593 dat. An den Außenwänden auf die Ortsgeschichte bezug nehmende Malereien, 1973 von *Hanns Ruckriegel,* Fürth.

Pflegeheim Karlshof. Auf dem Platz des in karolingische Zeit zurückgehenden Schloßgutes Oberlauterhofen, 1848 von drei einheimischen Frauen zur Kinderbetreuung erworben. Bei der Übernahme durch die Dillinger Franziskanerinnen 1881 Erweiterungsbau, durchgreifende Erweiterungs- und Umbauten seit den fünfziger Jahren.

LECKERN Stadt Kötzting, Kr. Cham. *Karte 11*

Talweiler. Das Gebiet am Kaitersbach wurde zwischen dem 11. und 13. Jh. durch die Grafen von Bogen gerodet. – Der urspr. Charakter des Talweilers ist trotz Neubauten noch erkennbar: einheitlich Ost-West ausgerichtete Blockbauten des 18./19. Jh. mit Satteldächern. Ein Mühlen- und Sägewerk, 1752 als „Radlmühle“ belegt, zeugt von der urspr. Funktionsvielfalt des Weilers. Im 19. Jh. kamen als Folge gewandelter Erb- und Besitzverhältnisse Austragshäuser hinzu, Nr. 3/2 entstand aus einem Wohnstallhaus der 2. Hälfte des 17. Jh.

LENGENBACH Gem. Deining, Kr. Neumarkt i. d. Opf. *Karte 7*

★ **Kath. Wallfahrtskirche Mariä Geburt.** Aufgrund eines Gelübdes erbaute 1694 der Oberbuchenfelder Hirte Johann Brand eine kleine Kapelle, die *Leonhard Preindl* aus Deining 1757–60 durch den bestehenden Zentralbau ersetzte. Restaurierung innen 1971, außen 1975. – Annähernd quadratisches Schiff mit eingezogenen, abgerundeten Ekken, achtseitiges Kuppeldach mit Laternenbekrönung. Eingezogener, kurzer Chor mit dreiseitigem Schluß, östlich die Sakristei und ehem. Eremitenwohnung, über der sich der Turm mit eingezogener Zwiebelhaube erhebt. – Raumeindruck bestimmt durch die korbbogigen Stichkappentonnen über Pilastergliederung. Im Chor Rocaille-Stukka-

turen, am flachen Chorbogen kombiniert mit Bandmotiven. Dekken- und Emporenfresken von *Johann Michael Wild* 1768 (sign. und dat.): Hauptbild Himmelfahrt Mariens, von Kartuschen mit marianischen Symbolen und Darstellungen sowie Grisaillen der Evangelisten umgeben; an der Empore mariologische Szenen.
Prachtvolle Rokoko-Ausstattung um 1770. Hochaltar: bewegter Säulenaufbau mit Seitenfiguren der hll. Joachim und Anna (innen), Johannes Bapt. und Johannes Ev. (außen); als Gnadenbild Gemälde Unserer Lieben Frau, das noch auf Johann Brands Stiftung zurückgehen soll. – Seitenaltäre, konkave Voluten-Pilaster-Retabel mit Altarblättern, links hl. Laurentius, rechts hl. Wendelin; auf den Mensen rocaillegerahmte Bilder mit Herz Mariä und Herz Jesu. – Kanzel ebenfalls mit reichem Rocailledekor.

LENGENFELD

Gem. Kümmersbruck, Kr. Amberg-Sulzbach. *Karte 8*

Kath. Filialkirche St. Wendelin. 1726 erbaut. – Dreiseitig geschlossener Saalbau mit spitzem Dachreiter. – Im Scheitel flache Stichkappentonne mit Rahmenstuck, unterteilt durch im mittleren Bereich gekuppelte Gurte, die in entsprechend rhythmisierten toskanischen Wandpilastern mit Gebälkstücken fortgesetzt sind. Geschweifte Emporenbrüstung in marmorierter Fassung, dat. 1756. – Ausstattung wohl um Mitte 18. Jh. Hochaltar, konkaves Retabel mit Säulen, Pilastern und Quastendekor. Im Zentrum rocaillegerahmtes Maria-Hilf-Bild nach *Lukas Cranach*, seitlich Figuren der hll. Sebastian und Wendelin. – Kanzel und Beichtstuhl aus der gleichen Zeit. – Kreuzwegbilder (Öl auf Leinwand) und Heiligenfiguren, 18. Jh.

LENGENFELD Stadt Velburg, Kr. Neumarkt i. d. Opf. *Karte 8*

Der spätere, der Herrschaft Helfenberg unterstehende Edelsitz Lengenfeld ist fränkischen Ursprungs. 1691 erwarben die Grafen von Tilly das Landsassengut zur Errichtung eines Pflegeamts.

Kath. Pfarrkirche St. Martin. 1693–96 unter Verwendung des romanischen Turmunterbaus und von Teilen der Langhausmauern erbaut. Renovierung außen 1974/75, innen 1978–80. – Chorturmkirche, Turm mit pilastergegliederten Achteckaufsatz und Zwiebelhaube. Westfront durch Volutengiebel, toskanische Pilasterordnung und drei Figurennischen hervorgehoben. – Eingezogener, quadratischer Chor mit Kreuzgewölbe, an der Ostwand gotische Sakramentsnische aus Kalkstein, 15. Jh. Im Langhaus Stichkappentonne auf Wandpfeilern.
Anspruchsvolle Ausstattung. – Drei Altäre Anfang 18. Jh. Sechssäuliger Hochaltar mit Seitenfiguren der hll. Franz Xaver und Johannes von Nepomuk, Altarblatt von *Georg Asam*, hl. Martin vor der Muttergottes mit Ansicht des Helfenberger Schlosses im Vordergrund, bez. „*G. Asam* 1703. *J. G. Haemerl* ren. 1771“ – Seitenaltäre,

Säulenretabel mit Wappen der Grafen von Tilly am Gebälk und Altarblättern von *Johann Gebhard,* links Apotheose des hl. Sebastian, als Seitenfiguren die hll. Georg und Florian, rechts hl. Katharina und hl. Dominikus, flankiert von Figuren der hll. Joachim und Anna.

Ehem. Pfleggericht (Helfenbergstr. 9). „Obere Wirtschaft", wohl 1691 entstandener Walmdachbau mit Portalrahmung.

Bürgerliche Bauten. Westlich der Kirche der stattliche Halbwalmdachbau der Brauerei (St.-Martin-Str. 8), im Kern 1428, und die ehem. Bäckerei (St.-Martin-Str. 1), ein wohl mittelalterlicher erdgeschossiger Bau mit steilem Satteldach, von dem ein unterirdischer Gang zu drei „Schrazellöchern" führt.

Burgruine Helfenberg östlich von Lengenfeld. Rund um den Burgberg bronzezeitliche Grabhügel, vielleicht von einem Ringwall umgeben, in den um die Jahrtausendwende eine Burg gebaut wurde. Im 12. Jh. erste Erwähnung der Burg als Besitz der Grafen von Velburg. Die spärlichen Überreste datieren aus dieser Zeit. 1631 als Geschenk an Graf Tilly. Unter Ferdinand Lorenz Franz Xaver Graf von Tilly 1699–1707 Neubau des Schlosses durch *Giovanni Antonio Viscardi,* reiche Ausgestaltung durch *Georg Asam* und den Stukkator *Giovanni Nicolo Perti;* Ansicht der auf mächtigen Substruktionen errichteten Anlage mit hohem Mittelturm auf dem Hochaltarblatt der Lengenfelder ▷ Pfarrkirche. 1796 von den bei Deining geschlagenen Franzosen überfallen; 1807 auf Abbruch verkauft.

LENNESRIETH

Markt Waldthurn, Kr. Neustadt a.d. Waldnaab. *Karte 6*

Zentrum der um 1250 von den Zisterziensern aus Waldsassen hier durchgeführten Urbarmachung.

Kath. Filialkirche St. Jakobus. Chorturmkirche, im Kern mittelalterlich, von hoher Friedhofsmauer umgeben. 1774 bauliche Veränderung und Erweiterung. Die Inschrift 1860 wohl zu beziehen auf eine Restaurierung und (nicht mehr vorhandene) Ausmalung. – Massiger Ostturm aus verputztem Bruchsteinmauerwerk mit Eckquaderung, Schlitzen, rund- und spitzbogigen Fenstern. Spitzbogenfenster auch in den beiden östlichen Achsen des breitgelagerten Langhauses. Auf der Südseite zwei mächtige Strebepfeiler aus Granitblöcken mit Bruchsteinmauerwerk. – Quadratischer Chor im Turm, Stichkappentonne auf abgeschrägten Pfeilern. Das Langhaus ebenfalls tonnengewölbt mit kreuzgratartig zusammenstoßenden Stichkappen auf nahezu quadratischen Pfeilern mit Eckabschrägung und profiliertem Gebälk.
Ausstattung. – Hauptaltar 1734, wie der rechte Seitenaltar *Johann Michael Doser* zugeschrieben. Aufbau mit vier schräg gestellten Säulen und geschweiftem Gebälk, gerahmt von lockerem, mit Bändern durchwobenem Akanthusschnitzwerk, Altarblatt hl. Jakobus, seitlich Figuren der hll. Laurentius und Stephanus. Im Auszug Dreifaltigkeits-

gruppe zwischen schwebenden Engeln, geschnitztes Antependium. – Rechter Seitenaltar um 1734, zweisäuliger Aufbau, seitlich die hll. Erasmus und Blasius. – Linker Seitenaltar um 1710/20, für die Oberpfalz typisches, geschnitztes Akanthusretabel, zwischen den Ranken Engelsköpfchen. Statt eines Altarbilds spätgotische Holzfigur der Muttergottes. – Mittelalterlicher Taufstein aus Granit. – Kanzel des ausgehenden 17. Jh., der Schalldeckel später mit Rokokoschnitzwerk verziert. – Kirchengestühl von 1734. – Am Chorbogen Rosenkranzmadonna, 1. Hälfte 18. Jh.

LEONBERG Stadt Maxhütte-Haidhof, Kr. Schwandorf. *Karte 9*

Kath. Pfarrkirche St. Leonhard. In unmittelbarer Nähe der Burg gelegene, im Kern gotische Chorturmkiche. Im 18. Jh. einheitlicher Umbau und Neuausstattung des Rokoko. – Vierachsiger Saalraum mit ausgerundeten Ecken, flachgespannter Stichkappentonne über gekuppelten Pilastern; eingezogener Chor im Untergeschoß des Turms mit gestelzter Kuppel; zweigeschossige Westempore. – Deckenbilder mit Szenen aus dem Leben des hl. Leonhard, bez. „1787 *F. Kein* pinx.“: im Chor Verehrung des Lamm Gottes, z. T. stark übermalt. Ausstattung des Rokoko und Klassizismus. Altäre um 1787. Auf dem linken Seitenaltar spätgotische Muttergottes, 2. Hälfte 15. Jh. – Glasfenster mit Heiligendarstellungen, 1920. – Am Chorbogen klassizistische Epitaphien des Ignatz Freiherr von Oexle von Friedenberg († 1785) und seiner Ehefrau Maria Elisabetha Sidonia († 1791) sowie des Gottfried Freiherr von Streit († 1788). An der Westwand mehrere Grabsteine des 18. Jh.

Burg. An der höchsten Stelle des Ortes auf dem hier anstehenden Kalkfelsen errichtete malerische Burganlage mit Turm im Nordwesten, im Kern mittelalterlich. – Im 13. Jh. Sitz der Limperger, seit dem 15. Jh. im Besitz der Sinzenhofer. Heutiges Erscheinungsbild mit Schweifgiebeln 1. Hälfte 17. Jh. Das Äußere wird durch zahlreiche spätere Anbauten, z. T. unter Einbeziehung von Teilen des Berings mit Halbrundtürmen, stark verunklärt.

Neues Schloß. Unterhalb von Pfarrkirche und Burg 1885–90 errichteter Neubau in der Formensprache der Spätrenaissance mit Putzquadern und reicher Stuckgliederung. Betonte Mittelachse mit schmiedeeisengerahmten Austritt und Wappen der Grafen von der Mühle.

LEONBERG Kr. Tirschenreuth. *Karte 2*

★ **Kath. Pfarrkirche St. Leonhard.** Auf einer Anhöhe, südlich begleitet von einer Friedhofskapelle mit Zwiebeldachreiter (18./19. Jh., renoviert 1969) und weiter westlich von einer Ölbergkapelle mit barocken Schnitzfiguren. – Anfang des 18. Jh. im Auftrag des Klosters Waldsassen von *Philipp Mühlmayer* unter Verwendung gotischer Bauteile (Turm, wohl auch Chor) errichtet, 1726 geweiht. Renovierung 1980–

84. – Wandpfeilerkirche mit wenig ausladendem Querhaus, an das der stark eingezogene, längsrechteckige Chor zu zwei Jochen anschließt. Turm an der Südseite mit achteckigen Obergeschossen, Zwiebeldach und Laterne. – Kreuzgewölbter Chor mit stuckierten Sternfigurationen, Tonnengewölbe mit Gurtengliederung im Langhaus. In den Querarmen Quertonnen mit Stichkappen. – Deckenbilder mit Szenen aus dem Leben des hl. Leonhard, Aposteln, Evangelisten und Kirchenvätern, 1892 von *J. Aichlmayer* (1957 renoviert). Prachtvolle Ausstattung aus der Erbauungszeit vollständig erhalten. Hochaltar, ein Musterbeispiel der späten böhmischen Akanthusaltäre, von *Johann Carl Stilp* 1723/24, Fassung von *Theodor Freund* aus Waldsassen: freistehender Tabernakelaufbau vor ovalem Retabel aus einem Ranken- und Bandgeflecht mit von Engeln präsentiertem Altarblatt, hl. Leonhard vor der Muttergottes, von *Karl Hofreiter,* Eger; das Mittelstück des um 1750 reichgeschnitzten Antependiums mit Abendmahlszene heute am Volksaltar. – Seitenaltäre in bewegten Rokokoformen mit großen Nischenfiguren. Linker Seitenaltar mit Muttergottes, flankiert von der hl. Katharina und der hl. Barbara; im Auszug himmelfahrende Maria. Rechter Seitenaltar mit hl. Leonhard in Begleitung der hll. Sebastian und Rochus, oben hl. Bernhard von Clairvaux; im Tabernakel Wachsrelief der Muttergottes, seitlich rocaillegerahmte Miniaturschnitzereien der hll. Leonhard und Bernhard, wohl von *Andreas Burgl.* – An der Langhausnordwand Nebenaltar in Rokokoformen. – Sechseckiger Taufstein aus Granit, wohl 16. Jh. – Kanzel um 1726; am Korpus Reliefs mit Szenen aus dem Leben des hl. Leonhard, bekrönender Posaunenengel. – Orgelgehäuse mit dem Waldsassener Kloster- und Ordenswappen, 1748 von *Johann Konrad Prandensteiner* aus Stadtamhof (bez.). – Schöne Apostelleuchter mit Laubwerk- und Rocailledekor.

Pfarrhof und Gemeindekanzlei. Der stattliche zweigeschossige Mansarddachbau mit Eckpilastern wurde 1772 südwestlich der Kirche von *Philipp Muttone* errichtet, 1819 in Pfarrhof und Schule geteilt. Instandsetzung 1971.

LERCHENFELD Gem. Neutraubling, Kr. Regensburg. *Karte 14*

★ **Kath. Kirche St. Peter.** Frühgotische Saalkirche mit eingezogenem Rechteckchor, späterer Dachreiter. Höchstwahrscheinlich durch Albertus Magnus um 1260/62 konsekriert. Unter Kaspar Sigmund von Lerchenfeld († 1619) umgestaltet, Chorwölbung mit Stuckrippen. Flachgedecktes Langhaus, 1787 instandgesetzt. Restaurierung 1983. – Einzigartig in der Gegend die frühgotischen Wandmalereien um 1260 im Chor, aufgedeckt 1910 und renoviert von *Puricelli* (Inschrift): Szenen aus dem Neuen Testament in zwei Zonen übereinander, ornamental gerahmt, Fries mit Medaillonbildern. An der Ostwand Enthauptung des hl. Johannes Bapt. und Gastmahl des Herodes, ikonographisch bemerkenswert die auf den Händen balancierende Salome.

Weitere zur Zeit der Freilegung identifizierte Szenen: Kreuzigung hinter dem Altar; darunter seitlich hl. Maria Magdalena, Noli me tangere und Fußwaschung. An den Seitenwänden Heiligenmartyrien. Konturenmalerei ohne Modellierung, fragmentarische Konsekrationsinschrift. – Ausstattung. – Frühklassizistischer Altar um 1787 mit Altarblatt: Jesus rettet den sinkenden Petrus. – Tafelbild um 1600 mit Darstellung der Jünger. – Schnitzfigur des reuigen Petrus, 18. Jh. – Kalksteinepitaph für Kaspar Sigmund von und zu Lerchenfeld († 1619).

LEUCHTENBERG Kr. Neustadt a. d. Waldnaab. *Karte 5*

Kath. Pfarrkirche St. Margareta. Selbständige Pfarrei seit 1587. Kirchenerneuerungen 1571 und 1691. Nach Marktbrand (1842) unter Beibehaltung der Chorumfassungsmauern 1844 in historisierenden Formen neu erbaut. – An der Chornordseite Turm mit eingezogenem Spitzhelm. Im eingezogenen, dreiseitig geschlossenen Chor Stichkappentonne über kräftigen Pilastern, im Schiff Flachdecke mit Felderstuck.

Kath. Friedhofskapelle St. Sebastian. 1740/41 von einheimischen Bauleuten im wohl gegen Ende 16. Jh. angelegten Friedhof errichtet. – Über dem eingezogenen gewölbten Chor mit dreiseitigem Schluß ein Zwiebeldachreiter. – Im Langhaus, dessen Ostecken ausgerundet sind, Flachdecke mit Quadraturstuck. – Hochaltar mit rebenumwundenen Säulen, gegen 1700, im Giebel von Rollwerk gerahmtes Brustbild der Muttergottes, Ende 16. Jh. – Seitenaltäre Anfang 18. Jh.

★ **Burgruine.** Stammburg der 1196 zu Landgrafen aufgestiegenen Leuchtenberger, die im 15. Jh. in den Fürstenstand erhoben wurden und bis zu ihrem Aussterben 1646 über einen ständig wachsenden Territorialbesitz verfügten. Hauptsitz der Leuchtenberger bis zur Verlegung ihrer Residenz nach Pfreimd (1332). – Erste Baulichkeiten vermutlich im 12. Jh.; die heute ältesten Teile gehen auf Landgraf Ulrich I. (1294–1334) zurück. Durchgreifende Zerstörungen im 17. Jh. bzw. 1842 durch Brand und 1888 durch Blitzschlag. Wiederherstellung 1902/03.

Die Burg – bekannt als eine der größten und besterhaltenen der Oberpfalz – liegt 170 m über dem Tal der Luhe auf einer nach Westen vorspringenden Granitkuppe des Naabberglandes. In ihrem Schutz bildete sich am östlichen und südlichen Abhang wohl gegen Ende 14. Jh. ein Marktflecken heraus. Von weither sichtbar, beherrscht die gewaltige Burgruine mit ausgedehntem Granitmauerwerk, dem Bergfried und dem Kapellenturm das Land. – Von der Lage her der romanischen ▷ Flossenburg vergleichbar, repräsentiert die Burg Leuchtenburg den um ein Jahrhundert fortgeschrittenen Stand des Burgenbaus; sie ist geräumiger aber auch verfeinerter.

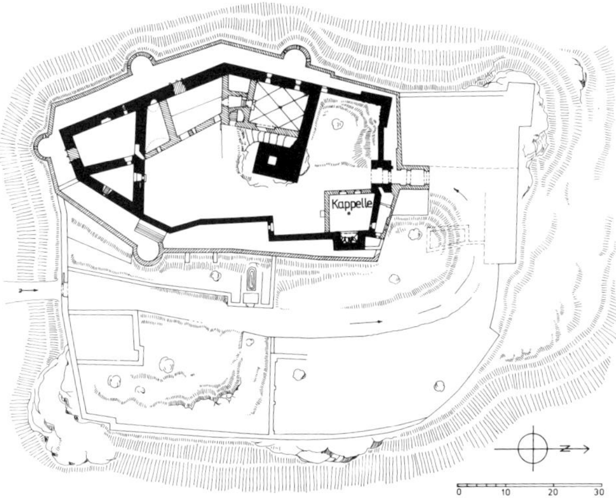

Leuchtenberg, Burgruine

Der Eingang in die Nord-Süd gerichtete Anlage liegt oberhalb des Ortes. Ein gotisches Tor in der hohen Ringmauer des 14. Jh. erschließt den äußeren Burghof. Dort Reste von zwei aus dem 17. Jh. stammenden Toren sowie Grundrißspuren von ehem. Verwaltungs- und Wirtschaftsbauten. Amtsknechtshaus, Rentamt, Wasserstube und Getreidekasten. Zwischen äußerem und innerem Burghof wurde im 15. Jh. eine Zwingermauer aus ziemlich regellosem Bruchsteinmauerwerk errichtet. Mit halbrunden Türmen und ehemals gedecktem Wehrgang umschließt sie allseitig die innere Ringmauer. – Durch eine dreiteilige Toranlage im Norden, deren äußere Räume nach Norden dem noch vollständig erhaltenen Zwinger des 15. Jh. zugehören (der innere Raum aus dem 14. Jh.), ist der innere Burghof erreichbar. Dem Tor gegenüber erhebt sich als ältester Teil der quadratische Bergfried (seine östliche Hälfte 1902 wieder aufgebaut), an höchster Stelle auf gewachsenem Granitblock aufsetzend. Im unteren Teil an der Nordseite Buckelquaderwerk mit schmalem Randschlag, wohl aus dem 12. Jh. Der Oberbau zeigt, wie die gesamten frühgotischen Teile der Burg, eine andere Mauertechnik: kurze Quader (unterbrochen von Buckelquadern) mit weniger gleichmäßigen Lager- und Stoßflächen und weniger geraden Horizontalfugen sowie Zangenlöchern.

In der Nordostecke des inneren Berings die Kapelle, die ebenfalls der Hauptbauphase um 1300 angehört und im 15. Jh. nach Westen erweitert wurde. Der querrechteckige, mit steilem Zeltdach abschließende Chorturm tritt aus der Flucht der Ummauerung heraus. Im Westen Zugang durch ein abgefastes Spitzbogentor, das aus dem ersten Bau übernommen wurde. – Originales Sterngewölbe des 15. Jh. nur noch in dem durch ein schmales Ostfenster beleuchteten Chor. Im unregelmäßig viereckigen Schiff dagegen raumbestimmende schlichte Holzdecke von 1902. Runder Mittelpfeiler mit Renovierungsinschrift von 1440. Die Wandkonsolen und nördlichen Wandpfeiler trugen vorher ein Netzgewölbe. Nördlicher Sakristeianbau mit darüberliegendem Oratorium, 17./18. Jh., möglicherweise als Ersatz einer urspr. herrschaftlichen Westempore.
Nach Süden wird der Hof durch den dreigeschossigen Palas auf unregelmäßigem trapezförmigen Grundriß und einen dreieckigen Treppenvorraum abgeschlossen. Die Mauertechnik aus Quadern und Buckelquadern mit Zangenlöchern und die besondere Fensterbildung im 1. Obergeschoß – zwei kleine Spitzbogen mit nach innen ausgeschrägter Leibung, denen an der Außenseite eine große rundbogige Blendnische vorgelagert ist – weisen auf die Entstehung im 14. Jh. – Nördlich anschließend Wirtschaftsgebäude des 15. Jh., u.a. eine Küche und die sog. Dürnitz, ein heizbarer Aufenthaltsraum für das herrschaftliche Gefolge. Kreuzgratgewölbe auf einer sechseckigen Mittelsäule.

LEUTENBACH Gem. Deining, Kr. Neumarkt i.d. Opf. *Karte 7*

Kath. Filialkirche St. Martin. Frühgotische Chorturmanlage, 1946 nach Westen verlängert. Renovierung 1983/84. – Turm mit Zeltdach, im Erdgeschoß der quadratische Chor mit Kreuzgratgewölbe. An den Wänden des Chors spätgotische Fresken: umfangreicher Passionszyklus, wohl 1. Hälfte 15. Jh., 1961 von *Walter Scheidemandel* freigelegt und ergänzt. Flachgedecktes Langhaus mit Deckenfresken von *Adalbert Spitzner,* 1948. – Altar um 1700, Aufbau mit zwei gewundenen Säulen und Rankenwerk, Altarblatt von *Koller,* Ende 19. Jh. – Gemälde, hl. Martin, in reichgeschnitztem Akanthusrahmen, Anfang 18. Jh.

LICHTENECK Gem. Rimbach, Kr. Cham. *Karte 11*

Burgruine Lichteneck. 1300 von Heinrich von Lichteneck an die niederbayerischen Herzöge verkauft. 1341–1537 im Besitz der Sattelboger. In der 2. Hälfte des 16. Jh. einsetzender Verfall. – Auf einem bewaldeten Felsplateau wohl im 13. Jh. errichtete Anlage mit noch erkennbarer rechteckiger Ummauerung und südlich vorgelegtem Graben. Im südlichen Teil ein ausgedehnter Hof. Im nordwestlichen Bereich der runde Bergfried noch zu etwa 20 m Höhe erhalten, mit spärlichen Lichtschlitzen. Von den ostwärts etwa in gleicher Flucht angebauten Wohngebäuden stehen noch Reste der Umfassungsmauern zweier Räume.

LINDACH Gem. Schierling, Kr. Regensburg. *Karte 14*

Kath. Filialkirche St. Margareta. 1733 anstelle eines Vorgängerbaus durch den Schierlinger Pfarrer Ignaz Loibl errichtet. Entwurf durch den Schierlinger Maurermeister *Martin Krimbogner (Griembogner)*. – Dreiachsige Saalkirche mit Flachdecke und eingezogener Apsis. Turm an der Südseite. Obergeschoß mit abgerundeten Ecken, von Pilastern flankiert, Zwiebelhaube. – Ausstattung. – Hochaltar, um 1670, zweisäuliger Aufbau mit Altarblatt, hl. Margareta, von *Engleder* um 1860/70, im Auszug Bild des Evangelisten Markus, seitlich Figuren der hll. Florian und Magdalena. – Am Chorbogen Muttergottes um 1480.

LINTACH Gem. Freudenberg, Kr. Amberg-Sulzbach. *Karte 5*

Kath. Pfarrkirche St. Walburga. Turm um 1500, Kirche 1735 errichtet. Restaurierung 1808, 1921 und 1980/84 (nach Befund von 1735). – An der Nordseite des eingezogenen, dreiseitig geschlossenen Chors Satteltürm mit Allianzwappen des Georg von Mistelbach zu Fronberg und seiner Gemahlin, geb. Blankenfels, in den Obergeschossen gekuppelte Schallöffnungen mit Maßwerknasen. Im Segmentgiebel des Hauptportals Wappenstein des Johann Georg Freiherrn Lochner von Hüttenbach, dat. 1735. – In Chor und Langhaus Stichkappentonne, toskanische Wandpilaster mit hohen Gebälkstücken, im Schiff gekuppelt. Geschwungene, kräftig gegliederte Westempore, marmoriert. – Farbig gefaßte Frührokokostukkaturen von dem Wessobrunner *Anton Landes:* Bandelwerk, Gittermotive, Blütengirlanden und Putten. – Die auf die hl. Walburga bezogenen Grisaillen in den Deckenmedaillons von 1808. Bei der letzten Renovierung Fresken an den Chorflanken freigelegt, das südliche mit Chronogramm 1773 Ausstattung. – Altäre um 1740, Säulenretabel mit geschwungenen Gebälkstücken und Rokokodekor. Hochaltar mit Wappen der Lochner, Seitenfiguren der hll. Katharina und Barbara, Altarblatt, hl. Walburga als Fürsprecherin, von *J. L. Daysinger* 1741 (bez.). Seitenaltäre mit Altarblättern, links Maria Immaculata, rechts Tod des hl. Joseph. – Kanzel, Orgelgehäuse und Beichtstuhl mit reichem Schnitzwerk um 1735. – An der Langhaussüdwand barocke Passionsbilder; Figur des hl. Nikolaus um 1500; im Chor Muttergottes, 2. Hälfte 15. Jh. – Grabdenkmäler des ansässigen Ortsadels, südlich des Hochaltars Rotmarmorepitaph für Jörg von Mistelbach zu Fronberg († 1510) mit Ganzfigur des Ritters in voller Rüstung mit Fahne.

Ehem. Edelsitz. Sog. Altes Schloß (Schloßhof 6). Das eingesessene Geschlecht der Lintacher in der Mitte des 12. Jh. erstmals genannt, ein Edelsitz im 13. Jh. archivalisch faßbar. Im 14. Jh. Besitz der Mistelbach, ab 1529 des Kaspar von Vestenberg, seit 1564 der Mendl von Steinfels, 1657 gefolgt von den Freiherrn von Lochner. – Der Wohnturm wohl im 14. Jh. errichtet, im 15. Jh. erneuert. In der 2. Hälfte des 16. Jh. Anbau des Palas an die Südseite. Renovierung in der 1. Hälfte des 19. Jh., 1982–87 saniert. – Der viergeschossige Turm ist etwas höher als der zweigeschossige Palas, beide mit Satteldach.

Sog. Neues Schloß (Schloßhof 1). Wohl Anfang 17. Jh. errichtet, 1932 Südteil nach Brand abgetragen. – Die von einer Schloßmauer eingehegte Anlage mit Park ist über Brücke zugänglich. – Gebäudegruppe, Hauptbau mit Satteldach, nordwestlichem Eckturm und zylindrischem Treppenturm an der südlichen Längsseite.

LITZLOHE Gem. Pilsach, Kr. Neumarkt i. d. Opf. *Karte 7*

Kath. Pfarrkirche St. Oswald. Urspr. frühgotische Anlage, mehrfach verändert, u. a. 1561 nach Brand. 1922/23 durchgreifende Umgestaltung in neubarocken Formen durch *Friedrich Haindl:* ein neuer, nach Norden gerichteter Hauptbau durchdringt im rechten Winkel die alte Kirche, die somit den Charakter eines Querschiffs erhält. Gesamtrenovierung 1978/79. – Quadratischer Ostturm mit achtseitigem Spitzhelm, kleinem gotischen Ostfenster und gekuppelten, spitzbogigen Klangarkaden. Das neue Schiff tonnengewölbt, schwach eingezogener Chor mit dreiseitigem Schluß.
Ausstattung. – Hochaltar, 1947 aus der Pfarrkirche von Lichtenau (bei Ingolstadt) erworben. Konkaver Viersäulen-Aufbau um 1760, mit Altarblatt hl. Oswald, Seitenfiguren (wohl neubarock) der hl. Theresa und Bruder Konrads. – Seitenaltäre 1982 aus der Wissinger Pfarrkirche übernommen, um 1730/40, Figuren neubarock (?) – Kanzel mit Knorpeldekor, nach Mitte 17. Jh., zwischen gewundenen Weinlaubsäulen Figuren der Kirchenväter, obenauf ein Pelikan. – Stuhlwangen mit Akanthusranken, Früchten und Bandelwerk, um 1720.

LODERBACH
Gem. Berg b. Neumarkt i. d. OPf. Kr. Neumarkt i. d. Opf. *Karte 7*

Kath. Kirche St. Georg. 1585 Neubau unter Verwendung des frühgotischen Turmunterbaues, 1855–57 nach Westen verlängert. Renovierung 1962–65, außen 1976. – Verputzter Bau mit spitzbogigen Fenstern. Ostturm mit achtseitigem Spitzhelm, in seinem Erdgeschoß der eingezogene, quadratische Chor mit Kreuzrippengewölbe. Langhaus mit Flachdecke über Hohlkehle. – Großenteils neugotische Ausstattung: Schreinaltar, Orgel von 1892. – An den Längswänden Figuren der Zwölf Apostel, um 1700.

LOHBERG Kr. Cham. *Karte 11*

In der Umgebung von Lohberg mehrere **Waldlerhäuser**, u.a. Haus Weideweg 5, ein zweigeschossiger Blockbau mit umlaufendem Schrot und Giebelschrot.

LOIFLING Gem. Traitsching, Kr. Cham. *Karte 10*

Ehem. Schloß. Die „Lewflinger" um die Mitte 12. Jh. erstmals erwähnt. Von 1380 bis ins 19. Jh. Sitz der Poyßl von Loifling, dann häufiger Besitzerwechsel. Seit 1988 Eigentum der Gemeinde: Renovierung und Umbau in ein kommunales Kulturzentrum. – Von der einst bedeutenden, später oft veränderten Anlage erhalten ein hoher Wohnturm mit Walmdach, nördlich anschließend ein zweigeschossiger Trakt mit der von einem Zwiebeldachreiter bekrönten Schloßkapelle, im Norden über doppelte korbbogige Toreinfahrt verbunden mit einem zweigeschossigen Gasthofbau des 18./19. Jh. mit Stichbogenfenstern und Satteldach; auf der Süd-, West- und Nordseite des Schloßhofs über älteren Fundamenten. Umfassungsmauern des 18. Jh. – Durch Ausgrabungen von 1988/89 sind Ausmaß und zeitliche Abfolge der einzelnen Bauphasen weitgehend geklärt: Wohnturm wohl noch spätes 14. Jh.; im 15. Jh. Ausbau zur Wasserburg mit durch Tor- und Ecktürme bewehrter, rechteckiger Ummauerung; 1456/57 Bau der Kapelle an der Nordseite des Wasserschlosses; in der 2. Hälfte des 15. Jh. Errichtung eines Südflügels, der im 16. Jh. durch einen Arkadenbau, über den Wassergraben hinweg, mit dem Wohnturm verbunden wurde, gleichzeitig der Wassergraben nach Norden zur Kapelle hin überbaut. – Wohnturm zu vier Geschossen einschließlich des Kellers. In den unteren Geschossen gewölbte Räume; gotische Bauteile freigelegt, u.a. abgefaste spitzbogige Türöffnung im Keller, einige Schießscharten, dendrochronologisch dat. 1437– 50. Seit der 2. Hälfte des 18. Jh. sukzessiver Abbruch der Wehranlagen und Bau neuer Gebäude. – Die Kapelle wurde um 1700 nach Norden verlängert (Fundamente der ersten, geosteten und der zweiten, genordeten Mensa ergraben), 1893 um ein Oratorium nach Süden erweitert, 1905 dritte Verlängerung nach Norden und neuer Dachreiter. – Langer flachgedeckter Innenraum mit Rahmenstuck (wohl von 1905). – Spätgotische Figuren: hl. Johannes Bapt. (um 1500), Muttergottes und Anna Selbdritt (beide um 1480). – An der westlichen Außenwand der Kapelle Wappensteine, u.a. für den Chamer Dekan Leonhard Stettner, dat. 1456, und für Ulrich Poyßl, dat. 1457.

LORENZEN Gem. Lappersdorf, Kr. Regensburg. *Karte 13*

Kath. Filialkirche St. Laurentius. Bis 1817 zur Pfarrei Tegernheim. Schlichter, dreiachsiger Saalbau mit eingezogenem, halbrundem Chor, 18. Jh. Südöstlicher Kirchturm 1859/60, Holzfelderdecke 1900. – Ausstattung. – Hochaltar um 1920, anstelle eines Rokokoaltars, von dem ein Gemälde des hl. Laurentius, 1900 von *Gegenmeier* aus

München, übernommen wurde. Seitenfiguren der hll. Antonius von Padua und Aloisius. – Im Langhaus zwei Gemälde aus den nicht mehr vorhandenen Seitenaltären, Maria bzw. hl. Sebastian. – An der Südwand Figur des hl. Laurentius, um 1480, gegenüber barocke Muttergottes. An der Orgelempore Reliefs der Evangelisten von der 1888 geschaffenen, nicht mehr vorhandenen Kanzel. – Orgel 1898/99 von *Binder*, Regensburg. – In der Sakristei spätgotische Sakramentsnische mit drei Fialen und Krabben besetzt.

LUCKENPAINT Gem. Thalmassing, Kr. Regensburg. *Karte 13*

Kath. Filialkirche St. Laurentius, ehem. Schloßkapelle. Im 17. Jh. unter Verwendung mittelalterlicher Bausubstanz errichtet. – Über Hohlkehle flachgedeckter Saalbau mit halbrund geschlossenem Chor, Satelturm auf der Westseite. – Ausstattung. – Altar um 1720, Säulenretabel mit seitlichen Akanthusranken, Ehewappen Lerchenfeld-Schallenberg und Altarblatt Martyrium des hl. Laurentius. – Spätgotische Holzfiguren in neuer Fassung: Muttergottes, Anfang 16. Jh.; hl. Sebastian, um 1520; hl. Wolfgang, um 1500. – Kreuzwegstationen von 1800, aus Obersanding. – An der Nordwand Epitaph aus Kalkstein und rotem Marmor mit schwarzer Inschrifttafel für Georg von und zu Wichsenstein († 1606) und Agatha von Redwitz († 1608), mit Relief der beiden Verstorbenen, vor dem Gekreuzigten kniend.

LUDWIG-DONAU-MAIN-KANAL. i. d. Opf. *Karte 12*

★ **Teilstrecke im Landkreis Neumarkt.** Nach einer Ingenieurplanung von *Heinrich Freiherrn von Pechmann* 1836–1846 entstanden, teilweise beschädigt im Zweiten Weltkrieg, 1945 aufgelassen. Eingriffe und partielle Zerstörung durch den voraussichtlich 1992 fertiggestellten neuen Rhein-Main-Donau-Kanal. – Das Kanalprojekt war an französischen und englischen Vorbildern orientiert. Der Ursprung liegt im Colbertschen Merkantilismus, der auf einem weitverzweigten, alle Wasserscheiden verbindenden Kanalsystem basierte. Die erst 1760 einsetzende Kanalisierung Englands stand im Zeichen der industriellen Revolution. In der bereits 1835 abgeschlossenen „britischen Ära der Kanäle" wurde ein hoch entwickelter technischer Standard erreicht, an den der Ludwig-Donau-Main-Kanal anknüpfen konnte. Der Ludwigskanal, dessen kontinentübergreifende und völkerverbindende Aufgabe bei der Eröffnungsfeier 1846 hervorgehoben wurde, erzielte bereits 1850 sein höchstes jährliches Transportvolumen von 200000 t. Mit dem systematischen Ausbau des europäischen Eisenbahnnetzes erwies sich dann die künstliche Flußverbindung über Wasserscheiden hinweg als zunehmend unrentabel. Als die Reichsverfassung der Weimarer Republik alle deutschen Eisenbahnen der Zentralgewalt unterstellte und somit die regionale Tarifhoheit verlorenging, gewann die nordbayerische Forderung, durch eine Großschiffahrtsstraße an die „Rheinschiene" (Ruhrgebiet, Mündungshäfen) angeschlossen zu werden, an neuem

Gewicht. Der Bau des Rhein-Main-Donau-Kanals wurde 1921 im Staatsvertrag zwischen dem Deutschen Reich und dem Freistaat Bayern beschlossen, im gleichen Jahr die „Rhein-Main-Donau-Aktiengesellschaft" gegründet. Wirtschaftliche Depression und der Zweite Weltkrieg verzögerten den Bau, obgleich dem Kanal in der kriegswirtschaftlich orientierten Großraumpolitik des Dritten Reichs eine wichtige Rolle zuwuchs. Nach der Eröffnung des Nürnberger Hafens 1972 war von der von Aschaffenburg bis Passau 677 km langen Schiffahrtsstraße nur noch eine Reststrecke von 132 km zu bewältigen. Der Weiterbau des letzten Abschnitts zwischen Hilpoltstein und Kelheim, der nur durch landwirtschaftlich genutzte Gebiete der Fränkischen Alb führt, stieß 1980 vor allem unter Gesichtspunkten des Naturschutzes auf heftige Ablehnung: Die Nivellierung durch großflächige Erdaufschüttungen für die breite, zwischen weit auseinanderliegenden betonierten Staustufen geführte Kanaltrasse führt zu erheblichen Störungen in den empfindlichen Landschaftsräumen Altmühltal, Sulztal und Ottmaringer Tal mit ihren weitgehend unberührten Feuchtbiotopen. 1983 wurde der Weiterbau des Kanals beschlossen.

Beschreibung

Künstliche Wasserverbindung der Donau mit dem Main, damit Überwindung der Wasserscheiden Rhein und Donau. Mit einer Regelbreite von nur 16 m und natürlichem Bett fügt sich der Ludwigskanal in die Tallandschaft ein. Ab ▷ Griesstetten beginnt der eigentliche Stillwasserkanal, bei ▷ Sengenthal die 24 km lange, zugleich als Wasserreservoir dienende Scheitelhaltung, bautechnisch laut *Pechmann* „eine der kostbarsten Strecken des Kanals". Insgesamt etwa 100 Schleusen zur Überwindung des Gefälles, neun Stauwehre. – Kammerschleusen mit Futtermauern aus Großquaderwerk. Kammern: Länge 24,16 m, Weite 4,67 m, Fallhöhe (Normaltyp) 2,34 m. An den beiden Häuptern Stemmtore aus Eichenholz mit Öffnungsmechanik. – Wärterhäuser. Anfang der 1850er Jahre wurden 66 Wärter samt Gehilfen zur Bedienung der Schleusen angestellt. – Musterplan von *Pechmann,* korrigiert vom bayerischen Baukunstausschuß. Streng typisierte erdgeschossige Wohnhäuser, zumeist aus Quadermauerwerk, mit rückwärtigem kleinen Stall. Dem ludovizianischen Architekturideal entsprechend mit rundbogigen, profiliert gerahmten Öffnungen und überstehendem, flachen Satteldach, giebelständig auf Konsolfries aufsetzend. Innovative Dachkonstruktion mit bogenförmigen Bohlenbindern. – Im Landkreis Neumarkt sind Schleusen und Wärterhäuser erhalten bei (von Süden beginnend): ▷ Mühlbach (12), ▷ (Dietfurt (13, 14, 17), ▷ Ottmaring (18, 19, 20), ▷ Mühlhausen (28, 29,30), Forst (32). – Häfen. Im Landkreis ein Hafen in Neumarkt (Nürnberger Straße). Kanaltrasse trichterförmig zum rechteckigen Hafenbecken erweitert, z.T. mit Großquadern ausgelegt. Nur noch erhalten ein Gußeisenkran der Firma *Johann Wilhelm Späth* (Dutzendteich bei Nürnberg) von

1844 (bez.). – Von seinem südlichen Eintritt in den Landkreis bis ▷ Sengenthal nimmt der neue Main-Donau-Kanal (Normalbreite der Fahrrinne 55 m, zuzüglich Betriebsweg) die gleiche Führung wie der alte. Der besonders üppig eingewachsene Abschnitt des Ludwigskanals im Ottmaringer Tal soll nun zum Teil durch eine jüngst vorgenommene Trassenkorrektur des neuen Kanals samt dem Ottmaringer Moor gerettet werden. (Auf der Abschreibungsliste steht die Kanalstrecke nördlich von Ottmaring mit den Schleusen 18 und 19). Im Sulztal (Strecke ▷ Plankstetten bis ▷ Pollanten, Baubeginn 1987) bleibt der am Osthang neben Bahnlinie und Autostraße entlanglaufende Ludwigskanal erhalten, – auf Kosten des landschaftlich wertvollen Sulztals. – Der Ludwigskanal gilt als „einzigartiges Zeugnis frühindustrieller Landnahme" (Michael Brix, 1988).

LUHE Kr. Neustadt a.d. Waldnaab. *Karte 5*

Der 905 erstmals erwähnte Ort wurde 1270 Markt und erhielt 1273 durch Rudolf von Habsburg als Reichsgut eigene Gerichtsbarkeit (in Granit gehauenes „Gerichtsschwert" im Friedhof).

MARKTANLAGE

Langgestreckter, ehem. befestigter Straßenmarkt mit Traufseithäusern um 1800, nach dem Marktbrand 1928 weitgehend überformt. Der Marktplatz steigt nach Süden an, um sich vor dem ebenfalls befestigten Kirchhof zu verbreitern. Davon erhalten im Süden ein spätmittelalterlicher Torturm mit Pranger (oberer Teil des Turms mit Zeltdach und Glockenstuhl erneuert), der zusammen mit der westlich anschließenden, beringartig den Kirchhof umfassenden Gebäudegruppe mit dem im Kern barocken ehem. Rathaus den Kirchturm malerisch einrahmt.

★ **Kath. Pfarrkirche St. Martin.** Seit 1280 wurde die Pfarrei durch das Kloster Waldsassen verwaltet. Weihen der Kapellen St. Oswald und St. Sigismund 1376 lassen auf einen gotischen Vorgängerbau schließen. – Der Turm vermutlich 1524 (Bauinschrift) begonnen. Größere Baumaßnahmen 1699 (Inschrift am Chor), im gleichen Jahr Weihe. Mit diesem Datum sind wohl die Aufstockung des Turmes und eine Verlängerung des Baus nach Westen zu verbinden. Ausstattung seit 1730. Nach 1761 erneute Veränderungen: Hochaltar, vier Seitenaltäre, Westempore. – 1950 innen, 1969 außen renoviert. – Turm mit spitzbehelmtem Oktogonaufsatz an der Nordseite des eingezogenen, dreiseitig geschlossenen Chores, im Innern Stichkappentonne, Wandgliederung durch toskanische Doppelpilaster. Das Langhaus in der Breite beträchtlich über den Chor ausgreifend mit Flachdecke auf seitlichen, von Stichkappen durchsetzten Vouten. – Stukkaturen um 1730 mit Laub- und Bandelwerk sowie einzelnen Gitterfüllungen. Deckenbilder in altertümlich kleinformatiger Disposition; von Ost nach West: Einführung der Gürtelbruderschaft Maria Trost (in Anlehnung an ein Fresko *Cosmas Damian Asams* in der ▷ Amberger Maria-Hilf-Kirche), der Gekreuzigte inmitten Heiliger (Corpus-Christi-Bruderschaft), Maria und Engelskonzert. Inschriftkartuschen an der Stirnwand und an den seitlichen Rändern erläutern das Thema der Seitenaltäre. Deckenbilder im Chor mit Szenen aus der Martinslegende erst um 1930 entstanden.

Ausstattung. – Für eine Marktkirche ungewöhnlich ist die Parade kunstvoller Altäre. Hochaltar um 1760, Baldachinaufbau mit vier gedrehten Säulen, Altarblatt hl. Martin als Fürbitter, Seitenfiguren der Erzengel Michael, Gabriel, Raphael und Schutzengel. Aus der gleichen Zeit die vier paarweise an den Langhauswänden gegenübergestellten Altäre, konkave Rokokoretabel mit Säulen und Volutenpilastern. Die Altäre auf der Nordseite sind dem Thema der Corpus-Christi-Bruderschaft gewidmet, der östliche mit plastischer Gruppe des Gekreuzigten und Assistenzfiguren, der westliche mit Altarblatt der Schlüsselübergabe an Petrus, Seitenfiguren der Evangelisten Lukas und Markus, im Tabernakel der Wiesheiland. Die Altäre auf der Südseite sind der Gürtelbruderschaft verpflichtet, östlich mit Gnadenbild der Maria vom Trost, als Seitenfiguren die Urheber dieser Bruderschaft, die hll. Augustinus und Monika; daneben Retabel mit Altarblatt der Maria Immaculata zwischen hll. Jungfrauen, Seitenfiguren der hll. Antonius von Padua und Franz Xaver sowie „Prager Jesulein“ im Tabernakel. – Altäre an der Stirnwand des Langhauses um 1730, konkave Säulenretabel mit Altarblättern um 1760, hl. Familie (nördlich) bzw. Mariä Tempelgang (südlich), und Reliquienschreinen der römischen Märtyrer hl. Justinus und hl. Hilaria. – Nazarenische Kreuzwegbilder (nach Vorbild des *Josef von Führich*) in Empirerahmen. – Kanzel 2. Hälfte 18. Jh. – Figuren an den Kirchenwänden: die hll. Sebastian, Emmeram und Wolfgang, alle um 1500, eine Muttergottes und hl. Johannes von Nepomuk, Rokoko. – Im Vorzeichen Sandsteinrelief mit Ölbergszene, verwitterte Arbeit der 1. Hälfte des 15. Jh. – Am Chorbogen farbig gefaßte Sandstein-Grabplatte für Johann Ludwig von Stinglheim auf Kürn, Bernhardswald und Wildenau, sulzbachischer Pfleger zu Parkstein und Weiden († 1741).

LUPBURG Kr. Neumarkt i. d. Opf. *Karte 8*

Gründung der Burg wohl im 12. Jh. durch die 1129 erstmals erwähnten Lupburger, 1299 kam Lupburg an das Regensburger Hochstift, 1387 an die Wittelsbacher (an deren Münchener Linie 1392). 1395–1572 Sitz der Herren von Parsberg. Der Kölner Spruch teilte Lupburg 1505 Pfalz-Neuburg zu. Der Verfall setzte mit der Privatnutzung 1803 ein.

Ortsanlage

Das Schloß liegt etwa hufeisenförmig, ostwärts an einen Felsen gelehnt, auf einer Bergkuppe. Der in das 12. Jh. zurückgehende Bering aus unregelmäßig bearbeiteten Kalksteinquadern teilweise erhalten.

Die noch vorhandenen Gebäude über alten Grundmauern im 17./18. Jh. errichtet (zweigeschossiger Hauptbau im Westen). – Der Markt unterhalb des Schlosses ist auf den drei steilen Sonnenseiten mit serpentinenartigen Straßen angelegt, die von zumeist giebelständigen Häusern gesäumt werden. Das Zentrum bildet die Pfarrkirche.

Kath. Pfarrkirche St. Barbara. Die urspr. gotische Anlage 1937 unter Einbeziehung des Westturms von 1599 grundlegend erneuert, restauriert 1987. – Turm mit achteckigen, durch Rechteckblenden mit Bogenfriesen gegliederten Obergeschossen und Zwiebeldach. – Langhaus mit in das Dachwerk integriertem Holztonnengewölbe. – Ausstattung. – Hochaltar und Kanzel mit Rocaille-Ornamentik, 1788 von dem Parsberger *Joseph Waller,* 1791 von *Michael Waller* gefaßt. Viersäulen-Retabel mit Seitenfiguren der hll. Petrus und Paulus und Altarblatt Martyrium der hll. Barbara und Sebastian. – Seitenaltäre ebenfalls viersäulig, wohl Anfang 18. Jh., links Altarblatt Maria Immaculata, rechts hl. Joseph. – Mehrere z. T. fast lebensgroße Heiligenfiguren des 18. Jh. an den Langhauswänden. – Grabdenkmäler: An der nördlichen Langhausinnenwand große Rotmarmorgrabplatte für Ritter Christoph von Parsberg zu Lupburg († 1462), mit lebensgroßer Figur des Verstorbenen im Plattenharnisch, mit Rennfahne und Schwert, vorzügliche Arbeit des Steinmetzen *Matthäus Roritzer* zugeschrieben. – In der Turmvorhalle Kalksteinepitaph für den Richter Balthasar Zigler († 1578) und seine Gemahlin Barbara, geb. Heckl († 1576), mit Relief des Auferstandenen.

Kapelle St. Johannes von Nepomuk. Halbrunder Bau mit Vordach über gemauerten Rundpfeilern, 1731 von Pfleger Johann Peter Vogel errichtet, 1973 renoviert.

M

MÄHRING Kr. Tirschenreuth. *Karte 3*

Kath. Pfarrkirche St. Katharina. 1771 Kirchenneubau unter Verwendung des Chors aus dem 16. Jh. und des Turms von 1660. Renovierung 1979/80. – Saalbau mit eingezogenem, gerade geschlossenem Chor. Turm mit Zwiebeldach an der Langhausnordseite. – Im Langhaus flache Stichkappentonne mit Rahmenstuck, im Chor Kreuzgewölbe, originaler Granitfußboden. – Hochaltar mit Tabernakel um 1730, vermutlich aus der Amberger Franziskanerkirche, Aufbau aus Stuckmarmor wohl neubarock. Spätbarocke Seitenaltäre in neubarokker Überarbeitung.

St.-Anna-Gedächtniskirche mit Grenzlandturm. Nach dem Zweiten Weltkrieg als Gedenkstätte auf dem Pfaffenbühl nahe der tschechoslowakischen Grenze errichtet.
Im Markt mehrere **Dreiseithöfe** und **Vierseithöfe** mit Fachwerk aus dem 18. Jh.

MALLERSTETTEN
Stadt Dietfurt a. d. Altmühl, Kr. Neumarkt i. d. Opf. *Karte 12*

Kath. Filialkirche St. Georg. Unter Einbeziehung des gotischen Chorturms im 17. Jh. errichtet, wohl 1864 nach Westen erweitert. Innenrenovierungen 1971 und 1989. – Turm mit Schlitzfenster und Stufengiebel, in seinem Erdgeschoß der eingezogene, kreuzgewölbte Chor. Im Schiff Flachdecke mit erneuertem Deckenbild Hl. Dreifaltigkeit. – Ausstattung weitgehend neugotisch. Am Hochaltar links Figur der hl. Barbara, um 1700, rechts hl. Augustinus, um 1500. – An der linken Schiffswand volkstümliche Gruppe des hl. Georg mit Drachen und Prinzessin, Mitte 17. Jh.

MANGOLDING Gem. Mintraching, Kr. Regensburg. *Karte 14*

Kath. Filialkirche St. Peter und Paul. Chor und Langhaus im Kern vermutlich 13. Jh., barocke Verlängerung nach Westen. – Saalbau mit schlankem Turm auf der Südseite; das Oktogon mit Zwiebelhaube 1725 aufgesetzt. Im Innern spätromanisches Fischgrätmauerwerk erhalten. – Kirchenraum über Hohlkehle flachgedeckt, Rahmenstuck. – Ausstattung. – Hochaltar in Neurenaissanceformen des ausgehenden 19. Jh., mit Figuren der hll. Petrus, Paulus und Johannes Ev. – Seitenaltäre um 1700, Säulenretabel mit Muschelnischen und Akanthusschnitzereien, südlich Muttergottesfigur um 1500 in erneuerter Fassung. – An der südlichen Langhauswand Kruzifix um 1700, gegenüber Ölgemälde von 1772, Christus an der Geißelsäule, sign. *A:H:F:R.* – Im westlichen Vorzeichen stark verwitterte steinerne Kreuzigungsgruppe, Anfang 16. Jh.

MANNSDORF Gem. Schierling, Kr. Regensburg. *Karte 13*

Kath. Filialkirche St. Andreas. Kirchenbau des 17. Jh., 1839 um ein Joch nach Westen erweitert. Weihe des bestehenden Baus 1871. Die Einrichtung des 19. Jh. wurde in den siebziger Jahren bis auf wenige Stücke ausgeräumt. – Turm und Teile der Kirche in einigen Bereichen wohl noch mittelalterlich, jedoch barock und im 19. Jh. verändert. Untergeschoß des Turms mit Lichtschlitzen, achteckiges Obergeschoß mit Zwiebelhaube, nach 1829. – Dreiseitig abschließender Saalbau mit durchgehendem Kreuzgratgewölbe über Pilastergliederung. – Decken- und Wandgemälde nach 1839: im Altarraum Opferung Isaaks, Abraham vor Melchisedek (beide an der Wand), Herz-Jesu, Vier Evangelisten, emblematische Darstellungen (Pelikan, apokalyptisches Lamm), im Schiff hl. Florian, Kirchenväter, die hll. Cäcilia, Paulus und Petrus. – Anstelle des Hochaltars jetzt nur noch plastische Gruppe der Vierzehn Nothelfer von *Josef Kopp,* München, darüber hl. Andreas. – Kirchenbänke ebenfalls noch 19. Jh. – Rosenkranzmadonna des 17. Jh.

MANTEL Kr. Neustadt a. d. Waldnaab. *Karte 5*

Der 1188 erstmals erwähnte Ort wurde 1654 zum Markt erhoben.

Ev. Pfarrkirche St. Peter und Paul. Wohl im Kern gotisch, erste Erwähnung 1607. Der heutige Bau vermutlich 1614 (Inschrift am Turm). Einschneidende Veränderungen 1908 (Bauinschriften) nach Auflösung des Simultaneums: Anbau eines nördlichen Seitenschiffs mit Rundturm, eines westlichen Eingangsbaus mit Zugang zu den neuen Emporen, der Sakristei, achteckiges Turmobergeschoß mit Zwiebelhaube und Laterne. Veränderungen an der östlichen Außenwand. – Aus einer schlichten, spätgotischen Saalkirche wurde durch die von den Protestanten betriebene Restaurierung und Erweiterung ein stattlicher, von verschiedenen Stilformen geprägter, späthistoristischer Bau. – Eingezogener, kreuzgratgewölbter Chor im Ostturm. Hauptschiff des Langhauses mit flacher Holzdecke, Stichkappentonne im Nebenschiff. Herrschaftsempore an der Südwand mit Außenaufgang, 1908 erneuert (Inschrift). – Altar und Kanzel um 1700. Altarbild von 1908. Bis zur Auflösung des Simultaneums befand sich das an der Nordwand hängende Bild, hl. Petrus und hl. Paulus, dat. 1800, am Altar. – Orgelprospekt 1908 gestiftet.

Kath. Pfarrkirche St. Peter und Paul. 1899 errichtet. – Nach Norden gerichteter gotisierender Bau, durch Lisenen und Spitzbogenfriese gegliedert. Am eingezogenen, dreiseitig geschlossenen Chor gestufte Strebepfeiler, Ostturm mit Spitzhelm. – Kreuzrippengewölbter Chor. – Barockfiguren der hll. Petrus und Paulus.

Kath. Wallfahrtskirche St. Moritz (Moritzweg). Der dreiseitig geschlossene Bau mit Flachdecke 1734 errichtet. Innen 1968, außen 1980 renoviert. – Westliche Eingangsfront mit Eckpilastern, Voluten-

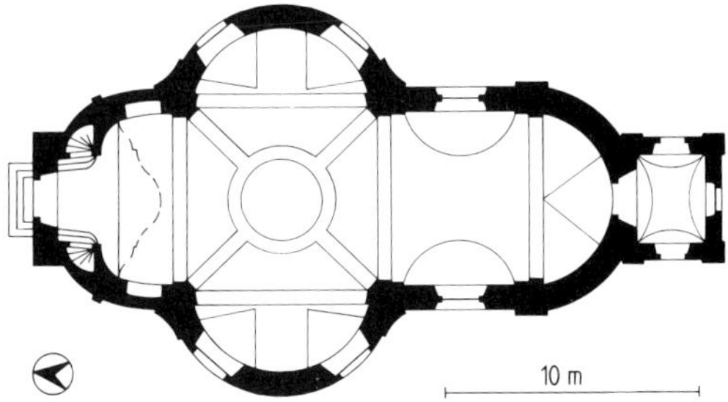

Marchaney, St. Jakobus Maior

giebel und Zwiebeldachreiter. – Prächtiger Hochaltar um 1760, Rokokoretabel mit Säulen, Volutenpilastern und Seitenfiguren. Schlichter die zeitgleichen Seitenaltäre mit Altarblättern der hll. Sebastian bzw. Wendelin. – Kanzel und Orgel in Rokokoformen. – Kreuzwegbilder 18. Jh. – Gemälde des Geißelheilands, 18. Jh.

Ehem. Hammerschloß (Sägstr. 10). Bau mit Walmdach, Eckpilastern und geohrten Fensterrahmungen, Mitte 18. Jh.

MARCHANEY Stadt Tirschenreuth, Kr. Tirschenreuth. *Karte 3*

Kath. Kirche St. Jakobus Maior. Am Fuß des Ahornbergs 1733 von *Philipp Muttone* erbaut. Renovierung außen 1977, innen 1982–84. – Die ungewöhnliche Anlage ist wohl auf den Einfluß der Kappelkirche zurückzuführen: vierpaßförmiger Zentralbau, der Chor um ein querrechteckiges Joch verlängert. – Nördliche Eingangsfront hervorgehoben durch Portalrahmung aus Granit, Schweifgiebel und Zwiebeldachreiter. Über der Vierung hohe Laterne mit Kuppeldach. Im Innern Flachkuppel, die Konchen mit flachem Stichkappentonnengewölbe. Vierungsecken durch Pilaster mit verkröpftem Gebälk akzentuiert. – Umfangreiche Gewölbefresken mit Szenen aus dem Leben des hl. Jakobus Maior von *Elias Dollhopf*, nach Brand 1945 neu gemalt (1980 renoviert). – Ausstattung. – Viersäuliger Hochaltar der Erbauungszeit mit Nischenfigur des hl. Jakobus, Seitenfiguren des hl. Petrus und hl. Johannes Ev. – Seitenaltäre neuromanisch. – Kanzel um 1733, auf dem Schalldeckel hl. Michael. – An den Wänden Nachbildungen der beim Brand zerstörten Apostelfiguren der 1. Hälfte des 18. Jh.

MARIAORT Gem. Sinzing, Kr. Regensburg. *Karte 13*

★ **Wallfahrtskirche Unserer Lieben Frau.** An der Mündung der Naab in die Donau, auf schmaler Landzunge gelegen. Als Marienkirche 1352 erstmals erwähnt. Ehemals zum Kloster St. Emmeram in Regensburg gehörend. Blütezeit der Wallfahrt im 17./18. Jh. – Das Gnadenbild, der Legende nach in der Zeit der oströmischen Bilderstürme (8. Jh.) bei Konstantinopel ins Meer geworfen, soll auf einer Wacholderstaude stromaufwärts hierher getrieben worden sein (an der Sakristei außen Kragstein mit der legendären Staude). Legendär auch der Bau der Kapelle, für die Engel das Baumaterial herantrugen. – 1774–76 Neubau von Chor und Langhaus, Ausmalung durch *Matthäus Schiffer*. Weihe 1774. – Nach dem Zweiten Weltkrieg 1952 wiederhergestellt, z. T. mit Übermalungen. 1984 Restaurierung, Neufassung an nachgedunkelten Stellen.

Äußeres. – Von der spätgotischen Kirche der ehem. Chor erhalten, Mitte 15. Jh., jetzt Sakristei. Polygonal schließend mit dreieckigen Streben, Maßwerkfenster nach Osten. Turm auf der Südseite, das quadratische Untergeschoß mittelalterlich, oktogonaler Aufsatz des 18. Jh. mit welscher Haube. Aus der Achse gerückt der segmentbogig ausgebildete, spätbarocke Chor, wie das Langhaus mit Lisenengliederung. – Inneres. – Großräumige Saalkirche mit eingezogenem Chor, typisch die umlaufende Wandgliederung durch Doppelpilaster, hier mit klassizistisch ausgeformtem Gebälk. Die Chorwand seitlich konkav gerundet, der Chorbogen gemuldet. Stichkappentonnenwölbung, über dem Langhaus stichbogig. Doppelte Westempore. – Deckenmalerei von *Schiffer* um 1774. Jochübergreifende Bildfelder in barocker Raumillusion, gemalte Stuckrahmen und -kartuschen, Stand- und Sitzfiguren, Medaillons in Tonmalerei. Im Chor Auffindung des Gnadenbildes im Fluß, ergänzt durch Szenen der Legende in den Medaillons. Im Langhaus Himmelfahrt Mariä. Die Kartuschen zeigen Ereignisse aus der Wallfahrtsgeschichte.

Ausstattung. – Hauptaltar, stattlicher viersäuliger Aufbau um 1774, im Übergang vom Rokoko zum Klassizismus. In einer Nische das steinerne Gnadenbild der Muttergottes aus der 2. Hälfte des 14. Jh., Fassung und Krone verändert. Seitlich überlebensgroße Holzfiguren der hll. Petrus und Paulus, weiß gefaßt. Im Auszug Gottvater in der Glorie. – Im Chor Nebenaltäre aus der Mitte des 17. Jh., Altarblätter: Anbetung der Könige und Anbetung der Hirten. – Seitenaltäre an der Chorwand, um 1776–80, *Simon Sorg* zugeschrieben, mit Schnitzfiguren der hll. Sebastian und Joseph. – Kanzel um 1775, Spätrokoko, *Joachim Anton Pfeffer* zugeschrieben, Nachfolger von *Franz Anton Neu*. Auf dem Schalldeckel Figur des hl. Augustin; am Kanzelkorb Reliefbilder des Sämanns und des Guten Hirten; an der Rückwand Fischzug Petri. – Geschnitzte Beichtstühle, frühklassizistisch.

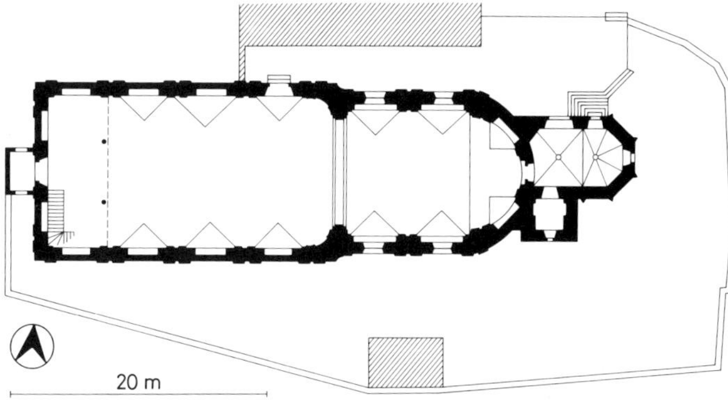

Mariaort, Wallfahrtskirche Unserer Lieben Frau

★ **Kalvarienbergkirche Hl. Kreuz.** Südöstlich der Wallfahrtskirche, auf einem Felsen über dem Zusammenfluß von Naab und Donau gelegene Kalvarienanlage, errichtet 1714/15 als Stiftung des Regensburger Weihbischofs Albert Ernst Graf Wartenberg († 1715). Zuschreibung der Holzfiguren an *Franz Anton Neu*. Vierseitig schließender gestreckter Saalbau ohne Turm. Außengliederung durch Mauerbänder, hochliegende Rundbogenfenster. – Innenraum mit Spiegelgewölbe, gegliedert durch korinthische Pilaster auf hohen Sockeln, in den Intervallen kastenförmige Wandnischen. Über den in die Gewölbezone einschneidenden Rundbogenfenstern segmentgiebelartige Gesimse und Blendbogen. Geschweifte Doppelempore im Westen. – Hochliegender Kreuzaltar, darunter hl. Grab. In ganzer Langhausbreite Treppenanlage zum Presbyterium. Die Anlage – in der Tradition der Scala Santa in Rom – ist hier Teil einer eigentümlichen barocken Rauminszenierung, die den Wallfahrer durch Bilddarstellungen und Freifiguren maßstäblich einbezieht. Lebensgroße Propheten: Jesajas und Jeremias, sowie Engelsfiguren in affektiver Bewegung flankieren auf Sockeln die Aufgänge. Gemalte Kreuzwegstationen (urspr. war *Johann Gebhard* aus Prüfening damit beauftragt) in tiefen Wandnischen umschließen den Saal, rückwärtig zu einer apsidenartigen Großnische erweitert mit Darstellung des Kalvarienbergs. Hintergrund für die plastischen Golgathafiguren im Presbyterium: Christus am Kreuz, seitlich Maria und Johannes; an der Schwelle zum Langhaus die gekreuzigten Schächer. – Beichtstühle mit Akanthusschnitzerei, um 1715.

MARIENSTEIN Markt Falkenstein, Kr. Cham. *Karte 10*

Kath. Filialkirche St. Petrus. Über felsiger Bergspitze hoch aufragender Bau. – Angeblich zur Sühne eines Brudermords von einem Freiherrn von Satzenhofen gegründet. Dieser war Besitzer der seit dem 13. Jh. als Lehen der Regensburger Bischöfe nachweisbaren Burg auf dem benachbarten felsigen Sengersberg bei Hagenau (geringe Reste des mit unregelmäßigen Granitquadern verblendeten Mauerwerks vorhanden). – 1719 ff. anstelle einer kleineren Vorgängerkirche erbaut, Weihe 1729. Nach Brand 1821 Wiederherstellung. Renovierung 1978. – Saalbau mit korbbogiger Altarnische; niedriger Anbau auf der Südseite, im 20. Jh. auf die gesamte Länge des Langhauses ausgedehnt. In den Felsen gebauter Westturm mit Oktogonaufsatz und eingeschnürter Zwiebelhaube. – Flachdecke über Hohlkehle. Gestaffelte Pilaster mit durch Vasen geschmückten Gebälkstücken deuten auf eine urspr. Überwölbung des Raums hin. – Ausstattung. – Hochaltar der Erbauungszeit, Säulenaufbau mit seitlichen Akanthusranken, Altarblatt: Schlüsselübergabe an Petrus. – Drei Leinwandbilder mit Szenen aus dem Marienleben, 18. Jh. – An der Nordwand Muttergottesfigur um 1500.

MARTINSNEUKIRCHEN Gem. Zell, Kr. Cham. *Karte 10*

Kath. Filialkirche St. Martin. In runder Friedhofsummauerung des 18. Jh. – Saalbau von 1721 mit Pilastergliederung, renoviert 1983/84. Turm an der Südseite mit Oktogonaufsatz und Zwiebelhaube. – Langhaus und halbrund geschlossener Chor gleichbreit, durch einspringenden Chorbogen getrennt. Wandgliederung durch breite Pilaster mit vorgelegten Halbsäulen und dreiteiligen Gebälkstücken.

Ausstattung. – Hochaltar, wohl 1720/30, Aufbau mit gewundenen Säulen, Gemälde hl. Martin mit Bettler; über den seitlichen Durchlässen goldgefaßte Seitenfiguren der hll. Benedikt und Walburga. – Seitenaltäre Rokoko, konkave Aufbauten mit gewundenen Säulen und Altarblättern: links Vierzehn Nothelfer, rechts hl. Sebastian. – Kanzel aus dem 1. Viertel des 18. Jh., zwischen gedrehten Säulen Figuren des Salvator Mundi und der Evangelisten in Muschelnischen, als Bekrönung hl. Michael. – Laien- und Chorgestühl mit reichen Akanthusschnitzereien, 1. Viertel 18. Jh. – An den Langhauswänden Figuren des 18. Jh.: links die hll. Heinrich und Franz Xaver, rechts die hll. Kunigunde und Johannes von Nepomuk. – Über dem Chorbogen Relief: Gottvater und Hl. Geist mit Putten, 1. Viertel 18. Jh. – Seelenkapelle, südlich angebaut, heute mit dem Langhaus durch stichbogigen Durchgang verbunden. Altar 1. Viertel 18. Jh., kleiner Säulenaufbau, von gemalten Totenköpfen in Akanthusrahmung flankiert; Altarblatt: Muttergottes als Fürbitterin der Armen Seelen.

MATTING Gem. Pentling, Kr. Regensburg. *Karte 13*

Am Südostufer der Donau gegenüber steilen Kalkfelsen gelegen in der nur von der Bahnlinie berührten Flußlandschaft zwischen Bad Abbach und Sinzing. Schon im frühen Mittelalter nachgewiesen; ein dörfliches Ensemble des 16./17. Jh. mit Fähre.

Kath. Pfarrkirche St. Wolfgang. Urspr. eine romanische Chorturmkirche mit Wehrfunktion, wie die Schießscharten im mittelalterlichen Turm anzeigen; allseitig doppelte Klangarkaden, Pyramidendach. Langhaus von 1740, flachgedeckt. – Ausstattung der Erbauungszeit mit nachträglichem, gut eingefügtem Hochaltar, 1772–78 von *Joachim Anton Pfeffer,* Prüfening. Viersäuliger, schlanker Rokoko-Aufbau mit Holzfiguren der hll. Emmeram und Benedikt; Gemälde von *Matthias Schiffer:* hl. Wolfgang prophezeit seinem Schüler König Heinrich die Wahl zum Kaiser. – Seitenaltäre 1747 von *Franz Anton Neu,* Prüfening; Altarblätter hl. Vitus (1719 von *Johann Gebhard,* Prüfening), und hl. Wendelin. Im Tabernakel des rechten Altares sitzende Muttergottes, 15. Jh., verändert. – Kanzel 1741, *Franz Anton Neu* zugeschrieben; vom gleichen Künstler Schnitzfigur: Christus an der Geißelsäule, 1747.

Pfarrhof (Wolfgangstr. 22). Stattlicher, zurückgesetzter Krüppelwalmdachbau von 1773; Pfarrstadel gleichzeitig.

An der Donau 21. Flachgiebelhaus mit Schieferdach, im Kern 15./16. Jh.; Rauhputz, Fenster und Gebäudeecken durch Quaderdekor belebt, profilierte Steingewände. – Restaurierung seit 1986. Im Obergeschoß ehem. Weinstube über die ganze Hausbreite mit Holzdecke. Bäuerliche Wandmalereien von 1606/1608: Figuren in Tracht und Darstellungen des Handwerks. – Rückwärtig anschließend zwei Steinhäuser mit gewölbten Kellern.

MAUSBERG Markt Hahnbach, Kr. Amberg-Sulzbach. *Karte 4*

Kath. Wallfahrtskirche Unserer Lieben Frau. Auf einer Anhöhe südwestlich von Gebenbach 1750 erbaut, 1843 verändert. Letzte Restaurierung 1989/90. – Saalbau mit eingezogenem, dreiseitig geschlossenem Chor. Westturm mit Spitzhelm von 1870. – Flache Stichkappentonne, rhythmisierte Wandpilaster. Nazarenische Deckenbilder mariologischer Thematik, wohl um die Mitte des 19. Jh.: Himmelfahrt Mariä im Langhaus, Maria Immaculata im Chor, Grisaillen in den Stichkappen. Bildfenster gleichen Stils. – Ausstattung. – Drei Altäre, Säulenretabel mit Rokokodekor. Hochaltar mit Maria-Hilf-Bild nach *Lukas Cranach,* als Seitenfiguren weibliche Heilige. – Die übrige Ausstattung von der nazarenischen Ausgestaltung im 19. Jh.: Altarblätter der Seitenaltäre (hl. Benediktus bzw. hl. Wendelin), Kanzel, in die Emporenbrüstung montierte Blechbilder mit Christus Salvator und den Zwölf Aposteln, Orgelprospekt, Kreuzwegbilder, Skulpturen. – Barocke Mondsichelmadonna.

MAUSHEIM Markt Beratzhausen, Kr. Regensburg. *Karte 8*

Kath. Filialkirche St. Thekla, ehem. Wallfahrtskirche, Mitte 18. Jh. erbaut, letzte Restaurierung 1968/69. – Eingezogener, halbrund geschlossener Chor, verschindelter Giebelreiter mit Zeltdach. – Im Chor korbbogiges Tonnengewölbe mit Stichkappen. Langhaus flachgedeckt über Hohlkehle, Deckenfresken der Erbauungszeit, 1904 renoviert: Hl. Dreifaltigkeit, Muttergottes und hl. Thekla. – Ausstattung. – Hochaltar, viersäuliges Rokokoretabel mit Altarblatt hl. Thekla, Seitenfiguren der hll. Joseph und Franz Xaver (?). – Seitenaltar um 1700, zierlicher Aufbau mit vier gewundenen Säulen und seitlichen Akanthusranken; Nischenfiguren: hl. Florian, im Auszug hl. Wendelin. – Votivbilder 2. Hälfte 18. Jh.

MICHELFELD Stadt Auerbach, Kr. Amberg-Sulzbach. *Karte 4*

Ehem. Benediktinerabtei. 1119 gründete Bischof Otto I. das Benediktinerkloster Michelfeld und besetzte es aller Wahrscheinlichkeit nach mit Mönchen aus dem hirsauischen Reformkloster Michelsberg in Bamberg; Weihe der Kirche 1120. Schwere Verwüstung durch die Hussiten 1429, dann, nach der Aufhebung des Klosters 1556, durch die kalvinischen Bilderstürmer und schließlich 1634 durch die Schweden. 1661 durch Kurfürst Ferdinand Maria mit Mönchen aus Oberaltaich neu besiedelt; 1695 wieder selbständige Abtei. Ende 17. Jh. Neubau von Kirche und Kloster durch den Michelfelder Klostermaurermeister *Christoph Grantauer,* unter Oberleitung des *Wolfgang Dientzenhofer,* wohl nach Plänen von *Georg Dientzenhofer* († 1689): Kloster 1685–89, Kirche 1689–95, Turm und Westtrakt des Klosters 1695–1700. Unter Abt Wolfgang Rinswerger (1707–21) Neugestaltung des Chors mit östlich anschließender Sakristei und darüberliegendem Mönchschor, Einbau der Orgelempore und Innenausstattung. 1803 wurde das Kloster aufgehoben und die Kirche der Pfarrei eingegliedert. 1965 Wiederherstellung der Fassadenfarbigkeit nach Befund. Im Lauf der achtziger Jahre Renovierung des gesamten Klosterkomplexes.

★ **Kath. Pfarrkirche St. Johannes Bapt., ehem. Klosterkirche.** Wandpfeilerkirche mit nicht ausgesondertem, querrechteckigem Chor. – Außenbau. – Der in den westlichen Klostertrakt eingebundene, leicht vortretende Westturm mit Zwiebelhelm und Laterne bildet mit seiner reichen Pilastergliederung die Eingangsfront der Kirche; prächtiges skulpturenbesetztes Säulenportal, beidseitig Nischenfiguren des Kaiserpaars Heinrich und Kunigunde. Polygonaler Dachreiter über der Sakristei. – Im Innern zwischen den Wandpfeilern mit korinthisierenden Doppelpilastern und verkröpften Gebälkstücken tiefe Seitenkapellen und Emporen, Tonnengewölbe mit Stichkappen. Im Chor eine böhmische Kappe (Holzgewölbe), in den Ecken freistehende Säulen.

Dekoration

Die Ausschmückung der Klosterkirche Michelfeld nimmt eine Schlüsselstellung im Werk der Brüder *Asam* ein, die hier zum ersten Mal ihren eigenen Stil entfalten konnten. Ihre Tätigkeit in Michelfeld bereitet Weltenburg vor, wo dem barocken Kirchenraum im Sinn eines Gesamtkunstwerks neue Dimensionen eröffnet wurden. – Deckenstukkaturen von 1716–21: zarte Laub-, Blüten- und Bandwerkmotive, durch Putten, allegorische Figuren, Muscheln und Kartuschen angereichert, wohl dem *Carlone-Allio*-Kreis zuzuordnen. – Deckengemälde von *Cosmas Damian Asam* 1717/18. *Asam* führte hier zum ersten Mal größere Deckenfresken aus und entwickelte die von einem Lichtzentrum ausgehende zentrifugale Bildkomposition. Im Chor in einer Scheinkuppel die Sieben Gaben des Hl. Geistes, in den Zwickeln die Vier Evangelisten. Im Schiff nach Ost und West: Auferstehung Christi, Christus am Ölberg, umgeben von Halbfiguren der Vier Kirchenväter, Anbetung der Hirten, sign. und dat. „*C. D. Asam* 1717". An den Quertonnen der Kapellen und Emporen Embleme und lateinische Inschriften.

Ausstattung

Hochaltar von *Egid Quirin Asam* 1720/21. Der Aufbau mit zwei gewundenen Säulen verbindet sich mit der Ostwand zu einer Schauwand, in der die Raumarchitektur ihren steigernden Abschluß findet. Altarblatt Abendmahl, 1721 von *Cosams Damian Asam.* Im Auszug Gottvater, seitlich des Altars lebensgroße Figuren der hll. Otto und Wolfgang. Tabernakel um 1780 in Form eines Zentralbaus. – Die Altäre der Seitenkapellen mit reichem Figurenschmuck, 1716–21, großenteils *Egid Quirin Asam* zugeschrieben. Die südlichen Altäre mit Altarblättern (Triumph des hl. Benedikt von *Otto Gebhard* aus Prüfening, Mitte 18. Jh.), während beim Aufbau der nördlichen die Fenster einbezogen sind. – An den Seitenwänden der Kapellen und an der Westwand lebensgroße Stuckfiguren der Vierzehn Nothelfer, die als 1716–21 geschaffene Erstlingswerke *Egid Quirin Asams* gelten. – Kanzel aus Stuckmarmor, ebenfalls von *Asam.* Am Korpus Reliefs mit den göttlichen Tugenden Glaube, Liebe und Hoffnung, als Schalldeckelfigur hl. Paulus. – Orgel mit Rokokoschnitzwerk von Laienbruder *Anton Denzler* († 1764). – Beichtstühle mit Laubwerkschnitzereien um 1720. – Leinwandbespannte Sockelzone im Langhaus, mit Blumenvasen bemalt, Abschlußgesims in üppigen Rokokoformen, um 1750/60.
Östlich des Chors die um 1720 ausgestaltete Sakristei. Spiegeldecke mit Laub- und Bandelwerkstuck; Schrank mit geschnitzten Aufsätzen aus Laubwerk. – Darüber der 1986 restaurierte Mönchschor: über Doppelpilastern Stichkappentonne mit Stukkaturen der *Carlone*-Werkstatt, die Deckenbilder von *Cosmas Damian Asam* mit den Erzengeln Raphael, Michael und Gabriel (von Süd nach Nord), von Emblemen, die sich auf Gebet und Leben der Mönche beziehen, und Wap-

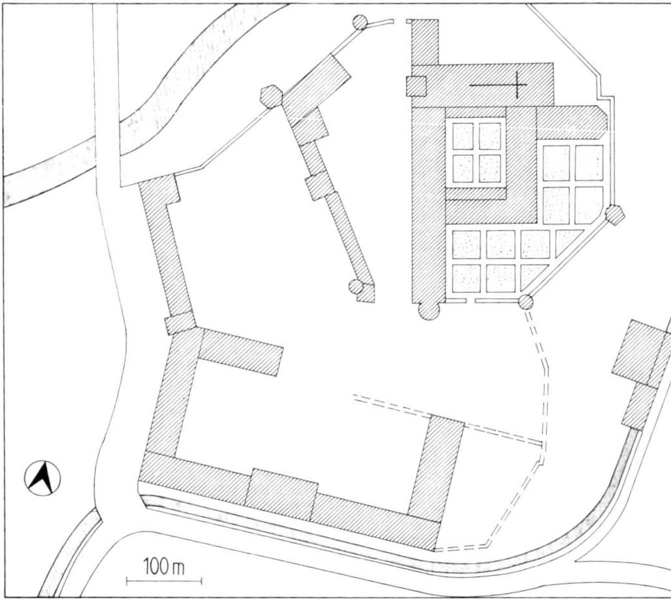

Michelfeld, ehem. Benediktinerabtei

pen begleitet, darunter das Wappen des Abtes Wolfgang Rinswerger mit dem Entstehungsjahr 1716.

Klosterbezirk. Die in weiten Teilen erhaltene Befestigungsanlage des 15. Jh. – eine Ringmauer mit fünf Rund- und zwei Polygonaltürmen, rings von Wasser umflossen – verleiht dem Kloster einen besonderen Reiz. Der Zugang erfolgt von Westen über den inneren Torturm („Beckenturm") mit Spitzbogendurchfahrt und Walmdach (18. Jh.), seitlich das ehem. Bräuhaus, Pförtnerhaus und Dienerschaftsgebäude. Im 17./18. Jh. wurden südwestlich des Berings die Ökonomiegebäude angefügt: im Westen der inzwischen mehrfach geteilte Gasthof, im Anschluß der äußere Torturm mit repräsentativer Portalrahmung. Südwärts der vierflügelige Ökonomiehof. Im Osten die stattliche ehem. Mahlmühle, über dem Portal das Wappen des Abts Heinrich Harder, dat. 1724, außerdem der Fachwerkbau der Schneidmühle.

Klostergebäude, jetzt Versorgungs- und Pflegeheim der Dillinger Franziskanerinnen. Die vierflügeligen, überwiegend dreigeschossigen Klo-

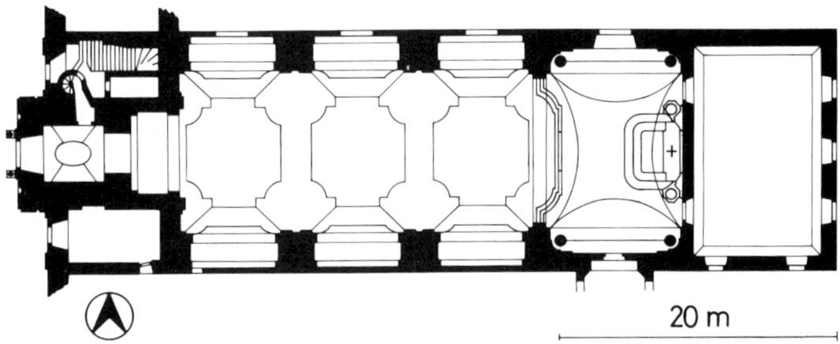

Michelfeld, Pfarrkirche, ehem. Klosterkirche St. Johannes Bapt.

stergebäude schließen mit einem Kreuzgangflügel an die Südseite der Kirche an. Westtrakt, ehem. Prälatur und Gastgebäude, nach Süden verlängert. Der südlich ausspringende Turm ist aus der Klosterbefestigung übernommen, heute der Putzgliederung des Klosters angeglichen und mit Balustrade versehen. An der Westseite von Säulen flankiertes Hauptportal mit Sprenggiebel. – Im Anschluß an den östlichen Kreuzgangflügel springt nach Osten der zweigeschossige Kapiteltrakt mit dreiseitigem Schluß vor, im Erdgeschoß die niedrige dreischiffige Pfeilerhalle der 1507 geweihten ehem. Marienkapelle – der einzige Überrest der mittelalterlichen Klostergebäude. Erhalten sind die Netzgewölbe der Seitenschiffe, während das Mittelschiff im 18. Jh. Kreuzgratgewölbe bekam. Das ebenfalls dreischiffige Obergeschoß 1728 zur Bibliothek umgebaut (Mauerwerk im Kern noch spätgotisch). An der Flachdecke Laub- und Bandelwerkstukkaturen mit Sinnsprüchen auf Kartuschen. Im Erdgeschoß westlich an die Kapelle angrenzend der Kapitelsaal, Stichkappentonne mit schwerem Deckenstuck und Kamineinfassung. Weitere Stuckdecken in verschiedenen Räumen. – In der Eingangshalle des Westflügels das Rotmarmor-Epitaph für Abt Quirin von Giech († 1545).

Kath. Friedhofskirche St. Leonhard, ehem. Pfarrkirche. Der erste Vorgänger um 1119 im Auftrag des Bamberger Domkanonikers Herold errichtet, 1121 als dem Kloster inkorporierte Pfarrkirche erwähnt. 1550–1629 protestantisch. 1634 durch die Schweden niedergebrannt, erst 1725 Wiederaufbau der Kirche, 1730 Turmbau. 1803 zum Abbruch bestimmt, 1828 Rückkauf für die Gemeinde als Friedhofskirche. – Saalkirche und Putzlisenengliederung. Turm an der Südseite mit laternenbekrönten Schweifhelm. – Im Langhaus und im eingezogenen, quadratischen Chor Flachdecken mit Hohlkehlen. – Stuckierung 1757 durch den Bayreuther Hofstukkateur *Rudolf Albini*: zartfarbiges filigranes Rocaillewerk mit sparsamen figuralen Dekor. – Die ehemals reiche Ausstattung des 2. Drittels des 18. Jh., an der namhafte Künstler beteiligt waren, dezimiert. Hochaltar, erwähnt 1730 und 1736, 1760–62 von *Augustin Doser* überarbeitet, mit Chronogramm 1755 und Wappen des Abtes Marianus Eder (1738–83). Viersäuliges Retabel mit Altarblatt hl. Leonhard, 1732 von *Johann Gebhard.* Die goldgefaßten urspr. vier Seitenfiguren von *Johann Michael Doser,* 1736. Tabernakel im Empireformen. – Als Seitenaltäre heute links eine Muttergottes des 19. Jh. und Baldachin, rechts eine Kreuzigungsgruppe. – Kanzel 1741 von Schreiner *Lukas* und Bildhauer *Johann Michael Doser.* – Orgel mit Rocailleornamentik. – Kreuzweg und Heiligenbilder, 2. Hälfte 18. Jh., z.T. *Otto Gebhard* zugeschrieben.

Ölbergkapelle westlich der Kirche, eine pavillonartige Anlage von 1745 mit mansardüberdachtem, vorgezogenem Mittelteil. – Spätgotische Figurengruppe und rückwärtiges Relief, nürnbergischer Umkreis des *Adam Kraft.* – Barocke Figuren von *Johann Michael Doser:* Grabchristus und Ölbergengel (1745), Geißelheiland und Christus in der Rast (1747), heute z.T. im Friedhof.

MICHELSNEUKIRCHEN Kr. Cham. *Karte 10*

Kath. Pfarrkirche St. Michael. 1707 errichtet, Weihe 1711. Innenrestaurierung seit 1986. – Durch Lisenen gegliederter Putzbau. Westturm mit Achteckaufsatz und eingeschnürter Zwiebelhaube. – Der nicht abgesetzte, dreiseitig geschlossene Chor vom Langhaus durch einspringenden Chorbogen getrennt. Stichkappentonnen mit Rahmenstuck, Wandgliederung durch Pilaster mit Gebälkstücken. Im Langhaus zwei nazarenische Deckenfresken. 1758 vergrößerte, doppelte Westempore über balusterförmigen Holzstützen, die obere in geschweifter Vierpaßform; an den Brüstungen Fresken, 1758/60 wohl von dem Rodinger Faßmaler *Franz Peter Durwan,* 1894 und 1938 übergangen: unten Salvator Mundi und die Zwölf Apostel; oben hl. Cäcilie.
Reiche Ausstattung des 18. Jh. – Hochaltar um 1720/30. Imposanter Aufbau mit vier gewundenen Säulen, Altarblatt hl. Michael und Seitenfiguren der Erzengel Gabriel und Raphael; Rokokotabernakel. – Im Chor zwei Nebenaltäre von 1766 und 1767; links bewegte Figurengruppe mit Kruzifixus, Schmerzhafter Muttergottes, Johannes und Maria Magdalena, rechts von Engeln flankierter Kerkerheiland, über dem Gottvater schwebt. – Seitenaltäre, wohl 2. Viertel 18. Jh., konkave Säulenretabel, links Altarblatt: Rosenkranzkönigin mit hl. Dominikus und hl. Katharina von Siena, Seitenfiguren der hll. Joachim und Anna; rechts Altarblatt: hl. Antonius von Padua, flankiert von Figuren der hll. Johannes von Nepomuk und Antonius von Padua. – Kanzel um 1720, mit Laub- und Bandelwerk reich dekoriert, Dreifaltigkeitssymbol als Bekrönung. – Beichtstühle in den Chorschrägwänden, 1. Hälfte 18. Jh., die Aufsätze mit Beichtszene (links) bzw. Bergpre-

digt (rechts) in Öl gemalt. – 14 Kreuzwegbilder des 18. Jh., übergangen. – Lebensgroßer Kruzifixus des 17. Jh. – Zahlreiche Heiligenfiguren des 18. Jh., u.a. die Apostelfürsten am Chorbogen (1. Viertel 18. Jh.), im Chor die volkstümliche Maria Immaculata und büßende Maria Magdalena, Rokoko.
Südlich neben dem Friedhof das im 17. Jh. erbaute sog. **Mesnerhaus,** das um 1790 ein Mansarddach mit Schopf und elegante Fassadenstukkaturen erhielt. Südlich moderner Anbau des Gemeindehauses.

MICHLDORF

Markt Leuchtenberg, Kr. Neustadt a.d. Waldnaab. *Karte 5*

Kath. Pfarrkirche St. Ulrich. Gotischer Bau, 1703 verändert, 1951 verbreitert und nach Westen verlängert. – Saalbau ohne Choreinziehung, Südturm mit Spitzhelm. Portale im Erweiterungsabschnitt, das nördliche transferiert, dat. 1703, das südliche dat. 1951. – Der Querrechteckige Chor durch einspringenden Chorbogen ausgeschieden. In Chor und Langhaus korbbogige Stichkappentonne über gestaffelten, toskanischen Pilastern mit hohen Gebälkstücken; Rahmenstuck, im Langhaus durch Gurtbögen unterteilt. – Ausstattung. – Hochaltar um 1730. Konkaves Retabel mit Säulen, Volutenpilastern und Quastendekor. Seitenfiguren der Apostelfürsten, nazarenisches Altarblatt. – Seitenaltäre um 1703. Zweisäulige Aufbauten mit seitlichem Rankenschnitzwerk (Auszüge historisierend ergänzt?) und nazarenischen Altarblättern. – Kanzel mit flachem Schnitzdekor, ebenfalls um 1703. – Stuhlwangen um 1730. – Rosenkranzmadonna in stark farbiger Fassung, um 1700.
In unmittelbarer Nachbarschaft der Kirche nördlich der im Kern barocke **Pfarrhof,** ein stattlicher, im Westen abgewalmter Bau, südlich die **Alte Schule** mit Krüppelwalmdach und Steingewänden, im Kern 17. Jh.

MIESBRUNN

Stadt Pleystein, Kr. Neustadt a.d. Waldnaab. *Karte 6*

Kath. Pfarrkirche St. Wenzeslaus. Nach Brand 1912 barockisierende Wiederherstellung des 1762 errichteten Vorgängers. – Westturm mit Oktogonaufsatz und eingeschnürter Zwiebelhaube, eingezogener, dreiseitig geschlossener Chor, Langhausflanken segmentförmig ausgebaucht. – Spätnazarenische Bildfenster. – Ausstattung des mittleren 18. Jh., Altäre mit Figurenschmuck.

MILTACH Kr. Cham. *Karte 11*

Kath. Pfarrkirche St. Martin. Im 1952 aufgelassenen Friedhof mit stellenweise erhaltener, mittelalterlicher Befestigungsmauer (saniert). – In die Romanik zurückgehender Bau mit Turm auf der Südseite und spätgotischem Chor im $^5/_8$-Schluß. Das Langhaus wich 1974 einem größeren, hohen Satteldachbau, der sich in moderner Umsetzung am Vor-

gänger orientierte. 1975 Freilegung und Restaurierung der spätgotischen Chorausmalung. 1986 vernichtete ein Brand einen Teil der wertvollen Ausstattung, 1987 wiederhergestellt. – Turm mit einem sich nach oben verjüngenden romanischen Unterbau aus Gneis-Bruchsteinmauern, durch Pilaster gegliederter Polygonaufsatz mit eingezogener Zwiebelhaube, 1738. Erdgeschoß des Turms tonnengewölbt, Schlitzfenster gegen Süden. – Im Chor Kreuzgewölbe mit ausgekehlten Rippen über profilierten Konsolen; Tellerschlußsteine mit Meisterzeichen bzw. Wappenrelief der Stadt Cham; spitzer, abgefaster Chorbogen. Fragmentarische Fresken der spätesten Gotik: im Gewölbe Ranken und Evangelistensymbole, an der Südwand das Abendmahl. – Ausstattung um 1760. – Hochaltar von 1760, Säulen-Pilaster-Aufbau mit Altarblatt hl. Martin von *Johann Anton Sollfleisch,* der 1758 auch die urspr. Deckengemälde ausführte, Seitenfiguren der hll. Andreas und Jakobus.– Seitenaltäre, 1763 von *Joseph Hueber* aus Kötzting gefaßte Pilaster-Aufbauten, der linke eine Nachschöpfung des verbrannten Originals, der rechte mit Altarblatt von 1987 und Seitenfiguren der hll. Wendelin und Isidor. – Kanzel 1762, auf dem Schalldeckel Evangelistensymbole und Lamm Gottes. – An der Chornordwand polychrom gefaßtes Schnitzrelief mit Marientod, um 1480. Gegenüber spätgotische Figur der hl. Barbara. Neben dem linken Hochaltar freie Nachschöpfung einer beim Brand 1986 vernichteten spätgotischen Muttergottesfigur. Über dem Chorbogen Kruzifixus, an der Westwand Schmerzhafte Muttergottes von 1754, renoviert 1889. Kleine Martinsgruppe 1780 von dem Chamer Bildhauer *Fidelis Illsperger,* Fassung vn *Franz Schödl* aus Katzberg.
Südöstlich die **Friedhofskapelle.** 1716–21 unter Verwendung mittelalterlicher Mauern neu erbaut. Kleiner Saalbau mit eingezogener Apsis. – Volkstümliche Ausstattung des 18. Jh. Altar 1720 von dem Chamer Schreiner *Georg Glinger,* Fassung und Arme-Seelen-Bild von *Joseph Martin Hueber* aus Kötzting. Neben dem Altar Pietà bzw. Wiesheiland. – An der Südseite zwei Gemälde: Christus am Ölberg und hl. Johannes von Nepomuk; gegenüber Kreuzweg aus 14 Hinterglasbildern des 18. Jh.

Kath. Mariä-Hilfkapelle an der Straße nach Kötzting. Kleiner, flachgedeckter Saalbau mit hölzerner Vorhalle, Schindeldachreiter und eingezogenem, halbrundem Chor. Über dem Eingang Wappenstein mit den Initialen des Erbauers, dat. 1780. – Volkstümliches Deckenfresko mit hl. Familie. – Spätrokoko-Altar mit Muttergottes-Bild.

Schloß. Um 1100 im Besitz der Grafen von Bogen, nach deren Aussterben Übergang als Schergengericht an die Herzöge von Bayern. Zwischenzeitlich (1307–61) an Konrad von Chamerau und Albrecht von Sattelbogen verpfändet. 1572 gelangte die Hofmark an Justinian von Peilnstein, der vielleicht für den bestehenden Bau verantwortlich war, dann mehrmaliger Besitzerwechsel. Von der 2. Hälfte des 17. Jh. an

bis 1849 im Eigentum der Schönbrunner, darauf kurzzeitig im Besitz des Heimatdichters Maximilian Schmidt, genannt Waldschmidt. Heute teils Schloßmuseum, teils kunstgewerbliche Nutzung mit Verkaufsausstellung. – Auf einer Anhöhe über dem Regen um 1600 neu erbaut, im 18. Jh. um vier Achsen nach Norden erweitert, 1979–82 instandgesetzt. – Zweigeschossiger Walmdachbau mit gemalter Architekturgliederung (1980/81 nach Befund rekonstruiert) und Portalrahmung mit gesprengtem Giebel. – Räume im Erdgeschoß durchweg gewölbt, im Obergeschoß Flachdecken, teilweise mit Rahmenstuck und partiell freigelegten Raumfassungen des 18. und 19. Jh. Von der originalen Einrichtung sind frühklassizistische Kachelöfen erhalten, u. a. ein grün glasierter Ofen des späten 18. Jh. mit Chinoiserien, ein weiterer mit Wappen der Schönbrunn-Poißl, Anfang 19. Jh. – Am Nordende des Mittelganges im ersten Obergeschoß Hauskapelle. Rokoko-Altar (renoviert) mit Seitenfiguren und Bild des hl. Johannes von Nepomuk. Nach den Initialen auf dem von Putten gehaltenen Schönbrunn-Pfetten-Wappen am Auszug zwischen 1744 und 1761 entstanden.
Westlich vor dem Schloß die Ökonomiegebäude des 18. Jh., heute Gasthof. Langgestreckter zweigeschossiger Walmdachbau, Granitrahmung des Eingangs dat. 1758.

MINTRACHING Kr. Regensburg. *Karte 14*

Kath. Pfarrkirche St. Mauritius. In der 2. Hälfte des 8. Jh. als Geschenk an das Kloster Niederalteich, das bis 1803 das Besetzungsrecht der Kirche behielt. – Im letzten Drittel des 17. Jh. errichtet, Turmbau Mitte 18. Jh., 1922/23 Ausmalung durch *Josef Wittmann.* Bei der Renovierung 1953/54 „barockisiert" mit reichem Rokokostuck an den Wänden und am Chorhaupt (Stuckgeschäft *Schuderer,* Regensburg). Letzte Innenrestaurierung 1979. – Eingezogener Chor mit segmentbogigem Schluß; an seiner Südseite Turm mit pilastergegliedertem Obergeschoß und Laternenzwiebelhaube. Westliches Vorzeichen. – Chor mit flachem Tonnengewölbe auf kräftig profiliertem Gesims. Langhaus mit Spiegeldecke, zweigeschossige Westempore. – Großer Freskenzyklus an Decke und Wänden, wohl 1953/54 von Kirchenmaler *Ludwig Vogl,* Regensburg, erneuert. – Ausstattung. – Hochaltar. Ostwand mit stuckierten Pilastern, Muschelwerk und eingelassenem Altarblatt als Retabel gestaltet. Seitlich barocke Holzfiguren der hll. Johannes von Nepomuk und Franz Xaver, 1. Hälfte 18. Jh. Freistehender klassizistischer Tabernakelaufbau aus vergoldetem Kupfer- und Silberblech. – Seitenaltäre um 1730/40, mit gewundenen Säulen, Seitenfiguren und Altarblättern: links Maria Immaculata, sign. *„J. (ohann) Gebhardt"*, rechts Bergpredigt. – Taufstein mit Muschelbekken, um 1700. – Kanzel 1820 von *H. Christoph Ittelsberger.* Am Korpus elfenbeinfarbige Reliefs mit Sämann und Johannes auf Patmos, Aufsatzfigur des hl. Paulus. – Holzfiguren des 18. Jh., u. a. Muttergottes, die hll. Joseph, Rochus, Leonhard und Wendelin.

Kath. Kapelle St. Leonhard. Anläßlich der 1713 hier wütenden Pest erbaut. Über dem außen polygonal geschlossenen Chor ein oktogonaler Turm mit Zwiebelhaube. – Chorapsis mit Stichkappen, im Schiff Flachdecke mit nazarenischem Deckenbild. – Altar um 1713, viersäuliges Retabel mit Akanthusschnitzwerk und Relief des hl. Leonhard, einen Gefangenen befreiend. – Votivbilder Ende 18. Jh., u. a. eine Hinterglasmalerei.

Pestgrabmal von 1883 außerhalb des Ortes, im sog. Pfingstwinkel: Steinsarkophag mit Grabstein.

Bauernhofanlage (Friedenstraße 2) des 17./18. Jh., als letzte dieser Art im weiten Umkreis erhalten; innerhalb einer Hofmauer aus Bruchstein mit Einfahrtspfeilern. Wohnhaus mit laubengangartiger Holzgalerie entlang der Traufseite. Stadel frühes 19. Jh., verbretterter Ständerbau mit Halbwalmdach.

MITTELRICHT Gem. Berngau, Kr. Neumarkt i. d. Opf. *Karte 7*

Kath. Filialkirche St. Leonhard. Romanische Anlage, Chor im 15. Jh. erneuert, barocke Veränderungen. Renovierung innen 1972, außen 1977.– Westturm mit Oktogonaufsatz und Spitzhelm; an der Langhaussüdseite vorhangbogig gerahmte Türöffnung. Im unmerklich eingezogenen Chor mit $^3/_8$-Schluß Kreuzgewölbe mit ausgekehlten Rippen und Tellerschlußstein. Im Langhaus Flachdecke über Hohlkehle, das Turmerdgeschoß kreuzgewölbt. – Hochaltar um 1700, breiter Aufbau in Schwarz-Gold-Fassung, mit seitlichen Durchgängen, gewundenen Säulen und reichem Akanthuswerk; Verkündigungsbild an den Durchgangstüren, darüber Figuren der hll. Willibald und Walburga. – Am Chorbogen Rosenkranzmadonna, um 1700, über dem Eingang Figur des hl. Michael um 1700.

MITTERASCHAU
Stadt Neunburg v. Wald, Kr. Schwandorf. *Karte 9*

Kath. Filialkirche St. Johannes Bapt. Über der Ascha gelegene romanische Chorturmkirche aus großformatigem Granitquaderwerk, wohl 2. Hälfte 12. Jh. Inschriften an der Westseite unterhalb des Krüppelwalms von 1786 und im Steinboden des Chores bezeichnen vermutlich Umbau und Neugestaltung des späten Rokoko. – Eingezogener, quadratischer Chor im Turmerdgeschoß mit Kreuzgratgewölbe. Gotische Gewölbemalerei wohl der 2. Hälfte des 14. Jh.: Christus in der Mandorla, umgeben von Medaillons der Vier Evangelisten auf Sternengrund; Spuren von Wandmalereien, bisher nicht weiter freigelegt. – Das Langhaus ist ein einheitlich gestalteter dreiachsiger Raum des späten Rokoko, bemerkenswert durch einen weitgehend ungestörten Erhaltungszustand; Flachdecke mit Rahmenstuck; Westempore. – Ausstattung des Rokoko: Altar mit Gemälde Taufe Christi; Holzkruzifix und Mater Dolorosa; Kanzel, Orgel und Kreuzweg. – Gotische Marienfigur mit bekleidetem Kind, 14. Jh.

MITTERAUERBACH

Stadt Neunburg v. W., Kr. Schwandorf. *Karte 9*

★ **Kath. Filialkirche Unserer Lieben Frau.** Kern der Anlage ist eine romanische Kirche mit ehem. eingezogenem, halbkreisförmigem Chor, auf die die Langhauswände bis zu den Eingängen zurückgehen. Chor und Nordturm vermutlich um 1400 errichtet. 1788 Verlängerung und Erhöhung des Langhauses und Neugestaltung des Inneren der früheren Wallfahrtskirche. Renovierung 1967–69. – Nicht eingezogener, mit fünf Seiten eines Achtecks schließender gotischer Chor zu zwei kreuzrippengewölbten Jochen auf profilierten Polygonalkonsolen; Schlußsteine mit Lamm Gottes und Rosetten; drei kleine Spitzbogenfenster mit Nasen in der Apsis. Geschweifter, gegen das Langhaus abgeschrägter Chorbogen. Langhaus mit Pilastergliederung und Flachdecke mit Stuckdekoration in straffen Formen des ausgehenden Rokoko. – Bemerkenswert sind die 1903 aufgedeckten Gewölbemalereien von 1480–1500, die mit geringen Ergänzungen 1904 vom Maler *Pfleiderer* aus München konserviert wurden; auch im Wandbereich wurden Malereireste gefunden, jedoch nicht freigelegt. Dargestellt sind in den Gewölbekappen ganzfigurige betende und musizierende Engel auf lichtgrünem, von Rankenwerk belebtem Grund, ferner vier Symbole der jungfräulichen Mutterschaft Mariens – Löwe, Pelikan, Strauß und wohl ein Phönix –, die vier Evangelistensymbole sowie die Vier lateinischen Kirchenväter. Verschiedenfarbige ornamentale Muster überziehen die Gewölberippen. – In der 2. Hälfte des 18. Jh. entstand die qualitätvolle Rokoko-Ausstattung: im reich gegliederten Hochaltar vom Nabburger Schreiner und Bildhauer *Luybl* spätgotische Marienfigur; an der Nordwand des Langhauses thronende Muttergottes, beide Holzschnitzarbeiten der 2. Hälfte des 15. Jh.

MITTERSTHAL Gem. Deining, Kr. Neumarkt i. d. Opf. *Karte 7*

Kath. Filialkirche St. Matthias. Chorturmanlage des frühen 15. Jh., später mehrfach umgestaltet. Innen 1979/80, außen 1984 restauriert. – Turm mit Zeltdach, im Erdgeschoß eingezogener, quadratischer Chor mit Kreuzgratgewölbe. Schiff mit Flachdecke. – Ausstattung. – Hochaltar um 1700, Aufbau mit zwei gewundenen Säulen und Seitenfiguren der hll. Petrus und Paulus, Altarblatt: hl. Matthias von *Georg Halter* 1903 (sign. und dat.). – Seitenaltäre Mitte 18. Jh., angeblich aus der Hofkirche in ▷ Neumarkt: Säulen-Baldachin-Aufbauten, links mit Altarblatt der Muttergottes von *Halter*, 1912, und Wappen der Neumarkter Gansbrauerei; am Antependium Akanthusranken und bemaltes Medaillonrelief mit schlafendem König David, um 1700.

MITTERTEICH Kr. Tirschenreuth. *Karte 2*

Mitterteich kam in 12. Jh. von den Grafen von Sulzbach an das Kloster Waldsassen. 1501 zum Markt, 1932 zur Stadt erhoben. – Die vielen Brände ließen kaum ältere Bausubstanz übrig.

Kath. Pfarrkirche St. Jakobus Maior. Dreischiffige neuromanische Basilika von 1890 (Weihe 1893). Vom Vorgängerbau übernommen wurde der Turm im südlichen Chorwinkel mit Baudatum 1606, bekrönt von Zwiebelhaube mit Laterne. Gliederung des Außenbaus durch Lisenen und Bogenfries. – Eingezogener Chor mit Apsis, außen dreiseitig geschlossen. Im Langhaus Holzdecke, Arkadenbogen mit Stützenwechsel. Apsis mit Kuppelmosaik. – Neuromanische Austattung großenteils erhalten.

Ev. Pfarrkirche, Christuskirche. Neuromanischer, durch Bogenfries und Lisenen gegliederter Saalbau von 1896/97, Innenrestaurierung 1980. – Westturm mit Zeltdach. – Eingezogener Chor mit Vorjoch und Apsis. – Im Innern sind die Flächen mit romanisierender Architekturmalerei überzogen (1980 freigelegt).

Kath. Friedhofskapelle Maria Hilf. 1780 errichtetet Saalbau mit eingezogenem, halbrund geschlossenem Chor und Zwiebeldachreiter. Scheitelstein des Westportals dat. 1780. – Im Innern flache Stichkappentonne über Pilastergliederung. – Originelle Ausmalung der Erbauungszeit. Gewölbefresken im Chor: Hl. Dreifaltigkeit mit Engeln und den Vierundzwanzig Ältesten; im Langhaus: Selige und Verdammte (überarbeitet), umgeben von Totentanzszenen: Tod und Säugling, Tod und Schütze, Tod und Mädchen vor dem Spiegel, Tod und Matrone. – Altar mit Rokokotabernakel, obenauf Figuren der Armen Seelen im Fegefeuer und Kruzifixus, von illusionistischer Architekturmalerei hinterfangen. Auf der Mensa Büsten der hll. Joseph und Joachim.
Auf dem Kirchplatz Granitstatue des hl. Johannes von Nepomuk, am Sockel dat. 1757, und Mariensäule von 1896.

MOCKERSDORF

Stadt Neustadt am Kulm, Kr. Neustadt a.d. Waldnaab. *Karte 1*

Kath. Pfarrkirche St. Michael. Die Kirche bildet zusammen mit dem eng herangerückten Pfarrhof eine eindrucksvolle Baugruppe, die vermutlich samt dem an der Nordseite gelegenen Friedhof befestigt war. – 1391 dem Regensburger Domkapitel inkorporiert, spätmittelalterliche Chorturmkirche einer sog. Urpfarrei. Langhaus errichtet 1738–46 von *Johann Lösch*, Stadtmaurermeister aus Neumarkt. Mächtiger Ostturm mit barocker Laternenzwiebelhaube. Schlichter Außenbau, verputzt mit Sandsteingliederung: Ecklisenen, Kranzgesims und Fensterrahmung, Portal mit Zierquadern. – Heiterer Rokokoraum mit Stukkierung und *Michael Wild* zugeschriebenen Deckenmalereien, sowie gut eingepaßten Altaraufbauten. In der Dekoration wichtiger Vorläufer für ⊳ Oberbibrach. Eingezogener Chor mit ausgerundeten Ecken und Spiegeldecke im Ostturm. Breites Langhaus mit flacher, stichkappendurchsetzter Spiegeldecke über Doppelpilastern, die an den abgeschrägten Ecken für die Aufnahme der Seitenaltäre auseinandergezogen sind. Große Deckenbilder mit apokalyptischen Darstellungen: im

Chor Rauchopfer der 24 Ältesten, im Langhaus die Neun Engelschöre huldigen nach dem Sieg über Luzifer der Hl. Dreieinigkeit. Am Chorbogen Mariä Verkündigung. – Ausstattung. – Hauptaltar um 1730, Aufbau mit vier Säulen, die äußeren gedreht. Altarblatt hl. Michael, um 1760. – Flache Seitenaltäre mit gedrehten Säulen, seitlichen Schweifungen in Scheinmalerei, um 1750. Altarblätter: Kreuzigung und Maria Immaculata, Malereien in dunklem Kolorit mit starken Lichtkontrasten, um 1700. – Kreuzwegstationen 1823, querovale Metalltafeln von *Johann Wild* aus Kemnath bemalt.

Auf dem Friedhof neugotische **Gruft** des Freiherrn von Künzberg und seiner Frau Freiin von Guttenthau, dat. 1855. Tiefliegender quadratischer Kapellenraum mit Sterngewölbe, darüber zinnenbekränzte Altane. Eingangsbau mit Stufengiebel.

MÖNING Stadt Freystadt, Kr. Neumarkt i.d. Opf. *Karte 7*

1142 ist Herold von Menenge für den Adelssitz Möning belegt.

Kath. Pfarrkirche St. Willibald. Romanische Chorturmanlage, gotisch umgestaltet, 1834 nach Westen verlängert. Innenrestaurierung 1985/86, Außenrestaurierung 1988. – Sich nach oben verjüngender viergeschossiger Turm, dat. 1491 (drittes Geschoß dat. 1955); der verputzte Achteckaufsatz mit Spitzhelm von 1711 (Dachstuhl dat.). An der Südseite des Langhauses Spitzbogenportal. – Im eingezogenen, quadratischen Chor Kreuzgewölbe mit verschliffenem Scheitel; an der Südseite große Rundbogenblende mit Spitzbogenfenster; spitzer, abgeschrägter Chorbogen. Schiff mit Flachdecke über Hohlkehle, Stuckierung und nazarenische Fresken, 19. Jh.

Ausstattung. – Hochaltar, konkaver Aufbau mit vier Säulen, 1753 von dem Neumarkter Bildhauer *Johann Ulrich Wiest.* Altarblatt: hl. Willibald und hl. Walburga vor der Muttergottes, als Seitenfiguren die Eltern der beiden, die hll. Richard und Wuna. – Seitenaltäre frühklassizistisch in spätbarocker Tradition, Ende 18. Jh. Säulenretabel mit Baldachinnischen, links mit Figuren der Muttergottes, der hll. Joseph und Wendelin, rechts mit den hll. Antonius von Padua, Franz Xaver und Johannes von Nepomuk. – An der nördlichen Schiffswand: spätgotische Figuren der hll. Willibald (?) und Nikolaus, um 1500, sowie des hl. Jakobus, Anfang 16. Jh.; vier Figürchen der Evangelisten von der Kanzel, Ende 18. Jh. An der südlichen Schiffswand: Kruzifixus und Schmerzhafte Muttergottes, nach Mitte 18. Jh., ferner die hll. Rochus und Johannes von Nepomuk, 2. Hälfte 18. Jh.

Von der gotischen **Kirchhofbefestigung** ist im Süden ein 1970 instandgesetzter Torturm („Heuturm") mit Satteldach und tonnengewölbtem Spitzbogendurchgang erhalten.

MÖNINGERBERG
Stadt Freystadt, Kr. Neumarkt i.d. Opf. *Karte 7*

Ehem. Wallfahrtskapelle Vierzehn Nothelfer. Auf dem Möningerberg, wo sich Reste einer 1200 v. Chr. entstandenen Wallanlage befinden, bestand 1452–1556 ein Franziskanerkloster. – Neugotische Kapelle von 1884 mit gleichzeitiger Ausstattung, Restaurierung 1989/90. – Kreuzwegstationen von 1883 sowie eine Feldkapelle von 1794 am südöstlichen Berghang umgeben die Kirche.

MÖRSDORF Stadt Freystadt, Kr. Neumarkt i.d. Opf. *Karte 7*

Kath. Friedhofskirche St. Blasius. Ehem. mittelalterliche Chorturmanlage, die um 1700 erweitert wurde. 1919–21 Anbau einer nach Norden gerichteten, höheren Kirche durch *Otto Schulz.* Innenrenovierung 1972. – Quadratischer Turm mit Zeltdach, sein Erdgeschoß tonnengewölbt. Eingezogener, dreiseitig geschlossener Chor mit Tonnengewölbe. Rahmenstuck im Langhaus 1972 erneuert. – Ausstattung. – Hochaltar gegen Mitte 18. Jh., Säulen-Pilaster-Aufbau mit Rocailledekor und seitlichem Rankenwerk; in Baldachinnische Figur des hl. Blasius, seitlich die Apostelfürsten. – Seitenaltäre um 1720, viersäulige Aufbauten mit mittleren und schräggestellten seitlichen Figurennischen, am linken Altar eine spätgotische Muttergottes (Ende 15. Jh.).

MÖTZING Kr. Regensburg. *Karte 14*

Kath. Filialkirche zur Unbefleckten Empfängnis Mariä. Chor und Turm aus unterschiedlich gotischen Bauphasen, die beiden östlichen Achsen des Langhauses romanisch (Quadermauerwerk), barocke Erweiterung, Ende 19. Jh. Verlängerung im Stil der Neurenaissance. An der Chornordseite Turm mit Oktogonaufsatz und Zwiebelhaube, sein quadratischer Unterbau mit gotischen Schlitzfenstern. – Das flachgedeckte Langhaus ist von dem gleichbreiten Chor durch einen gefasten Spitzbogen abgesetzt. Einjochiger Chor mit $^5/_8$-Schluß, Kreuzgewölbe mit ausgekehlten Rippen, profilierten Konsolen und Tellerschlußsteinen; in der Südwand zweibahniges Maßwerkfenster mit kielbogigem Abschluß. Bildfenster des ausgehenden 19. Jh. – Als Hochaltar ein neugotischer Flügelaltar. – Gefaßte Steinfigur des hl. Johannes, um 1400. – Im Seelenhaus an der Langhaussüdseite gotische Pietà-Gruppe um 1430, Steinfigur mit Spuren der urspr. Farbfassung.

MOOS Gem. Kümmersbruck, Kr. Amberg-Sulzbach. *Karte 5*

Ehem. Wasserschloß. Die Herren von Moos erst zu Anfang 17. Jh. bezeugt, ab 1629 wechselnde Besitzer, Anfang 19. Jh. die Freiherrn von Pelkoven. Instandsetzung 1982–84. Dreigeschossiger Walmdachbau, bis auf die spätgotischen Hauptmauern um 1738 neu errichtet. Rechteckige spätgotische Ringmauer mit Schießscharten und runden Ecktürmen, deren Kegeldächer 1984 ergänzt.

MOOSBACH Kr. Neustadt a. d. Waldnaab. *Karte 6*

Der touristisch erschlossene Ort liegt in dem an steinzeitlichen Funden reichen Gebiet der oberen Pfreimd. Mit „Reginbot von Moosbach“ 1166 urkundlich erstmals faßbar, war der Markt Hauptort des Amtes Treswitz.

Kath. Pfarrkirche St. Peter und Paul. Neubau nach Brand von 1848, letzte Restaurierung 1988/89. – Wuchtiger, durch Rechteckblenden gegliederter Bau mit eingezogenem, dreiseitig geschlossenem Chor, an dessen Nordseite Turm mit an den Ecken abgeschrägten Obergeschossen, eingezogene Laternenzwiebelhaube. – Im Langhaus Spiegeldecke mit Stichkappen, als Wandgliederung Doppelpilaster mit Gebälkstükken; im Chor Stichkappentonne. – Holzfiguren des 18./19. Jh.

Kath. Wallfahrtskirche Wies. In einer Senke zwischen den Orten Moosbach und Grub idyllisch gelegen, mit einer auf das Westportal zuführenden Lindenallee. – Die Wallfahrt entstand aus der Verehrung eines dem Gegeißelten Heiland der Wieskirche bei Steingaden nachgebildeten Gnadenbilds. Die Kirche 1747–52 nach Plan des Baumeisters *Andreas Dobmeier* aus Waidhaus errichtet; Turm 1766–69.
Der Außenbau gegliedert durch flache Mauerbänder, mit eingezogenem Segmentbogen abschließende Fenster. Eingezogener Chor, auf der Nordseite viergeschossiger Turm, Doppelzwiebelhaube mit Laterne. – Saal mit Flachdecke, Doppelpilaster mit kräftigen Gebälkstücken, dazwischen die hochliegenden, profilgerahmten Fenster. Eingezogener halbrund geschlossener Chor mit böhmischem Kappengewölbe. Eine wohl vorgesehene Ausmalung der Kirche unterblieb.
Ausstattung. – Die Altararchitektur in die Apsis eingepaßt mit einer eindrucksvollen plastischen Kreuzigungsgruppe vor (später) gemaltem Hintergrund einer Phantasielandschaft Jerusalems, darüber Gnadenbild des Schmerzensmannes, um 1757. Bildhauerarbeiten von *Johann Peter Hirsch,* Schreinerarbeiten von *Peter Bacher* und Fassung von *Mathias Pösl,* alle aus Amberg. – Seitenaltäre in Aufbau und Farbigkeit auf den Hochaltar abgestimmt, von Bildhauer *Johann Peter Stöber* aus Waldthurn, Fassung von *Mathias Pösl:* Muttergottes zwischen den hll. Ottilie und Klara bzw. hl. Franziskus zwischen den hll. Ignatius und Franz Xaver. – Beichtstühle mit eingelassenen Bildern und Kirchengestühl aus der Erbauungszeit.

MOOSHAM Gem. Mintraching, Kr. Regensburg. *Karte 14*

Kath. Pfarrkirche St. Petrus und Klemens. Umfriedete Anlage auf kleiner Anhöhe mit Friedhofskapelle des 17. Jh. – Eine der Alten Kapelle in Regensburg inkorporierte Kapelle bereits 885 erwähnt. – Der Unterbau des Turms nach Bauinschrift 1472, der Chor 1480. 1600 Turmausbau und Choreinwölbung. 1894 Langhaus in neuromanischen Formen angefügt. – Eingezogener Chor mit $^5/_8$-Schluß und flachen Stützpfeilern. An seiner Südseite quadratischer Turm mit Staffel-

giebeln; gekuppelte Klangarkaden mit gefasten Trennpfosten. An der Ostseite des Turms Ölbergrelief mit betendem Pfarrer, dem Erbauer, wie aus der darunter angebrachten Inschrift von 1472 hervorgeht; südlich Sandsteinrelief mit Schmerzensmann, 15. Jh., 1976 restauriert. – Langhaus mit Holzfelderdecke, im Chor Tonnengewölbe mit enggereihten, auf Engelsköpfen ruhenden Stichkappen. Glasgemälde von 1877: Muttergottes, flankiert von den hll. Petrus und Klemens. Turm zugänglich durch profilierte Schulterbogenrahmung, Kreuzrippengewölbe mit Schlußstein und Eckkonsolen.
Überwiegend neuromanische Ausstattung des späten 19. Jh. Hochaltar mit Gemälde der Himmelfahrt Mariens und Seitenfiguren der Kirchenpatrone vom abgebrochenen Vorgänger des 18. Jh. – Taufstein des frühen 13. Jh., im 19. Jh. überarbeitet. – Figur der Muttergottes, Kopie des Originals um 1350 im Diözesanmuseum Regensburg; Anna-Selbdritt-Gruppe, um 1520; Barockfiguren: Rosenkranzmadonna (17. Jh.), Kruzifixus und Schmerzhafte Muttergottes, hl. Leonhard, hl. Joseph und hl. Johannes von Nepomuk.

MÜHLBACH Stadt Dietfurt, Kr. Neumarkt i.d. Opf. *Karte 12*

Kath. Pfarrkirche St. Maria. Anfang 18. Jh. unter Einbeziehung des gotischen Ostturms errichtet. Renoviert 1964/65. – Saalbau mit eingezogenem, dreiseitig geschlossenem Chor. Chorscheitelturm mit Schweifhelm und Laterne. Durch Putzlisenen gegliederter Außenbau, pilastergerahmtes Westportal mit Sprenggiebel und Figurennische. – Im quadratischen Erdgeschoß des Turms Kreuzgewölbe mit ausgekehlten Rippen über runden Konsolen; abgeschrägte, spitze Schildbogen. An Gewölbe und Wänden Fragmente spätgotischer Fresken, im 17. Jh. überarbeitet. An der Nordwand spätgotische Sakramentsnische in Wimpergrahmung. – Im Innenraum Tonnengewölbe mit Stichkappen über Pilastergliederung. Im Chor Rankenstukkaturen der Erbauungszeit, im Langhaus Rahmenstuck, wohl 19. Jh. – Ausstattung der Erbauungszeit. Viersäuliger Hochaltar mit Figur der Muttergottes, gegen Mitte 15. Jh. und Seitenfiguren der hll. Joachim und Anna. – Seitenaltäre mit Figuren: links hl. Johannes von Nepomuk, rechts hl. Sebastian. – Stuhlwangen mit Rankendekor. – An der rechten Langhauswand einige Figuren des 18. Jh.

MÜHLBERG
Stadt Neustadt a.d. Waldnaab, Kr. Neustadt a.d. Waldnaab. *Karte 5*

Kath. Wallfahrtskirche St. Anna. Südwestlich des Ortes auf freiem Feld. – 1380 eine Nikolauskapelle erwähnt, diese 1521 vergrößert, seit 1526 Annakirche genannt. Neubau 1766 durch den Neustädter Maurermeister *Johann Mayer*. Auf den mittelalterlichen Ursprung weisen der gotische Turmunterbau und die reichhaltige Figurenausstattung um 1510/20. Schlichter verputzter Bau mit breitem Langhaus und eingezogenem, dreiseitig geschlossenem Chor. Turm auf der Nordseite mit Sakristei im Erdgeschoß. – Chor und Langhaus von gedrückten Tonnen mit Stichkappen überwölbt, lockerer Rahmenstuck. Im Presbyterium ist der in Rosenspitz verlegte Ziegelboden erhalten. – Ausstattung. – Hochaltar um 1770, Baldachinaufbau in Rokokoformen mit zwei Säulen und geschweiften Streben, Engeln und Putten. Anstelle des Altarbildes Schrein mit gotischer Wallfahrtsfigur einer stehenden Anna Selbdritt. Geöffneter Auszug mit freistehender Figur des hl. Nikolaus. Vergleichbar der Wallfahrtsaltar in ▷ St. Quirin. – Nördlicher Seitenaltar um 1700, großer geschnitzter Akanthusrahmen, darin in neuer Montierung spätgotische Figuren der hll. Nikolaus, Wolfgang und Emmeram und zwei gleichzeitige Relieffiguren der hll. Moritz und Rupert: physiognomisch differenzierte Gesichter, ausgeprägter Faltenwurf mit Schüsselfalten und Zackenmotiven. Am Chorbogen Figur des hl. Laurentius, wohl urspr. aus dem gleichen Altarzusammenhang. – Im südlichen Seitenaltar Holzfigur einer sitzenden Anna Selbdritt mit stehendem, unbekleidetem Kind, um 1500. – Gestühl des 18. Jh. mit geschnitzten Wangen.

MÜHLHAUSEN Kr. Neumarkt i. d. Opf. *Karte 7*

Der Ort Ende 9. Jh. erstmals genannt.

Ev. Filialkirche St. Martin. Gotische Chorturmanlage des 15. Jh., 1712 verändert. Inneninstandsetzung 1955. – Chorturm mit Zeltdach. Im eingezogenen, quadratischen Chor Sterngewölbe mit ausgekehlten Rippen über Konsolen. Spitzer Chorbogen mit tiefen Kehlen. – Altar von 1685 mit gewundenen Weinlaubsäulen und Akanthusranken. – An der Emporenbrüstung Ölgemälde mit Kreuzigungsgruppe, dat. 1712.

Südlich neben der Kirche die Brauerei (Kirchengasse 9) der Wolfsteiner. Der Gebäudekomplex mit einem Vierkantturm aus Backstein stammt aus dem 18./19. Jh. Im nahen Wald das dazugehörige Nebengebäude des Sulzbürger Schlosses, ein Walmdachbau des 17./18. Jh.

MÜNCHENREUTH Stadt Waldsassen, Kr. Tirschenreuth. *Karte 2*

Münchenreuth, dem Namen nach eine Mönchsrodung wohl des Regensburger Emmeram Klosters, 1185 als Waldsassener Stiftsbesitz genannt.

Kath. Pfarrkirche St. Emmeram. Die von einer Friedhofsmauer umgebene Kirche liegt auf einer Anhöhe mit weiter Sicht ins Egerland. – Im 17. Jh. veränderte gotische Chorturmkirche, Weihe 1689. Außenrenovierung 1977/78. – Flachgedecktes Langhaus, eingezogener quadratischer Chor im Turm, der mit Achteckaufsatz, Zwiebelhaube und Laterne abschließt. Spitzbogige Fenster, im Chor mit ausgekehlten urspr.

Gewänden. – Deckengemälde des 18. Jh.: im gemuldeten Gewölbe des Chors Putten mit liturgischem Gerät, im Langhaus stuckgerahmte Medaillons mit Szenen aus dem Leben des hl. Emmeram; dabei bemerkenswerte Stadtansicht von Regensburg. – Ausstattung. – Hochaltar angeblich um 1770. Viersäuliges Barockretabel mit seitlichen Akanthusranken, Figuren der hll. Florian und Sebastian über den seitlichen Durchlässen, Altarblatt hl. Emmeram von *Vitus Fuchs*, sign. „*VF* pinx 1796". – Nebenaltäre mit Seitenfiguren, Rokoko. – Kanzel um 1730, mit Reliefs der Evangelisten. Südwestlich **Friedhofskapelle,** bez. 1795. In der Altarnische Gemälde Verehrung des Herzens Jesu, sign. „*GMF* 1792 pinx".
An der Straße nach Pechtnersreuth die **„Weiße Marter"**, 1713 vom Egerer Kaufmann Johannes Adler gestiftet. Dreifaltigkeitssäule aus Granit, am Schaft Figur des Schutzengels.

MÜNCHSHOFEN Stadt Teublitz, Kr. Schwandorf. *Karte 9*

Schloß und Schloßkapelle, jetzt kath. Filialkirche Hl. Kreuz und St. Margareta. Stattliche Dreiflügelanlage in imposanter Lage über dem Westufer der Naab, am Fuße eines bewaldeten Bergrückens gelegen. – Erste Nennungen im 16. Jh. Besitzer u. a. 1514–72 die von Parsberg, 1583–98 Achaz Freiherr von Tannberg, 1611–55 die Münch, 1655 Hans Ernst von Taufkirchen, 1666 Johann Wilhelm Stettner von Grabenhof. – Von einem mittelalterlichen Vorgängerbau stand noch im 18. Jh. rückwärtig ein Turm, wie *Georg Hämmerls* Ansicht in Schloß Dietldorf erkennen läßt; bauliche Reste im Untergeschoß des Mittelbaus. Die Jahreszahl 1597 auf einem Türgewände bezieht sich vermutlich auf die bestehende nachmittelalterliche Anlage, die im Dreißigjährigen Krieg beschädigt und in der zweiten Hälfte des 17. Jh. umgebaut wurde. Über dem Schloßeingang Wappen der Grafen von Armansperg, dat. 1869. – Der barocke Bauzustand im Wesentlichen erhalten. In der Hauptansicht ein nach Osten geöffneter dreigeschossiger Dreiflügelbau mit nördlich angebauter Schloßkirche, ehemals im Osten vorgelagert mehrere Ökonomiegebäude. Hinter dem südlichen Teil des Mitteltrakts liegt ein dreiseitig umbauter Innenhof mit zweigeschossiger Pfeilerarkadenloggia im Osten, gegen die steil ansteigende frühere Gartenanlage im Westen durch eine Stützmauer mit Brunnennische abgegrenzt. – Das Hauptgeschoß des neunachsigen Mittelbaus (im Erdgeschoß, ähnlich ▷ Schloß Fronberg, untergeordnete Ökonomieräume) erschließt eine zweiläufige Freitreppe zum ersten Obergeschoß eines vorgestellten, loggienartig geöffneten Uhrturms mit Laternenkuppeldach. Schweifgiebel mit Voluten und Obelisken zieren die Seitenflügel. Der zentrale Haupteingang führt in eine große überwölbte Halle, von der aus eine zweiläufige Podesttreppe den im Westtrakt gelegenen geräumigen Fletz erschließt. Die Seitenflügel haben eigene Treppenaufgänge. Im Südteil des zweiten Obergeschosses großer Saal mit Rahmenstuckdecke, 2. Hälfte 17. Jh.

Schloßkapelle von 1772. Einfacher Saalraum mit nicht eingezogenem, fünfseitig schließendem Chor. Gedrückter Chorbogen, seitlich in der Chorwand schmale Durchgänge; Rahmenstuckdecke. Zur urspr. Ausstattung gehören drei Ölgemälde an den Chorwänden: Christus am Kreuz, Auferstehung und Himmelfahrt. – Grabdenkmal des Kirchenstifters von Pachner von Eggenstorf.

N

NAABSIEGENHOFEN

Stadt Schwandorf, Kr. Schwandorf. *Karte 9*

Kath. Nebenkirche St. Salvator. Im Kern romanischer Saalbau mit gotischem Rechteckchor. – Barocker Säulenaltar, 1. Viertel 18. Jh. mit bemerkenswerter spätgotischer Muttergottes um 1500.

NABBURG Kr. Schwandorf. *Karte 5*

Wohl bereits um 800 Gründung einer Siedlung im Bereich der Oberstadt zur Erschließung des Nordgaus. 929 erstmals urkundlich genannt. 1040 Gründung einer Mark durch Heinrich III., die er an die Diepoldinger überträgt. Ab 1254 im Besitz der Wittelsbacher. Entwicklung einer Stadtanlage unterhalb der Reichsburg. 1296 Stadtprivileg durch Herzog Rudolph von Bayern. 1329 fiel Nabburg an die pfälzische Linie der Wittelsbacher. 1411 Auflösung des Viztumamtes und damit Verlust der politischen Bedeutung. 1419 Verlegung des Pfarrsitzes von Perschen nach Nabburg und Ausbau der Befestigungsanlagen angesichts der Hussitenbedrohung. 1536 Brand in der Oberstadt. Zwischen 1540 und 1628 stand Nabburg auf seiten der Reformation und lehnte sich später gegen den calvinistischen Glauben des pfälzischen Landesherrn auf. Diese Auseinandersetzungen führten 1597 zum Verlust der städtischen Selbstverwaltung bis zur Rekatholisierung der Oberpfalz unter Maximilian I. von Bayern nach 1628. Schwere Schäden und weiterer Rückgang an Bedeutung im Dreißigjährigen Krieg.

Stadtanlage

Trapezförmige, von einem noch weitgehend erhaltenen Mauerbering des 16. Jh. umgebene Stadtanlage auf einem vorgeschobenen, steil zur Naab abfallenden Bergrücken. Weite Blickfelder eröffnen sich von den der Stadtmauer vorliegenden, halbrunden Bastionen in das vor allem in jüngster Zeit besiedelte Umland, nach Osten beeinträchtigt von einem in den achtziger Jahren angelegten Gewerbegebiet vor dem in der Ferne liegenden Areal des Freilandmuseums Neusath. – Der Hauptzugang zur Altstadt erfolgt im Südwesten durch das Mähntor. Unmittelbar hinter dem Tor setzen zwei Straßenzüge an, die die Haupterschließung darstellen und sich kurz vor dem Obertor wieder vereinigen. Der eine führt zunächst nach Osten und dann entlang mehrerer platzartiger Erweiterungen – Rathausplatz, Unterer Markt, Oberer Markt – und dem an der Ostseite gelegenen alten Rathaus, nach Norden, um südlich der Stadtpfarrkirche wieder nach Westen umzubiegen. Dort, auf der Höhe des ehem. Bürgerspitals, trifft diese Straße mit der unmittelbar vom Mähntor parallel zum Oberen Markt nach Norden verlaufenden

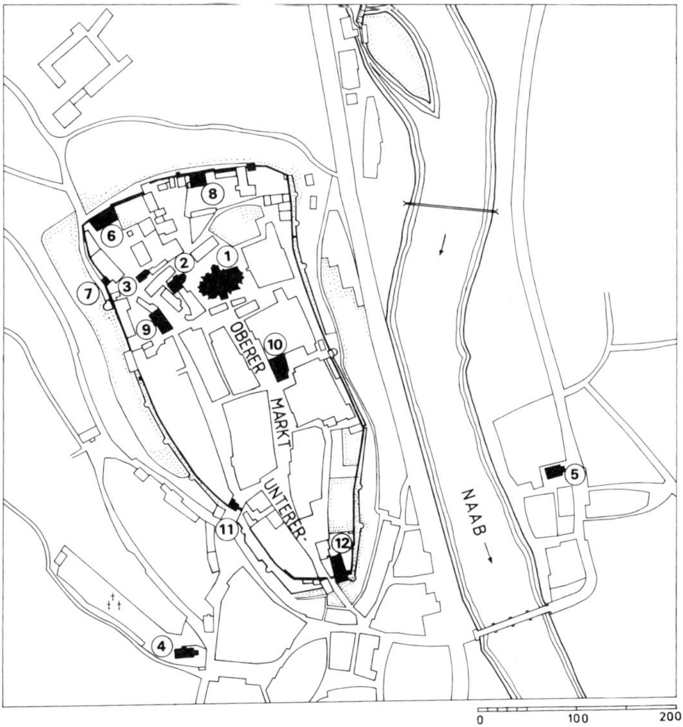

Nabburg

1 *Kath. Pfarrkirche St. Johannes Bapt.*
2 *Ehem. Bürgerspitalkirche St. Maria (profaniert)*
3 *Ev. Kirche St. Laurentius, ehem. Burgkapelle*
4 *Kath. Friedhofskirche St. Georg*
5 *Ehem. Kirche St. Georg*
6 *Ehem. Pflegschloß*
7 *Obertor*
8 *Ehem. Burggut*
9 *Ehem Bürgerspital*
10 *Altes Rathaus*
11 *Mähntor*
12 *Ehem. Dechanthof*

Gasse (Schmiedgasse) zusammen. Vereint führen diese beiden Straßenzüge vorbei an der Zufahrt des ehem. Pflegschlosses zum Obertor. Diese beiden parallelen Straßenzüge bilden das Grundgerüst der Stadterschließung. Von ihnen geht ein weitgehend rechtwinkliges System kleinerer Straßen und Gassen aus, wobei um Stadtpfarrkirche und ehem. Pflegschloß eigenständige, auch im Stadtgrundriß deutlich ablesbare Bezirke entstanden, die sich von den bürgerlichen Bereichen abgrenzen.

★ **Kath. Pfarrkirche St. Johannes Bapt.** Zwischen Markt und ehem. Schloß auf dem obersten Teil des steil zur Naab fallenden Höhenzugs gelegen, vom Markt durch eine Häuserzeile abgesetzt. – Baubeginn der bestehenden Kirche vermutlich vor 1300, Vollendung um 1350 angenommen. Der an die Formensprache des Regensburger Doms erinnernde gotische Bau läßt trotz seiner einheitlichen Raumwirkung mehrere Bauphasen und Planänderungen erkennen: Bauabfolge von Ost nach West. Die Frage eines romanischen Vorgängerbaus, auf den die Doppelchörigkeit zurückgehen könnte, ist bisher ungeklärt. Spätestens seit 1419 mit der Auflösung des Pfarrsitzes in Perschen wurde Nabburg Pfarrkirche. Im 15. Jh. Anbau der Annakapelle im Norden als Taufkapelle und Einbau der Westempore. 1474 besaß die Kirche elf Altäre. 1536 Einsturz des Nordturms (nicht wieder aufgebaut) und von Teilen des nördlichen Seitenschiffs. Im 18. Jh. Errichtung der Sebastianskapelle vor dem Südportal. Um 1860 umfassende Renovierung aufgrund gravierender Bauschäden. 1898 Entfernung der barocken Ausstattung, die durch eine neugotische Ausstattung ersetzt wurde (Altäre, Kreuzwegstationen, Gestühl, steinerne Emporenbrüstung, Glasfenster nach Entwürfen von *Franz Xaver Zettler* aus München u.a.), und Regotisierung der Raumschale. 1962–64 Innenrenovierung, bei der die neugotische Ausstattung weitgehend entfernt und die Raumschale nach mittelalterlichem Befund gefaßt wurde. 1978–81 Innenrestaurierung mit Rückführung und Restaurierung von Teilen der neugotischen Ausstattung.
Die Stadtsilhouette beherrschende, dreischiffige, weitgehend einheitlich gotische Basilika, auffallend – und vielleicht mit den Beziehungen zu Regensburg zu erklären – die zwei Chöre im Osten und Westen, der vermutlich ältere Ostchor vom Giebel des Hauptschiffs überragt. Durch die über den westlichen Seitenschiffjochen errichteten Türme – sechsgeschossiger Südturm mit abschließendem Oktogon und Spitzhelm erhalten, Nordturm nach Einsturz bis zur Traufe des Kirchenschiffs abgebrochen – und das Querhaus entsteht ein kräftig gegliederter, auf Fernwirkung zielender Baukörper über zentralisierendem Grundriß. Außenbau weitgehend verputzt, lediglich die reich mit Maßwerkblenden, Blattfriesen und Krabben besetzten Querhausstirnwände, Traufgesimse und Wimperge sowie die Strebepfeiler, Maßwerkfenster und Turmecken steinsichtig. Nördlich des Ostchors gotische Sakristei mit Untergeschoß, barockisiert. – Im Süden neben der

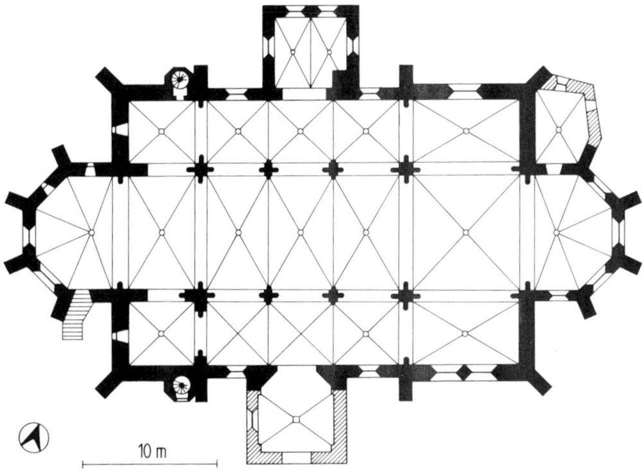

Nabburg, Pfarrkirche St. Johannes Bapt.

Portalvorhalle großes, stark verwittertes Sandsteinrelief um 1400 mit Darstellung von Kreuzabnahme und Grablegung Christi. An der Außenseite der Annakapelle im Norden Schmerzensmann auf Konsolbüste, 1. Drittel 15. Jh.; Kopf von einer weiblichen Statue, wohl frühes 14. Jh.
Dreischiffiges, kurzes Langhaus mit gedrungenen Arkaden und hoher Obergadenwand, Hauptzugang vom oberen Markt an der Südseite des Langhauses. Ostchor mit 5/8 Schluß, Westchor ebenfalls mit 5/8-Schluß, an reduziertes Vorchorjoch anschließend. Die Raumabschnitte durch eine differenzierte Pfeiler- und Wandvorlagenausbildung verdeutlicht, im gesamten Kirchenraum vierteilige Rippengewölbe. – In den beiden Chören sowie im Querhaus gute figürliche Glasfenster von *Franz Xaver Zettler,* 1900 und 1904 gestiftet. Im 1. und 3. nordseitigen Joch Fragmente gotischer Glasfenster, Mitte 14. Jh. – In der südlichen Sebastianskapelle ein gotisches Gewändestufenportal mit Figurenkonsolen und Baldachinen, Zwickelreliefs Geburt Christi sowie Darbringung im Tempel, Mitte 14. Jh. Türflügel mit reichen Ornamenten, 1. Drittel 18. Jh. Gotische Steinpietà, Anfang 15. Jh. Epitaph mit Stifter und Wappen, Kalkstein, teilweise abgearbeitet, um 1550. – In der nördlichen Annakapelle Taufstein aus Granit, bez. 1492. An der Südwand Wappenstein, bez. 1529 und bemerkenswerte Konsolbüste, ehemals am Dechanthof. Ölbergrelief um 1420.

Hochaltar von 1868, 1978 wiederaufgestellt, ein neugotischer Flügelaltar mit reichem Maßwerk und Schnitzreliefs: Verkündigung und Anbetung, Predigt des Johannes Bapt. und Taufe Christi, auf den Seitenflügeln rückwärts Tafelbilder der Geißelung Christi und der Dornenkrönung. – Hinter dem Hochaltar spätgotische Sakramentsnische der 1. Hälfte des 14. Jh. Über dem südlichen Altar barocke Figurengruppe der hll. Florian, Sebastian und Wendelin, um 1730, aus der ehem. Sebastianskapelle, der heutigen Portalvorhalle. – Renaissancekanzel aus Sandstein, bez. 1526. – Grabdenkmäler: im südlichen Seitenschiff Rotmarmorepitaph für den Nabburger Pfarrer Georg Thumbacher († 1634); Sandsteinepitaph des Andechser Benediktinerpaters Kaspar Ruepandus († 1631) mit Halbfigurenrelief.

Ev. Kirche St. Laurentius. Am Eingang in den Bereich des ehem. Pflegschlosses gelegene, spätgotische Kirche, ehem. Burgkapelle, möglicherweise im Kern frühmittelalterlich. Seit 1911 ev. Kirche. – Kleiner, rechteckiger Saalraum mit Flachdecke; eingezogener, netzrippengewölbter Chor mit 5/8-Schluß, Schlußstein mit Stadtwappen; zweibahnige Fenster mit Fischblasenmaßwerk. Gekehlter, spitzbogiger Chorbogen, bez. 1489. Orgelempore und Bohlenbalkendecke um 1911.

Ehem. Bürgerspitalkirche St. Maria. Ende 14. Jh. erbaut, im 18. Jh. barocker Umbau (Rundbogenfenster im Langhaus). Seit der Säkularisation profaniert und als Lagerraum genutzt. – Von der Pfarrkirche aus ist im Nordwesten der eingezogene und durch Strebepfeiler gegliederte erhöhte Chor mit 5/8-Schluß zu sehen; zweibahnige Spitzbogenfenster mit Dreipaßgliederung. Langhaus und Chor unter einem gemeinsamen Dach zusammengefaßt, das dreiachsige Langhaus auf der Südseite verbaut. Auf der Nordseite spätgotischer Sakristeianbau mit Pultdach.

★ **Kath. Kirche St. Nikolaus.** In der Vorstadt Venedig an einer wichtigen Handelsstraße zwischen Regensburg und Böhmen an der Naab gelegen (eine Kaufmannsniederlassung bestand hier bereits im 10. Jh.). – Ein Vorgängerbau der heutigen Kirche wurde 1964–66 z. T. ergraben. Der bestehende Bau um die Mitte des 12. Jh. als Hallenkirche errichtet. Nach der Säkularisation wurden die Apsis, die Türme über den östlichen Seitenschiffsjochen, das Langhausgewölbe und die Stützen der profanierten Kirche abgebrochen. Restaurierung ab 1964, Weihe 1970. – Schmuckloser Rechteckbau aus regelmäßigem Quaderwerk mit Eckverstärkung. Rekonstruierte trapezförmige Apsis. Rundbogenfenster markieren die ehem. Jocheinteilung. Der urspr. rundbogige Eingang im Süden mit glattem Tympanon. – Das Innere ist das Ergebnis der Restaurierung der sechziger Jahre, die bewußt auf eine vollständige Rekonstruktion verzichtete und den fragmentarischen Zustand ohne Gewölbe und ohne Langhausstützen beließ. – Ehem. dreischiffige Hallenkirche mit Kreuzgratwölbung zwischen Gurten und Scheidbögen über sechs Freistützen und außenliegenden Wandvorlagen. Im

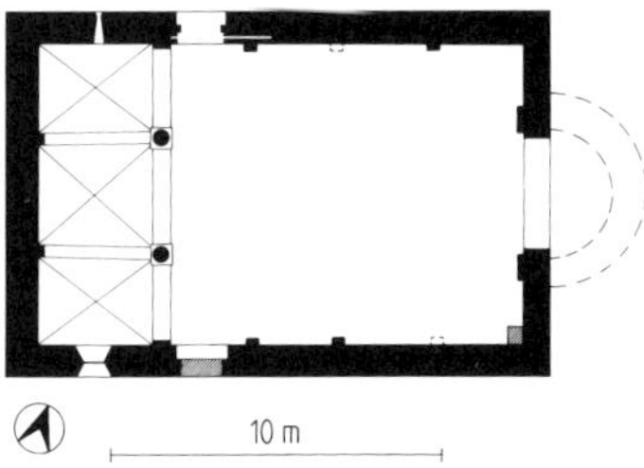

Nabburg, Kirche St. Nikolaus

Westen gewölbte Emporenanlage mit mittiger Bogenöffnung zum Langhaus. Auf der Empore befand sich urspr. ein Altar. Im Langhaus zwei konische Kapitelle der ehem. schlanken Mittelschiffsstützen. – Bemerkenswerte Holzspindeltreppe von der Empore zum Dachraum, wohl 16./17. Jh.

Kath. Friedhofskirche St. Georg. In der südwestlichen Vorstadt erhöht auf einem Hügelvorsprung gelegen. Von der romanischen Kirche auf der Ostseite noch der Turm aus Bruchsteinmauerwerk mit Sakristei im Untergeschoß. Die Teilungssäulchen der gekuppelten Klangarkaden haben Würfelkapitelle mit ausladenden Sattelstücken, Pyramidendach mit Zahnschnittgesims. Ein Storchennest schon auf *Merians* Ansicht von 1644. – Langgestreckter, einfacher Saal ohne architektonische Chorausbildung, Flachdecke mit Rahmenstuck, 18. Jh. – Ausstattung des Rokoko. – Choraltar mit Säulenaufbau und Altarblatt, hl. Georg von Engeln getragen, von *Heinrich Adam Croneiß*, 1759; Predella und Tabernakel sind spätere Zutaten. – Nebenaltar mit Altarblatt Martyrium und Apotheose des hl. Johannes von Nepomuk, Auszugsbild hl. Laurentius; bemerkenswertes Antependium: Tafelbild mit Medaillon, hl. Johannes von Nepomuk als Beichtvater der Königin, gerahmt von Rokokovasen. Beide Altäre gehörten wohl urspr. in eine andere Kirche. – Kleines Gemälde der Anna Selbdritt in reichem Schnitzrahmen, 1. Drittel 18. Jh. – An der Nordwand überlebensgroße, geschnitzte Kreuzigungsgruppe, 18. Jh. – An der Westwand Rotmarmorepitaph des Priesters Petrus Thurschel († 1521) als Ganzfigur in Renaissance-Ädikula; drei Grabdenkmäler, Sandsteinreliefs, um 1600.

★ **Stadtbefestigung.** Nabburg dürfte bereits im 10. Jh. befestigt gewesen sein. Die erhaltene spätmittelalterliche Befestigung besteht aus einem doppelten Mauerring mit Zwinger, zwei Haupttoren an der westlichen Langseite sowie mehreren Nebentoren; nach Norden ist die Stadt

durch einen tiefen Halsgraben vom Plateaumassiv getrennt. Das Granitmauerwerk der Ring- bzw. Zwingermauer ist zwar z.T. abgetragen, der Verlauf der nach 1420 (1429 Steuerbefreiung) entstandenen und im 16. Jh. teilweise erneuerten Befestigung ist jedoch vollständig ablesbar und auch begehbar und als Begrenzung der burgartig hochgelegenen Altstadt ein Charakteristikum des Ortsbilds. Nicht mehr sichtbar sind die ehem. vorhandenen Befestigungsanlagen der Georgenvorstadt (Unterstadt) und der Vorstadt Venedig. Erhalten haben sich zwei der im 16. Jh. ausgebauten und verstärkten Stadttore sowie zwei Befestigungstürme (Hüllgasse 6, Unterer Markt 19).
Mähntor (Am Mähntor 1). Viergeschossiger Sattelturm, im Südwesten der Stadt über steilem Anstieg errichtet; westlich Vortor mit Zinnen, außenseitig bez. 1532. Innenseitiger Mauerabsatz für Laufgang. Im Tonnengewölbe der Durchfahrt Reste figürlicher Malereien (Himmelfahrt Mariä), 18. Jh. Die danebenliegende Durchfahrt entstand 1904, als südlich des Turms die Stadtmauer abgebrochen wurde. Zugang zu den Turmobergeschossen über eine stadtseitig angebrachte, gedeckte Freitreppe.
Obertor (Obertor 13). Fünfgeschossiger, gotischer Torturm an der Nordwestseite der Stadt, außenseitig rechts neben der Durchfahrt bez. 1565. Bruchsteinmauerwerk mit Eckquaderung, die beiden Obergeschosse achteckig. Torbogen innen rund-, außen spitzbogig mit tonnen- bzw. kreuzgratgewölbter Durchfahrt. Innenseitig auf Mauerabsatz verlaufender Wehrgang in Höhe des zweiten Obergeschosses. Außenseitig Mauerblende mit Klauensteinen für Fallgitter. Der südlich anschließende große Bogen wurde 1913 im Zuge einer Erweiterung der Durchfahrt in die Stadtmauer eingebrochen.

Ehem. Pflegschloß, heute Vermessungsamt (Obertor 12). Im Nordwesten der Altstadt unmittelbar an der Stadtmauer im Bereich der alten Burg gelegen. Das ausgedehnte Schloßareal begrenzen im Süden und Westen Laurentiuskirche (ehem. Schloßkapelle), Toreinfahrt und ehem. Fronveste (heute Polizeigebäude). – Mächtiger, dreigeschossiger Traufseitbau, westlich mit Schopfwalm, im Kern 16. Jh., ab 1750 nach Plänen des Baukommissärs *Wolfgang Anton von Löwen* umgebaut. Im Osten vermutlich älterer Bauteil. – Im Inneren barocke Grundrißdisposition, Treppenanlage, Gewölbe und Dachstuhl.

Ehem. Burggut (Hüllgasse 4). Östlich des ehem. Pflegschlosses in großem Garten an der nördlichen Stadtmauer gelegen; umfriedet, rundbogige Toreinfahrt mit Staffelgiebel. Zweigeschossiger Satteldachbau, im Kern wohl 16./17. Jh.; Eingangsportal mit Wappen des Abtes Bonaventura Oberhuber von Reichenbach, bez. 1725; im 19. Jh. verändert.

Altes Rathaus, jetzt Museum und Archiv (Oberer Markt 16). 1417 ein Vorgängerbau erwähnt. Der bestehende Bau dürfte in das 16. Jh. zurückgehen. 1849/50 und erneut 1898/99 eingreifende Umbauten mit

Änderung der Fassadengestalt. – Langgestreckter Traufseitbau in der Flucht der Bürgerhäuser, nach Süden freistehend gegen Sackgasse und ehem. Fleischtörl; Stufengiebel und dachreiterartiger Uhrturm mit Zinnenkranz. Im Süden zweigeschossiger Treppenvorbau mit Renaissanceportal an der Westseite; im oberen Teil kreuzgratgewölbt und in niederen Pfeilerarkaden nach Süden und Westen geöffnet, bez. 1580. Das Obergeschoß nahm urspr. der Ratssaal ein; darunter durch das ganze Gebäude laufender, gewölbter Gang mit Brotständen und Stadtwaage.

Ehem. Bürgerspital (Obertor 7). Entsprechend einer Stiftungsurkunde von 1412 in Planung und wohl um 1425 als Altenheim für wohlhabende Bürger erbaut; die Spitalstiftung wurde zugleich soziale Hilfseinrichtung für Arme. Um 1560 wurde der Bau nach Norden erweitert und erhielt seine heutige Gestalt. Gesamtrestaurierung mit Rekonstruktion des Treppenturm-Obergeschosses 1987–90. – Zweigeschossiger Satteldachbau mit polygonalem Treppenturm im Westen, in herausragender städtebaulicher Lage zwischen Pflegschloß, Obertor, Schmiedgasse, Oberem Markt und Pfarrkirche. Grundriß mit gewölbtem Mittelfletz in der Längsachse, Ausstattung zum Teil noch 16. Jh., so die bemerkenswerte Holzspindeltreppe.

Ehem. Dechanthof (Unterer Markt 19). Spätgotisches, zweigeschossiges Treppengiebelhaus, nach Süden mit Stadtmauer und Befestigungsturm verbunden, nach 1455 erbaut für den Regensburger Domdekan Nikolaus von Kindsperg, dessen Wappenstein am Südgiebel befestigt war (heute in der Annakapelle der Pfarrkirche). Ausbau im 17./18. Jh. Im Süden zweigeschossiger Anbau mit Pultdach und neugotischer Eingangstür, um 1900. – Im südlichen Teil tonnengewölbter Keller, darüber längsrechteckiger Raum mit Bohlendecke; nördlich anschließend von Westen zugänglicher Fletz, von dem aus alle Räume abgehen. Im Obergeschoß, nach Norden gerichtet, zwei Räume mit barockem Rahmenstuck und Fragmenten von Deckenmalereien.

Bürgerhäuser. Behäbige Giebel- und Traufseitbauten prägen die Straßenfronten entlang der beiden Märkte und der Schmiedgasse, zumeist Wiederaufbauten nach den Bränden im 16. Jh., ohne Erkervorsprünge. – Auffälliger Bürgerhaustyp in Nabburg ist das Giebel- und Walmdachhaus mit zurückspringender Ecke für den Hauseingang bzw. die Durchfahrt unter gerade durchgezogenem Dachüberstand. Die innere Erschließung erfolgt über einen geräumigen Fletz, von dem aus nach zwei Seiten im Winkel Räume abgehen (zum Beispiel Badgasse 8, Oberer Markt 13, Schmiedgasse 1). – Kennzeichnend für die städtische Struktur Nabburgs im 16. bis 18. Jh. ist das Ackerbürgerhaus. Deutlich ablesbar ist dieser Haustyp im Bereich zwischen Oberem Markt und Schmiedgasse. Die rückwärtigen Wirtschaftsbauten werden hier durch die in ihrem Erscheinungsbild noch weitgehend unverändert erhaltene Rosengasse erschlossen.

Oberer Markt 4. – Ehem. Wohnhaus des Malers *Karl Schmidt* aus Wolfratshausen, als Museum der Stadt gestiftet. Sanierung 1983. Giebelfassade mit Sgraffitodekor des Künstlers von 1930.
Oberer Markt 19. – Zweigeschossiger Bau mit Krüppelwalmdach, 1526 und 1563 bez., im Kern älter. Im Erdgeschoß spätgotische Balken-Bohlen-Decke.
Schmiedgasse 16. – Ehem. Weißbierbrauhaus, Halbwalmdach, bez. 1548, Anfang 20. Jh. umgebaut.
Schmiedgasse 23 b. – Ehem. Zehentstadel, zweigeschossiger verputzter Bruchsteinbau des 16. Jh.

NEIDSTEIN Gem. Etzelwang, Kr. Amberg-Sulzbach. *Karte 4*

Ehem. Schloß. Das sog. neue Schloß am westlichen Rand eines dicht bewaldeten Bergrückens, auf dem östlichen Felsen darüber Reste des mittelalterlichen Schlosses. – 1119 Erwähnung eines Neipert von Nitstein, Ministeriale der Grafen von Sulzbach. Als Lehen abwechselnd im Besitz der Bamberger Bischöfe, der bayerischen Herzöge und der Pfalzgrafen. Seit 1466 im Besitz der Familie von Brand. Nach der Zerstörung durch Herzog Albrecht von Bayern (1504) durch Jobst von Brand 1513 wiederaufgebaut.
Neues Schloß. Ehem. Wirtsgebäude. Im Kern 16. Jh., im 19. Jh. gotisierend ausgebaut, instandgesetzt 1988/89. – Von Osten zugängliche, langgestreckte Gebäudeflucht mit Stufengiebeln und Rundturm. – Im Innern 12 Sandsteinreliefs mit biblischen Szenen und dem Porträt von *Georg Schwaiger*, 1601, aus einem Amberger Wohnhaus transferiert.

NEUALBENREUTH Kr. Tirschenreuth. *Karte 3*

Der Markt Neualbenreuth im Fraischgebiet am Fuß des Tillenbergers unterstand seit 1591 in jährlichem Wechsel der Gerichtsbarkeit des Klosters Waldsassen und der Stadt Eger. 1862 endgültiger Übergang an das Königreich Bayern.

Kath. Pfarrkirche St. Laurentius. In leicht erhöhter Lage bildet die Kirche mit ihrem imposanten Turm einen weithin sichtbaren Akzent. – Die 1286 erstmals genannte Pfarrei gehörte urspr. zum Dekanat Eger. Über das Patronatsrecht verfügten bis 1608 der Deutschorden in Eger, dann der Rat der Stadt und seit 1627 der Malteserorden. 1646–1700 von den Jesuiten betreut. 1787–89 und 1807–57 zum Erzbistum Prag gehörig. – Nach Zerstörung durch die Kosaken 1634 wurde 1730 der bestehende Bau begonnen, 1733 geweiht. 1780/82 Turmbau durch den Egerer Zimmermeister *Niklas*. Letzte Restaurierung 1984/85. Nach Süden gerichteter Saalbau mit kräftiger Putzlisenengliederung. An der Ostseite des Chors Turm mit abgerundeten Ecken und Laternenzwiebelhaube; sein Obergeschoß durch Eckpilaster und eingezogen segmentbogiges Traufgesims hervorgehoben. – Im weiten, in der Querachse konkav ausgreifenden Langhaus Spiegeldecke mit Stichkap-

Neualbenreuth

pen. Eingezogener, gerade geschlossener Chor mit ausgerundeten Ekken; Tonnengewölbe mit Stichkappen. – Deckengemälde von 1733 im Chor: Martyrium des hl. Laurentius; über dem Chorbogen Wappen der Stadt Eger, dat. 1733. An der östlichen Chorwand Fresko eines Rokokoaltars, 1985 freigelegt. Deckenfresken im Langhaus mit Maria als Schutzherrin Neualbenreuths im Zentrum, 1921 von *M. Füßl* (Entwürfe von *Leonhard Thoma*). – Ausstattung. – Hochaltar um 1733, freistehender Tabernakelaufbau, dahinter Gemälde mit Apotheose des hl. Laurentius. – Seitenaltäre aus der 1971 abgebrochenen Kirche in ▷ Wiesent. Stuckmarmoraufbauten der Stukkatoren *Bernhard Ehehamb* und *Mathias Schmidtgartner* aus München, 1707/8, mit klassizistischen Veränderungen, 1987/88 von *Jakob Schnitzer* aus Buching restauriert. – In Nische der rechten Langhauswand Nebenaltar um 1733, mit Figuren der hll. Johannes von Nepomuk, Simon und Thaddäus. – Kanzel um 1733. Am Korpus Reliefs mit Gutem Hirten, Auferstehung Christi, den hll. Stephanus und Laurentius; Schalldeckel mit reicher Figurenbekrönung. – Stuhlwangen um 1733. – Neubarocke Figuren der vier Kirchenväter.

Bauernhäuser. Der Ort zeichnet sich durch besonders viele, häufig noch in das 18. Jh. zurückgehende Fachwerkbauten im sog. Egerländer Stil mit Rautenwerk aus. Stattliche Vierseithöfe (Turmstraße 5/7, 43, 44, 49, 55, Am Bühl 7) und gelegentlich Hakenhöfe, z.B. das Wohnstallhaus in der Hirtgasse 5: Wohnteil in Blockbauweise mit Egerländer Fachwerkgiebel, auskragender Umschrot, Laube an der Südseite des Ostteils dat. 1802.

NEUBÄU Stadt Roding, Kr. Cham. *Karte 10*

Kath. Expositurkirche Mariä Namen. Neuromanischer, durch Bogenfries gegliederter Quaderbau von *Johann Baptist Schott,* 1901; Restaurierung 1981. Westturm mit Oktogonaufsatz und Spitzhelm, Querhaus, eingezogene Apsis. Im Innern Kreuzgratgewölbe, durch Gurtbogen auf schweren Konsolen getrennt. – Neuromanische Raumfassung und Ausstattung.

NEUDORF b. Luhe

Markt Luhe-Wildenau, Kr. Neustadt a.d. Waldnaab. *Karte 5*

Kath. Filialkirche St. Barbara. Neubau nach Brand 1819, Renovierungen 1931, 1960, 1977. – Durch Lisenen gegliederter Bau, Dachreiter mit Glockendach über dem eingezogenen, dreiseitig geschlossenen Chor. – Im Chor Kreuzgewölbe mit Stuckrippen über Eckpilastern. Im Langhaus flache Stichkappentonne über Pilastergliederung, zwei runde mariologische Deckenfresken, erneuert. – Ausstattung. – Hauptaltar, hoher Säulenaufbau des frühen 18. Jh. mit nazarenischem Altarblatt hl. Barbara (angeblich von *G. Perlberg* 1804) und Rokokotabernakel. – Seitenaltäre um 1760, zierliche Aufbauten mit Volutenpilastern, der rechte mit Altarblatt hl. Wendelin; in vergleichbaren Stilformen die Kanzel.

NEUEGLOFSHEIM Gem. Thalmassing, Kr. Regensburg. *Karte 14*

Schloß Haus. 1314 erstmals erwähnt anläßlich einer Teilung des Besitzes der Eglofsheimer. Häufiger Besitzwechsel, bis das Schloß 1630 an die Karthause Prüll verkauft wurde. Stark zerstört im Dreißigjährigen Krieg. Unter Prior Sigismund Diez wurde die dem Sommeraufenthalt der Mönche dienende Anlage instandgesetzt und um einen Neubau erweitert, 1679–1681 unter Leitung des Straubinger Stadtmaurermeister *Kaspar Pielmayer.* Nach der Säkularisation fiel das Schloß 1835 an die Fürsten Thurn und Taxis; unter dem Fürsten Franz Joseph wurde 1928 der Südflügel aufgestockt, im übrigen eine Modernisierung durchgeführt.

Am Südabhang des Eichelberges, südwestlich von Alteglofsheim gelegen. Von der mittelalterlichen Anlage ist nur der Bergfried erhalten, aus Bruchsteinmauerwerk mit Eckquaderung, über 20 m hoch. Urspr. eine Einstiegsöffnung an der Westseite in 8 m Höhe, im übrigen nur Lichtschlitze, was für eine reine Wehranlage spricht, die mit einem unterirdischen Gang verbunden und – nach *Wening* – von einer Ringmauer umgeben war. – Südlich darunter das Schloß, eine Vierflügelanlage mit Innenhof, die weitgehend auf das 17. Jh. zurückgeht. Westflügel mit zwei runden Ecktürmen von *Kaspar Pielmayer,* im Erdgeschoß kreuzgratgewölbte Räume, denen ein ehem. zum Hof offener Arkadengang vorgeschaltet ist, mit Fortsetzung im Nordflügel. An diesen schließt östlich die Schloßkapelle an: dreiseitig geschlossen, mit Kreuzgratgewölben, von 1630. – Der etwa gleichzeitige Altar stammt aus der Gutskapelle von Mittenhausen. (1961 hier aufgestellt). Die zugehörigen vorzüglichen spätgotischen Figuren heute im Museum ▷ Schloß Thurn und Taxis, Regensburg. Aufbau mit zwei laubwerkumrankten Säulen und seitlichen Bogen, im Typus der Hochaltäre in ▷ Regensburg-Karthaus-Prüll und ▷ Regensburg-Prüfening.

NEUENHAMMER

Gem. Georgenberg, Kr. Neustadt a. d. Waldnaab. *Karte 6*

Am Fuße des Fahrenbergs am Zottbach gelegen. Seit dem 14. Jh. war der Eisenhammer im Besitz der Herren von Waldthurn, 1667–1733 den Reichsfürsten von Lobkowitz gehörend; von diesen erwarb Georg Nikolaus Frank von Grubenstätt 1733 das Anwesen, das er für ein Jahrhundert innehatte. Nachfolgender Besitzer war F. Michael Eduard Rath, dessen Tochter 1856 hier den Oberpfälzer Sagenforscher und Germanisten Franz Xaver Schönwerth heiratete.

Kath. Kirche Unserer Lieben Frau. Von F. Michael Eduard Rath 1836/37 als Hauskapelle erbaut, konsektriert 1837 durch den Regensburger Bischof Franz Xaver von Schwäbl. Noch heute baulich und besitzmäßig mit dem privaten Hammerhaus verbunden. – Schlichter Bau in neugotischen Formen mit hervorragendem Hochaltar. Mündlicher Überlieferung zufolge stammt das Retabel aus dem Regensburger Dom als Geschenk des Bischofs Schwäbl, Altaraufbau um 1700/1720, gebildet von zwei seitlichen, überlebensgroßen Engelkaryatiden unter verkröpften Gebälkstücken: antikisch gewandete jünglingshafte Barockfiguren in metallisch silberner Fassung. Reiche in Gold und Silber gefaßte Rankenschnitzereien im Aufsatz und am Antependium. Altarblatt 1836 von *Bernhard Wesselberger* aus Amberg (sign.): Maria mit Jesuskind und Johannesknaben in einer Landschaft. – Empirekerzenleuchter mit Wappen der Rath. – Orgelprospekt in Stilformen des Biedermeier. – Kirchengestühl 2. Hälfte 18. Jh.

Hammerschloß. Stattlicher verputzter Walmdachbau, zu fünf Achsen, 2. Hälfte 18. Jh., vgl. ▷ Troschelhammer (Inschrift 1808, wohl bauliche Änderungen betreffend). Die beiden Geschosse durch umlaufendes Gesims geteilt, über dem Mittelportal Flacherker auf toskanischen Säulen, mit segmentbogig aufgekröpftem Kranzgesims. Doppelzwiebelhaube mit Laterne, darin eine 1754 in Eger gegossene Glocke. Im

Erdgeschoß gewölbte Halle mit böhmischen Kappen, einläufige Steintreppe. – Anbauten nach mehreren Seiten im 20. Jh.

NEUHAUS Gem. Schorndorf, Kr. Cham. *Karte 10*

Burgruine. Erste Erwähnung der Burg 1254. Seit dem 14. Jh. Eigentum der Sattelboger. 1373 ging ein Drittel des Besitzes an die 1481 ausgestorbene Linie Puchberger, der übrige Teil ca. 1421 an die Schönsteiner. Im 15. Jh. gefürchtete Raubritterburg. Im 16. und 17. Jh. wechselnder Besitz. 1664 an die Grafen von Törring-Jettenbach, 1829 von den Thurn und Taxis abgelöst. – Die wohl im Dreißigjährigen Krieg zerstörte mittelalterliche Anlage liegt auf einer Bergkuppe, umschlossen von breitem Graben und ovaler, niedriger Ringmauer mit Halbschalentürmen, Reste davon auf der Ost- und Nordseite erhalten, spärliche Fragmente des Bergfrieds auf der Nordseite. Von der Hauptburg, einer fünfseitigen Anlage, blieb in der Südostecke aufgehendes Bruchsteinmauerwerk des spätmittelalterlichen Wohnbaus mit Stichbogenfenstern erhalten.

NEUHAUS
Stadt Windischeschenbach, Kr. Neustadt a.d. Waldnaab. *Karte 2*

Kath. Kirche St. Agatha. Ein Vorgängerbau 1662 durch Blitzschlag zerstört. 1750–52 entstand ein zentralisierender Neubau mit Holzdekke. Im Juni 1887 abermals Zerstörung durch Brand, nach der die Kirche unter Benutzung der alten Umfassungsmauern, um 2 m erhöht, noch im gleichen Jahr wieder aufgebaut wurde. Den Plan mit einem neuen Steingewölbe auf einer Mittelstütze und einem Turm über der Westfassade entwarf der Regensburger Domvikar *Georg Dengler*. Die Rokoko-Altäre stammen aus verschiedenen Kirchen der Diözese. Außen- und Innenrenovierung 1981/82. – Ovales verputztes Langhaus mit segmentförmig abschließendem Chor, im Westen von Pilastern gerahmte Fassade. Darüber ein sandsteinverblendeter Mittelturm mit seitlichen Voluten, bekrönt durch Laterne und Zwiebelhaube über Spitzhelm. Die urspr. Sandsteineinfassung des Hauptportals, laut Überlieferung ein Geschenk aus der Alten Kapelle in ▷ Regensburg, 1982 erneuert. Die Nischenfiguren der hll. Petrus und Paulus von *Ludwig Dasio*, München 1911. Am Chorscheitel Kreuzigungsgruppe von *Franz Cleve,* München 1809. – Zentralraum mit achtteiligem Kappengewölbe auf Mittelsäule. Als Wandgliederung Pilaster, die in den Diagonalen durch segmentförmig aufgekröpftes Gebälk verbunden sind. – Die spätnazarenischen Gewölbemalereien der Acht Seligkeiten, dat. 1898. – Der rechte Seitenaltar mit Figur der Schmerzhaften Muttergottes von *Christian Keil*, München (bez. am Sockel). Kreuzwegbilder von *Johann Bernhard Ernstberger*.

Burg. Auf einer ins Waldnaabtal vorspringenden, nach drei Seiten steil abfallenden felsigen Hügelzunge westlich von Neuhaus gelegen. – Errichtet durch den Landgrafen von Leuchtenberg in der 1. Hälfte

14. Jh., kam die Burg nach mehrfachem Besitzwechsel endgültig 1515 an das Kloster Waldsassen. Der Bergfried war vermutlich bereits zu Beginn des 17. Jh. Ruine, während das Wohngebäude in der heutigen Form damals erst errichtet wurde. 1820 von der Gemeinde erworben und bis heute in städtischem Besitz. – Kleine Anlage mit trapezförmigem, im Norden abgerundeten Bering aus Bruchsteinmauerwerk (Granit, Gneis, Phyllit), der Torbau im Osten verloren. Unmittelbar an den steilen Berghang gerückt das einfache, traufseitige Wohnhaus, rückwärtig eingespannt in die Ringmauer. Nach Norden niedrige Wirtschaftsbauten. – An höchster Stelle der Bergfried, der wegen seiner Form – zwei unterschiedlich breite übereinanderstehende Zylinder – zu den „Butterfaßtürmen" gezählt wird, im unteren Teil aus Granitquadern, Bruchsteinmauerwerk und einzelnen Buckelquadern, auch mit Zangenlöchern, im oberen Teil aus einer wesentlich dünneren, kleinteiligen Bruchsteinmauer. Charakteristisch für diesen Turmtyp sind die beiden außen umlaufenden, miteinander verbundenen geschlossenen Wehrgänge: der untere setzt direkt auf dem 2 m breiten Maueraufsatz auf, der obere darüber, an dem noch deutlich erhaltenen kanalartigen waagrechten Mauereinschnitt. Er war von einer Brustwehr mit Zinnen umgeben und durch einen Außenaufgang erschlossen. Auf beiden Ebenen führen spitzbogige Türen in das Innere des Turms, dem eine innere Erschließung fehlt. Im Untergeschoß ein Verließ. Unklar ist, wie man zu dem im ersten Stock gelegenen Wehrgang gelangte (mit Sicherheit von außen und vermutlich vom Torbau aus über den Wehrgang der Ringmauer). Beispiele dieses seltenen Typs sind in Hessen: Felsberg, Idstein und Bad Homburg v. d. H.

NEUKIRCHEN-BALBINI Kr. Schwandorf. *Karte 10*

Kath. Pfarrkirche St. Michael. Einfacher Saalbau mit eingezogenem, dreiseitig geschlossenem Chor, um 1718 vom Amberger Maurermeister *Georg Preimbl* unter Verwendung gotischer Bauteile errichtet. 1747 Anbau der Sakristei. – Altäre der Erbauungszeit, Seitenaltäre mit barocken Altarbildern, hl. Sebastian bzw. Maria, im Auszug hl. Florian und hl. Laurentius. – Kanzel von Schreiner *Johann Michael Luybl* aus Bruck i. d. Opf., um 1720.

NEUKIRCHEN b. Hl. Blut Kr. Cham. *Karte 11*

Der von dem niederbayerischen Herzog Johann III. (1417–25) gegründete, 1456 durch den oberbayerischen Herzog Albrecht III. bestätigte Markt, liegt an einer alten Handelsstraße nach Böhmen.

Marktanlage

Der mittlere Abschnitt der Hauptstraße – das südliche Ende der Marktstraße – weitet sich durch Rückstaffelung der Gebäude keilförmig zum Marktplatz. An dessen Ostseite die ehem. Kirchenburg mit Kirche, Friedhof und Pflegschloß, urspr. durch starke, turmbewehrte

Mauer und Zaun geschützt. Heute erinnern an die einstige Anlage das mehrmals veränderte, verschiedentlich genutzte Pflegschloß mit dem 1610 nördlich angebautem Marktturm und die östlich dahinter liegende, im Kern mittelalterliche Nikolauskapelle. Südlich gegenüber dem Pflegschloß das ehem. Amtsgericht, heute Gemeindehaus, ein dreigeschossiger Walmdachbau von 1862/63. Die übrige Platzbebauung weitgehend geschlossen im 19. Jh. entstanden. Das Wallfahrtszentrum mit Franziskanerkloster bildete sich im nördlichen Bereich der Hauptstraße heraus.

★ **Kath. Wallfahrts- und Pfarrkirche zum Hl. Blut mit Franziskanerkloster und -kirche.** Zwei legendäre Ereignisse liegen der Wallfahrt zugrunde: Eine auf einem Baumstumpf gefundene Hostie gab um 1400 Anlaß zum Bau einer Kapelle. 1419 rettete die böhmische Bäuerin Susanna Halada hierher eine Muttergottesfigur. Um 1450 spaltete ein hussitischer Anführer nach drei vergeblichen Versuchen, sie in einen Brunnen zu werfen, mit dem Schwert das Haupt dieser Figur und aus der Wunde floß frisches Blut. – Die um 1400 erbaute Kapelle wurde 1520 zur Wallfahrtskirche erhoben. 1610 Neubau des Langhauses auf Veranlassung Maximilians I. von Bayern. 1614 Übernahme der Pfarrrechte nach dem Einsturz der Marktkirche. 1656 wurden Franziskaner zur Betreuung der aufblühenden Wallfahrt berufen. 1658–61 Bau des Klosters samt Kirche östlich des alten Chors durch den Ordensbaumeister Fr. *Hugolin Partenhauser*. Von den von Fr. *Philipp Plank* vorgelegten Umbauplänen kam nur der Turm 1690–95 zur Ausführung durch Maurermeister *Julius Kolb* und Zimmermeister *Hans Köckh,* beide in Straubing tätig; Steinmetzarbeiten von *Gabriel Vogt* aus Raindorf. 1718–21 Neubau des erweiterten Chors und der Seitenkapellen sowie gesamte Wölbung und Wandgliederung. Die Angabe des Pflegers Johann Sebastian Mayr von 1721, die Kirche sei zu fünf Sechstel neu erbaut, läßt sich im Vergleich von alten Ansichten nicht nachvollziehen. 1751 Erhöhung der Klosterkirche. Letzte umfassende Restaurierung innen 1983–85, außen 1986.

Baubeschreibung. – Kreuzförmige Saalanlage mit querschiffartigen, halbrund geschlossenen Kapellenanbauten vor dem Chor mit ausgerundeten Ecken, der nach Osten rundbogig zur gleichfluchtenden, rechteckigen Klosterkirche durchbrochen ist. – Westturm mit Achteckaufsatz und Laternenzwiebelhaube, Fensterrahmungen und Eckrustika aus Granit; an der Westseite Hauptportal aus Untersberger Marmor, 1699 von dem Salzburger *Andreas Thumberger,* ein Säulenportal toskanischer Ordnung mit Voluten-Sprenggiebel und Figurennische. Die zwei granitenen Seitenportale an den Längsseiten wohl aus der Bauphase 1718–21, mit korinthischen Säulen, Gebälk und Sprenggiebel. An den Außenseiten aller Türen Eisenverkleidungen mit ornamentalen Beschlägen, die westliche dat. 1779. Kräftige Zwiebeldachreiter über der Klosterkirche und den durch Rechteckblenden gegliederten Seitenkapellen. – Der gesamte Kirchenraum von Stichkappentonne mit

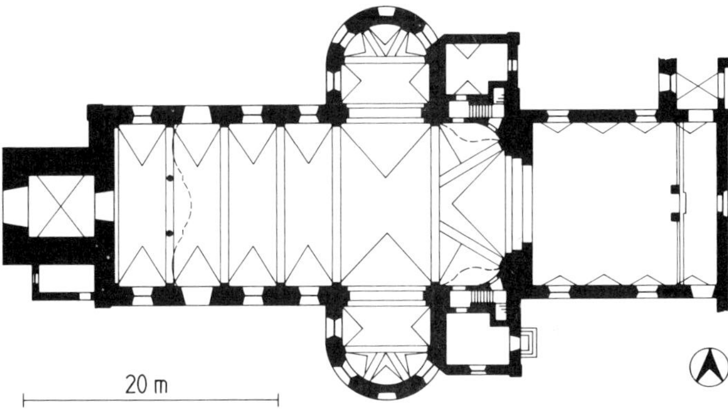

Neukirchen b. Hl. Blut, Wallfahrts- und Pfarrkirche zum Hl. Blut

Gurten überwölbt, die Wände durch toskanische Pilaster mit Gebälkstücken gegliedert. In den Chorrundungen Oratorien. Geschweifte Westempore über schlanken Granitsäulen. – Deckenbilder 1720 von *Josef Anton Merz* aus Straubing, einige von ihnen 1882/83 von *Esterer* aus Kötzting übermalt, 1950–52 wieder freigelegt von *Otmar Spann*, Passau. Im Chor musizierende hl. Cäcilie, im Langhaus Hauptbild Himmelfahrt Mariens, von kleineren Medaillons mit lobpreisenden Engeln umgeben, nach Westen drei Szenen mit Darstellungen der hilfreichen und Trost spendenden Muttergottes. An der Emporenbrüstung links vier Szenen mit dem Hostienwunder, rechts die Legende um das Gnadenbild in acht Bildern. Die Szenen an den Brüstungen der Oratorien verweisen auf die Wunderwirksamkeit Mariens.

Ausstattung. – Der Hochaltar, doppelseitig wie schon der vorangehende angelegt, 1750–52 von Augsburger Hofkünstlern angefertigt. Offener sechssäuliger Aufbau von *Johann Josef Oberst*, durch *Johann Ferdinand Ledergerber* gefaßt, umfangreiche Goldschmiedearbeiten von *Franz Thaddäus Lang*. Vier Seitenfiguren auf der Frontseite, zwei weitere rückwärtig, zwei Figuren 1755 für *Johann Paul Hager* aus Kötzting belegt. Im Mittelfeld das Gnadenbild, eine Muttergottes um 1400, böhmischer Provenienz, Festgewand aus reichbesticktem Samt, 18. Jh., angeblich aus dem Brautkleid einer böhmischen Prinzessin hergestellt. – Antependium des Volksaltars mit schönem Schnitzwerk, aus der ehem. Seelenkapelle, Rokoko. – Die vier Seitenaltäre 1752 ff. angeblich nach Entwürfen von *Hager* ausgeführt und gefaßt, alle Altarblätter 1945 restauriert von *Franz Amerling*, Berlin. Die beiden zweisäuligen Altäre an den Öffnungsbogen der Seitenkapellen 1752–

54 von *Engelbert Staudacher* aus Straubing ausgeführt, Seitenfiguren 2. Hälfte 19. Jh., links von *Stephan Pongratz,* Neukirchen, unter der Mensa Reliquien der hl. Klara aus der Priscilla-Katakombe. Die Altarblätter von den früheren Altären übernommen. Nach *Michael Wening* (1726, S. 103) stammten sie von dem „berühmbten künstlichen Mahler Schreta auß Wien" 1668, gemeint ist wohl *Karel Škréta* aus Prag. Erhalten südlich der Gekreuzigte mit Maria Magdalena, während nördlich die Unbefleckte Empfängnis Mariens durch eine Abendmahlsdarstellung des 17. Jh. ersetzt wurde. Die Altäre in den Seitenkapellen mit gewundenen bzw. glatten und gewundenen Säulen sowie Seitenfiguren; Altarblatt nördlich: Tod des hl. Franz Xaver (18. Jh.), südlich: Martyrium des hl. Johannes von Nepomuk (um 1882). – Taufbecken mit Schnitzgruppe der Taufe Christi, 1748 von *Sieghart Pongratz,* Neukirchen, 1749 gefaßt von *Andreas Zeller,* Furth im Wald. – Kanzel Anfang 18. Jh., mit reichem Rankendekor, Korpus durch Volutenpilaster gegliedert. – Orgel 1647 von Kurfürstin Anna Maria gestiftet, fünfteiliger Prospekt mit kannelierten Pilastern, im frühen 18. Jh. durch Akanthusornamentik bereichert. Das Orgelwerk zuletzt erneuert 1969 durch *Eduard Hirnschrodt,* Regensburg. – Sechs Beichtstühle um 1720, in die Wand eingebaut. – Gestühl mit reichen Rocailleschnitzereien, die Pulte – wie auch an den Beichtstühlen – mit Messingblech beschlagen, 1776 dat. – Figurengruppe Schwarze Muttergottes und Hussit, der ihr den Kopf spaltet, barock nach gotischem Vorbild. In verwandtem Stil Prozessionsfiguren Muttergottes und kniender Bittsteller. Im Kirchenraum verstreut einige Figuren des 18. Jh. – Votivbilder und Kirchenschatz teilweise in der Säkularisation verlorengegangen. – Legendenbilder erhalten, u. a. das Tafelbild mit den vier Hufeisen des Hussitenpferdes, 1767 dat. – An den Innenseiten der Seitenportale prachtvolle Türbeschläge mit figuralen Motiven, bez. „*J. F.* 1720". Zwei reichgeschnitzte Rahmenfelder-Türen im Chor mit je zwei Reliefbüsten der Apostelfürsten.

Klosterkirche. Rechteckraum, im Westen durch Bogen über den gemeinsamen Doppelaltar mit der Wallfahrtskirche verbunden. Stichkappentonne mit nazarenischen, das Leben der hl. Katharina schildernden Deckenbildern in geschweiften Stuckrahmen, 19. Jh. Nordöstlich 1817–21 angebaut die kleine ehem. Magdalenenkapelle. – Seitenaltäre von dem Straubinger *Franz Mozarth* 1730, Rokoko-Aufbauten mit gewundenen und glatten Säulen sowie vier Seitenfiguren, Altarblätter 1868–70 von *Ernstberger,* Amberg. – Gestühl Rokoko. – An der Nordwand Figur der Mondsichelmadonna, 1480/90. – An der Emporenbrüstung Tafelbilder mit Halbfiguren meist durch das Schwert getöteter Franziskanerheiliger, 19. Jh., barockisierend.

Klostergebäude. Vierflügelanlage von 1658–61 an der Ostseite der Klosterkirche, gegen 1670 nördlicher Verlängerungsbau und Seelenkapelle (heute Leichenhaus) nördlich der Wallfahrtskirche, 1718–21 nordwestlicher Quertrakt und weiterer Ausbau.

Kath. Kapelle zum Hl. Brunn. Westlich der Wallfahrtskirche führen zur Kapelle neugotische Stationspfeiler aus Granit, 2. Hälfte 19. Jh., mit modernen Terrakottareliefs der Sieben Schmerzen Mariens. – Der Legende nach fand hier 1610 eine bresthafte Wallfahrerin aus Böhmen eine heilsame Quelle. – Um 1700 erbautes Oktogon mit Zeltdach und zwiebelbekrönter Laterne. – Im flachgedeckten Innern Altar mit gewundenen Weinrebensäulen, von der hiesigen Bürgermeisterswitwe Eva Altmann († 1683) gestiftet.

Ehem. Pflegschloß (Marktplatz 10). In den Hussitenstürmen und im Dreißigjährigen Krieg zerstört, 1695 ff. wieder aufgebaut, 1716 weiterer Ausbau. Seit 1803 als Schulgebäude genutzt, 1856 erhöht, ab 1907 Nikolausheim. 1989/90 Umbau zum Wallfahrtsmuseum. – Dreigeschossiger, mehrfach veränderter Satteldachbau mit kreuzgratgewölbter Tordurchfahrt. – An der Nordseite der quadratische Marktturm mit verschindelter Laternenzwiebelhaube, um 1614 anstelle der eingestürzten urspr. Pfarrkirche errichtet, 1670 durch Maurermeister *Wolf Hirschstetter* und Zimmermeister *Georg Ernst*, beide von hier, erhöht.

Ehem. Schloßkapelle St. Nikolaus. Erstmals erwähnt 1379, im 18. Jh. unter Beibehaltung älteren Chormauerwerks erneuert, 1890 um das jetzige Langhaus erweitert. – Durch Lisenen gegliederter Außenbau, spitzer Giebelreiter. – Tonnengewölbe mit Stichkappen; eingezogener Rechteckchor mit Altarapsis. – Drei neubarocke Altäre aus der Erweiterungsphase. In der Mittelnische des Hochaltars spätgotische Figur des hl. Nikolaus.

NEUKIRCHEN zu St. Christoph

Gem. Georgenberg, Kr. Neustadt a. d. Waldnaab. *Karte 6*

Kath. Pfarrkirche St. Christophorus. 1709 unter Verwendung älterer Mauerteile erbaut. Renovierung 1969–73. – Ungewöhnlich langer Saalbau, der mit einer Zwiebelhaube abgeschlossene Turm über Eck gestellt an der südlichen Chorschräge, nördlich Sakristeineubau. – Dreiseitig geschlossener Chor, nördlich leicht eingezogen, an der Südseite eine mit dem Langhaus fluchtende Kapelle. Im Langhaus eine Holzfelderdecke. – Ausstattung Anfang 18. Jh. Drei Altäre, Säulenretabel mit Akanthusdekor. Hochaltar mit Seitenfiguren der hll. Georg und Florian sowie Wappen des „Joh. Bapt. von Haertl". Seitenaltäre seit 1973 wieder mit den urspr. Altarblättern: nördlich Pietà, südlich Maria und hl. Leonhard als Fürbitter der Notleidenden; Seitenfiguren der hll. Joachim und Anna bzw. Sebastian und Rochus. – Kanzel mit reichem Rankenwerk, bekrönend das Jesuskind, am Korpus Statuetten zweier Kirchenväter (vgl. ▷ Waldau). – An der Nordwand spätgotische Figur der Muttergottes, gegenüber Figuren des 18. Jh. – Am Chorbogen eine doppelseitige Rosenkranzmadonna des frühen 18. Jh.

NEUKIRCHEN b. Sulzbach-Rosenberg
Kr. Amberg-Sulzbach. *Karte 4*

Ev. Pfarrkirche St. Peter und Paul. Die frühere Adelspfarrei der Freudenberger wird erstmals 1364 erwähnt. – Um 1200 Errichtung der Kirche, nach Bauinschrift am südlichen Strebepfeiler 1452 Anbau des Chores, 1715–21 Barockisierung. Restaurierung 1980–83. – Flachgedeckter Saalbau, eingezogener gotischer Chor mit gedehntem 5/8-Schluß, Westturm mit Spitzhelm. – Gliederung des Chors durch zweibahnige Maßwerkfenster und Kaffgesims. – Im Chor Kreuzrippengewölbe mit Christuskopf als Schlußstein. Während der Sanierungsarbeiten (1981) wurden hier das Fundament der romanischen Apsis und die gemauerte Grablege der Edlen von Freudenberg aufgedeckt. In der oberen Zone der Langhaussüdwand 1981 Freilegung romanischer Rundbogenfenster. – Decken- und Emporengemälde von 1934. – Hochaltar, Anfang 18. Jh., 1934 angeblich aus dem ehem. Sulzbacher Schloßgefängnis bezogen. Altarblatt mit Kreuzigung nach *Peter Paul Rubens*. – Romanischer Taufstein. – Neben anderen Grabdenkmälern die Grausandsteinplatten für Meinhart († 1499) und Hans Sigmund († 1561) von Freudenberg an der Ostwand des Chors.

Kath. Pfarrkirche St. Peter und Paul. 1925 errichtet. – Wandpfeilerbau mit abgeschrägten Langhausecken und eingezogenem, dreiseitig geschlossenem Chor. Turm mit geschweifter Haube an der Chornordseite. – Stichkappentonne mit Rahmenstuck. – Ausstattung aus der alten Pfarrkirche übernommen. Hochaltar mit seitlichem Akanthusschnitzwerk, Anfang 18. Jh. – Nördlicher Seitenaltar mit gedrehten Säulen, Ende 17. Jh., südlicher Seitenaltar 2. Drittel 18. Jh. – An der Langhausnordseite Flügelretabel, dat. 1521: in der Mitte Relief einer von Engeln gekrönten Mondsichelmadonna, von je zwei Reliefs mit Szenen aus dem Marienleben flankiert.

NEUNKIRCHEN Stadt Weiden. *Karte 5*

Neunkirchen, die Urpfarrei Weidens, wird um 1320 erstmals erwähnt. Auf eine frühe Gründung deutet das Kirchenpatrozinium des fränkischen hl. Dionysius hin.

Ev. Pfarrkirche. In die Romanik zurückgehendes Langhaus, 1721 und 1758 gründliche Instandsetzung der 1699 durch Brand beschädigten Kirche. Nach Brandzerstörung 1780 erhielt der Chortum die bestehende Form. 1914, nach der Auflösung des Simultaneums (1912), umfassende Renovierung und Neuausstattung. Bei der Restaurierung 1984 kam das romanische Quadermauerwerk (Sandstein) mit den schmalen urspr. Fenstern zum Vorschein. – Verputzte Chorturmkirche, Turm mit Spitzhelm, in drei Geschossen sich leicht nach oben verjüngend. – Im eingezogenen Chor Tonnengewölbe mit Stichkappen, halbrunder stuckumrahmter Chorbogen, das Schiff mit im Scheitel flacher Stichkappentonne über profilierten Konsolen; Rahmenstuck von 1800. Das

bis in Höhe der Fenstersohlbänke sockelartig vorspringende Mauerwerk zeigt wohl den alten Baubestand an. – Ausstattung historisierend in Stilformen des 17. Jh., z. T. nach Entwürfen des Nürnberger Architekten *Johann Will.* – Taufbecken aus Sandstein 1740, Deckel von 1914. – Unter den Grabdenkmälern an den Kirchenwänden ein wappengeschmücktes Rotmarmorepitaph für Hans Mendl von Steinfels zu Gmünd († 1562), dessen Gemahlin († 1556) und deren Sohn Hans Asmus († 1565).
Die Kirche umgeben eine erneuerte Kirchhofmauer und z. T. erneuerte Gebäude. Westlich der im 18. Jh. errichtete ev. Pfarrhof (Bürgermeister-Bärnklaustraße 6), ein zweigeschossiger Bau mit Walmdach und Putzgliederung, an einem Fenster der Westseite 1806 dat. Rückwärtig zweiflügelig angelegte Remise.

Kath. Pfarrkirche St. Dionysius. 1910–12 von *Johann Baptist Schott* in neubarocken Formen errichtet. – Nach Norden gerichteter, durch Pilaster gegliederter Bau mit eingezogenem, außen dreiseitig, innen rund geschlossenem Chor. Turm an der Ostseite, mit an den Ecken abgerundetem Obergeschoß, Zwiebelhaube und Laterne. Querhaus mit eingezogen segmentbogigen Schlüssen und hohen Schweifgiebeln. – Im Innern Stichkappentonne, Flachkuppel über der Vierung; blasse Deckenbilder. – Ausstattung historisierend in Formen des Neubarock bzw. der Neurenaissance. – In der südwestlichen Langhausecke Gemälde des 18. Jh. mit Auferstehung und Weltgericht.

NEUMARKT i. d. Opf. Reg. Bez. Oberpfalz. *Karte 7*

Neumarkt, der kulturelle, wirtschaftliche und administrative Mittelpunkt des Landkreises, liegt am Fuß der Fränkischen Jura in einer an vorgeschichtlichen Funden reichen Umgebung. Aufgrund der Lage am Schnittpunkt wichtiger alter Straßen wuchs der Ort schon vor 1235 zur Stadt heran. Als staufischer Reichsbesitz 1269 an die Wittelsbacher, 1329 an deren pfälzische Linie. Mit Herzog Johann bildete sich 1410–1499 eine eigene Seitenlinie – Neumarkt Mosbach – heraus. Großer allgemeiner Aufschwung als Pfalzgraf Friedrich II (1508–44) 1513 die Residenz von Amberg hierher verlegte.

Stadtanlage und -Befestigung

Annähernd quadratischer Stadtgrundriß mit langem, rechteckigem Straßenmarkt in Nord-Süd-Richtung, der in der Mitte durch das Rathaus in die Obere und Untere Marktstraße geteilt wird. Die Pfarrkirche liegt zurückversetzt hinter dem Rathaus. 1945 überstanden nur 48 von 573 Häusern der Innenstadt Fliegerangriffe und Artilleriebeschuß. Beim Wiederaufbau wurde der Charakter des historischen Stadtbildes bewahrt. Heute unterscheidet sich die inzwischen meist vereinfachte Altbausubstanz kaum von den angepaßten Neubauten.
Neumarkt war angeblich schon 1126 befestigt. 1239 wird ein Stadt-

tor, 1315 die Stadtbefestigung erwähnt. Von der Zweitoranlage, die aus einer mit acht Türmen und 16 halbrunden Schalentürmen bewehrten Ring- und Zwingermauer sowie einem breiten Graben bestand, haben sich kurze Mauerabschnitte und vier Türme erhalten: zwei verputzte hohe Rundtürme mit Kegeldächern – im Süden der „Pulverturm", 15./16. Jh., im Norden der „Schuldturm", 2. Hälfte 16. Jh. – und im Osten zwei ins 14. Jh. zurückgehende Rechtecktürme mit Wohnungseinbauten („Bertleinturm" und „Gimplturm").

★ **Kath. Stadtpfarrkirche St. Johannes Bapt.** Um 1190 Weihe des Vorgängerbaus. 1404 wurde nach Inschrift am nördlichen Strebepfeiler des Chorhaupts der Kirchenneubau begonnen (Langhaus vermutlich etwas früher), 1432 Weihe. 1556 Erhöhung des Turms. Nach kalvinistischer Plünderung Neuausstattungen im 17./18. und 19. Jh. Nach Kriegszerstörung instandgesetzt und 1964–66 renoviert, 1987/88 Außenrestaurierung.

Außenbau. – Teilweise verputzter Sandsteinquaderbau, durch mehrfach gestufte Strebepfeiler gegliedert. Von gleichfluchtenden Kapellen flankierter, siebengeschossiger Westturm mit Achteckaufsatz und Spitzhelm über Dreiecksgiebeln; in der Mittelachse von Kreuzblume und seitlichen Fialen bekröntes Gewändeportal mit Relieffragmenten des Weltgerichts: Selige und Verdammte in den Hohlkehlen. Portale an den Langhausseiten mit ähnlichen Abschlüssen. Das Südportal mit Doppeleingang durch überfangenden Kielbogen mit eingeschriebenem Maßwerkband reicher gestaltet; das Tympanon mit Verkündigungsfresko, spätes 15. Jh.

Inneres. – Spätgotische dreischiffige Hallenkirche mit dreiseitig geschlossenem Chor; Längsachse in der Mitte nach Norden geknickt. Achteckpfeiler, in die die Gewölberippen übergangslos einmünden, lediglich die profilierten spitzbogigen Chorbögen setzen über Stielkonsolen auf Rundpfeilern auf. In den Kapellen Stern- und Netzgewölbe, im Schiff Kreuzrippengewölbe - das erste mittlere Langhausjoch mit Ringschlußstein –, in den beiden östlichen Chorjochen durch springende Scheitelpunkte zu Dreistrahlfigurationen erweitert. Die Gewölberippen des Chores setzen sich in gebündelten Wanddiensten mit Figurenbaldachinen und variierten, originellen Figurenkonsolen (z. B. Steinmetzmeister) fort. Chor durch hohe vierbahnige Maßwerkfenster lichtdurchflutet, Fenster im Langhaus drei- bzw. zweibahnig (Kapellen) und von ungleicher Höhe. An den Pfeilern und an der Rückwand des südlichen Seitenschiffs 1934 aufgedeckte spätgotische Fresken mit Kreuzigung und Heiligenszenen.

Ausstattung. – Neugotischer Schreinaltar, 1978 aus Rain am Lech erworben. – Großes Taufbecken aus Sandstein um 1200, an der Kuppa Blendbogenfries. – Stuhlwangen mit Rokokoschnitzereien. – An den Langhauswänden ehem. Altarblätter, nördlich hl. Sippe, von *Matthias Zinckh* (1665–1738), gegenüber hl. Johannes von Nepomuk in Begleitung der hll. Johannes Ev. und Johannes Bapt., 18. Jh. – An der

Chorsüdwand Sandsteinrelief einer Pietà (1516), 1978 aus der 1516 geweihten Kreuzkapelle der Thanhauser an der Oberen Marktstraße übernommen. – An den beiden östlichen Chorpfeilern Figuren der hll. Elisabeth und Zacharias, 1. Hälfte 18. Jh., am zweiten südlichen Chorpfeiler spätgotische Figur der Mondsichelmadonna, vermutlich schwäbisch. Am Pfeiler gegenüber ein Kruzifixus, 1. Hälfte 18. Jh. Im übrigen reiche Figurenausstattung der 1. Hälfte 17. Jh.: unter den Baldachinen der Wanddienste und freistehend an den Langhauswänden Figuren der Zwölf Apostel, in der Turmvorhalle monumentale Kreuzigungsgruppe. – In der nördlichen Marienkapelle – urspr. wohl dem hl. Hieronymus geweiht – Maria-Hilf-Altärchen, wohl 1712/30, außerdem vier Tafelgemälde mit Szenen aus dem Marienleben, dat. 1478, in gotisierendem Flügelaltar von *Theo Fleckhaus* 1981–88. – In der gegenüberliegenden Immanuelkapelle minutiöse Kopie des gesamten Isenheimer Altars von *Matthias Grünewald*, 1975–85 von den Brüdern *Steff* und *Cornelius Menzel* aus Göppingen geschaffen. – Viele anspruchsvolle Grabdenkmäler, darunter zwei Bildepitaphien an den Rundpfeilern, links für Hans Lehmeier († 1497) mit der Muttergottes in Begleitung der hll. Elisabeth, Barbara, Katharina und Kunigunde, rechts für Angehörige der Familie Thanhauser mit Kreuztragung, dat. 1497. An der nördlichen Langhauswand Kalksteinplatte für den Schultheiß Wolf von Mühlheim († 1549) mit ganzfigurigem Relief des Ritters von dem Eichstätter Bildhauer *Martin Hering*. Weiter westlich Gedenkstein für Herman Tratz († 1503), Pfarrer zu Inkofen bei Moosburg (Lkr. Freising), der Verstorbene zu Füßen der hl. Anna Selbdritt kniend, ein Werk des Wasserburger Bildschnitzers *Wolfgang Leb*. – An der Südinnenwand monumentaler, fast drei Meter hoher Grabstein für den Neumarkter Schultheißen Otto von Rorbach († 1503), mit Reliefbildnis des Verstorbenen in voller Rüstung unter einem Astwerkbogen, in den Ecken der Platte vier Wappenschilde in Dreipässen. Der Grabstein, dem Regensburger Dombaumeister *Wolfgang Roritzer* zugeschrieben, zählt zu den besten Werken der Oberpfälzer Sepulkralskulptur der Spätgotik.

★ **Kathol. Stadtpfarrkirche zu Unserer Lieben Frau, ehem. Hofkirche.** Im 15. Jh. Errichtung einer einschiffigen Kirche mit den Unterbauten zweier Westtürme, der südliche 1535 durch *Wolf Keul* aus Amberg vollendet. Ende 16. Jh. Verbreiterung des Langhauses. 1701/02 durchgreifender Umbau des Langhauses unter Verwendung der alten Umfassungsmauern unter Leitung des Eichstätter Hofbaumeisters *Jakob Engel*. Schwere Kriegsschäden wurden 1949 (Chor) und 1953/54 (Langhaus) behoben. 1968/69 Innenrenovierung, 1981/82 Außenrenovierung.

Außenbau. – Dreischiffige Basilika mit eingezogenem, dreiseitig geschlossenem Chor. Durch Strebepfeiler gegliederte Westfassade, Turm mit oktogonalen Freigeschossen und Spitzhelm über dem südlichen Seitenschiff. In der Mittelachse Korbbogenportal, darüber spätgotisches vierbahniges Maßwerkfenster, abschließend Nischenfigur der Muttergottes, 1705 von *Erhard Wirsching* aus Neumarkt. An den flankierenden, zweifach gestuften Strebepfeilern Evangelistenfiguren von 1981. Seitenschiffe mit profilierten Spitzbogenzugängen. Chor durch erneuerte zweibahnige Maßwerkfenster gegliedert, im Scheitel dreibahnig. – Inneres. – Im Chor hohes Netzgewölbe auf Konsolen mit Schilden, Tellerschlußsteine. Im Langhaus Holzfelderdecke mit vergoldeten Rosetten, von *Wirsching*, Anfang 18. Jh., die sehr niedrigen Seitenschiffe mit durch breite Gute unterteilten Kreuzgratgewölben.

Ausstattung. – Hochaltar, neugotischer Flügelaltar mit reichem Gesprenge. – Nebenaltar im nördlichen Seitenschiff in Rokokoformen, barockisierendes Altarblatt hl. Antonius von Padua von *Joseph Altheimer,* 1896 (sign.). – Im südlichen Seitenschiff Altar um 1700, Gemälde Kreuzabnahme Christi von *Koch,* 1704 (sign.). – Etwa gleichzeitig der Altar in der Nordwestecke mit kannelierten Säulen und Gemälde: Maria und die Vierzehn Nothelfer, dat. 1764. – Stuhlwangen mit Festons und Rautenwappen, um 1800. – Nördlich des Chorbogens farbig gefaßte Steinfigur der Muttergottes, um 1480, laut Sockelinschrift zum Schutz vor den Kalvinisten 47 Jahre im Burghof vergraben. An der Chorsüdwand Figur des hl. Sebastian, um 1490. Im Kirchenraum noch weitere Heiligenfiguren aus dem 18. Jh. – Im südlichen Seitenschiff Rotmarmor-Tumba für den Pfalzgrafen Otto II. von Mosbach († 1499) mit Darstellung des Verstorbenen auf der Deckplatte in Hochrelief, in voller Rüstung, in der Rechten das pfalzbayerische Banner, auf einem Löwen stehend, unter einem von Laubwerk gerahmten Kielbogen. In den oberen Ecken die pfalzbayerischen Vollwappen. An den Seitenwänden der Tumba korbbogige Nische mit Engeln als Wappenschildhalter. – Nördlich des Chorbogens geschnitzte, farbige Totenschilde, der rechte für Pfalzgraf Otto II. – Unter den vielen Grabdenkmälern hervorzuheben das Epitaph für den kaiserlich-Nürnbergischen Postmeister Jakob von Febuer († 1646) in Form eines bemalten Triptychons mit Gnadenstuhl und begleitenden Heiligen.

Ev. Kirche, ehem. Kapuzinerkirche. Mit der Niederlassung der Kapuziner (1627) Bau von Kirche und Kloster (aus Steinen der Burg Wolfstein), Weihe 1677. 1803 Säkularisation, Nutzung der Kirche als Scheune, seit 1855 im Langhaus die ev. Kirche eingerichtet. 1860/70 Turmneubau. Außeninstandsetzung 1974. – Saalbau mit schwach eingezogenem, gerade geschlossenem Chor; flaches Tonnengewölbe mit Stichkappen. Westturm mit Spitzhelm. – Neugotische Ausstattung teilweise erhalten.

Südlich um rechteckigen Innenhof anschließend die ebenfalls in die 2. Hälfte 17. Jh. zurückgehenden ehem. Klostergebäude.

★ **Kath. Wallfahrtskirche Mariahilf (Kalvarienberg-Kirche).** Hoch auf dem Weinberg rundet die Kirche mit dem 1907/08 am Chor angebauten Karmelitenkloster (Priorat seit 1906) das Stadtbild ab, erreichbar

über einen 1847 aufgestellten, 1885 und 1931 erneuerten Kreuzweg. – Infolge einer Vision des Neumarkter Kapuzinerguardians Gabriel von Braunau (1674–79) entstand auf dem Weinberg ein Kalvarienberg mit Eremitenklause. Der rasch anwachsende Pilgerzustrom erforderte den Bau einer Kirche, dazu Vorplanungen des in Waldsassen tätigen Österreichers *Bernhard Schießer* (1712) und des Velburgers *Georg Martin Puchtler* (1713). Baubeginn 1718 nach den maßgeblichen Plänen des Kapuziners *Simplicius*. Der ausführende Neumarkter Maurermeister *Konrad Wurzer* wurde aufgrund baulicher Mängel 1721 bis zur Fertigstellung 1727 von den Amberger Baumeistern *Kaspar Schubert* († 1724) und *Konrad Hiller* abgelöst. 1757 Vollendung des Turms mit Zwiebelhaube nach Plänen des Stadtzimmermeisters *Bartholomäus Wallner*. Nach Beschädigungen durch plündernde Franzosen (1796) und Blitzschlag (1841) Wiederaufbau des Turms mit Spitzhelm über Dreiecksgiebeln. 1945 leichter Kriegsschaden, 1975–77 Gesamtrestaurierung.
Nach Südwesten ausgerichteter Bau mit Doppelpilaster-Gliederung; Eingang durch den der Fassade vorgestellten Turm. – Saalbau mit kaum eingezogenem, dreiseitig geschlossenen Chor. Korbbogige, durch Gurte gegliederte Stichkappentonne über Doppelpilastern. – Reiche, goldgehöhte Stuckdekoration auf verschiedenfarbigem Grund, 1724 von *Johann Bajerna* aus der Lombardei: Bandel-, Laub- und Gitterwerk mit musizierenden Engeln, im Chor auf Passion und Erlösungswerk Christi bezogen; auf den Gebälkstücken der vier Doppelpilaster Stuckfiguren der Kirchenväter. – Deckengemälde überwiegend 19. Jh.: im Chor Medaillonfresken mit den Anrufungen aus der lauretanischen Litanei, im Langhaus u. a. Verkündigung an Maria von *Johann Koller*, um 1875/76, und Geburt Christi von *Sigmund Spitzner* aus Parsberg, 1939. – Ausstattung. – Hochaltar von *Johann Ulrich Wiest* 1755, 1881 renoviert: prunkvoller, viersäuliger Aufbau mit von Engeln präsentiertem Maria-Hilf-Bild nach *Lukas Cranach*, 1725 aus der benachbarten Klausnerkapelle hierher überführt. Seitenfiguren der hll. Joachim und Anna, an den Chorwänden die hll. Zacharias und Elisabeth. – Seitenaltäre um 1727, dem Neumarkter Bildhauer *Johann Paul Wirs(ch)ing* zugeschrieben, links Seitenfiguren der hll. Johannes von Nepomuk und Franz Xaver, Altarblatt Kreuzannagelung Christi, Mitte 18. Jh.; rechts Beweinung Christi, ebenfalls Mitte 18. Jh., mit Maria Magdalena und Johannes als Seitenfiguren. Stuckkanzel um 1724, mit Figuren der Evangelisten, Schalldeckel mit von Putten getragener Vorhangdraperie. – Orgel 1755. – Gestühl mit üppigem Rankenwerk und reich geschnitzte Beichtstühle um 1727.

Kath. Friedhofskirche St. Jobst. 1654 als Nachfolgebau der 1632 zerstörten Kirche St. Jodok südlich der Stadtmauer errichtet. Innenrestaurierung 1987. – Flachgedeckter Saalbau mit Dachreiter, spitzbogigen Eingängen und Fenstern. Eingezogener, dreiseitig geschlossener

Chor mit Strebepfeilern, innen flaches Stichkappen-Tonnengewölbe mit dekorativem Netz gotisierender Grate. An der Langhaussüdseite große, von Stichkappentonne überwölbte Seitenkapelle mit dreiseitigem Schluß. – Rokokoausstattung. Viersäuliger Hochaltar mit Gemälde des Jüngsten Gerichts und den vier Evangelistenfiguren. Seitenaltäre mit Figuren der hll. Laurentius bzw. Franziskus in den Mittelnischen. Altar in der Seitenkapelle mit Gruppe der Pietà und seitlichen Engeln.

★ **Ehem. Schloß, heute Amtsgericht und Zweigmuseum des Bayerischen Nationalmuseums.** 1410 durch Pfalzgraf Johann als Residenz errichtet. 1488 Wölbungsarbeiten durch *Hans Beheim.* Nach Brand 1520–39 Neubau durch Pfalzgraf Friedrich II., Mitarbeit des Eichstätter Baumeisters *Erhard Reich.* Weitere Baumaßnahmen im Lauf des 16. Jh. Residenz bis 1580. Seit Ende 17. Jh. Schultheißenamt, 1795 wurde im Südostflügel eine Tabakfabrik eingerichtet. 1979 wurden am Südende des Südosttraktes die längsrechteckigen Steinfundamente mit gewölbtem Erdgeschoß der vermutlich um 1160 entstandenen Burg aufgedeckt.

Das Aussehen der ehem. Vierflügelanlage mit nordöstlich vorgelagerter Schloßschanze gibt eine Zeichnung von 1675 wieder. Der stadtseitige Flügel im 19. Jh. beträchtlich reduziert. – Hauptbau dreigeschossiger Halbwalmdachbau mit abgetrepptem Abschluß der Brandmauer. An der Stadtseite polygonaler Treppenturm mit barocker Laterne als Abschluß; Portal von eigenwilliger Abwandlung des Kleeblattbogens überfangen. Vor dem Haupteingang Löwe mit dem Pfalz-Bayern-Wappen, Jurakalkstein, 17. Jh., ein weiterer mit dem Leuchtenberg-Wappen im Treppenhaus. – Die flankierenden Trakte mit Walmdächern, der nordwestliche, die sog. Krümperstallung, nur zweigeschossig. Urspr. mit zwei übereinanderliegenden, über Galerien zugänglichen Festsälen; im ersten Obergeschoß Reste von Wandmalereien aus der Erbauungszeit (Jagdszenen und Inschriften). Im 18. Jh. Umbau zur Verwendung als Stallung (Verkleinerung der Fenster und in der Höhe reduziertes Obergeschoß mit neuem Dachstuhl). 1982–84 für die Nutzung als Zweigmuseum instandgesetzt. – An der Südseite des alten Torwarthauses (Reststück des Südwestflügels) Rechtecköffnung in Vorhangbogenblende mit gekreuztem Stabwerk.

Inneres des Hauptbaus 1968/69 umgebaut, im Erdgeschoß teilweise die urspr. Gewölbe erhalten. Die ehem. reiche Ausstattung, über die uns ein Inventar von 1537 in Kenntnis setzt, ist fast gänzlich verloren gegangen. Im Erdgeschoß des Treppenhauses eine der 1979 ausgegrabenen Ecksäulen der romanischen Vorgängerburg. – Im ersten Obergeschoß heute ein früher fälschlich *Loy Hering* zugeschriebenes Kalksteinrelief mit dem Pfalz-Bayern-Wappen, die Jahreszahl 1567 nachträglich appliziert. – Zwei weitere Wappenreliefs – ehem. am Außenbau – ebenfalls im Treppenhaus. In den Räumen befinden sich noch zwei prächtige, ebenfalls zu Unrecht der Werkstatt *Loy Herings* zugewiesene Kamine, einer mit Löwenkonsolen als Abschluß und mit Pilastern, die mit gemalten Imitationen von Marmorintarsien überzogen sind. Das dritte Exemplar von *Carl Forster* fragmentarisch im Museum nebenan.

Ehem. Kastengebäude/Reitstadel. Südlich des Schlosses gegenüber der Hofkirche, 1521–39 als Zeughaus errichtet. Der dreigeschossige Treppengiebelbau wurde nach der Kriegszerstörung 1978–81 unter Verwendung der alten Umfassungsmauern wiederaufgebaut.

Rathaus. Das aus der 1. Hälfte 15. Jh. stammende, um 1575 veränderte Rathaus wurde, nach der Kriegszerstörung, 1956/57 vereinfacht wiederaufgebaut. – Zweigeschossiger Bau mit Zinnengiebeln und Dachreiter, an der Ostseite im Obergeschoß neun große Fenster, ehem. mit reichem, vierteiligem Maßwerk, an der Nordseite das Stadtwappen, dat. 1575 und 1956.

Ehem. Kaserne (Untere Kasernengasse 6, 6a, 7, 7b). Zwei sich entsprechende dreigeschossige Walmdachbauten des 17. Jh. Die obersten Geschosse auf der Südseite eingerückt, Fenster unregelmäßig zwischen korbbogiger und rechteckiger Form variierend.

Sog. Hubertusvilla (Ingolstädter Str. 17). Villa um 1900 vom malerisch-asymmetrischen Typus in deutscher Renaissance. Polygonaler Eckturm und Freitreppe mit von Säulen getragener Überdachung.

NEUMÜHLE Stadt Amberg. *Karte 4*

Ehem. Hammerhaus. 1387 im Besitz der Osanna Kastner, Mitte 16. Jh. des Kanzlers Knod aus Amberg, 1582 Verkauf an die Stadt Amberg, seit 1775 Landsassengut. – Spätgotischer dreigeschossiger Bau mit übereck gestelltem Kastenerker und rundem Treppenturm, spätere Veränderungen. Über den Hoftor Stadtwappen, bez. 1681.

NEUNAIGEN Markt Wernberg-Köblitz, Kr. Schwandorf. *Karte 5*

Kath. Expositurkirche St. Vitus und Leonhard. Im Kern gotische Chorturmanlage, 1788–90 umgebaut durch den Nabburger Stadtmaurermeister *Johannes Rickl;* am Eingang Jahreszahl 1788. Chorturm mit kräftiger Gesimsgliederung, Turmhelm 19. Jh. – Dreiachsiger Saalraum mit gedrückter Stichkappentonne über schlanken Doppelpilastern mit Rücklagen. Im eingezogenen Chorraum Kreuzgratgewölbe. Kräftig gebauchte Westempore über hölzernen Stützen. Spätbarocke Deckenmalereien in Rahmenstuckfeldern, im Langhaus in der Form eines doppelten (lateinischen) Kreuzes: Leben und Apotheose des hl. Veit, bez. „*I. F. Lidmann.* Pictor et Inv: aus Nabburg". Über den Pilastern emblematische Sinnsprüche in gemalten Rocaillerahmen. An den Wänden Apostelmedaillons. – Rokokoausstattung des ausgehenden 18. Jh., Hauptaltar, zwei Seitenaltäre, Kirchengestühl. Die Auszugsbilder der Altäre noch barock. – Die Kanzel 1790 von dem

Nabburger *Christoph Luybl.* – Sakristeitür mit gestemmten Rahmenfüllungen, 2. Hälfte 18. Jh.

NEUNBURG v. Wald Kr. Schwandorf. *Karte 9*

Früheste Ortsnennung 1007; ab 1261 im Besitz Herzog Ludwigs des Strengen. Um 1300 Erlangung der Stadtrechte und daraufhin verstärkt befestigt. 1323 erteilte Kaiser Ludwig der Bayer den Bürgern zur Befestigung der Stadt Steuerfreiheit. Seit 1354 Residenz von Kurfürst Ruprecht I., später Johann dem Neunburger (gest. 1443). Wohl im 14. Jh. Erweiterung über den Halsgraben der Burg, der nun zum Abschnittsgraben wurde, nach Osten mit einer zweiten Befestigung. Der östliche Burghalsgraben wurde 1420 neu angelegt. Unter Pfalzgraf Kurfürst Friedrich II. 1537 Bau des Neuen Schlosses. 1580 Verlegung der Residenz nach Neumarkt. 1634 von den Schweden eingenommen.

Stadtanlage und -Befestigung

Die Lage auf einem Granitsporn, der sich in das Mündungsdreieck von Schwarzach und Rötzerbach hineinschiebt, begünstigte die Anlage einer Burg an der Westspitze sowie die Befestigung der Stadt. Aus dem Grundriß der befestigten mittelalterlichen Stadtanlage hebt sich der hochliegende, in weiten Teilen noch ummauerte Burgbereich heraus; unterhalb im Westen die Vorstadt Aign mit Gründungskern um die romanische Kirche St. Jakob, weiter östlich am Stadteingang nahe der Schwarzach das ehem. Spital. In der Mitte der von Westen nach Osten entlang der Nordflanke der Burg ansteigenden Hauptstraße, unmittelbar am östlichen Burgbereich, liegt das im Kern spätmittelalterliche Rathaus, bez. 1445, das den Halsgraben der Burg überbaut. Jenseits setzt sich die Hauptstraße mit geschlossener Bürgerhausbebauung und zwei kleinen Plätzen fort. – Teile der Befestigungsanlagen des 15. Jh. haben sich außer im Burgbereich mit dem Warttum und dem Burgtor zur Hauptstraße insbesondere im Norden und Osten der Stadtanlage erhalten, im Nordosten der sog. Schiltenhelm. – Charakteristische Ansicht ist seit *Merian* die Nordseite über der Schwarzach, bekrönt von Schloß und Pfarrkirche.

Kath. Pfarrkirche St. Josef, früher St. Georg (bis 1967). Urkundlich erstmals 1379 erwähnt. Im Burgbereich gelegene, aus der Schloßkapelle entwickelte Basilika des 14./15. Jh. Datierung an der Südfassade 1478, an der Westfassade 1483. Mittelschiff nach Einsturz des Nordturms 1632 neu gewölbt; Stuckierung 1. Hälfte 18. Jh.; 1873 durchgreifend restauriert. 1965 Abbruch des Chors, erbaut von Pfalzgraf Johann 1433–43 (sein Grabdenkmal befand sich hier), mitsamt dem südlichen Turmstumpf (Sakristei) für einen monumentalen Neubau des Langhauses in Stahlbeton-Skelettbauweise nach Osten von *Josef Naumann*, Regensburg. Abbruch der oberen Empore 1967. Im Zuge der Erweiterung und Einrichtung eines Volksaltars Ausrichtung der

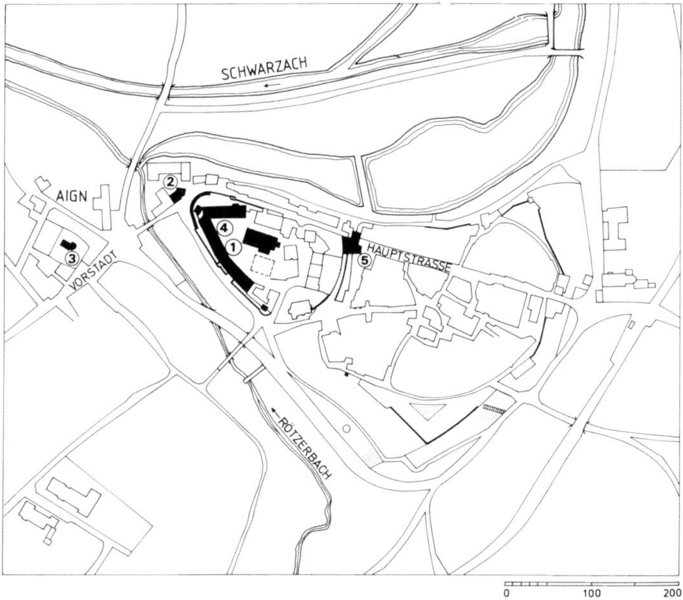

Neunburg v. Wald

1 *Kath. Pfarrkirche St. Joseph*
2 *Ehem. Spitalkirche*
3 *St. Jakob*
4 *Ehem. Schloß, heute Museum*
5 *Rathaus*

Kirche auf die gotische Westempore. Von der spätgotischen Pfarrkirche ist nur noch der Westteil erhalten, in der Wiederherstellung des 17. Jh., der neugotischen Restaurierung von 1879 und einer Entrestaurierung der sechziger Jahre. An der Süd- und Westwand des Altbaus Wandmalereien aus der Bauzeit, 4. Viertel 15. Jh.: Ein Jüngling zwischen Engel und Teufel (Versuchung?), Martyrium des hl. Sebastian, Jüngstes Gericht. – Von der Ausstattung übernommen das Kirchengestühl mit geschnitzten Akanthuswangen, um 1700. – Schnitzfigur der Muttergottes, um 1500; an der Ostwand lebensgroßer Kruzifixus des ausgehenden 15. Jh., durch eine Restaurierung verändert. An der Südwand Figur des hl. Johannes von Nepomuk, dat. 1710. – Figürlicher Grabstein des Göz von Plassenberg († 1503) an der südlichen Außenwand, wohl das Werk eines Amberger Meisters. Man vgl. dazu den figürlichen Rittergrabstein des Hans Lantinger († 1523), der sich einstmals in der Amberger Franziskanerkirche befand.

★ **Kath. Nebenkirche St. Jakob.** Sog. „Alte Pfarre" in der Vorstadt Aign. Bis 1597 befand sich hier der Friedhof. Eine der ältesten romanischen Chorturmkirchen Bayerns, noch vor St. Andreas in ▷ Regensburg-Prüfening, um 1100. Erste urkundliche Nennung 1289. Renovierungen 1498, 1603 und 1879. Außeninstandsetzung 1953. – Schlichte, in ihrem historischen Bestand gut erhaltene Anlage aus kleinen quaderartig zugerichteten Granit-Bruchsteinen mit ausgestrichenen Fugen, verputzt. Rundbogenfenster und rund geöffnete Steinscheiben aufgedeckt, eine rechteckige Einstiegsöffnung in Höhe der Westempore, Eingang darunter verändert. Annähernd quadratischer Turm mit Pyramidendach, allseitig zwei rundbogige Schallöffnungen; im Untergeschoß kreuzgratgewölbter Chor mit östlich vorspringender Apsis. – Flachgedeckter Saalraum, im Westen Holzempore. – Holzfigur der hl. Kümmernis, 17. Jh. – Ölbilder: Kreuztragung Christi und Enthauptung des hl. Jakobus, 2. Hälfte 18. Jh. – Grabdenkmäler: an der Südaußenwand des Chors mehrere, vor allem kulturhistorisch bemerkenswerte Grabplatten des Spätmittelalters mit Flachreliefs von Kreuzen und beigefügten Handwerkerzeichen, durchweg ohne Inschriften.

Ehem. Spitalkirche Hl. Geist. 1398 Gründung des Spitals durch Kurfürst Ruprecht III. Renovierung 1976–79. – Unregelmäßige spätgotische Anlage in Ausnutzung des knappen Grundstücks: der Chor schmal, eingezogen, ein Joch tief mit 5/8-Schluß; halbkreisförmiger Chorbogen gegen das weiträumige, zwei Joche tiefe Langhaus; Kreuzrippengewölbe.

Ölberg bei der Dreifaltigkeitskapelle. Spätgotische Skulpturengruppe unterhalb der 1699 errichteten Dreifaltigkeitskapelle, nordwestlich von Neunburg v. Wald über der Schwarzach gelegen; 1857 von St. Jakob hierher übertragen. Lebensgroße Steinfiguren: Christus und die Jünger Petrus, Johannes und Jakobus, Ende 15. Jh.

Ehem. Schloß, heute Museum. Zweiflügelige Anlage mit sog. Wartturm im Nordwesten, im Kern 14./15. Jh. Seit 1354 Herzogsresidenz. Der südwestliche Flügel, das sog. Neue Schloß wurde in der 1. Hälfte des 16. Jh. ausgebaut, die sog. Dürnitz im Norden (15. Jh.) wurde 1857 nach Plänen von *August von Voit* gänzlich im Stil der Neugotik umgestaltet; 1869 Erweiterung der Dürnitz nach Osten. Insgesamt wurde die Anlage für den Zweck des Amtsgerichts und Bezirksamts im 19. Jh. stark übergangen. In den achtziger Jahren Umbau zum Museum. – Im Nordflügel über ehem. gewölbtem Erdgeschoß großer Rechtecksaal, 1984/85 restaurierte, spätklassizistische Wand- und Deckendekoration, 1857 von Maler *Förtsch* aus Regensburg: Felderung mit feinlinigem Schablonenornament, reizvolle Farbzusammenstellung von smaragdgrün, englischrot, rotbraun und lichten Pastelltönen.

NEUSATH Stadt Nabburg, Kr. Schwandorf. *Karte 5*

Schloß. Im Kern eine Anlage des 16. Jh., nach Süden durch Neubau des 19. Jh. erweitert. In der Nordostecke des alten Teils Rest eines Turms mit hölzerner Wendeltreppe. Das Erdgeschoß gewölbt; im Obergeschoß Festsaal in Ecklage, 18./19. Jh. Bescheidene Schloßkapelle mit Ausstattung, 1. Hälfte 19. Jh. – Vorgelagerte Wirtschaftsgebäude mit Kappengewölben, z. T. in jüngerer Zeit für Zwecke des Oberpfälzer Freilandmuseums renoviert.

★ **Oberpfälzer Freilandmuseum Neusath-Perschen.** 1986 gegründetes Museum des Bezirks Oberpfalz, das anhand transferierter Objekte die Hauslandschaften und bäuerliche Wohnkultur der Oberpfalz exemplarisch darzustellen versucht. Das Museum befindet sich derzeit noch im Ausbau.

NEUSORG Kr. Tirschenreuth. *Karte 2*

Kath. Pfarrkirche. 1946 aus grobem Quaderwerk errichtet. Westturm mit Zwiebelhaube, über dem Chor zwiebelbekrönte Laterne. – Im Inneren Holztonnenkonstruktion. – Ausstattungsstücke aus dem 18. Jh. – Hochaltar in spätbarocker Formensprache, am Auszug dat. 1777 (angeblich aus dem Bamberger Dom): Viersäuliger Aufbau in Goldmarmorierung, mit Seitenfiguren der hll. Benedikt und Bernhard von Clairvaux, Altarblatt von 1946. – Seitenaltäre mit Muschelnischen (z. T. aus der Vorgängerkirche St. Josef von 1920/30 stammend) und Kanzel mit großer Figur des Seelenwägers Michael wohl um 1700, im 20. Jh. verändert und neugefaßt.

NEUSTADT a.d. Waldnaab Reg. Bez. Oberpfalz. *Karte 5*

Ältester urkundlicher Nachweis 1218 anläßlich der Verpfändung der „nova civitas" an Heinrich von Ortenburg. Häufiger Besitzwechsel. Bei der Landesteilung 1329 ging Neustadt an die wittelsbachischen Pfalzgrafen bei Rhein. 1353 wurde Neustadt mit Störnstein vereint.

Als König von Böhmen und römischer Kaiser erwarb Karl IV. diese Herrschaft, die für die Verbindung von Prag nach Luxemburg Bedeutung hatte. 1358 Gründung des neuen Stadtteils Freyung. Mehrfacher Wechsel der Lehensträger, die in der „Veste mit gebrochenem Turm" wohnten, u.a. die Guttensteiner ab 1514, ab 1540 die Heidecker. Als böhmisches Lehen vergeben, ging Neustadt 1561 zunächst durch Pfandablösung, dann 1575 durch Kauf an die Lobkowitz. 1641 wurde die Herrschaft Neustadt-Störnstein zur reichsunmittelbaren, gefürsteten Grafschaft, womit Neustadt den Rang einer Residenzstadt erlangte. 1653–82 residierte Fürstin Augusta Sophie, Frau des Wenzel Eusebius von Lobkowitz, in Neustadt. Als Tochter des Pfalzgrafen von Sulzbach protestantisch erzogen, blieb sie bei ihrer Konfession; eigene Kapelle im Alten Schloß. Ihr Sohn, der kath. Fürst Ferdinand August Leopold, Regent von 1677 bis 1715, war u.a. Bauherr des Neuen Schlosses und der Wallfahrtskirche ▷ St. Quirin. Seine Nachfolger residierten in Neustadt von Raudnitz, Prag und Wien aus. 1806 ging die Herrschaft der Lobkowitz über Neustadt an Bayern über; der Amtssitz des Landgerichts wurde 1808 von Parkstein nach Neustadt in das Neue Schloß verlegt, das noch heute als Landratsamt dient.

Stadtanlage

Nach Norden und Süden zu den Flüssen Waldnaab und Floß steil abfallend, erhebt sich die Altstadt auf einem langgestreckten Hügelrücken, von einer einzigen Straße durchzogen. Um 1200 entstand in regelmäßiger Anlage der breite, langgestreckte Straßenmarkt, in geschlossener Folge auf handtuchartigen Parzellen bebaut, von Mauern mit ehemals Toren im Osten und Westen umgeben. Weithin sichtbar die Silhouette giebelständiger Bürgerhäuser zwischen den Dominanten der Pfarrkirche und der Baugruppe des Schlosses. Unscheinbar im Vergleich dazu das Rathaus, das seit dem 16. Jh. an der engsten Stelle des Stadtgrundrisses situiert ist. Nach mehrfachen Umbauten ist der klassizistische Ursprung (dat. 1827) kaum mehr kenntlich. – Jenseits der Unteren Vorstadt in der Flußniederung die sog. Freyung, in der Regelmäßigkeit ähnlich dem älteren Stadtteil, jedoch mit einer lockeren Anordnung der Ackerbürgerhäuser für Einfahrten in die rückwärtigen Höfe.

★ **Kath. Pfarrkirche St. Georg.** Ein mittelalterlicher geosteter Vorgängerbau wird vermutet; 1607 (Inschrift) wurde ein Turm an der damals noch protestantischen Kirche erbaut. 1627 Übergang an die Jesuiten, um 1660 im Chor Anlage einer Familiengruft für die Lobkowitz. Ende 17. Jh. schlechter Bauzustand. Seit 1735 Neubau der nach Süden gedrehten Kirche durch den Neustädter Stadtbaumeister *Johann Leonhard Mayer*, der gleichzeitig an ▷ St. Felix beschäftigt war. Benediktion 1737, Konsekration 1755. Der Kirchturm wurde 1794 um ein Geschoß erhöht und mit einer Doppelzwiebelhaube bekrönt. Restaurierung 1972–76.

An einem kleinen Platz seitlich des Marktes erhebt sich St. Georg in gleicher Nord-Südausrichtung wie das Alte Schloß und die Bürgerhäuser. – Kubischer Bau mit großem, Chor und Langhaus zusammenfassendem Walmdach, überragt von dem kuppelbekrönten Ostturm, über dem Steilhang zur Floß weithin sichtbar. – Von Osten zugänglicher breiter Saal mit eingezogenem, dreiseitig abschließenden, von einer Stichkappentonne überwölbten Chor. Beidseitig Oratorien für die fürstliche Stifterfamilie Lobkowitz, deren Wappen über dem Chorbogen. Das Langhaus mit gedrücktem Stichkappen-Tonnengewölbe auf gedrungener, toskanischer Doppelpilasterstellung, an den Chor segmentförmig anschließend. Gewölbe und Stichkappen mit Stuckdekoration um 1740; dem Wessobrunner *Joseph Landes* zugeschrieben: in lockerer Verteilung Bandel- und Gitterwerk, Blumengirlanden, Engelsköpfe auf Wolken, zartfarbig und Gold gefaßt. – Deckenbilder im Langhaus: Himmelfahrt und Krönung Mariens im späten Nazarenerstil, um 1892/93 von *Ronge.*

Ausstattung. – Hochaltar, 1744 von *Joseph Landes,* vereinfacht gegenüber dem Riß von 1737. Altarbild mit hl. Georg von *Thaddäus Rabusky* 1836, Kopie nach dem Hochaltarbild in St. Georg in Amberg, 1766 von dem Münchener Hofmaler *Johann Nepomuk Schöpf.* Im Auszug das ältere Altarblatt: Schwarze Madonna, Anfang 17. Jh. Die seitlichen Schnitzfiguren der hll. Johannes Ev. und Joseph 1744, sowie der Apostelfürsten 1746 von Bildhauer *Johann Peter Reber* aus Waldthurn. – Seitenaltäre von 1744, schlichte Säulenretabel mit dekorativ gerahmten Altarblättern und Seitenfiguren der hll. Joachim und Anna (links), der Erzengel Michael und Raphael (rechts). – Kanzel in Stuckmarmor, ebenfalls 1744, 1893 neu verziert. – Chorgestühl um 1680. – Kreuzwegbilder überwiegend von *Rabusky.* – Kreuzigungsgruppe mit Schmerzhafter Muttergottes, Johannes und Maria Magdalena, 1795. – Im Chor Quarzgrabplatte für Albrecht Gottfried Ludwig von Matzdorf († 1646), mit Bildnis des sechsjährig verstorbenen Pflegersohnes.

Kath. Friedhofskirche Hl. Dreifaltigkeit. 1662 von dem Neustädter Baumeister *Johannes Kirchberger* auf dem 1629 angelegten Friedhof errichtet. – Außenbau verputztes Bruchsteinmauerwerk, Baßgeigenfenster, achteckiger Giebelreiter mit Kuppelhaube. Ungewöhnliche Portalrahmung mit balusterförmigen Vorlagen. – Bescheidener frühbarocker Kirchenraum mit im Boden verlegten Grabplatten. Eingezogener, dreiseitig geschlossener Chor mit Stichkappentonne, gegliedert durch stuckierte Rundstäbe (möglicherweise ehem. Perlschnüre). – Flachgedeckter Saal mit profilierter Kehle, an drei Seiten des Langhauses weit in den Raum vorspringende Holzempore von 1736, 1936 verkürzt. – Drei Ädikula-Altäre der Erbauungszeit. Hochaltarbild: Kreuzigung Christi und Auferstehung der Toten, 1663 von *Georg Adam Eberhard* aus Eger. Seitenaltarblätter: nördlich hl. Joseph, 1747 angeblich von *Mathias Götz* aus Neustadt, südlich hl. Sebastian, möglicherweise vom gleichen Meister wie das Hochaltarbild, doch später.

★ **Wallfahrtskirche St. Felix.** Geweiht dem hl. Felix von Cantalice († 1587), den die 1710 nach Neustadt berufenen Kapuziner als ihren Patron verehrten. Ein erstes Wunder im Jahr der Heiligsprechung 1712 war Grund für die Aufstellung des Bildes im Freien, das zunehmend verehrt, 1729 zum Bau einer hölzernen, 1735 zum Bau einer steinernen Kapelle mit drei Konchen führte. Erweiterung mit südlichem Turm und nördlicher Sakristei ab 1738 durch *Johann Leonhard Mayer* aus Neustadt a.d. Waldnaab. 1739/40 das Langhaus begonnen, fortgeführt durch dessen Sohn *Hans Meyer*. Nach Einsturz des Frontbogens 1741 Ablösung durch *Andreas Dobmayer* und Frater *Philipp Muttone* aus Waldsassen. Der Kirchenbau 1746 (Inschrift), die Inneneinrichtung 1765 vollendet. – Förderer waren die Fürsten Lobkowitz. 1925 Wiederbelebung der im 19. Jh. zurückgegangenen Wallfahrt durch Klostergründung der Franziskanerminoriten mit Anbau eines Wohntrakts. 1947 „Neugestaltung" der urspr. barocken Dekkenmalereien, die 1874 bereits völlig übermalt worden waren. Renovierung 1970.

Hoch über der Waldnaab gelegen, in weitem Umkreis sichtbar die Westfassade mit südseitig zwischen Konche und Langhaus angeordnetem Turm, in Blickrichtung zum gotischen Chor und Turm der in der Flußniederung gelegenen ▷ Altstädter Pfarrkirche. Der ehemals freistehende, durch kurzes Langhaus, eingezogenen Dreikonchenchor und gedrungenen Kuppelturm geprägte Gruppenbau ist nach Anfügung des Klostertraktes auf der Südseite beeinträchtigt. Von Osten aus Neustadt heraufführende Allee. – Ungewöhnlich großflächige Giebelfassade, dreigeteilt ohne Portal mit nur einer größeren Fensteröffnung, gegliedert durch Pilaster, geschweifte Mauerbänder und -nischen.

Bedeutung

Die für Wallfahrtskirchen übliche Entwicklung von einer Kapelle zum Monumentalbau bleibt in St. Felix sichtbar. Vermutlich generell unter dem Eindruck von ▷ Kappel, speziell aber angeregt durch *Balthasar Neumanns* Lösung in der Kapuzinerkirche in Gössweinstein entstand die originelle Verbindung von Dreikonchenchor und Langhaus. Vergleichbar mit der 1739 fertiggestellten fränkischen Dreifaltigkeitskirche ist auch die Situierung der auf die Längsachse bezogenen Seitenaltäre, derart, daß sie sich den in der Querrichtung vorbeiziehenden Wallfahrern zusammen mit dem Hochaltar auf einen Blick präsentieren. Charakteristisch für die Oberpfalz die bis ins 20. Jh. tradierte gedrückte, breite Dimensionierung des Innenraums, der Verzicht auf Bauplastik, Stuckdekoration und kunstvolle Lichtführung sowie die Spannungslosigkeit der Fassade.

Innenraum. Ein trapezförmiger Chor mit Apsis und zwei schräg gestellten Konchen öffnet sich (als Kapelle ehemals nach Osten und

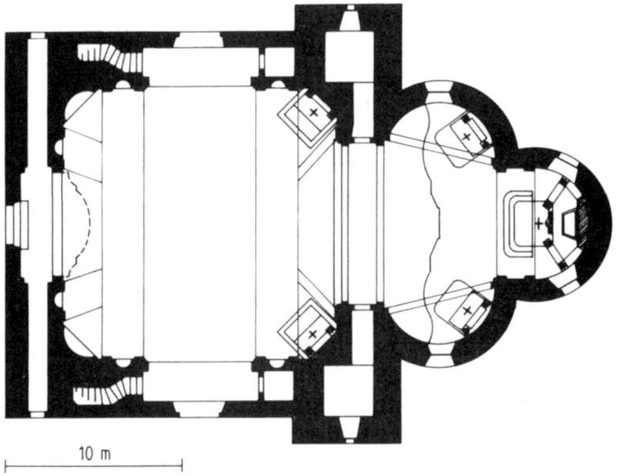

Neustadt a. d. Waldnaab, Wallfahrtskirche St. Felix

Westen abgeschlossen durch einen Quergang für die Wallfahrt) bildhaft gegen das nahezu quadratische, an den Ecken abgeschrägte Langhaus. Breite, von Pfeilern mit kräftig profiliertem Gebälk ausgehende, korbbogige Gurtbögen markieren die Grenzen von Altarraum, Chor und Langhaus; in letzterem setzt sich diese Pfeiler-Gurtbogengliederung beiderseits der in Nischen liegenden Eingänge fort. Ein flaches, zur Querachse hin verkröpft auslaufendes, über die Diagonalen durchgezogenes Gebälk und die auf die Mittelachse verzogene Stuckgliederung der Konchengewölbe unterstützen die somit räumlich angelegte Möglichkeit einer simultanen Wahrnehmung der Altäre.
Ausstattung. – Hochaltar 1765, von den Tirschenreuther Bildhauern *Peter Hauttmann* und *Vitus Wenda;* Baldachinretabel mit lokkerer, raumhaltiger Säulenstellung, zentriert auf die Figur des hl. Felix im Schrein. Die Figuren des hl. Franziskus und hl. Fidelis und sicher auch die des hl. Felix von *Josef Reber* aus Waldthurn 1735. Im Auszug Bild der Muttergottes von *Mathäus Uhl* aus Tirschenreuth. – Nebenaltäre im Chor, 1757/58 ebenfalls von *Wenda,* Altarblätter von *Friedrich Fichtaler* 1747: Muttergottes vom Guten Rat und Laurentius. – Seitenaltäre des hl. Wendelin (Südlich) und des hl. Antonius von Padua (nördlich), das Altarblatt des letzteren bez. „*M. Lösch* 1783" (?). – Kanzel 1745, möglicherweise von *Josef Reber:* Marmorierter Korb mit Rokokoschnitzwerk, auf dem Schalldeckel der Gute Hirte. – In Wandnischen Heiligenfiguren, überwiegend 18. Jh.

★ **Altes Schloß.** Ab 1532 Vergrößerung der Alten Veste nach Ankauf zweier Bürgerhäuser. Seit dem Ende des 16. Jh. umfaßte der Komplex drei großdimensionierte, verputzte Giebelbauten. Untersuchungen von

1983 bestätigen, daß der östlich zurückgesetze Teil mit der erst 1818 angebauten Freitreppe der älteste ist. – Das Alte Schloß wurde 1543 (Inschrift auf Unterzugsbalken im 2. Obergeschoß) als breites, hohes und über die ganze Parzellentiefe reichendes Giebelhaus mit übereck gestelltem Erker erbaut. Es ist in seiner gesamten spätgotischen Konstruktion in seltener Vollständigkeit erhalten: Schiffskehlendecken im ersten und zweiten Obergeschoß, Wickeldecken, spätere Fischgrätendecken im östlichen Anbau, mit original gefaßten Innenfachwerkwänden und urspr. Aufteilung aller Geschosse bis hin zum Dachgeschoß mit Schlafkammern. Hinzu kommen spätere Innenraumgestaltungen, insbesondere noch freizulegende Ausmalungen des 17. und 18. Jh. – Das nach Westen mit einem schmalen Trakt angebundene Giebelhaus geht auf ein ehem. Ackerbürgerhaus zurück, vermutlich um 1600 nach Süden im Anschluß an das alte Schloß erweitert. In dem 1665 aufgestockten Obergeschoß des Vorderhauses protestantischer Betsaal der Fürstin Lobkowitz. Rückwärtig Reste der ehem. Stadtbefestigung einbezogen in die Gartenmauer des frühen 19. Jh.

★ **Neues Schloß.** Nach Abbruch von Teilen der mittelalterlichen Befestigung und vermutlich Teilen der Burg 1684 Entwurf des Neustädter Baumeisters *Johann Leonhard Mayer* zu einer dreiflügeligen Residenz für den Fürsten Ferdinand August von Lobkowitz, von der zwischen 1698 und 1717 nur der Ostflügel realisiert wurde. Bauleitung bis 1702 bei *Antonio Porta,* dann bei dem fürstlichen Baumeister *Anton Ritz.* 1807 mit der Einrichtung des Landgerichts bauliche Veränderungen, vor allem Abhängung von Decken in den Repräsentationsräumen, was 1964 rückgängig gemacht wurde.

Als quergestellter Walmdachbau mit einer Fassade im rechten Winkel zu den Giebeln des Alten Schlosses und der Folge schmaler aneinandergereihter Bürgerhäuser von palastartiger Wirkung; ein ausgedehnter Riegelbau am Ende des leicht ansteigenden Marktplatzes, vertikal mit engen Achsen durch flaches Relief gegliedert. Eine große toskanische Pilasterordnung überspannt, auf schmalem Gesims über rustizierten Pilastern im Erdgeschoß aufsetzend, die beiden Obergeschosse, die mit einem Triglyphenfries abschließen. Die rustizierten und mit Balusterbrüstungen versehenen Fensterrahmungen sind im Untergeschoß wie in dem als Beletage ausgebildeten Obergeschoß in eine Blendarkatur eingebunden. In der gereihten, gedrängten und flachen Oberflächengliederung dem 1660–84 von *Antonio Porta* für Fürst Lobkowitz errichteten Schloß Raudnitz in Böhmen nicht unähnlich, ungewöhnlich jedoch das vergleichsweise niedrige, mezzaninartig ausgebildete mittlere Geschoß. Die auf Kontrastierung von Rot und Grau angelegte Farbgebung nach vergleichenden Befunden am Schloß in Raudnitz wiederhergestellt. – In der Beletage, die sich über die Satteldächer der Bürgerhäuser erhebt, die ehem. Schloßkapelle und Repräsentationsräume.

Schloßkapelle, um 1710. Der ehem. zweigeschossige, quadratische Raum enthält auf einem Spiegelgewölbe mit abgeschrägten Ecken in variationsreicher Felderung Bilder zum apostolischen Glaubensbekenntnis. Die mit 17 Tituli versehenen Darstellungen beginnen im Gewölbezentrum mit Gottvater und setzen sich in konzentrischen Verergruppen fort. Stuckrahmung mit lebensgroßen Engeln, Hermenputten, Engelsköpfen vor Muscheln, dünnem Akanthus und Girlanden. Die Art, wie die Malereifelder an den Lünetten der aufgehenden Wand und im Gewölbe die gewohnten architektonischen Schnittpunkte oder Zäsuren überlagern und zu einer eigenwilligen, bewegten Dekkenwirkung beitragen, die in ihrer Ambivalenz durch malerische, illusionistische Effekte gesteigert wird, erinnert an die Gewölbedekoration in der Abteikirche von ▷ Speinshart. Die Neustädter Decke, deutlich stilistisch später, bisher ohne urkundliche Hinweise oder überzeugende Künstlerzuschreibung. – In den übrigen Räumen Decken mit flachem, bereits Bandelwerk aufweisendem Stuck und zentralen Bildfenstern: Diana, Bacchus, Flora, Ceres und Jupiter, um 1720.

NEUSTADT a. Kulm Kr. Neustadt a.d. Waldnaab. *Karte 1*

Stadtentwicklung, -anlage und -befestigung

1370 Stadtgründung durch Burggraf Friedrich V. von Nürnberg auf einem Höhenrücken zwischen den beiden im Besitz des Burggrafen stehenden Burgen auf dem Rauhen Kulm und dem Kleinen oder Schlechten Kulm. Der im Schema oberpfälzischer Städte angelegte Ort gehörte zur Ökonomiepfarrei ▷ Mockersdorf und war demzufolge zunächst ohne eigene Kirche. Die Pfarrkirche entstand 1414 als Klosterkirche der Karmeliter. Erst 1527 nach Einführung der Reformation und Auflösung des Klosters bekam sie ihre heutige Bestimmung. Die beiden Burgen wurden 1554 im Krieg mit der Reichsstadt Nürnberg, das Karmeliterkloster 1633 durch Brand zerstört; Wiederaufbau und Neugestaltung der Pfarrkirche Anfang 18. Jh. Mehrere Stadtbrände. Bombenangriff im April 1945. – Die Stadt dokumentiert im Grundriß nahezu unverändert die mittelalterliche Planung, rechteckig in der befestigten Außenform wie auch in der Umgrenzung des langgezogenen Stadtplatzes mit langen, schmalen Parzellen für Ackerbürgerhäuser, die seit der Mitte des 19. Jh. fast ausnahmslos traufständig aneinandergereiht sind. Zweigeschossige Sandstein- oder Putzfassaden mit seitlicher Durchfahrt säumen in spätbarock-biedermeierlichem Gepräge den nach Westen leicht abfallenden Marktplatz. Einzelne repräsentative Wohngebäude deuten auf die Zeit der Eingliederung in die Amtshauptmannschaft Bayreuth (1772–91). – Das ehemals in der Mitte stehende Rathaus (1654 mit Bauteilen von 1611 errichtet, 1945 zerstört) durch einen Neubau ersetzt.
Auf dem schmalen, sattelartigen Höhenrücken bieten die Ackerbürgerhäuser mit einheitlicher Firstlinie, einzig überragt vom Turm der Pfarrkirche, eine eindrucksvolle Ortssilhouette. – Von der mittelalterlichen Stadtbefestigung sind nach Abbruch des West- und Osttors Teilstücke

der aus Sandsteinquadern errichteten Mauer erhalten, besonders an der Südseite streckenweise mit Scheunen überbaut.

★ **Ev. Stadtpfarrkirche, ehem. Karmeliterkloster zur Hl. Dreifaltigkeit.** Entstanden als Klosterkirche der Karmeliter 1414. 1531 und 1633 durch Brand zerstört, Anfang 18. Jh. als Pfarrkirche erweitert wieder-aufgebaut. Restaurierung 1982. – Fünfseitig abschließender Chor mit maßwerkgegliederten Spitzbogenfenstern. Dreifach abgesetzte Strebepfeiler, in den mittleren und oberen Abschnitten mit Maßwerkblenden. Ebenfalls spätmittelalterlich der quadratische Unterbau des Turms mit kleinen kiel- und zackenbogigen Fensteröffnungen. Das achteckige Obergeschoß neugotisch, nach 1846. Schlichtes verputztes Langhaus, Eckquaderung in Sandstein, spitzbogige Fenstereinfassungen und Portale. Im Inneren Flachtonne mit umlaufender, von Stichkappen durchsetzter Voute. Vorbild für die dekorative Gestaltung des Gewölbes war der Chor der Stiftskirche in ▷ Waldsassen. Auf ein Langhaus übertrug *Carlone* selbst dieses Schema in abgewandelter Form, ab 1702 in der Maria-Hilf-Kirche in ▷ Amberg. – Stukkaturen von *Bernhard Quadro* aus Bayreuth (1708 Zahlungen an ihn), der 1688 im Kreuzgang des Klosters Waldsassen arbeitete. – Deckengemälde *Johann Martin Wild* aus Kemnath zugeschrieben.
Breiter eingezogener Chor mit tiefem Vorjoch, flache Tonnenwölbung mit Stichkappen und Deckenbild, Hl. Dreifaltigkeit, umgeben von kleineren Kartuschen, ausgemalt mit Engelsköpfen. – Langhaus mit doppelgeschossiger Holzempore an drei Seiten. Reiche Deckengestaltung: In den Vouten beiderseits der mittleren Querachse in plastischen Kartuschen Bilder der Vier Evangelisten, seitlich gehalten von Putten in Frucht- und Blumengirlanden; über vorgekröpften, von Stuckvoluten überfangenen Gesimsen kräftige mit Akanthusranken gezierte Gurtbögen, im Zentrum der Joche wulstig gerahmte, rechteckige Deckenbilder, seitlich begleitet von symmetrischen Akanthusmotiven. Darstellungen: Geburt Christi, Himmelfahrt und Pfingsten, ohne Untersicht gemalt, auch hierin vergleichbar dem Chor von Waldsassen. – Über dem Chor Verkündigungsbild mit dem markgräflichen Wappen in Stuck. Die (seit der Restaurierung lesbare) Bildinschrift „*F. G. Linck* 1786" wohl kaum auf die Entstehung zu beziehen, eher in Verbindung mit der Anbringung des Bayreuther Wappens verständlich. – Über den Stichkappen Darstellungen von Putten mit Leidenswerkzeugen Christi auf Wolken.
Ausstattung. – Hauptaltar um 1720, triumphbogenartiger, in den Chorraum eingepaßter Aufbau mit sechs Säulen, hohe Attikazone mit Engelkaryatiden. In der Mittelnische Kreuzigungsgruppe mit gemalter Stadtansicht, im Auszug Dreifaltigkeitsgruppe, darüber markgräfliches Wappen, seitlich Tugenden. – Stuckkanzel 1708 von *Bernhard Quadro*, enger zylindrischer Korb, von Engeln getragener, puttenbesetzter Schalldeckel, bekrönt vom Auferstandenen. – Taufstein mit Stifterinschrift von 1668, sechseckige, von einem knienden

Engel getragene Schale. – Beibehalten wurde die ev. Stuhlordnung. – Grabdenkmäler an den Wänden des Altarraumes: Rotmarmorepitaph des Speinsharter Abts und späteren Vizedoms Georg von Gleißenthal († 1580). – Grabstein für die drei Kinder des Pfarrers Adam Rösler († 1683) mit Relief eines lebensgroßen, auf einem Totenkissen schlummernden Kindes.

Ev. Friedhofskirche. Außerhalb der befestigten Stadt oberhalb der Hangkante gelegen, nach Süden vorgelagert der Friedhof. Einfacher Walmdachbau mit Dachreiter, bez. 1723. Typische querachsiale Erschließung in Richtung auf den Friedhof.

Profanbauten großenteils aus der Zeit der Amtshauptmannschaft Bayreuth (1772–91).

Ev. Pfarrhaus (Pfarrgasse 20). Südlicher Blickpunkt der Pfarrgasse, rückseitig an die Stadtmauer gelehnt. Frühklassizistischer, symmetrischer Sandsteinquaderbau mit hohem Walmdach und betonter Mittelachse. Wandrelief mit Brüstungsschürzen und Guttae. 1983 restauriert.
In entsprechender Gliederung das **ehem. Wirtshaus** (Pfarrgasse 6).

Ehem. Gasthaus (Marktplatz 1). Stattlicher Walmdachbau um 1780 von besonderer städtebaulicher Wirkung an der östlichen Stirnseite des Platzes. Verputzt mit Sandsteinsockel, Lisenen an den Ecken und zur Hervorhebung der Mittelachse, mit geohrter Tür- und Fensterrahmung in Sandstein. Rückwärtige Scheune in die Stadtmauer des 15. Jh. einbezogen.

Ehem. Burggut (Marktplatz 58) nordwestlich an die Stadtmauer gebaut, in der 2. Hälfte 19. Jh. überformt, mit zwei Wappenreliefs, eines dat. 1470.

NEUZIRKENDORF

Markt Kirchenthumbach, Kr. Neustadt a. d. W. *Karte 4*

Kath. Kuratiekirche St. Georg. Saalkirche mit rechteckigem Chor und Westturm, in drei Bauphasen entstanden: Romanisches Langhaus, im 17. Jh. verändert. Geringfügig breiter und ebenso hoch der wohl im 14. Jh. angebaute gotische Chor, kreuzrippengewölbt mit Spitzbogenfenster nach Osten, spitzer Chorbogen mit ausgekehlten bzw. abgeschrägten Kanten. Gotische Sakristei. Eine Vorhalle mit ausgekehltem Rundbogenzugang südseitig am Langhaus; nach Osten schließt eine Kapelle an; beide kreuzgewölbt mit ausgekehlten Rippen. Barocker dreigeschossiger, sandsteinverblendeter Turm mit Schmuckportal und eingezogener Laternenzwiebelhaube.
Ausstattung. – Hochaltar um 1720 von *Michael Doser*. Konkaves Säulenretabel, seitlich reiches Akanthus- und Bandschnitzwerk. Altarblatt: hl. Georg, seitlich auf Konsolen die hll. Heinrich und Kunigunde, *Doser* zugeschriebene Schnitzfiguren. – Nebenaltäre in be-

wegtem Aufbau und Formen des Rokoko. Altarblätter mit Maria Immaculata und hl. Barbara, beide in höfischer Zeittracht; Seitenfiguren, links hl. Katharina und hl. Barbara, rechts zwei Mönche. – Seltene gotische Sandsteinkanzel um 1500, polygonale mit Fischblasenmaßwerk verzierte Brüstung über einer gedrehten Säule. – Gegenüber Schnitzrelief einer Pietà, Ende 16. Jh. (?). – An der nördlichen Langhauswand spätgotische Muttergottesfigur, Ende 15. Jh. – In der Kapelle Rokoko-Altärchen mit Figur der Schwarzen Madonna.
An Haus Nr. 10 Sandsteinrelief mit Drachenkampf des hl. Georg, um 1500.

NIEDERÄNDT Gem. Edelsfeld, Kr. Amberg-Sulzbach. *Karte 4*

Simultankirche St. Joseph. Die isolierte Lage auf einem Bergplateau der um die Mitte des 12. Jh. errichteten Kapelle läßt auf einen urspr. Zusammenhang mit einer Burganlage schließen. – Bei der Renovierung von 1892 wurde der Dachreiter durch Westturm mit Spitzhelm ersetzt. Innenrenovierung 1969/70, Außeninstandsetzung 1986. – Romanischer verputzter Quaderbau des mittleren 12. Jh., eingezogene halbkreisförmige Apsis mit östlichem kleinen Rundbogenfenster und abschließendem Schachbrettfries über Rundstab. – Im Innern runder Apsisbogen auf reich profilierten Kämpfern, das Schiff mit hoher Flachdecke. – Hölzerne Kanzel und Doppelempore in rustikalen Renaissanceformen.

NIEDERMURACH Kr. Schwandorf. *Karte 6*

Kath. Pfarrkirche St. Martin. 1762 unter Beibehaltung der gotischen Umfassungsmauern des Chors sowie des Nordturms unmittelbar neben dem nicht mehr erhaltenen Schloß der Freiherrn von Murach errichtet. 1774 Weihe. 1865–66 Erhöhung des Turms. – Dreiachsiger, gut proportionierter Saalraum mit Stichkappentonne über reich gegliederten Wandpfeilern; zweiachsiger Chor mit 5/8-Schluß. Figürliche Glasfenster, Maria und Christus, 1890. – Deckenmalereien bez. „*Lidmann* Pictor et inven. 1762“: Verherrlichung des hl. Martin umgeben von den Vier Kirchenvätern und hl. Elias; im Chor Leben und Tod des hl. Martin; über dem Chorbogen Ehewappen des Freiherrn Joseph Matthias von und zu Murach (gest. 1767). – Einheitliche, in ihrer Geschlossenheit bemerkenswerte Rokokoausstattung um 1760: Hauptaltar mit Altarbild des hl. Martin, im Auszug die hl. Dreieinigkeit; seitlich Holzfiguren der hll. Joseph und Johannes von Nepomuk. Vom selben Maler auch die Altarbilder der Seitenaltäre mit Darstellungen der Immaculata, im Auszug Gottvater bzw. des hl. Antonius, im Auszug hl. Franziskus. – Kreuzigungsgruppe; an der geschwungenen Westempore Holzfiguren der hll. Sebastian, Martin und Florian. – Gruftanlage und zahlreiche Grabsteine der Freiherrn von Murach vom 15. bis 18. Jh., darunter bemerkenswert vor allem die Wappengrabplatte aus Rotmarmor für Ludwig von Murach zu Niedermurach († nach 1489) sowie seine beiden Gemahlinnen Anna, geb. Zenger, und Margarete, geb. von Staudach.

NIEDERTRAUBLING

Gem. Obertraubling, Kr. Regensburg. *Karte 14*

Kath. Pfarrkirche St. Peter. Nordturm mit steilem Dach und Stufengiebeln, auf steinerner Fensterrahmung die Jahreszahl 1533. Der Chor mit 3/6-Schluß geht ohne Zäsur in den Saalbau über, möglicherweise auf mittelalterlichen Mauern. Flachdecke mit Rahmenstuck aus dem frühen 18. Jh., Westempore. – Ausstattung. – Hauptaltar 1885 aus Köfering erworben, angeblich von *Paul Dilger* aus Augsburg. Viersäuliger Aufbau, auf Sockeln kleine Heiligenfiguren, Giebelputten, zusammen mit dem kunstvollen Tabernakel wohl um 1760 anzusetzen, wobei möglicherweise ältere Teile verwendet wurden. – Tonfiguren, durch neue Fassung beeinträchtigt: an der Nordwand Pietà um 1460/70; dazu gehörte wohl die trauernde Figur unter dem Kreuz. – Holzfigur der Anna Selbdritt, um 1490.

NITTENAU Kr. Schwandorf. *Karte 9*

Kath. Pfarrkirche Unsere Liebe Frau. Vergleichbar ▷ Pfreimd und ▷ Neunburg v. Wald innerhalb des ehem. Burggutes gelegen. Barocker Saalraum mit eingezogenem Chor, 1779 ff. durch einen Amberger Baumeister unter Einbeziehung gotischer Umfassungsmauern errichtet; Turm mit Pilastergliederung und Laternenzwiebel; 1977 Teilabbruch des Langhauses und Anbau eines Gemeinderaumes. – Im alten Teil frühklassizistische Altarausstattung und Kanzel der Erbauungszeit. – Im Neubau Kreuzigungsgruppe und Holzfigur, Maria Magdalena als Büßerin, Mitte 18. Jh.

O

OBERAMMERTHAL

Gem. Ammerthal, Kr. Amberg-Sulzbach. *Karte 4*

Kath. Pfarrkirche St. Nikolaus. Romanische Chorturmanlage der 2. Hälfte des 12. Jh., Turm in der Gotik erhöht. 1803 das Schiff verlängert. 1970 mit fünfeckigem Kirchenneubau an der Nordseite verbunden und renoviert. – An der Südseite Chorturmkirche aus Dolomitquadern. Vermauertes romanisches Portal mit jeweils einem Sandsteinlöwen am Bogenansatz. – Eingezogener quadratischer Chor mit Kreuzgratgewölbe und noch urspr. Fenstern, im Langhaus spätgotisches Netzgewölbe. – Ausstattung. – Hochaltar Mitte 18. Jh., mit Altarblatt: hl. Nikolaus, die Seitenaltäre um 1730. – Kanzel Mitte 17. Jh. – Gotischer Taufstein, Aufsatz mit barocker Figur des Johannes Bapt. – Im Neubau klassizistisches Orgelgehäuse. An der Westwand Mondsichelmadonna, wohl 2. Hälfte 15. Jh., an der Südwand Figuren der hll. Barbara und Katharina, 18. Jh.

★ **Kath. Kirche Unserer Lieben Frau.** Ottonischer Gründungsbau, vermutlich nach 939 entstanden beim Übergang der Nordgauherrschaft von den bayerischen Luitpoldingerherzogen an die Schweinfurter Grafen, als Kapelle der schon um 800 erbauten Burg. Instandsetzung nach der Zerstörung der Burg 1003 während der Auseinandersetzung zwischen Heinrich II. von Schweinfurt und Kaiser Heinrich II. Im 12. Jh. Kapellenanbau an die Südseite, im 15. Jh. Neubau des Chors und Einwölbung des Langhauses, im 16. Jh. Anbau des Turms. Gesamtrestaurierung 1978/81.

Der Gründungsbau des 10. Jh. ist eine Saalkirche mit eingezogener, halbkreisförmiger Apsis (ergraben) und hölzerner Westempore (südliches Sockelfundament ergraben). Die Empore, deren lokale Entstehung mit der ottonischen Reichsarchitektur in Verbindung gebracht wird, war wohl im Westen unmittelbar von der Burg zugänglich. – Vom ersten Bau sind die Längsmauern aus Bruchsteinmauerwerk in fast der urspr. Höhe erhalten, bei der Instandsetzung zu Beginn des 11. Jh. wurde lediglich das Fußbodenniveau erhöht, die Empore erneuert. Von den urspr. Fenstern, beiderseits je drei im westlichen Drittel, sind an der Nordseite noch zwei zugemauerte Rundbogenöffnungen sichtbar – ihre ungewöhnlich hohe Lage wohl im Hinblick auf die Westempore zu erklären.

Der bestehende Bau präsentiert sich als Saalkirche mit nicht abgesetztem gotischen Chor im 5/8-Schluß, Westturm mit steilem Pyramidendach, in gleicher Flucht mit den Langhausflanken. – Chor gegliedert durch Kaffgesims, Strebepfeiler mit Giebelabschlüssen und zweibahnige Maßwerkfenster; das Dachgesims mit vier Reliefs kriechender Tiere besetzt. – Der romanische Anbau an der Südseite des Langhau-

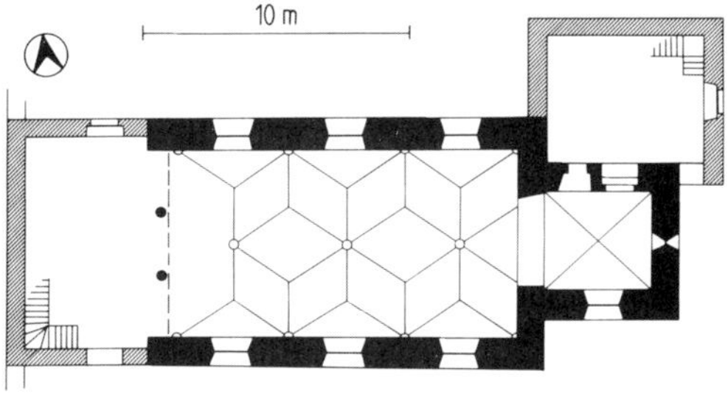

Oberammerthal, Unserer Lieben Frau

ses, die heutige Sakristei, mit später eingebautem gotischen Südfenster. Im Langhaus Netzgewölbe, dessen Rippen sich in der Mitte zu eingeschriebenen Quadraten mit Maßwerkfüllung schließen und auf fünfekkigen Wandpfeilern auslaufen; am nördlichen Rippenquadrat Schild mit Meisterzeichen. Im Chor Kreuzrippengewölbe, Schlußsteine: Christushaupt und Wappen der Echenbeck, spitzer Chorbogen. Nazarenische Bildfenster, Empore im Turm auf Segmentbogen, den Raum in ganzer Breite überspannend.
Spätgotische Sandsteinkanzel auf Bündelpfeiler, am Korpus Blendwimperge. –Im Chorscheitel Figur der Maria Immaculata, um 1500. – An der Nordwand des Chores Rotmarmorgrabplatte für Pfarrer Konrad Mecher († 1499) mit figürlichem Relief des Verstorbenen.

Ehem. Hofmarkschloß. Zweigeschossiger Bau östlich der Pfarrkirche mit hohem Satteldach aus dem 16./17. Jh. Außenrenovierung 1971. Erker an der Südostecke. Stichbogiges Tor. Über der Türe Wappensteine mit Renovierungsdatum 1782.

OBERBIBRACH

Gem. Vorbach, Kr. Neustadt a.d. Waldnaab. *Karte 1*

★ **Kath. Kirche St. Johannes Bapt. und Johannes Ev.** Unter dem Speinsharter Abt Dominikus Lieblein 1761–63 anstelle einer baufälligen, im Osten der ehem. Burg gelegenen gotischen Kirche erbaut. Nach Entwurf und unter Oberleitung des Speinsharter Direktors des Bauwesens Pater *Hugo Strauß,* ausgeführt von dem örtlichen Klostermaurermeister *Adam Preysinger,* konsekriert 1771. Bildhauerarbeiten und Stuck von *Ulrich Lambeck* aus Schlicht bei Vilseck, Deckenmalereien von *Johann Michael Wild* aus Amberg (beide auch in ▷ Speinshart tätig), Schreinerarbeiten von dem Klosterschreiner *Jakob Steinl.* Restaurierung 1981 ff.

Die gut erhaltene spätbarocke malerische Ausgestaltung in Verbindung mit qualitätvoller Stuckdekoration und Ausstattung gibt dem Kirchenbau herausragende Bedeutung in der nördlichen Oberpfalz. – Schlichter, verputzter Außenbau, Sandsteinrahmung der Portale und Fenster. Der Turm in den beiden Obergeschossen sandsteinverblendet, sparsam gegliedert, Doppelzwiebelhaube. – Stark eingezogener, querrechteckiger Chor im Ostturm mit Steingewölbe, breiter Chorbogen. Das Langhaus ein gedrückter Saal mit abgeschrägten Ecken, Emporen an der Nord- und Westseite. Spiegelgewölbe mit Stichkappen, die an das wellenförmig konturierte, große Bildfeld heranreichen. Doppelpilaster, eine Muschelnische einschließend, in origineller Variante am Chorbogen: trapezförmig zugespitzt mit hochformatiger Kartusche anstelle des Kapitells. – Gelbliche Architekturgliederung auf weißer Wand, die Gewölbefläche rosa mit weißen oder zart getönten Stuckmotiven: Engelsköpfchen, Putti, Blumengirlanden und Palmwedel. Plastische Rahmung des mittleren Deckenbildes, feingliedrige Rocaillekartuschen um die übrigen Bildfelder. In den Gewölben ein reichhaltiges, der Apokalypse entnommenes Bildprogramm. Im Presbyterium die Ältesten vor Gottvater und dem Lamm. Im Langhaus Vision des Johannes auf Patmos, zehn in einem monumentalen Ovalbild zusammengefaßte Kompositionen. Am Chorbogen Johannes, rechts seine Vision des Himmlischen Jerusalem. Im Zentrum Maria auf der Mondsichel, von Strahlen umgeben; Michael und Engel im Kampf mit dem siebenköpfigen Drachen, dem Teufel und dem Satan; in der westlichen Bildhälfte der Untergang Babylons, Engel mit dem Mühlstein und Wehe-Engel. Dem Himmlischen Jerusalem entgegengesetzt das Babylonische Weib auf dem Siebenköpfigen Tier. In ähnlicher Kontraposition die Darstellung des Altars mit dem von den Gebeten der Heiligen aufsteigenden Rauchwerk im Norden, während im Süden Handelsleute den Untergang der Stadt, ihrer Schiffe und Waren beklagen. Zwischen den Stichkappen Szenen aus dem Leben des Johannes, an der Emporenbrüstung Tempelreinigung.

Ausstattung. – Hochaltar mit Bild des Johannes Ev., seitlich auf Konsolen hl. Norbert und hl. Augustinus, im Aufbau ähnlich ▷ Grafenwöhr, wohl um 1720, *Johann Michael Doser* zugeschrieben. Der obere Teil nachträglich, in Anpassung an den Chor verändert. Im Auszug Dreieinigkeit, auf dem Hauptgesims kniende Engel. – Seitenaltäre, Rokokoaufbauten, eingepaßt in die Eckabschrägung. – Gotischer Taufstein, das Becken mit Lilien im Hochrelief. – Kanzel ebenfalls aus der Erbauungszeit.

OBERBRUCK Gem. Kulmain, Kr. Tirschenreuth. *Karte 1*

Kath. Kirche St. Helena. 1676 Neubau einer bereits 1320 erwähnten Kapelle durch Hans Ludwig Pfreimder auf Bruck im Weiher. – Kleiner halbrund geschlossener Saalbau mit verschindeltem offenen Dachreiter und vorgezogenem westlichen Schopfwalm. Am Chorscheitel außen

Fenster mit Drillingsbogen, an der Südwand die eingeritzten Jahreszahlen 1320, 1613 und 1654. – Kreuzgratgewölbter Chor, im Langhaus erneuerte Holzdecke, stark einspringender, gedrückter Chorbogen. – Volkstümlicher Altar mit Wappen der Pfreimder, 2. Hälfte 17. Jh. Im Mittelfeld Gruppe der Pietà, Seitenfiguren der hll. Laurentius und Helena (um 1500). – An der Chorwand Epitaph der Maria Amalie Pfreimder von Bruck im Weiher auf Altensteinreuth, geb. Bärnklau von Schönreuth († 1736).

OBERBUCHFELD Gem. Deining, Kr. Neumarkt i. d. Opf. *Karte 7*

Kath. Filialkirche St. Jakobus Maior. Gotischer Chorturm einer urspr. romanischen Anlage, 1961/62 mit neuem Schiff in angepaßten Formen versehen. Restaurierung außen 1981, innen 1986/87. – Im Turm mit Zeltdach der eingezogene, quadratische Chor mit abgefasten Kreuzrippen. – Hochaltar um 1700: Aufbau mit glatten und gewundenen Säulen und rahmendem Rankenwerk, im Mittelfeld Relief des hl. Jakobus, seitlich Figuren des hll. Petrus und Paulus. – Seitenaltäre neuromanisch.

OBERDEGGENBACH Gem. Schierling, Kr. Regensburg. *Karte 14*

Kath. Filialkirche St. Martin. Die Kirche und der Ort werden erstmals 1438 als zur Pfarrei Pfakofen gehörig erwähnt. – Die im Kern noch mittelalterliche Chorturmkirche liegt an einem Hang im Süden des Ortes. – Schlichte Saalkirche mit Einwölbung und Fenstern des 17. Jh. Im 17. Jh. bereits erweitert, zuletzt 1965 nach Abbruch des westlichen Gewölbejochs um eine Fensterachse nach Westen verlängert. Wandgliederung durch in halber Höhe ansetzende Pilasterstücke. Niedrigerer eingezogener Chor mit Kreuzgratwölbung.
Ausstattung. – Viersäuliger Hochaltar von 1723 mit Altarbild des hl. Martin, 1859, im Auszug Gottvater, beiderseits Büsten des hll. Paulus und Petrus. An der Südwand des Chores Sakramentsnische des späten 15. Jh. – Seitenaltäre ebenfalls um 1723, noch unter reichlicher Verwendung von Akanthus. Die beiden Altarblätter, um 1860/70, zeigen links die Hl. Familie, rechts den hl. Laurentius. – In Wandnischen des Chorbogens Reliquiare, die urspr. auf jetzt entfernten Durchgängen seitlich des Hochaltars standen. Im Ostjoch des Langhauses Madonna im Rosenkranz, um 1700. An der Südseite Figur des hl. Sebastian, um 1720. Der dreieckige Kerzenständer (sog. lebendiger Rosenkranz) mit miniaturhaft präzisem Bild der Rosenkranzmadonna ist eine regionale Besonderheit des späten 19. Jh., wohl von Maler *Kainz*, Pfaffenberg (vgl. Buchhausen).

OBEREHRING Gem. Riekofen, Kr. Regensburg. *Karte 14*

Kath. Filialkirche St. Stephanus. Schlichter flachgedeckter Saalbau, im Kern vermutlich 12./13. Jh. Eingezogener, einjochiger Chor mit Kreuzgewölbe (Rippen abgeschlagen), 5/8-Schluß und zweibahnigem östlichen Maßwerkfenster, wahrscheinlich 15. Jh.; Sakristeitüre mit Eisenbeschlägen des 15. Jh. An der Nordseite überdimensionierter Turm mit Glockendach und ausladender zwiebelbekrönter Laterne. Westliches Vorzeichen von 1811. – Deckenbilder der 1. Hälfte des 18. Jh.: im Chor Auge Gottes, von Engelsköpfen umgeben, im Langhaus Apotheose des hl. Stephanus. – Ausstattung. – Drei Altäre und Kanzel, 2. Hälfte 17. Jh. – Von den gotischen Altären haben sich mehrere Schnitzfiguren mit erneuerter Fassung erhalten: Muttergottes, hl. Nikolaus und hl. Barbara, alle um 1400, die hll. Stephanus und Elisabeth, um 1490, eine Pietà um 1500. Chorgestühl um 1650. – Kreuzwegbilder in Rokokorahmen. – Kruzifixus um 1600.

OBERFAHRENBERG

Markt Waldthurn, Kr. Neustadt a.d. Waldnaab. *Karte 6*

Kath. Wallfahrtskirche Mariä Heimsuchung auf dem Fahrenberg. Auf dem kegelförmig sich erhebenden Fahrenberg stand seit dem 12. Jh. eine Burg, 1204 wurde dort eine Kapelle der Madonna von den Templern erbaut. 1312 im Besitz des Kloster Waldsassen, das dort ein Zisterzienserkloster einrichtete. Nach der 1425 erfolgten Zerstörung durch die Hussiten Wiederaufbau. 1525 endgültige Zerstörung durch die Kalvinisten, die mit dem Geschlecht der Wirsberger den Fahrenberg in Besitz nahmen. – 1655 wurde von der Pfarrei Waldthurn eine Wallfahrtskapelle erbaut; 1656 kaufte Fürst Wenzel Eusebius Lobkowitz den Fahrenberg, 1706 entstand neben der Wallfahrtskirche die noch bestehende ▷ Kapelle zu Ehren der Hl. Dreifaltigkeit. 1760–62 Neubau einer größeren Wallfahrtskirche, die 1775 durch Blitzschlag zerstört wurde. – Der heutige Bau ab 1775 durch *Johann Martin Beer,* Maurermeister aus Pleystein, errichtet, 1778 konsekriert. Förderung durch die Lobkowitz. Zu Beginn des 19. Jh. berühmt als Wallfahrtsort, Jubiläumsfeiern 1818 und 1904. Renovierung der Kirche 1950–54 zur 700-Jahrfeier. Innenrestaurierung 1964, außen 1975.

Nüchterner Außenbau, geprägt durch die Restaurierung der fünfziger Jahre, Turmbedachung 19. Jh. – Geräumiger, weiter Kirchenraum. Rahmenstuck mit eingestreuten figuralen Motiven, charakteristisch für die retardierend auslaufende Phase des Barock in der nördlichen Oberpfalz. Ähnlichkeit mit der ev. Pfarrkirche in ▷ Floß. – Halbrund schließender, ein Joch tiefer Chor mit drei Oratorien, Tonnengewölbe mit Stichkappen. Dieses in dem kaum breiteren Langhaus nahezu in gleicher Höhe fortgeführt. Breite, hinterlegte Pilaster mit Mittelkerbe. – Ausstattung. – Hochaltar um 1775–80 von Bildhauer *Wolfgang Kurzwart* und Schreiner *Wenzl Wickl* aus Waldthurn. Dreiteiliger Baldachinaufbau mit seitlichen Durchgängen, die gesamte Chorbreite einnehmend. Das Gnadenbild ist eine spätgotische, barock bekleidete Muttergottes. Im Hintergrund Gemälde Mitte 19. Jh., mit Darstellung Gottvaters. Im Auszug Himmelfahrt Mariä wohl von *Thaddäus Rabusky* aus Neustadt a.d. Waldnaab. – Seitenaltäre, vermutlich von den Künstlern des Hochaltars. Altarbilder: hl. Familie (rechts), Mariä Heimsuchung (links), beide wohl von *Rabusky*, letzteres eine Stiftung der Freifrau Eleonore von Lilien auf Waldau, 1842 (Inschrift). – Kanzel von *Wolfgang Kurzwart* und *Wenzl Wickl.* – Orgel, Kirchen- und Beichtstühle in spätem Rokokostil der Gegend.

Kath. Kapelle Hl. Dreifaltigkeit. Rechteckiger Saalbau. Im Innern Kreuzgratgewölbe mit Gurtbögen auf Pilastern. – Hochaltar Ende 17. Jh.

OBERHINKOFEN Gem. Obertraubling, Kr. Regensburg. *Karte 13*

Kath. Kirche St. Michael. Gründung der Kirche vielleicht noch vor 994. Zunächst Kloster Prüll bei Regensburg zugehörig, später dem Benediktinerinnenstift Mittelmünster. Ab 1589 von den Jesuiten betreut. Seit 1817 bei der Pfarrei Obertraubling. – Letzter mittelalterlicher Rest ist der im Unterbau noch gotische Turm an der Westseite des Kirchenschiffs. Bei ihrem Neubau in der 2. Hälfte des 17. Jh. wurde die Kirche nach Norden ausgerichtet. Langhaus 1986 vom Turm an südlich erweitert. – Turm mit barockem achteckigen Obergeschoß, Zeltdach von 1900. – Saalbau mit eingezogenem, dreiseitig geschlossenem Chor. Tonnengewölbe mit Stichkappen über Pilastergliederung. – Malerei am Chorbogen: Gottvater mit Engeln, im Presbyterium: Marienkrönung. Im Südbau zwei Glasfenster um 1900. – Ausstattung. Hauptaltar, Säulenretabel um 1680/90, Altarblatt mit hl. Michael, 1906; Tabernakel, um 1760/70, mit seitlichen Reliefs: Opferung Isaaks, Abraham und Melchisedek. – Von den 1844 geschaffenen Seitenaltären, die 1961 zerstört wurden, sind nur die Blätter an der Nordwand des Langhauses erhalten: Muttergottes, hl. Joseph. – Kreuzwegbilder 1870 von *Albert Stahl*, Regensburg, nach *Schraudolph.* – An der Westwand Figur des hl. Michael, 18. Jh.

OBERKÖBLITZ Markt Wernberg-Köblitz, Kr. Schwandorf. *Karte 5*

★ **Kath. Pfarrkirche St. Emmeram.** An einem historischen Hohlweg gelegene, im Kern mittelalterliche Wehrkirchenanlage, die mit dem nördlich gelegenen Pfarrhof, im 16. Jh. umgebaut, durch eine Bogenbrücke verbunden ist. Chorturmanlage, mittelalterlich mit vierachsigem Langhausanbau und Westempore der 1. Hälfte des 18. Jh. – Deckenmalereien in Langhaus und Chor: Verherrlichung des hl. Emmeram, im Chor bez. *J. G. Merz* in Nein (Neunburg v. Wald) 1750, durch Überarbeitungen z.T. beeinträchtigt. – Reiche Ausstattung des Barock. Altäre um 1740. Hochaltar mit Gemälde Martyrium des hl. Emmeram, seitlich Holzfiguren der hll. Johannes von Nepomuk und Franz Xaver, im Auszug Gemälde hl. Laurentius. Linker Seitenaltar mit Madonnenbild, seitlich Holzfiguren der hll. Katharina und Barbara, im Auszug hl. Notburga. Rechter Seitenaltar mit Gemälde hl. Joseph mit Jesuskind, im Auszug hl. Johannes Bapt. – Kanzel mit

Reliefs der Evangelisten, um 1700. – Orgel mit reichem Akanthusschnitzwerk, um 1700. – Geschnitztes Gestühl, um 1720. – Skulpturen, Christus an der Geißelsäule und hl. Sebastian, 1. Hälfte 18. Jh. – An der Nordwand des Chors ehem. Tumbadeckplatte für den kaiserlichen Reichsforstmeister Albrecht Nothaft von Wernberg († nach 1380), mit Hochrelief des Verstorbenen, als Ritter in voller Rüstung, versehen mit einem visierlosen Bacinet, einem Ringelpanzerkragen über dem Mantel mit den aufgeschnittenen Beutelärmeln sowie einem tiefsitzenden Dupsing, die Rechte am Schaft der Lanze, die Linke am Schwertgriff. Ein Hauptwerk der Sepulkralskulptur am Beginn der Spätgotik in der Oberpfalz, das die Verarbeitung stilistischer Einflüsse der Prager Hofkunst erkennen läßt. Zahlreiche Grabsteine und Epitaphien des 16.–18. Jh. insbesondere der von Frönau von und zu Offenstetten.

OBERLIND

Stadt Vohenstrauß, Kr. Neustadt a. d. Waldnaab. *Karte 6*

Kath. Kirche St. Thomas. Die im Kern gotische Chorturmkirche liegt in einem ummauerten Friedhof. In der 2. Hälfte 17. Jh. wurde sie umgestaltet. – Turm mit verschindeltem, in der Mitte abgesetztem Spitzhelm; abgefaster Spitzbogenzugang im Westen. – Eingezogener quadratischer Chor mit Tonnengewölbe. Langhaus tonnengewölbt mit Stichkappen, Gurtbögen auf Pilastern. Ornamentale Stuckrahmungen (Quadratur) an Gewölbe, Chorbogen und Fenstern, belebt durch Figur eines stehenden Kindes, Engelsköpfchen, Schleifen und Quasten. – Volkstümliche Altäre um 1720. Hochaltar mit Pietà. Seitenfiguren der hll. Antonius und Franz Xaver, in der Sockelzone männliche und weibliche Büste. – Kanzel Ende 17. Jh. – An der Westempore barocke Leinwandbilder mit Salvator Mundi, Maria und den Zwölf Aposteln in paarweiser Anordnung.

OBERMURACH Stadt Oberviechtach, Kr. Schwandorf. *Karte 6*

★ **Burgruine, sog. Haus Murach.** Früheste Erwähnung 1110. Von den Grafen von Sulzbach ging die Burg 1188 an den Grafen von Ortenburg über, dann an die Grafen von Murach, die Herzog Ludwig dem Strengen die Burg 1268 zunächst verpfändeten, 1285 verkauften. Den Hussiteneinfällen widerstand die Burg; sie wurde aber 1632 zur Ruine. Ab 1805 partieller Abbruch und Einbau von Häusern. Seit Mitte 19. Jh. Sicherungsarbeiten. – Beherrschend auf einem ins Murachtal vorspringenden Granitberg gelegen. Zugang von Süden in den äußeren Burghof. Ringmauern umschließen die Nord-Süd gerichtete trapezförmige Anlage, in deren Nordostecke ein Wohnbau stand, der auch vom höher gelegenen inneren Burghof zugänglich war. Auf dem höchsten Punkt an der Südostseite erhebt sich der quadratische Bergfried noch 20 m hoch: zweischaliges Mauerwerk aus lagerhaft geschichteten Bruchsteinen unter Verwendung von großen Quadern, vor allem im unteren Teil. Letztere haben große Zangenlöcher, woraus eine Datierung in die 2. Hälfte des 13. Jh. abgeleitet wird. Urspr. Einstiegsöffnung an der Nordseite, rundbogig; rechteckige Fensterschlitze, im oberen Teil spitzbogige Fensterchen. Ungewöhnlich ist der parallel in geringem Abstand errichtete zweite Turm, sog. Getreidekasten, von ebenfalls quadratischem Grundriß; vermutlich hatte dieser Bau zunächst Wohnfunktion.

OBERNDORF Stadt Freystadt, Kr. Neumarkt i. d. Opf. *Karte 7*

Erste Ortsnennung 976.

Ev. Marienkirche. Erste Kirchweihe zwischen 1065/71. – Romanischer Bau des ausgehenden 12. Jh., der Chor im 14. Jh. verändert. 1732 Erweiterung durch Versetzen der südlichen Langhausmauer. Gesamtinstandsetzungen 1962–64 und 1987. – An der Westfront der verputzten Saalkirche ein schmales romanisches Fenster. Chorturm mit östlichem gotischen Schartenfenster und Zeltdach. – Im eingezogenen, quadratischen Chor gotisches Kreuzgewölbe mit abgefasten Rippen; die Wände mit streng geometrischem Lineament überzogen. Runder Chorbogen auf Kämpfer aus Schräge und Platte. An der Südwand des Schiffs mit Bretterdecke Wandbild des hl. Christophorus, wohl um 1732, und gotisches Apostelkreuz. – Der Flügelaltar ist eine bemerkenswerte Schöpfung der deutschen Frührenaissance, zwischen 1549 und 1558. Im Schrein figurenreiches Kreuzigungsbild, von Doppelarkade mit kannelierten Säulen umfangen. An den Flügeln Gemälde der hll. Georg und Michael (innen), Katharina und Barbara (außen). An der Predella präsentiert sich beiderseits des Schweißtuchs Christi die betende Stifterfamilie: Johann IV. von Wolfstein mit Gemahlin Margarete von Seckendorf und fünf Töchtern.

OBERNDORF Stadt Kemnath, Kr. Tirschenreuth. *Karte 1*

Kath. Filialkirche St. Georg. Im ummauerten Friedhof auf einer Anhöhe über dem Ort gelegen. – Der einstige Pfarrsitz Oberndorf fiel 1009 an das Bamberger Hochstift, wodurch auch das Patrozinium eine Erklärung findet. – Die großenteils verputzte Chorturmkirche entstand wohl im 13. Jh. Renovierung außen 1975, innen 1978/79. – Quadratischen Ostturm mit achtseitigem Spitzhelm. In seinem Erdgeschoß der wenig eingezogene Chor mit gotischem Kreuzrippengewölbe auf kleinen schildförmigen Konsolplatten; tellerförmiger Schlußstein. Genastes Spitzbogenfenster in der Ostwand, spitzer Chorbogen. – Reste einer reichen ornamentalen und figuralen Ausmalung aus der Spätgotik sind die Evangelistensymbole in den Gewölbekappen. Im einschiffigen Langhaus Holzfelderdecke mit ornamentalen Rankenmalereien des 17. Jh. (vgl. Friedhofskirche in ▷ Kemnath). – In der Westwand der nördlich des Turms angebauten Sakristei Fratzenstein, wohl 13. Jh. – Ausstattung. – Hochaltar 1720/30, Säulenretabel mit Bild des hl. Georg, Seitenfiguren der hll. Johannes Bapt. und Johannes von Nepomuk. Seitenaltäre mit reichem Figurenschmuck, Mitte 18. Jh. Der nördliche Altar mit Wiesheiland im Glasschrein, darüber hl. Joseph, seitlich die hll. Donatus (?) und Wendelin. Der südliche Altar mit sitzender Muttergottes um 1600 im Glasschrein, darüber Schmerzensmutter, seitlich die hll. Sebastian und Florian. – Mehrere Epitaphien des 17./18. Jh.

OBERPFRAUNDORF

Markt Beratzhausen Kr. Regensburg. *Karte 8*

Kath. Pfarrkirche St. Martin. Das Patrozinium legt karolingischen Ursprung nahe. Romanische Anlage, wohl 3. Viertel 12. Jh., Langhaus 1743 verlängert und eingewölbt. – Die ehem. Schloßkirche urspr. eine flachgedeckte Saalkirche mit Flankentürmen am eingezogenem Vorchor und abschließender, halbkreisförmiger Apsis. Diese, für eine Dorfkirche ungewöhnliche Anlage dürfte auf den Einfluß von Hirsauer Baugedanken zurückzuführen sein; eine ähnliche Gestaltung der Ostpartie bei St. Leonhard in Pförring (Kr. Eichstätt). – Der bestehende Putzbau aus sorgfältig geschichtetem Kalksteinquaderwerk. Bruchsteingemauerter, durch Lisenen gegliederter Turm mit Zwiebelhaube im nördlichen Chorwinkel; innen tonnengewölbt mit Stichkappen, zum Chor hin Rundbogenöffnung mit Kämpfern. Vom südlichen Turm nördliche Umfassungsmauern und Gewölbeansatz im Erdgeschoß der heutigen Sakristei erhalten. Westliche Kirchenfront mit Portal und abgeschrägten, von Pilastern gerahmten Ecken. – Vorchorjoch mit Tonnenwölbung auf Gesims aus Platte und Kehle. Im Langhaus Tonnengewölbe mit Stichkappen; Stukkaturen der Umbauphase am halbkreisförmigen Chorbogen und über den Fenstern; Deckenbilder mit Szenen aus der Martinslegende aus den 1930-er Jahren (wie auch das Altarblatt). Westempore um 1925 beträchtlich in den Raum hinein verlängert. – Kalkstein-Taufbecken des 16. Jh., in die Chorwand eingelassen, die Kuppa ungewöhnlich gerippt. – Heiligenfiguren barock und 19. Jh. – Epitaph für den protestantischen Pfarrer Leonhard Mayer († 1571) und seine Gemahlin Margarete, mit Halbfigur des kreuztragenden Christus.

OBERPFREIMD Stadt Pfreimd, Kr. Schwandorf. *Karte 5*

Kath. Kirche St. Martin. 1769 errichteter Bau mit einfacher Rokokoausstattung – Choraltar mit Figuren des hll. Florian und Wendelin, Kanzel – durch die Schreinermeister *Adam Friedrich Corneiß* und *Christoph Luybl*, die Faßmalereien von *Franz Lidtmann*, alle aus Nabburg. Die derzeitige Fassung von Raumschale und Ausstattung geht auf die Renovierung von 1939 zuürck.

OBERRANING Gem. Zell, Kr. Cham. *Karte 10*

Kath. Kapelle St. Margaretha. Angeblich als Wehrkirche im letzten Viertel des 12. Jh. auf kleiner Anhöhe südlich des Regens errichtet, zuletzt 1988 restauriert. – Über dem Schiff Glockenstuhl mit Zwiebelhaube, leicht eingezogene Apsis aus Bruchsteinmauerwerk, durch halbrunde Vorlagen gegliedert. Neben urspr. Rundbogenfenstern vier barocke Fensterdurchbrüche. – Im Inneren Bretterdecke, Rechtecknischen im Chor und an der nördlichen Stirnwand des Schiffs.

OBERROHRENSTADT Gem. Berg b. Neumarkt i.d. Opf. *Karte 7*

Kath. Filialkirche St. Koloman. Im 18. Jh. unter Verwendung des frühgotischen Ostturms errichtet. 1978 innen, 1985 außen restauriert. – Turm mit Spitzhelm, innen die Sakristei, ehem. der Chor, mit Kreuzrippengewölbe und Rosettenschlußstein. Im rechteckigen Saalraum Flachdecke auf Vouten mit kleinen Stichkappen, Wandgliederung durch Pilaster, im Schiff gekuppelt; der Chor durch stark einspringenden Korbbogen vom Schiff abgesondert. – Hochaltar Mitte 17. Jh., mit späteren Zutaten, Seitenfiguren der hll. Joachim und Anna, Altarblatt hl. Johannes (18. Jh.). Seitenaltäre 1. Viertel 18. Jh., links mit Altarblatt hl. Koloman und Seitenfiguren zweier Mönche, rechts mit Relief der Marienkrönung und Seitenfiguren der hll. Joseph und Petrus. – Stuhlwangen Rokoko. – An der Decke große Figur der Muttergottes im mit Engeln besetzten Strahlenkranz, Anfang 18. Jh.

Ehem. Schloß. Dreigeschossiges Weiherhaus mit Treppengiebeln, im Kern 16. Jh., 1804 umgestaltet.

OBERSANDING Gem. Thalmassing, Kr. Regensburg. *Karte 14*

Kath. Filialkirche St. Peter. Schlichter Saalbau des 17. Jh. Über dem eingezogenen, halbrund geschlossenen Chor ein achteckiges Türmchen mit Zwiebelhaube; Langhaus über seitlichen Hohlkehlen flachgedeckt, im Chor Tonnengewölbe mit Stichkappen. Rahmenstuck des 17. Jh., Deckenmalereien um 1900. – Ausstattung. – Viersäuliger Hochaltar mit seitlichen Knorpelwerkschnitzereien, 2. Hälfte 17. Jh. – Einfache Kanzel und Gestühl, 17. Jh. – Im Langhaus Tafelbild mit Darstellung des Jüngsten Gerichts, 1. Hälfte 17. Jh.

OBERTRAUBLING Kr. Regensburg. *Karte 14*

Pfarrkirche St. Georg. 1907–1909 von *Johann Baptist Schott* aus München erbaut als Ersatz einer urspr. gotischen, barock veränderten Vorgängerkirche. Weihe 1919. – Monumentale Saalkirche mit eingezogenem Chor, stilistisch dem regional üblichen Barock nachempfunden. Charakteristisch die Silhouettenwirkung der Baugruppe, außerdem die in der Querachse segmentförmig ausgreifenden Langhausflanken und das flache Tonnengewölbe mit Stichkappen. – Deckenbild mit Darstellungen aus der Georgslegende von *Josef Wittmann*, 1915. – Ausstattung. – Hochaltar 1913 von der Firma *Helmer*, Altarblatt von Maler *Wittmann*. Die seitlichen Nischenfiguren der hll. Petrus Canisius und Bonifatius von *Guido Martini*. – Aus der Vorgängerkirche im Chor eine gotische Pietà, neugefaßt, und der Taufstein. Unter der Empore barocke Figuren der hll. Georg und Florian sowie Rokokofiguren der hll. Wendelin und Leonhard. – Geschnitzte Stuhlwangen 18. Jh. – Orgel von 1915.

OBERTRÜBENBACH Stadt Roding, Kr. Cham. *Karte 10*

Ehem. Filialkirche St. Peter und Paul, seit 1962 Leichenhaus. Wohl Burgkapelle der in der 2. Hälfte des 12. Jh. bezeugten Trübinbacher, bis in das 19. Jh. durch Quadermauer mit zwei Toren bewehrt. – Sog. Turmkapelle mit profan genutztem Obergeschoß, 2. Hälfte 12. Jh. Die Nutzung des Obergeschosses für Wehrzwecke, Speicherung oder als Unterkunft nicht eindeutig geklärt; lokaler Überlieferung nach zeitweilig von Geistlichen bewohnt. Der wohl urspr. rechteckige Ostabschluß wurde in der Gotik durch einen dreiseitigen, innen verschliffenen Ostabschluß ersetzt. Ein aus vorhandenen Balkenlöchern erschließbares zweites Obergeschoß wurde möglicherweise gleichzeitig aufgelassen (urspr. Gesamthöhe ca. 10 m). Letzte Gesamtrestaurierung 1977–79. – Verputzter Granitquaderbau mit verschindeltem Zwiebeldachreiter des 18. Jh. Am Chor zwei kleine, schmale Lanzettfenster mit Maßwerknasen, vier der nach innen seitlich ausgeschrägten Schlitzfenster erhalten, im übrigen spätere Durchbrüche tief eingeschnittener Rundbogenfenster. – Tonnengewölbter Saal mit Westempore, gleiche Wölbung im durch einspringenden Rundbogen separierten Chor. Im Gewölbe über der Westempore Einstiegsöffnung in urspr. Quadereinfassung. Das etwa 3 m hohe Obergeschoß durch allseitigen Mauerrücksprung vergrößert, regelmäßige Balkenlöcher in 2 m Höhe der Seitenwände.

Kath. Filialkirche St. Peter und Paul. Kirchenneubau mit Eckrustika, 1935–37. – Hochaltar 1708, aus der ehem. Dorfkirche. Aufbau mit vier gewundenen Säulen und Rankenwerk; Altarblatt Maria mit Jesus- und Johannesknaben, 18. Jh., aus der ehem. Schloßkapelle in ▷ Wetterfeld. – Orgel Anfang 18. Jh. – Kreuzwegbilder 1768.

OBERVIECHTACH Kr. Schwandorf. *Karte 6*

Kath. Pfarrkirche hl. Johannes Bapt. Entstehung des Ortes vermutlich mit der Herrschaft Haus Murach in ▷ Obermurach verbunden. Erste Ortsnennung 1130. Pfarrei urkundlich seit 1237. Von dem gotischen Vorgängerbau nur der Turm erhalten. Ein Stadtbrand zerstörte 1773 das Langhaus der Kirche und den Pfarrhof. Den Wiederaufbau 1775/76 berieten der herrschaftliche Maurermeister *Johann Wolfgang Diller* und der Zimmermeister *Georg Lorenz Graf* aus Amberg. 1779 kam der Hochaltar aus Amberg, 1783 die beiden Seitenaltäre; wohl erst nach 1778 entstanden die Deckengemälde, die *Johann Michael Wild* zugeschrieben werden. – Bei der Restaurierung 1879 wurde der Hochaltar zugunsten neuer farbiger Glasfenster verschmälert, 1916 diese Veränderungen wieder rückgängig gemacht. 1913/16 ergänzte man

die Deckenmalereien um monochrome Bilder im Langhaus und Chor. 1963–65 Erweiterung des Langhauses nach Westen nach Plänen von *Franz Günthner* aus Regensburg.
Die Kirche läßt deutlich drei Bauphasen erkennen: den gotischen Außenbau des Chores und den Turm, den barocken Langhausbau mit der Umgestaltung des Chorraums und der Doppelzwiebelhaube des Turms sowie den Neubau des achteckigen Erweiterungstrakts. Er hinterfängt das westliche Langhausjoch und stößt mit seiner Flachdecke unvermittelt gegen den Anschnitt des barocken Gewölbes. Dreiachsiger Saalraum mit gedrückter Stichkappentonne über gestuften Pilastern, der Chor mit dreiseitigem Schluß. Dem Umbau fiel das westliche Langhausjoch zum Opfer, wodurch die Deckenmalereien aus der Geschichte des Kirchenpatrons reduziert sind. Aus dem kurbayerischen Staatswappen über dem Chorbogen mit dem Orden vom Goldenen Vlies, den Kurfürst Karl Theodor 1778 erhalten hatte, ergibt sich ein Datierungshinweis für die Deckengemälde. Sie zeigen im Chorgewölbe die hl. Sippe als Beschützerin der Pfarrei Oberviechtach, an den Seitenwänden Beschneidung des Johannes und Heimsuchung Mariens, im Langhaus Taufe Jesu, Johannes in der Wüste, Bußpredigt des Johannes und Taufe Jesu, im Gewölbescheitel Messiasbekenntnis und Martyrium des Johannes.
Weitgehend einheitliche Ausstattung nach dem Brand von 1773 im späten Rokoko unter maßgeblicher Beteiligung von Amberger Künstlern. Der Hochaltar und die beiden Seitenaltäre von Schreinermeister *Leonhard Bacher* und Bildhauer *Johann Philipp Lutz* aus Amberg. Das Hauptaltarblatt der Taufe Christi, das Auszugsbild der Dreieinigkeit sowie die kleinen Auszugsbilder der hll. Joseph und Michael an den Seitenaltären stammen von *Johann Michael Wild,* um 1779. Seitenaltarbilder: Maria Immaculata und hl. Sebastian, Ende 19. Jh. – Kanzel, 1783, mit Aufsatzfigur des Guten Hirten und Stuhlwangen mit Rokokoschnitzerei, ein ehem. Chorstuhl wiederverwendet für den Volksaltar. – Taufstein und Weihwasserbecken aus Granit von dem einheimischen Bildhauer *Johann Roßmann,* 2. Hälfte 18. Jh. – An der Nordwand Votivfigur der hl. Kümmernis aus der Bleichangerkapelle 1907 übernommen, wohl 18. Jh.

OBERWEILING Stadt Velburg, Kr. Neumarkt i. d. Opf. *Karte 8*

Der 1002 erstmals erwähnte Ort, dessen Namensbildung in das frühe Mittelalter weist, liegt an der alten fränkischen Heerstraße zwischen Ingolstadt und Lauterhofen. Die Urpfarrei Oberweiling wurde im 14. Jh. dem Kloster Waldsassen inkorporiert.

Kath. Pfarrkirche St. Maria. Kirche und Friedhofsbefestigung vermitteln ein eindrucksvolles Bild historischer Geschlossenheit. – Spätromanische Chorturmkirche des frühen 13. Jh., Einbau von gotischen Gewölben im Schiff um die Mitte des 14. Jh., Tür- und Fensteröffnungen im 17./18. Jh. verändert, im frühen 20. Jh. Verlängerung nach Westen

um zwei Joche. Letzte Außenrenovierung 1989. – Mächtiger Chorturm mit verschindeltem Zwiebeldach. Im eingezogenen, quadratischen Chor Kreuzgewölbe mit wulstigen Rippen über Ecksäulen mit unterschiedlich gestalteten Würfelkapitellen und Kämpfern aus Platte und Schräge. Chorbogen über breiten Pfeilern mit profilierten Gesimsen. Das Schiff zu drei gotischen Kreuzgewölben mit abgeschrägten Rippen über profilierten, teilweise mit Wappen geschmückten Konsolen; als Schlußsteine zwei Rosetten und ein Allianzwappen. Der Erweiterungsabschnitt mit dünnen Kreuzrippen. – Ausstattung. – Hochaltar Ende 17. Jh., viersäuliges Retabel mit Figuren der Muttergottes, der hll. Bonifatius und Willibald. Seitenaltäre 1. Drittel 18. Jh., mit Altarblättern von *Georg Lang* 1897 (sign. und dat.), links hl. Anna unterrichtet Maria, rechts hl. Joachim. – In der Ostwand spätgotische Sakramentsnische, Kanzel mit Reliefs zweier Evangelistenpaare, Mitte 18. Jh. – Beachtenswerte Schnitzfiguren des frühen 18. Jh. an der rechten Langhauswand: Kruzifixus und Schmerzhafte Muttergottes in prächtigem Gewand sowie hl. Sebastian. – Zwei Prozessionsstangen mit Figuren in Akanthusrahmen, Anfang 18. Jh.
Friedhofsbefestigung. Starke Wehrmauer in Bruchsteinwerk, im Nord- und Südwesten Tortürme mit Pultdächern.

OBERWIESENACKER
Stadt Velburg, Kr. Neumarkt i.d. Opf. *Karte 7*

Kat. Pfarrkirche St. Willibald. 1726 im Auftrag der Gräfin Maria Anna Katharina von Tilly-Montfort Neubau der Kirche durch den Graubündner *Johannes Rigalia.* Bereits 1745/46 Ausbesserungsarbeiten durch *Martin Plänkl.* Durchgreifende Renovierung 1963–66, Außenrestaurierung 1979. – Eingezogener Chor mit leicht geschwungenem Ostabschluß; an seiner Nordseite der Turm mit Achteckaufsatz und eingezogener Zwiebelhaube von 1746. Westliches Vorzeichen. – Helles Schiff mit Flachtonne, Chor mit zwei Kreuzgewölben (1745) über Pilastergliederung. – Bandelwerkstukkaturen, wahrscheinlich von *Johann Bojerna (Baierna).* – Ausstattung. – Altäre wohl um 1700. Der stattliche Hochaltar angeblich von 1731, ein viersäuliger Aufbau mit Seitenfiguren der hll. Joseph und Johannes Ev. In ähnlichen Formen die Seitenaltäre mit Figuren: links Mondsichelmadonna, hl. Joachim und hl. Anna mit Maria, rechts die hll. Georg, Florian und Wendelin. – Achtseitiges gotisches Taufbecken aus Sandstein, mit genasten Bogenblenden. – Kanzel von *Georg Leonhard Däntl* 1759, mit Halbfiguren der Evangelisten, obenauf ein Posaunenengel. – Gruppe Kruzifixus und Schmerzhafte Muttergottes, 1. Hälfte 18. Jh.

OENING Stadt Berching, Kr. Neumarkt i.d. Opf. *Karte 7*

Kath. Filialkirche St. Nikolaus. 1729 geweihter Barockbau mit gotischem Ostturm. Innenrestaurierung 1984–86. – Turm mit Zeltdach. Im nicht eingezogenen, querrechteckigen Chor Kreuzgratgewölbe über Eckpfeilern. Einspringender, runder Chorbogen mit derbem Profil. Im

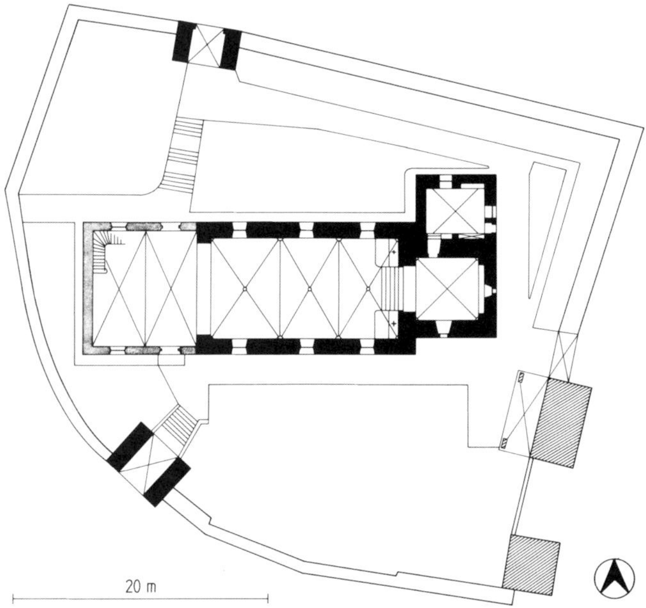

Oberweiling, Pfarrkirche St. Maria, Grundriß und Situation

Langhaus Flachdecke mit Bandelwerkstukkaturen, um Gittermotive bereichert, aus der Bauzeit. Großes Deckenfresko Krönung Mariens, von acht kartuschenförmigen Heiligenmedaillons umgeben, wohl ebenfalls aus der Bauzeit. – Die kulissenhaft dichte Ausstattung verleiht dem niedrigen Innenraum eine stimmungsvolle Atmosphäre. Altäre aus der Bauzeit mit seitlichen Ranken-Bandelwerk-Quastengehängen, die Antependien und Tabernakel in Rokokoformen. Hochaltar, Viersäulenretabel mit Altarblatt hl. Nikolaus. Gemälde der Seitenaltäre: links Muttergottes mit Engeln, rechts hl. Blasius. – Stuckkanzel von *Franz Horneis* 1744 (sign. und dat.), mit der gleichen Ornamentik wie der Deckenstuck. – An der rechten Schiffswand bemaltes Relief mit den Armen Seelen im Fegefeuer und Kruzifixus, 17. Jh.
Nordwestlich die Seelenkapelle, ein kleiner Rechteckbau mit zwei Kreuzgewölben, wohl 16. Jh. In der Nordostecke des Südteils eingebauter Schalenstein mit fünf Vertiefungen.

OPPERSDORF Gem. Lappersdorf, Kr. Regensburg. *Karte 13*

Kath. Filialkirche St. Bartholomäus. Zweiachsige Saalkirche des 18. Jh. über Hohlkehle flachgedeckt. Eingezogener, halbrund schließender Chor mit rundem Deckenspiegel. Am Turm zweimal die Jahreszahl 1797. 1899 Restaurierung der Kirche mit Neufassung der Altäre durch Restaurator *Deigendesch,* Regensburg. 1980–88 Restaurierung. – Ausstattung. – Hochaltar um 1740/50, 1803 aus der ▷ ehem. Minoritenkirche in Regensburg übertragen, bei der Restaurierung 1988 verändert. Altarbild hl. Johannes von Nepomuk, verehrt von den Erdteilen; Figuren des hl. Joseph mit Kind und der hl. Anna mit Maria, vielleicht aus dem Umkreis *Christian Jorhans d.Ä.* oder *Franz Anton Neus* aus Prüfening. – Linker Seitenaltar um 1730 mit spätgotischer Muttergottes, 2. Hälfte 15. Jh. – Rechter Seitenaltar um 1710/20, Altarblatt, Martyrium des Bartholomäus. An der Nordwand Kreuzigungsgruppe mit nicht zugehörigem Kruzifix, 1. Hälfte 18. Jh.

OTTENGRÜN Markt Neualbenreuth, Kr. Tirschenreuth. *Karte 3*

Ehem. Schloß. 1396 von den Leuchtenbergern an Waldsassen. Seit dem 17. Jh. mehrmaliger Besitzerwechsel. Bis 1846 böhmisches Lehen. – Zweigeschossiger Bau mit unter dem Satteldach vorgezogenem Traufgesims und Zwerchhaus, 18./19. Jh. Um die geohrten Fensterrahmungen Architekturmalereien. – Gegenüber die ehem. Brennerei, ein zweigeschossiger Mansarddachbau mit ähnlichen Gliederungsformen, wohl spätes 18. Jh.

OTTMARING
Stadt Dietfurt a.d. Altmühl, Kr. Neumarkt i.d. Opf. *Karte 12*

Kath. Kirche St. Ottmar. Frühgotische Chorturmkirche, 1516 leicht verändert (Jahreszahl am Gebälk der Glockenstube). Innenrenovierung 1985/86. – Turm mit östlichem Schartenfenster, gekuppelten, rundbogigen Schallöffnungen und achtseitigem Spitzhelm über Dreiecksgiebeln. An den Langhausseiten ausgekehltes Traufgesims. Der eingezogene, kreuzgewölbte Chor durch runden Chorbogen vom flachgedeckten Schiff getrennt. – An der Ostwand Fresken mit Passionsszenen, wohl um 1400, 1922 freigelegt. An der linken Chorwand einfaches gotisches Sakramentshäuschen. – Ausstattung. – Hochaltar mit Rokokodekor, Mitte 18. Jh. Altarblatt hl. Ottmar, spätgotische Seitenfiguren der hll. Martin und Nikolaus. – Neuromanische Seitenaltäre. – An den Schiffswänden spätgotische Figuren: links hl. Nikolaus und hl. Ottmar, rechts hl. Sebastian (Anfang 16. Jh.); hier ebenfalls ein Kruzifixus, wohl frühes 17. Jh. mit spätgotischer Mater Dolorosa (überarbeitet). – Grabdenkmäler: An der Friedhofsmauer gegenüber dem Westportal Kalksteinepitaph mit großem Wappen für Joachim Rieter von Kornburg zu Ottmaring, fürstlich Eichstättischer Hauptpfleger auf der Willibaldsburg über Eichstätt, 1. Hälfte 17. Jh.; Kalksteinepitaph für Euphrosine von Doneck, geb. Romung von Huglfing, 17. Jh., mit Flachrelief der reichgewandeten Verstorbenen; dgl. für Magdalena Dirner († 1545).

P

PARKSTEIN Kr. Neustadt a.d. Waldnaab. *Karte 5*

Die Burg, eine der ältesten der Oberpfalz, 1052 anläßlich ihrer Zerstörung durch den Bayernherzog Konrad erstmals erwähnt. Als Mittelpunkt eines territorial bedeutsamen Herrschaftsgebietes Sitz des seit dem 12. Jh. belegten Ministerialengeschlechts der Parksteiner. Dem unterhalb der Burg sich ausbreitenden Ort wurden 1342 Marktrechte verliehen. Im Dreißigjährigen Krieg zwar nicht eingenommen, war die Burg bis 1798 völlig verfallen, nachdem sie zuvor dem Landrichter des Gemeinschaftsamtes Parkstein-Weiden als Wohnung gedient hatte.

Kath. Pfarrkirche St. Pankratius. Ein 1398 erbauter Vorgänger 1634 zerstört, 1669 eine neue Pfarrkirche von den Kapuzinern errichtet, die bestehende Kirche 1788/89. – Erhöht über dem Marktplatz gelegener schlichter Putzbau. Der Turm am Chorhaupt 1962 neu gebaut. Eingezogener Chor mit Flachkuppel über Pendentifs. Das Langhaus flach tonnengewölbt mit Stichkappen, geschweiftes Rahmenwerk, breite Wandpilaster. – Ausstattung. – Hochaltar aus Kloster ▷ Walderbach, wohl 2. Viertel 18. Jh., überarbeitet, mit vier auseinandergezogenen schräg gestellten Säulen, den Chor eng ausfüllend. – Seitenaltäre Ende 18. Jh. Konkave Säulen-Pilaster-Aufbauten mit dramatisch agierenden Seitenfiguren: links hl. Rochus und hl. Florian, rechts hl. Joachim und hl. Anna, im Mittelfeld spätgotische Figur der Muttergottes. – Rokokokanzel, aus der ehem. Wallfahrtskirche auf dem ▷ Barbaraberg stammend, Korpus um 1760 von dem Speinsharter Klosterschreiner *Jakob Steinl,* kleinteilig mit Schnitzwerk und christologischen farbig gefaßten Reliefs von *Christoph Langer* aus Eger verziert. Auf dem Schalldeckel Moses mit den Gesetzestafeln und Putten. – Quarzgrabplatte des Ritters Philipp de Marsin auf Gröblitz von 1638.

Kath. Bergkirche St. Maria. In einzigartiger Lage auf dem steilen Basaltbruch des Parksteins 1851 erbaut, nach Süden weithin sichtbar. Nördlich darunter einzelne Mauerfragmente aus Basaltbruchstein (1988 saniert) als letzte Überreste der mittelalterlichen Burg. Zur Kirche führen granitene Kreuzwegstationen des ausgehenden 19. Jh. mit modernen Mosaikbildern, auf dem Gipfel Kreuzigungsgruppe mit farbig gefaßten lebensgroßen Gußeisenfiguren, spätnazarenisch um 1900. – Halbrund geschlossener Saalbau mit Zinnenfries, spitzbehelmter Dachreiter über der Westfassade. – Tonnengewölbe mit Stichkappen, Stukkaturen mit Rahmen- und Bandmotiven. – Neuromanischer Hochaltar mit Altarblatt, Maria und die Vierzehn Nothelfer, 18. Jh.

In der Kapuzinergasse der hohe Walmdachbau des **kath. Pfarrhofes,** der wohl 1630 von den Jesuiten errichtet und 1714 (Bauinschrift) erneuert wurde, im westlich angebauten, wohl in das 17. Jh. zurückgehende Nebengebäude mit hausartigem Dachreiter war der ev. Betsaal eingerichtet, nördlich der Kirche der Bau der **ehem. Fronfeste** mit Walmdach und Granitgewänden, Portal dat. 1755.

PARSBERG Kr. Neumarkt i.d. Opf. *Karte 8*

Die Stadt inmitten des Oberpfälzer Jura wird von ihrem Wahrzeichen, der ausgedehnten Burganlage, überragt. – Früheste Nennung der Burg Parsberg angeblich 939, urkundlich belegt 1203. Noch im 13. Jh. entwickelte sich unterhalb der Burg eine dörfliche Siedlung, die sich auf drei Seiten des Berges ohne System ausbreitete und erstmals 1730 als Markt bezeichnet wurde. – 1571 und 1841 wüteten hier schwere Brände. Wirtschaftlicher Aufschwung durch den Bau der Eisenbahn 1872. 1952 Stadterhebung.

Kath. Pfarrkirche St. Andreas. Der Vorgängerbau 1444 errichtet, 1736–38 umgebaut. 1924/25 barockisierender Neubau durch *Heinrich Hauberrisser* unter Beibehaltung des spätbarocken Turms mit geschweifter Haube (1984 instandgesetzt). – Bau aus grobem Quadermauerwerk, der verputzte, durch Pilaster gegliederte Turm an der Chorsüdseite. – Flache Vierungskuppel, eingezogener, dreiseitig geschlossener Chor. Deckengemälde von dem Parsberger Maler *Sigmund Spitzner d. Ä.* 1927–29, bei der Inneninstandsetzung 1986 mehrfache Übermalungen beseitigt. – Neubarocke Ausstattung. – Der spätgotische Taufstein aus der alten Kirche heute im Heimatmuseum: Kuppa mit Maßwerk, Fratze und Weinlaub geschmückt – Grabdenkmäler. Im Chor links große Rotmarmorgrabplatte für Ritter Hans von Parsberg († 1469), den Stifter der Parsberger Kirche, mit Flachrelief des Verstorbenen in voller Rüstung, die Linke am großen Schild, der mit dem Vollwappen sowie den Insignien von vier mittelalterlichen Ritterorden belegt ist. Bedeutende, auch heraldisch bemerkenswerte Arbeit des Regensburger Dombaumeisters *Konrad Roritzer* zugeschrieben. – Im Chor rechts Epitaph für den Ritter Hans von und zu Parsberg und Lupburg, kaiserlichen Schultheißen zu Nürnberg, gewesener Obrist der Städte Bamberg, Würzburg und Nürnberg († 1552), in Form einer Renaissance-Ädikula aus weißem Sandstein, mit Relief der Krönung Mariens und darunter Darstellung der knienden Verstorbenen aus dieser Adelsfamilie, dat. 1564.

★ **Ehem. Schloß.** Bis 1730 Sitz des Wittelsbacher Ministerialengeschlechts der Parsberger, dann Übergang an die Grafen von Schönborn, zunächst an Friedrich Karl, Fürstbischof von Würzburg und Bamberg, zuletzt 1792 von Kurfürst Karl Theodor von Bayern erworben. – Auf der Bergkuppe ein Stück der um 1450 aus älterem Baumaterial (Quader und Buckelquader) errichteten „dicken Mauer" als Überrest der mittelalterlichen Burg. – Westlich daneben liegt, in zwei Stufen am gekrümmten Abhang entlang geführt, der langgestreckte Schloßkomplex. – Das Obere Schloß im 16. Jh. unter Einbeziehung

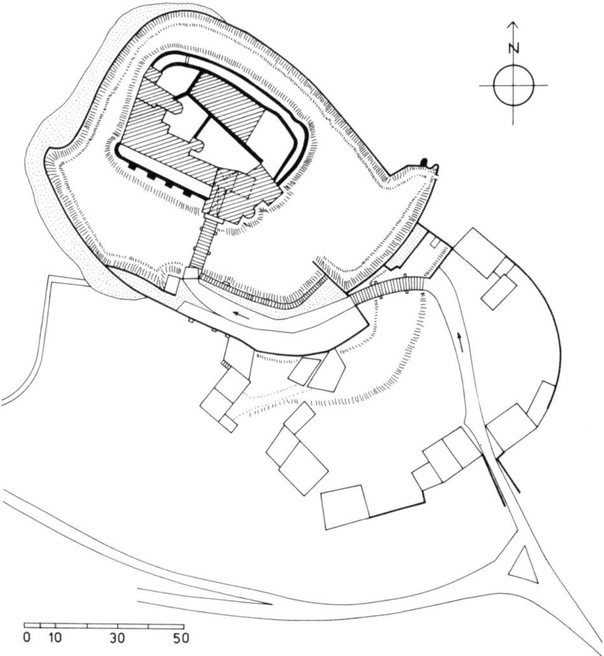

Parsberg

gotischen Baubestands errichtet, Ausbau 1976. Das Untere Schloß kam wohl um 1600 hinzu, Umbau zum Heimatmuseum 1977–85. – Die langgezogenen, parallelen Schloßgebäude zu drei Geschossen sind auf der Nordwestseite durch einen mehrfach abgeknickten Quertrakt, der den Hof abschließt, verbunden. Am Torbogen Wappen der Parsberger, dat. 1600. – Die von zwei runden Ecktürmen mit Zwiebelhauben flankierte, schmale Stirnfront des Oberen Schlosses ist im Oberteil über einen Segmentbogen vorgekragt. Im Obergeschoß die ehem. Schloßkapelle. – Im Erdgeschoß des Unteren Schlosses kreuzgratgewölbte Räume, u.a. ein zweischiffiger Saal über drei Mittelsäulen.

PAULSDORF Gem. Freudenberg, Kr. Amberg-Sulzbach. *Karte 5*

Kath. Pfarrkirche St. Peter und Paul. 1664 Neubau nach Brand, Instandsetzung außen 1970, innen 1985/86. – Saalbau mit eingezogener, halbrunder Apsis (Kappengewölbe) und westlichem spitzen Dachreiter. – Im Langhaus barocke Kassettendecke. – Drei Altäre, konkave Aufbauten um 1730, mit Altarblättern des 19. Jh.; der Hochaltar mit vier Säulen und flachem Quasten-Bandelwerkdekor. An der Langhaussüdwand neubarockes Retabel mit 1603 dat. Seitenflügeln, innen farbig gefaßte Reliefs der sitzenden lateinischen Kirchenväter, außen Gemälde mit Brustbildern der Vier griechischen Kirchenväter. – Seitlich des Hochaltars Figuren der hll. Karl Borromäus und Johannes von Nepomuk, um 1750/60.

PAVELSBACH

Gem. Postbauer-Heng, Kr. Neumarkt i. d. Opf. *Karte 7*

In der Nähe der Friedhofskirche zahlreiche vorgeschichtliche Funde: im Wald „Stockenau" bronzezeitliche Hügelgräber, im anschließenden „Appel" eine Viereckschanze.

Kath. Pfarrkirche St. Leonhard. Frühgotische Chorturmanlage, barock verändert. Renovierung außen 1976, innen 1985/86. – Im Ostturm mit Achteckaufsatz und zwiebelbekröntem Helm der eingezogene, quadratische Chor. Hier wie im Langhaus Flachdecken über Vouten. Bandelwerkstukkaturen von 1725/30 mit Blütengehängen und Engelsköpfen. Nazarenische Deckenfresken, um 1890 von *Sebastian Wirsching*. – Die Ausstattung aus dem mittleren 18. Jh. zählt zu den anspruchsvollsten Schöpfungen des Rokoko im Landkreis Neumarkt. Hochaltar, weitgestelltes Viersäulenretabel mit großen Figuren der Apostelfürsten Petrus und Paulus über den seitlichen Durchlässen und nazarenischem Altarblatt um 1890. Aufbauten der Seitenaltäre in atektonische Rocaille- und Rankenornamentik aufgelöst, Altarblätter um 1890: links Verkündigung, rechts Krönung Mariens. – Kanzel mit derselben Ornamentik. – Stuhlwangen mit Rankendekor, Anfang 18. Jh.

Kath. Friedhofskirche St. Cäcilia, ehem. Wallfahrtskirche. Hier stand einst das 1267 erwähnte, seit langem untergegangene Dorf Niderenpfefenpach (= Niederpavelsbach). – Gotische Anlage, 1552 zerstört. 1602–08 wurde der Friedhof hierher verlegt, im 17. Jh. die Kirche verlängert und ein Westturm angefügt, Neuweihe 1682. Innenrenovierung 1966. – Westturm mit Spitzhelm. Eingezogener, quadratischer Chor mit Kreuzgewölbe, im Schiff Holzdecke. – Ausstattung durch Diebstähle dezimiert. Hochaltar um 1680 mit zwei gewundenen Weinlaubsäulen und seitlichen Akanthusranken. Die Seitenaltäre ähnlich aufgebaut, links in Mittelnische Figur des hl. Sebastian, nach darunter angebrachter Inschrift von Michael Adlmann, Pfleger des Deutschherrenordens in Postbauer, 1695 aufgestellt. Am rechten Seitenaltar ähnliche Stifterinschrift.

PECHHOF

Gem. Schwarzenbach, Kr. Neustadt a.d. Waldnaab. *Karte 5*

Ehem. Hammer, dann Glasschleifwerk. Verputzter Sandsteinquaderbau mit Halbwalmdach, Steingewänden und Gurtgesims, bez. 1828 (renoviert 1989/90). Gegenüber der zweiflügelige Bau der Schleife (baufällig), dat. 1840.

PELCHENHOFEN

Stadt Neumarkt i.d. Opf., Kr. Neumarkt i.d. Opf. *Karte 7*

Kath. Pfarrkirche St. Ägidius. Gotische Chorturmkirche mit Veränderungen im 18. Jh. Innenrenovierung 1985/86. – Eingezogener quadratischer Chor im Ostturm mit achteckigem Obergeschoß und eingeschnürter Doppelzwiebelhaube. Einschiffiges Langhaus mit Flachdecke über Hohlkehle. Deckenbilder mit Szenen aus dem Leben des Kirchenpatrons und den Vier Evangelisten von *Georg Lang,* Ende 19. Jh. – Hochaltar um 1750, mit Altarblatt von 1824, Seitenfiguren der hll. Benedikt und Bernhard von Clairvaux (?), seitlich des Tabernakels die hll. Willibald und Kunigunde Ende 17. Jh. (vom rechten Seitenaltar übertragen). Linker Seitenaltar Mitte 18. Jh., mit Seitenfiguren der hll. Joachim und Anna, Altarblatt hl. Familie, 19. Jh. Rechter Seitenaltar Ende 17. Jh., gewundene Säulen mit reichem Laubwerk, Herz-Jesu-Bild (19. Jh.). – Kanzel klassizistisch.

PEMFLING Kr. Cham. *Karte 10*

★ **Kath. Pfarrkirche St. Andreas.** Kirchenneubau von 1727–36, ausgeführt von dem Schönthaler Zimmerer *Gallus Wolf.* Innenrestaurierung 1978/79. – Saalbau mit halbrund geschlossenem Chor ohne Einziehung. Westturm mit Oktogonaufsatz und Zwiebelhaube. Außengliederung durch toskanische Pilaster. – Kurzer, hoher und weiter Innenraum mit Stichkappentonne über dreifach gestaffelten toskanischen Pilastern. Ecken des Chors und des Schiffs zum einspringenden Chorbogen hin abgeschrägt bzw. ausgerundet. – Deckenfresken der Erbauungszeit, *Andreas Merz* aus Marktoberdorf zugeschrieben. Im Chor Fischzug Petri, im Schiff mariologische Szenen, eingebettet in gemalte Stuckdekoration aus Muschel- und Bandelwerk. An der Brüstung der zweigeschossigen Westempore unten Szenen aus dem Leben des hl. Johannes von Nepomuk, oben Salvator Mundi und die Zwölf Apostel. – Nazarenische Bildfenster mit Büstenmedaillons Heiliger.

Prachtvolle Ausstattung 1737ff., großenteils dem Kötztinger Bildhauer *Johannes Paul Hager* zugeschrieben. Hochaltar, Aufbau mit vier gewundenen und zwei glatten Säulen sowie seitlichen Durchlässen. Vier überlebensgroße Figuren der hll. Petrus und Paulus (innen), Leonhard und Walburga (außen); im Auszug Muttergottes im Strahlenkranz sowie die Bau- und Weihedaten 1737 bzw. 1755; Altarblatt Kreuzigung des hl. Andreas, möglicherweise von *Valentin Reischl,* Waldmünchen. – Seitenaltäre, hohe, konkave Retabel mit Pilastern und gewundenen Säulen, sowie je vier Seitenfiguren und zwei Heiligenbüsten, 1756, *Hager* zugeschrieben. Links mit Altarblatt des Gekreuzigten, Figuren der Schmerzhaften Muttergottes, der hll. Johannes Ev., Sebastian und Florian; im Auszug Lamm Gottes, von Johannes Ev. und Johannes Bapt. flankiert. Rechts mit dem Gnadenbild, einer spätgotischen Figur der Muttergottes um 1470/80, Seitenfiguren der hll. Zacharias, Johannes Bapt., Franz Xaver und Johannes von Nepomuk; im Auszug Hl. Dreifaltigkeit. – Kanzel 1755, am Korpus Reliefs mit Gleichnis vom Sämann, Schlüsselübergabe und Fischzug Petri; auf dem Schalldeckel der hl. Franz Xaver, von Personifikationen des Unglaubens umgeben, über den er durch seine Predigt siegt. – Orgel, Beichtstühle, Stuhlwangen mit Laub- und Bandelwerkdekor, um 1737. – Kreuzwegbilder Rokoko. – Mehrere barocke Heiligenfiguren; an der Nordwand hl. Andreas, um 1480.

Edelsitz der 1278 bis in das frühe 15. Jh. belegten Pemflinger. Vom Schloß erhalten der ehem. Zehentstadel (Kirchplatz 14), im Kern gotisch. Langgestreckter, zweigeschossiger Satteldachbau mit korbbogiger Tordurchfahrt und starken, bruchsteingemauerten Stützpfeilern.

Pfarrhof (Kirchplatz 6). Stattlicher, zweigeschossiger Halbwalmdachbau, im Kern frühes 17. Jh.

Wohnhäuser Kirchplatz 2: dat. 1798, mit schiefergedecktem Halbwalmdach, dat. 1898. – Hauptstr. 6: Waldlerhaus des 18./19. Jh., ein Blockbau mit Kniestock und Flachsatteldach, ruinös.

PENK Gem. Nittendorf, Kr. Regensburg. *Karte 13*

Kath. Kirche St. Leonhard. Romanische Chorturmkirche der 1. Hälfte des 13. Jh., starke Wände aus Bruchsteinmauerwerk mit Eckquaderung, am Turm Buckelquader. Der Turm ist gleich breit wie das Schiff, mit Schartenfenstern. Im Chor Kreuzgratgewölbe, im Langhaus Flachdecke; Fenster später eingebrochen, Eingang auf der Südseite. – In der Chorwand gotische Sakramentsnische, Anfang 15. Jh. – Im Langhaus spätgotischer Kruzifixus. – Opferstock um 1700, der Schaft mit Akanthusranken geschnitzt.

PENTLING Kr. Regensburg. *Karte 13*

Kath. Filialkirche St. Johann Bapt. In den Bau des 16. Jh. vermutlich ältere Bauteile integriert. 1697 Umbau der Kirche. Der nordöstlich stehende Turm um 1789 verändert oder erneuert. Im 19. Jh. Einwölbung der rechteckigen Anlage. 1931 Errichtung des heutigen Langhauses. – Von der älteren Kirche blieb ein Teil des Langhauses stehen, der als Chor genutzt wird. Der alte Chor heute Sakristei, davor östlich die alte Sakristei. Der ältere Teil mit Tonnenwölbung, das neue Langhaus mit geflederter Bretterdecke auf Unterzügen. – Hochaltar um 1900, Seitenaltäre um 1931.

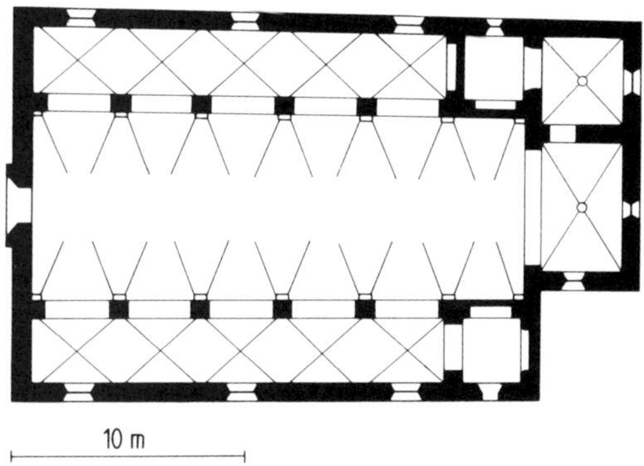

Perschen, Pfarrkirche St. Peter und Paul

Kapelle (Hauptstraße). Fast vollrunder Bau von 1649. In kleinem Barockaltärchen des 17. Jh. Muttergottes, 1. Hälfte 15. Jh. mit entstellender Überfassung. Daneben Figuren des 18. Jh.: Christus an der Geißelsäule und Christus in der Rast.

PERSCHEN Stadt Nabburg, Kr. Schwandorf. *Karte 5*

★ **Kath. Pfarrkirche St. Peter und Paul.** Älteste Urpfarrei der Oberpfalz, im 8./9. Jh. von St. Emmeram in Regensburg aus gegründet. 1122 erstmals urkundlich genannt; um 1160 dem Regensburger Domkapitel inkorporiert. – Die bestehende Basilika wurde vermutlich in der 1. Hälfte des 13. Jh. errichtet und besaß urspr. im Langhaus und Chor hölzerne Flachdecken. Erhöhung der Türme wohl 13./14. Jh. Das gotische Chorgewölbe wurde noch eingezogen, ehe die Pfarrei 1419 nach Nabburg verlegt wurde. In der 1. Hälfte des 15. Jh. Anbau der Sakristei. Grundlegende Instandsetzung und Barockisierung um 1750–55 mit der Einziehung von Gewölben im Langhaus, der einheitlichen Ummantelung der mittelalterlichen Pfeiler und dem Abbruch der südlichen Nebenapsis. Das barocke Dachwerk 1752 und 1753 bezeichnet. 1990/91 Außenrenovierung.
Kirche, Karner und der später an der nördlichen Friedhofsmauer errichtete Pfarrhof (heute Museum) bilden ein eindrucksvolles Ensemble. Den blockhaften Kirchenbau aus verputztem Bruchsteinmauerwerk bestimmt trotz barocker Umgestaltung die spätromanische Gestalt der Basilika, dreischiffig ohne Querhaus, mit leicht eingezogenem, rechteckigem Chor. Das Mittelschiff ist im Verhältnis zu den Seitenschiffen ungewöhnlich breit. Über den östlichen Seitenschiffsjochen

Türme über quadratischem Grundriß mit rundbogigen Klangarkaden in den Obergeschossen, wie in St. Jakob in ▷ Regensburg, mit Pyramidendach. Im Westen leicht aus der Wand vorspringendes romanisches Rundbogenportal, zweifach gestuft mit eingestellten, im Bogen herumgeführten Diensten mit durchgehendem Kämpfer; im Scheitel Relief eines Kopfes. – Regelmäßig angeordnete Fenster: im Hochschiff kleeblattförmig geschlossen, in den Seitenschiffen Vierpaßöffnungen; gotisches Fenster im Chor und – als zweibahniges Maßwerkfenster – an der Westseite des Mittelschiffs. – Altarraum mit gotischer Kreuzrippenwölbung auf Konsolen; skulptierter Schlußstein, Veronika mit Schweißtuch Christi, mit Blattranken. Runder Chorbogen über profilierten Pfeilerkapitellen, an der Südseite mit Weinranken.
Basilikales romanisches Langhaus zu sechs Jochen mit Stützenwechsel, im Barock durch Einzug einer Stichkappentonne über kräftigen gestuften Pilastervorlagen mit reich profilierten Kämpfern verändert. Die Proportionen des breiten, ehem. flach gedeckten Mittelschiffs, dessen Boden urspr. tiefer lag, wurden dadurch gedrückt. Nach Freilegung der im Stützenwechsel versetzten Rundpfeiler liegen zwei Raumsysteme im Widerstreit: die in kämpferlosen breiten Spitzbogen zu den kreuzgratgewölbten Seitenschiffen geöffnete spätromanische Arkadenwand mit hochliegender Lichtzone und das nachträglich eingesetzte barocke Jochsystem über unverbundenen Pilastern. – Die Rundstützen aus Granitquaderwerk weisen mit ornamental und figural geschmückten Würfelkapitellen sowie eckverzierten Basen auf St. Jakob II in ▷ Regensburg. Die östlichen Seitenschiffsjoche öffnen sich in niedrigen Spitzbogen gegen die unter den Türmen liegenden Seitenkompartimente (ehem. Kapellen). An diese schlossen urspr. nach Osten Halbkreisapsiden an.
Wand- und Deckenmalereien. Gotische Malereien um 1410, restauriert 1904: In der Chorbogenleibung die Klugen und die Törichten Jungfrauen; im Chor Evangelistensymbole mit Spruchbändern vor Sternenhintergrund; im Untergeschoß des Südturms nur noch der hl. Georg erkennbar; in der Apsis Christus in der Mandorla; figurenreiche Darstellung an der Nordwand nicht mehr sicher identifizierbar (Kreuzabnahme?). – Barocke Deckenmalereien von *Johann Franz Lidtmann* aus Nabburg, sign. „*F. Lid:* Pictor et Inventor 1753“ über der Orgel im Bild der Kreuzigung Christi. Szenen aus dem Leben der hll. Petrus und Paulus: über dem Chorbogen die Hl. Dreifaltigkeit umgeben von den Kirchenpatronen und anderen Heiligen; im Gewölbe Schlüsselübergabe und Kreuzigung Petri sowie Bekehrung und Enthauptung des Paulus.
Ausstattung. – Kanzel, Ende 17. Jh. – Taufstein des 13. Jh. mit Vierpaß- und Spitzbogenfries. – Holzfiguren aus dem 17. Jh.: am Chorbogen links lebensgroße Muttergottes auf Mondsichel, mit gotischen Anklängen wie die Flachreliefs der beiden Bischöfe im Langhaus. Zwei gotische Grabsteine an der Westinnenwand.

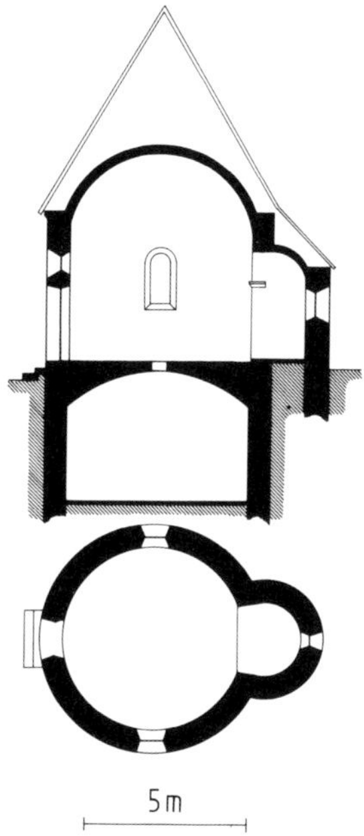

Perschen, Friedhofskapelle St. Michael, Karner,
Grundriß und Querschnitt

★ **Friedhofskapelle St. Michael, Karner.** Schlichter erdgeschossiger Rundbau mit Untergeschoß aus sorgfältig geschichtetem Bruchsteinmauerwerk, um 1160; Kuppeldach erneuert. Gebietstypischer Karner, vgl. ▷ Rottendorf, mit gewölbtem Beinhaus im Untergeschoß, darüber Kapelle mit halbkugelförmiger, kämpferlos aufsitzender Kuppel. Eine Okulusöffnung im Zentrum des Kapellenbodens verbindet beide Räume. Stark vorspringende Ostapsis, leicht gestelzt; einfach gestuftes Rundbogenportal mit glattem Tympanon im Westen.
Bedeutende romanische Ausmalung in geschlossener räumlicher Komposition, um 1165/70. Einziges Beispiel einer von Regensburg abhängigen Monumentalmalerei der Romanik in der Oberpfalz. 1850/60 aufgedeckt und z.T. von einer in Resten erkennbaren Überfassung freigelegt, 1964–70 Freilegung und Konservierung. – Der von drei Rundbogenfenstern erleuchtete Kuppelraum erhält seine Gliederung durch die in fünf umlaufenden Zonen angeordnete Malerei, eine

himmlische Hierarchie, die in Christus als Weltenrichter über der Ostapsis umgeben von den Evangelistensymbolen und Maria im Kuppelscheitelmedaillon gipfelt. Raumbezogen ist die Anordnung des dreistöckigen, in die Kuppel hineinreichenden Arkadenaufbaus über einer Vorhangzone. In den Bogenstellungen Propheten, Apostel, Engel und Kluge Jungfrauen, rhythmisierte und bewegte Figurenreihen, ausgerichtet auf die durch Frontalität und Maßstab herausgestellten Hauptfiguren von Christus und Maria. Unterhalb, in der Apsis, Abraham, dem die Seelen der Verstorbenen zugetragen werden; vor ihm kniet ein betender Stifter. Die Ausmalung erfolgte in Seccotechnik über einer ersten einfachen Weißfassung und war urspr. u.a. durch Metallauflagen und farbige Glasapplikationen verziert. Größere Fehlstellen im Hauptraum. Noch erkennbar sind die zahlreichen Inschriften. Die Farbigkeit der Malereien selbst war ehem. weitaus kräftiger. – Stilistisch erinnern die Malereien an die Chorbilder in ▷ Regensburg-Prüfening und die unter Bischof Hartwig II (1155–64) entstandene Malerei der Allerheiligenkapelle im ▷ Regensburger Domkreuzgang, die beide die Kenntnis höfisch sizilisch-byzantinischer Malerei voraussetzen. In Perschen mögen Einflüsse insbesondere auch über die Buchmalerei vermittelt worden sein.

★ **Ehem. Pfarrhof, sog. Edelmannshof,** heute Bauernhausmuseum und Außenstelle des Oberpfälzer Freilandmuseums Neusath-Perschen. Ummauerte Dreiseitanlage mit Hoftor und Portal. Wohnstallhaus aus Bruchsteinmauerwerk von 1605, im Kern möglicherweise älter. Traufseitige Erschließung durch mittleren Fletz; Wohnstube mit Balken-Bohlen-Decke und Küchenräume; nach Westen Stall. Im Obergeschoß Fachwerkzwischenwände und Holzbalkendecken. – Stadel von 1922. Hierher transferiert wurden der Getreidekasten aus Losenried (Kr. Cham) und der Wagenschupfen aus Trichenricht (Kr. Schwandorf) sowie der Taubenschlag aus Preißa (Kr. Tirschenreuth).

PERTOLZHOFEN Gem. Niedermurach, Kr. Schwandorf. *Karte 6*

Kath. Expositur- und Wallfahrtskirche St. Maria. 1697–99 unter Beibehaltung des romanischen Chorturms aus dem 12. Jh. durch Friedrich Ludwig von Pertolzhofen errichtet (Inschrift und Wappen über Chorbogen). Innenrenovierung 1972. – Ostturm aus starken quaderverblendeten Mauern aufgeführt; erhöhter Zugang von Süden. Das kreuzgratgewölbte Turmuntergeschoß bildete bis 1697 den Chor; Rundbogenfenster nach Osten, der halbkreisförmige urspr. Chorbogen erhalten, einfaches Kämpfergesims. Das romanische Kirchenschiff hatte die Länge der jetzigen Langhausbreite; an der westlichen Außenseite liegt seit 1968 das romanische Großquaderwerk frei, sichtbar auch eine hochliegende zugesetzte Einstiegsöffnung. – Dreiachsiges barockes Langhaus mit Stichkappentonne und Gurtbogen über kräftigen Wandpfeilern; eingezogener Chor mit dreiseitigem Schluß, zweigeschossige Empore. – Deckenmalerei von *Anton Merz* aus Neun-

burg v. Wald, 1798. Von den Mariendarstellungen ist nach ihrer Freilegung und Wiederherstellung 1936 sowie der zuletzt erfolgten Restaurierung allerdings nur noch ein ikonographischer Eindruck zu gewinnen. Originell das klassizistische Ornament- und Rankenwerk in Seccotechnik, das, ebenfalls 1880 übermalt, 1971 freigelegt und an den Gurtbogen sowie den Gewölbezwickeln rekonstruiert wurde.
Ausstattung. – Hauptaltar um 1700, viersäuliges Retabel mit Akanthusschnitzerei, Altarblatt mit Muttergottes und Gnadenstuhl, Seitenfiguren der hll. Anna und Joseph. – Seitenaltäre Rokoko, Gemälde der hll. Joseph bez. Wolfgang von *Hohner* aus Amberg, 1896. – Kanzel, Ende 17. Jh. – Ehem. Taufbecken, heute Weihwasserstein aus Granit, 13. Jh., mit Kleeblattbogenblenden ähnlich ▷ Perschen. – Chorgestühl mit Muschelwerk, Mitte 18. Jh. – An der rechten Wand Holzfigur der hl. Kümmernis, 18. Jh.; links Votivbild der Bürger für Verschonung im Krieg, 1796. – Grabsteine derer von Pertolzhofen, 17./18. Jh., u. a. des Friedrich Ludwig († 1718) mit dem das seit 1109 ansässige Geschlecht ausstarb.

PETTENDORF

Stadt Neunburg vorm Wald, Kr. Schwandorf. *Karte 9*

Ehem. Schloß. Im frühen 15. Jh. Sitz der Pettendorfer, 1507 im Besitz des Ruprecht Uttinger, später häufiger Eigentumswechsel; im 19. Jh. in bürgerliche Hand übernommen. 1974 saniert, 1979 Restaurierung des Erkers. – Spätgotischer Wohnturm auf einem Hügel, urspr. von einem Wassergraben umgeben, eine Ringmauer 1850 abgebrochen. Viergeschossiger Satteldachbau in Ost-West-Richtung. Spitzbogiger Eingang von Süden in das hochliegende, von zwei Tonnen in Nord-Süd-Richtung überwölbte Erdgeschoß; gleichartige Kellergewölbe. Profilierte Fenstergewände im ersten und zweiten Obergeschoß markieren die ehem. herrschaftlichen Wohnräume. An der Ostseite auf der Ebene des zweiten Obergeschosses reizvoller Flacherker aus Sandstein über Konsolen, zwischen denen Rippengewölbe sitzen; an den Kragsteinen spitzbogige Wappenschilder, Spitzbogenfenster mit Fischblasenmaßwerk, innen Kreuzrippengewölbe über Polygonalkonsolen.

PETTENDORF Kr. Regensburg. *Karte 13*

Kath. Pfarrkirche St. Margareta. Erhöht über dem Ort gelegen, nahe dem im Kern spätmittelalterlichen Schloß. Chorturmkirche des 13. Jh. aus Sandsteinquaderwerk. Im 17. Jh. bauliche Veränderungen und Patroziniumswechsel. Mächtiger, annähernd quadratischer Ostturm, das Langhaus nur wenig breiter, ehemals mit drei Kreuzgratgewölben zwischen Gurtbogen. Chor im Turmuntergeschoß, verändert mit Ausnahme des östlichen Rundbogenfensters. – Hochaltar spätes Rokoko, Altarblatt mit Hl. Dreifaltigkeit. – Kanzel und Gestühl Anfang 18. Jh., mit Akanthusschnitzerei. – An der Nordwand stuckgerahmtes Steinrelief des 18. Jh. mit Golgathadarstellung.

PETTENREUTH Gem. Bernhardswald, Kr. Regensburg. *Karte 9*

Kath. Pfarrkirche Mariä Himmelfahrt. 1737 von Maurermeister *Georg Weigenthaller* aus Dingolfing errichtet unter Beibehaltung des gotischen Turms, 1751 Weihe. Letzte Restaurierung 1984. – Schlichter Satteldachbau mit eingezogenem abgerundetem Chor; an den Langhauswänden in der Querachse beidseitig eine Konche. Der Turm endet in einem steilen Stufengiebel, zweigeteilte Klangarkaden mit Maßwerk. – Chorgewölbe und Spiegeldecke des Langhauses sind mit Laub- und Bandwerk stuckiert, um 1740. Großes Deckenbild, bez. „*J. O. Gebhard*“: Hl. Dreifaltigkeit und Maria Immaculata.
Reiche Ausstattung, einheitlich wohl in der Werkstatt des *Franz Anton Neu* gefertigt unter Beteiligung des jungen *Simon Sorg* und des *Joachim Anton Pfeffer.* – Hochaltar, 1744 von dem Regensburger Maler *Joseph Ballauf* vergoldet. Der spannungsvolle Altaraufbau wird im Entwurf *Simon Sorg* zugeschrieben wie auch die seitlichen Holzfiguren der Apostel Petrus und Paulus. Gemälde: Maria als Königin aller Heiligen, in der Art des *Otto Gebhard.* – Seitenaltäre 1748 von *Johann Gebhard Gschwend* aus Burglengenfeld, anstelle der Altarblätter Holzfiguren des hl. Sebastian und der Rosenkranzmadonna. – Die Kanzel, zugeschrieben *Joachim Anton Pfeffer*, zeigt Verwandtschaft zu der Kanzel in Hl. Kreuz ▷ Regensburg.

PFAFFENHOFEN Markt Kastl, Kr. Amberg-Sulzbach. *Karte 8*

Kath. Kuratiekirche St. Martin. Das Langhaus der von Anbeginn dem Kloster Kastl unterstellten Kirche romanisch. Im 15. Jh. Anbau des Chors und der Sakristei, im 16. Jh. Bau des mit Zeltdach abgeschlossenen Westturms. Im 18. Jh. Umgestaltung der Kirche. Innenrestaurierung 1987/88. – Kalksteinquaderbau; der Chor mit einzelnen Sandsteingliedern. An der Nordseite des Langhauses romanisches Portal mit geradem Sturz; Laufkanal für den Riegelbalken und Bohlentüre mit Beschlag noch urspr. – Innen Stichkappentonne über Pilastergliederung, in der Obergadenzone zwei schmale romanische Rundbogenfenster. Chor mit 5/8-Schluß und Kreuzrippengewölbe. – Hochaltar mit gedrehten Säulen und Rokokotabernakel. – Kanzel 2. Hälfte 17. Jh.

★ **Ehem. Karner** nordöstllich der Kirche. Doppelgeschossiger, zweijochiger Rechteckbau aus Dolomitquadern, Anfang 13. Jh. Über den Gruftgewölben Obergeschoß mit in der Umfassungsmauer ausgesparter Apsidiole, durch gotischen Fensterdurchbruch verändert, die reich profilierte Konsole der urspr. Erkerapsis noch großenteils erhalten. Kleeblattbogiges Westportal; gotischer spitzzulaufender Lichterker an der Nordseite. – Kreuzgratgewölbe zwischen Gurtbogen auf derben gestielten Konsolen, die Grate mit verschieden ornamentierten Stuckwulsten belegt. – Geschlossene Ausmalung des frühen 15. Jh.: Mariä Verkündigung und Heilige in der Apsis, an der Nord- und fragmetarisch an der Westwand erhalten.

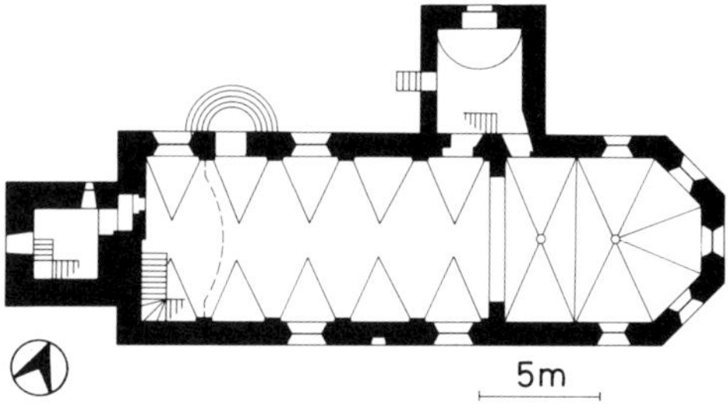

Pfaffenhofen, Kuratiekirche St. Martin

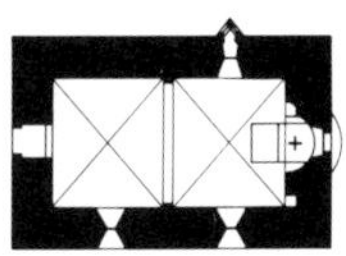

Pfaffenhofen, ehem. Karner

Burgruine Schweppermannsburg. Anfang 12. Jh. Besitz der Grafen von Kastl-Sulzbach, 1330–53 der Ritter Heinrich und Hartung Schweppermann, dann Übergang an das Kloster Kastl. Seit 1628 bayerisch, 1633 von den Schweden eingenommen. Im 18. Jh. einsetzender Verfall, seit 1895 Sicherungsarbeiten. – Die fünfeckige Anlage mit urspr. Ostzugang seit dem 16. Jh. von Westen zugänglich. Von der romanischen Burg blieben erhalten Mauerteile des Berings und des Palas (im 16. Jh. ausgebaut), an den südöstlich der quadratische, partiell rekonstruierte Bergfried angrenzt. Seine 1,3 m dicken Mauern mit glatten und gebuckelten Quadern verblendet. – Südlich vorgelagert Reste der spätmittelalterlichen Vorburg.

PFAKOFEN Kr. Regensburg. *Karte 14*

Kath. Pfarrkirche St. Georg. Der neuen Sachlichkeit verpflichteter Kirchenneubau von 1929. Rauputzdekor, strukturiert durch blanke Ziegel- und Natursteinstreifen. Nordöstlich der mittelalterliche ehem. Chorturm mit Spitzhelm über Dreiecksgiebeln. Sein kreuzgratgewölbter Unterbau geht noch in die Spätromanik zurück. – Ausstattung von 1929 z. T. erhalten: Holzdecke, Glasfenster, Gestühl. Hinter dem Hochaltar spätexpressionistische Tafelbilder mit Darstellung der Kindheit und Passion Christi.

Pfarrhof im 18. Jh. als Benediktinerkloster östlich der Kirche errichtet. Zweigeschossige T-förmige Anlage mit geohrter Portalrahmung.

PFATTER Kr. Regensburg. *Karte 14*

★ **Kath. Kirche St. Nikolaus.** Im Nordosten des bereits 773 urkundlich erwähnten, langgestreckten Straßendorfes gelegen. – Spätgotischer, in ländlicher Tradition stehender Saalbau mit eingezogenem Chor und nordseitigem Turm, um 1600. Restaurierung 1984. – Das Spitzbogentonnengewölbe des Chors besitzt netzartig stuckierte Grate; im Langhaus eine Holzdecke, alle Fenster spitzbogig. – Ausstattung einzigartig in der Region mit drei Renaissance-Altären und Kanzel (dat. 1611) aus der Erbauungszeit. – Hochaltar, Ädikula-Aufbau mit rebenumwundenen Säulen. Beachtenswertes Altarblatt: Tafelbild mit dem Kirchenpatron in Studierstube, im Hintergrund wundertätige Szene. – Nördlicher Seitenaltar um 1600, dreigeschossiger Aufbau mit Tafelbildern: in der Mitte Krönung Mariä; an der Predella Anbetung der Könige, im Auszug die Taube des Hl. Geistes. In Muschelnischen Holzfiguren der hll. Johannes Ev. und Nikolaus. – Der südliche Seitenaltar um 1610, laut Predelleninschrift eine Stiftung des Gerichtsschreibers Sebastian Wilkofer. Prächtiger Renaissance-Aufbau mit kannelierten Säulen, Schmuckgebälk und seitlichen Laubwerkbaldachinen. Das Altarblatt mit Martyrium des hl. Sebastian ist eine Kopie nach *Hans von Aachens* Bild in der Michaelskirche in München, seitlich Figuren der hll. Markus und Florian, um 1530. – Grabstein, außen an der südlichen Chorwand, für Eustachius Grafenreuter d. J. († 1423) mit Kreuzrelief und Wappenschild.

PFELLKOFEN Gem. Pfakofen, Kr. Regensburg. *Karte 14*

Kath. Kirche Unserer Lieben Frau. Bisher ins 17. Jh. dat.; aufgedeckte Wandmalereien an der Südwand des Langhauses und im Chor weisen auf mittelalterlichen Ursprung, worauf auch das Vorhandensein einer großen Zahl gotischer Holzfiguren sowie zweier gotischer Glocken deutet.
Im Chor Stuckierung um 1730. Hochaltar, Säulenretabel Mitte 17. Jh., möglicherweise für die mittelalterlichen Figuren geschaffen: In Mittelnische Pietà um 1430, seitlich die hll. Magdalena und Veronika, um 1500, im Auszug Sitzfigur Gottvaters. – Seitenaltäre ebenfalls Aufbauten des 17. Jh.; links vier spätgotische Flachreliefs männlicher Heiliger; rechts Figuren der hll. Laurentius und Leonhard, um 1500. – An den Langhauswänden Figuren der hll. Sebastian und Florian, um 1520. – Rosenkranzmadonna des 17. Jh.

PFREIMD Kr. Schwandorf. *Karte 5*

Im Mündungsdreieck des Pfreimd-Flusses in die Naab gelegen. Im 11. Jh. eine Kirche als Filiale von Perschen nachgewiesen. 1156 eine Burg erwähnt. Ab 1322 Residenz der Landgrafen von Leuchtenberg,

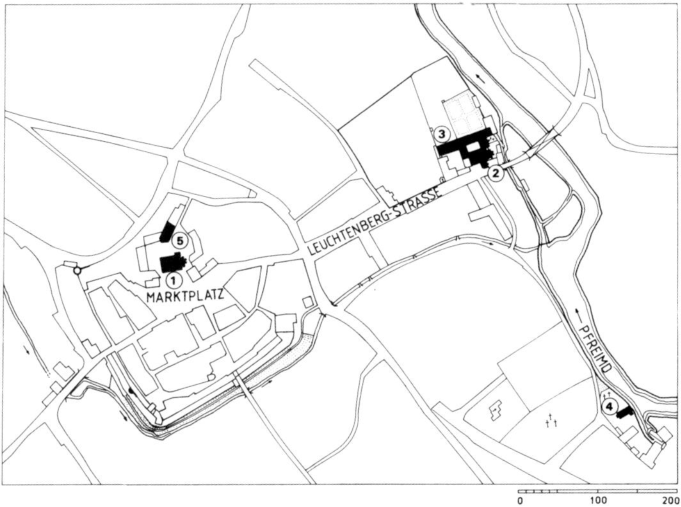

Pfreimd

1 Kath. Pfarrkirche Mariä Himmelfahrt
2 Franziskanerklosterkirche
3 Franziskanerkirche
4 Friedhofskirche St. Sigmund
5 Ehem. Schloß

1366 durch Landgraf Ulrich II. befestigt. Nach Zerstörung in den Hussitenkriegen und Stadtbrand 1481 erst 1497 Stadtrecht. Pfreimd blieb bis 1803 Residenzstadt der Landgrafschaft Leuchtenberg.

Stadtanlage und -Befestigung

Annähernd rechteckige Anlage mit nordöstlich vorgelagerter Vorstadt, 14./15. Jh., durchzogen von einer mittelachsialen Hauptstraße, und von einer Querachse am Übergang zur Vorstadt. Im Nordosten liegt der ehem. Schloßbezirk, zu dem urspr. auch die Pfarrkirche gehörte, südlich auf dem Marktplatz erhob sich ehemals das freistehende gotische Rathaus. Unmittelbar westlich der Stadt lag der Hofgarten mit Lusthaus und einer Hl.-Geist-Kapelle. Im Osten schließt an die Altstadt die Vorstadt, sog. Freyung, an – aufgeweiteter Straßenraum mit geschlossener trauf- und z. T. auch giebelständiger Bebauung, im Osten wirkungsvoll abgeschlossen durch den Komplex des Franziskanerklosters mit dem vorgelagerten Eckbau des ehem. Pfarrhofs. Von der seit der 2. Hälfte des 14. Jh. die Stadt umgebenden Befestigung sind nur noch wenige Reste im Westen vorhanden. Auch der mächtige Stadtturm zwischen Altstadt und Freyung wurde 1854 abgebrochen.

★ **Kath. Pfarrkirche Mariä Himmelfahrt.** Ab 1216 selbständige Pfarrei, zuvor zu Perschen gehörig. – Nach Brandzerstörung 1481 ließ Landgraf Friedrich V. von Leuchtenberg einen Kirchenneubau in unmittelbarer Verbindung mit dem Schloß errichten, der auch als Grablege der Landgrafen diente und erst 1515 vollendet war; den Chor baute der Amberger Stadtbaumeister *Wolf Keul* ab 1513. Der 1576–79 neu errichtete Glockenturm 1654/55 bis auf das Erdgeschoß abgetragen. – Über die baufällige Kirche seit 1670 Schriftwechsel mit der herzoglichen Hofkanzlei in München; mehrere Baumeister, u. a. *Pietro Spineta,* waren an der Neubauplanung beteiligt, bevor der „Maurer und Gipsmeister“ *Johann Schmuzer* (1642–1701) aus Wessobrunn 1681 den endgültigen Auftrag erhielt; er war zuvor in Türckheim von Herzog Maximilian Philipp beschäftigt worden, der nach dem Aussterben der Landgrafen von Leuchtenberg die Herrschaft übernommen hatte. Zu den Vertragsvorgaben gehörte die Beibehaltung des gotischen Chors mit der landgräflichen Grablege und der westlichen Giebelmauer des Langhauses; ferner waren die Größe des Hauptraums und die seitlichen Kapellen festgelegt, auch zwei Portale und die Art der Gewölbedekoration in Anlehnung an die Türckheimer Pfarrkirche. Der Bau sollte 1682 vollendet sein. 1686–88 wurde der neuerbaute Turm abgetragen und von *Schmuzer* über Eichenpfählen von neuem errichtet. 1711 erste Innentünchung. 1808 erhielt die Kuppelhaube des Turmes ihre heutige Gestalt. Gesamtrestaurierung 1988–90.
Die in der Nachfolge der Michaelskirche in München im Wandpfeilerschema errichtete Pfarrkirche ist in besonderer Weise von der Kunst des Stukkators geprägt, ein Innenraum, in dem – wie zuvor in der

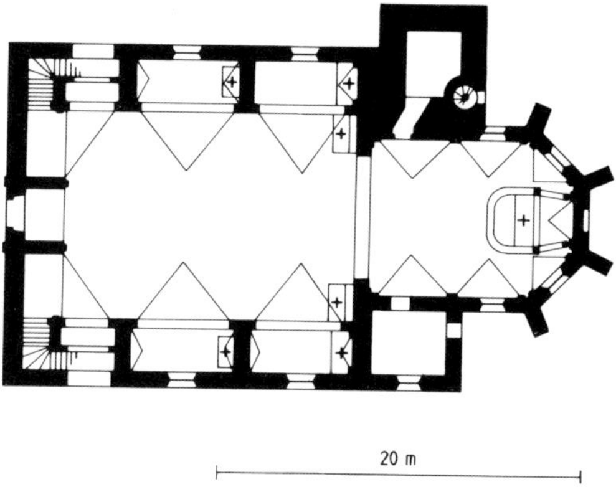

Pfreimd, Pfarrkirche Mariä Himmelfahrt

Theatinerkirche in München – Architektur, Stuckdekor und Ausstattung eine neuartige Verbindung eingehen: die bedeutendste, vom Stuck bestimmte Raumschöpfung der Wessobrunner Schule in der Oberpfalz. – Außenbau. – Kurzer blockhafter Satteldachbau, eingezogener Chor mit Strebepfeilern, auf der Nordseite annähernd quadratischer Turm mit welscher Haube. Langhaus angegliedert, Pilasterportale in der Westachse führen zum Marktplatz bzw. ehem. Schloß. – Das Innere der dreiseitig mit Emporen besetzten Wandpfeilerkirche prägt der reiche, stark plastische Stuckdekor, der die architektonische Gliederung betont – nach Originalbefund durchgehend weiß gehalten – unter Einschluß von Leinwandbildern im Gewölbe und an den Altären. – Stichkappen-Tonnengewölbe verbinden Chor und Langhaus über den Chorbogen zu einem Gesamtraum, in dem gestaffelt angeordnete seitliche Stuckaltäre zum raumhaltigen Hauptaltar im Presbyterium hinlenken. Das kurze Langhaus umfaßt drei Joche, von denen das westliche Eingangs- und Orgeljoch eine etwas geringere Tiefe besitzt: die Wandpfeilernischen für die Eingänge sind weniger hoch und leiten zu den rückwärtigen Pfeilerarkaden der Empore über, die einschließlich der Brüstung entsprechend den seitlichen Arkadenwänden gestaltet sind. Der Typus der Wandpfeilerkirche ist hier im Sinn einer Emporenkirche abgewandelt. Die Stirnseiten der Pfeiler sind mit Doppelpilastern besetzt; das verkröpfte Gesims bindet Pilaster, Gebälk und Attika in das Wandrelief der Pfeilerarkaden mit darüberliegender Emporenbrüstung ein. Die Kapellennischen des Erdgeschosses und die mit Durchgängen versehenen Emporenkompartimente sind parallel zum

Haupraum ausgerichtet. – Die z.T. in Gußverfahren hergestellte Stuckdekoration aus Rahmenwerk, Kartuschen, großfigurigen Rosetten, Muscheln, Akanthusranken, Fruchtgirlanden, Putten und Engelsköpfen gliedert die Architektur und umfaßt gleichermaßen die Altäre. Ebenso einheitlich sind die Ölbilder: im Chorgewölbe Verkündigung und Kreuzigung, unter den beiden Oratorien Kreuztragung und Beweinung, im Langhausgewölbe Engel mit Papstinsignien und die Hl. Dreifaltigkeit.
Ausstattung. – Hauptaltar: raumhaltiger Stuckaufbau als Baldachin über vier weinlaubumwundenen, gedrehten Säulen, von *Johann Schmuzer*, beeinflußt von Berninis Altar in St. Peter in Rom. Ölgemälde Mariä Himmelfahrt, sign. „*Jacobus Potma* fecit A 1689", im Auszug Gottvater; an der Baldachinunterseite das Monogramm Christi; Tabernakel 1912. – Seitenaltäre, Ädikula-Aufbauten mit Ölbildern, ebenfalls von *Potma*: am Chorbogen Altäre der hll. Joseph und Anna, im Auszug die Namen Jesu bzw. Mariä; in den Seitenkapellen rechts die hll. Maximilian und Christophorus mit den Nothelfern, links das Allerheiligste in der Monstranz sowie hl. Martin. – Bronzetaufbecken in der westlichen Taufkapelle von *Engelbert Süss* aus Pfreimd, 1990. – Kanzel und Aufbau in der westlichen Taufkapelle sind ebenfalls Stuckarbeiten von *Schmuzer*, die Taufkapelle mit einem Ölgemälde der Taufe Christi von *Potma*. Die Kanzel war urspr. von der Empore aus zugänglich und wurde 1756 tiefergesetzt. – Orgelgehäuse mit Akanthusschnitzerei, um 1690. – Brustbilder der Apostel und Heiligenfiguren, Holz, Ende 17. Jh. Spätgotische Holzfiguren der Muttergottes und der Anna Selbdritt, Anfang 16. Jh., durch Neufassung verändert. – Grabdenkmäler: Im Chor rechts Rotmarmorgrabstein für den Landgrafen Leopold von Leuchtenberg († 1463) mit Relieffiguren des Verstorbenen in Turnierrüstung, die Augen geschlossen, das Haupt auf dem Totenkissen ruhend, dem damals gerade in Nürnberg am Chorbau von St. Lorenz tätigen Werkmeister *Matthäus Roritzer* zugeschrieben. Links als Gegenstück die Rotmarmorplatte des Heinrich von Leuchtenberg († 1567).

Franziskanerkloster mit Kirche. 1593 Grundsteinlegung als Kirche des von Landgraf Georg Ludwig im Zuge der Gegenreformation gegründeten Franziskanerklosters; 1594 Weihe der Kirche, 1600 Weihe des Klosters. 1601 Übergabe an den Franziskanerorden. Nach Zerstörungen im 17. Jh. wurde die Klosteranlage 1728 erweitert. 1802 Aufhebung des Klosters. König Ludwig I. förderte die Rückkehr des Ordens 1831. – Eingangsportal bez. 1593, Säulenädikula mit dreigeteilter Bekrönung; Nischenfigur des hl. Johannes Bapt. zwischen Wappen des Gründers und seiner Frau Maria Salome von Baden. – Dreiachsiger Saal, eingezogener Chor mit dreiseitigem Schluß. Tonnengewölbe mit Stichkappen und Rahmenstuck. Deckenmalereien sign. „pinxit *J. Weber* Amberg 1880". – Die Klosterbauten nördlich der Kirche um einen Arkadenhof mit ionischen Säulen.

Kath. Friedhofskirche St. Sigmund. Außerhalb der Stadt im Süden gelegen. Ein Vorgängerbau bestand vielleicht schon im 13. Jh. 1533 der Friedhof hierher verlegt. Der jetzige Bau zu Beginn des 17. Jh. errichtet und 1616 geweiht. Sakristeianbau an der Südseite laut Gedenktafel 1673 errichtet. – Vorgesetzter Westturm über Freipfeilern mit dreiseitig geöffnetem Untergeschoß, oben achteckig mit Zwiebeldach. – Rechteckiger flachgedeckter Saalraum, der Chor durch einspringenden Chorbogen abgetrennt, Westempore. – Rokoko-Altar um 1720/30 mit Gemälde hl. Sigmund, Auszugsbild hl. Michael als Seelenwäger. – Chorgestühl mit Schnitzwerk gleichzeitig. – Mehrere z. T. figürliche Grabsteine des 16.–18. Jh. in der Kirche und auf dem umgebenden Friedhof.

Kath. Wallfahrtskirche St. Barbara auf dem Eixlberg. Westlich von Pfreimd auf der Höhe des Eixlberges in einem Buchenhain gelegen. Eine erste Kapelle angeblich 1342 durch Landgraf Ulrich II. von Leuchtenberg errichtet, ein zweiter Bau 1625. 1700–02 laut Inschrift über dem Portal ein von Herzog Maximilian Philipp von Bayern geförderter Neubau durch den Maurermeister *Johann Meier* aus Neustadt a. d. Waldnaab errichtet, Weihe 1711. Außenrenovierung 1980/81. – Vierachsiger Saalbau mit eingezogenem, zwei Achsen tiefem, dreiseitig geschlossenem Chor; an dessen Südseite gedrungener Turm mit vorkragendem Kranzgesims und gedrückter Zwiebelhaube, nördlich gegenüber die Sakristei. – Tonnengewölbe mit Stichkappen über kräftigen, mit Doppelpilastern besetzten Wandpfeilern mit reich profilierten Gebälkstücken. Im Westen Doppelempore über Säulen mit Balustergeländer. – Am Chorbogen Wappen des Stifters, dat. 1702.
Ausstattung. – Hochaltar um 1720: Säulenaufbau mit Laub- und Bandwerkschnitzerei; Altarblatt mit seltener Darstellung des hl. Joseph mit Jesuskind in einer Landschaft, Engel erheben das Kreuz; darunter die Gnadenfigur der Kirchenpatronin; im Auszugsbild Gottvater; seitlich Figuren der hll. Georg und Florian. Seitenaltäre und Orgel ebenfalls um 1720. – Kanzel mit Salvatorfigur und Oratoriumsbrüstung im Chor mit Einlegearbeiten aus Naturholz, ebenso wie das Gestühl aus der Erbauungszeit. – Ölbilder vom Anfang des 18. Jh.: Heiligendarstellungen, im Chor zwei Bilder mit Martyrium der hl. Barbara. – Barocke Kreuzwegbilder.

Kath. Kirche Unserer Lieben Frau, sog. Loretokapelle auf dem Eixlberg. Grundsteinlegung 1670 durch Herzog Maximilian Philipp von Bayern, 1671 unter Leitung des Pfreimder Maurermeisters *Zacharias Amode* (Amedeo) vollendet. Restaurierung 1980/81. – Östlich der Wallfahrtskirche gelegener, rechteckiger Satteldachbau, durch rhythmisierte Lisenen und Gurte gegliedert; an der Südseite Pilasterportal mit Dreiecksgiebel; über dem Ostgiebel ehemals Dachreiter. Tonnengewölbe.

Ehem. Schloß. Von der seit 1332 entstandenen leuchtenbergischen Residenz und ihrer Befestigungsanlagen ist nur der ehem., im Kern gotische Ballsaalbau erhalten. 1533/34 umgebaut, ab 1583 teilweise abgebrochen und grundlegend erneuert, im 19. Jh. aufgestockt und umgebaut. Dreigeschossiger Bau nördlich der Kirche; Schmuckportal der Spätrenaissance mit den Wappen Leuchtenberg und Baden, bez. 1590. Ähnlich ein zweites Portal mit den gleichen Wappen, südöstlich. – Mit dem Aussterben der Leuchtenberger 1648 ging die Residenz an das Haus Wittelsbach über. 1972 wurde die Stadt Pfreimd Eigentümer des Schlosses.

PIELENHOFEN Kr. Regensburg. *Karte 13*

Ehem. Zisterzienserinnenkloster, heute Salesianerinnenkloster (Internatsschule der Regensburger Domspatzen). Vor 1237 durch Schenkung der Herren von Hohenfels und Ehrenfels als Nonnenkloster gegründet und ab 1239 dem Abt von Kaisheim unterstellt. 1542 durch die Reformation aufgehoben, 1655 als Subpriorat des Klosters Kaisheim wieder vom Orden mit Mönchen besetzt. – Ab 1692 Neubau des Klosters, ab 1702 Planung der Kirche; zur Ausführung wurden Künstler herangezogen, die zuvor in Kaisheim beschäftigt waren: wohl ab 1718 der Vorarlberger Baumeister *Franz II. Beer*, der Maler *Karl Stauder* aus Konstanz und vermutlich auch die Stukkateure. Um 1739 waren die Arbeiten wohl beendet. – Aufhebung des Klosters 1803, ab 1806 Zentralkloster der Karmeliterinnen, ab 1838 der Salesianerinnen.

★ **Kath. Pfarrkirche St. Maria, ehem. Klosterkirche.** Die Kirche bildet den nördlichen Abschluß der dreiflügeligen Klosteranlage am Ufer der Naab. – Langhaus mit eingezogenem, rechteckigem Presbyterium, wenig ausladendem, zentralem Querhaus und Doppelturmfassade. Den Außenbau prägen drei gleichhohe, in das Walmdach einschneidende Dreiecksgiebel; umlaufend Rundbogenfenster über segmentbogigen Öffnungen, nach Osten Figurennischen; großflächige, durch Mauerbänder gegliederte Westfassade mit Volutengiebel, weit auseinanderstehend schlanke Turmobergeschosse mit durchbrochener Laternenzwiebelbekrönung. – Im Innern erstreckt sich das Langhaus über drei annähernd quadratische, gleichgroße Joche, denen nach Osten der querrechteckige Chor, nach Westen ein wenig tiefes, über die Abseiten reichendes Eingangsjoch angefügt ist. – Die wie eine barocke Emporenhalle wirkende Kirche ist der Genese nach eine Variation des Vorarlberger Münsterschemas mit kuppelüberwölbten mittleren Raumabschnitten. Erstmals in St. Mang in Füssen hatte *Johann Jakob Herkomer* wenige Jahre zuvor das Wandpfeilersystem mit einer Folge von Kuppelräumen nach Art venezianischer Kreuzkuppelkirchen kombiniert. Der für Oberpfälzer Kirchen ungewöhnlich starke Einfluß aus dem schwäbischen Kunstkreis beruht hier auf der Auftragsvergabe durch das Kloster Kaisheim. – Das zentrale Kuppeljoch öffnet sich als

Vierung zu den gleichhohen, mit Stichkappentonnen gewölbten Querarmen; die dem Langhaus- und Chorjoch angegliederten Wandpfeilernischen sind dagegen durch eingezogene Emporen horizontal unterteilt und haben mit längsgerichteten Durchgängen seitenschiffähnliche Wirkung, zumal die über die Brüstung hervortretenden Wandzüge- dreiseitig pilasterbesetzt - wie Freipfeiler wirken.
Reiche Stuckdekoration, möglicherweise von der in Kaisheim mit *Beer* und *Stauder* gemeinsam tätigen Werkstatt des *Peter Appiani*. Bezeichnend für die im Gewölbebereich gedrängte, detailreiche Flächenfüllung sind neben Bandelwerk und rosettengefüllten Gitterflächen französische Regencemotive wie Lambrequins und antikisierende Gefäße. – Deckenmalereien sign. im westlichen Joch „*Carolus Stauder* Constant: invenit et pinxit 1721“. Im Zentrum der Hängekuppeln große scheinperspektivische Rundbilder, umgeben von pendentifartig angeordneten Ovalbildern; Das Vierungsjoch herausgehoben durch eine Tambourkuppelarchitektur in der Art von *Paul Dekkers* Vorlagenbuch. Bildkompositionen in stuckierter Flächenrahmung. Thema ist die Dreifaltigkeit: Auferstehung Christi, zentral die Ausgießung des Hl. Geistes, im Chor Gottvater; über der Orgel Heimsuchung, im Presbyterium Maria Apocalyptica. Kleinformatige Bildfolgen an den Emporenbrüstungen und den Wölbflächen der Abseiten: Szenen aus dem Marienleben, der Vita der Ordensheiligen und der Geschichte des Ordens, sowie allegorische Darstellungen.
Ausstattung. – Altäre und Kanzel einheitlich um 1720 ausgeführt in rötlichem Stuckmarmor, einer in der Oberpfalz zu dieser Zeit seltenen Technik. Kolossaler die Presbyteriumswand ausfüllender Hochaltar, Altarblatt von *Albert Stahl*, Regensburg und Tabernakel aus dem 19. Jh. Ungewöhnlich reicher Schnitzfigurenschmuck, ekstatisch bewegt die monumentalen hll. Joachim und Anna; im dreiteiligen, figurenüberladenen Auszug die hll. Stephan von Citeaux und Bernhard, in der Glorie die Taube des Hl. Geistes über dem Wappen des Erbauers. – Als westliche Chorbegrenzung links der Kreuzaltar, rechts der Weihnachtsaltar, beide Altarblätter von *Stauder* sign. – Im Querhaus links Totenaltar, im Mittelfeld plastische Pietà der Erbauungszeit. – Rechts Marienaltar mit Muttergottes, Holzfigur des 15. Jh., in Teilen verändert, 1783 aufgestellt. – Chorgestühl der Erbauungszeit, qualitätvolle Schnitzarbeit mit Akanthusranken vermutlich von einem Regensburger Meister; Bildaufsätze zum Thema des Chorgebets. In die dreiseitige Anlage einbezogen sind die Rückseiten der Seitenaltäre, vor denen Monumentalfiguren der hll. Benedikt und Bernhard aufgestellt sind. Das Beicht- und Kirchengestühl wohl aus der gleichen Werkstatt. – Spätgotischer Taufstein. – Gnadenbild im rechten Seitenschiff, eine Ecce-homo-Darstellung aus dem Besitz der Karmeliterin M. A. J. Lindmayr († 1726). – Monumentaler Apostelzyklus, Leinwandbilder, die *Johann Gebhard* aus Prüfening zugeschrieben werden. – Epitaphien an der südlichen Außenwand der Kirche: Reliefplatte mit Darstellung der Grablegung Christi, 16. Jh.,

darunter Inschriftplatte mit Wappen der Familie von Ehrenfels. – Reliefplatte mit der Beweinung Christi, dat. 1498, mit dem Wappen der Zenger.

Klostergebäude, stattliche dreigeschossige Spätbarockanlage mit Schmuckportal an der Westfassade. Im Südflügel Refektorium, rechteckiger Saal mit Flachdecke, in der Hohlkehle Rokokostuck mit Ranken, Gitterwerk, Fontänen und Vögeln, um 1730, stark überfaßt.

★ **Fischerhaus** Angerstraße 21, Giebelbau mit Stuckfassade 1782 bzw. 1795, im Kern älter (Haus Martin).

PIESENKOFEN Gem. Obertraubling, Kr. Regensburg. *Karte 13*

Kath. Filialkirche St. Michael. Reste eines ottonischen Vorgängerbaus ergraben. Der heutige Bau in großen Teilen noch romanisch, wie die Aufdeckung des „rasa pietra"–Putzes während der Restaurierung 1978–80 beweist; die Grabungsfunde lassen einen zweijochigen, kreuzgratgewölbten romanischen Saalbau mit unterwölbter Westempore und eingezogener, gestelzt halbkreisförmiger Apsis rekonstruieren. – Bescheidener zweiachsiger Bau mit östlichem Zwiebeldachreiter. – Flachgedeckte Saalkirche mit eingezogenem, halbrund geschlossenem Chor. Reste der frühgotischen Ausmalung festgestellt. – Ausstattung. – Altar, reiche, viersäulige Anlage um 1770, aller Wahrscheinlichkeit nach von *Joachim Anton Pfeffer,* Prüfening. Vor den Säulen stark bewegte Figuren der hll. Barbara und Katharina, Altarblatt mit Apotheose des hl. Martin 1751 von *Martin Speer,* Regensburg. Rechts vom Chorbogen Kreuzigungsgruppe um 1500, Maria und Johannes auf Ästen, die dem Kreuzfuß entwachsen. Gegenüber Figur des hl. Martin mit dem Bettler, 1. Viertel 16. Jh. – Am Chorbogen Rosenkranzmadonna, 17. Jh.

PILLMERSRIED Stadt Rötz, Kr. Cham. *Karte 10*

Kath. Filialkirche St. Antonius. Kleiner, dreiseitig geschlossener Barockbau mit Lisenengliederung und zweigeschossigem Sakristeianbau an der Südseite. Verschindelter Giebelturm mit Zwiebeldach. Innenrestaurierung 1981. – Im Inneren Flachdecke, Wandgliederung durch ⅔ raumhohe Pilaster – Hochaltar Viersäulenretabel mit seitlichem Knorpelwerk, 2. Hälfte 17. Jh., in der 2. Hälfte des 18. Jh. an den Seiten um Volutenpilaster erweitert; Altarblatt hl. Antonius, 18. Jh. – Kanzel mit Rocailledekor.

PINKOFEN Gem. Schierling, Kr. Regensburg. *Karte 14*

Kath. Pfarrkirche St. Nikolaus. Erste Nennung einer Kirche in dem 878 erwähnten „Punnechoven" im Jahr 1145. – Neuromanischer Ziegelbau von 1896. Eingezogener, dreiseitig geschlossener Chor mit abgetreppten Strebepfeilern. Nördlicher Chorflankenturm mit doppelten

Klangarkaden und Rhombendach. Gliederung des Langhauses durch flache Lisenen und umlaufenden Bogenfries. Im Westen gestuftes Säulenportal mit Halbfigur des segnenden Christus. – Im Langhaus eine Holzfelderdecke, Chor mit flachem Kreuzrippengewölbe. Bemerkenswert die noch intakte Buntverglasung von 1896 mit figürlichen Darstellungen in den östlichen Langhausfenstern und im Chorhaupt. – Ausstattung z.T. aus der älteren Kirche übernommen. Im Chorhaupt drei barocke Tafelbilder, hl. Nikolaus, hl. Michael, hl. Johannes Ev. – Auf dem Hochaltar einfache Büsten der hll. Nikolaus und Johannes von Nepomuk, 1. Hälfte 18. Jh. – Seitenaltäre von 1896, mit Herz-Mariä- und Herz-Jesu-Figuren.

PIRK Kr. Neustadt a.d. Waldnaab. *Karte 5*

Der Ort entstand im ausgehenden Mittelalter an der Handelsstraße von Magdeburg nach Wien.

Kath. Kirche Mariä Heimsuchung. Im 13. Jh. erwähnt (romanische Substanz im Unterbau des Turms). Um 1770 wurde die heutige Kirche erbaut und einheitlich ausgestattet; ähnlich der Nikolauskirche in ▷ Luhe. – Urspr. Chorturmkirche, etwas erhöht am Ortsausgang gelegen. Langhaus mit eingezogenem Chor unter gleichhohem Walmdach, Ostturm mit Schlitzöffnungen und rundbogigem Schallfenster. Einfache, die Kanten betonende Putzgliederung. – Segmentförmig schließender, querrechteckiger Chor, überwölbt mit Stichkappentonne, Westempore. – Deckengemälde mit Rahmenstuck, stark übergangen. – Ausstattung. – Hochaltar der 2. Hälfte des 18. Jh., lockerer Rokokoaufbau mit vier schräg gestellten Säulen und seitlich geschwungenen Streben, bewegte Figuren der hll. Joachim und Anna, im Auszug Dreieinigkeit, Engel und Putten. Unter Baldachin Gnadenbild der Muttergottes auf der Mondsichel, um 1500. – Seitenaltäre mit Gemälden, hl. Wendelin und hl. Joseph mit Jesusknaben. An der nördlichen Langhauswand gotische Holzfigur der hl. Katharina.

PILSACH Kr. Neumarkt i.d. Opf. *Karte 7*

Kath. Pfarrkirche St. Peter und Paul. Gotische Chorturmanlage, im 18. und 19. Jh. umgestaltet, 1926 nach Westen erweitert. Inneres 1962–65, Äußeres 1983 renoviert. – Turm mit achtseitigem Spitzhelm, in seinem Erdgeschoß der eingezogene Chor mit Tonnengewölbe. Im Schiff Flachdecke über Hohlkehle; in Rahmenstuck neubarocke Dekkenbilder von *Weininger* 1944. – Ausstattung. – Hochaltar wohl neubarock mit barocken Figuren: im Mittelfeld die beiden Apostelfürsten, wohl aus der an den Langhauswänden fortgesetzten Apostelfolge um 1700, seitlich die hll. Joseph und Johannes Bapt., 1. Hälfte 18. Jh. – Seitenaltäre um 1700, mit zwei gewundenen Säulen; links mit Muttergottes in Mittelnische, seitlich die hll. Joachim und Anna, rechts mit hl. Sebastian, die flankierenden Heiligen mit Büchern wohl ebenfalls aus der Apostelfolge.

Ehem. Schloß. Das Geschlecht der Pilsacher im 12. Jh. erwähnt. 1280 (bezeugt erst 1323)–1628 Eigentum der Senfft von Pilsach. Instandsetzung der gesamten Schloßanlage 1982–89. – Als einziges Wasserschloß des Landkreises Neumarkt i. d. Opf. von einem breiten Wassergraben umgeben. Ringsum ein Schloßpark. – Südlich vor dem Wassergraben die Nebengebäude (17./18. Jh.) um viereckigen Innenhof: im Westen das Stall- und Scheunengebäude, ein langgestreckter Halbwalmdachbau aus verputztem Bruchsteinmauerwerk, in den Giebelfeldern Fachwerk; gegenüber, der Pilsach entlang, das Jägerhaus, ein mehrfach veränderter schmaler Satteldachbau mit weit vorkragendem Traufgesims und Fledermausgauben. – Das Schloß ist ein dreigeschossiger barocker Walmdachbau, Portalrahmung im 19. Jh. entfernt. Umfassungsmauern des Erdgeschosses wohl noch mittelalterlich, dessen Gewölbe wohl von 1569. Vier Stufen unter dem Erdgeschoßniveau liegt in der Nordwestecke der tonnengewölbte Keller. Darüber ein Anfang 20. Jh. entdecktes Zwischengeschoß, das als das Verlies Kaspar Hausers gilt.

PIRKENSEE Stadt Maxhütte-Haidhof, Kr. Schwandorf. *Karte 9*

Ehem. Schloß und Schloßkapelle St. Anna. Bis ins 15. Jh. im Besitz derer von Pirkensee; von 1521 bis zu Beginn des 18. Jh. saßen hier die Teufel von Pirkensee, ab 1731 die von Francken; 1797–1990 im Besitz der Freiherrn von Eckart bzw. der Grafen von der Mühle-Eckart. – Um 1734 Erweiterung eines offensichtlich älteren Gebäudes - heutiger Westtrakt – um zwei Flügel zu einer nach Osten gegen die terrassierte obere Gartenanlage geöffneten dreigeschossigen Dreiflügelanlage, ähnlich ▷ Fronberg und ▷ Münchshofen, mit Walmdach und quadratischen Ecktürmen mit Zwiebeldächern; ehem. im Süden und Osten von Wassergräben umgeben. Im Westen dreiseitig vorgelagerte Ökonomiegebäude und Hauptzufahrt; auf dem Hoftor Allianzwappen des Bauherrn Johann Bernhard von Francken und Inschrift, dat. 1734.

Im Erdgeschoß bis auf den Südtrakt zum unteren Garten weitgehend Wirtschaftsräume. Die Erschließung der beiden großzügiger ausgebauten Obergeschosse erfolgt im Westtrakt über eine barocke Balustertreppe und einen Mittelfletz, der über eine Altane die Verbindung zu den Erschließungsgängen an der Ostseite des Westflügels herstellt. – ★ Die repräsentativen Räume im anschließenden Südflügel: Schloßkapelle St. Anna, um 1734. Aus der Erbauungszeit einheitlicher Stuck und Ausstattung des Frührokoko. 1934 Veränderungen durch neuen Zugang und erweiterte Empore. Rechteckiger Saalraum über zwei Geschosse mit Spiegeldecke, an der Ostwand anstelle des Altaraufbaus Stuckdrapierung um das von Engeln gehaltene Altarbild der thronenden Muttergottes. Seitlich, in Analogie zu den hochliegenden Fenstern, Figurennischen mit Muschelstuck, Oculi. Reicher, in die Fläche verteilter Deckenstuck aus Bandelwerk, Rocaille und Blütengehängen. Dekkenfresko *Cosmas Damian Asam* zugeschrieben: thronende Mutter-

gottes im Kreis von Heiligen, darüber Gottvater. An der Decke Wappen wie am Tor des Schloßhofs. – Über der Schloßkapelle ein großer Saal.
Einzigartig, und in seiner spezifischen Bedeutung ungeklärt, ist der umlaufend terrassierte Hügel, oberer Garten, unmittelbar östlich des Schlosses, der ein langgestrecktes Rechteck bildet. Eine um 1800 entstandene Ansicht läßt erkennen, daß es sich hier um eine Hainanlage handelte.

PITTERSBERG

Gem. Ebermannsdorf, Kr. Amberg-Sulzbach. *Karte 9*

Kath. Pfarrkirche St. Nikolaus. Romanische Anlage, unter Benutzung des gotischen Turmunterbaus 1861 erweitert und gotisierend verändert. Innenrenovierung 1980, Außenrenovierung 1986. – Saalbau mit eingezogenem, rechteckigem Chor; mächtiger Sandsteinquaderturm südlich des Chors, polygonaler Aufsatz mit durchbrochenen Treppengiebeln und Spitzhelm. – Spiegeldecke; Deckenbilder der Firma *Wittmann* und Bildfenster von 1912. Seitlich des korbbogigen Chorbogens und im Chor Pilaster mit kräftigen Gebälkstücken. Im Erdgeschoß des Turms Kreuzrippengewölbe mit Rosettenschlußstein. – Ausstattung der 2. Hälfte des 18. Jh., drei Altäre und Kanzel. – An der Emporenbrüstung Leinwandbilder: Abendmahl, Wundersame Brotvermehrung, Mannalese.

PLANKSTETTEN

Stadt Berching, Kr. Neumarkt i. d. Opf. *Karte 12*

Benediktinerabtei. Über dem Sulztal am Fuße des Haarberges gelegen. – 1129 von Graf Ernst IV. von Grögling-Dollnstein (nach 1200 von Hirschberg) und seinen Brüdern Gebhard und Hartwig als bischöfliches Eigenkloster gestiftet. Besiedelung durch Mönche aus Würzburg und Kastl. 1138 erste Weihe der hirsauischer Bautradition folgenden Kirche. Bis 1200 kamen die Vorhalle und die Untergeschosse des Nordturms hinzu. Das urspr. Doppelkloster verlor infolge der Verarmung im 13. Jh. das Frauenkloster. Wirtschaftlicher und geistiger Aufschwung unter Abt Ulrich Dürner (1461–94). Beschädigungen des Klosters durch aufständische Bauern (1525) und plündernde Schweden (1632). Restauration unter Abt Dominikus I. (1651–77). 1695–1767 Neubau der Klostergebäude in mehreren Phasen. Anfang 18. Jh. wirkte der Franziskaner-Baumeister *Philipp Blank* († 1720) mit. Große Blüte unter dem im Ruf der Heiligkeit stehenden Abt Maurus Xaverius Herbst (1742–57), der im spätgotischen Kreuzgang begraben liegt. Mit der Säkularisation 1806 ging die Kirche an die Pfarrei über, seit 1904 wieder Benediktinerpriorat, seit 1917 selbständige Abtei. In den bereits 1907 einsetzenden Schulbetrieb wurde 1959 eine Realschule mit Internat aufgenommen (zu diesem Zweck 1959–63 Erweiterungsbauten). Renovierung der Klostergebäude im Laufe der sechziger Jahre, der Kirche 1966–70.

★ **Kath. Pfarr- und Abteikirche Mariä Himmelfahrt.** Weitgehend ungegliederter Bau aus unregelmäßigen Kalksteinquadern mit Doppelturmfront, die Glockendächer mit Laternen 1710 aufgesetzt. Der aus der ersten Bauphase stammende südliche Turm wird im unteren Bereich von dem 1699 angebauten, portikusartigen Vorbau und der Prälatur verdeckt. Der nördliche Turm, erst 1710 ab dem dritten Geschoß vollendet, ist durch Blenden mit Bogenfries reicher gegliedert. – Dreischiffige romanische Pfeilerbasilika. Der 1493–95 errichtete Altarraum in 5/8-Form mit drei zweibahnigen Maßwerkfenstern wurde 1928/29 um einen quadratischen Mönchschor von 10 m Länge nach Osten versetzt. Am Außenbau Wappen des Abtes Ulrich Dürner, dat. 1493; innen Sterngewölbe auf Wanddiensten mit geometrisch-ornamental profilierten Sockeln. Flachdecken in allen drei Schiffen, der Mönchschor mit störender Balkendecke. – Sparsame, farbige Stuckdekoration von 1727: Laub- und Bandelwerk, spärlich mit Putten und Gittermotiven durchsetzt; am Chorbogen Wappen des Eichstätter Fürstbischofs Franz Ludwig von Kastell, von den Wappen des Abtes Dominikus III. von Eisenberg (1726–42) und des Klosters flankiert. – In geschweiften Stuckrahmen die Deckengemälde von *Michael Zink* aus Eichstätt 1727: Kreuzauffindung durch die hl. Helena, Apotheose des hl. Benedikt, Mariä Himmelfahrt, hl. Johannes auf Patmos, ferner musizierende Engel über der Orgel und hl. Benedikt vor Montecassino unter der Orgelempore. An den Mittelschiffswänden zwölf hochrechteckige Gemälde von hll. Benediktinerpäpsten, 1887 von *O. Zacharias* aus Regensburg; über den Arkadenscheiteln 14 Medaillons mit Szenen aus dem Leben des Ordensgründers.

Vorhalle. Im Westen von Längstonne überwölbter Raum, beiderseits von Turmkapellen mit flachkuppeligen Gewölben flankiert. Nach innen folgt ein annähernd quadratischer Raum mit wulstigem Kreuzrippengewölbe, zu beiden Seiten schmale tonnengewölbte Annexräume. An der Ostseite führt ein romanisches Gewändeportal in den Kirchenraum: Während der innere Bogen noch aus der ersten Bauphase stammt, gehört das dreifach gestufte Gewände, in das mit Würfelkapitellen abgeschlossene Säulen eingestellt sind, dem ausgehenden 12. Jh. an. Am Scheidbogen rechts daneben Relieffragmente mit Weinrebe und menschengesichtigem Löwen, wohl um 1200. – Am südlichen Seitenschiff das dreijochige Reststück des 1472–85 errichteten Kreuzgangs, dessen Grundriß im Klosterhof noch ablesbar ist. Auf Figurenkonsolen fußendes Sterngewölbe mit eingeschriebenem Maßwerk, als Schlußsteine Wappen legendärer Ahnen des Ordensgründers. Zur Kirche führt ein spitzbogiges Portal mit gewundenem Astwerk im Gewände. In der Ostwand Fragment des romanischen Kreuzgangs, eine Arkadenreihe mit abwechselnd einer bzw. gekuppelten Säulen. – Westlich neben dem Kreuzgang die Kapelle zur Schmerzhaften Mutter, um 1780 von dem Eichstätter Hofstukkator *Johann Jakob Berg* in prachtvollen Spätrokokoformen ausgeschmückt. Vor die gesamte Südwand geblendeter Stuckmarmor-Aufbau, in der Mitte weiß-

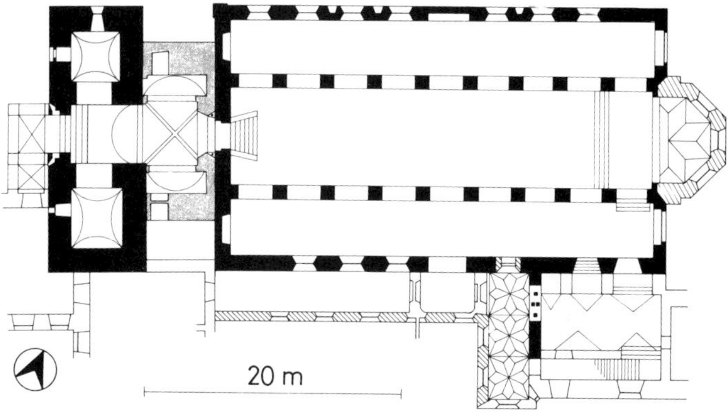

Plankstetten, Pfarr- und Abteikirche Mariä Himmelfahrt

gefaßte Gruppe der Pietà, als Assistenzfiguren Johannes und Maria Magdalena.

Ausstattung der Kirche im 17./18. Jh. – Hochaltar von 1712, viersäuliges Retabel mit Altarblatt der beiden Kirchenpatrone Maria und Johannes von *Willibald Wunderer* aus Eichstätt, um 1780, die Apostelfürsten als Seitenfiguren. – Seitenaltäre von 1748, reiche Rokoko-Aufbauten mit Reliquienschreinen und weiß-gold gefaßten Figurengruppen in Baldachinnischen: links die Rosenkranzkönigin, von Engeln und den hll. Dominikus und Katharina von Siena umgeben, rechts Tod des hl. Benedikt. – Prächtige Kanzel, 1665 von der oberösterreichischen Abtei Lambach geschenkt, Schalldeckel mit zweigeschossigem, reich verziertem Aufbau. – Orgel Mitte 18. Jh. – Beichtstühle Anfang 18. Jh. – An der südlichen Seitenschiffswand spätgotische Mondsichelmadonna. – Portalgitter mit dem Abts- und Klosterwappen, kunstvolle Schmiedearbeit um 1750. – Im Bodenpflaster und an den Wänden bis ins Mittelalter zurückreichende Grabplatten, darunter fragmentarisches Flachrelief mit einem von zwei Hunden eingefaßtem Kreuz und der Inschrift „Ulricus", Anfang 14. Jh. – Ferner Rotmarmorgrabplatte für den Abt Ulrich Dürner von Dürn († 1494), mit Flachrelief des Verstorbenen im Pontifikalornat. – Kalksteinplatten für die Äbte Dominikus I. († 1677), Dominikus III. von Eisenberg († 1742) und Romanus († 1703).

Klostergebäude. Die in verschiedenen Phasen enstandenen Klostergebäude gruppieren sich um zwei Rechteckhöfe, einen geschlossenen südlich der Kirche und einen nach Süden offenen westlich davon.

Zwei- bis dreigeschossige Walmdachbauten, über den Fenstern alternierend gemalte Segment- und Dreiecksgiebel. Am ältesten ist die von Westen senkrecht auf die Kirche stoßende ehem. Prälatur (1695); im rechten Winkel folgt nach Süden der ehem. Gästetrakt (1699) mit polygonalem, von Zwiebeldach bekröntem Eckturm im Süden. In den Sprenggiebeln der Portale beider Gebäude Wappen des Abtes Roman Dettinger (1694–1703). Am Westende der Prälatur wurde 1767 südwärts ein weiterer Trakt angebaut; Portal mit Wappen des Abtes Dominikus IV. Fleischmann, dat. 1767. Östlich des Gästetrakts schließen die dreigeschossigen Konventgebäude am Kreuzgarten an, Fertigstellung 1727. (Am Nordflügel Wappen des Abtes Jakob Petri, dat. 1616). Südwärts die unregelmäßig angelegten, zweigeschossigen Wirtschaftsgebäude, u. a. das Bräuhaus von 1706 mit Wappen des Abtes Dominikus II. Heuber. – In Prälatur und Gästetrakt Stuckdecken um 1700.

PLEYSTEIN Kr. Neustadt a. d. Waldnaab. *Karte 6*

Schon in vorgeschichtlicher Zeit Versammlungsstätte. Stadtrechte verliehen 1331 durch Kaiser Ludwig den Bayern.

Stadtentwicklung

Letzte Reste der 1210/20 von den Pleysteinern erbauten Burg, die sich auf dem 40 m über der Stadt gelegenen Rosenquarzfelsen befand, wurden beim Bau der ersten ▷ Wallfahrtskirche 1814 abgetragen. Die auf ein wundertätiges Kreuz zurückgehende Wallfahrtskirche fiel 1901 zusammen mit vielen Häusern und der ▷ Pfarrkirche einem Großbrand zum Opfer. Schon 1904 waren die beiden gemeinsam in Auftrag gegebenen Kirchen im barocken bzw. gotischen Stil nach Plänen von *Koch* und *Hauberrisser* aus Regensburg vollständig errichtet. Beide Kirchen sind späte Beispiele qualitätvoller kunsthandwerklicher Tradition des Historismus. Das Ensemble des Kreuzbergs ist von eindrucksvoller städtebaulicher Fernwirkung. Bedeutungsvoll sind beide Kirchen im Rahmen einer restaurativen Stadtgestaltung, die gleichermaßen in kirchenpolitischer Zielsetzung des Bistums Regensburg wie auch im Streben nach wirtschaftlicher Entwicklung des strukturschwachen, abgelegenen Gebiets begründet ist.

Kath. Wallfahrtskirche Hl. Kreuz auf dem Kreuzberg. Nach Brand von 1901 erbaut bis 1904. Als wirkungsvoller Blickpunkt oberhalb des langgestreckten Stadtplatzes auf enger Grundfläche des steil abfallenden Kreuzberges in Nord-Südrichtung erbaut. Schmales, hohes Langhaus mit gequaderten Lisenen, wellenförmigen Giebeln. Nach Norden vorgestellt ein hoch aufragender Turm. Nach Süden halbkreisförmig in der Flucht anschließender Chor. Mit den Klosterbauten zu einer malerischen Gruppe ergänzt. – Die gesamte Dekoration und Ausstattung neubarock, eine Mischung von Regence- und Rokokoformen. In

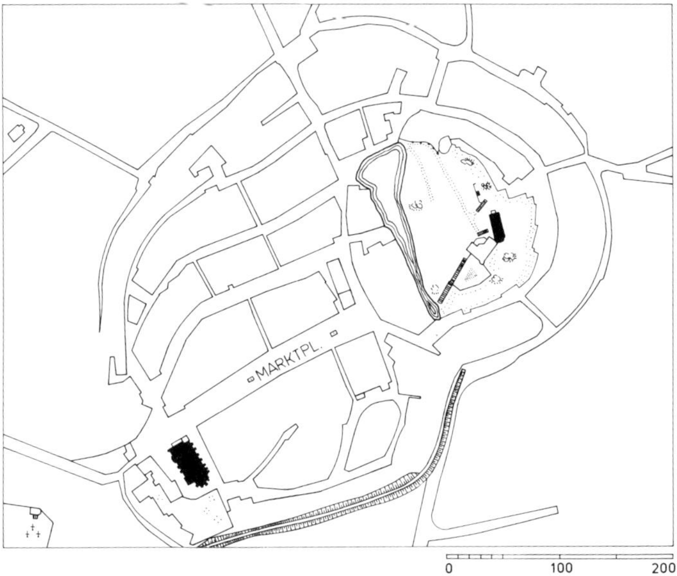

Pleystein

drei Etappen bis 1955 entstanden. 1931 Deckenausmalung durch Kirchenmaler *Guntram Lauterbacher*, Regensburg.

Kath. Pfarrkirche St. Sigismund, nach Brand von 1901 erbaut bis 1904. Helle, dreischiffige Basilika mit Turm auf der Nordostseite und nördlicher Vorhalle in neugotischen Formen. Das Mittelschiff mit flacher, bemalter Holzdecke, paarweise Rundbogenfenster im Obergaden; in weiten spitzbogigen Säulenarkaden zu den kreuzgratgewölbten Seitenschiffen geöffnet, kreuzrippengewölbter Chor mit 5/8 Abschluß, ein Joch tief. Doppelarkade gegen die Seitenkapelle links. Teile der architektonischen Gliederung in Sandstein. – In der Strenge der bild- und ornamentslosen Architektur sowie der Proportionierung ist noch ein Nachhall des Klassizismus spürbar. – Reiche Neugotische Ausstattung.

Ehem. Burggut (Burggut 8). Bau mit Halbwalmdach und Granitsteingewänden, im Kern 17. Jh., Wiederaufbau nach Brand 1848.

PLÖSSBERG Kr. Tirschenreuth. *Karte 3*

Kath. Pfarrkirche St. Georg. Neubarocker Bau von 1916/18. – Turm mit Laternenzwiebelhaube an der Südseite des eingezogenen, dreiseitig

geschlossenen Chors. Langhaus im Mittelteil querhausartig ausgreifend. Flache Stichkappentonnen über Pilastergliederung, im mittleren Langhausjoch eine Flachkuppel. – Üppige neuromanische Ausstattung.
Westlich vor der Kirche Granitstatue des hl. Johannes von Nepomuk, Sockelinschrift des Stifters Wolfgang Anton von Sazenhofen und Chronogramm 1702.

Ev. Pfarrkirche St. Georg, ehem. Simultanpfarrkirche St. Georg. 1854 erbaute neugotische Saalkirche aus grobem Bruchsteinmauerwerk. Durchweg Spitzbogenöffnungen, die großen Fenster der Längswände mit Maßwerk. Westturm mit oktogonalem Obergeschoß und Spitzhelm. – Eingezogener, dreiseitig geschlossener Chor. Flache Holzdekken mit Maßwerkschnitzereien. – Einheitliche neugotische Ausstattung. – Hochaltar mit Gesprenge, Altarblatt mit Transfiguration, Seitenfiguren der hll. Petrus und Paulus, oben hl. Georg.

Ehem. Schloß (Schloßstraße 16 und 12). 1185 erste Erwähnung der Plößberger. Später zusammen mit Wildenau und Schönkirch böhmisches Kronlehen. – Der Walmdachbau mit hohem Kellergeschoß und unregelmäßig eingeschnittenen Fenstern wurde 1751 unter Verwendung verbliebener Bauteile von 1614 errichtet.

PÖLLING

Stadt Neumarkt i.d. Opf., Kr. Neumarkt i.d. Opf. *Karte 7*

Kath. Pfarrkirche St. Martin. 1934–36 Neubau nach Plan von *Friedrich Haindl* aus München unter Einbeziehung von Teilen des Vorgängerbaus der 1. Hälfte des 18. Jh. – Dreischiffige Basilika mit eingezogenem, dreiseitig geschlossenem Chor. Westturm mit achteckigem Obergeschoß und Spitzhelm (1977 erneuert). – Im Chor Tonnengewölbe mit Stichkappen, im Mittelschiff Holzdecke. – Ausstattung mit Altären des Rokoko, großenteils aus dem Vorgängerbau. Hochaltar mit rocaillegerahmtem Wappen des Joh. Ev. Buchner, dat. 1583, und Seitenfiguren der hll. Johannes Ev. und Johannes Bapt. An der Chornordwand Relief mit Hl. Dreifaltigkeit vom urspr. Hochaltar, Anfang 18. Jh. – Linker Seitenaltar mit Mondsichelmadonna um 1500 und Seitenfiguren der hll. Joachim und Anna, der rechte Herz-Jesu-Altar mit Seitenfiguren der hll. Willibald und Walburga. An den Langhauswänden Barockfiguren.

PÖSING Kr. Cham. *Karte 10*

Der 894 erstmals erwähnte Ort war Königsgut Kaiser Arnulfs. 1962 Fund eines altsteinzeitlichen Faustkeils (Acheuléen) im Regental.

Kath. Filialkirche St. Vitus. Wohl gotische Anlage, im 18. Jh. verändert. Außenrenovierung 1987–90. – An der Nordseite des Chors Turm mit Eckquaderung, pilastergegliedertem Achteckaufsatz und eingezogener Zwiebelhaube. Im eingezogenen, dreiseitig geschlossenen

Chor Stichkappentonne (gemauert) über Pilasterstümpfen, im Langhaus gedrückte Stichkappentonne (Holzkonstruktion) über toskanischen Doppelpilastern mit Gebälkstücken. Rahmenstuck; von Medaillons en grisaille eingefaßte, nazarenische Deckenbilder: im Chor Hl. Dreifaltigkeit, im Langhaus Geburt Christi, Auferstehung, Aussendung des Hl. Geistes, Marienkrönung. – Zwei nazarenische Bildfenster von 1900. – Ausstattung in reduzierten Rokokoformen: drei Altäre, Säulenretabel mit nazarenischen Altarblättern, Kanzel. – Barocke Holzfiguren an den Langhauswänden.

POLLANTEN Stadt Berching, Kr. Neumarkt i.d. Opf. *Karte 7*

Kath. Pfarrkirche St. Georg. Romanische Chorturmanlage, Langhaus um 1720/30 durch den Amberger Maurermeister *Diller* erneuert. Turm 1739 um Oktogonaufsatz und doppeltes Zwiebeldach durch *Martin Plänkl* erhöht. – Eingezogener, quadratischer Chor mit Stichkappentonne, im Schiff Flachtonne mit Stichkappen über Doppelpilastergliederung. – Bandel- und Laubwerkstukkaturen um 1730, mit Putten, Gittern und Vasen durchsetzt. Nazarenische Deckenfresken um 1900: Muttergottes, Verklärung auf dem Berg Tabor, von Medaillons mit Heiligen und den Kirchenvätern umgeben. – Farbfenster mit nazarenischen Heiligendarstellungen und Neurokoko-Ornamentik Anfang 20. Jh. – Bescheidene Ausstattung. Viersäuliger Hochaltar mit Altarblatt hl. Georg, Ende 18. Jh. Seitenaltäre, Säulenretabel mit nazarenischen Altarblättern.

Ehem. Landsassengut (Müllergasse 2). Die Edlen von Pollanden im 14.–16. Jh. bezeugt. – Dreigeschossiger Walmdachbau des 18. Jh. mit älterer Kernsubstanz.

POPPENRICHT
(Michaelspoppenricht) Kr. Amberg-Sulzbach. *Karte 4*

Ev. Kirche St. Michael. 1870 Neubau unter Beibehaltung des Turms um 1400. An der Langhaussüdseite Turm mit Zwiebelhaube, 18. Jh., innen Kreuzrippengewölbe und Schlußstein mit Christuskopf. Ausstattung aus der 1. Hälfte des 18. Jh.

POSTBAUER Gem. Postbauer-Heng, Kr. Neumarkt i.d. Opf. *Karte 7*

1272 von den Reichsministerialen von Thann an den Deutschherrenorden verkauft, der bis 1806 im Besitz dieses Gebietes blieb.

Kath. Filialkirche St. Johannes Bapt., ehem. Kirche des Deutschordenspflegamts. 1722 erbaut. Innen 1984 und 1988, außen 1988 restauriert. – Nach Westen gerichteter Saalbau mit Putzlisenengliederung und Sandsteinrahmungen. An der Ostfassade Säulenportal mit dem Ordenswappen im Sprenggiebel, dat. 1722, und Giebelturm mit eingezogener Zwiebelhaube, 1951 erneuert. – Eingezogener dreiseitig geschlossener Chor; korbbogiges Tonnengewölbe mit Stichkappen über Pilastergliederung. Bandelwerkstukkaturen, mit Gitterwerk durchsetzt, aus der Erbauungszeit. Von der urspr., jedoch stark überarbeiteten Ausmalung zwei Evangelistenmedaillons und die Darstellung im Tempel erhalten, das Hauptfresko kriegszerstört. – Ausstattung. – Altäre der Erbauungszeit. Hochaltar, viersäuliger Aufbau, im letzten Krieg beschädigt, 1988 instandgesetzt bzw. ergänzt. Altarblatt: Taufe Jesu, 1987 nach *Murillo* kopiert. – In ähnlichem Aufbau die Seitenaltäre, der linke mit Figur der Muttergottes, wohl Kopie nach Vorbild aus dem 13. Jh. – An beiden Chorseiten vierstalliges Chorgestühl, Ende 17. Jh., mit Akanthusranken und Fruchtschnüren verziert.

PREMBERG Stadt Teublitz, Kr. Schwandorf. *Karte 9*

Kath. Pfarrkirche St. Martin. Am westlichen Naababhang gelegene romanische Saalkirche mit eingezogenem, rechteckigem Chor, Mitte 12. Jh. Das flachgedeckte Langhaus 1878 um eine Achse nach Westen verlängert. Schlanker Turm an der Südseite, Obergeschoß mit Zwiebelhaube des 18. Jh. – Hauptaltar um 1670, mit Figurengruppe hl. Martin, Mitte 18. Jh. – Bemerkenswert die mit Rankenreliefs verzierte spätgotische Holzempore auf gewundener Eichensäule, die letzte dieser Art im Gebiet, 1878 versetzt. – Spätgotische Strahlenkranzmadonna, modern überfaßt. An der Nordwand lebensgroße Skulptur, hl. Johannes von Nepomuk, Mitte 18. Jh.

PREMENREUTH
Gem. Reuth b. Erbendorf, Kr. Tirschenreuth. *Karte 2*

Kath. Pfarr- und Wallfahrtskirche Unserer Lieben Frau. 1799/1800 als zweiter Nachfolgebau errichtet, zuletzt restauriert 1985/86. – Klassizistisch reduzierter Bau des Spätbarock. – Durch Pilaster gegliederte Giebelfront (dat. 1911), in die der leicht vortretende Turm mit kuppeliger Achteckhaube eingefügt ist. – Eingezogener, rechteckiger Chor mit ausgerundeten Ecken, seitlichen Oratorien und Apsis. Im Langhaus durch Gurte gegliederte, sehr flache Stichkappentonne auf ionisierenden Pilastern, Längswände im Mittelteil ausgebaucht. – Ausstattung. – Hochaltar um 1710, angeblich aus einer Regensburger Kirche. Effektvolles Viersäulenretabel mit Rokokotabernakel. Von Putten getragenes Maria-Hilf-Bild nach *Lukas Cranach*, Seitenfiguren der hll. Johannes Ev. und Joseph, auf dem Gebälk Putten als Allegorien der göttlichen Tugenden. Seitlich des Altars Figuren der Erzengel Gabriel und Raphael. – Übrige Ausstattung größtenteils Rokoko. Seitenaltäre in den Ausbauchungen, der linke mit Nischenfigur des Geißelheilands, Seitenfiguren der hll. Johannes von Nepomuk und Felix, der rechte mit Altarblatt hl. Wendelin von *J. Aichlmayer* 1886 (sign.), Seitenfiguren der hll. Joachim und Anna (innen), Leonhard und Florian (außen). – Orgel mit schönem Rankenschnitzwerk, 1. Viertel 18. Jh. – Am Chorbogen Rosenkranzmadonna um 1700.

PREMERZHOFEN

Markt Breitenbrunn, Kr. Neumarkt i.d. Opf. *Karte 12*

Kath. Filialkirche St. Alban. Chorturmanlage wohl des 17. Jh. Außenrenovierung 1967. – Turm mit Achteckaufsatz und Zwiebeldach, in seinem Erdgeschoß der eingezogene, quadratische Chor mit Kreuzgewölbe über Eckpfeilern. Im Schiff Flachdecke mit Rahmenstuck und erneuertem Deckenbild. – Zwei viersäulige Altäre um 1730/40. Der Hauptaltar mit Gemälde des hl. Albanus, am Seitenaltar Figur des hl. Leonhard, Ende 15. Jh.

PRESSATH Kr. Neustadt a.d. Waldnaab. *Karte 5*

1398/1410 Verleihung der Marktrechte. Erhebung zur Stadt unter König Ludwig I. 1845.

Befestigung

Von der Befestigung des sich aus einer dörflichen Siedlung entwickelnden Marktes, die im Zeitraum von etwa 1470 bis 1583 annähernd quadratisch angelegt und nach dem Marktbrand 1759 wiederhergestellt wurde, nur noch geringe Mauerreste und der halbrunde sog. Pulverturm (ausgebaut) erhalten.

★ **Kath. Pfarrkirche St. Georg.** Die Baugeschichte steckt, besonders nach den im Zug der Restaurierung 1983/84 vorgenommenen Beobachtungen und Freilegungen, voller Fragen. – Ein romanischer Bau ist im Kern der Langhauswände erhalten; ebenso sind dort gotische Veränderungen aus zwei Phasen sichtbar. Der gotische Bau hatte bereits die heutige Breite des Langhauses. Eine Zerstörung 1633 mit anschließendem Wiederaufbau ist archivalisch belegt, der bauliche Umfang unklar. Vermutlich ist mit diesem Datum die Errichtung des Kreuzgewölbes der heutigen Sakristei zu verbinden, als westliches Joch eines (in Grundmauern unter dem Platz im Osten der Kirche erhaltenen) polygonalen Chorabschlusses. Unter der heutigen Sakristei, unter dem ehem. Hochaltar, eine 1748 erwähnte Gruft. 1983 nach Dokumentation wieder zugemauert. – Die unteren Geschosse des Turms mittelalterlich, sein Erdgeschoß mit Stichkappen-Tonnengewölbe wohl urspr. als Sakristei genutzt. – Es stellt sich die Frage, mit welcher Absicht die heutige Sakristei neben dem Turm außerhalb der Mittelachse und fluchtend mit der Südwand der Kirche errichtet wurde. Plante man eine Erweiterung des Schiffs nach Süden und war in diesem Zusammenhang die Verlagerung von Gräbern des umgebenden Friedhofs in die Gruft nötig? Denkbar wäre, daß nach dem Brand von 1759 der Chorabschluß zusammenbrach und von da ab das stehengebliebene Joch als Sakristei genutzt wurde. – Nach dem Brand 1761–65 (Inschrift am Turm) Arbeiten an der Kirche und am Turm zunächst durch Maurermeister *Wolfgang Diller* aus Amberg, ab 1763 durch *Wolfgang*

Reger aus Pressath. Drei Altäre, um 1700, und die Kanzel, heute als Ambo genutzt, von den Salesianerinnen aus Amberg gestiftet, von den Ambergern Jesuiten ein Bild des hl. Georg.
Einfacher Putzbau mit rundbogigen Fenstern, an der Südseite romanisches Fenster und gotische Portalrahmungen 1984 sichtbar gemacht. Langhaus und Chor in ein Rechteck eingeschrieben. Östlich anschließend die Sakristei und der siebengeschossige Turm mit eingezogener Laternenzwiebelhaube. Seine unteren vier Geschosse mit kleinen Fensteröffnungen, an allen Obergeschossen abgerundete, von Lisenen eingefaßte Ecken; Inschrifttafel bezogen auf den Bauabschnitt 1761–65. – Zwischen Chor und Langhaus unter durchgehendem Spiegelgewölbe mit Stichkappen ein einspringender, ausgeschweifter Chorbogen. Rahmenstuck, aufgelockert durch florale Motive, erneuerte Deckenbilder; die Wände durch kannelierte Doppelpilaster gegliedert, zweigeschossige Westempore. In dem wenig tiefen Presbyterium vor ausgerundeten Ecken von außen zugängliche Herrschaftsemporen, auf einer das Wappen der Hirschberg.
Ausstattung. – Drei mächtige Altaraufbauten bilden zusammen mit den geschnitzten Oratorienbrüstungen einen prachtvollen Prospekt. Möglicherweise war die Stiftung der Retabel und die Konzeption ihrer Aufstellung bestimmend für die besondere Ausbildung von Chor und Chorbogen. Große Altarblätter z.T. wohl von *Johann Claudius Mono* um 1700: hl. Georg, Beweinung Christi, Vierzehn Nothelfer (nazarenisch). Die Retabel mit sechs bzw. vier unter verkröpftem Gebälk gestaffelten Säulen von dem Amberger Bildhauer *Kaspar Leactius Martinez* und dem Schreiner *Johann Glöckh*. Die Fassung 1962 (Schwarz-Rot-Goldmarmorierung) restauriert. Am Hochaltar bewegte Barockfiguren der Maria Immaculata und des hl. Joseph; die Seitenaltäre mit den hll. Sebastian und Antonius (nördlich) bzw. den hll. Leonhard und Florian sowie einer spätgotischen sitzenden Anna Selbdritt (südlich). – Orgelprospekt mit reichem Rocailleschnitzwerk. – Grabdenkmäler. Außen an der Südseite Grabplatte für Juliana Kreß von Kreßenstein, geb. von Hirschberg († 1514) mit Flachrelief der Verstorbenen in Mantel und Haube unter einem von zwei verschlungenen Ästen gebildeten Bogen und sechs Ahnenwappen. – Rotmarmorgrabplatte für Elisabeth, Gemahlin des Sebald Kreß von Kreßenstein († 1502) mit Flachrelief der Verstorbenen unter Kielbogen und Allianzwappen. – Rotmarmorepitaph für Sebald Kreß zu Dießfurth († 1495) mit Halbrelief des Verstorbenen unter einem Kielbogen, in pelzverbrämtem Mantel und Hut.

Friedhofskirche St. Stephanus. Im Kern gotisch mit eingezogenem, dreiseitig geschlossenem Chor und spitzem Dachreiter. Der ausgewogen proportionierte und im Charakter des 17. Jh. erhaltene Raum flachgedeckt mit Quadraturstuck, im Zentrum Leinwandbild der Rosenkranzmadonna. Aus der gleichen Zeit drei Altaraufbauten und das Auszugsbild mit der Steinigung des Laurentius, das Hauptaltarblatt,

Tod des hl. Joseph, nazarenisch. – Reste gotischer Wandmalerei mit Jüngstem Gericht im Dachboden über dem Chorbogen; auf der gegenüberliegenden Wand fragmentiert eine Gewandfigur mit Ranken, 15. Jh.
In der Nordecke der Friedhofsummauerung barocker Rundbau mit Laternenkuppeldach, vielleicht im Kern älter, seit etwa 1950 Kriegergedächtniskapelle.

PÜCHERSREUTH Kr. Neustadt a.d. Waldnaab. *Karte 5*

Kath. Pfarrkirche St. Peter und Paul. 1910 nach Entwurf *Heinrich Hauberrissers* errichtet. – Stattlicher verputzter Neubarockbau, die Ecken und das von einer Laternenzwiebel bekrönte Turmobergeschoß durch roh behauene Granitquader abgesetzt. Eingezogener, dreiseitig geschlossener Chor, Querhaus. – Am korbbogigen Tonnengewölbe mit Stichkappen große Deckenbilder von *Wilhelm Vierling* 1938 (bez.): Aussendung des Hl. Geistes, Bekehrung Pauli, im Chor eine kleinere Abendmahlsdarstellung. – Die reiche neubarocke Ausstattung z.T. von Münchener Künstlern entworfen, das Orgelgehäuse dat. 1914.

Ev. Pfarrkirche St. Peter und Paul. 1715–1724 unter Einbeziehung des mittelalterlichen Vorgängers, einer Chorturmkirche, erbaut (Baudatum 1715 über Westportal und Chorbogen). Renovierung 1967, außen 1987/88. – Flachgedeckter Saalbau mit eingezogenem quadratischen Chor, an dessen Ostseite Turm mit eingeschnürter Zwiebelhaube. Geohrte Granitrahmungen. – Im Chor Kreuzgratgewölbe auf verkröpften Eckpfeilern, Langhaus mit Rahmenstuck und kräftigen Wandpilastern. – In einem Langhausfenster der Nordseite Grisaillescheibe um 1600: Dame mit Fächer und Hund. – Ausstattung. – Hochaltar 1724 von Joseph von Sparneck gestiftet, viersäuliger Aufbau mit Seitenfiguren der hll. Petrus und Paulus unter Rankenwerk. – Reichgeschnitzte Kanzel mit bekrönendem, kreuztragendem Christkind von 1741. – An den Kirchenwänden einige Grabdenkmäler aus Quarz und Granit für den Ortsadel, 17./18. Jh. u.a. an der Nordwand Epitaph für den kurbaierischen Dragonerhauptmann Hans Gottfried Hund († 1670) und seine Familie, mit acht Ahnenwappen.

Ehem. Schloß. Ein mittelalterliches Schloß westlich der ev. Kirche (Mauerreste im „Gollwitzer-Anwesen", der Graben der Weiherhausanlage war bis zum Brand 1954 sichtbar). 1488 Hans von Roschau auf Flossenbürg als Besitzer angeführt. Ein neues Schloß laut nachträglicher Inschrift 1584 östlich der Kirche errichtet, der bestehende Bau 1721. – Zweiflügeliger Walmdachbau mit geohrten Gewänden. Hofseitiges Portal bez. 1721, daneben Allianzwappen der Hund-Sparneck. Das Erdgeschoß des Seitenflügels zum Hof in korbbogigen Pfeilerarkaden geöffnet.

PULLENREUTH Kr. Tirschenreuth. *Karte 2*

Kath. Pfarrkirche St. Michael. Die Vorgängerkirche 1433 von den Hussiten zerstört. Seit 1687 selbständige Pfarrei. 1751 Kirchenneubau durch den Amberger Baumeister *Georg Diller.* Anfang 20. Jh. tiefgreifende Innenrenovierung, die letzte Restaurierung 1977/78. – Saalbau mit eingezogenem, dreiseitig geschlossenem Chor, an dessen Nordseite Turm mit Zeltdach. – Tonnengewölbe mit Stichkappen über Pilastergliederung, zweigeschossige Westempore. – Reiche Rocaille-Stuckierung, ebenso wie ein Großteil der Wand- und Deckenmalereien (al secco) im Chor Anfang 20. Jh.
Ausstattung. – Hochaltar, viersäuliger, freistehender Baldachinaufbau in üppigen Rocailleformen mit Figuren der hll. Paulus und Petrus. An der Ostwand Altarblatt: hl. Michael, Kopie nach *Johann Michael Wild* von *Ludwig Steinninger* aus Vohenstrauß, 1930. – Nördlicher Seitenaltar neubarock, mit Nischenfigur, Mondsichelmadonna, Ende 15. Jh. Südlicher Seitenaltar, Viersäulenretabel des 1. Viertels des 18. Jh. mit Gemälde der Vierzehn Nothelfer. – Kanzel mit Akanthusschnitzwerk Anfang 18. Jh., am Korpus Muschelnischen mit Figuren der Evangelisten; hl. Michael auf dem Schalldeckel. – Orgelgehäuse 1. Viertel 18. Jh. – An den Längswänden Heiligenfiguren des 18. Jh., u. a. im Chor die hll. Zacharias und Jakobus.

PULLENRIED Stadt Oberviechtach, Kr. Schwandorf. *Karte 6*

Kath. Pfarrkirche St. Vitus. Einfacher Barockbau um 1700. Saalbau, flachgedeckt, mit eingezogenem, dreiseitig geschlossenem Chor. – Hauptaltar um 1730. Elegante Seitenaltäre des Rokoko von ungewöhnlicher Qualität, um 1750, mit Gemälden des hl. Johannes von Nepomuk, bez. „*N(ikolaus) B(runo) Belau* pinxit Vienne An. 1733“, und des hl. Joseph aus der Franziskanerkirche in Amberg. Aus Amberg angeblich auch der Choraltar.

PURSRUCK Gem. Freudenberg, Kr. Amberg-Sulzbach. *Karte 5*

Kath. Pfarrkirche St. Ursula. Unter Verwendung des spätgotischen Turms in der 1. Hälfte des 18. Jh. neu erbaut. 1985 Innenrestaurierung. – Südlich ausgerichteter Saalbau, eingezogener Chor mit abgeschrägten Ecken, Turm mit Zeltdach an der Ostseite des Langhauses. – Tief herabgezogene Stichkappentonne mit Rahmenstuck, gekuppelte, toskanische Wandpilaster mit Gebälkstücken, ornamentale und figurale Deckenmalereien wohl um 1937, Bildfenster 1909. – Ausstattung 2. Viertel 18. Jh., im 19. Jh. überformt. Drei Altäre um 1730, konkave Säulenretabel mit Seitenfiguren, nazarenische Altarblätter. – Orgel mit Rocailledekor. – Kreuzweg nazarenisch.

PUTZMÜHLE

Gem. Kirchenthumbach, Kr. Neustadt a.d. Waldnaab. *Karte 4*

Kath. Wallfahrtskirche St. Laurentius am Weißen Brunnen. Schon im 12. Jh. eine Kapelle nachweisbar, im 17./18. Jh. vom Kloster Michelfeld betreut. Die Wallfahrtskirche 1736–39 angeblich nach Plänen *Balthasar Neumanns* erbaut. Restaurierung 1973–76. – Einsam im Wald gelegen, dazugehörend eine Kapelle und Brunnen (1981 renoviert). – Schlichter Außenbau mit Lisenengliederung. – Heute turmlos, früher mit Dachreiter. Eingezogener, dreiseitig geschlossener Chor. Langhaus mit flacher Stichkappentonne über hinterlegten Doppelpilastern. – Ausstattung der Erbauungszeit. Hochaltar, stattlicher viersäuliger Aufbau mit weiß-gold gefaßten Seitenfiguren. Schlichter gehalten die Seitenaltäre. – Beichtstühle mit reichgeschnitzen Aufsätzen.

PYRBAUM Kr. Neumarkt i.d. Opf. *Karte 7*

Der 1130 erwähnte Ort erhielt 1527 von Karl V. Siegel und Wappen (Birnbaum). 1540 Markt. – Das Schicksal des Ortes wurde seit der Mitte des 14. Jh. durch die Reichsfreiherrn (später Reichsgrafen) von Wolfstein bestimmt. Von ihrem mächtigen, um 1493 errichteten Schloß mit vier Türmen blieben nach der Brandkatastrophe von 1853 nur noch der Graben und Reste der Futtermauer übrig.

Befestigung

Der Markt war urspr. durch einen Graben und Palisadenzaun gesichert. Davon drei (urspr. fünf), im 17. Jh. entstandene Torhäuser mit Fachwerkobergeschossen und Bohlendecken über den Durchfahrten erhalten: Neumarkter Pflasterzollhaus (Neumarkter Straße 18/20), urspr. mit originellen Wegweisern an den Seitenwänden der Durchfahrt, Lindlburger Tor (Graf-Albrecht-Straße 5) und Bitteltor (Kurpfalzstraße 19).

Ev. Pfarrkirche St. Georg. 1519 unter Albrecht V. von Wolfstein von dem Eichstätter *Linhart Schnabel* erbaut, im 18. Jh. mehrmals verändert und erweitert. 1926 bis auf die Umfassungsmauern abgebrannt, 1927 Weihe der wiedererrichteten Kirche. – Durch Strebepfeiler gegliederter, teilweise verputzter Bau aus Rotsandsteinquadern. Turm mit eingezogener Zwiebelhaube an der Chorsüdseite, mächtige Stützpfeiler an seinem wohl noch ins 14. Jh. zurückgehenden Unterbau. – Saal mit dreiseitig geschlossenem, nur an der Südseite eingezogenem Chor; Tonnengewölbe mit Stichkappen. – Ausstattung. – Hochaltar von *Erhard Wirsching* um 1700. Aufbau mit vier gewundenen Säulen, Engeln und Akanthusranken, im freien Mittelfeld Kruzifixus, darunter die Assistenzfiguren, im Giebel Allianzwappen von Wolfstein und Hohenlohe. – An der Chorsüdwand bemalter Flügelaltar, dat. 1551 (aus der im 16. Jh. errichteten Friedhofskapelle im ehem. Pestfriedhof außerhalb des Ortes): im Schrein Auferstehung Christi, auf den Flügeln innen die hll. Laurentius und Stephanus, außen die hll. Magdalena, Apollonia, Johannes Bapt. und Stephanus. – Empore an West- und Nordseite, ihre Brüstungen mit gotisierenden Maßwerkschnitzereien, die nördliche vermutlich in der 1. Hälfte des 17. Jh. entstanden. – Grabdenkmäler. An den Längswänden sechs prachtvolle Totenschilde der Herren von Wolfstein, 16.–18. Jh. – In der Chorwand rechts vom Hochaltar Fragment eines Gedenksteins für Albrecht V. von Wolfstein, Anfang 16. Jh. – An der Chorsüdwand von West nach Ost, Epitaph für Anna von Wolfstein († 1565), mit Kruzifixus und der Familie der Toten. – Epitaph für Johann Andreas von Wolfstein, Freiherr auf Obersülzburg und Herr zu Pyrbaum († 1585), Spätrenaissance-Ädikula aus Solnhofer Stein, im Hauptfeld Relief der Taufe Christi, darunter der Verstorbene kniend mit seiner Familie. – Epitaph für Hans Freiherr von Degenberg auf Schwarzach und Weißenstein, Erbhofmeister in Bayern († 1559), und seine Gemahlin Katharina, geb. von Freyberg († 1586).

Kath. Pfarrkirche Mater Dolorosa. 1880/81 errichtet im Schloßhof anstelle der niedergebrannten Hofkapelle (seit 1760 Kapuzinerhospizkirche). Nach Brand von 1891 enstand der jetzige neugotische Bau aus Rotsandsteinquadern.
Am Marktplatz, der von Fachwerkhäusern des 18./19. Jh. umgeben ist, das ehem. **Pflegamt,** heute **Rathaus.** 1568 errichtet, 1655 instandgesetzt. Nach Kriegsbeschädigung umgebaut 1973/74 und 1979–81, Außenrenovierung 1982. – Zweigeschossiger Bau mit Schopfwalmdach und hohem Fachwerkgiebel, zweimal dat. 1568.

Sog. Speckhoochschlößchen (Graf-Albrecht-Straße 7). Ende 17. Jh. ließ Hieronymus von Speckhooch, 1675 von Graf Albrecht Friedrich von Wolfstein zum Direktor der Jagdschule bestimmt, an einem Weiher im Nordosten des Ortes ein Jagdschlößchen erbauen. – Zweigeschossiger Walmdachbau mit reichem Zierfachwerk.

Q

QUER – ST. QUIRIN Gem. Michelsneukirchen, Kr. Cham. *Karte 10*

Ehem. Wallfahrtskirche St. Quirinus. Gotischer Bau mit geringfügigen späteren Veränderungen. – Dach- und Zwiebeldachreiter schiefergedeckt; an der Südseite profilierte spitzbogige Portalrahmung. – Der eingezogene, dreiseitig geschlossene Chor vom Schiff durch weiten, spitzen Chorbogen getrennt; Flachdecke. – Auf der Mensa des Hochaltars Figuren des späten 15. Jh. hl. Quirin, hl. Dionysius und hl. Wolfgang, Attribute teilweise umgestellt.

Östlich der Kirche **ehem. Mauthäusl,** im 18. Jh. zur Regulierung der dreimal jährlich stattfindenden Jahrmärkte errichtet. Turmartiger Bau mit weit vorkragendem Zeltdach.

R

RACKENDORF Markt Lupburg, Kr. Neumarkt i.d. Opf. *Karte 8*

Kath. Filialkirche St. Michael. Romanischer, im 17. Jh. umgestalteter Bau, der Chor 1903 angefügt. – Kleine, flachgedeckte Saalkirche mit spitzem Schindeldachreiter, verwitterte Kragsteine an beiden Längsseiten. Der eingezogene Chor außen dreiseitig, innen rund geschlossen. – Volkstümliche Ausstattung. Kleiner Altar der 2. Hälfte des 17. Jh., mit Figuren der Evangelisten und nazarenischem Altarblatt, hl. Michael, von *E. Radomsky.* – Kreuzwegbilder von 1777, 1865 renoviert (sign. und dat.). – An der Emporenbrüstung Figur des hl. Johannes Ev., der mit seiner erhobenen Rechten den Kelch segnet, Anfang 16. Jh.

RAMLESREUTH
Stadt Neustadt am Kulm, Kr. Neustadt a.d. Waldnaab. *Karte 1*

Ramlesreuth (bei Mockersdorf). Kapelle mit bedeutendem Altar von 1610 aus dem Regensburger Dom.

RÄNKAM Furth i. Wald, Kr. Cham. *Karte 11*

Ehem. Schloß. Erste archivalisch faßbare Besitzer im 16. Jh. die Eyb auf Runding, dann häufiger Wechsel. – Die urspr. Vierflügelanlage 1860 umgebaut zur Pfarrkirche und zu den östlich anschließenden Benefiziaten- und Privathäusern (Hauptstraße 24–28).

Kath. Pfarrkirche Hl. Dreifaltigkeit. Die kreuzförmige, durch toskanische Pilaster gegliederte Anlage mit abgerundeten Ecken, bestehend aus Chor, nördlicher ehem. Herrschaftsempore zu zwei Geschossen und südlichem Turmunterbau, läßt die urspr. Schloßkapelle erkennen. Der Turm 1938 um zwei Obergeschosse, 1960 um ein weiteres mit flachem Zeltdach erhöht. 1860 kam östlich das Langhaus hinzu, 1938 nach Osten erweitert. – Quadratischer Chor mit böhmischer Kappe. – Die urspr. reiche neugotische Ausstattung in den sechziger Jahren durch eine moderne Ausstattung ersetzt. – Im Chor Epitaph für Maximilian Reichsgraf von Törring-Jettenbach († 1800), Herr der Hofmarken Ränkam und Arnschwang, Solnhofer Kalkstein.

RAITENBUCH Stadt Berching, Kr. Neumarkt i.d. Opf. *Karte 12*

Kath. Filialkirche St. Nikolaus. Die frühgotische Kirche ist eine Stiftung von Hermann Vestenburger, das Langhaus um 1725 erneuert. Innen 1973–75, außen 1984/85 renoviert. – Chorturm mit Achteckaufsatz und Zwiebelhaube, Westeingang in derber Rahmung mit Triglyphengebälk. – Eingezogener, quadratischer Chor, Kreuzgewölbe mit verschliffenem Scheitel. Langhaus mit Flachdecke über breiter Hohlkehle. – Bandelwerkstukkaturen gegen 1730 am Chorgewölbe und an den Wänden; am Chorbogen Putten mit Blumenkörben auf dem Kopf, darüber das Klosterwappen von Plankstetten. – Deckenfresken von *K. Ambos* 1921 (sign. und dat.). – Ausstattung. – Altäre wohl 1720/30. Hochaltar, Viersäulenretabel mit seitlichem Ranken- und Bandelwerk, Altarblatt hl. Nikolaus. Altarblätter der Seitenaltäre: links Muttergottes, von Orientalen verehrt, rechts hl. Sebastian. – Sakramentsnische mit Wimpergrahmung, darin Vera Icon, seitlich Figuren der Muttergottes und eines Mönchs, wohl 2. Hälfte 14. Jh. – Am Chorbogen Figur des hl. Nikolaus, um 1400.

RAITENBUCH Markt Hohenfels, Kr. Neumarkt i.d. Opf. *Karte 8*

Kath. Kirche St. Ägidius. Flachgedeckte Saalkirche wohl des frühen 17. Jh., mit eingezogener Apsis und Giebelreiter (Renovierung 1961). – Westportal und Chorbogen korbbogig. – Schwarz-Gold gefaßter Altar mit Knorpeldekor, 1689, 1714 renoviert.
An der Straße nach Stetten **Martersäule** mit Kreuzigungsgruppe, Kalksteinrelief des frühen 15. Jh.

RAMMERSBERG Stadt Velburg, Kr. Neumarkt i.d. Opf. *Karte 8*

Kath. Filialkirche St. Nikolaus. Die Chorturmkirche 1654 über älteren Mauerteilen errichtet. Außenrenovierung 1974. – Eingezogener, quadratischer Chor im Ostturm mit Achteckaufsatz und Zwiebelhaube. – Chor flachgedeckt, im Schiff Tonnengewölbe mit Stichkappen. Zweisäuliger Altar mit seitlichem Akanthus- und Bandelwerk, lebensgroßer Nischenfigur des hl. Nikolaus in der Art *Johann Michael Schallers,* wohl um 1720.

RAMSPAU Markt Regenstauf, Kr. Regensburg. *Karte 9*

Kath. Pfarrkirche St. Laurentius. 1903/04 von *Heinrich Hauberrisser* errichtet. Ersatz für eine 1761 erbaute Vorgängerkirche, deren gotischer Turm erhalten blieb. Innendekoration und Ausstattung 1904–08, späthistoristisch in Formen des Empire. – Aus der alten Kirche übernommen das Kruzifix sowie die barocken Schnitzfiguren der hll. Joseph, Rochus und Sebastian. An der Südwand das urspr. Hauptaltarbild, Martyrium des hl. Laurentius. – Klassizistisches Grabmal des Joseph Heinrich L. B. von Schneid († 1786).

Burgruine. Eine Burg 1301 erstmals erwähnt. Auf einem westlichen Felsvorsprung über dem Regen. Oberhalb des Schlosses Ruine des polygonalen Bergfrieds.

Schloß. Erbaut von Johann Sigismund von Reisach (1692–1743). Gebietstypisches barockes Landschloß in Hanglage über dem Regen, mit Garten nach Süden. Westlich Ökonomiegebäude. – Zweigeschossiger Walmdachbau, an den vier Ecken flankiert von Rundtürmen mit Zwiebelhauben (auf polygonalem Aufsatz); architektonische Putzgliederung. – Im Innern originale Raumdisposition mit Teilen der festen baulichen Erstausstattung erhalten. Im Süden rechteckige Eingangshalle, Podesttreppe an der Nordwand.

RANNA Stadt Auerbach, Kr. Amberg-Sulzbach. *Karte 4*

Kath. Kapelle St. Maria Magdalena. 1742/43 durch Pfarrer Friedrich Trettenbach erbaut. – Viersäuliger Hochaltar 1742, von *Johann Michael Doser*, das Altarblatt mit der Titelheiligen wohl aus der Vorgängerkapelle übertragen.

RANSBACH Markt Hohenburg, Kr. Amberg-Sulzbach. *Karte 8*

Kath. Kirche St. Peter. Unter Einbeziehung der Vorgängerkirche aus dem 13. Jh. barock umgebaut und nach Westen verlängert. Außen 1972, innen 1978/79 renoviert. – Chorturm mit oktogonalen Obergeschossen und Zwiebelhaube. – Flachgedecktes Langhaus, eingezogener rechteckiger Chor mit Kreuzgratgewölbe. – Ausstattung. – Hochaltar in Stilformen des frühen 18. Jh., 1934/35 neu zusammengesetzt. Altarblatt hl. Petrus, Seitenfiguren der hll. Wendelin und Isidor. – Seitenaltäre 1. Hälfte 18. Jh. – Kanzel um 1700. – Gestühl mit Rokokoschnitzereien. – An der Decke Rosenkranzmadonna, 1. Hälfte 18. Jh. – An der Nordwand Geißelheiland in Tabernakel, 18. Jh.

RASCH Markt Breitenbrunn, Kr. Neumarkt i. d. Opf. *Karte 8*

Kath. Filialkirche St. Vitus. Romanische Anlage, im 18. Jh. durchgreifend verändert. Renovierung innen 1958, außen 1971. – Turm mit pilastergegliedertem Achteckaufsatz und Zwiebelhaube, in seinem Erdgeschoß der eingezogene, kreuzgratgewölbte Chor. Im Schiff Flachdecke mit großem Deckenfresko der Krönung Mariens von *Johann Spitzner* 1887. – Ausstattung. – Hochaltar neuromanisch. – Spätgotische Figur der hl. Barbara, die um 1940 als bischöfliches Geschenk aus dem Eichstätter Priesterseminar kam. – An der linken Schiffswand ein ausdrucksstarker Kruzifixus, nürnbergisch, Anfang 16. Jh. – Kreuzweg, originelle, kleinformatige Hinterglasbilder, bez. „*f. x. rot. i. winck* ano 1753“.

RECHBERG Markt Beratzhausen, Kr. Regensburg. *Karte 8*

Funde aus der Bronze- und Hallstattzeit bezeugen eine frühe Besiedlung. Eine Ortschaft ist Mitte des 13. Jh. erstmals urkundlich erwähnt.

Wallfahrtskirche Mariä Heimsuchung. Die Wallfahrt ist wohl sehr alt: eine Kirche hat schon lange vor 1441 bestanden. Umbauten ab 1716 (damals blieben Chor und Turm erhalten), Barockisierung 1773 abgeschlossen. Renovierung 1979. – Auf einer Bergkuppe oberhalb des Ortes in weithin sichtbarer Lage, eine ländliche kleine Wallfahrtskirche des Rokoko. – Eingezogener, fünfseitig geschlossener Chor mit drei gotischen Fenstern; Westturm mit Lisenengliederung und Zwie-

belhaube. – Im Chor Stichkappentonne, im Langhaus Flachdecke mit stichkappendurchsetzter Voute über verkröpften Pilastern mit hohen Gebälkstücken. – Ausmalung mit imitierter Stuckdekoration und Deckenfresken, um 1775; im Langhaus das Gnadenbild in der Glorie über Wolken in einem offenen Säulenrundbau, der Ausblick gibt auf den legendären Bau der Wallfahrtskirche. Rückwärtig Inschrift „Leonhard Nübler Pauer zu Amerstorff" wohl zu beziehen auf die nebenstehende Figur eines Stifters. Medaillons in Tonmalerei mit Darstellungen aus der Laurentanischen Litanei.
Ausstattung. – Hochaltar Mitte 18. Jh., viersäuliger Aufbau mit verkröpftem Gebälk um eine große Nische mit Gnadenbild der Muttergottes in der Glorie, eine bemalte Holzfigur, angeblich aus dem frühen 15. Jh., wohl überarbeitet, wenn nicht überhaupt nachmittelalterlich. Seitenfiguren der hll. Joseph, Elisabeth, Zacharias und Johannes Bapt. – An der Nordwand Muttergottesfigur aus Holz, gotisierend, angeblich um 1750.

REGENDORF Gem. Zeitlarn, Kr. Regensburg. *Karte 9*

Schloß. Anfang des 13. Jh. saßen in Regendorf die zu Beginn des 16. Jh. ausgestorbenen Regendorfer. Das Gut kam 1511 in den Besitz des Regensburger Reichsmünzmeisters Martin Lerch. Nach etlichen Zwischenbesitzern seit 1884 im Besitz der Grafen Faber-Castell, jetzt der Stadt Regensburg. – Unter Martin Lerch Neubau des Schlosses. In seiner heutigen Gestalt geht es zurück auf Umbauten um 1840 durch die Familie von Oberdorff, in deren Besitz sich das Schloß seit 1699 befand. Dabei erfolgte auch der Abbruch von Teilen des älteren nördlichen Teils. Die Gestalt des Schloßparks ist nur noch an verschiedenen älteren Versatzstücken und Anpflanzungen erkennbar. – Der Komplex besteht aus zwei parallelen Flügeln, die in der Mitte durch einen Zwischentrakt verbunden sind. Der östliche Flügel besitzt zwei mächtige, runde Ecktürme. Der südöstliche Turm urspr. freistehend, etwa seit 1840 mit dem Hauptbau verbunden. Auf das zunächst nur zweigeschossige Schloß wurde in dieser Zeit auch ein weiteres Obergeschoß aufgesetzt. – Die Haupträume des ersten Obergeschosses gruppieren sich um einen Vorplatz. Frühere Schloßkapelle am nördlichen Ende des Osttrakts.

Kath. Filialkirche Hl. Dreifaltigkeit. Nördlich des Schlosses gelegen. 1907 aus Mitteln des damaligen Schloßbesitzers, Graf Alexander von Faber-Castell, als Ersatz für die zu kleine Schloßkapelle gebaut. – Neuromanische, nach Süden gerichtete Chorturmkirche. Nordfassade mit Drillingsarkade und Wappen der Faber-Castell. – Innen flachgedeckt, im Chor Kreuzgratwölbung. Bildfenster aus der K. B. Hofglasmalerei *Franz Xaver Zettler*, München. – Von der Ausstattung, die Faber-Castell aus Nürnberg herbeischaffte, nur noch wenig erhalten (Kreuzweg, Leuchter).

REGENPEILSTEIN Stadt Roding, Kr. Cham. *Karte 10*

Burg. Das 1270 erstmals erwähnte „castrum in Peilstein“ kam als Amtssitz von sieben Ortschaften 1344 an die Stadt Regensburg, im 15. Jh. an die Zenger, dann häufiger Besitzerwechsel. – Malerische Lage auf einem Felsen hoch über dem Regen. Die mittelalterliche Anlage mit im Nordwesten und Süden erhaltener Befestigungsmauer mehrfach verändert. 1922 Abbruch des Torhauses. – Quadratischer Bergfried des 14. Jh. mit Eckquaderung und erhöhtem Spitzbogenzugang; im Innern Gang und Treppe in der Mauerstärke ausgespart; Kreuz- bzw. Tonnengewölbe. Im 18. Jh. an drei Seiten durch Wohngebäude mit z. T. mittelalterlichem Mauerbestand umbaut.

Östlich des Turms die nach Norden gerichtete Schloßkapelle St. Jakobus, 18. Jh. Tonnengewölbter Raum mit leicht eingezogener Apsis. Kreuzweg dat. 1798, 14 Hinterglasbilder aus Winklarn. – In Nischen der linken Längswand spätgotische Schnitzfigur der Anna Selbdritt in entstellender Fassung.

1897 wurde im Schloßhof ein wohl mittelalterlicher Erdstall entdeckt, angeblich nach ▷ Heilbrünnl führend.

Am Nordabhang westlich der Burg die im 18. Jh. errichtete, 1973 erweiterte Klausenkapelle zum Gegeißelten Heiland mit volkstümlicher Ausstattung.

REGENSBURG Karte 13

Geschichte

Römisches Legionslager von 179 n. Chr. bis zum Ende des 4. Jh. – Hauptstadt des bayerischen Stammesherzogtums seit dem frühen Mittelalter, seit Karl dem Großen Residenz der ostfränkischen Könige. Die am frühesten entwickelte Fernhandelsstadt Süddeutschlands, beliebter Ort von Reichsversammlungen des Heiligen Römischen Reiches Deutscher Nation. Seit 1245 freie Reichsstadt, ab 1663 Sitz des „Immerwährenden Reichstags". – 1810 eingegliedert in das Königreich Bayern. Als Hauptstadt der Oberpfalz und weiterhin Bischofssitz wurde Regensburg führend in der vom bayerischen Königshaus gestützten Restauration der römisch-katholischen Kirche. – Bis heute Residenz des einflußreichen Fürstenhauses Thurn und Taxis.

Die Lage in einem fruchtbaren Talkessel am nördlichsten Punkt der Donau, verkehrsgünstig nahe der Einmündung von Naab und Regen und an einem seichten Flußübergang, führte vermutlich bereits um 500 v. Chr. zu einer keltischen dörflichen Siedlung, für die im 8. Jh. n. Chr. die Bezeichnung Radaspona überliefert ist. Sie hat wohl an einem Nord-Süd gerichteten frühgeschichtlichen Verkehrsweg im Bereich Weißgerbergraben/Arnulfplatz gelegen.

Geologisch begünstigte Lage durch das Zusammentreffen von vier naturräumlichen Regionen. Vorkommen von Kalkstein (in der fränkischen Alb); Juragestein, dem Kehlheimer Marmor (im Norden); Kreidesandstein und Grünsandstein (auf den Höhen beiderseits der Donau); Gneis und Granit (im Oberpfälzer und Bayerischen Wald). Fruchtbarer Lößboden (im Südosten) im sog. Gäuboden.

Um 70–90 n. Chr. befestigten die Römer die Donaugrenze mit dem ostraetischen Limes. Ein Kohortenkastell mit Lagerdorf auf dem Königsberg in Kumpfmühl wurde 170/175 n. Chr. durch Germaneneinfälle während der Markomannenkriege zerstört. Infolgedessen entstand unter Marc Aurel (166–180) auf der Donauterrasse gegenüber dem Regental Castra Regina (Lager am Regen) im Umfang von 540 x 450 m für die III. Italische Legion von 6000 Soldaten, gleichzeitig ein Kleinkastell an der Naabmündung bei Großprüfening. Außerhalb der Lagerbefestigungen entwickelten sich Zivilsiedlungen, die erste wie schon die Keltensiedlung vermutlich an der Donau. Eine Hafenanlage wahrscheinlich (westlich von St. Oswald) am Endpunkt der von Kumpfmühl herangeführten Via Claudia Augusta.

Nach mehrmaligen Zerstörungen durch die Alamannen und nach Abzug der römischen Oberschicht gegen Ende des 4. Jh. verlor das römische Hauptquartier an Bedeutung. Es wird heute vermutet, daß bis zum Eindringen der Bajuwaren im 6. Jh. bestenfalls eine extrem reduzierte Restbevölkerung existiert haben kann, bestehend vielleicht aus verbliebenen römischen Zivilen, germanischen Söldnern und den in das Vorland des Limes aus Mitteldeutschland oder Böhmen einwandernden Elbgermanen (Alamannen). – Wohl schon im 6. Jh. verlegten

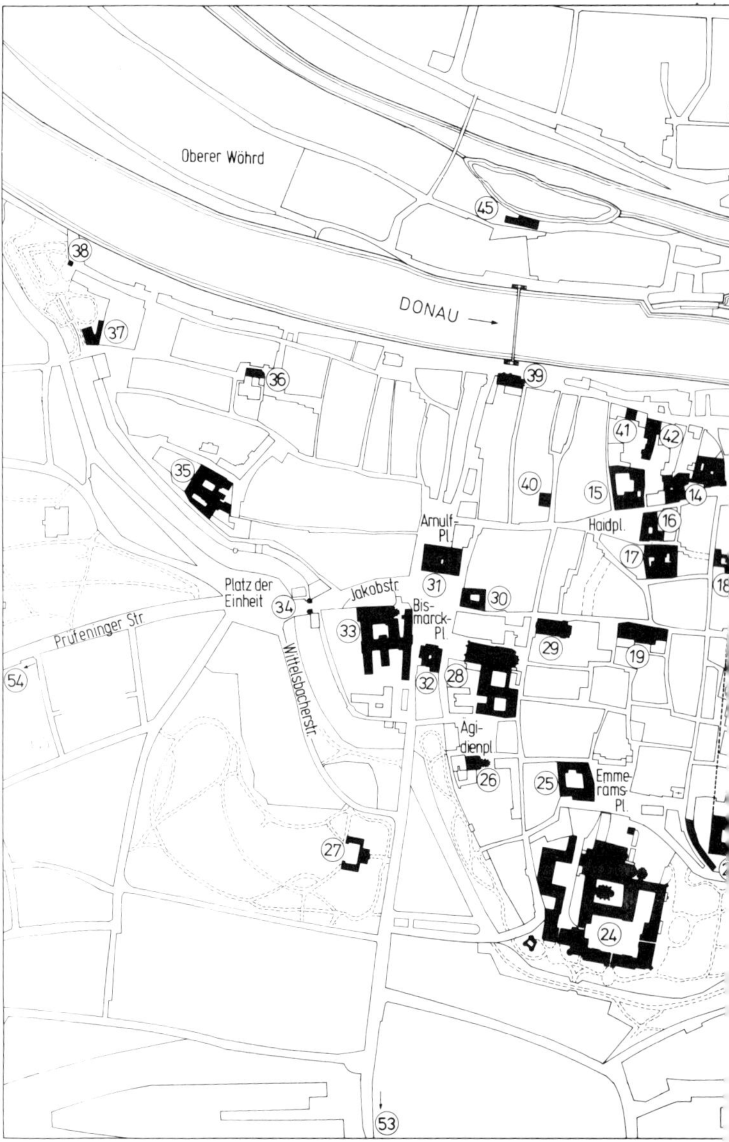

Oberer Wöhrd
DONAU
Arnulf-Pl.
Haidpl.
Platz der Einheit
Jakobstr.
Bis-marck-Pl.
Prüfeninger Str.
Wittelsbacherstr.
Ägi-dienpl.
Emme-rams-Pl.
14
15
16
17
19
24
25
26
27
28
29
30
31
32
33
34
35
36
37
38
39
40
41
42
45
53
54

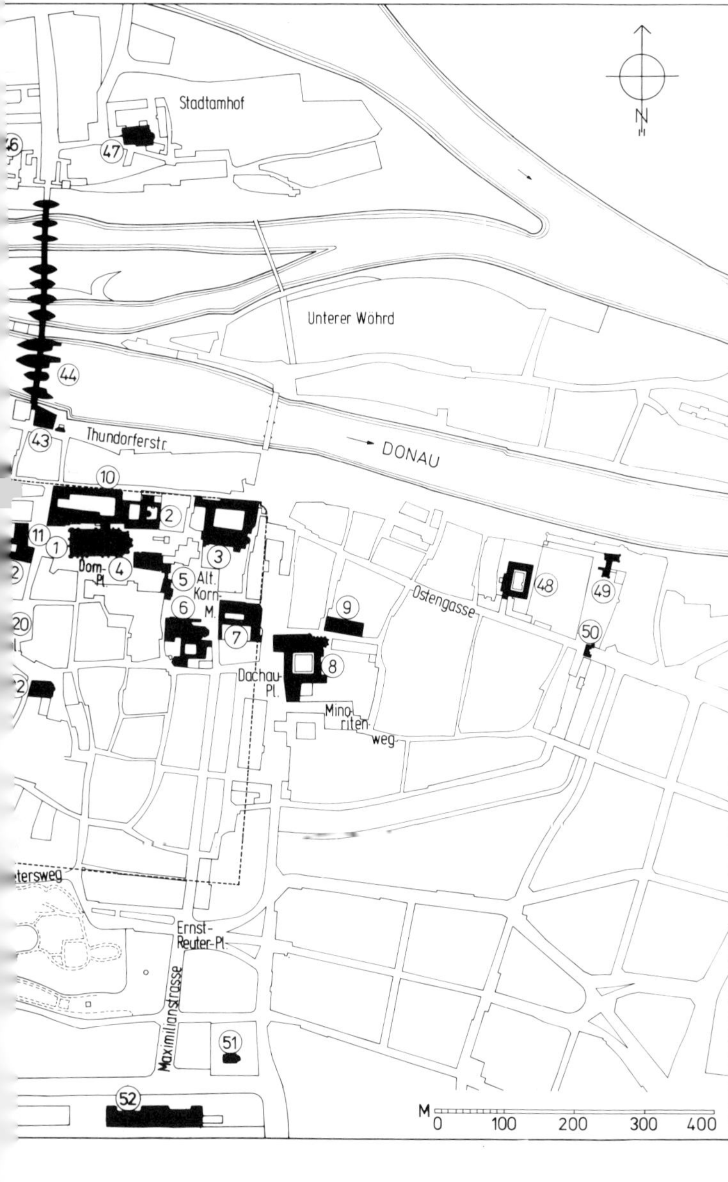
Stadtamhof
47
N
Unterer Wöhrd
44
43
Thundorferstr.
DONAU
10
2
11
1
3
Dom-Pl.
4
5
Alt. Korn-M.
6
7
9
Ostengasse
48
49
50
8
Dachau-Pl.
Mino-riten-weg
20
22
tersweg
Ernst-Reuter-Pl.
Maximilianstrasse
51
52
M 0 100 200 300 400

Regensburg

1 Dom
2 Domkreuzgang und Kapitelhaus, Allerheiligenkapelle und Stephanskapelle
3 Niedermünsterkirche und ehem. Stiftsgebäude
4 Ehem. Dompfarrkirche St. Ulrich (heute Diözesanmuseum)
5 Herzogshof und sog. Römerturm (urspr. karolingische Pfalz)
6 Alte Kapelle und Stiftsgebäude
7 Karmelitenkirche St. Joseph und Klostergebäude
8 Minoritenkirche St. Salvator und ehem. Klostergebäude (heute Museum der Stadt Regensburg)
9 Sog. Leerer Beutel (Städtische Galerie)
10 Bischofshof (ehem. bischöfliche Residenz) mit Porta Praetoria
11 Stiftskirche St. Johann
12 Haus Heuport und „Kaiserhof“
13 Goliathhaus
14 Altes Rathaus
15 Thon-Dittmer-Palais
16 Ehem. Neue Waag
17 Gravenreuther-Häuser Hinter der Grieb 8 und 10
18 Goldener Turm
19 Zanthaus und Ingolstetterhaus
20 Neupfarrkirche
21 Ehem. Palais Löschenkohl
22 St. Kassian
23 Ruine der Obermünsterkirche, ehem. Stiftsgebäude, Diözesanzentrum und Diözesanmuseum
24 Ehem. Benediktinerabteikirche St. Emmeram und Schloß Thurn und Taxis
25 Ehem. Neues Äußeres Palais (heute Regierung der Oberpfalz)
26 Ägidienkirche
27 Dörnberg-Palais und Dörnberg-Park
28 Dominikanerkirche St. Blasius und ehem. Klostergebäude
29 Dreieinigkeitskirche
30 Sog. Erbprinzenpalais
31 Stadttheater
32 Ehem. französische Gesandtschaft und Präsidialgebäude
33 Schottenkirche St. Jakob und ehem. Klostergebäude
34 Jakobstor
35 Dominikanerinnenkirche Hl. Kreuz und Klostergebäude
36 St. Leonhard
37 Ehem. Württembergisches Palais (heute Naturkundemuseum)
38 Prebrunner Tor
39 St. Oswald
40 Ehem. Thomaskapelle des Auerhauses
41 Kepler-Gedächtnis-Haus
42 Runtingerhaus
43 Ehem. Salzstadel und Historische Wurstküche (Weiße-Lammgasse 1–3)
44 Steinerne Brücke
45 Villa Lauser
46 Katharinenspitalkirche
47 St. Mang
48 Klarissenkirche St. Klara und ehem. Klostergebäude
49 Ehem. Königliche Villa (heute Landbauamt)
50 Ostentor
51 Grünanlage bei der Maximilianstraße mit Peterskirchlein
52 Hauptbahnhof
53 Ehem. Kartäuserklosterkirche Karthaus-Prüll
54 Ehem. Benediktinerabteikirche St. Georg in Regensburg-Prüfening

die Herzöge aus dem Geschlecht der Agilolfinger ihre Residenz in das Legionslager; die herzogliche Pfalz lag wahrscheinlich im Bereich zwischen dem östlichen Stadttor (Porta Principalis dextra) und der Nordostecke des Kastells. Als „Metropolis" der Bajuwaren beschrieb Arbeo von Freising (723 bis 783) in der Vita des hl. Emmeram die „urbs radaspona", erbaut aus Quadersteinen mit hochragenden Türmen und vielen Brunnen. Castra Regina, die größte und einzige in massiver Werksteintechnik errichtete römische Wehranlage nördlich der Alpen, erfüllte beispiellos bis ins hohe Mittelalter ihre Schutzfunktion. Ein Donauhafen ist für das 7. Jh. belegt.

In der Hauptstadt Bayerns, die kirchlich unter der Oberhoheit des Patriarchen von Aquileia stand, verbreitete sich das Christentum, gefördert durch die Herzöge und durch die Berufung von Bischöfen an den herzoglichen Hof, wie etwa Emmeram († um 685) und Erhard († um 700). Ihre Gräber, in St. Georg im Südwesten außerhalb des Castrums und in einer kleinen Vorgängerkirche des Stifts Niedermünster, wurden seit Beginn des 8. Jh. von Pilgern aufgesucht. Erster Bischof in der 739 vom hl. Bonifatius in Verbindung mit Herzog Odilo durchgeführten kirchlichen Organisation Bayerns war Gaubald. Mit der Erhebung Salzburgs zum Erzbistum 798 ging Regensburgs kirchliche Machtstellung zurück. Auf kulturellem Gebiet erlebte dagegen das Kloster St. Emmeram eine erstaunliche Blütezeit. Im 8. und 9. Jh. bestand hier z.B. eine Schreibschule von größter Bedeutung für das wissenschaftliche und geistliche Leben Süddeutschlands.

Eine politische Wende trat 788 mit der Absetzung der Agilolfinger durch Karl den Großen ein. Er baute Regensburg zu einem fränkischen Herrschersitz aus, den er zur Vorbereitung und Durchführung der Awarenkriege mehrfach besuchte und zum Ort mehrerer Reichsversammlungen machte. Die Kaiserpfalz wird im Bereich des späteren Herzogshofs am Kornmarkt angenommen. – Vermutlich entstand bereits in dieser Zeit der „Latron" (Lateran) als Sitz des Pfalzgrafengerichts, um den herum sich wie in Aachen und Pavia die auswärtigen hofdienstpflichtigen Bischöfe und Adeligen ansiedelten. Im 10. und beginnenden 11. Jh. sind im Pfalzbereich zahlreiche Bischofs-, Grafen-, Kloster- und Stiftshöfe nachgewiesen. – Auch der Karolinger Ludwig der Deutsche (um 804 bis 876) bevorzugte Regensburg als Sitz und Ausgangspunkt seiner Ostpolitik. Der Überlieferung nach soll er Neubauten an der Pfalz errichtet haben, für die Steinmaterial aus der römischen Lagermauer verwendet und vermutlich Gräber der Agilolfinger zerstört wurden. – Kaiser Arnulf (um 850 bis 899) verlegte seine Residenz außerhalb der Stadtmauer in die Nähe von St. Emmeram; er förderte das Kloster mit Stiftungen und wurde wahrscheinlich in der Basilika bestattet.

Mit Herzog Arnulf von Bayern († 937) erstrebte erneut ein einheimisches Herrschergeschlecht die Macht. Ihn unterstützten die Optimaten in kriegerischer Auseinandersetzung mit dem Frankenkönig Konrad I. und seinem Nachfolger Heinrich I. – Auf Herzog Arnulf geht die Befe-

stigung der Kaufleutestadt, der civitas nova zurück. Es ist die früheste nachrömische Stadtmauer Europas und erste Stadterweiterung nördlich der Alpen. – Als im Jahre 1002 Heinrich II. in seiner Person herzogliche und königliche Funktion vereinigte, wurde Regensburg mit der Pfalz König Ludwigs noch einmal kaiserliche Residenz. Mit großen Stiftungen versehen und von Grund auf erneuert übergab Heinrich II. das Kollegiatstift der Alten Kapelle dem neugegründeten Bistum Bamberg.

Um die Mitte des 11. Jh. berichtet Otloh, Mönch von St. Emmeram, die Stadt bestehe aus drei Bereichen: dem „pagus regius", dem „pagus cleri" und dem „pagus mercatorum" (den Bereichen des Königs, des Klerus und der Kaufleute). – Lange bevor die bürgerliche Stadt Selbstverwaltung erlangte, hat demnach eine Kaufleutesiedlung von internationaler Bedeutung bestanden. Die Ostpolitik der Karolinger und das gleichgerichtete Missionsbestreben des Hochstifts waren Voraussetzungen für frühe Handelsverbindungen nach Kiew, Böhmen und Ungarn. Felle, Häute, wertvolle Stoffe und Edelmetalle – in der Frühzeit auch Sklaven – wurden über Regensburg gehandelt. Aus Tirol wurde Wein eingeführt, aus Venedig und bis 1204 wohl auch direkt aus Byzanz, kamen Luxusgüter. Tuchhandel bestand mit Flandern.

Um 1200 war Regensburg mit etwa 10 000 Einwohnern die volkreichste Stadt im süddeutschen Bereich. Der Warenverkehr auf der Donau war stärker als auf dem Rhein. Regensburg lag im Schnittpunkt wichtiger Handelsstraßen mit dem zwischen Ulm und Wien einzigen Brükkenübergang über die Donau. Aufwendige Bauten in Werkstein entstanden seit dem 12. Jh. im Auftrage von Klöstern, Stiften, Bürgern, von Bischof und Herzog: die Schottenkirche, die Steinerne Brücke, die Allerheiligenkapelle, St. Mang in Stadtamhof, Niedermünster, St. Leonhard, St. Georg in Prüfening, Karthaus-Prüll sowie eine Reihe patrizischer Wohntürme. Die Beschäftigung lombardischer Baumeister, der Comasken, wie auch der Einfluß normannischer Baukunst deuten auf internationalen Austausch. Dieser fand also außer im Bereich des Handels auch auf kultureller Ebene statt.

Das maßgeblich von Fernhandelskaufleuten gebildete Patriziat gewann im Lauf des 12. Jh. Einfluß auf die städtische Verwaltung und durch kaiserliche Privilegien und Ämter an Selbständigkeit. Die Machtkämpfe zwischen Bischof, Herzog und dem Patriziat um die Stadtherrschaft fanden erst 1245 ein Ende, als Kaiser Friedrich II. nach Zerwürfnissen mit dem Herzog und dem Bischof der Bürgerschaft endgültig das Recht auf Selbstverwaltung verbürgte und damit Regensburg zur freien Reichsstadt machte. 1251 trat erstmals ein aus bischöflichen Ministerialen und Mitgliedern des Patriziats gebildeter Stadtrat zusammen. Unter der Regierung des aus einflußreichem Regensburger Handelsgeschlecht stammenden Bischofs Leo Thundorfer (1262–1277) konnte der Neubau des Domes begonnen werden. Gegen Ende des Jahrhunderts erhielten die ausgedehnten Vorstädte entlang der Donau eine Befestigung. Sechs Klöster der Bettelorden entstanden im

13. Jh. Wenig ist bekannt über die Verbindung zwischen dem Patriziat und den Orden, an deren Kirchenbauten die Bürger intensiv beteiligt waren.

Kaum Einfluß auf die Stadtpolitik hatten die Zünfte, da das Handwerk in Regensburg zu keiner Zeit größere Produktivität entwickelte. Erfolg und Reichtum waren maßgebend für den Aufstieg in den Inneren Rat, den überwiegend die Fernhandelskaufleute bildeten. – Über die Organisation des süddeutschen Handels ist wenig bekannt. Nicht untersucht wurde, ob sich etwa in Regensburg Handelskonsortien, sog. Kaufmannsgilden, zusammengeschlossen haben wie z. B. in Italien mit gemeinsamem Besitz von Hofanlagen und Türmen. Die aufwendigen hohen Geschlechtertürme des 13. und 14. Jh. erfüllten möglicherweise neben der Repräsentation auch den praktischen Zweck, anliegende konkurrierende Hofgemeinschaften zu kontrollieren. – Erst aus der Spätzeit (1383–1407) ist durch die Handelsbücher, die Matthäus Runtinger in der Handelsgemeinschaft mit seinem Vater führte, Einblick in die Geschäfte eines der bedeutendsten Regensburger Handelshäuser zu gewinnen.

Zu Beginn des 15. Jh. ging der Einfluß der Fernhandelskaufleute bereits zurück. Der Städtekrieg und die Hussitenkämpfe beeinträchtigten die Verkehrsbeziehungen; große Vermögen gingen verloren. Mangels exportfähiger Handwerksproduktion geriet die Stadt in Verschuldung. Die finanziellen Probleme eskalierten derart, daß die Stadt 1486 freiwillig ihren Status als freie Reichsstadt aufgab und sich dem bayerischen Herzog Albrecht IV. unterwarf. Dieser entwickelte sogleich beachtliche Aktivitäten für eine wirtschaftliche Sanierung. Die verlockenden Anfänge beendete Kaiser Friedrich III., der keineswegs auf seine Reichsstadt verzichten wollte und 1492 den Herzog zur Rückgabe zwang. Der Kaiser allerdings kümmerte sich nicht um die desolate Situation der Stadt, erstickte vielmehr Aufstände unzufriedener Bürger mit brutaler Gewalt. – Die wirtschaftliche Krise entlud sich in der Vertreibung der seit mehr als fünf Jahrhunderten ansässigen Juden, deren Ghetto 1519 dem Erdboden gleich gemacht wurde. An der Stelle der Synagoge entfaltete sich der kurze, aber außerordentlich intensive Kult der Wallfahrt zur „Schönen Maria". – Vorübergehende Bedeutung erlangte Regensburg im Eisenhandel (14.–16. Jh.). Aus den Oberpfälzer Eisenhämmern gingen Eisenprodukte vielfach über Regensburg die Donau aufwärts bis Ulm und donauabwärts bis Österreich.

In merkwürdigem Kontrast zum wirtschaftlichen Niedergang standen herausragende künstlerische Leistungen. Die Baumeisterfamilie der Roritzer vollendete bis zum frühen 16. Jh. den Dombau (mit Ausnahme der Türme), wobei allerdings die Spenden der reichen, zur Diözese gehörenden Pfarreien Niederbayerns und der Oberpfalz für die finanzielle Basis sorgten. 1505 erwarb Albrecht Altdorfer das Regensburger Bürgerrecht und schuf bis zu seinem Tod 1538 Tafelbilder, Wandbilder, graphische Blätter und Buchmalereien, die zu den größten Leistungen der Kunst der Dürerzeit gerechnet werden dürfen.

1542 trat die Reichsstadt zum Protestantismus über. An dieses Bekenntnis war fortan das Bürgerrecht gebunden. Katholischen Handwerkern und Künstlern war damit die unmittelbare Niederlassung verwehrt. Sie waren auf kirchliche Aufträge angewiesen und wohnten häufig in den Immunitätsbezirken der Stifte oder außerhalb der Reichsstadt in Stadtamhof oder Prüfening. – Mitten im Dreißigjährigen Krieg setzte sich die reichsstädtische Gemeinde mit einem protestantischen Kirchenbau ein Monument (Dreieinigkeitskirche).

Durch die Hoheitsbereiche der Reichsstifte, des Hochstifts und der Klöster, die insgesamt etwa die Hälfte des Stadtgebiets einnahmen, blieb der Anteil der katholischen Bevölkerung gewichtig. – 1589 kam, unterstützt durch Herzog Wilhelm V. von Bayern, der Jesuitenorden in die Stadt. Mit kaiserlicher Förderung ließen sich 1613 die Kapuziner und 1634 die Karmeliten nieder. – Im Zuge einer Restauration der Heiligen- und besonders der Marienverehrung erfuhren viele der mittelalterlichen Kirchen im 17. Jh. eine Neugestaltung. Einflußreich für die Aufstellung von Gnadenbildern und Entdeckung von Märtyrergräbern war Weihbischof Albert Ernst Graf von Wartenberg (1688–1715), Sproß einer wittelsbachischen Nebenlinie. Auch mit lokalgeschichtlichen und archäologischen Studien suchte er den Nachweis ihrer Authentizität zu untermauern.

1663 wurde der Immerwährende Reichstag als permanenter Gesandtenkongreß in Regensburg eingerichtet. Die Stadt konnte durch das Nebeneinander der Konfessionsgemeinschaften als neutral gelten und war zentral zwischen Köln und Wien im Deutschen Reich gelegen. Regensburg wurde politisch, gesellschaftlich und kulturell erneut zum internationalen Mittelpunkt. Rang und Namen der diplomatischen Gesellschaft bezeugen die Grabmonumente in St. Emmeram und bei der Dreieinigkeitskirche. Die nahezu siebzig auswärtigen Gesandten richteten sich in den aus dem Mittelalter überkommenen patrizischen Großbauten ein und bereicherten das Wirtschaftsleben der Reichsstadt. – Exulanten aus Österreich, Bayern und der Oberpfalz belebten den Fernhandel für kurze Zeit.

Im 18. Jh. Neugestaltung der bedeutendsten mittelalterlichen (katholischen) Kirchenhäuser. Den Auftakt bildete die Emmeramsbasilika nach Erhebung des Abts in den Reichsfürstenstand. Die Rangstreitigkeiten der kaiserlichen Stifte mit dem Hochstift und untereinander bildeten den Hintergrund für die prächtige Erneuerung der Alten Kapelle im späten Rokokostil. Gleichzeitig erlebte die Wallfahrt zur „Schönen Maria“ in St. Kassian einen neuen Höhepunkt.

Folgenreich für die Stadt Regensburg wirkte sich 1748 die Ernennung des kaiserlichen General-Reichs-Erb-Postmeisters Fürst Alexander Ferdinand von Thurn und Taxis zum kaiserlichen Prinzipalkommissar aus. Dieses erbliche Amt (als Vertreter des Kaisers beim Reichstag) veranlaßte das Fürstenhaus zur Übersiedlung von Frankfurt nach Regensburg. Bereits seit 1742 befand sich der Sitz des Prinzipalkommissars im Ostflügel des Benediktinerklosters St. Emmeram. – 1779 stifte-

te der prunkliebende Fürst Carl Anselm der Einwohnerschaft zum „Nutzen und Vergnügen" eine Allee um die Reichsstadt, vom Jakobertor zum Ostentor. Eine fortschrittliche Anlage, die – gemäß dem Wunsch des Stifters nach ihm benannt – sein Denkmal erhielt. – 1810 wurde das Fürstliche Haus für den Verlust seiner Postregalien von Bayern unter anderem mit dem säkularisierten Kloster St. Emmeram samt den umfangreichen Besitzungen um Donaustauf entschädigt.

Die Reichsstadt Regensburg wurde 1803 durch den Reichsdeputationshauptschluß in einem neu gebildeten Fürstentum dem Kurerzkanzler und Fürstprimas Carl Theodor von Dalberg übergeben; das Domkapitel blieb im Amt, nur ein Teil der Klöster wurde aufgehoben. In weniger als einem Jahrzehnt gelang Dalberg, nach erheblichem Schuldenabbau, die für Bayern frühe Anlage eines klassizistischen Stadtplatzes mit öffentlichen Monumentalbauten (Bismarckplatz). – Aus der Auflösung des Reichstags 1806 ergab sich wirtschaftlich ein Rückschlag. 1809 erlitt die Stadt im österreichisch-französischen Krieg unter Napoleon empfindliche Zerstörungen im Südosten und in Stadtamhof.

Durch die Pariser Verträge ging das Fürstentum Regensburg 1810 an den König von Bayern über. Der Anschluß brachte die Übernahme staatlicher Behörden, hatte aber keine industrielle Ansiedlung zur Folge. Regensburg geriet als Hauptstadt der Oberpfalz in eine wirtschaftliche Stagnation. Zunehmend im Schatten des einflußreichen Fürstenhauses Thurn und Taxis, das einen Großteil der städtischen Führungsschicht in eigener Beamtenschaft absorbierte. – Ausdruck der fürstlichen Machtstellung ist die monumentale Schloßerweiterung auf dem Areal des Benediktinerklosters St. Emmeram im ausgehenden 19. Jh.

Die kommunale Selbstverwaltung, die Regensburg 1818 erhielt, benachteiligte die zahlenmäßig überwiegende (bis ins 20. Jh. wachsende) katholische Bevölkerung erheblich. Sie hatte, weitgehend vom Bürgerrecht ausgeschlossen, weder aktives noch passives Wahlrecht. Wie zuzeiten der Reichsstadt bestand die Oberschicht weiterhin aus Protestanten. – Für eine Stärkung des katholischen Bewußtseins und ein neues Bildungswesen setzte sich die reformierte Erneuerungsbewegung um die Bischöfe Sailer und Schwäbl ein. Unterstützt durch König Ludwig I. verwendeten sie sich für die Errichtung von Schulen, den Weiterbestand und die Wiedereröffnung säkularisierter Klöster.

Der König erwies Regensburg mit seinen alten Stiften und ehrwürdigen Denkmälern besonderes Interesse. Wenige Jahre bevor er mit der Stiftung von Glasfenstern in den Dom dessen Wiederherstellung einleitete, hatte er (bereits in Blickbeziehung auf seine mittelalterliche Silhouette) den Ort für die Walhalla bei ▷ Donaustauf festgelegt. Für König Maximilian II. errichtete die Stadt eine Villa an der Donau. – Mit Ignatius von Senestréy ernannte der König einen Bischof, der sich die Vollendung des Dombaus zum kirchenpolitischen Ziel gesetzt hatte. Er verteidigte das Dogma der Unfehlbarkeit des Papstes und war im bayerischen Kulturkampf Verfechter der kirchlichen Autorität. Mit der Fer-

tigstellung der Domtürme (1859–69) setzte Senestréy der von ihm begründeten „Regensburger Richtung" im Stadtbild ein bleibendes Zeichen. In der langen Amtszeit bis 1906 veranlaßte er zahlreiche Kirchenrestaurierungen, die in der Spätzeit von dem künstlerisch begabten Domvikar Georg Dengler durchgeführt wurden.
Der Anschluß an die Eisenbahn 1859 führte erst spät zum Abbruch der Stadtbefestigung. Wirtschaftliche Stagnation und geringes Bevölkerungswachstum hielten den vorstädtischen Wohnungsbau in Grenzen. Der mittelalterliche Stadtbereich wurde nur punktuell durch öffentliche Neubauten und einzelne Geschäftshäuser verändert. 1911 Eröffnung des Luitpoldhafens.
Die Eingemeindung von insgesamt 23 (zum Teil sehr alten) Siedlungskernen begann schon 1818 mit Kumpfmühl. 1924 kam Stadtamhof (1496 zur Stadt erhoben) hinzu, 1938 Dechbetten-Großprüfening. Eine Reihe von Kleinwohnungssiedlungen entstanden während der Weimarer Republik. – Während der nationalsozialistischen Herrschaft erfuhr Regensburg als Zentrum des Großgaues Bayerische Ostmark staatliche Förderung mit der Ansiedlung von Industrie, neuen Wohnquartieren, einem innerstädtischen Verwaltungszentrum und der Nibelungenbrücke.
Im Zweiten Weltkrieg erlitt Regensburg zwei Luftangriffe mit nur wenigen Schäden für die mittelalterliche Kernstadt. Unermeßliche Zerstörungen, die eine im April 1945 angeordnete bewaffnete Verteidigung der Stadt heraufbeschworen hätte, wurden in allerletzter Minute aus allein militärtaktischen Gründen verhindert. Zuvor waren am 24. 4. 1945 drei Regensburger Bürger, unter ihnen der Domprediger Dr. Johann Maier, für ihre Forderung nach kampfloser Übergabe der Stadt, hingerichtet worden.
Nach dem Zweiten Weltkrieg wuchs Regensburgs Bevölkerung durch starken Flüchtlingszustrom. Von der Randlage und den Arbeiterreserven profitierten neu angesiedelte Industriebetriebe im Westen und Osten der Stadt. Von weitreichender Bedeutung für die Erhaltung und Entlastung des historischen Stadtkerns war die Entscheidung, ein dem Oberzentrum angemessenes Einkaufszentrum verkehrsgünstig nördlich der Donau auszuweisen. – 1967 erhielt Regensburg die 4. Landesuniversität, außerhalb der Altstadt errichtet. Sie profitiert von der Nähe des mittelalterlichen Stadtensembles, zu dessen Erhaltung und sinnvoller Nutzung sie mittelbar beiträgt. – Jüngste Ansiedlungen großer Industriekonzerne verdeutlichen die heutige Attraktivität des Standorts Regensburg, bringen aber auch starken Veränderungsdruck für die wirtschaftliche und soziale Struktur der Altstadt und damit auch für die profanen Baudenkmäler.

Stadtanlage

★ Zum Eindrucksvollsten der Stadt Regensburg gehört die Altstadt-Silhouette, die sich zur Donau hin einzigartig erhalten hat. In krassem

Widerspruch dazu steht eine ausufernde „skyline" der Gesamtstadt, in Mißachtung naturräumlicher und lokalhistorischer Vorgaben. – Dem von Norden über die mittelalterliche Steinerne Brücke Kommenden bietet sich „die von allen Städten Süddeutschlands am frühesten entwickelte Residenz- und Fernhandelsstadt" (Bosl) überschaubar dar. Ein Panorama von Satteldächern und mittelalterlichen Türmen, aus dem sich das Hochschiff des Domes hervorhebt, überragt von filigranen Turmhelmen. Eine im Mittelalter angelegte und im Historismus vollendete stadtbaukünstlerische Leistung. Weltanschauliche und politische Gründe hatten in der evangelischen Reichsstadt eine Vollendung der Domtürme verhindert, so daß bis ins 19. Jh. die mittelalterlichen Geschlechtertürme einschließlich Rathausturm Dominanten der Stadtsilhouette geblieben waren.

Den reichsstädtischen Umgriff innerhalb der mittelalterlichen Befestigung um 1300 bezeichnet landseitig die 1781 fürstlich angelegte Carl-Anselm-Allee. – Der Grundriß des vorindustriellen Regensburg ist vermutlich der einzige nördlich der Alpen, der sich bereits in vorottonischer Zeit herausgebildet hatte, erstaunlich unabhängig von der Anlage des römischen Kastells. Die Fröhliche-Türken-Straße ist, soweit erkennbar, die einzige Straße, die sich auf eine römische Lagerstraße, die via decumana, zurückführen läßt. – Eine Erklärung hierfür konnte durch Grabungen noch nicht erhärtet werden. Einleuchtend ist jedoch die These (Werner Gauer), derzufolge der Aufbau der karolingischen Residenzstadt von der intakten Stadtmauer und den Tortürmen des Römerkastells seinen Ausgang genommen haben soll. Die im Frühmittelalter beschriebenen imposanten Steinbauten standen vermutlich in einem Ruinenfeld, das auch Teile des antiken Wegesystems bedeckte. Allmählich habe sich, so die These, aus den Trampelpfaden um die im Verfall begriffenen Architekturen herum, ungeplant innerhalb des Lagergevierts, ein neues frühmittelalterliches Straßennetz herausgebildet.

Die Grenze des römischen Kastells zeichnet sich allseitig im Stadtgrundriß ab: entlang der Goliathstraße, Unter den Schwibbögen, Dr.-Martin-Luther-Straße, Fuchsengang, Petersweg, Obere und Untere Bachgasse. Der westliche Straßenzug, die Bachgasse, konnte aus dem Pilgerweg zum Grab des hl. Emmeram entstanden sein. Sie markiert die Grenze gegenüber den canabae, der römischen Zivilsiedlung, über der im 10. Jh. die Kaufleutesiedlung als erste Stadterweiterung nördlich der Alpen entstand.

Gerade, langgezogene Verkehrswege prägen außerdem die Ost-Westrichtung: die Gesandtenstraße, zurückgehend auf die aus dem römischen Westtor durch die Vorstadt geführte Verlängerung der Via Principalis. Sowie der Straßenzug Lederergasse, Keplerstraße, Goldene Bärenstraße, Thundorferstraße, Ostengasse, der entlang der Donau einem alten Handelsweg folgt. Von Süden bestanden zwei Zugänge zur Donau: von der Kumpfmühler Straße über den Weißgerbergraben, innerhalb der Arnulfinischen Mauer zur römischen Donaulände. Weiter östlich, von dem mittelalterlichen Emmeramstor über Ölberg, Römling oder Engelburgergasse zum Weinmarkt.

Innerhalb dieser geradlinigen Verkehrswege verläuft das Wegenetz unregelmäßig: Es umschließt ungleich große Straßengevierte mit häufig gekrümmter Umgrenzung. Dies sind vermutlich Spuren mittelalterlicher Grundstücks- und Besitzeinheiten. Das Stadtgebiet war zunächst in drei Hoheitsgebiete zwischen Kaiser, Bischof und Herzog aufgeteilt; außerdem gab es die Immunitäten der großen Stifte und bis 1519 eine bedeutende Judengemeinde (Ghetto im Bereich des Neupfarrplatzes). Noch im 17. Jh. betrug der bürgerliche Anteil des Stadtgebietes nicht mehr als die Hälfte.

Der Zusammenhang von charakteristischer Bauweise und besonderen Grundstückverhältnissen ist noch nicht systematisch untersucht worden. Erkennbar erhalten haben sich jedoch städtebauliche Einheiten wie beispielsweise das Obermünsterstift, die sich im Erschließungssystem sowie der Verteilung und Stellung von Bauten unterscheiden. Im frühen Mittelalter bestanden im Pfaffen- und Königsgau eine Anzahl solcher eingefriedeter Bereiche nebeneinander, jeweils mit Repräsentations-, Wohn- und Wirtschaftsbauten, häufig von einem Turm bewehrt.

Das Kaufmannsviertel hingegen scheint durch rechtwinklige Straßengevierte mit gereihten, gleichartigen Baukörpern in geschlossener Bauweise geregelt. Davon abweichende Großbauten sind vorwiegend an Einmündungen von Straßen oder in Ecklagen situiert, wie das Goliathhaus oder die Baugruppen der Auer, der Zant und der Gravenreuther. Soweit bekannt, wurden derartige Hofanlagen erst im Laufe des 14. Jh. gebäudemäßig zusammengeschlossen (Haus Heuport, Goldener Turm). Doch könnten ihre Grundstücksgrenzen auf ältere Vorgaben zurückgehen. Die Vermutung, es handle sich in der weiteren Umgebung des Haidplatzes, im Kern der Kaufleutestadt, um urspr. agilolfingische Hofstätten, bedarf archäologischer Nachweise. Denkbar wäre, daß diese ehem. Hofstellen mit der Stadterweiterung des 10. Jh. in Besitz genommen und allmählich überbaut wurden. Erst nachträglich wären dann diese Siedlungskerne in ein geplantes regelmäßiges Straßensystem eingebunden worden.

Die Plätze innerhalb des Kaufmannsviertels lassen keinen städtebaulichen Gestaltungszusammenhang erkennen. Sie entstanden im Mittelalter als Straßenaufweitungen nahe der Donauuferstraße, vornehmlich zur Abhaltung von Märkten. Selbst die großzügig bemessenen Plätze im Stadtinnern, der Kohlenmarkt und der Haidplatz, scheinen sich aus älteren Verkehrswegen abzuleiten, der Haidplatz, ein typisch mittelalterlicher Dreieckmarkt, vermutlich aus einer römischen Weggabelung zwischen Westtor und nordwestlicher Ecke des Kastells. – Die großen Rechteckplätze bei St. Emmeram und der Alte Kornmarkt werden mit frühmittelalterlichen Pfalzanlagen in Verbindung gebracht. Anders als diese, durch die Jahrhunderte von Bebauung ausgesparten Platzflächen ist der klassizistische Bismarckplatz entstanden. Er wurde durch Ab-

bruch und teilweise neue Randbebauung als kommunale Repräsentationsanlage im 19. Jh. regelrecht geschaffen. – Der einzige künstlich geschaffene mittelalterliche Platz ist der Neupfarrplatz, am Ort der zerstörten Synagoge.
Regensburg ist keine Stadt ausgeprägter Fassaden. Baukörper und Baukomplexe entlang geschlossener Straßenfluchten oder freigestellt hinter Mauereinfriedungen prägen das Straßenbild. Die Anpassung an den Zeitgeschmack fand bevorzugt im Gebäudeinnern statt – sichtbar in den Stiftskirchen. Fassadengestaltung geschah im 16. und 17. Jh. vermutlich vor allem durch Malerei: bisher nur an wenigen Beispielen nachweisbar und vergleichsweise unaufwendig, wohl selten mit figürlichen Programmen. Als dann Stuckdekoration üblich wurde, war die Bedeutung der Reichsstadt bereits rückläufig.
Nachmittelalterliche Veränderungen im Stadtgrundriß datieren erst aus dem 19. Jh., als Folge der napoleonischen Zerstörungen im Südosten und in Stadtamhof von 1809. Mit der planmäßigen Anlage der Maximilianstraße, die 1859 zum Bahnhof verlängert wurde, und dem Durchbruch der Königsstraße um 1890 begann in dem bis dahin locker bebauten Pfaffengau eine strukturelle Umwandlung. Diese führte in der Gründerzeit beschleunigt, seit den 1960er Jahren endgültig zum großmaßstäblichen Ausbau als Geschäftszentrum. Für ergänzende verkehrstechnische Maßnahmen erfolgten Abbrüche im Bereich D.-Martin-Luther-Straße, Dachauplatz, Kallmünzergasse und Hunnenplatz. Erst diese flächigen, sichtbar einschneidenden Zerstörungen im Altstadtgebiet gaben den Anstoß für eine planerische Wende zum Schutz des Altstadtensembles.

★ Domkirche St. Peter

Baugeschichte

Nach der Gründung des Bistums Regensburg im Jahr 739 durch den hl. Bonifatius dürfte bald eine erste selbständige Bischofskirche entstanden sein. Seit 778 bezeugen auch Quellen die Existenz einer Domkirche St. Peter, deren Lage bisher nicht eindeutig geklärt werden konnte. Da aber die bischöfliche Residenz von der „Porta Praetoria", dem nördlichen Torturm des Römerkastells, ihren Ausgang nahm, wird bereits die erste Domkirche im Bereich des heutigen Dombezirks zu vermuten sein. Recht genau kennen wir dagegen den karolingischen Domneubau, dessen Grundriß durch Karl Zahn 1924/25 ergraben wurde: eine dreischiffige, flachgedeckte Pfeilerbasilika ohne Querhaus, wahrscheinlich auch ohne Türme, und mit einer stark eingezogenen, halbrunden Apsis. Die in den Außenmaßen immerhin etwa 58 x 33 m große Anlage stand an der Stelle des heutigen Domgartens, östlich des Hauptchores des gotischen Domes, von ihm teilweise überschnitten. In den Außenmauern des nördlich anschließenden Domkreuzgangs stekken noch Teile der Nordmauer des alten Domes. Nicht klar beantwortet werden kann bisher die Frage nach der Entstehungszeit des karolin-

Regensburg, Dom St. Peter, Situation

1 *Gotischer Dom*
2 *Durch Ausgrabungen nachgewiesener karolingischer Dom mit Westquerhaus und Westchor des 11. Jh., westlich anschließend Atrium und alte Taufkirche St. Johann*
3 *Kreuzgang mit Mortuarium*
4 *Allerheiligenkapelle*
5 *Stephanskapelle*
6 *Porta Praetoria*
7 *Bischofshof*
8 *Kollegiatstiftskirche St. Johann, Nachfolgebau der alten Taufkirche St. Johann*
9 *Ehem. Dompfarrkirche St. Ulrich, heute Diözesanmuseum*
10 *Domschatzmuseum in historischen Räumen des Bischofshofes*

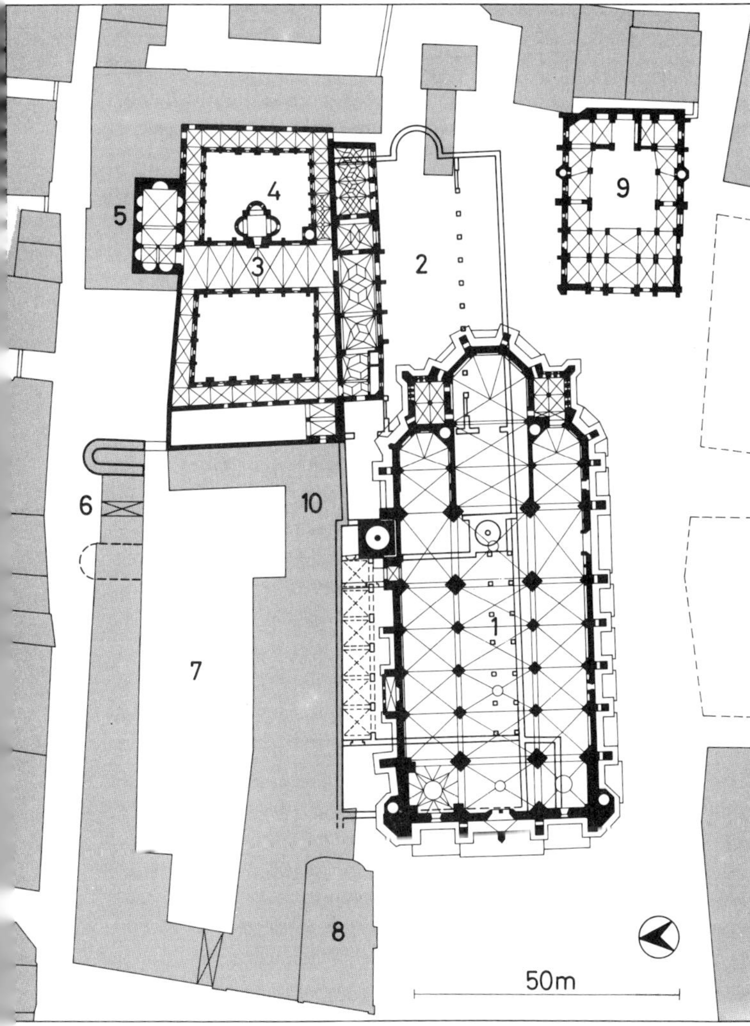
1
2
3
4
5
6
7
8
9
10
50m

gischen Domes. Einerseits deutet vieles auf eine Vollendung bereits unter Kaiser Karl dem Großen, der 791–793 in Regensburg weilte, andererseits gibt es Vermutungen, der Bau sei erst nach dem verheerenden Stadtbrand von 891, also unter Kaiser Arnulf von Kärnten, errichtet worden.

Besser datiert werden kann eine aufwendige Erweiterung des Domes nach Westen, die im frühen 11. Jh. erfolgte. An das karolingische Langhaus wurde ein etwa 15 m tiefes Querhaus angefügt, das mit einem eingezogenen, wohl rechteckigen Westchor und einer Krypta vervollständigt war. Den Chor flankierten zwei Türme, von denen der nördliche, der sog. Eselsturm, bis heute erhalten ist (vor der Nordquerhausfassade des gotischen Domes). Außerdem entstand – etwa 35 m weiter nach Westen gerückt – ein dem hl. Johannes d.T. geweihtes Baptisterium. Zwischen dieser Taufkirche und dem Dom errichtete man ein Atrium, einen Innenhof, der nach Norden und Süden mit überdachten Bogengängen abgeschlossen war. In den folgenden Generationen wurde die Domanlage immer wieder umgestaltet und ausgeschmückt. Beispielsweise wissen wir seit den Ausgrabungen 1984/85, daß die einfachen Bogengänge des Atriums um 1200/1210 durch Kreuzrippengewölbe auf mächtigen Pfeilern und Diensten ersetzt wurden. Um 1230 erhielt der Dom – wahrscheinlich im Westchor – ein prachtvolles Stammbaum-Christi-Fenster, von dem Fragmente im gotischen Dom, im Triforium des Südquerhauses, wiederverwendet worden sind. An einen Neubau des Domes konnte aber bis zur Mitte des 13. Jh. niemand denken, da der Bischof, der bayerische Herzog und die Bürger der Stadt in erbittertem Streit gegeneinander um die Stadtherrschaft kämpften.

Erst nachdem der hl. Albertus Magnus, der als Bischof in Regensburg 1260–1262 regierte, eine Zeit der friedlichen Koexistenz einleiten konnte, gelang es seinem Nachfolger, dem aus dem Regensburger Patriziat stammenden Bischof Leo Thundorfer (1262–1277), die Bürger und das Domkapitel gemeinsam für die gewaltige Aufgabe eines Neubaus der Kathedrale zu gewinnen. Das genaue Datum des Baubeginns in den späten 1260er oder in den frühen 1270er Jahren kennen wir nicht; vielleicht hat eine für 1273 überlieferte Brandkatastrophe die bereits länger faßbaren Vorbereitungen schlagartig zur Realisierung gezwungen.

Der gotische Dom wurde nicht über den Fundamenten des Vorgängerbaus errichtet, obwohl er dessen Grundrißdisposition und Maße auffallend genau übernahm. Statt dessen verschob man den Bauplatz nach Westen, rückte damit dem Stadtzentrum näher und erreichte gleichzeitig, daß der alte Dom – wenn auch verkürzt – noch lange verwendbar blieb. Beim Neubau entschloß man sich, offenbar aus städtebaulichen Gründen, den Dom auf einen hohen Sockel zu stellen, der das Fußbodenniveau des Vorgängerbaus um 3,40 m überhöhte. Dafür mußte man gewaltige Fundamentmauern hochziehen und die Binnenflächen mit Bauschutt füllen, bis man die Höhe des gotischen

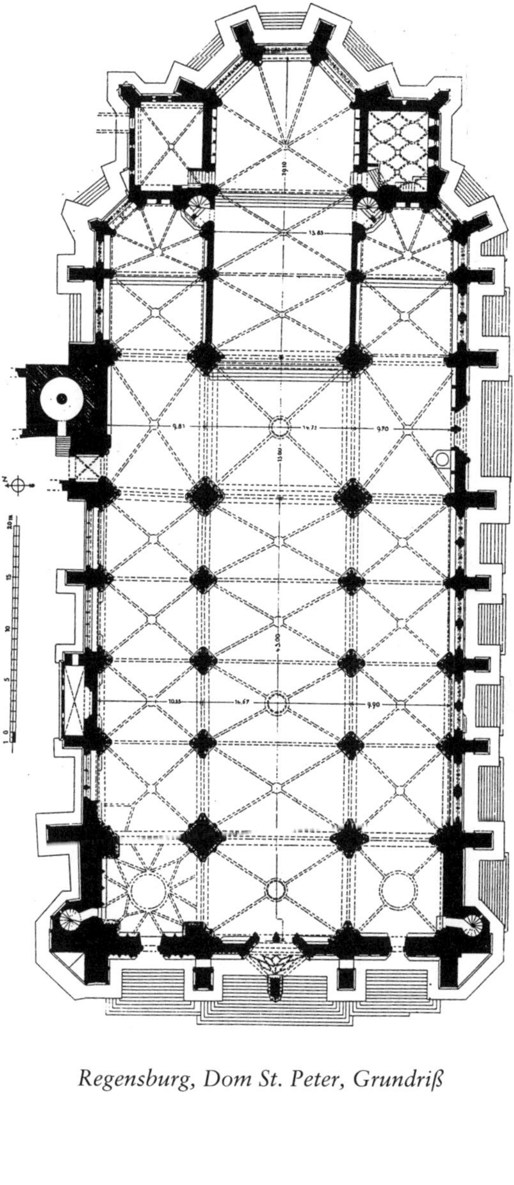

Regensburg, Dom St. Peter, Grundriß

Fußbodens erreicht hatte. Da wie üblich mit den Ostteilen begonnen wurde, legte man also zuerst die Fundamente des gesamten Chorbereichs. Gewählt wurde ein altertümlicher Bautypus mit gestaffelten, jeweils polygonal schließenden Chören: Den Hauptchor begleiten kürzere Nebenchöre, an die sich östlich jeweils mehrgeschossige, massive Anbauten mit separaten Sakristei- und Kapellenräumen anschließen; vielleicht hatte die ursprüngliche Planung sogar deren Ausbau zu Chorflankentürmen vorgesehen. Einen Eindruck von dieser für die 1270er Jahre ausgesprochen retrospektiven Architekturvorstellung vermittelt der südliche Nebenchor, der – ausgenommen die Gewölbe – nach der Erstplanung hochgeführt wurde. Die vielen Unstimmigkeiten und die Schwierigkeiten, verschiedene Ordnungen systematisch zusammenzufassen, kennzeichnen bis heute den heterogen wirkenden Innenraum.

Unter diesen Voraussetzungen versteht man, warum in den frühen 1280er Jahren die Leitung der Bauhütte ausgewechselt wurde. Offensichtlich hatte man nun einen Architekten gefunden, der die internationale Entwicklung der hohen Gotik kannte und der in der Lage war, auf der Grundlage der bereits begonnenen Bauteile eine völlig neue, homogene und zeitgemäße Neuplanung zu erarbeiten. Sein Entwurf verwandelte den Dom in eine gotische Kathedrale höchster künstlerischer Qualität und erwies sich auch für die kommenden Generationen als so überzeugend, daß er bis zur Einstellung der Bauarbeiten im frühen 16. Jh. grundsätzlich berücksichtigt blieb.

Die Begeisterung über den Domneubau brachte in den ersten Jahrzehnten reiche finanzielle Zuwendungen, so daß die Arbeiten rasch voranschritten. Mit der Einwölbung des Hauptchores um 1310/20 waren bereits die drei Chöre vollendet. Unverzüglich wandte man sich dem Querhaus zu, das – zusammen mit dem zur Hälfte hochgeführten 1. Joch des Langhauses – ab etwa 1325 der liturgischen Nutzung zur Verfügung stand. Die geplante Vierungskuppel hatte man allerdings noch ausgespart, – sie wurde nie fertiggestellt. Nach einem 1325 abgeschlossenen Vertrag konnte das 2. Langhausjoch (von Osten) errichtet werden; man führte es bis zum Obergaden hoch, wölbte es gleichzeitig mit dem 1. Mittelschiffsjoch ein und schloß es nach Westen zu mit einer provisorischen Trennwand ab, so daß gegen 1340 bereits etwas mehr als die halbe Gesamtfläche des heutigen Domes benutzbar war. Da einem Weiterbau des Mittelschiffes die damals noch bestehende Kirche St. Johann im Wege stand und eine Abbruchgenehmigung lange nicht erreicht werden konnte, mußte man sich auf die restlichen Joche des südlichen Seitenschiffs und das Erdgeschoß des Südturms beschränken, die ab 1341 bis in die 1360er Jahre entstanden. Anschließend setzte man das 1. Obergeschoß des Südturms auf und schloß die südliche Obergadenwand zwischen dem Turm und den fertigen Ostteilen des Mittelschiffs. Da in den 1370er Jahren immer noch keine Einigung mit dem Stift St. Johann gelang, führte man schließlich das 2. Obergeschoß des Südturms hoch, brach aber kurz vor dessen Vollendung die Bauarbeiten ab, als nach langen Verhandlungen endlich 1381 das Grundstück freigegeben wurde, so daß die Fundamente für den Nordturm und den Mitteltrakt einschließlich des Hauptportals gelegt werden konnten. Um 1410 war das Hauptportal mit der aufwendigen Vorhalle vollendet; bis gegen 1430 wurde nach der Bewältigung schwieriger Fundamentierungsarbeiten und größter statischer Probleme das Erdgeschoß des Nordturms aufgeführt. 1415 wird mit dem Dombaumeister *Wenzel Roritzer* erstmals ein Mitglied der berühmten Baumeisterfamilie der *Roritzer* archivalisch faßbar. Nach dessen frühem Tod (1419) heiratete der wohl aus Köln stammende *Andreas Engel* die Witwe *Roritzers* und übernahm das Amt des Dombaumeisters bis zu seinem Tod 1456. Unter ihm entstanden noch bis etwa 1440 das erste Obergeschoß des Nordturms sowie gleichzeitig die restlichen Joche des nördlichen Seitenschiffs (z.T. noch ohne Gewölbe) und darüber die nördliche Obergadenwand. So konnte bald darauf der Dachstuhl aufgesetzt und der Dom – wenn auch zunächst reichlich improvisiert – mit seinem gesamten Innenraum genutzt werden. Als nächster Dombaumeister errichtete Engels Stiefsohn *Konrad Roritzer* (1456–1477) das Obergeschoß des Mittelteils der Westfassade. Von ihm stammt auch das Gewölbe im 4. Joch des nördlichen Seitenschiffs (1464), vielleicht auch das anschließende Sterngewölbe im Turmjoch. Sein Sohn und Nachfolger *Matthäus Roritzer* (1477 bis kurz vor 1495) bereicherte den Mittelteil der Westfassade um den 1482 zugefügten, altanartigen und reich dekorierten Laufgang des Triforiums, errichtete im Geschoß darüber den Hauptgiebel mit dem bekrönenden Eicheltürmchen und begann mit dem 2. Obergeschoß des Nordturms. Als letzter Dombaumeister aus der Familie der *Roritzer* führte sein jüngerer Bruder *Wolfgang* (1514 hingerichtet) dieses Turmgeschoß hoch und arbeitete gleichzeitig an der aufwendigen Umgestaltung des Domkapitelhauses mit Prunkräumen und Kapellen. Unter den letzten Dombaumeistern *Erhard Heydenreich* (1514–1524) und dessen Bruder *Ulrich Heydenreich* (1524–1538) kam der Weiterbau allmählich zum Stillstand, zumal Bischof und Domkapitel in den Wirren der Reformation mit ganz anderen Problemen konfrontiert waren. So blieben die Türme unvollendet; im Inneren fehlten noch die Vierungskuppel und die drei westlichen Gewölbefelder des Mittelschiffs.

Erst in der Barockzeit widmeten sich Bischöfe und Domkapitel wieder der Ausgestaltung des Domes. Bischof Albert IV. von Törring (1613–1649) ließ 1618 die drei noch fehlenden Gewölbe des Mittelschiffs in perfekt gotischen Formen ergänzen; außerdem stiftete er Altäre, eine Orgel und viele weitere Einrichtungsstücke. Die mittelalterliche, ganz in Weißtönen gehaltene Farbfassung des Innenraums wurde durch eine ockergelbe Bemalung ersetzt, akzentuiert durch vergoldete Kapitelle und anderen Golddekor. Später (um 1700) wurde die Raumfassung sogar zu einem Olivgrau abgedunkelt, das in Verbindung mit durchscheinenden Partien der älteren Ockerfassung die heutige Farbigkeit des Innenraums bestimmt. 1697 erhielt der Dom schließlich die seit

dem 14. Jh. geplante Vierungskuppel, wenn auch als bunt bemaltes Barockgewölbe mit üppigen Stukkaturen (Gebrüder *Carlone*).
Im 19. Jh. führten die Geringschätzung des Barock und die romantische Vorstellung von „stilreiner" Architektur zu einschneidenden Maßnahmen. Auf Anordnung König Ludwigs I. von Bayern erfolgte eine radikale Purifizierung des Inneren, unter der Leitung des Münchner Architekten *Friedrich von Gärtner* (1828–1841). Bis auf den Hochaltar und einige Grabdenkmale verschwanden fast alle nachmittelalterlichen Ausstattungsstücke des Domes; die Barockkuppel wurde durch ein gotisches Rippengewölbe ersetzt, das die Raumproportionen bis heute erheblich beeinträchtigt. Nach der „Restauration" des Innenraums wandte man sich dem Äußeren zu: Getragen von künstlerischer, religiöser und nationaler Begeisterung sollte – ähnlich wie in Köln, Ulm und Prag – der unvollendete Außenbau fertiggestellt werden. Unter der Leitung des Dombaumeisters *Franz Joseph Denzinger* konnten tatsächlich 1859–1869 die fehlenden Oktogongeschosse und die durchbrochenen Helme der beiden Domtürme errichtet werden. Anschließend gelang noch der Ausbau der beiden Querhausgiebel und eines Dachreiters über der Vierung, so daß 1872 der Regensburger Dom nach ziemlich genau 600 Jahren als vollendet bezeichnet werden konnte.
Während das Langhaus des Domes größtenteils aus Kalkstein besteht, wurden die späteren Teile der Westfassade und die meisten Ergänzungen des 19. Jh. aus Grünsandstein gefertigt, der schon ab den 1880er Jahren starke Verwitterungserscheinungen zeigte. Von da an waren ständig aufwendige Reparaturarbeiten nötig, die seit 1923 der Staatlichen Dombauhütte anvertraut sind. 1954–1958 mußte man die beiden Turmhelme vollständig erneuern. 1974–1986 erfolgte eine Außenschutzverglasung aller wertvollen Glasmalereien des Domes. 1985–1988 wurde eine behutsame, sorgfältig vorbereitete Restaurierung des Innenraums durchgeführt, die sich auf Reinigungs- und Konservierungsarbeiten beschränkte. In wohltuender Weise zeigt das Innere deshalb nicht eine wie auch immer geartete historisierende Neufassung „nach Befund", sondern präsentiert eine Kathedrale mit vielen Spuren ihres Alters und ihrer Geschichte, aber auch mit ihrer Würde und ihrer in Jahrhunderten geprägten, unverwechselbaren Dichte der Ausstrahlung.

Gesamtwürdigung

Als einzige Kirche Deutschlands östlich des Rheins verkörpert der Regensburger Dom den in Frankreich geprägten Typus der „klassischen" gotischen Kathedrale. Charakteristisch sind hierfür – neben dem kühn konstruierten Skelettsystem mit Strebepfeilern und Strebebögen – die basilikale Anlage mit dreigeschossigem Aufriß des Mittelschiffs, das Querhaus und eine imponierende Westfassade mit zwei Türmen, alles aus sorgfältig behauenen Werksteinen hergestellt. Ursprünglich war

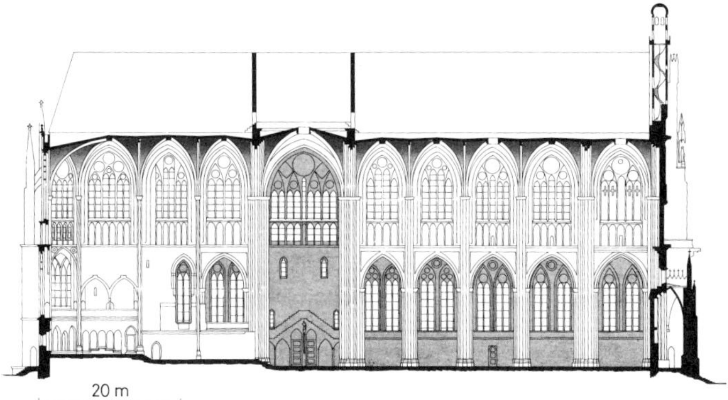

Regensburg, Dom St. Peter, Längsschnitt

noch ein dritter Turm vor der nördlichen Querhausfassade geplant, der das hohe Anspruchsniveau für den städtebaulich wirksamen Blick von der Donauseite her unterstrichen hätte. Er wurde bereits im frühen 14. Jh. aufgegeben zugunsten einer hoch aufragenden Vierungskuppel, die leider nie zur Ausführung kam. Bei allem Aufwand fallen jedoch einige Veränderungen gegenüber den französischen Vorbildern auf: Der dreischiffige, durchgehend gewölbte Bau besitzt ein verhältnismäßig kurzes Langhaus mit nur fünf Jochen (einschließlich des Fassadenmassivs). Außerdem kragt das Querhaus nicht aus, vor allem aber fehlt der übliche Chorumgang mit Kapellenkranz. Dafür findet sich in Regensburg eine ausgesprochen altertümliche Lösung mit drei gestaffelten Chören, die sämtlich nicht ganz regelmäßig mit fünf Seiten eines Achtecks schließen. Solche Dreichoranlagen haben in Regensburg eine alte Tradition (St. Emmeram, Niedermünster, St. Jakob, Dominikanerkirche); allen voran besaß aber bereits der alte Dom diese Chorgestaltung. Überhaupt erklären sich die ungewöhnlichen Dimensionen des breit, aber kurz gelagerten gotischen Doms damit, daß er ziemlich genau die Größe und die Maßverhältnisse seines Vorgängerbaus übernommen hat, obwohl er an anderer Stelle errichtet wurde. Die Abänderungen gegenüber einem „modernen" Grundriß bedeuten sicher kein Unvermögen, sondern beziehen sich auf den alten Dom, so daß der gotische Neubau mit seiner Übernahme der liturgischen „Orte" und der funktionalen Tradition den Vorgängerbau zitiert.
Die künstlerische Qualität der Dom-Architektur läßt sich zutreffend würdigen, wenn man die faszinierenden Methoden des um 1280 neu berufenen Dombaumeisters analysiert. Ihm gelang es, aus einer im

Grunde noch spätromanischen Anlage, die in den Ostteilen durch die fertigen Fundamente und einige aufragende Mauerzüge weitgehend definiert schien, nach einer wahrhaft kühnen Umplanung eine gotische Kathedrale zu verwirklichen. Dabei arbeitete er nicht mit harten Kontrasten gegenüber den vorgefundenen Bauteilen, sondern reagierte feinfühlig auf die älteren Formen, die er fast unmerklich in den neuen Stil überführte. Er entschloß sich deshalb auch für eine im späten 13. Jh. höchst ungewöhnliche Formensprache: Aus einem filigranhaften, zerbrechlichen Skelettsystem, wie es etwa die zum Vergleich häufig herangezogene Kirche Saint-Urbain in Troyes vorzeigt, wurde eine ausgesprochen körperhaft-kräftige Architektur, welche Durchdringung, Masse und räumlich-plastische Modellierung als wesentliche Gestaltungselemente einsetzt. Damit glückte zum einen die harmonische Anbindung an die ältere Bauphase, zum anderen nahm der Architekt aber auch Entwicklungen vorweg, wie man sie erst in der Spätgotik wiederfindet. Denn die beschriebene, aus der Masse heraus modellierte Architektur, als deren Kennzeichen etwa die vertieften Arkadenzwickel im Aufriß des Mittelschiffs genannt seien, wirkt wie eine Vorwegnahme von Gestaltungsweisen, die drei Generationen später, nach der Mitte des 14. Jh. allgemein verbreitet waren. Vielleicht erleichterte diese erstaunliche, zunächst immer „moderner" werdende Architektur auch den späteren Dombaumeistern die Entscheidung, den gotischen Plan in allen wesentlichen Teilen bis zur Einstellung der Bauarbeiten im frühen 16. Jh. beizubehalten. So präsentiert sich der Dom trotz der komplizierten anfänglichen Planänderungen und trotz seiner langen Bauzeit als einheitlicher und ausgewogener Bau von monumentaler Gesamtwirkung.

Baumaterial und Maße

Aufwendige doppelschalige Hausteinarchitektur höchsten Anspruchs: Eine äußere und eine innere Wand aus sorgfältig bearbeiteten Quadern wurde mit Bruchsteinen und Kalkmörtel verfüllt, so daß sich gut belastbare Mauern ergaben. Als Baumaterial urspr. fast ausschließlich Kalkstein verwendet, gewonnen aus Steinbrüchen donauaufwärts bei Bad Abbach und Kapfelberg. Als die Vorkommen erschöpft waren, wechselte man ab etwa 1400 zunehmend auf Grünsandstein über. Bei der Domvollendung im 19. Jh. zunächst sandiger Kalkstein, sog. Pfälzler, eingesetzt (Oktogon des Südturms), bald danach fast ausschließlich Grünsandstein. Seit der Gründung der Dombauhütte 1923 zahlreiche Auswechslungen zerstörter Bereiche mit Kelheimer Kalkstein. Zwischen etwa 1950–75 auch großflächige Auswechslungen mit Kunststein (z. B. Oktogon des Nordturms, beide Turmhelme), seitdem ausschließlich istrischer Kalkstein.
Gesamtlänge des Domes innen 85,40 m, Breite innen 34,80 m, Höhe des Mittelschiffs 31,85 m, Höhe der Türme 105 m.

Baubeschreibung

Dreischiffige Basilika mit einem westlich an das Langhaus anschließenden, integrierten Fassadenmassiv mit zwei Türmen. Langhaus einschließlich Fassadenmassiv fünfjochig, östlich ein nicht auskragendes Querhaus. Ostteile in der altertümlichen Form des dreiteiligen Staffelchores: Hauptchor nach zwei Jochen mit unregelmäßigem, fünfteiligem Polygonschluß, Nebenchöre nach einem Joch ebenfalls fünfseitig geschlossen. Östlich der beiden Nebenchöre je ein mehrgeschossiger Anbau mit Räumen für Sakristei, Schatzkammer und Kapellen.

Äußeres

Der ohne Kapellenkranz steil aufragende Hauptchor wirkt wie ein selbständiger, polygonaler Zentralbau. Auffallend die hohe Sockelzone mit kleinen, wimpergbekrönten Lanzettfenstern und eigenartigen, laternenförmigen Erkerchen, die sich auf Wandschränke dahinter beziehen (vielleicht Aufbewahrungsorte für Reliquien?). Zwischen den massiven Strebepfeilern prachtvolle Fensteranlage in drei Geschossen: Erdgeschoßfenster als Rechteckfenster konstruiert, wobei Oculi in den oberen Zwickeln zum überfangenden Spitzbogen des Couronnements vermitteln. Triforium ebenfalls durchfenstert, darüber nach einem Rücksprung (für den äußeren Laufgang) die Obergadenfenster, deren Couronnement je eine große, achtteilige Rose ziert. Über den Fenstern Wimperge, welche die Maßwerkbrüstung der Traufzone überschneiden. Die Strebepfeiler scheinen sich im Obergadenbereich in schlanke Baldachine zu verwandeln, von denen aus aufgeblendete Bögen und ein transparentes Maßwerkgitter zur Fensterwand führen. Hier wird also ein offenes Strebewerk wie für einen Chor mit Chorumgang suggeriert; ähnlich ist auch im Innenraum ein Chorumgang angedeutet.
Die Seitenansichten prägt der Gegensatz zwischen den kompakten Wandflächen der Nebenchöre einschließlich der östlichen Kapellenanbauten und der Obergadenzone des Hauptchors (Planwechsel). Die monumentalen Wimperge über den Fenstern entsprechen der Hauptchorapsis. Beiderseits am Ansatz des Hauptchorpolygons ein Treppentürmchen mit originaler steinerner Bekrönung.
Beim Querhaus die südliche Fassade deutlich zweigeteilt, mit geschlossener Erdgeschoßzone, die noch zur ersten Bauphase gehört. Hier reich profiliertes Portal, flankiert von schlanken Streben mit Fialenbekrönung, anschließend Spitzbogenblenden. Über dem Trumeau und dem mit feinem Blattfries belegten Türsturz großes Tympanonfeld mit aufgelegten Maßwerkformen, darin unten die Steinfiguren der Apostel Petrus und Paulus (um 1360/70), oben in einem Fünfpaß Reliefplatte mit einer Darstellung der Kreuzigung Christi, vorzüglicher Import wohl aus Seeschwaben, um 1320. Im Obergeschoß verbinden sich das durchfensterte Triforium und das neunbahnige Maßwerkfenster zu einer monumentalen, die Fassade beherrschenden Gitterstruktur. Darüber senkrecht aufsteigende Steinbalken führen das Motiv

weiter und gipfeln in dem hohen Dreiecksgiebel, der über dem Laufgang mit der Maßwerkbrüstung erst 1868/71 durch *Denzinger* vollendet wurde. Die nördliche Querhausfassade fast gänzlich verdeckt durch den sog. Eselsturm, den ehem. Nordturm des alten Domes (11. Jh., die baufälligen Obergeschosse 1871 erneuert).
Das Äußere des Langhauses relativ schlicht gehalten, mit kontinuierlicher Weiterführung der Obergadenfenster und deren Wimpergbekrönung nach dem Vorbild des Hauptchors. Beim südlichen Seitenschiff in jedem Joch zwei mit Maßwerk versehene Lanzettfenster, ab dem zweiten Joch von Osten durch einen Oculus darüber und eine Figur vor dem schmalen Wandstück dazwischen zu einer charakteristischen Gruppierung geformt. Hervorzuheben die bedeutende Skulptur des hl. Christophorus (um 1325/30) am zweiten Joch, anschließend Apostelfiguren (um 1335/50). An den Stirnflächen der Strebepfeiler qualitätvolle Reliefs allegorischen Inhalts (um 1335/45): sog. Judensau (antisemitische Darstellung), Samsons Kampf mit dem Löwen, Jungfrau mit dem Einhorn, Gänsepredigt. Am nördlichen Seitenschiff statt der Gruppenfenster große, die Wand gänzlich ausfüllende Maßwerkfenster, darunter urspr. drei angebaute Altarkapellen (zweites bis viertes Joch), die mittlere davon erhalten.
Die Westfassade durch die Dominanz der Türme bestimmt, mit mächtigen Vertikalachsen der Strebepfeiler. Ergänzend dazu die mit Friesen und Maßwerkbrüstungen dekorierten Laufgänge zwischen den Geschossen, mit ebenso nachdrücklicher Betonung der Horizontalen, so daß sich ein Grundraster der Fassadenfront aus 2 x 3 Rechteckfeldern ergibt, überhöht von den zusätzlichen Rechteckfeldern der zweiten Turm-Obergeschosse, die den Dreiecksgiebel des Mittelteils einfassen. Trotz einer mittelalterlichen Bauzeit von etwa 180 Jahren blieb die Ausführung dem urspr. Plan verpflichtet, so daß bei unterschiedlichsten Detailformen die Einheit der Gesamterscheinung gewahrt blieb. Am Südturm Weiterführung der Gestalt der Langhaus-Südseite mit auffallend kleinem Portal und typischer Fenstergruppe darüber, ikonographisch auf den hl. Petrus bezogen: Im Tympanon des Portals köstlich-naive Reliefdarstellung der Befreiung Petri aus dem Gefängnis (um 1350), zwischen den beiden Lanzettfenstern die Figur des Apostels. Das erste Turm-Obergeschoß merkwürdigerweise massiv, mit aufgeblendetem Maßwerkfenster und bekrönendem Wimperg analog zum Langhaus-Obergaden. Nach Planänderung Gestalt des Glockengeschosses darüber zweischichtig mit maßwerkverzierter Schallöffnung und darüber gelegter „Harfenbespannung", ähnlich der Westfassade des Straßburger Münsters.
Der Nordturm hält sich an das Schema des Südturms, nur mit sehr viel reicheren Schmuckformen. Im Erdgeschoß wiederum kleines Portal mit Tympanon: Übergabe der Gesetzestafeln an Moses (um 1410/20), ergänzt durch weitere Reliefs vor den Stirnseiten der Strebepfeiler: südlich „Opferung Isaaks" (um 1385/90), nördlich „Tanz um das Goldene Kalb" (um 1410/20). Über dem Portal aufwendige dreiteilige

Fenstergruppe, bereichert noch durch eine oben über die Wand gelegte Wimpergkette, die das Mittelfenster überschneidet. Am ersten Turm-Obergeschoß aufgeblendetes Maßwerkfenster, von einem auffälligen Kielbogen überfangen und begleitet von feingliedrigen Blendmaßwerken auf der Wand. Dieses Motiv beim anschließenden Mittelteil der Fassade aufgegriffen. Hier zwei große Maßwerkfenster, deren Sohlbank urspr. bis zum Laufgang darunter reichte; nach einer Planänderung die unteren Fensterbahnen 1482 durch die altanartig vorkragende Triforiumswand verdeckt. Die Bogenläufe der Fenster mit einem Maßwerkvorhang belegt und durch Kielbögen überhöht; dazwischen ein großer Oculus, ebenfalls mit Maßwerkfüllung und einem Maßwerkvorhang auf dem Rahmen. Trotz der späteren Verkürzung der großen Fenster noch die Idee des Architekten spürbar, die als Monumentalisierung der Gruppenfenster des südlichen Seitenschiffs und über dem südlichen Westportal zu verstehen ist. Für diese ungewöhnliche Steigerung eines „Leitmotivs" wurde sogar auf die Möglichkeit einer sonst hier üblichen großen Rose oder eines einzigen gewaltigen Maßwerkfensters verzichtet. Ikonographisch bedeutsam der Figurenschmuck von *Konrad Roritzer* (um 1460): zwischen den Fenstern der hl. Petrus im Schifflein, das Wappen des Regensburger Domkapitels, darüber ein großes Kruzifix, das bewußt vor den Oculus gestellt wurde. Die Gruppe flankiert von Maria und Johannes unten sowie zwei trauernden Engeln oben. Als Abschluß des Mittelteils ein prächtiger Dreiecksgiebel, dessen Mittelachse das sog. Eicheltürmchen betont: ein polygonal vorkragender zierlicher Treppenturm, der die Giebelspitze durchstößt und nach oben mit einer „welschen Haube" abschließt. In den Giebelschrägen tiefe Blendnischen, darin zu beiden Seiten die Figuren einer Verkündigung, um 1480 (Kopien von *Theodor Georgii,* 1926/28; die Originale im Museum der Stadt Regensburg).

Die Oktogongeschosse und Helme der beiden Türme sind bedeutende Leistungen der Neugotik des 19. Jh. Zwischen den Turmstrebepfeilern, die in gestuft aufragenden Fialenspitzen enden, erheben sich die transparenten Oktogone, deren große Maßwerköffnungen von Wimpergen bekrönt sind. Darüber die achtseitigen Helme, nach dem Vorbild des Freiburger Münsters gänzlich als durchbrochene Maßwerkgitter gestaltet und an den Kanten mit kräftigen, bis zur Spitze hochlaufenden Krabben besetzt; ganz oben eine gewaltige Kreuzblume.

Von besonderer Bedeutung das Hauptportal des Domes: ein hohes Gewändeportal mit Trumeau, dreiteiligem Tympanon und reichem Archivoltenschmuck, dazu eine kühn erfundene Vorhalle auf dreieckigem Grundriß, die auf einem vor die Mittelachse des Portals gestellten mächtigen Freipfeiler ruht. Über den Bogenläufen der Vorhalle ein profiliertes Gesims und eine wie eine Krone hochsteigende Maßwerkbrüstung, dahinter ein – durch eine Tür vom Dominnern aus betretbares – Flachdach.

Als Schmuck des Hauptportals erscheint die reichste figürlich-plastische Dekoration, die es in Regensburg je gegeben hat. Stiftung der reichen Patrizierfamilie Gamerit von Sarching, Entstehungszeit um 1385–1410. In Archivolten und Tympanon ein ausführlicher Zyklus des Marienlebens: 22 Reliefdarstellungen in den Archivolten, am Beginn die „Wurzel Jesse", dann die Legende von Joachim und Anna, die Geburt Mariens, der Tempelgang, die Vermählung mit Joseph, die Verkündigung an Maria, die Kindheitsgeschichte Jesu bis zur Flucht nach Ägypten und dem zwölfjährigen Jesus unter den Schriftgelehrten. Über jeder Gruppe ein feingliedrig gestalteter Baldachin. Abschluß des Marienlebens im Tympanon: in drei Registern übereinander Tod und Begräbnis Mariens, ihre Aufnahme in den Himmel und Marienkrönung. In den Bogenläufen der Vorhallenarkaden zwölf Propheten. Am Trumeau erstaunlicherweise keine Marienfigur, wie man dies bei einem derart mariologischen Programm erwarten würde, sondern eine Skulptur des Apostels Petrus. Offensichtlich wandelte man nach einer Planänderung die Ikonographie zu einem apostolischen Programm um: Neben Petrus erscheinen im Gewände die beiden hl. römischen Diakone Stephanus und Laurentius sowie vier Apostel (zwei davon abgenommen). Die restlichen acht Apostel in den Figurentabernakeln des Freipfeilers (Kopien von *Joseph Sager,* 1907/08; die aus Sandstein bestehenden stark verwitterten Originale im Lapidarium des Domkreuzgangs und im Museum der Stadt Regensburg). Die Bildwerke des Hauptportals gehören zu den besten Leistungen der Kunst um 1400 in Mitteleuropa. Stilistische Zusammenhänge mit Prag (Umkreis des Bildhauers der Krumauer Madonna), aber auch mit neuen Anregungen aus Burgund.

Ikonographisch bemerkenswert noch die vier Skulpturen reitender Könige vor den Stirnwänden der Turmstrebepfeiler, in Höhe der Erdgeschoßfenster. Sie verkörpern die vier Weltreiche nach der Vision des Propheten Daniel; von Süd nach Nord: der babylonische König Nebukadnezar auf einem Löwen, der römische Herrscher Julius Cäsar auf einem Einhorn, der griechische König Alexander d. Gr. auf einem Panther und der persische König Cyrus auf einem Bären (Kopien von *Xaver Müller* 1898/99; die Originale aus der Zeit um 1350/60, um 1410 und um 1420/30 im Lapidarium des Domkreuzgangs und im Museum der Stadt Regensburg).

Inneres

Der Hauptchor ist gegenüber dem Langhaus ungewöhnlich erhöht: sechs Stufen führen von der Vierung zum Langchor, das Sanctuarium mit dem Hochaltar steigt noch einmal fünf Stufen an. Der Grund hierfür dürfte der anachronistische, wohl von der kultischen Nutzung des Vorgängerbaus her übernommene Einbau eines unterirdischen Andachtsraums unter dem Hochaltar gewesen sein. Zu dieser sog. Confessio führten urspr. zwei seitliche Treppen hinab; hier wurden wahrscheinlich die im Dom sehr verehrten Gebeine des hl. Florinus gezeigt (heute befinden sich die Reliquien im großen Bronzealtar der Vierung). Überhaupt spielte der Reliquienkult im Sanctuarium eine große Rolle.

Die Sockelmauer der drei mittleren Polygonseiten birgt innerhalb einer reichen Blendarkatur insgesamt 12 Wandschränke, die sich teilweise mit Fenstern nach außen öffnen und dort als Laternenerker in Erscheinung treten (siehe oben). Die aufwendigen Schranknischen bargen sicherlich Reliquien, welche durch die Weisungsfenster partiell von außen sichtbar waren.
Über diesem bedeutungsträchtigen Sockel erhebt sich die gläserne Architektur der drei mittleren Seiten des Chorschlusses. Die großartige Wirkung der in drei Geschossen geordneten, edelsteinhaft leuchtenden Glasfenster erfährt durch die räumliche Gliederung eine zusätzliche Dimension. Das untere Geschoß ist zusammen mit dem Triforium in zwei Wandschichten gegliedert: Während in der äußeren Ebene die Fenster liegen, schiebt sich innen vor die rechteckig gerahmten Fenstermaßwerke des Erdgeschosses je ein Spitzbogen, dessen Zwickel auffällig eingesetzte Oculi füllen. Vor den Triforienfenstern liegt in der inneren Ebene ein Maßwerkgitter, das sich mit den Obergadenfenstern darüber zu einer einheitlichen, monumentalen Maßwerkstruktur verbindet. Dabei sitzen die Obergadenfenster nun in der inneren Wandschicht. Die schmalen Kompartimente zwischen der inneren und äußeren Ebene lassen unten die Architektur raumhaltig erscheinen, so daß sich die Illusion eines Chores mit Chorumgang ergibt, – wiederum also eine suggestive Interpretation des Chorschlusses, die ähnlich auch bei der Außenansicht zu beobachten war (siehe oben).
Die Langseiten des Hauptchores zeigen dagegen eine – von der Baugeschichte her verständliche – heterogene Struktur. Die Südwand beschränkt sich im Erdgeschoß auf glatte Mauerflächen, die mit ungleichen Arkadenbögen zum Nebenchor hin geöffnet sind, während die zum Chorschluß gehörende Wand unten durch schlanke Blendarkaden, darüber durch zwei große spitzbogige Nischen gegliedert wurde. Deutlich gehören diese Partien noch zur ersten, unsicher gestalteten Bauphase des Domes, während das voll entwickelte Triforium und die Obergadenzone die konsequente Umplanung des französisch geschulten Architekten widerspiegeln, der die endgültige Gestaltung des Domes festlegte. Um die Symmetrie der Gesamtanlage zu wahren, wurde die später entstandene nördliche Langseite des Hauptchores konsequent der Südseite angeglichen, einschließlich der altertümlichen Erdgeschoßgliederung, die man nur in Details modifizierte. Die beiden Joche des Hauptchores überspannen Kreuzrippengewölbe; das sechsteilige Gewölbe des Chorschlusses endet in einem prächtigen Schlußstein mit der Reliefdarstellung der Schlüsselübergabe an Petrus (um 1310/20).
Die beiden Nebenchöre gleichen mit dem kreuzrippengewölbten Joch und dem fünfteiligen Polygonschluß der Gestalt des Hauptchores. Da sich aber östlich unmittelbar die Kapellenanbauten anschließen und im Zwickel zum Hauptchor hin auch noch je eine Wendeltreppe steckt, konnten nur die beiden äußeren Polygonseiten durchfenstert werden, so daß blinde, teilweise durch Blenden belebte Wandflächen

den Raum prägen. Einen auffallenden horizontalen Akzent bildet der über der Sockelzone herumgeführte Laufgang, der ursprünglich direkt mit dem Lettner am Eingang des Hauptchores verbunden war und wohl eine Reihe liturgischer Funktionen zu erfüllen hatte. Der südliche Nebenchor gehört in seiner Aufrißgliederung zu den ältesten Teilen des Domes, kenntlich an den schlichten Kelchkapitellen und den nach einem unbeholfenen System geordneten Diensten mit springenden Basen und Kämpferzonen. Dieser Raum konnte als erster abgeschlossener Bauteil des Domes fertiggestellt und liturgisch genutzt werden; hier hatte sich bereits Bischof Leo Thundorfer nach seinem Tod 1277 bestatten lassen.

Das Querhaus hätte seine volle architektonische Wirkung erst dann entfalten können, wenn der ursprünglich geplante und begonnene Vierungsturm vollendet worden wäre. Sein Grundriß sollte über dem Quadrat der Vierung durch Trompen zum gleichseitigen Achteck übergeleitet werden. Darauf war ein Triforium vorgesehen, über dem man sich einen hohen überwölbten Lichtgaden vorstellen muß. In Erinnerung an diese Idee war noch 1697 eine barocke, prächtig geschmückte Vierungskuppel gebaut worden, die bei der Purifizierung im 19. Jh. zerstört und durch ein enttäuschendes Kreuzrippengewölbe ersetzt wurde.

So bilden heute die Innenwände der Süd- und Nordfassade die architektonischen Schwerpunkte des Querhauses. Die Südwand kennzeichnet der beachtliche Aufwand um das Doppelportal, zu dem von den Seiten her aufsteigende Blendnischen führen. Darüber ist der vom südlichen Nebenchor kommende und in das anschließende Seitenschiff weiterführende Laufgang in Form einer symmetrischen Treppenanlage hochgestuft; er bildet eine auffällige Bekrönung für die gesamte Portalanlage, vor allem aber für die am Trumeau stehende, um 1330 entstandene Figur der hl. Petronella, der legendären Tochter des hl. Petrus, die im Dom nach dem Vorbild der römischen Peterskirche besonders verehrt wurde. Umso mehr fällt die schmucklose Wandfläche über dem Laufgang auf, die lediglich mit vier kleinen Lanzettfenstern geöffnet ist. Den stärksten Kontrast dazu bildet darüber das prachtvolle neunbahnige Maßwerkfenster, das mit Abstand größte Fenster des Domes, welches zusammen mit dem verglasten Triforium eine vielteilige Komposition ausbildet und das Obergeschoß majestätisch beherrscht.

Die innere Nordwand des Querhauses mußte dagegen völlig anders gestaltet werden, da sich hinter ihr der sog. Eselsturm befindet, der bis auf die schmale westliche Portalöffnung und zwei Fensterbahnen im Obergeschoß darüber keine Öffnung in der Wand zuläßt. So erscheinen nur wenige Gliederungselemente: der Laufgang, der auch in die Portalnische führt und wieder mit kleinen Treppen den Portalbogen überwindet; die völlig glatte Wand darüber, nur östlich des Portals unterbrochen durch eine mächtige, senkrecht hochsteigende Lisene, die wohl als statische Verstärkung für den ursprünglich dahinter geplanten gotischen Turm dienen sollte; im Obergeschoß schließlich reiches Blendmaßwerk an der Stelle von Triforium und Lichtgaden.

Das Mittelschiff verkörpert das „klassische" System gotischer Kathedralen mit seinem dreigeschossigen Aufriß in makelloser Ordnung. Zwischen die Bündelpfeiler spannen sich kräftig profilierte Scheidarkaden, darüber zieht sich das nicht belichtete Triforium entlang, und oben öffnen sich in den durch die Schildbögen eingefaßten Rahmen die großen Fenster des Obergadens. Einige wenige Änderungen können die einheitliche Gesamtwirkung nicht stören, etwa der Wechsel von vier auf fünf Bahnen für Triforium und Obergadenfenster nach dem zweiten Joch von Osten, oder die unterschiedlichen Fenstermaßwerke, oder die konstruktiv bedingten Besonderheiten des zum Fassadenmassiv gehörenden Westjochs mit den erheblich verstärkten Bündelpfeilern und den mit Blendmaßwerk geschmückten, massiven Wänden der Obergeschosse.

Eine Analyse der architektonischen Gliederung verrät die herausragende Leistung des für die gotische Gesamtplanung verantwortlichen Baumeisters. Er wählte kein reines Skelettsystem, das die Wandflächen zu dünnen Membranen zwischen den tragenden Elementen reduziert, sondern verband Pfeiler und Wände zu einer gleichberechtigten, nicht voneinander lösbaren Mauerstruktur. Beispielsweise wurden die Bündelpfeiler durch schräg gestellte, an Pilaster erinnernde Streifen differenziert, die ohne Zäsur bis zum Schildbogen hochlaufen. Diese Streifen scheinen eher zur Wand als zum Pfeiler zu gehören, distanzieren förmlich die einzelnen Dienste der Bündelpfeiler voneinander und verbinden sich eng mit den kräftigen Rechteckrahmen, welche die vertieften Zwickel über den Scheidarkaden einfassen. Auch Triforium und Obergaden, die ihrerseits von breiten, an Gewände erinnernden Wandprofilen gerahmt und zusammengefaßt werden, sind mit dieser plastisch modellierten Architektur verwachsen. Untereinander wollen die Obergadenfenster und die Arkatur des Triforiums jeweils als Einheit gesehen werden, was sich in der gleichen Ordnung der Bahnen verrät, auch in der gemeinsamen Rückstufung, vor allem aber in den vor einige Stäbe gelegten Säulchen, die in jedem Joch einfach oder doppelt hochsteigen und vom Laufgang des Triforiums bis zum Couronnement der Fenster reichen. Eine derartige Tendenz des dreigeschossigen Aufrisses zur scheinbaren Zweigeschossigkeit ist typisch für die hochgotische Kathedrale französischer Ordnung und ähnlich bereits in Amiens und Köln vorbereitet.

Die Kreuzrippengewölbe sind nur in den beiden östlichen Jochen mittelalterlich; die drei westlichen Joche wurden erst 1618 durch den in Eichstätt und Augsburg tätigen Baumeister *Johann Albertal* eingewölbt. Die innere Westwand ist originell gegliedert durch den Laufgang, der sich zu beiden Seiten des Hauptportals in offenen Wendeltreppen hochschraubt und oben als balkonartige Galerie den Eingang überbrückt. Die Brüstung dieser Galerie und die Maßwerkbekrönung der Treppentürme dabei von 1838. Durch eine heute mit einem Glas-

fenster verschlossene Türöffnung in der Mitte der Galerie konnte man urspr. ins Freie treten, auf den offenen Balkon über der Vorhalle des Hauptportals. Wahrscheinlich dienten diese nach innen und nach außen gerichteten Balkone für liturgische Zwecke, beispielsweise für die berühmten spätmittelalterlichen „Heiltumsweisungen", bei denen die Reliquienschätze der Stadt feierlich vorgezeigt wurden.
Die Seitenschiffe ordnen sich in der Gestalt der Pfeiler, Dienste und Gewölbe einheitlich dem Kathedralschema unter. Lediglich die Außenwände wurden jeweils unterschiedlich gestaltet. Im südlichen Seitenschiff erscheint unter dem Laufgang eine durchgehende Bogenreihe, deren reich profilierte und genaste Spitzbögen über Kragsteine von kleinen Atlanten getragen werden (die meisten dieser lebhaft bewegten Figuren stammen aus dem 19. Jh.). Über dem Laufgang eine interessante zweischalige Wandgliederung, die zwischen der äußeren Mauerfläche mit den schlanken Spitzbogenfenstern und einer inneren Schicht aus Gewölbediensten, Schildbögen und Laufgangbrüstung differenziert ist. Das nördliche Seitenschiff besitzt eine ganz andere Sockelzone, da sich hier in den drei mittleren Jochen Portalbögen zu den ursprünglich außen angebauten Altarkapellen öffneten (die mittlere Kapelle ist noch erhalten, aber durch den hier aufgestellten Altar zugebaut; die beiden anderen Portalöffnungen heute zu Nischen umgewandelt). Die damaligen Kapellendächer erzwangen eine völlig neue Fensterlösung: große, die Wandfläche gänzlich füllende Maßwerkfenster, die aber in der unteren Hälfte jeweils blind werden und die Fensterbahnen als Blendfenster weiterführen. Auch im Nordschiff wiederholt sich die beschriebene Zweischaligkeit der Außenwand. Ungewöhnlich reich ist das nördliche Turmjoch gestaltet. Die Sockelzone schmücken aufwendige Blendmaßwerke; prachtvolle Konsolen mit phantasievollem Blätterdekor (um 1410/20) zeugen von einer damals geplanten umfangreichen figürlichen Ausstattung, die wohl nie ausgeführt wurde. Hierzu gehören auch die beiden Reliefs über den Türen: das Innentympanon des nördlichen Westportals (Darstellung des Opfers von Kain und Abel) sowie die Supraporte über der Tür in der Nordwand (Brudermord und Bestattung Abels). Das Joch überspannt ein sternförmiges Netzgewölbe, das einzige dieser Art im Dom. Es muß noch geklärt werden, ob diese auffallenden Schmuckformen eine besondere liturgische Nutzung des Turmjochs unterstreichen sollten.

★ Glasgemälde

Die Bezifferung der Fenster bezieht sich auf die Planskizze rechts

Der Dom gehört zu den wenigen gotischen Kathedralen Europas, die trotz gewaltiger Fensterflächen durchgehend farbig verglast sind, so daß nirgends störendes Tageslicht eindringen kann. Das durch die Fenster einfallende „gefärbte" Licht erfüllt den Dom mit einem „buntfarbigen klaren Raumlichtnebel" (Wolfgang Schöne) und verleiht allen Teilen des Innenraums eine schwer zu beschreibende schwebende Le-

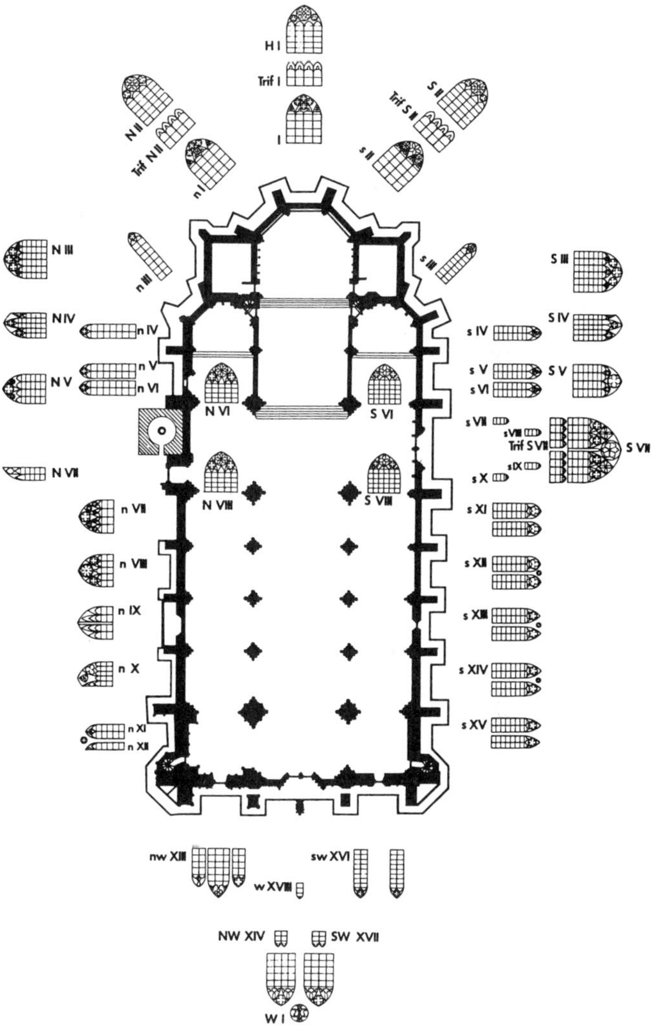

Regensburg, Dom St. Peter, Planskizze mit Grundriß des Domes und der schematischen Numerierung aller farbigen Glasfenster

Die Numerierung bezieht sich auf die Ziffern im Text ab S. 448.

bendigkeit. Es stellt sich eine schimmernd unbestimmte Atmosphäre ein, die zusammen mit den edelsteinhaft leuchtenden Fenstern so suggestiv wirkt, daß der abbildhafte Charakter des Himmlischen Jerusalems glaubhaft wird.
Der weitaus größte Teil der Fenster stammt dabei in erstaunlich guter Erhaltung aus dem Mittelalter. Es handelt sich um einen Bestand von rund 1100 Scheiben, – ein gewaltiger Schatz, mit dem sich in Deutschland bestenfalls die gotische Verglasung des Kölner Domchores messen kann. Die ältesten Scheiben wurden sogar aus dem Vorgängerbau des Regensburger Domes übernommen: die Reste des um 1230 entstandenen Stammbaum-Christi-Fensters, die im Triforium des Südquerhauses eingesetzt worden sind (siehe Fenster Trif. S VII).
Im 19. Jh. ergänzte man auf Anordnung König Ludwigs I. von Bayern fehlende Fensterflächen durch neu geschaffene Glasmalereien, die ab 1827 entstanden und zu den Inkunabeln dieser damals wiederentdeckten Kunstgattung gehören. Einige durch Kriegseinwirkung zerstörte Fenster und die seit der Barockzeit nicht mehr farbigen Glasflächen des Obergadens im Mittelschiff wurden schließlich zwischen 1967 und 1989 erneuert, sämtliche in bemerkenswertem Einfühlungsvermögen durch den Münchner Glasmaler *Josef Oberberger*. – Um die katastrophalen Schäden durch Luftverschmutzung abhalten zu können, ließ man 1974–86 alle Scheiben des Mittelalters und des 19. Jh. durch Außenverglasung schützen.

Schlußseiten des Hauptchores

Fenster I: entstanden bald nach 1313, Stifter Bischof Nikolaus von Ybbs (1313–40). – Unterste Zeile von links nach rechts: Stifter Bischof Nikolaus, Wappen der Stadt Regensburg, Phantasiewappen (diese beiden Scheiben 1839 neu geschaffen), Wappen des Heiligen Römischen Reiches (Reichsadler). – 2. Zeile: die hll. Walburga, Willibald, Wunibald, Sola (vier Patrone des Bistums Eichstätt, beziehen sich auf den Stifter Bischof Nikolaus, der vorher Domherr in Eichstätt gewesen war). – 3. Zeile: die hll. Martin, Paulus, Petrus, Nikolaus. – Oberste Zeile: Szenen aus der Kindheitsgeschichte Jesu: Verkündigung an Maria, Geburt Christi, Anbetung der Könige, Darbringung im Tempel. – Im Maßwerk Darstellung der Kreuzigung Christi mit Maria und Johannes Ev., außerdem das Lamm Gottes und die Symbole der vier Evangelisten.
Fenster n II: um 1315/20, Stifter vielleicht das Domkapitel. – Szenen aus dem Leben der Apostelfürsten Petrus und Paulus sowie die Martyrien der übrigen Apostel. – In der untersten Zeile links und rechts zwei Scheiben, von anderer Stelle nachträglich eingesetzt: Szenen aus der Legende der hl. Margareta (um 1370). – In den übrigen Scheiben bis zur 3. Zeile die Apostelmartyrien; in der 3. Zeile zusätzlich links die Bekehrung des Saulus und die Enthauptung des hl. Paulus. – In der 4. Zeile Szenen aus der Petruslegende: hl. Petrus im Schifflein (das

Wappen des Domkapitels), Petrus auf der Kathedra, Befreiung aus dem Gefängnis (um 1370 erneuert) und Kreuzigung Petri. – In den Kopfscheiben Auferstehende, die aus ihren Gräbern kommen; beziehen sich auf die Darstellung des Jüngsten Gerichts in den Maßwerkfeldern.

Fenster s II: entstanden bald nach 1313, Stifter ein Domherr namens Werner. – Szenen aus dem Marienleben sowie die legendären Verwandten Mariens im Typus der Heiligen Sippe. Eine der ältesten bekannten Darstellungen dieses Themas. – Oberste Zeile: Die Könige David und Salomo als Vorfahren Josefs, die Legende von Joachim und Anna. Darunter: Darbringung der kleinen Maria im Tempel, Josef mit dem grünenden Stab, Verkündigung an Maria, thronende Muttergottes mit dem Jesuskind. – In den unteren beiden Zeilen die Hl. Sippe, wobei die legendären drei Eheschließungen der hl. Anna und die daraus entstandenen Kinder und Enkel vorgeführt sind, sowie in der untersten Zeile rechts noch der hl. Bischof Servatius, der angeblich ein Verwandter Jesu gewesen sein soll. – Im Maßwerk Halbfigur des Christus Salvator, begleitet von Sonne und Mond.

Fenster Trif. I: um 1310, gestiftet von den Familien Löbel und Lech. – Vier Heiligenfiguren in Bordürenrahmen. Von links nach rechts: hl. Ritter, die Apostel Petrus, Paulus und Andreas.

Fenster Trif. N II: um 1330, Stifter Ulrich Häderer. – Vier Heiligenfiguren in Bordürenrahmen: hl. Katharina, weibliche Heilige mit Blumenkranz (Dorothea?), hl. Margareta, hl. Apostel.

Fenster Trif. S II: um 1330, gestiftet von den Familien Auer und Karg. – Vier Heiligenfiguren in Bordürenrahmen: hl. Apollonia, die Apostel Jakobus d. Ä. und Bartholomäus, weibliche Heilige.

Fenster H I: um 1300, Petrus und der Stifter möglicherweise etwas später. Stifter ein Kleriker namens Philippus: entweder der um 1302/04 nachweisbare Domscholastiker Philipp, oder aber der Eichstätter Bischof Philipp von Ratsamhausen (1306–22), der mit dem Regensburger Bischof Nikolaus von Ybbs eng verbunden war. – Vier Bahnen mit Ornamentscheiben (Rosetten und Blattranken). In den untersten beiden Zeilen je eine Figur eingesetzt. Von links nach rechts: hl. Apostel Jakobus d. Ä., hl. Petrus auf der Kathedra, kniender Stifter mit Inschrift „Philippus“, jugendlicher Apostel (Johannes Ev.?). – In der Mitte der sonst ornamental gefüllten Maßwerkrosette das Haupt Christi.

Fenster N II: um 1320, Stifter der Regensburger Domdekan Konrad (bisher nicht näher bekannt). – Unterste Zeile von links nach rechts: der Stifter, die Eichstätter Bistumspatrone Willibald, Wunibald und Walburga. – In den Zeilen darüber Szenen aus der Passion Christi und Darstellungen der sechs Werke der Barmherzigkeit, nach vielfältigen Reparaturen und Erneuerungen in der Reihenfolge durcheinandergebracht.

Fenster S II: entstanden bald nach 1304. Stifter der Dompropst Konrad von Haimberg und der Domherr Konrad von Schwarzenburg.

– In jedem Feld Ganzfigur eines Heiligen in einem gekurvten Langpaßrahmen. Eine Ausnahme bildet die unterste Zeile, wo die zwei Stifterbildnisse erscheinen und die Heiligendarstellungen darüber so vergrößert wurden, daß sie sich über je zwei Felder ausdehnen (Muttergottes, hl. Christophorus). Thematisch erscheinen die Heiligen als die Vierzehn Nothelfer. Der Regensburger Zyklus dürfte die älteste monumentale Nothelferdarstellung sein, die sich erhalten hat. Da die Heiligen vielfach keine oder nur sehr allgemeine Attribute tragen, lassen sie sich nur schwer identifizieren. Eindeutig bestimmbar die hll. Georg, Oswald, Veit, Katharina, Margareta, Christophorus und Maria, mit einiger Wahrscheinlichkeit noch Barbara, die übrigen lassen mehrere Deutungsversuche zu (hl. Katharina infolge einer irrigen Ergänzung sogar zweimal dargestellt).

Langseiten des Hauptchores

Fenster N III: um 1370, Stifter Peter Sitauer. – Monumentale Darstellung der Himmelfahrt Christi.
Fenster S III: um 1370, Stifter Wernt Auer und seine Gattin Anna von Wildenstein. – Monumentale Darstellung des Marientodes; Christus bringt die Seele seiner Mutter in den Himmel.
Fenster N IV: um 1370/75, Stifter Wernt Auer und seine Gattin Anna von Wildenstein. – Monumentale Darstellung der Anbetung der Könige.
Fenster S IV: um 1370/75, Stifter Wernt Auer und seine Gattin Anna von Wildenstein. – Monumentale Darstellung der Geburt Christi und der Verkündigung an die Hirten; im Maßwerk Pelikan mit seinen Jungen.
Fenster N V: um 1360, ohne Hinweis auf einen Stifter. – Dargestellt sind acht Heilige in Figurentabernakeln: Untere Reihe von links nach rechts: die hll. Könige Richard, Ludwig, Karl d. Gr., Sigismund. – Obere Reihe: die Propheten Zacharias, Osee, Jeremias, Isaias. – Im Maßwerk: Sonne, Mond und Sterne sowie die Symbole der vier Evangelisten.
Fenster S V: um 1360, ohne Hinweis auf einen Stifter. – Dargestellt sind acht Heilige in Figurentabernakeln: Untere Reihe: die Patrone des Bistums Regensburg: Erhard, Dionysius, Wolfgang und Emmeram. – Obere Reihe: ein Ritterheiliger (Mauritius?), die hll. Georg, Johannes Ev. und Johannes Bapt.
Besonders bemerkenswert jene Obergadenfenster, die ein einziges Thema auf der riesigen Fensterfläche präsentieren. Sie lassen sich wohl in Verbindung bringen mit der Werkstatt des Glasmalers *Heinrich Menger,* über dessen Arbeiten für den Dom sich eine Art Wartungsvertrag aus dem Jahre 1372 erhalten hat. Die etwas älteren Fenster N III und S III betonen ornamental gemusterte Flächen und strahlende Farbkontraste bei flacher räumlicher Schichtung; in den Fenster N IV und S IV dagegen nach italienischen Vorbildern Erfindung asymmetrischer, ka-

stenartiger Raumkulissen, in denen sich Figuren mit kräftigem plastischem Volumen bewegen.

Südlicher Nebenchor

Fenster s III: um 1370/80. Wohl historisierende Neuschöpfung *Heinrich Mengers* als Ersatz eines verlorenen älteren Fensters aus der Zeit um 1300. – Zwei Bahnen aus hellen Grisaille-Scheiben, die mit Blattformen gefüllt sind. In der 2. Zeile von unten unter Arkadenbögen die Apostel Andreas und Bartholomäus. Darüber jeweils das Wappen der Herren von Lupburg.
Fenster s IV: 1828, Stifter König Ludwig I. von Bayern. – Tapetenfenster aus zwei Bahnen, ohne figürliches Thema.
Fenster s V und s VI: um 1300, Stifter Bischof Konrad von Lupburg (1296–1313). – Die ältesten für den gotischen Dom geschaffenen Glasfenster. Zwei Fenster aus je zwei Bahnen, bis auf die untersten beiden Zeilen mit Ornamentmustern gefüllt. In der untersten Zeile figürliche Darstellungen: bei Fenster s V links die Kreuzigung des Apostels Andreas, davor ein kniender Bischof als Stifter; rechts die Standfiguren der Bischöfe Heinrich von Rotteneck (1277–1296) und Konrad von Lupburg (1296–1313). Über diesen beiden Scheiben jeweils ein Feld mit einem Baldachin; in der Arkade links das Wappen des Hochstifts Regensburg, rechts die Wappen der Bischöfe Rotteneck und Lupburg. – Im Fenster s VI in der untersten Zeile: hl. Johannes Ev. links und Bischof Leo Thundorfer (1262–1277) rechts, darüber jeweils wieder ein Baldachinfeld, links mit dem Wappen des Bischofs Konrad, rechts mit dem des Hochstifts Regensburg.

Nördlicher Nebenchor

Fenster n III bis n VI: 1967/68, von *Josef Oberberger*. – Dargestellt sind zwischen ornamental gefüllten Feldern die Patrone des Bistums Regensburg und die Symbole der vier Evangelisten.

Querhaus

Fenster S VI: 1831, Stifter König Ludwig I. von Bayern. – Gezeigt ist die Predigt des hl. Benno, des Patrons des Bistums Meißen, der seit der Übertragung seiner Gebeine nach München im Jahre 1576 auch als Patron Altbayerns und Münchens verehrt wird. Außerdem die hll. Emmeram und Wolfgang sowie Ludwig und Theresia (die Namenspatrone des Königs und seiner Gattin).
Fenster s VII – s X: um 1320/30, Stifterwappen bisher nicht identifiziert. – In den unteren beiden Fenstern s VII und s X die hll. Petrus links und Christophorus rechts, in den oberen Fenstern s VIII und s IX Figuren der Verkündigung an Maria.
Fenster Trif. S VII: Um 1330 füllte man das Triforium mit den prachtvollen Scheiben eines Stammbaum-Christi-Fensters, das um

1230 wohl für den Vorgängerbau des Domes (Westchor?) geschaffen worden war. Von der ursprünglichen Anlage sind erhalten Teile des Stammbaums Christi, dazu die Scheiben der Verkündigung, der Geburt Christi und der Kreuzigung. In Technik und künstlerischer Qualität ein Höhepunkt mittelalterlicher Glasmalerei, Hauptwerke der Regensburger Kunst des 13. Jh. – Nach Beschädigungen (?) wurden die Triforienfenster mehrfach durch jüngere Scheiben ergänzt: Figur eines Bischofs, um 1330; hl. Michael, um 1370/80; jeweils auf zwei Feldern hl. Petrus und Muttergottes, um 1370.
Fenster S VII: um 1330, Stifter ein Kanoniker aus der Familie der Auer. – In den beiden äußeren Bahnen links das Stifterwappen (darüber die Flickscheibe einer Stifterfigur um 1470) und rechts die zugehörige Stifterfigur in Kanonikertracht. – Anschließend nach innen zu jeweils drei Heilige in Ganzfigur unter Architekturbaldachinen: links die hll. Margareta, Katharina und Barbara (diese 1903 erneuert), rechts drei heilige Bischöfe. – In der Mittelbahn und den Maßwerkfüllungen Ornamentmuster.
Fenster S VIII: 1854, Stifter König Ludwig I. von Bayern. – Darstellung der Schlüsselübergabe an Petrus, flankiert von den vier abendländischen Kirchenvätern.
Fenster N VI: um 1370. Bedeutendes Glasgemälde, sicher in engem Zusammenhang mit der Werkstatt *Heinrich Mengers*. – Die ganze Fläche füllt eine monumentale Darstellung der Kreuzigung Christi, die in eine mehrgeschossige Architekturanlage eingesetzt ist. – In den untersten beiden Zeilen (wohl von einem anderen Fenster stammend) Ganzfiguren von fünf Heiligen: von links nach rechts Augustinus, Ursula, Barbara, Katharina und Jakobus d. J. (?).
Fenster N VII: um 1330, bei einer Restaurierung 1903 nahezu vollständig erneuert. – Im Triforium zwei Apostel (Andreas und vielleicht Johannes Ev.). Darüber hl. Luitpold links und hl. Ignatius rechts – die Namenspatrone des Prinzregenten Luitpold von Bayern und des Bischofs Ignatius von Senestréy, mit zugehörigen Inschriften. Darüber Architekturbaldachine; in der zweiten Bahn noch eine Darstellung des hl. Johannes Ev.
Fenster N VIII: 1988, von *Josef Oberberger*. – Eigenwillige Darstellung des Pfingstfestes. Im Zentrum auf rotem Grund die in Weiß strahlende Dreifaltigkeit, im Typus des sog. Gnadenstuhls. Von Gottvater gehen Feuerstrahlen aus, und Feuerzungen bezeichnen die zwölf Apostel, die in den seitlichen Bahnen sowie den unteren beiden Zeilen angeordnet sind und die Gestalt Mariens in der Mittelbahn einfassen. Über Maria noch einmal die Taube des Hl. Geistes. In den Vierpässen des Maßwerks links das Paradies mit Adam und Eva, rechts die Hölle.

Südliches Seitenschiff

Fenster s XI: um 1325, Stifter zwei Mitglieder der Familie der Auer. – Unten jeweils die Figur eines Heiligen: von links nach rechts die

Apostel Petrus und Andreas sowie hl. Wenzel und Apostel Paulus. Darunter die Stifterwappen und ein Stifterpaar. – Über den Heiligen in den linken beiden Bahnen je ein prächtiger Architekturbaldachin, in den rechten Bahnen ein Dreipaßbogen mit Zinnenkranz. – Nach oben zu sind die restlichen Scheiben mit Ornamentmustern gefüllt.

Fenster s XII: um 1335/40. Stifter ein Kanoniker aus dem Geschlecht der Gamerit von Sarching, der auch den vor dem Fenster stehenden Verkündigungsaltar (urspr. Annenaltar) gestiftet hat. – Im linken Fenster links unten das Stifterwappen, in allen übrigen Feldern Szenen aus dem Martyrium der hl. Christine. Die Darstellungen sind in der Reihenfolge teilweise vertauscht. – Das rechte Fenster zeigt in der untersten Zeile die Stifterszene: Der Kanoniker hält einen gotischen Ziborienaltar, den er der daneben thronenden Anna Selbdritt überreicht. Darüber Szenen aus dem Leben des hl. Leonhard, wieder in der Reihenfolge durcheinandergekommen. – In der Vierpaßrosette oben zwischen den Fenstern das Lamm Gottes.

Fenster s XIII: um 1350, Stifter ein Mitglied der Familie Melder, wohl Albrecht Melder. – In allen Feldern Szenen aus dem Marienleben, in der Reihenfolge teilweise vertauscht. In der untersten Zeile in den Bildecken Stifter und Stifterwappen. Bei der Darstellung der Flucht nach Ägypten ganz rechts oben gilt der hier erscheinende blaue Esel als eines der Wahrzeichen des Regensburger Domes. Eine solche „unnaturalistische" Darstellung ist aber typisch für die weitgehend abstrakte Farbkomposition mittelalterlicher Glasmalerei. In den Fünfpaßrosetten des Maßwerks: Christus als Weltenrichter und Halbfigur Christi als Schmerzensmann.

Fenster s XIV: um 1370, gestiftet von den Familien Waiter, Woller, Luch und Wakkamer. – Linkes Fenster: unten die hll. Bartholomäus und Verena, oben Jakobus d.J. und Philippus. In der Fünfpaßrosette des Maßwerks Muttergottes (1906 erneuert). Im rechten Fenster die Figuren der vier abendländischen Kirchenväter: unten Augustinus und Hieronymus, oben Gregor und Ambrosius. In der Fünfpaßrosette des Maßwerks Maria als apokalyptisches Weib mit dem Schmerzensmann vor ihrem Leib.

Fenster s XV: um 1370, gestiftet von vier Familien, davon die Wappen der Wilhelmsdorfer und der Dollinger (?) benennbar (Wappenscheiben 1906 erneuert). – Im linken Fenster die Ganzfiguren von vier Heiligen: unten Katharina und Margareta, oben die Apostel Jakobus d.J. (?) und Bartholomäus. In der Fünfpaßrosette des Maßwerks Halbfigur der Muttergottes. – Im rechten Fenster übereinander fünf große Rundmedaillons. Darin Szenen aus dem Leben der hl. Katharina; von oben nach unten: Verhör der Heiligen vor dem Kaiser Maxentius und Disputation mit den Gelehrten; Geißelung der Katharina; Radwunder der Heiligen; Enthauptung der Katharina; Stifterwappen. In der Fünfpaßrosette des Maßwerks Christus als Auferstandener.

Nördliches Seitenschiff

Fenster n VII: Maßwerkfelder und Kopfscheiben um 1330/40, Ornamentbahnen 1907. – In der großen Vierpaßrosette die Symbole der vier Evangelisten, welche das in der Mitte eingesetzte Lamm Gottes umgeben. Darunter die Standfigur eines jugendlichen Heiligen, wohl des Apostels Johannes Ev. – Die vier Längsbahnen sind mit Ornamentmustern gefüllt, bis auf die Kopfscheiben, in denen figürliche Darstellungen erscheinen: von links nach rechts ein Engel, Enthauptung der hl. Katharina, Übertragung des Leichnams der hl. Katharina auf den Berg Sinai, ein Engel.

Fenster n VIII: um 1330/40, Stifter ein nicht mehr identifizierbarer Kleriker. – In der Mittelbahn von unten nach oben Szenen aus der Heilsgeschichte: Verkündigung an Maria, Geburt Christi, Kreuzigung Christi. In allen anderen Scheiben paarweise angeordnete Ganzfiguren von Heiligen, welche einen Nothelfer-Zyklus ergeben. Da meist keine Attribute dargestellt sind, lassen sich die Heiligen nicht genauer identifizieren. Rechts unten der Stifter.

Fenster n IX: um 1440, gestiftet möglicherweise von einer Familie Waldeisen. – In der untersten Zeile von links nach rechts: kniender Stifter mit seinem Wappen; hl. Petrus auf der Kathedra; die Apostel Paulus und Jakobus d. Ä.; die hll. Johannes Bapt. und Johannes Ev. – In der zweiten Zeile: Geburt Christi; Anbetung der Könige; Tod Mariens.– Die restlichen vier Felder in den beiden Mittelbahnen zeigen eine ungewöhnliche Kombination der vier abendländischen Kirchenväter mit den Symbolen der vier Evangelisten; vor jedem der thronenden Kirchenväter erscheint ein Evangelistensymbol und präsentiert ihm das entsprechende Evangelienbuch.

Fenster n X: Maßwerkfenster wohl nach 1464, sehr stark ergänzt. Längsbahnen 1908. – Im Maßwerk rechts Christus als Weltenrichter mit zwei Posaunenengeln, darunter zwei Auferstehende, die aus ihren Gräbern kommen. Links die Symbole der vier Evangelisten. Die Längsbahnen mit Ornamentmustern und Architekturmotiven gefüllt.

Fenster n XI: um 1330. – In der untersten Zeile jeweils die Ganzfigur eines Heiligen: Stephanus links und Laurentius rechts, dazu rechts unten ein kniender Stifter. Darüber je ein Baldachin, über dem ein Ornamentmuster aus Blättern und Wellenranken die Bahnen füllt. – Das Fenster befand sich ursprünglich wohl im nördlichen Nebenchor, der dem hl. Stephanus geweiht ist. Die Verglasung des Nordchores dürfte demnach an die des südlichen Nebenchores angeglichen gewesen sein.

Fenster n XII: um 1460/70, Stifter wohl der Domherr und Generalvikar Dietrich von Ramsberg. – Über dem in einem kapellenartigen Raum knienden Stifter eine prächtige Tabernakelarchitektur, die über zwei Prophetenfigürchen auf Säulen hochsteigt und in die unter Baldachinen zwei Paare von Heiligen eingesetzt sind: unten Stephanus und

Petrus, oben Sebastian und Agnes. Ganz oben im Maßwerk Halbfigur eines die Laute spielenden Engels.

Mittelschiff und Westwand

Die acht Obergadenfenster des Mittelschiffs 1988/89 von *Josef Oberberger*. Großflächig-abstrake Musterung durch unregelmäßig verbleite rautenförmige Gläser in gebrochenem Weiß, Grautönen und Pastellfarben, dazu kontrastierend leuchtend bunte Ornamentfüllungen in den Maßwerkfeldern, verstreut auch in den Fensterbahnen.

Fenster sw XVI: 1830, Stifter König Ludwig I. von Bayern. – In der untersten Zeile Ornamentfelder und Schrifttafeln mit dem Namen des Stifters und der Jahreszahl. Darüber in prächtigen Architekturtabernakeln vor grünen Brokatvorhängen die vier abendländischen Kirchenväter. Oben schließt je eine vier Felder umfassende Szene das Fenster ab: links Namensgebung und Beschneidung des hl. Johannes Bapt., rechts Predigt des Täufers in der Wüste.

Fenster nw XIII: 1829, Stifter König Ludwig I. von Bayern. – Szenen aus der Kindheitsgeschichte Jesu: links Verkündigung, in der Mitte Anbetung der Könige, rechts Darbringung im Tempel. Darüber reiche Baldachine, über denen in der Mitte vier Engel erscheinen, während seitlich Grisaillefiguren der zwölf Apostel in das Gesprenge eingebunden sind. Unter der Anbetungsszene Halbfiguren von sechs Propheten.

Fenster w XVIII: Statt der Tür zur Vorhalle des Hauptportals wurde hier im 19. Jh. ein Fenster eingesetzt. Die Scheiben aus zwei nicht zusammengehörigen Fragmenten kompiliert: oben Rundscheibe mit dem „Schifflein Petri", dem Wappen des Domkapitels (um 1460/70). Darunter Ornamentscheibe der Zeit um 1330; gehört zu der Darstellung eines Bischofs im Triforium des südlichen Querhauses (Fenster Trif. S VII) und dürfte ursprünglich im nördlichen Nebenchor eingesetzt gewesen sein.

Fenster NW XIV, SW XVII und W I: 1857, Stifter König Ludwig I. von Bayern. – Im Triforium außer Ornamentmustern die Wappen der Länder des Königreichs Bayern; von links nach rechts: Altbayern, Pfalz, Franken und Schwaben. – Darüber in den Obergadenfenstern die acht heiligen Namenspatrone der Söhne und Töchter König Ludwigs I.: von links nach rechts Maximilian, Mathilde, Otto, Leopold, Adelgunde, Hildegard, Alexander, Adalbert. – Im Rundfenster W I erscheinen Blattranken mit Weintrauben vor rotem Grund.

Ausstattung

Hauptchor

Hochaltar. Prunkvolle Anlage aus Silber und vergoldetem Kupfer, trotz der einheitlich wirkenden Komposition erst im Lauf von knapp 100 Jahren zur heutigen Gestalt zusammengewachsen. Alle Stücke

stammen von Augsburger Künstlern, wobei vor allem der Goldschmied *Georg Ignaz Bauer* beteiligt war. Entstehung der einzelnen Teile:
1695/96 Silberne Büsten von Maria und Joseph, gestiftet von Generalvikar Dr. Ignaz Plebst.
1731 Antependium mit Relief des hl. Johannes von Nepomuk, gestiftet von dem Domherrn Johann Sigismund von Pienzenau.
1764 Silberne Büsten der hll. Petrus und Paulus.
1777 Sechs Silberleuchter und Altarkreuz, Stiftung des Bischofs Anton Ignaz Graf von Fugger (1769–1787).
1784/85 Altaraufbau einschließlich Tabernakel und Vasen. Bischof Anton Ignaz stiftete dazu 5000 Gulden; die restlichen 10000 Gulden finanzierte das Domkapitel durch Einschmelzen großer Teile des Domschatzes.
Hinter dem Hochaltar seit 1834 bzw. 1905 die Domorgel versenkt eingebaut; 1988/89 wurde das Werk durch eine völlig neue disponierte Orgel ersetzt, deren Spieltisch und Positiv (erstes Manual) südlich des Hochaltars stehen.
Sakramentshäuschen. Links neben dem nördlichen Chorschlußfenster an die Wand gesetzt. Offensichtlich zunächst als kleinere freistehende Anlage in Form einer spätgotischen Turmmonstranz begonnen, aber dann während der Ausführung (unter Beschädigung der Rückseite) direkt an die Wand gerückt und mit einem sehr hohen, überschlanken Aufbau versehen. Jahreszahl 1493 und Wappen des Stifters, des Domherrn Georg von Preysing. Die Figuren teilweise in der Barockzeit erneuert und im 19. Jh. ergänzt. Die Anlage zeigt das Steinmetzzeichen der großen Bildhauer- und Architektenfamilie *Roritzer*.
In der Mitte des Chores hängt frei die große silberne Ewig-Licht-Ampel: Sie wurde 1626 von dem Domdekan Wilhelm Weilhammer gestiftet, aber 1698 wieder eingeschmolzen und von dem Regensburger Goldschmied *Andreas Harrer* neu getrieben. – Zwei monumentale Bronze-Kandelaber, gestiftet von Bischof Albert IV. von Törring (1613–49).

Südlicher Nebenchor

Geburt-Christi-Altar. Entstand um 1410/20, wahrscheinlich als Stiftung des Domherren Bartholomäus von Redwitz († 1417). Gehört zu den fünf gotischen Baldachinaltären, die sich als besondere Rarität im Dom erhalten haben. Seinen Namen trägt er nach dem Altarbild, 1838 von *Hans Kranzberger* gemalt. Die Altararchitektur und die Skulpturen in den Figurentabernakeln (Joachim, Anna, zwei Bischöfe) stammen von der Werkstatt, die kurz vorher das mittlere Westportal des Domes vollendet hatte. – Über dem Altar vor der Wand eine bemerkenswerte Steinfigur der Muttergottes, um 1320. – An der Nordwand die Rotmarmor-Grabplatten der Bischöfe Pankraz von Sinzenhofen (†1548), Georg Marschalk von Pappenheim (†1563), Vitus von Fraunberg (†1567) und David Kölderer (†1579) sowie des Weihbischofs Johannes Columbinus (†1576). Als vollplastische Gruppe hervorgehoben das Grabdenkmal des Bischofs Johann Michael von Sailer (1829–32). Stiftung König Ludwigs I. von Bayern, von dem Münchner Bildhauer *Konrad Eberhard*. – In der Nordwestecke lebensgroße Steinfigur des hl. Wenzeslaus. Laut Inschrift und Wappen von dem Prager Erzbischof Zbinko Berka (1592–1606) gestiftet, der vorher Dompropst und Bistumsadministrator in Regensburg gewesen war.

Nördlicher Nebenchor

Ursula-Altar. Baldachinaltar um 1420/30, präsentiert in seiner artistisch überfeinerten Steinmetzkunst einen Höhepunkt spätgotischer Dekorationsmöglichkeit, in der architektonischen Qualität etwa vergleichbar der etwas älteren sog. Memorienpforte im Mainzer Dom. Über der Mensa ein retabelähnlicher, wohl bald nach der Fertigstellung des Altars eingepaßter Aufbau: unter kunstvollen Blendarkaden Steinreliefs der Verkündigung an Maria und des Martyriums der hl. Ursula, dazu als Stifter der Kanoniker Wolfhard Wölfel (†1440). Rückseitig das Schweißtuch Christi zwischen zwei Engeln. – An der Wand südlich des Altars die große Rotmarmorplatte des Bischofs Heinrich von Absberg (1465–92), umrahmt von krausem Astwerk aus Kalkstein. Rechts daneben die Grabtumba des Dieners Gottes Bischof Georg Michael Wittmann (1832–33), vom selben Bildhauer *Konrad Eberhard* wie das Grabmal Bischof Sailers. Anschließend Steinskulptur eines vornehmen Herrn (eines Heiligen?), um 1330/40, sowie eine prächtige, querrechteckige Reliefplatte mit Darstellung der wunderbaren Brotvermehrung aus Solnhofener Kalkstein. Grabdenkmal für Bischof Johann Georg Graf von Herberstein (1662–63). – Gegenüber an der Wand rechts neben der Eingangstüre, Steinfigur des hl. Apostel Bartholomäus, um 1310/20, mit vorzüglicher, freigelegter Originalfassung. – Bronzeepitaph für Erzbischof Michael Buchberger (1927–61), von *Hans Wimmer*.

Querhaus

In der Mitte der Vierung auf Rotmarmorstufen der Volksaltar, ein quadratischer, aus Bronze gegossener Altartisch, 1976 von Dombaumeister *Richard Triebe*. – An den Vierungspfeilern eine Reihe gotischer Steinfiguren: Hl. Petrus, nordöstlicher Vierungspfeiler, um 1320; gehört mit der verhalten nach oben schwingenden Komposition, im zarten, jedes Körpervolumen negierenden Spiel der Gewänder und in der mystischen Gefühlsbetontheit zu den bedeutendsten Bildwerken des Domes. – Hl. Paulus, südöstlicher Vierungspfeiler, um 1370/80; zeigt direkte Verbindung mit der gleichzeitigen Prager Plastik im Umkreis *Peter Parlers*. – An den Ostseiten der beiden westlichen Vierungspfeiler die Figuren der Apostel Jakobus und Bartholomäus, um 1360/70; befinden sich noch am ursprünglichen Standort.

★ An den Innenseiten der beiden westlichen Vierungspfeiler stehen sich überlebensgroße Figuren der Verkündigung gegenüber. Die einzigartige, um 1280 entstandene Gruppe stand ursprünglich im Hauptchor, an den Wänden über den Verbindungstüren zu den Nebenchören (die Wandhaken noch sichtbar). Entgegen der heutigen Aufstellung befanden sich dabei der Engel vor der nördlichen, Maria vor der südlichen Wand. Die Skulpturen stammen vom sog. *Erminoldmeister*, benannt nach dem Grabmal in der ehem. Abteikirche ▷ St. Georg, Prüfening. Als weiteres Werk dieses Bildhauers besaß der Dom früher die Skulptur eines thronenden hl. Petrus (heute im Museum der Stadt Regensburg). Obwohl die Figuren der Verkündigung in ihrer Masse und der kraftvoll zerklüfteten Ordnung ihrer Gewänder so intensiv den Raum erfüllen, daß sie über das ganze Hauptschiff hinweg miteinander korrespondieren, spiegeln sich auch subtile psychische Empfindungen in Gesichtern und Gesten: Abwehr, Scheu und frauliche Würde bei Maria, Impulsivität und kindliche Freude beim Engel.

Im südlichen Querhaus westlich des Portals spätgotischer Ziehbrunnen, etwa 12 m tief bis zum Grundwasser reichend. Einfassung und Weihwasserbecken um 1470/80; darauf wurde im Jahr 1500 ein reicher Maßwerkbaldachin gesetzt, den zwei profilierte Pfeiler tragen; wahrscheinlich ein Werk des *Wolfgang Roritzer*. Am vorderen Pfeiler Steinfigürchen: Christus und die Samariterin am Jakobsbrunnen. – An der Wand über dem Querhausportal Holzkruzifix, überlebensgroß, Anfang 16. Jh., mit einer Perücke aus Roßhaaren. – In der Nische östlich des Portals Grabdenkmal des Bischofs Franz Xaver von Schwäbl (1833–41), von *Konrad Eberhard*, Rest einer urspr. aufwendigen Anlage mit Darstellung des in einem Tabernakelgehäuse knienden Bischofs.

Im nördlichen Querhaus der Albertus-Magnus-Altar, ein spätgotischer Baldachinaltar mit gedrehten Säulen und abschließender Brüstung aus massivem Astwerk, um 1470/80. Altarbild von *Franz Xaver Dietrich*, 1932. – Darüber an der Wand Steinfigur der Muttergottes, um 1330. – Östlich des Altars Grabdenkmal des Bischofs Antonius von Henle (1906–27), von *Theodor Georgii*. – Westlich Grabdenkmal für Bischof Valentin von Riedel (1842–57), vom Münchner Bildhauer *Georg Busch*. Anschließend Skulptur des hl. Christophorus, ein hervorragendes, sensibel durchgestaltetes Bildwerk um 1370/80. – Das Querhausportal führt zum Bischofshof, der ehem. bischöflichen Residenz. Dort in historischen Räumen das Domschatzmuseum eingerichtet; es präsentiert aus den Beständen des Domes wertvolle Goldschmiedearbeiten und Paramente vom 11.–20. Jh. – Im Durchgang Grabdenkmal des Fürstprimas und Erzbischofs Carl Theodor von Dalberg (1803–17), des letzten Kanzlers im Heiligen Römischen Reich. Gute klassizistische Anlage von *Luigi Zandomeneghi* (1824), anläßlich der Purifizierung des Domes hierher versetzt.

Mittelschiff

Kanzel vor dem ersten Mittelschiffpfeiler der Südseite, dat. 1482. Steinerne Anlage mit Unterbau wie für eine spätgotische Monstranz: sternförmiger Fuß, gerippter und gewundener Schaft, mit Blendmaßwerk belegte Auskragung und profilierter Sockel; darauf der oktogonale Kanzelkorb. Brüstungsfelder mit Blendmaßwerk und lebendig darüber geschlungenen Ästen. Unter den Steinmetzzeichen auch das der *Roritzer* (bezieht sich wohl auf *Matthäus Roritzer*). Treppe mit aufwendigem schmiedeeisernem Geländer des 17. Jh. – Barockes Gestühl mit reich geschnitzten Stuhlwangen, 1696, von dem Stadtamhofer Bildhauer *Valentin Leuthner.*

In der Mitte des Schiffs das monumentale Grabdenkmal für den Regensburger Bischof Kardinal Philipp Wilhelm, Herzog von Bayern (1579–98), in Bronze auf Rotmarmorsockel, 1611 aufgestellt. Das Bronzekreuz ist eine Nachbildung des Kruzifixes von *Giovanni Bologna* in der Michaelskirche München. Die Figur des davor knienden Prinzen und das prächtige Wappen an der Schmalseite des Sockels wahrscheinlich von dem Münchner Hofkünstler *Hans Krumper.*

An der inneren Westwand links und rechts auf Rundpfeilern in die mächtigen Wanddienste eingegliedert Reiterfiguren der hll. Georg und Martin, liebenswerte, etwas puppenhafte Skulpturen der Zeit um 1340/50. Sie erscheinen mit Blickrichtung zum Hauptportal hin, sind also als die beiden damals meist verehrten Ritterheiligen zur „Bewachung" des Eingangs aufgestellt worden. In den abgeschrägten Vorlagen, die das Hauptportal flankieren, zwei kleine höhlenartige Nischen eingearbeitet (spätes 14. Jh.); darin dämonische Tiere mit menschlichen Köpfen. Diese apotropäischen Wesen werden volkstümlich als „der Teufel und seine Großmutter" bezeichnet. – An der Wand rechts neben dem Hauptportal Messingepitaph der Margarete Tucher († 1521), aus der Werkstatt des Nürnberger Messinggießers *Peter Vischer d. J.* Dargestellt Christus und das kananäische Weib (Matthäus 15, 21–28). – Darüber zwei ungewöhnlich qualitätvolle Konsolfiguren, um 1410. Die erstaunlich porträthaften Züge lassen vermuten, hier seien der damalige Dombaumeister und der Domwerkmeister dargestellt.

Südliches Seitenschiff

Verkündigungsaltar. Um 1335/40, als einziger der Baldachinaltäre im Dom noch am ursprünglichen Standort. Unter den Eckbaldachinen Figuren der Verkündigung an Maria. Die Muttergottes dabei eine vereinfachende Kopie der Verkündigungsmaria des *Erminoldmeisters.* Statt eines Altarbilds kleine Steinfigur der Muttergottes, im Schönen Stil um 1420 (Leihgabe des Diözesanmuseums), mit einer Umrahmung von 1938. – Nach Westen zu (übernächstes Joch) auf freistehendem Sockel Steinfigur des hl. Petrus; eine in ihrer verschwenderisch drapierten Gewandfülle typische Darstellung um 1420.

Im Turmjoch an der Südwand drei Rotmarmor-Grabplatten für Regensburger Bischöfe: Pfalzgraf Rupert I. († 1465), Pfalzgarf Rupert II. († 1507) und Pfalzgraf Johann III. († 1538). – An der Westwand das Epitaph der Ursula Aquila († 1547), ein von Grotesken und allegorischen Darstellungen überquellendes, italienisierendes Prachtmonument aus weißem Marmor, wohl von dem Augsburger Bildhauer *Sebastian Loscher* geschaffen. – Daneben die vornehm zurückhaltende, mit verschiedenen bunten Steinen kostbar eingelegte Grabplatte des Dompropstes Christoph Welser († 1536).

Nördliches Seitenschiff

Altäre. Im 1. Joch von Osten schlichter Steinaltar, darüber Steinfigur der hl. Margareta, um 1360/70, etwas manieriert, aber elegant und eigenwillig geformt. – Im 2. Joch Michaelsaltar, mit bedeutender Holzfigur des Heiligen, um 1490 (Leihgabe des Diözesanmuseums), bei der Aufstellung 1938 neu gefaßt. – Im 3. Joch der älteste Baldachinaltar des Domes, der Rupertusaltar, um 1320, mit freigelegter, stark retuschierter alter Bemalung. In den Figurentabernakeln die hll. Heinrich und Kunigunde über Stifterwappen und Evangelistensymbolen. Als Stifter darf man Heinrich und Kunigunde von Hohenfels annehmen (nachweisbar zwischen 1290 und 1326). Das Altarblatt (hl. Rupert tauft Herzog Theodo) 1839, von dem Münchner Maler *Ludwig Hailer*. – Im 4. Joch der Wolfgangsaltar, mit Darstellung der Patrone des Bistums Regensburg, 1938, von dem Münchner *Karl Roth*.
Im Turmjoch steht auf dem Fußboden das Oberteil einer Glocke samt Krone, Rest der großen, 1333 gegossenen Predigtglocke, die nach einem Sprung 1958 unbrauchbar geworden war. – Von den hier aufgestellten Skulpturen bemerkenswert die Gruppe der Heimsuchung links neben der Türe, ein um 1350/60 entstandenes Bildwerk, das von der Südflanke des Hauptportals hierher versetzt wurde. Die starke Verwitterung läßt die schlichten Gesten von Maria und Elisabeth noch ergreifender wirken. – Weiter oben links Steinfigur eines hl. Königs, wohl aus einer Gruppe der „Anbetung der Könige“, um 1380/85, mit engen Beziehungen zu den Prager Werken der *Parler*.

Unterirdische Bischofsgrablege

Gegenüber der Eingangspforte im 3. Joch des südlichen Seitenschiffs führen Stufen zu der 1987 fertiggestellten Grablege der Regensburger Bischöfe hinab. Der schlichte Andachtsraum mit Grabkammern und Altar (Architekt *Hans Habermann*) verdient großes Interesse wegen der Architekturteile, die während der Ausgrabungen 1984/85 gefunden und sichtbar integriert worden sind. Es handelt sich vor allem um die Säulen und Wandpfeiler des spätromanischen, um 1205/10 erneuerten südlichen Atriumganges zwischen dem alten Dom und der Kirche St. Johann. Die mächtigen, gedrungenen Pfeiler ruhen auf niedrigen attischen Basen mit Eckknollen bzw. kleinen Tierfiguren und besitzen topfartig geschwungene Kapitellflächen, auf denen Flechtband- und Palmettenmotive plastisch aufgesetzt sind. Außerdem sind die Reste einer provisorischen Trennmauer und einer Türrahmung zu sehen, die aus der Bauzeit des gotischen Domes stammen (um 1340). Damals war der Dom bis zum 2. Joch des Langhauses vollendet und wurde nun durch eine behelfsmäßige Westwand abgeschlossen, so daß die östlichen Teile liturgisch genutzt werden konnten. Die Reste dieser Trennmauer bilden ein wichtiges Zeugnis für die mittelalterliche Bautechnik des Domes. – Im Nordwesten des Raumes die unberührt gebliebene Grabkammer für den 1787 verstorbenen Fürstbischof Anton Ignaz Graf von Fugger. – Im Osten zwischen den Grabkammern ein Altar, dessen Mensa auf dem ausgegrabenen Stumpf eines Freipfeilers ruht. Darüber ein aus Bronze gegossenes Kruzifix, 1988, von dem Regensburger Bildhauer *Rudolf Koller*. Eindrucksvolles Beispiel für eine zeitgenössische Neuinterpretation des ehrwürdigen Themas.

Kreuzgang. Die ungewöhnliche Lage nordöstlich des Domes erklärt sich aus der Situierung der Vorgängerkirche: Die Nordmauer des karolingischen Domes steckt in Teilen in der südlichen Kreuzgangsmauer. Das Kapitelhaus nimmt den Platz des nördlichen Seitenschiffs der Basilika ein. – Der Grundriß des Kreuzgangs als Doppelkreuzgang mit zwei Höfen ist bereits von Anfang an gesichert, wie die Anschlüsse an der (erhaltenen) Nordwand des karolingischen Domes beweisen. Das als Mittelhalle gestaltete Mortuarium war ursprünglich schmaler (Westwand weiter östlich) und bildete einen Verbindungsgang zwischen dem Dom und dem Vorgängerbau von St. Stephan. Anfang des 12. Jh. Erweiterung des Mortuariums zur heutigen Dimension. Beim Bau der Allerheiligenkapelle um 1160 Umgestaltung der beiden Langseiten des Mortuariums zu jeweils zwei prächtigen Dreierarkaden, die an der Ostwand außen freigelegt sind.

Mortuarium. Weite Halle von sechs Jochen, mit Eingängen in die Stephanskirche im Norden, die Allerheiligenkapelle im Osten. Kreuzrippengewölbe auf polygonalen, aufgesockelten Wandvorlagen, frühes 15. Jh. Maßwerkfenster und skulptierte Gewände, um 1517/18, unter Leitung des Dombaumeisters *Erhard Heydenreich*. Ausgefallener Bauschmuck im Übergangsstil der Spätgotik zur Renaissance: in Variation des Figurensäulenportals Apostelfiguren auf eingestellten Diensten unter Maßwerkbaldachinen, seitlich Balustersäulen. Stilistische Zusammenhänge mit Graphik der Donauschule sowie Arbeiten des Dombaumeisters *Heydenreich* in Ingolstadt. – Weitgehend ursprüngliche Ausstattung mit Grabsteinen, Epitaphien, Wandbildern und mittelalterlichem Zubehör wie Totenleuchten usw.; im 19. Jh. lediglich ergänzt durch Grabdenkmäler aus Dom, aufgelassenem Domfriedhof und anderen Kirchen. – Aufschlußreiches Gegenstück zum klassizistisch-neugotisch veränderten Kreuzgang von ▷ St. Emmeram. – An der Nordwand östlich des Portals zur Stephanskapelle Steinfigur des hl. Stephan

auf Prophetenkonsole, um 1380; von diesem Bildhauer auch die Christophorusfigur im nördlichen Querhaus des Domes.
Kreuzgangflügel. Wie beim Mortuarium ein grundlegender Umbau in der 1. Hälfte des 12. Jh. nachzuweisen. Heutige Erscheinung spätgotisch, mit Kreuzrippengewölben um 1410 – um 1430; die Netzgewölbe im östlichen Südflügel 2. Hälfte 15. Jh. Erst ab 1517 einheitliche rundbogige und zweigeteilte Maßwerkfenster eingesetzt.

Auswahl bemerkenswerter Grabdenkmäler

Mortuarium. 1. Epitaph des Lukas Ingolstetter († 1444), in dreiteiliger Maßwerknische Schmerzensmann, seitlich der Verstorbene und seine Gemahlin Ursula († 1445), darunter Inschrifttafel mit den Wappen. Aufwendige Anlage aus Sandstein. – 2. Grabplatte des Bischofs Theoderich von Abensberg († 1383), Rotmarmor von urspr. hoher Qualität. – 3. Grabplatte des Domherrn und Generalvikars Petrus von Remago († 1400), Kalkstein; Todesjahr nicht eingetragen, da den skandalumwitterten Kanoniker schließlich der eigene Bischof verhaften ließ. – 4. Epitaph des Dompredigers Dr. Paulus Hirschbeck († 1545), Relief aus feinstem Kalkstein, Darstellung des Gnadenstuhls in einer Ädikularahmung mit Muschelgiebel. – 5. Epitaph des Domdekans Kaspar von Gumpenberg († 1532), Rotmarmor mit Reliefbüste des Verstorbenen, Kalksteinrahmung mit Resten reicher farbiger Fassung; Entwurf wohl von *Albrecht Altdorfer,* wie beim Schaumbergaltar im Domschatzmuseum. – 6. Epitaph der Barbara Gumpert († 1410), dargestellt Christus am Ölberg, Sandstein mit Resten reicher Farbfassung, zugehörig wahrscheinlich die große Totenlaterne links und die mit Maßwerkformen bemalte Gewölbekappe darüber. – 7. Epitaph des Kanonikers Ulrich Wild († 1389), Petrus empfiehlt den Domherrn der thronenden Muttergottes, Kalkstein, sehr gutes Relief vom Bildhauer der Stephansfigur an der Nordwand des Mortuariums (neben dem Eingang zur Stephanskapelle). – 8. Epitaph des Domherrn Matthias Polling († 1496), Relief des Schmerzensmannes mit Stifterfigur, Rotmarmor, vielleicht vom Meister des Ziehbrunnens im Dom *(Wolfgang Roritzer?).*
Westlicher Kreuzgang. 9. Grabplatte des Kanonikers Paulus Meck, Propst zu St. Johann († 1477), Bildnis in ganzer Figur vor Brokathintergrund, Rotmarmor; verwandt mit der Grabplatte des Johannes Geginger (s. Nr. 15). – 10. Grabplatte des Domherrn Wolfhard Ebner, Pfarrer der Dompfarrei St. Ulrich († 1440), ganzfigurig, mit großem Kissen unter dem Haupt, Rotmarmor, teilweise abgetreten, früher in der Ulrichskirche. – 11. Epitaph des Jörg Brand von Brandeck († 1539), Relief des vor dem Kruzifix knienden Verstorbenen, Rotmarmor, in Ädikularahmen aus Kalkstein mit Muschelnische, dazu aufwendige gemalte Einfassung. – 12. Epitaph des Leonhard Lang von Wellenburg, Salzburger Rat und Schloßhauptmann († 1532 auf dem Reichstag in Regensburg), Inschriftentafel in Renaissancerahmung, Rotmarmor und Kalkstein, darüber Bogenfeld mit Relief der Auferste-

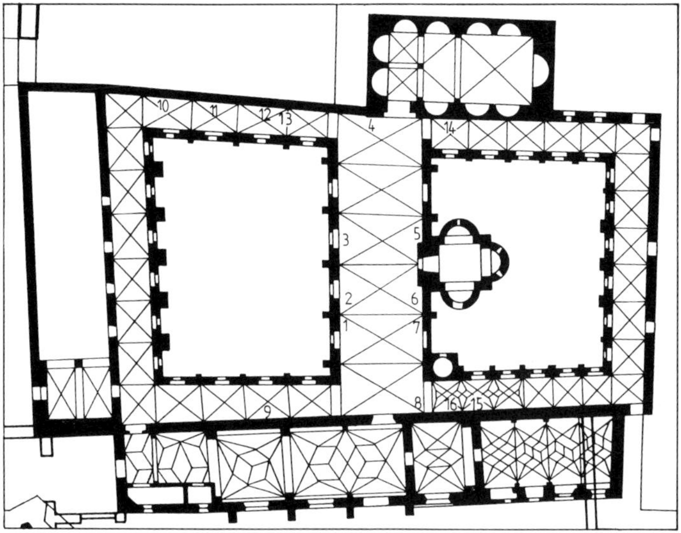

Regensburg, Domkreuzgang, Grundriß

Die Numerierung bezieht sich auf die im Text genannten Grabdenkmäler.

hung Christi; Entwurf wohl von *Albrecht Altdorfer*. – 13. Grabplatte des Stadtkämmerers Stephan Notangst (†1426), Relief mit Wappen, Maßwerkformen und Fabeltieren, Rotmarmor, ursprünglich im Fußboden in der Mitte des östlich anschließenden Jochs. Gleichzeitig gestiftet die reiche Ornamentausmalung im Gewölbe und das Gemälde an der Nordwand (Dreifaltigkeit mit Heiligen und Mitgliedern der Familie Notangst).

Östlicher Kreuzgang. 14. Grabplatte des Domdekans Ulrich von Au (†1326), Ganzfigur in Kastenrahmen, Kalkstein, urspr. im nördlichen Seitenschiff des Domes. Gehört zu den bedeutendsten Skulpturen des 14. Jh. in Regensburg, leitet eine neue Stilphase der Domplastik ein, zugehörig etwa die Marienfigur über dem Albertus-Magnus-Altar oder die Figuren des Verkündigungsaltars. – 15. Grabplatte des Domherrn Johannes Geginger (†1500), Ganzfigur in reichem Maßwerkrahmen, leicht schräg gestellte Rotmarmorplatte in Sandsteinrahmen, originale Position einschließlich der zugehörigen Totenleuchte und des Weihwasserbeckens rechts. – 16. Epitaph des Domdekans Nikolaus von Kindsberg (†1473), dreiteilige Reliefdarstellung mit Auferstehung Christi zwischen dem knienden Verstorbenen und dessen Wappen, Rotmarmor.

★ **Allerheiligenkapelle.** Im östlichen Kreuzgangshof, dem Mortuarium angefügt. – Bedeutender romanischer Zentralbau, als Grabkapelle errichtet von Bischof Hartwig II. († 1164), dem ersten Bischof, der von der traditionellen Bestattung in St. Emmeram abging. Das Werk lombardischer Baumeister, der „Comasken“, deren Tätigkeit u. a. am Niedermünster nachgewiesen ist. Die Kapelle steht in der Tradition der Baptisterien, mit starken lombardischen Bezügen (z. B. Galliano di Cantù in Como und Mariano Comense), vergleichbar aber auch dem nicht erhaltenen Bau von St. Johann am Geländer in Prag.
Äußeres. Würfelförmiger Kernbau mit eingezogenen Apsiden, darüber ein Oktogon mit Zeltdach. Ursprünglich verputzt erscheint der fein gefügte, maßvoll durchgliederte Bau heute im Kontrast zweier Materialien. Kleinquadermauerwerk einschließlich der Blendbogenfriese aus Sandstein, scharfkantige und profilierte Gliederungselemente wie Sockel- und Traufgesimse, Lisenen, Konsolen und Fenstergewände aus Kalkstein. In den Apsiden rundbogige Fensterschlitze, als Werkstücke in die Lisenen eingesetzt; im Oktogon Rundbogenfenster, bündig mit dem Außenbau. – Das Innere ist durch den Altar, vor dem das Bischofsgrab lag, auf die Ostapsis ausgerichtet. Quadratischer Mittelraum mit kurzen tonnengewölbten Kreuzflügeln, die in eingezogenen, kuppelüberwölbten Halbkreisapsiden endigen. Über Trompen in ein Achteck überführt mit Schirmgewölbe. Bemerkenswerte Lichtführung: im Erdgeschoß schlitzartige Öffnungen, in der Altarnische nicht achsial, sondern seitlich verdeckt angeordnet; im Oktogon ein Kranz von Rundbogenfenstern, die der gratigen Kuppel etwas Schwebendes verleihen. Der Raum ist verputzt, von glatter Oberfläche, vollkommen ohne Gesimse oder Profile.
Erhebliche Reste einer zeitgleichen, den gesamten Raum überziehenden Ausmalung, die von geradezu einzigartiger Wirkung gewesen sein muß. Die Architektur dominiert seit einer, bis auf die Untermalung des Freskengrundes vorgedrungenen, 1955 durchgeführten Entrestaurierung der im 19. Jh. übermalten und rekonstruierten Gemälde. Der Raum war nach byzantinischer Art gegliedert, ornamental gerahmt und in Bildfelder unterteilt. Thema ist die Epistel des Allerheiligenfestes nach der Offenbarung des Johannes. Dargestellt war der Beginn des Jüngsten Gerichts, die Vorbereitung zur Errettung der Auserwählten. Im Scheitel der Kuppel das Brustbild Christi, umrahmt von Engelsfiguren auf den Gewölbegraten. An der Altarwand überlebensgroßer Engel über der Sonne. Von seiner Hand strahlen Schriftbänder aus zu Engeln in den Trompen; gemäß der Apokalypse halten sie unheilvolle Winde auf. In den Bogenlaibungen vor den Apsiden dargestellt die Auszeichnung der erwählten Stämme Israels durch Engel. – Hauptwerk der Regensburger Malerschule, um 1160. Stilistisch der Apsis- und Chormalerei in ▷ St. Georg zu Regensburg-Prüfening nahestehend. Verwandt auch den Malereien im Karner in ▷ Perschen, eine Anlage, die Bischof Hartwig II. nach seiner Rückkehr aus Pavia dem Regensburger Domkapitel vermachte. – Tischaltar aus der Er-

bauungszeit. Seltene Anlage, Mensa über Mittelpfeiler und vier Säulchen mit Würfelkapitellen.

Stephanskapelle, ehem. bischöfliche Hauskapelle, nördlich an den Kreuzgang anschließend. Erste urkundliche Erwähnung 994. Nach bauhistorischen Untersuchungen von 1962/63 zu datieren in die 2. Hälfte des 11. Jh. Restaurierung 1964, belassen die 1866–69 veränderten Gewölbe und Fenster. – Ein großer dreischiffiger Vorgängerbau ist durch Grabung gesichert, fraglich seine frühe Datierung ins 8. Jh. – Ungeklärt auch das Verhältnis zum Dom: War der Vorgängerbau der Stephanskapelle die Chorkirche der Kanoniker, die Palastkapelle des Bischofs oder handelt es sich, wie die Bezeichnung „Alter Dom" besagt, um den ältesten Dom Regensburgs? – Wichtiges Beispiel der Nischenarchitektur, gleichzeitig mit der Wolfgangskrypta, der Magdalenenkapelle und dem Doppelnischenportal von St. Emmeram. Vorläufer dieser Wandform sind die Rundkapellen auf der Festung Marienberg in Würzburg und in Altötting, sowie die Querschiffskrypta im Dom zu Speyer. – Hoher Saal von zwei quadratischen Jochen, kreuzgratgewölbt auf hausteingefügten Eck- und Pfeilervorlagen, mittlerer Gurtbogen. Annähernd 2 m starke, in Nischen ausgehöhlte Wände. Die an die römische Stadtmauer angrenzende Nordwand fensterlos, ebenso die Schmalseiten. Steile Ostapsis, nur wenig höher und breiter als die paarweise angeordneten, halbkreisförmigen seitlichen Wandnischen. Eingestellte Westempore, in zwei Jochen kreuzgratunterwölbt. Über Pfeilerarkaden mächtige gemauerte Brüstung. Rundbogige Wandnischen in beiden Geschossen. Zugang ursprünglich von Norden, seit dem 19. Jh. Treppentürmchen an der Südwestecke, anschließend an den Kreuzgang. – Altar. Kastenaltar, ungesicherte Datierung, 10. oder 11. Jh. Ungeklärt sind auch Provenienz und ursprüngliche Funktion. Handelt es sich um den Hochaltar des vorromanischen Domes über der Confessio mit den Gebeinen des hl. Florinus aus der 2. Hälfte des 10. Jh. oder um den Altar des Vorgängerbaues der Stephanskapelle? Monolither Kalksteinblock, von unten her zur Hälfte ausgehöhlt. Blendfensterchen im vorderen Teil. – Portal aus dem 3. Viertel des 11. Jh. Frühes Säulenrücksprungportal vor älterer Rechtecköffnung, die Stützen Kopien von 1866/68.

Kapitelhaus. Auf den Grundmauern des nördlichen Seitenschiffs des karolingischen Domes (große Quader an der Südwestecke). Nach einigen Befunden bereits im 14. Jh. gebaut, die heutige Gestalt aber vor allem aus dem frühen 16. Jh. (Dombaumeister *Wolfgang Roritzer*). Teilweise barock ausgestaltet. – Zweigeschossiger Langflügel. Eingang im Westen, das Obergeschoß zusätzlich von der Domsakristei aus über eine gedeckte Brücke. Im Erdgeschoß gewölbte Halle (heute Lapidarium), kreuzrippengewölbt mit Netzfiguration. Abgemauertes Treppenhaus, 1506 dat. mit einläufiger Steintreppe. Treppenabgang in den erheblich tiefer gelegenen Kreuzgang. – Im Osten der Halle Hauptzugang in den Kreuzgang, durch ein schmiedeeisernes Gitter abgetrennt.

Anschließend zwei Kapellen: die einjochige Kapelle „der Verlassenheit“ und die ehem. Friedhofskapelle St. Michael, mit Netzgewölbe von 1502. Im Untergeschoß (nicht zugänglich) Ossuarium. – Im Obergeschoß quadratische Diele mit maßwerkverblendeter Quaderverkleidung, Holzbohlendecke dat. 1507. In Verbindung mit der Sakristei Brückenübergang, schmales Tonnengewölbe mit spätgotischer Netzfiguration, auf Laubwerkkonsolen. – Kapitelsaal. An der Decke Leinwandgemälde von *Peter Ayrschedl*, 1699. In Randfeldern die göttlichen Tugenden und die Kardinaltugenden, im Zentrum die Apostel unter dem Gekreuzigten. An den Wänden klassizistische Scheinarchitektur mit weiten Ausblicken in Landschaft, um 1780, wohl von *Matthias Schiffer*.

Bischofshof (Krauterermarkt 3). Die Residenz des Bischofs muß bereits sehr früh an dieser Stelle existiert haben, da in typisch frühmittelalterlicher Nutzung und analog zur agilolfingischen Herzogspfalz die Toranlage und die Obergeschoßräume der römischen Porta Praetoria einbezogen wurden; sie boten einen willkommenen repräsentativen Rahmen. So wird der Bereich zwischen dem Vorgängerbau der Palastkapelle St. Stephan bis einschließlich Porta Praetoria bereits in karolingischer Zeit als Residenz ausgebaut gewesen sein. Nach der Aufgabe der Via Praetoria und der Erweiterung des Domes nach Westen im 11. Jh. stand Areal für eine ebenfalls westliche Ausweitung zur Verfügung. – Vermutlich wurde der Bischofshof nach dem Brand von 1273 neu errichtet. Bautätigkeit unter Bischof Friedrich III. von Planckenfels (1450–1457), Bistumsadministrator Pfalzgraf Johann II. (1507–38) und Bischof David Kölderer von Burgstall (1567–79). Im 16. Jh. als Kaiserherberge ausgestaltet; von der Ausmalung durch *Melchior Bocksberger*, 1574–76, keine Spur erhalten. Nach 1580 vermutlich auch Einfluß von Herzog Wilhelm V. von Bayern, der als Verwalter des Hochstifts für seinen minderjährigen Sohn eingesetzt war. – 1803 säkularisiert. 1852 Bischofshof und Brauerei vom Bistum zurückerworben, 1887 Brand im Ost- und Südflügel. 1910 Auslagerung der Brauerei, durchgreifende Renovierung für Hotel und Gaststätte, Einrichtung von Priesterwohnungen. 1967–79 gründliche Sanierung mit Abbruch der Hofbebauung und Tiefgarage in den ehem. Brauereikellern. 1974 Eröffnung des Domschatzmuseums.

Anlage. – Der Bischofshof ist eine aus unterschiedlichen Bauteilen zusammengewachsene Vierflügelanlage, im Osten unmittelbar an den Kreuzgang anschließend, im Süden parallel zum Dom mit Zugang in Höhe des Querhauses. Der Nordflügel folgt dem Zug der römischen Stadtmauer unter Einbeziehung der ▷ Porta Praetoria, die mit einem Durchlaß und einem Flankenturm seit 1887 freigelegt ist. Dabei entstand als Baulücke der „Römerhof“, der von einer Loggia westlich von St. Stefan begrenzt wird.

Ältester Bauteil ist der an den Domkreuzgang angebaute Ostflügel, der im Kern romanisch ist. Anfang 16. Jh. umgebaut, enthielt er das sog. Kaiserbad, das *Albrecht Altdorfer* um 1530 mit Wandmalereien schmückte (bedeutende Fragmente im Museum der Stadt Regensburg).

Der Südflügel, spätestens im 14. Jh. entstanden, enthält im Domschatzmuseum die ehem. bischöfliche Hauskapelle, vermutlich die urkundlich erwähnte Michaelskapelle. Der Rechteckraum ist durch Wappen des Bischofs Vitus von Frauenberg (1563–67) in den östlichen Stichkappen des Tonnengewölbes dat. Ausmalung mit Ranken, Medaillons der Evangelisten und Kirchenlehrer, ähnlich der ▷ Ulrichskirche. Hier ausgestellt der aus dem Obermünsterstift stammende Schaumbergaltar (dat. 1534–40), nach Kriegsschäden restauriert. Kunstvolle Renaissancearbeit wohl eines Augsburger Bildhauers, mit Kalksteinreliefs. Die Entwürfe zu diesem Marienaltar werden mit *Altdorfer* in Verbindung gebracht. – Über der Kapelle, erschlossen durch eine hölzerne Podesttreppe des späten 17. Jh., ein langrechteckiger Raum mit manieristischer Dekoration, um 1600. Gemalter Fries mit sakralen Miniaturdarstellungen in Rollwerkkartuschen; stuckiertes Kranzgesims. Bemerkenswerte Schmuckdecke, kassettenartig aus perlstabbesetzten Zierleisten, gefeldert mit eingesetzten geflügelten Puttenköpfchen (farbige Fassung nach Befund rekonstruiert). Älteste in Regensburg erhaltene Stuckdecke in ungewöhnlicher Technik: Applikationsstuck auf Holz, aus Sägemehl und Leim gefertigt. Motivisch teilweise identisch mit der 1605 dat. Stuckdekoration in ▷ Regensburg-Karthaus Prüll, einer gesicherten Stiftung Herzog Wilhelms V. – Zum Dom hin rustiziertes Säulenportal aus Sandstein, Zeit des Bischofs Albert von Törring (1613–1649). – Der Westteil des Südflügels enthält in der Fassade zwei Renaissanceportale mit Pilasterrahmung von 1565 und 1573.

Der Nordflügel, im Kern 15. Jh., zeigt gotische (größtenteils erneuerte) Fenstergewände; Wappen des Bischofs Plankenfels an der Nordseite, dat. 1454. Die Hoffassade hat dreigeschossige Renaissancearkaden von etwa 1520, einziges Zeugnis der durch Administrator Johannes II. (1507–38) mit namhaften Künstlern gestalteten Residenz. Sie gilt zusammen mit dem Freisinger Bischofshof seines Bruders als einer der frühesten bayerischen Renaissancebauten. – Die sechsachsige Folge breiter Säulenarkaden, urspr. offene Laubengänge (im 1. Obergeschoß mit ionisierenden Kapitellen) wird aus stilistischen Gründen mit *Hans Hieber* aus Augsburg in Verbindung gebracht.

Der Runderker an der Nordwestecke des Westflügels wurde 1904 umgestaltet. Er verweist mit dem Wappen von Abt David Kölderer (dat. 1573) auf die Renaissanceanlage, deren Westseite ein Flacherker auszeichnete, mit kunstvoll skulptierten Wappensteinen, um 1530 (heute im Museum der Stadt Regensburg).

Kirchen, Klöster, Stifte

Kath. Kirche St. Ägidien, ehem. Deutschordenskirche (Ägidienplatz 5). 1210 übergab Herzog Ludwig I. von Bayern dem Deutschen Orden die Burggrafenpfalz und eine bereits bestehende Ägidienkirche. Um 1270/80, wohl in Zusammenhang mit der 1278 erfolgten Funktionszuweisung als Personalpfarrkirche des Deutschen Ordens, Anbau eines einschiffigen Langhauses, das im späten 14. Jh. um ungleiche Seitenschiffe erweitert wurde. – Ein neuer Chor ist 1396 unter Komtur Marquard von Zollner bezeugt. Vermutlich im 15. Jh. Einwölbung aller Schiffe. – 1683 Anbau der Komtureigebäude, Veränderungen an der Kirche. 1884 Restaurierung und Regotisierung, gefördert von Karl Pustet. 1960 Rückrestaurierung des Kircheninneren unter Aufgabe der neugotischen Raumfassung und des überwiegenden Teils der Ausstattung.

Dreischiffige Stufenhalle mit einschiffigem Chor, kreuzrippengewölbt, auch das Gewölbe des Sanktuariums, das mit herabgeführten Diensten dem Chor der Minoritenkirche nachgebildet ist (nachmittelalterlich?); Maßwerkfenster erneuert. Das Mittelschiff öffnet sich gegen die ungleich breiten Seitenschiffe in kämpferlosen Spitzbogenarkaden; Kreuzrippengewölbe über frühgotischen Dienstbündeln, westlich über Polygonkonsolen. Im Westen Steinempore über Kreuzrippengewölbe; Brüstung mit Spitzbogenblenden, auf kanzelartigem Vorsprung das Ordenswappen, stark überarbeitet (oder überhaupt eine Neuerfindung des 19. Jh.?). Übrig geblieben von der Barockisierung des 17. Jh. nur die Stuhlwangen mit Akanthusschnitzerei. – Grabdenkmäler, vor allem von Komturen des 14.–18. Jh. Am Chorbogen Epitaph für Hans Martin Edlweck († 1623) mit sieben kleinen Bronzegüssen. – Im Ostjoch des Mittelschiffs das Epitaph dreier Brüder Elckenhausen, Kalksteinrelief von 1643. – Im Südschiff Epitaph ohne Inschrift, Kalksteinrelief um 1600: Unter dem Weltenrichter die Stände des Hl. Römischen Reichs. – Epitaph für den österreichischen Reichstagsgesandten Philipp Heinrich Frhr. von Jodoci († 1740), Rotmarmorplatte in Stuckrahmung. – An der Westwand des Nordschiffs Grabstein für den Komtur Marquard Zollern von Rottenstein († 1396), den Bauherrn des Chors. – An der Nordwand Gruppe von zehn Grabplatten bzw. Epitaphien, darunter Rotmarmorgrabplatte für den Komtur Philipp von Hohenstein († 1525), mit Ganzfigurenrelief. – Totenschilde für die Komture Hans Jakob Nothaft († 1525), Sebastian von Iglingen († 1532) und Thomas von Lochau († 1564). – Im Fehlboden über dem nördlichen Seitenschiff (nicht zugänglich) befinden sich an der ehem. Außenwand hochbedeutende gotische Wandgemälde, die zu den besterhaltenen Fassadenmalereien in Deutschland gehören, da sie bereits einige Jahrzehnte nach ihrer Vollendung infolge eines Umbaus in den inneren Dachstuhlbereich kamen und seitdem unberührt blieben: Kreuzigung Christi mit Heiligenfiguren unter Arkaden, Stifter Komtur Heinrich v. Siegenhofen (1290–97), sowie Monumentalfigur des hl.

Christophorus, nur obere Hälfte erhalten, Stifter Komtur Johann v. Schmiechen (1300–1325).– Im Innenhof Gedenkstein von 1337 mit fünfzehnzeiliger Inschrift in gotischen Majuskeln.

★ **Stiftskirche Unserer Lieben Frau zur Alten Kapelle** (Alter Kornmarkt 8)

Geschichte des Stifts

Einziges, über die Säkularisation hinaus fortgeführtes und bis heute bestehendes, karolingisches Kollegiatstift. Die Stiftskirche soll der Legende nach auf die Pfalzkapelle der seit dem 6. Jh. in Regensburg residierenden Agilolfinger zurückgehen (bisher ohne Nachweis). Erste Erwähnung der Alten Kapelle 875 in einer Schenkungsurkunde von König Ludwig dem Deutschen, der die Marienkirche von Grund auf erneuerte und das Kollegiatstift einrichtete. 967 bereits Nachricht über Baufälligkeit der „antiqua capella". Kaiser Heinrich II. förderte das Stift und soll als zweiter Gründer die Kirche „a fundamentis" errichtet haben, vermutlich in den Formen des Gründungsbaus. 1009 schenkte er die Kirche dem neu gegründeten Bistum Bamberg. In der Folge wurden die Pröpste aus dem Bamberger Domkapitel entsandt, die Verwaltung ab 1604 dem Regensburger Bischof unterstellt. Nach 1810 erhebliche Mitsprache der bayerischen Regierung in Besetzungsfragen, seit 1933 Ernennung der Kanoniker durch den Regensburger Bischof.

Gesamtanlage

Das Stift nimmt das Geviert südlich des Alten Kornmarktes ein, dem die Nordfront der Kirche zugewandt ist. Ursprünglich gehörte es direkt zur karolingischen Pfalz, dem späteren ▷ Herzogshof. Die Kirche ist eine Pfeilerbasilika mit östlichem Querschiff, an das sich der langgestreckte und überhöhte Chor anschließt. Der Turm steht frei im Südwesten. Die Stiftsgebäude berühren die Kirche nur mit dem Westteil des nördlichen Kreuzgangflügels an der Stirnseite des südlichen Querhausarms. Im nördlichen Chorwinkel lag früher der Stiftsfriedhof. Südwestlich der Kirche der ehem. Friedhof der Stiftspfarrei St. Kassian mit Kapelle. Südlich anliegend die Stiftsdechantei von 1860 mit Jugendstildekor von 1909.

Stiftskirche

Baugeschichtliche Untersuchungen fehlen. Für den Gründungsbau des 9. Jh., vermutlich eine dreischiffige Pfeilerbasilika mit östlichem Querhaus, ist die Verwendung von Steinmaterial aus der römischen Stadtmauer überliefert. Wiederverwendetes Quaderwerk liegt offen an der südlichen Außenseite des Turms und ist auch in den Langhauspfeilern nachgewiesen. Die Maßverhältnisse – Mittelschiff annähernd doppelt so breit wie die Seitenschiffe – deuten auf eine frühmittelalterliche

Anlage, die durch Heinrich II. wiederhergestellt wurde. – Welche Schäden und Veränderungen die Stadtbrände 1152 und 1176 an der Kirche verursachten, ist nicht bekannt. Gesichert ist die zweifache Aufstockung des Turms. Südportal der Basilika um 1200.

1288 erste Erwähnung des Kreuzgangs. Im 13. Jh. und 14. Jh. Anbau von Familienkapellen: Zant-Kapelle (V), Vitus-Kapelle (II) und die ehem. Jakobskapelle, heutige Gnadenkapelle (III). Nach Abbruch des östlichen Kirchenabschlusses (im Aussehen nicht bekannt), 1441–52 Neubau des Chores. – 1694 Umsetzung des Gnadenbildes vom Hochaltar in die barockisierte Gnadenkapelle. 1747–97 unter Dekan Johann Michael Franz von Velhorn umfassende Neugestaltung der Basilika im Stil des Rokoko in zwei Abschnitten. Lang- und Querhaus waren 1754 zum Stiftsjubiläum fertiggestellt; die Arbeiten in Chor- und Altarraum wurden erst 1762 begonnen. – Stuck von *Anton Landes* aus Wessobrunn, Fresken von *Christoph Thomas Scheffler* und *Gottfried Bernhard Göz* aus Augsburg. Bildhauerarbeit von *Simon Sorg* aus Regensburg. – Restaurierungen 1886–87 und 1936–37; Bombenzerstörungen 1944 an der Nordseite, notdürftig wiederhergestellt. – Nach Abschluß der Außeninstandsetzung wird derzeit eine Innenrestaurierung durchgeführt.

Äußeres. – Als mächtiger quergelagerter Riegel bildet die Alte Kapelle den südlichen Abschluß des Alten Kornmarkts. Die langgezogene Baugruppe gliedert sich in basilikales Langhaus von sechs Achsen mit östlichem, wenig ausladendem Querschiff, erhöhtem gotischen Langchor mit Dachreiter und frei stehendem Westturm. – Eine hochliegende Reihe von Baßgeigenfenstern weist auf die barocke Vereinheitlichung im Innern. In der zurückhaltenden Außenerscheinung bildet die Stirnwand der nördlichen Vorhalle die einzige größere Schmuckform mit dem Hauptportal von 1752, dessen Hausteinrahmung altehrwürdige Spolien mittelalterlicher Plastik umschließt. Als oberer Abschluß eine Muttergottes von 1360/70, flankiert von romanischen Löwen. In seitlichen Nischen zwei (um 1200 entstandene) Relieffiguren, nach den erhaltenen Rückplatten urspr. wohl in den seitlichen Bogenanfängern eines Portals plaziert, thematisch auf ein (nicht erhaltenes) Tympanon Bezug nehmend. Darstellung nicht geklärt (Stifter? Nikodemus?). Im 18. Jh. galten sie als „authentische" Darstellung der Taufe des Herzogs Theodo durch den hl. Rupert. Marienfigur und Relieffiguren heute durch Abgüsse ersetzt. – Südeingang (innerhalb der Stiftseinfriedung) klassizistisches Portal der Gnadenkapelle, um 1790, mit geschnitzten Reliefs von *Simon Sorg*. In der Südwand der Basilika romanisches Stufenportal, um 1200, mit Dreiviertelsäulenvorlagen.

Turm im Südwesten der Kirche freistehend, quadratisch und nach oben einziehend, ohne parallele Ausrichtung zum Langhaus. Das Erdgeschoß unzugänglich. Zugang im Obergeschoß über eine Bogenbrükke von der Westempore aus. Reste eines außen umlaufenden Karniesgesimses beiderseits der rundbogigen Türöffnung bezeugen die urspr.

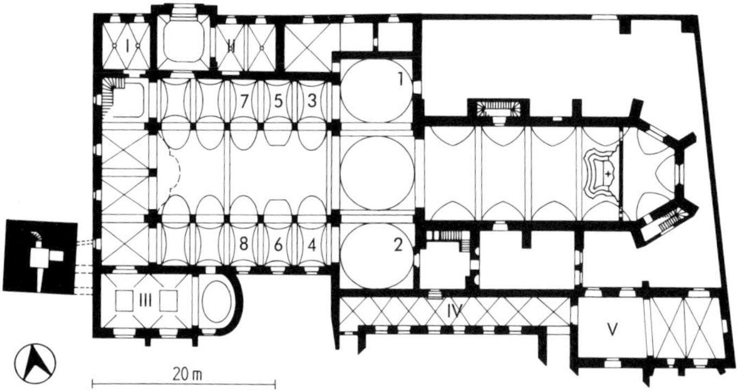

Regensburg, Stiftskirche Unserer Lieben Frau zur Alten Kapelle

Die Ziffern im Grundriß beziehen sich auf den Text ab S. 472.

isolierte Stellung. – Zweischaliges Mauerwerk, verputzt. Bis in beträchtliche Höhe aus Kalksteinquadern unter Wiederverwendung römischen Materials, darüber Bruchsteinmauerwerk. Nur im Glockengeschoß spitzbogige, durch Kämpfergesims verbundene Fensteröffnungen, zusätzlich ein Fenster im Süden. Im Innern, etwa auf halber Höhe über Spitzbogen geschalte Gratwölbung; auch der Turmspitz geschaltgemauert.

Das Innere der Basilika wird geprägt von der Interpretation des geschichtsträchtigen Bauwerks durch das 18. Jh. – Prunkvolle Raumschale mit Stuck und gewichtiger Historienmalerei. Die wahrscheinlich im Kern noch karolingischen Pfeilerarkaden (aufgedeckt im nördlichen Seitenschiff) und der spätgotische Chor bestimmen die Raumproportionen und bilden das tektonische Gerüst, das nach dem gleichen Schema wie St. Emmeram barock überformt ist: eingezogene Stichkappentonnengewölbe mit hochliegenden Fenstern in den Schildwänden anstelle der urspr. Flachdecken. Umlaufendes Gebälk über einer den Scheidarkaden vorgesetzten Pilasterordnung. Bildfelder über den Archivolten und im Gewölbe. – Stukkatur von *Anton Landes* aus Wessobrunn, 1750–52. In den Formelementen (Schmuckkapitelle, Putten, Vasenaufsätze, Wand- und Deckenbildrahmung) ist das Vorbild der *Asam* deutlich; bezeichnend für *Landes* ist der großzügige Duktus des plastisch differenzierten, phantasievollen Rocailleornaments.

Dominant sind die Fresken im Langhaus und Querschiff von *Christoph Thomas Scheffler* aus Augsburg, bez. 1752. Ein programmatischer Zyklus von Historienbildern aus gegebenem Anlaß: Der kaiserliche Titel des Stifts war, angefochten durch das Hochstift, in Gefahr geraten; einer Herabsetzung gegenüber den anderen reichsfreien Stiften (Ober- und Niedermünster sowie St. Emmeram) mußte sich das Kollegiatstift erwehren. Vor diesem Hintergrund wurde die Malerei, aus Anlaß des 750. Jahrestages der Kirchenerneuerung durch Heinrich II. (1004), geschaffen. Am Chorbogen das kaiserliche Wappen. – Die Deckenbilder im Langhaus vergegenwärtigen die uralte Tradition des kaiserlichen Stifts. Sie reicht zurück auf den ersten bayerischen Herzog Theodo, den der hl. Bischof Rupert taufte (dargestellt über der Orgelempore). Seine Pfalzkapelle wurde als erster christlicher Bau, der Legende nach, an der Stelle eines römischen Tempels errichtet. – Östlich ist die Geschichte des verehrten Gnadenbildes gezeigt, die Übergabe an den zweiten Kirchengründer Heinrich II. durch Papst Benedikt VIII. – Im Vierungsgewölbe Maria als Himmelskönigin thronend zwischen Engeln. Im Kreis alttestamentarischer Gestalten und Heiliger das kaiserliche Stifterpaar. – Ihre Vita bezeugen die Wandbilder im Langhaus. Im Querhaus sind Wunder der Stifter dargestellt.

Abschließender Höhepunkt der Basilika ist die Choranlage. 1761–75 entstanden. Stuck, Malerei und Bildhauerkunst verbinden sich, nach durchaus landläufigem heilsgeschichtlich-kosmologisch kompiliertem Programm, zu einem Szenario des späten Rokoko. Stellte sich das Kollegiatstift im Langhaus zunächst mit konkreter Bildaussage dar, so behauptet es sich nun im Altarraum mit Ehrfurcht gebietender Prachtentfaltung. – Stukkatur von *Landes;* Malerei von *Gottfried Bernhard Göz,* Bildhauerarbeit von *Simon Sorg.* Die Anteile der Künstler greifen ineinander, z. B. an den Seitenwänden, wo Freifiguren über dem Gebälk (Tugendallegorien) von *Landes,* Figurenaufsätze der Oratorien (vier Erdteile) von *Sorg* und Relieffiguren von *Landes* auch handwerklich kaum zu unterscheiden sind. Das Deckenfresko, bez. 1762 von *Göz,* stellt die Apokalyptische Vision des Evangelisten Johannes und die Verehrung des Apokalyptischen Lammes (wiederum mit Stifterpaar) dar. – An den Chorwänden, sign. *G. B. Göz* 1765: Schlüsselübergabe an Petrus und Predigt des Paulus in Athen.

Hochaltar, 1769–75, ein Hauptwerk des *Simon Sorg.* Kistlerarbeit von *Carl Heinrich,* Fassung von *Georg Caspar Zellner,* beide aus Stadtamhof. – Triumphbogenartige Anlage mit seitlich vorgezogenen Säulen, geschweiftem Gebälk und hohem, von Baldachin überfangenem Auszug. Rot marmoriert (Säulen urspr. blau marmoriert) mit reicher Verzierung in Gold und Silber: ein monumentales Gehäuse für eine Figurengruppierung, deren Details sich der Betrachtung aus dem Langhaus entzieht. Maria als Apokalyptisches Weib im Zentrum, seitlich hinzutretend mit ausgreifender Gebärde das kaiserliche Stifterpaar, im Auszug Gottvater über der Weltkugel (indirekt rückwärtig beleuchtet). Seitlich Johannes Ev., Autor der Apokalyptischen Vision und der Evangelist Lukas, der legendäre Maler des verehrten Madonnenbildes (urspr. alle Altarfiguren, außer Maria, in polierweißer Fassung). – Seitenaltäre, paarweise aufgestellt und jeweils von den gleichen Künstlern gearbeitet. Im Querhaus von *Franz Anton Neu* um 1730, verändert von *Simon Sorg* der (1) Briccius-Altar, Altarblatt hl.

Eucharistie, von *Otto Gebhard* und (2) Annen-Altar, Altarblatt hl. Familie mit Johannes d. T. – 1755 von *Johann Baptist Dirr* aus Stadtamhof (3) Barbara-Altar, mit Figuren der Titelheiligen, seitlich Apollonia und Christina und (4) Maria-Schnee-Altar, Figuren von Maria, mit Lukas und Matthäus, Reliefmedaillons von *Sorg*, 1785. – Die folgenden Altäre von *Simon Sorg:* (5) Heinrich-Altar, 1782/83, im Übergang zum Klassizismus, Altarblatt 1785 von *Christian Wink* aus München; (6) Jakobus-Altar, 1782/83, Altarblatt Ende 16. Jh., *Hans von Aachen* zugeschrieben; (7) Katharinen-Altar von 1790/91; ebenso (8) Kreuzaltar. – Chorgestühl 1765 von *Sorg*, reich geschnitzt mit rocaillegeschmückten Rückwänden. – Orgelgehäuse 1791–97, letztes Werk des *Simon Sorg* zusammen mit Schreiner *Kohlhaupt*. – Kanzel von *Anton Blank*, 1855, vereinfacht 1936/37.
Grabdenkmäler zumeist von Kanonikern des Stifts. Am Chorbogen für den Dekan von Velhorn († 1782), Begründer der Kirchenneugestaltung. Am südlichen Langhauspfeiler Epitaph des Postmeisters Franz von Öxle († 1736), an der Südwand Franziska Freifrau von Stingelheim († 1757), ovales Epitaph in kunstvoller Rahmung. Nördliche Seitenschiffswand: Epitaph für Casparus Kammerhueber († 1573) von Bildhauer *Hans Pötzlinger*. – Nördliche Vorhalle: zwischen den großen Rotmarmorplatten für Kanoniker Sandsteinrelief des Stiftspropstes Konrad Schenk von Schenkenstein († 1475) mit hl. Barbara und Christus Salvator.

Kapellen und Nebenräume

Maria-Vermählkapelle (I), 1944 Gewölbe zerbombt, weitgehend verändert. Die etwas tiefer gelegene, urspr. nach Westen und Osten ausgedehntere, alte Rupertus- oder Marienkapelle gilt im Kern als Gründungsbau der Alten Kapelle.
Vituskapelle (II), um 1270/80 als Begräbniskapelle gestiftet, mehrfach verändert. Heute Taufkapelle der Stiftspfarrei St. Kassian. – Taufstein ausgehendes 12. Jh.; Erbärmdechristus um 1490. – Eisenschmuckgitter, 1726, nach Kriegszerstörung um 1960 erneuert.
Gnadenkapelle (III), 1351 als Jakobskapelle erstmals erwähnt. 1693 anläßlich der Aufstellung des Lukasbildes barockisiert. Zweijochig kreuzgratgewölbt mit plastischem Deckenstuck in der Art des *Joseph Vasallo:* Engelsfiguren auf den Gewölbegraten mit Rosenkörben, Akanthusranken; Bildmedaillons mit Symbolen der Lauretanischen Litanei. – Altarraum 1864 angebaut. – Gnadenaltar 1751/52 von *Johann Baptist Dirr*. Architekturloser Figurenaufbau mit den hll. Kaiser Heinrich und Kunigunde, den legendären Stiftern des Gnadenbilds. Lukasmadonna, byzantinisierende Malerei aus dem 1. Viertel des 13. Jh., stilistisch verwandt mit dem etwa gleichzeitigen Stammbaum-Christi-Fenster im Südquerhaus des Domes. – Kruzifix, 1782, von *Sorg*. – Gestühl um 1693, reich geschnitzt. – Im Bogenfeld des romanischen Kirchenportals ein Tafelbild, 1544 gestiftet: Christus im

Grab von *Hans Mielich*. – Sakristei südlich am Chor, Ausstattung Mitte 18. Jh.

Kreuzgang (IV), 1288 erwähnt. Im Kern gotische Vierflügelanlage, 1624 mit Kreuzgratgewölben erneuert. Ohne Erklärung ist die ungewöhnliche Lage, parallel zum Chor und nur an das Querhaus anschließend. – Im Westflügel an der Westwand Steinfragment, sog. Heinrich-Kunigunden-Säule, um 1480/90. Reliefdarstellung der Pietà gerahmt von dem Stifterpaar mit Kirchenmodell. – Grabdenkmäler des 14.–19. Jh., zumeist von Kanonikern. Bemerkenswert im Nordflügel: Grabstein des Siegfried Sarurch († 1334), mit Flachrelieffigur des Verstorbenen; Grabplatte des Dekans Johannes von Schipach († 1435), mit ganzfigurigem Konturenbildnis; Votivrelief des Vikars Georg Clementis († 1495); Epitaphien für den Stadtmautner Hans Kreutzer († 1537) und für Petrus Veichtner, Propst zu St. Johann und Senior an der Alten Kapelle († 1538). – In der Ostwand teilweise verbaute Rundbogennische mit Inschrift. Wohl Fragment einer Arkosolnische des 14. Jh. – Im Ostflügel Epitaph für Konrad Hanauer († 1530), Kaplan des Dreikönigsaltars.

Zantkapelle (V), gestiftet von Heinrich Zant, 1299 (Inschrift und Wappen an der südlichen Außenwand). Der polygonale Chorschluß wurde 1830 für eine Straßenverbreiterung abgebrochen. In zwei Jochen Kreuzrippengewölbe auf polygonalen Spitzkonsolen, skulptierte Schlußsteine. Nach Westen im 17. Jh. durch einen flachgedeckten Raum erweitert, der Stichbogen nachmittelalterlich mit Wappen der Zant. – An der Nordwand breiter krabbenbesetzter Spitzbogen mit Christuskopf; Rahmung einer ehem. Grabnische der Erbauungszeit. In der Südwand zwei spitzbogige Wandnischen, mittelalterliche Fragmente einer gemalten Kreuzigung. – Grabdenkmäler des 16.–18. Jh., auch mehrerer Frauen. Epitaph des Künstlers *Petrus Franziskus Appiani*, 1724. – Relief mit Brustbild des Kanonikus Joh. Folkammer (1599), in der Art des Epitaphs für Hans Thumer zu Pruchberg in St. Emmeram.

Friedhofskapelle des ehem. Friedhofs von St. Kassian (von 1477 bis ins 19. Jh.) im Südwesten des Stiftsbereiches. Spätgotisch, 1906 restauriert, 1944 bombengeschädigt. Origineller, dem Grundstück angepaßter Sechseckgrundriß mit Dreistrahlgewölben. Urspr. zweiseitig in weiten Stichbögen geöffnet. Feine Profilierung zeichnet den an den Chor von St. Kassian erinnernden Bau aus. – Epitaph in Ädikularahmung um 1520: Abschied Christi von Maria, dargestellt in einer Renaissancehalle. Epitaph des Hans Pareuter, dat. 1482.

Kath. Filialkirche St. Anna in Regensburg-Prüfening (Großprüfening 33). Kleiner spätgotischer Kirchenbau, im Auftrag des Prüfeninger Abtes Johannes Grasser 1487/88 auf dem Areal des ererbten väterlichen Anwesens errichtet. Durch Bomben 1945 schwer beschädigt (Ausstattung gerettet), Wiederaufbau bis zur Konsekration 1962. –

Einfacher, flach gedeckter Saalraum mit nicht eingezogenem Polygonalchor und schlichten zweibahnigen Maßwerkfenstern.
Das Kirchlein besitzt herausragende Bedeutung durch die komplett erhaltene Ausstattung mit drei Flügelaltären, die sich auf engem Raum zu einer eindrucksvollen Vergegenwärtigung spätgotischer Regensburger Bildschnitzerkunst verdichten. – Hochaltar. Auf der originalen Mensa mit den Wappen des Klosters und des Abtes ein der Kirchenpatronin geweihter Flügelaltar mit vollplastischer Schnitzgruppe der hl. Anna Selbdritt vor einem von Engeln gehaltenen Brokatvorhang, vorzügliche Qualität. Die zugehörigen Reliefdarstellungen wohl eher Werkstattarbeiten: auf der Predella die Halbfiguren des Schmerzensmannes zwischen Maria und dem Evangelisten Johannes; auf den Flügelinnenseiten Reliefs mit Szenen aus dem Marienleben (Begegnung von Joachim und Anna an der Goldenen Pforte, Geburt Mariens, Tempelgang Mariens, Verkündigung an Maria). Flügelaußenseiten mit einer erneuten Darstellung der Verkündigung bemalt. Urspr. zugehörig als sog. Schreinwächter die Figuren der hl. Georg und Florian, derzeit als Leihgaben im Museum der Stadt Regensburg. Entstehungszeit sicher zum Zeitpunkt der Kirchenweihe 1488. – Südlicher Seitenaltar. Sebastiansaltar, mit Jahreszahl 1488 und Zunftwappen der Schmiede auf dem steinernen Altarblock. Von derselben Werkstatt und gleichzeitig mit dem Hochaltar. Im Schrein Standfigur des hl. Sebastian, dahinter wieder zwei Engel mit Brokatvorhang; auf der Predella Reliefdarstellung des Martyriums des hl. Sebastian (zum größten Teil neuere Ergänzung). Auf den Flügelinnenseiten in Relief die Ganzfiguren der hll. Leonhard und Ottilie, auf den Flügelaußenseiten und den Standflügeln vier gemalte Heiligenfiguren (Sylvester, Sebastian, Job und Florian). – Nördlicher Seitenaltar. Marienaltar; auf dem Altarblock zwar ein Wappen mit der Jahreszahl 1488, der Flügelaltar selbst jedoch später, um 1520 anzusetzen. Die Figur der stehenden Muttergottes mit Kind im Schrein setzt die Kenntnis der eigenwilligen Formensprache *Hans Leinbergers* voraus und erinnert an dessen Madonna in ▷ Scheuer. Hinter Maria ein Strahlenkranz, darüber zwei die Krone tragende Engel. Predella mit Tafelbild des von zwei Engeln gehaltenen Schweißtuchs der Veronika. Auf den Flügelinnenseiten ganzfigurige Reliefs der hll. Jakobus d. Ä. und Christophorus, auf den Flügelaußenseiten und den Standflügeln gemalte Figuren der hll. Margarete, Jakobus d. Ä., Christophorus und Elisabeth.

★ **Kath. Kirche St. Blasius, ehem. Dominikanerklosterkirche** (Albertus-Magnus-Platz 1)

Geschichte des Klosters

Erste urkundliche Erwähnung der Dominikaner in Regensburg 1229, als Bischof Siegfried dem Orden eine Kirche St. Blasius mit angrenzendem Haus vermachte. Eine Gründung wohl auch zur Bekämpfung häretischer Bewegungen im Donauraum. Berühmte Theologen wirkten in dieser Ordensniederlassung, so zwischen 1237 und 1240 Albertus Magnus. Bis zur Reformation Ort mehrerer Provinzialkapitel. Die Kirche stand in enger Verbindung zum Regensburger Patriziat. Eine Ordensreform von 1475 war möglicherweise Auslöser für eine Neuausmalung der Kirche. 1542–1557 und 1563–1630 beschlagnahmte die Reichsstadt die Kirche für den protestantischen Gottesdienst. Den Dominikanern blieb nur der Chor, bis sie schließlich das Langhaus für eine hohe Geldsumme von der Reichsstadt zurückgewinnen konnten. – 1809 Aufhebung des Konvents, Einrichtung des Bischöflichen Lyzeums, später der Phil.-Theol. Hochschule und 1968–73 der kath. Theol. Fakultät der Universität Regensburg in den Klosterbauten. St. Blasius wurde Studienkirche, gleichzeitig Kongregationskirche der Marianischen Männerkongregation. 1959 übernahm der Freistaat Bayern Kirche und Kloster.

Kirche

Die Baugeschichte muß – mangels archivalischer Nachweise – weitgehend aus stilistischen Kriterien erschlossen werden. Erster Ablaßbrief 1230, seither eine neue Kirche in Planung. Begonnen wurde mit den Chören vor 1246. Eine Weihe 1254 bezieht sich wahrscheinlich auf Altäre im Chorbereich. Vielleicht erst 1260/70 Einwölbung der Ostteile. Nach 1271 Baubeginn des Langhauses. Im frühen 14. Jh. war vermutlich das Mittelschiff eingewölbt. Außerdem Bauabschluß der Westfassade, deren mittleres Maßwerkfenster im Typus den Chorfenstern von St. Urbain in Troyes entspricht. – Im 17. Jh. Barockisierung. Abbruch des Lettners. Einbau einer Orgelempore 1727. Unter dem westlichen Langhaus Anlage der Dominikanergruft 1770. – Regotisierung mit teilweiser Beseitigung der barocken Ausstattung ab 1876. Öffnung des Südchors 1893. Aufdeckung von Wandmalereien 1895 und 1907. – Anläßlich der Restaurierung 1967–1973 Beseitigung neugotischer Altäre. Die Raumfassung abweichend von der – nur im Chor nachgewiesenen – Erstfassung erneuert. Entsprechend der ersten rekonstruierbaren Gesamtfassung des ausgehenden 15. Jh. gemalte ockerfarbene Steingliederung und gebrochen weiße Wandflächen. Eine Fassung, die stilistisch mit den spätgotischen Wandbildern im Chor übereinstimmt.
Eine der frühesten Kirchen des Bettelordens in Deutschland und hier überhaupt eine der ersten Bauschöpfungen in rein gotischen Formen. Größte gewölbte Basilika dieses Ordens in Süddeutschland, höher gebaut als die Ordensregeln vorschrieben. Zeitlich im Anschluß an den bedeutenden Nordflügel des Kreuzgangs von St. Emmeram entstanden. Stilbildend für die deutsche Hochgotik. Ostfranzösische Kirchen gaben das Vorbild für den hochgetriebenen Aufriß des Hauptchors und den polygonalen Dreiapsidenschluß (Kathedrale in Toul, Nôtre-Dame in Dijon). Allerdings besitzen der Dreiapsidenchor und der abgetrennte Langchor auch eine alte regensburgische Tradition. Auffal-

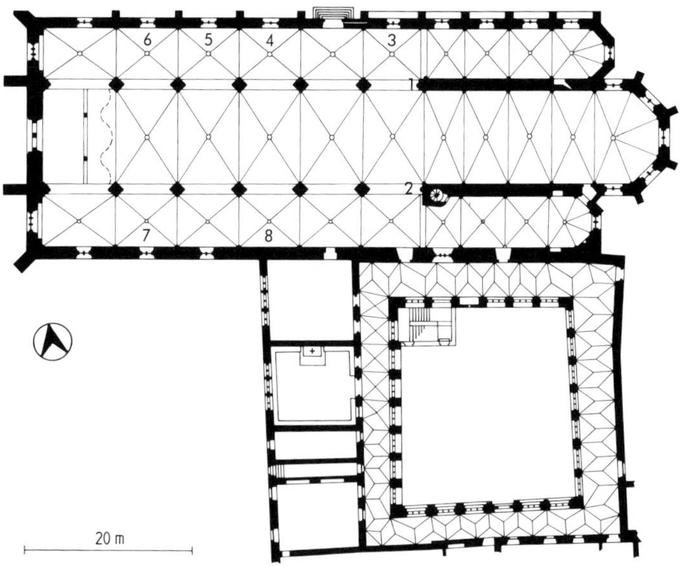

Regensburg, ehem. Dominikanerklosterkirche St. Blasius

Die Ziffern im Grundriß beziehen sich auf den Text auf S. 479.

lend zurückhaltende Bauplastik, dieses wohl auch ein Hinweis auf die Ausführung durch Regensburger Werkleute. Ob „Bruder Diemar“ als planentwerfender Architekt oder als Bauhüttenleiter anzusehen ist, läßt sich nicht klären.

Äußeres. Der im Westen vorgelagerte Kirchplatz war urspr. Teil des Klosterbezirks, innerhalb einer Einfriedung gelegen, die auch den Chor umschloß. Allein die Nordseite des Kirchenbaus stand schon immer gegen die Gasse frei, ähnlich wie bei der Dominikanerinnenkirche ▷ Hl. Kreuz mit einem Seitenportal, das in das zweite Langhausjoch führt. Streng regelmäßige Außengliederung der Seitenschiffe durch kubische, wenig ausladende, glatte Strebepfeiler mit Giebeldach. Nur der nordöstliche skulptiert: apotropäische Tiere und Abbild des Hauptchorfensters. Der langgestreckte hohe Bau überragt mit durchgehendem Satteldach großzügig die umliegende Bebauung, wie ein Schiff gegen den mittelalterlichen Verkehrsweg am Ölberg gerichtet. Eckstreben flankieren das steile Chorpolygon, relativ hoch durch ein Kaffgesims verbunden, mehrfach gestuft, über dreiseitiger Giebelverdachung in zugespitzte Rundstäbe auslaufend. Sie konturieren verputzte glatte Mauerflächen, in die schmalhohe zweibahnige Maßwerkfenster mit

schrägen Gewänden einschneiden. Die Westfassade beherrschend und fernwirksam durch ein riesiges Fenster mit sechs Bahnen und reichem Maßwerk; nachgebildet den Chorobergadenfenstern von St. Urbain in Troyes. Weit vorgezogene, kräftige Strebepfeiler und schräg gestellte Eckpfeiler spiegeln den basilikalen Querschnitt nach außen. Das Westportal ist zweitorig, von einer Rundbogenblende überfangen. Dreipaß- und Maßwerkrahmung der Archivolten. Im Tympanon Steinfigur des hl. Dominikus, um 1400, in starker Abhängigkeit von den älteren Skulpturen des Dom-Hauptportals. – Schlankes Glockentürmchen zur Seite gegen das Klostergeviert, in Höhe des Choranfangs aus der Mittelschiffswand herausspringend.
Inneres. Kreuzrippengewölbte querschiffslose Basilika von einheitlicher Raumwirkung. Die sichere Kenntnis der gotischen Konstruktion verbindet sich mit einer funktionalen und rationalisierten, dem Geist der Dominikaner eigenen, kargen, scharfgeschnittenen Formausbildung ohne schmückendes Beiwerk. Erstmals tritt hier der klassische Lang- und Hochchor auf, der mit fünf Seiten eines Achtecks wie eine Kapelle schließt. Flächenbetonte eingeschossige Durchfensterung des Polygons. Den vier Joche tiefen Chor begleiten seitenschiffartige, um ein Joch verkürzte Kapellen, ebenfalls mit Polygonschluß. – Der Binnenlangchor mündet mit gleicher Höhe und Breite ins Mittelschiff. Durchgehend auch der hohe, auf die Gewölbezone beschränkte Lichtgaden. Das Kreuzgewölbe mit abgefasten Rippen und gleich gebildeten Gurtbogen durchzieht den Bau von der Westfassade bis zum Chorschluß, insgesamt zehn Joche, ohne Triumphbogen, gesteigert in der perspektivischen Wirkung durch die verkürzten querrechteckigen Joche über dem Langchor. Rippen und Gurte strahlen von Kelchkonsolen aus über zarten Diensten, die im Chor auf Hornkonsolen abgekragt sind, wodurch das Gewölbe optisch in der Schwebe gehalten wird. Im Langhaus wie im Chorschluß steigen die Dienste direkt vom Boden auf. Wie ein Gestänge liegt das Gliederungssystem offen, ausgespannt zwischen glatten Wandflächen. – Das Mittelschiff öffnet sich gegen die Seitenschiffe in niederen breiten Spitzbogenarkaden über Achteckpfeilern. Aus deren Stirnfläche entwickelt sich die Obergadenwand. In den Hauptrichtungen sind Dienste vorgesetzt mit Kelchkapitellen, polygonalen Deckplatten und Sockeln. An den Pfeilerschrägen Dreieckskonsolen zur Unterstützung der äußeren Arkadenstufe. – Gleichmäßig helle Lichtführung durch die in den Seitenschiffen bis in die Schildbogenspitze hochgezogenen Fenster. – Die Proportion des Raumgefüges ist ausgeglichen und durchsichtig in der Gliederung bis hin zu den stereometrischen Formen der Sockel, Konsolen und der vielfältig variierten Kelchkapitelle. Feines Fenstermaßwerk, überwiegend zweibahnig mit Drei- und Vierpaß, im östlichen Teil noch ohne Nasen. – Die Glasgemälde im Chor von 1895. – Sparsame Bauplastik. Im Hauptchor zwei Blattkapitelle. In den Nebenchören einzelne Kapitelle mit Blattwerk und Tierköpfen. In der nördlichen Chorkapelle drei Dienstfiguren: eine – laut Inschrift – der Klosterbruder Diemar mit

Zirkel. Schöne Schlußsteine mit Tierdarstellungen. – Wandmalerei. Im Hauptchor über dem Chorgestühl zwei Zyklen, teilweise überlappend: Blendarkaden mit Fialen und Namensfries, Anfang 14. Jh. Benannt sind Klöster der deutschen Ordensprovinz, deren Priore hier ihren Sitz beim Provinzialkapitel hatten. Darüber aus der 2. Hälfte des 15. Jh. sog. Stundenbilder: vierzehn Darstellungen des Leidens Christi mit einer Uhr, in Überschneidung eines von Engeln gehaltenen Teppichs. Im Osten die hll. Dominikus und Thomas von Aquin. – In der nördlichen Chorkapelle Wappenfries um 1300. Namensinschriften, die auf den ältesten hier aufgestellten Grabsteinen wiederkehren. – Im südlichen Seitenschiff, gestört durch die neugotische Sakristeitür, Fries der vierzehn Nothelfer unter Arkaden, bez. 1331. Darüber Katharinendarstellung. – Im westlichen Joch blockartig angeordnet Szenenfolge aus dem Leben der hll. Sebastian und Thomas von Aquin, um 1500. – Im nördlichen Seitenschiff Schutzmantelmadonna, um 1480. Fragment einer hervorragenden Ölbergdarstellung in weiträumiger Landschaft, 2. Viertel 15. Jh.

Ausstattung überwiegend nachreformatorisch. – Hochaltar nach 1876, Nachahmung des gotischen Hochaltares der Marburger Elisabethkirche in Holz. – An den Stirnseiten der Chormauer: Sakramentsaltar (1). Schutzmantelmadonna, Holzfigur um 1500. Schrein mit Seitenflügeln, 1950. – Kreuzaltar (2), Kruzifixus und die Dominikaner Lucia von Narni und Matthäus Carrerius, Holzfiguren nach 1742. – Im nördlichen Seitenschiff: Kreuzaltar (3), 1642 gestiftet. Altarblatt von *Christoph Fuchs,* Schnitzerei von *Leoprand Hillmer.* Seitlich Figuren von Dominikanerheiligen, 18. Jh. – Johann-Nepomuk-Altar (4) um 1730, Tabernakel um 1760. – Sebastiansaltar (5), eine Stiftung von 1629. Das Altarblatt eine Kopie der Sebastiansmarter des *Hans von Aachen* aus St. Michael in München. – Augustinusaltar (6) mit Altarblatt von *Andreas Merz,* Straubing, sign. und dat. 1714. – Im südlichem Seitenschiff: Albertusaltar (7), 1694 von Weihbischof Albert von Wartenberg gestiftet. – Michaelsaltar (8), Altarblatt mit Engelssturz, in der Nachfolge von *Rubens,* um 1680. – An der Nordwand des Südchors gotischer Sakristeischrank, barock überfaßt. – Chorgestühl Ende 15. Jh. mit figürlichem Schmuck. – Zur Ausstattung des Spätbarock gehören das Orgelgehäuse um 1727 und die geschwungene Empore. Außerdem das ehem. Chorgitter (heute im Bayerischen Nationalmuseum in München) und der Windfang am Nordportal. – Beichtstühle um 1700, einer 18. Jh. – Geschnitzte Stuhlwangen um 1670. – Gemälde. – Im Südchor Gnadenstuhl um 1600. – Hl. Dominicus und Nik. Orsini, 17. Jh. – Gnadenbild von S. Maria Maggiore, umrahmt von den fünfzehn Rosenkranzgeheimnissen, Ende 17. Jh. – Hl. Familie, 1. Hälfte 18. Jh. – Skulpturen. – Im nördlichen Seitenschiff neben dem Sebastiansaltar (5) Kalksteinrelief der Anbetung der hl. Drei Könige, Ende 14. Jh., Reste alter Fassung. Im südlichen Seitenschiff Sandsteinrelief mit Passionsszenen, um 1450. – Bemerkenswerte spätgotische Holzgruppe des ausgehenden 15. Jh., Bewei-

nung Christi, Rahmung mit Stifterinschrift von 1632. – Grabdenkmäler. – Im Nordchor eine Reihe bedeutender Grabsteine des 13.–15. Jh. Hervorzuheben die Grabplatte für Kunigunde von Sünching († 1296), mit Kreuz und Wappen in Flachrelief, sowie die Wappengrabplatte für Nikolaus Weichser († 1409). – Im nördlichen Seitenschiff Rotmarmorepitaph für Lukas Lamprechtshauser, errichtet 1520 in Renaissancerahmung, die wohl ältere Platte mit Relief der Madonna dem Salzburger Steinmetzen *Hans Valkenauer* zugeschrieben. Ungewöhnlich als Sockelrelief die liegende Gestalt des Ritters mit Attributen der Vergänglichkeit. – An den nördlichen Langhauspfeilern überlebensgroße Rotmarmorepitaphien für Jörg Schenk von Neideck († 1504), ein Hauptwerk des Passauer Steinbildhauers *Jörg Gartner* (sign. auf dem Löwenkopf) und für Thomas Fuchs zu Schneeberg († 1526) mit Renaissanceädikula. – An der Nordwand Grabplatte für Benigna von Parsberg († 1481) mit Flachreliefbildnis in ganzer Figur. – Rokokoepitaph für Emanuel Matthias Magnus von Sonnenmann (†1745), Rotmarmorplatte in Stuckrahmung.
Kreuzgang. – Frühgotische unregelmäßige Vierflügelanlage mit dreibahnigen Maßwerkfenstern in Stichbogennischen; das spätgotische Rippengewölbe beginnt im Westflügel mit vier annähernd quadratischen Jochen und setzt sich als Springgewölbe mit verschränktem Rautenmuster fort. Im Ostflügel auf Schlußsteinen Zeichen und Namen von drei Steinmetzen und Datierung 1424. Im Gewölbescheitel und an den Polygonkonsolen Wappensteine der Stadt Regensburg, von Patrizierfamilien und Handwerkszünften. – Reste alter Bemalung an den Rippen aufgedeckt.
Kapelle des hl. Albertus Magnus, südlich an die Sakristei, den urspr. Kapitelsaal anschließend, der Tradition nach ein ehem. Hörsaal, 1694 als Albertuskapelle durch Weihbischof Albert Ernst von Wartenberg konsekriert. 1896/97 Restaurierung und Wiederherstellung mit neugotischem Flügelaltar durch Fürst Albert von Thurn und Taxis. – Der annähernd quadratische Raum ist geprägt durch die späthistoristische Inszenierung als Schola des Albertus Magnus. Die Holzdecke ist vorgeblendet, neugotisches Maßwerk in barocken Fensteröffnungen, Glasmalerei von 1897. – Albertusaltar, 1896 dat., von *Georg Schreiner* die Schnitzfiguren des hl. Albert zwischen den hll. Thomas von Aquin und Dominikus, von *Joseph Altheimer* die gemalten Flügel: Szenen aus dem Leben des Heiligen, einbezogene Porträts. – An den Wänden umlaufend Sitzbänke mit Inschriftenfries und Ornament, in Teilen spätgotisch. Die eingestreuten Brustbilder 17. Jh. Doppelgeschossiges Katheder mit Schnitzreliefs, nach 1455, 1897 restauriert.

Ev. Bruderhauskirche St. Ignaz, heute Altersheim (Emmeramsplatz 12). Als protestantischer Gemeindesaal 1622 erneuert in Erweiterung einer Stiftung des Hans Kastenmayer von 1445. – Satteldachbau in Ecklage, höher als die umgebende Blockrandbebauung. Nach Süden schlichte Giebelfassade mit spitzbogigen Maßwerkfenstern.

Seitlicher Haupteingang in den aufgesockelten Kirchensaal. An der Ostseite flacher spätgotischer Altarerker, darüber Turmaufbau von 1622. – Annähernd quadratischer Saal mit Flachdecke, Unterzug in Firstrichtung über hölzernen Balustersäulen. Kreuzrippengewölbter Altarerker. Empore auf der Nordseite. Der eindrucksvoll mit seiner Ausstattung erhaltene Betsaal hat gotisierende Maßwerkfenster mit Stifterwappen (Glasfenster 19. Jh.) und eine Kanzel von 1622. Bestuhlung nach der ev. Ordnung. – Stiftertafel von 1622. – Ölgemälde, wohl 1. Drittel 17. Jh., in alten Rahmen: Abendmahl, Kreuztragung, Verhör und Gefangennahme Christi. – Im Vorraum Ölgemälde um 1700 in Akanthusschnitzrahmen, Taufe Christi. – Stiftungsgebäude 1936 zerstört.

★ **Ev. Dreieinigkeitskirche** (Am Ölberg 1). Die Kirche entstand zur Zeit der unter Kurfürst Maximilian I. betriebenen Rekatholisierung der Oberpfalz als Prototyp eines ev. Sakralbaus. – Die Aufhebung einer paritätischen Nutzung der Klosterkirche der Dominikaner durch Urteil des Reichshofrats (1626) und entsprechendes Ablösegeld begünstigten diesen – nach Neuburg a. d. Donau – ersten ev. Kirchenneubau in Bayern. Die protestantische Bürgergemeinde leistete sich mitten im Dreißigjährigen Krieg ein repräsentatives Gotteshaus wie andere Reichsstädte (Augsburg oder Nürnberg) ein prächtiges Rathaus. – Grundsteinlegung 1627, Einweihung 1631. Den Auftrag erhielt, nach Konkurrenzentwürfen des pfalz-neuburgischen Baumeisters *Matthias Stang,* der Nürnberger Festungsbaumeister *Johann Carl.* Dachstuhl von *Lorenz Friedrich* aus Nürnberg, Deckenstuck von *Georg (III) Vest* aus Creußen. Ein Statuenzyklus mit Tugenden und Allegorien von *Leonhard Kern* kam nicht zur Aufstellung (vier der kolossalen Sitzfiguren jetzt im ▷ Rathaushof). – *Joseph Furttenbachs* 1649 veröffentlichter Idealentwurf für eine ev. Kirche entspricht bis ins Detail dem Regensburger Vorbild. – Direkte Anregung lieferte vermutlich die 1604 von dem Festungsbaumeister *Heinrich Schickhardt* gebaute Pfarrkirche in Freudenstadt; ergänzend Einflüsse aus der Profanbaukunst (beispielsweise das Nürnberger Rathaus von *Jakob Wolff*).

Äußeres. – Die Kirche steht im Kaufmannsviertel an der Kreuzung zweier Fernstraßen inmitten der Bürgerhäuser auf enger Parzelle frei. Der mächtige Satteldachbau mit Türmen beiderseits des eingezogenen Rechteckchors überragt die Umgebung. Dem verputzten Baukörper geben kräftige, plastisch derb profilierte Hausteinelemente den Eindruck zweckmäßiger Solidität. Allseitig in klaren Maßverhältnissen als Emporenraum gegliedert; das Langhaus mit drei Säulenportalen zwischen querovalen Ochsenaugen, darüber maßwerkgeteilte Rundbogenfenster. Unaufwendige Giebelfassade, den Ortgang zieren Vasenaufsätze. An den Gebäudeecken unter dem Dach apotropäische Genienkonsolen. – Von den beiden quadratischen Türmen mit achteckigen Aufbauten nur der nördliche vollendet; über spitzbogigen Fenstern eine begehbare, mit Balustern eingefaßte Galerie, doppelte Laternenzwiebelhaube.

Das Innere in der Raumfolge traditionell. Protestantisch ist das für eine ständisch gegliederte Bürgergemeinde mit Emporen ausgestattete breite Langhaus mit der Ausrichtung auf Kanzel und Altarraum. Der Chor, mit zweiachsiger, in Rundbogenfenstern geöffneter Ostwand und gotisierendem Netzgewölbe durchaus in der Tradition der Bettelordensarchitektur, mit dem Unterschied, daß das Chorgestühl gemäß reichsstädtischer Sitzordnung dem Inneren Rat vorbehalten war. – Raumbestimmend sind die weiß-gold gefaßten Schmuckdecken (hölzerne, am Dachstuhl aufgehängte Tonnen). Stuckgliederung von *Vest:* im Chor Rippennetz in gewundener Reihung über Engelskonsolen (wie am Chor der Neupfarrkirche), im Gemeindehaus kassettenartig in Quadrate und Sterne gefeldert. Engelsköpfe, geflügelte Seraphime und Inschriftenmedaillons sind sakrale Embleme des maßvoll und zweckmäßig ausgebildeten Bürgersaals. Beschränkung auf einen Altar, Bilderlosigkeit und Verzicht auf Einzelstiftungen kennzeichnen die ev. Kirche, in der außer Engeln und Evangelisten (in den Chorfenstern) nur das Stadtwappen wiederholt zur Darstellung kommt.

Ausstattung. – Hochaltar, 1637 von Herzog Franz Albert von Sachsen-Lauenburg gestiftet, Entwurf von *Georg Jakob Wolff,* ausgeführt von Schreiner *Georg Stellenberger.* Eintoriges Retabel mit geflammten Doppelsäulen. Darüber Obelisken zuseiten des Stifterwappens im Auszug, bekrönender Engel von *Leonhard Kern.* Altarblatt und Predella stellen die Sakramente dar: Abendmahl und Taufe Christi, letztere um 1631 von *Johann Paul Schwendter.* – Kanzel südseitig an der Chorwand, 1656 dat., schmaler hölzerner Kanzelkorb über toskanischer Rotmarmorsäule. Schalldeckel mit musizierenden Putten geschmückt, gehalten von einer Engelsfigur. – Chorstühle Mitte 17. Jh., mit Knorpelwerk. – Oratorien 1755 den seitlichen Emporen hinzugefügt, die Mittelloge vor der Orgel 1790 für die Herzogin Therese von Mecklenburg-Strelitz, verh. Erbprinzessin Thurn und Taxis. Orgelprospekt 1758.

Grabdenkmäler. – Die einstige Bedeutung dieser reichsstädtischen Kirche ist noch heute ablesbar an der langen Reihe barocker Epitaphien, vornehmlich von exterritorialen Gesandten des Reichstags sowie adeligen Emigranten aus Österreich. Diese sind angebracht an der Mauer des schmalen Kirchhofs, von Westen nach Osten: Grabdenkmal des schwedischen Generals Esaias von Puffendorf († 1689) (oder, wie jüngst vermutet, eines Marenholtz), in viersäuligem Ädikulaaufbau lebensgroße, nahezu vollplastische, pompöse Ritterfigur. – Epitaph des Johann Christoph Frhr. von Limbach († 1710) aus verschiedenfarbigem Stein. – Grabdenkmal des Weimarer Reichstagsgesandten Georg Philipp von Fabrice († 1719), eine ovale, von Putten drapierte Schrifttafel mit Allegorie des Ruhmes, seitlich Wappenreliefs über Säulen, im Sockel Vanitasdarstellung. – Grabmal des Braunschweig-Lüneburgischen Reichstagsgesandten Christoph von Schrader

(† 1713), Doppelbildnismedaillon und Doppelehewappen über dem von Religion und Klugheit getragenen Sarkophag. – Grabdenkmal des Preußischen Reichstagsgesandten Arnold Heinrich von Treskow († 1728), dem Prüfeninger Bildhauer *Franz Anton Neu* zugeschrieben. Drapierte Inschriftentafel mit Wappenaufsatz, seitlich geflügelte Totenmänner über Schweifkonsolen, im Sockelrelief Schädelstätte. – Grabdenkmal des Kursächsischen Reichstagsabgeordneten Anton Schott († 1685), Wandaufbau aus schwarzem Marmor für einen Kenotaph: Aus dem bekrönenden Oval beugt sich eine Halbfigur herab, laut Inschrift der verstorbene Edelmann mit dem Bild seines Sohnes, der ihm bald in den Tod gefolgt war. – Grabdenkmal der Elisabeth von Bonin († 1664), Gemahlin des Reichskonsulenten Thomas Ictus, eindrucksvolles Fragment eines weiblichen Halbfigurenepitaphs.

★ **Kath. Pfarrkirche St. Emmeram, ehem. Benediktinerabteikirche** (Emmeramsplatz 4). Die Emmeramskirche, der größte und wichtigste Kirchenbau Süddeutschlands aus vorkarolingischer und frühromanischer Zeit, war mit dem Grab des hl. Emmeram Mittelpunkt eines Benediktinerklosters, das über ein Jahrtausend zu den einflußreichsten Reichsabteien dieses Ordens in Bayern zählte. Über ein Jahrtausend bedeutend auch als Grablege karolingischer Herrscher und bayerischer Herzöge, von Bischöfen und Äbten sowie Angehörigen des Immerwährenden Reichstags. Infolge der Säkularisation größtenteils in Besitz des Hauses Thurn und Taxis übergegangen, wurde der Komplex zur fürstlichen Residenz umgestaltet, ausgebaut und erhalten (siehe auch ▷ Schloß Thurn und Taxis).

Kloster- und Baugeschichte

Die Anfänge der Benediktinerabtei liegen um 700. Die Urzelle wird in einer frühchristlichen Grabeskirche St. Georg vermutet, in der der hl. Emmeram († um 685) nach der Überlieferung bestattet wurde. Um 740 wurden die Gebeine des Heiligen in eine Apsis übertragen, um die herum eine Ringkrypta entstand. Unter Abtbischof Sintpert (768–791) Vollendung der dreischiffigen Pfeilerbasilika. Eine Benediktuskapelle im Ostflügel des Konvents (siehe: Schloß Thurn und Taxis S. 572) ist 966 erstmals urkundlich belegt; neue Weihe 1064 nach Brand von 1062.

Bis 975 bestand eine Personalverbindung von Abt und Bischof; sie wurde vom hl. Bischof Wolfgang gelöst. Erster ausschließlich im Kloster residierender Abt war Abt Ramwold aus Trier († 1001). Unter diesem Ausbau des Klosters: Südflügel mit Abteisaal (siehe: Schloß Thurn und Taxis S. 573), Michaelskapelle, 982 geweiht, und Anlage der sog. Ramwoldkrypta, deren Weihe Bischof Wolfgang unter Beisein Abt Ramwolds 980 vollzog. Bedeutender Gönner und Förderer des Klosters war Kaiser Arnulf, der seine Pfalz Ende 9. Jh. in unmittelbarer Nähe errichtete. Im 8. bis 10. Jh. war das Kloster ein Zentrum der Buchmalerei und Kleinkunst, sowie klassischer und patristischer Stu-

dien. Im 12. Jh. Einfluß der Hirsauer Reformbewegung. Noch bis Mitte des 12. Jh. blieb St. Emmeram Grablege der Regensburger Bischöfe. 1295 verlieh König Adolf von Nassau dem Kloster die Regalien; die volle Selbständigkeit gegenüber dem Bischof erlangte St. Emmeram erst nach Zuspruch der Exemption durch Papst Johannes XXII. im Jahr 1326.
Unter Abt Reginward Bau der Westanlage mit Querhaus, Dionysiuschor, Wolfgangskrypta (Weihe 1052 durch Papst Leo IX.) und Magdalenenkapelle. Vor 1049 datiert der Westtrakt des Klosters. Nach verheerendem Brand 1166 Erneuerung der Klosterbasilika und der vermutlich in der 1. Hälfte des 12. Jh. entstandenen Pfarrkirche St. Rupertus. Letztere wurde 1266 dem Kloster durch Papst Clemens IV. inkorporiert. Bau der gemeinsamen Vorhalle Ende 12. Jh. Mit dem gleichzeitigen Wiederaufbau des östlichen Konventflügels, nach Osten zurückversetzt, Erweiterung des Kreuzgangs auf das endgültige Ausmaß. Auf den hohen technischen Standard des Klosters weist die um 1200 unter Abt Peringer von Dechbetten hergeführte Wasserleitung. Seit etwa 1220 Ausgestaltung und Wölbung des Kreuzgangnordflügels, des Westflügels und Südflügels bis zum Ende des 14. Jh. Unter Abt Ambrosius Mayerhofer 1575–79 Neugestaltung des Turms. Schwere Schäden für Abtei und Kirche durch den Dreißigjährigen Krieg. Nach Brand von 1642 Wiederherstellung und Neuausstattung der Kirche. 1666 Errichtung des Neuen Konvents. 1731 erwarb Abt Anselm Godin für sich und seine Nachfolger den Rang eines Reichsfürsten. Dies war Anlaß für eine barocke Neugestaltung der Basilika 1731–33 unter Leitung des Linzer Architekten *Johann Michael Prunner,* durchgeführt von den Brüdern *Cosmas Damian* und *Egid Quirin Asam.* – Umbau des östlichen Konventflügels unter teilweiser Verwendung der aufgehenden Mauern des alten Dormitoriums, Neugestaltung von Kapitelsaal und Klosterbibliothek (siehe Schloß Thurn und Taxis S. 575) 1737–39, letztere von *Prunner* und *C. D. Asam.* 1740–42 wurde der Ostflügel aufgestockt als Residenz für die Familie des Prinzipalkommissärs beim Immerwährenden Reichstag. Unter Abt Frobenius Forster von Königsfeld (1762–91) Einrichtung einer wissenschaftlichen Akademie. – 1802 wurde die Abtei zunächst dem Fürstprimas Carl von Dalberg zugewiesen, 1812 Aufhebung der Abtei und Aufteilung in Pfarrkirche und ▷ Schloß Thurn und Taxis.

Gesamtanlage

Der Komplex des ehem. Klosters, der seit Anfang des 10. Jh. von Mauern umgeben war, ist flächenmäßig zwischen Fürst-Carl-Anselm-Allee, Emmeramsplatz, St. Petersweg erhalten, etwas erweitert zu Beginn des 19. Jh. Die mittelalterliche Kirchengruppe hat keine ausgeprägte Schauseite; die nachmittelalterlichen Fassaden erschließen sich nur im Innern der Anlage.

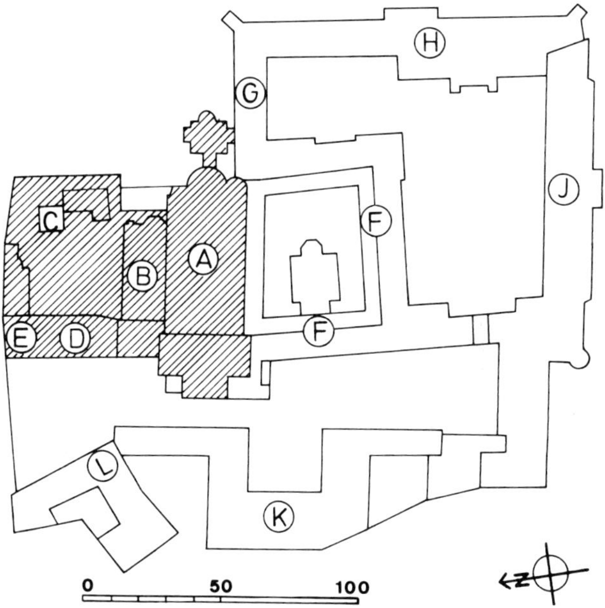

Regensburg, Pfarrkirche St. Emmeram, ehem. Benediktinerabtei, Gesamtanlage

A St. Emmeram
B St. Rupertus
C Glockenturm
D Vorhalle + Vorhof
E Torwand
F Ehem. Alter Konvent mit Kreuzgang
G Ehem. Neuer Konvent
H Ehem. Prinzipialkommissärswohnung
J Südflügel des Schlosses
K Reitschule, Marstall
L Rentamt

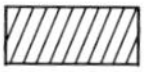

St. Emmeram

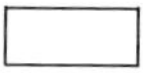

Schloß Thurn und Taxis

Bauliche Entwicklung der Kirchengruppe

Mittelalter. – Beisetzung des Bischofs Emmeram († um 685) durch Herzog Theodo in einer Georgskirche, die im Bereich des südlichen Nebenchors der Basilika angenommen wird. Bischof Sintpert (768–791) errichtete einen – nach einer Quelle des 11. Jh. – 783 begonnenen Neubau, den Kernbau der Klosterkirche. Erhalten sind hiervon die Confessio des hl. Emmeram, die gangartige Ringkrypta (I) und die Ansätze der über ihrem inneren Mauerring hochsteigenden Apsiswand. Es ist nicht beweisbar, aber wahrscheinlich, daß bereits dieser Ursprungsbau eine dreischiffige Basilika mit Dreiapsidenschluß gewesen ist. Damit wäre die alte Georgskirche in den südlichen Nebenchor einbezogen worden. Für das Jahr 980 ist die Weihe einer Außenkrypta überliefert, die Abt Ramwold (975–1001) in Auftrag gegeben hatte und die – unmittelbar östlich der Ringkrypta gelegen – durch einen Gang mit ihr verbunden ist. Die urspr. zweigeschossig begonnene, dann aber als einheitliche dreischiffige Kirche vollendete „Ramwold-Krypta" (II) besitzt eine unmittelbare Parallele in der Außenkrypta der ehem. Benediktinerabteikirche St. Maximin in Trier, jener Abtei, von der aus Ramwold direkt nach Regensburg berufen worden war. Mit der regen Bautätigkeit unter Abt Ramwold möchte Jochen Zink (1989) neuerdings eine im Befund nachweisbare dreischiffige Pfeilerbasilika verbinden, die eindeutig drei Apsiden besaß, in allen Teilen flach gedeckt war und in den Dimensionen bereits den Ostteilen der heutigen Kirche entsprach. Die Gliederung der Obergadenwand durch breite, flach gestufte Lisenen, zwischen welche die Fenster eingeschnitten waren, kann zumindest als typisch für ottonische Anlagen bezeichnet werden.

Abt Reginward (1048–60) erweiterte die Basilika durch einen gewaltigen Westanbau mit rechteckig auskragendem Chor, einer darunterliegenden Wolfgangskrypta auf quadratischem Grundriß (III) und möglicherweise zwei geplanten Westtürmen im Winkel zwischen Chor und Querhaus; der Stumpf des Nordturms ist zumindest erhalten und birgt die Magdalenenkapelle (IV). 1052 wurde die Wolfgangskrypta durch Papst Leo IX. konsekriert. Wie weit Reginward auch die nach Bränden beeinträchtigte (?) Klosterkirche umbaute, müßte durch systematische Bauforschung geklärt werden. Auf jeden Fall scheint die von Jochen Zink angenommene Erhöhung des Mittelschiffs glaubhaft, mit der die alte Basilika an die gewaltige Höhenerstreckung des Westquerhauses angeglichen werden mußte. An der Nordseite errichtete Reginward ein großes Doppelnischenportal, welches die Naht zwischen Basilika und Westbau so verbindet, daß jede Portalöffnung einem der Raumteile zugeordnet wurde. Die mit dem Stifterbildnis Reginwards versehenen drei Figurenreliefs darüber gehören zu den ältesten monumentalen und figürlichen Portalskulpturen des Mittelalters nördlich der Alpen.

Ein verheerender Brand 1166 forderte schließlich eine grundlegende Wiederherstellung der Kirche, die in ihrer Disposition aber nicht wesentlich verändert wurde. Lediglich die Seitenschiffe wurden überwölbt, im Anschluß an die gleichfalls überwölbten Nebenchöre, deren Umbau vielleicht schon unter Abt Eberhard (1060–68) erfolgt war. Vor allem aber erhielt das Mittelschiff eine neue Gliederung: Von den Mittelschiffpfeilern stiegen Vorlagen nach oben, die sich auf eigenen, plastisch dekorierten Kämpferplatten mit großen profilierten Bogenläufen verbanden, die Obergadenfenster einschlossen und somit eine aufwendige Blendbogenrahmung bildeten, welche an ähnliche Erfindungen in Speyer, Mainz und Worms denken läßt. Statt einer Wölbung erhielten Mittelschiff, Ostteile und Westbau eine durch Quellen überlieferte, prächtig bemalte Flachdecke. Gleichzeitig wurde vor dem Doppelnischenportal eine zweischiffige Vorhalle errichtet, die heute noch über zwei Joche erhalten ist, während die weiteren Joche bis zur äußeren Portalwand zwar in der reich gegliederten Westwand angelegt sind, der Bau selbst jedoch unvollendet blieb oder zerstört wurde.
Im 13. Jh. wurde im Westchor der Dionysiusaltar errichtet (Weihe 1211), der mit einer ungewöhnlich späten Confessioanlage verbunden ist. Um 1250 erhielt die äußere Portalwand ihre endgültige Gestalt; als Hauptzugang zur Kirche von der Stadt her gliederte man sie fast wie eine Fassade mit höchstem formalen Anspruch und im frühgotischen Stil wie die gleichzeitig entstehende Dominikanerkirche.
Renaissance/Barock. – 1575–79 Neugestaltung des Turms mit Figurenprogramm. In der Kirche nach Brandzerstörungen von 1642 Einbau einer bemalten Kassettendecke, Veränderung von Fenstern im Querhaus und im Westchor, Neuausstattung mit Hochaltar und Orgel. In dem Bogen zwischen Querhaus und Mittelschiff wurde eine Empore eingestellt, die sich über die Seitenschiffe fortsetzt. – 1731–33 im Auftrag von Fürstabt Godin Umgestaltung von Hauptchor und Mittelschiff durch den Architekten *Johann Michael Prunner* und die Brüder *Asam:* Überformung der Pfeilerwände, Einziehen einer durchgehenden Wölbschale, Stukkatur, Wand- und Deckenmalerei. Abbruch der leicht eingezogenen, halbkreisförmigen Hauptapsis und Wiederaufbau in konzentrischer Erweiterung über der äußeren Wand der Ringkrypta zur Aufnahme des Winterchors, gerader Abschluß zum Hauptchor. Ausmalung der romanischen Seitenschiffgewölbe. Weitgehend neue Altarausstattung. Barockisierung der Ramwoldkrypta.
Restaurierungen. – 1950–52 Inneres, 1961 Vorhalle, 1962 und 1980 Ramwoldkrypta (Grabungen), 1967 Glockenturm, 1969–71 Wolfgangskrypta (Abnahme der Übermalungen des 19. Jh.), 1982 äußere Torwand (Reinigung und ergänzende Restaurierung der Malereien), seit 1986 Magdalenenkapelle.

Ehem. Abteikirche St. Emmeram

Äußeres. – St. Emmeram ist eine dreischiffige Basilika mit westlichem Querhaus und gleich hohem, gerade schließendem Westchor.

Barocke Ostapsis in Breite des Mittelschiffes, mit diesem auf gleicher Firsthöhe. Durch einen Gang verbunden ist die Ramwoldkrypta nach Osten vorgesetzt. An das nördliche Seitenschiff schließen die Sakristei und die zweischiffige ehem. Pfarrkirche St. Rupertus an; sie bildet die Seitenwand der Vorhalle. Mächtige freistehende Westanlage; das kaum vorspringende Querhaus und der Rechteckchor sind kubische Baukörper von gleicher Höhe und Breite aus unverputztem Bruchsteinmauerwerk. (In der Nordwand die beiden urspr. Rundbogenfenster.)

Doppelportalanlage an der Nordseite als Abschluß der Vorhalle, um 1050 dat. entsprechend der Widmungsinschrift auf dem mittleren Steinrelief. Die beiden rechteckigen Eingänge, der linke für die Basilika, der rechte für das Querhaus, liegen in halbkreisförmigen Mauernischen; Spuren von Malerei wohl des 12. Jh., links Maria mit Kind, rechts vermutlich Christus. – Drei Kalksteinreliefs mit fast vollrunden Figuren in breiter Umrahmung sind den mittleren und seitlichen Wandstücken eingepaßt, verbunden durch ein Gesims, das als oberer Abschluß des Türsturzes durchgezogen ist. Dargestellt ist Christus thronend zwischen den sich zur Mitte wendenden Standfiguren der hll. Emmeram und Dionysius. Diese blockhaften Figuren gehören zu den frühesten mittelalterlichen Steinreliefs, hier erstmals als Portalschmuck auftretend; stilistisch weisen sie auf Vorbilder der Elfenbein- und Goldschmiedekunst. Die Steinoberfläche gut erhalten; die aus dem 19. Jh. stammende farbige Fassung stark beschädigt.

Inneres. – Basilika und Westbau sind durch die beiden Eingänge des Doppelnischenportals erschlossen und durch eine, über die Gesamtbreite des Langhauses eingestellte Orgelempore unterbrochen; sie trennt die im 17. und 18. Jh. unterschiedlich überformten Bauteile der romanischen Doppelchoranlage. Nach Osten drei, in Pfeilerarkaden geöffnete Langhausschiffe mit fluchtenden Choranlagen. Das weiträumige Mittelschiff tradiert mit enger Stützenstellung frühmittelalterliche Proportionen (freigelegt sichtbar sind – vermutlich von der ottonischen Basilika – zwei Hausteinpfeiler zwischen Haupt- und Nordchor, eingebaut in romanischen Mauerverband mit zwei Doppelarkaden). Auch das Verhältnis zu den engen Seitenschiffen ist von der urspr. Anlage her bestimmt. – Romanische Kreuzgratgewölbe mit verschliffenen Scheiteln in den Seitenschiffen; im Mittelschiff barocke Stichbogenkappentonne in Höhe des mittelalterlichen Obergadens.

Den kastenartigen Westteil hingegen prägen romanische Raumproportionen, unwesentlich verändert durch barocke Lichtöffnungen. Querhaus und der in halbkreisförmigem Triumphbogen geöffnete Chor tragen eine bemalte Kassettendecke des 17. Jh. (Ersatz der romanischen, ebenfalls bebilderten Flachdecke.). Die Wolfgangskrypta greift in halber Höhe mit zwei Jochen in das Querhaus hinein; sie bildet den Unterbau für Chor und Dionysiusaltar (1211) mit einer Confessio in der Ostwand, einer begehbaren gerahmten Andachtsnische über dem Reliquiengrab.

Die von Fürstabt Godin in Auftrag gegebene Neugestaltung beschränkt sich auf den basilikalen Teil; *J.M. Prunner* bekleidete die Pfeilerarkaden und die Mittelschiffwände mit Pilastervorlagen, umlaufendem, nur leicht verkröpftem Gebälk und verringerte die Höhe des urspr. Kastenraumes durch eine Unterwölbung mit Gurtbogen. Die durch den frühmittelalterlichen Bau vorgegebene, enge Jocheinteilung der Basilika überspielen und beleben die Stukkaturen und Malereien der Brüder *Egid Quirin* und *Cosmas Damian Asam:* über den Arkaden goldgerahmte, auf die Wand gemalte Bilder im Wechsel mit vollplastischen monumentalen Stuckfiguren; Puttenköpfe an den Pilasterkapitellen, Vasen über den Gebälkverkröpfungen in der Gewölbezone zwischen abwechselnd ovalen und baßgeigenförmigen Fenstern. Über Hauptchor und Schiff längsovale Deckenbilder mit szenischen Darstellungen in weiten Freiräumen.
Thema des lichten, festlich geschmückten saalartigen Raums ist die Verherrlichung des Kirchenpatrons, des Klosters und des Benediktinerordens. Die Stuckfiguren stellen Heilige und Selige dar, eine illustre Folge, auf die sich das Kloster mit seinem Fürstabt bezieht, beginnend über den Oratorien zu Seiten des Hochaltars, mit Karl dem Großen und Heinrich II. – Die Wandbilder zeigen im Chor das Martyrium des hl. Emmeram, im Mittelschiff seine Wundertaten. Deckenbilder: im Chor Glorifizierung des hl. Benedikt und Ausbreitung der Missionstätigkeit des Ordens; im Mittelschiff das legendäre Martyrium von Christen auf dem Marterberg, an der Stelle des heutigen Klosters; in Bildmitte der hl. Emmeram, im Hintergrund das Kloster St. Emmeram, schwebend die Hauptpatrone Wolfgang und Dionysius; rückwärtig die Exemption der Abtei durch Leo III. um 800, die Befreiung von der bischöflichen Gewalt, sign. „*Cosm(as) Dam(ian) Asam.*"
Die Kirche St. Emmeram ist in einer Folge von Barockisierungen frühmittelalterlicher Basiliken zu sehen. Im Vergleich zu der vorausgegangenen illusionistischen Überformung des Freisinger Domes verfolgen die Gebrüder *Asam* hier eine stärkere Trennung und Verselbständigung der Dekorationselemente: Wandgliederung, Bilder und Stuckplastik stehen mit unterschiedlicher Farbigkeit, Stofflichkeit und Bindung an die Architektur in eigenartigem Spannungsverhältnis zueinander. – Die Ausmalung der Seitenschiffe besorgten, unter Leitung *Asams, Johann Gebhard* und sein Sohn *Otto* aus Prüfening. Von *C.D. Asam* eigenhändig ausgeführt, als letzte Arbeit in der Basilika, die Apsiskalotte im Georgschor, Allegorie der Göttlichen Weisheit über Wolken in einem Kuppelausschnitt thronend zwischen Fides und den hll. Georg, Emmeram und Wolfgang.

Ringkrypta (I)

Kern der vorkarolingischen Anlage aus der Zeit nach 783 (zugänglich aus den Seitenschiffen, urspr. aus dem Presbyterium), tonnengewölbter, unter der Hauptapsis rund geführter Gang, Fenster barock; Fragmente von Flechtbandmalerei und Schrift, vermutlich 10. Jh. Nach Westen im Scheitel des Rundgangs, vor der Grabkammer mit dem Steinsarkophag des hl. Emmeram, liegt die Confessio, eine von Rokokostuck gerahmte Wandnische, deren Rückwand über der Altarmensa eine Steinplatte mit Fragment einer gemalten Christusbüste aus dem 12. Jh. bildet.

Ramwoldkrypta (II)

Verbunden mit der Ringkrypta durch einen tonnengewölbten Gang mit Malereifragmenten, Jüngstes Gericht, um 980. Die heutige Erscheinung der Krypta beruht auf einer Neugestaltung von 1775: Ausmalung mit Szenen aus dem Leben des sel. Ramwold, *Matthias Schiffer* zugeschrieben. – Die 980 geweihte Außenkrypta, ein wohl von St. Maximin in Trier angeregter Bautyp, ist trotz neuer Grabungen nur im Grundriß rekonstruierbar: ein dreischiffiger, tonnengewölbter Kernbau mit zwei in der Mitte freistehenden Säulen; davon ist ein sog. Topfkapitell erhalten, die älteste datierbare mittelalterliche Säule in Regensburg. Die Annexräume sind ursprünglich. Der Aufriß, möglicherweise eine Halle, ist ungesichert. – Grabmäler: Ramwoldsarkophag in der südlichen Nische und Sargplatte des Abts Peringer († 1201) in der nördlichen. – Spätgotische Schnitzfiguren der hll. Emmeram und Wolfgang um 1510/20.

Wolfgangskrypta (III)

Bedeutender Raum aus der Zeit des Abts Reginward, der älteste erhaltene Hallenbau in Regensburg. 1052 von Papst Leo IX. konsekriert. Fünfschiffiger, annähernd quadratischer Raum zu je fünf ungleichen Jochen, das größte liegt vor dem Heiligengrab an der Ostwand. Leicht gestelzte Kreuzgratgewölbe auf Säulen, im mittleren Schiff achteckige Schäfte; Würfelkapitelle mit Schildblenden, drei mit Ranken- und Ornamentfüllung. Große Halbrundnischen gliedern die Wände in den drei westlichen Jochen (bis zum Einsprung der Querschiffmauer). Zwei urspr. Rundbogenfenster. – Die Renaissance-Altäre, in Material und Ausführung abgestimmt, sind Stiftungen auswärtiger Äbte: Wolfgangsaltar, 1613 vom Abt zu Braunau, der hl. Wolfgang zwischen Leo IX. und Heinrich II. – Reliquienschrein 1877. – Nikolausaltar, 1614 vom Abt von Metten und Barbara-Altar vom Abt des Schottenklosters in Wien. – Bischofsstuhl, sog. ‚Heinrichsstuhl', seit 1894 in der Mittelnische der Westwand, vorher, seit dem 17. Jh., in der Vorhalle zwischen den Portalen nachgewiesen. Halbzylindrische glattwandige Lehne, der Sitz über kauernden Löwen und Mittelstütze. Die Datierung schwankt (wie beim Vergleichsstück im Augsburger Dom) zwischen 10. und 12. Jh.

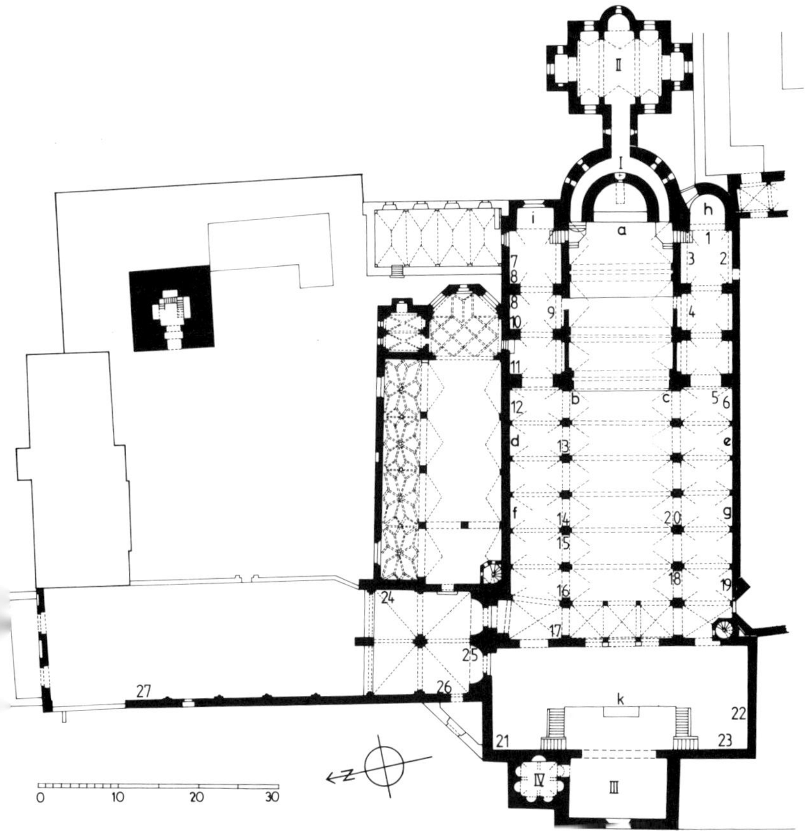

Regensburg, ehem. Abteikirche St. Emmeram
und Kirche St. Rupertus

Die Ziffern und Buchstaben im Grundriß beziehen sich auf die Ziffern im Text ab S. 489.

Magdalenenkapelle (IV)

Im Stumpf des urspr. geplanten Nordturms, zugänglich vom Dionysiuschor, um 1050 erbaut. Restaurierung 1986ff. mit Rekonstruktion des Gewölbes und Freilegung der Wandmalereien. – Quadratischer

Raum von außergewöhnlich schöner Gliederung. Im Osten halbkreisförmige Altarnische, über der Mensa seitlich eingestellte Säulen mit Würfelkapitellen. Die übrigen Wände sind durch je zwei vom Boden aufgehende Halbrundnischen mit Halbkuppeln gegliedert, dazwischen auf hohen Sockeln achteckige Stützen mit Würfelkapitellen zur Aufnahme der Gurtbogen des achtteiligen Faltengewölbes. Mehrere Malereifassungen, darunter bedeutende Wandgemälde wohl aus der Zeit nach dem Brand von 1166 (Restaurierung noch nicht abgeschlossen). – Im Turmuntergeschoß Einstützenraum, von der Nordseite der Wolfgangskrypta aus zugänglich.

Ausstattung in der Basilika

Teilweise aus dem 17. Jh. übernommen, um 1733 neu arrangiert. Hochaltar (a), 1669 von Klosterbruder Wolf gefertigt, Weihe 1679; in der Fassung des 17. Jh. restauriert. Altarblatt von *Joachim von Sandrart* 1666, Martyrium des hl. Emmeram. – Die gewaltige, für die Chorapsis entworfene, ehemals freistehende Ädikula-Anlage in schwarz/goldener Fassung wurde von *E. Q. Asam* mit plastischen Ergänzungen als gerader Chorschluß eingesetzt und mit marmorierten Säulen farblich neu gestaltet. In dem gesprengten Giebel (anstelle des alten Auszugs) Freifigur der thronenden Himmelskönigin in goldhinterlegter Wolkengloriole, im Gewölbe baldachinartig überfangen. Monumentale, weiß gefaßte Stuckfiguren der Apostelfürsten. Bei der letzten Restaurierung 1950/52 unglücklicherweise die Altarfassung der Brüder *Asam* entfernt und die Bemalung des 17. Jh. rekonstruiert. – Unter der Mensa silberner Reliquienschrein für den hl. Dionysius, nach 1423 von Abt Wolfhard Strauß gestiftet, mit reichem Schmuck aus getriebenen, teilweise vergoldeten Reliefdarstellungen. Einziger erhaltener mittelalterlicher Reliquienschrein in der Oberpfalz, darüber hinaus von hoher künstlerischer Qualität. – Die beiden im Chorbogen eingestellten Seitenaltäre (b + c) neugestaltet 1733, festliche Aufbauten mit seitlichen Engelsfiguren auf geschweiften Streben. Die Altarblätter: Verkündigung Mariä und Abschied der Apostel Petrus und Paulus, 17. Jh. in der Art des *Johannes Selpelius*. Von diesem sign. Altarbilder im Dionysiusaltar (d), Martyrium des Heiligen, 1663, und Wolfgangsaltar (e): Der Heilige prophezeit Heinrich II. die Kaiserwürde, 1658. Geschnitzte Antependien. – Dreifaltigkeitsaltar (f), 1713 von Abt Johann Baptist Hemm errichtet. Altarblatt möglicherweise von *Johann Georg Bernhard April* aus Stadtamhof. – In barockem Schrein gotisches Tafelbild, um 1435/40, Muttergottes mit Stifter Abt Wolfhard Strauß. Hervorragendes Werk der damals in Regensburg auf hohem Niveau stehenden Malerei; bis in Einzelheiten übereinstimmende Nachbildung der berühmten Lucca-Madonna des *Jan van Eyck* (Städelinstitut Frankfurt/M.). – Benediktusaltar (g), um 1733. Altarblatt, Tod des Heiligen, von *Johann Spillenberger*. In barockem Schrein spätgotischer Kruzifixtorso aus Stein, 2. Hälfte 16. Jh. (?). – Im Georgschor Kreuzaltar (h), um 1758–60, *Simon Sorg* zugeschrieben. Rokokoaufbau um einen romanischen Kruzifix, Christ-König-Typus aus der 1. Hälfte des 13. Jh. Silbergefaßtes Predellenrelief, Martyrium des hl. Emmeram, seitlich Freifiguren Maria und Johannes in Klagegebärde. – Stefan-Laurentiusaltar (i). 1655 von Abt Cölestin gestiftete Spätrenaissanceanlage mit vergoldeten Reliefs; Predigt Johannes Bapt. und Taufe Christi, 1737 verändert und durch Figuren ergänzt.

Kanzel von *Egid Quirin Asam*. Schmaler, mit Regenceschnitzerei geschmückter Korb. Auf dem Schalldeckel Putten mit Gesetzestafeln, das apokalyptische Lamm über dem Buch mit sieben Siegeln und die eherne Schlange; die Teile verbunden durch eine von Putten gehaltene Baldachindraperie. – Orgelprospekt, dreiteiliger Aufbau von 1669, von *Asam* eingefügt die Weltkugel, seitlich Posaune blasende Putten. – Spätgotisches Taufbecken, aus St. Rupertus. Achteckig mit gewundenen Kehlungen auf quadratischer romanischer Platte mit Palmettenfries. – Beichtstühle aus der Zeit der *Asams*, Schnitzerei mit Giebelbildern. – Chorgestühl und Gestühl 1677. – Eisengitter unter der Orgelempore 1737 von *David Nordmann* aus Regensburg, Laub- und Bandwerkkomposition, im Bogenfeld Wappen Abt Godins; die Seitenteile 1679 von Schlosser *Lampl* aus Amberg (erst 1733 hierher versetzt).

Ausstattung im Westbau. Überwiegend aus dem 17. Jh. – Im Dionysiuschor Kreuzaltar (k), große Kreuzigungsgruppe um 1650, Fassung und Altaraufbau neu. – Monumentalgemälde: Schlüsselübergabe an Petrus und Sturm auf dem See Genezareth, sign. von *Johann Paul Schwendter*, Stiftung des Bischofs Albert IV. von Törring († 1649) für den Dom. – An den Querhauswänden Petrus heilt den Lahmen und Erweckung der Tabitha, von *Martin Speer* sign., Stiftung von 1756 für den Dom.

Grabdenkmäler

Seltener Reichtum von Tumben, Grabplatten und Epitaphien aus dem hohen Mittelalter bis hin zur Säkularisation. Bedeutend ist vor allem die Gruppe der im 13./14. Jh. gestifteten Hochgräber für Herrscher und Heilige, vor allem aus karolingischer und ottonischer Zeit; tatsächlich ist von den Herrschern nur Arnulf v. Kärnten mit einiger Wahrscheinlichkeit in St. Emmeram bestattet worden. – Dazu kommen Grabplatten vorwiegend von Bischöfen und Äbten, einzelnen Bürgern und vor allem von Angehörigen des Adels. Nur wenige davon heute noch an ihrem urspr. Aufstellungsort erhalten. Ein weiterer Schwerpunkt sind die barocken Epitaphien des Adels – vornehmlich von Angehörigen des Immerwährenden Reichstags sowie der Fürstlichen Hofhaltung – die sich jedoch größtenteils noch im urspr. Zusammenhang befinden.

Viele Grabplatten wurden erst nach 1812 in die Kirche überführt. Künstlerisch und kulturgeschichtlich bedeutend vor allem die mittelalterlichen Hochgräber im Ostteil. Für Kaiser Arnulf († 899) und Ludwig das Kind († 911), deren gotische Ehrenmäler 1642 durch Brand vernichtet wurden, Inschriftenplatten im Boden des Chors. – 1. Emmeramstumba. Der Überlieferung nach am Ort des ersten Begräbnisses. Überlebensgroße, nahezu vollplastische Sandsteinfigur in bischöflichem Ornat, mit Fußlöwen auf einer Steinplatte. Anklänge an das Grabdenkmal des Erminold in ▷ St. Georg, Prüfening, um 1350/60. Ungewöhnlich der tischartige Aufbau mit einer mächtigen, von Rundstützen mit Blattkapitellen gehaltenen Rotmarmorplatte über dem Heiligen. – 2. Grabdenkmal für die Vorgängeräbte Godin und Kraus und den Stifter Abt Frobenius Forster, 1787 errichteter Aufbau mit Wappen und Abtinsignien unter Baldachin. – 3. Rotmarmorgrabplatte mit Konturbild des Abtes Balduin († 1324). – 4. Grabplatte für den Abt Hartung Pfersfelder († 1458), Rotmarmor, qualitätvolle Darstellung. – 5. Hochgrab des Seligen Tuto, Abtbischof († 930), tischförmige Anlage, vermutlich Mitte 11. Jh., möglicherweise in Zweitverwendung für Bischof Tuto umgewidmet. Die Deckplatte wurde 1733 anläßlich einer Umsetzung gekürzt. Gleichzeitig das Grisaillefresko des Heiligen in der Nische. – 6. Hochgrab des hl. Wolfgang, um 1350: nahezu vollplastische, etwas überlebensgroße Bischofsfigur von strenger Monumentalität. Auf der Fußplatte betender Mönch mit Votivinschrift. Hausförmiges Gitter, die säulenartigen Stützen spätgotisch. – 7. Hochgrab der Seligen Aurelia, um 1320/30 (bis 1812 im Kreuzgang). Möglicherweise vom gleichen Meister wie Heinrich der Zänker. Die als Hochrelieffigur dargestellte Selige – historisch nicht nachweisbar – ist der Legende nach 1027 als Klausnerin in St. Emmeram gestorben. Auf der Fußplatte Relief des Stifters, des Domherrn Gamerit von Sarching († 1335). – 8. Große Steinreliefs, dem Typ nach Grabmäler mit Andachtsbild, Stiftung der Familie Pfollenkofer, um 1420/30. Ölberg und Marientod, nahezu vollplastische, gedrängte Figurenkompositionen in einer Nische; gehört wohl dem Kreis der Bildwerke in der Nachfolge der Dom-Hauptportalskulpturen an. – 9. Hochgrab des Herzog Arnulf von Bayern († 937), tischartig, in der Ornamentik der Schottenkirche nahestehend, nach 1166 (Tragpfeilerchen 19. Jh.). – 10. Hochgrab des Herzogs Heinrich des Zänkers († 995), Vater Kaiser Heinrichs II., als jugendlicher Ritter mit Schild und Lehensfahne, um 1320/30. Umschrift im 16. Jh. verändert. – 11. Hochgrab des Grafen Warmund von Wasserburg († 1010), ehem. in der Benediktuskapelle. Unterbau nach 1666. Hochrelief des Grafen mit langem Mantel und Leibrock, um 1400. – 12. Grabplatte einer Kaiserin oder Königin, traditionell auf die Königin Hemma († 876) bezogen. Einige Wahrscheinlichkeit hat jedoch auch die Deutung auf die Kaiserin Uta, die Gemahlin Arnulfs von Kärnten. Nur die Deckplatte der Tumba erhalten, um 1280/90, seit 1642 an dieser Stelle; Figur mit Krone, Reichsapfel und ehem. wohl Szepter. Der individualisierte Ausdruck von Ernst und Trauer setzt die Naumburger Stifterfiguren voraus, deren plastische, spannungsvolle Körperlichkeit zurückgenommen und geglättet ist. Grobkörniger Stein mit Bemalungsresten. – 13. Epitaph für den Abt Cölestin Vogl († 1691). Rotmarmorplatte mit Wappen und Mitra, von Akanthus und Putten gerahmt. – 14. Epitaph des Valentin Franz Edler von Emerich († 1778), kaiserlicher Hofrat und Reichstagsgesandter, von *Simon Sorg* 1786. Frühklassizistischer Holzaufbau; vor Pyramide die Allegorie der Hoffnung, Marmor imitierende Fassung. – 15. Bronzeepitaph für den Arzt Paul Keyl († 1530), dem *Meister K.M.* des Horneckepitaphs zugeschrieben. – 16. Epitaph des Hans Thumer zu Pruchberg († 1587). Rotmarmorplatte mit Relief, Ganzfigur des Ritters. Im Giebel Kalksteinrelief, Gottvater. – 17. Wappenepitaph für Ludwig von Habsberg († 1520), prächtige Dekorformen, mit Beziehung zu gleichzeitigen Werken der Dombauhütte. – 18. Bronzeepitaph für Wolfgang von Horneck († 1531), der Ritter vor dem Kreuz kniend. Signatur *K.M.*, bisher nicht identifizierbar, wohl regensburgisch. Dem Meister werden eine Reihe ähnlicher Epitaphien zugeschrieben. – 19. Grabmal der Euphrasia von Otten († 1730), Gemahlin eines Reichstagsgesandten. Inschrift flankiert von Allegorien, dem Bildhauer *Franz Anton Neu* aus Prüfening zugeschrieben. – 20. Epitaph für Frhr. von Linker und Lützenwick, kaiserlicher Geheimrat und Reichstagsgesandter († 1779), von *Simon Sorg*. Rotmarmorkartusche mit Inschrift auf schwarzem Marmor. Seitlich Allegorie der Religion, verwandt dem Epitaph für Thurn und Taxis.

21. Prunkepitaph für Ignaz Anton von Otten, nach 1737 wohl von *Franz Anton Neu*. Marmoraufbau, hinterfangen von gemalter Draperie. In der Darstellung von Tugendallegorien verbunden mit Emblemen des Todes und der Vergänglichkeit vorbildhaft, auch für das Thurn-und-Taxis-Epitaph. – 22. Epitaph für Ernst Graf von Metternich († 1737). – 23. Prunkepitaph für den Fürsten Alexander Ferdinand von Thurn und Taxis, 1774–77, von Hofbildhauer *Simon Sorg*. Ungewöhnlich prächtiger Monumentalaufbau aus kostbarem und vielfarbigem Material, hinterlegt von Scheinmalerei. Das Kenotaph mit dem Tod als Stützfigur, seitlich Justitia und Pietas. Putten mit Attributen von Hoffnung und Liebe, unter Baldachin thronend Fides.

Bauten im Außenbereich

Nordwestliche Torwand, von *Prunner* zwischen nördlichem Querhaus und Vorhalle errichtete Giebelfront; neben den Obergadenfenstern der einzige Hinweis am Außenbau auf die barocke Umgestaltung des Innern.

Turm. 1575–79 unter Abt Ambrosius Mayrhofer von dem Münchner Hofsteinmetz *Matthäus Pech* umkleidet und neu gestaltet. Beteiligt *Balthasar Leutner* und vermutlich *Michael Dietlmaier*. Der freistehende Turm, aus sorgfältig behauenen Steinquadern mit ungewöhnlicher Bauplastik, von besonderem Rang in der Renaissancearchitektur der Stadt. – Sechsgeschossig über quadratischem Grundriß, im Untergeschoß Rustika, in den beiden obersten Geschossen paarweise angeordnete Doppelarkaden; Abschluß mit Balustrade, geschweifter Uhrengiebel, Helm und Laterne von 1777. Über dem Eingang im Westen Stifterrelief Abt Mayrhofers. Von dem umfangreichen Figurenzyklus, der den Turm schmückte, sind elf Steinfiguren erhalten. Urspr. eine programmatische Schauwand von über dreißig Heiligen, mit der sich das Kloster in den konfessionellen Auseinandersetzungen gegenüber der protestantischen Reichsstadt exponierte und gleichzeitig in seiner altehrwürdigen Tradition legitimierte. – Das Innere besteht aus Großsteinquadern, vermutlich römisches Material aus der gegen Ende des 9. Jh. abgebrochenen, nahe gelegenen Stadtmauer, Kalkstein mit starken Oberflächenstörungen und Brandverfärbungen; im Erdgeschoß nachträglich eingefügtes Bruchstein- und Ziegelmauerwerk. Die Bestimmung als repräsentativer Wehrturm nahe der Pfalz und dem bischöflichen Kloster mag sich mit der Funktion als Campanile verbunden haben.

Vorhalle und Vorhof, nach 1166 errichtet. Die dem Doppelportal nach Norden angefügte zweischiffige Halle zu zwei Jochen ist zwischen zwei Gurtbögen über einem zentralen Freipfeiler mit Halbsäulenvorlagen kreuzgratgewölbt. Form und Dekoration der Wulstkapitelle mit Blattwerk, Masken, Ranken und Tierköpfen sind verwandt mit den Langhauskapitellen von ▷ St. Jakob. Die Vorhalle war urspr. auf mindestens fünf weitere Joche angelegt, wie die Wandpfeiler an der Westmauer des Vorhofs zeigen. Niedrig angebrachte Blendarkaden mit Würfelkapitellen in drei Jochen. – Ungeklärt ist, ob die Halle unvollendet blieb oder zerstört wurde (bei der Racheaktion König Konrads IV. nach dem Mordanschlag von 1250?). – Steinbildwerke. – An der Ostwand der Vorhalle Vollfigur des hl. Christophorus, um 1330/40. – Einem Pfeiler vorgesetzt Ölbergrelief, um 1420/30. – Monumentale Kreuzigung, Teil einer Figurengruppe von 1513, das Original im Städtischen Museum. – Ölberggruppe aus Stein, 1710 von Abt Johann Baptist Hemm für den Westchor gestiftet. Um 1930 in ein neues Gehäuse versetzt, durch neue Fassung beeinträchtigt. – Grabdenkmäler. Zahlreich, z. T. auch aus dem aufgelassenen Friedhof stammend. 24. Epitaph der Maria Salome († 1670), Frau des Emmeramer Kanzlers Johann Schwägerl, in großzügiger Akanthusrahmung. – 25. Epitaph des Johann Michael Greif zu Greifenberg († 1778), eingelassen in die romanische Portalnische. – 26. Klassizistisches Epitaph für Regina, geb. von Depra, Edle von Plain und ihren Vater Jakob von Depra († 1799). – Im westlichen Vorraum zur Vorhalle überlebensgroße und z. T. qualitätvolle Rotmarmorgrabplatten des 15. und 16. Jh. für Äbte. – An der westlichen Wand des Vorhofes: 27. Epitaph des Johannes Aventin († 1534), des Vaters der bayerischen Geschichtsschreibung, gestiftet von seinem Freund Teyhink. Vorbild für das Büstenrelief des Humanisten war wohl das Totenbild seines Lehrers Konrad Celtis (von *Hans Burgkmair*).

Die Äußere Torwand, um 1250, bildet mit zwei spitzbogigen Portalen analog zur zweischiffigen Vorhalle und den beiden Kircheneingängen den Hauptzugang zur Kirchengruppe. Zweigeschossige, fünfteilig gegliederte Fassade, von rhythmisierten Blendarkadengruppen mit Knospenkapitellen, Polygon- und Hornkonsolen aufgelockert, in den Stilformen der Ostteile der ▷ Dominikanerkirche St. Blasius. Die figürliche Bemalung wohl von Anfang an vorhanden, nachweisbar seit dem 16. Jh., im 17. Jh. erneuert, mehrfach restauriert, 1982 rekonstruiert: Christus als Schmerzensmann mit Assistenzfiguren zwischen Heiligen und Stiftern. – Ein Zusammenhang von Torwand und Vorhalle mit der an dieser Stelle vermuteten Arnolfinischen Pfalz gut vorstellbar, aber bisher hypothetisch.

Kirche St. Rupertus, ehem. Pfarrkirche des Klosters. Die an das nördliche Seitenschiff der Basilika anschließende, urspr. einschiffige Kirche war 1166 vom Brand betroffen. Danach die für beide Kirchen gemeinsame Vorhalle errichtet. Der dreiseitig geschlossene Chor in der Flucht des Hauptschiffs, wie die nördlich anschließende Seitenkapelle um 1405 angefügt. Anbau des gewölbten Seitenschiffs 1474, dat. auf einem Schlußstein. Um 1750 Neuwölbung und Barockisierung des Hauptschiffes. Ausmalung durch *Otto Gebhard* aus Prüfening.

Schlichtes Äußeres in Bruchsteinmauerwerk. Zwischen barocken Fenstern zugesetzte Spitzbogenfenster im Obergaden. Im niedrigen Seitenschiff u.a. das spätgotische Eingangsportal vermauert. – Im Innern behaupten sich, ähnlich wie in der Klosterkirche, Raumteile unterschiedlicher Zeitstile nebeneinander: ein über große Spitzbogenfenster mit Fischblasenmaßwerk belichteter Chor; das in weiten Rundbögen geöffnete Seitenschiff mit netzartig aneinander gefügten Sterngewölben und die barocke Raumschale des Hauptschiffs. – Stuckierung in Rocailleformen, 1765 von *Joachim Anton Pfeffer* aus Prüfening. – Wand- und Deckenmalerei von *Otto Gebhard.* Mit Inschriften versehene Grisaillebilder. Allegorische Landschaftsdarstellungen, die sich auf das Wirken des Kirchenpatrons und legendären Gründers des Klosters beziehen, in Gegenüberstellung mit dem hl. Emmeram. – Monumentales Deckenbild: In dreistufigem Architekturaufbau erheben der hl. Rupert und Herzogin Regintrud ein Marienbild auf den Thron des bisherigen Götzen, in der Höhe thronend Ecclesia.

Ausstattung überwiegend spätes 17. Jh./frühes 18. Jh. – Hochaltar um 1690, Nußbaum mit vergoldeter Schnitzerei. Altarblatt: Rupert tauft den Herzog Theodo, 1690 von *Johann Heiß.* – Nebenaltar dat. 1713. Viersäuliger Aufbau in Naturholz mit reicher Schnitzdekoration. Altarblatt hl. Michael, möglicherweise von *Johann Georg Bernhard April* aus Stadtamhof. – Im Nebenschiff Sebastiansaltar, um 1710/20, Altarblatt sign. von *Hertl* 1889. – Walpurgisaltar um 1710/20 mit Veränderungen aus der Mitte des 18. Jh., das Altarbild *Johann Gebhard* zugeschrieben. – Josephsaltar um 1710/20, mit Rocailleergänzungen, Altarblatt sign. von *Johann Gebhard.* – Kanzel dat.

1710. – Orgelprospekt 1730/50. – Von der gotischen Ausstattung sind wertvolle Stücke erhalten. Sakramentshaus Mitte 15. Jh., ein polygonaler viergeschossiger Aufbau mit farbig gefaßten Figuren: die hll. Rupert, Katharina, Barbara und der Schmerzensmann. – Steinfigur der Muttergottes mit bekleidetem Kind, Halbfigur (wohl Fragment) um 1330/40, wohl vom Bildhauer der Christophorusfigur in der Vorhalle, aufgestellt auf einer spätromanischen Säule. – Bemerkenswerte Kreuzigungsgruppe aus Holz, mit neuer Fassung; Kruzifixus um 1520, die Flachreliefs Maria und Johannes etwas früher. – Grabdenkmäler des 16.–19. Jh., darunter auch der Grabstein des Abtes Johann Baptist Hemm († 1759), der sich als erster Abt in St. Rupertus bestatten ließ.

Kath. Erhardikapelle (Erhardigasse 1). Die östlich der Niedermünsterkirche gelegene Kapelle gehört zwar zum ehem. Stiftsbereich, ist jedoch von den Hauptgebäuden durch eine Straße getrennt, die über der römischen „Via sagularis“ an der Innenseite der Kastellmauer liegt. Nördlich der sog. ▷ Erhardibrunnen, den der Überlieferung nach der Heilige selbst gegraben haben soll. Der mit der Ostseite an die Römermauer angelehnte Bau, heute mehrere Stufen unter dem allmählich gewachsenen Straßenniveau, war urspr. keine Krypta sondern das Erdgeschoß eines doppelgeschossigen Gebäudes, vermutlich mit profanem Obergeschoß. Historische Daten für die im 17. Jh. als Erhardszelle bezeichnete Kapelle fehlen. Schwankende Datierung der Halle (vorkarolingisch bis ottonisch), zuletzt Einordnung in die 2. Hälfte des 10. Jh. Damit scheidet die seit dem 17. Jh. übliche Verknüpfung mit dem hl. Erhard aus. Stattdessen wird angenommen, daß es sich um einen Andachtsraum der Äbtissin von Niedermünster, der Herzogin Judith, handelt. – 1892 wurde der säkularisierte Bau für eine Kirchennutzung unter Domvikar *Georg Dengler* restauriert, „stilgemäß“ ausgestattet und mit einer Vorhalle und neuen Fassade versehen. – 1953 Zerstörung der neuromanischen Bemalung und Wiederherstellung des urspr. Fußbodenniveaus. Für den Neubau des Erhardihauses wurde das (wohl mittelalterliche) profane Obergeschoß 1954 abgebrochen.
Fassade von 1892. Palmetten- und Traubenkapitelle der dreiteiligen Rundbogenfenster sind Spolien aus dem Kreuzgang von ▷ St. Jakob. – Annähernd quadratische dreischiffige Halle zu vier Jochen über schlanken Pfeilern. Tonnenwölbung mit einschneidenden Quertonnen, wodurch das Mittelschiff wie kreuzgratgewölbt erscheint. Die monolithen Pfeiler haben Pyramidenstumpfkapitelle mit angearbeiteter Deckplatte und entsprechend gebildete Basen. Im Westen ein zugesetztes Doppelarkadenfenster mit Trennsäule, 3. Viertel 12. Jh. – Die Reste der Ausstattung des späten 19. Jh. beziehen sich entsprechend der historischen Tradition auf den hl. Erhard: überlebensgroßes Glasmosaik an der Ostwand, 1892 nach einer Miniatur des um 1020 in Niedermünster entstandenen Uta – Evangelistars; neuromanischer Altar.

★ **Kath. Pfarrkirche St. Georg, ehem. Benediktinerabteikirche** in Regensburg-Prüfening (Prüfeninger Schloßstr. 73).

Geschichte des Klosters

1109 von dem hl. Bamberger Bischof Otto I. gegründet. An der mittelalterlichen Straße von Regensburg nach Nürnberg. 1114 ließ Bischof Otto Mönche aus dem Reformkloster Hirsau kommen, unter ihnen den 1117 als Abt berufenen Erminold von Hirsau († 1121). Weihe der Kirche St. Georg 1119. Die Klosteranlage entstand wohl bald nach der Kirchweihe, nach cluniazensischem Schema. Unmittelbar an die Kirche schloß sich südlich der Kreuzgang an, umgeben von den nötigen Konventsgebäuden. Bereits um 1120/25 besaß das Kloster eine blühende Schreibschule, die über mehr als ein Jahrhundert hinweg ihre überregionale Bedeutung behauptete. Im 17. Jh. grundlegender Umbau der Klostergebäude. Nach wechselhaftem Schicksal erlebte das Kloster in der 2. Hälfte des 18. Jh. noch einmal eine Hochblüte durch intensive Förderung wissenschaftlicher Arbeiten, abrupt beendet durch die Säkularisation 1803. Die Klostergebäude gingen in Privatbesitz über; bereits 1804 wurden Kreuzgang, Kapitelsaal, Marienkapelle und Teile der Konventsbauten abgebrochen. Die nicht säkularisierte Kirche dient seit 1806 als Pfarrkirche. Nach wechselnden Eigentümern ging das Klosterareal (außer der Kirche) 1899 in den Besitz des Fürsten von Thurn und Taxis über.

Kirche

Weihe 1119, originale Weihe-Inschrift auf Tontafel am südwestlichen Vierungspfeiler. Außer dem Hochaltar wurden damals bereits vier weitere Altäre geweiht, so daß der Bau weit vorangeschritten gewesen sein dürfte. Um 1130 wohl Vollendung der gesamten Basilika. Nach Hirsauer Vorbild mit betonter Ostpartie, altbaierisch abgewandelt: östliches Querhaus mit Apsiden, Osttürme über den Nebenchören und Dreiapsidenschluß. Alle drei Chöre durchgehend überwölbt; Querhaus und Langhaus urspr. flachgedeckt. Nach Westen eine Vorhalle. 1283 ließ der Regensburger Bischof Heinrich von Rotteneck die Gebeine des sel. Erminold in einem Hochgrab beisetzen. Ende 15. Jh. Anbau der Michaelskapelle im Norden. Um 1609 Einwölbung von Quer- und Langhaus. Neuer polygonaler Chorschluß; 1610 Aufstellung des Hochaltars. Unter Abt Romanus I. (1653–1677) Verlegung des Mönchschors aus der Vierung in das Obergeschoß des südlichen Querhausflügels über der hier gleichzeitig eingebauten Sakristei. Neues Chorgestühl (1897 an seinen heutigen Standort in der Vierung transferiert). Einbau der Orgelempore. 1707 neuerliche Erhebung der Reliquien des sel. Erminold und Beisetzung unter der Hochaltarmensa. 1715–19 Ausmalung der Gewölbe durch *Johann Gebhard*. 1718, nach Abbruch des romanischen Paradieses, westlicher Anbau mit Kirchenvorhalle und Fassade. – 1897 wurden in den Ostteilen der Kirche romanische Wandgemälde entdeckt und freigelegt, im Presbyterium auch rekonstruierend übermalt, durch den Münchner *Hans Haggenmiller* unter Aufsicht des Generalkonservatoriums. Die später (etwa 1907–1916) freigelegten Malereien in den Nebenchören und an den Vierungspfeilern wurden nach dem gewandelten Denkmalpflegeverständnis dieser Zeit nicht mehr übermalt. Restaurierungen der Kirche 1950/52 und 1986.

Dieser erste bedeutende Kirchenbau unter Einfluß des Hirsauer Reformordens in Süddeutschland ist auch der erste datierte Quaderbau im Regensburger Gebiet. Ein Markstein für die Entwicklung der romanischen Kirchenbaukunst. – Die dreischiffige Pfeilerbasilika mit Nebenchören und ausladendem Querhaus ist ebenso individuell wie den Hirsauer Anforderungen angemessen konzipiert. Chor und Nebenchor waren, wie auch sonst in Altbayern, mit drei parallelen Apsiden geschlossen, doch ist die Mittelapsis durch einen polygonalen Chorschluß des frühen 17. Jh. ersetzt. Je eine weitere Apsis lag urspr. auch östlich an den Querhausarmen. – Eigenartig ist die Stellung der Türme über den östlichen Jochen der Nebenchöre, wohl beeinflußt von der ebenfalls hirsauischen Klosterkirche Alpirsbach, später übernommen in der Regensburger Schottenkirche ▷ St. Jakob und der Klosterkirche von Biburg (Niederbayern). Fünfgeschossig mit Pyramidenhelmen. Der obere Teil zusammengefaßt von Blendnischengliederung mit abschließendem Bogenfries. Gekuppelte Fenster mit Mittelsäule, Würfelkapitelle teilweise ornamentiert. – Westfassade von 1718, in Langhausbreite dem dreigeschossigen Westbau vorgesetzt mit Gruft, Vorhalle und Wohnräumen in den Obergeschossen. Dreiteilige Giebelfront aus Kalkstein, in Grünsandstein abgesetzte Kolossalpilaster. Geschweifter Giebel mit Georgsgruppe. Seitlich Figuren: hl. Bischof Otto und hl. Benedikt von *Franz Anton Neu*. Über dem Säulenportal im Sprenggiebel Wappen des Kaiserlichen Prinzipalkommissars Herzog Christian zu Sachsen-Zeitz. In der Vorhalle romanisches Westportal, dreistufig mit geradem Sturz. Glattes Tympanon. Freigelegte Reste einer bunten farbigen Fassung sowie einer umlaufenden Inschrift. Die Bemalung der Archivolte mit Engeln und dem Antlitz Christi 1897 erneuert.

Der Innenraum ist trotz nachmittelalterlicher Umgestaltung geprägt durch den romanischen Gründungsbau. Das hohe Mittelschiff öffnet sich in engen Pfeilerstellungen gegen die Seitenschiffe. Höchst bemerkenswert sind die an das Querhaus anschließenden, gänzlich überwölbten Ostteile. Sie gehören wie bei der Kartäuserkirche in Regensburg ▷ Karthaus-Prüll und der Klosterkirche in ▷ Kastl zu den Anfängen des monumentalen Gewölbebaus in Deutschland. Eine ähnliche Wölbung der Ostteile wie Prüfening besaß der erste Bau des Domes in Speyer, dessen Bauleiter der Bamberger Bischof Otto seit etwa 1097 gewesen war. Die nach 1117 begonnene Klosterkirche St. Michael in Bamberg – ebenfalls ein Bau des hl. Otto – war Prüfening nahe verwandt, auch in den gewölbten Ostteilen. – Im Querhaus und Langhaus haben frühbarocke Gewölbe die urspr. Flachdecken ersetzt und dem

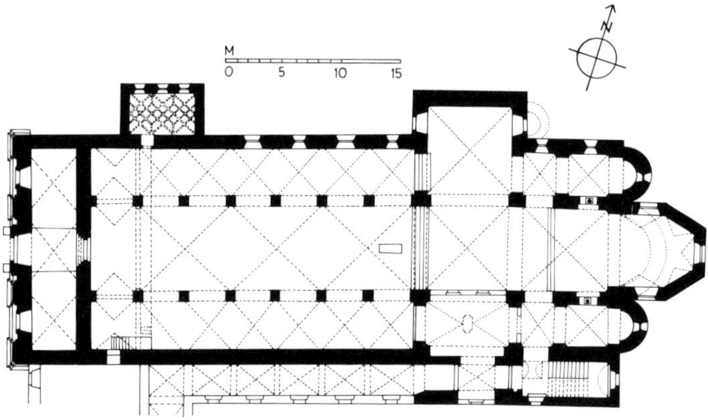

Regensburg-Prüfening, ehem. Abtei-, heutige Pfarrkirche St. Georg

Langhaus zusammen mit den großen Oculi im urspr. Obergaden einen frühbarocken Rhythmus verliehen. Die gestraffte Proportion des romanischen Raumes ist noch in den schlanken Langhauspfeilern sichtbar, sowie in den gliedernden und scheidenden Vorlagen der Chor- und Querhauspartie. Sämtlich mit knappen, doch kräftig profilierten Kämpfern. – Die Nebenchöre kommunizieren mit dem Presbyterium durch eine schlanke Rundbogenöffnung und eine in einen kleineren Rundbogen eingestellte Doppelfensterarkade, an der allein je eine Säule mit Würfelkapitell auftritt. – Das zum Chor hin angehobene Bodenniveau ist eine Veränderung des 17. Jh.; es hebt den Renaissance-Hochaltar in den Blick, indirekt ins Licht gesetzt durch große spitzbogige Chorfenster. – Michaelskapelle, nordseitig angebauter spätgotischer Rechteckraum des ausgehenden 15. Jh., wohl in Zusammenhang mit dem nördlich anschließenden ehem. Friedhof zu sehen. Netzgewölbe über polygonalen Konsolen, Tellerschlußsteine.
Romanische Wandmalereien, 2. Viertel 12. Jh. In den Ostteilen der Kirche freigelegt zwischen 1897 und 1916. Dabei wurden im Presbyterium „die Figuren restlos nachergänzt und zusammengestimmt" (Karlinger, 1920), in den Nebenchören und an den Vierungspfeilern wurde nur konserviert. Der 1920 festgestellte Kontrast zwischen den unrestaurierten Nebenchören mit „weitaus feuriger, glühender" wirkenden Farben und dem „trübe(n) Eindruck des Hochchores" in erdigen Farben, ist heute nicht mehr nachvollziehbar, da die Malereien in den Nebenchören offensichtlich stark verblaßt sind. Wenn die übermalten Bilder im Presbyterium dank gewisser Patina heute selbst den

Anschein von Originalen erwecken, gilt dennoch, daß im Hochchor „nurmehr Ikonographie und Gesamtschema urspr. sind" (Demus). Ein unschätzbarer Wert jedoch im Vergleich mit den gleichzeitig entstandenen, inzwischen durch Entrestaurierung weitgehend verlorenen Malereien der ▷ Allerheiligenkapelle am Domkreuzgang. – Die drei Chorräume überzieht ein gemaltes System aus Ornamenten an den gliedernden Architekturteilen und figürlichen wie szenischen Darstellungen auf den Wand- und Gewölbeflächen. Thema des Presbyteriums ist die Allerheiligenlitanei. In gestaffeltem Aufbau reihen sich Frontalfiguren: hll. Mönche, Bischöfe und weltliche Herrscher sowie Propheten nördlich, Einsiedler, Märtyrer (urspr. hl. Jungfrauen?) und nochmals eine Reihe Märtyrer im Süden; teilweise verbunden durch Spruchbänder in ganzer Bildbreite. Im Gewölbescheitel thront Maria als Ecclesia und Braut Christi, Kreuzfahne und Sphaira haltend: wie in einer Kuppel, getragen von Evangelistensymbolen über den Mauern des himmlischen Jerusalems in den Gewölbeansätzen. Die beiden Adoranten im Sockelbereich unten werden als Kaiser Heinrich V. und Bischof Otto von Bamberg gedeutet, reihen sich aber als Kaiser und Bischof auch typologisch in die Hierarchie der kirchlichen Gemeinschaft ein. – Die Freskenfragmente in den beiden Nebenchören, gewidmet nördlich dem hl. Johannes Bapt. und südlich dem hl. Benedikt, sind in desolatem Zustand. Am besten erhalten die Darstellungen des himmlischen Jerusalems als prächtige Gottesstadt nach den Beschreibungen der Apokalypse in den Gewölben der Turmjoche beider Nebenchöre: mit dem Lamm Gottes nach Apk. 5 im Johanneschor, als goldene, edelsteingeschmückte Stadt mit den Aposteln nach Apk. 21 im Benediktuschor. Pfeiler und Wandpfeiler sind durch Marmorierung, Quader- und Rautenmuster herausgehoben. Die Bogenlaibungen ziert Bänder- und Rankenwerk mit Figurenmedaillons. – An den Innenseiten der Vierungspfeiler vier Darstellungen, schlecht erhalten, aber nicht übermalt: frontal ausgerichtete Dreifigurengruppen in Bogenrahmung mit Turmaufsätzen, in der Mitte jeweils die Büste Christi oder der Ecclesia. Am nordöstlichen Pfeiler Übergabe der beiden Schwerter durch Petrus an einen geistlichen und einen weltlichen Herrscher. Eine propäpstliche Parteinahme im Investiturstreit. Gegenüber am südöstlichen Pfeiler Moses zwischen Aaron und Hur, gedacht als alttestamentliche Vorläuferszene der Verleihung geistlicher und weltlicher Gewalt. Am südwestlichen Vierungspfeiler eine ungewöhnliche Szene, ebenfalls als Dreiergruppe komponiert: In der Mitte thront Maria, begleitet von zwei stehenden Figuren mit Heiligenschein; vielleicht beide als Engel zu deuten, welche sich in der Szene der Verkündigung die Worte der Frohbotschaft teilen. Die drei hl. Jungfrauen im nordwestlichen Vierungsbild verkörpern wohl die drei christlichen Tugenden Glaube, Hoffnung und Liebe. – Barocke Deckenmalerei, 1718, von *Johann Gebhard.* Im Langhaus Szenen aus dem Leben des hl. Georg und anderer Heiliger.

Ausstattung. – Hochaltar um 1610. Der Meister dieses bedeutenden, dem Hochaltar der Regensburger Kirche ⊳ Karthaus Prüll verwandten Werkes, kommt wohl aus dem Weilheimer Umkreis von *Hans Krumper*. Steiler Aufbau über hohem Sockel. Der Tabernakel in Form eines halbierten Polygontempels. Plastische Kreuzigungsgruppe vor gemaltem Hintergrund: gelängte, silhouettenhaft aufgebaute Figuren mit betonten Handgebärden. Seitlich in offenen Bogenstellungen Engel, im Auszug Drachenkampf des hl. Georg, von Heiligenfiguren umgeben. – Magdalenenaltar im nördlichen Querhaus, 1710 geweiht mit Altarblatt von *Johann Gebhard*. Sechssäulige Anlage, aufwendig mit Edelholzfurnieren, Schnitzfiguren der hll. Magdalena und Helena von *Franz Anton Neu*. – An der Mensa des Seitenaltares im nördlichen Seitenschiff, romanisches Kämpfergesims: Maske zwischen Tauornament, 12. Jh. – Chorgestühl und Orgelgehäuse mit geschnitzter Emporenbrüstung aus der Zeit des Abtes Romanus (1653–77). – Gestühl im Langhaus mit reicher Akanthusschnitzerei, um 1700. – Ölbilder im südlichen Seitenschiff, Ende 17. Jh.: Johannes Bapt. von *Johann Seidenbusch*. Von ihm auch vollendet Himmelfahrt Mariens, angelegt von *Hieronymus Minderlein* aus Regensburg. Von diesem auch die Bilder der hll. Anna und Katharina, 1666. – Bildwerke von *Franz Anton Neu:* Holzfiguren der hll. Johannes von Nepomuk und Sebastian in den Seitenschiffen, überlebensgroße Stuckfiguren der hll. Johannes von Nepomuk und Joseph unter der Orgelempore.

Hochgrab des sel. Erminold († 1121). Aufstellung von 1886, wieder am wohl urspr. Standort vor dem mittelalterlichen Kreuzaltar – Herausragendes Werk des nach ihm benannten, vorher am Oberrhein faßbaren *Erminoldmeisters*, nach den Quellen um 1283 zu datieren. Sandstein mit Spuren zweier Farbfassungen, die ältere mit blau, rot, grün, weiß und gold als die urspr. angesehen. (Erneuerte) Umschrift am Rande der Platte. – Fast vollrunde, von Stoffalten umhüllte liegende Figur im Ornat des Abtes, das Haupt ohne Mitra auf einem Kissen ruhend. Selten ist eine gotische Grabplastik so lebendig im Ausdruck von Gesicht und Händen dargestellt worden. Charakteristisch ist die ornamental stilisierte Wiedergabe aller Einzelheiten, bis hin zu den Haarlocken und den Fältchen der Handschuhe, virtuos aus dem oft papierdünn ausgehöhlten Stein herausgearbeitet. – Grab- und Gedächtnisplatten von Äbten an den Langhauswänden, Kalkstein oder Rotmarmor, 14.–17. Jh. Hervorzuheben das Epitaph des Abtes Georg Kaiser († 1606) im südlichen Seitenschiff, Relief einer Gnadenstuhldarstellung. – Glocke im Südturm mit romanischer Umschrift 12./13. Jh.; ebenso alt eine Glocke im Nordturm, eine zweite dat. 1757. – In der Vorhalle: Stuckaltäre, um 1730, wohl von *Neu*.

Klosteranlage

Rechtwinklige Anlage hinter hoher barocker Mauerumfriedung. Auch die innere Einteilung und bauliche Gruppierung entspricht weitgehend, sofern nicht nach der Säkularisation abgebrochen, dem von *Michael*

Wening im 18. Jh. abgebildeten Bestand. Den Hauptzugang im Norden flankieren Sphingen auf gemauerten Torpfeilern, um 1805, der Entwurf *Emanuel Joseph von Herigoyen* zugeschrieben. Eine Allee führt, von Mauern begleitet, zwischen Abteigarten links und Konventgarten rechts ins Zentrum des Klosterareals, auf dem sich in Nordsüdrichtung Konventtrakt, Abteistock und Kirche aufreihen, dazu ein Gartenhaus. An dem im Süden der Kirche gelegenen Kreuzgarten (der Kreuzgang selbst wurde abgebrochen) ist auch der Südflügel des barocken Konventtrakts erhalten. – Abteitrakt von 1663, dreigeschossig mit fünfseitigem, erkerartigem Eingangsrisalit. Barocke Innengestaltung, in den beiden Obergeschossen Stuckdecken mit Laub- und Bandelwerk, um 1720. – Andreaskirche in einem südlich des Konventgartens abgetrennten Bereich, wohl für die Klosterdienerschaft erbaut, 1125 von Bischof Otto geweiht. Bis ins 16. Jh. von einem Friedhof umgeben, 1803 profaniert. Einschiffige Chorturmkirche, die halbkreisförmige Apsis rekonstruiert. Kleinquadermauerwerk aus Grünsandstein, Portale in der nördlichen Chorwand und an der Nordseite des Langhauses. Dreigeschossiger Turm mit gekuppelten Schallöffnungen. Romanische Gratgewölbe im Chor, die übrigen Gewölbe später, urspr. flachgedeckt. – Brunnenhaus, romanische Anlage des 12. Jh. aus verfugten Quadern. – In den südöstlichen Teil der Klostermauer einbezogen ein Gartentempel, um 1805, im Auftrag des Alexander Conrad Freiherr von Vrints-Berberich von *Herigoyen* errichtet, ein viersäuliger Prostylos mit quergelagerter Cella, restauriert um 1900 durch *Max Schultze*, heute Ruine.

Kath. Kirche St. Georg in Regensburg-Schwabelweis (Schwabelweiser Kirchstr. 1). Im 11. Jh. Sitz eines Edelgeschlechts. Bis 1803 im Besitz des Reichsstifts St. Emmeram. Von Fürstabt Frobenius Forster ab 1770 anstelle einer älteren Kirche erbaut (Wappen über dem Chorbogen), 1776 geweiht. 1949 Anbau des nördlichen Seitenschiffs und des Westteils mit Empore. Restaurierung 1959. – Am Nordufer der Donau gelegen, ursprünglich eine Saalkirche, mit östlichem Zwiebeldachturm (Glocke von 1642). Eingezogener Chor, barockes Langhaus von drei Jochen stichkappentonnengewölbt, Rahmenstuck. – Deckenbilder von *Otto Gebhard* (um 1775): im Chor Marienverehrung durch Heilige, im Langhaus Martyrium des hl. Georg. – Spätgotisches Vesperbild, Ende 15. Jh., neu gefaßt.

★ **Heilig Kreuz, Kirche des Dominikanerinnenklosters** (Nonnenplatz 1). Das älteste noch bestehende und nie aufgehobene Dominikanerinnenkloster in Deutschland. 1233 gilt als Gründungsjahr. Seinen Namen trägt das Kloster nach dem romanischen Kreuz im Hochaltar, das bereits in der Gründungszeit nachweisbar, 1669 in die Klosterkirche überführt wurde.

Kirche

Gründungsbau 1237–1244. Die gotische Kirche 1751–57 vollständig umgestaltet, 1760 konsekriert. Umbauentwurf vermutlich von dem Mettener Klosterarchitekten *Albert Schöttl*, Stukkaturen von *Johann Baptist Modler* und Söhnen *Caspar, Melchior* und *Balthasar* aus Kößlarn. Fresken von *Otto Gebhard* aus Prüfening. Ausstattung von *Simon Sorg*. – 1980–1983 anläßlich des 750jährigen Jubiläums Innenrestaurierung der Kirche. Raumschale und Ausstattung in der Farbigkeit des Rokoko rekonstruiert.

Äußeres. – Die Kirche mit westlich anschließendem Kapitelsaal und darüberliegendem Nonnenchor bildet nach Norden straßenseitig den Abschluß des Klosterareals. Die Umfassungsmauern gehen auf den gotischen Gründungsbau zurück, mit dem für Frauenklöster typischen, sehr langgezogenen Grundriß wie in ▷ Adlersberg. Dachreiter im Westen. – Eingezogener, dreiseitig schließender Chor zu einem Joch. Das Langhaus, in der Flucht hoher Klostermauern, ist der einzige direkt von außen zugängliche Bauteil der Anlage. Schlichte, lisenengegliederte Putzfassade mit doppelt geohrten Fenstern. Schmuckportal aus Sandstein, bekrönt von der Figur der hl. Helena.

Das Innere, auf teilweise gotischen Mauern, im Grundriß abgewandelt, barock überwölbt. Ein eigenständiger Rokokoraum, bedeutende sakrale Raumschöpfung, die Ausstattung von herausragender Qualität. – Segmentbogig schließender quadratischer Chor mit böhmischem Kappengewölbe. Der Chorbogen schneidet flach in das Muldengewölbe des Langhauses ein. Die Scheitelhöhe bleibt wie im Nonnenchor im Westen unterhalb der seitlichen Stichkappen. – Der wenig tiefe und in den Ecken ausgerundete Gemeinderaum hat zentralisierende Wirkung. Die Doppelpilastergliederung an den Wänden festigt mit breiten, in den Diagonalen konkav eingeschwungenen Gebälkstücken den Eindruck eines Ovalraumes. Hochliegende Fenster im Langhaus. Der hell erleuchtete Chorraum hat verdeckte Lichtführung. Von Westen ebenfalls indirekte Beleuchtung.

Einheitliche Raumdekoration und Ausstattung nach einem theologischen Programm. Möglicher Autor der Dominikaner Johann Gimpel, Prior von St. Blasius. Leitmotiv ist das Kreuz: Auf dem Hochaltar das traditionell verehrte Kruzifix und die Legende der Auffindung des hl. Kreuzes. Das Kreuz in der Glorie ist das Thema des Deckenbilds im Langhaus. Ungewöhnlich ist, an der Südwand, die Darstellung des Dismas am Kreuz. Dominikanerheilige in den Reliefkartuschen und im Deckenbild. Die Aufgaben des Ordens sind am Hochaltar, an der Kanzel und den Beichtstühlen versinnbildlicht. – Raumbestimmend ist die feine Stukkatur von *Modler*, in der Wandzone nur an Kapitellen, Apostelleuchtern und als sparsame Rahmung. Im Gewölbe als verzweigtes Rocailleornament und als Bildrelief. Rahmenstäbe begleiten in freiem, asymmetrischem Lineament Stichkappen und pendentivartige Zwickel im Muldengewölbe. Große Kartuschen in den Diagonalen unterstützen den längsovalen, geschweift gerahmten Deckenspiegel, der von Putten und Engeln belebt wird. Das Rahmenwerk bereichern Kartuschen, Rocaillefigurationen, feine Blütengehänge und Zweige. Durch dreifarbige Fassung vor weißem Grund ist der Stuckdekor zerlegt, teilweise unter Aufgabe des plastischen und umrißmäßigen Formzusammenhanges. – Malerische Stuckbilder kennzeichnen die Kunst *Modlers,* ganz fein aus dem Grund entwickelte Landschaften mit ungewöhnlicher Tiefenwirkung. Zeitgleich die Abteiräume in Aldersbach, etwas später die fürstbischöfliche Residenz in Passau. Die Darstellungen aus der Legende der vier Dominikanerheiligen beziehen sich auf Eucharistie und Beichte. In räumlicher Zuordnung auf den Hochaltar: Hyazinth von Friesach, der das Allerheiligste über den Weichselstrom trägt, und Thomas von Aquin unter der Taube des hl. Geistes. Über den Beichtstühlen der Bußprediger Vinzenz Ferrer und Raimund von Pennafort, der, das Kreuz in Händen, über das aufgewühlte Meer schwebt. – Deckenbilder von *Otto Gebhard.* Im Presbyterium Ecclesia thronend über dem siegreichen hl. Michael, mit Allegorien der überwundenen sieben Hauptsünden, die in ihr Gegenteil gekehrt, Sanftmut, Freigebigkeit, Liebe usw. darstellen. Im Langhaus Verherrlichung des Kreuzes durch Scharen hll. Männer, insbesondere der Dominikaner; Engelskonzert. Dazu ergänzend im Nonnenchor Verherrlichung des Lammes durch hll. Frauen, unter ihnen viele Dominikanerinnen. – Figurenreiche, den Deckenspiegel ausfüllende Kompositionen in warmem, mit starkem Blau durchsetztem Kolorit. In Untersicht und konzentrisch angelegt, ohne illusionistische Wirkung für den Raum. In farblichem Kontrast zur Raumschale ähnlich isoliert wie die Altarbilder.

Hauptaltar. 1751–53, von *Simon Sorg,* sein erstes nachgewiesenes Werk. Viersäuliger Aufbau, eingepaßt in den farblich abgesetzten Chorschluß. Im Zentrum des Retabels das romanische Kruzifix, barock gerahmt und durch Maria und Johannes zu einer Kreuzigungsgruppe ergänzt. Zwischen den Säulen Monumentalfiguren, das Kaiserpaar Konstantin und Helena. Im geöffneten Auszug, vor einem Gloriolenfenster, Gottvater. Links Johannes Bapt., herabweisend auf Kreuz und Tabernakel, rechts Johannes Ev., Autor der im Deckenfresko angesprochenen Apokalypse. Kunstvoller Tabernakelaufbau, ein geöffneter Rundtempel auf sieben Säulen, die für die sieben Gaben des Hl. Geistes stehen. Darüber Darstellung des Abendmahles. – Auf versilberten Sockelreliefs der Säulen Darstellungen der Kreuzlegende und der Eucharistie. – Die Seitenaltäre als Pendants eingepaßt in die abgerundeten Ecken. Kistlerarbeit von *Johann Josef Obrist,* Faßmalerei von *Johann Ferdinand Ledergerber,* beide aus Augsburg; die Gemälde werden *Otto Gebhard* zugeschrieben: links Rosenkranzübergabe an Dominikus, rechts Maria erscheint der hl. Agnes von Montepulciano. – Dismasaltar, 1757 nachträglich gegenüber dem Hauptportal angebracht, von unbekanntem, wohl dem Landeskreis nahestehendem Künstler. Auf dem stuckgerahmten Altarbild Kreuzigung in unge-

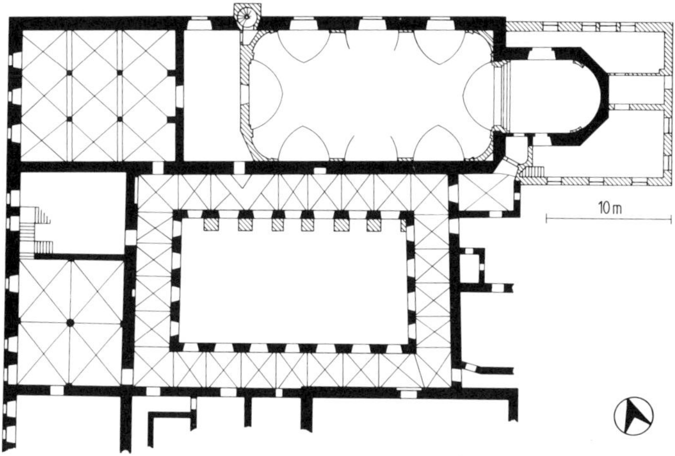

Regensburg, Klosterkirche der Dominikanerinnen Hl. Kreuz

wöhnlicher Anordnung, der reuige Schächer Dismas als Hauptfigur. – Kanzel von 1756, ein Hauptwerk von *Simon Sorg.* Kernstück für das Gemeindehaus des Predigerordens, mit reichem, plastischem Schmuck, auf dem Schalldeckel Berufung des Propheten Ezechiel, alttestamentarische Vordeutung des Predigeramtes. Auf der Rückwand Relief der Schlüsselübergabe an Petrus; auf dem Kanzelkorb Reliefdarstellungen des Menschenfischers, des Sämannes und des Guten Hirten. Putten als Allegorien der vier Erdteile. – Gitter an Emporen und Fenstern, goldgefaßte Schnitzereien von *Simon Sorg.* Wie ein Ornamentband überspannen sie, aus Rocaille- und Netzwerk gebildet, die Süd- und Westwand. – Beichtstühle 1756 ebenfalls von *Simon Sorg:* geschwungene, offene Anlagen mit volutenförmig aufgebogenem Gesims. Die Nischen als Kuppelräume gestaltet. Über dem Mittelpfeiler halbfigurige Reliefs der hll. Petrus und Magdalena. – Geschnitztes Kirchen- und Chorgestühl im Nonnenchor, 1751–53. – Holzfiguren in stuckierten Nischen: hl. Blasius, spätgotisch; Pietà sowie die hll. Joseph und Johannes von Nepomuk, Rokoko.

Die Klosteranlage aus der 1. Hälfte des 13. Jh. wurde spätgotisch, teilweise barock überformt. Mit Ausnahme des südöstlichen Hofs zur Klausur gehörend (nicht zu besichtigen). Im Westen der Kirche Kapitelsaal, dreischiffige Säulenhalle aus der 1. Hälfte des 17. Jh. Darüber Nonnenchor, gleichzeitig ausgestattet mit der Kirche. – Vierflügeliger Kreuzgang, einzelne gotische Maßwerkfenster mit Glasgemälden, um 1330/40. – Bedeutende Grabplatten aus Sandstein, so für Agnes Pildiana († 1309), die Königinwitwe Margaretha von Ungarn († 1305), Schwester Matza Krön († 1291), Petrissa Süß († 1307) und weiterer zwei Schwestern von 1306 bzw. 1308. – Westlich des Kreuzgangs viergeschossiger Kapellenturm, um 1300 errichtet. Die sog. Sixtuskapelle im 1. Obergeschoß ist eine Bohlenstube von 1493. – Südöstlich der Kirche die Kilianskapelle, mit stark überarbeiteten Wandbildern aus der 2. Hälfte des 14. Jh. – Sog. Sprechzimmerflügel, Bau von 1628. Im 2. Obergeschoß Raum mit Bohlendecke und fester Ausstattung der Erbauungszeit.

Kath. Pfarrkirche Herz Jesu (Kreuzgasse 20). Zur Entlastung der großen Pfarrei St. Emmeram für einen neu geschaffenen Seelsorgsbezirk im Stadtwesten errichtet. Baubeginn 1928 nach 1926 genehmigten Plänen des Fürstlichen Oberbaurats *Carl Schad* (1880–1931). Erhebliche Förderung des Projekts durch Fürstin Margarete von Thurn und Taxis, geb. Erzherzogin von Österreich, die als ausgebildete akad. Malerin und Bildhauerin einen Großteil der Kirchenausstattung schuf. Kirchenweihe 1930. Nach leichteren Kriegsschäden (Glasfenster im Nordwesten zerstört) weitgehende Gesamtrenovierung 1955, welche die ursprüngliche Innenraumfarbigkeit gänzlich veränderte. Weitere Umgestaltungen 1966 (Altarinsel und Gestühl) sowie 1970 (Tünchung mit erneut wechselndem Kolorit der ursprünglich cremefarbenen Wandschale). Eine ab 1992 geplante Innenrestaurierung soll das frühere Erscheinungsbild so weit wie möglich rekonstruieren.
Äußeres. – Dreischiffige Basilika mit rechteckigem, eingezogenem Chor und einem südlich an das Langhaus anschließenden Turm. Trotz erheblicher Dimensionen geschickt in das Altstadtgebiet östlich von ▷ Hl. Kreuz eingefügt und städtebaulich eher unauffällig, zumal der Turm unvollendet blieb. Grau verputzter Ziegelbau mit hochrechteckigen Obergadenfestern, Satteldach mit Schleppgauben. Westfassade ausgesprochen schlicht, hervorgehoben nur die mittig angeordnete Portalvorhalle, ihr figürlicher Schmuck vom Münchner Bildhauer *Otto Straub* (Vier Evangelisten und Apokalyptisches Lamm). Untergeschosse des Turms mit monumentalisierender Rustika-Quaderung aus Betonwerkstein verkleidet; im Erdgeschoß Kirchenportal, über dem Türsturz monumentaler Christuskopf von *Straub*.
Inneres. – Durchgehend flachgedeckte Basilika mit weitem, saalartigem Mittelschiff und auffallend niedrigen Seitenschiffen. Über den spitzbogigen Scheidarkaden sehr manieriert mächtige Scheitelsteine eingesetzt, die 14 lebensgroße Heiligenfiguren tragen (von *Margarete v. Thurn und Taxis* aus Terrakotta modelliert, urspr. ungefaßt). In die Ostwand ein auffallend schmaler, gestelzt spitzbogiger Triumphbogen eingeschnitten. Vor der gerade schließenden, urspr. mit kleinteiligen Palmettenmustern durchgehend vergoldeten Chorwand der Hochaltar aus grauem Kunststein, von *M. v. Thurn und Taxis*. Der Tabernakel

flankiert von Reliefs des Letzten Abendmahls und des Pfingstfestes, darüber überlebensgroßes Kruzifix mit Maria und Johannes, darüber die Halbfigur Gottvaters mit der Taube des Hl. Geistes. Die hölzernen Kassettendecken urspr. in kräftiger Farbigkeit: blau und rot mit applizierten goldenen Sternen über dem Chor, rot und grau mit Goldsternen im Mittelschiff, die diagonal gestellten Kassetten der Seitenschiffdekken in blau und grau. Die Glasfenster mit kleinteiligen figürlichen Darstellungen der Werke der Barmherzigkeit von *Josef Oberberger* (vgl. dessen viel spätere Glasfenster im ▷ Dom). Die fünf westlichen Fenster der Nordwand, die Fenster der Westfassade und der Taufkapelle 1955, nach Entwürfen von *Hans Krempel.* Wandbilder der Kreuzwegstationen in den Seitenschiffen von *Guntram Lautenbacher.* Kanzel und Taufstein von *Otto Straub.* – Insgesamt ein bemerkenswerter, weit und sachlich konzipierter Kirchenraum, dessen spannungsvoll eingesetzte Spitzbogengliederung spätexpressionistische Anregungen verrät; diese waren urspr. durch die intensive, kontrastreiche Raumfarbigkeit noch betont.

★ **Kath. Kirche St. Jakob, sog. Schottenkirche. Ehem. Benediktinerabteikirche** (Jakobstr. 3).

Geschichte des Klosters

Von benediktinischen Mönchen aus Irland errichtet, die seit etwa 1070 südlich der Stadt angesiedelt waren. Grundsteinlegung der Kirche um 1090, unterstützt durch Burggraf Otto und Bürgerspenden. Das Kloster wurde 1112 von Heinrich V. bestätigt. St. Jakob war Mutterkloster sämtlicher Schottenklöster in Deutschland. Zahlreiche Gründungen erfolgten von Regensburg aus seit der Mitte des 12. Jh. Die 1212 in Rom gebildete Kongregation tagte 1216 mit ihrem Generalkapitel in Regensburg. Das Kloster erlitt 1278 und 1548 Brandzerstörungen. 1515 ging es an die Schottischen Benediktiner über. – 1827 restituierte König Ludwig I. das nicht säkularisierte Kloster. 1862 Auflösung durch päpstliches Breve und Übergabe an den bischöflichen Stuhl in Regensburg. Einrichtung eines Priesterseminars, 1866–72 Umbau und bauliche Erweiterung der Klostergebäude.

Lage

Ausgedehnter Klosterkomplex südöstlich des Jakobstores im Winkel zwischen den alten, nach Prüfening und Kumpfmühl hinausführenden Straßen. Außerhalb der Arnulfinischen Mauer angelegt, erst nachträglich gegen Westen und Süden von der mittelalterlichen Stadtmauer umschlossen. Im Norden die ehem. Klosterkirche; anstelle der vorgelagerten Grünfläche urspr. ein Friedhof und die Pfarrkirche St. Nikolaus (1560 abgebrochen). Dem Nordportal war ein Paradies vorgesetzt (durch Grabung ermittelt). Im Süden der Kirche der Kreuzgang und die ehem. Klostergebäude.

Kirche

Für St. Jakob I sind Weihedaten 1111 und 1120 überliefert. Unter Abt Gregor I. (ca. 1156–ca. 1194) wurde die bereits wieder baufällige Kirche, wie die Vita des Marianus berichtet, aus „geglätteten Quadern“ neu errichtet; die urspr. Osttürme und die Nebenapsiden blieben erhalten. St. Jakob II wurde somit nach der Mitte des 12. Jh. begonnen und vermutlich bis zur Jahrhundertwende fortgeführt. Zuletzt die Hauptapsis mit rippengewölbtem Chorjoch. – Einer der bedeutendsten hochromanischen Bauten Süddeutschlands. In kunstfertiger Quadermauertechnik und mit reichem Skulpturenschmuck ausgestattet. In Regensburg so fremd wie die eingewanderten Mönche selbst.
Die Kirche wurde in Teilen barockisiert: Kassettendecke und Seitenschiffswölbung von 1647. Innenausstattung 1689, Anhebung des Bodenniveaus im Hauptchor. – Im 19. Jh. Instandsetzung und Restaurierungen: 1867 wurde der nördliche Kirchturm nahezu ganz abgetragen und mit gleichem Material wieder aufgebaut; 1871–73 durchgreifende Restaurierung und Purifizierung der Kirche, die 1874 als Seminarkirche konsekriert wurde; eine zweite Innenrestaurierung Ende 19. Jh. 1978–88 Gesamtrestaurierung außen und innen, mit Ausnahme des noch ausstehenden Nordportals. – Das Fehlen jeglicher Nachrichten über Maßnahmen und Veränderungen in der 2. Hälfte des 19. Jh. erschwert eine genauere Bestimmung des mittelalterlichen Baubestands. – Die Abgrenzung der Bauphasen I und II ist durch die Wiederverwendung älterer Kleinquader beim Bau von St. Jakob II besonders schwierig. Eine 1969 ergrabene Fundamentmauer in Höhe der 3. Rundpfeiler von Westen markiert die urspr. Westwand. Sonst wurden für den Neubau die Ostteile und die Breite der Schiffe beibehalten. Nur in der Höhe übertrifft St. Jakob II den Vorgängerbau beträchtlich.
Äußeres. – Dreischiffige Basilika mit betonter Ostpartie: Drei gleichfluchtende Apsiden, Türme über den Seitenschiffsjochen des Presbyteriums. Gerader, als fluchtendes Querhaus ausgebildeter Westabschluß. Das Hauptportal an der Nordseite liegt in einer breiten, durch Bauplastik reich gegliederten Schauwand. Die beiden Türme und die Nebenapsiden, aus hammerrechtem Schichtenmauerwerk errichtet, seit 1979 aus konservatorischen Gründen wieder verputzt. Hauptapsis wie Langhaus und Querhaus zeigen im Äußeren feingefügtes Großquadermauerwerk aus Kalkstein. Kahle Mauerflächen, in die die Rundbogenfenster scharfkantig einschneiden. Lediglich in Höhe der Obergadentraufe ein Blendbogenfries, der sich, gestützt von hohen Lisenen, um das Querhaus fortsetzt. Die Hauptapsis hat Blendarkaden über Dreiviertelstabdiensten, z. T. mit reliefierten Würfelkapitellen.
Nordportal. – Rundbogiges Stufenportal in architektonisch gegliederter Schauwand. Eine vielschichtig plastische Portalwand, die sich abhebt gegen die glatten Umfassungsmauern der Basilika. Horizontal und vertikal dreigeteilt. Verarbeitet ist das Thema südfranzösischer Triumphbogenportale, im Kleinen ein Abbild der Westfassade von Poi-

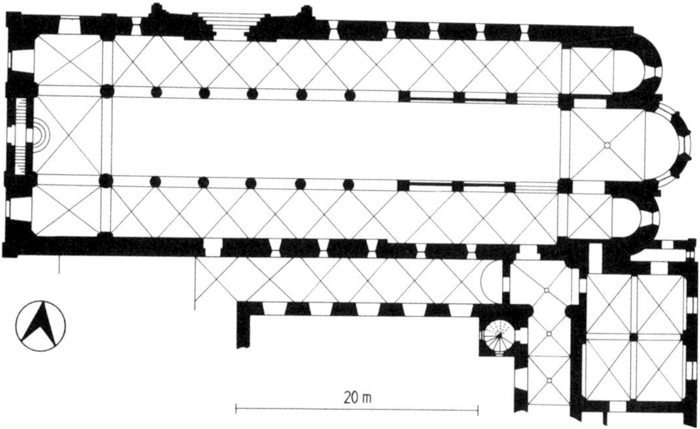

Regensburg, St. Jakob, Schottenkirche, ehem. Abteikirche der Benediktiner

tiers. Derb plastisch mit ornamentalem und figürlichem Bildwerk bekleidet. – Thema ist das Jüngste Gericht mit dem Weltenrichter im Tympanon, der Kampf gegen Mächte des Bösen in der Gestalt von Ungeheuern. Trotz zahlreicher Deutungsversuche wird es wohl nicht gelingen, ein auch im Detail überzeugendes Gesamtprogramm zu erschließen. Die Portalwand ist ikonographisch und bauplastisch ein Unikum. Überdies stellen technische Beobachtungen wie nachträglicher Versatz von Figuren, nicht zu Ende geführte Ornamentik usw. die einheitliche Ausführung und ein gänzlich durchdachtes Programm grundsätzlich infrage. – Das dreistufige Portalgewände enthält reliefierte, von Blattranken und Blattwedeln überzogene Säulen zwischen profilierten Eckvorsprüngen, die an den Enden von kauernden Figuren besetzt sind. Auf den Kämpfern Löwen. Im Tympanonrelief Christus zwischen den hll. Jakobus und Johannes; über dem Portalbogen Relieffries Christus und die Apostel. Seitlich Blendarkadenstellungen: zuseiten des Portals hochrechteckige, von Säulen gerahmte Wandfelder mit symmetrisch gruppierten Reliefs von Menschen, Tieren und Mischwesen, dabei im Zentrum östlich Muttergottes (Kopf Mariens verloren), westlich thronender Antichrist, darüber Karyatiden. – Figürliche Motive, Ornamentik und der plastisch derbe Stil nicht eindeutig lokalisierbar. Einflüsse aus der normannischen Plastik, aber auch dem Bereich oberitalienisch-lombardischer Bauzier sind erkennbar. In Bayern tritt reicher Bauschmuck hier erstmals auf. Die stilistische und motivische Ausstrahlung reicht über Regensburg nach Bad Gögging, Moosburg und Freising. – Östliches Südportal (im Nordflügel des

Kreuzgangs), um 1150–70. Rundbogig, einmal gestuft mit eingestellten Säulen. Die Archivolte mit wechselndem Zickzackmuster und Muschelrand skulptiert. Dehio sah hier normannischen Stil und folgerte eine Beteiligung westfranzösischer oder englischer Bauleute. – Westliches Südportal, fragmentiert, um 1180/90.

Inneres. – Langgestreckte, dreischiffige Basilika mit Pfeilerarkaden in enger Stützenstellung. Steiler ungegliederter Obergaden, hochliegende Rundbogenfenster ohne Achsenbezug. Flache barocke Kassettendecke, Seitenschiffe barock gewölbt. Dreischiffiges Presbyterium, der Hochaltarraum urspr. nach Hirsauer Vorbild in Rundbogen zu den Seiten geöffnet. Die Hauptapsis überhöht; doppelte Kämpfer am Chorbogen deuten auf nachträgliche Anhebung. Das Kreuzgewölbe im Vorjoch hat wulstförmige Rippen mit plastischem Dekor aus Rundscheiben und Rauten. Ungewöhnlich und vermutlich spät (um 1200) zu datieren. – Den Mönchschor begrenzen hausteingefügte Rechteckpfeiler mit kräftig profilierten, im Wechsel angeordneten Kämpfern, ähnlich ▷ Regensburg-Karthaus Prüll. Zu den Seiten romanische Steinschranken, mit eingetiefter Blendfelderung bemerkenswert profiliert. Bei Aufstellung des barocken Chorgestühls, auf angehobenem Bodenniveau, wurden sie nach oben aufgestockt. – Das Mittelschiff setzt den dreiachsigen Hauptchor in gleicher Breite mit schlanken Rundpfeilern fort, gegen die Seitenschiffe in Arkadenbogen geöffnet. Mittig unterbricht je ein Rund- bzw. Vierpaßfenster mit profiliertem Gewände die Reihe der glatt eingeschnittenen Rundbogenfenster im Obergaden. In dem nüchternen und massigen Quaderbau konzentriert sich ungewöhnlich vielfältige Bauzier an den Langhausstützen: scharfkantig plastisch mit Tier- und Fabelwesen sowie Pflanzenmotiven skulptierte Wulstkapitelle unter ornamentierten Deckplatten. Attische Basen mit voluminösen Eckspornen. Neben dem Hauptportal Relief mit Inschrift „Rydan“: ein Mönch als Pförtner mit Schlüssel und Türriegel (die originale Führung des Riegelbalkens erhalten).

Das Querhaus im Westen ausgebildet als mächtiges Emporengeschoß. Im 19. Jh. wiederhergestellte Steinbrüstung über gedrungenen Rundstützen. Ihr vorgestellte Halbsäulen nehmen die westlichen Langhausarkaden auf. Kreuzgratunterwölbung zwischen mächtigen Scheidbogen. Im Obergeschoß Kreuzgewölbe mit massigen Wulstrippen, die zu den frühesten in Bayern gehören. Die Scheitelhöhe liegt weit unter der Mittelschiffsdecke. – Symmetrisch geführte Treppenläufe mit Hausteintonnengewölbe liegen in der stark ausgebildeten Westwand (barocke Oculusfenster). Möglicherweise war die Empore mit darüberliegendem Dachgeschoß zur Nutzung als Pilgerherberge vorgesehen. Eine zweite Tür verband die Empore mit dem ehem. Konventbau. – Historistische Restaurierung und Gestaltung: Im Presbyterium Wandmalerei 1871–73 von *Franz Xaver Kolb,* Ellwangen und den Gebrüdern *Goß,* Stadtamhof. Glasfenster nach Entwürfen von *Johann Klein,* Wien, ausgeführt durch die Firma *Schneider,* Regensburg. Steinfarbener Verputz mit Ritzquaderung in den Seitenschiffen. Im

Mönchschor und Mittelschiff dagegen sind Quaderwerk und Bauplastik steinsichtig freigelegt und oberflächenbehandelt. Neue Chor- und Presbyteriumsschranken, Säulengalerien unter Verwendung von Säulenspolien aus Kapitellen des Kreuzgangs vom Ende des 12. Jh.
Ausstattung. Hochaltar, wie auch die Nebenaltäre neuromanisch nach Entwurf des Domvikars *Georg Dengler*. Verwendung der alten Mensa, sowie von Kapitell- und Säulenspolien aus dem Kreuzgang. Metallaufsatz von *Josef Götz*, 1874. – Chorgestühl um 1690, reiche Eichenholzschnitzerei. – Romanische, lebensgroße Holzfiguren des frühen 13. Jh., Fassung von 1874: eine Triumphkreuzgruppe, urspr. wohl vom Kreuzaltar, 1893 im Chorbogen aufgestellt. Beim Kruzifixus Arme und Haarlocken erneuert. – Gotische Steinfiguren, aufgestellt Ende des 19. Jh. auf Säulenspolien des Kreuzgangs: am südlichen Chorpfeiler Maria mit bekleidetem Kind, lebensgroß, um 1360, aus St. Ulrich. Am nördlichen Chorpfeiler hl. Jakob, um 1310/20, von einem Bildhauer der Dombauhütte (vgl. Schlußstein des Hauptchorpolygons). Christophorus, um 1390, ungewöhnlich das Teufelchen zu seinen Füßen. – Grabdenkmäler. – An der Westwand Heinrich Allberg(er), bez. 1520, Rotmarmorplatte mit Bildnis in ganzer Figur. – An der Südwand Abt Ninian Winzet († 1592), Beichtvater Maria Stuarts, Rotmarmorplatte mit Reliefbrustbild. – An der Nordwand Grabmal des Bischof Ignatius von Senestréy († 1906), von *Georg Busch*, 1910; die Gruft im Hauptchor.
Kreuzgang (als Teil des Priesterseminars nicht zu besichtigen). Der zwischen etwa 1185 und 1200 mit reicher Bauplastik ausgestattete Kreuzgang wurde in der Barockzeit und im 19. Jh. weitgehend verändert. Säulen- und Kapitellspolien gelangten in die Jakobskirche, aber auch nach ▷ St. Leonhard und in die ▷ Erhardskapelle. Frühgotisch erhalten das nördliche Joch des Ostflügels, ein verzogenes spitzbogiges Kreuzgewölbe mit profilierten Bandrippen auf Bündelpfeilern mit Kelchknospenkapitellen, um 1230. Die übrigen Joche im Ostflügel mit Kehlrippen und Schlußsteinen, Ende 14. Jh. – Im Südflügel Fragment eines Brunnenhauses, Anfang 13. Jh., Eckpfeiler mit eingestellten Dreiviertelsäulen. Knospen- und Flechtbandkapitelle sind denen des ergrabenen Domatriums verwandt. – Gegenüber Portal zum Refektorium, Anfang 13. Jh., zweigestufte rundbogige Anlage mit eingestellten Säulen.

Stiftskirche St. Johann (Krauterermarkt 5). Das Patrozinium ist hergeleitet von der mindestens seit dem frühen 11. Jh. nachgewiesenen Taufkirche des Domes. Sie war diesem in Nord-Südrichtung nach Westen vorgelagert. 1127 errichtete Bischof Konrad I. an St. Johann ein Augustiner-Chorherrenstift, das 1290 in ein – bis heute bestehendes – Kollegiatstift umgewandelt wurde. 1380 wurde die den Weiterbau des gotischen Domes behindernde alte Kirche abgebrochen und unmittelbar darauf an der heutigen Stelle neu errichtet. Durchgreifender Um-

bau 1760/69 und Wiederherstellungsarbeiten 1888–90 nach Brand des Bischofshofs. Restaurierung 1975–77.
Saalbau mit eingezogenem ehem. Chor, dieser seit dem 18. Jh. abgetrennt und verändert als Sakristei, darüber Kapitelsaal. – Neubarocke Fassade mit Johannesfigur von *Friedrich Preckel* aus Stadtamhof. – An der Nordseite mächtiger quadratischer Turm mit Wappen des Bischofs Johannes I. (1384–1409). Im Glockengeschoß spitzbogige Maßwerkfenster; barocker Laternenabschluß über gekapptem Pyramidendach. Das Erdgeschoß ist kreuzgratgewölbt. Über dem Turmeingang in der Kirche Bauinschrift von 1332 (Spolie). – Der einfache Saalraum mit polygonal schließendem, nicht eingezogenem Presbyterium hat ein Stichkappentonnengewölbe aus dem 19. Jh. – Teilweise freigelegte Wandfresken von 1768, allegorische Figuren von *Johann Nepomuk Schöpf* aus München.
Ausstattung. – Zuletzt 1975/77 weitgehend neu arrangiert unter Einbeziehung jüngerer Stiftungen. Hochaltar 1959 kompiliert. Altarblatt 1769 gestiftet: Taufe Christi von *Schöpf.* Seitlich Schnitzfiguren adorierender Engel von *Johann Valentin Dirr* aus Stadtamhof. – An der Chorwand „Schöne Maria“, Tafelbild um 1519/22 von *Albrecht Altdorfer,* Nachbildung des Gnadenbildes aus der Alten Kapelle (Original im Diözesanmuseum St. Ulrich). 1630 für den Marienaltar (Nordwand) gestiftet. In diesem heute Holzfigur der Immaculata, um 1750, möglicherweise ein Frühwerk des *Simon Sorg* (beeinträchtigt durch neue Fassung). – Sebastiansaltar 1652 gestiftet; Altarblatt hl. Sebastian, seitlich spätgotische Holzfiguren der hll. Stephan und Nikolaus, um 1480. – Kreuzaltar mit überlebensgroßem Kruzifix aus Holz, 1. Hälfte 17. Jh., romanisierend; seitlich spätgotische Tafelbilder (um 1900 gestiftet), ehem. Altarflügel, möglicherweise aus ▷ St. Wolfgang bei Velburg: Christus am Ölberg und Dornenkrönung, Ende 15. Jh., aus dem Umkreis des *Jan Polack.* – Chorgestühl um 1766. – Steinfigur des 14. Jh.: hl. Johannes. – Unter der Empore schlichte Grabsteine (wohl aus der Gruft unter dem Chor).

Kath. Pfarrkirche St. Josef in Regensburg-Reinhausen (Wieshuberstraße 2). Neubarocker Kirchenbau des Architekten *Heinrich Hauberrisser* (1872–1945), der hier seine erste selbständig geplante große Bauaufgabe verwirklichte und in der Folge zahlreiche weitere Kirchenprojekte in der Diözese Regensburg baute (vgl. ▷ Püchersreuth, ▷ Vohenstrauß und ▷ Waldau). Planung 1904, Baubeginn 1906, Weihe 1908. Monumentaler langgestreckter Saalraum mit ausladendem östlichem Querhaus und stark eingezogener Chorapsis. Über der großen Vierung eine raumbeherrschende Kuppel, wie die restlichen Gewölbe in damals moderner Eisenbetonkonstruktion geschaffen. Hochaltar 1910 von Fürst Albert von Thurn und Taxis gestiftet, übrige Ausstattung bis 1912. Ausmalung erst 1929–31 durch den Münchner Kunstmaler *Waldemar Kolmsperger.* Trotz der anachronistischen Stilformen ein Bau von repräsentativer und städtebaulich eindrucksvoller Außenwirkung, im Innern überraschend durch die Weite des Raums und die Klarheit der Gliederung.

Klosterkirche der Karmeliten St. Joseph (Alter Kornmarkt 6). Unterstützt durch Kaiser Ferdinand II. kamen die Unbeschuhten Karmeliten 1634 nach Regensburg. Am Ort der ehem. Bischofshöfe von Bamberg und Freising 1641 Grundsteinlegung zum Kloster durch Ferdinand III.; 1652–55 Bau der Kirche, 1672 Weihe; Fassade 1673, Turm 1681 vollendet. – Infolge der Säkularisation zweckentfremdet, Verlust der Ausstattung. Wiederherstellung von Kloster und Kirche 1836 durch König Ludwig I., mit Ausstattung von Dom und Augustinerkirche.

Einziger Regensburger Ordensbau mit einer platzbeherrschenden Barockfassade. Einschiffiger Saalbau mit seitlichen Altarkapellen in der Flucht des östlichen Querhauses, – ein geläufiger gegenreformatorischer Bautypus. Die zweigeschossige, basilikal aufgebaute Giebelfront mit Pilastergliederung und Giebelvoluten gemahnt an die Tradition der römischen Jesuitenkirche. Auf dem verkröpften Gebälk Stifterinschrift: Kaiser Leopold 1673. Im Hauptgeschoß Figurennischen mit den hll. Joseph, Theresia und Johannes vom Kreuz (erneuert). Über den Giebelvoluten die hll. Heinrich und Kunigunde von 1740. – Zurückgesetzt hinter den Chor ist der quadratische Turm. In den Obergeschossen durch Eckpilaster gegliedert mit Zwiebellaterne.

Inneres. – Wandpfeilersaal mit gerade schließendem, stichkappentonnengewölbtem Chor, gleich breit und hoch wie das Langhaus. Über der Vierung böhmische Kappe, Querschiffarme tonnengewölbt. Gekuppelte Pilastervorlagen der korinthischen Ordnung setzen sich in paarweisen Gurt- und Scheidbogen fort; Stuckrosetten überspannen die Gewölbejoche. Hochliegende Fenster in der Schildwand. – Dreischiffige kreuzgratgewölbte Gruft.

Ausstattung. – Hochaltar, urspr. im Nordquerhaus des Domes, Stiftung des Fürstbischofs Joseph Clemens von Bayern, 1701 geweiht. Zur Aufstellung der seitlichen Freifiguren von Karmeliterheiligen verändert. Herzförmiges Altarblatt mit hl. Joseph, von *Andreas Wolf* aus München. Das Bild urspr. von Engeln getragen (jetzt über der Orgel als Posaunenengel). Geschnitzte Engelsgruppe im Auszug, dem Münchner Hofbildhauer *Andreas Faistenberger* zugeschrieben. – Die Altäre im Querhaus 1624 von Bischof Albert IV. von Törring für die Nebenchöre des Domes gestiftet. Mächtige dreiteilige Anlagen in der Art von *Solaris* Altären im Salzburger Dom, stilistisch den Werken *Martin Leutners* in Straubing verwandt. In der Höhe verändert, statt der urspr. Steinreliefs(?) Altarblätter von *Oswald Onghers* aus Würzburg: hl. Joachim und hl. Anna (südlich) und Übergabe des Skapuliers an Simon Stock (nördlich). Im Auszug Steinreliefs: Herabkunft des Hl. Geistes und Anbetung der Weisen. Seitlich links die monumentalen Steinfiguren der beiden Johannes, darüber die Karmelitenheiligen Andreas Corsini und Albertus, Patriarch von Jerusalem, rechts

die hll. Petrus und Paulus, darüber die hll. Wolfgang und Nikolaus. – In den vorderen Seitenkapellen Rokokoaltäre aus der Augustinerkirche. In den westlichen Seitenkapellen Altäre aus St. Kassian, Mitte 18. Jh.; auf dem nördlichen spätgotische Holzfigur, Pietà aus der Augustinerkirche.
Klosteranlage nach der Säkularisation verkleinert. Schlichtes Konventgebäude mit Refektorium des 17. Jh.

★ **Kath. Kirche Karthaus-Prüll, ehem. Kartäuserklosterkirche zum Hl. Geist und den Hll. Bartholomäus, Georg und Vitus**, in Regensburg-Karthaus/Prüll (Ludwig-Thoma-Str. 14).

Geschichte

In Prüll, damals weit vor den Toren der Stadt, gründete Bischof Gebhard von Regensburg um 997 ein Benediktinerkloster. Für einen Kirchenbau des frühen 12. Jh. ist das Weihedatum 1110 überliefert. Seit dem 13. Jh. bis ins 15. Jh. ist Prüll als Doppelkloster für Nonnen und Mönche bezeugt. Als erster Wittelsbacher nahm sich Herzog Albrecht IV. von Bayern des – zu seiner Zeit verwahrlosten – Klosters an. 1483 wurde es dem Kartäuserorden übergeben, der es ein Jahr später von seinem Nürnberger Kloster aus besiedelte. 1489 Baubeginn der Kartausen, 1498 Grundsteinlegung für den Neubau des Chors der Klosterkirche. Zu Beginn des 17. Jh. lebte Herzog Wilhelm V., der Fromme, zeitweise in der Kartause. Unter Prior Georg Fäselius (1601–1616) Neuausstattung der Kirche und Bau des Priorats. Prächtige Barockausstattung von Bibliothek und Refektorium um 1700 unter Beteiligung von *C. Carlone* und *M. Steidl*; nach der Säkularisation des Klosters 1803 zerstört bzw. zerstreut. Auch der Kreuzgang mit den zugehörigen Kartausen wurde großenteils abgebrochen; erhalten blieb lediglich der direkt an die Kirche anschließende Nordflügel mit sieben Kartausen. Seit 1834 gehören die Klostergebäude dem Bezirk Oberpfalz, der hier 1852 ein bis heute bestehendes Nervenkrankenhaus einrichtete.

Kirche

Baugeschichte. Kirchenweihe 1110. Der Bau, eine romanische dreischiffige Pfeilerhalle mit Westtürmen, war damals vermutlich noch nicht vollendet. Ostpartie unbekannt. – 1498 Baubeginn des spätgotischen Chors, 1513 Weihe. Unter Prior Fäselius (1601–16) vollständige Stuckierung des Innenraumes, einschließlich der Vorhalle zwischen den Westtürmen. Hochaltarstiftung von Herzog Wilhelm V., 1605 dat. Gemäldestiftungen nahmhafter geistlicher und weltlicher Würdenträger folgten für den Chor, überwiegend nach dem Dreißigjährigen Krieg. Die Erneuerung nach Kriegszerstörungen förderte Kurfürst Maximilian I. von Bayern. Unter Prior Sigismund Diez (1677–1719), ehem. Sekretär des Fürsten Lobkowitz, Stiftung eines Johanneszyklus für das Langhaus, Ölbilder von *Victor Honoré Janssens* aus Brüssel.

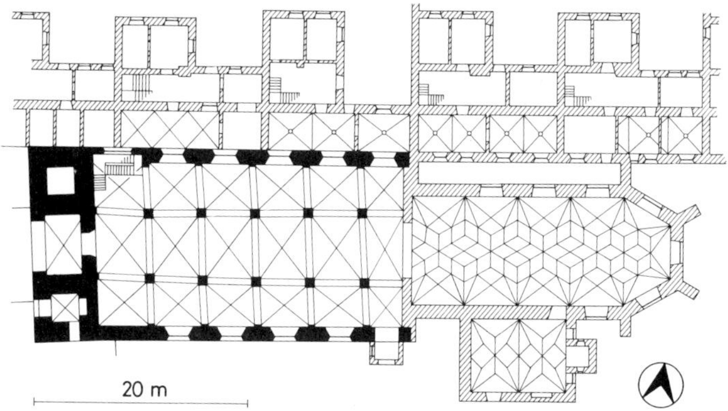

Regensburg-Karthaus Prüll,
ehem. Kartäuserklosterkirche

Im 19. Jh. lediglich Erneuerung der Turmhelme; 1905 Gesamtrestaurierung. Gegenwärtig umfassende Innenrestaurierung.
Die Kartäuserkirche ist das früheste Beispiel einer Reihe mittelalterlicher und nachmittelalterlicher Hallenkirchen mit reicher Stuckierung, deren Dekorationssystem *Friedrich Sustris* mit St. Michael in München begründet hatte. Die etwas späteren oberbayerischen Kirchen Polling, Neuötting, Tuntenhausen werden – aus stilistischen Gründen – mit dem bedeutenden Münchener Hofbildhauer und Baumeister *Hans Krumper* in Verbindung gebracht. Da ein Entwurf *Krumpers* für die Altarstiftung Wilhelms V. in der Regensburger Kartäuserkirche erhalten ist, liegt es nahe, in ihm auch den Entwerfer des Stucks zu sehen.
Äußeres. – Die Kirche besteht aus einer dreischiffigen romanischen Halle und eingezogenem gotischem Chor mit 3/6-Schluß. Durchgehendes Satteldach. Schlanke achteckige Westtürme über qudaratischen, mit dem Westbau fluchtenden Unterbauten. Die verputzten obersten Turmgeschosse stammen in ihren historisierenden Formen aus der Zeit der Umgestaltung im frühen 17. Jh. Die Dachhelme (urspr. welsche Hauben mit Laternenbekrönung) im 19. Jh. erneuert. Außenbau des Langhauses aus Kleinquadermauerwerk unregelmäßiger Größe, wie in ▷ St. Georg, Regensburg–Prüfening. Die Westfassade öffnet sich zwischen den Türmen in mächtigem Halbkreisbogen gegen die Vorhalle. Darüber großes Rundfenster und mit Pultdach schließendes Obergeschoß des frühen 17. Jh. – Die Ähnlichkeit der originellen Turmfassade mit dem ottonischen Westwerk von St. Pantaleon in Köln legt die

Vermutung nahe, daß sie bereits durch den Vorgängerbau des Bischofs Gebhard, um 1000, angelegt wurde.
Im Innern sind das romanische Langhaus und der spätgotische Chor (nahezu vier Jahrhunderte auseinanderliegend) einheitlich im Stil der Renaissance überformt. Baugeschichtlich bedeutend ist die monumentale romanische Hallenkirche, die älteste im Regensburger Raum und einer der frühesten monumentalen Gewölbebauten Deutschlands überhaupt. Der hohe gotische Chor ist langgestreckt und breiter als das Mittelschiff. Vier Joche tief, stichkappentonnengewölbt mit netzförmiger Rippenkonfiguration. In den Spitzbogenfenstern dreiteilige Maßwerkgliederung mit Fischblasen. Runder, für den ehem. Lettner stark eingezogener Chorbogen. Das Langhaus über unregelmäßigem Grundriß besitzt querrechteckige Mittelschiffs- und längsrechteckige Seitenschiffsjoche. Die Raumverhältnisse ähneln denen in ▷ St. Leonhard: Das Mittelschiff ist doppelt so hoch wie breit, die Seitenschiffe etwa ein Drittel schmäler; insgesamt sechs Joche tief. Steinerne Westempore in voller Breite der Halle. Quadratische hausteingefügte Pfeiler tragen die Kreuzgratgewölbe von gleicher Scheitelhöhe. Halbkreisförmige Scheidbogen, die Gurtbogen im Mittelschiff gedrückt. Reich profilierte, in Varianten ausgebildete Kämpfer, attische Basen. Barock überformte Pilaster an den Seitenwänden und Kreisfenster unter den Schildbogen, Anfang 17. Jh. Die urspr. Rundbogenfenster beim Anbau des Kreuzgangs verstellt. – Die Empore ist westlich um das Obergeschoß der Vorhalle erweitert. Barocker Treppenaufgang, die romanische Treppe lag vermutlich innerhalb der Seitenmauer. Ein zweiter Zugang bestand an der Südseite vom ehem. Konvent aus.

Quadraturstuck, wohl zwischen 1601 und 1605 entstanden. Geometrisierende Felderung mit antiken Profilstäben über Chor und Langhaus einheitlich. Urspr. waren auch die Wandflächen des Langhauses in dieser Art dekoriert; sie wurden bereits 1696 wieder abgeschlagen, als man hier stuckierte Bilderrahmen anbrachte. Bezeichnend für diesen vergleichsweise frühen und zurückhaltenden Quadraturstuck ist die Beibehaltung der gotischen Rippen im Chor. Stuckprofile und Eierstableisten sind direkt auf die spätgotische Putzschicht aufgesetzt. In der Fläche durch applizierte Engelsköpfe, im Chor zusätzlich Löwenköpfe, ergänzt. Auf den romanischen Gewölbekappen des Langhauses hingegen eine Rippenaufteilung der Renaissance, die das gotische Netzsystem des Chors vielfältig paraphrasiert. Die helle Fassung ohne Farbkontraste entspricht der befundeten Erstfassung. – Barocker Stuck aus dem Ende des 17. Jh. an den Seitenwänden des Langhauses und an der Emporenbrüstung. Akanthusblätter an Bildrahmung und Kapitellen der Wandvorlagen. – Der Steinschnittboden in geometrischem Muster (Kreise mit Sternen) ist Teil der Renaissancegestaltung, ergänzt durch späteres Rosenspitzmuster. Bemerkenswert das unverändert erhaltene mittelalterliche Fußbodenniveau. – Mittelalterliche Wandmalerei im Emporenraum über der Vorhalle. Südliche

Schildbogenwand: Verkündigungsbild, 1904 aufgedeckt, von *Hans Haggenmiller* weitgehend übermalt. Um 1220 entstanden, wenn dem überlieferten Bestand, der Ansätze zum Zackenstil zeigt, zu trauen ist. Maria erscheint als Tempeljungfrau, in einer Baldachinarchitektur vor dem Thron stehend. Von links naht Gabriel, links unten ein Stifterbild. Im rechten Bildteil ein Ständer mit Pflanzen, ein Brunnenbecken mit Fischen, dazu Tauben und Hasen. – Im Hauptraum der Empore Weiheinschriften von Altären des 12. Jh.

Ausstattung. – Hochaltar, 1605 von Herzog Wilhelm V. gestiftet. Eine Entwurfszeichnung von *Hans Krumper* (Kupferstichkabinett Basel) trägt die Jahreszahl 1607. Nach Beschädigung im Dreißigjährigen Krieg 1633/34 wurde der Altar 1641 im Auftrag Kurfürst Maximilians I. vom Bildhauer *Bartholomäus Müller* ausgebessert und mit neuen Figuren der hll. Johannes Bapt. und Bruno versehen. Landschaftshintergrund, sowie Entwurf des Tabernakels, dat. 1641, vom Maler *Georg Christoph Einmardt*. Um 1700 erneute Umgestaltung der Sockelzone und Ergänzung durch die seitlichen Altarschranken. Der Aufbau, ein Vorläufer der barocken Altarkunst, ist dem Hochaltar von St. Michael in München nachgebildet. Wie dieser dreiteilig, steil mit betontem Tabernakel. Im Zentrum geschnitzte Kreuzigungsgruppe, die hll. Bartholomäus und Hugo in flankierenden Arkaden. Durchbrochener Auszug mit Gottvater, seitlich auf den Giebelschenkeln die hll. Vitus und Georg. Schöne bekrönende Engelsfigur. – Ein Gegenstück zu diesem Retabel in ▷ St. Georg, Regensburg-Prüfening. Ausführung vermutlich im Weilheimer Künstlerkreis um *Krumpers* Schwager *Hans Degler*. – Ölgemälde in Stuckrahmung an den Chorwänden und an der Emporenbrüstung des Langhauses, dreizehn Christusdarstellungen aus der Zeit um 1633 bis Ende des Jahrhunderts. Möglicherweise in Ersatz früherer, im Dreißigjährigen Krieg abhanden gekommener Bilder. Der Zyklus beginnt mit der Anbetung der Hirten und endet mit Christus in der Vorhölle, beide auf der Südwand; mit Stifterwappen. Sign., dat. oder durch eine Quelle des 19. Jh. zugeschrieben sind: Anbetung der Könige, sign. von *Johannes Selpelius*; Einzug in Jerusalem, sign. von *Georg Christoph Einmardt*, 1641; ihm auch zugeschrieben der zwölfjährige Jesus im Tempel. Christus am Ölberg, sign. *Jakob Heubel*; Christus vor Kaiphas, sign. *Einmardt*; Geißelung Christi, sign. *Johann Heiß*, 1681. Dornenkrönung, sign. *Heubel*, 1680. Kreuztragung, dat. 1671, *Daniel Beich* zugeschrieben. Kreuzaufrichtung, *Heiß* zugeschrieben. Grablegung, zugeschrieben *Johann Paul Schwendter* (vor 1633). – Im Langhaus an der Westempore: Gefangennahme Christi, in der Art von *Heubel*; Christus am Kreuz, von *Johann Heinrich Schönfeld*, mit Künstlersiegel. – Die Grablegung gestiftet von Kurfürst Maximilian I., die Kreuzaufrichtung von seinem Bruder Herzog Albert von Bayern, die Kreuztragung von einem weiteren Bruder, dem Kurfürsten Ferdinand von Köln. Die Wappenfolge, zumeist hoher geistlicher Würdenträger, deutet darauf, daß sich seit Herzog Wilhelm V. die Kräfte der Gegenreformation im Kartäuserkloster, vor den Toren der protestantischen Reichsstadt Regensburg, sammelten. – An den Langhauswänden in barocker Stuckrahmung Johanneszyklus, um 1700, vom Maler *Victor Honoré Janssens*. Unter Prior Sigismund Diez eine Stiftung auch auswärtiger Bischöfe, 1937 aus Säkularisationsbesitz wieder an die Kirche zurückgegeben. Nicht vollständig erhalten. An der Südwand nahe dem Chor beginnend: Verkündigung durch Gabriel an den im Tempel opfernden Zacharias; Heimsuchung; Beschneidung; Johannes Bapt. vor Salome; Enthauptung; Darbringung des Hauptes von Johannes. – Chorgestühl, bez. 1605, mit Inschrift. Geschnitzte Dorsalien mit seitlichen Kandelabersäulchen, Muschel- und Rollwerkverzierungen. Anschließend Schränke, wohl ausgehendes 17. Jh. – Lektorien reich geschnitzt mit Rollwerk und Figuren, um 1670. – Überlebensgroße Kreuzgruppe in Holz, 2. Hälfte 17. Jh. – An einem Pfeiler des südlichen Seitenschiffs Kalksteinepitaph des Augsburger Grafen Marcus Octavian Fugger, gefallen 1634 bei der Belagerung Regensburgs. Relieffigur, vor einem Kruzifix kniend, im Hintergrund die Stadt Regensburg und das Kartäuserkloster.

Sakristei an der Südseite des Chores, Portalrahmung 1612. Spätgotischer Rechteckraum zu zwei Jochen mit Sternwölbung aus der Zeit des Chores. Die Kehlrippen entwachsen der Wand. Gekehlte Spitzbogenöffnung in der Ostwand mit Altarchörchen. Nußbaumretabel, Altarblatt hl. Vitus, um 1730. – Kreuzgang. Erhalten nur der Nordflügel im Anschluß an das Langhaus, heute unterteilt. Kreuzrippengewölbe über Profilkonsolen, ein Schlußstein 1587 dat.

Klosteranlage

Von der ausgedehnten, in Stichen des 18. Jh. überlieferten Anlage sind nur noch das ehem. Prioratsgebäude südwestlich der Kirche (dat. 1612) und sieben, am nördlichen Kreuzgangsflügel gelegene, Kartäuserzellen erhalten. Die im Norden angrenzende ehem. Pfarrkirche St. Vitus umgebaut zu einem Wohnhaus, die ehem. Spitalkirche 1804 abgebrochen. Brunnenhof südlich des Prioratsgebäudes, der östlich abschließende Trakt erst um 1900 in stilistischer Angleichung errichtet, desgleichen der Südflügel. – Vitusbrunnen, dat. 1732, urspr. mit Figur des Heiligen.

★ **Kath. Pfarrkirche St. Kassian** (St. Kassians-Platz 1). Erstmals 885 urkundlich erwähnt als zur Pfalz gehörig. Eine der ältesten Kirchen Regensburgs, urspr. für die königlichen Ministerialen eingerichtet; ein frühmittelalterlicher Friedhof lag in der Nähe. Später gehörte St. Kassian als Pfarrkirche zur Stiftskirche der Alten Kapelle.

Karolingische Substanz vermutlich in den beiden östlichen Jochen; 1477 Verlängerung nach Westen (dat. auf dem Wappen des Stiftsdekan Haiden im Westgiebel). Gleichzeitig die beiden Seitenschiffe und drei polygonale Ostapsiden mit Sakristei. 1626 Abbruch des Turms, stattdessen ein Dachreiter über dem Westgiebel. – 1747 Übertragung der Holzfigur der „Schönen Maria“ von *Hans Leinberger* aus dem Minoritenkloster, veranlaßt durch den Kanoniker Johann Anton Goetz, vermutlich unterstützt durch den Vorgänger Franz Velhorn, den Erneuerer der Stiftskirche zur Alten Kapelle. Wieder auflebender Marienkult und Wallfahrten führten 1749–60 zu einer Neugestaltung der Kirche, etwa gleichzeitig mit dem Langhaus der Alten Kapelle. Stukkaturen von *Anton Landes* aus Wessobrunn, Wand- und Deckenmalerei von *Gottfried Bernhard Göz* (Wenig später Zusammenarbeit mit *Landes* im Chor der Alten Kapelle). 1760 neue Sakristei im Westen des Südschiffs. Restaurierungen 1863/64, 1908/09, 1954.

Das Äußere der Staffelhalle ist nach Süden in die Blockbebauung einbezogen. Aus der östlichen Flucht treten die gotischen Chorschlüsse hervor, Haustein mit stichbogigen und ovalen Fenstern des 18. Jh. Nach Westen Giebelfassade mit Dachreiter, im Kern spätgotisch, mehrfach verändert. Die Nordseite ist geprägt von der Neugestaltung des Rokoko. Steil hochgezogene Seitenschiffdächer verdecken den Obergaden. Wandgliederung mit Lisenen und Stuckrahmung um das nischenförmig eingetiefte Pilasterportal; im Oberlicht spätmittelalterliche Steinfigur des hl. Kassian.

Das Innere liegt weit unter Straßenniveau. Basilikale Anlage mit engem fensterlosen Mittelschiff und annähernd gleich breiten, niederen Seitenschiffen; allseitig von Stichbogenfenstern beleuchtet, große Fensterflächen im Hauptchor. Die Architektur des festlich programmatisch ausgeschmückten, flachgedeckten Rokokoraums kennzeichnen zwei auseinanderliegende mittelalterliche Bauphasen. Vermutlich karolingisch sind die beiden östlichen Pfeilerdarstellungen mit rundbogigen, weit gespannten Arkaden (7,5 m) zu den Seitenschiffen; in der Proportion, durch Anhebung des Bodens und Überformung im 18. Jh., verändert. Der Chorbogen ist spätgotisch, gleichzeitig mit den westlichen beiden Raumachsen und den breiten Seitenschiffen.

Einheitliche Raumdekoration mit Stukkatur des *Anton Landes* (dat. 1754 über dem Chorbogen) und Malerei des *Gottfried Bernhard Göz* (dat. 1754 im Mittelschiff, 1758 in den Seitenschiffen). Der Stuck untergliedert die mittelalterlichen Kastenräume des Langhauses jochartig. Feine, bis unter das Deckengesims reichende Pilaster an den Hochwänden und gurtartige Bänder über den Seitenschiffsdecken. Das reiche Rocailleornament figuriert auf der Deckenfläche in lockeren Formen, rahmt die monumentalen Bildkartuschen im Obergaden und an der Decke und verstrebt die flächengliedernden Elemente mit der Architektur. Volutenartige Pilasterbasen, bizarre Kapitelle und plastisch heraustretende Putten, Tiere und Attribute an den Apostelkreuzen. Charakteristisch für *Landes* ebenso die emblemhaften kleinen Stuckreliefs in der Darstellung von Kirchenvätern, Propheten und Evangelisten.

Die Decken- und Wandmalerei in der Ausführung von *Göz* umfaßt drei Themen: an den Mittelschiffswänden Maria, im nördlichen

Seitenschiff Geschichte des hl. Kassian, südlich Geschichte der Wallfahrtskirche. – Übergreifend an der Decke die monumentale Darstellung der Dreifaltigkeit mit ungewöhnlicher Allegorie der Kirche: hl. Petrus und hl. Kassian als Menschenfischer. Seitlich der vier Weltteile die vom Blitz getroffenen Laster. Unsigniertes Fresko, das nach Farbduktus und Komposition eher auf *Otto Gebhard* als Maler verweist. – Von ungewöhnlicher Thematik und neuartiger Komposition ist der sechsteilige Wandzyklus marianischer Vorbilder von *Göz*. Dargestellt sind alttestamentarische Szenen (beginnend im Osten): Sarah und Abraham auf dem Weg nach Ägypten, gegenüber: Judith tötet Holofernes; Bathseba mit ihrem Sohn Salomon, gegenüber: Esther vor Ahasver; Abigail zu Füßen König Davids und Rebekka am Brunnen, ergänzt durch Inschriften in den Stuckrahmen. Zuoberst stehen Anrufungen Marias, die in kleinen Bildmedaillons abgebildet, den großen Freskenkartuschen eingefügt sind. Kunstvolle Bilderfindungen von *Göz,* mit tiefgründigen und weiten, in die Rahmung eingepaßten, Landschaftsräumen. Das Kolorit, heute verschmutzt und vergraut, war sicher wie im Chor der ▷ Alten Kapelle, heller, kontrastvoll und von atmosphärischer Wirkung.

Ausstattung durch Restaurierungen mehrfach verändert. Hochaltar von 1908/09, Rekonstruktion des (1864 zerstörten) Rokokoaltares nach dem erhaltenen Holzmodell vom urspr. Entwurf des *Johann Baptist Dirr.* Architekturloser Aufbau aus vier, die Chorfenster rahmenden Zierpilastern; die mittleren zu einem Baldachin verbunden, darunter die erhöht aufgestellte Freifigur des hl. Kassian, seitlich Johannes und Jeremias. Über dem Tabernakel befand sich anstelle des Lammes urspr. das Gnadenbild der „Schönen Maria". – Seitenaltäre, seit 1908 wieder mit Rokokoaufbauten. Südlich (1864 aufgestellt) die „Schöne Maria", eine Holzfigur des frühen 16. Jh. von *Hans Leinberger* (neue Fassung, Kind 18. Jh.). Ikonographisch bezeichnende Darstellung Mariens im Typus der Lukasmadonna, von herausragender künstlerischer Qualität. – Kassiansaltar, 1498, als Hochaltar von Stiftspfarrer Petrus Veichtner gestiftet, 1749 zerlegt, 1864 mit erneuertem Schreingehäuse aufgestellt. Im Schrein vollplastische Figur, der Heilige im Bischofsornat thronend; seitliche Reliefs mit Martyriumsdarstellungen. – Orgelprospekt um 1754, zweiteilige Anlage zuseiten des Westfensters. – Geschnitzte offene Beichtstühle und Stuhlwangen um 1754. – Steinrelief um 1480–90, Ölbergdarstellung mit Stifterwappen. – Epitaph für Elisabeth Graner († 1491), mit Relief der Heimsuchung Mariens.

Kath. Katharinenspitalkirche, ehem. Friedhofskapelle St. Michael oder Johanneskirche (Stadtamhof, St. Katharinen-Platz 3). Das Katharinenpatrozinium erhielt die Kapelle erst 1809 nach Brandzerstörung der urspr. Spitalkirche St. Katharina. – Trotz durchgreifender Veränderungen des 19. Jh. eine interessante mittelalterliche Anlage. In der

Verbindung von Zentral- und Longitudinalbau war sie vermutlich von Einfluß auf *Hiebers* Modellentwurf der ▷ Neupfarrkirche.
Den Kern bildet ein sechseckiger Zentralbau mit Rippengewölbe, um 1220/30. Datierung anhand reich skulptierter Kapitelle der Dienste, die stilistische Verwandtschaft zum Bischofsgang des Magdeburger Domes zeigen. – Zweijochiges Langhaus von 1287 (Bauinschrift seitlich des Eingangs), vermutlich Stiftung des Patriziers Heinrich Zant. 1489 Vergrößerung des einschiffigen Chors, aber unter Verwendung der alten Dienstkapitelle (diese heute durch Kopien ersetzt, Originale im Museum der Stadt Regensburg). – Nach zeitweiser protestantischer Nutzung 1623 Neuweihe. Anbau der Josephskapelle im Norden, Vorgängerbau der Andreaskapelle. 1858–60 umfangreiche Restaurierung bzw. Regotisierung unter Leitung des Kreisbaumeisters *Michael Maurer,* der auch bei der Vollendung der Domtürme eine wichtige Rolle gespielt hatte: Abbruch des Chors und erhöhter Wiederaufbau, angeglichen an die Traufhöhe des Zentralbaus; Erneuerung und Neueinwölbung des Langhauses. Neubau der Andreaskapelle, achteckig mit kuppeligem Helmgewölbe, einer Paraphrase des Kernbaus in neugotischem Stil.
Ausstattung. – Zwei Flügelaltäre aus Martinsberg/Opf., 1958/59 aufgestellt. Im Hauptaltar Schnitzfigur der hl. Katharina, Ende 15. Jh. (z. Zt. Kopie). In der Andreaskapelle auf den Seitenflügeln Reliefs der hll. Andreas und Sebastian, frühes 16. Jh. – An der Westwand des Langhauses Grabstein für Ulrich Zant († 1250).

Kath. Kirche St. Klara, urspr. Klosterkirche St. Matthias der Kapuziner, später ehem. Klosterkirche der Klarissen (Ostengasse 31/33).
Klostergeschichte. Das Regensburger Kapuzinerkloster wurde 1613 auf Anregung des Kaisers Matthias und mit Unterstützung des Stifts Niedermünster gegründet, gegen den Widerstand des evangelischen Stadtrats. Weihe der Klosterkirche bereits 1615. 1810 wurde das Kloster säkularisiert und 1811 den Klarissen übergeben, deren Kloster bei der napoleonischen Belagerung 1809 zerstört worden war. – Das Klarissenkloster, urkundlich erstmals 1233 erwähnt, befand sich am sog. Klarenanger im Bereich des heutigen Dachauplatzes, unmittelbar südöstlich der Porta Principalis dextra des Römerkastells (im Mittelalter das Schwarze Burgtor genannt). 1296 nahmen die Nonnen, die sich bisher Schwestern der hl. Magdalena genannt hatten, die Regeln des Klarissenordens an. Nach dem Umzug in die Gebäude des Kapuzinerklosters blieben die Klarissen noch bis 1974 in Regensburg. Bereits 1968 hatten sie unter starkem politischem Druck die Klostergebäude an die Stadt verkauft, die damals eine breite vierspurige Straße in Verlängerung der Adolf-Schmetzer-Straße durch den Villa-Park und diagonal durch das Klostergelände von St. Klara plante (Abbruchgenehmigung bereits erteilt). Bei der Auflösung des Klosters teilte sich der Konvent und übersiedelte teils in das neu gegründete Kloster Maria Vesperbild bei Ziemetshausen (Schwaben), teils in das Klarissenkloster

Dingolfing (Niederbayern). Auch der bedeutende bewegliche Kunstbesitz des Klosters wanderte aus Regensburg ab. Die Straßenbaupläne wurden 1974 aufgegeben. Seit 1976 sind im Klosterbereich das Ostkirchliche Institut, ein Wohnheim und ein Kinderhort untergebracht.

Kirche und Kloster: Schlichte einschiffige, nach Norden gerichtete Kirche mit stark eingezogenem Chor, Tonnengewölbe mit Stichkappen. Tiefe Südempore mit hölzernem Gitter von 1620. Hochaltar 1620 von Kaiser Matthias gestiftet; dreiteilige Retabelanlage mit Säulen, Altarblatt „Berufung des Apostels Matthias", flankiert von kleineren Gemälden der hll. Franziskus und Klara. Altararchitektur um 1715/20 gründlich umgestaltet. Zwei einfache, jeweils zweisäulige Seitenaltäre am Choreingang, im Kern ebenfalls aus der Zeit um 1620, gleichzeitig mit dem Hochaltar um 1715/20 neu dekoriert. Altarblatt des linken Seitenaltars um 1620, hl. Antonius, im rechten Seitenaltar St. Klara, 19. Jh. – Klostergebäude. Westlich an die Kirche anschließend Oratoriumsbau von 1906, mit drei neubarocken Deckenbildern von *Joseph Altheimer*. Nordöstlich der Kirche der ehem. Konventbau, eine Vierflügelanlage des 17. Jh., den Kreuzgang einschließend. Mehrere Umbauten und Aufstockungen im 19. und 20. Jh., Fassaden 1933 vereinheitlicht. Südlich mit der Fassade zur Ostengasse hin der zweigeschossige ehem. Pforten- und Gästetrakt, L-förmig bis zur Kirchenfassade weitergeführt. 1714 errichtet, aber bereits 1733 grundlegend umgebaut. Südfassade zwölfachsig, jeweils drei Fensterachsen zusammengefaßt und durch genutete Lisenen gegliedert. Zwei neubarocke Zwerchgiebel, 1909 nach Plänen von *Heinrich Hauberrisser*. – Die aus Holz gebaute Eremitage von 1712 wurde nach der Auflösung des Klosters 1975 transloziert; heute neben der Ruine der ehem. Stiftskirche ▷ Obermünster.

Kath. Kirche St. Koloman in Regensburg-Harting. Erste urkundliche Nachrichten über Harting 863/64. Ende des 11. Jh. ist ein Edelgeschlecht nachgewiesen; die Kirche gehörte von Anfang an der Benediktinerabtei St. Emmeram. Durch Fürstabt Frobenius Forster wurde 1769 das mittelalterliche Langhaus um Chor und östlichen Turm erweitert. (Wappen am Chorbogen). – Ehem. Doppelkapelle des 12. Jh., vergleichbar der ▷ Kreuzhofkapelle in Regenburg-Barbing. Der romanische Saal mit kreuzgratgewölbten Jochen, breitem Gurt auf Wandpfeilern und kräftigem Chorbogen bestimmt den Raumeindruck; der barocke Chor fügt sich stichkappentonnengewölbt ein, halbrund schließend. Westempore auf romanischen Trägern. Als Zugang zum Obergeschoß rundbogige Nische, ehem. Einstiegsöffnung; die Treppe ist verdeckt in der Mauer geführt. – Bemerkenswerte Neufassung des mittelalterlichen Raumes am Ende des Rokoko, um 1770. Deckenmalerei, sign. *Matthias Schiffer*. Dargestellt der Titelheilige: Martyrium des hl. Koloman, eines irischen Pilgers aus dem 11. Jh., der als vermeintlicher Spion an einem Baum aufgehängt wurde, in der Ikonographie Christi. Über der Empore Koloman als Viehpatron; im Hintergrund die Kirche. Im Chor Glorifizierung des Heiligen. Helles, pastellfarbenes Kolorit, erstaunlich frisch erhalten. In den Gewölbezwikkeln Martyriumsdarstellungen in Tonmalerei, gemalter Stuck mit naturalistischen Streublumen. – Die Altäre ebenfalls aus der Zeit der Umgestaltung: der Hochaltar möglicherweise von *Joachim Anton Pfeffer*; im linken Seitenaltar Holzfigur des hl. Johannes von Nepomuk, zugeschrieben *Simon Sorg*.

★ **Kath. Kreuzhofkapelle St. Ägidius** in Regensburg-Barbing (Am Kreuzhof 14). Bauherren waren vermutlich die seit dem 12. Jh. nachweisbaren Edlen von Barbing. Baugeschichte ungeklärt, ebenso wie der Nachweis einer möglichen Vorgängerkirche. Notgrabungen beim Bau der Kläranlage 1975 haben eine karolingisch-ottonische Siedlung mit Friedhof nachgewiesen. – Entstehung der Kirche wohl um die Mitte des 12. Jh. Der Überlieferung nach wurde in der Kreuzhofkapelle 1156 das sog. „privilegium minus“ zwischen Kaiser Friedrich I. Barbarossa, Herzog Heinrich dem Löwen und dem Babenberger Herzog Heinrich Jasomirgott abgeschlossen. Damals wurde die bayerische Ostmark vom Herzogtum Bayern abgetrennt und zu einem selbständigen Herzogtum Österreich erhoben; Herzog von Bayern wurde Heinrich der Löwe, Herzog von Österreich Heinrich Jasomirgott. Somit war die Kreuzhofkapelle die Geburtsstätte Österreichs als Herzogtum. – Seit 1278 befand sich die Kapelle im Besitz des Dominikanerinnenklosters Hl. Kreuz. Dachreiter 18. Jh. – Am südlichen Ufer der Donau idyllisch gelegen, versteckt zwischen Hafen und Kläranlage. Interessante zweigeschossige Anlage des Typs Doppelkapelle an Herrensitzen, vergleichbar den ehem. Burgkapellen ⊳ Hof, ⊳ Schönfeld, ⊳ Schönkirch, ⊳ Wilchenreuth und ⊳ St. Koloman in Regensburg-Harting. Ohne barocke Umformung einer der eindrucksvollsten romanischen Kapellenräume im Regensburger Umland. Das profane Oberschoß, urspr. nur von außen zugänglich, ist in seiner Funktion unklar; es könnte als Pilger- wie auch als Zufluchts- und Lagerraum gedient haben. – Gedrungene turmlose Saalkirche, überwiegend aus Kleinquadermauerwerk. Wenig eingezogene Apsis mit Rundbogenfenstern. In der Südwand Rundbogenportal, zweifach gestuft, glattes Tympanon. Zugang zur Empore ursprünglich von Westen: erhöhte, heute zugesetzte Türöffnung an der Giebelwand unter dem Hostienstein. Von dort, innerhalb der Mauer, verdeckter Treppenaufgang in das Obergeschoß. – Im Inneren halbkreisförmige Apsis, eingerückt hinter tiefem, einmal gestuftem Chorbogen. Das Langhaus umfaßt zwei Joche mit Kreuzgratgewölben, breiter mittlerer Gurtbogen über Pfeilervorlagen. Ins Schiff springende Westempore mit Kreuzgratgewölben, Öffnungsbogen gegen das Langhaus über quadratischem Mittelpfeiler. – Gruft des 20. Jh. für Bezirksheimatpfleger Georg Rauchenberger, den Förderer der Kapelle, der den kriegsbeschädigten Bau in mehr als zwanzigjähriger Eigenarbeit bis zu seinem Tod 1973 privat instandgesetzt und vor dem Verfall gerettet hat. 1987/88 Außensanierung.

★ **Kath. Kirche St. Leonhard, ehem. Johanniterkirche** (St. Leonhards-Gasse 1). Erster Nachweis der Johanniterkommende 1276. Die Geschichte der Kirche, einer der ältesten Hallenkirchen in Bayern, unbekannt. Aus stilistischer Vergleichbarkeit mit St. Peter in ▷ Kastl (Chorweihe 1129) wird eine Datierung vor der Mitte des 12. Jh. angenommen, d. h. der Bau entstand in der noch unbefestigten Westnervorstadt. 1717 Wiederherstellung mit Veränderungen im Chorbereich, Ausbruch von Fenstern im Langhaus, Verbindungsbau zum Turm, der 1748 einen barocken Abschluß erhielt. 1885–95 zweigeschossige Erweiterung nach Westen mit neuromanischer Fassade; Instandsetzung und „stilgerechte Renovierung" auf Kosten der Familie Pustet unter Leitung von Domvikar *Georg Dengler*. 1970 Restaurierung, dabei weitgehende Entrestaurierung der Maßnahmen des 19. Jh. Total verlustig ging die nach einzelnen Befunden rekonstruierte mittelalterliche Malerei im Gewölbe, an den Stirnwänden der Seitenschiffe und an der Emporenbrüstung.

Neuromanische Westfassade, von Domvikar *Georg Dengler* unter Verwendung von Werkstücken aus dem Kreuzgang von St. Jakob. – An der Südostecke des Langhauses gedrungener quadratischer Turm (bis ins 18. Jh. freistehend) aus Bruchsteinmauerwerk mit Eckquaderung, verputzt. Schlitzöffnungen, im Glockengeschoß rundbogige Biforienfenster. Das Untergeschoß im 14. Jh. gotisch gewölbt.

Die kleine Hallenkirche mit eingezogenem Chor und Halbkreisapsis ist ungewöhnlich in der Region. Dreischiffig in vier Jochen, kreuzgratgewölbt über gemauerten Rundpfeilern. Ob diese hier erstmalig im Monumentalbau Regensburgs auftreten, wäre am Verhältnis zur Schottenkirche ▷ St. Jakob zu verifizieren. Als monumentaler Hallenbau mit Westempore geht die Kartäuserkirche in Regensburg ▷ Karthaus-Prüll voraus, jedoch mit quadratischen Pfeilern. – Der Raumeindruck ist eng und hoch (trotz angehobenem Bodenniveau). Beeinträchtigend für die Wirkung sind Veränderungen des 18. Jh. im Chor, neuer Erschließungsraum im Westen und (in Widerspruch zur urspr. farbigen Ausmalung) weißer Kalkanstrich von 1970.

Vier mächtige hohe Rundpfeiler stützen die (geschalten) Kreuzgratgewölbe. Die Gurte, über dem Mittelschiff korbbogig, über den um einiges schmäleren Seitenschiffen rundbogig, setzen auf schlanken Wandpfeilervorlagen auf. Gedrückte Kapitelle aus wulstigem Halsring, Schräge und Deckplatte. Das nordöstliche trägt an den Ecken kleine Lanzettblätter, die mit knollenartigen Ausformungen an den Rundpfeilerkapitellen in ▷ Kastl verglichen werden können. – Die gesamte Breite übergreifende Westempore auf quadratischen Pfeilern, die, in der Breite eingestuft, das Kreuzgratgewölbe aufnehmen. Einfache Kämpferkapitelle, eins davon mit derber Zickzackeinkerbung.

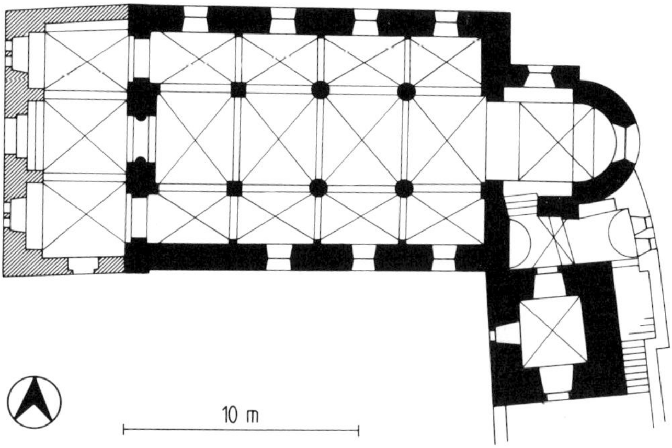

Regensburg, ehem. Johanniterkirche St. Leonhard

Ausstattung. – Hochaltar, einziges Relikt der Restaurierung des 19. Jh., von *Joseph Götz* aus Regensburg. Neuromanischer Ziboriumaufsatz, Metall mit Steinbesatz. – Passionsaltar, bedeutender kleiner Flügelaltar, um 1420/30 wohl von einem Regensburger Maler geschaffen, aber mit deutlichem Einfluß der gleichzeitigen Wiener Malerei, 1979 restauriert. Figurenreiche Darstellung, auf den Innenflügeln Leidensgeschichte Jesu, mit einer vielschichtigen „Kreuzigung im Gedräng" als Mitteltafel, außen die Kindheitsgeschichte Jesu, von der Verkündigung an Maria bis hin zur Darstellung Christi im Tempel. Als Antependium (etwa gleichzeitiges) Steinrelief Christus am Ölberg. – Marienaltar, ehem. Hochaltar, dat. 1505 (auf der Predella), wohl Regensburger Arbeit. Im Schrein Holzfigur der Muttergottes, der obere Teil im 19. Jh. überarbeitet, Fassung 1979. Auf den Innenflügeln Holzreliefs, Marienleben und Kindheit Jesu; bezeichnend sind die für den Bildaufbau wirksamen großen Gewandzüge. Außenseiten bemalt mit hl. Johannes Bapt., Schmerzensmann, Mater Dolorosa und hl. Leonhard. – In der Predella Büstenreliefs Davids und Daniels. – In der Vorhalle lebensgroße Holzfigur des hl. Leonhard, bemerkenswerte Arbeit um 1500. – Rotmarmorgrabplatte mit Ritzzeichnung des Komturs de Spira († 1328).

Wallfahrtskirche Mariä Himmelfahrt in Regensburg-Dechbetten (Neyweg 2). Wallfahrtsort vermutlich seit dem Mittelalter, wiederbelebt im Barock. 1722–25 wurde die alte Kirche unter Abt Wolfang Mohr von St. Emmeram grundlegend umgebaut. Weihe 1726. Hochaltar

1765–67 von *Simon Sorg* im Auftrag der Benediktinerabtei St. Emmeram, nachdem ein Entwurf von *Joachim Anton Pfeffer* von 1763/64 verworfen worden war.
Saalbau mit leicht eingezogenem, dreiseitig schließendem, zwei Joche tiefem Chor. Geplant waren ursprünglich zwei Türme; nur der nördliche ausgeführt, auffallend niedrig mit geschweiftem Kranzgesims und welscher Haube. Westfassade mit Hausteinportal und zwei Figurennischen. – Das Innere stichkappentonnengewölbt über flachen Wandpfeilern mit Pilastervorlagen. – Hochaltar von *Sorg*. Schlanke nischenartige Säulenarchitektur in bewegtem Umriß, mit geschweiftem, gebrochenem Auszug. Seitliche Durchgänge. Im Zentrum das überlebensgroße spätgotische Gnadenbild der Muttergottes. Gute Arbeit des ausgehenden 15. Jh., renoviert 1659 laut Inschrift, und mehrfach später. Wirkungsvolle Inszenierung des Gnadenbildes auf Wolken mit geflügelten Engelsköpfchen, seitlich begleitet von schwebenden Putten. Im Auszug Gottvater über der Taube des Hl. Geistes. – An der Langhausnordwand ehem. Altar aus der Friedhofskapelle, dat. 1615, Steinrelief mit Kreuzigungsgruppe in Ädikula; predellenartiger Sockel.
Friedhofsportal, 1628 dat. mit Wappen von St. Emmeram. – Grabsteine der Prüfeninger Malerfamilie *Gebhard*.

Kath. Pfarrkirche Mariä Himmelfahrt in Regensburg-Sallern (Sallerner Gasse 4). Früheste Nennung der Kirche im Jahre 1161. Trotz vieler späterer Umbauten im Kern eine romanische Anlage; das Langhaus war, nach Lage der außen sichtbaren Rundbogenfenster, niedriger. Unbekannt ist die Form des ursprünglichen Altarraumes. Der Ansatz einer Rippe über Maskenkonsole zwischen Turm und südl. Chorwand deutet auf einen gewölbten Vorgängerbau des Chors. – Eingezogener spätgotischer Chor, ein Joch tief, mit fünf Seiten eines unregelmäßigen Zehnecks schließend, um 1400. Das Langhaus barock verändert, 1933 verlängert. Freigelegtes, stark retuschiertes barockes Deckenbild der Himmelfahrt Mariens. – Bemerkenswerte spätgotische Chorausmalung, 1962 freigelegt, 1987 restauriert. Mit gerahmten Bildfeldern und flächigem Rankenmuster ist die unregelmäßige Architektur einheitlich überfaßt. In den Schildbogen Szenen aus dem Marienleben. Darunter Maria und die Apostel, paarweise angeordnet in Landschaft. Beigefügt Schriftbänder aus dem Glaubensbekenntnis. In den Fenstergewänden Darstellungen frühchristlicher Märtyrerinnen. – Am Chorbogen spätgotisches Wandbild mit Kreuzigungsgruppe. – Taufstein um 1700. – Grabsteine: im Chor Hans von Leubelfing († 1577), kräftiges Rotmarmorrelief der Renaissance. Im Langhaus Epitaph des Hans Christoph von Laiming († 1591), Kalksteinrelief in Rotmarmorrahmung.

Kath. Kapelle Mariä Läng (Domplatz 4/Pfauengasse 2). Unscheinbar, von außen kaum kenntlich, in einen Wohnbau von 1881 eingebunden. Letzte Hauskapelle in öffentlicher Nutzung. Zeugnis für den von Weihbischof Albert Ernst Graf von Wartenberg geförderten Marien-

kult und sein Bemühen, einen Märtyrerkult in Regensburg einzuführen. – 1675–78 von Wartenberg in seinem Kanonikalhof neu eingerichtet unter Einbeziehung unterirdischer mittelalterlicher Gewölbe und Gänge. In Anlehnung an Märtyrergräber in den Katakomben Roms gestaltete er eine Unterkapelle (zerstört), ausgestattet mit der steinernen Sitzfigur des hl. Petrus vom *Erminoldmeister* (heute im Museum der Stadt Regensburg). Zwei frühchristliche, angeblich unter der Kapelle gefundene Goldgläser mit Darstellung der Apostelfürsten (heute Prähistorische Staatssammlung, München) dienten Wartenberg als Begründung, hier Katakomben mit Märtyrergräbern auszuweisen. – Restaurierung der Marienkapelle 1967.
Der schmale, stichkappentonnengewölbte Saal mit Altarnische im Süden stand ehemals nach drei Seiten frei. Im Norden verbunden mit dem ehem. Domherrenhof. – Altar, Aufbau von 1678, vergrößert 1798 für die Aufstellung einer neuen Altarfigur in der „naturgetreuen Körpergröße Mariens" (Inschrift). Seitlich Holzfiguren der hll. Petrus und Paulus, um 1520 entstanden, 1678 aufgestellt, überarbeitet. – An der Ostwand das urspr., von Wartenberg für den Altar gestiftete Gnadenbild, Holzfigur um 1675 nach dem Vorbild der „Schönen Maria". – Daneben Kruzifix mit Mater Dolorosa, gute Arbeit des ausgehenden 17. Jh. – Dedikationsinschrift von 1675 mit Wappen Wartenbergs über der Sakristeitür.

Kath. Maria-Schnee-Kapelle (Heiliggeistgasse 7/Prinzenweg 4). Die Kapelle wurde 1734 in das neu errichtete Waisenhaus eingebaut, im gleichen Jahr geweiht. Die ansprechende Rokokoausstattung wohl erst unter Weihbischof Anton von Wolframsdorff (1759–66), anscheinend im Umkreis des Stukkators *Anton Landes* (oder des *Franz Höflmayer*), entstanden.
Der kleine zweijochige Saal in Ecklage des ehem. Waisenhauses (heute Kath. Jugendfürsorge) ist mit nicht ausspringender, innen halbkreisförmiger Altarnische nach Süden gerichtet. Eingang von Osten, im Norden Orgelempore. Flache, seitlich abgeschrägte Wandpfeilereinzüge, mit Doppelpilastern besetzt, tragen – durch paarweise Gurte getrennt – böhmische Kappengewölbe. Hochliegende Rundbogenfenster, auf der Innenseite verspiegelt.
Bemerkenswerte Stuckdekoration, im Duktus des Rocailleornaments mit eingestreuten Blumenfestons und üppigen Vasenaufsätzen in der Art von *Landes*. Kuppelartig ausgedeutet das Gewölbe, reich geschmückte Kapitellzone und Attika mit allegorischen Arrangements der Jahreszeiten. – Wand- und Deckenmalerei (1898 restauriert) könnte, wie ▷ Scheuer oder ▷ Gebelkofen in Verbindung mit *Landes/Höflmayer*, von *Martin Speer* stammen. Dargestellt sind auf der Rückwand König David mit der Harfe; im Gewölbe Allegorien von Fides und Spes (südlich) sowie Pietas und Caritas.
Ausstattung. – Altar von 1789, mehrfach verändert, hölzerne nischenförmige Retabelanlage mit ovalem Gloriolenfenster. Barockes

Kruzifix nach mittelalterlichem Vorbild; Mater Dolorosa, 19. Jh., neu gefaßt. – Marienaltar an der Ostwand: reich stuckierte Rocaillerahmung mit Schweifpilastern. Das Bild der Muttergottes nicht ursprünglich.

Kath. Pfarrkirche St. Mang, ehem. Augustinerchorherren-Stiftskirche (Stadtamhof, Andreasstr. 11).

Geschichte des Stifts. – 1138 Gründung des Stifts an einer in das 11. Jh. zurückgehenden Kirche. Am Neubau der Kirche waren – vor 1146 nachweisbar – wie bei der ▷ Allerheiligenkapelle am Domkreuzgang oberitalienische Werkmeister aus Como beschäftigt. – 1634 Zerstörung der mittelalterlichen Anlage durch die Schweden. Danach entstand zunächst eine Wallfahrtskapelle Maria Loreto für die Verehrung der „Schönen Maria“ von Regensburg (vgl. ▷ Neupfarrkirche und ▷ St. Kassian). 1697–1717 Neubau der Stiftskirche. – Ab 1730 Neubau der Klostergebäude, denen die Loretokapelle weichen mußte. Sie wurde bereits ein Jahr später wiedererrichtet, und zwar an der Nordseite der Stiftskirche (heute profaniert und als Nebenraum der Sakristei benutzt). 1803 säkularisiert, jetzt Fachakademie für kath. Kirchenmusik. – Für die Umgestaltung der Kirche im Rokoko fehlen Nachrichten. Restaurierungen 1884/86, 1922 und 1954.

Äußeres. – Die barocke, stattlich hohe Kirche ist einschiffig mit eingezogenem, halbrund schließendem Chor von zwei Jochen. Das kapellenlose Langhaus springt im zweiten Joch als Querhaus aus, etwa in der Mitte der Gesamtanlage, wahrscheinlich bestimmt durch den Vorgängerbau, die kreuzförmige romanische Stiftskirche. Auf jeden Fall wurden deren Fundamente in größtem Umfang für den Neubau benutzt. Als Baumeister kann der Stadtamhofer *Andreas Pichlmaier* vermutet werden, damals Konventuale im Stift. – Pilastergegliederte Giebelfassade. – Südseitig an den Chor angebauter fünfgeschossiger Turm. Oberer Teil mit Balustradenumgang aus dem 19. Jh.

Inneres. – Hoher, landläufig gegliederter Saal mit pilasterbesetzten Wandpfeilern, hochliegenden Rundbogenfenstern, gemauerten Hängekuppeln zwischen breiten Gurten und tonnengewölbten Querarmen. An der Nordseite gegen die ehem. Stiftsgebäude Oratorien, in Entsprechung Spiegelfenster. Aufgelockert durch Rokokostuck; das Dekorationssystem erinnert an die ▷ Emmeramsbasilika. Der Duktus des Ornaments und die volkstümlich-bildhafte Ausschmückung mit Figuren und Attributen an den Apostelkreuzen und im Chor weisen auf den Umkreis des Stukkators *Anton Landes,* wohl als frühes Werk um 1740 anzusetzen. – Wand- und Deckenmalerei. Im Chor vermutlich von *Otto Gebhard:* an den Wänden Ankunft des hl. Magnus und Stifterbild des Kanonikus Gebhard mit Kirchenmodell, im Gewölbe Berufung von Andreas und Petrus. Im Langhaus *Matthias Schiffer* zugeschrieben: Glorifizierung des hl. Andreas, seitlich des hl. Magnus; in den beiden Rundbildern Engel.

Ausstattung. – Alle fünf Altaraufbauten von *Franz Anton Neu* aus Prüfening, 1717/18 Hauptaltar mit zwei Figuren, hl. Augustinus und hl. Monika, sowie Altarbild von *Lorenz Primislaus:* Martyrium des hl. Andreas. – Altarblatt im südlichen Seitenaltar: hl. Sebastian von *Victor Honoré Janssens* aus Brüssel, 1707 gestiftet; Altarblatt im nördlichen Seitenaltar: Mariä Heimsuchung, frühes 19. Jh. – Reiches Chorgestühl, vier Gruppen mit zusammen zwölf Stallen, Schnitzarbeit in Eiche, um 1748–50, dem Regensburger Bildhauer *Simon Sorg* zugeschrieben. Auf Rückwänden und Brüstungen Relieffelder mit der Geschichte des Ordensstifters Augustinus. Gestochen feine Bildkompositionen mit räumlichem und landschaftlichem Hintergrund. – Wandtabernakel mit Holzfigur hl. Johannes von Nepomuk, Mitte 18. Jh. – In der Sakristei beachtliche Wandschränke mit Säulenarchitektur und Knorpelwerkdekor, um 1680.

Kath. Filialkirche St. Martin in Regensburg-Oberisling (Zehentstr. 10). Ehem. zum Reichsstift St. Emmeram gehörende Chorturmkirche mit Friedhof. Chor und Turm im Kern gotisch, wohl 14. Jh., das Langhaus in der Umgrenzung vermutlich ebenfalls, verändert im 18. Jh. – Der Chor, ein Joch tief mit Schluß in drei Achteckseiten hat Kappengewölbe, anstelle der gotischen Rippen stuckierte Blattschnüre. – Klassizistische Wandgliederung, Holzdekoration aus Säulen, Pilastern und Balustern um den Altar. Altarblatt hl. Martin, um 1790 gestiftet von dem Benediktiner Paul Schönberger, angeblich von einem Eichstätter Maler. Seitenaltäre aus dem 3. Viertel des 18. Jh.; Altarbilder Maria und hl. Sebastian. Alle drei Altäre und Figur des hl. Wendelin *Simon Sorg* zugeschrieben.

Kath. Pfarrkirche Mater Dolorosa (Am Hohen Kreuz). Neubau 1952–54 von Architekt *Hans Beckers* aus Regensburg, 1982 renoviert. Strenger Saalbau der Nachkriegszeit, Stahlbetonkonstruktion. Fassadenplastik von *Roland Friederichsen.* – Bedeutend der spätmanieristische Hochaltar, um 1620, aus dem oberbayerischen ehem. Benediktinerinnenkloster Geisenfeld (bei Ingolstadt). Schnitzarbeit von *Philipp Dirr,* Altarblatt von *Elias Greuter d. Ä.* In der Einheit von Malerei, Architektur und Plastik einzigartiges manieristisches Werk in Regensburg. Die Figuren verwandt den Hochaltären von ▷ Regensburg-Karthaus Prüll und ▷ St. Georg, Prüfening.

Wallfahrtskirche St. Michael in Regensburg-Kager (Kager 1).
Ein erster Kirchenbau angeblich bereits 1052 durch Papst Leo IX. konsekriert. Der heutige Bau weitgehend mit jener Kirche identisch, die Bischof Konrad II. 1182 geweiht hat. Kleinere Umbauten der Barockzeit . – Einfacher, flachgedeckter Saalraum mit halbrund schließender Apsis, über der Westwand Dachreiter. – Ausstattung. Bemerkenswerter Hochaltar, viersäuliger Aufbau des 17. Jh. unter Verwendung erheblicher Teile eines älteren Altars aus dem frühen 16. Jh. sowie einer um 1400 entstandenen Figur der Muttergottes mit Kind, die als

Gnadenbild „Maria Tannerl“ die Altarmitte einnimmt. Von der Anlage des frühen 16. Jh. stammen die seitlichen Holzfiguren der hll. Ottilie und Leonhard, darüber die kleineren Figuren eines hl. Bischofs und des hl. Papstes Urban, die das Auszugsgemälde der Hl. Dreifaltigkeit flankieren. Zum Altarretabel gehörten auch zwei drehbare Altarflügel; darauf vorne Flachreliefs der hll. Johannes d. T. bzw. Johannes Ev., rückseitig Tafelbilder mit Darstellung der Verkündigung an Maria. Diese Flügel seit 1984 abgenommen und separat im Langhaus aufgehängt. – An der Südwand interessante gotische Kanzel des 15. Jh. Rechteckige Felder in Rahmen-Füllungs-Konstruktion auf etwa quadratischem Grundriß. Sämtliche Flächen der Kanzelbrüstung mit ausgestochenen Flachschnitzereien verziert: wellenförmige Blattranken, auf den Füllungsfeldern der Vorderseite bereichert durch die Tierdarstellungen eines Hirsches und eines Einhorns.

★ **Ev. Neupfarrkirche** (Neupfarrplatz 1). 1519 ereignete sich, nach Vertreibung der Juden und Verwüstung des Judenviertels, am Ort der Synagoge ein Wunder, das eine Wallfahrt zur „Schönen Maria“ bewirkte, eine der volkreichsten und berühmtesten Wallfahrtsstätten am Ende des Mittelalters. Statt der zunächst errichteten Holzkapelle entschloß sich der Magistrat zum Bau einer großartigen Wallfahrtskirche „Zur Schönen Maria“. Plan und Holzmodell von *Hans Hieber* aus Augsburg, der den Baubeginn noch vor seinem Tod 1521 erlebte. 1540 Konsekration des Langchores. 1542, nach dem Ende der Wallfahrt, Umwandlung in die erste protestantische Pfarrkirche Regensburgs. Turmerhöhungen 1560 und 1594. Einwölbung des Hauptraumes 1586. – Die Kirche blieb ein Torso – notdürftig zwischen den Türmen geschlossen – bis sie 1860–63 (1859 vermessen), nach Plan von *Ludwig Foltz* aus München erweitert, vollendet wurde.
Einzige auf einem Platz freistehende Kirche Regensburgs, urspr. geplant als gewaltiger sechsseitiger Zentralbau mit einschiffigem Langchor, dazwischen ein Turmpaar. Der stark reduzierte Ausbau nach Westen (19. Jh.) ergab, durchaus originell und dem Baubestand wie dem Platzraum wirkungsvoll angepaßt, einen homogen erscheinenden Kirchenbau im Typ der Doppelchoranlage.
Bemerkenswertes Beispiel für den Umgang mit historischer Bausubstanz aus der Mitte des vorigen Jahrhunderts. Laut *Foltz* eine „Renovation“, bei der Substanzerhaltung und eigenständiges Entwurfskonzept sich verbinden. Verzichtet wurde auf Rekonstruktion des im Modell überlieferten – nie realisierten – einzigartigen Raumentwurfs. – Denkwürdiger als den vollendeten Bau befand Dehio das Holzmodell *Hiebers* (im Museum der Stadt Regensburg): „Erster Versuch eines Deutschen zu einer Raumkomposition im Sinne der Renaissance“.
Äußeres. – Die gebaute Pfarrkirche hat wenig Übereinstimmung mit dem Entwurfsmodell; Zeitumstände verhinderten nicht nur den monumentalen polygonalen Einstützenraum mit doppelgeschossigen, zwiebelkuppelgedeckten Konchen. Auch der vorgesehene Langchor mit

doppelgeschossigen, seitenschiffsartigen Anräumen, darüber großen Maßwerkrosetten gelangte nicht wesentlich über die Grundrißdisposition hinaus. – Die Neupfarrkirche gibt Zeugnis von der beabsichtigten Verwirklichung des überlieferten Modells und verkörpert ansatzweise die ins Auge gefaßten Maßverhältnisse.

Aus dem Platzniveau herausgehoben; wie der Dom auf Terrassensokkel mit allseitigen Aufgängen. Den Ostteil des 16. Jh. kennzeichnen gotische Elemente und Formen der Frührenaissance oberitalienischer Herkunft. Großflächige, rundbogig schließende Maßwerkfenster und körperhaft durchgebildete Strebepfeiler einerseits, gerahmte Pilaster mit reliefierten Rundscheiben, schräge gerahmte Fenstergewände andererseits bezeichnen das Spannungsfeld stilistischen Umbruchs. Demgegenüber kompiliert und variiert der im 19. Jh. gestaltete Westteil einen historischen Formenvorrat. Besonders augenscheinlich an den – völlig von *Hiebers* Modell abweichenden – Türmen. Die spitzbogigen gekuppelten Schallöffnungen, im Nordturm als mittelalterliche Spolie vorgefunden, wurden am Südturm nachgebildet, dessen barocker Dach- und Laternenabschluß wiederum (um ein Geschoß heraufgesetzt) das Vorbild für den Nordturm abgab.

Im Inneren sind *Hiebers* Raumverhältnisse nur ansatzweise vorhanden. Das einschiffige Langhaus hätte mit zwei kreuzrippengewölbten Jochen und halbkreisförmig schließender Apsis zusammen den monumentalen Langchor bilden sollen. An diesen sollte sich das Polygon mit gleicher Länge anschließen (westlich des urspr. Triumphbogens, der als profilierter Pfeiler an den Emporen vorspringt, sind Ansätze von Säulenvorlagen für den Zentralbau sichtbar). Der 1586 gewölbte Kirchenraum ist in der Höhe zurückgenommen. Ohne die geplanten Rosenfenster und seitlichen Emporenräume des urspr. geplanten Chores wirkt er mit seinem Gliederungssystem aus Halbsäulenvorlagen mit Kompositkapitellen und Kreuzrippen nicht überzeugend. Auch ist das mit Engelskonsolen gezierte Kappengewölbe kein Ersatz für eine (im Modell angedeutete) monumentale Muschelkalotte. – Spannungsvolle Proportion und Detailausbildung, wie sie *Hiebers* Hallenräume in Augsburg und Lauingen auszeichnen, bewahren die seitenschiffartigen Kapellenanräume. Der südliche, ehemals als Sakristei genutzt, gehört noch der ersten Bauphase an. – Im Südturm originelle doppelläufige Wendeltreppe aus Stein von *Hans Hieber* (Balusterbrüstung unvollendet).

Ausstattung. Das urspr. Gnadenbild war vermutlich eine Figur der „Schönen Maria“ (Holzschnitt mit Entwurf für den Hochaltar von *Albrecht Altdorfer*). Erster ev. Altar war *Michael Ostendorfers* Triptychon (Museum der Stadt Regensburg). Derzeitige Ausstattung spätes 17./18. Jh. – Altar. 1. Hälfte 17. Jh.. Gemälde Kreuzigung Christi, 1617 von *Johann Hermann Wiwernitz* sign. – Gemälde. – An der Chorwand Verspottung Christi, dat. 1604; Wunderbare Speisung des Elias, von *Martin Speer*. Im Langhaus Beweinung Christi, bez. *Martin Speer* (Mitte 18. Jh.); Abendmahl von *A. M. Bergfeld*, um 1810; Grablegung Christ, 1. Hälfte 17. Jh.; Heilung des Gichtbrüchigen, dat. 1685 und bez. *Benjamin von Block.* – In der nördlichen Seitenkapelle kleines Tafelbild mit Kreuzigung Christi, 1597 dat.; Barmherziger Samariter, 17. Jh. – Auf der Empore Kreuztragung und Kreuzigung, um 1600.

Kath. Kirche St. Michael in Regensburg-Grass (Burgweg 1). Rest einer Burganlage, von der außer der ehem. Burgkapelle nur noch der Ringgraben erhalten ist. Die Burg gehörte seit 1335 der reichen Regensburger Patrizierfamilie Löbl, seit dem frühen 15. Jh. dem Deutschherrenorden. Die Kirche stammt im Kern aus dem 14. Jh., Wappensteine der Löbl (Kopf mit 3 außenstehenden Lilien) an Gewölbekonsolen. Spitzbogenfenster an der Ostwand. 1689 unter dem Deutschen Orden teilweise abgetragen und umgebaut. – Rechteckiger Bau ohne Chorausscheidung, mit Stichkappentonnengewölbe, im Westen Holzempore. Altar der Zeit um 1650, 1733 von dem St. Emmeramer Abt Anselm Godin dem Deutschen Orden gestiftet, möglicherweise Teil der durch die Neugestaltung von St. Emmeram (1731–33) freigewordenen Ausstattung aus der Zeit nach dem Brandunglück 1642. – Eintoriger Aufbau mit Sprenggiebel und Auszug, die Säulen mit spiraligen Eierstableisten belegt. Im Zentrum Holzfigur des hl. Georg, seitlich die hll. Katharina und Barbara; auf eigenen Sockeln – wohl zugehörig – zwei männliche Heilige, Fassungen neu. Eindrucksvolle lebensgroße Figuren, wenig Vergleichbares aus dieser Zeit in Regensburg.

★ **Kath. Dompfarrkirche Niedermünster, ehem. adeliges Damenstift** (Niedermünstergasse 3).

Geschichte des Stifts

Niedermünster war nach ▷ St. Emmeram das reichste der Reichsstifte. Die zumeist dem Adel angehörenden Frauen waren laut Stiftssatzung nicht zu Besitzlosigkeit und (mit Ausnahme der gefürsteten Äbtissin) Zölibat verpflichtet.

Das Stift entwickelte sich aus der Verehrung der Grabstätte des Hofbischofs Erhard († um 700). Sie lag in einer wohl bereits in agilolfingische Zeit zurückgehenden Kirche. Überliefert ist, daß Herzog Heinrich I. von Bayern († 955) einen neuen Kirchenbau begann und seine Frau Herzogin Judith († 986) diesen (nach seiner Beisetzung dort) vollendete. Sie trat 973 dem Stift bei und wurde Äbtissin. 1002 erlangte das Damenstift durch Kaiser Heinrich II., den Enkel Judiths, die Reichsunmittelbarkeit. Ab etwa 1146 Neubau der Kirche und des Stiftes, dessen südlicher Kreuzgangflügel erhalten ist. Barockisierung in zwei Phasen durch Äbtissin A. Maria von Salis (1616–52) und Äbtissin Katharina Helena von Aham um 1730. Die Stiftsgebäude errichtete 1720 (unter Äbtissin Franziska Sibylla von Muggenthal) der Baumeister *Franz Beer von Bleichten.* 1803 Aufhebung der Reichsfreiheit, 1810 Übergang an Bayern. 1821 wurde die Kirche Dompfarrkirche. Die Stiftsgebäude wurden Bischöfliche Residenz und Ordinariat.

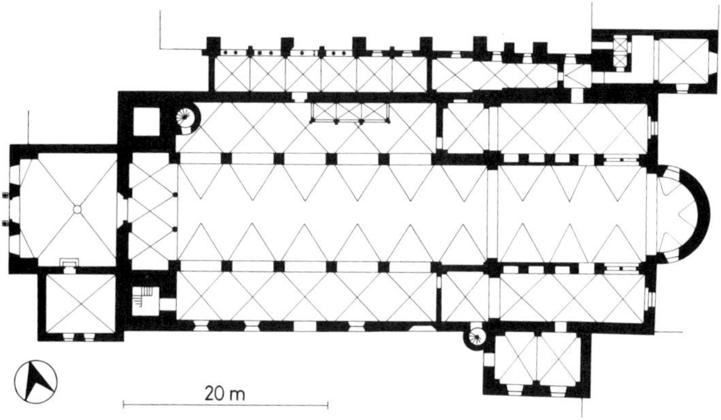

Regensburg, Dompfarrkirche Niedermünster, ehem. Damenstift

Gesamtanlage. – In der Nordostecke des römischen Castrums und vermutlich im Bereich der ältesten baierischen Herzogspfalz, auf der südlichen Niederterrasse des Donautals ca. 100 m östlich des karolingischen Petersdomes gelegen.

Ergebnis der archäologischen Untersuchungen

Ausgedehnte Ausgrabungen von 1963–68 haben 4 m unter Fußbodenniveau der heutigen Basilika (zur Besichtigung zugänglich) Zeugnisse dieses Ortes über einen Zeitraum von mehr als einem Jahrtausend freigelegt. Spuren von sechs baulichen Anlagen übereinander, deren früheste das Lager der III. italischen Legion (179 n. Chr.) ist. Aus dem 4. Jh. wurde ein spätrömisches Wohnhaus mit Heizung teilweise ergraben. Aus dem 5.–7. Jh. fehlen Steinbauten. Jedoch fanden sich Standspuren, die mit einem hölzernen Anbau und einem Palisadenzaun erklärt werden, vermutlich aus dem 6./7. Jh., von der Westseite des agilolfingischen Herzogshofs. Als erster nachrömischer Steinbau an diesem Ort läßt sich eine Saalkirche um 700 nachweisen, wohl die herzogliche Pfalzkirche. An der inneren Nordwand wurde in einem Tuffgrab unter römischem Sarkophagdeckel Bischof Erhard bestattet. Um 800 folgt eine vergrößerte karolingische Saalkirche mit breitem Rechteckchor und Chorschranke als erste Damenstiftskirche. Um 950 wird diese Kirche durch eine turmlose Basilika mit Ostquerhaus und drei Apsiden ersetzt. Auch dieser dritte Vorgängerbau behielt die Nordmauer bei. Ergraben wurden auch die Grablegen des Stifters Herzog Heinrich I. in der Mittelachse vor den Stufen des Hauptaltars, seiner Frau Judith und der Gisela von Burgund, Frau Herzog Heinrichs II. und Mutter Kaiser Heinrichs II. sowie der ungarischen Königin Gisela. Das Erhardsgrab 1052 aus Anlaß der Heiligsprechung durch Papst Leo IX. erhoben.

Ehem. Stiftskirche

Bauliche Entwicklung. Urkundliche Daten für den bestehenden vierten Kirchenbau, der wohl schon vor dem Stadtbrand von 1152 begonnen war, fehlen. Eine Nachricht des Stifts St. Mang in Stadtamhof, derzufolge 1146 Bauleute der Diözese Como „an eine reiche Äbtissin in der Nähe" gesandt worden seien, wird, gestützt auf stilistische Beobachtungen, mit dem Neubau des 12. Jh. in Verbindung gebracht. Im neuen Kirchenbau Erhebung der Gebeine der Herzogin Judith und Beisetzung vor dem Hochaltar. Die Baugeschichte jedoch im Einzelnen ungeklärt. 1305 Stiftung einer Heiliggrabkapelle, der heutigen Kriegergedächtniskapelle. – Unter Äbtissin A. Maria von Salis Umgestaltung und Erweiterung der Vorhalle mit neuer Westfassade und Portal (1621). Barocke Einwölbung der Basilika und Erneuerung der Innenausstattung (1625). Unter Katharina von Aham (um 1730) Stuckierung des Innenraums und Erhöhung der Apsis. – Restaurierungen 1930, 1968 und 1982.
Äußeres. – Die dreischiffige Pfeilerbasilika mit Doppeltürmen im Westen, eingezogener Ostapsis und hohem – über Chor und Langhaus durchlaufendem – Satteldach überragt den seitlich angrenzenden Stiftsbereich. Frei stehen der eindrucksvolle Chorschluß des 12. Jh. aus feingefügtem Großquadermauerwerk mit gekehltem Sockel (um 1730 erhöht) und die verputzte Stirnwand der 1621 erweiterten, im Kern romanischen Vorhalle. – Klare Maßverhältnisse der kubischen Bauformen, exakte Quadertechnik und Verzicht auf Bauzier kennzeichnen die mittelalterliche Erscheinung, die augenscheinlich auch bei barocken Veränderungen im Äußeren gewahrt werden sollte.
Steinsichtiges Quaderwerk an der Südseite. Romanische Obergadenfenster vermauert zwischen axial angeordneten barocken Rundbogenfenstern. Ebenso geschlossen das romanische Seitenportal, einfach gestuft mit eingestellten Halbsäulen. Versetzt dazu schlichtes Barockportal von 1621, auf der Innenseite gerahmt mit Wappen der Äbtissin von Salis. – In der Vorhalle romanisches Hauptportal. In Stufen eingestellte Halbsäulen mit antikisierenden Blattkapitellen, verziert mit Köpfen, lombardisch beeinflußt. Äußerst selten und in ihrer strengen Stilisierung bemerkenswert die originalen Beschlagbänder, die durch große Hufeisenbögen bereichert sind, sowie die Türklopfer in Form von Löwenköpfen, 2. Hälfte 12. Jh. – Die Türme auf quadratischem Grundriß, bündig mit dem westlichen Langhaus, schließen in gleicher Höhe mit Pyramidendach über dem Glockengeschoß. Der Nordturm, durchgehend in Großquadertechnik, vermutlich ausgeführt von comaskischen Steinmetzen. Der Südturm wechselt im oberen Bereich zu

Kleinquaderwerk nach Art der Vorhalle (wohl Hinweis auf spätere Fertigstellung). Ungewöhnliche Rundbogenöffnung in Höhe des Seitenschiffdaches; nach Süden Biforienfenster mit Topfkapitell.
Vorhalle. Zweigeschossiger Erweiterungsbau über romanischen Seitenmauern. Das barocke Walmdach bleibt unterhalb des Westgiebels. Glatte Putzfassade mit rahmenlos einschneidenden Rundbogenfenstern. Einziger Schmuck ist das Säulenportal in Sandstein mit Wappen der Stifterin, dat. 1621. – Im Innern liegen dreiseitig Kleinquadermauern frei mit vermauerten romanischen Pfeilerarkaden. Barocke Kreuzgratgewölbe mit Rahmenstuck des 18. Jh.
Der Innenraum ist eine langgestreckte romanische Pfeilerbasilika mit barocken Stichkappentonnengewölben, die den urspr. flachgedeckten Schiffen eingepaßt sind. Unterwölbte Westempore zwischen den Türmen. Das Langhaus mit hohem, in Pfeilerarkaden geöffnetem Mittelschiff und halb so breiten, niederen Seitenschiffen setzt sich in der dreischiffigen Choranlage fort. Leicht eingezogene, halbkreisförmige Apsis, barock erhöht. Gerade schließende Nebenchöre. Im Presbyterium besteht (wie in ▷ St. Georg, Prüfening) eine räumliche Verbindung zu den Nebenchören über ein hirsauisch beeinflußtes Biforienfenster. Im Chor hingegen sind die ehem. Pfeilerarkaden durch barocke Trennwände geschlossen. – Zusätzlich ist in beiden Seitenschiffen das östliche Langhausjoch (nach Westen und zur Mitte hin) abgetrennt und überwölbt für Oratorien, die erkerartig in das Mittelschiff vorspringen. Inschriften-Tafeln der Stifterinnen A. M. von Salis (1625) und Maria Theresia von Muggenthal (1683).
Aus einer spätbarocken Umgestaltung stammt die einheitliche Raumschale mit einer zwischen Pfeiler und Gewölbe vermittelnden Pilasterfolge im Jochsystem und ornamentaler Stuckierung an Wänden und Gewölbe. Seit der Restaurierung von 1968 ist außerdem die vom Rahmenstuck der 1730er Jahre überschnittene Grisaillemalerei von 1625 sichtbar. Mittelalterliche Wandmalereien (seit 1912 in mehreren Phasen freigelegt, zuletzt 1982 konserviert): fünf Apostelhalbfiguren am Apsisbogen rechts, 2. Hälfte 12. Jh. (restauriert 1912), und Majestas Domini, Anfang 13. Jh. (1955 aufgedeckt) an der Westwand über der Orgel. Gotisches Fragment eines Engels, 15. Jh., am Apsisbogen links. Im nördlichen Nebenchor an der Südwand: Anbetung der Könige und hl. Christophorus, Anfang 16. Jh.
Die Ausstattung seit dem 19. Jh. mehrfach verändert und umarrangiert. Hochaltar, 1763, nach Entwurf von *Jakob Mösl* aus Salzburg, mit Figuren der Bischöfe Wolfgang und Erhard, wohl von *Lorenz Wieser*. Mächtige, in das Apsisrund eingepaßte, viersäulige Anlage aus zweifarbigem Marmor mit Wappen der Äbtissin Katharina Dückher von Haßlau (1757–69). Altarblatt mit Himmelfahrt Mariens, 1879 von *Albert Alexander Stahl,* Stadtamhof. – Seitenaltäre, Säulenretabel aus der Mitte des 17. Jh. an der Ostwand der Seitenschiffe. Altarblätter: links Dreikönigsbild, 1627 von *Andreas Summerstein* aus Regensburg, rechts Beweinung Christi, um 1630, nach Vorbild von

Pieter van Mol. Das Auszugsbild könnte zum Dreikönigsalter gehört haben. – Im nördlichen Seitenschiff Altar mit dem Gnadenbild der Schwarzen Madonna, neuere Aufstellung in Rokokogehäuse: Sitzbild der Muttergottes im Typ der Nikopoia, der Siegbringenden, eine Holzfigur des frühen 13. Jh. Sie wurde um 1670 von Weihbischof Albert Ernst Graf von Wartenberg aufgestellt, verehrt als eine aus Palästina mitgebrachte Stiftung der Herzogin Judith. Seitlich barocke Schnitzfiguren der hll. Wolfgang und Dionysius. – Ebenfalls im nördlichen Seitenschiff gotische Ziboriumsanlage aus dem Anfang des 14. Jh. über den Gräbern des hl. Erhard und des sel. Albert. Ihre zwei Steinfiguren enthält das dreiteilige, angelehnte, lettnerartige Ziborium, von spitzbogigen Steinschranken eingefaßt, ähnlich den Tumbafiguren der hll. Wolfgang und Emmeram (▷ St. Emmeram) aus der Mitte des 14. Jh. (die stilistisch angeglichene Holzfigur eines dritten Bischofs unter dem westlichen Baldachin dürfte eine aus Symmetriegründen erfolgte Ergänzung des 17. Jh. sein). Urspr. befand sich neben den zwei Grabfiguren vermutlich der Altar des hl. Erhard mit Altarblatt des 17. Jh.: Bischof Erhard tauft die Alemannenprinzessin Ottilie. Farbfassung der Ziboriumsanlage und Bemalung mit zahlreichen Heiligenfiguren aus dem frühen 16. Jh., freigelegt und retuschiert. Über der Erhardstumba der Reliquienschrein (19. Jh.) sowie Schaugehäuse mit Erhardsreliquien: Kopfreliquiar von 1653, Stab um 1200 und Stola vermutlich spätmittelalterlich.

Kanzel aus Stuckmarmor, um 1720–30. Auf dem Deckel Figur des hl. Erhard und Engel mit Symbolen der christlichen Tugenden. – Im südlichen Nebenchor Taufstein, um 1300, gebuckelter Bronzekessel mit umlaufender Inschrift und Reliefs von Köpfen und kleinen Büsten. Sockel aus Stein. – Reich geschnitztes Chorgestühl und Stuhlwangen um 1720/30. – Orgelprospekt geschnitzt, von musizierenden Engeln bekrönt, um 1720/30 mit Wappen der Katharina H. von Aham.

Bronzegruppe: Kruzifix mit Maria Magdalena, gestiftet von Äbtissin M. von Salis anstelle eines Epitaphs, nach 1625 entstanden, *Georg Petel* zugeschrieben, ein Hauptwerk frühbarocker Plastik. Die lebensgroßen Figuren, einst frei im Raum auf dem Kreuzaltar unter dem Chorbogen aufgestellt, könnten bei der Versetzung an die Chorwand im 19. Jh. in ihrer Zuordnung verändert worden sein. Magdalena scheint eher für Frontalansicht entworfen, seitlich neben dem Kreuzesstamm kniend. – Steinbildwerke. An der Südwand des Hauptchores gekrönte Muttergottes mit seitlich gehaltenem, in den herabfallenden Schleier gehüllten Kind. Von Dehio als beste Regensburger Arbeit des mittleren 14. Jh. eingestuft. Neuerdings um 1310 angesetzt in Verbindung mit den Figuren am westlichen Portal des südlichen Seitenschiffs von St. Sebald in Nürnberg. – Marientod, monumentales Hochrelief aus dem 3. Viertel des 15. Jh. Als Brüstung in das südliche Oratorium eingebaut, ähnlich den Reliefs am Ursulaaltar im ▷ Dom. – Verspottung Christi, Relief an der südlichen Chorwand, um 1600. –

Gemälde. Im nördlichen Seitenchor vielteiliger Bildzyklus der Erhardslegende, um 1620. – An der Westwand Mariae Tempelgang von *Georg Christoph Einmardt,* sign. und dat. 1643. – In der Vorhalle Anbetung der Könige von *Johann Paul Schwendter,* sign. und dat. 1630.

Grabdenkmäler. – Im Inneren der Kirche sowie in der Vorhalle zahlreiche Grabplatten und Epitaphien (meist Rotmarmor) der Äbtissinnen und Stiftsdamen, daneben auch von Beamten der Verwaltung sowie von Bürgern der Freien Reichsstadt, 15.–19. Jh. – In der Vorhalle im 19. Jh. erhoben und längs den Wänden aufgestellt. Epitaph für den Klosterkastner Philipp Reunheller († 1603), mit Brustbildnis in Relief. – Grabplatte für die Chor- und Kapitelfrau Magdalena von Kürmreut († 1612). – Grabplatte der Stiftsdame Martha von Dachsberg († 1545). – Grabplatte der Äbtissin Anna Maria von Salis († 1652). – Grabplatte der Äbtissin Agnes Nothaft († 1520). – Kircheninneres: im nördlichen Nebenchor Grabplatte der Äbtissin Ottilia von Absberg († 1472); unter der Westempore neben dem Portal Tumba der Stifterin Judith († 955), Gemahlin Herzog Heinrichs I. von Bayern, errichtet 1631 von der Äbtissin Maria von Salis, *Johann Wilhelm* aus Regensburg zugeschrieben. Über monumentalem Rotmarmorsarkophag die Stifterin mit Kirchenmodell, eine barocke Skulptur im Typus mittelalterlicher Tumbafiguren.

Kriegergedächtniskapelle. 1305 als Heilig-Grab-Kapelle gestiftet, südlich der Vorhalle. Kreuzrippengewölbe mit Schlußstein von 1627. – An der Ostwand hölzerne Kreuzigungsgruppe um 1320, alte Fassung freigelegt und retuschiert.

Sakristei auf der Südseite des rechten Nebenchors, mit diesem durch ein kleeblattförmiges romanisches Fenster in giebelförmiger Blende verbunden. Urspr. ein doppelgeschossiger Rechteckraum, barock verändert.

Kreuzgang (Teil der bischöflichen Residenz, nicht zugänglich). Erhalten sind sechs Joche des Südflügels, kreuzrippengewölbt, vier davon mit romanischer Fensterarkatur.

Stiftsgebäude (seit 1821 bischöfliche Residenz und Ordinariat). Nördlich an die Kirche anschließende T-förmige, von Baumeister *Franz Beer* umgestaltete Anlage. – Stuckdecken in den Gängen des Nordflügels (nach 1720), möglicherweise von *Peter Franz Appiani.*

Kath. Kirche St. Nikolaus in Regensburg-Reinhausen (Obere Regenstr. 27). Am Regen gelegene romanische Chorturmkirche. 1754 verändert und nach Westen verlängert. Halbkreisförmige romanische Apsis, einschiffiges flachgedecktes Langhaus. – Hochaltar, gute Arbeit um 1670–80, Knorpelwerkschnitzerei, Engelsfiguren auf dem Sprenggiebel. Im Auszug Muttergottes, spätgotische Schnitzfigur, neu gefaßt. Seitenaltäre um 1720/30. – Epitaphien des frühen und mittleren 17. Jh., in zwei typischen Ausführungen: mit Kreuzigung und Auferstehung Christi. – Am Außenbau Steinfigur des hl. Nikolaus, interessante gotische Skulptur aus dem Umkreis der Regensburger Dombauhütte, um 1360.

Kath. Pfarrkirche St. Nikolaus in Regensburg-Winzer (Winzersteig 3). In beherrschender Lage über der Donau, urspr. nahe einem im 12. Jh. bezeugten Edelsitz. Von der romanischen Chorturmanlage nur noch die seitlichen Langhausmauern erhalten, nachdem 1937 der romanische Turm wegen Baufälligkeit abgetragen werden mußte; Neubau in den alten Formen. 1905 nach Westen, um Querschiff und neuen Chor erweitert. – Hauptaltar des ausgehenden 19. Jh. nach Entwurf von Domvikar *Georg Dengler* aus Regensburg. Seitenaltäre 3. Viertel 18. Jh., zugeschrieben *Simon Sorg*. Gute Schnitzfiguren: Maria Immaculata und hl. Katharina.
Nahe der Kirche Ruine eines gotischen Quellhauses, 1491 dat., mit Wappen der Abtei St. Emmeram und des Abtes Johannes Tegernbeck.

Ev. Kirche St. Oswald (Weißgerbergraben 1). Am ehem. Weinmarkt, zur Donau hin aus der Häuserflucht vorgerückt, nördlicher Abschluß des bereits im 13. Jh. bebauten Straßengevierts zwischen Weißgerbergraben und Engelburgergasse. Nahe der ehem. Arnulfinischen Stadtmauer, wo schon in römischer Zeit eine Schiffslände bestand, ist ein Vorgängerbau der gotischen Kirche anzunehmen. – 1307 als Spital für 12 Pfründnerinnen gestiftet. Die Stiftung wohl aus einem ehem. Patrizierhof hervorgegangen; darauf deuten der angrenzende romanische Hausturm (▷ Engelburgergasse 2) wie auch die Lage des urspr. Kircheneingangs im Nordosten des Langhauses. Stifterwappen von Friedrich Auer und Karl Prager am Chor. Neubau der Kirche vermutlich Anfang des 14. Jh. mit Spitalräumen im Westen. Diese 1604 zur Verlängerung des Langhauses abgebrochen. – Die Kirche war den seit 1290 hier angesiedelten Karmeliten überlassen, bis zu deren Wegzug nach Straubing 1367. Seit 1553 protestantisch. Renovierung und Barockisierung 1708, Künstler unbekannt. Treppenhausanbau 1750. Westliche Vorhalle und Dachreiter 1908 nach Entwurf von *German Bestelmeyer*. Restaurierungen 1907 und 1953/54. 1985/86 gründliche Außeninstandsetzung, seit 1988 Innenrestaurierung.
Äußeres. – Typische, im Straßenbild betonte Ostpartie. Der zu Fünfachtel schließende, eingezogene Chor zeigt mit kubischen Streben und Maßwerkfenstern die Formen der Hochgotik klar und knapp. Urspr. steiler über gewölbtem Untergeschoß; Straßenniveau beträchtlich angehoben. – Hohes, auch über dem Langhaus in gleicher Firsthöhe durchgezogenes Satteldach. Reich profiliertes Portal aus der Erbauungszeit an der nordöstlichen Stirnseite des Langhauses, seit dem 18. Jh. im Treppenhaus. – Hauptportal an der Westseite von 1604, dem gotischen Bau formal angeglichen wie die Maßwerkfenster im westlichen Langhaus. – Das Innere ist geprägt durch den Gegensatz von hochgotischem Sanktuarium und barockisiertem Emporensaal.

Die Dekoration des Langhauses aus Malerei und Stuck umfaßt ein protestantisches Programm. An zentraler Stelle Inschrift „Das Wort des Herrn bleibt in Ewigkeit", gestützt von stuckierten Engeln. Altes und Neues Testament sind das Thema nicht nur der Decke in der Gegenüberstellung Moses und Christus. Auch die seitlichen Plafond- und Hohlkehlenbilder sind antithetisch ausgewählt, z.B. Sintflut und Taufe Christi. Darstellungen an dem Emporenbrüstungen illustrieren unter pietistisch-erbaulichen Titeln das heilsgeschichtliche Konzept von Sünde, Anfechtung und Erlösung. Außer Petrus und Paulus kommen weder Heilige noch Maria vor, stattdessen, neben Christus und Darstellungen der Sakramente, vorwiegend alttestamentarische Figuren. Auf das Wort Gottes bezogen sind auch die Stuckreliefs der vier Evangelisten an der Decke und die Freifigur des Engels am Chorbogen. Akanthusrankenstuck, im Chorgewölbe gemalt. – Ausstattung. – Altar, geschnitzter Holzaufbau mit Uhr im Auszug, um 1708. Altarblatt und Predella 1604 von *Isaac Schwendter:* Kreuzigung Christi, im Sockel drei Präfigurationen des Opfertodes Christi. – Ebenfalls aus der ersten protestantischen Umgestaltung von 1604 sind erhalten: die Kanzel und das Gestühl in der evangelisch-reichsstädtischen Anordnung. – Prächtiger geschnitzter Orgelprospekt von 1750. Das hochbedeutende Orgelwerk ist das einzig erhaltene des Regensburger Orgelbauers *Franz Jakob Späth.*

Kath. Kirche Unserer Lieben Frau in Regensburg-Irl. Alte Marienwallfahrtsstätte, 1584 vom Regensburger Domkapitel restauriert (Inschriftentafel über dem Portal). 1759 nach abermaliger Erneuerung konsekriert. – Kleine barocke Saalkirche. Eingezogener querrechteckiger Chor, kreuzgratgewölbt. Flachgedeckter Saal, an der Chorwand abgerundet. Von dem mittelalterlichen Vorgängerbau vermutlich die Westwand erhalten. – Bescheidenes Deckenbild Himmelfahrt Mariens. Gemälde an der Westempore: Verkündigung, Geburt Christi und Anbetung der Könige. – Gefällige Rokokoausstattung: rechter Seitenaltar dem hl. Johannes von Nepomuk geweiht, eine Stiftung des Grafen Lerchenfeld von 1759. Im Hochaltar Holzfigur der Muttergottes, wohl 15.Jh., verändert. Altarblatt links, Tod des hl. Franz Xaver – Kanzel im geläufigen Typus mit Reliefs Christi als Sämann und des Guten Hirten.

★ **Kath. Pfarrkirche St. Wolfgang** (Bischof-Wittmann-Str. 26). Von *Dominikus Böhm;* bereits 1930/31 erste Pläne für einen Zentralbau. 1936 dritter Entwurf, jedoch erst nach verordneter Änderung der Stützenkonstruktion 1937 Bauerlaubnis. Grundsteinlegung 1938, Weihe 1940. Kriegsbeschädigt 1944. Wiederhergestellt 1946–48 durch den Regensburger Architekten *Hans Beckers* unter Mitwirkung von *Gottfried Böhm.* – Städtebaulich herausgehoben auf der Anhöhe von Kumpfmühl, in Kreuzform von großartigem Ausmaß. In der Stadtsilhouette als Gegenpol zum gotischen Dom entworfen. Kubische, gleichhohe Kreuzarme mit Satteldach, kleiner Dachreiter. An allen vier Giebelseiten monumentale Fensterrosen. Im Westen niedere Seitenschiffe und Vorhalle in Breite der Querarme. Außenhaut verputzt, durch waagrechte Quaderschichten belebt. Über dem Hauptportal quaderverblendeter Glockenturm. – Flachgedeckter kreuzförmiger Raum von gesteigerter Proportion, äußerst nüchtern. Der westliche Kreuzflügel und der Querflügel in mächtigen Parabolbögen gegen die Seitenschiffe und die Vorhalle geöffnet. – Farbige Glasfenster von *Dominikus Böhm,* die der Bußkapelle 1947/48 von *Dominikus* und *Gottfried Böhm.* Dort auch Bronzefigur des büßenden Petrus von *Gottfried Böhm.* Übrige Ausstattung: überwiegend Nachgüsse, bzw. Nachbildungen mittelalterlicher Bildwerke.

Profanierte Kirchen und Klöster

★ **Ehem. Minoritenkloster und Kirche St. Salvator, jetzt Museum der Stadt Regensburg** (Dachauplatz 2–4).

Klostergeschichte

Seit 1221 ist der Minoritenorden in Regensburg ansässig. 1226 Überlassung der Salvatorkapelle, an der Stelle des späteren Klosterbereichs. Schenkungen waren die Voraussetzung für die Errichtung der Kirche, die vermutlich nach der Mitte des 13. Jh. entstand. Konventbauten um zwei Kreuzgänge, wie im Franziskanerkloster in Landshut. Bauzeit bis in das späte 15. Jh. 1542–51 im Besitz der ev. Reichsstadt, danach bis 1803 wieder dem Orden gehörend. Nach 1810 Kaserne. Nach 1824 teilweise Zerstörung des kleinen und großen Kreuzgangs; die Grabmäler verkauft oder zerstört. – Seit 1931 städtischer Besitz. 1933–36 Restaurierung und Umbauten. Die Kirche, die angrenzenden Kapellen, die erhaltenen Teile der Kreuzgänge und des Klosters beherbergen seitdem das Museum der Stadt Regensburg.

Lage

Außerhalb der römischen Stadtmauer in der – bei Gründung noch unbefestigten – nahezu kirchenlosen Ostnerwacht auf altem Königs- und Herzogsgut. Im Stadtbild ein Gegenpol zu der ebenfalls überragend bemessenen Dominikanerkirche St. Blasius.

Kirche

Zur Baugeschichte sind keine Daten überliefert. Aus stilistischem Vergleich mit der ersten Bauphase des gotischen Domes (südlicher Nebenchor und unterer Teil des südlichen Querhauses) vermutlicher Baubeginn um 1260/70, wohl rasche Fertigstellung bis in die 1270er Jahre. Neubau des Chores im zweiten Drittel 14. Jh. Wölbung des Lettners zweite Hälfte 15. Jh. Reparaturen und Veränderungen 1585, 1647, 1724 und 1735. Nach 1810 als Mauthalle, Militärmagazin, Hotelgarage usw. zweckentfremdet. 1944 bombenbeschädigt, zerstört

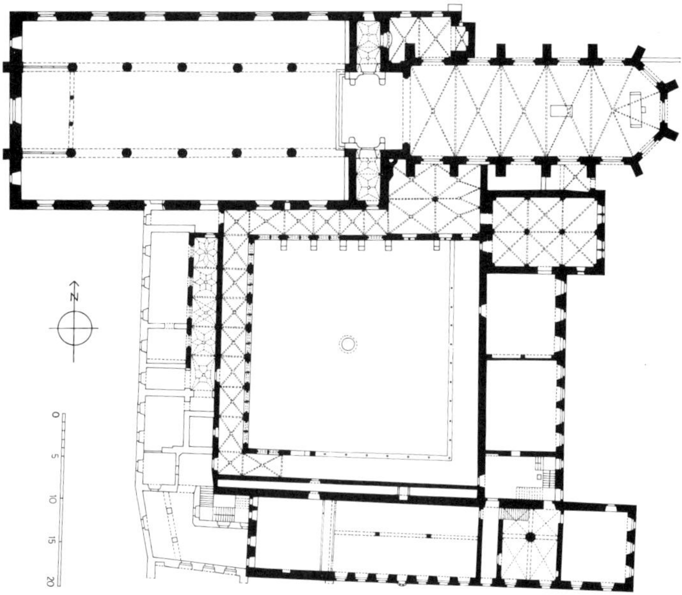

Regensburg, ehem. Minoritenkloster und Kirche St. Salvator, heute Museum der Stadt Regensburg

die Barockdecken im Langhaus (durch einfache Holzbalkendecken ersetzt). Restaurierungen 1951 und seit 1975.
Neben der Dominikanerkirche die größte Bettelordenskirche Süddeutschlands, gemäß den Bauvorschriften des Ordens nicht aufwendig, jedoch großartig bemessen. Klar gegliedert und bis ins Detail gestaltet. – Äußeres. Langgestreckte, hoch aufragende dreischiffige Basilika mit einschiffigem steilem Langchor. Langhaus aus dünnschichtigem Bruchsteinmauerwerk, verschlämmt. Gewände, Gesimse und Gebäudekanten in Haustein. Hingegen der Chor mit Strebepfeilern und sechseckigem Dachreiter über dem Westgiebel vollständig aus Kalksteinquaderwerk. – Schlichte Westfassade in basilikalem Aufbau, durch Strebepfeiler unterteilt. Ehemals drei Eingänge, das Hauptportal einmal gestuft, mit Ecksäulchen und reich profilierten Bogenläufen. – Das Innere besteht aus abgestimmten Raumteilen zweier Bauphasen. Nur der Chor gemäß der Ordensregel gewölbt, wenig breiter und höher als das Mittelschiff, vier Joche tief im Fünfachtelschluß. Die

Umfassungswände aufgelöst in großflächige, dreigeteilte Maßwerkfenster. Urspr. prachtvolle Glasmalerei um 1360/70 (Fragmente davon heute im Museum der Stadt Regensburg, vor allem aber im Bayerischen Nationalmuseum München). Kreuzrippengewölbe; die birnstabförmigen Rippen und Gurte laufen als Dienste ohne Unterbrechung an den Seitenwänden herab, sind eingeschliffen in das Kaffgesims der Fenstersohlbänke, das in Untersicht skulptiertes Blattwerk zeigt, außer den Schlußsteinen die einzige Bauplastik im Chor. Spitzbogiger, beidseitig gekehlter Chorbogen. – Flachgedecktes basilikales Langhaus, urspr. wahrscheinlich mit offenem Dachstuhl über allen drei Schiffen. Das Mittelschiff, doppelt so hoch wie breit, öffnet sich in spitzbogigen Pfeilerarkaden zu den halb so hohen Seitenschiffen. Sechs weite Achsen und eine schmälere für den Lettner. Mit Rundpfeilern, ungegliederten glatten Obergadenwänden und hoch ansetzenden Fenstern steht das Langhaus in der Tradition der Schottenkirche ▷ St. Jakob. Für die hochgotische Raumkonzeption, nach der Chor und Langhaus im 14. Jh. zu einer Einheit zusammengeschlossen wurden, war die Dominikanerkirche maßgebliches Vorbild. Hochgotische Einzelformen enthält bereits das Langhaus: Rundpfeiler mit flachen zerfließenden Basen auf hohen Achtecksockeln; niedrige Kelchkapitelle mit Achteckkämpfern; abgetreppte, an den Kanten gefaste Archivolten. Großflächige Maßwerkfenster: dreibahnig mit gestaffelten Spitzbögen und teils offenen, teils geschlossenen Zwickeln im Obergaden, mit Nasengliederung in den Seitenschiffen. – Erhalten sind Teilstücke des spätgotischen Lettners, der 1724 im Mittelschiff abgebrochen und in den Seitenschiffen zu Kanzeln barock ummantelt wurde. Sternrippengewölbte Joche, im nördlichen Teil Schlußstein mit Zunftwappen der Bäcker. – Wandmalerei, freigelegt und konserviert, ohne Ergänzung des Originalbestandes. Im Chor unterscheiden sich insgesamt drei Fassungen: Apostelkreuze, um 1360/70, Halbfigurendarstellungen in Konturenmalerei. – Zwischen den Fenstern stehende Heiligenfiguren, 1499 dat. Aus der gleichen Zeit im Chorscheitel Nischenbild, Pietà mit Engeln, Architektur- und Rankenmalerei. – Über dem Chorbogen innen Wappen des Bischofs Albert von Törring, dat. 1647 (bezogen auf eine Renovierung). – Langhausobergaden: Heilige und Stifterfiguren unter Baldachinrahmung, Ende 15. Jh.; Dekoration der Arkadenbögen im Knorpelstil von 1592–94. An der nördlichen Langhauswand Schwalbennestorgel von 1989, rekonstruiert nach einem Entwurf von *Caspar Sturm,* 1583. – Ehem. Weintingerkapelle an der Nordseite des Chores. Stiftung um 1270/80. Nach Errichtung des Chorbaus mit eingreifendem Strebepfeiler neugewölbt unter Wiederverwendung gliedernder und bauplastischer Teile. Eingezogenes Rechteckchörlein und Kreuzrippengewölbe in zwei Jochen. Skulptierte Schlußsteine und Laubwerkkonsolen. – Ehem. Onophriuskapelle an der Chorsüdseite, zugänglich vom Kreuzgang. Möglicherweise hervorgegangen aus dem Kapitelsaal, 1272 als Begräbnisstätte des Bruders Berthold von Regensburg erwähnt, erweitert um 1300, zu Beginn des 15. Jh. Gewöl-

be höher gesetzt, mit teilw. wiederverwendeten Rippen. Zweischiffiger Einstützenraum von zwei Jochen. Die Kehlrippen laufen an den Wänden ohne Stütze spitz zusammen, desgleichen auf dem achteckigen Mittelpfeiler.
Ehem. Kloster. – Kreuzgänge. Ostflügel des kleinen und Nord- und Westflügel des großen erhalten. – Großer Kreuzgang: Anfang 15. Jh., laut Wappenstein von Werkmeister *Thomas Schmuck*, nachweisbar im ▷ Kreuzgang der Dominikanerkirche. Kreuzrippengewölbe mit doppelt ausgekehlten Rippen über Polygonkonsolen; zweibahnige Maßwerkfenster in paarweiser Anordnung. – Kleiner Kreuzgang von 1461–63, fünf Joche erhalten, das 6. (nördliche) Joch in den 1930er Jahren erneuert. Sternrippengewölbe mit Resten spätgotischer Fassung: Engel und Inschriften des Te Deum. An den Schlußsteinen Familienwappen. Portal zur Kirche, versetzt, aus der abgebrochenen Augustinerkirche, um 1275. – Ehem. Sakristei südlich des Chors, erbaut um 1300. Zweischiffig zu drei kreuzrippengewölbten Jochen auf achteckigen Freipfeilern. – Ehem. Paulsdorffer-Kapelle, vor 1299 als Grablege erbaut, durchgreifend verändert im ausgehenden 16. Jh. Ein Saal mit kassettierter Holzdecke, Rollwerkbemalung. In der Südwand, museal eingebaut, romanische Fensterarkaden vom ehem. Salzburger Hof.

Ehem. adeliges Damenstift Obermünster, jetzt Diözesanzentrum (Obermünsterplatz 6/7), **Bischöfliches Zentralarchiv** (St. Petersweg 11) und **Diözesanmuseum** (An der Hülling 1).

Geschichte des Stifts

Der ehem., noch heute eingefriedete Stiftsbereich stammt mit der Ruine der Stiftskirche und dem erhaltenen Campanile aus dem Mittelalter. Das Reichsstift konkurrierte über annähernd 1000 Jahre hinweg mit dem rangmäßig gleichgestellten Stift ▷ Niedermünster. – Entstehungsgeschichte ungeklärt, Gründung wohl von St. Emmeram aus. Im 8. Jh. bereits nachgewiesen, bis 833 bischöfliches Eigentum. In diesem Jahr tauschte König Ludwig der Deutsche auf Wunsch seiner Gemahlin Hemma das Stift gegen das Kloster Mondsee ein und erhob es zum königlichen Stift. Hemma selbst wurde die erste Äbtissin († 876). Nach Brand 1002 wurde die Kirche durch Kaiser Heinrich II. als Reichsstift neu errichtet, 1010 Konsekration.
Stiftsgebäude mit dem nach Norden winkelförmigen Hauptgebäude, Vorhof und seitlichem Wirtschaftshof aus dem 17./18. Jh. Entscheidender Umbau des Hauptgebäudes 1784–99 unter der letzten Äbtissin Maria Josepha Felicitas von Neuenstein († 1822). Nach 1806 Säkularisation, die Äbtissin blieb aber bis zu ihrem Tod im Besitz der Gebäude. Seit 1822 Klerikalseminar, seit 1882 bischöfliches Knabenseminar. Bauliche Erweiterung nach Süden 1929/30. 1945 Kriegszerstörung der Kirche. 1968–74 grundlegende Sanierung, Umbauten

und Neubauten mit Einrichtung des Bischöflichen Zentralarchivs, der Bischöflichen Zentralbibliothek und des Diözesanzentrums Obermünster. 1977–79 Sanierung der barocken Ökonomiegebäude im Südwesten und Einrichtung als Depot- und Ausstellungsgebäude des Diözesanmuseums.

Ehem. Stiftskirche

Seit Luftangriff 1945 Ruine. – Von der dreischiffigen Pfeilerbasilika, die wohl zum größten Teil dem Neubau des frühen 11. Jh. zuzurechnen war, sind nur noch Reste der Umfassungsmauern erhalten. Vom Westquerhaus wurden Viererarkaden mit Pyramidenkapitellen, um 1010, freigelegt und rekonstruiert. Fragmente des gotischen Nordportals (wohl 1309) und des eingezogenen Westchors mit Spuren barocker Ausmalung und Stuck. Die Kirche wurde 1704 umorientiert. Von der urspr. dem Nordportal vorgelagerten, ottonischen Vorhalle ist ein Teil der Westmauer mit vermauerten Arkaden vorhanden, frühes Würfelkapitell um 1020.
Die über den Krieg geretteten bedeutenden Grabdenkmäler des Stifts sind im Gelände der Ruine und im Untergeschoß des Bibliotheksbaus aufgestellt. Südlich des Westquerhauses: Ölbergrelief der Runtinger und Hauzenberg (?), Anfang 15. Jh. – Gleichzeitig Tumba in Form eines halbierten Reliquienschreines für Matthäus Runtinger († 1407) und seine Gemahlin Margareta, mit Relief der Auferstehung Christi. – Grabplatte der Seniorin Susanne Hauzenberger († 1633). – Im Bibliotheksmagazin (nicht zugänglich) etwa 20 Grabplatten, bemerkenswert darunter die figürlichen Reliefplatten aus Rotmarmor der Äbtissinnen Barbara von Absberg († 1456), Kunigunde von Egloffstein († 1479), Katharina von Redwitz († 1533), Barbara von Sandizell († 1564) sowie Elisabeth Sinzenhofer († 1543) von Meister *Leonhard Sinniger*.

Mercherdachkapelle

Benannt nach dem irischen Mönch, der hier als Incluse lebte († 1075). Um 1200 nördlich der Ostapsis errichtet mit Verbindung zum Seitenschiff. Nach Kriegsbeschädigung als freistehende Kapelle 1974/75 verändert wieder aufgebaut. Einbezogen wurde ein Kreuzrippengewölbe des 14. Jh. aus der abgegangenen Josephskapelle über in situ vorhandenen frühgotischen Säulchen mit Laubwerkkapitellen. – Steinbildwerke. – Grabstein des sel. Mercherdach, Sandstein mit Konturenzeichnung, Mitte 14. Jh. – Stifterrelief um 1500 mit Darstellung der Auferstehung Christi. – Epitaph des belgischen Reichstagsabgeordneten Ludwig von La Neuveforge († 1697). Inschriftentafel mit Ädikula, seitlich Caritas und Patientia.

Campanile

Im Norden der Basilika. Romanischer Turm über quadratischem Grundriß. Untergeschoß aus ungewöhnlich großen Kalksteinquadern (Höhe bis 0,65 m, Länge bis über 1 m). Möglicherweise römisches Material (die Kastellmauer durchquerte das Stiftsareal). An der Südseite rundbogiges Hausteinportal. Kämpferplatten mit Rankenornament bzw. Rundbogenfries, wohl 1. Hälfte 12. Jh. – Im weiteren Aufbau hammerrechtes Schichtmauerwerk mit Eckquaderung, Blendbogenfries über Lisenen in zwei Geschossen, nach Westen Kopfkonsolen. Rundbogige Schallöffnungen, umlaufendes Kämpfergesims, Zeltdach. Sanierung mit konservierendem Verputz der Mauerflächen und Erneuerung der Dachkonstruktion 1974.

Hauptstiftsgebäude

Errichtet 1784–99 nach Plänen von *Christoph Thomas Wolf* aus Stadtamhof. Letztes Stiftsgebäude in Regensburg. In der klassizistischen Anlage stecken mittelalterliche Reste der ehem. Pfarrkirche St. Dionys (unzugänglich). Von der Mehrflügelanlage um einen Innenhof stammt nur der L-förmige Komplex nordwestlich der Kirchenruine aus dem 18. Jh. (verändert 1930 und 1972/74). In der Fassade nach Norden und Süden korbbogige Portale, geschnitztes Türblatt (vereinfacht) mit Medaillons von Stiftbildhauer *Christoph Ittelsberger*. Schmiedeeiserne Oberlicht- und Fenstergitter. – Geräumiges frühklassizistisches Treppenhaus, kreuzgratgewölbt über dem Treppenanstieg. Im Hauptgeschoß großzügige Diele. – Zur ehem. Sakristei spätgotisches Portal. – Im Vorraum aufgestellt Steinbildwerke aus der ehem. Stiftskirche: zwei große Sandsteinreliefs übereinander, das untere mit Darstellung des Marientodes, rechts die Stifterin, eine Chorfrau mit Wappen der Zenger, um 1470/80; darüber Relief „Christus am Ölberg" mit Wappen der Streitberg und der Habsberg (?), um 1500. – Fragment einer Vespergruppe von *Hans Wilhelm*, 1622.

Ökonomiegebäude

1977–79 zum Diözesanmuseum ausgebaut. Langer, mehrfach abgewinkelter Bau unter steilem Dach. Traufseitig angeordnet zwei Aufzugserker, dat. 1697. Im Kern vermutlich 15. Jh. Zweischiffige Pfeilerhallen, ehem. Stallungen. Der Schüttbogen darüber modern ausgebaut. Bemerkenswerter Hängedachstuhl, zweigeschossige seltene Konstruktion mit Windenbäumen.

Eremitage

Aus dem Klostergarten von ⊳ St. Klara (urspr. Kapuzinerkloster) in der Ostengasse 1975 transloziert, heute südöstlich der Mercherdach-Kapelle aufgestellt. Seltenes Beispiel dieses, seit dem 17. Jh. im höfischen, wie auch im klösterlichen Bereich beliebten Bautypus. Die 1712 von Weihbischof Albert Ernst Graf von Wartenberg für die Kapuziner gestiftete Eremitage ist eine annähernd quadratische, kleine basilikale Anlage. In Holzkonstruktion mit Walmdach und rustikaartiger Fassadengliederung. – Innenraum vom Kapuzinerbruder *Lucius* aus Baumrinden und Wurzelhölzern gestaltet. Im Osten Schauwand mit geschnitztem Kruzifixus. In höhlenartig ausgebildeten Seitenschiffen lebensgroße kniende, mit Stoffgewändern bekleidete Figuren von hll. Büßern und Ordensgründern. Auf der kleinen Galerie über dem Portal: hl. Franziskus, seitlich Schnitzfiguren der vier Weltteile. Restaurierungen 1739 und 1975.

Ehem. Pfarrkirche St. Peter und Paul, jetzt Gaststätte und Brauereimuseum (Erhardigasse 9 und 9a). – Erste Erwähnung der ehem. Pfarrkirche von Niedermünster 1238. Der Kirchenbau wohl aus dieser Zeit (2. Viertel 13. Jh.). Das Chorgewölbe wurde 1510 erneuert (dat.), das urspr. flachgedeckte Langhaus Mitte 17. Jh. gewölbt und barockisiert. Nach der Säkularisation Nutzung der Kirche als Lager, 1840 Verlagsmagazin. Einbau einer dreigeschossigen Holzkonstruktion. Seit 1977 Gaststätte und Brauereimuseum. – Der eingezogene Rechteckchor (erst seit dem Durchbruch der D.-Martin-Luther-Straße sichtbar) überragt die römische Stadtmauer und wurde im Unterbau 1965 für eine Fußgängerpassage ausgehöhlt. Bruchsteinmauerwerk mit Eckquaderung, abgetreppte Strebepfeiler, barockes Walmdach, zugesetztes Spitzbogenfenster nach Osten mit Hausteingewänden und Maßwerk (vgl. das große Mittelfenster in der Ostwand der ▷ Ulrichskirche). Südseitig zwischen Schiff und Chor quadratischer frühgotischer Glockenturm mit Pyramidendach. Schallöffnungen in Form von Biforien, die Trennsäulchen haben Kelchkapitelle. – Inneres. – Im Kern ein frühgotischer Chor, kreuzrippengewölbt. Im Osten Eckpfeiler mit Laubwerkkapitellen. Spitzbogiger Chorbogen über skulptierten Blattwerkkonsolen. Im Schlußstein Petrusbüste, dat. 1510, ergänzt durch gemalte Stifterinschrift. – Einschiffiges barockisiertes Langhaus, Stichkappentonnengewölbe über gekuppelten toskanischen Pilastern. Fragmentarisch erhalten die hölzerne Westempore mit Balustersäulen und bemalter Brüstung.

★ **Ehem. Dompfarrkirche St. Ulrich, jetzt Diözesanmuseum** (Domplatz 2). St. Ulrich gilt als einer der wichtigsten Bauten der Frühgotik in Süddeutschland. Der komplizierte ungewöhnliche Raum, für den Baunachrichten fehlen, ist in seiner urspr. Funktion ungesichert. Stilistische Zusammenhänge der Bauplastik mit dem Nordflügel des Kreuzgangs von St. Emmeram legen eine Entstehungszeit ab etwa 1225 bis um 1240 nahe. Die qualitätvolle, fortschrittliche bauplastische Ausbildung weist auf nordfranzösischen Einfluß (Laon, Chartres und Paris). „Die Anlage ist jedoch völlig selbständig auf die örtlichen Verhältnisse hin erfunden." (Dehio).

Erste urkundliche Erwähnung 1263 als Dompfarrkirche, sicher nicht die urspr. geplante Nutzung. 1612 wurde die Kirche von den Minoriten übernommen. 1688 Renovierung mit Einbruch von ovalen Fenstern und Ersatz der mittelalterlichen Vorhalle. 1824 Profanierung, 1859 Abbruch von Turm und barocker Vorhalle. 1880–1936 Museum für die Sammlungen des Historischen Vereins von Oberpfalz und Regensburg. – 1903 Restaurierung und teilweise Freilegung der Wandmalerei von 1571. Statische Sicherung um 1960/62. 1964–68 während der Ausgrabungen in Niedermünster Nutzung als Dompfarrkirche. 1973 Ausgrabungen und anschließend Gesamtrestaurierung außen wie innen bis 1984. Altarweihe und Eröffnung als Diözesanmuseum St. Ulrich 1986.
Die Kirche liegt unmittelbar westlich des zur ▷ ehem. Herzogspfalz gehörenden Wohnturms („Römerturm") und anderer herzoglicher Gebäude sowie südlich des damals noch stehenden karolingisch-ottonischen Doms. – Bauherr war vermutlich der bayerische Herzog Ludwig I., der Kelheimer. Eine doppelgeschossige Anlage ohne Turm (so das Ergebnis der Grabungen) war zunächst geplant, wahrscheinlich als Hofkirche mit Gerichtsstätte im westlichen Eingangsbereich. Aus ungeklärten Gründen (vermutlich Änderung der politischen Machtverhältnisse) geschah während der Bauzeit ein Plan- und Funktionswechsel. Der Bau wurde als Emporenkirche mit durchgehendem Mittelraum, westlicher Vorhalle und Glockenturm in der Südwestecke (vermutlich vor 1263) vollendet und als Dompfarrkirche genutzt.
Äußeres. – St. Ulrich hat einen basilikalen Aufbau über rechteckigem Grundriß, ohne ausgeschiedenen Chor. Wände aus geschichtetem Kalkbruchstein. Konstruktive Elemente und einzelne Partien aus Haustein, urspr. wohl verputzt. – Der kubische Baukörper wird durch Strebewerk gegliedert, das dreiseitig, entsprechend der inneren Joch- und Schiffseinteilung, hervortritt. An den Langfassaden laufen die Streben über Dach der Seitenschiffe als Quermauern an das Hauptschiff an. Dazwischen sind, als Mauerblenden, die Schildbogen der (z. T. nicht ausgeführten) Gewölbekonstruktion sichtbar. Die Seitenschiffe haben Emporengeschoßgliederung. Beidseitig Treppentürmchen anstelle des dritten östlichen Strebepfeilers, ohne Zugang von außen. – Die Westfassade (seit 1859 ohne Vorhalle) ist breiter als hoch, zweigeschossig mit dreigeteiltem übergiebeltem Mittelteil. Die seitlichen scheibenartigen Strebewände bildeten urspr. die Rückwände der mit Pultdach abschließenden Vorhalle. – Strebepfeiler in rhythmisierten Abständen übertragen die fünfschiffige Einteilung nach außen. Spitz- und rundbogige Mauerblenden bezeichnen die Hallenwölbung der Westempore. – Im Mittelfeld zwölfteilige Fensterrose nach dem Vorbild von Laon (Westfassade der Kathedrale um 1190); darunter zwei Spitzbogenfenster ohne Maßwerk. Diese Fensterkombination vorgebildet am Langhausobergaden der Kathedrale von Chartres, um 1215. – An der Ostwand – gegen den Pfalzturm – ist die Form dieses sog. Gruppenfensters weiter entwickelt, entsprechend den (um 1220

erneuerten) Obergadenfenstern von Notre-Dame in Paris. Großes Spitzbogenfenster mit Maßwerk, das unter kreisrundem Oculus Lanzettfenster ausbildet, um 1240. – Hauptportal im 19. Jh. vermutlich angehoben. Verändert sind Tympanon (heute Marienrelief des Münchner Bildhauers *Fidelis Schönlaub,* 1859) und Mittelpfeiler, ehem. mit Ulrichsfigur. Breit rundbogig mit doppelstufigem Gewände. Die eingestellten Säulen haben Kelchblattkapitelle mit Akanthus und Eckknospen, Deckplatten mit Blattfries. – Seitenportal (möglicherweise zunächst der Hauptzugang). Rundbogig, einmal gestuftes Gewände. Säulen mit Kelchblattkapitell, Deckplatte mit Blattfries. Im Tympanon urspr. Figurenschmuck: Christus Salvator in Halbfigur, von Engeln emporgetragen. Männliche Kragsturzfiguren.

Inneres. – Die rechteckige, basilikal angelegte, urspr. doppelgeschossig geplante Kirche umfaßt fünf Schiffe ungleicher Breite zu sechs Jochen. Die drei mittleren öffnen sich unter der Flachdecke zu einem hohen Saalraum. Ihn umgeben auf allen Seiten Emporen, im Westen zweijochig vertieft und als Halle ausgebildet. Im Osten ist die Unterwölbung am Hauptaltar unterbrochen (Segmentbogen von 1962). – Runde Schildbogen in der Obergadenwand weisen auf eine urspr. geplante Einwölbung. Eine urspr. projektierte, wohl durchgehend unter- und überwölbte Doppelgeschossigkeit belegen auch ergrabene Fundamente. – In der Konzeption als Doppelkirche wie in der Umformung zur Pfarrkirche ein singulärer Bau, eines der bemerkenswertesten Beispiele für die Entfaltung der frühen Gotik in Deutschland und ihre originelle Umsetzung der französischen Vorbilder. Grund- und Aufriß deuten auf eine noch unzureichend systematisierte Entwurfsmethode. Unregelmäßigkeiten lassen sich teilweise auch als Folge veränderter Planung erklären, beispielsweise der mächtige, für den Glockenturm verstärkte Pfeiler im Südwesten.

Das Untergeschoß hat Kreuzrippengewölbe, im Wechsel rund- und spitzbogig. Gekehlte Bandrippen und -gurte über gedrungenen Achteckpfeilern. Meisterhaft ausgeführte Blatt- und Knospenkapitelle, feingliedrig profilierte Kämpfer. – Besonderheiten der Pfeilerausbildung im westlichen Joch deuten (wie andere Baubefunde auch) auf einen urspr. durch mannshohe Mauerschranken abgetrennten Vorraum. Dieser, zu den Seiten offene, und durch eine polygonale Öffnung mit der Oberkirche verbundene, Eingangsraum sollte vermutlich als Gerichtslaube dienen, zu der Zeit als Herzog und Bischof gemeinsam Stadtherrschaft und Gerichtsbarkeit innehatten. – Die mächtigen Wandpfeilereinzüge im dritten Joch sind ihrer Funktion nach ungeklärt. Sie haben in den Ecken nach Westen ausgerichtete Kopfkonsolen. Ein Motiv, das im Obergeschoß, ebenfalls symmetrisch, in Verbindung mit räumlichen Zäsuren auftritt. Das östliche Joch hat in den Seitenschiffen skulptierte Schlußsteine, hl. Ulrich und Muttergottes, frühes 14. Jh.

Das Obergeschoß ist, seit der statischen Sicherung 1962, durch Anhebung des Bodenniveaus verunklärt und durch Gitterstäbe anstelle der ehemals wohl massiven Emporenbrüstungen verändert. – Die urspr. Oberkirche, die im Mittelteil als dreischiffige Halle geplant war, wird durch den Saalraum unterbrochen. Als eindrucksvolles Raumfragment dieser (vermutlichen) Pfalzkapelle ist die zweijochige Westempore erhalten. Sie ist gegenüber den Seitenschiffen um drei Stufen angehoben. Schlanke Freisäulen mit naturalistischen Blattkapitellen und attischen Basen mit geschwungenen Eckblättern trennen die Hallenschiffe. In der Mitte rundbogige, in den Seiten spitzbogige Kreuzrippengewölbe über Dreiviertelsäulenvorlagen. – Die unterbrochene Halle öffnet sich zum mittleren Saalraum jeweils in gestaffelten Bogenstellungen, rundbogig bis auf die spitzbogige Arkade im mittleren Ostjoch. – Niedere Außenschiffe mit spitzbogigen Kreuzrippengewölben, jedoch runden Schildbogen, über gedrungenen Achteck- und Bündelpfeilern, zum Hauptraum in profilierten, spitzbogigen Scheidarkaden geöffnet. – Ausgezeichnet durch bauplastisches Detail sind die Stirnwände mit gotischen Schmuckfenstern. Die rahmenden Dreiviertelsäulenvorlagen sind mit Schattenfugen versetzt. Auffallend im Osten die symmetrisch angeordneten Kopfkonsolen, zusätzlich paarweise an der Westempore, am Ansatz der seitlichen Bogenöffnungen.

Wandmalerei. Aus der Erbauungszeit um 1240, 1976/77 freigelegt, an der östlichen Stirnwand zuseiten des Maßwerkfensters. Nördlich von oben nach unten: Christus als Pantokrator, Kreuzigung und Predigt des Apostels Andreas, Almosenspende des hl. Nikolaus, Stifterfigur im Zwickel. Südlich monumentale Apostelfigur, vielleicht hl. Jakobus d. Ä. – Expressive, in ihrer Dynamik und dem hinreißenden Schwung der Gesten und Gewänder vorzügliche Wandbilder, Hauptwerke der kaum erhaltenen Regensburger Monumentalmalerei des 13. Jh. – Renaissancemalerei (1571 dat.) im Mittelraum: an der Ostwand Grablegung und Auferstehung Christi, an der Westwand das Jüngste Gericht. – Im Obergaden ein sog. Credozyklus, Apostel mit Schriftbändern. Stifterwappen aus dem Domkapitel. An den unteren Arkadenwänden, über den Schildbogen des Mittelraums und auf den Gewölben der unteren Außenschiffe Rankenmuster, freigelegt und teilweise rekonstruiert. – Gewölbemalerei der Ost- und Westempore, 1. Hälfte 17. Jh. – Ausstattung nicht zur Pfarrkirche gehörig, ausschließlich Museumsbestand.

Stadtbefestigung

Die Befestigung des 179 n. Chr. vollendeten römischen Kastells ist rekonstruierbar. In wichtigen Teilen freigelegt. – Im Rechteckschema mit vier Toren errichtet, hatte das Lager eine Befestigung von annähernd 40 m Tiefe. Sie bestand aus einer knapp 2 m starken Quadermauer, die an der Innenseite mit einem (etwa 10 m breiten) Erdwall hinterschüttet war. Außer Tor- und Ecktürmen gehörten insgesamt 18 Zwischentürme auf quadratischem Grundriß (etwa 8 m breit und 11 m hoch) zur Umgrenzung. Außerhalb der Mauer lag ein 6–7 m

breiter Spitzgraben von annähernd 3 m Tiefe. Zusätzlich ein 16 m breiter Sohlgraben. Der Name „Bachgasse“ mag an diesen Sohlgraben, der Wasser führte, erinnern. Vor den vier Lagertoren bestanden Grabenbrücken.
Fragmentarisch sichtbar ist die Porta Praetoria im Norden. Die – urspr. 8 m hohen – an den Ecken abgerundeten Befestigungsmauern aus geschichteten Quadern sind obertägig am St. Georgenplatz erhalten. Entlang der D.-Martin-Lutherstraße im Verband mit mittelalterlichem Mauerwerk. Freigelegt bis herab zum Sockel am Ernst-Reuter-Platz und im Parkhaus Dachauplatz. Nördlich der Einmündung der Drei-Kronen-Gasse in die D.-Martin-Luther-Straße stand die Porta Principalis dextra. – Im Westen verlief die Römermauer entlang der Wahlenstraße. Bei der Einmündung der Gesandtenstraße in den Neupfarrplatz dürfte sich die Porta Principalis sinistra befunden haben. – Die Südmauer, die das Grundstück des ehem. Obermünsterstifts durchquerte, zeichnet sich im weiteren Verlauf an den Häusern im Fuchsengang ab. Reste der Mauer wie auch der erst 1809 durch Napoleon zerstörten Porta Decumana stecken in den Kellergeschossen.

★ Porta Praetoria

Auch Porta Aquarum genannt, wurde 1885 bei Abbruch des angrenzenden bischöflichen Bräuhauses aufgedeckt und 1887 restauriert. Das Tor diente bis ins 17. Jh. als Zugang zur Innenstadt. Es gehört zusammen mit der wohl gleichzeitigen Porta Nigra in Trier zu den einzigen erhaltenen Römertoren nördlich der Alpen.
Freigelegt sind der östliche Flankenturm mit zwei Geschossen, der westliche Durchfahrtsbogen und ein Rest der an den Westturm anschließenden Mauer. Rekonstruiert wird die Anlage nach Vorbild der Porta Nigra als zweigeschossiges Doppeltor mit halbrund vorspringenden dreigeschossigen Flankentürmen. Bogenfenster durchgehend im ersten Obergeschoß. Eine weitere Fensterreihe in den freistehenden Turmobergeschossen. Die Dachkonstruktion der etwa 20 m hohen Toranlage ist unbekannt. Eine systematische Bearbeitung steht noch aus.

Mittelalterliche Befestigung

Durch Herzog Arnulf von Bayern entstand um 920, nach Abbruch der westlichen Römermauer, eine Befestigung des Kaufmannsviertels. Der Mauerzug schloß das Kloster St. Emmeram mit ein, verlief hinter der Ägidienkirche bis zum Beraiterweg und über den Weißgerbergraben zur Donau. Von dieser ersten nachrömischen Stadtmauer nördlich der Alpen, deren Westtor noch bis 1830 am Ende der Ludwigstraße stand, sind nurmehr Spuren im Stadtgrundriß erhalten.
Zwischen 1284 und 1317 wurden die Vorstadtsiedlungen entlang der Donauuferstraße ummauert. Das Schottenkloster St. Jakob, die

Johanniterkommende St. Leonhard und eine Reihe von Bettelordensklöstern gelangten dadurch in den befestigten Stadtbereich. Landseitig entstanden Tore: das Prebrunntor 1293, das Jakobstor (1301 erstmals erwähnt) und das Ostentor um 1300; die Donaumauer erhielt bis zur Mitte des 14. Jh. fünf neue Tore. Das Brückentor an der ▷ Steinernen Brücke erfuhr bis ins 15. Jh. mehrfach zusätzliche Sicherung. – Eine eigene Befestigung bekam 1322 Stadtamhof.
Ab 1330 ergänzte die Reichsstadt die Stadtmauer durch Zwinger und Graben (1388 auch am Brückenkopf in Stadtamhof). Dieses Sicherungssystem ist im Verlauf der (1789 außen herumgeführten) Karl-Anselm-Allee noch sichtbar, besonders im Bereich des Prebrunntores. Dagegen wurde das Befestigungs- und Bastionärssystem des Dreißigjährigen Kriegs im 18. Jh. eingeebnet. Nach der napoleonischen Zerstörung Abtragung der Donaumauer bis auf wenige Reste. Die 35 mittelalterlichen Befestigungs- und Tortürme wurden bis auf wenige Ausnahmen geschleift. – Erhalten sind einige Mauerabschnitte: am Ägidienplatz mit fünfgeschossigem Turm, am Wiesmeierweg, einbezogen in die Wohnbebauung des 19. Jh. und am Wiedfang. Mittelalterliches Mauerwerk in Ergänzung der Römermauer sichtbar an der D.-Martin-Luther-Straße und am St. Georgenplatz.
Ostentor (Ostengasse 39). – Um 1300 erbaut. Das einzige Stadttor, durch das noch Verkehr fließt. In seiner massigen Baugliederung mit fünfgeschossigem Torturm und niederen Flankentürmen eine der besterhaltenen gotischen Torbefestigungen. Ohne Waffenhof (im 19. Jh. abgebrochen). – Der quadratische Turm hat spitzbogige Toröffnung. Kreuzgewölbe in der Durchfahrt. Inschrifttafel mit Jahreszahl 1330, aus der abgetragenen Zwingermauer hierher versetzt. Stadtseitig in drei Geschossen übereinander Maßwerkfenster. Die Angriffseite mit Schießscharten und Pecherker. – Ausgeformte Treppentürme, achteckig über quadratischem Sockel. Der Übergang stufenförmig mit zinnenartigen Aufsätzen.
Prebrunntor (Herzogpark 1). – 1293 als Nürnberger Tor erbaut. Gotische Inschrifttafel an der Westseite, mit sehr guter Steinskulptur eines drohend von oben herabdrängenden Löwen. 1633/34 zerstört, nur der Torturm wieder aufgebaut. Das Tor blieb mit dem Vortor innerhalb der neu aufgeführten Bastion zugeschüttet. – Viergeschossiger quadratischer Turm mit Zinnen. An der Nordostecke in einem Quader die Jahreszahl 1599. Torbogen tonnengewölbt, darüber nachgotische Rundbogenfenster. Nach Einbau eines Treppenhauses 1955/56 Verwendung als Aussichtsturm.
Brückentorturm siehe ▷ Steinerne Brücke.
Emmeramer Tor (Emmeramsplatz 5/Waffnergasse). – Aus der 2. Hälfte des 13. Jh. Seit 1895 einbezogen in die Parkanlage und baulich verbunden mit dem historistischen Schloß Thurn und Taxis. In Abänderung der mittelalterlichen Straßenführung der Waffnergasse entstand seitlich das Helenentor (siehe Schloß). – Frühgotischer Tortum von drei Geschossen über quadratischem Grundriß. Nach 1895

ausgebaut und verändert. Rechteckiges Vortor, die seitlichen Halbrundtürme im 16./17. Jh. ergänzt.
Jakobstor (Jakobsstr. 16). – 1301 erstmals erwähnt. Von der gotischen Anlage sind nur die beiden Rundtürme des Vorwerks erhalten; der Torturm, in der Art des Emmeramsturmes, wurde 1808/09 abgebrochen, das Vorwerk 1903.

Öffentliche Gebäude

★ **Altes Rathaus.** Eines der ältesten Rathäuser Süddeutschlands. Eine Mehrflügelanlage aus mehreren Bauphasen zwischen dem 13. und 18. Jh. Zunächst für die Stadtgemeinde, später zusätzlich für den Reichstag eingerichtet und ab 1663 teilweise dem Immerwährenden Reichstag überlassen. – Der sog. Reichssaalbau mit östlicher Schauseite gegen den ehem. Markt und großem ehem. Ratssaal (Reichssaal) gehört zu den bedeutendsten mittelalterlichen, kommunalen Profanbauten. – Wertvolle Innenräume aus der Gotik bis zum Barock im gesamten Rathauskomplex. Reichstagsmuseum.

Bauliche Enwicklung

Der Entstehungsprozeß seit dem 13. Jh. ist unzureichend überliefert. Frühestes Datum 1356, Brand des Stadtturmes; 1. Hälfte 15. Jh. Erneuerung von Dachstuhl und Holzdecke im Reichssaal. 1564 und 1600 steinerne Erschließungsbauten zwischen den mittelalterlichen Bauteilen. 1660–62 Errichtung des barocken Rathauses. 1721–23 südlicher Erweiterungstrakt. – Der für mittelalterliche Rathäuser der alten Reichsstädte bekannte Erweiterungs- und Überformungsprozeß stellt sich in Regensburg aufgrund der zusätzlichen Nutzung durch den Reichstag besonders vielschichtig dar.
Kern der Anlage im Kaufmannsviertel war vermutlich ein Patrizieranwesen, bestehend aus Turm und angrenzendem Wohntrakt (wie in Würzburg, zerstört). Am Markt, an dem 1002 die Ahakirche bezeugt ist sowie im Westen die Kapelle St. Simon und Juda (1052 geweiht).
14. Jahrhundert. – Im 2. Viertel des 14. Jh. das sog. Tanzhaus, späterer Reichssaalbau, als städtisches Gebäude errichtet. Die bisherige Datierung nach dem Brand des Stadtturmes 1356 nicht schlüssig. Die Stilformen des Erkers und die zugehörige Bauplastik verweisen auf Arbeiten der Dombauhütte um 1335/50. Möglicherweise bestand ein Vorgängerbau. – Raumprogramm ähnlich wie in Nürnberg: Ratssaal im Obergeschoß mit Kapellenerker, darunter Gerichtsstätte mit Befragungsräumen und Gefängnis, straßenseitig Verkaufsläden. Erschließung des Obergeschosses unbekannt, wohl noch ohne Verbindung zum Turm.
15. Jahrhundert. – 1. Hälfte 15. Jh. Erneuerung von Dachstuhl und Holzdecke im Reichssaal, vielleicht verbunden mit einer Erhöhung des Raums, unter teilweiser Verwendung alter Konsolen. Um 1410

Regensburg, Altes Rathaus, Grundrisse Erdgeschoß und 1. Obergeschoß

Die Ziffern im Plan beziehen sich auf die Raumnummern im Text.

steinernes Schmuckportal für den neuen Treppenaufgang von Osten. Erweiterung durch Umnutzung von Nachbargebäuden, u.a. für das Stadt- und Hansgericht, durch Anbauten wie Archivgewölbe und Verbindungsraum zwischen Turm und Saalbau (1481 dat.).

16. Jahrhundert. – Errichtung steinerner Erschließungsanlagen zur Verbindung der mittelalterlichen Gebäudeteile: 1564 westliches Treppenhaus und Vorhalle, 1600 Treppe östlich zwischen Turm und ehem. Ahakirche. Ausgestaltung der Kurfürstenzimmer mit Holztäfelung; architektonische Ausmalung des Reichssaales. 1573/74 großzügig vereinheitlichende Außengestaltung durch Fassadenmalerei von *Melchior Bocksberger* (nur der Farbentwurf erhalten).

17. Jahrhundert. – 1611 Abbruch der im Süden mit dem Reichstagssaal verbundenen Kapelle St. Simon und Juda, dort ein neues Fenster. – Für den Immerwährenden Reichstag 1652 Umbau des westlich benachbarten, im Kern mittelalterlichen Stadtschreiberhauses zur Aufnahme des Fürstenkollegiums. – 1660–62 barocker Rathausneubau im Norden und Osten, angrenzend an die Ahakirche (nach Abbruch zweier Bürgerhäuser). 1662 Aufstellung des Neptunbrunnens im Innenhof.

18. Jahrhundert. – 1706 Brandzerstörung von Marktturm und Ahakirche. 1721–23 an ihrer Stelle ein Erweiterungstrakt, südlicher Abschluß des Neuen Rathauses. – Der Reichstag adaptierte die überlassenen reichsstädtischen Räume ohne größere bauliche Veränderungen. Ihre Nutzung (bis 1805) drückt sich in den Raumbezeichnungen nach Reichsständen (Kurfürstliches Kollegium u.a.) aus. – Bereits 1782 galt das Rathaus als baufällig.

19./20. Jahrhundert. – Instandsetzungen ab 1897/98. Restaurierungen 1904–1910, in den dreißiger Jahren und ab 1978. Die Wiederherstellung hatte neben Konservierung und Rekonstruktion zeitweilig auch die umformende Gestaltung des Baudenkmals zum Ziel. Dieser Tendenz ist auch der Einbau des Dollingersaals zuzurechnen (im Anschluß an das barocke Rathaus nach Nordosten). Ab 1980 Instandsetzung der Dachstühle. Sanierung 1987 abgeschlossen.

Baubeschreibung

Das Äußere der Rathausgruppe trägt dem abschnittsweisen Entstehungsprozeß Rechnung. Vier unterschiedlich überdachte, verputzte Bauteile sind, noch dazu farblich, voneinander abgesetzt. Eine Mehrflügelanlage, die sich mit der repräsentativen Hauptseite gegen den unregelmäßigen, nach Westen leicht ansteigenden Vorplatz öffnet und zwei Innenhöfe umschließt. Im Zentrum der gotische Turm (Mitte 13. Jh.), siebengeschossig, mit stichbogig überwölbter Durchfahrt (zum Hof aus dem 16. Jh.). Im Obergeschoß vermauerter gotischer Loggiabogen, darin profilierte Rechteckfenster, die sich im seitlichen Anbau fortsetzen. Hinweis auf die im Stil der Renaissance eingerichteten Ratsstuben. Der obere Turmabschnitt barock verändert und mit

Ratsuhr versehen, nicht ausgebaut. Ganz oben Wohnstube für den Stadtwächter mit zahlreichen Ausgucköffnungen.
Einen rechten Winkel mit der Turmanlage bildet der hochgotische Saalbau. Sein Stufengiebel überragt die Flucht der Bürgerhäuser an der engen Straße. Nach Osten gerichtet die Langseite, regelmäßig und aufwendig gegliedert, eine – anscheinend durch viele Jahrhunderte kaum veränderte – Schauwand. Das Obergeschoß betonen zweireihig angeordnete Maßwerkfenster seitlich des tabernakelartigen Erkers auf pfeilerförmigen Fuß. Seine Gestalt (vergleichbar den Architekturformen des um 1335/40 entstandenen ▷ Verkündigungsaltars im Dom) und die Zusammenhänge der Bauplastik mit Werken der Domskulptur um 1335/50 begründen die Datierung der Anlage ins 2. Viertel des 14. Jh. – Durchaus üblich im gotischen Rathaus die erdgeschossigen Verkaufsläden, dahinter Fragstatt und Folterkammer. Zur gotischen Schauwand gehört die skulptierte Portalrahmung, im Aufbau dem Chörlein angeglichen, erweitert durch naturalistische Wächterfiguren mit drohenden Gebärden. Entstanden um 1410 als Stirnwand einer neuen Steintreppe, im 16. Jh. über konvexem Stufenunterbau an der Front des Renaissancestiegenhauses wiederverwendet. – An der Südostecke unter dem Dach Renaissancekonsole. Engel mit Stadtwappen, 1606 wohl von *Michael Dietlmaier* (Kopie).
Nordöstlich schließt, nach zwei Seiten freistehend, das Neue Rathaus an. Die blockhafte Vierflügelanlage, mit übergiebelten Eckrisaliten und steinernen Schmuckportalen in der Mittelachse, erscheint, vereinheitlicht durch Architekturmalerei, regelmäßig und wie aus einem Guß.
Nicht ablesbar am Außenbau der Rathausgruppe ist die Ausweitung nach Westen und Norden hinter ehem. Bürgerhausfassaden. Im ehem. Stadtschreiberhaus (Neue Waaggasse) das Fürstliche Kollegium, im sanierten Häuserblock am Zieroldsplatz der Dollingersaal.
Das Innere der Mehrflügelanlage umfaßt, in unübersichtlicher Erschließung und Abfolge, repräsentative reichsstädtische Räume des 14.–17. Jh. Teilweise als Museum des Reichstags zu besichtigen. – Stiegenhaus von 1564, an der Südwand steinerne Podesttreppe mit gotisierender Maßwerkbrüstung; sie mündet in eine gewölbte Säulenhalle, die zwischen Reichssaal und Turm über einen gewölbten Vorraum (dat. 1481) vermittelt.
Der sog. Reichssaal (1) ist der größte Profanraum der Stadt, eine bedeutende architektonische und technische Leistung des Mittelalters. Beträchtlich breit und tief (15 × 22,5 m) umschließt er – für Ratssaalbauten üblich – das Obergeschoß. Ohne Stütze, von einer Föhrenholzdecke überfangen; die Raumwirkung möglicherweise im 15. Jh. durch eine Erhöhung des Geschosses gesteigert. Vorgänger war in Regensburg der Herzogsaal im ▷ Herzogshof, ähnlich auch in der städtebaulichen Stellung, urspr. von drei Seiten belichtet. – Die Hauptseite, eine gegliederte Fensterwand mit Kapellenerker liegt im Osten, das Kreuzrippengewölbe des Erkers zeigt im Schlußstein das Christushaupt. –

Die in der Länge dreigeteilte Holzdecke unterstützt ein kräftig profilierter Mittelbalken über Steinkonsolen; der dreigeteilte Unterzug ist in der Dachkonstruktion durch Binder aufgehängt und verankert. Fugenleisten über den Brettern und maßwerkverzierte Querstücke bilden ein feingliedriges Relief. In der Mitte auf dem Unterzug geschnitztes Medaillon mit thronendem Petrus, Schutzpatron der Stadt. Skulptierte Steinkonsolen unterstützen die Decke über umlaufenden Streichbalken: kleinere mit Laubwerk in den Ecken sowie mit Figuren und Tieren an den Langseiten aus der Erbauungszeit. Die großen Konsolen an den Schmalseiten zeigen das Stadtwappen, Engel mit Musikinstrumenten und Tiere (bei der Restaurierung bis 1910 möglicherweise überarbeitet bzw. ergänzt). Eine Inschrift mit Datum 1408 fraglich, vom Stil der Konsolen her eher auf die Mitte des 15. Jh. verweisend. – Eingang und Fenster im 16./17. Jh. verändert. Eine spitzbogige Portalöffnung in der Ostwand wohl für den urspr. Treppenaufgang. Verglasung des Maßwerkfensterbandes sicher nachmittelalterlich, ebenso ein Fenster an der Südwand, nach Abbruch der romanischen (möglicherweise als Ratskapelle genutzten) Simon- und Judakapelle 1611. – Wandmalerei, wiederhergestellt Anfang 20. Jh.: einheitlich wirkende rahmende Architekturmalerei, dat. 1564, kombiniert mit Teilen späterer Fassung aus dem 17. Jh., beispielsweise dem von Allegorien gerahmten Reichsadler über dem Erker, und rekonstruiertem mittelalterlichem Wolkenfries unterhalb der Decke. – Über dem Reichssaal hat sich der bedeutende spätgotische Dachstuhl erhalten: eine komplizierte, dreifach stehende Konstruktion mit gesondert verstrebten doppelten Hängesäulen, die den dreigeteilten Unterzug tragen.

Ausstattung. – An den Wänden gotische Gobelins. Aus der Mitte des 16. Jh., wohl in Regensburg entstanden: Salome vor Herodes und Abraham, dem die Braut des Isaak zugeführt wird (in drei nahezu identischen Darstellungen). – Zur gotischen Ausstattung gehörten berühmte Wandteppiche profaner Thematik (heute Museum der Stadt Regensburg). – Gotische Empore mit maßwerkverzierter Holzbrüstung, 1614 erweitert. – Rekonstruiert wurde Anfang 20. Jh. die Sitzordnung der Reichstage, unterschieden nach kirchlichen und weltlichen Ständen. An der Südwand Baldachin für den Kaiser bzw. seinen Stellvertreter, wohl 2. Hälfte 16. Jh. (Kopie, Original im Reichstagsmuseum); Lehnsessel 1664 dat. von *Hans Brodtwolf.*

Saal des Fürstenkollegiums (2) für den Reichstag, 1652 im angrenzenden Stadtschreiberhaus eingerichtet, 1655 erweitert. Selbständig erschlossen durch die sog. Fürstentreppe, über eine Altane verbunden mit dem Reichssaal. Großer annähernd quadratischer Raum mit barocker Holzkassettendecke von *Hans Stellenberger* und Pilasterportal. Vorrichtung für Warmluftheizung. – Wandteppiche aus Brüssel. Drei Darstellungen des Scipio Africanus aus der Werkstatt des *Cornelis Mattens,* 1620; vier Gobelins mit Dido und Aeneas, um 1600. – Barocker Kachelofen mit Apoll über den Musen thronend, Stiftung aus ▷ Alteglofsheim. – Gegenüber Fürstliches Nebenzimmer (3),

urspr. reichsstädtische Gerichtsstube, nahe den Verhör- und Gefängnisräumen. Gekehlte Bohlendecke über Holzpfeiler (erneuert), Fragmente von Wandmalerei, Ranken 15./16. Jh. – Darüber das Reichsstädtische Kollegium (4), bis 1662 Sitz des sog. Hansgerichts, der Rechtsbehörde für Handels- und Handwerksstreitigkeiten. Das älteste der Ständezimmer, eine gotische Bohlenstube mit abgefasten Balken, ausgehendes 15. Jh., nach Süden erweitert Anfang 17. Jh. Feine Maßwerkschnitzerei in den stichbogigen Fensterlaibungen, Renaissancetür und Wandkästen mit Intarsienarbeit. Kachelofen um 1660 mit Darstellungen des Neuen Testaments. Bronzeleuchter 15. Jh. (Kopie, Original im Museum der Stadt Regensburg). – Anschließend ehem. Gefängnisräume, als Ausstellungsräume historisierend eingerichtet.
Weitere Rats- und spätere Fraktionsräume im Turm: seit 1662 Kurfürstliches Kollegium (5), vor 1536 eingerichtet für den Inneren Rat der Stadt. Mit breiten Bohlen vertäfelt und Bohlendecke, 1910 restauriert bzw. rekonstruiert in Anlehnung an eine Miniatur von *Hans Mielich*. Über erneuerten Türrahmen geschnitzte Aufsätze mit Reichs- und Stadtwappen und allegorischen Figuren, wohl 1591. Urspr. Ausstattung: Gemälde, Tugenden des Guten Regiments, von *Isaac Schwendter*, 1592 dat.; Einzeigeruhr, 1624 von Uhrmacher *Ulrich Graf*, bemalt möglicherweise von *Paul Schwendter*. Bildnis Karls des Großen, Kopie des späten 16. Jh. nach *Dürer*. – Anschließend Kurfürstliches Nebenzimmer (6), 1551 dat., eingerichtet hinter dem gotischen Loggiabogen im Turm. Meisterhafte Renaissanceausstattung von Stadtschreiner *Wolf Wasserkreuter*: aufwendige Wandvertäfelung, Kassettendecke und Portalrahmung, Füllungen aus ungarischer Esche, rahmende Teile und Schnitzarbeit Eiche. Wandgliederung in Superposition ionischer und toskanischer Pilasterordnungen, eingeschlossen perspektivische Intarsien. Zwei ungleiche Säulenportale, kontrastierend aus jeweils zwei Ordnungen gebildet.
Im Dreieck zwischen Turm und ehem. Ahakirche einläufige Treppe mit Maßwerkbrüstung von Steinmetz *Michael Dietlmaier*, 1600 dat. (mittelalterliche Turmerschließung wahrscheinlich von Norden). Vorraum (7) mit Bohlendecke, 16. Jh. Angrenzend Blauer Saal (8) mit Holzbohlendecke, dat. 1527, Farbgebung mit vergoldeten Gipssternen 1936. – Hinter dem Turm Rathaushof. Nach Westen und Norden zweigeschossige, überwölbte Gebäudetrakte von 1563 zur Aufnahme des Stadtarchivs. – Steinbrunnen, 1661 dat., bekleidete Venus mit Tauben und Palme (Kopie 1909 nach Original von *Leoprand Hilmer*). Vier monumentale Steinfiguren: Tugendallegorien, um 1630 von *Leonhard Kern* als Giebelschmuck für Portale der ▷ Dreieinigkeitskirche geschaffen (dort nie aufgestellt).

Barockes Rathaus

Vierflügelanlage: Südflügel von 1721–22 über den Grundmauern der mittelalterlichen Ahakapelle und des Marktturmes, mit nördlichem Kernbau (1660–62) um einen Innenhof. Ehem. Hauptportal von 1722, verändert zur Erschließung des Rathauskellers, Zugang von der Turmdurchfahrt her (Westen). – Ostportal von 1661, mit Allegorien von Glaube und Friede. Wappen von 1730. – Geräumige kreuzgratgewölbte Eingangshalle, in großem Bogen geöffnet gegen den Innenhof. An der Südwand einläufige Steintreppe mit Balusterbrüstung zu den Obergeschossen, die über einläufige Holztreppen verbunden, gangartig um den Hof erschlossen sind. Nach Norden und Osten urspr. offene Rundbogenarkaden auf toskanischen Säulen. Die reichsstädtischen Amtsstuben, nach Westen und Osten jeweils paarweise hinter den Fassaden angeordnet, zieren barocke Holzkassettendecken. Türrahmungen und Täfelung von 1661, teilweise verändert bzw. historistisch ergänzt. – Im südlichen Trakt geräumige langrechteckige Vorhalle über dem Grundriß der ehem. Ahakirche; geschnitzte Türrahmen und Balustertreppe, 18. Jh. – Im Hof Wandbrunnen von 1662 mit Steinfigur des Neptun.

Dollingersaal

Der frühgotische, gewölbte Einstützenraum mit überlebensgroßen Stuckfiguren des ausgehenden 13. Jh. stammt aus einem Patrizierhaus gegenüber dem Rathaus (Rathausplatz 3). Als Festsaal lag er über Einfahrt und Kapelle im Obergeschoß. Schon im 16. Jh. zählte er zu den Sehenswürdigkeiten der Stadt. 1889 wurden die konstruktiven Teile und sämtliche Baudetails wegen Abbruch des Hauses ausgebaut und ins Erhardihaus (Vorläuferbau des heutigen Kolpinghauses) erstmals transloziert; von den über Eisendübeln aus Stuck modellierten Relieffiguren wurden Gipsabgüsse angefertigt. Originalfiguren beim Abbruch größtenteils zerstört, weitgehend erhalten nur der hl. Oswald (Museum der Stadt Regensburg). Nach (teilweiser) Bombardierung des Erhardihauses im zweiten Weltkrieg wurde der Saal ein zweites Mal abgebaut und eingelagert. 1964 im Anschluß an das barocke Rathaus in ein historisierendes Raumensemble (fensterlos) eingebaut. Im Tiefgeschoß hinter veränderten Fassaden von drei urspr. mittelalterlichen, sanierten Bürgerhäusern am Zieroldsplatz.

Annähernd quadratischer Einstützenraum zu vier ungleichen Jochen, das nordöstliche durch breite Gurt- und Scheidbogen ausgegrenzt, das nordwestliche mit Kehlrippen über polygonalen, von flachem Laubwerk geschmückten Konsolen. Gedrungener achtseitiger Mittelpfeiler. Farbspuren an der Bauplastik erinnern daran, daß der ganze Raum einschließlich der Gipsabgüsse (im Erhardihaus) mit einer historistischen Bemalung überzogen war. – Steinernes zweiteiliges Wandschränkchen mit Ziergiebel, aus dem urspr. Raum mitversetzt.

Figurenschmuck an den Schildwänden (Abgüsse in veränderter Raumanordnung, keine strenge Rekonstruktion). Turnierkampf des christlichen Ritters Hans Dollinger mit dem Heiden Krako, assistiert von König Heinrich I. (um 930), – eine bis ins 20. Jh. in Regensburg tradierte Legende mit wechselnder Deutung des Krako: zur Zeit der Ungarneinfälle ein Hunne, im 16. Jh. ein Türke, zuletzt auf dem Wandteppich im Herzogsaal ein Pole. – Hochreliefs überlebensgroßer Figuren in lebendiger Kampfstellung. Ritter Dollinger in Plattenrüstung mit zeittypischem Topfhelm, das Pferd im Ansprung. Krako im Schuppenpanzer, auf dem Schild das Bild des Teufels, vom Speer getroffen, sich im Fallen mit dem rechten Fuß am Hals des Pferdes haltend. – Der reitende König, höfisch ausgestattet mit Falken. Der Kopf des Pferdes vollplastisch in den Raum gewandt. Vergleichbare Profandarstellungen bekannt aus der Buchmalerei der Manessischen Handschrift. – Die fast vollrunde Figur des hl. Oswald läßt diesen damals in Regensburg hoch verehrten Heiligen am Geschehen teilhaben, wahrscheinlich auch wegen enger Parallelen der Oswaldlegende und der Dollinger-Sage (Sieg unter dem Zeichen des Kreuzes). Figurengeschmückte Konsole, stark ergänzt, unklar in der Deutung. Das Original, oberrheinisch beeinflußt, steht stilistisch Werken der gleichzeitigen Domplastik nahe (Schlußsteine des südlichen Nebenchores), um 1290/1300. Die heutige Farbigkeit Ergebnis einer geschmäcklerischen Überarbeitung der historistischen Fassung im Mittelalterpathos des ausgehenden 19. Jh. Für meisterhaften Wiederaufbau und Restaurierung des Saals 1889 wurde Domvikar *Georg Dengler* seinerzeit gewürdigt.

★ **Ehem. Herzogshof und Pfalzturm, sog. Römerturm** (Alter Kornmarkt 10 und Domstraße 3). Der nordwestliche Bereich der ehem. karolingischen Pfalz, spätestens seit 976 von den bayerischen Herzögen genutzt, war seit dem Hochmittelalter in ihrem Besitz. 1196 bezogen die Wittelsbacher die Pfalz. Sie wurde um 1210/20 einschließlich des sog. Herzogsaals neugestaltet. Gleichzeitig Ausbau des sog. Römerturmes, der als Wohnturm (Bergfried) bis 1855 mit dem Herzogshof durch einen Schwibbogen-Gang verbunden war (1937 aus statischen Gründen rekonstruiert). – Die These einer räumlichen Verbindung des Turms auch mit der ▷ Ulrichskirche als Pfalzkapelle (geplant oder durchgeführt) ist nicht verifizierbar. – Durchgreifende Umbau-, Sanierungs- und Restaurierungsmaßnahmen 1937–40, ohne wissenschaftliche Bauforschung.

Der Pfalzturm, sog. Römerturm, ist der einzige mit Wohnvorrichtung erhaltene mittelalterliche Turm in Regensburg. – Erdgeschoß Ende der dreißiger Jahre als Schutzraum ausgebaut. Die Obergeschosse provisorisch über angrenzendes Wohnhaus von Norden erschlossen. – Von mächtigem Ausmaß, auf quadratischem Grundriß, fast 14 m lang und 30 m hoch, urspr. mit Zinnenkranz versehen. Das unter Straßenniveau ansetzende Erdgeschoß besteht aus zweischaligen Granitgroßquadern; vermutlich Rest der karolingischen Befestigung und Schatzkammer der Pfalz. Vier Obergeschosse in geschichtetem Bruchsteinmauerwerk mit Eckquaderung, 1. Viertel 13. Jh. Aus der gleichen Zeit wohl auch der obere Teil des Sockels aus kleinteiligem Granitquaderwerk. – Im ersten und vierten Obergeschoß Biforienfenster, die Mittelstützen (wie im Herzogsaal) mit Kelch- und Würfelkapitellen, Basen mit Eckknollen. Offene Kamine, die seitlichen Pfeiler haben Rollenkämpfer.

Sog. Herzogshof, genauer der östliche Saalflügel einer ehem. Vierflügelanlage. 1936 der Nord-, West- und Südflügel abgebrochen, der Ostflügel in den Neubau der Oberpostdirektion Regensburg einbezogen. 1937–40 unter Abbruch nachmittelalterlicher Zu- und Einbauten tiefgreifend verändert und mittelalterlich rückgestaltet (zeittypischer Kompromiß zwischen zunächst angestrebtem Abbruch und Erhaltungsanspruch). 1966 mit Einrichtung der Kantine im Erdgeschoß nochmalige Veränderung, Wegfall der traditionellen Treppenhalle.

Dem Bautyp nach ist der Herzogshof ein romanischer Saalbau. Dem späteren Reichssaalbau des ▷ Alten Rathauses auch in der städtebaulichen Lage vergleichbar: ehem. mit Stufengiebel zur engen Domstraße, die östliche Langseite dem Alten Kornmarkt zugewandt. – Im Obergeschoß der Herzogsaal, im Kern um 1220. Wohl auf Herzog Ludwig I. den Kelheimer zurückgehend. Als romanischer Profanraum rekonstruiert im Geist der späten dreißiger Jahre. Von monumentalem Ausmaß (annähernd 10 × 20 m), stützenlos mit Holzdecke. An den Hauptseiten rundbogige Triforien- und Quadriforienfenster mit achteckigen Trennsäulchen, verwandt den Bauformen der Salzburger Peters- und der Franziskanerkirche. Neue Fenstergruppe an der Westwand: Biforie von *Karl Kroher* aus München; die mittelalterliche Vierpaßöffnung entstammt dem (1893 abgebrochenen) Salzburger Hof. – Bemalung der Holzdecke mit Wappen, angeblich nach Befund aus dem späten 13. Jh. – Monumentaler Wandteppich, 1937–40, Stoffapplikation nach Entwurf von *Karlheinz Dallinger* aus München, ausgeführt von *U. Dallinger* und *L. Hasselgruber*. Turnierkampf des Ritters Dollinger mit dem heidnischen Fürsten Krako (siehe Dollingersaal im ▷ Alten Rathaus); die Allusion auf den Feind im Osten wurde durch Wappen polnischer Städte (nach der deutschen Invasion) 1940 aktualisiert. – Motivisch beeinflußt durch die Manessische Bildhandschrift, ein Dokument der (durch Denkmalpflege ausgelösten und ideologisch ausgewerteten) Mittelalterrezeption zur Zeit des Nationalsozialismus.

An den Saal angrenzend (rekonstruiert) eine ehem. Kapelle, vermutlich aus der Mitte des 12. Jh., dat. nach dem an der Westwand freigelegten Triforienfenster. Nach Osten eingezogener, in Rundbogen geöffneter, kleiner Rechteckraum. Glasfenster um 1940 von *Josef Oberberger,* München. Turmartig an der Außenwand vorspringend. Das kreuzgratgewölbte Erdgeschoß öffnet sich gegen den Platz nach zwei Seiten in Arkaden.

Neue Waag, heute Sitz des Verwaltungsgerichts (Haidplatz 1). Vierflügelanlage mit Turm, im Kern um 1300. Urspr. im Besitz der Altmann.

Ab 1441 städtisch, zunächst die Waage, später die sog. Herrentrinkstube, das patrizische Gesellschafthaus, hier eingerichtet. 1541 Ort des Religionsgesprächs zwischen Eck und Melanchthon. – Baulich umgestaltet 1572–87, ein Renaissancehof ehemals mit Wandmalereien von *Melchior Bocksberger.* – 1782 Einbau der städtischen Bibliothek (Nordflügel einschließlich Turm). – 1959/60 Umbau für Büronutzung. Abbruch und Neubau des Südflügels, Hofinstandsetzung.
Der weitläufige, vermutlich in der Renaissance ausgebaute Westflügel schließt den Haidplatz nach Osten. Im Obergeschoß großer Saal mit Balkenbohlendecke. – Der mittelalterliche Nordflügel richtet sich gegen die Neue Waaggasse. An der Platzeinmündung rechteckiger hochgotischer Turm mit barockem Walmdach. Im Erdgeschoß ehem. Hauskapelle St. Christophorus (heute Laden und Ladenpassage). In zwei Jochen kreuzrippengewölbt mit Fünfstrahlrippen. Östlich anschließend ehem. Durchfahrt (zwei kreuzrippengewölbte Joche zwischen zwei tonnengewölbten Vorjochen), heute in die Laden- und Passagennutzung einbezogen. – Darüber erstreckt sich in voller Fassadenbreite bis in den Turm die klassizistische ehem. Reichsstädtische Bibliothek mit zwei Räumen. Großer, nahezu quadratischer Hauptsaal mit Mittelstütze unter flacher Holzdecke. Raumproportion und der polygonale Sockel der Steinstütze deuten auf einen gotischen Vorgängerraum nach Art des Runtingersaales. Kompositkapitell (16. Jh.?) und klassizistischer Tragbalken. Dreiseitig umlaufende, in drei Geschossen eingestellte Holzgalerien. Gleichförmig durchbrochene Brüstungen in Formen des Empire, in der filigranen Wirkung seriellem Eisenguß nahekommend. – Innenhof, nach zwei Seiten dreigeschossige Säulenarkadengänge, Brüstungen aus weckenförmigen Backsteinen, zu Rautenmustern geordnet.

★ **Runtingerhaus**, heute Außenstelle des Bayerischen Landesamts für Denkmalpflege und Stadtarchiv (Keplerstraße 1). Benannt nach Matthäus Runtinger, dem reichen Fernhandelskaufmann, der das Anwesen 1367 übernahm. Für den Ausbau dieses Handelshauses wurden größere Mengen von Fensterglas aus Venedig geordert, laut Geschäftsbuch 1383–1407. Nicht lange im Besitz der Runtinger, deren Bedeutung als Fernhändler im Laufe des 15. Jh. zurückging. Als Gasthof Goldene Krone, spätestens seit 1554, erfuhr das Anwesen bauliche Veränderungen, maßgebliche im Barock, Seit dem 19. Jh. Wohnhaus mit gewerblicher Nutzung. Galt um 1900 als baufällig. 1910 Teilabbrüche. Erhaltungsmaßnahmen begannen 1933, verstärkt ab 1961 an dem – damals mit 24 Wohneinheiten belegten – Gebäude. Instandsetzung und Sanierung für eine öffentliche Nutzung. 1964 war die „Bereinigung von allen baulichen Zutaten des 16.–20. Jh." vollzogen (ohne Bestandsdokumentation); ab 1974–78 wissenschaftliche Konservierung.
Gotisches Treppengiebelhaus mit westlichem zinnenbekröntem Anbau. Auf tiefem Grundstück mit Nebengebäuden um zwei rückwärtige Höfe. Vermutlich aus einem romanischen Turm mit frühgotischem

westlichem Anbau entwickelt. Um 1400 großzügig erweitert. – Die Fassade 1963 erneuert, dabei vor allem Spitzbogenfenster im Erdgeschoß und im 2. Obergeschoß hypothetisch rekonstruiert bzw. ergänzt. Wiederaufgedeckt ein romanischer Fensterbogen. – Die zweigeteilte Fassade bestimmen Spitzbogenfenster, als Biforien und Triforien mit gotischen Knospenkapitellen ausgebildet. Daneben Rechteckfenster mit (ergänzten) Steinkreuzen. – Das Innere ist geprägt von dem denkmalpflegerischen Konzept der Wiederherstellung des gotischen Handelshauses. Vor allem im Erschließungsbereich einfühlsame Gestaltung, jedoch unter freier, nicht dokumentierter Verwendung von Spolien. – Konserviert sind vier spätgotische Räume, straßenseitig in den beiden Obergeschossen. Großer rechteckiger Saal von nahezu 200 qm mit Bohlenbalkendecke über achteckigem Steinpfeiler. Skulptierte Steinkonsolen; an der Südwand Spolie aus dem abgebrochenen Kastenmayerhaus. An der Ostwand skizzenhafte Umrißzeichnungen, Menschen und Tierköpfe, Tiere mit Wappenhelmzier und Schrift (ungedeutet). Reste von Raumfassung, mehrfarbige Rankenmalerei. – Im Geschoß darüber Bohlenstube (sog. Kemenate), in Ständerbohlenbauweise mit Holzbalkendecke, um 1440. Die in mächtigen Eckstützen horizontal gelagerten Holzbohlen sind kassettenartig bemalt. Im Grundton ocker mit dunkel- und hellroter sowie weißer Felderung. Spitzbogige Türeinfassung mit Abdruck eines maßwerkgezierten Giebelaufbaus. – Angrenzend ein tiefer gelegener Saal mit Bohlenbalkendecke auf Steinkonsolen. Einige skulptiert, andere wie die Wände mit mehrfarbiger Rankenmalerei gefaßt.

★ **Thon-Dittmer-Palais** (Haidplatz 8). Vierflügelanlage, 1809 aus mehreren mittelalterlichen Anwesen hinter vereinheitlichter Fassade zusammengefaßt von *Emanuel Joseph von Herigoyen*. Im Auftrag des Hofbankiers und Handelsherren Georg Friedrich Edler von Dittmer. – Ab 1830 vornehmes Mietshaus, seit 1856 im Besitz der Stadt. Heute Sitz des Deutsch-Amerikanischen Instituts, der Volkshochschule und anderer städtischer Behörden. Restaurierung der Kapelle 1968–70. Durchgreifende Sanierung 1977–79.

Die klassizistische Überformung begann bereits im ausgehenden 18. Jh. mit dem westlichen Teil des Vorderhauses, vermutlich durch *Joseph Sorg*. Von einer Neuordnung im Innern nur das klassizistische Treppenhaus erhalten. – In der zweiten, baulich erweiterten Umgestaltungsphase übertrug *Herigoyen* die frühklassizistische Fassadengliederung auf die nunmehr fünfzehnachsige, unter einem Walmdach zusammengefaßte Front. Mit einem Flachgiebel über zartem Mittelrisalit und dreiachsigem Portikus entstand eine wirkungsvolle Palastfassade. Neuartig in den Ausmaßen, in Symmetrie und Regelmäßigkeit setzte das Handelspalais einen beherrschenden Akzent innerhalb der von mittelalterlichen Patrizierhäusern geprägten Platzwände.

Im Südflügel gotische Bausubstanz. An der Hofseite zwei Spitzbogen der ehem. zweischiffigen Einfahrtshalle. Sie wurde klassizistisch verändert. Darüber an der Hofseite schmaler gotischer Uhrerker. Unter dem reich profilierten Erkerfuß eine skulptierte Konsole um 1380/90. Dargestellt ist ein Liebespaar. In thematischer Ergänzung darunter eine Holzfigur von 1654 (dat.), Allegorie der Zeit. – Seitlich der Durchfahrt, in den Hof einspringend, ehem. Hauskapelle St. Sigismund, Mitte 14. Jh. Zwei kreuzrippengewölbte Joche, mit skulptierten Schlußsteinen: Sitzfigur eines vornehmen jungen Herrn und Blattmaske. – Den weiten Hof begrenzen nach zwei Seiten dreigeschossige Säulenarkaden in Formen der Renaissance. Zum Bestand (Mitte 16. Jh.) gehören nur die Westseite und nördlich angrenzend eine Achse; freigelegt, stark überarbeitet, Balustraden ergänzt. Das übrige eine (denkmalpflegerisch ungerechtfertigte) Maßnahme der Sanierung 1978. Seitdem fälschlicher Eindruck eines einheitlichen Renaissancehofes, den es so nie gegeben haben kann, da das Areal früher in Parzellen mit unterschiedlichen Eigentümern aufgeteilt war. – Stichbogige Arkaden mit toskanischen Säulen, skulptierte Kapitelle in Abwandlung toskanischer, kompositähnlicher und dorischer Formen. – Im Rückgebäude nordöstlich dreischiffige Halle, ehem. Stallung (?), wohl 17. Jh. – Kreuzgratgewölbe auf rohen Steinsäulen mit hohen Rundsockeln.

Ehem. Neues Äußeres Palais, heute Sitz der Regierung der Oberpfalz (Emmeramsplatz 8). Das Anwesen war urspr. im Besitz der Abtei St. Emmeram, das Wappen des Erbauers Abt Cölestin (1655–91) eingemauert im Hof. Im ausgehenden 17. Jh. Sitz des kurmainzischen Reichstagsgesandten. Als Residenz des Prinzipalkommissärs Thurn und Taxis ab 1792 neugestaltet durch den fürstlichen Baurat *Joseph Sorg*. (Ein zugehöriger Spiegelsalon wurde in das ▷ Schloß Thurn und Taxis übernommen). – Seit 1812 Sitz der Regierung der Oberpfalz. 1890 Erweiterung nach Süden. Sanierung 1963, Restaurierung der klassizistischen Teile 1982.
Vierflügelanlage, der klassizistische Kern im Nordosten. Ostfassade zu zehn Achsen, in der Mitte Säulenportal des 17. Jh.; Putzgliederung des ausgehenden 18. Jh. – Im Erdgeschoß gebändert, in den Obergeschossen in vertikalen Bahnen zusammengefaßt. – Im Innern klassizistisches Treppenhaus, Podesttreppe mit flachen Holzbalustern, Vasenaufsätze. Im Ostflügel Festsaal von *Joseph Sorg*, 1792 dat. Bedeutender klassizistischer Saal zu sechs Achsen in der gesamten Tiefe des Trakts. Eingeschossig, langgestreckt, die schmalen Stirnseiten konkav geschwungen. Architektonische Wandgliederung in Holz; weiß, gold und graublau gefaßt. Korinthische Pilaster rahmen schmale Spiegelfelder im Wechsel mit den tief einschneidenden Fensternischen; umlaufendes Gebälk. An den Schmalseiten Giebelportale mit seitlich vorgesetzten Doppelsäulen, über denen sich das Gebälk verkröpft; Inschrift mit Datierung. Der antikisierende, wohl gegossene Fries und vier Reliefmedaillons der Jahreszeiten werden *Christoph Ittelsberger* zugeschrieben. – Kleiner Saal im Nordflügel. Sockelvertäfelung und Ge-

bälk. Zwischen den Fenstern der Hauptseite gerahmte Spiegel, in der Westwand Muschelnische in Schnitzrahmung.

Ehem. Deutschordenskomturei, heute Teilgebäude der Regierung der Oberpfalz (Marschallstraße 5). Als Sitz der Ordenskommende (vgl. die ehem. Deutschordenskirche ▷ St. Ägidien) 1720–26 von Ordensbaumeister *Franz Keller* erbaut. 1973 Restaurierung der Erdgeschoßhalle und der Stuckdecken im Obergeschoß. – Zweiflügeliger verputzter Walmdachbau. Breitgelagerte Hauptfassade mit Hausteingliederung, betontes Kranzgesims. Die schmale, pilastergerahmte Mittelachse durch Zwerchgiebel überhöht. Korbbogiges Säulenportal mit verkröpftem Gebälk und Sprenggiebel. Auf Relieftafeln die Wappen des Pfalzgrafen Franz Ludwig, Bischof von Breslau und Worms, darunter des Landkomturs Karl Heinrich von Hornstein und des Ortskomturs, 1720 dat. – Im Innern acht Stuckdecken, die im Stil sehr an *Jacopo Appiani* erinnern. Dieser, in der Nachfolge seines Vaters, erstmals 1725 in der Klosterbibliothek ▷ Waldsassen nachgewiesen. Man kann auch an den Stukkator *Pietro Francesco Appiani* denken (einen Bruder), der 1718ff. den Chor der ehem. Zisterzienserabteikirche Fürstenfeld stuckierte und 1724 in Regensburg starb. – Charakteristisch für seine Bandelwerkdekoration ist eine bordürenartige Anordnung und die motivische Verbindung von Akanthusranken und Festons mit groteskenhaft eingestreuten Tieren, Putten, Figuren und Büsten. Die bisher üblichen italienischen Vorbilder hier durch den Einfluß des französischen Régence abgelöst.

★ **Ehem. Französische Gesandtschaft und Präsidialgebäude**, heute Polizeipräsidium (Bismarckplatz 1). 1804 für den französischen Botschafter beim Reichstag Théobald Jacques Justin Bacher von Reichserzkanzler Carl von Dalberg in Auftrag gegeben. Nach Plänen seines Hofarchitekten *Emanuel Joseph von Herigoyen* vis à vis dem Neuen Theater erbaut und wahrscheinlich bereits 1805 fertiggestellt. Für die Plazierung des Stadtpalais wurden der 1569 errichtete Getreidestadel und der städtische Marstall bis auf geringe verwertbare Mauerreste abgebrochen. – Ab 1810 Wohnung des Regierungspräsidenten, heute Polizeipräsidium. – Bauliche Veränderungen im Innern 1964, beeinträchtigend für Vestibül, Treppenhaus und die Raumfolge an der Front. Außenrestaurierung 1984, Farbgebung abweichend von der urspr. sandsteinfarbigen Fassung. – Mit der Neugestaltung des Platzes 1979/81 in Folge des Baus einer Tiefgarage Zerstörung der achsial auf den Portikus ausgerichteten Lindenpromenade. Die stadträumliche Wirkung durch freigestellte Fassade beeinträchtigt. – Eine der ersten klassizistischen Portikusfassaden in Bayern, im mittelalterlich geprägten Regensburg vermutlich eine Sensation. Sichtbarer Ausdruck der imperialen Huldigung Dalbergs für Kaiser Napoleon I.

Unregelmäßige Dreiflügelanlage mit Schauseite nach Norden. Neun Achsen breit, zweieinhalbgeschossig unter flachem Walmdach. Die Horizontale betont durch flachen Fries über rustiziertem Sockel. Auf

Stufenunterbau vorgestellter sechssäuliger Giebelportikus korinthischer Ordnung. Im Frontispiz das kurfürstliche Wappen Dalbergs, umrankt von antikisierendem Stuckrelief. Der Bau entstand gleichzeitig mit dem Prinz-Carl-Palais und wenig vor dem Nationaltheater in München. Vorbildlich waren, mehr noch als die Idealpläne des Franzosen *Neufforge,* Bauten des englischen Palladianismus.

Stadttheater und Neuhaussäle (Bismarckplatz 6/7). 1803 als „Neues öffentliches Theater und Gesellschaftshaus" bei *Emanuel Joseph von Herigoyen* von Kurfürst und Reichserzkanzler von Dalberg in Auftrag gegeben. Bereits 1804 eröffnet. Mit Theater, Konzertsaal, Klubräumen und Café frühes Beispiel eines klassizistischen Gesellschaftshauses. – Die Vierflügelanlage setzte auf dem damals noch mittelalterlich bebauten ehem. Jakobsplatz den Anfang für einen großmaßstäblichen Stadtumbau. Das Theater, das Teile des alten Zeughauses einbezog, wurde als Querriegel auf der langrechteckigen Platzfläche errichtet. Mit dem alsbald wirkungsvoll gegenübergestellten Gesandtenpalais erhielt der Obere Jakobsplatz einen repräsentativen Abschluß. – 1849 nach einem Großbrand wurde das Theater durch den fürstlichen Oberbaurat *Carl Viktor Keim* auf den Grundmauern neu aufgeführt. Eröffnung 1852. *Keim* änderte die Anordnung von Bühne und Auditorium, fügte der Südfassade Altanen hinzu und veränderte den Eingangsbereich samt Zugang zur Fürstenloge. 1929 und 1937 Hofüberbauung, Änderung der inneren Erschließung. Seitdem zahlreiche Innenumbauten. Beeinträchtigung des repräsentativen Eingangsbereichs durch die direkte Anbindung des Foyers an die Tiefgarage.
Der breitgelagerte dreigeschossige Großbau hat nach Süden eine dreigeteilte Fassade; den Mittelrisalit übergreift eine große korinthische Pilasterordnung, darüber Dreiecksgiebel mit Akroterien. Die Nordfassade verändert, östliche Giebel- und Traufseitanbauten zur Kaschierung des erweiterten Bühnenhauses. Von dem urspr. Raumprogramm sind das Theater im Ostteil und westlich zwei Säle erhalten. – Theater im Typ des barocken Rangtheaters von *Keim,* verändert im Bereich der Fürstenloge und der Galerien; Brüstungs- und Deckenmalerei neu. – Sog. Neuhaussaal von *Herigoyen,* ähnlich dem klassizistischen Festsaal des Weimarer Schlosses von *Heinrich Gentz.* Den querrechteckigen Raum umlaufen hochliegende Galerien auf ionischen Säulen und Eckpfeilern. Raumfassung weiß, gold und blau. – An der Westseite anschließend Kleiner Neuhaussaal, sparsame Stuckgliederung.

Ehem. Dörnberg-Palais und Dörnberg-Park (Kumpfmühler Straße 2). Vor dem Jakobstor gelegene Villa des fürstlich Thurn und Taxisschen Hoffaktors Philipp Reichenberger, 1804/05 nach Plänen von *Emanuel Joseph von Herigoyen* unter Leitung von *Joseph Sorg* erbaut. 1833 kam die Villa an Ernst Friedrich Graf von Dörnberg. 1834 Aufstockung der zurückgesetzten Seitenflügel und Anbindung an den Hauptbau. Planunterzeichner war *Raunecker,* ein Mitarbeiter von *Métivier.* Nach Flächenzuerwerb Parkerweiterung 1864–67. Neugestaltung im heutigen Umfang nach Plänen des Landschaftsgärtners *Karl von Effner.* – Palais und Park durch Vermächtnis des Grafen Ernst von Dörnberg seit 1897 der Öffentlichkeit zur Verfügung gestellt. Heute Sitz wissenschaftlicher Institute.

Kubischer Walmdachbau mit seitlichen Anbauten, zurückgesetzt im Park. Horizontal gegliederte Fassade mit bandrustiziertem Sockel. Das Hauptgeschoß ausgezeichnet durch ionischen Giebelportikus in Form einer von Doppelsäulen gebildeten Ädikula. – Klare rechtwinklige Innenaufteilung: breite, von toskanischen Säulen flankierte Durchfahrt mit schmalen Seitengängen. An der Gartenfront, in einer Halbkreisnische geführte, Wendeltreppe.

★ Der sog. Dörnberg-Park in seiner klassizistischen Einfriedung (Mauern bzw. Mauerpfeiler mit Vasenaufsätzen und schmiedeeisernen Gittern) unverändert erhalten. Auf etwa acht Hektar Grundfläche ein vorzüglich gepflegter Englischer Garten, unter den Grünanlagen Regensburgs herausragend als Beispiel bester Gartenkunst des 19. Jh. Prächtiger alter Baumbestand, teils Solitärbäume, teils zu wirkungsvollen Gruppen komponiert, behutsam wechselnde Höhenprofile, verschlungenes Wegenetz. Gutes Beispiel für die gartenkünstlerischen Qualitäten *Karl von Effners*, dessen Hauptwerke der Park von Schloß Linderhof (Gem. Ettal) und die Gartenanlage um das Münchner Maximilianeum sind. Nach 1871 durch charakteristische Bauten bereichert (Architekt der fürstliche Baurat *Ludwig Degen*): im Norden ein aufwendiges Gartenhaus, als Gesellschaftshaus mit Salon und Nebenräumen errichtet. Dreiteiliges eingeschossiges Gebäude mit zwei vorspringenden Seitenflügeln und erhöhtem Mittelteil. Massiv aus sorgfältig geschliffenen Kalkstein- und rauh bossierten gelblichen Sandsteinquadern gebaut, auf grob abgespitztem Quadersockel. Der mittlere Salonbau zur Parkseite hin mit aufwendiger Fenstergruppe aus zwei Rundbogenfenstern mit dazwischen eingestellter Karyatide (weibliche bekleidete Figur mit einem exotischen Vogel und Schale mit Blumen und Früchten, – wohl Allegorie der Natur), darüber klassizistisches Gebälk und Dreiecksgiebel; nach Norden apsisförmige Ausweitung des Mittelteils. Seitlich an das Gartenhaus anschließend gerade Laubengänge aus Gußeisen, jeweils in einem überkuppelten Pavillon endend. – Im Südwesten das sog. Rosarium, ein pittoresker Bau im Stil eines alpenländischen Bauernhauses, Fachwerk, großenteils holzverkleidet, mit beschnitzten Balken sowie gesägten Ornamentbändern und Balkonbrüstungen. Zum Park hin der kreisrunde ehem. Rosengarten, von einem eisernen Laubengang mit drei eingebundenen Pavillons eingefaßt, heute gastronomisch genutzt.

Ehem. Württembergisches Palais, heute Naturkundemuseum, und Herzogspark (Am Prebrunntor 4). 1804–06 für den fürstlich Thurn und Taxisschen Hofrat Georg Friedrich von Müller erbaut. Pläne von

Emanuel Joseph von Herigoyen, ausgeführt unter Leitung des fürstlichen Baudirektors *Joseph Sorg*. Eine bürgerliche Villa, im Stil des romantischen Klassizismus, urspr. in einer englischen Gartenanlage. – 1843 gelangte das Anwesen in den Besitz der Herzogin Paul von Württemberg. 1865 Anbau einer gußeisernen Altane an der Gartenseite. Seit 1873 war Herzog Ferdinand Maximilian von Württemberg Hausherr, seit 1891 seine Witwe Herzogin Hermine: Neubau des Ostflügels, Ausbau des obersten Geschosses, Neugestaltung der Beletage im Westflügel. 1931 in städtischen Besitz übernommen. Seit 1961 Naturkundemuseum. Restaurierung ab 1984. Wiedereröffnung des Museums voraussichtlich 1992.
Der als Kubus wirkende Baukörper auf U-förmigem Grundriß steht mit der Südfassade in der geschlossenen Bauflucht. Nach Westen bildet er gegen den aufgelassenen Stadtgraben eine zweite breitgelagerte Schauseite aus. Flaches Walmdach, horizontal betonte, feine Putzgliederung. Zart abgesetzte Mittelrisalite, wie ein Passepartout für die randlos in den Putz eingetieften Stuckreliefs über den Eingängen. Antikisierende Friese mit Opferszenen. – Klare Innenaufteilung. In der Mitte Durchgang, seitlich geräumige Halbkreisnische mit freischwingender Wendeltreppe. Am Anlauf Sphinxfiguren mit reitendem Putto. Im Obergeschoß des Westflügels Raumausstattung in Neurokoko. Stuck und teilweise freigelegte Decken- und Wandmalerei.
Die zugehörige umfriedete Gartenanlage, der sog. Herzogspark, reicht bis zum Donauufer und schließt Teile der westlichen Stadtbefestigung als romantische Gartenstaffage ein, darunter das mittelalterliche ▷ Prebrunntor. Letzte Umgestaltung der Gartenanlage 1950/52 durch Stadtgartendirektor *Rudolf Hehr*, teilweise Einrichtung als botanischer Park. Nördlich zur Donau hin ein Rosengarten. Nordöstlich das ehem. Gartenpalais Ebner mit Säulenloggia der Renaissance (1585/88). Südlich davor ein kleines, rekonstruiertes Renaissancegärtchen, in dessen Zentrum ein oktogonales, 1599 datiertes Brunnenbekken, 1981/82 ausgegraben; Brüstungsfelder mit reichem ornamentalem Reliefschmuck.

★ **Ehem. Königliche Villa,** heute Landbauamt (Adolf-Schmetzer-Straße 1). Schloßartige Mehrflügelanlage, als Sommerresidenz für König Maximilian II. von dem Münchner Architekten *Ludwig Foltz* ab 1852 geplant. 1854–56 im Auftrag und weitgehend auch auf Kosten der Stadt Regensburg ausgeführt. 1978–81 Sanierung. – Über der ehem. Ostenbastei zwischen dem ehem. Klarissenkloster und Stadtgraben kastellartig situiert in Blickrichtung auf Dom und Walhalla. Romantischer Prospekt zur Donau, steil aufragend über terrassenförmig ausgebauten, mit Maßwerkgalerien und Zinnen versehenen Mauern und Substruktionen der mittelalterlichen Stadtbefestigung. Malerisch in eine Gartenanlage, den sog. Villapark, eingebunden. Ähnliche Situation wie beim Herzogspark im Westen. Hauptzugang beim Ostentor, neben dem neugotischen Wachhäuschen.

Fassaden in neugotischen Formen des sog. Maximiliansstils mit Stufengiebeln, flankiert von polygonalen Ecktürmchen. Stichbogenfenster mit Maßwerk aus Kleeblatt- und Kielbogen. – Die L-förmige Anlage ist situationsbezogen in Grundriß und Aufriß. Hauptbau gegen die Donau mit repräsentativer Raumfolge in drei Geschossen. Im rechten Winkel dazu, im Südtrakt, Treppenaufgang von der Durchfahrt zur Halle des Hochparterre. Das die Obergeschosse verbindende Haupttreppenhaus liegt an der Westseite mit reizvollem Ausblick auf den Dom. Eine runde Steintreppe mit offener Spindel und eingestellten Säulenpaaren. Flacher bemalter Deckenspiegel.

Ehem. Städtische Speicherbauten

Ehem. Amberger Stadel (Brückstraße 2). 1487 errichtet über dem aufgelassenen mittelalterlichen Schiffskanal. 1551 vergrößert neu aufgebaut. 1902/03 Umbau als Wohn- und Geschäftshaus mit seitlicher Überbrückung zum Brückentorturm. Gegenwärtig grundlegende Sanierung. – Satteldachbau aus Bruchsteinmauerwerk, nach Westen Schopfwalm.

Ehem. Salzstadel (Weiße Lammgasse 1). 1616–20 errichtet, wie der benachbarte Amberger Stadel über dem alten Schiffskanal, der durch das erste, heute eingefüllte Joch der Steinernen Brücke führte. Mächtiger Giebelbau, östlich anschließend an den Brückentorturm. Dominant am stadtseitigen Brückenkopf der ▷ Steinernen Brücke. 1988–91 vorbildlich saniert. – Dreigeschossig, über unregelmäßigem Grundriß. Steiles, nach Westen abgewalmtes Satteldach mit fünf Speichergeschossen. Sandsteinpfeiler unterteilen das Erdgeschoß in drei Schiffe, darüber Holzkonstruktion.

Sog. Leerer Beutel, heute städtisches Galeriegebäude mit Zweiggalerie der Bayerischen Staatsgemäldesammlungen (Bertholdstr. 9). Als Getreidemagazin in zwei Bauabschnitten 1597/98 und 1607/08 errichtet. Größte reichsstädtische profane Baumaßnahme der Renaissance. Schon ein Vorgängerbau hatte die Bezeichnung „Leerer Beutel“ (vgl. Haus ▷ Bertholdstr. 11). 1978–80 Instandsetzung und Sanierung nach Entwurf von *Ludwig Meier*. Neue Erschließungsachse mit feuerbeständigem Haupttreppenhaus und Aufzug, östlich der alten Mittelwand. – Ein bedeutender technischer Profanbau in der Tradition der Spätgotik, zugleich ein Pilotprojekt der Objektsanierung als Anpassung eines historischen Speicherbaues an Museumszwecke. – Mächtiger dreigeschossiger Steinbau (54 m × 21 m) mit viergeschossigem Satteldachaufbau. An den Gebäudeecken steinerne Engelsfiguren mit Stadtwappen von *Michael Dietlmaier*. Die dreischiffige gegliederte Stützenkonstruktion aus Sandsteinpfeilern in den unteren, Eichenholzstützen in den oberen Geschossen, mächtigen Längsunterzügen und Holzbalkendecken liegt offen. In der westlichen Erdgeschoßhalle konvex geschwungene Steintreppe, vermutlich von *M. Dietlmaier*.

Ehem. Salzstadel des bayerischen Stadtamhof (Andreasstraße 26, 28). Mächtiger Satteldachbau des ausgehenden 16. Jh. Langgestreckt, aus zwei gleichartigen, durch Brandmauern getrennten Teilen bestehend. Dreischiffige, zweigeschossige Holzkonstruktion. Speicher von drei Geschossen.

Schlossanlagen

★ **Schloß Thurn und Taxis** (Emmeramsplatz 5)

Baugeschichte

Vor 1812 Teil der Abtei St. Emmeram (siehe dort), seither im Besitz des fürstlichen Hauses Thurn und Taxis, Begründer des modernen Postwesens zu Beginn des 16. Jh. Als Entschädigung für den Verlust der Postregalien erhielt das Fürstenhaus unter anderem den Klosterkomplex, den es im 19. Jh. zu einer aufwendigen Residenz ausbaute. – Bereits 1748 hatte Erbgeneralpostmeister Fürst Alexander Ferdinand, als er zum Prinzipalkommissar (Vertreter des Kaisers beim Reichstag) ernannt wurde, den Familiensitz von Frankfurt/Main nach Regensburg transferiert. Erste Baumaßnahmen hatten schon 1740–42 begonnen, als das für den Prinzipalkommissar angemietete sog. Innere Palais im Äußeren Ostflügel aufgestockt wurde. – Im Besitz der Thurn und Taxis zunächst Arrondierung und Erweiterung des ehem. Klosterareals durch Ankauf des alten Ballhauses am Ägidienplatz 1804, eines Teils der Stadtbefestigung einschließlich Torwerk und Bastei und zweier außerhalb der Stadtbefestigung gelegener Gärten. Veränderungen an den Klosterbauten und Ausbau zur Residenz unter Fürst Maximilian Karl (1827–1871): Marstall 1829–32 im ehem. Abteigarten; Gruftkapelle im Kreuzgarten 1835–43; Umgestaltung des Äußeren Ostflügels unter Einbeziehung von Familiengut aus Brüssel und Inventar aus dem Frankfurter Palais. Neubau des umfangreichen Südflügels 1883–88. Verwaltungsbauten, Dienstwohnungen, Werkstätten und Stallungen entstanden Anfang des 20. Jh. anstelle des Emmeramer Bauhofs, außerdem die Helenenbrücke und das Helenentor. – Namhafte Künstler wirkten zu Beginn des 19. Jh. zusammen: *Leo von Klenze, Jean Baptiste Métivier, Johann Heinrich von Dannecker* und *Ludwig Schwanthaler*. Auch die Architekten *Carl Victor Keim* und, gegen Ende des Jahrhunderts, *Max Schultze* qualifizierten sich an dieser monumentalen Bauaufgabe. – Große Teile des Gebäudekomplexes privat genutzt, Residenz und Verwaltung. – Die Tradition von Wissenschaft und Kunst an diesem Ort fortgeführt durch die Hofbibliothek (öffentlich zugänglich), Zentralarchiv einschließlich Postarchiv und Marstallmuseum. Die Sanierung der ehem. Klosterbaulichkeiten nach dem Zweiten Weltkrieg, denkmalpflegerisch und quellenkundlich betreut, erweiterte die baugeschichtliche Kenntnis zum Benediktinerkloster.

Anlage (Skizze S. 485)

Das ehem. Kloster erstreckte sich an der Südseite der Basilika. Der alte, im Kern frühromanische Konventbau, direkt an die Kirche angrenzend, umschließt den Kreuzgarten mit der fürstlichen Gruftkapelle. Östlich bildet der 1666 zweiflügelig angebaute Neue Konvent den sog. Davidhof, fortgesetzt mit der Residenz des Prinzipalkommissars im Äußeren Ostflügel. – Der mächtige Äußere Südflügel des Schlosses begrenzt den Kurfürstenhof, benannt nach dem 1889 in die Mitte versetzten Kurfürstenbrunnen von 1578/79.

Die Außenerscheinung der genannten Bauten ist gegen den Hof vereinheitlicht im Stil der Neurenaissance, 1892 nach Plan von *Max Schultze*. An der West- und Südseite des Alten Konvents romanische Fenster, aufgedeckt 1887; an der Südwestseite des Hofes Schmuckportal von 1763, Rest der ehem. Abtei. Einzige, von *Schultze* unverändert belassene Außenwand ist die spätbarocke Fassade von *Johann Michael Prunner* vor dem Bibliothekstrakt. Westlich von Kirche und Konvent, im Bereich des ehem. Abteigartens, der Marstall.

Kreuzgang

Von ungewöhnlichem Ausmaß und bedeutendem Reichtum gotischer Bauformen. Es „läßt sich an den Einzelheiten die ganze Entwicklung des Stils von seinem ersten Auftreten in Regensburg bis ins 14. Jh. stufenweise verfolgen“ (Dehio). Die erstaunlich einheitliche Wirkung des Kreuzgangs ist nicht unbeträchtlich das Ergebnis einer klassizistischen Restaurierung und Aufwertung der mittelalterlichen Architektur, die mit dem Einbau der fürstlichen Gruftkapelle 1835–43 ihren krönenden Abschluß fand. Der Kreuzgang erfuhr durch Abbruch älterer An- und Einbauten, Auslagerung der Grabmäler und einheitliche Bodengestaltung eine Bereinigung von unstimmigen Bauteilen wie auch von Spuren jahrhundertelanger Nutzung. Herauspräpariert „im edlen Baustil des Mittel-Alters“ zur „Haltung eines förmlichen Leichenzuges“ wurde der Kreuzgang purifiziert wiederhergestellt als Wandelgang der neuzeitlichen Fürstengruft.

Zugänglich über den Ostflügel, dem auf mittelalterlichen Grundmauern barock errichteten Bibliothekstrakt. – Im Eingang Steinrelief aus dem ehem. Augustinerkloster: Maria von Engeln gekrönt mit den hll. Jakobus d. Ä. und Barbara, darunter Prophetenkonsole und Stifterfigürchen, um 1380, bedeutendes Bildwerk in engster Beziehung zur gleichzeitigen Domplastik, wohl vom Bildhauer der Christophorusfigur im nördlichen Querhaus des Domes. – Ältester Raumteil des Kreuzgangs: In der Nordostecke ein Joch der ehem. Benediktuskapelle, die, 966 urkundlich bezeugt, nach einem Brand von 1064 erneut geweiht wurde. Säulen und das Kreuzgratgewölbe mit Gurtbogen verwandt der Wolfgangskrypta in ▷ St. Emmeram. Rekonstruktion

der 1666 beim Bau des Neuen Konvents zerstörten Kapelle unsicher, wohl dreischiffig mit möglicherweise profanem Obergeschoß.
Anschließend im Nordflügel drei Joche aus dem romanischen Kreuzgang, der bereits die volle Ausdehnung hatte, jedoch vermutlich flachgedeckt war. Das Mönchsportal, Stufenportal mit eingestellten Säulen, um 1200 (engste Verbindung zwischen Konvent und Chor). Hier befand sich ursprünglich das in die ▷ Emmeramskirche verbrachte Aurelia-Grabdenkmal. – Die frühgotische Kreuzrippenwölbung begann im westlich anschließenden Lesegang, um 1220–40, dem künstlerisch bedeutendsten Raumabschnitt des Kreuzgangs, von nordfranzösisch geschulten Bauleuten gestaltet. Dem reich skulptierten Stufenportal im Osten antwortet im Westen der eingezogene, mit Zackenband besetzte Gurtbogen. An der Nordwand zwischen fünfteiligen Bündelpfeilern Steinbänke. Das Mitteljoch, als Platz des Abtes, durch eine von Polygonstützen gerahmte Fenstergruppe betont: achtteiliges Radfenster über Spitzbogenarkaden auf Doppelsäulchen. Charakteristische Motive sind neben der ausgeprägten Wulst-Kehle-Rahmung das Zackenband, knieförmig endende Dienststücke an der Außenwand, Knospen- und Halbfigurenkapitelle, auch mit Fabelwesen. – Das Eckjoch vor dem Benediktusportal im Nordwesten ebenfalls als räumliche Einheit gestaltet. Einzigartig das vielteilige gotische Stufenportal mit je sechs eingestellten Säulen und im Spitzbogen herumgeführten Archivolten von großer Tiefenwirkung; kunstvoll die Variationen des Zackenbandornaments.
Der Westflügel ab 1230 bis Ende 13. Jh. entstanden. 1836 instandgesetzt mit Eingriffen in die mittelalterliche Substanz: Abbruch der gotischen Abdon- und Sennenkapelle. Ersatz der beiden mittleren quadratischen Kreuzgangsjoche durch drei neugotische Joche: für den Treppenaufgang zur Gruftkapelle sowie die seitlichen Abgänge zur Gruft. – Einheitlich spitzbogige Kreuzrippengewölbe mit runden Schildbogen über fünfteiligen Bündelpfeilern in Gegenüberstellung mit Rundpfeilern. In den plastischen Einzelformen der nördlichen Joche verwandt mit Kapitellen der ▷ Ulrichskirche.
Südflügel in Formen der fortgeschrittenen Gotik des 14. Jh., nach Art der Dombauhütte. Schlußsteine namhafter Äbte verweisen auf den schleppenden Baufortgang der spitzbogigen Kreuzrippenwölbung. Diese auf Dreibündeldiensten über prismatischen Polygonsockeln. Kelchkapitelle mit zumeist zweireihigem, frei gearbeitetem Laubwerk in naturalistischen Formen. – In der Nordwand spätromanische Doppelarkade. Urspr. Eingang in die Brunnenhalle, die 1836 mit der darüber gelegenen, 982 geweihten Abteikapelle abgebrochen wurde.

Gruftkapelle

Beeinflußt vermutlich durch *Schinkels* Entwurf von 1810 für das Mausoleum der Königin Luise (nicht ausgeführt), und inspiriert durch die gerade begonnene Domrestaurierung, verwirklichte der als Klassizist bekannte fürstliche Baurat *Carl Victor Keim* 1835–43 den ersten monumentalen Grabbau im neugotischen Stil in Bayern. Die mittelalterliche Kreuzgangarchitektur bildet den Rahmen für eine Doppelkapelle auf quadratischem Grundriß mit eingezogenem fünfseitigen Choranbau. Über eine in ein Zwischenjoch eingezogene Freitreppe erreicht man die dreischiffige Halle mit Sternrippengewölben über schlanken Marmorsäulen. Blickpunkt des in „feierlichem Halbdunkel" gehaltenen, steinsichtigen Kapellenraums ist der lichtdurchflutete Altarraum. Er wirkt wie eine Nische für das bühnenartig dargebotene Christusmonument aus Carraramarmor, 1831/32 von *Johann Heinrich von Dannecker*. In Raummitte, unter freischwebenden Sternrippen aufgehängt, die Ampel des Ewigen Lichts über der ovalen Öffnung zur Gruft. In den Seitenwänden buntfarbige Glasgemälde von *Joseph Sauerleute*, sign. 1840. Entwurf von *Keim*, Apostel- und Prophetenfiguren nach den Skulpturen *Peter Vischers* am Nürnberger Sebaldusgrab. – Die Sarkophage in der fürstlichen Gruft (ab 1844) nach Entwürfen des Architekten *Ludwig Foltz*. Hierzu gehören die Monumente für Fürstin Therese Mathilde (geb. Prinzessin von Mecklenburg-Strelitz), Fürst Carl Alexander von Thurn und Taxis sowie die Prinzen Karl Wilhelm und Georg Karl.

Alter Konvent

West- und Südflügel sind im aufgehenden Mauerwerk romanisch. Im Obergeschoß des Südflügels (ehem. Abtei), im sog. Löwensaal, Fragmente mittelalterlicher Wandmalerei (1959 im Bibliotheksmagazin aufgedeckt): überlebensgroßer Christophorus, frühes 14. Jh. und Umrißzeichnungen von Reiterfiguren. – Im Treppenhaus Löwenreliefs, seltene Renaissancebildwerke in Holz aus dem 3. Viertel des 16. Jh., vermutlich von einer Wanddekoration im kleinen Abteisaal. Sieben Tierreliefs, Daniel und Samsons Kampf mit dem Löwen. – Im Westflügel romanische Küche, nach 1166 entstanden, ältester Profanraum des Klosters. Steile zweischiffige Halle zu drei Jochen, die mittleren schmäler; gestelzte Kreuzgratgewölbe zwischen breiten Gurten. Fenster verändert. – Jetzt Ausstellungsraum der fürstlichen Sammlung mittelalterlicher Kunst. Hinzuweisen ist auf ein sehr gutes, um 1500 entstandenes Flügelaltärchen mit Szenen aus der Legende des hl. Martin, urspr. in der Schloßkapelle St. Martin zu ▷ Wörth/Donau. – Steinfigur des hl. Paulus, aus dem ehem. Regensburger Frauenstift Mittelmünster oder St. Paul (später Jesuitenkolleg, 1809 zerstört), 3. Viertel 14. Jh. – Weitere bedeutende Skulpturen, z. B. aus Rain/Straubing und Obermarchtal. – Südlich spätgotische Steintreppe mit Rundstütze. Im Norden angrenzend das barocke Refektorium von 1689, ein Rechtecksaal mit segmentbogigem Tonnengewölbe auf wuchtigen Volutenkonsolen über Doppelpilastervorlagen. An der Decke in Stuckdekor eingelassene Leinwandbilder, *Jakob Heubel* zugeschrieben: drei Darstellungen aus dem Leben des hl. Benedikt.

Bibliothekstrakt (Ostflügel) auf Grundmauern des alten Kreuzgangs und des Neuen Konvents, 1732–37 von *Johann Michael Prunner* neu errichtet. – In den Schildbogenfeldern (der wohl aus statischen Gründen abgebrochenen Kreuzganggewölbe) Malereifragmente von *Melchior Bocksberger*, 1573. – Im barocken Kapitelsaal romanische Arkadenfenster, um 1170, und gleichzeitige Wandmalereifragmente des mittelalterlichen Vorgängerbaues (Benediktinermönch und Teufelsgestalt vor Pflanzenhintergrund).

Ehem. Klosterbibliothek, jetzt Hofbibliothek

Im Obergeschoß über dem Kapitelsaal und wie dieser querrechteckig zu drei Jochen über freistehenden toskanischen Säulen, die im Mitteljoch verdoppelt sind. Die zweigeschossige Halle umläuft ein durch Galerien geteilter Umgang. In der Querrichtung sind die Säulenpaare durch gurtbogenartige Tonnenstücke verbunden, auf denen ovale böhmische Kappen aufliegen. Schmale Tonnengewölbe über den Emporen, an den Längswänden mit Stichkappen über rundbogigen Durchgängen. – Gewölbemalerei 1737 von *Cosmas Damian Asam*, vollendet nach seinem Tod (1739), wurde 1967/68 unter einer klassizistischen Übermalung (von *Joseph Zacharias*) freigelegt. – Das theologische Bildprogramm, ansichtig von der Fensterseite aus, umfaßt drei bildhaft aufeinander bezogene Kompositionen mit ausschnitthaft schrägansichtigen Kuppelräumen. Thema ist (nach Paulus, Korintherbrief) die Nichtigkeit menschlichen Wissens gegenüber christlichen Tugenden wie Glaube, Hoffnung, Liebe und angesichts der allmächtigen Dreifaltigkeit. – In der Mitte König Salomo auf dem Thron irdischer Weisheit, umgeben von Löwen und Symbolen u.a. der Astronomie, Heilkunde, Geometrie als auch der Vergänglichkeit. Aufblickend zum Auge Gottes entgleiten ihm die Insignien der Macht. Auch die Künste (auf dem Gesimsvorsprung) gemalt als vergänglich. Rechts die Darstellung des Glaubens, Bekenntnis des Apostels Paulus zum Gekreuzigten, auf den sich alles Wissen gründet. – Links der hl. Benedikt bei der Abfassung der Ordensregel, inspiriert vom Hl. Geist.

Äußerer Ostflügel

Hier überlagern sich hinter historistischer Fassade spätmittelalterliche und barocke Bauteile des Benediktinerkonvents mit Teilen der fürstlichen Residenz aus verschiedenen Stilphasen des 19. Jh. (um 1980 als fürstlicher Wohnbereich saniert). – Im ersten Obergeschoß (öffentlich zugänglich) Prunkräume. Wertvolle Ausstattung vorwiegend des 17. und 18. Jh. aus den aufgelösten Residenzen des Hauses Thurn und Taxis in Brüssel und Frankfurt/Main: Wandteppiche, Raumvertäfelungen einschließlich Bilder und Mobiliar. Außerdem ein Spiegelkabinett aus dem ▷ Ehem. Neuen Äußeren Palais (am Emmeramsplatz in Re-

gensburg) von 1792. – Das Familiengut, das in drei Zeitabschnitten ins Schloß gelangte, war jeweils Anlaß für eine stilgerechte Einbindung. Das Spiegelkabinett wurde 1816 in eine klassizistische Raumfolge übernommen. Die Wandteppiche und Möbel inspirierten zu einem Festsaal im Neurenaissancestil (nicht erhalten) und einem silbernen Salon in Neurokoko. Als 1891 auch die originale Rokokoausstattung mit wertvollen Wandverkleidungen, Türen und Supraporten aus Frankfurt/Main transferiert wurde, erfolgte eine weitere Neugestaltung des Ball- und Festsaals und die Überformung einer ganzen Raumfolge im Stil des zweiten Rokoko. Dieser spätgründerzeitlichen Überformung und Modernisierung durch den Architekten *Max Schultze* entgingen nur der von *Leo von Klenze* gestaltete Grüne Salon und der Spiegelsalon. – Die Übernahme älterer auswärtiger Schloßeinrichtungs- und Ausstattungsteile hatte in München bereits um 1800 unter Max IV. Joseph einen Vorläufer. Vermutlich war auch die frühe Würdigung des Rokoko angeregt durch die Münchener Residenz, wo Ludwig II. ab 1866 Räume in diesem Stil in Auftrag gab.
Auf mehrere Prunkräume verteilt monumentale Brüsseler Wandteppiche, entworfen von *Rubens*schülern, darunter eine programmatische genealogische Folge, die das Fürstenhaus auf das mittelalterliche Mailänder Adelsgeschlecht der Torriani zurückführt, in mehreren Serien als Hochzeits-, Wappen-, Schlachtenteppiche zusammengestellt.

Raumfolge (von Norden nach Süden)

Hauskapelle. 1892 eingerichtet im Sterbezimmer der Erbprinzessin Helene. Wappentapisserien von 1640. – Neugotischer Altar mit Gemälde von *Heidingsfelder* aus Düsseldorf. – Im Vorraum Gemälde: die beiden Heiligen Familien von *A. Bernardini* mit kostbarem Schnitzrahmen von *Paul Egell*, wohl Altarbild aus dem Frankfurter Palais. – Magdalenensalon. Ausstattung 18. Jh. (aus Frankfurt) einschließlich der vergoldeten Ledertapeten mit Blau in Blau gemalten Chinoiserien. Grisaillebilder von *Schütz d. Ä.* sign. – Pariser Prunkkommoden um 1737, eine sign. *Criaire*. – Gobelin sign. von *Audran* 1776, Christus beim Gastmahl mit Maria Magdalena, Geschenk der Stadt Paris an Carl von Dalberg anläßlich der Kaiserkrönung Napoleons. – Roter Salon. Frankfurter Mobiliar; Prunkkonsole von *Paul Egell*. – Porträt Fürst Alexander Ferdinand, um 1740. – Grüner Salon. Einziger erhaltener klassizistischer Raum, 1817 von *Leo von Klenze* als Schlafzimmer für Fürstin Therese entworfen. In einem von Säulen abgetrennten Alkoven Prunkbett, mit großen Schwanenfiguren an den Ecken besetzt. Klassizistische Marmorbüsten. – Spiegelsalon. 1792 für das Neue Äußere Palais entstanden, vermutlich von *Simon Sorg*. Der im Rokoko geprägte Raumtyp hier in frühklassizistischer Ausformung, Teile der Dekoration bereits industriell gefertigt. Stuckdecke von 1817. – Sitzmöbel 1803 aus Straßburg. – Gelber Salon. 1892 eingerichtet mit Frankfurter Wandverkleidungen, Spiegeln und Supraporten, darunter zwei von *Georg Christian Schütz* sign., klassizistisches Parkett. – Silbersalon. 1873, eine der frühestens Raumschöpfungen im Zweiten Rokoko nach dem Vorbild der Amalienburg in Nymphenburg. – Zweigeschossiger Ball- und Festsaal. 1892 nach Entwurf von *Max Schultze* im Stil des Zweiten Rokoko gestaltet für die bewegliche Ausstattung des Frankfurter Palais, – eine Neurenaissancedekoration von 1870 ersetzend. Stuck von Bildhauer *Biehl* aus München. Spiegel, Medaillons mit Monatsstukkos (in Abgüssen) und Supraporten 18. Jh., letztere von *Justus Juncker, G. C. Schütz* und *Innocente Bellavita* gemalt. Möbel um 1810. – Sog. Thronsaal und Vorzimmer. Neurokoko, 1892 unter Verwendung von Frankfurter Ausstattung: Wandverkleidung, Festteppiche und Gobelins mit Allegorien. – Thronsessel mit Baldachin, um 1770/80, verwendet bis 1806 für den Prinzipalkommissar beim Immerwährenden Reichstag.

Südflügel des Schlosses (privat)

1883–88 anstelle von Wirtschaftsgebäuden des Klosters über verstärkten Außenmauern errichtet, erweitert auf eine Länge von mehr als 150 m bis zum mittelalterlichen Emmeramer Stadttor. Dieser riesige Schloßflügel aus der Spätzeit der Monarchie ist weitgehend mit seiner Erstausstattung erhalten. Für die historistische Schloßarchitektur weit über Bayern hinaus von Bedeutung. Auftraggeber Fürst Maximilian Maria von Thurn und Taxis (1871–85), Architekt *Max Schultze*. Vollendung erst nach dem Tod des Fürsten bis 1891, stark beeinflußt durch Fürst Albert Maria von Thurn und Taxis (1885–1952).
Mit der Hauptfront nach Süden gegen die Carl-Anselm-Allee gerichtet; der ungewöhnlich lange, von Turm-, Erker- und Zwerchgiebelaufbauten gegliederte Baukörper durchaus konventionell in der Fassadenausbildung. Im Innern bemerkenswert zwei Treppenhäuser, kostbar ausgestattet mit Stuckmarmor und Groteskenmalerei. Durchgehend getrennte innere Erschließungssysteme für Herrschaft und Dienerschaft. – Repräsentative Raumfolge mit Wintergarten, Jagd- und Kegelsalon in Neurenaissance. Im westlichen Teil Stilwechsel zum Neurokoko, gefördert wohl durch den Wechsel in der Person des regierenden Fürsten. – Ausstattung zusammengesetzt aus älterem Familiengut, antiquarisch erworbenen Stücken und heimischem Kunsthandwerk.
Kurfürstenbrunnen, seit 1889 im Schloßhof aufgestellt. 1578/79 vom Kloster vor dem Abteibau errichtet, unmittelbar nach Neugestaltung des Kirchturms. Bildhauer war Meister *Michael Dietlmaier*. 1831 Renovierung durch *Joseph Anton Hundertpfund*. Achtseitiges Wasserbecken, in den Hauptfeldern das Reichswappen und Wappen der sieben Kurfürsten. Auf einer Kandelabersäule die Figur Kaiser Arnulfs von Kärnten, eine Würdigung des Kaisers, der seine Pfalz vor das Kloster verlegt hatte.

Marstall (heute Museum)

Erster Neubau der Thurn und Taxis nach Übernahme des Klosterkomplexes. 1829–32 nach Plänen von *Jean Baptiste Métivier*, Hauptwerk dieses Klenze nahestehenden Münchner Klassizisten. Symmetrische Dreiflügelanlage mit flach geneigten Walmdächern, breitgelagert um einen Ehrenhof nach Osten, im Dreierrhythmus untergliedert. Hof anläßlich des Postjubiläums 1990 mit Stahl-Glas-Galerien geschlossen. – Die Reithalle in der Mitte ist ganzflächig rustiziert. Über hochliegendem Sockel Rundbogenfenster, waagrechte Betonung durch Kranzgesims. Über dem Hauptportal *Ludwig Schwanthalers* Figurenrelief „Victoria bekränzt siegreiche Pferde". – Die seitlichen Stallungsflügel, dreischiffig überwölbte Säulenhallen, sind gegen den Hof durch Säulenarkadengänge ausgezeichnet.
Das Innere der Reithalle klar gegliedert, mit gefelderter Flachdecke und nuancierter Dekoration. Ausgeführt von *Joseph Hundertpfund* aus Regensburg und *Johann Leeb* aus München. Malerei von *Joseph Zacharias*. Umlaufende Relieffolge *Schwanthalers*: Darstellungen olympischer Rennwagen mit Achill, Hektor und anderen Wagenlenkern an den Stirnseiten. Zwischen den Fenstern mythologische Heroen mit ihren Rossen. Annähernd rundplastische rahmenlose Figurengruppen, weiß wie die Raumfassung.
Museumsausstattung. – In den ehem. Stallungstrakten verschiedene Wagentypen des ausgehenden 19. Jh. und später. – In der ehem. Reithalle Prunkkutschen, einzelne Schlitten und Sänften in- und ausländischer Provenienz, vom 18. Jh. an, ergänzt durch Prunkgeschirre im Obergeschoß und Pferdeporträts von *Franz Adam* und *Adolph Schreyer* aus Frankfurt.
Westlich des in den Schloßpark einbezogenen ▷ Emmeramer Stadttors entstanden in Verlängerung der Waffnergasse die Helenenbrücke über dem Wallgraben und das Helenentor. Zwischen 1904 und 1912 nach Entwurf von *Max Schultze*. Zusammen mit den Erweiterungsbauten für die fürstliche Verwaltung, den Marstall und den Wagenpark entstand ein städtebaulicher Komplex, der von den Zeitgenossen als entschlossen neu „ohne den fatalen Beigeschmack von ängstlicher Anpassung" gewürdigt wurde.

Schloß Höfling. Zwischen Oberisling und Burgweinting an der südlichen Stadtgrenze gelegen. Spätbarocker Herrensitz, 1750 vom fürstlich Thurn und Taxisschen Hofmarschall Xaver Ignaz Freiherr von Reichlin-Meldegg erbaut. Bereits 1775 an die Fürstin von Palm verkauft, Neueinrichtung. Heute im Besitz des Fürsten von Thurn und Taxis. – Zweigeschossiger Rechteckbau mit Mansarddach. Im Mittelrisalit nach Westen ein Gartensaal, darüber Festsaal mit seitlichen Enfiladen. – Anbau aus den zwanziger Jahren des 20. Jh.

Schloßanlage Pürkelgut (Einhauserstraße 2). Weit im Südosten der Stadt gelegen. Im Ursprung ein mittelalterliches Weiherhaus wie ▷ Ge-

belkofen und ▷ Köfering, unter dem Namen Neuenhausen 1237 erstmals bezeugt. 1529 im Besitz des Ritters Wolf Horneck. 1728 kompletter Neubau für den Regensburger Handelsherren Johann Jakob Pürkel, dem damals auch das Haus Heuport (▷ Domplatz 7) gehörte. Der Architekt ist nicht bekannt; die Zuschreibung an den Linzer Baumeister *Johann Michael Prunner* (siehe Palais Löschenkohl, ▷ Neupfarrplatz 14) wirkt überzeugend (vgl. Freihaus Mannstorff in Linz). Seit 1844 ist Schloß Pürkelgut im Besitz des Fürsten von Thurn und Taxis. Der Bau (nicht zugänglich) befindet sich in verwahrlostem Zustand.
Die Wasserbewehrung weitgehend erhalten, umstanden von Pappeln. – Schloßartiger dreigeschossiger Mansarddachbau. Die beiden Ecktürme an der Nordseite stammen im Kern vielleicht noch vom Vorgängerbau des 16. Jh. Flache Wandgliederung durch Mauerbänder. An der nördlichen Gartenseite halbrund vorspringender Mittelrisalit für den Garten- und Festsaal. Haupteingang an der Südseite. – Im Innern dreiarmige Podesttreppe mit hölzernem Balustergeländer. Maßvolle flachgedeckte Rechteckräume. Ovaler Festsaal mit Stichkappentonnengewölbe.

Adelige und Bürgerliche Wohnhäuser

Geschichte der Stadtsanierung und Denkmalpflege

Die seit mehr als 35 Jahren durchgeführten Maßnahmen und die sich wandelnden Verfahrensweisen haben Beispielcharakter für die Bundesrepublik. Enge Zusammenarbeit von Bauforschung, Denkmalpflege und Stadtplanung hat in diesem größten mittelalterlichen Stadtdenkmal Deutschlands in den letzten 15 Jahren zu anerkannten Lösungen geführt.
1955 erster städtischer Förderungsantrag für Sanierungsmaßnahmen. Er betraf substanzgefährdete Einzelobjekte westlich des Alten Rathauses. Bereits 1927–30 waren in diesem Bereich Abbrüche zur Auflockerung der Bebauung vorausgegangen. – Im Sanierungsgebiet I wurden 1958–60 unter städtebaulicher und künstlerischer Leitung des Münchner Architekten *Hans Döllgast* großflächige Hof- und Gebäudeentkernungen, verbunden mit altstadtgerechten Ersatzbauten, vorgenommen. Ziel war eine Ausdünnung des Baubestandes, Schaffung von Freiflächen sowie neuer Verkehrs- und Fußgängerverbindungen. – Ab 1962 entstanden Bebauungspläne für das ganze Altstadtgebiet. Teilbebauungspläne wurden 1961/71 rechtskräftig. Die meisten Sanierungen bedeuteten anfangs Abbruch und Neubau nach den Anforderungen des Sozialen Wohnungsbaues. – Grundlegende Anregungen zur Stadterhaltung und Stadtentwicklung lieferte 1959 ein Gutachten der Deutschen Akademie für Städtebau und Landesplanung, später ein Gutachten aus dem Kulturkreis im Bundesverband der deutschen Industrie.

1973 Ausweisung der gesamten ehem. Reichsstadt als Stadtdenkmal nach dem Bayerischen Denkmalschutzgesetz. In Bauraltersplänen wurde seither die Gebäudestruktur detailliert und mit ausführlichen Beschreibungen sowie Abbildungen erfaßt. Außerdem wurde für den Altbaubestand die Lockerung ungeeigneter Förderungs- und Sicherheitsbestimmungen erreicht. Seit 1976/77 deutliche Wende im Umgang mit Profanarchitektur: Absage an Substanzzerstörung und „gestalterische" Denkmalpflege. Erstmals beim Keplerhaus (Keplerstr. 2) wurde die bisher nur bei herausragenden Monumenten übliche detaillierte Bauforschung und wissenschaftliche Restaurierungsmethode an einem schlichten Bürgerhaus angewandt und zur Grundlage des Sanierungsplans gemacht.
Durch diese Methoden konnte man inzwischen nachweisen, daß viele der äußerlich unscheinbaren Gebäude innerhalb der ehem. Reichsstadt im Kern mittelalterlich sind. Vielfältig und in großem Umfang ist seither kulturgeschichtlich und künstlerisch wertvolle Substanz aufgedeckt, dokumentiert, konserviert und benutzbar gemacht worden. Auch der Umgang mit öffentlichen und halböffentlichen Freiflächen änderte sich: Man achtete nun auf das äußere und innere Erschließungssystem der mittelalterlichen Stadt, das Wegesystem mit Plätzen, Höfen, Eingangshallen, Treppendielen und Durchgängen als schützenswerten Bestand. Im Bereich Engelburgergasse – Am Römling hat die Stadtbau-Gesellschaft beispielhaft diese historischen Qualitäten in einer behutsamen Erneuerung reaktiviert.
In Regensburg wurde mit archäologischen Methoden der Mauer- und Putzuntersuchung, der verformungsgerechten Vermessung und Bestandsaufnahme von konstruktiven und dekorativen Teilen ein hervorragendes bauhistorisches Dokumentationssystem angewandt, das nach den systematischen Voruntersuchungen als Grundlage für die Sanierungskonzepte dient. Damit sind die Kenntnisse über den Profanbau vom frühen Mittelalter bis ins 20. Jh. in den letzten Jahren grundlegend vertieft worden. Interessante Funde zur Alltagsgeschichte erbrachte beispielsweise 1983 die erste systematische Untersuchung einer Versitzgrube (Vor der Grieb) mit Abfallschichten aus der Zeit von 1300–1430.
Seit dem ausgehenden 19. Jh. wurde Regensburg wegen seines mittelalterlichen Stadtbildes zunehmend entdeckt und gewürdigt. Heute erschließt sich die Regensburger Hauslandschaft mehr und mehr auch im inneren Gefüge, mit unterschiedlichen Haustypen vom Kleinhaus bis zur Patrizierburg, mit romanischen Kellergewölben und bemalten Bohlenstuben bis zu klassizistischer Raumausmalung. – Als Beispiele für eine auf Bauforschung aufgebaute private Sanierungsplanung können Häuser im Straßengeviert zwischen Bismarckplatz, Gesandtenstraße und Glockengasse gelten. Verträgliche Nutzungsanpassung erreichten die Sanierungen der Anwesen Goldener Turm (Wahlenstr. 16), Untere Bachgasse 13 und Vor der Grieb mit Studentenwohnungen. Die Substanzerhaltung setzt mit der Nutzungsplanung

im Einzelfall der Sichtbarmachung Grenzen. So mußten in einigen Fällen wertvolle Wandmalereien nach teilweiser Freilegung konservierend wieder verdeckt werden.

Entwicklung des bürgerlichen Profanbaus in Regensburg

Der zusammenhängende Bestand romanischer und gotischer Profanarchitektur Regensburgs – einer mittelalterlichen Großstadt – ist einzigartig.

Die Häuserzeilen bauen sich über zahlreichen mittelalterlichen Kellern auf. Die Hauslandschaft ist gotisch. Das Hof- und Erschließungssystem stammt zumeist aus dem 15./16. Jh. Die innere Ausstattung ist überwiegend barock bis 19. Jh. – Der bautechnische und künstlerische Rang der Regensburger Wohnkultur hat sich in den letzten Jahren zunehmend offenbart. Grundlegend war die Entscheidung, die Bauforschung bei der Sanierung zu beteiligen. Kenntnisse über den Baubestand erwachsen demzufolge gerade dort, wo die Substanz durch Sanierung angegriffen wird. Nicht wenige der historischen Entdeckungen sind zeitlich auf die Untersuchungsphase begrenzt. Öffentlich zugänglich ist naturgemäß nur ein kleiner Teil der Bürgerhäuser, und dieses aufgrund veränderter Nutzung. – Besondere Bedeutung hat auch der bis heute beträchtliche Bestand „vernachlässigter“, unsanierter Gebäude, in denen kulturgeschichtliche Zeugnisse noch verborgen sind.

Romanik. Mit zahlreichen erhaltenen Kellern beginnt die nachweisbare Regensburger Bürgerhausarchitektur. Gewölbte Keller befinden sich vor allem entlang der innerstädtischen Hauptstraßen und in beiden Vorstädten, z.B. Lederergasse 1 und 33, Ostengasse 13. Sie gehörten in der Regel zu Kaufmannshäusern. Typisch sind geschalte Gewölbe über Wänden aus Kleinquader- oder Bruchsteinmauerwerk. Außerdem kreuzgratgewölbte Räume mit einer oder mehreren Stützen, z.B. Tändlergasse 2 und 4.

Nicht wenige der ursprünglich freistehenden Wohntürme der Romanik sind erhalten. Das turmartige Giebelhaus Kapellengasse 2, 2. Viertel 12. Jh., zählt zu den ältesten Wohnbauten im sog. Pfaffengau. Den frühesten Hausturm Regensburgs, Anfang 12. Jh. mit Anbau des späten 12. Jh., besitzt das Haus Untere Bachgasse 13. – Geläufig ist im 13. Jh. die Verbindung von turmartigem Giebeltrakt aus Bruchsteinmauerwerk mit anschließendem Pultdachhaus in Ständerbohlenkonstruktion, z.B. Keplerstr. 2. – Die meisten romanischen Holzbauten, die urspr. den Großteil des profanen mittelalterlichen Baugefüges ausmachten, haben jedoch die Stadtbrände von 1020 und 1152 nicht überstanden. – Romanische Steinhäuser stecken als Kern in vielen späteren Anlagen, etwa Tändlergasse 2: gotisches Wohnhaus mit Steinkern des 12. Jh. über tonnengewölbtem Keller. In dem Gebäudekomplex Goldener Turm verbergen sich mindestens zwei romanische Steinhäuser als Reste eines heute nicht mehr faßbaren Hausgefüges. – Von den mehr als dreißig mittelalterlichen Höfen auswärtiger Bischöfe und Klöster sowie adeliger Geschlechter ist nur der Brixener Hof mit Teilen des 11. Jh. erhalten, ohne den dazugehörigen Turm und ohne Kapelle. – Bauzier in Form von Dreierarkaden liegt an mehreren Fassaden frei: Altmannsches Haus (Neue Waaggasse 2), Unter den Schwibbögen 21, Engelburgergasse 4.

Gotik. Die gotische Profanarchitektur, bis heute Kernbestand der Regensburger Altstadt, ist in stadträumlichem Zusammenhang auf dem Vogelschauplan (1644) von *Hans Georg Bahre* überliefert (Museum der Stadt Regensburg). Charakteristisch sind große Mehrflügelanlagen. Typische Elemente dieser patrizischen Hausburgen sind: hohe Türme, gewölbte Keller, als Kapellen genutzte gewölbte Erdgeschoßräume, großzügige Eingangshallen mit darüber liegendem Festsaal und Bohlenstuben. Als Kaufmannshöfe entstanden sie in lang andauernden Wachstumsprozessen bis ins frühe 14. Jh. Typisch in ihrer unterschiedlichen Grundriß- und Baukörperentwicklung sind die Komplexe In der Grieb, an der Wahlen- und Gesandtenstraße.

★ Die schlanken, hohen Geschlechtertürme, als einzigartige Zeugnisse nördlich der Alpen nur in Regensburg erhalten, zeigen den Einfluß oberitalienischer Streittürme. An die vierzig dieser seit dem 12. Jh. auftretenden Türme mit seitlich angebautem Wohntrakt sind heute nachweisbar. Zumeist auf schmallanger Grundfläche bis zu neun Geschosse hoch, mit Zinnenkranz abschließend. Straßenseitig Schmuckfenster, seitlich Schießscharten. Im Erdgeschoß befand sich in der Regel ein gewölbter, wohl zu Recht als Kapelle interpretierter Raum, temporär vielleicht auch als Magazin genutzt. Die Türme waren nur in den unteren Geschossen zur Nutzung ausgebaut. Häufig befanden sich im 1. Obergeschoß urspr. offene Loggien. Bemerkenswert ist das Ergebnis der Bauforschung beim „Goldenen Turm“ (Wahlenstr. 16): Die endgültige Turmhöhe entstand erst in der zweiten Bauphase mit der Aufstockung des Wohnbaus um 1300. Handelsgesellschaften, die sich in Italien nachweislich zum Bau der aufwendigen Streittürme zusammenschlossen, sind in Regensburg bisher nicht nachgewiesen. – Einzelne der großen Patrizieranwesen umfaßten kunstvolle, durch mehrere Geschosse reichende Kapellen: Thomaskapelle (Am Römling 12), Salvatorkapelle (Ecke Unter den Schwibbögen/Weiße Hahnengasse). – Traufseitige Wohnanbauten sind in der Regel aus verputztem Mauerwerk errichtet, häufig mit hausteingefaßten, teilweise profilierten und skulptierten Tor- und Fenstergewänden. Erker sind zumeist flach ausgebildet, häufig mehrachsig, gelegentlich bis an die Traufe heraufgezogen. – Großzügige Hoferschließung: Gewölbte zweischiffige Eingangshallen haben das Zanthaus (Gesandtenstr. 3) und das Lyskirchnerhaus (Untere Bachgasse 10). Verbreitet sind auch holzgedeckte Durchfahrten. Darüber liegen in mehreren großen Kaufmannsanwesen ein- und mehrgeschossige Säle des 14. Jh.: im Haus Heuport (Domplatz 7) und im Runtingerhaus (Keplerstr. 1). Ein gewölbter Patriziersaal mit stuckiertem Wandschmuck ist der (heute im Rathauskomplex eingebaute) Dollingersaal. – Kaum etwas ist über mittelalterliche Treppenerschließung bekannt. Eine überwölbte Außentreppe, barock verändert, hat das Haus Heuport. Die meisten Treppen waren vermutlich einläufig, steil geführt. Im spätgotischen Domkapitelhaus (am Domkreuzgang) eine an der Innenwand hochgeführte Steintreppe, die Treppendiele ist steinverkleidet. – Groß ist die Zahl der freigelegten Bohlenstuben: Es handelt sich um Räume, gänzlich mit Holz in Ständerbohlenkonstruktion ausgekleidet, die den Steinhäusern, gelegentlich mehrfach und in mehreren Etagen, eingestellt sind. Seit der Erfindung des Kachelofens im späten 13. Jh. waren sie als gut beheizbare und wärmetechnisch hervorragend isolierte Wohnräume unentbehrlich. Beispiele in allen Teilen der Stadt: Hinter der Grieb 8, Neue Waaggasse 2, Pfarrergasse 11, Tändlergasse 1 und 2, Engelburgergasse 13, Ostengasse 13. Bemalt sind sie u.a. im Runtingerhaus und Weingasse 8. – Balkendecken, zumeist profiliert und auch bemalt, waren die Regel: Malergasse 11, Haidplatz 7. – Gotische Wandgemälde sind zahlreich im Innern nachgewiesen, z.B. Gesandtenstraße 2, Neue Waaggasse 2; beliebt auch im Eingangsbereich, z.B. Engelburgergasse 13 und im Treppenhaus Glockengasse 14. – Gotische Fassadenmalerei (nach Befund rekonstruiert) am Haus Keplerstraße 2. – Keine einzige gotische Fassade ist ohne jede Veränderung überliefert. Die eindrucksvolle Schauseite des Hauses Heuport (Domplatz 7) ist das Ergebnis einer kühnen Regotisierung.

Renaissance. Bürgerliche Neubauten wie Posthorngäßchen 9 (von 1534) sind die Ausnahme, oder unscheinbar wie Roter Lilienwinkel 4. Eine herausragende Baumaßnahme der frühen Renaissance war der Umbau des Bischofshofes. Eine Hofgestaltung, die das Motiv der dreigeschossigen Arkadenwand in Regensburg einführte. In der Nachfolge stehen zahlreiche Hofregulierungen mittelalterlicher Bürgeranwesen mit Arkadenwänden und Laubengangerschließung. Zumeist an einem Flügel, manchmal auf eine zweite Seite übergreifend, nie an allen vier Seiten: Gesandtenstr. 2, Obere Bachgasse 2, Rote Hahnengasse 2, Lerchenfelder Hof (Untere Bachgasse 12/14), Thon-Dittmerhaus (Haidplatz 8). – Umgestaltung überkommener Bauten bestimmte das Baugeschehen. Art und Ausmaß von Erneuerung, Ausbau und Vereinheitlichung veranschaulicht exemplarisch das Alte Rathaus. Vordringlich war zumeist eine neue Erschließung von außen wie auch zwischen den Gebäudeteilen. Steinerne Treppenanlagen und gewölbte Hallen wie im Rathaus sind in Bürgerhäusern äußerst selten; im Landolthaus, Obere Bachgasse 16, ist eine zweischiffige gewölbte Säulenhalle verbaut. Üblich waren hingegen Holzkonstruktionen, auch mit bemalten Decken, z.B. im Haus zum Bär an der Ketten (Ostengasse 16). – Viele der mittelalterlichen großräumigen Kaufmannshöfe wurden in Gasthöfe umgewandelt: Runtingerhaus (Keplerstr. 1), Goldenes Kreuz (Haidplatz 7), Gasthof Gravenreuther (Hinter der Grieb 8). Zur Neugliederung von Räumen waren Gewölbeeinbauten in die bestehende Holzkonstruktion üblich. Im 19. Jh. noch zahlreich nachgewiesen, sind sie seither häufig im Zuge von Sanierungen entfernt worden. – Mehrere ausgemalte Räume sind bekannt geworden. Sie gehörten wohl zum Standard der noblen Herbergen: z.B. mit architektonischer Gliederung wie im Goldenen Turm, mit figürlichen und szenischen Darstellungen wie im Gasthof Gravenreuther. Am berühmtesten ist die in Fragmenten erhaltene Ausmalung *Albrecht Altdorfers* (um 1532) für das ehem. „Kaiserbad“ im Bischofshof, heute im Museum der Stadt Regensburg. – Kunstvolle Holzausstattung (Täfelung, Portalrahmung, Bohlendecken) hat sich im Baumburgerturm und im Haus zum Bär an der Ketten über die Jahrhunderte erhalten. – Aufwendige, plastisch differenzierte Renaissance-Fassaden fehlen im Regensburger Stadtbild. Von *Melchior Bocksbergers* Rathausentwurf und der Darstellung am Goliathhaus (Goliathstr. 4) ausgehend, wird man farbige Wandmalerei annehmen dürfen. Gemalte Fassadenarchitektur wurde in Anlehnung an Befunde rekonstruiert: Fischgässel 4, Krebsgasse 6. – Typisch um die Mitte des 16. Jh. sind straßenseitige Ausbauten über vorgeblendeten Halbsäulen. Möglicherweise entstanden sie in Erweiterung von Flacherkern oder zur Unterstützung auskragender Holzkonstruktionen: Rote Hahnengasse 2, Gesandtenstraße 10–16, Glockengasse 8.

Barock. Auch in dieser Epoche kaum Neubauten. Umgestaltung und Umorganisation ist das Thema, vorrangig im Erschließungsbereich. Neue Treppenanlagen, häufig mit Antritt in der Durchfahrt, wie Obere Bachgasse 8, Weingasse 8. Großzügige, mehrläufige Treppenanlagen mit hölzernen Balustergeländern haben z.B. Obere Bachgasse 7, Spiegelgasse 1, Schwarze Bärenstr. 2, Wahlenstr. 15, Wollwirkergasse 25, Tändlergasse 14, Weißbräuhausgasse 7. Eine Dekoration des Treppenhauses mit Decken- und Wandmalerei ist die Ausnahme: Weiße Hahnengasse 1. – Hofarkaden und Laubengangerschließung sind weiterhin üblich, auch bei Neubauten wie dem Erbprinzenpalais von 1701 (Bismarckplatz 8), gebaut als Prüfeninger Herberge. – Die Anpassung an den Zeitgeschmack konzentrierte sich auf die Dekoration der Innenräume. Stuckdecken lösten um die Mitte des 17. Jh. die Bohlendecken ab: in Rückgebäuden Unter den Schwibbögen 9 und Wahlenstr. 14, im Kaisersaal Gasthof Goldenes Kreuz (Haidplatz 7). Im frühen 18. Jh. erreichte die Stukkatur in den Bürgerhäusern hohe Qualität: Wahlenstr. 27, Schwanenplatz 1, Neue Waaggasse 1, Jakobstr. 1, Wollwirkergasse 25. Auch die Wandmalerei entsprach den Ansprüchen eines gehobenen, durch die Präsenz des Immerwährenden Reichstags anspruchsvollen Publikums. Raumdekorationen ortsansässiger Maler ersetzten häufig die kostbaren und teuren Tapeten. Régenceornamentik gemalt im sog. Römerzimmer des Hauses Krebsgasse 6, auch figürliche Darstellungen im dortigen Wappenzimmer. Gegen Ende des 18. Jh. überwiegen architektonische Wandgliederungen, mit Ausblick in Landschaften oder eingefügten szenischen Darstellungen. – Reizvolle Proben dieser Raumkunst enthält das Erbprinzenpalais: freigelegt bzw. rekonstruiert. – Stuckfassaden datieren vor allem aus der 2. Hälfte 18. Jh., sind jedoch eher selten; teilwei-

se wurden Stuckdekorationen zugunsten eines einheitlich „mittelalterlichen" Stadtbilds im späten 19./frühen 20. Jh. wieder entfernt. Eine Ausnahme bildet das Löschenkohlpalais des Linzer Architekten *Johann Michael Prunner* (Neupfarrplatz 14). Als Neubau repräsentiert es zusammen mit einigen Sommerhäusern, z.B. am Minoritenweg 20 und Weitoldstr. 6, den Geschmack einer nunmehr kleinen, auf wenige Bankiers und Handelsfamilien beschränkten Auftraggeberschicht.
Klassizismus. Kaum bürgerliche Neubauten. Ein Wohnhaus gehobenen Stils ist das Haus des Stadtchirurgen am Weißgerbergraben 2, baulich in der Tradition des Barock, dekoriert im Zopfstil. Stuckdekor des ausgehenden 18. Jh. auch an erneuerten Fassaden: Goldene Bärenstraße 1, Weiße Hahnengasse 2 und Am Fischmarkt 1. – Herausragende frühklassizistische Bauten sind die Villa Lauser auf dem Oberen Wöhrd und die Fassade des Thon-Dittmer-Palais am Haidplatz, beide im Auftrag des Bankiers G.F. von Dittmer. Architekt der fürstliche Hofbeamte *Joseph Sorg* bzw. später der kurfürstliche Architekt *Emanuel Joseph von Herigoyen*. Letzterer entwarf unter dem Einfluß des Palladianismus eine Reihe von Villen: die (zerstörte) Theresienruhe, das Dörnberg-Palais (Kumpfmühler Str. 2) und das Württembergische Palais (Am Prebrunntor 4). – Einzelne Bürgerhausfassaden reflektieren den Geschmack des Klassizismus mit feinen antikisierenden Stuckreliefs: Am Brückenfuß 4, Wahlenstr. 18. – Die erheblichen Kriegszerstörungen 1809 (etwa 150 Häuser im Bereich des Peterstores und in Stadtamhof) wurden nach Wiederaufbauplänen von *Herigoyen* und *Johann Liebherr* allmählich beseitigt. Städtebauliche Einheitlichkeit verbunden mit Zweckmäßigkeit im einzelnen waren zeitgemäße Maximen, die kaum Spielraum für Originalität zuließen. In der straßenangerartigen Bebauung von Stadtamhof ist dieses Konzept noch sichtbar, in der Maximilianstraße hingegen längst überformt.
Die Neubautätigkeit Regensburgs nach dem Übergang an Bayern (1810) bleibt eher unspezifisch. Erinnerung an die reichsstädtische Geschichte ist in der historistischen Architektur Regensburgs nur selten thematisiert, etwa beim Bau der „Königlichen Villa" (Adolf-Schmetzer-Str. 1), beim Umbau des Gasthofs Goldenes Kreuz (Haidplatz 7) und bei einigen typischen Gründerzeitbauten in der Altstadt, z.B. Rathausplatz 3 oder Obermünsterstr. 9. Eine entscheidende städtebauliche Akzentuierung brachte die Vollendung der Domtürme (1859–69). Das Wachstum der Stadt in der 2. Hälfte des 19. Jh. ließ neue Straßenzüge mit aufwendiger Bebauung in den Randbereichen entstehen. – Weniger mit Neubauten als mit lokal eigenständigen Lösungen der Altstadterhaltung und Objektsanierung hat Regensburg seit den siebziger Jahren dieses Jahrhunderts eine führende Rolle zurückgewonnen.

Bürgerliche Profanbauten an Strassen und Plätzen

in alphabetischer Folge der Straßennamen

Adolf-Schmetzer-Straße 1. Siehe ▷ Königliche Villa, heute Landbauamt.

Adolf-Schmetzer-Straße 3. Neugotisches Wachhäuschen, 1840 anstelle eines mittelalterlichen Vorgängerbaus errichtet.

Alter Kornmarkt. Im nordöstlichen Viertel des römischen Castrums. Im Osten und Norden lag vermutlich die Pfalz der agilolfingischen Herzöge, im Westen und Süden der Pfalzbereich der Karolinger und der späteren bayerischen Herzöge, ab 1195 der Wittelsbacher. Seit 1245 (Reichsunmittelbarkeit der Stadt) bis 1810 blieb die westliche Platzseite bayerisches Territorium. – Im Süden die Alte Kapelle, im Westen der Herzogshof mit Pfalzturm, im Osten Kirche und Kloster der Karmeliten. An der Nordwestseite barocke Bürgerhäuser mit mittelalterlichem Kern, nordöstlich Institut und Kloster der Armen Schulschwestern (Gebäude von 1857 bzw. 1903).

Am Brixener Hof 6, Brixener Hof. Einzig erhaltener Bischofshof, 1002 als Schenkung Heinrichs II. bezeugt. Im Mittelalter bestanden sieben Höfe als ständiges Quartier auswärtiger Bischöfe, die an Gerichts- und Hoftagen in Regensburg teilnahmen. – Baukörper durch die ehem. Durchfahrt in einen wohnturmartigen Südtrakt und einen Nordtrakt geteilt. Der aus der 2. Hälfte des 11. Jh. stammende, hochbedeutende Südtrakt leider 1969 fast ganz abgebrochen; ein Biforienfenster aus dieser Zeit kam ins Museum der Stadt Regensburg. Der Nordtrakt gehört ins mittlere 12. Jh., umgebaut im späten 15. Jh. An der Ostseite romanisches Portal, Kämpfer mit Rundbogenfries (jetzt Schaufenster). Biforienfenster mit Würfelkapitell und skulptiertem Kämpfer, Mitte 12. Jh. Spätgotisches Wappenrelief des Bistums Brixen, wohl unter Bischof Georg Golser (1471–89) entstanden. Aus dieser Umbauphase profilierte Fenstergewände mit Stabwerk an der Nordseite.

Am Prebrunntor 4. Siehe ▷ Württembergisches Palais, heute Naturkundemuseum.

Am Römling. Stattliche, zumeist dreigeschossige Giebel- und Traufseithäuser mit romanischer Substanz. Die geschlossene Straßenflucht unterbricht der gotische Chor der Thomaskapelle im Auerhaus. Die glatten Fassaden vermutlich ehemals bemalt, Spuren barocker Fassadenmalerei freigelegt (Nr. 2). – Nr. 2–8 wurde 1977/78 teils städtisch, teils privat saniert. Erhalten wurden im Innern die mittelalterliche Holzkonstruktion (Nr. 4 und Nr. 8) sowie barocke Stuckdecken (Nr. 2 und Nr. 8). Zusammen mit Engelburgergasse 15 und 17 vorbildliche Gestaltung der innenliegenden Hof- und Gartenflächen.

Am Römling 12, Auerhaus und ehem. Thomaskapelle. Das Anwesen gehörte mindestens seit 1287 der 1334 aus Regensburg vertriebenen Familie der Auer. Es zählte zu den bedeutendsten Patrizierhöfen des 13./14. Jh., erstreckte sich urspr. im Geviert bis zur

Ludwigstraße, wo es Anfang 20. Jh. durch einen Kaufhausneubau teilweise ersetzt wurde. – Im 17. Jh. zeitweilige Residenz des kaiserlichen Prinzipalkommissars und Fürstbischofs von Eichstätt Marquard Schenk von Castell. Teilabbruch des Anwesens 1885, damals baulich verändert die südliche Gebäudehälfte mit Treppengiebel. 1978 privat saniert einschließlich Restaurierung der Thomaskapelle, die heute gastronomisch genutzt wird.

★ Einzigartige Hauskapelle, ein hoher quadratischer Einstützenraum, um 1300. Der turmartige, zinnenbekrönte Kapellenbau springt an der Ostfassade mit drei Seiten eines Achtecks in den Straßenraum vor. Symmetrisch dazu im Westen ein polygonaler Anbau, der, urspr. höher, als Glockenturm diente. Mit steinerner Spindeltreppe, von der aus vermutlich auch Zugang auf eine urspr. vorhandene Empore bestand. Die Kapelle hatte die ungewöhnliche Höhe von 11 m, ebensoviel wie die gesamte Raumtiefe einschließlich Chor. 1646 wurde durch Einziehen von Kreuzgratgewölben der Erdgeschoßraum abgetrennt und separat, über die südliche Gebäudehälfte, zugänglich gemacht. – Der obere Raumteil hat trotz verringerter Höhe erstaunliche Wirkung durch feine Dreistrahlrippen und meisterhafte Bauzier. Den schmalen, in große Fensterflächen aufgelösten, hohen Chor überwölben fünf Kappen. Birnstabrippen auf Runddiensten mit doppelreihig laubwerkbesetzten Kelchkapitellen. Schildbogen, mit Kehle und Stab profiliert, setzen sich als Rahmung der Fenster bis auf die Sohlbank fort. Den Chorbogen unterstützen figürliche Konsolen, die zugleich Rippen des Sterngewölbes aufnehmen. Rechts Halbfigur eines Jünglings mit Hunden, links Ganzfigur eines vornehm gekleideten jungen Herrn. – Im Hauptraum achtteiliges, von schlankem Mittelpfeiler ausstrahlendes Sterngewölbe. Die tief ausgekehlten Rippen setzen sich kämpferlos gebündelt in Diensten fort, die wie Kanneluren um den oktogonalen Pfeiler angeordnet sind. An den Wänden Spitzkonsolen mit naturalistischen Laubwerkformen. Kunstvolle Schlußsteine: in den Ecken Wappen des Hochstifts, der Herzöge von Bayern und der Erbauer, außerdem Evangelistensymbole, das Lamm Gottes und Engel. – Von den bei der Sanierung festgestellten Wand- und Gewölbemalereien wurde nur Maßwerkmalerei in einer Gewölbekappe freigelegt.

Am Sinngrün 1, ehem. Porzellanfabrik. Palaisartiges Walmdachhaus, 1804 wohl nach Entwurf von *Emanuel Joseph von Herigoyen* errichtet. 1908 aufgestockt: Das bestehende zweigeschossige Gebäude mit Mittelrisalit, Säulenportikus und stuckiertem Dreiecksgiebel wurde durch den Architekten *Heinrich Hauberrisser* angehoben und auf ein neues Erdgeschoß gesetzt.

Am Wiedfang 2. Giebelhaus der Renaissance. Im 16. Jh. über dem aufgelassenen Hafenkanal errichtet.

Arnulfplatz. Außerhalb der Arnulfinischen Mauer gelegener rechteckiger Platz. Ein römischer Vulkanaltar 1976/77 ergraben. – An der West- und Nordseite Giebelhäuser der Spätgotik und der Renaissance, im 19. Jh. teilweise überformt.

Augustinerplatz 1, ehem. Kloster der Augustiner-Eremiten. 1810 aufgehoben, Kirche 1838 abgebrochen. Im Nordflügel der ausgedehnten Vierflügelanlage das frühere Refektorium erhalten, heute Teil einer Gaststätte. Reicher, qualitätvoller Deckenstuck der Zeit um 1731, wohl zu Recht *Egid Quirin Asam* zugeschrieben.

Baumhackergasse 1/3. Im Kern romanischer Baukomplex, der 1964/68 rigoros saniert wurde. Stark verändert, südlicher Teil weitgehend Neubau. Rekonstruktion eines Geschlechterturms ohne ausreichenden Nachweis durch Baubefunde. – Nr. 4. Eckhaus, im Kern 13. Jh. Ehem. zum Anwesen Runtinger gehörend. Frühgotische, im 16. Jh. bemalte Balkendecke im Erdgeschoß. – Nr. 7. Neubau 1972–74 zusammen mit Sanierung Silberne Kranzgasse 8, rückwärtig im Hof des Altmannschen Hauses (Neue Waaggasse 2).

Bertholdstraße 11, sog. „Steinsberg". Gotisches Wohnhaus der Familie Dollinger, Anfang 14. Jh., mit z. T. romanischen Kellern. Vor 1364 durch westlich anschließendes Lagerhaus ergänzt, den sog. „Lärenpäutel", Vorgängerbau des ▷ Leeren Beutel.

Bismarckplatz. Regelmäßige, nach Süden ansteigende Platzanlage, im Klassizismus durch Neubauten bzw. Fassadendekorationen weitgehend umgestaltet. Im Norden das ▷ Stadttheater, im Süden die ▷ ehem. Französische Gesandtschaft. 1976/77 vor einem Tiefgarageneinbau römische Straße und bazarartige Gebäude ergraben.

Bismarckplatz 8, sog. Erbprinzenpalais, heute Thurn und Taxis Bank. – 1701 von Kloster Prüfening als Stadtpalais erbaut. Barocke Vierflügelanlage um einen Innenhof, in Teilen über mittelalterlichen Grundmauern. – 1799–1805 an den französischen Gesandten beim Reichstag vermietet. Seit 1862 im Besitz der Thurn und Taxis als ‚Erbprinzenpalais'. Fassade im 19. Jh. umgestaltet. 1985/86 saniert, zuvor bauhistorische Untersuchungen mit Dokumentation von Wanddekorationen des 18./19. Jh. – Im Innern vollständig aus der Erbauungszeit erhaltene Raumfolge. Korbbogig zum Hof geöffnete (verglaste) Erschließungsgänge. In den beiden Obergeschossen sind Wandmalereien von der Erstfassung bis zu acht weiteren Fassungen überliefert. Eine Rokokodekoration wurde im Westflügel freigelegt, zwei Empiredekorationen als Rekonstruktion in einen anderen Raum übertragen. In einem Raum an der Gesandtenstraße wurde eine dekorative Ruinenmalerei freigelegt (1. Obergeschoß).

Bismarckplatz 9, ehem. Württembergische Gesandtschaft. Spätgotische Vierflügelanlage, barock verändert. 1987 saniert, dabei reiche Fassadendekoration aufstuckiert.

Brückstraße 4. Spätromanischer Turm, Fragment. Biforienfenster mit Knospenkapitell, um 1220. Gotischer Anbau und Überschuß 15. Jh. Mehrfach umgebaut seit dem 17. Jh.

Brunnleite. Rechteckplatz im Osten der Westnervorstadt, in den die Lederergasse und von Süden sehr schmale Gäßchen hereinführen. Hinter der Holzlände. Als ‚Brunnleite' erstmals 1007 mit zwei Hofstätten nachgewisen. Benannt nach Wasserableitung in die Donau. An der

Westseite das barocke Armen- und Arbeitshaus von 1724 (Nr. 1), an der Ostseite mehrere ehem. Stadel des 17./18. Jh. (Nr. 5, Nr. 6, Weintingergasse 4) und eine gründerzeitliche Lederfabrik (Nr. 7) charakterisieren den Platz. Das Anwesen Nr. 8 gegen Ende des 18. Jh. aus drei schmalen mittelalterlichen Häusern (darunter rechts ein Turmhaus des 13./14. Jh.) zusammengefaßt.

Domplatz. Mittelalterlich ist der Platz vor der Westfassade des Domes mit dem südwestlich anschließenden Areal. Die Freifläche an der Domsüdseite entstand erst 1895/96 nach Abbruch des Salzburger Hofes und anderer Gebäude. Den westlichen Abschluß bildet die im 20. Jh. regotisierte Fassade des Hauses Heuport. Im Südwesten die aus mehreren Domherrenhöfen zusammengefaßte frühklassizistische Dompropstei.

Domplatz 6, ehem. Dompropstei. Um 1800 aus ehem. drei oder vier Domherrenhöfen neu gestaltet und vereinheitlicht. Vermutlich durch den fürstlichen Baudirektor *Joseph Sorg*, Stukkatur wohl von *Ittelsberger*. Bauherr war Dompropst Joseph Carl Ignaz Graf von Lerchenfeld. 1802–1810 Residenz des Fürstprimas von Regensburg Carl Theodor von Dalberg, 1809 Quartier Kaiser Napoleons I., nach 1853 privatisiert. – Dreigeschossiges, frühklassizistisches Palais. Am Domplatz dreiseitig freistehend. Mit Balustraden verblendetes Mansarddach. Nach Süden durch einen Seitenflügel verlängert, dem sich östlich ein Innenhof vorlagert. Das korbbogige Portal dat. 1800. Mit Putzdekor gegliederte Fassaden, gefelderte Eckverstärkung. An der Nordseite über den mittleren Achsen Frontispiz mit prächtig stuckiertem Wappen und Inschrift des Erbauers, dessen Initialen am eisernen Gitter der Altane vor dem 2. Obergeschoß wiederkehren. – An der Ostseite Steinwappen des Dompropstes Johann Christian Adam Graf von Königsfeld, 1729; weitere Wappen an den Innenhoffassaden.

★ Domplatz 7/Kramgasse 12, Haus Heuport und Hotel Kaiserhof. Der Name abgeleitet aus Porta Foeni (Heutor), da sich hier am Heumarkt das Nordtor des ehem. jüdischen Ghettos befand. Weitläufige Baugruppe mit Fragment eines spätromanischen Turmes (12. Jh.), Hauskapelle, gotischer Treppenhalle, Festsaal und Hofanlage. Bis 1341 ein großes Patrizierhaus, danach mehrfach geteilt bzw. wieder vereinigt. Ab 1713 barockisiert. Rückgebäude um den Hof, von 1681, Westflügel von 1705. – Im frühen 20. Jh. sollte das Haus Heuport einem Straßendurchbruch weichen (Lasne-Plan), 1936–38 Restaurierung des Wohntrakts mit partieller Regotisierung, insbesondere der Nord- und Ostfassade. Ergänzte und rekonstruierte Maßwerkfensterreihe und freigelegte Spitzbogenloggien. 1980 Sanierung des Hauses Heuport, 1962–74 des Hotels Kaiserhof.

Die zweiflügelige, gebrochene Schauwand nach Osten ist unter barockem Walmdach zusammengefaßt. Der älteste Bauteil steckt in der Nordostecke, im Hotel Kaiserhof, als Stumpf eines romanischen Turmes (1593 abgetragen). Südlich angrenzend die ehem. Andreaskapelle aus dem frühen 14. Jh. im Obergeschoß, urspr. ins Erdgeschoß

herabreichend. In zwei Jochen kreuzrippengewölbt, im Osten dreibahniges Maßwerkfenster. Vermutlich urspr. über eine Empore mit dem im Haus Heuport anschließenden Festsaal verbunden.
Im Süden Haus Heuport, ab etwa 1300 entstanden. Außergewöhnlich ist die hofseitige Erschließung über eine offene gotische Treppenhalle. Sie ist in zwei Jochen in Deckenhöhe des Obergeschosses kreuzrippengewölbt und zum Hof in Spitzbogen geöffnet. An der Seitenwand, am Anstieg der barocken Holztreppe, gotische Steinfiguren, Allegorie der weltlichen Verführung, Anfang 14. Jh.: „Fürst der Welt" mit gewinnender Vorderseite, aber von Gewürm zerfressener Rückansicht, und Törichte Jungfrau (vgl. Törichte und Kluge Jungfrauen, Straßburger Domfassade, um 1280). – Über der weiten Durchfahrtshalle in ganzer Gebäudetiefe der Festsaal, 1936–38 wiedergewonnen durch Regotisierung der 1713 barockisierten Anlage. Stützenloser Raum von annähernd 10 x 15 m mit Holzdecke. Die Maßwerkfenstergruppe rekonstruiert „nach vorgefundenen alten Bogenteilen, Maßwerken, Säulen und Profilen" (Bauakt Stadtbauamt). Weitaus prächtiger als am etwa gleichzeitigen Reichssaal des Alten Rathauses. In der Nordwand Verbindungstür zur Andreaskapelle (zugesetzt), daneben eine Gruppierung von Gerätenischen. – In dem südöstlichen Eckbau steckt vermutlich auch ein mittelalterlicher Turm. An der Fassade Rest einer gotischen Loggia. Im Erdgeschoß rückwärtig, anschließend an die Treppenhalle, in einem Raum dreifaches Dreistrahlgewölbe mit Birnstabrippen, skulptierte Schlußsteine mit Blattwerk. – Im Obergeschoß barocke Raumfolge mit Stuckdecken des frühen 18. Jh. – Klassizistische Wanddekoration, Architekturmalerei von *Joseph Zacharias*, um 1800.
Emmeramsplatz (siehe ▷ Stadtanlage). Trapezförmig, ausschließlich von öffentlichen Gebäuden umstanden. Im Süden das ehem. ▷ Benediktinerkloster mit den Kirchen St. Emmeram und St. Rupertus. Westlich und nördlich die Regierung der Oberpfalz, im ▷ ehem. Neuen Äußeren Palais (Nr. 8) und im ehem. Neuen Freisinger Hof (Nr. 9); dieser urspr. durch *Emanuel Joseph von Herigoyen* 1805–07 errichtete Bau im 19. und 20. Jh. gänzlich verunstaltet. Im Osten Ev. Krankenhaus in Nachfolge der ehem. Bruderhausstiftung mit der ▷ Bruderhauskirche (Nr. 12).
Engelburgergasse. Seit dem 13. Jh. nachweisbar. In leichter Krümmung zur Donau herabführend. Wechselnde Haus- und Fassadenformen kleiner, mittlerer und weniger großer Anwesen. Typisch ist die straßenseitige Verbindung mehrerer Hauseinheiten zu breiten, unregelmäßigen Giebelfronten (Nr. 13, 15, 16, 18). Bedeutende romanische Substanz in Haus Nr. 2: Wohnturm aus dem 2. Viertel 13. Jh., zum ehem. Stift ▷ St. Oswald gehörend. Rückwärtig im Süden der Kirche gelegen. Fünfgeschossig, mit gotischem Einbau einer beheizbaren kleinen Bohlenstube im 3. Obergeschoß. – Ein zweites Turmhaus zeichnet sich mit einer romanischen Dreierarkade, um 1150, in der Fassade des Hauses Nr. 4 ab. Eisenhaken im Erdgeschoß dienten ehemals zur Stra-

ßenabsperrung. – Überwiegend gotische Bausubstanz. Gotische Eingangshallen (Nr. 3 und Nr. 22). Die innere Holzkonstruktion mit Fachwerkwänden, Lehmschlagdecken und Bohlenstuben bei den Häusern Nr. 13 und 16 saniert. Gotische Wandgemälde des 14. Jh. mit Turnierszenen im Eingangsflur Nr. 13. – Ein großes Anwesen ist die ehem. Pielenhofener Herberge Nr. 11, seit 1265 als Klosterhof überliefert. 1976 zusammen mit Metgebergasse 6/8/10 saniert. Im Hofinneren Teilabbrüche und Neubauten. – Nr. 22. Gotisches Giebelhaus über romanischem Keller, umgebaut Ende des 16. Jh., barock erweitert und überformt, 1985 saniert. Beibehaltung der inneren Struktur einschließlich barocker Ausstattung von Türen und Stuckdecken.

Erhardigasse. Über der römischen Via Sangularis, innerhalb der Castrumsmauer.

Erhardigasse 1, siehe ▷ Erhardikapelle.

Erhardigasse 9, siehe profanierte ▷ ehem. Pfarrkirche St. Peter und Paul.

Fischgässel 4. Gotisches Eckhaus des 14. Jh., nach drei Seiten freistehend über romanischem Keller. 1977 saniert. Rekonstruierte Fassadenmalerei der Renaissance. Eine gemalte Raumdekoration des Rokoko freigelegt.

Fischmarkt. Typische mittelalterliche Straßenausweitung für den Markt nahe der Donau. Im Kern gotische Bürgerhäuser mit nachmittelalterlichen Veränderungen, 17.–frühes 19. Jh. – Nr. 7/8 und Nr. 12–14 in Blockeinheiten 1976–79 saniert, größtenteils entkernt. – An der Stadtmauer ehem. Stadel (Nr. 3). – Ehem. Zunfthaus der Hafner (Nr. 5), Eckgebäude mit Erker des 16. Jh., im 18. Jh. umgebaut.

Fröhliche Türkenstraße. Im 19. Jh. nach einem Wirtshaus benannt. Über der römischen Via Decumana. Bis 1809 wichtigste Nord-Südverbindung.

Gesandtenstraße. Benannt nach den Reichstagsgesandten, die sich im 17. und 18. Jh. bevorzugt in den großräumigen Patrizierhöfen einmieteten. Im Kern zumeist mittelalterlicher Baubestand, besonders im Süden auf großen Grundstücken. Von ehemals sechs Türmen noch drei erkennbar. – Auf der Nordseite gestört durch parzellenübergreifenden und maßstabsprengenden Neubaublock (Verlag Pustet) von 1958/59. Das nordwestliche Geviert bis zum Bismarckplatz zusammen mit Glockengasse 14 + 16 saniert 1985–87.

Gesandtenstraße 2, Kappelmayerturm. Letzter in voller Höhe erhaltener Geschlechterturm in der Straße. Teil einer mittelalterlichen Dreiflügelanlage: spätromanischer Turm, 1. Viertel 13. Jh., mit spätgotischem, unterkellertem Wohnanbau, 1. Hälfte 15. Jh. Hofarkaden der Renaissance. Sanierung 1963/64, begleitet von Bauforschung. Freilegungen von Wand- und Deckenmalerei.

Turm in enger Straßenflucht auf langrechteckigem Grundriß, siebengeschossig. Zu den Seiten Schießscharten, die frühesten dieser Art in Regensburg. Bruchsteinmauerwerk, abweichend vom Befund steinsichtig belassen. Walmdach statt urspr. Zinnenabschluß. Stichbogige

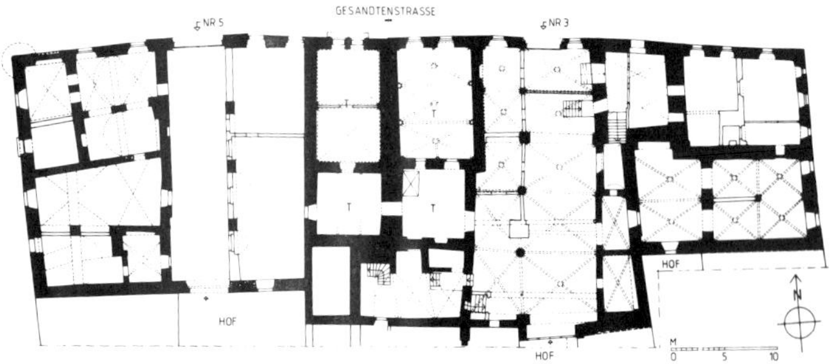

Regensburg, Gesandtenstraße 2, 3 und 5, Zanthaus und Ingolstetterhaus, Grundriß Erdgeschoß

Fenster 19. Jh. – Das Erdgeschoß gestört durch Einbau der Fußgängerpassage (1960). Spätromanisches Kreuzgratgewölbe (abgehängt). – Die Obergeschosse ausgebaut. Im 1. Obergeschoß spätgotische Wandmalerei an der Ostwand, Rankenmuster; barocke Stuckdecke. Im 2. Obergeschoß in voller Tiefe des Turms Holzdecke auf Steinkonsolen. Gotische Wandmalerei, Ranken und originelle Architekturdarstellung, um 1300 (konservierend wieder zugesetzt). – Dreigeschossiger Wohntrakt. In ganzer Breite zweigeschossiger Erker auf profilierten Steinkonsolen, urspr. in Blockbauweise errichtet (modern erneuert). Spätgotische Eingangshalle mit Kreuzrippengewölbe (abgehängt), nördlich anschließend Einstützenhalle. Vier ungleiche Joche auf kämpferlosem Polygonpfeiler, skulptierte Schlußsteine und Konsolen. – Im Erkerzimmer barocke Stuckdecke. Im rückwärtigen Raum bemalte Balkenbohlendecke, Kassettenfelderung und Ranken, Mitte 16. Jh.; Fragmente von Wandmalerei, architektonische Rahmung mit gemalten Inschriften. – Hof. An der Rückwand eingeschossige Säulenarkaden, Galeriebrüstung mit weckenförmigen Backsteinen 16. Jh. Barocker Außenaufgang.

★ Gesandtenstraße 3, sog. Zanthaus, und Gesandtenstraße 5, sog. Ingolstetterhaus. – Die beiden hochbedeutenden mittelalterlichen Patrizieranwesen sind seit 1898 zusammengefaßt und als Schnupftabakfabrik der Gebrüder Bernard genutzt, die damals das Ingolstetterhaus erworben hatten. Vorher war bereits 1812 das Zanthaus von dieser Firma aufgekauft und für die Fabrikationszwecke umgebaut worden. Derzeit wird eine umfangreiche Untersuchung des Bestandes durchgeführt, die als Grundlage für ein mögliches zukünftiges Sanierungskonzept unentbehrlich ist. Jede Planung wird hier vor größte Probleme gestellt werden, da neben der herausragenden bau- und kunsthistorischen Qualität der Gebäude auch die Nutzung des 19. und

20. Jh. berücksichtigt werden muß. Die Schnupftabakfabrik gehört zu den ältesten deutschen Produktionsstätten dieser Art. Die Maschinen und technischen Einrichtungen sind noch in großem Umfang erhalten. Sie machen die Anlage zusätzlich zu einem historisch wichtigen Industriedenkmal, das bei allen denkbaren Nutzungsüberlegungen gebührend berücksichtigt werden muß. Da die beiden Anwesen bis ins 19. Jh. immer getrennt waren, werden sie im folgenden jeweils für sich vorgestellt.

Zanthaus: Der in der Gesandtenstraße östlich stehende, zur Spiegelgasse reichende Komplex gehörte ursprünglich den Zant, einer der reichsten Regensburger Patrizierfamilien des 13. und 14. Jh. Tiefgreifender Umbau 1718 unter Freiherr Leopold Wilhelm Freidl. Seit 1771 im Besitz des Fürsten von Thurn und Taxis, der hier seine fürstliche Kanzlei mit Archiv und Bibliothek einrichtete. 1812 Verkauf an die Gebrüder Bernard, verhältnismäßig wenig Eingriffe für die Umnutzung zur Schnupftabakfabrik.

Das mittelalterliche Zanthaus ist seinerseits aus zwei Patrizierburgen mit je einem Turm und je einer Hauskapelle zusammengewachsen. Am ältesten dabei der östliche, noch aus dem 12. Jh. stammende Turm, an den sich im Osten (zur Spiegelgasse) die 1328 erwähnte Kapelle St. Pankraz und Pantaleon anschloß. Ihre zugesetzte spitzbogige Portalöffnung an der 3. Fensterachse der Nordfassade freigelegt. 1687 Profanierung der Kapelle; beim Umbau 1718 Gewölbe herausgeschlagen, Obergeschosse des Turms abgebrochen. Der zweite, westlich stehende Turm ist mit seinen sechs Geschossen erhalten, statt des ursprünglichen Zinnenkranzes heute eine barocke Bogenfolge mit Pultdach. Längsrechteckiger Grundriß, Schmalseite zur Gesandtenstraße hin, im Erdgeschoß ein Kapellenraum mit Kreuzrippengewölben über drei Jochen, wobei die beiden Endjoche fünfstrahlig sind. Dieser Bauteil aus dem letzten Viertel des 13. Jh. entstand wohl kurz vor der großen zweischiffigen Einfahrtshalle, die sich zwischen den beiden Türmen in Nord-Süd-Richtung über fünf Joche erstreckt. Als durchgehend kreuzrippengewölbter Raum mit einer Grundfläche von mehr als 250 qm von erstaunlicher Großzügigkeit (durch nachträglich eingezogene Stützmauern zwischen den polygonalen Freipfeilern die ungleich breiten Schiffe heute leider abgeteilt). Weitere repräsentative Räume mit Kreuzrippengewölben südöstlich der Einfahrtshalle.

Die beiden Obergeschosse wiederholen das Grundrißschema des Erdgeschosses: sie besaßen ebenfalls je eine zweischiffige, durch das ganze Haus reichende und wahrscheinlich gewölbte Halle. Durch spätere Umbauten allerdings weitgehend verändert: im 1. Obergeschoß nur noch ein Doppelbogen mit Freipfeiler erhalten, im 2. Obergeschoß lediglich die Raumdisposition, heute als barocke Anlage mit Pfeilern und Lichtschacht. Überhaupt sehr viele Veränderungen im Lauf der Jahrhunderte ablesbar: spätgotische Rechteckfenster an den Fassaden, eine Renaissance-Bogenstellung des 16. Jh. im Hof, prächtige Stuckdecken aus den ersten beiden Jahrzehnten des 18. Jh. im 1. Obergeschoß, außerdem hervorragend erhaltene Wohnräume des späten 19. Jh. und die erwähnte Einrichtung der Schnupftabakfabrik.

Ingolstetterhaus: Schließt westlich an das Zanthaus an und reicht bis zum Gutenbergplatz. Die Besitzerfolge im Mittelalter mit bekannten Regensburger Patrizierfamilien: im frühen 14. Jh. die Gumprecht, ab 1342 die Dürnstetter, ab 1407 die Ingolstetter. Im 18. Jh. Residenz des Mainzer Gesandten, im 19. Jh. Besitz der Familie Neuffer. Seit 1898 Schnupftabakfabrik.

In der Raumdisposition dem Zanthaus erstaunlich ähnlich, allerdings sehr viel stärker umgebaut. Auch hier im Mittelbereich eine nordsüdlich durchgehende zweischiffige Halle, der ähnliche Hallen in den beiden Obergeschossen entsprechen (durch die Fabriknutzung sehr verbaut). Renaissanceformen wohl des ausgehenden 16. Jh., einheitlich in allen 3 Geschossen. Die übrigen Bauteile nicht so gründlich erneuert, im Kern mittelalterlich. Östlich zum Zanthaus hin ein vielleicht noch romanisches Steinhaus. Hier auch bemerkenswerte gotische Bauplastik: Zwei kauernde Löwen mit menschlichen Köpfen und darüber je eine Blattmaske, freigelegt im Erdgeschoß der Fassade zur Gesandtenstraße, sind anscheinend Reste eines reich verzierten Portalbogens (3. Viertel 14. Jh.). Westlich des Mittelteils, in Ecklage zum Gutenbergplatz, ein Haus auf romanischem Keller, auch im Erdgeschoß Bauteile des 12. Jh., sonst wohl Bau des 14. Jh. (Südfassade mit Teppengiebel), heutiges Erscheinungsbild spätes 16. Jh. Am nordwestlichen Eck schöner Runderker auf Volutenkonsolen, schlichte Renaissanceformen mit Lisenen und Gurtbändern. Im 1. Obergeschoß Stuckdecken um 1720, sonst Ausstattungsteile des 19. Jh. Bei der Umwandlung zum Fabrikgebäude nach 1898 erhebliche Eingriffe, vor allem in den südlichen Bereichen. Schon vorher, spätestens 1889, Zerstörung der ehem. Hauskapelle Unserer lieben Frau (erstmals 1375 erwähnt), von der nicht einmal mehr der Standort bekannt ist; nur die beiden Schlußsteine erhalten (einer im Museum der Stadt Regensburg, der zweite als Fassadenschmuck an der ehem. Pustetvilla, Kumpfmühler Straße 1).

Glockengasse. Teil der wichtigen innerstädtischen Verkehrsverbindung vom Emmeramer Tor zur Donau. Gotische Bausubstanz, großmaßstäblich auf den Eckgrundstücken.

Glockengasse 1. Vierflügelanlage aus dem 14. Jh. mit Treppengiebel nach Westen. Einheitliche Rechteckfenster und Flacherker, um 1500. – Spätmittelalterliche Wandmalerei im Erdgeschoßladen (aufgedeckt 1980 beim Abbruch barocker Gewölbe): Figurengruppe in Landschaft. – Ein reicher Zyklus mit Ritterdarstellungen der 1. Hälfte des 14. Jh., nur in Kopien des 19. Jh. überliefert (Museum der Stadt Regensburg). – Im Hof zweigeschossige Laubengänge mit Holzbalusterbrüstung.

Glockengasse 14. Gotisches Traufseithaus, 1986 saniert. Über dem Eingang Büste des hl. Johannes Bapt., angeblich 13. Jh., wahrscheinlich aber Nachbildung des frühen 17. Jh. (Original im Treppenhaus).

★ – Der Bau umschließt einen turmartigen Kern. Gotisches Treppenhaus mit Wandmalerei im Obergeschoß, um 1360. Bemerkenswerte raumbezogene Anordnung: seitlich des Treppenaufgangs überlebensgroße Figur des hl. Christophorus. Daneben Stadtansicht mit Heiligenszene, vielleicht „Tod des hl. Alexius", der jahrelang unerkannt als Bettler unter der Treppe des väterlichen Hauses gelebt hatte. Auf der angrenzenden Wand eine Tanzszene, wahrscheinlich Darstellung eines bäuerlichen Reihentanzes, abwechselnd Männer und Frauen, angeführt von einem Dudelsackspieler; über den Männern Beschriftungen mit deutschen Namen (z. B. „wisbein"). – Reste barocker Wandmalerei im 2. Obergeschoß (nicht sichtbar). Hofseitenflügel aus dem 17. Jh. In zwei Etagen Laubengangerschließung, Brüstung aus Holzbalustern.

Glockengasse 16, Alte Münz. Das frühgotische Patrizierhaus aus dem 3. Viertel des 13. Jh. beherbergte von 1621–1810 die reichsstädtische Münze. 1987 restauriert. – In Ecklage. Älteste Bausubstanz im Süd- und Westteil. Hier gotische Rechteckfenster mit überhöhenden spitzbogigen Maßwerkblenden, ausgeschlagene Teilungspfosten. Nordöstlicher Teil mit dreiachsigem Flacherker spätgotisch. Ehemals nach zwei Seiten Stufengiebel. Im Innern Kreuzrippengewölbe in zwei Erdgeschoßräumen (ehem. Einfahrt und vermutlich Kapelle), auch in einem Raum des 1. Obergeschosses; weitere Gewölbe im 1. und 2. Obergeschoß sind zu vermuten. Reste mittelalterlicher Holzeinbauten zur Glockengasse hin. – Im Erschließungsbereich barock umgestaltet.

Goldene Bärenstraße. Am Fuß der Steinernen Brücke. Die Bebauung zumeist nach Auflassung des Hafens im 16. Jh. erneuert. Ehem. zahlreiche Gasthöfe.

Goldene Bärenstraße 7, ehem. Doppelkapelle St. Georg am Wiedfang. – Die in der 2. Hälfte des 12. Jh. als doppelgeschossige Anlage errichtete Kapelle ist in ihrer Funktion ungeklärt; sicherlich war sie den Kaufleuten im Hafenbereich der Ort, Segen für geplante Unternehmungen zu erbitten. Erste urkundliche Erwähnung 1302. – Mit St. Georg tritt erstmals der Kreuzpfeiler in der Oberpfalz auf; ein Bau aus dem Umkreis der Comasken. Die typologisch zwischen den frühen Regensburger Hallenkirchen (z. B. ▷ St. Leonhard) und den doppelgeschossigen Burgkapellen stehende Anlage bildet möglicherweise eine Vorform für ▷ St. Ulrich. – Profaniert Mitte 16. Jh., verändert und in einen Wohnhausneubau einbezogen, dabei die halbrunde zweigeschossige Apsis um zwei Geschosse erhöht. Erst 1905 wurde die Ostseite freigelegt. – Vom Außenbau ist das Untergeschoß und ein Teil des Obergeschosses mit mittlerer Apsis erhalten, gegliedert durch Rundbogenfries mit profilierten Konsolen über Lisenen. Das Rundbogenportal in der Südwand hat über den Kämpfern Spuren abgeschlagener Löwenfiguren. – Im Innern ist die ehem. Unterkapelle erhalten (nachträglich unterteilt, heute Laden): eine dreischiffige Halle zu drei Jochen mit vier Kreuzpfeilern. Die Basen wohl im Boden. Das Kreuzgratgewölbe im mittleren Joch des breiteren Mittelschiffs höher angesetzt, wohl nachträglich eingezogen. Hier dürfte urspr. eine offene Verbindung zur Oberkirche bestanden haben. – In die starken Umfassungswände sind im Osten die Nebenapsiden eingetieft (nördlich verändert). Im Westen Steintreppe zum Obergeschoß, von dem außer der Apsis nichts erhalten ist (oberer Abschluß ungeklärt).

Goldene Bärenstraße 10. Giebelhaus der Renaissance mit Erker. Im 17. Jh. Poststation; Gasthaus „Zum Goldenen Posthorn", saniert 1985. Gewölbtes Erdgeschoß, darüber zwei große Räume mit Bohlenbalkendecken. – Prächtiges schmiedeeisernes Wirtshausschild von 1713.

Goliathstraße. An der Nordseite der römischen Castrumsmauer. Bedeutender Teilabschnitt der Fernstraße mit mächtigen mittelalterlichen Hausburgen, ausgerichtet auf die Steinerne Brücke.

Goliathstraße 4, sog. Goliathhaus. Mächtiges Patrizieranwesen, über der Nordmauer des Römerkastells errichtet. 1290 beurkundet als Besitz der Thundorfer. Vermutlich in der 1. Hälfte des 13. Jh. entstanden (der Turm möglicherweise früher ?). 1573 erstmals Bezeichnung „Zum Goliath", wohl aufgrund des *Melchior Bocksberger* zugeschriebenen Freskos auf der Nordseite. Das monumentale Wandbild, den Zweikampf zwischen David und Goliath schildernd, wurde im 17., 19. und 20. Jh. vielfach restauriert, mit teilweise erheblichen Veränderungen, zuletzt 1972. – Urspr. eine Mehrflügelanlage, 1897/98 vollständig entkernt. Einschließlich der ehem. Hoffläche überbaut, an der Fassade durch Ausgleich der Fensterhöhen zwischen den Bauteilen verändert. Erneuter Totalumbau 1957/58 mit weiteren Eingriffen in die Fassade. Einer der bekanntesten Profanbauten in Regensburg, zu einer imposanten, leeren Bauhülse verkommen. – Kern der Anlage ist der schmalrechteckige romanische Turm. Über die ganze Grundstücktiefe reichend, in den unteren beiden Geschossen aus Großquadermauerwerk. Ausladender viergeschossiger Anbau mit freistehenden Fassaden nach Norden und Süden. Wie der Turm mit Grabendach. Zinnenabschluß und silhouettenwirksame Polygonalerkertürmchen. In der Binnengliederung sind spolienhaft gotische Schmuckfenster versetzt. Zwei- und dreiteilige Fenstergruppen mit Knospenkapitellen des 13. Jh.

Haidplatz (siehe ▷ Stadtanlage). Größter mittelalterlicher Platz der Stadt, diente nicht nur als Marktplatz, sondern auch für viele andere öffentliche Veranstaltungen, vor allem für die städtischen Turniere. – In der Dreiecksform auf eine alte Wegegabelung zurückgehend. Umgrenzt von mittelalterlichen Großbauten des Patriziats. Die nördliche Platzwand im 19. Jh. durch zusammenfassende Neugestaltungen überformt. 1986 neue Pflasterung.

Haidplatz 1. Siehe ▷ Neue Waag.

Haidplatz 3/4, die Arch. Hochgotische Vierflügelanlage auf trapezförmigem Grundriß, Walmdach. Hauptseite nach Westen mit frühgotischen Biforienfenstern. Spätgotische Erweiterung. Hofarkaden der

Renaissance. Barocker Innenausbau mit Treppenhaus. Sanierung 1977–86.

★ Haidplatz 7, Goldenes Kreuz. Großartige Patrizierburg, auch kulturhistorisch von großer Bedeutung als vornehmste Herberge der Stadt vom 16. bis zum 19. Jh. Hier logierten Kaiser, Könige und Fürsten. 1546 Ort der berühmten Begegnung Kaiser Karls V. mit Barbara Blomberg, der Don Juan d'Austria entsproß. Die Anlage besteht urspr. aus zwei Hauseinheiten, einem östlichen frühgotischen Teil mit Geschlechterturm und Wohnanbau aus der Mitte des 13. Jh. sowie einem westlichen Traufseithaus mit Erker von 1527. – Der östliche Teil diente seit dem 16. Jh. als Gasthof. 1862 Zusammenfassung der Baugruppe, durchgreifender Um- und Ausbau und teilweise Aufstockung. – Rückwärtige Hofbebauung mit einem Festsaal von 1865. Als Gasthof genutzt bis 1898. – Sanierung ab 1977. Einbau von Wohnungen in den Turm.

Vierflügelanlage um einen Innenhof. Die langgestreckte fünfgeschossige Fassade schließt mit Zinnenkranz. Reliefporträt des Don Juan d'Austria (von 1865), seitlich Gedenkschrift für Karl V. und Barbara Blomberg; Bildnisrelief König Ludwigs I. von Bayern. – Annähernd quadratischer Turm von sieben Geschossen (Grabendach ausgebaut). Gewölbter Keller. Frühgotische Doppelarkaden im 3. und 4. Obergeschoß, Schießscharten seitlich. – Im 1. und 2. Obergeschoß Stuckleistendecken des 17. Jh. Im 3. Obergeschoß barocke Wandmalerei aufgedeckt, konservierend wieder zugesetzt. – Anbau des 13. Jh. zu vier bzw. fünf Geschossen, bereits urspr. mit einer, die Grabendächer verdeckenden, zinnenbekrönten Fassade versehen. Gewölbt, unterkellert. – Rückwärtig Leonhardskapelle, um 1300. Hochgotischer rechteckiger Einstützenraum in der Art der ehem. Sakristei der ▷ Minoritenkirche. Kreuzrippengewölbe über schlankem Achteckpfeiler. Ungleiche Joche, Rippen und Gurte ausgekehlt. – Im 1. Obergeschoß sog. Kaisersaal. Über zwei Geschosse reichend, mit drei Fensterachsen, durch gotischen Vorgängerraum bestimmt. Barocke Stuckdecke, Mitte 17. Jh., überformt im 19. Jh. Im Zentrum das Reichswappen, in den Ecken Tiersymbole der vier Elemente. – Im Erdgeschoßraum unter dem Kaisersaal segmentbogige Bohlendecke mit spätgotischer Rankenmalerei, 1968 aufgedeckt, wieder zugesetzt. – Der Westtrakt war ehem. ein selbständiges dreigeschossiges Traufseithaus mit Durchfahrt und Erker, von 1527 (im 19. Jh. um zwei Geschosse erhöht). Holzkonstruktion des 16. Jh.: im Obergeschoß an der Hofseite als Fachwerk freiliegend; hier weit gespannte Bohlenbalkendecke, mit Rankenmalerei des 16. Jh. – Im Treppenhaus Rest einer Jugendstildekoration. – Rückwärtige Hofbebauung: im Obergeschoß Ballsaal von 1865, Stuck und Malerei um 1900 in Jugendstilformen.

Haidplatz 8. Siehe ▷ Thon-Dittmer-Palais.

Hinter der Grieb. Enge gotische Gasse, an der Nordseite Türme und Traufseithäuser, an der Südseite Giebelhäuser der Gotik und der Renaissance.

Hinter der Grieb 2, Löblturm. Siebengeschossiger Patrizierturm aus dem 3. Viertel des 13. Jh., bis zur Bekrönung mit Zinnen original erhalten. Bruchsteinmauerwerk mit Eckquaderung. Ausnahmsweise die Breitseite als Schauseite ausgebildet, dreiteilige Fenstergruppe mit Knospenkapitellen. Im Erdgeschoß die profanierte Kapelle St. Simon und Judas, zweijochig mit Kreuzrippengewölben.

★ Hinter der Grieb 8, Gravenreuther-Haus (zur Bauentwicklung siehe ▷ In der Grieb). Teil einer Vierflügelanlage mit Innenhof. Im 1. Viertel des 14. Jh. zu einer Baugruppe mit zwei Türmen zusammengefaßt, 1974–78 saniert. Gästehaus der Universität, gastronomische Nutzung. – Freigelegt die mittelalterliche Holzkonstruktion nach Abbruch von Einbauten der Renaissance und des Barock. Der öffentlich zugängliche Komplex bietet ungewöhnlich reichhaltigen Einblick in die vielfältige Innenraumgestaltung eines mittelalterlichen Kaufmannshauses. – Fassade. Dreigeschossige Traufseitfront urspr. getrennter Hauseinheiten. Der östliche Teil zurückgesetzt. Stichbogiges Einfahrtstor (als Fenster geändert). Seitlich paarweise Spitzbogenfenster mit Maßwerk. Im Obergeschoß spitzbogiger Loggiabogen (zugesetzt) neben dreiteiliger Fenstergruppe, das Mittelfenster mit Kreisen im Maßwerk. Zuoberst, über die ganze Fassade, doppelte Fenster mit überhöhenden, spitzbogigen Maßwerkblenden, die Teilungspfosten erneuert. Im Westteil seitlicher Eingang; das urspr. Portal stichbogig mit profiliertem Gewände und plastischem Figurenschmuck (jetzt Fenster). Dreiachsiger flachgiebeliger Kastenerker auf durchgehend profilierter Konsole. Spätgotische Fenster des ausgehenden 15. Jh. mit Kreuzstabunterteilung. Daneben Dreierarkade des frühen 14. Jh. mit Giebelverdachung, Maßwerk und Knospenkapitellen. – Hinter den beiden zugesetzten seitlichen Portalen jeweils zurückliegend querrechteckige gotische Türme. – Ostturm aus der Mitte des 13. Jh., sechsgeschossig (modern ausgebaut). Im Erdgeschoß Hauskapelle zu zwei Jochen kreuzrippengewölbt. Im 2. Obergeschoß wurden Malereifragmente aufgedeckt. – Westturm 1. Viertel 14. Jh., siebengeschossig mit ausgebautem Grabendach. Die gleichzeitige Dorotheenkapelle im Erdgeschoß ist in zwei Jochen kreuzgewölbt, im westlichen Teil mit Fünfstrahlrippen. Skulptierte Schlußsteine. Gotische Malerei im 1. und 2. Obergeschoß aufgedeckt. – Geräumige Durchfahrt mit Bohlenbalkendecke über mächtigem Mitteltragbalken, der versetzt auf Holzständern das Anwesen durchquert. Zwischen den Türmen Steinpfeiler. – Im Ostteil Saal mit Bohlenbalkendecke auf fortgesetztem Balkenunterzug. – Im Obergeschoß wurden insgesamt drei Bohlenstuben des frühen 14. Jh. freigelegt. Eine davon ist das Erkerzimmer, quadratisch mit seitlich schräg abfallender Bohlendecke. Geschnitzter Türrahmen mit großflächigen Wellenranken und Fabelwesen in situ. – Hof über Seitenflügel verbunden mit den Anwesen ▷ Vor der Grieb 1 und 3, die den nördlichen Abschluß bilden.

Hinter der Grieb 10, Gasthaus zum Gravenreuther. Langgestreckter Traufseitbau mit klassizistischer Stuckfassade des späten 18. Jh., im Kern mittelalterlich. 1980–83 durchgreifend saniert. – Romanischer Kern aus kleinformatigem Kalkquadermauerwerk. Kreuzgratgewölbter Keller. – Bemerkenswerte Wandmalerei: gotisches Fragment eines Christophorus. Im Treppenhaus bedeutende Wandmalereireste aus dem 2. Viertel des 16. Jh., mit Darstellung des Barmherzigen Samariters. – In der Raumfolge des 1. Obergeschosses Dekorationen des Rokoko und des frühen Klassizismus (dokumentiert, konservierend verdeckt.).

Holzländestraße. Straßenzug westlich des Weißgerbergrabens entlang dem Südufer der Donau. Der Name bezieht sich auf den früher hier angelegten großen Stapelplatz für Brennholz, der durch das „Holztor" am Ende des Weißgerbergrabens zugänglich war.

Holzländestraße 5. Dreigeschossiges Traufseithaus, im Kern aus dem 14. Jh. Im 1. Obergeschoß eine gotische Bohlenstube. Im Keller ein jüdisches Ritualbad (Mikweh), wohl in der 2. Hälfte des 18. Jh. eingebaut. Im Zuge der Sanierung des Hauses 1987/88 entdeckt und freigelegt.

In der Grieb (Hinter der Grieb 8 und 10, Vor der Grieb 1, 3, 5). Das Geschlecht derer „In der Grub" schon im 12. Jh. nachweisbar. Von 1381 ab sind die Gravenreuther als Eigentümer bekundet (Hinter der Grieb 8). Im 16. Jh. wurde ihr Besitz, zu dem auch Vor der Grieb 1 und 3 gehörten, verkauft. – Aus der Sanierung ab 1975 und aus baugeschichtlichen Untersuchungen von 1985–87 ergeben sich Anhaltspunkte für eine interessante Bauentwicklung. Sie vollzog sich aus dem Innern der Grundstücke nach außen, an die Straßengrenzen, bis etwa um 1300. Im Laufe des 14. Jh. schlossen sich die Bauten der Gravenreuther besitzmäßig zusammen und wurden erst nach etwa zwei Jahrhunderten aufgeteilt. Hinter der Grieb 10 bildete mit Vor der Grieb 5 ebenfalls bis zur Mitte des 16. Jh. eine Einheit. – Als früheste Bauten sind um 1200 drei romanische Steinkerne faßbar, von denen zwei nicht in der Straßenflucht stehen. Hinzu kam in der 1. Hälfte des 13. Jh. der Hofturm (Vor der Grieb 3), zugänglich bereits aus dem Hof Hinter der Grieb 8. Im Lauf des 13. Jh. wurde nördlich an den Hofturm (Vor der Grieb 5) zur Gasse hin angebaut, wodurch – höchst ungewöhnlich – die Nachbarschaft zweier Steinhäuser entstand. – Zwei gotische Türme wurden im Hof (Hinter der Grieb 8) um 1250 und im 1. Viertel 14. Jh. errichtet, jeweils mit Hauskapelle im Erdgeschoß. Wohnanbauten entstanden nach Süden zur Straße hin (Hinter der Grieb 8). Im frühen 14. Jh. ist sowohl die nördliche wie die südliche Randbebauung geschlossen. Danach erfolgte vermutlich eine Verbindung der beiden nord-süd gerichteten Mehrflügelanlagen untereinander, auch im Bereich der Keller.

Kapellengasse 2. Kanonikalhof des Kollegiatstifts zur Alten Kapelle, von seiner Fassade an der Südwestecke des Alten Kornmarkts bis zur Salzburger Gasse reichend. Dreiteilige Anlage: Hauptbau aus dem 17./18. Jh., ein dreigeschossiges Traufseithaus mit Satteldach; südlich anschließend ein modernes Pultdachhaus. Von herausragender Bedeu-

★ tung der nordwestlich stehende Teil: ein romanischer Wohnturm aus dem 2. Viertel des 12. Jh., auf längsrechteckigem Grundriß, die schmale Westseite als Hauptfassade zur Salzburger Gasse (Frauenbergl) hin ausgerichtet. Hoch aufragende, giebelständige Front, aus regelmäßigen Handquadern ohne Kellenstrich sorgfältig gemauert, urspr. verputzt, seit 1938 steinsichtig. Im 1. Obergeschoß Doppelarkaden-Fenster (mit später eingesetztem Mittelsäulchen aus dem 1. Viertel des 13. Jh.). Im 3. Obergeschoß Dreierarkade, original erhalten, Polsterkapitelle der Trennsäulchen mit seitlichen Rollen und aufgelegtem Blattwerk. – Im Innern romanischer Keller, mit Stichbogentonne überwölbt; die Geschosse darüber im 18. und 19. Jh. umgebaut. Das 3. Obergeschoß innen unverputzt und bis heute nicht unterteilt.

Keplerstraße. Die ehem. „Donaustraße", Verbindung zwischen dem Weinmarkt bei St. Oswald und dem Fischmarkt am ehem. Hafen. Entlang der Nordseite mehrere Lagerhäuser, teilweise umgenutzt, angelehnt an die Stadtmauer: Nr. 12 zusammen mit Rest des ehem. Mauthauses, Nr. 14 der ehem. Weinstadel von 1527 und Nr. 20 aus dem 19. Jh. anstelle der ehem., 1552 abgebrochenen St. Albanskapelle. Die Südseite gehört zu den eindrucksvollsten Straßenbildern Regensburgs, charakterisiert durch steile, mächtige Giebel- und Turmbauten der mittelalterlichen Kaufmannshäuser. Zumeist hoch ansetzend über Kellern, einige noch mit barocken Vorbauten, auf denen sich urspr. Altanen befanden (Nr. 13 und 15). In diesem „Sanierungsgebiet I" der Altstadt, bereits seit 1955, sind alle Formen des Umgangs mit den gotischen Patriziertürmen auf engem Raum dokumentiert. Weitgehend entkernt sind die Türme der Häuser Nr. 3 (südlich des barocken Vorderhauses) und Nr. 7 (Blauer Hecht). Letzterer ist, wie Nr. 5 (Keplerhaus), freigestellt von rückwärtigen Anbauten, hat erneuerte Fenster, fälschlich an die Front versetzte Schießscharten. Vervollständigende und geschönte Rekonstruktionen sind die Türme hinter Nr. 11 (Haus zum Pelikan) und Metgebergasse 2 (früher Am Weinmarkt 1, in der westlichen Verlängerung der Keplerstraße).

Keplerstraße 1, siehe ▷ Runtingerhaus.

★ Keplerstraße 2, Wohnhaus Keplers (vorübergehend 1626/27). – Frühgotisches Eckhaus, 1976/77 saniert. Frühes Beispiel für wissenschaftliche Restaurierung an einem bescheidenen bürgerlichen Kleinhaus mit weitestmöglicher Substanzerhaltung. Die Fassadenbemalung rekonstruiert die nachgewiesene und teilweise freigelegte Fassung des 13. Jh. mit Zacken- und Rautenbändern, stilisierten Lilien und einer linearen Eckquaderung. – Schmaler, fünfgeschossiger Turm aus Bruchsteinmauerwerk mit dreigeschossigem Anbau in Holzkonstruktion, dendrochronologisch 1250 dat. Oberhalb der Erdgeschoßfenster ist der Anbau in Ständerbohlenkonstruktion ausgeführt (Wände aus hochkant liegenden Bohlen zwischen genuteten Eckständern). Eines der ältesten, in Holzkonstruktion errichteten Häuser Deutschlands. Als Putzträger und zur Wärmeisolierung wurden von Anfang an eigens angefertigte rechteckige Ziegelplatten auf die Außenseite der Bohlen genagelt. Urspr. mit Mittelgangerschließung.

Keplerstraße 5, Kepler-Gedächtnishaus. – Sterbehaus des Astronomen Johannes Kepler, der sich vielfach in Regensburg aufhielt und hier am 15. November 1630 starb. Seit 1622 gehörte das Haus dem Kaufmann Hillebrand Billi, bei dem Kepler kurz vor seinem Tod Quartier nahm. Mehrfache Umbauten; vom 17. bis in das 19. Jh. Nutzung als Gasthaus zum Goldenen Falken. 1959/61 tiefgreifende Renovierung und museale Einrichtung als Kepler-Gedächtnishaus. Dabei spätere Einbauten und Veränderungen rigoros entfernt, freizügige Neugestaltung des Inneren unter Verwendung originaler Teile. 1988 Innenrenovierung.

Viergeschossiges Giebelhaus zu drei Fensterachsen, dat. 1540, mit Erker im 1. Obergeschoß, darunter Eingang in das nach Süden führende Feuergäßchen. Ab dem 1. Obergeschoß aufwendige Treppenanlage mit vasenförmigen Balustern. Im Vorplatz des 1. Obergeschosses versetzte Bohlenwände. Im Erkerzimmer profilierte Bohlenbalkendecke mit Unterzug, dat. 1540. Westlich anschließend Raum mit weiteren Bohlenwänden. Im 2. Obergeschoß Saal, wiederum mit Balkendecke und Unterzug, 1626 datierte Renaissancetür. Das gesamte Mobiliar für die museale Nutzung willkürlich zusammengetragen, gehört nicht ursprünglich zum Haus.

Kohlenmarkt (siehe ▷ Stadtanlage). Aufweitung der Straße vor der nord-westlichen Ecke des Römerkastells. Nahe dem Rathaus, wo wichtige Straßen zusammenlaufen. Mittelalterliche Anlage, die Platzwände zumeist Bürgerhausfassaden des 18. und 19. Jh. 1986 mit Bäumen bepflanzt und durchgehend gepflastert, Brunnen von *Günter Mauermann*, Weiden.

Kramgasse. Enge mittelalterliche Gasse. Auf z.T. schmalen Parzellen dicht bebaut, einige Anwesen im Barock verändert.

Krauterermarkt. Gegenüber dem Bischofshof in Fortsetzung des Domplatzes nach Norden.

Krauterermarkt 1. Viergeschossiges Giebelhaus in Ecklage. 1743 dat., über vermutlich romanischen Kellern. Der ungewöhnlich prächtige, in alten Ansichten überlieferte Fassadenstuck bereits im 19. Jh. entfernt. – Im Erkerzimmer des 3. Obergeschosses reiche Stuckdecke mit Bandelwerk aus der Erbauungszeit.

Krauterermarkt 2, „Hoher Laden“. Große mittelalterliche Dreiflügelanlage an der Ecke zum Watmarkt, 2. Hälfte 14. Jh., über romanischen Kellern. Durchgreifend umgebaut im 17. und frühen 20. Jh. Mehrere Erdgeschoßräume gewölbt: teils mittelalterlich (die Kreuzrippengewölbe der Alexiuskapelle nach 1933 ausgebrochen), teils 17. Jh. (großer Einstützenraum).

Krauterermarkt 3, siehe ▷ Bischofshof.

Krebsgasse 6. Mehrgeschossiges Wohnhaus um zwei Innenhöfe, 1980–83 saniert mit begleitender Bauforschung. Den Kern bilden zwei gotische Steinhäuser der 2. Hälfte des 13. Jh., verbunden wahrscheinlich durch einen Zwischenbau in Fachwerkkonstruktion. In der 2. Hälfte des 16. Jh. durchgreifend um- und teilweise neugebaut, vermutlich von Anfang an für eine neue, seit 1635 nachgewiesene Nutzung als Gasthof „Zum Blauen Krebs". Großzügiger Grundriß mit Treppendiele, Festsaal und Gastzimmern. Im 17./18. Jh. Erneuerung der Raumausstattung: freigelegt im sog. Römerzimmer, dem Südwestraum im 1. Obergeschoß, eine aufwendige Dekorationsmalerei aus Bandelwerk und Akanthusblättern, zeitgleich mit dem Rahmenstuck der Decke, um 1720/30. Im Wappenzimmer, einem kleinen Festsaal mit Bohlenbalkendecke im Nordosten des Obergeschosses, Fragmente von Dekorationsmalerei der 1. Hälfte 17. Jh. – Der Außenanstrich (1983) rekonstruiert die Renaissancefassung, ausgenommen das rote Doppelarkadenfenster an der Südfassade (Erstfassung der Gotik).

Kreuzgasse 18, sog. Ehscheiderturm (Flurwächterturm). Mehrteilige bauliche Anlage. Fünfgeschossiger Wohnturm 1. Hälfte 13. Jh. Fassaden und Innenausbau von 1825. Spätgotischer Wohnanbau, im 19. und 20 Jh. verändert. Reste von Bohleneinbauten verdeckt.

Lederergasse. Innerhalb der Stadtmauer geradlinig auf das Prebrunntor durchgeführter Straßenzug. Bis Anfang 17. Jh. Ausfallstraße nach Nürnberg. Benannt nach den hier ansässigen Gewerben der Lederer und Gerber, die seit Mitte des 13. Jh. nachgewiesen sind. Nr. 31 war z.B. ein Gerberhaus, der Trockenboden im 19. Jh. ausgebaut. An den schlichten Fassaden, die z.T. im 19. Jh. aufgestockt wurden, ist das Alter der Häuser (viele mit romanischer Substanz) nicht ablesbar. Auf das 12. Jh. zurückgehende Kelleranlagen, gleichzeitig mit der Johanniterordenskirche St. Leonhard und der Schottenkirche St. Jakob. Hohe Giebelhäuser und Traufseithäuser mit Aufzugsluken kennzeichnen die spätmittelalterlichen Baukörper.

Lederergasse 1, sog. Ziegler-Haus. Zweiteilige Anlage, der Westteil aus dem späten 12. Jh., der Ostteil aus der 2. Hälfte des 13. Jh. Mehrfach überformt, 1980/81 saniert. Im Erdgeschoß des Westteils über romanischen Kellern ein zweijochiger Raum mit Kreuzgratgewölben aus dem 12. Jh. (Kapelle?), außerdem Räume mit dekorativer Malerei des 16. Jh. und Stuckdecken des 18. Jh. Im 1. Obergeschoß ein weiterer romanischer Raum, zweijochig mit Kreuzgratgewölben, sowie im Nordbereich Reste eines Eckkamins aus dem 12. Jh.

Lederergasse 25, ehem. Schmauß-Bräuhaus. Aus mehreren Teilen zusammengewachsener Baukomplex. Rückwärtig im Südwesten viergeschossiges Turmhaus der 2. Hälfte 13. Jh., nach Norden um 1700 erweitert. Östlich traufseitiger Anbau von 1560 mit Erker, anschließendes Eckhaus des 16. Jh., 1736 verändert. Sanierung 1986. Freigelegt Wandmalerei des 16. Jh. Seltene bemalte barocke Zimmerdecke.

★ Lieblstraße 2, Villa Lauser. Erbaut als Gartenpalais für den Handelsherrn Georg Friedrich von Dittmer von dem fürstlichen Baudirektor *Joseph Sorg*, 1795 (Inschrift an der Nordseite). Decken- und Wandmalerei dem Regensburger Maler *Joseph Zacharias* (1765–

1842) zugeschrieben. – Seit 1903 Eigentum des Fabrikanten Gustav Lauser, bis heute im Familienbesitz. Umfassende Sicherung und Restaurierung des kaum veränderten Originalzustandes, begonnen 1977.

Bedeutend als frühklassizistische Villa eines Regensburger Freimaurers. Villenartig gelegen am Nordufer des Oberen Wöhrd. Der nördlich gelegene Garten reicht bis zum Donauufer. Ein unmittelbar vor der Villa verlaufender Fischgraben war zu einem kleinen (heute verlandeten) Kanal ausgebaut worden, der mit Gondeln befahrbar war. Eine kleine Brücke führt darüber vom Mitteltrakt der Villa in den heute stark verwilderten Landschaftsgarten. Von den früheren Staffagebauten und Sandsteinbüsten nur noch der Japanische Pavillon am Ostende erhalten, ein pagodenartiger Bau aus Holz. – Breitgelagerter Flügelbau mit dreigeschossigem, überhöhtem Mittelpavillon. Vornehm gegliedert, die Walmdächer kaschiert von balustradenförmiger Attika mit Vasenaufsätzen. Über den drei mittleren Achsen Frontispiz mit stuckgerahmtem Wappen des Erbauers. Erdgeschoß durchgehend bandrustiziert, als Sockelzone ausgebildet. Geohrte Fenster im Hauptgeschoß, stichbogig im Mittelrisalit, rechteckig in den Seitenflügeln in flacher Mauerfelderung. – Vollständig erhalten die innere Raumfolge mit großzügigem Treppenhaus im Mittelbau, reich gestaltetem Festsaal im westlichen Flügel. Die Erschließung verteilt sich von einem zentralen, querovalen Vestibül kreuzförmig in die Seitenflügel und in das hohe, mit drei Achsen an der Gartenseite liegende Treppenhaus. Zweiarmiger, gewundener Aufgang mit Treppengeländer aus Brettbalustern, das sich im Obergeschoß vor dem halbkreisförmig nach Norden vorspringenden Austritt fortsetzt. An den Seitenwänden und an der Flachdecke des Hauptraums Malereien, um 1903 entstanden. (Die darunterliegende klassizistische Bemalung schlägt teilweise durch.) Architekturmalerei mit Ausblick in Landschaft, gemalte Skulpturen: Bacchus, Vesta, Juventas und Jupiter (?). – Der Festsaal nimmt das Obergeschoß des Westflügels ein, nach drei Seiten Fenster, Rechtecköffnungen mit kreisförmigen Spiegelflächen in rundbogigen Nischen. Spiegeldecke mit ausgeprägter Voute. Vollständig ausgemalte Raumschale, dem Regensburger *Joseph Zacharias* zugeschrieben, um 1800. Eine die Farben verfälschende Übermalung der Zeit um 1903 wurde 1979 wieder abgewaschen. – Ein differenziertes, steinfarbiges architektonisches Gliederungssystem mit breiten Pilastern, Kranzgesims und Deckenkassettierung, geschmückt durch farbigen Groteskendekor, steinfarbenen Puttenfries vor blauem Grund und gerahmte Bilder an der Decke. Das Programm – abweichend von bukolischer Gartensaalikonographie – hat hier den besinnlichen Aspekt eines „memento mori“, geprägt von den Vorstellungen und Symbolen des Freimaurertums. Im Zentrum der Decke Minerva, Göttin der Weisheit, Wissenschaft und Klugheit, thronend, von einem Zyklus der Lebensalter umgeben. In den Rundbildern die drei Parzen und – östlich – zwei geflügelte Gestalten, die Personalgenien der verstorbenen Söhne des Auftraggebers. Freimaurerische Elemente enthalten auch die Stilleben über den Türen. Der Puttenzyklus, nicht vollständig zu deuten, versinnbildlicht wohl einen Tugendkatalog. – In Wandnischen an den Schmalseiten zylindrische weiße Öfen, möglicherweise von dem Bossierer *Redlweck*. Als klassizistische Sockel gegliedert für sitzende Götterfiguren.

Lieblstraße 13 und 13a. Zwei ehem. zweigeschossige Gartengebäude, beide um 1730 wohl von *Johann Michael Prunner* erbaut, 1886 in dreigeschossige Satteldachhäuser verwandelt. Die aufwendige Dekoration der Nord- und Südfassaden erhalten. Nr. 13 1988/89 durchgreifend saniert.

Ludwigstraße 3. Turmähnliches spätgotisches Giebelhaus mit Anbau, 1. Hälfte 15. Jh. Skulptierte Kopfkonsolen.

Ludwigstraße 5. Vierflügelanlage der 2. Hälfte des 16. Jh. Zweigeschossige Hofarkaden, auf der Ostseite als Altane. Hochgotischer Südflügel.

Malergasse. Verhältnismäßig breite mittelalterliche Straße, in gewundenem Verlauf auf das ehem. Nordportal der Obermünsterstiftskirche ausgerichtet. Vorwiegend gotische Handwerkerhäuser auf meist schmalen, langgestreckten Parzellen mit inneren Freiflächen. An der Westseite in der Mehrzahl um 1900 verändert und aufgestockt.

Marschallstraße 5. Siehe Regierung der Oberpfalz, ▷ ehem. Deutschordenskomturei.

Maximilianstraße, benannt nach König Maximilian I. von Bayern. Angelegt nach den napoleonischen Zerstörungen 1809. Als point de vue diente das ▷ Keplerdenkmal, das 1859 bei Errichtung des Bahnhofs westlich versetzt wurde. Geradlinigkeit, Breite, Rechtwinkligkeit der Straßenführung bestimmten den Bebauungsplan, der größtenteils erst im 20. Jh. realisiert wurde. Keines der von *Johann Nepomuk Liebherr* 1811 entworfenen und bis 1820 teilweise realisierten dreigeschossigen Häuser mehr erhalten.

Maximilianstraße 4, Café Fürstenhof. Jugendstilhaus, 1911 von den Regensburger Architekten *Josef Koch* und *Franz Spiegel* errichtet.

Maximilianstraße 28, Parkhotel Maximilian. Prunkvoller Hotelbau im Stil des Neurokoko von 1888/90 von Architekt *Julius Poeverlein*. 1977–80 einschließlich der aufwendigen Festsäle im Erdgeschoß restauriert.

Metgebergasse. Bereits 1370 erwähnt. In der Südhälfte kleinmaßstäbliche Häuser, saniert 1980. Im nördlichen Teil im Rahmen der Sanierung 1969–72 Neubauten nach gebietsfremder Bautypologie. – Häuser Nr. 6, 8, 10, 12, als Sanierungseinheit 1975–77 mit Engelburgergasse 11 zusammengefaßte Baugruppe. Zwei Traufseithäuser, ein Halbgiebel- und ein Krüppelwalmdachhaus über romanischen Kellern, mit Umbauphasen der Spätgotik, der Renaissance und des Barock. Die Sanierung markiert den Bewußtseinswandel hin zu behutsameren und substanzschonenderen Maßnahmen in Regensburg.

Minoritenweg 20, ehem. Gartenpalais Löschenkohl, sog. Rosengarten. Mansarddachbau mit südseitig vorspringendem Saalrisalit, um 1730–35. Vermutlich von *Johann Michael Prunner* für den Bankier Hieronymus Löschenkohl erbaut. Nach dem Konkurs Löschenkohls 1743 Nutzung als vornehmes Wein- und Caféhaus. 1860 Umbau zu einem Altersheim. Eine Sanierung und neue Nutzung als Museum sind geplant. – Dem Bautypus nach ein barockes Lusthaus, ehem. mit Gartenanlagen nach Süden. Feine Putzgliederung, im Sokkelgeschoß als waagrechte Nutung, im Hauptgeschoß als flache Rahmenfelderung. Fenster- und Portalrahmung aus Haustein, fein profiliert mit knickgiebeliger Verdachung, achsenbetonte Mansardfenster. – Die Innenraumdisposition, urspr. in zwei Geschossen gleich, gruppiert sich um den querliegenden achteckigen Saal. Gartensaal heute unterteilt und mit achsialem Durchgang versehen. Schlichter gegenläufiger Treppenaufgang, im Mansard- und Dachgeschoß Holztreppe mit barockem Balustergeländer. Der Festsaal mit Voute ohne den urspr. Stuck. Nußbaumflügeltüren mit geschweiftem Aufsatz, feine Intarsienarbeit.

Neue Waaggasse 1, sog. Gumprechtsches Haus. Vierflügelanlage gegenüber dem Alten Rathaus. Gotischer Nordflügel 1. Hälfte 14. Jh. Gotisches Einfahrtstor, östlich davon figürliche Tragkonsole eines Jünglings, um 1320/30. Klassizistische Fassadendekoration von 1797. Im Inneren spätgotische und barocke Veränderungen. Hervorragende Stuckdecken Anfang 18. Jh. Sanierung ab 1990 vorgesehen.

★ Neue Waaggasse 2, sog. Altmannsches Haus. In der Substanz romanisches, gotisch mehrfach umgebautes Traufseithaus, unmittelbar an das erweiterte Rathaus anschließend. Eine dreiteilige Anlage, wohl aus zwei seitlichen romanischen Türmen und einem gotischen Verbindungsbau zusammengewachsen. 1512–1621 reichsstädtische Münze, Ende 16. Jh. im Besitz der Altmann, 1607 als Fechtschule erwähnt. Sanierung 1974–81. Freilegung von mittelalterlicher Raumausstattung und Wandmalerei.

Der älteste Teil ist der Turm im Osten, mit Stufengiebel (1981 rekonstruiert). Im Kern romanisch. An der Südseite zwischen 1. und 2. Obergeschoß eine Dreierarkade mit reliefierten Gewänden, jeweils ein menschliches ganzfiguriges Paar darstellend, mit Flechtbändern an den Arkadenbögen und Fabeltieren in den Zwickeln, – singulär in der Erscheinung, vielleicht noch 2. Hälfte 11. Jh. Säulchen moderne Ergänzung. – Turm vermutlich Ende des 14. Jh. umgebaut mit Änderung der Geschoßhöhen. Hochgotische stichbogige Portalrahmung mit profiliertem Kämpfer (heute Laden). Dahinter kreuzrippengewölbter Raum. Zurückliegend, bis zum Hof durchgehende, zweischiffige Halle zu je vier ungleich großen Jochen, Ende 14. Jh. (jetzt Galerie). Eisentür gegen die Durchfahrt. – Westlicher Turm im Kern romanisch. Im Erdgeschoß Kreuzrippengewölbe zu drei Jochen, 15. Jh. In der Mitte Stichbogentor. – Zwischen den Türmen Durchfahrt mit Holzbalkendecke auf Steinkonsolen. 1531 eingebaute Stiege, eingelassen ein hebräischer Grabstein; die zugehörige Inschrift bezieht sich auf die Vertreibung der Juden im Jahre 1519. Darüber Bohlenstube in Ständerbauweise. Steinerne Konsolen mit skulptierten Blattmasken legen eine Datierung Ende des 14. Jh. nahe. Spätgotische Türgewände. Im angrenzenden Ostturm eine zweite Bohlenstube, vermutlich etwas später. Senkrecht in die Ständer eingebaute Bohlen. Beide Räume zeichnen sich an der Fassade nach außen durch je drei aufwendige, reich profilierte Rechteckfenster mit Mittelstab und skulptierten Fensterbankaufsätzen aus. – Wandmalerei, außen: zwischen zwei der Rechteckfenster im 1. Obergeschoß der Südfassade Rest einer gotischen Fassadendekoration in Maßwerkformen. Innen: Treppendiele im Obergeschoß mit gemaltem Wappenfries. Im östlichen Turm, 2. Obergeschoß, profane Darstellungen, wohl 15. Jh. 1979/80 freigelegt, noch ungedeutet.

Neupfarrplatz (siehe ▷ Stadtanlage). 1519 angelegt nach der gewaltsamen Vertreibung der Juden und der Verwüstung des jüdischen Ghettos, das den nördlichen Teil des Platzes und die angrenzende Häuserzeile eingenommen hatte. Die mittelalterliche Synagoge stand an der Stelle der ▷ Neupfarrkirche. Im Südwesten stand bis 1838 die Augustinerkirche. Im Osten Rest der klassizistischen Alten Wache, 1818 nach Plänen von *Michael Dobmayr* errichtet, 1875 aufgestockt. 1972 Abbruch bis auf die Fassade, die man in den überdimensionierten Neubau des Kaufhauses Horten einbetonierte.

★ Neupfarrplatz 14, ehem. Palais Löschenkohl (heute Dresdner Bank). Anspruchsvoller spätbarocker Neubau als Vierflügelanlage mit eigenständigem zweiflügeligem Seitengebäude (Pfarrergasse 2). Erbaut 1731–33 für den Bankier Hieronymus Löschenkohl von *Johann Michael Prunner* aus Linz. Ein Hauptwerk dieses, bei *Lukas von Hildebrandt* geschulten österreichischen Architekten. Nach mehreren Umbauten und Instandsetzungen 1922, 1956/57 und 1970 umfangreiche Sanierung 1985/87.

Bedeutendster profaner Barockbau in Regensburg. Schmalhohe Traufseitfassade mit Mansarddach. Leicht vorgezogener Mittelrisalit, betont durch triumphbogenartige kolossale Pilasterstellung, darüber geschweiftes Zwerchhaus. Rhythmisierte geschwungene Fensterverdachungen, feine Gesimse und flache Rustika in den unteren beiden Geschossen beleben die regelmäßig durchfensterte Fassade. Zurückgestuft die Portalachse mit ausschwingender Balkongitterbrüstung. Erdgeschoßzone nach Entfernung störender Ladeneinbauten 1922 rekonstruiert. – Inneres. Quergestellte elliptische Vorhalle, das Vestibül längsrechteckig. An seiner Ostseite repräsentativer Treppenaufgang: überwölbt, an den Treppenpodesten rundbogige Wandnischen in zarter Stuckrahmung. Der korridorartige Hof mit transparenter Stahl-Glas-Konstruktion über dem 1. Obergeschoß überdacht, als Bankschalterhalle genutzt, zusätzlich Galerieeinbau. – Seitenbau (Pfarrergasse 2), Zweiflügelanlage östlich an den Hauptbau anschließend. Feingliedrige Putzfassade mit leicht vorspringendem Mittelrisalit.

Korbbogiges Portal in ausgekehltem Gewände, eingefaßt von Pilastern und geschweiftem Gesims. – Auch die Hoffassaden in zarter Stuckgliederung.

Obere Bachgasse. Über dem Graben, außerhalb der Westmauer des Römerkastells gerade durchgezogen. Bis ins 19. Jh. floß hier der Vitusbach (seit 1837 kanalisiert). Spätmittelalterliche Bürgerhäuser auf ungleichen Parzellen, bemerkenswert im mittleren Bereich zwischen Altdorferhaus (Nr. 7) und der profanierten Kreuzkapelle (Nr. 15). – Häuser im Westen traufständig, östlich in der Mehrzahl giebelständig mit hohen einachsigen Erkern.

Obere Bachgasse 2, ehem. Löwenapotheke. Eckhaus mit romanischem Hausturm aus der 1. Hälfte des 12. Jh. an der Gesandtenstraße. Einer der frühesten Wohntürme mit aufwendigen Gewölben im Keller, im Erdgeschoß und teilweise im 1. Obergeschoß. Anbau von 1573. Hof mit Renaissancearkaden, Säulen mit ionisierenden Kapitellen. Brüstung aus Ziegelformsteinen erneuert.

Obere Bachgasse 7, Wohnhaus *Albrecht Altdorfers* (von 1513–38). Dreiseitig freistehendes Anwesen, gotischer Hausturm mit Wohnanbau, 13./14. Jh. Durchgreifender barocker Umbau um 1700, einschneidende Veränderungen 1862. Sanierung 1984 mit Konservierung (Ostseite) bzw. Wiederherstellung der barocken Stuckfassaden in grau und weiß (nach Befund). – Fünfgeschossiger mittelalterlicher Turm mit barockem Walmdach, urspr. mit Zinnenabschluß. Großzügige (wohl spätgotische) Treppenhalle, zweiläufige barocke Holztreppe mit Balustern. Stuckdecken um 1700, im 2. Obergeschoß mit Deckengemälde (Kurfürst Max Emanuel vor der Muttergottes). Im 1. Obergeschoß eine spätgotische profilierte Holzdecke erhalten.

Obere Bachgasse 8. Traufseithaus mit Erker (Fassade von 1891). Südwestlicher Hofflügel. Herausragendes Bürgerhaus, im Kern wohl spätromanisch mit hochgotischer Substanz. Aufwendig ausgebaut im 15. und 16. Jh., Barockausstattung. 1977–78 saniert. Begleitende Bauforschung mit überraschenden Freilegungen, Zeugnissen spät- und nachmittelalterlicher Wohnkultur. – Der Hauskern lag an der Rückseite. Auf der dem Hof zugewandten Seite (freigelegt) gotische Fenster und Loggiabogen. – Wertvolle Innenausstattung. Großräumige Treppendiele mit Bohlenbalkendecke 16. Jh., Holztreppe mit Balustern, 18. Jh. Im 2. Obergeschoß Bohlenstube mit einer in mehreren Längstonnen gegliederten, bemalten Balkendecke (die Holzkonstruktion wieder verschalt). – Wandmalerei. Im 1. Obergeschoß ein tonnengewölbter Raum mit Seccoausmalung des ausgehenden 15. Jh. Illusionistische Maßwerkarchitektur, darin Frauenfiguren in Zeittracht, die Wappen halten. Im Stockwerk darüber ein holzgedeckter Raum mit Resten sakraler Wandbilder. – Im Hofseitenflügel in zwei Geschossen bemerkenswerte frühe Stuckdecken, Anfang 17. Jh.

Obere Bachgasse 9. Großer Komplex zwischen Oberer Bachgasse und Augustinergasse, 1977/78 saniert. Besteht aus zwei sehr unterschiedlichen Giebelhäusern: Südtrakt, gotisches Treppengiebelhaus im schmallangen Typ, um 1300. Verändert im 17. und 19. Jh. Nordtrakt, aufwendiger Renaissancebau mit Erker an der Westfassade, errichtet um 1556, ehem. mit Hof. Gewölbte Erdgeschoßhalle (teilweise verändert), Hof modern überglast. Im 1. Obergeschoß zwei Räume mit profilierten Bohlenbalkendecken.

Obere Bachgasse 11. Schmallanges gotisches Halbgiebelhaus mit Pultdach, wohl 14. Jh., mit Überschuß in den Obergeschossen.

Obere Bachgasse 13. Spätgotisches Traufseithaus des 15. Jh., mit Anbau zum Augustinerplatz. Westfassade mit Überschuß in Holzkonstruktion auf profilierten Doppelkonsolen.

Obere Bachgasse 15, ehem. Hl. Kreuzkapelle im Bach. Romanische Kapelle, um 1190/1200 entstanden. Rechteckraum mit eingezogener, gestelzter Apsis, in den Umfassungsmauern vollständig erhalten, überbaut durch giebelständiges Haus. Urspr. Funktion der Kapelle nicht geklärt, seit dem 14. Jh. als Hauskapelle Regensburger Patriziergeschlechter nachgewiesen. Später zur Domdechantei gehörig, 1807 säkularisiert, Ausbau als Ladenraum. – Fragmentarisch erhalten das skulptierte Westportal, heute Schaufenster. Gestufte Bogenrahmung mit seitlichen Dreiviertelrundstäben, die sich als Archivolte fortsetzen. Reliefierte Kämpferstücke: links Hasenkopf zwischen Palmetten, rechts ein mit zwei Drachen verklammertes Fabeltier, auch als „Narrenkopf“ bezeichnet. Die Datierung in das ausgehende 12. Jh. ergibt sich aus der stilistischen Nähe zum Nordportal der Schottenkirche ▷ St. Jakob.

Obere Bachgasse 16, sog. Landolthaus. Benannt nach den Ehewappen der Landolt-Lichtenberger an einer Fenstersohlbank der Ostseite. Mächtige Eckbebauung mit breitem Ostgiebel und nördlich anschließendem, traufseitigem Anbau an der Hauptfront; über der Südfassade Zwerchhaus. Höfe hinter dem traufseitigen Anbau und im Südwesten. Im Kern frühgotisch, Mitte 15. Jh. erweitert, im 16. Jh. umgebaut. Gut erhalten, kontinuierlich instandgesetzt, nicht aufwendig „saniert“. – Tonnengewölbter Keller, wohl 13. Jh. Im Erdgeschoß quadratischer kreuzgewölbter Eckraum mit Kehlrippen über Eckpfeilern, etwa Mitte 15. Jh. Ungewöhnliche quadratische Öffnung im Gewölbescheitel, vielleicht für Lastenaufzug. Nördlich anschließend zwei Tonnengewölbe. Nach Westen eine zweischiffige Renaissancehalle. Teilweise verbaut, vermutlich ehem. Eingangshalle des 16. Jh. In drei Jochen kreuzgratgewölbt über Kalksteinsäulen mit Eierstabkapitellen und -konsolen. Nordseitiges Stiegenhaus mit barocker Balustertreppe. Im Obergeschoß geräumige Diele. – Spätgotischer Dachstuhl.

Ostengasse. Breite Verkehrsstraße zwischen dem ehem. Hallertor im Westen und dem Ostentor. Hochmittelalterliche Ausfallstraße in Richtung Straubing/Passau über römischer Trasse. – Bebauung auf unregelmäßigen Grundstücken bereits im 12. Jh. Vermutlich war schon im 13. Jh., also noch vor der Einbeziehung des Viertels in die Stadtbefestigung, die Häuserflucht annähernd geschlossen. Traditionelle Bebauung durch Handelshäuser, Gasthäuser und Brauereien.

Ostengasse 4, Brauereigasthof „Zum Rappen". Romanischer Keller: zweijochiger, kreuzgratgewölbter Südteil mit Mittelstütze und großer, tonnengewölbter Nordraum, 2. Hälfte 12. Jh. Hauptgebäude im 14. und 15. Jh. erweitert. Heutige Gestalt und Innenausbau aus dem 17. Jh. 1986 umgebaut.

Ostengasse 13. Sog. Lehrsche Behausung. Traufseithaus. Im Kern mittelalterlich. Umgebaut im späten 18. Jh., Fassade mit Empirestuck von 1789. Saniert 1980/81. – Große, tonnengewölbte Keller, durch eine Pfeilerdoppelarkade unterteilt, gastronomisch genutzt, dem Typus nach aus dem 12. Jh. Im Erdgeschoß Rest einer gotischen Bohlenstube, 1. Hälfte 15. Jh. Zwei weitere Ständerbohleneinbauten urspr. im 1. Obergeschoß, eine erhalten. Zur Straßenseite großer Raum mit Bohlendecke über Steinkonsolen, Anfang 15. Jh. Farbige Fassung um 1500, mit weißen Sternchen auf blauem Grund. An der Wand freigelegtes Teilstück mit spätgotischer Rankenmalerei. – Spätbarockes Treppenhaus, 18. Jh., Dielenboden im Rosenspitzmuster verlegt.

Ostengasse 16, Gasthaus „Zum Bär an der Ketten" (Brandl-Bräu). Seit 1500 als Brauereigasthof nachgewiesen. Mehrteilige Anlage, Haupthaus mit anschließendem Westflügel an der Ostengasse. Im Kern frühgotisch, 2. Hälfte 13. Jh. Durchgreifend umgebaut und erweitert 1596. Renoviert 1758, Ende des 18. Jh. erneut verändert. – Schlichter Traufseitbau mit Aufzugserker. In der östlichen Achse rundbogiges Einfahrtstor, Portalgewände mit profiliertem Kämpfer, 13. Jh. Das Torblatt geschnitzt, Rokoko von 1777. Im 1. Obergeschoß frühgotisches Dreierarkadenfenster mit profilierten Kleeblattbögen, Trennsäulchen mit Knospenkapitellen, 3. Viertel 13. Jh. Gerahmtes Fassadengemälde des Bären an der Kette, Inschrift von 1758. – Das geräumige Hauptgebäude ist dreiteilig gegliedert in östlichen Durchfahrtsbereich, große Stube und Treppendiele in der Mitte sowie schmalen Küchenbereich im Westen. Letzterer wurde im Erdgeschoß 1926 zur Erweiterung der Gaststube aufgegeben. Im 1. Obergeschoß Treppendiele mit bemalter Balkendecke des 16. Jh. Rankenwerk aus Spiralen, Blüten und Früchten. Einläufige Holztreppen mit schlanken Balustern, wohl ebenfalls 16. Jh. Großer Kamin. Zur Straße dreiachsige Stube, reich profilierte, ungefaßte Bohlenbalkendecke, machtiger Unterzug. Renaissancetüren mit Pilasterrahmung und Intarsien von 1596. Östlich, über der Einfahrtshalle, lag urspr. in voller Haustiefe ein Saal mit gotischer Bohlenbalkendecke (verbaut).

Ostengasse 34, ehem. Niedermünsterischer Bauernhof. Vierflügelanlage um einen Innenhof, im Kern 17. Jh. Der Westflügel war das alte Wohngebäude, die übrigen Flügel waren bis kurz nach 1800 Wirtschafts- und Stadelbauten. Im 19. Jh. umgebaut zu Wohnungen. Innenhof mit durchgehendem hölzernen Laubengang aus der Zeit um 1700, Balustraden mit schlanken, vasenförmigen Balustern.

Pfarrergasse. Benannt nach dem ersten protestantischen Pfarrhaus (Nr. 5). Niedrige, meist gotische Bebauung, vorwiegend Handwerkerhäuser.

Pfarrergasse 2, siehe Löschenkohl-Palais, ▷ Neupfarrplatz 14.

Prinzenweg 1. Im Kern aus der 2. Hälfte des 12. Jh. stammendes Wohnhaus in Ecklage zur Ostengasse. Der östlichste nachweisbare romanische Bau in diesem damaligen Vorstadtbereich.

Rote Hahnengasse. Geschwungene Gasse, mittelalterlich bebaut auf unterschiedlichen Parzellen. An der Ostseite breite, dem Straßenverlauf angepaßte Traufseithäuser. An der Einmündung in den Haidplatz unregelmäßige, dreifach versetzte Bauflucht.

Rote Hahnengasse 2, ehem. Gasthaus „Zum Goldenen Ritter“. Drei gestaffelte Bauteile, im Kern romanisch, im 14. Jh. umgebaut, im 15. Jh. durch Überschuß erweitert. In der Renaissance, wohl 1544, Fassade verändert (Halbsäulenarkaden tragen den Überschuß), Westseite des Hofs durch Arkadeneinbau bereichert: in drei Geschossen Renaissance-Arkaden, im 2. Obergeschoß gerade schließend. Brüstungen aus Formziegeln.

Rote Hahnengasse 5. Traufseithaus, in spätgotischer Zeit (wohl 1. Hälfte 15. Jh.) aus zwei älteren Gebäuden zusammengefaßt. Nördliches Haus im Kern noch romanisch, mit nachgewiesenen Zweier- und Dreierarkadenfenstern des späten 13. Jh. Südliches Haus urspr. um 1300 entstanden. Nach dem Zusammenschluß einheitliche Fassadengestaltung mit reich profiliertem Portal und Rechteckfenstern, darunter drei aufwendige Fenster im 1. Obergeschoß über dem Portal. 1872 Umbau, 1953 Ladeneinbau und Hofüberbauung. 1980/81 Sanierung mit Wiederherstellung der ältesten eindeutig rekonstruierbaren Farbfassung der Fassade (um 1540) in Grautönen, Ocker und Schwarz. – Im Inneren romanische Keller. Das Erdgeschoß weitgehend entkernt, im Rückgebäude südöstlich eine ehem. Hauskapelle, zweijochig mit Rippengewölben um 1300. Im 1. Obergeschoß nordwestlich ein bedeutender romanischer Raum, dreijochig mit Kreuzgratgewölben auf Pilastern und Wulst- bzw. Kopfkonsolen, um 1180. Südöstlich Raum mit spätgotischem Netzgewölbe.

Roter Herzfleck 2. Giebelhaus unmittelbar hinter dem Alten Rathaus. Im 1. Obergeschoß aufwendige Loggia des frühen 14. Jh., bereits in der Spätgotik wieder zugesetzt. Dekorative Maßwerkbrüstung aus zehn Vierpaßfeldern.

Schwanenplatz. Urspr. kleine Platzanlage nordöstlich des Karmelitenklosters. Im Rahmen einer hypertrophen Straßenplanung wurde der Platz zu seiner heutigen, gänzlich unhistorischen Dimension erweitert, als 1965/66 etwa 15 Häuser ersatzlos abgebrochen wurden.

Schwanenplatz 1. Traufseithaus des frühen 14. Jh., 1965 weitgehend umgebaut. Im 1. Obergeschoß eine zugesetzte gotische Loggia. Plastische Figuren an Bogenanfängern und Brüstung, u. a. Tiere. Im 1. Obergeschoß Flur mit bemalter Bohlendecke des 17. Jh. Im Südzimmer des 2. Obergeschosses Akanthusstuckdecke mit reichem allegorischem Figurenschmuck, um 1700.

Schwarze Bärenstraße. Benannt nach einem Gasthof, bis ins 17. Jh. als Landshuter Straße bezeichnet.

Schwarze Bärenstraße 1. Mehrflügelanlage in Ecksituation. 1850 aus drei mittelalterlichen Häusern zusammengefaßt, Bauherr war der Verleger G. J. Manz. 1983 saniert. – An der Südfassade Einfahrtstor mit geschnitztem Torblatt von 1850 in Formen der Neugotik, darüber spätgotische Relieftafel von 1478 (Anbetung der Hl. Drei Könige). – Innenhof mit zweigeschossigen hölzernen Laubengängen in bemerkenswert frühen Neurenaissanceformen. Pfeilerarkaden in feiner Proportionierung, in offensichtlicher Anlehnung an die italienische Frührenaissance.

★ Schwarze Bärenstraße 2, sog. Ehrenfelser Hof mit ehem. Galluskapelle. Domkapitelscher Kanonikalhof mit romanischer Hauskapelle (nicht zu besichtigen). Benannt nach dem Domherrn Konrad von Ehrenfels, der als frühester nachweisbarer Bewohner hier bis 1280 lebte. Die Hauskapelle im späten 12. Jh. entstanden, 1374 erstmals urkundlich erwähnt. 1679 restauriert durch Domherrn Graf von Herberstein; Mitte 19. Jh. profaniert, verbaut durch Zwischendecke und Zwischenwände. 1954 Ladeneinbau im Erdgeschoß, einschließlich Kapellenbereich. 1980/81 Sanierung und Umbau der Obergeschosse. – Die aus Hauptbau mit barockem Treppenhaus, niederem Seitenbau, gepflastertem Hof und ummauertem Garten bestehende Anlage gibt eindrucksvoll Zeugnis von barocker Wohnkultur des gehobenen geistlichen Standes.

Zweiteiliger, in der Höhe gestaffelter Walmdachbau. Die beiden Achsen der Nordfassade, hinter denen die zweigeschossige mittelalterliche Hauskapelle liegt, durch Lisenengliederung mit Bogenfries unter der Traufe herausgehoben. Das zweistufige rundbogige Gewändeportal der ehem. Galluskapelle bildet heute den Eingang in das barocke Hauptgebäude. Eingestellte Rundsäulen mit Knospenkapitellen und Eckblattbasen. Durchlaufende Kapitell- und Kämpferzone mit Palmetten und Flechtwerk ähnlich dem Refektoriumsportal im Kreuzgang der Schottenkirche ▷ St. Jakob. Zeitlich gehört das reiche Portal zu einer weitgehenden Überformung der Galluskapelle, die von den Stilformen her um 1210 angesetzt werden kann (zeitgleich mit dem Atrium des romanischen Domes; siehe Ausgrabungen bei der ▷ unterirdischen Grablege der Bischöfe im Dom). Die zweijochige, urspr. etwa 9 m hohe Kapelle besitzt Kreuzgratgewölbe (erneuert?) und Wandvorlagen, teilweise mit Halbsäulen und Knospenkapitellen. Die ehem. Apsis ist zerstört; das Gewände der rundbogigen Apsisöffnung im Ostraum des 1. Obergeschosses (Hauskapelle) freigelegt. Urspr. besaß die Galluskapelle eine das ganze westliche Joch einnehmende Empore. Darunter (im Bereich des heutigen Hauseingangs) Fragmente von Wandbildern des 14. Jh.: Versuchung Christi und Einzug Christi in Jerusalem.

Silbernagelgasse 6 (zwischen Minoritenweg und Heiliggeistgasse), ehem. Rittersche Gartenbehausung. Merkwürdige viergeschossige, in der äußeren Gestalt an eine Basilika erinnernde Anlage aus der 2. Hälfte des 17. Jh. Durchgreifend umgebaut Ende des 19. Jh. Segmentbogige Giebelfassade mit Pilasterstellung. – Im 2. Obergeschoß befand sich vor dem Umbau ein großer, bis ins 3. Obergeschoß durchgehender Saal. Es könnte sich hier um das Haus einer Loge mit zugehörigem Versammlungsraum gehandelt haben.

Silberne Kranzgasse. Führt hinter dem Alten Rathaus zur Keplerstraße hin. Im Zuge einer Flächensanierung der sechziger und siebziger Jahre wurden hier mehrere Häuser abgebrochen (z.B. Nr. 1 und 4 sowie das Eckhaus Fischmarkt 14) bzw. weitgehend umgebaut. Neugestaltung in historisierenden Altstadtformen und mit veränderten Baufluchten, wegen der Zufahrt für eine Tiefgarage.

Silberne Kranzgasse 6. Giebelhaus der Zeit um 1300, 1597 umgebaut, mit großer Erdgeschoßhalle, hochgotisches Portal. 1963–65 saniert.

Spiegelgasse. Alte, geschwungene Straßenführung parallel zur Oberen Bachgasse. Überwiegend traufständige Bebauung in großen Einheiten, teilweise über romanischen Kellern. Gotische Häuser, barock verändert und ausgebaut. Charakteristisch hierfür das Eckhaus zur Gesandtenstraße (Nr. 1).

Spiegelgasse 1, sog. Adlersches Haus. Mittelalterliche Vierflügelanlage mit Innenhof, 1607 grundlegend umgebaut. Romanische Keller. Im Südflügel Raum mit Kreuzrippengewölbe in zwei Jochen, 2. Viertel 14. Jh. Barockes Treppenhaus.

Stadtamhof. Breiter Straßenmarkt in Fortsetzung der Steinernen Brücke, wahrscheinlich im 13./14. Jh. angelegt. Einheitliche Straßenwände als Folge des Wiederaufbaus nach der Zerstörung in den Napoleonischen Kriegen (1809), wohl Entwurf des Maurermeisters *Johann Nepomuk Liebherr*. Urspr. Ackerbürgerhäuser, zahlreiche Gasthäuser.

Tändlergasse. Enge Gasse mit dichter mittelalterlicher Bebauung. In der Regel schmale Parzellen. An der Westseite große Durchgangshäuser zur Wahlenstraße.

Tändlergasse 1, Geburtshaus der Barbara Blomberg (siehe Goldenes Kreuz, ▷ Haidplatz 7). Gotisches Haus in Ecklage zur Kramgasse. Hohes Pultdachhaus mit stichbogigen originalen Ladenöffnungen im Erdgeschoß. Im 2. Obergeschoß der Südseite Doppelarkadenfenster mit Knospenkapitell, 2. Hälfte 13. Jh. Östlich anschließend ein Anbau in Holzkonstruktion mit Überschuß auf Steinkonsolen, spätgotisch um 1500. Ein zweiter Fachwerkanbau mit Überschuß an der Westfassade (zur Tändlergasse) dürfte dagegen noch aus dem 13. Jh. stammen.

Tändlergasse 2. Pultdachhaus in Ecklage am Watmarkt. Im Kern ein romanisches Steinhaus des 12. Jh., im 14. und 15. Jh. grundlegend umgebaut. Weiterer Umbau Anfang 19. Jh., dabei die Nordfassade über dem 1. Obergeschoß ausgewechselt. Ladeneinbauten frühes 20. Jh., sorgfältige Sanierung 1980/82. Die Fassadenfarbigkeit rekonstruiert den Befund nach dem letzten durchgreifenden Umbau des frühen 19. Jh. – Im Inneren romanische Keller, u. a. ein kreuzgratgewölbter Einstützenraum. Im 1. Obergeschoß Bohlenstube, urspr. aus der

Mitte des 14. Jh. (Teile davon erhalten), Anfang 15. Jh. weitgehend erneuert. Außerdem Holzbalkendecke mit schwarz-weißer Rankenmalerei des mittleren 16. Jh.

Tändlergasse 3. Langgestrecktes mächtiges Halbgiebelhaus um zwei Höfchen in Ecklage zur Kramgasse. Spätgotische Doppelfenster mit Trennpfosten und Stabwerkgewände, 2. Hälfte 15. Jh. Reliefs: Fuchs mit gestohlener Gans, wohl 16. Jh.; Wappentafel von 1611. – Romanische Keller. Im Südteil des Erdgeschosses zweijochiger Raum mit Kreuzrippengewölben der 2. Hälfte des 13. Jh.

Tändlergasse 4. Giebelhaus in Ecklage zur Kramgasse aus dem 16. Jh. Im Südwesten zweiachsiger, mit Halbsäulen abgestützter Überschuß. Kernbau über Keller des 12. Jh. (Einstützenraum mit Kreuzgratgewölben).

Unter den Schwibbögen. Im Verlauf der Nordmauer des Römerkastells, benannt nach brückenartigen Übergängen, die bis ins 19. Jh. die Straße überspannten, zur Verbindung beiderseitig gelegener bischöflicher Gebäude (Nr. 2, 4, 11, 13, 15, 17). Mit Ausnahme dieses mittleren Bereichs gotische, wohl bürgerliche Bebauung, nachmittelalterlich verdichtet und ausgestattet.

Unter den Schwibbögen 1. Aufwendiges Eckgebäude zur Weiße-Hahnengasse, mittelalterlich, barock umgebaut, mit klassizistischer Stuckfassade. – Romanische Keller. Von Westen her Zugang zu der über zwei Geschosse reichenden ehem. Kapelle St. Salvator von 1476 (bereits 1542 profaniert, seither als Gaststätte genutzt). Spätgotischer Einstützenraum auf rundem Mittelpfeiler zu vier Jochen mit prächtigen Sternrippengewölben. Auffällige Betonung der Querachse durch halbrunde Wandpfeiler und kräftige, profilierte Gurtbögen. Skulptierte Schlußsteine, Schilde am Schnittpunkt der Rippen. Bedeutendes Beispiel der spätgotischen Kirchenbaukunst in Regensburg.

Unter den Schwibbögen 3, ehem. Gasthaus „Zum Goldenen Rädl“. – Traufseitbau mit kreuzrippengewölbtem Raum und schmaler, tonnengewölbter Durchfahrt im rückwärtigen Teil des Erdgeschosses, um 1230. Sonst spätgotischer Umbau. Auf dem Erker Datierung 1540. – Große, gewölbte Kellerräume des 13. Jh.; spätgotischer Dachstuhl. – Hofseitengebäude in Ständerkonstruktion.

Unter den Schwibbögen 4, Domvikariatsgebäude. Ehem. vier eigenständige Gebäude. 1880 durchgreifend umgebaut. Neugotische Fassade mit Lisenen und Maßwerkfries, kielbogige Portalrahmungen in Grünsandstein.

Unter den Schwibbögen 8. Im unmittelbaren Anschluß an der hier freiliegenden Nordostecke des ehem. römischen Castrums. An der Ostseite Reste der ehem. Kapelle St. Georg und Afra: Doppelarkadenfenster unter Entlastungsbogen, mittig Säule mit Würfelkapitell. Stilistisch der ▷ Allerheiligenkapelle am Domkreuzgang nahestehend, gehört zur Gruppe lombardischer Bauten aus der Mitte des 12. Jh. in Regensburg.

Unter den Schwibbögen 21, Gasthaus „Zum Walfisch“. Im Kern

spätromanisches, spätgotisch umgebautes Pultdachhaus mit barockem nördlichem Anbau (um 1700). Als Gaststätte dieses Namens bereits im 16. Jh. bezeugt. Sanierung 1989/90. – Im 1. Obergeschoß Reste eines spätromanischen Dreierarkadenfensters. – Originelles klassizistisches Wirtshausschild der Zeit um 1800: aus Eisenblech getriebene und farbig bemalte Darstellung des Wals, der den Propheten Jonas ausspeit. Schmiedeeisernes Gestänge, darüber eine aus Blech ausgeschnittene Postkutsche (wohl jüngere Zufügung).

Untere Bachgasse. Direkte Verlängerung der ▷ Oberen Bachgasse nach Norden hin, auf das kommunale Zentrum, das Rathaus und den Kohlenmarkt zuführend. Hauptsächlich gotische Bebauung. An der Ostseite mehrere Türme: Nr. 1 (Rückgebäude zum Kohlenmarkt hin), Nr. 3, Nr. 5, Nr. 13 und Nr. 15. An der Westseite große Mehrflügelanlagen. Bis zur Traufe hinaufreichende Erker. In Nähe des Kohlenmarktes einzelne, in der Barockzeit großmaßstäblich umgebaute Anwesen: Nr. 4, Nr. 8 sowie die Eckhäuser Hinter der Grieb 1 und Kohlenmarkt 1.

Untere Bachgasse 2. Großes Traufseithaus mit spätgotischem Überschuß, urspr. giebelständig, rückwärts frühgotischer Treppengiebel erhalten. Im südwestlichen Teil des Erdgeschosses ein zweijochiger, kreuzrippengewölbter Raum erhalten (Kapelle ?), 2. Viertel 13. Jh. Bemerkenswerte Säulen als Eckvorlagen, Stilformen sehr ähnlich der ▷ Ulrichskirche.

Untere Bachgasse 3, sog. Steyrerhaus. Gotischer Turm 13. Jh., nach Süden jüngerer Anbau. Hofarkaden der Renaissance von 1595.

Untere Bachgasse 5, ehem. Haus der Woller im Bach. Gotischer Turm, urspr. mit Tordurchfahrt, im südlichen Anbau die ehem. Verenakapelle: romanische, zweijochige Kapelle mit östlicher Apsis, Gewölbe des 14. Jh. Von 1841 bis 1912 war hier die Alte Synagoge, im Turm, mit der Kapelle als Nebenraum. 1938 wegen angeblicher Baufälligkeit zerstört. Heute nur noch erdgeschossig überbaut.

Untere Bachgasse 6. Hochgotisches Traufseithaus mit dreiachsigem Erker auf acht Konsolen, im 2. Obergeschoß einachsig überhöht. Im Erdgeschoß nordöstlich zweijochiger kreuzrippengewölbter Raum, wohl ehem. Hauskapelle, 3. Viertel 13. Jh. Gepflasterte Durchfahrt mit gotischem Eisentürblatt im Durchgang zur Grieb.

Untere Bachgasse 10, sog. Lyskirchnerhaus. Spätgotisches Traufseithaus mit Hofseitenflügel, 2. Hälfte 15. Jh. Älterer hochgotischer Kern, rückwärts ehem. Hauskapelle, um 1320/30, zweijochig, kreuzrippengewölbt mit Schlußsteinen. – Aufwendige spätgotische zweischiffige Einfahrtshalle über drei Joche. Kreuzrippengewölbe auf Achteckstützen. Skulptierte Schlußsteine und Konsolen mit Wappen-, Tier- und Pflanzendarstellungen.

Untere Bachgasse 12/14, sog. Lerchenfelder Hof. Mehrflügelanlage, aus zwei urspr. getrennten Hauseinheiten zusammengeschlossen. Nördlich mächtiges, im Kern gotisches Giebelhaus, 14. Jh., barock umgebaut. Südlich anschließend spätgotischer Dreiflügelbau (1. Hälfte 15. Jh.) in Ecklage zur Gesandtenstraße, mit dreiachsigem Kastenerker zur Bachgasse und einachsigem Erker zur Gesandtenstraße. Reich profilierte Stabwerkfenster für einen herausgehobenen Raum in Ecklage im 1. Obergeschoß (3 + 3 Fenster). – Bemerkenswerter Renaissancehof mit dreiseitig korbbogigen Pfeilerarkaden, nach Westen und Norden Galerien mit Brüstungen aus weckenförmigen Backsteinen.

Untere Bachgasse 13. Gehört zu den ältesten erhaltenen Haustürmen in Regensburg. 1977/78 Sanierung und Ausbau als Studentenwohnheim. – Viergeschossiger Hausturm, mit der Breitseite zur Straße ausgerichtet, aus dem frühen 12. Jh. Südlicher Anbau mit romanischem Portal des ausgehenden 12. Jh. und Fachwerkaufbau mit Überschuß aus dem 17./18. Jh. – Im Erdgeschoß südlich zweijochiger Raum mit Kreuzgratgewölben (Kapelle?). Im 1. Obergeschoß des Turms ehem. Festsaal mit Balkenbohlendecke des 15. Jh., über die gesamte Geschoßfläche, getragen von Streichbalken auf Konsolen.

★ Untere Bachgasse 15/Wahlenstraße 24, sog. Kastenmayerhaus. Umfangreicher Gebäudekomplex mit mehreren Höfen, von der Unteren Bachgasse bis zur Wahlenstraße reichend. Die ebenfalls freigestellte Südseite markiert den städtebaulich bedeutenden Übergang von der Gesandtenstraße zum Neupfarrplatz (hier befand sich die römische Porta Principalis sinistra). Der an der Wahlenstraße stehende Turm bildet ein wichtiges Gegenstück zum ▷ Goldenen Turm (Wahlenstr. 16). – Benannt nach dem Besitzer, der den Komplex 1437 dem Bruderhaus stiftete (sein Wappen ziert die Südostecke). Frühere Besitzer waren prominente Handelsfamilien: Löbl, Hiltprant, Reich, Sitauer u.a. – Gotischer Turm; Westteile spätgotisch, barock umgebaut, mit klassizistischen Fassaden nach Westen und Süden. Ende des 19. Jh. und im 20. Jh. weitgehend umgestaltet. Der südöstliche Komplex (14. Jh.) 1911 abgebrochen und neu bebaut. Turm 1960, die übrige Baugrupe 1975–77 saniert.

Turm 2. Hälfte 13. Jh. Auf quadratischem Grundriß fünfgeschossig mit Satteldach. Erstaunlich aufwendiger, zweijochiger Keller mit Kreuzrippengewölben. Die ersten beiden Geschosse (wie nur vom ▷ Goliathhaus bekannt) in Großquaderwerk, der obere Teil Bruchstein mit Eckquaderung. – Schaufensterdurchbrüche des Erdgeschosses von 1873. Im 1. Obergeschoß Loggiabogen, mit Rechteckfenstern zugesetzt. Freigelegter Entlastungsbogen in Höhe des 2. Obergeschosses, seitlich und darüber Doppelarkadenfenster, die Trennsäulchen mit Kelchkapitellen bzw. umgedrehter Basis. – Im Erdgeschoß urspr. zwei, durch eine Mittelwand getrennte, doppeljochige Räume mit Kreuzrippengewölben auf polygonalen Spitzkonsolen. Skulptierte Schlußsteine 2. Hälfte 13. Jh. Der nördliche Raum, möglicherweise urspr. Kapelle, war nur vom südlichen her zugänglich. Dieser wurde 1911 teilweise zerstört. Das 3. und 4. Obergeschoß des Turms unverändert, die Geschosse nicht ausgebaut, Blocktreppen. – Die Einfahrtshalle befand sich urspr. vielleicht nördlich des Turms, worauf eine gotische Sitznische mit reich profilierter dreiteiliger Verdachung an der Nordwand deuten könnte (jetzt Haus ▷ Wahlenstraße 22). Vergleichbare Motive haben Einfahrtshallen in Budapest und Sopron (nach Ungarn hatten die Sitauer Handelsverbindungen). Gotische Teile des Kastenmayerhauses sind noch im Trakt westlich des Turms zur Bachgasse hin erhalten: gotisches Portalgewände und kreuzgewölbte Eingangshalle zu zwei Jochen mit mächtigen, abgefasten Rippen (Anfang 14. Jh.). Die Fugenstriche nach Befund gefaßt (heute Laden). Nördlich angrenzend kreuzgewölbter Raum mit Birnstabrippen aus der 2. Hälfte des 15. Jh. Beim Neubau des südöstlichen Trakts 1911 wurden vier gotische Kopfkonsolen des 14. Jh. (unter der Dachtraufe) und das Kastenmayer-Wappen an der Ecke vom Vorgängerbau übernommen.

Vor der Grieb. Siehe bauliche Entwicklung ▷ In der Grieb. Die Häuser Nr. 1, 3 und 5 wurden 1984–86 saniert und als Studentenwohnheime ausgebaut. Gründliche Baudokumentation.

Vor der Grieb 1. Gotisches Traufseithaus, Anfang 14. Jh., umgebaut im 19. Jh. und verändert, u. a. die Verteilung der gotischen Arkadenfenster an der Hofseite. Im Erdgeschoß barocke Lehmschlagdecke, im Obergeschoß Bohlenbalkendecke. – Das große rundbogige Tor an der Nordfassade mit zwei mächtigen, wohl noch gotischen Flügeln aus blechbeschlagenem Tannenholz; Mitteltür später eingeschnitten.

Vor der Grieb 3. Turmförmiges, urspr. fünfgeschossiges Giebelhaus mit östlich anschließendem, traufseitigem Anbau, im Kern um 1200, im 13. und 14. Jh. ausgebaut, ab 1782 überformt und aufgestockt. Im Erdgeschoß langgestreckter Raum mit Kreuzrippengewölben über vier Joche, Anfang 14. Jh. – Wertvolle Funde (Geschirr und Gläser, Reste von Nahrung und Kleidung) aus einer archäologisch untersuchten, von ca. 1300 bis 1430 genutzten Versitzgrube (heute im Museum der Stadt Regensburg).

Vor der Grieb 5. Turmförmiges, viergeschossiges Giebelhaus mit westlich anschließendem Anbau, wie das Nachbarhaus (Nr. 3) gotisch über romanischem Kern. Der spätgotische Anbau in Fachwerkkonstruktion wurde bei einem grundlegenden Umbau des Hauses 1863 völlig ausgewechselt. Im Erdgeschoß des Kernbaus nordöstlich ein zweijochiger Raum mit Kreuzrippengewölben, 1. Hälfte 13. Jh.

Wahlenstraße. Entlang der Innenseite der Westmauer des römischen Kastells, ungewöhnlich breite Straße, 1138 ‚inter latinos' bezeichnet, möglicherweise Hinweis auf eine kontinuierliche römische Besiedlung. Die günstige Lage am Kohlenmarkt und nahe der Donaulände förderte die Ansiedlung reicher Fernhandelskaufleute. – Durchgehend romanisch-gotische Bausubstanz auf hofartigen Grundstükken. Im Westen vier Türme bzw. Turmhäuser (Nr. 6, 16, 20 und Turm des Kastenmayer-Hauses ▷ Untere Bachgasse 15). Die Straßenwände überwiegend im 19. Jh. gestaltet.

Wahlenstraße 8. Hochgotisches Giebelhaus, durch eine Bohlenwand und Holzdecken in den Obergeschossen dendrochronologisch dat. 1307. Erdgeschoß sehr aufwendig, nahezu gänzlich überwölbt, Kreuzrippengewölbe mit reich skulptierten Schlußsteinen, Anfang 14. Jh. Fassade leider 1970 ausgewechselt.

★ Wahlenstraße 16, Goldener Turm. Vierflügelanlage mit Turm, bis zur Unteren Bachgasse (Haus Nr. 7) reichend. Eine in das 12. Jh. zurückreichende, allmählich gewachsene Hofanlage über der römischen Stadtmauer. – Der Name seit 1667, von einem Gasthof. 1985 gründlich saniert und in ein Studentenwohnheim umgebaut. Begleitende Bauforschung beeinflußte die Planung und erbrachte wertvolle Erkenntnisse über die Entstehung dieses imposanten Patrizieranwesens. – Bauliche Entwicklung. Kern der Anlage sind zwei romanische Steinhäuser im Nordwesten an der Bachgasse und im Südosten an der Wahlenstraße. Um 1200 entstandene, langgestreckte Rechteckbauten mit Zugang aus dem Hofinneren. Um 1250 wurde der frühgotische Turm hinzugebaut, zunächst nur vier Geschosse hoch. Gleichzeitig entstand der südlich anschließende dreigeschossige Wohnbau, der das romanische Steinhaus mit der sog. Wallerkapelle mit einbezog. Durch einen Verbindungsflügel zwischen den straßenseitigen Gebäuden nordseitige Hofschließung. – Um 1300 dann Aufstockung des Turmes auf acht Geschosse mit Zinnenabschluß, des Wohnhauses um ein Stockwerk. Um 1400 Erweiterung der Anlage um den Innenhof, später Erweiterung des Wohntrakts nach Süden. – In der Renaissance (um 1600) teilweiser Ausbau des westlichen Flügels zur Unteren Bachgasse. Gleichzeitig im Innenhof Einbau von Renaissancearkaden: dreiseitige Laubengangerschließung mit Steinarkaden und Ziegelgewölben, darüber zwei Loggiengeschosse mit hölzernen, stichbogigen Arkadenöffnungen; diese im 19. Jh. geschlossen und durchfenstert. Im 18. Jh. Umbau der Anlage mit Grundrißänderungen, zahlreiche Fenster- und Türeinbauten.

Turm aus Bruchsteinmauerwerk mit Eckquaderung. Ehem. zweifarbig gefaßt, heute Kalkputz unter Aussparung der unregelmäßigen Eckquader. Der annähernd quadratische Turm mißt fast 50 m. Heutige Bedachung mit Giebelerkern aus der Zeit um 1600, ehem. mit Zinnenkranz. Schießscharten im 6. Obergeschoß nach Norden. Schauseite mit Schmuckfenstern. Im gestuften Erdgeschoßsockel Stichbogenfenster. Darüber in allen Geschossen spitzbogige Doppelfenster bzw. eine dreiteilige Fenstergruppe; die Trennsäulchen mit Blattkapitellen. – Vom Keller bis ins erste Obergeschoß Tonnengewölbe, darüber Balkendecken. Der höchste bewohnbare Raum liegt im 2. Obergeschoß, ausgezeichnet durch das Dreierarkadenfenster, verbunden mit dem Wohnanbau. – Barocke Wendeltreppe zum Turmzimmer mit bemalter Holztäfelung, um 1600, ungenutzte Zwischenböden.

Der südöstliche Wohnanbau ist im Kern älter als der Turm. Quadermauerwerk vom romanischen Steinhaus ist im rechten Teil unter dem Fassadenputz sichtbar. Frühgotische Zweierarkadenfenster in der Art des Turmes. – Das zweiteilige viergeschossige Traufenhaus hat unterschiedliche Stockwerkshöhen. Im linken, aus dem frühen 15. Jh. stammenden Teil nur spätgotische Rechteckfenster mit profiliertem Gewände und ausgebrochenem Mittelpfosten. Dreiachsiger Flacherker über zwei Geschosse. – Inneres: Im Erdgeschoß des Kernbaus die sog. Wallerkapelle, vermutlich Hauskapelle, zweijochig, mit Kreuzrippengewölben aus dem frühen 13. Jh.

In der Südostecke nachmittelalterliche tonnengewölbte Einstützenräume, vermutlich Küchen des 17. Jh. – Westlicher Flügel (zur Bachgasse): Holzkonstruktion aus der Zeit um 1600 im Erdgeschoß und darüber (1985 freigelegt). Die geschnitzte Bohlenbalkendecke eines Saales und Teile von Holzständerwerk (von ehemals drei Bohlenstuben) sichtbar einbezogen in den Ausbau für Studentenwohnungen. – Im nordwestlichen Eckzimmer, dem romanischen Steinhaus, Renaissancemalerei von 1556, architektonische Wanddekoration.

Wahlenstraße 17, sog. Deggingerhaus. Großräumiger gotischer Baukomplex des 14./15. Jh. über romanischen Kellern. Durchgehend zur Tändlergasse (Nr. 18). 1868 und 1904/05 durchgreifend als Geschäftshaus umgebaut. – Im Südosten, von der Straße weg nach rückwärts versetzt, steht als Kernbau ein turmartiges, fünfgeschossiges Haus mit Satteldach und Treppengiebeln nach Nord und Süd. Ein westlicher traufständiger Anbau schließt mit einer Schaufassade zur Wahlenstraße ab. Südlich ein drei Fenster breiter Flacherker, Anfang 15. Jh., auf profiliertem Konsolband, die Brüstung und die Seitenflächen besetzt mit in zartem Relief aufgeblendeten Maßwerken und Vierpaßformen. Über die Länge der Traufe Maßwerkbrüstung. Innen weitgehend entkernt, außer wenigen Kreuzrippengewölben der 2. Hälfte des 14. Jh. im Erdgeschoß.

Wahlenstraße 18. Urspr. zwei spätgotische Halbgiebelhäuser, 1817 zusammengefaßt. Klassizistische Fassade mit Stuckrankenfries, wahrscheinlich von *Christoph Ittelsberger.*

Wahlenstraße 22. Spätgotisches Halbgiebelhaus. Kleinhaus vermutlich anstelle einer Einfahrt. Angelehnt an den Kastenmayerturm, siehe ▷ Untere Bachgasse 15.

Wahlenstraße 24. Sog. Kastenmayerhaus, siehe ▷ Untere Bachgasse 15.

Watmarkt. Führt als Straßenzug vom Krauterermarkt (gegenüber dem Bischofshof) nach Westen; urspr. der Tuchmarkt. Umstanden von stattlichen frühgotischen Patrizieranwesen.

★ Watmarkt 4, sog. Baumburger Turm. Aufwendige Anlage, bestehend aus einem siebengeschossigen Turm und einem östlich anschließenden Wohntrakt. Westlich des Turms Hofeinfahrt, das Anwesen reichte zeitweise bis zur Kramgasse. Vor den Baumburgern (im 14. Jh.) ist die Familie der Ingolstetter als Besitzer nachweisbar. Bauliche Veränderungen im 17. und 19. Jh. Turmrestaurierung 1914, dabei Freilegung des Bruchsteinmauerwerks mit Eckquaderung. 1968 aus konservatorischen Gründen wieder verputzt, Farbfassung ohne historischen Befund.

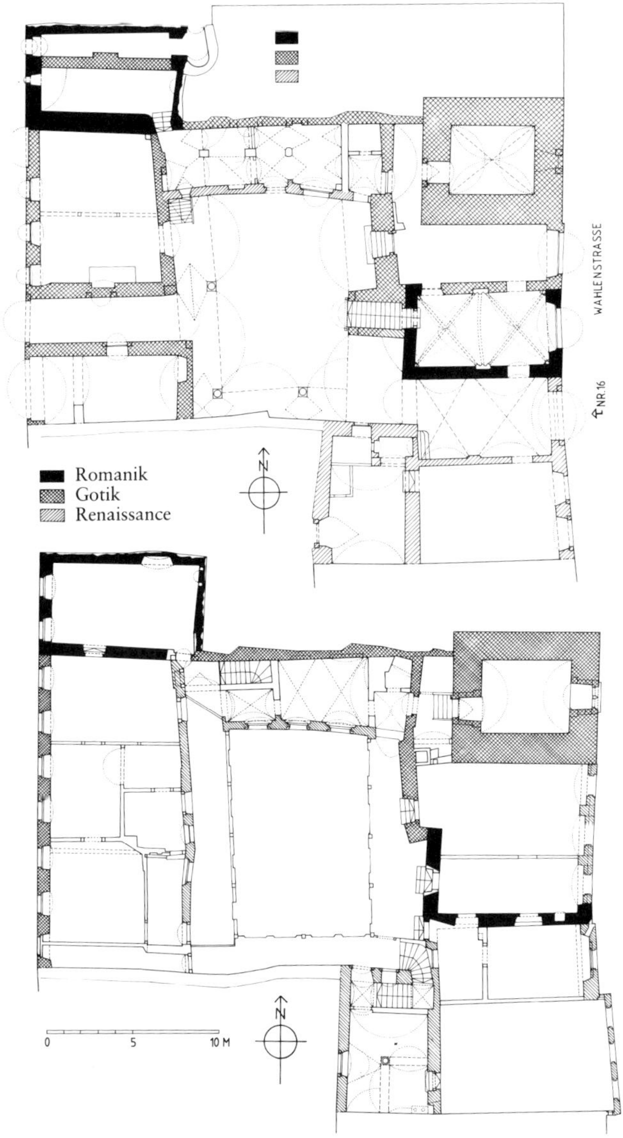

Regensburg, Wahlenstraße 16, Goldener Turm, Grundriß Erdgeschoß und 1. Obergeschoß

Turm 3. Viertel 13. Jh., der am reichsten gegliederte Patrizierturm Regensburgs. Spätgotische Schaufensteröffnung im Erdgeschoß, dahinter ein frühgotischer kreuzgewölbter Raum zu zwei Jochen aus dem 3. Viertel des 13. Jh., ehem. Hauskapelle, heute gastronomisch genutzt. Geschärfte Wulstrippen, die Anfänge schildförmig abgeflacht über polygonalen Wandpfeilern. Abgeschrägte Basen und profilierte, mit Weinlaub verzierte Kämpfer. Skulptierte Schlußsteine, Eisenringe. – 1914 wurde im 1. Obergeschoß ein 5 m breiter, weit gespannter Hausteinbogen freigelegt, der mit Brüstung und zurückgesetzter Mauer sehr indifferent als Balkon rekonstruiert wurde. In Wirklichkeit war der Raum dahinter nach außen geöffnet, nur durch eine Brüstung begrenzt. Solch anspruchsvolle, repräsentative Loggia-Öffnungen im 1. Obergeschoß von Türmen und Häusern sind in Regensburg eine Besonderheit und erstaunlich häufig. – Darüber nach allen Seiten des Turms prachtvolle Schmuckfenster, in allen denkbaren Varianten bewußt unterschiedlich gestaltet: Zweier- und Dreierarkaden, Giebelfenster mit Verdachung und Maßwerkdekor, Rundbogenfenster und Oculi mit phantasievollen Füllungen. Bis oben hin auch die originalen eisernen Fensterläden erhalten, nach innen oder außen aufschlagend; sie deuten auf eine Nutzung der Turmgeschosse als Lagerraum ab dem 3. Obergeschoß.

Traufseitiger Wohnanbau, mit einhüftigem Satteldach, ehem. dreigeschossig, wohl aus dem 15. Jh. – Im 1. Obergeschoß Renaissanceraum mit Kassettendecke und Schmucktür, um 1600. – Hinter dem Turm Innenhof, nach zwei Seiten Arkadengänge des 16. Jh., darüber Laubengangerschließung.

Watmarkt 6, sog. Bräunelturm. Umfangreiches Patrizieranwesen in Ecklage zur Tändlergasse hin. Zu dem Komplex gehörte bis Mitte 19. Jh. auch noch das Haus Kramgasse 5. Den Kern bildet ein romanischer sechsgeschossiger Turm (wohl Ende 12. Jh.) über tonnengewölbtem Keller. Portalbogen im Erdgeschoß aus der Zeit um 1320, gleichzeitig mit dem westlich an den Turm anschließenden gotischen Wohntrakt entstanden. Die Obergeschosse des Wohntrakts urspr. in Fachwerkkonstruktion mit Überschüssen, diese 1873 abgetragen; zwei Steinkonsolen aus der Zeit um 1320 erinnern noch daran (eine mit schönem Blätterschmuck). Umbau des Wohntrakts im 15. Jh. zusammen mit dem Turm, der im 1. und 2. Obergeschoß zu Wohnzwecken mit Rechteckfenstern ausgebaut wurde. Im 17. Jh. Turmaufstockung über dem Zinnenkranz, barockes Walmdach. Eingreifende Umbauten 1873 und 1909, Renovierung 1963/64, umfangreiche Sanierung 1987/88.

Im Keller ein eindrucksvoller romanischer Einstützenraum mit vier Kreuzgratgewölben. Darüber in der Nordwestecke des Wohntrakts ein Raum mit Kreuzrippengewölbe auf Ecksäulen, um 1320, vielleicht Teil der ehem. Hauskapelle. Später Nutzung als Laden, mit originaler Eingangsöffnung und Schaufenster aus spätgotischer Zeit, an der Westseite. – Im 1. Obergeschoß des Turmes frühbarocke Rahmenstuckdecke mit geflügelten Engelsköpfchen, 17. Jh. Außerdem im 1. Obergeschoß gotische Wandgemälde freigelegt.

Weingasse. Mittelalterliche Verbindung zwischen Haidplatz und Keplerstraße. Auf zum Teil großen Grundstücken mittelalterliche Bebauung (barock überformt Nr. 1 und 12).

Weingasse 2. Vierflügelanlage mit traufseitiger Fassade zur Weingasse hin. Der dreigeschossige Hauptbau besteht im Kern aus zwei nördlich und südlich plazierten Steinhäusern des 12. Jh. (urspr. Wohntürme). Der wohl hölzerne Trakt dazwischen wurde gegen Ende des 13. Jh. nach einem Brand massiv erneuert. Umbauten im 14. und im 16. Jh. Gründliche Sanierung 1987/88. – Die Befunduntersuchung der Fassade brachte zahlreiche farbige Fassungsschichten zum Vorschein. Die heutige Farbgebung in grün, weiß und hellgrau entspricht einem Befund aus dem späten 16. Jh. Das gotische Dreierarkadenfenster im 1. Obergeschoß wurde bei der letzten Sanierung nach vorhandenen Resten weitgehend, der Renaissanceerker des 16. Jh. nach einer alten Ansicht komplett rekonstruiert. Original ist der ungewöhnliche erkerartige Vorsprung des 2. Obergeschosses (13. Jh.), der über fünf Stichbogen auf sechs Steinkonsolen aufruht.

Weingasse 8. Spätgotisches Giebelhaus in Ecklage. Vierseitanlage mit romanischer Substanz. 1978 saniert. Freigelegt wurden Teile der Holzkonstruktion, z. T. mit gotischer Bemalung. Barocktreppe mit Antritt in der Durchfahrt.

Weingasse 10. Gotisches Traufseithaus, 1. Hälfte 14. Jh. Älter ist der im Westen rückwärtig liegende Kernbau, ein viergeschossiger Wohnturm aus der 2. Hälfte 13. Jh. über romanischen Kellern. Barock vereinheitlicht. Saniert 1981, Erneuerung des barocken Treppenhauses.

Weiße Hahnengasse 1/3. Stattlicher Baukomplex in Ecklage aus dem 15./16. Jh. Im Innern barockisiert. Großzügige, annähernd quadratische Treppenanlage, um 1760, mit Vierkantbalustern, geschnitzten Pfosten, integrierter vergoldeter Standuhr und dekorativer Wandmalerei. Im Deckenspiegel Fresko mit mythologischer Szene: Jupiter, Vulcanus, Minerva und Juno (?), einen kleinen Knaben haltend; vielleicht Geburt des Bacchus. Eines der wenigen prächtigen Treppenhäuser des Barock im Regensburger Wohnbau.

Weiße Lammgasse 3, Historische Wurstküche. Einer der bekanntesten Anziehungspunkte für Besucher der Stadt, am Donauufer in unmittelbarer Nähe der Steinernen Brücke. Die Wurtstküche, nördlich an ein Stück Stadtmauer des 14. Jh. angelehnt, gehört zu den ältesten, bis heute ununterbrochen genutzten Wirtshäusern Regensburgs. Ihre Geschichte dürfte bis ins Mittelalter zurückreichen, auch wenn sie erst 1616 zum ersten Mal in den Quellen erscheint; damals mußte man das alte Wirtshausgebäude abbrechen. Der unmittelbar anschließende Neubau ist durch eine Stadtansicht von 1626 überliefert. Der heutige Bau wurde 1651 errichtet. – Eingeschossiges Häuschen auf trapezförmigem Grundriß, mit einem Pultdach an die Stadtmauer anschließend. Innen westlich die Rauchkuchl mit offenem Kamin, östlich anschließend der kleine Gastraum.

Weißgerbergraben. Im ehem. Graben vor der Arnulfinischen Stadtmauer des 10. Jh. verlaufend. Der dort offen geführte Arm des Vitusbaches förderte die Ansiedlung von Gerbern in diesem Bereich. Weitgehend gotische Bebauung, barock oder klassizistisch verändert.

Weißgerbergraben 2, sog. Pförringerhaus. Dreigeschossiges Eckhaus mit Walmdach von 1767/69. Erbaut für den Stadtchirurgen Johann Leonhard Staudt, am Ort einer seit dem 14. Jh. nachgewiesenen Badstube. Seit 1798 im Besitz der Ärztefamilie Pförringer. Bedeutendes Bürgerhaus des frühen Klassizismus mit reizvoller Stuckfassade. Originale Schmuckgitter, noch in Rokokoformen. Der Bestand auch im Innern vollständig erhalten.

Weitoldstraße 6. Ehem. Gartengut des 18. Jh. Dem fünfgeschossigen oktogonalen Turm mit Mansarddach und Belvedere ist ein L-förmiger, zweigeschossiger Baukörper vorgelegt. Unterkellert, Säle in drei Geschossen. Barocke Treppe. Das Mansarddach des niederen, umgebenden Bauteils 1853 ausgebaut mit laubenartigem Balkon.

Wollwirkergasse. Wichtige Verbindungsstraße innerhalb der Westnerwacht, vom Arnulfplatz nach Westen führend.

Wollwirkergasse 23. Dreigeschossiges giebelständiges Satteldachhaus des 17. Jh. Großer Dreiecksgiebel mit profiliertem Gesims. Innenausbau 19./20. Jh.

Wollwirkergasse 25, sog. Praunsmändel-Haus. Großräumiges giebelständiges Satteldachhaus, 1717 für den Kaufmann Hans Adam Praunsmändel erbaut. Bauherr des Ostflügels von 1735 war Christoph Fuchs. – Im Hauptbau feine Stuckdecken in allen Geschossen, Barocktreppe mit Keulenbalustern.

Zieroldsplatz. Trapezförmige Erweiterung des Kohlenmarktes zum Fischmarkt hin, östlich des barocken Rathauses. Mittelalterlich bebaut. An der Nordseite siehe ▷ Fischgässel 4.

Zieroldsplatz 2. Viergeschossiges Mansarddachhaus in wichtiger Ecklage zum Kohlenmarkt. Über romanischem Keller ein Erdgeschoß des 13. Jh. Ab dem 1. Obergeschoß Neubau aus dem 2. Viertel des 18. Jh. Innenausstattung mit Stuckdecken erhalten.

Zieroldsplatz 3. Gotischer Baukomplex, 1962-65 bei Sanierung zusammengefaßt. Rückwärtige Teile für den Einbau des Dollingersaales geopfert, siehe ▷ Altes Rathaus.

Brücken

★ **Steinerne Brücke.** Als Pfeilerbrücke 1135–1146 errichtet, ein Bauwerk von hohem technischem und künstlerischem Rang, schon im Mittelalter gerühmt. – Für Jahrhunderte der einzige feste Donauübergang zwischen Ulm und Wien, Knotenpunkt zwischen dem nördlichen Frankreich und den Donauländern sowie den Fernstraßen aus dem Süden mit Anschluß an Thüringen und Sachsen, sowie Böhmen und Polen. – Die Bauherrschaft ist nicht geklärt. Die Initiative dürfte dem mächtigen welfischen Herzog Heinrich X., dem Stolzen, zuzuschreiben sein, der allerdings bereits 1138 abgesetzt wurde. Sicher förderten die Baumaßnahme auch seine Nachfolger, die Babenberger Herzöge Leopold IV. (1139–41) und Heinrich Jasomirgott (1143–56). Da schließlich auch König Konrad III. 1142 vorübergehend das Herzogtum Bayern verwaltet hatte, wird spätestens seit diesem Zeitpunkt der König selbst Einfluß genommen haben. Die Finanzierung des gewaltigen Bauvorhabens war zweifellos nur durch den Reichtum der Regensburger Fernhandelskaufleute möglich. – Von der Brücke aus nahmen weltliche und geistliche Herren ihren Einzug in die Stadt. Westlich des stadteigenen Brückenturmes lag im Mittelalter der Hafen. Hier sammelten König Konrad III. 1147 und Kaiser Friedrich I. 1189 ihr Heer zu den Kreuzzügen. – Die Brücke wurde (nachweislich seit 1182) von einem städtischen Brückenmeister verwaltet und war wohl bald befestigt. Um 1300 hat die Brücke bereits drei Türme: der sog. Schwarze Turm auf der Seite von Stadtamhof (1810 abgebrochen), ein Mittelturm, der bis 1784 über dem 11. Brückenpfeiler stand, auf Regensburger Seite der sog. Schuldturm, Hinweis auf die Brücke als Ort der Strafvollstrekkung. 1551 wurde der erste (südlich vor dem Tortum liegende) Pfeilerbogen aufgefüllt und überbaut. 1732 Abbruch der massiven Steinbrüstungen. – 1945 wurden die beiden südlichen Bogen sowie die Bogen 11 und 12 gesprengt. Wiederaufbau 1967.

Bei nahezu 310 m Länge (urspr. 336 m lang) leicht nach Osten ausbiegend, überspannen 15 tonnengewölbte Bogen die beiden Donauarme; urspr. waren es 16 Bogen, der südlichste seit dem 16. Jh. zugesetzt. Ansteigend mit Höhepunkt über dem siebten Bogen. Gußmauerwerk, mit Werkstein aus Donaukalk- und Grünsandstein verkleidet. Die Pfeiler sind auf eichene Schwellenroste gegründet, die auf der Kiessohle des Flusses aufliegen. Die durch keilförmige Vorlagen, sog. Beschlächte (1951–62 saniert) verstärkten Pfeiler waren urspr. bis zu 20 m breit und zum Teil mit Mühlen besetzt. – Auf der Brüstung Steinfigur des sog. Brückenmandl. Zweite Rekonstruktion (1854, von *Anton Blank*) einer Figur des 15. Jh. Urspr. Giebelzier eines von der Brücke auf ein Beschlächt herabführenden Tores.

Brückentorturm Über dem südlichen Brückenpfeiler, um 1300 errichtet. 1633 Kriegsbeschädigungen, 1648 wiederhergestellt. Uhr und Laternenaufsatz von 1652. Seitlicher Anbau 1902/03 über einer zusätzlichen Fahrspur. Dafür wurde die (1357 urkundlich genannte) Margarethenkapelle abgebrochen. – Der Torturm ist über quadratischem Grundriß viergeschossig mit Pyramidendach. An der Nordseite Steinfiguren, aufgestellt 1835. Urspr. auf mehrere Brückentürme verteilt. Königsfigur mit Vogel, gedeutet als hl. Oswald, um 1290. Seitlich Sitzfiguren: ein König, der Inschrift nach gedeutet als Philipp von Schwaben (1198–1208) und seine Frau, um 1207 entstanden (alle drei Skulpturen Kopien, Originale im Museum der Stadt Regensburg).

Brückenbazar Stadtamhof (Am Brückenbazar 3–15). Symmetrische, hufeisenförmig über dem nördlichsten Bogen der Steinernen Brücke angelegte Ladenreihe von 1824/25. Zeittypischer Ersatz für den 1809 zerstörten mittelalterlichen Torturm, den sog. Schwarzen Turm.

Öffentliche Grünanlagen

Carl-Anselm-Allee (Grüngürtel entlang der mittelalterlichen Stadtmauer, vom Prebrunntor bis zur Ostenbastei reichend, mit folgenden Bezeichnungen: Prebrunnallee, Fürst-Anselm-Allee, Ostenallee). 1779–81 stiftete Fürst Carl Anselm von Thurn und Taxis (1733–1805) einen Grüngürtel, der anstelle der nachmittelalterlichen Bastionen vor der Stadtmauer angelegt wurde. Die systematische Bepflanzung mit zwei, stellenweise drei Baumreihen und die zugehörigen, mit Ruhebänken versehenen Grünflächen verlangten aufwendige Planierungsarbeiten; die Gesamtkosten beliefen sich auf mehr als 12000 Gulden. Typische Geste eines aufgeklärten, dem Wohlfahrtsdenken verpflichteten Fürsten, geschaffen „zum Nutzen und Vergnügen der hiesigen Inwohnerschaft". Unter Reichserzkanzler Carl von Dalberg seit 1804 Erweiterung der Allee, vor allem beim Jakobstor und beim Peterstor. – Die Allee ist erhalten, bis auf kleinere Störungen im Bereich des Ernst-Reuter-Platzes und südlich der Ostenallee (Hallenbad). – Unter den bemerkenswerten, in der Allee aufgestellten Monumenten (siehe ▷ Denkmäler) besonders hervorzuheben das ▷ Denkmal für den Stifter Carl Anselm, bereits ein Jahr nach dessen Tod 1806 errichtet, innerhalb einer ovalen Platzanlage mit Springbrunnen.

★ **Dörnberg-Park** (zwischen Kumpfmühler Straße, Wittelsbacherstraße, Hoppestraße und Augustenstraße) siehe ▷ Ehem. Dörnberg-Palais.

Grünanlage östlich der Maximilianstraße (zwischen Ernst-Reuter-Platz und Hauptbahnhof). Der 1932/33 geschaffene Park entstand – vergleichbar dem ▷ Stadtpark – aus der Umnutzung zweier aufgelassener Friedhöfe. Nördlich befand sich hier der ehem. evangelische Petersfriedhof, den die Stadt 1543 angelegt hatte, nachdem die Fläche des evangelischen Lazarusfriedhofs (siehe ▷ Stadtpark) nicht mehr ausreichte. 1552 mußte aus kriegstechnischen Gründen ein Priorat des Schottenklosters St. Jakob zerstört werden, das nördlich des Friedhofs unmittelbar vor der Stadtmauer lag. Die kleine Anlage mit der Kirche Weih-St.-Peter war die erste Niederlassung der irischen Mönche seit etwa 1070 gewesen, bevor ihnen um 1090 die Grundfläche für das Kloster ▷ St. Jakob gestiftet wurde. Nach dieser Zerstörung erwarb die Stadt das Areal und vergrößerte den Friedhof, der 1564 noch einmal erweitert werden mußte. Erst im frühen 20. Jh. wurden die Bestattungen eingestellt. Der Park wurde nach dem 2. Weltkrieg erheblich reduziert, nicht nur durch den verkehrstechnischen Ausbau des Ernst-Reuter-Platzes, sondern auch noch in den späten sechziger Jahren durch die Neubauten eines Studentenwohnhochhauses in Verbindung mit Bank-, Versicherungs- und Geschäftsgebäuden, – eine städtebaulich höchst unglückliche Lösung. – Auf der freien Fläche südlich des evangelischen Friedhofs wurde 1804 der katholische Petersfriedhof angelegt, da der Kirchhof der Dompfarrei (im Bereich des heutigen Domgartens) längst nicht mehr ausreichte und hygienische Probleme entstanden waren. 1806 ließ der damalige Dompfarrer (und spätere designierte Bischof) Georg Michael Wittmann eine kleine Friedhofskirche zum Hl. Kreuz errichten, bekannt unter der Bezeichnung Peterskirchlein und bis heute erhalten. Einfacher klassizistischer Saalbau mit westlich angefügtem Turm, dreiachsig mit Flachdecke, eingezogener Chor mit unregelmäßigem Polygonalschluß. Außerhalb des Kirchleins noch einige Grabdenkmäler erhalten, darunter das neugotische Monument für den bedeutenden, 1861 verstorbenen Musikwissenschaftler Karl Proske. 1873 wurde der Friedhof aufgelassen, 1888 mehr als die Hälfte seiner Fläche im Süden überbaut, für den Platzbedarf des damals erheblich vergrößerten Bahnhofsgebäudes. – In der Grünanlage sind heute die ▷ Denkmäler für König Ludwig I. von Bayern und Bischof Johann Michael Sailer aufgestellt.

Herzogspark (zwischen Prebrunnallee, Am Prebrunntor und Donauufer) siehe ▷ Ehem. Württembergisches Palais.

Stadtpark (zwischen Prüfeninger Straße, Dr. Johann-Maier-Straße und Schillerstraße). Große, 1952 als Englischer Garten angelegte Parkanlage, entstanden aus der Zusammenlegung vorher unterschiedlich genutzter Flächen. Im Osten der Platz „Unter den Linden“, als öffentlicher Festplatz bereits seit dem Spätmittelalter belegt, im Dreißigjährigen Krieg der Lindenbestand abgeholzt, im 17. und 18. Jh. regelmäßig neu bepflanzt. Seit dem frühen 19. Jh. besteht hier das Café „Unter den Linden“. Nördlich davon das ehem. Schießhaus der Pistolenschützengesellschaft, 1775 errichtet, heute als Puppentheater genutzt. Einfacher, fein proportionierter Rokokobau, außen das 1910 entstandene Wandbild einer Postkutsche von *Otto Zacharias*. – Westlich schloß sich seit 1528 der ehem. evangelische Lazarusfriedhof an, die älteste Begräbnisstätte außerhalb der Stadtmauer. Mehrfach erweitert, 1898 aufgelassen. Erhalten noch das Friedhofstor, ein prächtiges schmiedeeisernes Gitter der Barockzeit um 1700. – Noch weiter im Westen befand sich früher das ehem. Siechenhaus St. Lazarus, eine 1296 von Heinrich Zant gestiftete Spitalanlage. Im Dreißigjährigen Krieg 1633 zerstört. Auf dem Areal wurde 1812 der katholische Friedhof St. Lazarus eingerichtet, der – dem evangelischen Friedhof unmittelbar benachbart – bis 1909 bestand. 1831 entstand das erste Leichenhaus Regensburgs, genau zwischen den beiden Friedhöfen und von beiden Konfessionen genutzt. Der erhaltene Bau, ein einfaches, eingeschossiges Gebäude mit Walmdach und je einer Pfeilervorhalle nach Osten und

Westen, dient heute als Kindergarten. – 1832–34 wurde die kleine Friedhofskirche St. Lazarus auf dem katholischen Friedhof gebaut, ein schlichter klassizistischer Kubus mit Rundbogenfenstern und flachem Satteldach. Hervorgehoben nur die Südfassade mit einer kleinen, von vier Säulen getragenen Vorhalle, einem Rosenfenster darüber und einem Dachreiter. Der Bau steht heute den orthodoxen Kirchen für Gottesdienste zur Verfügung. An den Kirchenwänden und frei auf dem Parkgelände einzelne Grabdenkmäler erhalten, darunter das Epitaph für *Georg Friedrich Ziebland* (1800–1873), den bedeutenden Münchner Architekten des Klassizismus (Gebäude der Staatl. Antikensammlung am Königsplatz, Benediktinerklosterkirche St. Bonifaz und Ev. Paulskirche). – Als einzige Friedhofsanlage ist noch der jüdische Friedhof in kultischem Gebrauch, der ganz im Westen liegt (Schillerstraße 29). 1822 angelegt, 1869 erweitert, Leichenhaus mit Wohnung für den Friedhofswärter von 1871. Der Friedhof überstand die Zeit des Dritten Reichs, Sanierung 1982–85. Die Reihe der Grabdenkmäler reicht bis zum Gründungsjahr 1822 zurück.

Villapark (zwischen Ostentor und Donauufer) siehe ▷ Ehem. Königliche Villa.

Brunnen

Brunnen Am Wiedfang, Ziehbrunnen in Spätrenaissanceformen von 1610, 1906 originalgetreu erneuert, 1948 restauriert. – Der runde Brunnentrog trägt den aus zwei Pilastern bestehenden Galgen mit Sprenggiebel, auf beiden Seiten das Regensburger Schlüsselwappen; von Obelisk bekrönt.

Brunnen am Fischmarkt, Trogbrunnen mit steinernem rechteckigen Becken, Anfang 17. Jh.; erste Anlage mit Holztrog, 1551 vom Rat der Stadt errichtet. An der Nordseite Vierkantsteinpfeiler mit korinthischem Kapitell. Darauf Figur eines Geharnischten mit Fisch und Stadtwappen, der Fuß auf einen Delphin gestützt. Das rautenförmige Eisengitter vielleicht von der Erneuerung 1590.

Justitiabrunnen am Haidplatz. Urspr. als hölzerne Anlage 1551 errichtet, 1656 in Stein vergrößert, 1910 erneuert. – Über gestuftem Sockel achteckiges Wasserbecken mit Brunnenpfeiler und Kapitell, das mit wasserspeienden, puttenberittenen Delphinen und Widderköpfen verziert ist. Überlebensgroße Sandsteinfigur der Justitia 1659 von *Leoprand Hilmer*, Rautengitter mit Rankenaufsatz um 1592.

Adlerbrunnen am Krauterermarkt. Erste Anlage 1551 aus Holz, Steinanlage von 1567, in der Mitte des 17. Jh. erneuert, Becken um 1900. Achteckiges Brunnenbecken mit Stadt- und Reichswappen, über gestuftem rankenverzierten Sockel. Auf der Mittelsäule vergoldete Kugel mit Bronzeadler. Eisengitter von 1592, 1901 durch die Fa. Jacob Kaiser renoviert.

Brunnen am Neupfarrplatz, 1551 aus Holz errichtet, Steinanlage in der Mitte des 17. Jh. erneuert mit achteckigem Brunnentrog. Der erneuerte obeliskenförmige Brunnenpfeiler bekrönt von Doppeladler mit Stadt- und Reichswappen. Reicher Schmuck durch Muscheln, Lambrequins und wasserspeiende Delphine, 1730, Beckengitter mit Akanthusdekor gleichzeitig.

Brunnen am Obermünsterplatz. Renaissance-Ziehbrunnen von 1545, gestiftet von der Äbtissin Wandula von Schaumberg des Damenstifts Obermünster. Bildhauer wohl *Leonhard Sinniger*, Steinmetz Meister *Karl*. Stark verwitterte Sandsteinanlage, um 1974 gefestigt und teilerneuert. Achteckiges Brunnenbecken, darüber auf zwei Pfeilern ein rundbogiger Schöpfbalken, bekrönt von einem Firststück aus Dreiecksgiebeln und abschließender Kugel. Blatt- und Rollwerkformen in feinem Relief. Zwei flankierende wappenhaltende Putten mittlerweile entfernt.

Erhardibrunnen in der Erhardigasse. Zylinderförmige Sandsteinbrüstung des Brunnentrogs, dat. 1581. Zweigeteilter Granitdeckel mit Inschrift "ERHARDI-BRUNNEN". Der Legende nach ergrub ihn der hl. Erhard selbst.

Altdorferbrunnen am Albrecht-Altdorfer-Platz. Hoch aufragende Bronzestele ohne Brunnentrog, 1981 von *Fritz König*, Landshut.

Brunnen am Stobäusplatz. Breite Brunnenanlage zwischen zwei Steinsitzen. Entwurf des Münchner Architekten *German Bestelmeyer* und des Bildhauers *Georg Albertshofer*, von 1906. Relief mit nach einem Mädchen haschenden Wassermann, eine Anspielung auf das Regensburger Volkslied „Als wir jüngst in Regensburg waren".

Denkmäler

Denkmal für Fürst Carl Anselm von Thurn und Taxis, den Stifter der Allee (Albertstraße). Obelisk auf hohem zweiteiligen Sockel mit Thurn und Taxis-Wappen, errichtet 1806 nach Plänen *Emanuel Joseph von Herigoyens* durch Fürstprimas Carl von Dalberg für den 1805 verstorbenen Stifter der ▷ Carl-Anselm-Allee.

Keplerdenkmal (Allee an der Maximilianstraße). Achtsäuliger dorischer Monopteros nach Entwurf von *Emanuel Joseph von Herigoyen*, errichtet 1806 am vermuteten Begräbnisort des 1630 in Regensburg verstorbenen Astronomen Johannes Kepler, 1808 feierlich enthüllt durch Fürstprimas Carl von Dalberg. 1859, wegen der Verlängerung der Maximilianstraße zum Bahnhof, ein Stück nach Westen versetzt (urspr. war die Maximilianstraße auf das Keplerdenkmal als Blickpunkt ausgerichtet worden). Auf hohem Marmorsockel die vom Gothaer Hofbildhauer *Friedrich Doell* geschaffene Büste Keplers. An der Vorderseite der Stele weißes Marmorrelief des Stuttgarter Bildhauers

Johann Heinrich von Dannecker: „Keplers Genius hebt Uranias Schleier" (Originale beider Bildwerke im Museum der Stadt Regensburg).

Predigtsäule (Allee nächst der Straße Am Peterstor). Die urspr. Anlage dürfte in das frühe 14. Jh. zurückgehen, während der größte Teil um 1420/30 erneuert wurde. Restaurierungen 1526 und 1858. Original der Kreuzigungsgruppe im Museum der Stadt Regensburg. Acht Meter hoher übereck gestellter Steinpfeiler mit bekrönender Kreuzigungsgruppe auf Podest mit vier Steinbänken. Pfeiler mit Reliefs in sechs Geschossen: Auferstehung, Szenen zur Versinnbildlichung des Jüngstens Gerichts, Zwölf Apostel, zu oberst Weltenrichter, umgeben von Maria und Johannes.

Denkmal für Heinrich Carl Freiherr von Gleichen (Helenenstraße). Von einer Sphinx bekrönter, hoher Sandsteinsockel, 1808 errichtet für den 1807 verstorbenen kgl. dänischen Gesandten Heinrich Carl Freiherrn von Gleichen, auf Bitten der städtischen Armendirektion und des Neffen, des Freiherrn von Gleichen-Rußwurm aus Rudolstadt, wahrscheinlich nach Plänen des Regensburger Stadtbaumeisters *Emanuel Joseph von Herigoyen*. Bildhauerarbeit wohl von *Christoph Ittelsberger*.

Denkmal für Johann Eustach Graf von Schlitz-Görtz (Kumpfmühler Straße). Klassizistischer Ädikulaaufbau mit Porträtbüste des kgl. preußischen Gesandten beim Immerwährenden Reichstag, errichtet von den Freunden und Verehrern des Grafen nach Plänen *Leo von Klenzes* 1824; Büste von *Ludwig Schwanthaler*.

Wegsäule („Pestsäule") vor dem Jakobstor (Platz der Einheit). Spätgotische, von Fialen gekrönte Wegsäule, 1459 vom Regensburger Bürger Ruger Krugl gestiftet. 1804 abgebrochen und durch Fürstabt Cölestin Steiglehner nach Hohengebraching versetzt. 1845 durch den neuen Besitzer Franz Xaver Mundigl nach Regensburg zurückgebracht und durch *Ludwig Foltz* restauriert und ergänzt. Neu gestaltet wurde der gestufte Sockel mit Relieffiguren von Propheten. Die Sitzgruppe der Apostel und Christi in der unteren Zone des Tabernakels sowie betender Stifter und drei Frauen spätgotisch. Vier Reliefbilder im Obergeschoß mit Passionsszenen und Weltenrichter, flankiert von Maria und Johannes. In den Giebelfeldern Regensburger Schlüsselwappen und Inschriften: Mundigl, Maurer, LF (= Ludwig Foltz).

Denkmal für König Ludwig I. von Bayern (Grünanlage östlich der Maximilianstraße). Auf hohem Untersberger Marmorsockel bronzenes Reiterstandbild des Königs, von *Ferdinand von Miller*, München. 1902 in Anwesenheit des Prinzregenten Luitpold feierlich auf dem Domplatz enthüllt. 1936 aus verkehrstechnischen Gründen hierher verlegt.

Denkmal für Bischof Johann Michael von Sailer (Grünanlage östlich der Maximilianstraße). Bronzestatue des bedeutenden Regensburger

Bischofs (1751–1832), nach Modell des Münchner Bildhauers *Max Widmann* in der Erzgießerei Miller hergestellt. Auftraggeber war König Ludwig I., Schüler Sailers an der Universität Landshut. Die Enthüllung 1868 auf dem Emmeramsplatz erlebte der König nicht mehr. Heutiger Standort seit 1951.

Denkmal für Polizeidirektor Franz Xaver Gruber (Ostenallee an der D.-Martin-Luther-Straße). Auf hohem Sockel Obelisk mit akroterionartigem Gesims aus Sandsteinquadern und Inschrifttafel, dat. 1815.

Denkmal für Generalleutnant Friedrich Freiherr von Zoller (am sog. Studentenwiesl an der Landshuter Straße). Aus Gußeisenplatten bestehender Sockel, auf dem militärische Embleme liegen. Das bedeutende Gußeisendenkmal wurde 1821 von der Familie von Zoller im Bodenwöhrer Eisengußwerk in Auftrag gegeben. Modell von *Joseph Hundertpfund* nach Entwurf von *Ignaz Bergmann.*

Denkmal für die Gefallenen des 11. Infanterie-Regiments Von der Tann (Ostpark an der Landshuter Straße 59). Hoher Hausteinsockel mit liegendem Bronzelöwen, davor auf drei Stufen schräge Inschrifttafel. 1905 nach Entwürfen des fürstlichen Oberbaurats *Max Schultze* zum 100jährigen Bestehen des 1805 gegründeten Regiments errichtet.

Denkmal für Albertus Magnus (Albertus-Magnus-Platz). Bronzebüste des hl. Albertus Magnus, Guß 1910 durch *Ferdinand von Miller* in München.

Mahnmal Am Ölberg neben dem Chor der Dominikanerkirche. Denkmalstele mit zwei Bronze-Tauben für die in den beiden Weltkriegen gefallenen Angehörigen der ehem. Philosophisch-Theologischen Hochschule, 1967 von *Hubert Klinkel*, Würzburg.

Mahnmal für die Opfer der NS-Verbrechen (Dachauplatz). Kalksteinstele von Dombauhüttenmeister *Richard Triebe*, errichtet 1975 an der Stelle des Nazi Galgens von 1945, mit den Namen der Opfer: Dr. Johann Maier, Josef Zinkl und Michael Lottner.

Denkmal für Don Juan d'Austria (Zieroldsplatz). Zum 400. Todestag 1978 errichtetes Bronzestandbild des 1547 in Regensburg als unehelicher Sohn der Gürtlerstochter Barbara Blomberg und Kaiser Karls V. geborenen Seehelden von Lepanto. Abguß des 1572 für Messina (Sizilien) geschaffenen Denkmals von *Andrea Calamech.*

Kriegerdenkmal unter den Linden (Stadtpark an der Prüfeninger Straße). Kalksteinblock auf Treppensockel nach Entwurf von Fürstin *Margarete von Thurn und Taxis*, 1926 durch den Münchner *Otto Straub* ausgeführt. An den vier Seiten Reliefs mit allegorischen Darstellungen: Abschied, Kampf, Tod und Verklärung. Darüber Fries mit Versinnbildlichung des Beitrages der Heimat am Krieg. Urspr. Standort am Ernst-Reuter-Platz, in den dreißiger Jahren hierher verbracht.

Mahnmal für die Kriegsgefangenen (Platz der Einheit). Expressive Muschelkalkskulptur eines Gefesselten von *Hans Muth* 1955.

Österreicher-Denkmal (Dreifaltigkeitsberg). Neugotische pilastergerahmte Stele mit Wimpergabschluß und gußeiserner Inschrifttafel: „Von diesem Platz / aus wurde / Stadtamhof / am 23. April 1809 / in / Brand geschossen". Auf Veranlassung des Historischen Vereins für Oberpfalz und Regensburg 1890 errichtet.

Sühnekreuz für Heinrich Zant (vor Gutenbergstraße 8). Gotisches Steinkreuz von 1313 mit Majuskelinschrift am Schaft; zur Erinnerung an die Ermordung des Regensburger Patriziers Heinrich Zant am Tatort errichtet.

Museen

★ **Diözesanmuseum St. Ulrich** (Domplatz 2). Seit 1986 in der ▷ ehem. Dompfarrkirche St. Ulrich eingerichtet. Sakrale Kunstwerke (vor allem Skulpturen, Gemälde und Goldschmiedekunst) vom 11. bis zum 20. Jh., aus dem Besitz der Kunstsammlungen des Bistums Regensburg, bereichert durch Leihgaben aus der Diözese.

★ **Domschatzmuseum** (Krauterermarkt 3). 1974 in den historischen Räumen im Südflügel des ▷ Bischofshofes eröffnet, auch vom Nordquerhaus des Domes aus zugänglich. Goldschmiedearbeiten und Paramente vom 11. bis zum 20. Jh., aus den Beständen der Kathedrale.

Kepler-Gedächtnishaus (Keplerstr. 5). 1962 im Sterbehaus des großen Astronomen Johannes Kepler (1571–1630) eingerichtet, siehe Haus ▷ Keplerstr. 5. 1988 renoviert. Möbel, Instrumente, Schautafeln zur Lebensgeschichte und zum wissenschaftlichen Werk.

★ **Museum der Stadt Regensburg** (Dachauplatz 2–4). In der Kirche und den Räumen des ehem. Minoritenklosters St. Salvator, die 1931 von der Stadt erworben worden waren. Den Grundstock der reichen Bestände zur Kunst- und Kulturgeschichte Regensburgs lieferten die umfangreichen Sammlungen, die der Historische Verein für Oberpfalz und Regensburg 1933 der Stadt schenkte. Eröffnung 1936, seither mehrfach Erweiterungen und Neueinrichtungen. Grundlegende Umgestaltung in Planung. Abteilungen für Vor- und Frühgeschichte, Römerzeit, sowie umfangreiche Sammlungen zur Kunstgeschichte, Stadtgeschichte und Volkskunde vom Mittelalter bis in die Gegenwart. Sammlung Winzinger (Altdeutsche Graphik und Japanische Farbholzschnitte).

★ **Museum Ostdeutsche Galerie** (Dr. Johann-Maier-Str. 5). Am Ostrand des Stadtparks im ehem. Kunstausstellungsgebäude von 1910; nach Anbauten von 1959 und 1962 zunächst als „Sudetendeutsche Galerie" genutzt. Seit 1966 Gründung der „Ostdeutschen Galerie" als Stiftung von Bund, Ländern und der Stadt Regensburg. Eröffnung 1970 nach großzügigem Erweiterungsbau. 1981 Eröffnung des Graphiktrakts. Gründliche Sanierung und Umgestaltung bis Ende 1991 abgeschlossen. Bedeutendes Museum zur deutschen Kunst des 19. und 20. Jh.

Naturkundemuseum Ostbayern (Am Prebrunntor 4). Sammlungen des Naturwissenschaftlichen Vereins Regensburg im ehem. ▷ Württembergischen Palais. Reiche Bestände zur Geologie, Mineralogie, Paläontologie, Biologie und Urgeschichte. Erste Einrichtung 1961, Neugestaltung 1972. Nach umfangreicher Sanierung und Neuaufstellung Wiedereröffnung voraussichtlich 1992.

Reichstagsmuseum siehe ▷ Altes Rathaus.

Städtische Galerie und Staatsgalerie im Leeren Beutel (Bertholdstraße 9). In dem 1978–80 vollständig sanierten ehem. städtischen Getreidemagazin ▷ Leerer Beutel eingerichtet. Die Städtische Galerie zeigt Kunstwerke der 2. Hälfte des 20. Jh. aus Ostbayern, außerdem Sonderausstellungen. In der Staatsgalerie (Zweiggalerie der Bayerischen Staatsgemäldesammlungen) beachtliche Werke der süddeutschen Malerei des 19. Jh.

Schiffahrtsmuseum (Liegeplatz Museumsschiff, Werftstraße). 1983 auf dem Donaudampfer Ruthof/Érsekcsanád eröffnet, einem 1922/23 in Regensburg gebauten Schleppdampfer. Außer dem Schiff selbst Modelle und Schautafeln zur Donauschiffahrt und zu Schiffsbautechniken. Trägerverein „Arbeitskreis Schiffahrtsmuseum Regensburg".

Schloßmuseum und **Marstallmuseum** siehe ▷ Schloß Thurn und Taxis.

Wachsziehermuseum Dunzinger (Simadergasse 1). Im Keller des Anwesens (ehem. Wachszieherei) Maschinen, Werkzeuge und Produkte des Wachsziehergewerbes.

Archäologisches Museum (Regensburg-Harting, BMW-Werksgelände). Präsentiert archäologische Funde von der Jungsteinzeit bis zum frühen Mittelalter, die während der Bauarbeiten des BMW-Werks ergraben wurden. Daneben Reste einer römischen Badeanlage sowie einer darüber errichteten Kapelle aus dem 7. Jh.

REGENSTAUF Kr. Regensburg. *Karte 9*

Der aufstrebende Markt liegt am Ufer des Regen unter dem Schloßberg mit der schon Ende 16. Jh. zerstörten Burg, die im 12. Jh. im Besitz der Burggrafen von Regensburg bzw. Landgrafen von Stefling und Riedenburg war.

Kath. Pfarrkirche St. Jakob. 1849/50 Neubau nach Brand 1846 unter Einbeziehung der Turmuntergeschosse aus der 1. Hälfte des 18. Jh. – Dreischiffige Anlage, der am Mittelschiff ansetzende Chor dreiseitig abschließend. An den Ecken abgerundeter Westturm mit geschoßweise abgestufter Pilasterordnung, stark betonter Gesimsgliederung und von Laterne bekröntem Zeltdach. Er tritt nur leicht aus der ebenfalls reich gegliederten Westfront zu fünf Achsen. – Mittelschiff mit Tonnengewölbe, Seitenschiffe flachgedeckt; Rundbogenarkaden, den Pfeilern allseitig toskanische Pilaster vorgelegt. – Gnadenbild der Muttergottes, 1744 von dem Hemauer Maler *Baldauf*. – Bemerkenswerter Kruzifixus des 14. Jh. Spätgotische Figur der Muttergottes, stark überarbeitet. Weitere Heiligenfiguren aus dem 18. und 19. Jh. Sämtliche Holzfiguren 1990 restauriert.

Friedhofskapelle St. Sebastian, heute Kriegergedächtniskapelle. Dreiseitig abschließender Bau von 1713/14. Differenzierte Gliederung des Baukörpers durch toskanische Pilaster mit umlaufendem Gebälk, verkröpfte und gestufte Fensterrahmungen. Westfront hervorgehoben durch Sprenggiebelportal und von offenem Zwiebeldachreiter bekröntem Schweifgiebel. – Im Innern Stichkappentonne; Wandgliederung durch toskanische Pilaster zwischen Rundbogenblenden.

REICHENBACH Stadt Auerbach, Kr. Amberg-Sulzbach. *Karte 4*

Ehem. Wallfahrtskapelle. 1817/18 Bau der Kapelle auf dem Pinzigberg als Ersatz für den 1708 erbauten und 1803 zerstörten Vorgänger. – Gnadenbild nach dem Maria-Hilf-Bild *Lukas Cranachs,* von *Johann Karl,* 1. Hälfte 18. Jh.

REICHENBACH Kr. Cham. *Karte 9*

Ehem. Benediktinerkloster. Das Kloster – eines der bedeutendsten der Oberpfalz – liegt beherrschend auf einer nach drei Seiten steil abfallenden Anhöhe über dem linken Regenufer. Der burghafte Charakter der Anlage wurde durch einen vom Hinterland abschirmenden Halsgraben zusätzlich verstärkt.
Klostergeschichte. – Klostergründung 1118 durch Markgraf Diepold II. von Cham-Vohburg auf Bitten seiner Mutter Luitgard von Zähringen, einer Schwester des papsttreuen Bischofs Gebhard von Konstanz. Besiedlung durch das hirsauische Reformkloster Kastl. Die Vogtei über die reich begüterte und vom Papst bald bestätigte Niederlassung ging 1204 an die Wittelsbacher, 1329 an deren Pfälzer Linie über. Die Besiedlung des 1330 von Kaiser Ludwig dem Bayern gegründeten Klosters Ettal dokumentiert das hohe Ansehen von Reichenbach. Das Kloster, das eine Reihe bedeutender Äbte hervorbrachte, entwickelte sich im 14./15. Jh. zu einem wissenschaftlichen Zentrum mit den Schwerpunkten Astronomie, Mathematik und Kartographie. – Zur Sternbeobachtung diente der „mathematische Turm" im östlichen Bering, heute ein zinnenbekrönter Stumpf von etwa 12 m Höhe. – 1556 Aufhebung des Klosters. Im Zuge der Gegenreformation kamen zunächst Jesuiten, 1669 jedoch wieder Benediktiner – vom ▷ Regensburger Kloster St. Emmeram geschickt – nach Reichenbach. Nach der Säkularisation 1803 wurde die Klosterkirche der Pfarrei eingeglie-

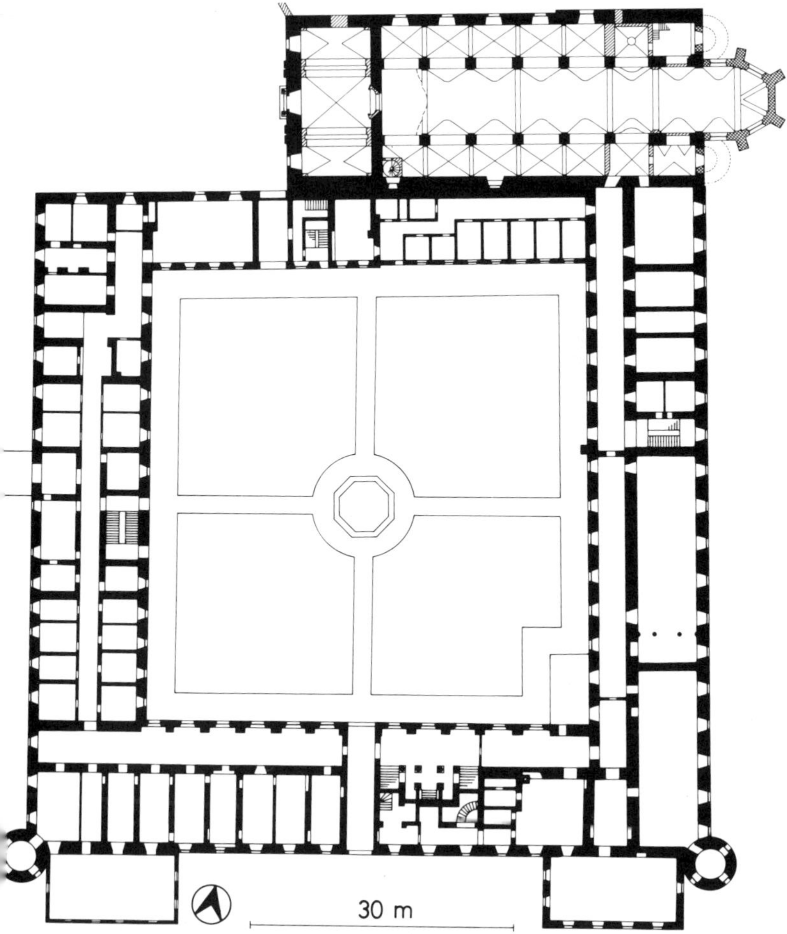

Reichenbach, ehem. Benediktinerkloster

dert, die Klostergebäude kamen nach unterschiedlichen Nutzungen 1890 an die Barmherzigen Brüder des hl. Johannes von Gott, die sie als Pflegeanstalt und Behindertenwerkstatt einrichteten.

Baugeschichte. – Baubeginn des Klosters 1118, Kirchenweihe 1135, Bauabschluß jedoch erst Ende 12. Jh. 1305 Chorneubau. Unter Abt Johann Strolenfelser (1394–1417) Einwölbung der seitlichen Kirchenschiffe, weitgehender Neubau der Klostergebäude und des Kreuzgangs. Ein starker Ausbau der Klosterbefestigung unter Abt Theymo von Stein (1418–31) schützte vor Hussitenüberfällen. Ende 17. Jh. Beginn der Kircheninstandsetzung und des Klosterneubaus, 1742–52 durchgreifende Barockisierung der Kirche. 1897 größere Brandschäden im Süd- und partiell im Ostflügel, die anschließend behoben wurden. Ein neuerliches Feuer richtete 1959 schwere Schäden im Kirchendachstuhl, Osttrakt und Südturm an, Wiederinstandsetzung in den darauffolgenden Jahren.

★ **Kath. Pfarrkirche Mariä Himmelfahrt, ehem. Klosterkirche.** Bausubstanz der romanischen Anlage weitgehend unversehrt. Dreischiffige, querschifflose Pfeilerbasilika mit drei gleichfluchtenden Apsiden im traditionellen alpenländischen Typus. Der Dreiapsidenschluß – durch Teilausgrabung belegt, außerdem sind die Öffnungsbogen der Nebenapsiden an den Ostfronten der Türme erkennbar – durch gotisches, mittelschiffsbreites Polygon im 3/6-Schluß ersetzt. Hirsauer Baugedanken klingen in den beiden Osttürmen an, ebenso im zweigeschossigen, dreischiffigen Westquerbau, der jedoch auch in der heimischen Tradition verankert ist.

Außenbau. – Der gesamte Bau mit großen Granitquadern verblendet, mit Außnahme der „Sandsteingliederungen der Türme. Über den Ostjochen der Seitenschiffe aufsteigenden Türme mit gekuppelten Rundbogenfenstern (nur am nördlichen Turm) und Klangarkaden. Wandflächen durch Lisenen und Bogenfriese strukturiert, die Helme über Dreiecksgiebeln erst im 15. Jh. aufgesetzt. Zweigeschossige Westfassade mit barocker Gliederung durch Doppelpilaster, Säulenportal mit gesprengtem Giebel, Fenster mit Dreiecks- (unten) bzw. Segmentgiebeln (oben). Die bronzenen Türringe mit stark stilisierten Löwenköpfen sind, zusammen mit der 1884 im Kreuzgang wiederentdeckten Steinfigur des thronenden Christus im Bayerischen Nationalmuseum München, die einzigen aus dem frühen 13. Jh. überkommenen Ausstattungsstücke.

Inneres. Die romanische Flachdecke im Mittelschiff wurde 1742 durch ein Tonnengewölbe mit Stichkappen ersetzt, fortgesetzt im ehedem gotisch gewölbten Chor. Noch gotisch die Kreuzgewölbe der Seitenschiffe; die Rippen jedoch bei der Barockisierung beseitigt. In den Turmerdgeschossen die romanischen Kreuzgratgewölbe erhalten, neben den Apsiden urspr. die einzigen gewölbten Raumteile der Kirche. Zwischen die Türme waren zwei Gurtbögen quer über den Chor gespannt, der westliche im Dachraum noch sichtbar. Fünf halbkreis-

förmige Pfeilerarkaden verbinden die Schiffe. Den Pfeilern vorgelegt Pilaster mit korinthisierenden Kapitellen und hohen Gebälkstücken. Die Vorhalle erstmals 1293 als Begräbniskapelle der Rampsberger erwähnt, das Obergeschoß im 18. Jh. als Psallierchor adaptiert; davor die Orgelempore mit geschweifter Balusterbrüstung und reichgeschnitztem Gitteraufsatz. Konvex vorgezogene Oratorien in den Turmobergeschossen umschließen das Vorjoch des Chors.
Den barocken Raumeindruck bestimmen die Baßgeigenfenster in den Stichkappen entscheidend mit; sie setzen auf geschwungenen, zwischen die Kranzgesimse der Pilaster gespannten Balusterbrüstungen auf – urspr. romanische Fenster nur noch in den Turmerdgeschossen und an der Außenseite der Vorhalle (vermauert) sichtbar.
Raumdekoration. – In allen Raumteilen und in der Vorhalle Stukkaturen vielleicht von *Benjamin Schreiter,* der die ▷ Chamer Stadtpfarrkirche ausschmückte; kräftige Farbfassung durch *Andreas Gebhard,* 1747. Reiche Rocaille-Ornamentik, belebt durch Brokate, vegetabile Motive, Putten und Engelsköpfe; auf den Gebälkstücken prächtige Vasen und Putten auf Voluten. – Wandgemälde und große, jochübergreifende Deckengemälde in leuchtendem Kolorit von *Johann Gebhard* und seinem Sohn *Otto,* 1742–47; die urspr. Farbigkeit nach dem Brand 1959 wieder aufgedeckt. Im Chor Darstellung im Tempel, im Schiff Anbetung der hll. drei Könige und Geburt Christi, in den Stichkappen Medaillons mit Putten, die mit Zitaten aus der Hl. Schrift das entsprechende Hauptthema kommentieren. An den Wänden, über den Arkadenscheiteln, umfangreicher Zyklus mit der Klostergeschichte, durch lateinische Textstreifen erläutert. Unter der Empore musizierender König David, über der Orgel das Pfalz-Bayern-Wappen, von zehn Wappenschilden in der Kirche begrabener Adelsfamilien flankiert; im Psallierchor Szene aus der Geheimen Offenbarung.
Ausstattung. – Hochaltar um 1750. Prächtiger Aufbau mit vier gewundenen Säulen über kreisförmigem Grundriß. Zwischen dem hinteren Säulenpaar Altarblatt Mariä Himmelfahrt von *Johann Gebhard,* vergoldete Seitenfiguren der hll. Benedikt und Scholastika. – Sechs Nebenaltäre der 2. Hälfte des 18. Jh. Östliche Nebenaltäre mit gewundenen Säulen, in der Mittelnische des nördlichen als Gnadenbild verehrte Tonfigur der Muttergottes in polychromer Fassung, um 1460, der südliche mit schwarz bemaltem Kruzifixus, wohl 17. Jh. Mittlere Nebenaltäre, Säulenretabel mit frühklassizistischer Ornamentik, die Altarblätter, hl. Sippe bzw. hl. Sebastian, von *Alois Schweigländer.* Westliche Nebenaltäre, konkave Aufbauten mit gewundenen Säulen, Rocailledekor und frühklassizistischen Mensa-Aufsätzen; Altarblatt nördlich hl. Schutzengel, südlich Tod des hl. Benedikt. – In der Vorhalle zwei weitere Altäre um 1740, Viersäulenretabel, südlich mit Nischenfigur des hl. Johannes von Nepomuk. – Kanzel um 1745. Stuckmarmor in eleganter Scagliola-Manier, obenauf ein Posaunenengel, Beichtstühle Rokoko. – Im Psallierchor drei vierstallige Kompartimen-

te des gotischen Chorgestühls, 1416–18 von Meister *„Bartholmes"* aus Waldmünchen, später aus verschiedenen Fragmenten zusammengesetzt. Reiche Schnitzereien mit filigranem Maßwerk und figuralen Motiven (u.a. expressive Menschenköpfe, Tiere). Hier ebenfalls ein Dreisitz mit Rocailleschnitzereien, Mitte 18. Jh. – Prachtvoll gearbeitete Stuhlwangen des Laiengestühls, 1747. – An Pfeilern der Südseite polychrom gefaßte Sandsteinfigur der Muttergottes, Schöner Stil um 1420; Schnitzfigur des hl. Sebastian, gegen Mitte 18. Jh. – An den Chorseitenwänden mit Muster aus Rosen und Zweigen bemalte Leinwandtapeten, als oberer Abschluß vergoldetes Rocailleschnitzwerk, um 1750.

Grabdenkmäler. Im nördlichen Turmuntergeschoß Grabkapelle der Stifterfamilie. In der Mitte Grabmal für den Stifter des Klosters Reichenbach, Markgraf Diepold II. († 1146) sowie weitere acht Mitglieder seiner Familie, ausgeführt 1304, Regensburger Arbeit. Die Platte zeigt in der Mitte ein Kreuz, über dessen Schaft der Wappenschild der Markgrafen von Vohburg und Cham sowie der von Böhmen gelehnt sind. Die Platte ruht auf vier tragenden Löwen des 18. Jh., die in ihren Pranken die Wappenschilde der Pfalz, von Bogen (= Bayern), Vohburg und Cham sowie Böhmen halten. – Über dem Stiftergrabmal Rotmarmorplatte für den wittelsbachischen Fürsten Johann von Mosbach, Dompropst in Augsburg, Regensburg und Straßburg, gestorben 1486 auf einer Pilgerreise in das Heilige Land zu Jerusalem, begraben bei den Minoriten auf dem Berg Sion. Platte mit Hochrelief eines halbverwesten Leichnams zu dessen Seiten viermal die pfalzbayerischen Wappen, doch jeweils mit veränderter Helmzier, erscheinen. Der Stein bildete früher die Deckplatte eines Hochgrabs, das an der Seite des Chors stand. – An der Westwand der Grabkapelle ehem. Tumbadeckplatte für den bayerischen Herzog Otto I. von der pfälzischen Nebenlinie Mosbach († 1461), einem Sohn König Ruprechts, mit figürlichem Relief des Verstorbenen in spätgotischem Plattenharnisch, wohl Regensburger Arbeit. – Am Kircheneingang Grabplatte für Abt Bertholdshofer († 1319).

Klosterbezirk

Klosterbefestigung. Von der oft gerühmten, türmereichen Anlage der 1. Hälfte des 15. Jh. gibt der seit dem 18. Jh. reduzierte Bestand heute noch einen guten Eindruck. Starke, weitgehend durch Graben geschützte Ringmauer mit Türmen und Halbschalentürmen, im östlichen Bereich durch Zwinger verstärkt.

Konventgebäude. Südlich der Kirche schließen in gleicher Flucht mit dem Südturm die ehem. Konventgebäude um rechteckigen Innenhof an. An den südlichen Ecken der dreigeschossigen Gebäude in Putzgliederung Rundtürme mit polygonalen, pilastergeschmückten Obergeschossen und Zeltdächern (statt der urspr. Zwiebelhauben). Die genutete Rahmung des Südportals mit gesprengtem Giebel und Inschrift

„Bonaventura Abbas e fundamentis erexit 1713". Kreuzgang mit Stichkappentonnen- und Kreuzgratgewölbe im Süd- und Osttrakt erhalten. – Im Osttrakt an die Kirche anschließend die gewölbte, stichkappendurchsetzte Sakristei mit Rocaille-Stukkaturen, bereichert um Allegorien der Vier Elemente und um liturgische Geräte, um 1770/80; Deckenfresko mit Einkleidung des hl. Ildefons von Toledo durch Maria. An der Westwand Rotmarmor-Lavabo, seitlich geschnitzte Wappentiere des Klosters, 18. Jh. – Nach Süden folgt der Kapitelsaal, heute mit Hauskapelle. Flache Stichkappentonne mit schwerem Akanthus- und Rahmenstuck, um 1700. Anschließend das ehem. Sommerrefektorium. Flaches Tonnengewölbe mit Stichkappen und polychrom gefaßten Stukkaturen des Frührokoko, belebt durch Halbfiguren der Vier Jahreszeiten und der Vier Erdteile in Gestalt von typischen Tieren. Deckenbilder mit Szenen aus dem Leben des hl. Johannes von Gott, dat. 1923, von Medaillons mit spätnazarenischen Bildern flankiert. In die Wand eingelassen Leinwandbilder mit Stifter und hl. Scholastika, 18. Jh. – Von den urspr. reichen Raumdekorationen des Südflügels haben den Brand von 1897 nur noch Rokokostukkaturen am Gewölbeansatz der ehem. Prälatur im ersten Obergeschoß überstanden.

REICHERTSHOFEN

Gem. Sengenthal, Kr. Neumarkt i. d. Opf. *Karte 7*

Kath. Pfarrkirche St. Nikolaus. Erbaut 1627, Langhaus 1760 erneuert durch Maurermeister *Mathias Gürdtner,* Deining. 1932–39 durchgreifende Instandsetzung, 1977 außen, 1978/79 innen renoviert. – Westturm mit oktogonalem Obergeschoß und Spitzhelm. Eingezogener, dreiseitig geschlossener Chor mit Flachdecke über Hohlkehle, ebenso wie das Langhaus, dessen Wände durch Pilaster gegliedert sind. Deckenbilder des 19. Jh. – Prächtiger Hochaltar um 1760: breiter, bühnenhafter Säulenaufbau mit Figuren der hll. Sebastian, Florian, Martin und Georg; im Mittelfeld Figur des hl. Nikolaus mit Putten. – Marmortaufstein auf kannelierter Säule, klassizistisch, Anfang 19. Jh. – Kanzel frühklassizistisch um 1800. – An der linken Langhausstirnwand große Figur der Mondsichelmadonna, gegen 1480. – An den Längswänden Figurenfolge der Zwölf Apostel, 1. Hälfte 18. Jh. Unter den zahlreichen Figuren, die hauptsächlich von den früheren neugotischen Seitenaltären stammen, ein spätgotischer hl. Leonhard.

RETTENBACH Kr. Cham. *Karte 14*

Kath. Pfarrkirche St. Laurentius. Barockbau, in der 2. Hälfte 19. Jh. nach Westen mit repräsentativer Fassade erweitert, Renovierung 1977. – Saalbau mit eingezogenem, dreiseitig geschlossenem Chor. An dessen Nordseite Turm mit an den Ecken abgerundetem Obergeschoß und neubarockem Helm. – Tonnengewölbe mit Stichkappen und Gurten, Wandgliederung durch gestaffelte toskanische Pilaster. In Stuck-

rahmen ornamentale und emblematische Deckenfresken, wohl um 1900. – Ausstattung. – Altäre um 1700. Hochaltar, viersäulig, mit erneuertem Altarblatt, hl. Laurentius auf dem Rost. – Seitenaltäre, zweisäulig, die urspr. Altarblätter ersetzt durch Nischenfiguren. Volksaltar und Seitenaltäre mit um 1720/30 geschnitzten Antependien. – Taufstein, in die Wand eingebautes Muschelbecken mit bekrönender Taufgruppe, wohl 1. Hälfte 18. Jh. – Kanzel wohl um 1720: zwischen Volutenpilastern neuere Bilder mit Weltenherrscher und Evangelisten.
Friedhofsummauerung mit Toren im Nordwesten und Südosten, dort dat. 1769.

REUTH b. Erbendorf, Kr. Tirschenreuth. *Karte 2*

Kath. Kirche St. Katharina. 1717 durch den Schloßherrn Johann Christian Ernst von Sparneck erbaut. – Westturm mit Zwiebelhaube; der eingezogene Chor halbrund abschließend. Portalrahmung aus Granit, 1717 dat., im Sprenggiebel Allianzwappen der Sparneck-Perglas. – Das Tonnengewölbe mit Stichkappen ruht im Langhaus auf Wandpfeilern. – Ausstattung. – Mit dem Reuther Hochaltar, der um 1717 vielleicht von dem Erbendorfer Schulmeister *Johann Christoph Windisch* geschnitzt wurde (restauriert 1976), gelangte der Oberpfälzer Rankenaltar zu seiner Vollendung: Ein monstranzförmiges Gespinst aus filigranem Rankenwerk und verschiedenartigen Blüten umschließt das längsovale Altarblatt mit hl. Katharina (rückwärtig eine Version des 19. Jh.) und das querovale Auszugsbild mit hl. Sippe und Johannesknaben; dornenumkränzter Herztabernakel, 1979 goldüberfaßt. – Von der gleichen Hand der Seitenaltar, hoher, schmaler Rankenaufbau, durchwirkt mit Distelblüten; Nischenfigur der Maria Immaculata. – Kanzel 1678 von *Niklas Steiner* aus Erbendorf, mit Reliefbüsten der Evangelisten am Korpus und Figur eines deklamierenden Engels auf dem Schalldeckel. – Orgel mit Rankenwerk und musizierenden Engeln von *Johann Christoph Windisch* 1692. – Stuhlwangen mit reichen Akanthusschnitzereien, Anfang 18. Jh.

Schloß. 1337 gehörte das Schloß den Trautenbergern, nach mehrfachem Besitzerwechsel seit 1772 Eigentum der Freiherrn von Reitzenstein. – Hauptgebäude nach Brand 1722, 1728 und 1742 errichtet, um 1800 und vor allem 1905/06 ausgebaut und erweitert. – In neubarokken Formen reich gegliederte Baugruppe mit von Zwiebelhaube bekröntem Rundturm um unregelmäßigen, großen Innenhof.

RHANWALTING Gem. Waffenbrunn, Kr. Cham. *Karte 10*

Bierlweg 2. Waldlerhaus, 2. Hälfte 18. Jh., derzeit ruinös. Im Erdgeschoß lehmverputzter Blockbau mit Kniestock und Seitenschrot. Südwestlich verschalte Giebellaube mit Balusterstützte und rocaillegeschmückter Türe.
Angerweg 1. Museal präsentierte Uhrensammlung.

RIEDEN Kr. Amberg-Sulzbach. *Karte 8*

Auf dem westlich über dem Vilstal aufsteigenden Schloßberg stand einst die ins frühe Mittelalter zurückgehende, bereits 1570 verfallene Burg – eine ausgedehnte Ringwallanlage noch erkennbar, romanische Mauerreste aus Buckelquadern in die umliegenden Häuser einbezogen. Zwischen 1123/36 wird als erster Besitzer Chunrad de Rudin, Ministeriale des Markgrafen Leopold genannt. – Unterhalb der Burg der 1495 erstmals als Markt ausgewiesene Ort.

Kath. Pfarrkirche Mariä Himmelfahrt. Um 1700 unter Verwendung eines um 1600 entstandenen Turms erbaut. – Saalbau mit eingezogenem, dreiseitig geschlossenem Chor. Nordöstlich des Langhauses Turm mit Treppengiebeln, vgl. ▷ Ensdorfer Friedhofsturm. – Im Innern Tonnengewölbe mit Stichkappen. – Ausstattung. Anfang 18. Jh. – Viersäuliger Hochaltar mit erneuerter Nischenfigur der Maria Immaculata, flankiert von den hll. Joachim und Anna, seitliche Akanthusranken. – Orgelgehäuse Rokoko. – Rosenkranzmadonna am Chorbogen, um 1700. – Einige Heiligenfiguren des 18. Jh.

Kath. Filialkirche St. Georg. Bau romanischen Ursprungs. Chor nach 1471 erneuert. Instandsetzung 1983–85. – Saalbau mit nicht eingezogenem Chor im 5/8-Schluß. An der Südseite des Chors Turm mit Treppengiebeln. – Durch zweibahnige Spitzbogenfenster spärlich belichteter Chor mit niedrigem Kreuzrippengewölbe; Schlußsteine mit Rosetten- und Wappenreliefs. Gedrückter runder Chorbogen. Im Langhaus Flachdecke mit Rahmenstuck. – Neugotische Ausstattung. – An der Nordwand großes Gemälde Himmelfahrt Mariens, Ende 19. Jh., früher Hochaltarblatt der Marktpfarrkirche.

RIEGLING Gem. Sinzing, Kr. Regensburg. *Karte 13*

Kath. Kirche St. Michael. In herausgehobener Lage auf einer Anhöhe über der Donau; im Mittelalter führte die Straße nach Nürnberg vorbei. – Turmlose spätromanische Anlage des 13. Jh. mit Dachreiter. Halbrunder eingezogener Chor mit Tonnengewölbe, im Langhaus Holzdecke und Ziegelboden. – Spätbarocker Altar mit Gemälde des hl. Michael. Im Chorbogen Holzkruzifix, das Original aus der Erbauungszeit im Diözesanmuseum.

RIEKOFEN Kr. Regensburg. *Karte 14*

Kath. Pfarrkirche St. Johannes Bapt. und Johannes Ev. Anlage des 14. Jh., im 18. Jh. Turmaufbau und Neubau des Langhauses. – Langgestreckter Saalbau mit großen Rundbogenfenstern zwischen toskanischen Pilastern. Der eingezogene Chor mit 5/8-Schluß durch gestufte Strebepfeiler und Kaffgesims gegliedert. Im südlichen Chorwinkel Turm mit durch Pilaster hervorgehobenen, abgerundeten Ecken des Obergeschosses und Laternenzwiebelhaube; sein gotischer Unterbau mit kleinem Vierpaßfenster und gekuppeltem, genastem Spitzbogenfenster. An der Nordwestecke des Langhauses ein neugotischer Kapellenanbau. – Im Chor Tonnengewölbe mit Stichkappen, im Langhaus, dessen östliche Ecken ausgerundet sind, Flachdecke mit Hohlkehle, kräftiges, umlaufendes Abschlußgesims über Pilastern. – In den Rahmenstuckfeldern Deckenbilder dat. 1769, mit Wappen des Freiherrn Limpöck und des Pfarrers Franz Anton Brodreis, im Chor Allegorie des Alten und Neuen Testaments, im Langhaus Krönung Mariens. – Ausstattung. – Hochaltar Mitte 17. Jh., Aufbau mit Säulen und kannelierten Pilastern, Altarblatt von *Karl Amurath* aus Rom: Muttergottes, verehrt von den hll. Franz Xaver, Ignatius von Loyola und Dominikus; seitlich spätgotische Figuren (um 1490) der Kirchenpatrone. – Seitenaltäre Rokoko, Aufbauten mit Volutenpilastern und Figuren, links Muttergottes zwischen hl. Joseph und hl. Anna mit Marienkind, rechts hl. Benedikt, flankiert von Simon Zelotes und Judas Thaddäus. – Kanzel gleichzeitig. – Orgelgehäuse im Stil der Neurenaissance. – Barockfiguren: Rosenkranzmadonna (Ende 17. Jh.), lebensgroßer Kruzifixus.

RIGLASREUTH Gem. Neusorg, Kr. Tirschenreuth. *Karte 2*

Kath. Kapelle St. Wolfgang. Einfacher Rechteckbau mit Zwiebeldachreiter, im Kern 17./18. Jh., in der 2. Hälfte des 19. Jh. erneuert, um 1928–30 erweitert. Renovierung 1980. – Hochaltar Anfang 18. Jh., mit fünf Figuren um 1520: im Mittelfeld die hll. Wolfgang, Sebastian und Laurentius, seitlich hl. Johannes Ev. und hl. Mauritius (Reliefs). Im Auszug Relief der Hl. Dreifaltigkeit. Tabernakel mit Knorpelwerkdekor, um 1670. – An der nördlichen Längswand Figur des hl. Michael als Seelenwäger, wohl 2. Hälfte 17. Jh.

Ehem. Schloß (später Forstamt). 15.–17. Jh. Besitz der Mengersreuther, Ende 17.–19. Jh. der Brodreis. – Nach Brand 1849 und 1920 erneuert, 1977 renoviert. – Klassizistischer zweigeschossiger Bau mit Walmdach und Fledermausgauben. Nördliche Längsfront durch Pilaster und Granitrahmungen gegliedert.

RIMBACH Kr. Cham. *Karte 11*

Kath. Pfarrkirche St. Michael. In Friedhofsummauerung des 18. Jh. – Langhaus 1719 vollendet, nach Osten großer moderner Erweiterungsbau. – Westturm mit eingezogenem, kurzem Oktogonaufsatz und Zwiebelhaube. – Im Schiff Stichkappentonne auf Wandpfeilern mit eigenartigen Kapitellen und Vorlagen, die sich – ähnlich Hermenpilastern – nach unten verjüngen. Am ehem. Chorbogen gemaltes Wappen der A. Justina Freifrau von Weichs, geb. Freiin von Pelkofen, dat. 1719. – Bemerkenswerte, einheitliche Ausstattung um 1720/30. – Hochaltar, konkaves Retabel mit vier gewundenen Säulen, Seitenfiguren der hll. Sebastian und Rochus, Altarblatt hl. Michael. – Antependium des Volksaltars aus der Seelenkapelle, um 1720, mit dichtem

Akanthus- und Bandelschnitzwerk, in der Mitte im 19. Jh. erneuertes Blumenstilleben. – Seitenaltäre, konkave Pilaster-Halbsäulen-Aufbauten mit seitlichem Ranken- und Bandelwerk, in dem von einem Baldachin bekrönten Mittelfeld rechts hl. Bernhard von Clairvaux, links seltener Typus des Vesperbilds: Christus mit tiefen Kniewunden sitzt, an die Beine Mariens gelehnt, auf dem Boden, vgl. das spätgotische Gnadenbild im nahen ▷ Katzdorf. – Als Seitenfiguren hl. Florian und hl. Johannes von Nepomuk bzw. Wetterheilige. – Kanzel mit Volutenpilastern und reichem Rankendekor. – An der im Mittelteil halbrund vorgezogenen Westempore Bilder mit Salvator Mundi und den Zwölf Aposteln zwischen gewundenen Pilastern.

Seelenkapelle. Südwestlich der Kirche. – Satteldachbau mit verschindeltem Zwiebeldachreiter, frühes 18. Jh. – Im flachgedeckten Innern zweisäuliger Altar der Erbauungszeit mit Seitenfiguren. Beiderseits des Altars korbbogige Nischen mit eingepaßten Leinwandbildern des 18. Jh., links Muttergottes als Fürsprecherin der Armen Seelen vor dem Gekreuzigten, rechts Jüngstes Gericht. – Bäuerliche Deckenfresken mit Arme-Seelen-Thematik, 18. Jh. (renoviert).

RITTSTEIG Markt Neukirchen b. Hl. Blut, Kr. Cham. *Karte 11*

Kath. Filialkirche St. Anna. Das flachgedeckte Langhaus 1722/23, der wenig aus der Kirchenfront tretende Westturm mit abgerundeten Obergeschoßecken und Laternenzwiebelhaube 1808 errichtet. 1966/67 um Querhaus und Altarnische nach Osten erweitert. Renovierung 1989. – An der geschweiften Emporenbrüstung Fresken mit der 1636 einsetzenden Baugeschichte der Kirche, 1810 dat. – Ländliche Barockfiguren.

ROCKSDORF

Gem. Mühlhausen, Kr. Neumarkt i. d. Opf. *Karte 7*

1129 erste Erwähnung des Ortes.

Ev. Elisabethkirche. Romanische Anlage, in der 2. Hälfte des 15. Jh. umgestaltet; im 17. Jh. wurde die Apsis durch einen Chorturm ersetzt. Grundlegende Restaurierung des Inneren 1957, des Äußeren 1985. – Quadratischer Ostturm mit von Spitzbogen überfangenen, gekuppelten Klangarkaden und achtseitigem Spitzhelm; nach außen etwas aus der Langhausflucht heraustretend, innen leicht eingezogen und kreuzgewölbt. Ungewöhnlich langes, schmales Langhaus (14,8 m × 5,7 m) mit Flachdecke. Im Westabschnitt 1957 Fragmente von spätgotischen Wandgemälden freigelegt: rechts hl. Elisabeth und vermutlich ein Stifter, gegenüber wohl ein Weihezeichen. – Ausstattung. – Altar mit Knorpelwerk, geriefelten Säulen und Abendmahlsbild, Mitte 17. Jh. Gleichzeitig die Kanzel mit flachen Ornamentauflagen. – An der linken Chorwand Figur der hl. Elisabeth, Anfang 16. Jh.

RODING Kr. Cham. *Karte 10*

Daß Roding ein karolingischer Königshof war, der möglicherweise sogar auf einen agilolfingischen Herzogshof zurückging, wird aus der Quellensituation ersichtlich: 844 stellt hier König Ludwig der Deutsche eine Urkunde aus; 896 wird eine von Kaiser Arnulf errichtete königliche Kapelle St. Jakob und Pankraz neben der Kirche St. Gallus erwähnt. Kaiser Heinrich II. schenkte um 1002 die Rodinger Kirche der Alten Kapelle in Regensburg und 1003 den königlichen Rodinger Grundbesitz dem Hochstift Freising, das damit bis etwa 1257 die Diepoldinger und seit 1261 das wittelbachische Teilherzogtum Oberbayern belehnte. 1329 Übergang an die pfälzische Linie. Erste Erwähnung des wohl noch von den Diepoldingern gegründeten Markts 1283. Wirtschaftliches Wachstum für die vorwiegend handwerklich und gewerblich tätige Bevölkerung brachte der Bau der Eisenbahn 1860/61. Nach der Stadterhebung 1952 Aufschwung durch den Kasernenbau seit 1957 und die Ansiedlung von Industriebetrieben.

Stadtgestalt und Stadtbefestigung

Die Ansiedlung entstand ringförmig um den im Bereich der Pfarrkirche vermuteten, rechteckigen Königshof. Im 13. Jh. wuchs sie, dank der Lage an wichtigen Handelsstraßen, zum Markt heran, der vom Regenufer im Norden nach Süden steil ansteigt. Der spätmittelalterliche Bering mit vier Toren, Halbschalentürmen und vorgelegtem Graben in der 1. Hälfte des 19. Jh. – bis auf ein größeres Stück an der Südostecke – weitgehend niedergelegt. Große Brände, vor allem von 1634 und 1755, veränderten das Ortsbild. Den Marktplatz beherrscht das westlich vor der Pfarrkirche liegende Rathaus, das in zwei Flügel gestuft das ansteigende Gelände berücksichtigt. Im Süden begrenzen den Platz gestaffelte, breitgelagerte Giebelbauten mit vorwiegend flachen Satteldächern. Den nördlichen Abschluß zum Regen hin bildet ein Bau mit flachem Satteldach, Vorschußmauer und Zinnengiebel, im Kern 16. Jh., südwärts anschließend der Mansarddachbau des Pfarrhofes (nach 1755).

Kath. Stadtpfarrkirche St. Pankratius. Die erste gotische Pfarrkirche nach den Zerstörungen 1634, dann 1755 durch die Pösinger *Kaspar Hecht* und *Hans Heimerl* erneuert. 1959 durch modernen Kirchenbau nach Plänen von *Friedrich Haindl,* München, ersetzt; erhalten blieb nordwestlich davor der 48 m hohe, 1758 vollendete Turm mit Schweifhelm und Laterne. – Im gestreckt achteckigen Kirchenraum an der nordwestlichen Schrägseite Reliquienmonstranz des hl. Pankratius in Steingehäuse, darüber Schnitzfigur des hl. Pankratius von *Anton Rükkel* 1980. – Romanisches Granit-Taufbecken mit Rankenornamentik, 13. Jh., als Aufsatz bronzene Taufgruppe von *Rückel.* An der linken Chorseite bemalte Steinfigur der Muttergottes aus der Klausenkapelle der Burg ▷ Regenpeilstein, Regensburger Arbeit um 1370/80.

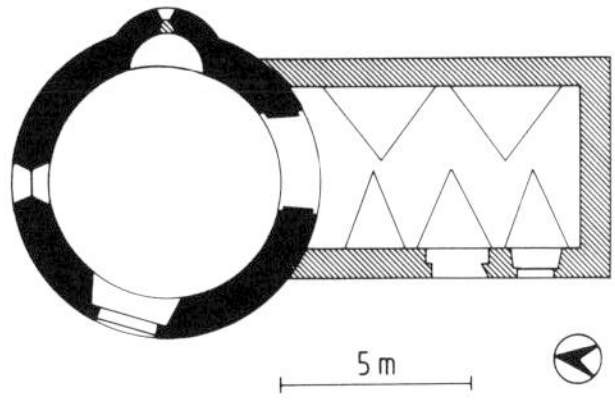

Roding, Josefikapelle

★ **Kath. Josefikapelle.** Östlich neben der Pfarrkirche im 1826 aufgelassenen Friedhof. Patrozinium und urspr. Bestimmung als Tauf- oder Karnerkapelle konnte bisher nicht geklärt werden. – Romanische zweigeschossige Rundkapelle wohl des 11. Jh., deren Untergeschoß möglicherweise in das 8. oder 9. Jh. zurückgeht. Geringfügige Veränderungen im 17. und 18. Jh., 1956–60 Bauuntersuchung durch Karl Schwarzfischer, 1984–86 Innen- und Außenrestaurierung.
Verputzter Bruchsteinbau mit Kegeldach und polygonalem, zwiebelbekröntem Dachreiter von 1769. – Das zeitweise als Beinhaus genutzte Untergeschoß bekam im Dreißigjährigen Krieg ein flachkuppeliges Stichkappengewölbe aus Backstein; dessen Tieferlegung um 1,3 m gegenüber der urspr. Holzdecke bedingte auch eine Senkung des Fußbodenniveaus. Im 17. Jh. veränderter Zugang auf der Nordseite, gegenüber gemauerte Altarmensa. Die beiden urspr. Fenster mit leicht geschrägten Laibungen und stark geneigten Stürzen noch erkennbar. – Das Obergeschoß mit bruchsteingemauerter, urspr. Kuppel („falsche Kuppel"), romanischem Rundfenster im Westen und zwei im 18. Jh. durchgebrochenen Rundbogenfenstern; südlich Verbindungsöffnung zu der im 17. Jh. angebauten Annakapelle. Altarapsis mit kleinem Rundbogenfenster; aus Quadern gefügter Apsisbogen auf Gesims aus Platte und Schräge. – Umfangreiche Wandmalereien der 1. Hälfte des 14. Jh., 1950 aufgedeckt. Die breitgefächerte Ikonographie der fragmentarischen, z. T. nicht mehr eindeutig identifizierbaren Zyklen gab zu unterschiedlichen Interpretationen Anlaß. Einfach bzw. ornamental gerahmte Bildfelder mit großenteils inschriftlich benannten Heiligendarstellungen, Martyrien der Apostel und mariologischem Zyklus. Links von der Apsis: Schmerzensmann mit Stifter, nördlich daneben große, vermutlich erst in der Spätgotik eingefügte Heiligengestalt mit zerstörter Oberpartie, wohl Christophorus; links folgt ein Heiligenzug mit den Jungfrauen Katharina und Margareta sowie Gallus, Willibald (?), Johannes Ev. und Pankratius, darunter Fischzug Petri und zwei kniende Beter; weiter links schließt der Drachenkampf des hl. Georg und die Enthauptung des hl. Johannes Bapt. an. Rechts

von der Apsis die Martyrien der Apostel Petrus, Johannes, Andreas, Jakobus, Bartholomäus, darüber – schwer erkennbar – Anbetung der hll. Drei Könige und Flucht nach Ägypten.

Kath. Kapelle St. Anna. Südlich an die Josefikapelle angebaut. – 1580 erwähnt, wohl in der 2. Hälfte des 17. Jh. erneuert. – Tonnengewölbter, nach Süden gerichteter Rechteckraum mit unregelmäßig einschneidenden Stichkappen. An der Ostwand zwei Fresken mit ausführlichem Totentanz und Jüngstem Gericht, wohl 2. Hälfte 17. Jh. – In Wandnische 68 cm hohe Alabasterfigur der Maria Immaculata von dem Münchener Hofbildhauer *Andreas Faistenberger* 1709 (sign. und dat. am Sockel).

Ehem. Rathaus. Ein 1364 errichteter Vorgänger 1634 zerstört. Der Neubau von 1661 wurde 1755 zerstört, 1770–94 wiederaufgebaut. Größere Umbaumaßnahmen 1910, Renovierung 1984–86. – Der nördliche Mansarddachbau mit zwei Obergeschossen über neu angelegter, gewölbter Passage. Zwiebelbekrönter Dachreiter 1910 erneuert. Die Westfront mit Schweifgiebel, Portalrahmung, Konsole des ehem. Prangers und Nischenfigur der Justitia, wohl 1910 erneuert. – In das südlich angebaute ehem. Mesnerhaus ist die Tordurchfahrt der ehem. Friedhofsbefestigung einbezogen.

Bürgerhäuser. Ein vielgestaltiges Bild bietet die Bäckerstraße. Nr. 1 und 2 Wohnhäuser des 17./18. Jh. mit konvex gekrümmter Fassade bzw. weit vorspringendem Kastenerker. – Nr. 4 ein im 18. Jh. erneuertes Wohnhaus mit Schopfwalmdach und seitlicher Laube. – Nr. 5 Gasthaus mit Treppengiebel und spitzbogigem Eingang, im Kern 16. Jh. – Chamer Straße 10. Brauereigasthof. Mehrflügelige Anlage von 1884. Das Gasthaus mit Treppengiebel und barockisierenden Fenstereinfassungen, Kernsubstanz 1595. Gaststube um 1920 im Heimatstil ausgestaltet. – Landgerichtsstraße 13. Ehem. Bezirksamt, vormals Meierhof. Breitgelagerter Halbwalmdachbau von 1785. – Oberer Markt 2. Zweigeschossiger, einachsiger Bau mit Mansarddach und Schweifgiebel, nach 1755.

RÖTHENBACH

Markt Kohlberg, Kr. Neustadt a.d. Waldnaab. *Karte 5*

Seit Anfang 15. Jh. ein Hammer nachweisbar, im 19. Jh. Glasschleiferei mit Arbeiterwohnungen.

Schloß. Zweigeschossiger Bau mit hohem Satteldach, 1678 (Inschrift) für Hans Andreas von Schönstedt errichtet. Sandsteinportal mit Rustikapilastern, Gebälk und gebrochenem Giebel. Kath. Kapelle Mariä Unbefleckte Empfängnis. Nach Norden gerichtet, 1726 an das Schloß angebaut, vgl. ▷ Steinfels und ▷ Rupprechtsreuth.

RÖTZ Kr. Cham. *Karte 10*

Der 1017 indirekt bezeugte Ort wuchs im 13. Jh. zum Markt heran und wurde 1505 erstmals Stadt genannt, Förderung wohl von seiten der Herrschaft Schwarzenburg.

Stadtanlage

Entlang der früher wichtigen Handelsstraße nach Böhmen ein breiter Straßenmarkt mit zweigeschossigen Traufseitbauten. Nach dem großen Stadtbrand von 1840 rationalisierter Wiederaufbau mit rastermäßig begradigten und verbreiterten Straßen. Etwas eingerückt an der südlichen Straßenseite die Stadtpfarrkirche, der westlich ein kleiner Marktplatz vorgelagert ist. Die urspr. Umbauung der Pfarrkirche – westlich davor stand das Rathaus – nach dem Stadtbrand aufgegeben. Weiter westlich befand sich das sog. Burggut, wohl urspr. Sitz des Ortsadels, dann Pflegamt und vorübergehend (1716–20) Kavalleriekaserne, seit 1812 private Nutzung als Brauerei. Der bestehende Walmdachbau 1842 über alten Fundamenten entstanden. – Weitverzweigtes unterirdisches Gang- und Kellersystem, in den Felsen geschlagen und gemauert, vgl. ▷ Waldmünchen.

Stadtbefestigung

Fast gänzlich verschwunden die Befestigung der am nördlichen Schwarzachufer situierten Stadt durch Ringmauer, Graben und Weiher (im 18. Jh. trockengelegt). Die drei Haupttore und ein Großteil der Mauer 1820–40 niedergelegt.

Kath. Stadtpfarrkirche St. Martin. Die 1255 erstmals genannte Kirche 1474 dem Kloster Schönthal inkorporiert. Nach der Säkularisation eigene Pfarrei. – Durch gestufte Strebepfeiler gegliederter, eingezogener Chor des 15. Jh. An dessen Nordseite der 1545–52 aus Bruchsteinen errichtete Turm mit angespitztem Zeltdach mehrfach verändert. 1848/49 wurde ein Langhaus mit Zinnenfries und westlich vorgelagerter Freitreppenanlage angefügt. – Der kreuzgratgewölbte Chor über fünf Achteckseiten geschlossen, im Schiff Kassettendecke. – Neben der modernen Ausstattung Figuren der Muttergottes, 17. Jh., und des Auferstandenen, 18. Jh. – Taufschüssel mit Relief der Kundschafter und Weinrebendekor, 1. Hälfte 16. Jh. – Glocke mit gotischer Minuskelinschrift von 1485 heute im ▷ Hillstetter Handwerksmuseum.

Kath. Friedhofskirche St. Salvator zur Schmerzhaften Muttergottes. Um 1750 als Votivkirche erbaut. Nach Norden gerichteter Saalbau mit sechsseitigem Zwiebeldachreiter über dem eingezogenen, dreiseitig geschlossenen Chor. Im Innern Tonnengewölbe mit Stichkappen über toskanischen Pilastern. – Deckenbilder 1756: im Chor allegorische Motive, im Langhaus Anrufung Mariens durch Pestkranke, in den Stichkappen die Vier Evangelisten, hl. Augustinus und hl. Margareta, letztere mit dem Rötzer Stadtwappen, dat. 1756. – Nazarenisches

Bildfenster an der Chorostseite. – Ausstattung mit drei Altären und Kanzel um 1754. – Hochaltar, Viersäulenretabel mit Figurenschmuck: im Mittelfeld Pietà, von zwei großen Engeln flankiert, im Auszug Gottvater, als Bekrönung Wappen des Freiherrn von Stein und seiner Frau, dat. 1754. – Seitenaltäre, Volutenpilasteraufbauten mit volkstümlichen Altarblättern, hl. Wendelin bzw. hl. Johannes von Nepomuk. – Am Chorbogen lebensgroße Figuren der hll. Sebastian und Rochus, ehem. am Hochaltar. In Nische der östlichen Langhauswand Schulterwunden-Heiland, 18. Jh. – Grabdenkmäler: An der Westwand Epitaph aus Solnhofer Kalkstein für Johann Joachim Freiherr von Stein und seine Gemahlin Johanna Rosina († 1754), sowie Epitaphien aus Rotmarmor mit Ehewappen für Ursula Genovefa von und zu Weichs, Freifrau auf Falkenfels und Ascha († 1687); an der Ostseite für Maria Margareta Riedtl († 1756), Gemahlin des kurfürstlichen Gerichtsschreibers zu Roding, für den Pfleger Sebastian Deigner († 1695) und die Pflegersgattin Maria Johanna von Leiblfing auf Kreiling († 1696).

Ehem. kurfürstlicher Getreidekasten (Böhmerstraße 18). Viergeschossiger Bau mit Treppengiebeln und Granitrahmungen, nach 1840, Um- und Ausbau 1989. Fenster in alternierenden Zweier- und Dreiergruppen.

ROGGING Gem. Pfakofen, Kr. Regensburg. *Karte 14*

Kath. Filialkirche St. Johannes Ev. Romanischer Chorturm, Erhöhung mit abschließender Zwiebelhaube und das Langhaus 18. Jh. – Quadratischer Chor mit Kreuzgratgewölbe, Sakramentshäuschen mit maßwerkverziertem Dreiecksgiebel. – Drei Säulenretabel um 1700. – Spätgotische Holzfiguren um 1500: Muttergottes, hl. Johannes Ev.

ROGGENSTEIN
Stadt Vohenstrauß, Kr. Neustadt a. d. Waldnaab. *Karte 5*

Kath. Pfarrkirche St. Erhard. Neubarocker Bau von *Heinrich Hauberrisser,* dat. 1911. – Südturm mit Achteckaufsatz und Kuppeldach. Langhaus in der Querachse segmentbogig ausgreifend, Flachdecke über hohen Vouten, großes Deckenbild in barockem Pathos von *M. Neunert* aus Amberg 1958: Himmelfahrt Mariens. Eingezogener, dreiseitig geschlossener Chor mit Stichkappentonne. – Fenster mit spätnazarenischen Heiligenmedaillons von der Firma *Schneider* in Regensburg. – Ausstattung Rokoko, drei Retabel mit geschweiften Gebälkstücken. Hochaltar mit Altarblatt, Verherrlichung des hl. Erhard und Seitenfiguren der Apostelfürsten. Seitenaltäre mit Volutenpilastern, auf denen Putten lagern, nördlich mit Seitenfiguren der hll. Anna und Joachim, in der Mittelnische eine nazarenische Muttergottes, südlich mit Altarblatt, Tod des hl. Joseph, flankiert von Figuren des Schutzengels und des Erzengels Michael. – Kanzel mit Rocailledekor. – Stuhlwangen in einfachen klassizistischen Formen. – Nazarenische Kreuzwegbilder in Empirerahmen.

Ehem. Schloß (Muglhofer Str. 11/13). Stammsitz der seit 1183 archivalisch faßbaren Rakkendorfer, 1524 erstmals die Bezeichnung Roggenstein. – Vom mittelalterlichen Schloß nur noch geringe Mauerreste auf dem Areal des im frühen 19. Jh. erbauten „Schlößchens" vorhanden.

ROHR Stadt Freystadt, Kr. Neumarkt i. d. Opf. *Karte 7*

Kath. Filialkirche St. Martin. Romanische Anlage, der quadratische Turm später als Chorturm mit achtseitigem Spitzhelm ausgebaut. Ende 19. Jh. nach Westen verlängert. Außen 1973, innen 1974–77 restauriert. – Wenig eingezogener Chor mit Kreuzgewölbe und spitzbogigem Sakristeizugang. Im Langhaus Flachdecke mit nazarenischen Fresken: hl. Martin zwischen Engeln schwebend über der Ortschaft, umgeben von Heiligenmedaillons. – Ausstattung. – Hochaltar gegen Mitte 18. Jh. Säulenretabel mit Altarblatt hl. Martin, Seitenfiguren der hll. Johannes Ev. und Paulus. Seitenaltäre in Schwarz-Gold-Fassung, links mit gewundenen Säulen und Anna Selbdritt im Schrein, Anfang 18. Jh. In ähnlichen Formen, jedoch etwas jünger (um 1730) der rechte Seitenaltar mit glatten Säulen und Muttergottes im Schrein. – Hölzerne Emporenbrüstung mit Bildern des Salvators und der Zwölf Apostel nazarenisch.

ROHRBACH Markt Kallmünz, Kr. Regensburg. *Karte 8*

Kath. Pfarrkirche Hl. Dreifaltigkeit. Mittelalterliche Chorturmkirche, um 1680 verändert. – Eingezogener, quadratischer Chor, Stichkappentonnengewölbe über Pilastern. Im Langhaus Leistendecke mit quadratischen Feldern und Rosetten; geschnitztes Ehewappen des Johann Daniel Sauerzapf (vermählt 1683). Choraltar mit Rocailleschnitzrahmen, seitlich die hll. Notburga und Wendelin, um 1760; Altarblatt Marienkrönung, 19. Jh. – Zwei Wappengrabsteine der Sauerzapf sind jetzt am Leichenhaus angebracht.

Ehem. Wallfahrtskapelle Maria-Hilf, jetzt Friedhofskapelle. Auf einem Höhenzug über dem Dorf gelegen. Im Chor steckt die romanische Kapelle des 12. Jh., Teil der zerstörten mittelalterlichen Burganlage Rohrbach: zweijochig kreuzgratgewölbt mit Gurtbogen auf verkröpften Wandpfeilern. Barocke Veränderungen; das Langhaus 1819 angefügt; renoviert 1919, wohl damals barockisierende Bemalung.

Ehem. Hammerschloß, jetzt Schloßgaststätte (Haus Nr. 35). Ein Blechhammer im Besitz des Bischofs von Regensburg ist schon im 15. Jh. nachweisbar; seit Beginn des 16. Jh. gehörte dann das Hammerschloß der Familie Sauerzapf (am Fenster des Standerkers die Jahreszahl 1586). – Spätgotisches dreigeschossiges Giebelhaus mit profilierten Fenstergewänden, umlaufendes Kranzgesims über zweireihigem

Zackenfries. – Erdgeschoß tonnengewölbt, darüber – mit Ausnahme einer gewölbten Rauchküche – Holzkonstruktion und Balkenbohlendecken; z.T. nachträglich eingezogene Fachwerkwände mit Türrahmen des 17. Jh. – Bis zur Teilung des Anwesens wurden die Obergeschosse über eine Barocktreppe in dem zweigeschossigen Flügelanbau erschlossen, der mit profiliertem Steinportal wohl aus dem 17. Jh. stammt.

RONSOLDEN Stadt Velburg, Kr. Neumarkt i. d. Opf. *Karte 8*

Kath. Filialkirche St. Maria und Margareta. Spätromanische Anlage, 1719 der Chor angefügt. Renovierung 1969/70. – Flachgedeckter Saalbau, Giebelturm mit Achteckaufsatz und Zwiebeldach. Eingezogener, dreiseitig geschlossener Chor mit Stichkappen-Tonnengewölbe. – Ausstattung. – Hochaltar um 1720 (rückwärtig die Jahreszahl 1719), Säulen-Pilaster-Aufbau mit Figuren der hll. Margareta, Katharina und Apollonia. – An der nordöstlichen Langhauswand Figur der hl. Margareta, um 1500.

ROTHMÜHLE
Markt Neualbenreuth, Kr. Tirschenreuth. *Karte 3*

Ehem. Schloß Ernestgrün. In Parkanlage. – Zweigeschossiger Walmdachbau mit zwei polygonalen Ecktürmen und geohrten Fensterrahmungen, im Kern 18. Jh., 1984 saniert.

ROTHENSTADT Stadt Weiden. *Karte 5*

Kath. Pfarrkirche Unserer Lieben Frau. Neugotischer Putzbau von 1894 mit gestuften Strebepfeilern. Seitenkapellen am eingezogenen, quadratischen Chor mit Kreuzgewölbe und am flachgedeckten Langhaus, zwischen den Kapellen der Nordseite Turm mit Spitzhelm. – Gotisierende Bildfenster. – Neugotische Ausstattung: Schnitzaltäre, Kanzel, monumentaler Kruzifixus mit Schmerzensmutter.

Ev. Pfarrkirche St. Bartholomäus. Im Kern wohl frühgotische Chorturmkirche in runder, vermutlich im 16. Jh. neu aufgeführten Friedhofsummauerung mit 1949 erneuerter Aussegnungshalle. 1737 nach Westen erweitert (Baudatum über dem Westportal), 1911 renoviert (Baudatum am südwestlich angebauten Treppenturm), letzte Restaurierung 1988/89. – Im Turm mit achtseitigem Spitzhelm der eingezogene, rechteckige Chor. – Flachdecke mit Rahmenstuck, Chorbogen stuckumrahmt auf gestaffelten Pilastern. – Ausstattung. – Hochaltar und Kanzel von 1911, historisierend in Stilformen des 17. Jh. – Kleiner Kruzifixus, wohl 17. Jh. – Grabdenkmäler des Ortsadels, u. a. am Chorbogen Epitaph für Franz Xaver Wilhelm von Sazenhofen, Hofmarksherr des kgl. böhmischen Manns- und Ritterlehens Rothenstadt († 1740). – An der Langhausnordseite eine Granitgrabplatte für Georg Christoph von Sazenhofen († 1626) und ein Kalksteinepitaph für Anna Rosina von Sazenhofen († 1606), beide mit Bildnissen der verstorbenen Kinder.

Gruftkapelle derer von Sazenhofen. 1863 auf dem Burgstall nördlich des Ortes errichtet (wohl identisch mit der von Karl IV. geschleiften Burg). Malerische Lage auf von Wassergraben umgebenem Hügel mit Bäumen. – Hoher, durch gestufte Strebepfeiler gestützter Backsteinbau mit Werksteingliedern. Über dem Eingang Allianzwappen der Sazenhofer.

Ehem. Hofmarkschloß. Die Herren von Rothenstadt im 12. Jh. bezeugt, 1303 folgten die Waldauer, die den Besitz 1325 bis um 1504 mit den Zengern und den nachfolgenden Dreswitzern teilten. Von 1602 bis um 1960 Eigentum der Sazenhofer. – Ehem. Weiherhausanlage, in der 2. Hälfte des 19. Jh. unter Einbeziehung älterer Bauteile im ummauerten Schloßpark errichtet. – Gruppenbau in neugotischen Formen, mit Zinnengiebeln und Spitzbogenöffnungen. – Innenausbau 1934.

ROTTENDORF Gem. Schmidgaden, Kr. Schwandorf. *Karte 5*

Kath. Pfarrkirche St. Andreas. Im Kern gotische Chorturmanlage, laut Grabsteininschrift 1764 durch Pfarrer Ströhl neu errichtet, 1765 Deckenmalereien, 1766 Vollendung, 1768/69 Hochaltar und Kanzel. – Vierachsiger Saalraum mit Stichkappentonne über Pilastergliederung; eingezogener Chor. – Barocke Deckenmalereien, *Johann Michael Wild* zugeschrieben, mit Szenen aus dem Leben der hll. Andreas, Petrus und Paulus sowie emblematische Darstellungen; über dem Chorbogen Darstellung des Gekreuzigten. – Ausstattung. – Hauptaltar vom Brucker Schreiner *Johann Michael Luybl* mit Gemälde Kreuzigung des hl. Andreas, im Auszug Marienkrönung, seitlich Schnitzfiguren der hll. Petrus und Paulus. – Die Fassung von Choraltar und Kanzel erfolgte durch den Amberger Maler *Johann Michael Wild.* – Seitenaltäre 1775 von Schreiner *Leonhard Bacher* und Bildhauer *Johann Philipp Lutz* aus Amberg, Fassung durch den Amberger *Georg Wolfgang Pößl:* links Amberger Gnadenbild, im Auszug hl. Joseph mit Jesuskind, Seitenfiguren der hll. Ulrich und Christophorus, Tabernakel mit Herz-Jesu-Bild; rechts Altarblatt hl. Kajetan, Anfang 18. Jh., im Auszug hl. Antonius, Seitenfiguren der hll. Florian und Notburga, Christus an der Geißelsäule. – Orgel, 2. Viertel 18. Jh., im 19. Jh. aus der Pfarrkirche in Kösching b. Ingolstadt erworben. – Schnitzfiguren der hll. Rochus und Sebastian, 1. Viertel 18. Jh.

Kath. Friedhofskapelle (Karner). Südlich der Pfarrkirche romanischer Rundbau, wohl 13. Jh., zweigeschossig mit Kuppel- bzw. Tonnengewölbe; das Untergeschoß durch die gotische Friedhofsmauer zugänglich. Am Außenbau eingesetztes Fragment einer Sandsteinpietà, bez. 1421.

RUDENSHOFEN

Stadt Parsberg, Kr. Neumarkt i.d. Opf. *Karte 8*

Kath. Filialkirche St. Andreas. Romanische Chorturmanlage, Langhaus um 1700 erneuert. Gesamtrestaurierung 1989. – Turm mit Achteckaufsatz und Zwiebeldach, in seinem Erdgeschoß der quadratische, kreuzgratgewölbte Chor. Chorbogen über im oberen Teil urspr. Gesims. Im Schiff Flachdecke mit Deckenbild von *Siegmund Spitzner* 1928. – Hochaltar Anfang 18. Jh., Säulenretabel mit Seitenfiguren und Altarblatt hl. Andreas. – Gegenüber dem zeitgleichen rechten Seitenaltar Figur eines lesenden Mönchs (wohl hl. Leonhard), Anfang 16. Jh.

RUDERTSHOFEN

Stadt Berching, Kr. Neumarkt i.d. Opf. *Karte 7*

Kath. Filialkirche St. Wunibald. Chorturmanlage des 14. Jh., in der 1. Hälfte des 18. Jh. erweitert. Außen 1979, innen 1982 renoviert. – Turm mit an den Ecken abgeschrägten Obergeschossen und achtseitigem Spitzhelm, in seinem Erdgeschoß der nicht eingezogene, quadratische Chor, dessen abgefaste Kreuzrippen sich in einer wohl späteren quadratischen Platte treffen. Spitzer Chorbogen, kleines Spitzbogenfenster in der Ostwand. – Im Langhaus Flachdecke mit Deckenfresko aus der Erweiterungsphase: Muttergottes über Ortsansicht. – Ausstattung. – Drei Altäre gegen 1740, mit nazarenischen Altarblättern. Der viersäulige Hochaltar mit Seitenfiguren der hll. Johannes Bapt. und Andreas. – Kanzel in frühklassizistischen Formen um 1800, mit Figuren der Evangelisten und bekrönendem hl. Michael. – Über dem Chorbogen Figur der Muttergottes, Ende 15. Jh. An den Schiffswänden einige kleinere Figuren des 18. Jh.

RUNDING Kr. Cham. *Karte 10*

Kath. Pfarrkirche St. Andreas. 1973–75 von *Klaus* und *Kurt Oberberger*, Regensburg, errichtet. – An den Ecken eingezogener Rechteckbau mit Pultdach. Betonguß, innen und außen backsteinverblendet. – Barockfiguren aus der ehem. Pfarrkirche übertragen, u.a. die hll. Petrus, Paulus (durch verändertes Attribut als hl. Andreas ausgewiesen), Johannes von Nepomuk, Franz Xaver und Schmerzhafte Muttergottes, alle 1. Hälfte 18. Jh., *Johannes Paul Hager* zugeschrieben. – Kreuzweg, querrechteckige Hinterglasbilder, 1975 von *Josef Oberberger*, München.

Ehem. Pfarrkirche St. Andreas. Neubau von 1850, Turmunterbau wohl um 1700. Letzte Restaurierung 1989/90. – Sich nach oben verjüngender Westturm mit Achteckaufsatz und Spitzhelm. – Kreuzförmige Anlage mit Flachdecke über seitlichen Vouten, der Chor halbrund geschlossen. – Epitaphien an den Außenwänden. An der Nordseite, von Ost nach West: Sandsteinplatte für die Brüder Wolf

(† 1589) und Georg Mayer († 1592), mit Relief der beiden verstorbenen Kleinkinder; Quarzplatte für Helene von Hapfberg († 1586), mit Ehewappen; Quarzplatte für Christoph Friedrich von Eyb († 1598) mit ganzfigurigem Hochrelief des Verstorbenen; Quarzplatte für einen Sohn des Pflegers Wolfgang Görg Mayer († 1589) mit Relief der Auferstehung Christi. An der Südseite, von West nach Ost: Quarzplatte für die erste Ehefrau des Ludwig von Eyb († 1570) mit Ehewappen; weißgraue Marmorplatte für Ludwig von Eyb († 1599) mit Hochrelief des verstorbenen Ritters; Weißmarmorplatte für Anna von Eyb, geb. Wildenstein († 1583), mit ganzfigurigem Hochrelief der betenden Verstorbenen; für sie ebenfalls die danebenstehende Quarzplatte mit Ehewappen. Im Friedhof mit Gußeisenplatten verkleidetes Grabdenkmal für Wilhelm Cajetan Nothaft, Freiherr von Weißenstein, Inhaber der Herrschaft Runding und Blaibach († 1807).

Burgruine. Die Rundinger, vermutlich Reichsministerialen, erstmals 1118 archivalisch faßbar. Ihnen folgten 1413–1829 die Nothaft, die die Burg zu einer der größten und wehrhaftesten Anlagen des Bayerischen Waldes ausbauten. Im 19. Jh. zum Abbruch freigegeben. Letzte Instandsetzung 1988/89. – Auf mit Laubbäumen bewachsener, felsiger Bergkuppe, die nach Osten steil abfällt. Hier bot sie einst der westlich gelegenen Reichsburg Cham wichtige strategische Unterstützung. – Von der annähernd rechteckigen, durch Zwinger und Graben geschützten gotischen Anlage nur noch Steinanhäufungen und bizarr aufragende Mauerreste aus unregelmäßigem Quader- und Bruchsteinwerk erhalten. – Der Zugang erfolgt von Nordwesten, wo sich früher die Vorburg mit den Wirtschaftsgebäuden befand. Auf einem hohen Granitblock inmitten des Burghofes stand der wohl schon im Mittelalter zerstörte Bergfried.

RUPPRECHTSREUTH

Markt Mantel, Kr. Neustadt a.d. Waldnaab. *Karte 5*

Ehem. Landsassengut. 1510 im Besitz der Mendl von Steinfels. – Zweigeschossiger Bau mit hohem Mansard-Walmdach, an der Südfront Wappen der Edlen von Junker, dat. 1723. – An die Westseite angebaut die 1775 geweihte kath. Schloßkapelle St. Barbara, mit dreiseitigem Schluß, Glockenstuhl, Rokoko-Altärchen.

S

SACKENRIED Stadt Kötzting, Kr. Cham. *Karte 11*

Kath. Filialkirche Vierzehn Nothelfer. Für den Wallfahrtsort ist bereits 1209 eine Kirche bezeugt. – Mit einer Seelenkapelle des 17./18. Jh. von ringförmiger Friedhofsmauer des 16. Jh. mit spitzbogigem Zugang umgeben. – Der eingezogene, dreiseitig geschlossene Chor spätgotisch; Langhaus, Westturm mit Zwiebeldach und südliches kreuzgratgewölbtes Vorzeichen wohl in der 2. Hälfte des 17. Jh. erneuert. – Im Chor Netzrippengewölbe über Spitzkonsolen, Wappenschlußstein; runder Chorbogen, kurzes Schiff mit ungleich breiten Kreuzgratgewölben, Emporenunterwölbung. – Ausstattung. – Altäre und Kanzel wohl 2. Hälfte 17. Jh. – Hochaltar, Säulenretabel mit Seitenfiguren der hll. Wolfgang und Kajetan. Im Mittelfeld: Figurengruppe der Vierzehn Nothelfer, um den Schmerzensmann gruppiert, Anfang 16. Jh.; darüber Wolkenbank mit Gottvater und Engeln. – Seitenaltäre mit Nischenfiguren, links Muttergottes, rechts hl. Antonius vor der Muttergottes kniend; auf den Mensen Marienkrönung im Kollnburger Typus mit der Trinität bzw. Pietà (um 1720). – An der Langhausnordwand Votivtafel von Andre Wolf Wirth 1639 gestiftet, 1837 renoviert. – Kruzifixus um 1720. – An der Rückwand Votivbilder, überwiegend 19. Jh. – Drei Eisentüren mit breiten Nagelköpfen, die östliche dat. 1688.

SALTENDORF Stadt Teublitz, Kr. Schwandorf. *Karte 9*

Kath. Pfarrkirche Mariä Heimsuchung, ehem. Wallfahrtskirche. Im Langhaus gotischer Kirchenbau, im 17./18. Jh. gewölbt und umgestaltet, pilastergegliedertes Turmobergeschoß und Zwiebelhaube, bez. 1712; neugotischer Chor von 1895/96. – Turm an der Nordostecke des nach Westen ausgerichteten Saalbaus. – Tonnengewölbe mit Stichkappen über Pilastergliederung. Eingezogener, dreiseitig geschlossener Chor, durch breiten Bogen gegen das Langhaus abgesetzt. Westempore. – Barocke Deckenmalereien mit Darstellungen aus dem Marienleben und Emblemen. – Ausstattung. – Hauptaltar mit Muttergottes um 1460/70. Anstelle der Seitenaltäre zwei gute Altargemälde des 18. Jh. mit originalen Rahmen: Maria mit Szepter als Fürbitterin für die Verdammten und hl. Johannes von Nepomuk. – Kruzifixus mit Mater Dolorosa, Mitte 18. Jh. – Wangen des Kirchengestühls mit Akanthusschnitzwerk, um 1700.

Nordwestlich der Kirche spätgotische Gruftkapelle. Einjochiger Saalraum mit 5/8-Schluß und Kreuzrippengewölbe. – Gruftkammer mit Grabplatte für Albrecht und Appollonia Sintzenhofer aus Leonberg, († 1483 bzw. 1519). An den Wänden Gedenkplatten bzw. Grabsteine des Johann Adam Teufel von Pirkensee († 1695) sowie der Freiherrn von Gise, von Koch und Moreau, 19./20. Jh.

SANKT BARTLMÄ

Stadt Dietfurt a.d. Altmühl, Kr. Neumarkt i.d. Opf. *Karte 12*

Kath. Kirche St. Bartholomäus. Einsam im Tal der Breitenbrunner Laaber gelegen, wohl als Jagdkapelle der Herren von Wildenstein erbaut. – Romanische Anlage, nach starker Beschädigung im Dreißigjährigen Krieg wieder aufgebaut. Um 1980 restauriert. – Flachgedeckter Saalbau mit hochliegenden Fenstern und westlichem Dachreiter. Der eingezogene, quadratische Chor mit späterem Kreuzgewölbe. – Neuromanische Ausstattung.

SANKT COLOMANN/WALKERTSWINN

Stadt Velburg, Kr. Neumarkt i.d. Opf. *Karte 8*

Der Ort liegt am südlichen Ausläufer des Bockenberges, in dem 1895 eine Tropfsteinhöhle („König-Otto-Höhle") entdeckt wurde, die 1972 um die „Adventhalle" erweitert wurde.

Kath. Filialkirche St. Koloman. Kleiner flachgedeckter Saalbau von 1732 mit ausladendem Schindeldachreiter. Innenrenovierung 1962. – Eingezogener, dreiseitig geschlossener Chor mit Stichkappentonne über Eckpilastern. Großes Deckenbild von *Walter Scheidemandel* 1962. – Ausstattung. – Drei stattliche Altäre der Erbauungszeit. Hochaltar mit Altarblatt Glorie des hl. Koloman, Seitenfiguren der hll. Rochus und Franz Xaver. Linker Seitenaltar mit Bild der hl. Thekla, seitlich Figuren der hll. Katharina und Barbara. Rechter Seitenaltar mit Bild der Hl. Familie (überarbeitet), flankiert von den hll. Wendelin und Leonhard. – In der Kanzelrückwand Figur des hl. Koloman, um 1700.

SANKT QUIRIN

Gem. Püchersreuth, Kr. Neustadt a.d. Waldnaab. *Karte 2*

★ **Wallfahrtskirche St. Quirin** auf dem Bozerberg. Auf eine mittelalterliche Burganlage, deren Schloßkapelle dem hl. Quirin geweiht war, zurückgehend. Spätestens seit Beginn des 16. Jh. überlieferte Wallfahrt, die im Zuge der Gegenreformation, unterstützt durch Wenzeslaus V. Lobkowitz, 1629 Anlaß für einen Kirchenbau war. 1655 Anbau von Sakristei und Turm, 1660 der südlichen Seitenkapelle. Das Anwachsen der Wallfahrt vor allem aus Böhmen und dem Stiftland führte 1678 zu einem von Fürst Ferdinand August von Lobkowitz unterstützten Neubau. Der Plan möglicherweise von *Antonio Porta,* dem Erbauer des Lobkowitzschlosses in Neustadt a.d. Waldnaab. Ausführung durch Baumeister *Gregor Bibiano* mit *Johann Kirchberger* aus Neustadt a.d. Waldnaab, 1680 vollendet. Weihe der Kirche 1687. Infolge der Säkularisation Rückgang der Wallfahrt, Baufälligkeit. 1824 Renovierung, Wiederbelebung der Wallfahrt bis 1848; 1875 nach Brand Turmhaube nach alten Plänen erneuert. 1976 Außenrestaurierung mit Kontrast von roter Wand und sandsteinfarbener Gliederung.

Außenbau. – Auf der Höhe des Bozerberges einsam gelegen, von Weitem angezeigt durch den von einer Zwiebelkuppel bekrönten Turm über dem hohen, zum Chor hin abgewalmten Dach. Von Botzereuth führt der Wallfahrtsweg an die Westfassade heran. – Langgestreckter Rechteckbau, im östlichen Drittel leicht aus der Flucht herausspringend für die älteren Gebäudeteile: Turm, Sakristei und Seitenkapelle, mit starker Einziehung an den dreiseitigen Chorabschluß anschließend. Putzbau mit umlaufender, zweigeschossiger Felderung durch Mauerbänder, an den Langhauswänden überfangen von einer zweiten, beide Geschosse übergreifenden Gliederung durch Lisenen. – Im Westen dreiteilige, den Innenraum abzeichnende Giebelfassade mit geschoßtrennenden Gesimsen. Leicht vorspringender Mittelrisalit mit schlichtem Hauptportal und zwei übereinanderliegenden Fenstern, von breiten Mauerbändern geschoßweise gefeldert. Schmale Seitenachsen mit doppelschichtigem Mauerrelief, vertieft durch Nischen; an den Giebel seitlich anschließend Voluten, an den Ecken Obelisken.

Inneres. – Mächtige, durch Oberlicht erhellte Wandpfeilerkirche mit eingezogenen Emporen, von steiler Raumwirkung. Chor mit $^3/_8$-Schluß, zwei Joch tief, eingezogen gegenüber dem aus drei Jochen und einem Vorjoch bestehenden Langhaus. Breite Pilaster mit Mittelkerbe an der Chorwand und den Stirnseiten der nahezu quadratischen Mauerpfeiler im Langhaus. Kräftiges, verkröpftes Gebälk; das Gesims um den ganzen Innenraum fortgeführt. Über Attika stichkappendurchsetztes Tonnengewölbe mit breiten, jochtrennenden Gurtbögen.

Ausstattung. – In Kontrast zu der einheitlichen, ornament- und bilderlosen, strengen Architektur prächtige Ausstattung aus dem Verlauf eines Jahrhunderts. Hervorzuheben die Bild- und Retabelrahmungen im Typ des architekturlosen, für die Oberpfalz um 1700 charakteristischen sog. Akanthusaltars. – Hochaltar, Ende 17. Jh. von dem Regensburger Bildhauer *Jakob Beringer* und Schreiner *J. S. Merten* aus Schwandorf. Der Altar ist eine Stiftung des Fürsten Ferdinand August Lobkowitz und seiner Gemahlin, der Markgräfin zu Baden-Baden (Wappen über dem Altarbild). Das Gemälde, Pfingstfest, eine großfigurige Komposition in toniger Malerei, um 1700, vielleicht von *Michael Conrad Hirt,* in geschnitztem Rahmen, von einer volutenförmig auslaufenden Akanthusmandorla umfangen, seitlich schwebende Engel. Auszugsbild hl. Quirin, locker umkränzt von Palmwedelschnitzerei. – An der südlichen Chorwand zwei Tafeln mit volkstümlichen Bildgeschichten der Quirinuslegende, 1657 von *Georg Adam Eberhard* aus Eger gemalt, Rahmung um 1700. – Östlicher Seitenaltar rechts, Wallfahrtsaltar um 1785 aufgestellt, angefertigt von Bildhauer *Wolfgang Kurzwart* und Schreiner *Vitus Wenda,* beide aus Waldthurn, (beide waren auch auf dem ▷ Oberfahrenberg und in ▷ Floß tätig, ähnlich dem Altar in ▷ Mühlberg). Hoher, in die Gebälkzone hineinragender, vielteiliger, etwas gedrängter Rokoko-Aufbau mit seitlichen Figuren der Apostelfürsten, zentriert auf den Altarschrein. Gnadenbild: hl. Balbina vor Papst Alexander, Sinnbild für die Heilung der Tochter

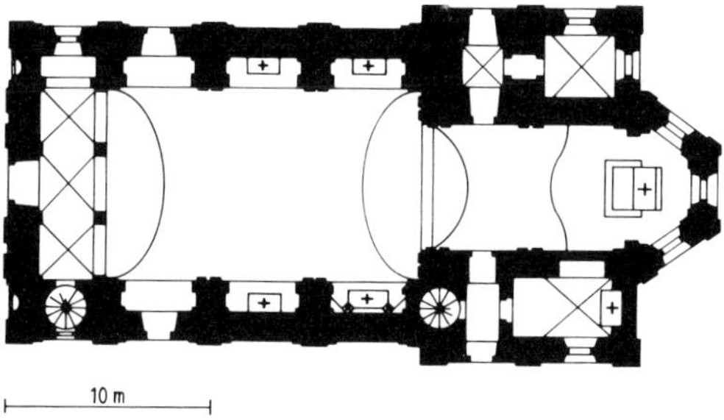

St. Quirin, Wallfahrtskirche St. Quirin

Quirins durch die Halsfesseln Petri, wohl 16. Jh. Die Figurengruppe überragt von Muttergottes mit Krone und Schwert, eine bekleidete Gliederfigur um 1680. Anstelle des Auszugs eine ädikulagerahmte Öffnung für das durch eine Gloriole um das Auge Gottes einfallende Licht. – Westlicher Seitenaltar rechts sog. Wetteraltar, eine Stiftung der Lobkowitz aus der Erbauungszeit. Gemälde mit den Martyrien von Petrus und Paulus, dat. und sign. *Michael Conrad Hirt* 1694. Kunstvoller doppelter Schnitzrahmen: festere Ranken aus Früchten und Blattwerk innen, kräftig wuchernde Akanthusranken mit Putten außen. Ausmalung der Kapellenumrandung mit ländlichen, auf die Funktion des Wetterheiligen bezogenen Sinnsprüchen, um 1730. – Die westliche Kapelle an der Nordwand mit Balbinaszenen bemalt, entsprechend einem Vorgängeraltar. Heute Marienaltar, Muttergottes auf Schlange, volkstümliche Arbeit der 1. Hälfte des 18. Jh. Prächtiger Schnitzrahmen, umgeben von einer durch Putten gehaltenen Baldachindraperie. – Magdalenenaltar, herausragendes Retabel, gestiftet von Lobkowitz. Akanthusrahmung um 1710, Bild der reuigen Sünderin Magdalena, vermutlich venezianisch Anfang 17. Jh. – Kanzel 1740 von Bildhauer *Johann Peter Reber* aus Waldthurn. Reich geschmückter Kanzelkorb und wirkungsvoll von Posaunenengel und Putten bekrönter Schalldeckel. – Die Orgel, 1692 mit kunstvoll geschnitztem Prospekt, soll aus dem Bibliothekssaal des Lobkowitzpalasts in Prag stammen.

SANKT WOLFGANG

Stadt Velburg, Kr. Neumarkt i. d. Opf. *Karte 8*

★ **Kath. Wallfahrtskirche St. Wolfgang.** Die früher stark besuchte Wallfahrtskirche liegt südlich unter einem Felsen, der einst eine 1280 erstmals erwähnte Burg trug. Nach Bauinschrift an der Westseite 1467 von Maurer *Peter* aus Weiden errichtet; die Sakristei weist noch ältere

Bausubstanz auf. 1694 von *Hans Puchtler* aus Velburg umgestaltet. 1757 Einzug einer Flachdecke ins Schiff und Freskierung. Restaurierung 1961. – Saalbau, durch Strebepfeiler, weitgehend originale zwei- und dreibahnige Maßwerkfenster und ein an Chor und Südseite umlaufendes Kaffgesims gegliedert. Westturm mit ungewöhnlicher, geschweifter Haube. An der Südseite spitzbogige Portalrahmung mit durchsteckten Stäben. – Wenig eingezogener, zweijochiger Chor mit 3/6-Schluß; Kreuzgewölbe mit ausgekehlten Rippen in 1961 freigelegter urspr. Fassung; Tellerschlußsteine mit erneuerter heraldischer Bemalung. Spitzbogiger Chorbogen. Westempore auf mehrfach profilierten Bogenarkaden, an der Brüstung Grisaillen mit vier Szenen aus dem Leben des hl. Wolfgang von 1752. – Ornamentale und zwei szenische Deckenfresken von *Johann Georg Hämmerl* aus Velburg (sign. mit Chronogramm 1757). Ausstattung. – Wertvolle spätgotische Flügelaltäre des späten 15. Jh. (mehrfach restauriert) auf ihren urspr. Mensen. – Hochaltar, um 1460/70, im Schrein Figuren der hll. Wolfgang, Willibald und Sebastian vor gemaltem, von Engeln gehaltenem Brokatvorhang. Predella mit Gemälde: Christus und die Zwölf Apostel. Die Flügelbilder besonders bemerkenswert. Sie zeigen in liebevoller, akribischer Detailtreue die Vier Kirchenväter mit den Evangelistensymbolen in ihren mittelalterlichen Schreibstuben. – Von einem anderen Künstler die beiden sich in Stil und Aufbau entsprechenden Seitenaltäre, die vermutlich von dem Eichstätter Domherrn Heinrich von Redwitz († 1500) gestiftet wurden. Linker Altar zentrale Figur der Mondsichelmadonna, Seitenreliefs der hll. Johannes Bapt. und Johannes Ev., rückwärtig Gemälde der Verkündigung, Predellenbild Kreuzauffindung durch die hl. Helena. Rechter Altar: in der Mitte hl. Katharina, Flügelreliefs der hll. Christophorus und Georg, Predellenbild Muttergottes im Kreise Heiliger, Rückseiten der Flügel mit Gemälden der hll. Barbara und Margaretha. – Kommuniongitter Anfang 17. Jh. – An den Chorwänden vier Flügelbilder (von den Seitenaltären) mit den hll. Apollonia, Ottilia, Anna Selbdritt und Magdalena. – An der linken Langhauswand Figuren: hl. Wolfgang um 1480, Kruzifixus des 16. Jh. und Schmerzensmutter des 18. Jh. In der Turmvorhalle lebensgroße Figuren der hll. Sebastian und Katharina, 2. Hälfte 17. Jh. – An der südlichen Langhauswand Holzepitaph des kurfürstlich bayerischen Proviantoffiziers David Stich († 1644), mit Pietà, hl. Wolfgang, Kruzifixus und dem Verstorbenen. – Spätgotische Sakristeitür mit originalen Beschlägen und Türgriff, befestigt an Platte in durchbrochener Treibarbeit: hl. Wolfgang, umgeben von dichtem Astwerk.

SARCHING Gem. Barbing, Kr. Regensburg. *Karte 14*

Kath. Pfarrkirche Unserer Lieben Frau. Eine Kirche in der Hofmark Sarching bereits vor 1400 nachweisbar. 1404 Gründung der Filiale Sarching, die bis 1814 zur domkapitel'schen Pfarrei Illkofen gehörte. Seit 1824 Pfarrei. – Die Kirche 1762 errichtet, wohl unter Wiederverwendung älterer Bauteile (über dem Westportal die Jahreszahl 1628, spätgotisches Fenster im Turm). – Kreuzgratgewölbter Saalbau mit eingezogenem, dreiseitig geschlossenem Chor. An der Chorsüdseite Turm mit achteckigem Glockengeschoß und Zwiebelhaube. Bildfenster im Chor spätes 19. Jh. – Hochaltar des 19. Jh. mit Figur der Muttergottes, Ende des 15. Jh., Seitenfiguren Maria und Joseph. An der Chorsüdseite Figur der Muttergottes um 1500. – Seitenaltäre um 1760/70: Aufbauten in Form von Rocaillen als Rahmung der Altarblätter, hl. Familie bzw. hl. Sebastian, von *M. März* 1894, seitliche Figürchen. – Kreuzwegbilder von *Georg Halter* und *Borrowitzka*, 1886. In der Vorhalle Epitaph für Hans Schwefer, den angeblich 1556 im Alter von 126 (!) Jahren verstorbenen Pfleger von Sarching.

SATTELBOGEN Gem. Traitsching, Kr. Cham. *Karte 10*

Stammsitz der seit 1130 bezeugten Sattelboger. Als eines der mächtigsten Geschlechter des Bayerischen Waldes waren sie im Besitz von 22 Burgen und Edelsitzen. Nach ihrem Erlöschen wechselnde Adelsgeschlechter. 1784 kam die Hofmark an das Kloster Oberaltaich, welches hier bis zur Säkularisation eine Propstei errichtete. – Das wohl im Dreißigjährigen Krieg (1642) zerstörte Schloß stand nordwestlich der Kirche, Fundamente möglicherweise im Boden des Friedhofs erhalten.

Kath. Pfarrkirche St. Nikolaus. 1224 erste Erwähnung einer Kapelle. 1718 Neubau, wobei die nördliche Langhausmauer von der alten Schloßkapelle übernommen wurde. Gesamtrestaurierung 1988–91. – Gegen Westen gerichteter Saalbau mit leicht eingezogenem, halbrund geschlossenem Chor. An der Ostfront Turm mit Oktogonaufsatz und Zwiebelhaube. – Chor mit Kreuzgratgewölbe über Pilastergliederung; nazarenische Bildfenster 1892–95. Im Langhaus Flachdecke über Hohlkehle. Ausstattung. – Hochaltar um 1760, Säulenaufbau mit Volutenpilastern und seitlichem Rocaillewerk, in Mittelnische Figur des hl. Nikolaus, im Auszug Relief des hl. Johannes Bapt. – An der Langhausstirnwand die ehem. Altarblätter der Seitenaltäre: links Maria Immaculata, rechts Steinigung des hl. Stephanus, 2. Hälfte 18. Jh.

SATTELPEILNSTEIN Gem. Traitsching, Kr. Cham. *Karte 10*

Kath. Pfarrkirche St. Peter und Paul. Einheitlicher Bau des späten 18. Jh. Letzte Restaurierung 1979/80. – An der Nordseite des eingezogenen, halbrund geschlossenen Chors Turm mit Achteckaufsatz und verschindeltem Zwiebeldach. Niedrige, rund abschließende Seitenkapellen beiderseits des Langhauses, dessen östliche Ecken ausgerundet sind. – Tonnengewölbe mit Stichkappen und Rahmenstuck, Wandgliederung durch toskanische Pilaster mit Gebälkstücken. – Ausstattung. – Rokoko-Altäre des späten 18. Jh. Hochaltar, viersäuliger Aufbau mit Seitenfiguren der hll. Franz Xaver und Johannes von Ne-

pomuk, im Auszug Relief der Marienkrönung; Altarblatt: Schlüsselübergabe an Petrus, 1922 von *Georg Halter*. Mit gleicher Ornamentik die zweisäuligen Seitenaltäre, der linke von 1791, mit zwei Wetterheiligen als Seitenfiguren und Altarblatt hl. Joseph, der rechte mit Seitenfiguren der hll. Joachim und Anna, nazarenischem Altarblatt, Muttergottes über Ortsansicht, von *Anton Scheibmaier*. – Kanzel um 1720, mit Figuren des Salvator Mundi und der Kirchenväter zwischen gewundenen Säulen, obenauf ein Posaunenengel. – Gegenüber Kruzifixus und Schmerzhafte Muttergottes, 2. Hälfte 18. Jh. – Grabdenkmäler des Ortsadels, u.a. am Chorbogen farbig gefaßtes Epitaph aus Granit für Joseph Oswald Freiherr von Schuß und Peilnstein († 1729) und seine Gemahlin, eine geb. Freiin von Schleich zu Haarbach († 1718); rechts Solnhofer Kalksteinplatte für Ernst Leopold Joseph Xaver Reichsfreiherr von Schuß und Peilnstein auf Tragenschwand († 1767) und seine Schwester Rosina Maria Antonia († 1765).
Östlich der Kirche Seelenkapelle, 18. Jh. Gerundeter Bau mit eingezogenem, halbrund geschlossenem Chor und verschindeltem Zwiebeldachreiter.

Schloß. Das Geschlecht der Peilnsteiner seit der Mitte 12. Jh. nachweisbar. Nach deren Aussterben ging die Burg an die bayerischen Herzöge über, die sie den Zengern verpfändeten. Seit etwa 1370 Sitz eines Pfleg- und Landgerichts. Justinian von Peilnstein erbaute 1571–80 das neue Schloß unterhalb der schon im 15. Jh. verfallenen Burg. Nach dem Tod seines Sohnes Hans Georg († 1767) im Besitz der (späteren) Freiherren von Schuß, dann rascher Eigentümerwechsel. Seit 1842 gehört das Schloß der Familie Schauer. 1862 Brandschäden. Letzte Instandsetzung 1978/79. – Das urspr. Erscheinungsbild des Außenbaus weitgehend bewahrt. Dreigeschossiger Rechteckbau mit vier übereck gestellten Türmen, der nordwestliche mit zylindrischem Unterbau, urspr. alle mit Zeltdächern. Wohl dem Brand von 1862 fielen die westliche Zinnengiebelfront und die Obergeschosse der östlichen Türme zum Opfer – das nördliche Obergeschoß wurde bis zur Traufe abgetragen, das südliche erhielt einen Zinnenabschluß. – Im Innern Balkendecken, wohl großenteils nach 1862 eingezogen. Im Flur Solnhofer Steinplatte mit Inschrift über die Besitzverhältnisse des ▷ Rundinger Schlosses, dat. 1618. Gegenüber bemaltes Granitwappen der Zenger und Weichs, 15. Jh. – Südwestlich vorgelagert die zu einer Brauerei umgebauten Wirtschaftsgebäude.
Westlich davon, auf steilem Felsen, die letzten Überreste der mittelalterlichen Burg. Der Stumpf des Bergfrieds angeblich 1832 zur Quadergewinnung gesprengt.

SCHEUER Gem. Mintraching, Kr. Regensburg. *Karte 14*

★ **Kath. Wallfahrtskirche Unserer Lieben Frau.** Bauinschrift am Turm 1461, wohl für den Gesamtbau gültig. Ab 1722 Barockisierung der Kirche. 1753 Altarbestellung bei einem Stadtamhofer Bildhauer. 1757

Aufstellung des Hochaltars. 1760 führte *Franz Höflmayer,* laut Pfarrchronik „damals der Berühmteste seiner Kunst", die Stukkaturen aus. Von *Martin Speer* die Deckenmalerei, bez. 1760 und 1761. Innenrestaurierung 1984 mit Wiederherstellung der Stuckfassung aus der Zeit um 1830. – Spätgotischer Chorschluß, dreiseitig, mit Strebepfeilern. Turm auf der Südseite, in den Schallöffnungen Maßwerk. – Breites gedrücktes Langhaus, eingezogener, flachgedeckter Langchor. Umlaufend schmale, bis an die Hohlkehle reichende Rechteckfenster, Westempore. – Über dem Chor Wappen des Stifters Graf Philipp von Lerchenfeld, Komtur des Georgritterordens. – Die Wallfahrtskirche zeigt künstlerisch und ikonographisch Ähnlichkeit mit der ▷ Regensburger Pfarrkirche St. Kassian. Dort war wenige Jahre zuvor ein seltenes typologisches Marienprogramm durch *Anton Landes* und *Gottfried Bernhard Göz* zur Ausführung gekommen. – Wandmalereien zwischen den Langhausfenstern. Sechs Grisaillebilder, zweigeteilte Kompositionen, jeweils übereinandergestellt, Maria und alttestamentarische Vorbilder. Grundthema von St. Kassian, abgewandelt in der Szenenauswahl: auf der Nordwand Vertreibung aus dem Paradies/Maria Immaculata; Moses' Rettung durch die Tochter des Pharao/Maria als Vermittlerin von Vollmachten und Gnaden; Maria als Fürsprecherin vor Christus/darunter die kirchlichen und weltlichen Stände. – Deckenbilder sign. von *Martin Speer:* im Chor die Vier Erdteile der Jungfrau Maria huldigend, im Langhaus Esther vor Ahasver, alttestamentarisches Vorbild der Fürbitte. – Stuck von *Franz Höflmayer.* Apostelleuchter, stuckgerahmte Grisaillebildnisse, bekrönt von Puttenbüsten mit Attributen. Nach Art des *Anton Landes* in St. Kassian in Regensburg, wie auch die elegante Stuckrahmung der Wandbilder. Über Flachdecke und Hohlkehle locker verteilte Stuckfiguration aus Muschelwerk, S-Bogen, Palmwedeln, Blütenzweigen und Tieren, teilweise vollplastisch vom Hintergrund gelöst. Pflanzen wie Lilien, Sonnenblume, Rosenstock wohl in symbolischer Bedeutung den Wandbildern zugeordnet.

Ausstattung. – Hochaltar von 1757, raumhaltiger Säulenaufbau mit Baldachindraperie. Im Zentrum spätgotisches Gnadenbild der Muttergottes, Holzfigur 1520, *Hans Leinberger* zugeschrieben, den Madonnen in Polling und Furth nahestehend. Seitlich Rokokofiguren des Propheten Jesaja und König David. – Seitenaltäre Neurokoko. – Taufstein 17. Jh. – Beichtstühle und Stuhlwangen mit Akanthusschnitzerei, frühes 18. Jh. – Grabdenkmäler des 16. und 17. Jh. Darunter bemerkenswert vor allem das Epitaph für Pfarrer Katzmair († 1579) mit Darstellung des Verstorbenen zu Füßen des Auferstandenen kniend. Ungewöhnlich im Bildfeld die Reliefs mit Adam und Eva, die mit Ketten an das Kreuz gefesselt sind, das Christus in seiner rechten Hand hält. – Am Turm außen spätgotisches Steinrelief mit Kreuzigungsgruppe.

SCHIERLING Kr. Regensburg. *Karte 13*

Kath. Pfarrkirche St. Petrus und Paulus. Erste Nennung des Ortes 953; Otto I. hatte hier Kammergüter. Die Lage der Kirche, hoch über dem Ort auf einem nach drei Seiten abfallenden Plateau, auf dem östlich der Pfarrhof anschließt, könnte darauf deuten, daß die 1266 urkundlich erwähnte Kirche eine Burgkapelle war. – Als Pfarrkirche 1418 neu gebaut, Bauinschrift am Turmuntergeschoß. 1720/26 wurde die bestehende Wandpfeilerkirche errichtet. Baumeister unbekannt, vom Ort kommen *Martin Grienbogner* oder *Kaspar Stadler* infrage; auch *Josef Wolff* aus Stadtamhof wurde vermutet. Innenrestaurierung 1969, Außenrestaurierung 1978/79. – Gotischer Turm von 1418, südlich am Chor. Quadratisch mit barockem achteckigem Aufsatz und Laternenzwiebelhaube. Saalbau mit segmentbogigem Chorschluß, umlaufend Lisenengliederung. – Weiträumiger Wandpfeilersaal zu vier Jochen. Der Chor nur wenig eingezogen, davor im Langhaus kapellenartig ausgebildete Querarme. Tonnenwölbung mit Stichkappen über hochliegenden Fenstern. Breite Gurte gliedern das Gewölbe über Doppelpilastern, die im Chor verkröpft, im Langhaus flachen, seitlich einschwingenden, Pfeilern vorgesetzt sind. Reich profilierte Kämpferzone, überfangen von schildbogenartig hochgezogenen Gesimsen und gekehlten Blendbogen. – Stuck: im Chorschluß das Motiv der doppelten Muschel, dünner Rankenstuck auf Gurtbögen und Tonnenwölbung, Rahmenstuck, Dreipaß- und Herzform in den Stichkappen. – Deckenbilder, 1731 von *Joseph Anton Merz* aus Straubing. Im 19. Jh. ausgebessert von Maler *Engleder* aus Schierling, 1969 restauriert. In querrrechteckigen Bildfeldern: Bekehrung des hl. Paulus; hl. Petrus auf dem Meer wandelnd; Predigt des hl. Paulus; die Apostelfürsten in der Glorie. – Kanzel mit Schnitzdekor um 1700. – Muttergottes im Rosenkranz, annähernd lebensgroße doppelseitige Figur des mittleren 17. Jh., von Engeln umgeben.

Pfarrhof. Stattliches barockes Walmdachhaus von 1718, im Kern möglicherweise älter. Im Innern Rahmenstuckdecken der Erbauungszeit.

Schloß. Ungeklärt die Vorgeschichte des Schlosses, das 1689 an das Jesuitenkolleg in Straubing verkauft wurde. Hufeisenförmig angeordnete Gebäude: Haupthaus im Kern wohl mittelalterlich, im 17. und 18. Jh. verändert. Seitlich Flügelbauten von 1728, Scheune und Stallung.

SCHIRMITZ Kr. Neustadt a. d. Waldnaab. *Karte 5*

Kath. Pfarrkirche St. Jakobus. Mittelalterlicher Chorturm, ergänzt 1752 durch ein breiteres Langhaus nebst südseitiger Sakristei. Ausführung Stadtbaumeister *Wolfgang Dürmann* aus Amberg, 1754 Abbruch von „Frohnbogen“ und Chorgewölbe, anschließend Erhöhung, zwei Chorfenster erweitert. Turmobergeschoß mit Pyramidendach 1930, Anbau einer Kapelle 1936. Restaurierung ab 1982. – Turm in Bruchsteinmauerwerk, Schlitzöffnungen nach Osten. Im Untergeschoß eingezogener kreuzgratgewölbter Chor. Flachgedecktes Langhaus, Westempore. Malerien an Wänden und Decken aus der 2. Hälfte des 19. Jh. und vom Beginn des 20. Jh. (Befunduntersuchung und Freilegung 1983). – Drei Altäre um 1754. – Gleichzeitig die Kanzel von Bildhauer *Johann Roßmann* aus Oberviechtach, Fassung und Malereien von *Johann Mathias Götz*. – Orgel um 1754.

SCHLACKENHOF Stadt Kemnath, Kr. Tirschenreuth. *Karte 1*

Ehem. Hammerhaus. Zweigeschossiger Bau mit Satteldach und rundbogigem Zugang, um 1600.

SCHLAMMERSDORF Kr. Neustadt a. d. Waldnaab. *Karte 1*

Kath. Pfarrkirche St. Lucia. Sandsteinquaderbau von 1725–78. Die Portale 1952 zugesetzt und nach Osten angebaut: ein verbreitertes und erhöhtes dreiachsiges Langhaus, gerade abschließender Chor und südseitiger Turm mit Zwiebelhaube, verputzt mit einzelnen Eckquadern. – Ausstattung. Rokoko-Hochaltar um 1760, Baldachinaufbau mit vier weit gestellten Säulen und kleinen seitlichen Schnitzfiguren der hll. Petrus und Paulus. Altarblatt: Martyrium der hl. Lucia, 3. Viertel 18. Jh., bez. *Jos. Kramolin* aus Eger, von besonderer malerischer Qualität. – Seitenaltäre am Chorbogen, strenge Aufbauten mit zwei Säulen, Geschenk aus der Auerbacher Kirche. Altarblätter, Taufe Christi und hl. Franz Xaver, laut Überlieferung des 19. Jh. in Karlsbad gemalt, sehr wahrscheinlich auch von *Josef Kramolin*. – An der nördlichen Langhauswand ein weiterer Rokoko-Altar mit geschnitzter Verkündigung Mariä, seitlich gotische Figuren der hll. Katharina und Barbara, Ende 15. Jh. – Rokokokanzel der Erbauungszeit.

Schloß. 1426 erste Erwähnung eines Schlosses. Über dem Portal Wappen des Hanns Georg Knott, dat. 1585. Der bestehende zweigeschossige Bau mit stattlichem Mansarddach 1778/79 von Maurermeister *Thomas Sebastian Preysinger* aus Kirchenthumbach für Christoph Ludwig von Grafenreuth errichtet, 1982 restauriert. – Putzbau mit geschoßtrennendem Mauerband und Eckpilastern. An der Westseite quadratischer Anbau für das Treppenhaus, an einem Obergeschoßfenster Karyatiden.

SCHLICHT Stadt Vilseck, Kr. Amberg-Sulzbach. *Karte 4*

Kath. Pfarrkirche St. Georg. Turm im Untergeschoß romanisch, Chor und Turmaufbau spätgotisch, Langhaus 1734 erneuert. Renovierungen 1896 und 1969. – Saalbau mit eingezogenem Chor im 5/8-Schluß, Turm mit eingeschnürter Zwiebelhaube an der Chornordseite. – Schiff über Hohlkehle flachgedeckt, Wandgliederung durch toskanische Doppelpilaster. Im Chor Kreuzgewölbe mit ausgekehlten Rippen über profilierten Spitzkonsolen, Schlußsteine reliefiert mit Christuskopf, Bischof und Lamm Gottes. Bandelwerkstuckierung von 1736, im Langhaus beschränkt auf die seitlichen Deckenränder und Hohlkehle. – Deckengemälde mit Szenen aus dem Marienleben, 1806 von *Franz Ronge* aus Regensburg: Geburt Christi, Himmelfahrt und Krönung Mariens, Verkündigung. Die geschweifte hölzerne Emporenbrüstung mit Szenen aus der Kindheit und Passion Christi bemalt, 18. Jh. – Ausstattung. – Hochaltar 1690 konsekriert, 1724 von *Johann Michael Doser* umgestaltet. Stattliches Viersäulenretabel mit Seitenfiguren der hll. Ulrich und Wolfgang (?). Altarblatt: Martyrium des hl. Georg, 1726 von *Johann Gebhard.* – Seitenaltäre zeitgleich, Säulenretabel mit Figurenschmuck, der nördliche, der 1728 gleichzeitig mit dem Hochaltar gefaßt wurde, mit Maria Immaculata, seitlich hl. Joachim und hl. Anna, der südliche, den *Andreas Lambeck* aus Schlicht anfertigte, mit den hll. Johannes Bapt., Zacharias und Elisabeth. – Romanischer Taufstein, Ende 12. Jh. – Kanzel mit Volutenpilastern und vielen Putten, um 1725. – Orgelgehäuse in effektvollen Rokokoformen, 1780 gefaßt. – Zahlreiche barocke Holzfiguren, u. a. hl. Georg zu Pferd. – Kreuzwegbilder des 18. Jh., aus Högling.

SCHMALNOHE Gem. Edelsfeld, Kr. Amberg-Sulzbach. *Karte 4*

Kath. Ortskapelle St. Otto. Der 1279 erwähnte Bau wurde 1721 durch Abt Wolfgang von Michelfeld umgestaltet, bis zur Säkularisation dem Kloster inkorporiert. Der dreiseitig schließende Saalbau mit Dachreiter ist über Vouten flachgedeckt. Bei der Renovierung 1968/69 kam der hochmittelalterliche Mauerkern zum Vorschein: südseitig gotische Fresken (mittlerweile abgeschlagen) und Mauerwerk in äußerst seltener Fischgrättechnik (von Vitruv als „opus spicatum" bezeichnet), diese Technik ist vor allem in karolingischer und ottonischer Zeit geläufig. – Ein vermutlich von *Johann Michael Doser* gefertigter Akanthusaltar 1721 als Ersatz eines 1656 von *Theophil Seidl* aus Amberg geschaffenen Vorgängers: seitlich Akanthusschnitzwerk über Figuren der hll. Heinrich und Kunigunde, die zentrale spätgotische Schnitzfigur des hl. Otto 1977 geraubt. – Miniaturbüsten der Vierzehn Nothelfer auf Akanthuskonsolen, feine Schnitzarbeit, um 1721, ebenfalls *Doser* zugeschrieben. – Kanzel mit Fruchtwerk und Säulen, um 1680.

SCHMIDMÜHLEN Kr. Amberg-Sulzbach. *Karte 8*

Schmidmühlen, bekannt als Geburtsort Erasmus Grassers, verdankt seine frühe Entstehung (erste Nennung 1005) der günstigen Lage am Zusammenfluß von Lauterach und Vils. Die Lage an der Kreuzung der schiffbaren Vils mit wichtigen Handelsstraßen förderte früh die Ausbildung von Eisenproduktion und -handel. Bereits 1270 als Markt und Amtssitz nachweisbar.

Marktanlage

Die Arme der Lauterach umfließen gleich einer Wasserwehranlage den Siedlungskern. Das prägnante Ortsbild wird bestimmt durch die Pole

Schmidmühlen

1 *Pfarrkirche St. Ägidius*
2 *Friedhofskirche St. Georg*
3 *Hl. Dreifaltigkeit (Kreuzbergkirche)*
4 *Oberes Schloß*
5 *Unteres Schloß*

Oberes Schloß im Nordwesten und Unteres Schloß im Südosten sowie durch die zentral gelegene Kirche und die rechtwinklig zusammentreffenden Haupt- (früher Langgasse) und Hammerstraße, die von meist giebelständigen Handwerker- und Wirtshäusern des 17. und 18. Jh. gesäumt werden.

Kath. Pfarrkirche St. Ägidius. 1846 wurde das Langhaus in Quader- und Bruchsteinmauerwerk unter Einbeziehung älterer Teile erneuert, 1972/73 nach Osten erweitert und umgestaltet. – Gerade geschlossener Saalbau mit moderner Holzdecke. Westturm mit flachem Zeltdach, 1832–34. Rundbogiges Südportal, dat. 1846. – Viersäuliger Hochaltar in klassizistischen Formen, Ende 18. Jh., Nischenfigur hl. Ägidius, seitlich Figuren der hll. Thaddäus und Johannes Ev. – Seitenaltäre spätes Rokoko. – Kanzel und Orgelgehäuse 1. Drittel 18. Jh.

Kath. Friedhofskirche St. Georg. Gegen Süden gerichteter Bau mit Zwiebeldachreiter, Ende des 17. Jh. – Flachgedecktes Langhaus mit Rahmenstuck, eingezogener Chor mit Kreuzgratgewölbe. – Ausstattung der Erbauungszeit, vernachlässigt.

Kath. Kirche Hl. Dreifaltigkeit (Kreuzbergkirche). Auf einem Berg südlich des Marktes innerhalb eines Ringwalls gelegen. – Der tonnnengewölbte, dreiseitig geschlossene Saalbau mit Kuppeldachreiter wurde 1697 errichtet. Am Chorhaupt Sakristeianbau mit Walmdach. Restaurierung außen 1979, innen 1980/81, – Hochaltar um 1770, in der Mitte Figurengruppe der hl. Dreifaltigkeit, seitlich zwei überlebensgroße Bischöfe.

★ **Oberes Schloß,** heute Rathaus (Rathausstr. 1). Ehem. Hofmarkssitz auf dem Platz einer früheren Wasserburg. Bis um 1270 Sitz der Ministerialen von Hohenburg, dann der Wittelsbacher. Um 1354 Umbau durch Karl von Schmidmühlen, vor 1600 Neubau durch Hans Jakob Hausner von Winbuch. Seit 1937 im Besitz der Marktgemeinde. – Dreigeschossiger Satteldachbau mit oktogonalem Treppenturm an der südlichen Giebelseite. Am westlichen Anbau mit von Rollwerk gerahmte Inschrifttafel, dat. 158. (?). In den ersten beiden Geschossen um 1700 entstandene Stuckdecken mit Akanthusranken, bereichert durch Palmwedel, Adler und große Wappen wohl des Wilhelm Franz Freiherrn von Spiering (1676–1720). Im zweiten Obergeschoß Renaissance-Ausstattung mit floral bemalten Balkendecken, Fachwerkscheidewänden und ädikulaförmigen Türrahmungen. – Im südöstlichen Raum umfangreiche Wandmalereien um 1600, restauriert 1980: an Süd- und Ostwand Darstellungen der Vier Jahreszeiten, durch Roll- und Beschlagwerk gerahmt, in den Feldern der Nord- und Westwand Allegorien; im Vorraum nur noch die Darstellung eines Trabanten erhalten. Der Turm mit Holzspindeltreppe und flacher Holzdecke, mit Rosetten- und Blumenranken bemalt.

Unteres Schloß (Hammerstr. 30), ehem. Hammerschloß. Wohl eines der ältesten wassergetriebenen Hammerwerke, erwähnt jedoch erst 1311. Um 1700 Errichtung des bestehenden Gebäudes unter den Herren von Vischbach. Instandsetzung 1988. – Der dreigeschossige Walmdachbau mit Eckrustika bestimmt die Ortssilhouette. Im zweiten Obergeschoß geohrte Fensterrahmungen mit alternierenden Segment- und Dreiecksgiebeln. – Erstes und zweites Obersgeschoß mit Stuckdecken. – Nordöstlich die ehem. Wirtschaftsgebäude des 18. Jh., jetzt zu Wohnungen umgebaut.

Zieglerschloß (Kreuzbergstr. 4). Um 1755 von dem aus Frankreich kommenden Tabakdosenfabrikanten Joseph Felsner erbaut, im 20. Jh. mehrfach verändert. – Dreigeschossiger Bau mit östlichem Mittelrisalit und nördlichem zweigeschossigen Erker, dat. 1762.

Hammerstr. 15. Stattlicher Schopfwalmdachbau des 17. Jh. mit Kordongesimsen und Eckquadern. An der östlichen Giebelseite polygonaler Fachwerkerker, an der Nordwestecke schmiedeeisener Ausleger, um 1840, von dem Schlosser *Böhm*. – Gegen Süden (**Hammerstr. 17**) schließt ein Haus mit Treppengiebel an, im Kern 16. Jh.

SCHNAITTENBACH Kr. Amberg-Sulzbach. *Karte 5*

Erstmals 1189 erwähnt, entwickelte sich Schnaittenbach unter den Wittelsbachern zwischen 1271 und 1313 zum Markt; 1954 Verleihung des Stadtrechts.

Anlage, Befestigung

Nach dem Großbrand von 1817 grundlegende Veränderung des Ortsgrundrisses durch rasterförmige Anlage mit einer Hauptstraße und flankierenden Parallelstraßen und planmäßigen Wiederaufbau mit zweigeschossigen Traufseitbauten. – Von der früheren Marktbefestigung, einer Dreitoranlage mit im Norden an einen großen Weiher stoßenden Ringmauer, nur noch geringe Reste erhalten.

Kath. Pfarrkirche St. Vitus. Ostchor und Turm mit gotischer Mauersubstanz 1712/13 erweitert, 1910/11 durch *Heinrich Hauberrisser* nach Westen wesentlich vergrößert und Innenraum nach Westen ausgerichtet. Innenrenovierungen 1947–49 und 1975–78. Außenrenovierung 1970.

Neubarocker Wandpfeilerbau, gegen Westen und Osten eingezogen, dreiseitig abschließend. Querhaus mit Volutengiebeln vor dem heutigen Chor. An der Südseite des urspr. Chors Turm mit gestuftem Zeltdach. – Gurtengegliederte Stichkappentonne mit neubarocken Dekkenbildern von 1949, die Vierung flachkuppelig überwölbt. – Bildfenster mit nazarenischen Heiligendarstellungen, um 1910 von der Hofglasmalereianstalt *Schneider*, Regensburg. – Ausstattung. – Altäre mit Laub- und Bandelschnitzwerk, aus der Zeit um 1720 übernommen. Viersäuliger Hochaltar mit Seitenfiguren der Apostelfürsten, *Johann Michael Doser* zugeschrieben, desgleichen die etwas später gefertigten Seitenaltäre (um 1723): Säulenretabel mit Nischenfiguren: südlich eine Muttergottes um 1500 (Kind barocke Ergänzung), nördlich hl. Joseph. – Taufstein mit Taufgruppe, 1768 von *Ulrich Lambrecht* aus Schlicht. – Kanzel mit Figuren der Kirchenväter zwischen Volutenpilastern, auf dem Schalldeckel der hl. Michael. – Orgel 1758 von *Konrad Brandensteiner* aus Stadtamhof. – Reiche Ausstattung mit Holzfiguren: eine Folge der Zwölf Apostel (darunter zwei Zuschreibungen an *Doser*), verschiedene Heilige, 1. Hälfte 18. Jh. – Grabdenkmäler der bedeutenden Hammermeisterfamilie der Kastner, Besitzer des schon 1398 erwähnten Hammerwerks in Unterschnaittenbach. Im Süden der östlichen Stirnwand Epitaph für Alexander († 1652) und Hans Christoph († 1657) Kastner, mit Hochrelief der Erschaffung Evas und Nebenszenen in reicher architektonischer Rahmung. Nördlich davon Epitaph für David Kastner († 1590).

Ehem. Rathaus (Hauptstr. 13). Der in das späte 17. Jh. zurückgehende Bau 1817 und 1932 historistisch erneuert. Straßenfront mit Volutengiebel und Glockentürmchen.

SCHNUPFENHOFEN

Gem. Seubersdorf, Kr. Neumarkt i. d. Opf. *Karte 7*

Kath. Filialkirche St. Bonifatius. Frühgotische Chorturmanlage, 1887 (nach Brand von 1859) umgestaltet und verlängert. Innenrestaurierung 1986. – Ostturm mit achtseitigem Spitzhelm. In seinem Erdgeschoß der quadratische Chor mit verschliffenen Kreuzgewölbe. Im Schiff Flachdecke, Deckengemälde mit Szenen aus dem Leben des hl. Bonifatius. – Ausstattung. – Altäre wohl um 1730. Der viersäulige Hochaltar mit frühklassizistischem Tabernakel, Seitenfiguren der hll. Johannes Bapt. und Sebastian, Altarblatt hl. Bonifatius. Zweisäulige Seitenaltäre mit nazarenischen Altarbildern.

SCHÖNACH Gem. Mötzing, Kr. Regensburg. *Karte 14*

Ehem. kath. Pfarrkirche St. Martin, jetzt Friedhofskirche. Außerhalb des Orts im Friedhof gelegen. – Umfassungsmauern des Chors und Turmuntergeschosse gotisch, Langhaus barock, 1894 erweitert. 1972/73 Freilegung gotischer und barocker Ausmalung. – Stattliches Langhaus, Außengliederung durch toskanische Pilaster. Am eingezogenen, dreiseitig geschlossenen Chor abgesetzte Strebepfeiler. Im südlichen Chorwinkel Turm mit barocken achteckigen Obergeschossen und eingezogener Zwiebelhaube; an seiner Südseite Fenster mit Maßwerknase, im übrigen spitzbogige und rechteckige Lichtschlitze. – Tonnengewölbe mit Stichkappen, im Langhaus auf flachen Wandpfeilern. – An Stirn- und Nordwand des Chores fragmentarischer gotischer Freskenzyklus mit Muttergottes und Heiligen, eingebettet in Vorhang- und Rankendekoration. – Die Deckenbilder des 18. Jh. von 1894 erfolgter Übermalung befreit. – Zweisäulige Seitenaltäre und Kanzel in Rokokoformen des mittleren 18. Jh. – Grabdenkmäler. – Zahlreiche Epitaphien des 16. und 17. Jh., darunter das Epitaph für Hans Bernhard Nothaft von Wernberg zu Aholming und Buchhausen, Erbschenk des Hochstifts Regensburg († 1611), und seine Gemahlin Anna, geb. von Seyboldsdorf aus der Schenkenau.

★ **Schloß.** Das Geschlecht der Schönacher ab dem 12. Jh. nachweisbar. Schloßneubau 1702 durch Graf Johann Georg Joseph von Königsfeld. Entwurf vermutlich von *Antonio Viscardi.* Bauleitung hatte Maurermeister *Eham* aus Landshut. Künstler der Ausstattung waren der Freskant *Georg Asam* unter Mitarbeit von Frau und Kindern, der Stukkateur *Niklas Perti* und der Steinmetzmeister *Rößl* aus Stadtamhof. – Als Landsitz für den am Münchener Hof einflußreichen Diplomaten Königsfeld im Typ des Stadtpalastes errichtet. Aufwendige Innengestaltung nach Vorbild des von *Viscardi* errichteten Schlosses Helfenberg des Grafen von Tilly (zerstört). – Stattlicher dreigeschossiger Walmdachbau von sieben zu elf Achsen, auf dessen Schmalseite von Westen eine Eichenallee zuführt. Das Erdgeschoß rustiziert, die Obergeschosse als Piano Nobile von großer Pilasterordnung zusammengefaßt, betontes Kranzgesims. Oculusfenster über der ganzen Westfront bezeichnen die Lage des zweigeschossigen, drei Achsen tiefen Festsaals. Im Innern (nicht zugänglich) breite Mittelgangerschließung durch alle Geschosse, dreiläufiges Treppenhaus im Osten. Die Obergeschosse enthalten Repräsentationsräume mit Stuck von *Niklas Perti* und Fresken von *Georg Asam.* – Festsaal, ohne Vergleich im Regensburger Umland. In kleinem Maßstab vorbereitet durch den sog. Kaisersaal in ▷ Alteglofsheim und vor allem das ehem. Schloß Helfenberg. Ein hoher langgestreckter Kastenraum in der Tradition von Renaissancesälen: architektonisch ungegliederte Wände, kassettenartig in Rahmenformen zerlegter Plafond. Einzigartig in der Schloßbaukunst dieser Region die reiche, aus Stuck, Fresko und Reliefbildern gestaltete Prunkdecke. In großen, vom Eingang aus ansichtigen Hauptbildern: Phaeton erbittet den Sonnenwagen, Sturz des Phaeton. In Trabantenbildern Halbfiguren der Planetengötter. Dazwischen Stuckreliefs mit Allegorien der Jahreszeiten sowie der Abundantia und Inopia. – Die übrigen elf erhaltenen Räume ebenfalls mit kostbarem Deckenschmuck aus Stuck und Malerei. Ohne erkennbares Gesamtprogramm, thematisch eher auf die jeweilige Nutzung abgestimmt. Die Bilder, überwiegend Illustrationen der Metamorphosen des Ovid, ikonographisch beeinflußt von Stichvorlagen des *Johann Wilhelm Baur* sowie *Joachim von Sandrarts* Iconologia Deorum.

SCHÖNBUCHEN Gem. Grafenwiesen, Kr. Cham. *Karte 11*

Kath. Wallfahrtskirche St. Anna. Um 1683 entstand bei der „schönen Buche" an der Weggabelung zwischen Grafenwiesen und Hohenwarth eine Annenwallfahrt. 1692 Kapellenbau auf Initiative des Hofmarksherrn Gemmel von Grafenwiesen. 1710 Erweiterung, Weihe 1729. Nach der Säkularisation Privatbesitz, 1823 von der Markgemeinde Kötzting ersteigert, 1941 von der Kirche zurückgekauft. Gesamtrestaurierung 1977. – Über der durch Rundfenster gegliederten Westfront verschindelter Giebelturm mit Zwiebelhaube. – Eingezogener, dreiseitig geschlossener Chor mit Stichkappen-Tonnengewölbe. An den Längswänden des flachgedeckten Langhauses 1,80 m hohe Sockel mit Gesims. – Durch Pilaster gegliederte Emporenbrüstung mit Bildern des Salvator Mundi und der Zwölf Apostel. – Ausstattung. – Drei Altäre von 1710. – Hochaltar mit vier gewundenen Säulen und reichem Akanthusdekor, Figurenschmuck etwas jünger, die Seitenfiguren vermutlich von dem Kötztinger *Johann Paul Hager,* 2. Viertel 18. Jh. Im Mittelschrein das Gnadenbild, eine kleine Anna-Selbdritt-Gruppe, um 1684 als Stiftung des Brauers Christoph Fleischmann von *Joachim Khaltenbacher* aus Kötzting geschnitzt, von *Andreas Reißer* aus Viechtach gefaßt. – Zweisäulige Seitenaltäre mit Altarblättern von 1896. – An der Südwand mit Heiligen und Baumkrone bemaltes Triptychon, das urspr. als Hochaltar (1693) das Gnadenbild trug. – Gegenüber Kruzifixus mit Schmerzhafter Muttergottes, dat. 1796.

SCHÖNFELD Gem. Wald, Kr. Cham. *Karte 9*

Kath. Filialkirche St. Ägidius, ehem. Burgkapelle. Als Burgkapelle der im 12. und 13. Jh. bezeugten Herren von Schönfeld zur hochstiftisch regensburgischen Herrschaft ▷ Siegenstein gehörig. – Zweijochiger, unterkellerter Saalbau um 1160/70 mit eingezogener Apsis und unterwölbter Westempore; Zwiebeldachreiter des 18. Jh. Letzte Restaurierung 1979/80. – Die ungewöhnlich starken Mauern sind mit großen, überwiegend durch Steinmetzzeichen gekennzeichneten Granitquadern verblendet. An der Südseite führen elf Granitstufen zum rechteckigen, durch ein Tympanon mit Kreuzrelief ausgezeichneten Eingang. Zugemauert der westliche, auf die Empore führende Zugang mit Giebelsturz. Nur an der Südseite des Langhauses zwei hochliegende Rundbogenfenster, am östlichen großer Fensterdurchbruch des 18. Jh., ein weiteres romanisches Rundbogenfenster in der Apsis. Das Kellergeschoß an beiden Längsseiten durch Lichtschlitze erhellt. – Im hohen Innenraum Kreuzgewölbe mit verschliffenen Graten, getrennt durch rechteckige Gurtbogen auf profilierten Kämpfern, südlich auf einem Wandpfeiler ruhend, nördlich an der im Westjoch vorspringenden Wand angesetzt. Empore von zwei Kreuzgewölben mit verschliffenen Graten unterfangen, geschieden durch Gurtbogen auf derber Konsole an der Westwand und Emporenpfeiler mit Kämpfer aus Kehle, Wulst und Platte. In der Nordwand über dem Bodenniveau liegende Rechtecköffnung zum in der Mauerstärke ausgesparten Emporenaufgang mit steigendem Tonnengewölbe und kleinem Rundfenster. Eine weitere, in der Mauer der Westwand liegende Treppe führt in den heutigen Dachraum – vermutlich existierte ein profanes Obergeschoß.

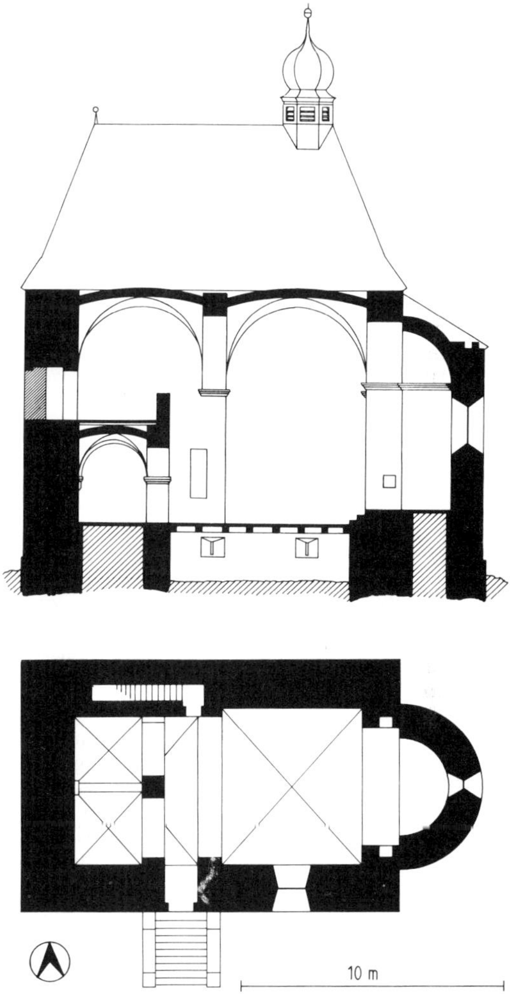

Schönfeld, Filialkirche, ehem. Burgkapelle St. Ägidius

In den östlichen und westlichen Langhausecken kleine Kragsteine. Apsis und tiefer Chorbogen mit durchgezogenem Gesims aus Wulst und Platte. Beiderseits des Chorbogens, ebenso im Emporenbereich der Westwand, annähernd quadratische Nischen. – Eine wohl um 1400 entstandene Figur des hl. Ägidius ausgelagert.

SCHÖNFERCHEN Stadt Cham. *Karte 10*

Kath. Wallfahrtskirche Maria Schnee. Entstehung der Wallfahrt Mitte 17. Jh. Neubau der Kirche 1749. – Nach Süden ausgerichteter, halbrund geschlossener Saalbau mit Pilastergliederung; über der östlich angebauten Sakristei erneuerter Turm mit Zwiebelhaube. – Im Innern Flachdecke über Hohlkehle, Rahmenstuck, Wandgliederung durch toskanische Pilaster. – Hochaltar, mehrmals umgestalteter Säulenaufbau, Altarblatt mit der Entstehungsgeschichte der Wallfahrt, 2. Hälfte 19. Jh., seitlich Figuren des hl. Joseph und der Anna Selbdritt, 18. Jh. – Kleine Figur der Anna Selbdritt, um 1480.

SCHÖNKIRCH Markt Plößberg, Kr. Tirschenreuth. *Karte 2*

Ein Edelsitz 1343 erstmals archivalisch faßbar, später k. k. böhmisches Kammerrittergut.

Ev. Kirche, ehem. simultane Schloßkapelle. Romanische gewölbte Chorturmkirche mit profanem Obergeschoß. Letzte Restaurierung 1980. – Der gequaderte Unterbau stammt aus der 2. Hälfte des 12. Jh., Obergeschoß des Schiffs und des mit neuerem Zeltdach abgeschlossenen Turms aus Bruchsteinmauerwerk mit Eckquaderung wohl spätgotisch. Kreuzgratgewölbe mit verschliffenen Scheiteln im leicht eingezogenen, quadratischen Chor und im Langhaus, hier getrennt durch einen Gurtbogen auf Wandpfeilern mit Kämpfern aus Platte und Kehle zwischen Wulsten. Derbe Kragsteine in den Ostecken. Runder, gestufter Triumphbogen mit Kämpfer aus Platte und Wulst, als Gesims verkröpft weitergeführt bis zu den Längswänden. Das rundbogige urspr. Südportal vermauert, lediglich in der Ostwand ein romanisches Rundbogenfensterchen erhalten, die übrigen Fenster barock. – Das Obergeschoß mit Nischen, schmalen Fenstern und zwei abgefasten rundbogigen Türgewänden zum Turm, spätgotisch. – Hochaltar um 1720, hochovaler breiter Laubwerkrahmen aus feinen, fast vollplastisch geschnitzten Ranken um bewegte Kreuzigungsgruppe. Am Scheitel Figur des hl. Michael, über den seitlichen Durchlässen die hll. Petrus und Paulus. – Stuhlwangen mit Rahmen- und Beschlagwerk, Ende 17. Jh.

Kath. Filialkirche St. Michael. 1929–33 unter Einbeziehung von Bauteilen des Schlosses aus dem 18. Jh. in barockisierenden Formen errichtet. Restaurierung 1983. – Südturm mit grob gequaderten Obergeschossen und überdimensioniertem Schweifhelm. – Neugotische Ausstattung mit einzelnen Barockfiguren.

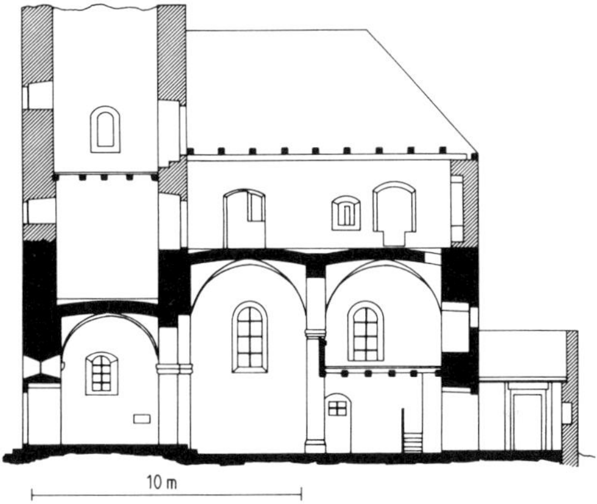

Schönkirch, ehem. simultane Schloßkapelle, Längsschnitt

SCHÖNTHAL Kr. Cham. *Karte 10*

Kath. Pfarrkirche St. Michael, ehem. Klosterkirche, und ehem. Augustinereremiten-Kloster. Klostergründung der Wilhelmiten im fruchtbaren Schwarzachtal nach Lokaltradition schon im 12. Jh. Wohl Mitte 13. Jh. Klosterbau. 1263 Umwandlung in ein Augustinereremiten-Kloster, das im 14./15. Jh. und 17./18. Jh. bedeutende Prediger und Theologen hervorbrachte. Seit 1297 Patronat über die Pfarrei Rötz. Privilegien u. a. von den Kaisern Ludwig dem Bayern und Karl IV. sowie Förderung durch die ansässigen Adelsfamilien. 1427/28 Zerstörung durch die Hussiten, 1559 Aufhebung des Klosters, 1669 wieder an den Orden zurückgegeben. 1695 Klosterneubau nach Plänen *Wolfgang Dientzenhofers*, 1710 Erneuerung der Kirche. Nach der Säkularisation gingen die Konventgebäude in Privatbesitz über. 1833 schwere Brandschäden, 1836 Wiederinstandsetzung der Kirche. 1909 Erweiterung. Innenrenovierung 1989. Instandsetzung der Klostergebäude 1985 ff.

Ehem. Klosterkirche. Saalbau mit eingezogenem, rechteckigem Chor. An der nordwestlichen Langhausecke Turm mit Oktogonaufsatz und Spitzhelm (1836 als Ersatz für die urspr. Zwiebelhaube). – Chor mit abgeschrägten Ecken und böhmischer Kappe, mariologische Deckenbilder 1915 von *Josef Wenninger* aus Reinhausen; im Langhaus Tonnengewölbe mit Stichkappen, Pilastergliederung. – Ausstattung. – Hochaltar neubarock, 1911, mit freistehendem Tabernakel und Altarblatt: Engelsturz nach *Peter Paul Rubens;* seitlich Verkündigungsgruppe auf Pfeilern. – Seitenaltäre mit gewundenen Säulen, Rokoko, links mit Nischenfigur der Muttergottes, rechts mit Altarblatt hl. Sebastian, sign. und dat. 175 (?). – Grabdenkmäler. – Im Chor Gruftdeckplatte für Parzefal Zenger zum Schneeberg († 1431) und seine Gemahlin Anna von Degenberg († 1423) mit Allianzwappen unter und über zwei Maßwerkbögen, Regensburger Arbeit. An der Langhaussüdwand Wappengrabplatte für Ulrich Eyttenharter († 1484). An der südlichen Choraußenwand Grabplatte mit Kreuzrelief, 14. Jh.

Ehem. Augustinereremiten-Kloster. Zweigeschossige Vierflügelanlage um zwei rechteckige Innenhöfe, das nordwestliche Teilstück 1833 niedergebrannt. Der Osttrakt setzt mit dem heutigen Pfarrhof an der Chorostseite an, im Erdgeschoß kreuzgratgewölbter Gang, über den Quertrakt hinweg in den südlichen Abschnitt fortgesetzt, wo er sich, ebenso wie auf der gegenüberliegenden Seite, in Arkaden zum Hof hin öffnet. Der darüberliegende, ebenfalls kreuzgratgewölbte Gang führt zu den Einzelzellen. Im Erdgeschoß des Quertraktes zweischiffiger, kreuzgratgewölbter Raum, darüber das ehem. Refektorium.
Nördlich der Kirche ummauerter Pfarrgarten, ehem. Klosterfriedhof und Klosterapotheke, ein Walmdach des 18. Jh.

SCHÖNREUTH Stadt Kemnath, Kr. Tirschenreuth. *Karte 2*

Ehem. Schloß Unterschönreuth. Von den ehem. drei Edelsitzen in Schönreuth als einziger erhalten, als Leuchtenberger Lehen u. a. im Besitz der Bernclau (Berncloe). – Dreigeschossiger Walmdachbau mit geohrten Rahmungen, um 1700, instandgesetzt 1966–72.

SCHORNDORF Kr. Cham. *Karte 10*

Kath. Pfarrkirche Mariä Unbefleckte Empfängnis. Um 1730 errichtet, Weihe 1766. Innenrestaurierung 1987. – Pilastergegliederter Außenbau, Turm an der Chornordseite mit an den Ecken abgerundetem Obergeschoß und Zwiebelhaube. – An den eingezogenen, halbrund geschlossenen Chor schließt das Langhaus mit ausgerundeten Ecken an. Tonnengewölbe mit Stichkappen, Wandgliederung durch toskanische, im Langhaus gekuppelte Pilaster mit Gebälkstücken. – Deckenfresken mit Szenen aus Marienleben, bez. „*J(ohann) G(eorg) Merz* 1736", freigelegt 1960. – Nazarenische Bildfenster. – Ausstattung. – Stattliche Rokoko-Altäre um 1766, mit Altarblättern um 1887. Hochaltar, konkaves, viersäuliges Retabel mit Seitenfiguren der Wetterheiligen. Seitenaltäre, Säulen-Pilaster-Aufbauten, das linke Altarblatt „gewidmet von Theres Wanninger 1887". – Taufstein aus gelbem Sandstein, um Mitte 16. Jh., angeblich von dem Edelsitz in Atzenzell. Becken mit drei Wappenschilden und früher Renaissance-Ornamentik, gedrehter Fuß. – Kanzel um 1730, mit auf Volutenpilastern sitzenden Putten und bekrönendem hl. Paulus. – Gestühl mit Rocailleschnitzereien. – An den Langhauswänden vier Rokokofiguren, wohl von den Seitenaltären stammend. – Grabdenkmäler. – Unter

der Kanzel Deckplatte der früheren Tumba für Sigmund von Puchberg zu Neuhaus († um 1481), neben dem Vollwappen des Verstorbenen die der Turnieradelsgeschlechter der Törring, Waldeck, Freiberg und Fraunberg, datiert 1470, eines der wichtigsten Werke der spätgotischen Sepulkralskulptur der Oberpfalz. – An der westlichen Außenwand Epitaphien für Anna Juliana Keck († 1688) und für Theresia von und zu Asch auf Oberndorf († 1753).
Nordöstlich Seelenkapelle mit schiefergedecktem Zeltdach, im 18. Jh. über den Mauerresten eines gotischen Karners errichtet.

SCHROTZHOFEN

Markt Beratzhausen, Kr. Regensburg. *Karte 8*

Kath. Filialkirche St. Helena. Romanischer Kalksteinquaderbau um 1200 mit barocken Veränderungen. Über der verputzten Westfront Zwiebeldachreiter. Die Apsis mit Kranzgesims, bestehend aus kugelbesetzter Kehle und Band. Apsisfenster mit tiefer Laibung urspr., ebenso das hochliegende Fenster an der Langhaussüdwand, westlich daneben zugemauerter rundbogiger Emporenzugang, der die Verbindung zur Burg der im 13. Jh. erstmals erwähnten Herren von Schrotzhofen herstellte. – Langhaus in zwei Joche geteilt durch gequaderte Wandvorlagen mit stuckierten, bis zur Flachdecke reichenden Fortsätzen; in Stufen zur eingezogenen, halbrunden Apsis überleitend. Entsprechend gestuft der runde, auf profilierten Kämpfern ruhende Chorbogen. – Hochaltar, Säulenretabel mit Knorpeldekor, 2. Hälfte 17. Jh., Altarblatt hl. Helena. Auf der Predella farbig gefaßtes Schnitzrelief: Christus Salvator mit den Aposteln, Anfang 16. Jh. – Gotisches Weihwasserbecken.

SCHWÄRZENBERG Stadt Roding, Kr. Cham. *Karte 10*

Burgruine. Südöstlich von Fronau auf bewaldetem Quarzfelsen des „Pfahls". – Als Bamberger Lehen im Besitz der seit dem 12. Jh. nachweisbaren Fronauer. 1400 Übergang an Hans Zenger zu Zangenfels und Trausnitz. Seit 1520 häufiger Besitzerwechsel. Zerstörung wohl im Dreißigjährigen Krieg. – Auf jäh emporsteigendem Felsen der Hauptbau der mittelalterlichen Burg, ein turmartiges Gebäude aus Bruchsteinmauerwerk mit Eckquaderung; aufgehendes Mauerwerk stellenweise bis zu 20 m Höhe erhalten.

SCHWANDORF Kr. Schwandorf. *Karte 9*

Östlich der Naab an einer Furt entstandene, erstmals 1006 als „Suainikondorf" erwähnte Siedlung. 1296 städtische Verfassung. 1446 Erlangung des vollen Stadtrechts.

Stadtanlage

Ablesbar ist die spätmittelalterliche Grundrißgestalt mit langgezogenem dreieckigen Marktplatz, Pfarrkirche St. Jakob im Norden und

Resten der Stadtbefestigung des 15./16. Jh. im Südwesten und Osten (Blasturm). Die Bebauung des Marktplatzes wird bestimmt durch das Giebelhaus, häufig mit Treppengiebel, und geht teilweise noch auf das ausgehende Mittelalter zurück. Viele der ehem. bürgerlichen Wohnbauten wurden in jüngster Zeit stark erneuert.

Kath. Pfarrkirche St. Jakob. Seit 1318 eigene Pfarrei. Vorher zu Wakkersdorf gehörig. – Baubeginn um 1400. Von diesem Bau der polygonale Chor erhalten. 1483 Bau des Turms. Die 1520 über dem Wandpfeilersaal eingezogene Holzdecke wurde 1678 von dem italienischen Baumeister *Pietro Spineta,* dem Erbauer der Schloßkapelle in ▷ Fronberg, durch ein barockes Tonnengewölbe ersetzt. 1682 Errichtung eines Oratoriums über der Sakristei. 1856 Einsturz der barocken Turmzwiebel. 1868–72 Verlängerung der Kirche um zwei Joche nach Westen, Einbau der Emporen, Dekoration des Gewölbes durch Stuckrippen und neugotische Ausstattung durch private Stiftungen. – Die Kirche bildet den Abschluß des nach Nordosten hin ansteigenden Marktplatzes, überragt von *Heinrich Hauberrissers* Turmbekrönung von 1914. Eingezogener, dreiseitig schließender, gotischer Langchor mit Strebepfeilern und Maßwerkfenstern; fünfjochiges Langhaus. – Ausstattung. – Neugotischer Hochaltar nach Entwurf *Georg Denglers* von Bildhauer *P. Horschler* aus Regensburg. Altarbilder sign. von den Regensburger Malern *Michael Wittmer, F. Romae* und *Weinmayer:* Berufung und Martyrium des hl. Jakobus, sechs Apostel, in geschlossenem Zustand Verkündigung und Ölberg. – An der südlichen Langchorwand spätgotische Figur der Muttergottes, 2. Hälfte 15. Jh. In einer der südlichen Seitenschiffskapellen barocke Pietà-Gruppe, Mitte 18. Jh. – Kreuzwegbilder, Mitte 18. Jh. – Bedeutende Grabdenkmäler der Renaissance. – An der Südseite in der westlichen Kapelle Kalksteinepitaph des Balthasar von Vestenberg zu Fronberg († 1556), der Verstorbene vor dem Kruzifix kniend. In der östlichen Kapelle Epitaph des Ernst Hans Craft von Vestenberg zu Fronberg († 1564) und seiner Frau, Ädikula mit Ehewappen, seitlich rahmende Wappen, Darstellung des Jüngsten Gerichts. An der Nordseite in der östlichen Kapelle: Hochrelief aus einer abgebrochenen Kapelle in Ziegelhütte bei Pirkensee, Geißelung Christi, Anfang 17. Jh., nach Stichvorlage von *Hendrick Goltzius* (1597). In der westlichen Kapelle Epitaph des Stadtpfarrers Leonhard Strobel († 1645). Im Chorbereich Bruchstücke spätgotischer Grabdenkmäler.

★ **Karmelitenkloster-, Pfarr- und Wallfahrtskirche Unserer Lieben Frau auf dem Kreuzberg.** 1949–52 Neubau anstelle der 1945 abgebrannten Kirche unter Einbeziehung der alten Chormauern. Planung durch *Franz Günthner* aus Regensburg; reiche Ausstattung durch den Maler *Blasius Spreng,* die Bildhauer *Reinhold Grübl* und *Agnes Fischer* sowie den Maler *Josef Trautner.* 1977/78 umfassende Restaurierung.

SCHWARZNACH b. Nabburg Kr. Schwandorf. *Karte 9*

Kath. Pfarrkirche St. Ulrich. Im Kern mittelalterliche Wehrkirchenanlage auf steiler Anhöhe über der Schwarzach. Bestehender Kirchenbau nach 1725 mit dreiachsigem Saalraum und eingezogenem, dreiseitig geschlossenem Chor: Tonnengewölbe mit Stichkappen über Pilastern; Westempore. 1988 Restaurierung. – Ausstattung. – Hochaltar, wirkungsvoller, stark plastischer Aufbau mit reichem Muschelschnitzwerk und Girlanden, im Auszug Figur des Kirchenpatrons, um 1724. Seitenaltäre mit Gemälden Tod Josephs und hl. Anna, um 1720/30. – Kanzel mit Bandwerkschnitzerei, um 1725. – Barocke Schnitzfiguren Christus an der Geißelsäule und hl. Sebastian, um 1720/30. – An der Kirchhofmauer umbezeichneter spätgotischer Grabstein mit Kreuzrelief, Granit.

Kath. Kapelle St. Laurentius. Östlich der Kirche wohl unter Einbeziehung spätgotischer Teile um 1725 als doppelgeschossige Anlage errichtet. – Im Untergeschoß halbrundes, auf Holz gemaltes Votivbild mit Darstellung von Kirche und Kapelle, Ende 18. Jh.

SCHWARZENBACH Stadt Bärnau, Kr. Tirschenreuth. *Karte 3*

Kath. Pfarrkirche St. Michael. 1297 als Pfarrei erwähnt. – 1723 von dem Bärnauer Maurermeister *Philipp Mühlmayer* erbaut, renoviert 1978. – Durch Rechteckblenden gegliederter Bau. Turm an der Chorsüdseite mit eingezogen rundbogigem Traufgesims und Laternenzwiebelhaube. – Von flacher Stichkappentonne überwölbte Wandpfeilerkirche mit eingezogenem, gerade geschlossenem Chor. – Klassizistischer Bänder- und Ornamentstuck um 1846 (Renovierung). – Dekkengemälde 1800/01 von *Vitus Fuchs* und dessen Sohn *Maurus* aus Tirschenreuth. Im Chor die hll. Johannes Ev. und Jakobus, seitlich kleine Medaillons mit Szenen aus dem Alten Testament und Schutzengel. Im Langhaus Mitteltondo mit Heiligenhimmel, begleitet im östlichen Joch von Hl. Dreifaltigkeit, im westlichen von musizierenden Engeln und seitlich von den Vier Kirchenvätern in kartuschenförmigen Medaillons. – Ausstattung. – Sechssäuliger Hochaltar um 1723, mit vier Seitenfiguren und freistehendem Tabernakelaufbau. – Seitenaltäre um 1730 mit rahmendem Akanthusschnitzwerk. Von Engeln flankierte Figurengehäuse, nördlich mit Maria Immaculata (19. Jh.), südlich mit hl. Sebastian. – Kanzel 2. Viertel 18. Jh., mit rocaillegerahmten Passionsbildern am Korpus, figurenreicher Schalldeckel bekrönt von Figur des hl. Paulus. – An den Längswänden Heiligenfiguren und Kreuzwegbilder, Rokoko.

Ehem. Pfarrhof. Südlich unter der Kirche 1752 wohl von *Philipp Muttone* erbaut. – Zweigeschossiger Satteldachbau mit geohrten Fensterrahmungen aus Granit. Westfront hervorgehoben durch Eckpilaster, verwittertes Wappenrelief (wohl des Stiftes Waldsassen) und Nischenfigur des hl. Johannes von Nepomuk. Die angeschlossenen Ökonomiegebäude teilweise abgebrochen. – Vor dem Haus farbig gefaßte lebensgroße Granitfigur des Auferstandenen, laut Sockelinschrift Stiftung des Johannes Andreas Ziegler 1739.

SCHWARZENBURG Stadt Rötz, Kr. Cham. *Karte 10*

★ **Burgruine.** Auf dem Gipfel des über 700 m hohen, dicht bewachsenen und felsigen Schwarzwihrberges mit weitem Rundblick. – Das angesehene Geschlecht der Schwarzenburger vom 11.–14. Jh. bezeugt. Territorialherren waren wohl schon seit 1204 die Wittelsbacher. 1332 Verpfändung der Burg an die Leuchtenberger. 1433 sammelte sich hier das bayerische Heer zum Krieg gegen die Hussiten. 1506 erwarb die Burg Heinrich von Guttenstein, gegen dessen Raubzüge der Schwäbische Bund einschreiten mußte. Da die Burg einer Beschießung zur Erprobung der Festigkeit nicht standhielt, verkaufte sie Heinrich an Kurfürst Ludwig V. von der Pfalz. Verfall nach Zerstörung durch die Schweden 1634. Ausgrabungen 1900–1905.
Ausgedehnte Anlage des 12. Jh. über dem Gelände angepaßtem, annähernd rechteckigem Grundriß in umfangreichen, z.T. erneuerten Resten erhalten. Im Kernbereich der obere Burghof mit Bergfried, Wohngebäude und Kapelle, östlich darunter der untere Burghof mit den Wirtschaftsgebäuden. 1439ff. und 1504/05 Verstärkung der Burg hauptsächlich durch Batterieturm, Bastionen im Südosten und Nordwesten, nördliches äußeres Torhaus und Ausmauerung des Halsgrabens. – Der Zugang erfolgt von Norden durch den noch sichtbaren Torbogen des äußeren Torhauses, nordöstlich daneben großer Batterieturm, in den heute die „Burgschenke“ eingebaut ist. Weiter südlich befand sich das innere Tor, mit im 15. Jh. angebautem Halbrundturm. Westwärts der quadratische Bergfried, großenteils aus grobem Bruchsteinmauerwerk mit Eckquaderung; Oberbau 1897–1902 erneuert, neuer Spitzbogenzugang. Weiter südlich die rechteckige Burgkapelle, deren aufgehendes Quadermauerwerk großenteils erhalten ist, die Westwand oben im Rundbogen schließend. – Nahe der Querachse der Längswände je eine Granitsäule mit Eckspornen und Würfelkapitell, 1. Hälfte 12. Jh. Sie stützten urspr. eine niedrige Emporenunterwölbung. – Südwestlich schließen die wenigen Mauerreste der Wohngebäude an. Der östliche Abschnitt des Berings noch romanisch: quadratischer Turmunterbau und Fragmente eines südlichen Anbaus sowie das südlich anschließende Stück der Ringmauer.

SCHWARZENFELD Kr. Schwandorf. *Karte 9*

Alte kath. Pfarrkirche St. Dionysius und Ägidius. 1708 nach Brand wiederhergestellt. 1757ff. Neubau, nach Norden ausgerichtet, unter Beibehaltung des gotischen Chorturms an der Ostseite. Das Chronogramm 1760 im Deckenbild des Langhauses gibt wohl das Datum der Fertigstellung wieder. 1987–89 Gesamtrestaurierung mit Rekonstruktion der urspr. Raumfassung. – Vierachsiger Saalraum mit Stichkappentonne über Doppelpilastern, eingezogener Chor mit Dreiseitschluß, zweigeschossige Westempore. Ehem. gotischer Chor im Turmuntergeschoß mit Kreuzrippengwölbe. – Stuckdekoration des Rokoko. Dekkenmalereien *Johann Michael Wild* zugeschrieben. Im Langhaus großformatiges Deckenbild: Heiligenhimmel mit Darstellung u.a. der Vierzehn Nothelfer, der Apostel, des hl. Antonius als Namenspatron des Schloßherrn Anton von Wildenau, sowie Marienkrönung und Hl. Dreifaltigkeit; in den Stichkappen Szenen aus dem Leben der hll. Dionysius und Ägidius; über dem Chorbogen Abendmahlsdarstellung. Im Chor Verherrlichung des Allerheiligsten Altarsakraments. – Ausstattung. – Hochaltar um 1725, Säulenaufbau mit barockem Altarbild der Enthauptung des hl. Dionysius, im Auszug hl. Ägidius; seitlich Schnitzfiguren der hll. Florian und Sebastian. – Seitenaltäre um 1765 in Anlehnung an den Hochaltar mit urspr. Auszugsbildern Gottvater und hl. Laurentius. – Kanzel, Orgel und Kreuzweg um 1760.

Wallfahrtskirche Hl. Dreifaltigkeit auf dem Miesberg. 1691 Grundsteinlegung für den ersten Kirchenbau (heutiger Chor). 1721–30 Erweiterung nach Westen und Neuausstattung. 1888 Anbau des Westturms. 1984 Restaurierung. – Saalraum mit Stichkappentonne über doppelten Pilastern. Eingezogener, niedrigerer Chorraum mit dreiseitigem Schluß und Stichkappentonne über Pilastern. Westempore. – Deckenbilder 1938/39. – Ausstattung um 1720/30. – Hochaltar, Säulenaufbau mit segmentbogigem Abschluß und Akanthusschnitzwerk, Altarbild Hl. Dreifaltigkeit, Ende 17. Jh.; seitlich Holzfiguren der hll. Joachim und Anna. – Linker Seitenaltar mit Gemälde: Maria zwischen den hll. Joachim und Anna; im Auszug hl. Martin. – Rechter Seitenaltar mit Gemälde Taufe Christi, im Auszug Gottvater. – Kanzel mit reichem Muschelwerk, auf dem Deckel bemerkenswerte Figurengruppe: hl. Franz Xaver predigend, zu seinen Füßen ein stürzender Häretiker, um 1750/60. – Orgelprospekt mit musizierenden Putti, um 1750/60. – An den Langhauspilastern ausdrucksvolle Figuren der hll. Petrus, Simon, Paulus und Andreas, um 1750. – An der Südwand Votivbild mit Ansicht von Schwarzenfeld, bez. 1796, wohl von *Georg Hämmerl.*

Ehem. Schloß Holnstein. Die Anlage läßt sich bis in das 14. Jh. zurückverfolgen. 1891/92 wurde der damals bestehende Bau durch Maximilian Karl Theodor Graf von Holnstein aus Bayern im Stil der Neurenaissance umgebaut und um das Rückgebäude erweitert. 1982 ausgebrannt.

Holnstein'sche Gruftkapelle. Zweigeschossiger neuromanischer Bau, 1883/84 durch Maximilian Karl Theodor Graf von Holnstein errichtet, ehem. vom allgemeinen Friedhof abgegrenzt. – Im Untergeschoß Gruftraum mit drei Zinksarkophagen; die Kapelle im Obergeschoß über eine zweiläufige Treppe zugänglich. Bemerkenswert die vollständig und in hervorragendem Zustand erhaltene Schablonenfassung und Ausstattung der Erbauungszeit.

SCHWARZENREUTH

Gem. Neusorg, Kr. Tirschenreuth. *Karte 2*

Ehem. Schloß. Urspr. im Besitz der Grafen von Hirschberg. – Zweigeschossiger Bruchsteinbau mit hohem Satteldach, Anfang 17. Jh. Fenster und Türen zumeist in rechteckigen Steingewänden. An der östlichen Längsfront erkerartiger Vorbau, zwei profilierte rundbogige Türgewände, das südöstliche dat. 1605.

SCHWARZENTHONHAUSEN

Markt Beratzhausen, Kr. Regensburg. *Karte 8*

Kath. Filialkirche St. Andreas. Romanische Chorturmanlage des 13. Jh., Ende 17. Jh. verändert, letzte Innenrenovierung 1971/72. – Chorturm mit Achteckaufsatz und verschindeltem Spitzhelm; urspr. Ostfenster mit tiefer Leibung, an der Südseite erhöhte rechteckige Einstiegsöffnung. – Im eingezogenen, quadratischen Chor Kreuzgratgewölbe mit verschliffenem Scheitel, Kämpfer des Chorbogens mit hohen Platten auf Schrägen. Langhaus über Hohlkehle, flachgedeckt, Rahmenstuck. – Ausstattung. – Hochaltar, atektonischer Rokoko-Aufbau mit ornamental gerahmter Figurennische des hl. Andreas. – Seitenaltar nach der Mitte 17. Jh., mit gewundenen rebenumrankten Säulen und Figuren: Muttergottes, seitlich hl. Petrus und hl. Paulus.

SCHWARZENHOFEN Kr. Schwandorf. *Karte 9*

Kath. Pfarrkirche Maria vom Siege, bis 1971 St. Laurentius. Eine Kirche düfte bereits im 10. Jh. bestanden haben. 1418 z.T. Zerstörung bei Hussiteneinfall. Umbau nach Brand von 1717 unter Beibehaltung des gotischen, kreuzrippengewölbten Chores, urspr. von Doppeltürmen flankiert, sowie der Langhausmauern des 14./15. Jh. Kirchturmbrand 1972. Gesamtrestaurierung 1989–91. – Ausstattung. – Hochaltar von 1723, 1888 aus der Wallfahrtskirche Bogenberg b. Straubing übernommen. Ungewöhnlicher, architekturloser Aufbau mit reicher Applikation von getriebenen und gestanzten Silberplatten und -kartuschen: Szenen aus dem Marienleben und typologische Darstellungen aus dem Alten Testament; Tabernakelschrein, darüber Figur der Muttergottes in der Glorie. – Seitenaltäre um 1740 mit beachtenswerten Altarblättern: Tod des hl. Joseph und Übergabe des Skapuliers an den hl. Dominikus; Reliquienschreine der hll. Felicissimus und Columba. – Kanzel und Orgelprospekt Rokoko. – Kirchengestühl mit geschnitzten Wangen, um 1720/30.

Ehem. Dominikanerinnenkloster. Um die Mitte des 13. Jh. gegründet. Die Kirche wurde 1808 nach Aufhebung des Klosters abgebrochen. Das Klostergebäude, eine 1696 ff. angeblich nach Plänen *Wolfgang Dientzenhofers* errichtete Vierflügelanlage, verändert.

SCHWEINKOFEN
Stadt Dietfurt a.d. Altmühl, Kr. Neumarkt i.d. Opf. *Karte 12*

Kath. Filialkirche St. Gertraud. Frühgotischer Bau wohl des 14. Jh., später umgestaltet. Außen 1979, innen 1983 restauriert. – Im Chorturm mit Achteckaufsatz und Zwiebeldach der eingezogene, rechteckige Chor; hier wie im Schiff Flachdecke über Hohlkehle. – Ausstattung. – Altäre Anfang 18. Jh., Ornamentik später bereichert. Hochaltar, zierlicher Aufbau mit vier gedrehten Weinlaubsäulen und Altarblatt hl. Gertraud, über den seitlichen Durchlässen Figuren der hll. Barbara und Katharina, Ende 15. Jh. – Linker Seitenaltar mit Altarblatt der Mondsichelmadonna, daneben Figur des hl. Christophorus, um 1500. Rechter Seitenaltar mit Altarblatt hl. Wendelin, daneben Figur des hl. Jakobus, Ende 15. Jh. – Kanzel mit Figuren der Evangelisten zwischen geriefelten Säulen, wohl Mitte 17. Jh. – Am Chorbogen spätgotische Figuren: links weibliche Heilige, rechts Muttergottes (Ende 15. Jh.), überarbeitet. – Stuhlwangen 1730/40.

SEE Markt Lupburg, Kr. Neumarkt i.d. Opf. *Karte 8*

Der Ort, dessen Kirchengründung in karolingische Zeit zurückgeht, wurde 1007 erstmals erwähnt.

Kath. Pfarrkirche St. Martin. Gotische Chorturmanlage (der Turm soll frühromanisches Quadermauerwerk aufweisen), in der 2. Hälfte 17. Jh. erhöht und verlängert, 1689 geweiht. 1885 nach Westen erweitert. 1913 Neueindeckung der Kirche. Gesamtrestaurierung 1980–83, wobei die Raumfassung des späten 19. Jh. wiederhergestellt wurde. – Chorturm mit oktogonalem Aufsatz in Putzfelderung, Zwiebelhaube. Im eingezogenen, quadratischen Chor Kreuzgewölbe mit flachen Stuckrippen über Eckpilastern. In der Ostwand Sakramentsnische des 15. Jh. – In der südlichen Langhauswand ein kleines Spitzbogenfenster des 13. Jh. erhalten. Flachdecke mit Fresken von *Johann Spitzner* 1882, bei der letzten Restaurierung freigelegt (Befunduntersuchungen sondierten darunterliegende Fresken um 1706): 15 Bildfelder mit den Geheimnissen des Rosenkranzes. – Einheitliche Ausstattung in neuromanisch-byzantinisierenden Formen um 1885. Drei Altäre von den Amberger Künstlern *Josef Pongratz* und *Josef Weber*, 1885 bzw. 1887. Orgel 1899 von der Regensburger Firma *Reiser*. – Kreuzwegbilder 1890 von *Sebastian Holzner*, ebenfalls aus Amberg. An der linken Chorwand das ehem. Altarblatt: hl. Martin heilt einen Besessenen, ein Spätwerk des Bamberger Hofmalers *Josef Scheubel* († 1769). – Figuren des frühen 18. Jh.: Kruzifixus mit Schmerzhafter Muttergottes, hl. Sebastian, Rosenkranzmadonna.

SEEBARN Stadt Neuburg v. Wald, Kr. Schwandorf. *Karte 10*

Kath. Pfarrkirche Mariä Himmelfahrt. Seebarn urkundlich erstmals 1133 genannt. – Von der ehem. befestigten Anlage erhalten: die um

1400 entstandene gotische Kirche mit Friedhof, der im Kern romanische Turm an der Nordseite, der Torturm des 15. Jh. (sog. Schulturm) an der Südwestecke, das ehem. Schulhaus im Süden sowie der westlich angrenzende Pfarrhof mit Ökonomiegebäude (bez. 1871) und Hoftor. – Im Chor bemerkenswerte spätgotische Wandmalereien, größtenteils 1904 freigelegt und überarbeitet, 1986/87 restauriert. Langhaus von 1908 in neubarocken Formen. Restaurierung 1984–88. – Geräumiger, wenig eingezogener, kreuzrippengewölbter Chor mit 5/8-Schluß, vollständige Ausmalung im 4. Viertel des 15. Jh., vgl. ▷ Mitterauer- ★ bach und ▷ Regensburg-Sallern. Architekturbezogenes Dekorationssystem aus gemalten Teppichen in der Sockelzone, darüber, in Höhe der Rippenkonsolen beginnend, Rankenmuster mit Zierleistenrahmung; die Gewölberippen abschnittsweise mit ornamentalen Mustern versehen; Apostelfiguren an der Südwand, im Gewölbe Engel mit Leidenswerkzeugen Christi und Musikinstrumeten, im Chorschluß Evangelistensymbole. Neutestamentarische Bilderfolge des Marienlebens an der Südwand; Darstellung des Jüngsten Gerichts an der Innenseite des Chorbogens; in der Bogenlaibung törichte und kluge Jungfrauen. – Ausstattung. – Schreinartiger Altar, 2. Viertel 18. Jh., um 1909 in seiner heutigen Form umgebaut, mit Gemälde der hl. Apollonia und kleinen Schnitzfiguren der Vierzehn Nothelfer. – Seitenaltäre Anfang 18. Jh., links mit gotischer Mondsichelmadonna, Ende 15. Jh. – Kanzel um 1720/30. – Kirchen- und Chorgestühl um 1700. – An der Nordwand Epitaph der Nothaft aus dem benachbarten Thann mit Tafelbildern: Grablegung, Auferstehung und Himmelfahrt Christi, bez. 1583.

An der Nordseite des Friedhofs Ölbergkapelle mit überlebensgroßen spätgotischen Steinfiguren, bemalt, Anfang 16. Jh.

Kath. Wallfahrtskirche St. Leonhard. Östlich des Ortes. Der Überlieferung nach eine Stiftung des Pfalzgrafen Johann nach der Schlacht gegen die Hussiten bei Hiltersried im Jahre 1433, Weihe 1437. Saalraum des 18. Jh. mit eingezogenem spätgotischen Chor mit Dreiseitschluß.

SELIGENPORTEN

Markt Pyrbaum, Kr. Neumarkt i. d. Opf. *Karte 7*

Ehem. Zisterzienserinnenabtei. 1242 machte Gottfried von Sulzbürg mit seiner Gattin Adelheid von Hohenfels eine Stiftung zur Gründung eines Hausklosters für 45 fromme Frauen, die 1247 Aufnahme in den Zisterzienserorden fanden. 1249 Bestätigung der Klostergründung „Felix Porta“ durch Bischof Heinrich von Eichstätt und königlicher Schutzbrief. Das Kloster, dessen erste Äbtissin aus Maidbronn bei Würzburg berufen wurde, unterstand der Oberaufsicht der Heilsbronner Zisterzienser. Es entwickelte sich bald zum reinen Adelsstift und konnte bis zur Reformation beträchtlichen Besitz erwerben – um 1500

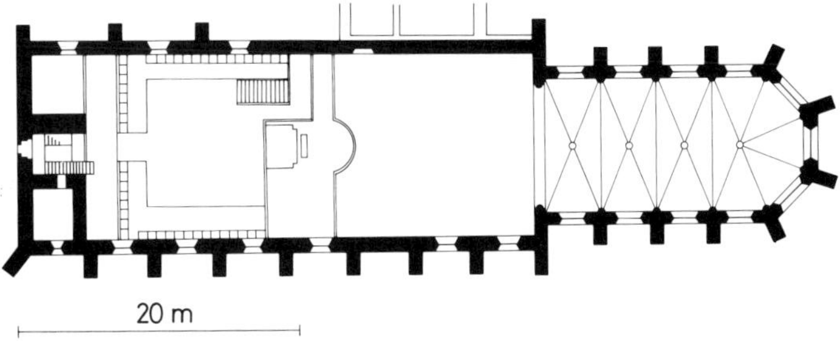

Seligenporten, Pfarrkirche Mariä Himmelfahrt

unterstanden ihm etwa 650 Untertanen in 350 Anwesen. 1556 Aufhebung des Klosters durch die Einführung der Kirchenordnung des Kurfürsten Ottheinrich. Nach der Rekatholisierung standen die Klostereinkünfte dem bayerischen Kurfürsten zu, seit 1671 gingen sie an das Salesianerinnenkloster in München, seit 1692 an jenes in Amberg. 1696 kam die Kirche an die Pfarrei. Brandschäden und die Säkularisation 1802/03 führten zum Verfall und Teilabbruch der Klostergebäude. 1929 erwarben die Zisterzienser aus dem slowenischen Sittich von Bronnbach aus den noch verbliebenen Ostflügel und gründeten 1930 eine neue Abtei. 1930/31 Neubau des Nordflügels durch *Friedrich Haindl sen.* Instandsetzung der Kirche außen und innen 1976–79.

★ **Kath. Pfarrkirche Mariä Himmelfahrt,** ehem. Zisterzienserinnen-Abteikirche Mariä Heimsuchung. An dem Bau werden zisterziensische Baugepflogenheiten in einer für Altbayern einzigartigen Konsequenz sichtbar. – Baugeschichte. – Konkrete Baunachrichten zur Entstehung der Kirche gibt es nicht. Nach Stilbefund stammt das Langhaus aus dem ausgehenden 13. Jh. Bei der Restaurierung von 1961 wurden an der Südwand Rundbogenöffnungen entdeckt, die wohl zu einem älteren, tiefergelegenen Kreuzgang gehörten. Der Chor wohl aus der Mitte 14. Jh. – Baubeschreibung. – Der langgestreckte verputzte Saalbau von 54 m Länge mit schwach eingezogenem Chor wird am Chor durch gestufte Strebepfeiler gegliedert. Im Unterbau nach innen offener Giebelturm mit Spitzhelm. – Der dreijochige Hochchor mit 5/8-Schluß durch große, im Chorhaupt vierbahnige, sonst dreibahnige Fenster mit schlichtem, vierpaßförmigem Maßwerk lichterfüllt, in bewußtem Kontrast zum Schiff. Die Fenster stehen auf einem umlaufenden Kaffgesims. Die dreifach gebündelten Dienste, im Ostabschnitt auf Bodensockel aufsetzend, gehen absatzlos in die birnstabförmigen Kreuz- bzw. Gurtrippen über; figurale, farbig gefaßte Schlußsteine: Christushaupt, Lamm Gottes, seine Jungen anhauchender Löwe, Pelikan. An der Nordwand eine Pforte zum Kloster mit ausgekehltem Spitzbogengewände. – Das Schiff von beträchtlicher Länge (36 m), beeindruckend in der Monumentalität der glatten, schmucklosen Wände. Lediglich an der Südwand Kaffgesims, auf zwei Bündeldienste gestützt und um das Portal aufgekröpft. Zweibahnige Fenster von unterschiedlicher Höhe, mit spärlichen Resten der urspr. Farbverglasung im Maßwerk. Die 1490 eingezogene, bemalte Bretterdecke wurde 1844/45 durch eine Putzdecke und schließlich 1895 durch die jetzige offene Hängewerkkonstruktion ersetzt. Den Raumeindruck beherrschend die weit über die Mitte des Schiffs ausgreifende Nonnenempore. Sie ruht auf einer roh bearbeiteten Balkendecke, über zwei Längsunterzügen, getragen von vier eichernen, mit Runddiensten besetzten Vierkantstützen. Der durch zweiteilige Rechteckfenster in der Südwand spärlich belichtete Raum dient als Sepultur, „Gruft“ genannt. Ein weiter Segmentbogen verbindet mit der ehem. Laienkirche, deren Fußboden 1930/31 auf das Niveau der „Gruft“ abgesenkt wurde. Von der „Gruft“ führt eine originale gegenläufige Holztreppe mit Rautengittergeländer und durch Fialen und Maßwerkblende ausgezeichnetem Antrittspfosten zum Nonnenchor.

In einzigartiger Vollständigkeit an urspr. Stelle erhalten das gotische Chorgestühl, das in Verbindung mit dem originalen, ausgetretenen Fußboden die mittelalterliche Atmosphäre vergegenwärtigt. Früher um 1300 dat., aber wohl erst beim hochgotischen Umbau entstanden, gehört es zu den ältesten Exemplaren der deutschen Gotik und besticht in der Kargheit der ornamentalen Form. Von dem an allen drei Seiten aufgestellten Chorgestühl – im sog. Zellentyp – sind noch 44 (1875 waren es noch 55) Stallen aus Eichen- und Fichtenholz mit hohen Rückwänden und rohen Baldachinen erhalten. Nur drei der sehr niedrigen Klappsitze mit den an der Unterseite montierten Stützen („Miserikordien“) noch vorhanden. Die Trennwände mit archaisch anmutenden strengen Silhouetten, reicher die äußeren Wangen mit Maßwerkrosetten und einfachem Laubwerk.

Die übrige Ausstattung stammt weitgehend aus dem 17./18. Jh. Die drei Altäre und die Kanzel archivalisch für die Zeit um 1730 belegt, stilistisch jedoch um 1700 einzuordnen. Der mächtige viersäulige Hochaltar angeblich 1728 von dem Schreiner *Ulrich Schäfer* aus Neumarkt, die Fassung – ebenso wie die Fassung der Seitenaltäre und der Kanzel – von *Johann Bernhard Benedikt Freund* aus Amberg, 1730. Altarblatt, Mariä Heimsuchung, und Auszugsbild, Erzengel Michael, von *Wolf Simon Groß* aus Landshut, 1728. Der linke Seitenaltar angeblich 1729 aufgestellt, mit Nischenfiguren der Muttergottes und der Apostelfürsten, angeblich von einem älteren Hochaltar, 2. Hälfte 17. Jh. Der rechte Seitenaltar (angeblich 1731) mit Bild der hll. drei Könige, als Bekrönung Figur des hl. Michael, ebenfalls 2. Hälfte 17. Jh. – Kanzel mit Laubwerkdekor (angeblich 1731). – Orgel von *Johann Konrad Brandenstein* 1751, Gehäuse von *Fr. Gabinus Voraus* († 1762), aus der säkularisierten Franziskanerkirche in Amberg erworben. – An der nördlichen Schiffswand bewegte lebensgroße Figurengruppe von 1762: Kruzifixus, Johannes von Nepomuk in Begleitung eines Puttos und Engels mit auf das Beichtgeheimnis anspielenden Attributen. – In der nördlichen Scheidewand der Gruft Nische mit drastischer Figur des Christus im Elend, 17. Jh. In der Gruft Grabdenkmäler für die Stifterfamilie Sulzbürg-Wolfstein und für Äbtissinnen. Im Fußboden (Nordwestecke) die Sandsteinplatten für den Sohn des Stifters, Gottfried von Wolfstein († 1322) und für Bertha von Pollanten († 1339), mit Kreuz und Familienwappen in flachem Relief. An der Westwand Grabplatten, die 1930/31 unter dem Pflaster des Langhauses gefunden wurden, u. a. Gemeinschaftsgrabstein der Edlen von (Hilpolt-)Stein; Grabplatte für Heinrich Leuboldzreuter († nach 1355) mit abstrahierender Ritzzeichnung der Gestalt des ehem. Pöllinger Pfarrers. An der Nordwand Kalksteinplatte der letzten Äbtissin Anna von Kuedorf († 1576) mit Relief der betenden Verstorbenen.

Klosterbezirk. Einen guten Einblick in das vielschichtige monastische Leben gewährt heute noch der Klosterbezirk, bestehend aus Kirche, Konventbau, Bedienstetenwohnungen des 17. Jh. (z. B. erdgeschossiges Haus mit Fachwerkgiebel) und aus dem ehem. Klostergasthaus, dat. 1493. – Eine Ringmauer, die noch im Südabschnitt erhalten ist, schirmte die Anlage von der Außenwelt ab. Einziger Zugang im Südosten über den malerischen Torturm aus dem 15./16. Jh. (1980 renoviert): Spitzbogendurchfahrt im gequaderten Unterbau, Fachwerkobergeschoß und Zeltdach mit Glockenstuhl.
Von den nördlich der Kirche anschließenden mittelalterlichen Konventgebäuden der dreigeschossige Ostflügel erhalten, nach Brand 1548 erneuert, die beiden Obergeschosse 17./18. Jh. Im Erdgeschoß Räume mit Kreuzgratgewölben, der nördliche zweischiffig über zwei Mittelsäulen. Auf der Innenseite blieben sechs Joche des spätgotischen Kreuzgangs erhalten, mit im Wechsel stern- und rautenförmigen Rippenfigurationen.

SENGKOFEN Gem. Mintraching, Kr. Regensburg. *Karte 14*

Kath. Kirche St. Jakob. Ländliche, kleine Saalkirche um 1720, der Turm im Osten mit Stufengiebel wohl 17. Jh. – Fünfseitig geschlossener, leicht eingezogener Chor; das Langhaus schließt segmentbogig an. Spiegel- bzw. Flachdecke mit Hohlkehle; die Wände gliedern flache toskanische Pilaster: verkröpftes Gebälk im Langhaus, im Chor um den Ansatz der Stichkappen hochgezogenes Gesims. Origineller Altar mit stuckierter Retabelwand der Erbauungszeit: Baldachindraperie, Puttenhermen und Voluten rahmen das (erneuerte) Altarblatt. Unter der weißen Fassung Spuren der urspr. farbigen Fassung aufgedeckt.

SEUBERSDORF i.d. Opf. Kr. Neumarkt i.d. Opf. *Karte 8*

Kath. Marienkirche, bis 1949 ehem. Pfarrkirche St. Gregor. Saalbau mit dreiseitigem Ostabschluß, 2. Hälfte 17. Jh. Giebelturm mit Zwiebeldach, 1958 erneuert durch *Friedrich Haindl.* – Im Innern Stichkappentonne auf Wandpfeilern, einspringender Chorbogen. – Ausstattung. – Prachtvolle Altäre. Hochaltar der Erbauungszeit (angeblich rückseitig bez. „*L. H.* 1714") mit Figurenschmuck: in der Mitte Mondsichelmadonna, flankiert von zwei Heiligen, im Auszug hl. Gregor. Der rechte Seitenaltar, ein architekturloser Akanthusranken-Voluten-Aufbau von *Johann Michael Schaller* 1715, mit Nischenfigur des hl. Sebastian. Gegenüber das spätere Gegenstück, ein origineller Aufbau aus kräftigem Muschelwerk, mit Nischenfigur des hl. Florian, 2. Drittel 18. Jh. – An den Schiffswänden zwei Figuren von hll. Bischöfen, 18. Jh.

SIEGENHOFEN Markt Rieden, Kr. Amberg-Sulzbach. *Karte 8*

Kath. Wallfahrtskirche Unserer Lieben Frau. Unter Einbeziehung romanischer Mauerteile und des spätgotischen Turms im 17./18. Jh. errichtet. Restaurierung 1978–80. – Nach Süden ausgerichteter Saalbau mit eingezogenem, dreiseitig geschlossenem Chor. Östlich des Chors die tonnengewölbte Sakristei mit romanischer Ostapsis; der Turm mit hohem Spitzhelm schließt nördlich daneben an. – Stichkappentonne über Pilastergliederung, im Chor im Rahmenstuck. – Ausstattung. – Mächtiger Hochaltar, Anfang 18. Jh. Im Mittelfeld unter Baldachin Figur der Mondsichelmadonna, wohl Anfang 16. Jh. – Seitenaltäre in Neurenaissanceformen um 1885. – Kanzel 1. Drittel 18. Jh. – Mehrere Heiligenbilder des 18. Jh.

SIEGENSTEIN Gem. Wald, Kr. Cham. *Karte 9*

Burgruine. Die Siegensteiner, Ministerialen der Regensburger Bischöfe, 1264 erstmals erwähnt, 1282 Übergang an das Hochstift Regensburg. Zeitweilig Pflegschloß der bayerischen Herzoge. Bereits 1606 großenteils zerfallen. – Die annähernd rechteckige Anlage auf gegen Norden steil abfallender, felsiger Granitkuppe im 12. Jh. entstanden. Aufragende Mauerreste nur noch im Süden und in der Nordostecke erhalten, verblendet mit Quader-, stellenweise Buckelquadermauerwerk aus Granit.

Ehem. Schloßkapelle St. Georg. Im 13. Jh. nordöstlich des Burgberges errichtet, 1353 dem Kloster Frauenzell inkorporiert. Außenrenovierung 1974. – Den verputzten Bruchsteinbau mit Eckquadern gliedern an der Nordseite kleine, schmale Spitzbogenfenster; Westeingang in abgefaster Spitzbogenrahmung; schindelgedeckter Dachreiter mit Zeltdach, 2. Hälfte 17. Jh. – Eingezogene, gestelzt halbrunde Apsis, gefaster Chorbogen auf Kämpfern aus Schräge und Platte, Schiff mit Bretterdecke. – Altar Mitte 17. Jh., Aufbau mit kannelierten Säulen und Seitenfiguren der hll. Hedwig (?) und Laurentius. – Kanzel um 1700.

SIMBACH Stadt Berching, Kr. Neumarkt i.d. Opf. *Karte 7*

Im Mittelalter waren die Herren von „Sinnebach" Reichsministerialen.

Kath. Filialkirche St. Maria. Auf einer Anhöhe inmitten des Ortes gelegen. – 1765 von *Martin Plänkl* aus Lengenfeld nach Plänen des Eichstätter Hofbildhauers *Johann Jakob Berg* errichtet. Innenrestaurierung 1979/80. – Zentralisierendes Kirchenschiff mit segmentförmig ausgreifenden Längsseiten. Eingezogener Chor mit segmentbogigem Ostabschluß. An seiner Nordseite Turm mit pilastergegliedertem Achteckaufsatz, Glockenhaube und Zwiebelabschluß. Über dem Westportal Chronogramm 1765. – Tonnengewölbe mit Stichkappen, im Schiff korbbogig über toskanischen Wandpilastern. – Großes Deckenfresko mit Krönung Mariens im Beisein aller Stände, 1980 von *Severin Walter* aus Augsburg, eine getreue Umsetzung des Entwurfs von *Johann Nepomuk Anton Stadlmaier* 1777 aus Freystadt. Auch die Fresken an der geschwungenen Westempore von *Walter.* Chorfresko mit Immaculata, 1980 freigelegt. – Der freundliche Innenraum gewinnt durch die frühklassizistische Ausstattung in hellen, beigetonigen Farbabstufungen. Hochaltar 1797 von *Andreas Wexler* aus Berching, Fassung 1806 von *Wilhelm Ebenhöch* aus Kastl. Wandfüllender Viersäulenaufbau mit seitlichen Durchlässen. Altarblatt Mariä Himmelfahrt, Seitenfiguren der hll. Wendelin und Anna. – An der rechten Schiffswand Holzfiguren des 18. Jh.: hl. Michael, Kruzifixus mit Mater Dolorosa, 18. Jh.

SINDLBACH

Gem. Berg b. Neumarkt i.d. Opf., Kr. Neumarkt i.d. Opf. *Karte 7*

Kath. Pfarrkirche St. Jakobus. 1640 unter Einbeziehung des spätromanischen Vorgängerbaues errichtet, 1890 nach Westen verlängert. Innenrestaurierung 1974/75. – Im quadratischen Chorturm mit vierseitigem Spitzhelm der eingezogene Chor, in der Ostwand Dreiergruppe gestaffelter romanischer Rundbogenfenster. – Chor und Langhaus mit Flachdecke. – Dünne Laub-, Bandel- und Gitterwerkstukkaturen um 1730. In Schweifrahmen Deckengemälde mit Szenen aus dem Leben des hl. Jakobus d.Ä., nach wiederentdeckter Signatur im Chor 1758 von dem Eichstätter Hofmaler *Johann Michael Franz;* über dem Chorbogen das bayerische Kurfürstenwappen und Chronogramm 1758. – Reiche Ausstattung. Hochaltar, Viersäulen-Retabel in üppigen Rocailleformen, Seitenfiguren der hll. Franz Xaver und Ignatius, Altarblatt hl. Jakobus. – Gleichzeitig die Kanzel mit hl. Michael auf dem Schalldeckel. – Seitenaltäre mit gewundenen Säulen und Rankenwerk, Ende 17. Jh., rechts mit zentraler Figurengruppe Mutter Anna und Maria, seitlich die hll. Barbara und Katharina, Auszugsrelief Anbetung der Könige; links mit Figurengruppe Joseph und Jesusknabe, Seitenfiguren der hll. Sebastian und Rochus, Auszugsrelief Flucht nach Ägypten. – Taufbecken um 1680, die Kuppa mit Puttenreliefs zwi-

schen Akanthusranken geschmückt, als Bekrönung der Johannesknabe. – Stuhlwangen mit Ranken und Reliefs kniender, Frucht- und Blütenkörbe tragender Putten, Ende 17. Jh. – Figur der Muttergottes, Ende 15. Jh; weitere Heiligenfiguren überwiegend barock.
Auf dem Marktplatz reich dekorierter **Gußeisenbrunnen**, dat. 1886 (renov. 1970), Anfang 20. Jh. aus Altdorf bezogen, mit jeweils vier Muschelnischen und -becken sowie bekrönender Figur des hl. Laurentius.

SINZING Kr. Regensburg. *Karte 13*

Kath. Pfarrkirche Mariä Himmelfahrt. Erbaut 1951/52 durch Architekt *Friedrich Haindl*, München. Ausstattung: hinter dem Hochaltar monumentale Kreuzigungsgruppe von *Guido Martini* (1963 Kruzifix) und *Max Reiger* (1976 Assistenzfiguren), beide aus Regensburg.

Ehem. Kath. Pfarrkirche Mariä Himmelfahrt. Mittelalterliche Chorturmkirche mit gotischem Turm; längsrechteckiger Chor mit Spiegelgewölbe und flachgedecktes Langhaus, im 17./18. Jh. verändert. – Ausstattung. – Hochaltar zugeschrieben *Franz Anton Neu* aus Prüfening. In der Mittelnische gotische Schnitzfigur der Muttergottes, um 1500; seitlich Rokokofiguren der Wetterheiligen (?). – Seitenaltäre mit Altarblättern, rechts hl. Sebastian, 1707 dat. und mit Bischofswappen versehen, dem gleichen, das auf dem gegenüberliegenden Bild mit dem Tod des hl. Joseph erscheint. – Spätgotischer Taufstein von 1518. – An den Langhauswänden Figuren der hll. Johannes von Nepomuk und Anna, 18. Jh. – Barocker Kreuzweg.

SÖLLITZ Gemeinde Trausnitz, Kr. Schwandorf. *Karte 5*

Kath. Wallfahrtskirche Zu den Vierzehn Nothelfern. 1723 anstelle einer spätmittelalterlichen Vorgängerkirche erbaut, 1732 konsekriert. Nach Brand 1872–78 wiederhergestellt. 1968 Innen-, 1984 Außenrenovierung. – Erhöht über dem Ort freistehender Saalbau mit eingezogenem, segmentförmig schließendem Chor und nach Osten abgerundetem Langhaus, Lisenengliederung. Turm an der Südseite mit Spitzhelm. – Gut proportionierter Saalraum, gegen den Chor ausgerundet, mit von flachen Stichkappen gegliedertem Tonnengewölbe. Pilastergliederung mit reich profilierter Kapitell- und Kämpferzone. Feiner geometrischer Stuck nur im Altarraum; gemaltes Wappen der Zenger, die im 15. Jh. als Stifter erscheinen. – Einheitliche Ausstattung der Erbauungszeit um 1725/30, nur die Seitenaltaraufbauten aus der Mitte des 18. Jh. – An den Wänden Figuren der hll. Barbara, Theresia, Katharina und Margareta, 1. Viertel 18. Jh.

SOLLNGRIESBACH
Stadt Berching, Kr. Neumarkt i. d. Opf. *Karte 7*

Kath. Kirche St. Nikolaus. Die Anlage mit romanischer Kernsubstanz liegt auf einer Anhöhe, umgeben von der ehem. Friedhofsbefestigung mit zinnenbekröntem gotischen Spitzbogentor. – Quadratischer Chorturm mit Satteldach, im 17. Jh. um Oktogonaufsatz mit Spitzhelm erhöht. Eingezogener Chor mit Kreuzgratgewölbe, das Schiff flachgedeckt. – Ausstattung. – Mitte 18. Jh. Viersäuliger Hochaltar mit seitlichem Muschelwerk und Altarblatt hl. Nikolaus. Etwas schlichter die Seitenaltäre, links mit großem, farbig gefaßtem Schnitzrelief der Beweinung Christi, Anfang 16. Jh., rechts mit Altarblatt hl. Wendelin.

SPERLHAMMER Stadt Kötzting, Kr. Cham. *Karte 11*

Ehem. Hammergut. Dreiflügelanlage mit Herrenhaus und Wirtschaftsgebäuden, ein Bau von 1837 mit Halbwalmdach, moderner Fensterausbau.

SPEINSHART Kr. Neustadt a. d. Waldnaab. *Karte 1*

Prämonstratenserkloster. Der Tradition nach entstand das 1163 erstmals bezeugte Kloster um 1195 als Schenkung des Reichsgrafen Adelvolk von Reifenberg an den Prämonstratenserorden aus Wilten bei Innsbruck. Im 12. Jh. Basilika mit freistehendem Turm, festungsartige Umgrenzung des Klosters. 1163 durch Privileg Friedrichs I. dem kaiserlichen Schutz unterstellt. Im Lauf des 14. Jh. Entwicklung zum landsässigen Kloster. Während der Blütezeit unter Propst Georg Ochs von Gumpenhausen (1457–1505) Aufstieg zur Abtei 1459. 1556 Aufhebung des Klosters durch Kurfürst Ottheinrich bei Einführung der Reformation. Im Zuge der von Kurfürst Maximilian I. von Bayern betriebenen Gegenreformation kamen 1624 die Jesuiten, dann die Benediktiner nach Speinshart. Nach großen Schäden im Dreißigjährigen Krieg veranlaßte Kurfürst Ferdinand Maria die erneute Besiedelung durch den Prämonstratenserorden von Steingaden. Das 1669 dem dortigen Abt übergebene Kloster ist in einem detaillierten Bestandsplan von 1670 überliefert. – Ab 1677 Vorbereitungen zur Erneuerung der baufälligen Gebäude. 1691 wurde Präses Gottfried Blum erster Abt des wieder zur Abtei erhobenen Klosters; Neubau der Kirche. Unter Abt Dominikus Lieblein (1734–71) Blütezeit des Klosters mit neuer Bautätigkeit. – 1803 wurde das Kloster säkularisiert, es folgten Versteigerungen bzw. Vernichtung des Inventars. 1921 konnte das Kloster durch Initiative des Kunsthistorikers Prälat M. Hartig wieder von Prämonstratensern aus Tepl in Böhmen in Besitz genommen werden. – 1959–63 umfassende Restaurierung von Kirche und Kloster.

★ **Stifts- und Pfarrkirche Unbefleckte Empfängnis Mariä.** Fragmente des romanischen Vorgängerbaus, einer dreischiffigen, querschiffslosen Basilika 1958 aufgefunden; von den fünf nachgewiesenen Rundbogenfenstern an der Nordwand außen ein profiliertes Fenstergewölbe vom Putz ausgespart. Ebenfalls an der Südwand, sichtbar in der Sakristei, Reste eines Portalbogens. Von dem ehem. freistehenden romanischen Turm Befunde im Mauerwerk des südlichen Glockenturms. Die barocke Kirche folgt in der Breite dem alten Grundriß.

Bisher galten Baumeister *Johann Schmuzer* aus Wessobrunn als Entwerfer des Klosters und *Wolfgang Dientzenhofer* als Erbauer der Kirche. Neuerliche Untersuchungen der Quellen und des Baubestands (Adolf Mörtl) machen eine Identifizierung des bisher anonymen Mitarbeiters von *Schmuzer* mit *Johann Leonhard Dientzenhofer* wahrscheinlich. Das bedeutet eine maßgebliche Mitwirkung der Brüder *Dientzenhofer* bereits bei Beginn der Klosterneuplanung ab 1682 und sicher auch bereits Festlegungen für den Kirchenneubau. 1692 wird *Wolfgang Dientzenhofer* für den Kirchengrundriß bezahlt. Im gleichen Jahr Grundsteinlegung. 1695 sind die aus Mellide (Tessin) stammenden Brüder, der Stukkateur *Carlo Domenico* und der Maler *Bartolomeo Luchese,* bereits tätig; Stuck und Malereien im Chor sind fertig; der Hochaltar ist aufgestellt. Der erhaltene ausführliche Vertrag datiert jedoch erst von 1696. Die vorwiegend von dem Stukkateur *Carlo Domenico* und seinen Mitarbeitern durchgeführte Dekoration war 1697/98 weitgehend beendet, um 1700 Abschluß der westlichen Seitenkapellen, 1706 Weihe der Kirche.

Baubeschreibung

Der Typ der Wandpfeilerkirche erfährt in Speinshart durch die Gewölbestukkatur eine neue Interpretation: das gurtbogenlose Gewölbe ist der üblichen jochweisen Anbindung an die Wandgliederung buchstäblich enthoben und in eigenständiger Dynamik jochsynkopisch ausgebildet. Die jochverschleifende Gewölbebildung, eine Eigenheit der *Dientzenhoferschen* Architektur, wird in Speinshart durch die italienischen Dekorationskünstler in einmaliger Weise ausgedeutet und gesteigert. In der Folge von Passauer Dom und ▷ Waldsassener Klosterkirche kulminiert in Speinshart die Vorrangstellung der Stuckdekoration. Die nachfolgende Entwicklung der Vereinheitlichung von Gewölben und Raumteilen wird mehr vom Zusammenschluß großer Malflächen und illusionistischer Öffnungen bestimmt, so z.B. in Banz, wo das in Speinshart angeklungene jochsynkopische Gewölbeprinzip vorwiegend mit architektonischen und malerischen Mitteln realisiert ist, dem Stuck hingegen nur untergeordnete, flächenbelebende Bedeutung zukommt.

Chor, Langhaus, innere westliche Vorhalle mit flankierenden Türmen und äußere Vorhalle mit Seitenkapelle sind einem Längsrechteck eingeschrieben, aus dem nur die Türme leicht heraustreten. Eingezogener, gerade abschließender Chor zu zwei Jochen, Seitenräume mit Doppelempore. Das Langhaus zwischen mächtigen, von Doppelpilastern besetzten Pfeilern in Seitenkapellen mit hoch ansetzender, flacher Quertonnenwölbung geöffnet. Im Westen, in den Raum vorschwingend, eine Orgelempore. Tonnengewölbe mit Stichkappen; der Psallierchor ist kuppelartig mit böhmischen Kappengewölben über abgeschrägten Pfeilern ausgezeichnet.

Dekoration. – Die gesamte Raumschale ist von plastischem, weiß gehaltenem Stuck überzogen, aus dem neben den Bildfeldern nur ge-

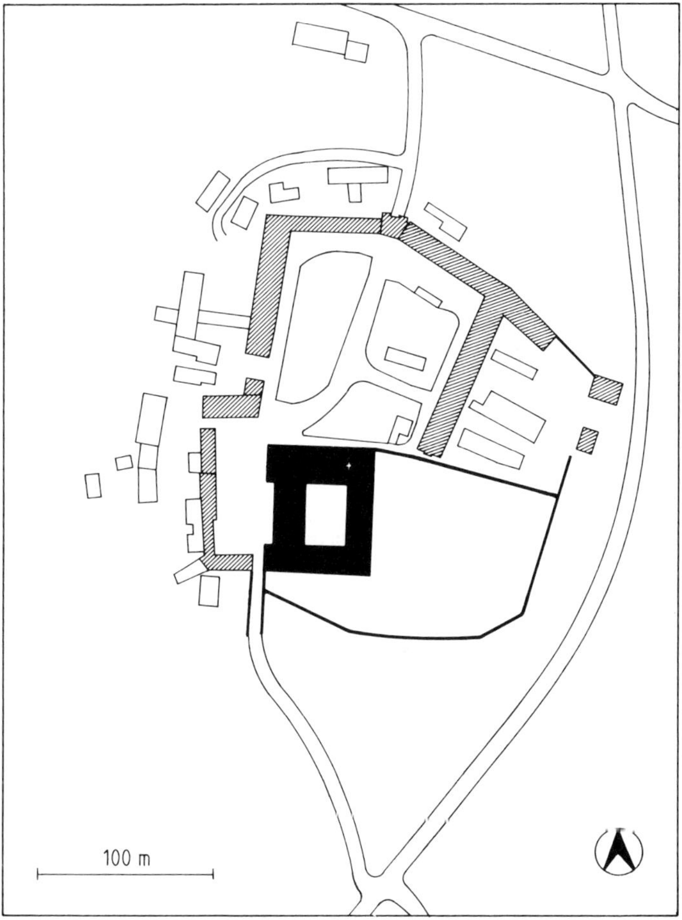

Speinshart, Prämonstratenserkloster

ringe, gelb getönte Wand- und Gewölbeflächen ausgespart sind. Als tragende Teile die reich profilierten und ornamentgeschmückten Gebälkstücke der Pfeiler hervorgehoben, in der Waagrechten jedoch unterbrochen von den belichteten, hoch aufsetzenden Scheidbögen zu den Quertonnen der Anräume, deren Scheitelpunkt auf gleicher Höhe mit dem Kranzgesims und unmittelbar unterhalb der Emporen liegt. – Monumentale Sitzfiguren verdecken den Ansatz des stichkappendurchsetzten Tonnengewölbes. Über den zum Kirchenraum quergesetzten Pfeilerzäsuren bilden diagonal auseinanderstrebende, durch Stuckrahmung verbundene Voluten eine, im Seitenlicht betonte, Stelzform für das Gewölbe, die zugleich als Sockel für die Medaillons der Papstbildnisse dient. Den Kontur der Stichkappen begleiten flachere, im Gewölbescheitel kreuzrippenartig zusammentreffende Rahmungen. Zwischen diesen wie Jochgrenzen wirkenden Queranstichen der Tonne haben die vier längsovalen Bildflächen in der Achse der Pfeiler zentrierende Funktion. – Das in der Tradition der von Italienern geschaffenen Dekorationen in Passau und Waldsassen stehende, vielteilige Stucksystem umfaßt profilierte und reich ausgebildete Feldrahmungen, Muscheln und Kartuschen, schwere, üppige, naturalistisch gebildete Früchte, Pflanzen und Blumen vieler Arten, Puttenreliefs, wie auch monumentale Figurengruppen.

Die Malereien sind den durch Stuckierung vereinheitlichten Teilräumen inhaltlich und formal eingegliedert. Im Chor Mariendarstellungen, eingeleitet an der Stirnwand mit plastischer Verkündigungsgruppe. Im Altarraum Krönung Mariä, umgeben von kräftig gerahmten Ovalbildern und unregelmäßig gebildeten, der Wölbung angepaßten Feldern mit musizierenden Engeln vor leuchtend blauem Hintergrund. Diese punktuellen illusionistischen Raumausblicke in den Himmel vorgebildet durch *Carpoforo Tencalla* im Passauer Dom. – Im Psallierchor Himmelfahrt Mariä im Hauptbild, mit starker Untersicht gemalt; umgeben von drei nach Thema, Format und Farbigkeit differenzierten Bildkreisen. Diese sind eingebettet in locker ausgebreitetes Palmen- und Blattwerk sowie Kartuschen mit Rahmungen aus Blumen und Blattkränzen, umspielt von zahlreichen Putten. In den Tondi Marienleben, Propheten in den Ovalen, darüber Kardinaltugenden. Stuckfiguren jugendlicher Engel an den Gewölbezwickeln, eingestellt in die Chorpfeiler die Kirchenväter. Symbole Mariens aus der lauretanischen Litanei an den Gewölben über den Doppelemporen. – Die Dekoration des Langhauses ist dem Ordensgründer Norbert und der Geschichte der Prämonstratenser gewidmet: Große Stuckfiguren der Ordensgründer an den Wandpfeilern, darüber Papstbildnisse. Diese leiten über zu den großen Deckenbildern: Bekehrung des hl. Norbert, Erhalt der Ordensregel und Bestätigung des Ordens. Die Vita des Heiligen in den kartuschengerahmten Feldern der Stichkappen, seine Embleme in den Emporenwölbungen. Illusionistische Raumausblicke mit Puttendarstellungen in den Halbtondi der Stichkappen, bzw. den Tondi an ihren Schnittpunkten. Die Bilder zwischen den Pilastern und Gewölben der

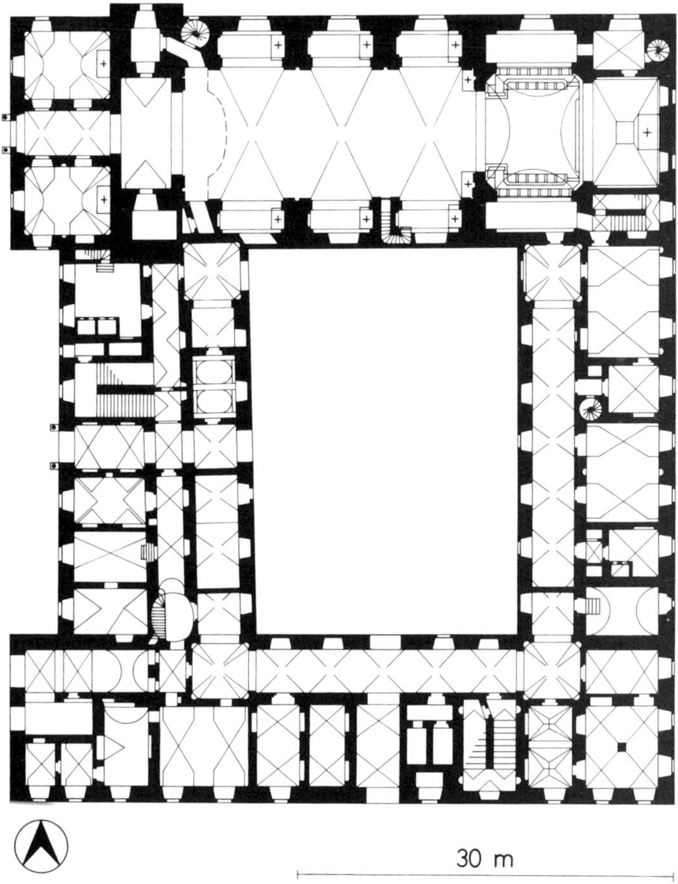

Speinshart, Stifts- und Pfarrkirche Unbefleckte Empfängnis Mariä

Seitenkapellen auf den jeweiligen Altartitel bezogen. – Am Gewölbe der äußeren Vorhalle Darstellung der Stiftung des Klosters. Seitlich die Kapellen der hll. Johannes von Nepomuk (nördlich) und Sylvester (südlich), um 1700.

Ausstattung

Hochaltar, großes, sich im Gegenlicht behauptendes Säulenretabel, wie alle Altäre der Kirche in Stuckmarmor ausgeführt. Verwandt dem Hochaltar in Passau von *Carlone.* Das Gemälde Maria Immaculata, bisher *Antonio Triva* zugeschrieben, eine dramatisch bewegte farbintensive Komposition der von Engeln umgebenen Maria auf Mondsichel, in den Armen das Jesuskind, das die Schlange ersticht. Jugendliche Engel, in der gleichen Art und Proportion wie in den Gewölben des Presbyteriums, beleben das Retabel. Überlebensgroße Figuren der Ordensheiligen Augustinus und Norbert flankieren den Säulenaufbau. Die Chordekoration war einschließlich der Altaraufstellung um 1700 beendet, farbige Fassung erst 1714. Entsprechender Ablauf auch bei den Seitenaltären, die 1714–17 zunächst ungefaßt aufgestellt und erst 1742 von Maler *Thomas Wild* aus Auerbach bemalt wurden. Die beiden für den Prämonstratenserorden besonders wichtigen Altäre am Chorbogen, mit ovalen Altarblättern auf den Hochaltar abgestimmt: Kreuzaltar mit Reliquien des hl. Benedikt, die 1749 anläßlich des Rosenkranzfestes aus der Callixtuskatakombe überführt und hernach von den Klosterfrauen in Eger gefaßt worden waren, links Altar des hl. Norbert. – Erste Seitenkapelle links Altar der Rosenkranzbruderschaft, die in der 1. Hälfte 17. Jh. in Speinshart eingeführt worden war. – Zweiter Altar rechts Gemälde mit hl. Michael, *Bartolomeo Luchese* zugeschrieben, ab 1697. – Hölzerne Antependien mit Bandelwerkintarsien. – Rosenkranzmadonna am Chorbogen, eine anmutige barocke Holzfigur in dreifacher Rosenkranzrahmung. – Chorgitter: 1681 Auftrag an den Amberger Schlosser *Georg Lampel,* 1691 nach dessen Tod von seiner Werkstatt ausgeführt. – Chorgestühl 1702, prächtiger Aufbau mit gedrehten, umrankten Säulen und Muschelnischen mit Fruchtgehängen, filigran geschnitzte Akanthusaufsätze. – Kirchengestühl um 1714 aufgestellt, mit geschnitzten Wangen am Mittelgang; zwischen Laub- und Bandelwerk Abtsinsignien und Putten, Darstellung der Vier Elemente, Leidenswerkzeuge und Blumen. – Beichtstühle der gleichen Zeit mit schöner Ranken- und Bandelwerkschnitzerei. – Der Orgelprospekt mit reicher, ungefaßter Laubwerkschnitzerei. – Kanzel in Stuckmarmor 1714, von polygonaler Grundform: Kanzelboden und Schalldeckel in Entsprechung konvex ausschwingend, die Brüstung eingezogen. – Orgelempore um 1720/25 verbreitert und stuckiert. – Grabdenkmäler. In der Vorhalle Grabstein für Abt Georg Ochs († 1503) mit Relieffigur und zwei Wappen. – In der Nepomukkapelle Epitaph für den Speinsharter Hofrichter Johann Thomas von Ruprecht und seine Gemahlin sowie seine beiden

Söhne, von 1774. – Epitaph des Ludwig Alexander von Riquette, Graf von Mirabeau, Ehrenritter des St. Johannesordens († 1761).

Klosterbauten. Die ab 1677 begonnene Wiederherstellung und Neugestaltung geht in wesentlichen Dispositionen auf den mittelalterlichen Klosterkomplex zurück: im Gesamtgrundriß, der Lage von innerem und äußerem Klosterhof, von Kirche und Konventgebäude samt Prälatenstock. Diese historischen Gegebenheiten standen der Verwirklichung einer streng symmetrischen Repräsentationsanlage, wie sie Abt Lieblein etwa in Anlehnung an die fürstbischöfliche Residenz in Bamberg vorschwebte und wie sie der von *Hugo Strauß* um 1750 gezeichnete Gesamtplan übermittelt, entgegen.
Umfang und Einfluß des 1677 aus Neustadt a.d. Waldnaab berufenen Maurermeisters *Johann Kirchberger* ungeklärt. Ab 1678 Bauarbeiten am Ostflügel des Konventgebäudes, ab 1682 Abbrucharbeiten am Südflügel. Auch die Umstände seiner Ablösung durch *Johann Schmuzer* aus Wessobrunn ab 1681 unbekannt. 1682 Zahlung für einen Klosterriß an *Johann Schmuzer* und seinen Polier, vermutlich *Johann Leonhard Dientzenhofer,* der demzufolge zwischen 1682 und 1687 in Speinshart tätig gewesen sein müßte. – 1683 Grundsteinlegung am Südtrakt des Klosters. Zahlungen an *Georg Peimbl,* Maurer und Steinmetz. Der Konventbau war 1689 beendet, mit Ausnahme des, nach der Säkularisation abgebrochenen, zweigeschossig an die Kirche angebauten Kreuzgangnordflügels, für den der Grundstein erst 1713 gelegt wurde. – Ausbau der Klosteranlage ab 1734 planmäßig, beginnend mit den 1705 durch Brand zerstörten nordwestlichen Gebäuden. 1739 Grundstein zur Brauerei. 1746 Brandzerstörung des nördlichen Klosterhofs, unmittelbarer Wiederaufbau. – Bau der Wies- oder Totenkapelle ab 1747, Freskierung durch *Lorenz Ziegler* 1750. – Veränderungen im Konventgebäude: 1748 Umbau des Refektoriums, neue Stukkierung des Festsaals im 2. Obergeschoß des Westflügels durch *Ulrich Lambeck* aus Schlicht bei Vilseck, Mittelbild 1762 von *Michael Wild* aus Amberg; beide Künstler ab 1763 in ⊳ Oberbibrach tätig. – Seit 1763 Umbauten; die drei Gästezimmer verlegt auf die Etage des Festsaals, Ausgestaltung mit Stuck durch *Lambeck* und Malereien von *Wild.* 1773 Umbau der Bibliothek in der Südostecke des Konventgebäudes, Deckenfresko von *Wild* bez. 1773.

Beschreibung

Die barocke Klosteranlage in ihren Grundzügen, wenngleich in unterschiedlichem Bauzustand, erhalten, umgeben von überwiegend landwirtschaftlich genutzten Flächen, vereinzelt störende Neubauten. – Von weitem dominant das regelmäßig gegliederte, vorwiegend in Weiß und Rot gehaltene Klostergeviert, aus Kirche und den südlich in drei Flügeln um rechteckigen Innenhof anschließenden dreigeschossigen Konventgebäuden gebildet, überragt im Westen von den beiden überkuppelten Kirchtürmen. Im Norden vorgelagert ein hufeisenförmiger

Wirtschaftshof, zugänglich durch einen von zwei achteckigen Türmen flankierten ansprechenden Torbau mit Mansarddach (bez. 1746). Die zweigeschossigen, ehemals einheitlich gestalteten, traufseitigen Ökonomiegebäude wurden im Zuge der Umnutzung einzeln verändert. – An der Ostseite liegt die ehem. Wies- oder Totenkapelle, ein Rechteckbau mit eingeschriebenem, längsovalem Zentralraum. Kuppel mit Stichkappen auf Wandpfeilern mit Pilastervorlagen, Reste der urspr. Gewölbemalereien.
Die Nordfassade der Kirche, an die, leicht vorspringend, der Nordturm und der Risalit des Prälatenstocks anschließen, bildet den Abschluß des dreiseitig bebauten, großen äußeren Klosterhofs. Die Fassade ist, wie die des Konventgebäudes, durch Gesimse in drei Geschosse unterteilt und mit einer Lisenenrahmengliederung gefeldert, in die die großen, rundbogigen Kirchenfenster, die beiden unteren Geschosse übergreifend, einschneiden. – Vor den Hauptportalen von Kirche und Konventgebäude liegt der innere Klosterhof, ein Rechteckplatz, der im Westen und Süden von einfachen, niedrigen, z.T. veränderten Traufseitbauten, im Norden von einem Walmdachbau begrenzt wird. – Klostergarten mit hoher Einfassung, Rest der ehem. Wehrmauern, im Osten an das Konventgebäude anschließend.

Konventgebäude

Die Fassaden des unregelmäßigen Rechteckbaus zwar vereinheitlicht, aber entsprechend den dahinterliegenden Räumen variiert. Die Westfassade bedeutsam herausgehoben durch den türmebekrönten Risalit des Prälatenstocks mit segmentförmigen Fensterverdachungen und -gewänden aus Haustein sowie figurenbesetztem Schmuckportal; der zurückspringende Mitteltrakt mit repräsentativem Eingang in den Konvent einbezogen in die von Lisenen, Mauer- und Mosaikputzfeldern belebte, durch unterschiedlich breite Fensterachsen gebildete Wand. – Kreuzgang auf drei Seiten erhalten. Das stichkappendurchsetzte Tonnengewölbe durch Stuckfelderung (Quadraturarbeit) jochsynkopisch überformt. An den Ecken vestibülartige Erweiterungen mit halbrunden Nischen nach Art der *Dientzenhoferschen* Bauten in ▷ Waldsassen, Ebrach und ▷ Michelfeld. Kreuzwegbilder (aus der Kirche) von *Johann Michael Wild* 1745. – Refektorium im 19. Jh. und Kapitelsaal in den 1920er Jahren verändert. – Im 2. Obergeschoß Fest- oder Musiksaal, Rokokostuck mit Vögeln, Blumen, den Vier Elementen von *Ulrich Lambeck*. Deckenbild von *Wild*, die Vergänglichkeit der Welt nach dem Psalmwort „Gehet vorüber wie ein Schatten" darstellend. – Zweigeschossige Bibliothek, das Deckenbild von *Wild* dat. 1773: Christus als Ausgangspunkt alles Wissens thronend, die Vier Evangelisten, die großen griechischen und lateinischen Kirchenväter und die Tätigkeit des Prämonstratenserordens; illusionistische Scheinarchitektur einer klösterlichen Bibliothek. – Über der Vorhalle im 2. Obergeschoß des Abteitraktes drei stuckierte Prunkgastzimmer.

Felsenkeller bzw. Sommerhaus, 1736/37 unter Abt Lieblein in etwa 1 km Entfernung auf einer Anhöhe mit Blick auf Kloster und Barbaraberg erbaut. Dreiteiliger Bau mit erhöhtem, mansardüberdachtem Mitteltrakt. – Großer heller Mittelsaal, darunter ausgedehnte Kelleranlage.

SPIELHOF Stadt Pleystein, Kr. Neustadt a.d. Waldnaab. *Karte 6*

Kath. Kapelle St. Walburga. Durch Rechteckblenden gegliederter, dreiseitig abgeschlossener Bau mit zwiebelbekrönter Laterne, am Portal Baudatum 1801. Restaurierung 1974/75. – Flachgedeckter Innenraum mit Rahmenstuck und bäuerlichen Stukkaturen in spätem Rokoko. – Altar architekturlos mit kartuschenförmig gerahmten, nazarenischem Altarblatt: hl. Walburga und Gnadenbild. – Holzfiguren der hll. Florian, Sebastian, Joseph, Wendelin, Antonius von Padua und Leonhard, ebenfalls um 1800.

SPINDLHOF Markt Regenstauf, Kr. Regensburg. *Karte 9*

Schloß. Das Schloß war häufig Eigentum bedeutender Familien und Persönlichkeiten: erster namentlich bekannter Besitzer 1649 Reinhard Praitschedel, desweiteren 1705 Johann Anton von Schellerer, 1768 Ferdinand Reichsfreiherr von Adrian und Werburg, 1770 Joseph Heinrich Freiherr von Schneid, 1802 Maria Freifrau von Pfetten, 1830 Freiherr Sigmund Joseph von Junker-Bigatto, 1891 Emil von Zakrzewski. Seit etwa 1950 kath. Tagungs- und Erholungsheim. – Baugeschichte. – Kernbau mit Mauersubstanz aus dem 17. Jh., 1895 neugotisch umgebaut. Südöstlich davor Kapellentrakt von 1792, nach Brand 1799 Turm erneuert, 1900 nördlicher, kapellenartiger Anbau als Bethalle für den protestantischen Schloßherrn; 1946 Brandzerstörung des rückwärtigen Flügels. Umfangreiche An- und Erweiterungsbauten 1954/55, 1959, 1962, 1990.
Malerische Lage am Regen, westlich umgeben von einem Schloßpark mit Gartenpavillon des 19. Jh. – Hauptbau in Stilformen der englischen Tudorgotik. Traufständiger Bau mit Zinnengiebeln, an den Ecken der östlichen Längsfront spitzbehelmte Polygonaltürme. Baukörper aus grobem Quadermauerwerk mit reicher Backsteingliederung. – Zweigeschossiger Kapellentrakt, über dem nördlichen Walm Turm mit eingezogener Zwiebelhaube. Inschrifttafel des Erbauers Weihbischof Valentin Anton von Schneid, dat. 1792, heute über dem Portal des ehem. Betsaals. – In der Kapelle ein frühklassizistischer Altar mit älterem, spätbarockem Altarblatt, das seltene Thema, die hl. Familie, eingebunden in die Hl. Dreifaltigkeit, darstellend. – In den übrigen Räumen ist die historistische Wanddekoration großenteils erhalten, z.B. „maurischer Salon“.

STAADORF

Stadt Dietfurt a.d. Altmühl, Kr. Neumarkt i.d. Opf. *Karte 12*

Kath. Pfarrkirche St. Martin. Unter Einbeziehung des gotischen Chorturms 1724 erbaut, 1727 geweiht, 1832 nach Westen verlängert. Innen 1978, außen 1986 restauriert. – Turm mit Oktogonaufsatz und eingezogener Zwiebelhaube, in seinem Erdgeschoß der quadratische, kreuzgratgewölbte Chor. Schiff über Hohlkehle flachgedeckt. Ausgedehnte neubarocke Decken- und Wandfresken mit Muschelornamentik von *Franz Hartmann* 1918. – Drei Altäre und Kanzel mit Rocailledekor, gegen Mitte 18. Jh. Hochaltar mit Bild des hl. Martin von *Hartmann.* Gemälde der Seitenaltäre: links sitzende Muttergottes, rechts Vierzehn Nothelfer.

STACHESRIED Markt Eschlkam, Kr. Cham. *Karte 11*

Kath. Kapelle St. Florian. Westlich unterhalb des Ortes. – Mitte 18. Jh. errichtet. – Flachgedeckter Saalbau mit Zwiebeldachreiter, innen und außen durch Pilaster gegliedert. Halbrund geschlossener Chor, gerundet zum Langhaus überleitend. – Rokoko-Altar um 1760, mit Volutenpilastern und Pietà-Gruppe im Mittelfeld, seitlich die hll. Petrus und Paulus.

Ehem. Hofmarkschloß. In der 2. Hälfte des 17. Jh. durch Johann Ernst von Pelkoven errichtet, 1692 vollendet. – Breitgelagerter Walmdachbau mit repräsentativer, die Allianzwappen tragender Portalrahmung an der Südfront. An der Westfront übereck gestellte Kastenerker und gerahmte Bildnische. Fenster und Inneres teilweise modernisiert.

STADLERN Kr. Schwandorf. *Karte 6*

Kath. Pfarr- und Wallfahrtskirche Unserer Lieben Frau. 1363 nachgewiesen als Pfarrkirche; im Besitz der Landgrafen von Leuchtenberg. Neubau um 1400, 1431 von den Hussiten verwüstet. Im 2. Viertel des 17. Jh. einsetzende Wallfahrt; bauliche Instandsetzung, Umgestaltung und Verlängerung des Langhauses, 2. Viertel 18. Jh. Außeninstandsetzung 1989. – Spätgotischer Rechteckchor zu zwei kreuzrippengewölbten Jochen, die mittleren Konsolen auf kurzen Säulchen; Chorbogen um 1900 erhöht. Breites Langhaus, Umfassungsmauern z.T. gotisch, mit Doppelpilastergliederung und umlaufendem, über den Rundbogenfenstern verkröpftem Kranzgesims, flache Rahmenstuckdecke, 1. Viertel 18. Jh. – Ausstattung überwiegend 1. Hälfte des 18. Jh. – Hochaltar, stattlicher Aufbau für das Gnadenbild der Muttergottes, eine fragmentarische Tonfigur des ausgehenden 15. Jh., der Überlieferung nach von den Kalvinisten zerstört, 1923 ergänzt. Seitlich barocke Schnitzfiguren der hll. Petrus und Paulus, Auszugsbild Hl. Dreifaltigkeit. – Seitenaltäre mit Figuren der hll. Michael bzw. Sebastian, Mitte 18. Jh. – Ebenfalls Rokoko die Kanzel. – Chorgestühl und Beichtstuhlbekrönungen mit Akanthusschnitzerei um 1700. – Außen an der südlichen Kirchenwand ungewöhnliche, reliefierte Granitsäule, wohl 2. Hälfte 17. Jh.: über rebenumwundenem Schaft ein tabernakelartiger Aufsatz mit Relief Christus in der Kelter.

ST. BÄUMEL Gem. Thalmassing, Kr. Regensburg. *Karte 14*

Kath. Wallfahrtskirche Unserer Lieben Frau. 1706 geweihte, flachgedeckte Saalkirche mit eingezogenem, halbrund geschlossenem Chor und Zwiebeldachreiter; westlicher Teil des Langhauses mit älterer Bausubstanz. Am Chor Nische mit steinerner Pietà, Anfang 18. Jh. – Marienaltar, 1672 von Frater *Johann Petrus,* aus dem Bruderchor der Klosterkirche ▷ Regensburg-Karthaus-Prüll. Säulenretabel mit Altarbild der Immaculata, umgeben von Engeln und Emblemen aus der lauretanischen Litanei. – Kanzel um 1700, mit Figürchen der Evangelisten und von Engeln getragenem Schalldeckel.

STAMSRIED Kr. Cham. *Karte 10*

Kath. Pfarrkirche St. Johannes Bapt. Bis 1673 dem Kollegiatstift zur Alten Kapelle in Regensburg inkorporiert, dann selbständige Pfarrei. – 1720–22 Neubau des Langhauses, 1739 des Chors, Renovierung innen 1966/67, außen 1982. Saalbau innen mit eingezogenem, dreiseitig geschlossenem Chor. Turm an der Chornordseite, mit Achteckaufsatz und Zwiebeldach. Außengliederung durch toskanische Pilaster mit Gebälk. – Gurtengegliedertes Tonnengewölbe mit Stichkappen, gestaffelte Wandpilaster. Zweigeschossige Westempore. Deckenfresken, vermutlich von *Valentin Reischl* aus Waldmünchen, der neben dem Altarblatt des urspr. Hochaltars von 1721 angeblich alle übrigen Malereien in der Kirche ausführte. 1830 übertüncht, 1966/67 freigelegt. Ausgedehnter, annähernd 100 Bilder umfassender Zyklus mit Hl. Dreifaltigkeit und Salome im Chor, Pfingsten, Mariä Himmelfahrt und Taufe Jesu im Langhaus, umgeben von kleineren Kartuschen mit den Aposteln und Märtyrern; an den Gurten Embleme und Allegorien; Vierzehn Nothelfer und hl. Familie an der unteren Emporenbrüstung. – Ausstattung. – Hochaltar Neurenaissance. Seitlich lebensgroße, altertümliche Figuren der Apostelfürsten, vom früheren, 1721 von *Christoph Ziegler* aus Cham angefertigten Hochaltar. – Seitenaltäre und Kanzel aus Stuckmarmor, 1722 von Wessobrunner Stukkateuren. Säulenretabel mit Gemälden, links Maria-Hilf-Bild nach *Lukas Cranach,* rechts hl. Johannes von Nepomuk. – Orgelprospekt 1736, restauriert 1983. – Stuhlwangen des Laiengestühls und Chorgestühl aus der Erbauungszeit. – Beichtstühle mit Einlegearbeiten, um 1722. – An der nördlichen Langhauswand Gemälde: Muttergottes in Gloriole, über Landschaft mit Burg und Stifter schwebend, 1709 ausgeführte Kopie eines Bildes von 1516. – Einige barocke Heiligenfiguren, u.a. Maria Immaculata des 18. Jh. – Grabdenkmäler der Schloßherren: an der nördlichen Chorwand Rotmarmorepitaph für Georg von Murach d. J. († 1588) und seine Gemahlin Magdalena († 1574), mit Relief der Auferstehung Christi und der knienden Familie der Verstorbenen; gegenüber Epitaph für Georg von Murach d. Ä. († 1552) und seine Gemahlin Margarete († 1542) mit Relief der Ehernen Schlange.

Ehem. Schloß. Um 1200 ist ein Erchenbert von Staunsreut archivalisch belegt. Nach 1342 Eigentum der Kürner von der Kürn, die 1354 auf dem nahen Haidberg die ▷ Kürnburg errichten. Seit dem 15. Jh. häufiger Besitzerwechsel. 1782–1965 Staatseigentum, im 19. Jh. an die Herrn von Abel verpachtet, seit 1965 Privateigentum. – Anlage des 17. Jh. mit mittelalterlicher Kernsubstanz, 1973/74 renoviert. – Von einem tiefen, auf der Nordseite noch sichtbaren Wassergraben und einem teilweise ummauerten Schloßpark (17. Jh.) umgeben. – Vierflügelanlage um schmalen, rechteckigen Innenhof, die südliche Längsfront nach beiden Seiten verlängert und akzentuiert durch zweistöckige, in den Putz geritzte Pilaster und Portal mit Sprenggiebel und Muschelnische.

Marktplatz: am nördlichen Ende Mariensäule, umgeben von vier lebensgroßen Figuren der hll. Johannes Bapt., Johannes von Nepomuk, Sebastian und Florian, bewegte Steinskulpturen von 1729; in der Mitte des Platzes Granitbrunnen, dat. 1723.

STAUFERSBUCH

Stadt Berching, Kr. Neumarkt i. d. Opf. *Karte 7*

Bis 1808 Hofmarksitz.

Kath. Pfarrkirche St. Martin. Chorturm mittelalterlich, Langhaus 1769 erneuert. – Ostturm mit Zwiebeldach, darin der eingezogene, querrechteckige Chor mit flachem Stichkappen-Tonnengewölbe und die Sakristei. Im Schiff korbbogige Stichkappentonne über gekuppelten Pilastern; geschweifte Westempore auf zwei runden Holzstützen. – Großes Deckengemälde: Krönung Mariens mit Ortsansicht, Wappen des Pfarrers Max Augustin Freiherr von Ecker auf Kapfing und Chronogramm 1786; im Chor hl. Martin. – Ausstattung der Bauphase um 1770. Hochaltar, ein Sechssäulenretabel mit Altarblatt Glorie des hl. Martin, von dem Eichstätter Hofmaler *Johann Michael Franz* sign. – Seitenaltäre, konkave Pilasteraufbauten, mit nazarenischen Altarblättern. – Kanzel mit Muschelwerkdekor. – Grabdenkmäler des ansässigen Adels aus dem 15./16. und 18. Jh.

STEFLING Stadt Nittenau, Kr. Schwandorf. *Karte 9*

Schloß. Urkundlich wird Stefling erstmals um 991 im Besitz des Burggrafen Papo von Regensburg genannt. Möglicherweise bestand bereits damals eine Burganlage. Mit dem Aussterben der Grafen von Stefling 1196 kam die Burg an den bayerischen Herzog, 1329 an die Pfälzer Linie der Wittelsbacher. In der Folge wechselte Stefling häufig den Besitzer, u. a. gehörte es den Auer, den Ecker, den Grafen von Ortenburg und seit 1820 den Grafen Eckart bzw. von der Mühle-Eckart. – In Sichtweite der Burg Hof a. Regen auf einer sich über das Tal schiebenden, steil nach drei Seiten abfallenden Granitkuppe gelegen. Der Zugang in den Burghof erfolgt von Westen, vorbei an der Schloßkapelle, durch das innere Burgtor. Der Burghof erstreckt sich entsprechend dem Gelände in Nord-Süd-Richtung. Am Nordende erhebt sich der dreigeschossige Schloßbau, in den Umfassungsmauern z.T. romanisch, laut Inschrift über dem Eingangsportal 1748 barockisiert und im Inneren umgebaut. An der Westseite Wirtschaftsgebäude. Den Burghof schließt im Süden der nur noch in seinen beiden tonnengewölbten Untergeschossen erhaltene romanische Bergfried aus Quadermauerwerk.

STEIN Markt Plößberg, Kr. Tirschenreuth. *Karte 3*

Kath. Expositurkirche St. Laurentius. 1762 von *Philipp Muttone* erbaut. Außenrestaurierung 1983, Innenrestaurierung 1985/86 nach Befund von 1907 und 1947. – Saalbau mit eingezogenem, halbrund geschlossenem Chor; im nördlichen Chorwinkel Turm mit Laternenzwiebelhaube. Ecksituation des kompakten Baus betont – eine Stileigenheit *Muttones.* An der Langhausnordseite Wappen des Abtes Wigand von Deltsch, dat. 1762. – Im Innern durch Gurte gegliederte Stichkappentonne mit Rahmenstuck und Deckengemälden von 1907 und 1947. Wandgliederung durch Pilaster mit verkröpften Gebälkstücken, Figurennischen über den Langhausfenstern. – Die Ausstattung der Erbauungszeit 1907 ergänzt. Hochaltar, Viersäulenretabel mit Altarblatt Martyrium des hl. Laurentius, Seitenfiguren der hll. Florian und Sebastian (innen), Maria Immaculata und hl. Joseph (außen). In ähnlichen Formen die Seitenaltäre mit Altarblättern von 1907. – Kanzel und Orgel in Rokokoformen.

STEINBERG
Stadt Neumarkt i.d. Opf., Kr. Neumarkt i.d. Opf. *Karte 7*

Kath. Wallfahrtskirche zum Gegeißelten Heiland. 1837 errichteter Saalbau mit Dachreiter, eingezogener Apsis und zweiteiligen Rundbogenfenstern. – Neugotische Ausstattung. An den Langhauswänden Figuren der Maria Immaculata und des hl. Jakobus, 18. Jh. – Votivtafeln aus der daneben abgebrochenen Holzkapelle.

STEINBÜHL Stadt Kötzting, Kr. Cham. *Karte 11*

Kath. Expositurkirche St. Nikolaus. Die „Pfingstreiter-Kirche“ in Steinbühl bis 1896 Filiale von Kötzting. – Von alten Linden und z.T. noch mittelalterlicher ehem. Friedhofsmauer umgeben. – Kernsubstanz des Baus 14./15. Jh., Langhaus Ende 17./18. Jh. umgestaltet. 1923 nach Westen verlängert und Chor überbaut. Gesamtrenovierung 1970–72. – Turm an der Chornordseite, mit Lichtschlitzen und barockem Achteckaufsatz mit gedrückter Zwiebelhaube und Laterne. Im stark eingezogenen, quadratischen Chor aus der Mitte des 14. Jh. Kreuzgewölbe mit ausgekehlten Rippen auf Konsolen in Form von differenzierten Menschenköpfen. – Spätgotische Fresken, 1956 freigelegt: am Gewölbe Evangelistensymbole und Engel, an den Wänden fragmentarischer Zyklus mit Muttergottes, Christus als Gärtner und Heiligen. – Im flachgedeckten Langhaus großes Deckenfresko mit Pfingstritt-Szene von *Sigmund Spitzner*, 1956. – Bildfenster um 1923. An der Langhausnordseite die dreiseitig geschlossene ehem. Seelkapelle mit unregelmäßigen Kreuzgratgewölben. – Ausstattung. – Hochaltar gegen Mitte 18. Jh. Aufbau mit gedrehten Säulen, Altarblatt hl. Nikolaus und hl. Katharina vor der Muttergottes, Seitenfiguren der hll. Benedikt und Scholastika. – Kanzel mit bekrönendem Guten Hirten, Mitte 18. Jh. – Spätgotische Figuren um 1500: Muttergottes in der Kapelle, an den östlichen Langhausseiten hl. Nikolaus und hl. Katharina. – Zwei bemerkenswerte Türen mit wohl spätmittelalterlichem Beschlag und zahlreichen Hufeisen.

STEINFELS

Markt Mantel, Kr. Neustadt a. d. Waldnaab. *Karte 5*

Ehem. Landsassengut. Erste urkundliche Nennung 1052; von den Herren von Steinfels wurde seit dem 14. Jh. ein Hammer betrieben. Urspr. eine mittelalterliche Wasserburg, der heutige Bau aus dem 17. Jh., ein dreigeschossiges, mächtiges Giebelhaus mit abgefasten Fenstergewänden, nach Süden zwei- und dreigeschossige Anbauten.

Kath. Schloßkapelle Mariä Himmelfahrt. 1707/08 durch Ignaz Freiherr von Weveld errichtet, 1723 konsekriert; an das Schloß angebaut wie in ▷ Röthenbach und ▷ Rupprechtsreuth. Rokoko-Ausstattung 1983 ausgelagert.

STETTKIRCHEN

Markt Hohenburg, Kr. Amberg-Sulzbach. *Karte 8*

Kath. Wallfahrtskirche Mariä Heimsuchung. Der Überlieferung nach 976 von Kaiser Otto II. nach seinem Sieg über den bayerischen Herzog Heinrich II. (den Zänker) gestiftet. – Spätgotischer Bau mit Einbeziehung romanischer Mauerteile. 1656 durch den Maurermeister *Georg Schmid* aus Hohenburg nach Westen verlängert. Baumaterial angeblich von der Burgruine in Adertshausen verwendet. 1691 Umbau des Chors. Restaurierung 1977–83. – Kompakter Bau mit fensterloser Nordseite. Im nördlichen Chorwinkel mächtiger Turm mit Glockendach, seine beiden niedrigen Oktogonobergeschosse durch Lisenen und Bogenfriese gegliedert, um 1600. Spitzbogiger Eingang an der Westseite der Kirche, an der Südseite romanisches Rundbogenportal mit profilierten Kämpfern und säulenflankiertes Vorzeichen, um 1660. Langhaus mit Flachdecke über Hohlkehle, Pilastergliederung, eingezogener, dreiseitig geschlossener Chor mit Kreuzgratgewölbe. – Deckenstukkaturen 1733, mit Reliefs mariologischer Embleme. – Emporenbrüstung mit Fresken, 2. Drittel 18. Jh.: König David holt die Bundeslade nach Jerusalem, Jephtas Rückkehr aus der siegreichen Schlacht und musizierende Engel. – Ausstattung. – Viersäuliger Hochaltar mit seitlichem Akanthuswerk, 1691, 1766 zur Aufnahme des Gnadenbildes überarbeitet: in Baldachinnische Mondsichelmadonna des späten 15. Jh. Seitenfiguren der hll. Joachim und Anna. – In ähnlichen Formen die Seitenaltäre um 1700. Nördliches Altarblatt Anbetung der Hirten, südliches Altarblatt hl. Familie, nach Mitte 18. Jh., davor ein Wiesheiland im Tabernakel, um Mitte 18. Jh. – Kanzel um 1733, mit mariologischen Flachreliefs. – Beichtstuhl, 2. Hälfte 18. Jh., von Figur der Maria Immaculata bekrönt. – Orgelgehäuse mit musizierenden Putten, 2. Drittel 18. Jh., um 1970 nach vorn versetzt.

ST. GILLA Gem. Mintraching, Kr. Regensburg. *Karte 14*

Schloß 1875 durch Max Graf von Lerchenfeld-Köfering errichtet. Villa in Neurenaissanceformen, mit Walmdach und östlichem Mittelrisalit.

Kapelle St. Ägidius, im Bereich des alten Ökonomiehofs. – Flachgedeckter Saalbau mit Zwiebeldachreiter, 17. Jh. An der Stirn des eingezogenen, rechteckigen Chors römischer Inschriftstein. – Geschnitzte Stuhlwangen, Ende 17. Jh. – An der Herrschaftsempore Rotmarmorepitaph der Familie von Lerchenfeld-Köfering und der freiherrlichen Familie von Gumppenberg-Oberbrennberg-Pöttmes, mit Relief der Patrona Bavariae von 1956.

STOCKENFELS Stadt Nittenau, Kr. Schwandorf. *Karte 9*

Burgruine. Vermutlich in der 2. Hälfte des 13. Jh. durch Herzog Ludwig den Strengen errichtet; erstmals 1326 urkundlich erwähnt. 1340 Stiftung für eine Frauenkapelle. Seit dem 14. Jh. u.a. im Besitz der Auer, Sinzenhofer, Heuraus, Thürheim und seit 1801 der von der Mühle-Eckart. Seit der Mitte des 17. Jh. ist die Burg bis auf den Wohnturm eine Ruine. Umfassende Grabungen, Sicherungs- und Instandsetzungsarbeiten seit 1983. – Die Burg liegt auf einer bewaldeten, dreiseitig steil abfallenden Bergkuppe in beherrschender Lage am Regenknie oberhalb Marienthal. Der Hauptbau, an höchster Stelle gelegen, nimmt ein langgestrecktes Rechteck ein. Die Angriffsseite im Norden ist durch einen Wohnturm sowie einen vorgelagerten Mauerturm und einen Halsgraben geschützt. Westlich unterhalb erhoben sich auf einer Terrasse die Wirtschaftsbauten, die durch zwei Schenkelmauern mit dem Hauptbau verbunden waren. – Der Hauptbau ist dreigeteilt: tiefrechteckiger Wohnturm im Norden, Hof mit Küchenbau in der Mitte, Palas im Süden. Mauern durchweg mit Grantiquadern verblendet, die Ecken aus sorgfältig behauenen Buckelquadern mit Randschlag gesetzt. Bei der spätgotischen Erhöhung wurde unregelmäßigeres Mauerwerk verwendet.

STRAHLFELD Stadt Roding, Kr. Cham. *Karte 10*

Kath. Filialkirche St. Barbara. Bau des frühen 18. Jh., in den Nordflügel des ehem. Schlosses integriert. Letzte Außenrenovierung 1989. – Nordseite durch kräftige Rechteckblenden gegliedert, Glockenstuhl mit Spitzhelm. – Tonnengewölbe mit Stichkappen; im eingezogenen, halbrund geschlossenen Chor über toskanischen Pilastern mit Gebälkstücken. – Ausstattung. – Hochaltar 2. Hälfte 18. Jh., aus ▷ Nabburg erworben, zusammengesetzt. Konkaver Aufbau mit Säulen und Pilastern, im Mittelfeld Relief der Hl. Dreifaltigkeit, beiderseits des Altars spätgotische Figuren der hll. Katharina und Laurentius, barock überarbeitet. – Orgelprospekt Rokoko, ungefaßt. – Mehrere Figuren des 18. und 19. Jh., an der Nordseite ausdrucksstarker barocker Kruzifixus. – An der Rückwand Grabdenkmal für Dietrich Heinrich Freiherr von Plettenberg, „Herr zu Strallfeld, Khirn, Schwürtzenberg und Altenkreit" († 1713), der laut Inschrift die Kirche erbauen ließ, und für seine Frau Maria Margarita Magdalena († 1742), Säulenaufbau aus weißem und rotem Marmor.

Ehem. Schloß. Die Stahlfelder im 13. und 14. Jh. belegt. – Die urspr. Vierflügelanlage des 17. Jh. nach den Bränden 1703, 1804 und später verändert und erweitert, um großen Rechteckhof gruppiert.

STULLN Kr. Schwandorf. *Karte 9*

Kath. Filialkirche St. Stephanus. Gotische Chorturmkirche, im 17./18. Jh. verändert. – Kurzer Saalraum mit hölzerner Leistendecke und Westempore; leicht eingezogener Chor im Untergeschoß des Ostturms mit Kreuzrippengewölbe und Wandmalereifragmenten szenisch-figürlicher Heiligendarstellungen des 15. Jh. – Hauptaltar Ende 17. Jh. mit gewundenen, weinlaubumrankten Säulen und Akanthusschnitzwerk; Altarbild Martyrium des hl. Stephanus. – In der neuerrichteten kath. Pfarrkirche Teile der alten Ausstattung, u. a. zwei Flachreliefs um 1500: Anna Selbdritt und hl. Georg.

SÜNCHING Kr. Regensburg. *Karte 14*

Kath. Pfarrkirche St. Johannes Bapt. und Johannes Ev. Erste urkundliche Nachricht von Sünching 773. Das Geschlecht der Sünchinger ist seit 1133 bezeugt. – Saalkirche mit eingezogenem, dreiseitig schließendem Chor, Neubau um 1700. Gotischer Turm (Bauinschrift von 1502), Obergeschosse mit Spitzbogen verblendet. – Breiter Saal mit Flachdecke über seitlichen Hohlkehlen, kreuzgratgewölbter Chor. Pilastergliederung, einfacher Rahmenstuck. In der Querachse des Langhauses Kapellenanbauten: Stuck in den Kreuzgratgewölben und über den Eingangsbögen, um 1720, in der Art von *Joseph Bader* in ▷ Alteglofsheim. – Ausstattung des ausgehenden 19. Jh., beeinträchtigt durch neue Fassungen.

Grabdenkmäler. – Die Kirche besitzt eine ganze Reihe künstlerisch bedeutender Grabsteine und Epitaphien des 15. und 16. Jh. An der Südwand im Chor Sandsteinepitaph für den Wundarzt Achaz Zindlmaier († 1588) mit Relief des Verstorbenen. – Gegenüber Epitaph für Dekan und Pfarrer Eysl († 1604) mit Relief des Geistlichen. – An der Nordinnenwand des Langhauses Grabstein für Dietrich Hofer († 1416) mit Hochrelief des Verstorbenen in voller Rüstung, die Rechte am Schaft der Rennfahne, die Linke an der Helmzier des großen Vollwappens, künstlerisch und kostümgeschichtlich bedeutende Arbeit eines Regensburger Meisters. – Daneben Rotmarmorepitaph für Joachim von Stauf († 1568) mit dem figürlichem Relief eines Ritters, zu beiden Seiten des Verstorbenen die Wappen der Ahnenprobe. – An der Südinnenwand des Langhauses Grabstein für Ulrich von Stauf († 1472) mit Relief des Verstorbenen in voller Rüstung, dem Steinmetzen *Matthäus Roritzer* zuzuschreiben, der 1476 das Regensburger Bügerrecht erlangte und damals die Leitung der dortigen Dombauhütte übernahm. Daneben Rotmarmorepitaph für Degenhart von Stauf († 1568) mit figürlichem Relief des Ritters. – In der nördlichen Kapelle Kalksteinepitaph für die dreijährige Tochter des Max Hösel († 1615). Kalksteinepitaph für den Pfarrer Georg Rieger († 1665). Grabdenkmal für Joseph Franz Maria Reichsgraf von Seinsheim († 1787), obeliskartiger Aufbau mit Medaillonrelief des Verstorbenen.

★ **Schloß.** Das Geschlecht der Sünchinger seit dem 12. Jh. nachweisbar; seit Mitte des 14. Jh. bis 1448 die Hofer zu Sünching, dann die bedeutende Adelsfamilie der Staufer. Hans Staufer, Mitglied des Löwlerbundes, trug Sünching der Krone Böhmen zu Lehen auf. Ab 1573 Georg Ludwig Freiherr von Seinsheim d. Ä. – 1705 wurde die bayerische Linie in den Reichsgrafenstand erhoben. Seit 1910 im Besitz der Freiherrn von Hoenning O'Caroll. – Baugeschichte. Von einem 1668 durch Christian Freiherr von Seinsheim d. J. westlich der alten Burganlage errichteten Vorgängerbau nur Säulenspolien im Hof erhalten. *Wenings* Stich von 1726 zeigt bereits einen achteckigen Baukörper, von Wassergräben eingeschlossen, mit barocker Gartenanlage im Osten, nach Westen Ökonomie. Möglicherweise lag dem Stecher nur ein Plan vor, oder aber die Anlage wurde abgebrochen und nach Plan von *François Cuvilliés* neu errichtet. Bauherr des Schlosses war Joseph Franz von Seinsheim: Ehewappen über dem östlichen Eingangsportal von *Ignaz Günther*. Grundsteinlegung 1758, ein Jahr nachdem der Bruder des Bauherrn, Adam Friedrich von Seinsheim, Fürstbischof von Würzburg, auch Fürstbischof von Bamberg geworden war. Bauleitung hatte der Münchner Hofmaurermeister *Leonhard Matthäus Gießl*. Die künstlerische Oberleitung oblag, wie aus Korrespondenz mit dem Bruder des Bauherrn hervorgeht, *François Cuvilliés;* 1766 wird dieser für verschiedene Risse und Modelle bezahlt, von denen jedoch bisher keiner bekannt geworden ist. 1761 waren die Bauarbeiten weitgehend abgeschlossen; Deckenbild im Festsaal dat. und sign. von *Matthäus*

Günther. Ausführende der Ausstattung waren außerdem die Schnitzer *Johann Thomas Sailer* und *Tobias Grimm* in Werkstattgemeinschaft mit *Cuvilliés,* der Hofstukkator *Franz Xaver Feichtmayr d.J.* und der Hofmaler *Georg Desmarées.* – Außeninstandsetzung seit 1984.
Schloß Sünching war, wie ▷ Alteglofsheim, der Adelssitz eines am Münchner Hof einflußreichen hochgestellten Diplomaten. Unmittelbar gleichzeitig mit den kurfürstlichen Zimmern der Residenz Max III. Joseph verwirklichte sich ein letztes Mal im Regensburger Raum höfische Kunst im Auftrag des Adels. Gesteigerte Repräsentation verband sich mit einer für den fürstbischöflichen Bruder des Bauherrn eingerichteten Raumfolge. Maßgeblichen Einfluß gewannen damit die mainfränkischen Residenzen, insbesondere Schloß Seehof bei Bamberg. Die ungewöhnliche Bauform, ein unregelmäßiges Oktogon, hat einen Vorläufer im Seinsheimschen Schloß Erlach aus dem 16. Jh.
Äußeres. – Schlichte dreigeschossige, allseitig regelmäßig durchfensterte Fassaden, durch Putzgliederung am Sockel und an den Ecken belebt. Die Repräsentationsräume, die als Enfilade in der südlichen Hälfte des Oktogons liegen, zeichnen sich an der Fassade nicht ab. – Inneres. – Erschließung durch ein repräsentatives barockes Treppenhaus im Südflügel; im Obergeschoß hofseitig umlaufender Gang. Ein zweiter (vermutlich älterer) Treppenaufgang im Westflügel.

Kath. Schloßkapelle Mariä Himmelfahrt

Südlich des Hauptportals, eingebunden in die für Adam Friedrich von Seinsheim, den Fürstbischof von Würzburg und Bamberg eingerichtete Enfilade. Ein Kabinettstück des ausgehenden Rokoko: nach Entwurf von *Cuvilliés* fertigte *Feichtmayr* den Wandstuck, *Ignaz Günther* Altar und Emporenbalustrade, *Matthäus Günther* das Deckenbild. – Zweigeschossiger, nur von Osten belichteter, enger Raum auf trapezförmigem Grundriß. Die Westwand füllt der Altar, im Osten Empore. Wandgliederung in Stuck nach Art von Täfelung: ein Rahmengerüst um Fenster und Spiegelfenster, Füllungen mit Muschelwerk, Blütenranken sowie Gehängen liturgischer und musikalischer Instrumente. Abschließendes Kranzgesims, zugleich Rahmen für die Malerei im Spiegelgewölbe. – Deckenbild, thematisch eine Ergänzung der Altarwand, Erwartung Mariens im Himmel, Dreieinigkeit und Engelskonzert. Lockere, an Lichteffekten reiche architekturlose Figurenkomposition. In pastellfarbenem Kolorit einzigartig erhalten. – Altarretabel, Mariä Himmelfahrt. In vergoldetem Schnitzrahmen hohes Rundnischenrelief, Holz in polierweißer Fassung; erneuert und beeinträchtigt durch Verlust der urspr. polierten Oberfläche. *Ignaz Günther* stellt hier bildartig den Kreis der Apostel am Sarkophag dar, darüber in einer Wolkenglorie die Muttergottes. Zurückgenommen ist das Pathos der plastisch-räumlichen Altaranlage *Egid Quirin Asams* in Rohr, aufgegeben der theaterhafte Aktionszusammenhang. Seelischer Ausdruck einzelner Figuren vergegenständlicht sich in der dekorlosen Oberflä-

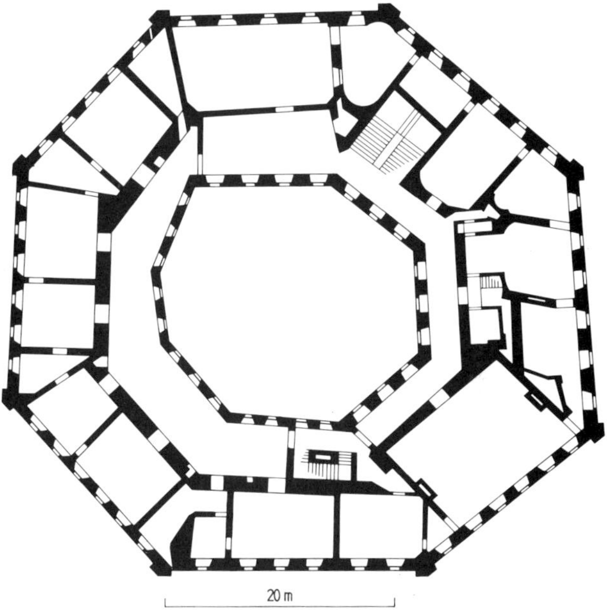

Sünching, Schloß

chenbildung der Gewänder und der Silhouettenwirkung verhaltener Gesten.

Im Treppenhaus Deckenbild sign. von *Johann Schöpf*, Apotheose des Seinsheim'schen Wappens. Podesttreppe mit Eisengitter nach Entwurf von *Cuvilliés*, geschmiedet von *Lorenz Gerold*. Ganzfiguriges Doppelporträt von *Nikolaus Treu*, 1761 dat., sign. „*Nic Trey*": Fürstbischof Adam Friedrich von Seinsheim im Kavalierskostüm, im Park von Schloß Seehof sitzend mit Bauplänen. – Im 1. Obergeschoß Enfilade, eingerichtet für den Fürstbischof. Über der östlichen Durchfahrt ehem. Gastzimmer, heute Bibliothek. Ausstattung aus der Erbauungszeit: geschnitzte Konsoltische in Originalfassung. Über gerahmten Spiegeln drei Gemälde mythologischen Inhalts, *Christian Winck* zugeschrieben – Papiertapete des Biedermeier. – Büsten der Könige Ludwig I. und Maximilian II., *Thorvaldsen* zugeschrieben – Hinter der Kapelle, deren Empore in der Enfilade liegt, Ahnengalerie. Porträts des Carl von Seinsheim und seiner Frau, sign. von *Raisky*, 1838. – Roter Salon: Kamin nach Entwurf von *Cuvilliés*, auch die Gußplatte, die nach *Ignaz Günthers* geschnitztem Modell gegossen wurde. Porträts des Erbauers und seiner Familie von *Desmarées*. Kachelofen 17. Jh. – Ankleidezimmer, Ofen des 18. Jh. Zwei Pastellporträts von 1792. – Ehem. Schlafzimmer des Fürstbischofs mit grünem (erneuertem) Damast. Ölbild Christus mit Maria Magdalena, 17. Jh. – Zwei Chinesische Kabinette mit originaler Tapetenmalerei des 17. Jh. auf Leinen aufgezogen. Großer Figurenfries: in mehrfachem Rapport Vogelhändler, Dame mit Hund, Figuren mit Schmetterlingen und Lotuspflanzenschale. Rahmung durch kleinteiligen Blumen-, Vogel- und Jagdfries, Bilder mit Tempelarchitektur. Im zweiten Kabinett originale Rahmenfriese, nachträglich in chinesischer Manier übermalt.

Festsaal

1761/62 nach Gesamtentwurf von *François Cuvilliés,* ausgeführt von den gleichen Künstlern wie die Kapelle. Einzigartige Raumschöpfung des ausklingenden Rokoko, in der sich die andernorts bereits vollzogene Hinwendung zum Klassizismus ankündigt. Vorbild war vermutlich der 1751 von *Giuseppe Appiani* ausgemalte Weiße Saal der fürstbischöflichen Residenz Seehof bei Bamberg, die der Bruder des Bauherren seit 1757 innehatte. – Ein geläufiges kosmologisches Bildprogramm: Jahreszeiten und Phöbusallegorie, in Abwandlung von *Asams* Festsaaldekoration in ▷ Alteglofsheim. Ungewöhnlich – jedoch bezeichnend für den Stilumbruch – ist die klare Trennung der Raumschale in weißgrundigen, ornamentierten Wandaufbau und buntfarbig figurierte, atmosphärisch angelegte Deckenmalerei. – Stuck 1984 restauriert, Malerei nur gereinigt. – Der zweigeschossige, querrechteckige Saal mit direktem Licht von Süd-Westen, hat mäßig große Fenster, an drei Seiten mit Spiegelfüllungen. Wanddekoration in der Tradition getäfelter Zimmer, in Stuck- und Holzschnitzerei ausgeführt. Originell ist die Fassung: blau (smalte) auf weißem Grund. Ein Kontrast von Auflage und Fond, der sich bei künstlerischer Beleuchtung verliert; die Wand gewinnt dann eine verschwimmende, weiche Plastizität, vergleichbar dem (damals erfundenen) Biskuitporzellan. Von porzellanhafter Wirkung war bereits die Wanddekoration im Festsaal von Seehof. – Gliederungssystem aus Blendbogen- und Rechteckrahmungen, sowie schmalen Wandfüllungen, aufgelockert von Rocaillekartuschen, Ranken und Palmwedeln. Ein ornamentales Gerüst, aus dem sich in Geschoßhöhe nahezu freiplastische Puttengruppen herauslösen: Darstellungen von Tierkreiszeichen, denen Embleme der Monate beigeordnet sind. Geschnitzte Konsoltischchen bilden den Sockel dieser dekorativen Achsen. – An den Schmalseiten des Raumes Kaminrisalite mit Gemälden von *Desmarées:* ganzfigurige Porträtbilder der Grafen von Seinsheim. Schnitzarbeit von *Ignaz Günther,* Reliefs der Fama, Bild- und Spiegelrahmen in Analogie zur Stuckdekoration. – Das Deckenbild setzt ohne Sockel auf geradem, attikaartigem Wandabschluß auf. Ohne Architekturperspektive bauen sich von den Raumseiten aus Figurengruppen auf, ungewöhnlich starkfarbig und plastisch in atmosphärischer Wolkenlandschaft. Allegorien der Jahreszeiten: über dem Eingang, in vollem direkten Licht, der Sommer; rechts der Frühling, links der Herbst. Jeweils über stukkierten Tier- und Monatszeichen. Im Zenit schwebt Jupiter über Juno, Neptun und Merkur, voll ansichtig von der Fensterseite. Darunter, verschattet im Gegenlicht angeordnet, die Darstellung des Winters. Von Draperien hinterfangen, eine wirkungsvolle Komposition, bez. „*Gündter* pinxit 1761."

SÜSS Markt Halmbach, Kr. Amberg-Sulzbach. *Karte 4*

Kath. Marienkapelle. Barocke, dreiseitig schließende Kapelle mit Zwiebeldachreiter, 1819 nach Westen verlängert. – An der Ostwand mittleres Teilstück des ehem. Altars, um 1700, mit Figur der Muttergottes, flankiert von Anfang des 16. Jh. geschnitzten Figuren der hll. Nikolaus und Blasius. Gleichzeitig die Figur der Muttergottes an der Nordwand.

SÜSSENBACH Gem. Wald, Kr. Cham. *Karte 9*

Kath. Expositurkirche St. Jakobus Maior. Dem Kloster Reichenbach inkorporierte ehem. Pfarrei. – Gotischer Bau, nach Mitte 18. Jh. barockisiert. Renovierung 1986/87. – Westturm mit im Obergeschoß abgerundeten Ecken und Zeltdach von 1883. An seiner Südseite ausgekehlte spitzbogige Portalrahmung. – Eingezogener, gerade geschlossener Chor mit Tonnengewölbe, im Langhaus Flachdecke über Hohlkehle, gedrückter Chorbogen. – Deckengemälde von *Mathias Schiffer* 1785: im Chor Transfiguration, im Schiff die Enthauptung des hl. Jakobus Maior vor Scheinarchitektur (sign. und dat.). – Ausstattung Rokoko. Hochaltar mit vier gewundenen Säulen und Altarblatt: hl. Jakobus empfiehlt die Kirche der Muttergottes und der Hl. Dreifaltigkeit; Figuren der hll. Simon und Thaddäus über den seitlichen Durchlässen. – Seitenaltäre, konkave Säulenretabel, links mit Figur der Muttergottes, rechts mit Altarblatt hl. Sebastian. – Kanzel mit Rocailledekor und bekrönendem Auge Gottes. – Stuhlwangen mit Akanthusschnitzereien, wohl Anfang 18. Jh. – In der modernen Seitenkapelle ausdrucksstarker Kruzifixus, gegen 1500, und zeitgleiche Assistenzfiguren in der Form eines Flachreliefs.

SULZBACH-ROSENBERG Kr. Amberg Sulzbach. *Karte 4*

Als Burgort der mächtigen Grafen von Sulzbach 1104 erstmals erwähnt. Im Schutz der Burg entstand bald eine Siedlung, die spätestens 1188, als die Grafen von Hirschberg das Erbe der Grafen von Sulzbach antraten, das Marktrecht und bis zum Übergang an die Wittelsbacher 1305 das Stadtrecht besaß. 1329 wurde die Stadt der pfälzischen Linie der Wittelsbacher zugeteilt. Kaiser Karl IV. machte sie 1355 zur Hauptstadt seiner neuerworbenen, „Neuböhmen" genannten Besitzungen. 1373 übernahmen wieder die Wittelsbacher die Herr-

schaft. 1505 kam Sulzbach an Pfalz-Neuburg und entwickelte sich zur fürstlichen Residenz. Im 17. Jh. spaltete sich eine eigene Linie Pfalz-Sulzbach ab. Die Vorrangstellung erlosch 1742 mit dem Verlust der Residenz und endgültig 1791 mit der Verlegung des Regierungssitzes nach Amberg.
Das wirtschaftliche Rückgrat Sulzbachs bildete der Eisenerzbergbau; durch die Hammerwerkseinigungen von 1341 und 1387 mit dem konkurrierenden Amberg bestimmte die Stadt die Entwicklung der oberpfälzischen Eisenindustrie. Die Lage an der bedeutenden Handelsstraße von Nürnberg nach Böhmen förderte die Ausbildung eines regen Handelsgewerbes. Vor allem Karl IV. verlieh den Sulzbachern weitreichende Zollfreiheiten, u.a. in Nürnberg und Frankfurt.
1934 Zusammenschluß mit Rosenberg zur Doppelsiedlung Sulzbach-Rosenberg.

Stadtentwicklung und -befestigung

Östlich der Burg bildete sich entlang der alten Durchgangsstraße eine Marktsiedlung um die Pfarrkirche heraus, die schon in der 2. Hälfte 13. Jh. Stadtrechte besaß. Durch die Berglage besonders begünstigt, erfolgte wohl noch im 13. Jh. eine viertorige Ummauerung der Burganlage samt der bürgerlichen Siedlung über annähernd fünfeckigem Grundriß, der sich heute noch am Verlauf von Rahm, Kugelplatz, Hafnersgraben, Kunst- Fischer- und Pfarrgasse im Stadtplan abzeichnet. Bedingt durch den wirtschaftlichen Aufschwung im 14. Jh. entstanden Vorstädte östlich der alten Stadtmauer: 1326 die „anterior civitas" an der platzartig verbreiterten Durchgangsstraße, der jetzigen Rosenberger Straße, und nördlich die wohl unter Karl IV. angelegte Neustadt. Zusammen mit einem weiteren südlichen Besiedlungsteil, dem Gebiet auf dem „Bühl", wurden sie wohl noch im 14. Jh., an die alte Stadtmauer anschließend, befestigt. Etwa gleichzeitig entwickelte sich zu Füßen der Burg am Rosenbach eine Unterstadt (sog. Bachviertel), 1388 ebenfalls ummauert. Nord- und Ostseite der Stadt durch Mauer, Wall und Graben geschützt, während die übrigen Seiten, die steile Hanglage nutzend, nur mit Mauerzügen befestigt sind.
Die Stadtmauer aus Bruchsteinen ist im nördlichen und nordöstlichen Abschnitt streckenweise erhalten (Wehrgang nördlich der Rosenberger Straße rekonstruiert), Graben- und Wallanlage hier noch sehr gut sichtbar. Die Stadtmauer wird verstärkt durch in der Regel in das 15. Jh. zurückgehende Vierkanttürme und halbrunde Türme bzw. Bastionen („Bastei" und „Kleine Bastei"), heute meist zu Wohntürmen umgebaut. Fünf Tore, sämtlich im 19. Jh. abgebrochen: Brunn- und Zipeltor nach dem Stadtbrand 1822, Haagtor 1867, Neutor 1868, Rosenberger Tor 1871. – Von der unteren Ummauerung ebenfalls Reste mit rundem Eckturm, sog. Pulverturm, erhalten.
Rosenberg erstmals 1253 erwähnt, liegt zu Füßen der Rosenburg auf dem Schloßberg. Der letzte Rest der schon im 16. Jh. verfallenen Burg

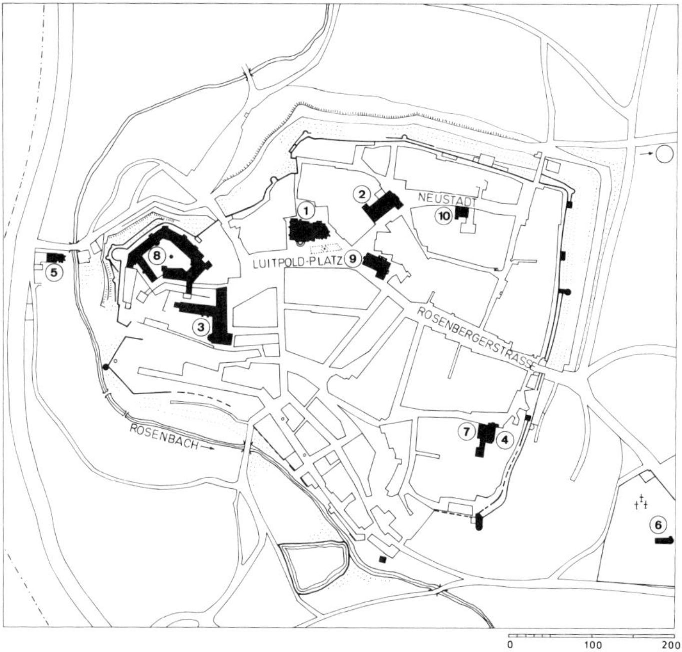

Sulzbach-Rosenberg

1 *Stadtpfarrkirche Mariä Himmelfahrt*
2 *Ev. Christuskirche*
3 *Ehem. Salesianerinnenkloster und ehem. Klosterkirche St. Hedwig*
4 *Ehem. Bürgerspital und Spitalkirche*
5 *Ehem. Spitalkirche*
6 *Friedhofskirche*
7 *Wallfahrtskirche St. Anna*
8 *Ehem. Schloß*
9 *Rathaus*
10 *Heimatmuseum*

(der Bergfried) ist heute in das Ehrenmal von 1929 integriert. Ansiedlung kleiner Handwerksbetriebe um die Johanneskirche. Bereits 1366 genehmigte Pfalzgraf Ruprecht I. den Bau eines Eisenhammers, der 1427 zur Hälfte von den Sauerzapf erworben wurde. Die damit verbundenen Privilegien den verschiedenen Besitzern wiederholt bestätigt. 1584 Heimfall an den Landesherrn. Der eher ländlich-dörfliche Charakter wurde mit der Gründung des größten Hüttenwerks Süddeutschlands, der Maximilianshütte (1853), abrupt verändert. Um den Dorfkern wurden Werkssiedlungen angelegt, die von der Gründerzeit bis nach dem Zweiten Weltkrieg einen aufschlußreichen Überblick zur Entwicklung der Arbeitersiedlung geben können. Von hohen sozialen Ansprüchen zeugt die erste Siedlung aus der Gründerzeit in der Hinteren Hub, deren geräumige Häuser in unmittelbarer Nachbarschaft zu den herrschaftlichen Bauten der Villenstraße stehen.

Stadtanlage

Den Mittelpunkt der Stadt bildet der Marktplatz, der jetzige **Luitpoldplatz.** In beherrschender Lage die Stadtpfarrkirche auf der Nordseite, schräg gegenüber das Rathaus, das gewissermaßen optisch und funktional das Gegenstück zum hochaufragenden Palas des ehem. Schlosses im Westen darstellt. Gegen Südwesten schließt den Platz die monumentale Gebäudefront des ehem. Salesianerinnenklosters ab. Zwischen der Stadtpfarrkirche und dem Rathaus liegt der Gasthof „Zur Krone" (Haus Nr. 23), in dem Kaiser Karl IV. Quartier bezog. An der Ostseite drei Wappensteine mit dem böhmischen Löwen und zwei Adlern, 2. Hälfte 14. Jh. – Das urspr. Aussehen der übrigen bürgerlichen Platzbebauung zeigen nur noch die in das 16. Jh. zurückgehenden giebelständigen Häuser im Nordwestabschnitt. Auf der Südseite dagegen zog der Brand von 1822 eine weitgehend einheitliche Bebauung mit stattlichen traufseitigen Geschäfts- und Wohnhäusern nach sich. Darunter das ehem. Regierungsgebäude (Nr. 7), ein dreigeschossiger Walmdachbau aus dem 17. Jh. mit Rustika-Gliederung.
In der Mitte des Platzes der Löwenbrunnen von 1755 (1975 restauriert). Löwe mit dem Wappen der Sulzbacher Wittelsbacher, Sandstein, von *Johann Michael Bärmann,* das Podest aus Granit, mit Fratzen die Vier Temperamente darstellend.

★ **Kath. Stadtpfarrkirche Mariä Himmelfahrt.** 1252 wird erstmals ein Pfarrer in Sulzbach erwähnt. Im 14. Jh. Pläne für einen Kirchenneubau (rege Ablaßtätigkeit). Der Neubau des Chors wurde wohl durch Karl IV. veranlaßt, der zur Hebung des Ansehens 1355 Reliquien aus Pilsen schickte. Nach Bauinschrift am südöstlichen Strebepfeiler wurde das Langhaus 1412 in Angriff genommen, 1431 Weihe der Seitenaltäre. Nach weiterer Inschrift über dem Nordportal um 1488 seitliche Kapellenanbauten durch *Hans Beheim d. Ä.* 1526 Einzug einer Westempore mit zwei Wendeltreppen. 1529 nordwestlicher Anbau der „Bibliotheca". 1562 Wiederaufbau des Turms nach Blitzschlag (1552).

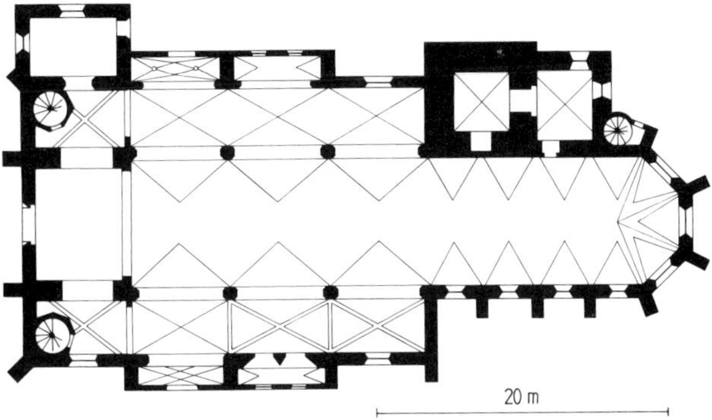

Sulzbach-Rosenberg, Stadtpfarrkirche

Brandschäden von 1563 wurden 1571 behoben. 1656 wurde die Fürstengruft, die 13 Mitglieder des Hauses Pfalz-Sulzbach birgt, angelegt. Instandsetzungs- und Umbaumaßnahmen 1687–90 (Abbruch der Gewölbe) und vor allem 1692–96 nach dem Einsturz des Kirchturms (1691) durch den Graubündener Baumeister *Johann Rampino,* Kuppeldach erst 1769 von *Johann Leonhard Flier*. Renovierungen 1909, 1929, 1958/59 und 1984.

Außenbau. – Unregelmäßig gegliederter, großteils verputzter Bruchstein- bzw. Quaderbau mit Kaffgesims, am Chor absatzlosen Strebepfeilern und zumeist urspr. zwei- bis vierbahnigen Maßwerkfenstern (Paß- und Fischblasenmotive). Auf die Seitenschiffe herabgeschlepptes Satteldach: im nördlichen Chorwinkel Turm mit eingeschnürter Zwiebelhaube und Laterne, östlich anschließend Sakristei mit Oratorium. Südportal jetzt über Freitreppe zugänglich. – Am südöstlichen Strebepfeiler urspr. farbig gefaßtes Standbild, auf Blattkonsole und unter Baldachin stehend, wohl nürnbergisch, vor 1400. Allgemein als Karl IV. identifiziert, die Ikonographie weist es jedoch als hl. Wenzel aus (vgl. die Statue in der Wenzelskapelle des Prager Veitsdomes). Rechte Hand und Schwert 1909/10 ergänzt. Westlich des Südportals verwittertes Ölberg-Relief, um 1500.

Inneres. – Dreischiffige Staffelhalle mit das Mittelschiff fortsetzendem Chor im 3/8-Schluß. Durch die starke, geschlossene Überhöhung des Mittelschiffes steht der Bau zwischen Basilika und Hallenkirche. Hohe Spitzbogenarkaden, die absatzlos in die schlanken Achteckpfeiler übergehen, trennen die Schiffe. Die Stichkappentonne des Mittelschiffes fußt auf dorisierenden Dreiviertelsäulen, jene des Chores auf Konsolen. In den Seitenschiffen und unter der Empore das gotische

Kreuzrippengewölbe stellenweise erhalten, im Südosten mit figürlichen Schlußsteinen (Pfalz-Bayern-Wappen, Bischof), im übrigen Kreuzgratgewölbe. In symmetrischer Anordnung und durch Emporen unterteilt die Seitenkapellen und die gegen Westen anschließenden Eingangshallen; in den Kapellen quergelagerte Stichkappentonnen, in den Eingangshallen Netzrippengewölbe. In der südlichen Seitenkapelle urspr. spitzbogige Doppelportalöffnung mit Gewände aus Kehlen und Birnstäben, am Mittelpfosten von Engeln getragene Konsole.
Ausstattung. – Hochaltar von Herzog *Theodor Eustach* Anfang 18. Jh. entworfen. Über Säulenaufbau Sprenggiebel mit von zahlreichen Putten besetztem Strahlenkranz. Altarblatt Mariä Himmelfahrt, Spätwerk (1710) von *Georg Asam;* im Auszug Hl. Dreifaltigkeit; überlebensgroße Seitenfiguren der Namenspatrone des Herzogs. – Nördlicher Seitenaltar 1702, Altarblatt Vermählung Mariens von Hofmaler *Claudius Mono,* 1710. Südlicher Seitenaltar in manieristischen Formen, Mitte 17. Jh. Altarblatt Schlüsselübergabe an Petrus von *Ferdinand Rupp,* 1640. Im Auszug bedeutendes Holzrelief des Marientodes, um 1500. Nischenfiguren der hll. Margaretha und Barbara. – In der südlichen Seitenkapelle spätgotischer zwölfeckiger Taufstein, Kupa mit Bogen- und Krabbenfries geschmückt. – Kanzel mit reichem Volutendekor auf kannelierter Säule, um 1640/50. – Chorgestühl von 1689; bemerkenswert die Sakristeitüre mit spätgotischen vegetabilen Zierbeschlägen. – Opferstock des 17. Jh. mit schwerem Eisenbeschlag. – Holzfiguren des ausgehenden 15. Jh.: an der nördlichen Langhauswand Mondsichelmadonna auf Konsole, an der südlichen Eingangshalle eine Muttergottes, deren Kind mit einer Traube spielt, der Rahmenaufbau um 1750. – Grabdenkmäler.– Unter dem südlichen Teil des Chores die Fürstengruft der Herzöge von Pfalz-Sulzbach, errichtet durch Herzog Christian August 1656. – An der Südaußenwand Rotmarmorepitaph für Albrecht Frank († 1480) und seine Gemahlin Barbara († 1471). – Sandsteinepitaph der Patrizierfamilie der Sauerzapf, um 1464.

Kath. Pfarrkirche St. Hedwig, ehem. Klosterkirche der Salesianerinnen. 1753–55 errichtete *Wolf Dirmann* das Kloster der Salesianerinnen mit Förderung der Herzogin Eleonora Philippina auf dem Platz des ehem. Ballhauses. Der Kirchenbau folgte 1762–65. 1850 Aufstockung des äußeren Flügels. 1803/04 säkularisiert. 1807 erneute gottesdienstliche Nutzung der Kirche, 1809/10 umfangreiche Innenrenovierung (Neufassung von Altären und Kanzel durch *Franz Anton Magg*). Außenrenovierung 1967, Innenrestaurierung 1982–84.
Nach Westen gerichteter Saalbau, an den eingezogenen, halbrund geschlossenen Chor mit abgerundeten Ecken anschließend; Lisenengliederung, spitzer Dachreiter. Im Sprenggiebel des Säulenportals Doppelwappen Pfalz-Sulzbach und Hessen-Rheinfels sowie Chronogramm 1753 (1967 durch Kopie ersetzt). – Korbbogiges Tonnengewölbe mit Stichkappen, geschweifter Rahmenstuck; östliche Langhausecken ge-

muldet, gekuppelte toskanische Wandpilaster mit Gebälkstücken. – Ausstattung der Erbauungszeit weitgehend erhalten. Altäre mit stattlichen Aufbauten. Altarblätter des Hauptaltars, hl. Hedwig vor dem Gekreuzigten, und des linken Seitenaltars, Mariä Heimsuchung, von *Otto Gebhard* aus Prüfening, 1765/66. Die Seitenfiguren des Hauptaltars, hl. Elisabeth und hl. Katharina, bez. *„Th(omas) Buscher"* 1913. Die Zuschreibung des rechten Altarblattes (hl. Franz von Sales) an *Johann Felix Hölzl* unsicher. – Eine Inschrifttafel an der Südwand des Chores verweist auf das hier begrabene Herz der Stifterin.

Kanzel, Orgelgehäuse, Gestühl, Kommunionbank mit geschnitzten Balustern und Beichtstuhl mit reichen Rocailleschnitzereien aus der Erbauungszeit. – An den Langhauswänden sechs große Gemälde mit Szenen aus dem Leben des hl. Johann von Nepomuk, 2. Hälfte 18. Jh., weiter mehrere Gemälde mit Heiligen bzw. Allegorien in Rokokorahmen sowie zwei Bilder wohl des 17. Jh. mit den hll. Petrus und Magdalena an der Ostwand.

Die zweiflügeligen Klostergebäude schließen im rechten Winkel an die Nordseite der Kirche an und adaptieren deren Gliederungsschema.

Kath. Pfarrkirche Herz Jesu. 1898/99 durch Baumeister *Brunner* und Architekt *Wiedemayer,* Amberg, in neugotischen Formen erbaut. – Nach Norden gerichtete dreischiffige Basilika mit reicher Außengliederung, eingezogener Chor mit 5/8-Schluß, Querhaus. Turm mit Spitzhelm westlich angebaut. Mehrteilige Maßwerkfenster, im Chor hohe Lanzettfenster mit Glasgemälden von 1960. – Im Innern Kreuzrippengewölbe. – An den südlichen Vierungspfeilern Holzfiguren der hll. Johannes Bapt. und Johannes Ev., ausgehendes 15. Jh. In der westlichen Nebenapside Figur der Maria Immaculata, 1. Hälfte 18. Jh.

Kath. Wallfahrtskirche St. Anna. Östlich der Stadt auf dem Kastenbühl, dem jetzigen Annaberg, gelegen. Zur Kirche und Loretokapelle führt eine 1754 angelegte Kastanienbaumallee mit einem Kreuzweg (Stationenbilder 1942), der in einer monumentalen sandsteinernen Kreuzigungsgruppe vor der Kirche gipfelt.

Zur Wiederaufnahme der im 14. Jh. einsetzenden und mit der Reformation erloschenen Annenwallfahrt im nahen Peutenthal errichtete Herzog Christian August 1656 eine hexagonale Holzkapelle für das alte Gnadenbild. Infolge des rasch anwachsenden Pilgerstroms ersetzte 1676 der „welsche" Baumeister *Johann Rampino,* gefördert von Herzogin Maria Hedwig Augusta, die Kapelle durch einen Steinbau. Um 1753 ließ Kurfürstin Elisabetha Augusta nach dem Pfälzer Vorbild in Oggersheim die Loretokapelle erbauen. 1787 umfassende Erweiterung der Kirche durch *Johann Heinrich Zeitler* und Inneneinrichtung, 1827/28 Turmbau an der Chorsüdseite, 1903/4 Verlängerung der Kirche nach Westen und geschweifte Kuppel mit Laterne. Inneninstand-

setzung in den fünfziger Jahren. 1968 Bau des Mesnerhauses auf dem Platz der Eremitenklause von 1736, südöstlich des Chores.
Saalbau mit abgerundeten Ecken zum eingezogenen, halbrund geschlossenen Chor, am Chorscheitel Sakristeianbau. Über toskanischen Doppelpilastern mit Gebälkstücken Spiegelgewölbe mit Stichkappen und dekorativem Rahmenstuck, im Chor eine Flachtonne. Über dem Chorbogen stuckiertes Brustbild des Herzogs Christian August. – Ausstattung. – Hochaltar 1790 von *Wolfgang Pösl* gefaßt, mit dem Wappen der Stifterin Herzogin Eleonore Philippine. Viersäuliges Retabel mit reichem Dekor aus der Übergangszeit vom Rokoko zum Klassizismus. Altarblatt, hl. Anna unterrichtet Maria, von *Johann Weingärtner.* Im Tabernakel das Wallfahrtsbild Anna Selbdritt, mit der ikonographischen Besonderheit einer stehenden Maria, ein Holzrelief aus dem 1. Viertel 16. Jh., mehrmals überarbeitet; Seitenfiguren der hll. Joseph und Johannes Ev., über den Durchlässen die hll. Zacharias und Elisabeth. Holzaufbauten der Seitenaltäre von dem ansässigen Schreiner *Lang* 1788, Faßarbeiten 1789 von *Vitus Fuchs* aus Tirschenreuth, 1904 Neufassung durch *Weber.* – Kanzel um 1700, 1788 überarbeitet. – Orgelgehäuse von *Elias Hößler* 1732. – Chorgitter von *Johann Häberl* 1790/91, mit Stifterwappen des Freiherrn Schall du Bell. – An den Langhauswänden zahlreiche Schnitzfiguren von Heiligen unterschiedlicher Entstehungszeiten, die älteste unter ihnen, hl. Jakobus, wohl um 1520. – An den Chorwänden Votivkästchen mit Rokokodekor. – Chorgitter mit Laub- und Bandelwerkornamentik um 1730.

Ev. Pfarrkirche St. Johannes Bapt. Chor, Turm und Teile der Langhausmauern gotisch, um 1700 nach Westen verlängert, Empore an der Nordseite des Langhauses, Holzdecke. 1909/10 abermalige Erweiterung, Ausstattung mit Doppelempore und bemalter Holztonne. Bei der letzten Renovierung 1970–73 Einbau einer flachen Holzdecke und einer eingeschossigen Empore. – Putzbau mit Eckquadern, Turm mit Spitzhelm an der Chornordseite. Gliederung des Chores durch einfache Strebepfeiler mit Pultdächern und Spitzbogenfenster mit später eingesetztem Maßwerk. Einschiffiges flachgedecktes Langhaus, auf der Südseite spitzbogige Portalöffnung. Eingezogener Chor mit 5/8-Schluß und Kreuzrippengewölben, als Schlußsteine Rosetten. Das Chorjoch beidseitig mit spitzbogiger Türöffnung. Spitzer profilierter Chorbogen. – Grabdenkmäler. – Grabplatten für Albrecht Stibar († 1504) und für Veronika Stibar, geb. Truchseß von Wetzhausen († 1504). – Am Chorbogen Epitaph für Sebastian Erlbeck auf Rosenberg († 1560) sowie Epitaph Wolf Erlbeck auf Albertshof († 1544). – An der Südostecke des Chors Epitaph für den Hammermeister Melchior Dolles († 1563).

Ev. Christuskirche. 1955/58 von *Gustav Gsaenger* aus München erbaut. – An der Nordseite wuchtiger quadratischer Turm mit Flachdach und Rundbogenöffnungen. Rechteckiger Saal, an West- und Nordseite umlaufende Empore, die westliche von durchgehenden runden Stahlbetonstützen getragen. – An der Altarwand modernes monumentales Marmormosaik mit dem himmlischen Jerusalem, von *Angela Gsaenger,* davor überlebensgroßer Kruzifixus von *Andreas Schwarzkopf.* – Aus der Pfarrkirche stammendes Epitaph des Ulrich Sitzinger zu Holenstein († 1587) an der Ostwand, dem Augsburger *Matthias Kager* zugeschrieben: das Ölgemälde mit Christus als Kinderfreund zeigt im Hintergrund die älteste Sulzbacher Stadtansicht.

Kath. Spitalkirche St. Elisabeth. Urspr. mit Johannespatrozinium Kirche des 1733–38 errichteten Kapuzinerhospizes, 1802 säkularisiert, bei der Überführung 1804 des alten Spitals in das Hospiz, erhielt die Kirche das jetzige Patrozinium. Durchgreifende Innenrenovierung 1966.
Schlichte abgewalmte Fassade mit Volutenzwerchgiebel und Sulzbacher Wappen; Dachreiter mit eingeschnürter Zwiebelhaube. – Rechteckiger Saal, der Chor durch einspringenden korbbogigen Chorbogen abgesondert. Flachdecke, im Chor über Vouten mit Stichkappen. – Ausstattung. – Hochaltar der Erbauungszeit, am konkaven Säulenretabel geschnitzte seitliche Vorhangdraperien. Altarblatt: hl. Elisabeth verteilt Almosen an Bettler, von *Georg* und *Cosmas Damian Asam;* Seitenfiguren der hll. Johanna und Erasmus. – Orgel von *Elias Hößler* und *Heinrich Blum,* 1743. – Östlich des Chorbogens Figur des hl. Georg, Ende 15. Jh., westlich ein Kruzifixus um 1400. An der östlichen Langhauswand Pietà, um 1500.

Kath. Friedhofskirche St. Georg. 1536/37 in dem neu angelegten Friedhof östlich vor der Stadtmauer gebaut. 1596/97 Verlängerung nach Osten durch Baumeister *Kaspar Rudolf,* 1721 Sakristei und Dachreiter zugefügt. 1937 und 1987/88 Renovierungen, 1975 Raub wertvoller Holzskulpturen. – Halbrund abschließender Saalbau ohne Choreinziehung; schlichte zweibahnige Maßwerkfenster. – Durchgehende Bohlenbalkendecke, gestützt von Längsunterzug mit reichem ornamentalen und heraldischen Schnitzwerk, bez. und dat. 1537, 1596. – Kanzel von *Hans Resch* 1596, Bilder der Evangelisten in rustizierten Arkaden. – Zahlreiche Grabdenkmäler des 16.–18. Jh.

Kath. Dreifaltigkeitskapelle. Als Stiftung der Gößweinsteiner Wallfahrer Mitte 18. Jh. erbaut, renoviert 1963. – Korbbogenportal mit erhöhtem Sprenggiebel über toskanischen Pilastern, Eckpilaster, mächtiger Dachreiter.

Ehem. Spitalkirche (profaniert). Spital und Kirche zuzeiten Karls IV. am Westhang des Schloßberges erbaut, bereits 1378 ein Benefizium. Anfang 19. Jh. Profanierung der Kirche und Privatnutzung des Spitals. – Einheitliches Satteldach, die zweibahnigen Maßwerkfenster größtenteils erhalten, Chor zusätzlich durch Kaffgesims und Strebepfeiler mit Pultdächern gegliedert. – Einschiffiges, flachgedecktes Langhaus über quadratischem Grundriß, leicht eingezogener Chor mit 5/8-Schluß und Kreuzgewölbe mit ausgekehlten Rippen. Schlußsteine mit Rosette und

Christuskopf. Runder, reich profilierter Chorbogen. – Ehem. Spitalgebäude westlich an die Kirche anschließend.

★ **Schloß.** In der 1. Hälfte des 11. Jh. ließ Graf Gebhard I. eine Burg, wohl identisch mit dem späteren, 1874 abgebrochenen Getreidespeicher, über dem westlichen Felsvorsprung des Sulzbacher Bergrückens anlegen. Verstärkung während der Hussiteneinfälle. Seit 1582 Ausbau zur heutigen Anlage, als Ottheinrich II. Sulzbach zu seiner Residenz bestimmte. Durch Baumeister *Adam Schwarz* († 1595) Aufstockung des bis dahin zweigeschossigen Palas und Einrichtung „schöner Gemächer". 1618–20 unter Herzog August durchgreifender Umbau durch einen „welschen" Baumeister: Abbruch des alten Bergfrieds, Neubau des nordöstlichen Traktes zwischen Palas und Schneckenturm (sog. Fürstentrakt), Erweiterung der Kanzlei im Nordwesten, Umgestaltung des Südostbaus mit der Schloßkapelle St. Nikolaus. Unter dem allgemein baufreudigen Herzog Christian August wurde 1663 durch *Zacharias Amadei* die Kapelle verändert und 1684 ein Ballhaus errichtet (1709 erweitert). 1720–26 prächtige Gestaltung des schon im 17. Jh. angelegten Hofgartens durch Herzog Theodor (Fragment des Eingangsportals noch erhalten). Einschneidende bauliche Veränderungen durch den Hofbaumeister *Dobmeyer* unter Pfalzgräfin Franziska Dorothea von Zweibrücken-Birkenfeld, die 1768–94 als Witwe in Sulzbach weilte. 1807 Umbau in einen Druckereibetrieb durch Johann Esaias von Seidel, ferner Bau eines Rundtempels anstelle des Hussitenturms und 1817 Terrassierung der Schloßhänge. Seit 1861 Staatseigentum und im Wechsel überwiegend als Gefängnis oder militärisch genutzt. 1880 Abbruch des Südwestbaus (ehem. Burgvogtei). Sanierungsmaßnahmen seit 1960. Heute sind im Schloß Wohnungen und die Landespolizei untergebracht. – Die Gesamtanlage läßt die einstige Bedeutung der häufig veränderten und ihrer Einrichtung beraubten Gebäude noch erahnen, Aufschluß über das urspr. Aussehen geben die ausführlichen Bestandsaufnahmen des frühen 19. Jh. von *Johann Michael Rhein*.
Die Schloßgebäude gruppieren sich um einen unregelmäßigen Hof mit dem Löwenbrunnen im Zentrum; auf dem Schild die Jahreszahl 1701 und die fürstlichen Initialien. Zugänglich von Osten durch eine langgestreckte Zufahrt, außen Torbau mit spätgotischem ausgekehlten Spitzbogentor, innen Rundbogentor von 1618–20 mit Bossenquadern und sog. Fratzenstein am Scheitel (wohl romanisch). Im Südosten erstreckt sich der in das 15. Jh. zurückgehende Kapellenbau. Östlich anschließend der hohe dreigeschossige Palas oder Saalbau mit Walmdach und polygonalem Treppenturm, durch eine anspruchsvolle, „H 1582 H" bez. Portalrahmung hervorgehoben: Rechtecksöffnung und Oberlicht jeweils von rosettenbesetzten Pilastern mit Gebälk gerahmt, als oberster Abschluß flacher gebrochener Volutengiebel mit Muschel. Gegen Nordwesten folgt der zweigeschossige Fürstentrakt mit Volutengiebel auf der Ostseite, bis ins 19. Jh. durch volutengiebelige

Zwerchhäuser belebt. Urspr. zwei symmetrisch angelegte Renaissance-Portale, deren östliches 1960/61 in den Südwestbau versetzt wurde, gerahmt von Pilastern mit Beschlagwerk. Über das Eckgebäude mit dem „blauen Saal“, in dem Pfalzgräfin Franziska Dorothea ein Theater einrichten ließ, schließt sich im Nordwesten das Kanzleigebäude an, mit oktogonalem Treppenturm, der Spitzhelm 1. Hälfte des 19. Jh. 1964/65 nach urspr. Vorbild durch geschwungenes Dach mit Laterne und Zwiebel ersetzt; Portal in profiliertem Gewände.

Schlößchen Franziskaruh, heute Werkskasino der Maxhütte, 1785/86 unter Pfalzgräfin Franziska Dorothea durch *Georg Heinrich Dobmeyer* erbaute, 1964 umgestaltete Dreiflügelanlage.

★ **Rathaus.** Der schräg gegenüber der Stadtpfarrkirche den Marktplatz beherrschende Bau gehört zu den bedeutendsten Rathäusern der Oberpfalz. – Errichtung des Saalbaus Ende 14. Jh., des Ratsstubenbaus im 16. Jh. Instandsetzung der Giebelfront 1955, 1967/68 Gesamtrenovierung.
Langgestreckter Saalbau mit reich gestalteter Giebelfassade. Im Hauptgeschoß über dem Eingangsportal flacher Polygonerker („Chörlein“) mit rundbogigen Maßwerkfenstern und -blenden, seitlich je ein zweiteiliges Maßwerkfenster, analoge Fenster an den Traufseiten. Der durchbrochene Stufengiebel mit Fialenbekrönung durch verdachtes Gesims mit Maßwerkfries abgegrenzt. Darüber von dem Stadtwappen flankiertes Rundfenster mit eingeschriebenem Maßwerkfries, ferner das Pfalz-Bayern-Wappen (erneuert 1614 und 1955). – Der schlichtere Rathausstubenbau als Querbau südöstlich angeschlossen, oberstes Geschoß mit Halbwalmdach später aufgesetzt. An der Ostseite breiter urspr. Verkündigungserker auf schweren Kragsteinen. Die Südseite bis 1875 über Freitreppe zugänglich. – Der Festsaal im Hauptgeschoß 1865/66 neu eingerichtet, 1967/68 renoviert. Querbau mit Fleischgewölben im Erdgeschoß. Eine Treppe mit steinernem Maßwerkgeländer von 1875 führt in den Vorraum des Hauptgeschosses, an der Wand zwei schwedische Wappensteine, beide 1648 dat. mit den Initialen C.R.S. bzw. H.C.V.K. In der südlichen Ratsstube, wohl Gerichtszimmer, reich profilierte Balkendecke mit Maßwerkschnitzereien. Profilierter Spitzbogenzugang zum Erker, in dessen Tonnengewölbe Zierstreifen mit Maßwerk bzw. Rippenmuster. Der nördliche sog. kleine Rathaussaal (1981/82 restauriert) mit etwas einfacherer und späterer Balkendecke; zwei Portale, 1720 dat., von gewundenen Säulen mit Sprenggiebeln gerahmt, kunstvolle Schlösser.

Ehem. Amtsgericht, heute Literaturarchiv (Rosenberger Straße 9). Dreigeschossiger Neurenaissancebau, um 1905, mit Volutengiebeln und Dreiseiterker.

Ehem. Stadtgefängnis und **Schuldturm** (Rathausgasse 4). Im Kern mittelalterlich. Gefängniszellen mit Ausstattung im Erd- und Dachgeschoß besonders gut erhalten. Reste der ältesten Stadtmauer in der Hausrückwand.

Ehem. neue Frohnveste, später Gasthof (Neustadt 10). Rundbogenstil mit Rustika-Elementen, um 1840.

Ehem. ev. Gymnasium (Pfarrplatz 2), nordwestlich der Stadtpfarrkirche, 1616 unter Herzog August eingeweiht. Anschließend die **ehem. Lateinschule** mit Inschrifttafel von 1568.

STRASSENZÜGE

Neustadt, ihre von zerstörerischen Veränderungen kaum tangierte Bebauungsstruktur geht auf die Anlage unter Karl IV. zurück. Die Häuser sind im Kern z.T. noch spätmittelalterlich. Ackerbürgerhäuser, aber auch anspruchsvolle Bauten des gehobenen Bürgertums aus dem 18. und 19. Jh. prägen das eindrucksvolle Straßenbild.
★ Neustadt 14. Ehem. Schmiede, im Kern 1350/70. Nach Umbaumaßnahmen 1403/06 und 1594 bis auf die Umarbeitung der Straßenfassade im 18. Jh. nahezu unverändert. 1982/86 Sanierung, gemeinsam mit Nr. 16, ein ebenfalls gotischer Traufseitbau, als städtisches Heimatmuseum adaptiert. – Die Gesamtanlage von Wohnhaus mit Durchfahrt, Scheune und Garten veranschaulicht gut die einseitige Nutzung als Ackerbürgerhaus. – Traufseitiger verputzter Bruchsteinbau mit rückwärtiger Altane und Treppenturm, Fenstersturz bez. 1594. (Angleichung an den Turm des Palas), innen Steinspindeltreppe. Im Erdgeschoß Türspion, kreuzgratgewölbte Durchfahrt, an der Ostseite Fresko mit Wappen, 1600 dat. Im Obergeschoß spätgotische Bohlenbalkendecke und Fachwerkwand. Spätgotische Tür- und Fenstergewände und originaler Putz großenteils erhalten.
Neustadt 18. Ehem. Männerbundhaus, Walmdachbau um 1775. Gliederung durch toskanisierende Pilaster und stuckgerahmte Fenster, von toskanischen Säulen flankiertes Portal mit Sprenggiebel.
Neustadt 21 und 23. Ackerbürgerhäuser des 18. Jh.

Rosenberger Straße, in der sich schon im Mittelalter das Geschäftsleben konzentrierte. Mit überwiegend giebelständigen, dreigeschossigen Bürger- und Gasthäusern bietet die breite Straße einen malerischen Anblick.

BÜRGERLICHE UND ADELIGE WOHNBAUTEN

Frühlingstr. 1. Weißbeckhaus, im Kern 15/16. Jh. 1822 Brandschaden, Renovierung 1987/88. – Hoher Stufengiebel, spätgotisches Spitzbogentor mit gekreuzten Stäben im Gewände. Nordöstlich übereck gestellter Kastenerker aus Sandstein, die Brüstungsfelder mit Maßwerk und Wappen.
Kunst-Fischer-Gasse 17. Stammhaus der Freiherrn von Hundt. Spätgotische Bausubstanz, im 18./19. Jh. verändert, 1986/87 saniert.

– Einzig erhaltenes spätmittelalterliches Fachwerk der Altstadt. Über dem Portal das Hundt'sche Wappen.
Luitpoldplatz 17. Stadthaus der Familie von Freudenberg mit Standerker und 1683 dat. Wappenstein: Allianzwappen des Hofmeisters und Landrichters Hans Freudenberg und seiner Gemahlin Margareta, geb. Hetzesdorf.
Neutorgasse 1. Mit übereck gestelltem Sandsteinerker der 2. Hälfte des 16. Jh., Zunftzeichen in den Brüstungsfeldern, 1953 restauriert.

SULZBACH a. d. Donau

Markt Donaustauf, Kr. Regensburg. *Karte 14*

Kath. Kirche St. Martin. Am Anstieg des Scheuchenbergs über dem Ort gelegene ehem. Wehrkirche mit Sicht auf die Donau, umgeben von einer spätmittelalterlichen Mauer. 1950 wurde der Friedhof aufgelassen. – Bereits 777 ist eine Kirche erwähnt, 788 mit dem Patrozinium des hl. Martin. – Frühgotische, dreiseitig geschlossene Anlage ohne Choreinziehung, durchgehende Flachdecke. Charakteristisch für die ehem. turmlose Kirche die Ausbildung der Westseite mit Schießscharten in Emporenhöhe und engen Rechtecköffnungen nach Süden. – Ausstattung des späten Rokoko im Übergang zum Klassizismus. Hochaltar mit Altarblatt hl. Martin, seitlich eingepaßt in den zweisäuligen Aufbau gotische Schnitzfiguren der hll. Georg und Michael als Seelenwäger, ausgehendes 15. Jh. – Seitenaltäre, gefällige Rokokoaufbauten, Altarblätter spätnazarenisch – Kanzel mit Rokokoschnitzwerk.

SULZBÜRG

Gem. Mühlhausen, Kr. Neumarkt i. d. Opf. *Karte 7*

Seit 1217 nachweisbarer Stammsitz eines der mächtigsten Ministerialengeschlechter des Nordgaus, der Herren von Wolfstein (diese Namensführung seit 1294), die 1522 in den Reichsfreiherrn-, 1673 in den Reichsgrafenstand erhoben wurden. 1353 Reichsmittelbarkeit des Gebietes. Sulzbürg wurde 1540 Markt. Nach dem Dreißigjährigen Krieg kamen in das seit 1560 evangelische Territorium der Wolfsteiner österreichische Glaubensflüchtlinge aus dem „Landchen ob der Enns" – die Bezeichnung „Landl" übertrug sich auf das Herrschaftsgebiet der Wolfsteiner (einen guten historischen Überblick verschafft das „Landlmuseum" am Marktplatz). Mit dem Aussterben der Wolfsteiner 1740 Übergang an Kurbayern. Der anschließenden Rekatholisierungsversuch scheiterte am Widerstand der Bevölkerung. Im 19. Jh. ausgewogenes Mischverhältnis zwischen evangelischer, katholischer und jüdischer Bevölkerung.

Ev. Pfarrkirche (Marktkirche). Südlich der Kirche ein Friedhof, in dem einst eine dem hl. Georg geweihte Kapelle stand. – Frühgotische Chorturmanlage, nach Inschrift über dem Westportal 1688 umgestaltet. Durchgreifende Instandsetzung 1921–28. – Im quadratischen Turm mit Zeltdach der eingezogene, kreuzgratgewölbte Chor. Das ungegliederte Schiff wurde 1835 mit einer Flachdecke versehen. Über dem Chorbogen gemaltes Wappen der Wolfsteiner und Casteller sowie rollwerkgerahmtes Zitat aus dem 2. Buch Mose. Im Chornordfenster Glasgemälde mit drei inschriftlich erläuterten Wappenschilden, dat. 1688. – Ausstattung. – Der Altar, der ebenso wie die Kanzel aus der Schloßkirche stammt, nach Inschrift an der Predella 1610 von Johann Adam von Wolfstein gestiftet. Aufbau mit Halbsäulen und Flachornamentik, auf dem Architrav fast lebensgroße Figur des Erzengels Michael, der die Wappen der Wolfsteiner und Limpurger hält. Als Altarblatt das Leinwandepitaph für Maria Barbara Lewin († 1694) mit Darstellung des Besuchs Christi bei Maria und Martha. – In ähnlicher Ornamentik wie der Altar die Kanzel, 1667 von Sophia Louysa von Wolfstein gestiftet, mit Figuren der Evangelisten zwischen kannelierten Säulen. – An der Langhausstirnwand vermutlich spätgotisches Eichenkreuz mit Palmettenabschlüssen. – An der Langhaussüdwand ein ausdrucksstarker Kruzifixus des 16. Jh. – Epitaph für Klara Maria von Mühlholz auf Kirchenreinbach († 1736), Ädikula aus grauem Sandstein, von *Johann Martin Romsteck* in Nürnberg. – Leinwandepitaphien im Chor: das linke für Helene Susanna Waldstromer von Reuchelsdorf († 1666) zeigt König David, das rechte für den Obersulzbürger Rat und Pfleger Joachim Lew († 1696) mit Darstellung des hl. Petrus. Ein weiteres, jedoch stark beschädigtes Exemplar befindet sich im Landlmuseum.

★ **Ev. Schloßkirche St. Michael.** Ein Vorgängerbau vermutlich 1496 entstanden (Inschrift an heute in der Tordurchfahrt eingemauertem Stein). 1719 ließ Graf Christian Albrecht von Wolfstein einen Kirchenneubau durch den Nürnberger Baumeister *Ulrich Mösel* erstellen. Weihe 1723. Erhöhung des Schiffs 1842. Restaurierung außen 1987, innen 1988–90. – Durch Lisenen gegliederter Bau mit Sandsteinrahmungen. Ostturm mit Glockenhaube und Laterne, ein polygonaler Treppenturm an der Ostseite. Im Turmerdgeschoß korbbogige Durchfahrt mit Wappen. Portal an der Westfassade zugesetzt, Portale an der nördlichen und südlichen Längsseite mit Dreiecksgiebeln, Wappen und Inschriften. – Unter der Kirche vermauerte Gruft mit elf Grablegen von Familienmitgliedern der Grafen von Wolfstein. – Rechteckraum mit dreiseitigem Ostabschluß, von im Scheitel flacher Stichkappentonne überwölbt. Stuckfelderung der Decke und die klassizistischen Stuckornamente in den Schildbogen der Stichkappen um 1842. Großes Dekkenbild, Sieg des Evangeliums, 1848 von *Sartorius* (sign. und dat.), von Medaillons der Vier Evangelisten umgeben. Korinthische Pilaster mit umlaufendem, verkröpftem Gebälk. – Liturgisches Zentrum der Kanzelaltar, eingeschlossen von zwei mächtigen korinthischen Säulen, die zugleich die Orgelempore tragen, somit substantiell in die Raumarchitektur eingebunden. Architektonischer Gegenpart im Westen der Herrschaftsstand, durch zwei korinthische Pfeiler gegliedert; an den Längsseiten der Kirche Konsolemporen. – Reiche Stukkaturen an Emporen und Kanzelaltar von *Donato Polli:* über der Herrschaftsempore großes Stuckwappen derer von Wolfstein und von Hohenlohe-Kirchberg zu Langenburg; an der Decke des Herrenstandes stark plastisches Bandel- und Rankenwerk mit Putten, Kartuschen und Blütengehängen. Es umschließt drei gleichzeitige Fresken christologischer Thematik in helleuchtendem Kolorit. – Kanzelaltar, von Engeln getragene Stuckkanzel mit Brüstungrelief der Verkündigung an Maria; darüber Orgel in Jugendstilformen. – Die Inschrifttafel an der Westwand mit Wappen der Wolfsteiner und Schenk von Limpurg, dat. 1609, bezieht sich auf die Erweiterung des Schlosses.

Kath. Pfarrkirche Mater Dolorosa, ehem. Kirche des Kapuzinerhospizes. Einzigartige Lage auf dem Schloßberg parallel neben der ev. Schloßkirche, ebenso wie diese mit kuppelbekröntem Ostturm. – 1756–58 nach Plänen des Münchner Hofunterbaumeisters *Johann Bauer* errichtet. Ostturm mit Zwiebeldach erst 1877 angefügt. – Nach Westen gerichteter Saalbau mit eingezogenem, dreiseitig geschlossenem Chor. – Im Langhaus flaches Tonnengewölbe mit Stichkappen. – Sehr sparsam an den Wänden aufgetragene Rocaillestukkaturen von *Johann Michael Berg* 1757; an der Decke lediglich das kurbaierische Wappen. – Deckenbilder 1958 von *Siegmund Spitzner,* Parsberg. – Geschlossene Ausstattung der Erbauungszeit. Die Bildhauerarbeiten für die Altäre und Stuhlwangen ebenfalls von *Berg,* ab 1757 von dem Allersberger *Johann Michael Schreyer* vollendet; Schreinerarbeiten von Kapuzinerfrater *Wendelin.* Hochaltar: raumgreifendes Viersäulenretabel mit 1958 von *Blattner,* München, entworfenem Baldachin. Im freien Mittelfeld Kruzifixus mit Schmerzhafter Muttergottes. – Seitenaltäre: Säulen-Pilaster-Aufbauten, links Altarblatt Enthauptung des hl. Maximilian von Caley, von dem Münchner Hofmaler *Jacopo Amigoni,* rechts hl. Franziskus von Assisi, von *Martin Speer* aus Regensburg. – Kanzel mit Posaunenengel.
Südwestlich schließt das ehem. Kapuzinerhospiz von 1750 an. Die erhaltenen Teile, zwei kurze rechtwinklige Flügel mit Walmdächern, werden heute als Pfarrhof genutzt.

Schloß Obersulzbürg. Auf einem ausgedehnten Bergplateau nordwestlich über dem Ort erhob sich einst die imposante Anlage, die 1353 durch die Herren von Wolfstein erbaut, 1609 erweitert, und mehrmals zerstört wurde; 1804 auf Abbruch versteigert. – Erhalten sind lediglich Mauerreste und der wohl aus dem 16. Jh. stammende Halbrundbau des Torwarthauses, der durch einen Gang mit der Schloßkirche verbunden ist.

Burgstall Niedersulzbürg, östlich daneben. Die Burg wurde 1353 von den Wolfsteinern verkauft, 1496 wieder erworben und 17 Jahre später mit Obersulzbürg zusammengelegt. – Von der im 13. Jh. entstandenen

Anlage nur noch sichtbar der tiefe Graben, der Vor- und Hauptburg voneinander trennte.

Von der **Marktbebauung,** die um den Schloß- und Badberg angelegt ist, sind folgende Häuser einzeln anzuführen: ehem. Gefängnis, (Engelgasse 11), später Forstdienststelle; Geburtshaus des Künstlers *Carl Kaeppel.* Walmdachbau von 1711. – Sog. Weilhaus (Schloßberg 2), ehem. Beamtenwohnhaus des Schlosses. Mansarddachbau mit Freitreppe, Anfang 18. Jh. – Mühlhauser Torhaus. Modern ausgebauter Walmdachbau des 17./18. Jh.; Tordurchfahrt mit Bohlendecke.

Jüdische Gemeinde

Wohl um 1300 ließen sich die ersten Juden in Sulzbürg nieder (urkundliche Nennung 1454), im 19. Jh. machten sie ein Drittel der Gesamtbevölkerung aus.

Synagoge. Der erste Bau von 1706, der jetzt noch bestehende (Haus Nr. 63) von 1799. Renoviert 1849, schwer beschädigt 1938 und in ein Wohn- und Geschäftshaus umgebaut. – Dreigeschossiger Mansarddachbau mit Schopf und unregelmäßig eingeschnittenen Fenstern.

Jüdischer Friedhof. Beeindruckende Anlage auf einem Felsbuckel am Fuße des Burgstalls Niedersulzbürg. Friedhofstor in Jugendstilformen mit dem Erweiterungsdatum 1905. Grabsteine von 1647–1932.
Oberhalb des Jüdischen Friedhofs **Felsenwohnungen,** 15. Jh. und später.
Unterhalb des Friedhofs in das Mittelalter zurückgehende **Judenhäuser** (Hinterer Berg 1 und 3). – Haus Nr. 3. Dreigeschossiger Satteldachbau mit Fachwerk und Aborterker, im Kern um 1400. In ihm befand sich das erste Ritualbad des Ortes.

SULZKIRCHEN

Stadt Freystadt, Kr. Neumarkt i. d. Opf. *Karte 7*

Ev. Pfarrkirche St. Georg. Ein Vorgängerbau 1058 durch Bischof Gundekar II. geweiht, weitere Weihe 1308. 1734/35 ließ der letzte Graf von Wolfstein, Christian Albrecht, unter Einbeziehung alter Mauerreste und des Chorturms einen Neubau erstellen. Gesamtinstandsetzung 1962. – Von einer Flachtonne überwölbter Rechteckraum. Ostturm mit Oktogonaufsatz, Glockenhaube und Laterne, – der ungewöhnlich hohe und schiefe Turm ist angeblich noch bis nach Sulzbürg zu sehen. Raumdekoration und Ausstattung 1735 im sog. Markgrafenstil. Dreiseitig umlaufende Empore auf Säulen, die zweigeschossige Herrschaftsempore mit stuckiertem, von zwei Phönixen getragenem Allianzwappen des Grafen Christian Albrecht von Wolfstein und seiner Gattin Gräfin Auguste Friederike von Hohenlohe-Langenburg-Gleichen. – Reiche Bandel- und Laubwerkstukkaturen, um Gitter, Engel und Engelsköpfe bereichert, von *Hieronymus Andrioli* 1735. Deckenfresken von *Melchior Puchner* aus Ingolstadt (sign.), überarbeitet: Hauptfresko mit Hl. Dreifalitgkeit, Maria und Engelskonzert, von zwei biblischen Szenen und den Evangelisten umgeben (einzelne mit Stifternamen versehen), an den Emporendecken die theologischen und Kardinaltugenden. – Kanzelaltar zwischen zwei die Orgelempore tragenden Säulen, damit die im Hinblick auf die Raumarchitektur bedeutsame Lösung der ▷ Sulzbürger Schloßkirche aufgreifend; die stukkierte Kanzel von Pelikan bekrönt.

T

TÄNNESBERG Kr. Neustadt a.d. Waldnaab. *Karte 6*

Marktanlage

Tännesberg, dem 1412 durch den Pfalzgrafen das Marktrecht verliehen wurde, breitet sich auf dem steil ansteigenden Westhang des Burgberges aus. Das Ortsbild ist durch den älteren Mauerbestand einbeziehenden Wiederaufbau nach dem Brand von 1826 geprägt. Unter dem Marktplatz Kelleranlagen (vgl. z.B. ▷ Rötz). Auf der von Fels- und Steinanhäufungen übersäten Bergspitze als letzte Zeugen der 1817 abgetragenen mittelalterlichen Burg der Paulsdorfer – angeblich schon 936 ein „Paulsdorff von Tainesberg" belegt – Graben und Wallanlagen. Auf der höchsten Erhebung im Südabschnitt des längsgerichteten Plateaus, wo sich vermutlich einst der Bergfried erhob, Anlage eines Kalvarienbergs von 1817, durch *Karl Burger* 1925 erneuert, granitene Kreuzwegstationen mit rot bemalten modernen Steinreliefs.

Kath. Pfarrkirche St. Michael. Die im 18. Jh. erneuerte Kirche der 1300 erstmals erwähnten Pfarrei nach Brand 1827–29 wieder aufgebaut, konsekriert 1841. 1892 umfangreiche Renovierung und nazarenische Ausgestaltung des Innenraums, letzte Restaurierung 1979–81. – Putzlisenengliederung, an der Chornordseite Turm mit Achteckaufsatz, eingezogener Zwiebelhaube und Laterne. – Eingezogener, dreiseitig geschlossener Chor, von böhmischer Kappe überwölbt, anschließend das Langhaus mit ausgerundeten Ecken, durch Gurte gegliederte Stichkappentonne auf stuckierten Doppelpilastern mit Gebälkstücken, zweigeschossige Westempore. – Nazarenische Bildfenster. Deckengemälde von 1892 mit Passionsszenen (im Chor 1980 erneuert). – Ausstattung. – An der Nordseite des Langhauses historistischer Kreuzaltar mit Gnadenbild im Typus der Maria vom Trost. – Stuhlwangen spätes Rokoko. – Kanzel in späten Rokokoformen, wohl ein historisierendes Werk des 19. Jh., bekrönend hl. Michael. – Figuren des 18. Jh.: die hll. Petrus und Paulus an den Chorflanken, in der nördlichen Langhausrundung Maria in der Art der Schmerzhaften Muttergottes vom Herzogspital in München (jedoch ohne Schwert), am Chorbogen ein Kruzifixus.

Kath. Wallfahrtskirche St. Jodok. 1019 von Ritter Johann von Paulsdorf gestiftet. Der bestehende Bau von 1689, letztmals renoviert 1976. Nach Ausbruch einer Viehseuche gelobten 1796 Bauern den alljährlichen „Jodok-Ritt". – Am eingezogenen, dreiseitig geschlossenen Chor starke keilförmige Stützen. Westlich Vorzeichen und Zwiebeldachreiter. – Im Chor eine spärlich stuckierte Stichkappentonne, im Langhaus Holzfelderdecke mit vergoldeten Rosetten. – Ausstattung der Erbauungszeit um 1690. – Drei Altäre, rebenumrankte Säulenaufbauten.

Hochaltar mit seitlichem Schnitzwerk und Altarblatt: hl. Jodok reicht einem Bettler sein letztes Stück Brot. Seitenaltäre, links mit Gemälde hl. Sebastian und hl. Rochus als Fürbitter vor Ortsansicht, rechts Taufe Jesu. – Altar an der Langhausnordwand, ein konkaves Säulenretabel um 1730, mit Gnadenbild nach dem Amberger Maria-Hilf-Bild, 1802 von *Anton Altman* aus Amberg; Predella mit drei Heiligenstatuetten; in der verglasten Mensa eine volkstümliche lebensgroße Wachsfigur des hl. Johannes von Nepomuk. – Kanzel um Ornamentmotive des 18. Jh. bereichert. – Nazarenische Kreuzwegbilder. – An der Langhausnordwand das „Wiener Pestkreuz", nach Inschrift „verlobt 1690, renovirt 1872, 1976".

TAIMERING Gem. Riekofen, Kr. Regensburg. *Karte 14*

Kath. Nebenkirche St. Margareta. Neuromanischer Kirchenbau von 1884 mit eingezogenem, halbrund geschlossenem Chor. Nordseitiger Satteltturm um 1600, das Untergeschoß vielleicht noch spätromanisch. – Holzfelderdecke, der Chor kreuzrippengewölbt mit zwei Glasgemälden von 1984. Urspr. Ausstattung entfernt.

TANNERL Markt Falkenstein, Kr. Cham. *Karte 10*

Sog. Tannerl-Kapelle. Wallfahrtskapelle unter einer fast dreihundertjährigen Riesentanne, westlich von Arrach. Ein Beispiel für die bescheidenen volkstümlichen Gnadenstätten des Barock an landschaftlich schönen Plätzen. – Eingezogener, dreiseitig geschlossener Chor um 1700, das Langhaus mit ausgerundeten Ecken im Lauf des 18. Jh. hinzugefügt. – Gnadenbild „Unser Hergott im Tannerl", Halbfigur des Schmerzensmannes, 17. Jh.

TAUERNFELD Gem. Deining, Kr. Neumarkt i. d. Opf. *Karte 7*

Kath. Pfarrkirche St. Nikolaus. Die Kirche liegt am unteren Ortsrand in einer Ummauerung mit breitem Spitzbogenzugang, wohl 16. Jh. – Gotische Chorturmanlage, im frühen 18. Jh. umgestaltet. Innen 1971/72, außen 1978 restauriert. – Turm mit eingezogener Doppelzwiebelhaube. Flachdecke über Hohlkehle, im eingezogenen, quadratischen Chor mit Bandelwerkstukkaturen. – Ausstattung. – Altäre und Kanzel mit eleganter Rocaille-Ornamentik, Mitte 18. Jh. Hochaltar, bewegter Aufbau mit Säulen und Volutenpilastern, Altarblatt von *Georg Lang* 1875. Seitenaltäre, konkave Volutenpilasterretabel mit Gemälden: links hl. Joseph (1971/72 freigelegt), rechts hl. Familie, wohl ebenfalls von *Lang,* auf der Mensa Bilder, Herz Jesu und Herz Mariä, in reichgeschnitztem Doppelrahmen. – An der linken Schiffswand Figur der Mondsichelmadonna, 1. Hälfte 18. Jh., gegenüber Kruzifixus und Mater Dolorosa, Mitte 18. Jh.

TEGERNHEIM Kr. Regensburg. *Karte 14*

Kath. Pfarrkirche Unserer Lieben Frau. Bis 1803 dem Reichsstift Obermünster inkorporiert. Chor und Turm romanisch; Langhaus mit Nordportal um 1400 neu errichtet. 1739 barocke Erweiterung, Umgestaltung des Langhauses. 1953 Verlängerung nach Westen. – Stark eingezogenes, annähernd quadratisches kreuzgratgewölbtes Altarhaus des 12. Jh. Mit querrechteckigem Turm im 13. Jh. überbaut. Breites einschiffiges Langhaus. An der Nordseite skulptiertes Portal, im Tympanon Salvatorbüste, Maskenkonsolen und Laubwerk, um 1400, überarbeitet. An der inneren Südwand spätgotisches Freskenfragment. Barockes Deckenbild, 1762 dat., Englischer Gruß. – Ausstattung reich an spätgotischen Holzfiguren, im übrigen nicht einheitlich. Hochaltar, kleine Rokokoanlage, um 1739. Im Schrein Muttergottes, 2. Hälfte 15. Jh., überarbeitet. Figurengruppe: Christus und die Apostel, um 1500, beeinträchtigt durch neue Fassung. – Seitenaltäre frühklassizistisch: Altarblatt St. Anna, sign. „*Franz Kein* 1791 pinx.“; Schnitzfiguren der hll. Katharina, Anna, Sebastian und Leonhard, 2. Hälfte 18. Jh. – Muttergottes im Rosenkranz, Schnitzfigur um 1500. An der Nordwand Kreuzigungsgruppe der gleichen Zeit.

TEUNZ Kr. Schwandorf. *Karte 6*

Kath. Pfarrkirche St. Lambert. 1723 erbaut; Nordturm von 1834. 1957–59 erweitert. – Barocker Saalraum mit Stichkappentonne und Rahmenstuck, zweigeschossige Westempore. – Ausstattung der 1. Hälfte des 18. Jh. Hochaltar aus der Klosterkirche ▷ Neukirchen b. hl. Blut mit gewundenen Säulen, Gnadenbild der Muttergottes vor geschnitzter Stoffdraperie, seitlich Figuren der hll. Joachim und Anna, im Auszug Gruppe der Hl. Dreifaltigkeit; Seitenaltäre, Kanzel, zwei Beichtstühle und zahlreiche Heiligenfiguren.

THALMASSING Kr. Regensburg. *Karte 14*

Kath. Pfarrkirche St. Nikolaus. Nach Westen gerichteter, neubarocker Kirchenbau, 1901 nach Plänen des Regensburger Regierungsbautechnikers *Strebel.* – Der gerade geschlossene Chor (ehem. Langhaus) und der Unterbau des südlich angebauten, von Doppelzwiebelhaube bekrönten Turms mit mittelalterlicher Bausubstanz. – Inneres weiträumig angelegt mit Pilasterordnung im Langhaus, umlaufendem Gebälk, Hohlkehle und Flachdecke. Im flachgedeckten Chor Deckenfresko der Krönung Mariens, umgeben von ovalen Stuckmedaillons, um 1904, mit „Arma-Christi“ und Mariensymbolen; das urspr. barocke Dekkengemälde 1957 von Restaurator *Ludwig Vogel* aus Regensburg übermalt; die reichen neubarocken Stukkaturen im Langhaus von den *Gebr. Grau* aus Regensburg. – Ausstattung mit Altären, Kanzel, Gestühl und Orgelprospekt vom Anfang des 18. Jh., um 1904 zum Teil ergänzt und mit neuen Reliefs und Figuren versehen; Hochaltarbild um 1700: St. Nikolaus als Patron der Schiffbrüchigen und Kranken. – Spätgotische Holzfiguren im Chor: bemerkenswerte Pietà der 1. Hälfte des 15. Jh., hl. Nikolaus um 1500.

THANHAUSEN Stadt Bärnau, Kr. Tirschenreuth. *Karte 3*

Ehem. Schloß. Die Anfänge der Hofmark gehen in das 14. Jh. zurück. 1586 von den Thandorfern an die Rosenauer. Bis 1848 Patrimonialgerichtsbarkeit der Hofmarksherrn. – Der zweigeschossige Satteldachbau mit rundem Eckturm und korbbogiger Tordurchfahrt nach Brand 1787 errichtet, renoviert 1970. – Rückwärtiges Ökonomiegebäude mit hohem Walmdach, dat. 1780.

Kath. Kapelle St. Joseph, ehem. Schloßkirche. Nach Portalinschrift 1791 südöstlich an das Schloß angebauter, rechteckiger Saalbau mit zwiebelbekröntem Ostturm, Anfang 20. Jh.; Außeninstandsetzung 1983/84. – Neuromanische Ausstattung um 1900, Holzdecke mit Schablonenmalerei.

THANHEIM Gem. Ensdorf, Kr. Amberg-Sulzbach. *Karte 8*

Kath. Filialkirche St. Bartholomäus. Eine Vorgängerkirche durch Hageno von Taneheim erbaut und 1136 von Bischof Otto I. geweiht. Um 1700 Neubau. Renovierung 1964–69. – Saalbau mit eingezogenem, dreiseitig geschlossenem Chor, spitzer, polygonaler Dachreiter. – Flachdecke über Hohlkehle, toskanische Pilaster mit unvermittelt endenden Gebälkstücken, im Schiff gekuppelt, erhöht über Bodenniveau ansetzend. In Stuckrahmen Deckenfresken mit Inschrift über die Gründungsgeschichte, 18. Jh., im 19. Jh. renoviert. – Hochaltar um 1700, Säulenretabel mit Akanthusdekor, nazarenisches Altarblatt hl. Bartholomäus, Figuren über den seitlichen Durchlässen. – Seitenaltar mit Bild des hl. Wendelin und Kanzel in Rokokoformen.

THANSTEIN Kr. Schwandorf. *Karte 10*

Kath. Pfarrkirche St. Johannes Bapt. Um 1689 Neuerrichtung anstelle einer mittelalterlichen Kirche, nach Brand von 1784 wiederhergestellt und neu gewölbt. Westturm von 1880/83. Restaurierung 1982–88. – Schlichte, breite Saalkirche, der Chor mit dreiseitigem Schluß gleichbreit wie das Schiff; gedrücktes Stichkappen-Tonnengewölbe über Pilastergliederung. – Ausstattung des Rokoko mit Choraltar, Seitenaltären und Kanzel. – Grabsteine. – In der Nordwand Rotmarmorplatte mit lebensgroßem Relief des Ritters Otto von Ebleben († 1591). In der Vorhalle Sandsteinplatte mit überlebensgroßer, nahezu vollplastischer Relieffigur des Ritters Jörg von Ebleben († 1554), eingefaßt von Antiquaschrift; Grabplatte der Margareta von Ebleben († 1565). Zwei Rotmarmorepitaphien von 1587 und 1590 für die Kinder Otto von Eblebens mit paarweisen Darstellungen.

Burgruine. Wohl um die Mitte des 14. Jh. von den Herren von Thanstein bzw. ihren Nachfolgern, den Zengern erbaut. 1425 durch die

Hussiten verwüstet. Seit der 1. Hälfte des 16. Jh. bis 1632 im Besitz der Ritter von Ebleben. 1663 von den Schweden zerstört. Ein neues Schloß entstand am Fuße des Berges. – Die Burg liegt auf einer Granitkuppe am östlichen Ende eines Bergrückens. Zugang vom Südhang aus, den das Dorf bis in die Vorburg hinein besetzt. Ein tiefer Grabeneinschnitt trennt diese von dem annähernd rechteckigen Plateau der inneren Burg, die im südwestlichen Teil von einer mächtigen geschichteten Bruchsteinmauer begrenzt wird. – Weithin sichtbar der freistehende, runde Bergfried aus Granitbruchsteinen und Quadern unterschiedlicher Größe sowie einzelnen Buckelquadern. In etwa 5 m Höhe abgeschrägter Mauerrücksprung, darüber an der Ostseite Einstiegsöffnung.

THEUERN Gem. Kümmersbruck, Kr. Amberg-Sulzbach. *Karte 8*

Kath. Pfarrkirche St. Nikolaus. Nördlich des Schlosses die Pfarrkirche, umgeben vom angrenzenden eingeschossigen Mansarddachbau des ehem. Gerichtsdienerhauses (Ende 18. Jh.) und im Südwesten vom ehem. Gasthof, eine 1823 dat. Baugruppe aus zweigeschossigen Mansarddachbauten und Torbau. – Angeblich 1739 Neubau der Kirche unter Verwendung des Turms aus der Mitte 12. Jh. Restaurierung 1984–86. – Saalbau mit eingezogenem, dreiseitig geschlossenem Chor. Turm mit Spitzhelm (19. Jh.) an der Nordwestecke des Langhauses, gleichfluchtend mit der Nordflanke. Schlitzöffnungen, an Süd- und Ostseite gekuppelte Klangarkaden, ihre Trennsäulen mit würfelförmigen Kapitellen. Turm innen mit schmalen Lagen von Kalksteinquadern verblendet; im Erdgeschoß böhmische Kappe, Rundbogennischen bzw. -öffnungen an Nord- und Südseite weisen vielleicht auf eine urspr. profane Nutzung hin. – Im Kirchenraum korbbogige Stichkappentonne mit Rahmenstuck, gekuppelte toskanische Wandpilaster mit Gebälkstücken. Stuckierte Westempore mit halbkreisförmig vorgezogenem Mittelstück. – Ausstattung. – Drei Altäre in frühen Rokokoformen um 1740. Hochaltar, raumgreifender viersäuliger Aufbau mit Altarblatt des Titelheiligen, seitlich Figuren der hll. Joseph und Franz Xaver. Seitenaltäre, konkave Säulenretabel, nördlich plastische Gruppe mit Kruzifixus und Schmerzhafter Muttergottes, südlich Altarblatt hl. Johannes von Nepomuk. – Kanzel und Orgel mit reichem Rocailleschnitzwerk. – Rosenkranzmadonna, 1. Hälfte 18. Jh. – Grabdenkmäler im Chor. Nordwestlich Grabstein mit Wappen der Portner, dat. 1534. Südlich Kalksteinplatte mit acht Ahnenwappen des Johann Christian Freiherr Lochner von Hüttenbach († 1789) und Obelisk, 1810 von Antoinette von Lochner dem Gatten und Kind gewidmet, bez. „*Friedrich Wagner* in Amberg".

★ **Ehem. Hammerschloß, jetzt Bergbau- und Industriemuseum Ostbayern.** An zentraler Stelle der bayerischen Eisenstraße. – Stammsitz der bereits im frühen 12. Jh. archivalisch greifbaren Theuerner, im 16. Jh. Besitz der Portner, seit 1709 der Lochner von Hüttenbach. – Großzügige Hammerschloßanlage. Dreigeschossiger Mansarddachbau mit genuteten Lisenen und östlichem Mittelrisalit, im Giebel Allianzwappen Lochner-Bibra, Sprenggiebelportal dat. 1781. – Westlich an das Schloß um rechteckigen, als Barock-Parterre gestalteten Innenhof angeschlossen die Wirtschaftsgebäude und gegen Norden das Jägerhaus, eingeschossige Mansarddachbauten der 2. Hälfte des 18. Jh., Toreinfahrt im Nordwesten. Die Anlage wurde 1977–87 saniert.

THIERLSTEIN Stadt Cham, Kr. Cham. *Karte 10*

Schloß. Das Schloß erhebt sich weithin sichtbar auf dem „Pfahl", einem ca. 140 km quer durch den Bayerischen Wald ziehenden, hier besonders markant hervortretenden Quarzgang. – Die Thierlinger erstmals 1125 als Ministerialen der Markgrafen von Cham erwähnt. Angeblich erwarben sie um die Mitte 14. Jh. von den Sattelbogern die Burg Thierlstein und bauten sie aus. Die Thierlinger, die bis zu dem 1490 beginnenden Niedergang Macht und Besitz beträchtlich steigern konnten, machten sich um die Kultivierung des Umlandes verdient. Anfang 16. Jh. legten sie gemeinsam mit dem Abt von Reichenbach ein großes Teichgebiet nördlich des Schlosses an. Nach ihrem Aussterben 1622 häufiger Besitzerwechsel.
Der oft veränderte Baukomplex ist in verschiedenen Ansichten festgehalten. Letzter Umbau um 1900. Nach 1945 einsetzender Verfall. 1988/89 umfangreiche Instandsetzungsmaßnahmen. – Der runde Bergfried von unterschiedlich hohen Gebäudetrakten unregelmäßig umbaut. Das massive Bruchsteinmauerwerk des Turms und des östlichen Gebäudeteils deutet auf einen mittelalterlichen Ursprung hin, der westliche Teil 18. Jh. Das urspr. Kegeldach des Turms um 1900 durch Zinnenkranz ersetzt. – Die Innenmauern im Felsen verankert. In den Obergeschossen des Osttrakts partiell erhalten gotische Deckenkonstruktionen und ornamentale Raumfassungen aus der Renaissance. Im Schloß heute ein privates Heimatmuseum.

THONLOHE Stadt Hemau, Kr. Regensburg. *Karte 12*

Kath. Filialkirche St. Leonhard. Mittelalterliche Chorturmkirche, im 18. Jh. umgestaltet. – Das flachgedeckte Langhaus bescheidenen Ausmaßes im Vergleich zum behäbigen Chorturm. Turmobergeschoß mit gebälktragenden Pilastern vor abgerundeten Ecken, eingezogene Zwiebelhaube. – Im eingezogenen, quadratischen Chor Kreuzgewölbe mit flachen Stuckrippen, Chorbogen korbbogig verändert. – Hochaltar um 1730, konkaves Retabel mit seitlichem Laub- und Gitterwerk, Altarblatt Krönung Mariens.

THUMHAUSEN Gem. Nittendorf, Kr. Regensburg. *Karte 19*

Kath. Kirche St. Maria Dolorosa. 1715 erbaut. Eingezogener, langgestreckter Chor, segmentbogig gewölbt. Seitliche Anbauten: Sakristei, Oratorium und Turm in der Flucht des quadratischen Langhauses. –

Ausstattung der Erbauungszeit. Hochaltar mit Wappen der Frhrn. von Rosenbusch-Eichhofen. – Nebenaltäre mit Altarblättern: Tod des hl. Joseph und Vierzehn Nothelfer. – Hölzerne Westempore, bemalt mit Maria, Christus und den Aposteln. – Spätgotische Holzfigur der Muttergottes, Mitte des 15. Jh., überarbeitet. Figuren der hll. Sebastian und Johannes von Nepomuk, 18. Jh.

THUMSENREUTH

Gem. Krummennaab, Kr. Tirschenreuth. *Karte 2*

Ev. Pfarrkirche, ehem. Simultankirche Unserer Lieben Frau. 1715 Bau des Chorscheitelturms mit Laternenzwiebelhaube und durchgreifende Veränderung der wohl im 17. Jh. entstandenen Kirche. Renovierung 1963/64. – Eingezogener, dreiseitig geschlossener Chor mit Stichkappentonne über Pilastergliederung; seitliche Oratorien und Adelsloge. Im Langhaus Holzfelderdecke mit umfangreichem alttestamentlichen Gemäldezyklus von ungewöhnlicher Thematik, 2. Hälfte 17. Jh., die zwölf erhaltenen Tafeln 1934/35 aufgedeckt und renoviert. Holzempore mit Gemälde Triumphzug der Bundeslade und Inschrift, dat. 1690, darüber Ehewappen von Hans Achatz von Lindenfels und Maria Eva, geb. von Trautenberg. – Ausstattung. – Viersäuliger Hochaltar von *Johann Michael Doser* 1724, im Mittelfeld Relief der Auferstehung, Seitenfiguren der hll. Johannes Ev. und Lukas, auf dem Gebälk Moses und hl. Johannes Bapt., dazwischen Allianzwappen der Lindenfels. – Kanzel mit Laub- und Bandelwerkdekor, ebenfalls von *Doser* 1718, Fassung 1744 durch *Franz Lidtmann* aus Nabburg. – An der Nordwand Epitaph aus Quarz für Martha Nothaft († 1589), im Tympanon Darstellung ihres tödlichen Unfalls vor dem Schloß. An der Nordwand Quarzplatte mit ganzfiguriger Darstellung des Pfarrers Thomas Laubmann († 1686).

Kath. Pfarrkirche. In der 1935 erbauten Kirche der Vierzehn-Nothelfer-Altar aus der ehem. Veitskirche in ▷ Erbendorf: Monstranzförmiger Rankenaufbau mit hl. Vitus (um 1500) in der Mittelnische, von Büsten der übrigen Nothelfer umgeben. Als letztes Exemplar dieser Gattung 1750 in retrospektiven Formen von *Sigmund Windisch* geschnitzt und von *J. Paul Fichtacher* gefaßt (sign.).

Schloß. 1255 als Wasserburg erwähnt, bis 1405 Besitz der Trautenberger, im 15./16. Jh. der Nothaft, seit 1661 der heute noch ansässigen Freiherrn von Lindenfels. – Der in das Mittelalter zurückgehende Hauptbau 1586 durchgreifend umgestaltet, im 17. Jh., 1745 und 1774 weiter ausgebaut und verändert. Instandsetzung 1989. – In der weitläufigen Schloßanlage mit Zweckbauten des 18. Jh. (sog. Jägerhaus mit Fachwerkobergeschoß sowie Remisen) der viergeschossige Hauptbau mit steilem Satteldach und zweigeschossigem Anbau an der Nordostecke. An der Südwestecke erhebt sich über den Grundmauern des alten Bergfrieds ein turmartiger Vorsprung mit Mansarddach und dia-

gonal gestelltem Kastenerker, dessen Brüstungsfelder mit Maßwerk- und drei Wappenreliefs geschmückt sind. Fenster größtenteils in geohrten Granitrahmungen. In den ersten beiden Obergeschossen Dekken mit Figuren-, Ornament- und Rahmenstuck, 2. Hälfte 18. Jh. Im dritten Obergeschoß Bohlendecke und Türe mit Kassettenprofilen aus der 2. Hälfte des 17. Jh.; sonst Dekorationen des Rokoko und Frühklassizismus.
Zum Schloß gehört der um 1850 als Park angelegte Friedhof mit neugotischer Kapelle und repräsentativen Grabmälern des 19. Jh.

THUNDORF Stadt Freystadt, Kr. Neumarkt. *Karte 7*

Kath. Filialkirche St. Willibald. Frühgotischer Bau, Anfang 18. Jh. durchgreifend umgestaltet, Neuweihe 1720. Weitere Veränderung im 19. Jh. Innenrestaurierung 1978. – Chorturm mit achtseitigem Spitzhelm und von Spitzbogen überfangenen, gekuppelten Klangarkaden. Eingezogener, quadratischer Chor mit Kreuzgratgewölbe; im Schiff Flachdecke über Hohlkehle. Nazarenische Deckenbilder. – Drei Altäre, schlanke Retabel mit gewundenen, laubumkränzten Säulen und Rankenwerk, um 1700. Hochaltar mit Altarblatt: Apotheose des hl. Willibald im Beisein der hll. Wunibald und Walburga, als Seitenfiguren deren Eltern, die hll. Richard und Wuna.

THURNDORF Markt Kirchenthumbach, Kr. Neustadt a. d. Waldnaab. *Karte 1*

Kath. Pfarrkirche St. Jakobus Maior. Gotischer Kernbau, mehrfach erweitert, zuletzt angeblich 1804 nach Norden, Innenrestaurierung 1979. – Rechteckbau, der nicht ausgeschiedene Chor mit abgeschrägten Ecken. Stattlicher Westturm mit barockem Schweifhelm. – Spiegeldecke, einspringender Chorbogen. Sparsame Rokokostukkaturen, erneuerte Deckenbilder. Spätnazarenische Bildfenster, überwiegend ornamental. – Ausstattung wohl um 1730/40, der Werkstatt *Johann Michael Dosers* zugeschrieben, 1804 überarbeitet, Hochaltar 1971 renoviert. Raumgreifender Säulenaufbau mit vorgezogenem Mittelstück und reichem Figurenschmuck: hl. Jakobus, seitlich die hll. Katharina und Barbara, Florian und Georg; die hll. Joseph und Christophorus heute am Chorbogen; im Auszug Marienkrönung. – Seitenaltäre, Säulenretabel mit Figuren, links Muttergottes (19. Jh.), flankiert von hl. Joachim und hl. Anna, rechts Seitenfiguren der hll. Sebastian und Wendelin. – Kanzel mit allegorischen Reliefs. – Orgelgehäuse mit Laubwerkschnitzereien, 1. Hälfte 18. Jh. – Kreuzwegbilder Rokoko. – Sog. Theophilusglocke, romanisch, eines der ältesten Exemplare Deutschlands, mit Inschrift „Wolfgerus me fecit“, die gleiche Inschrift tragen zwei sächsische Glocken in Theissen und Ascharn.
In der **Maria-Hilf-Kapelle**, bez. 1717, ein sog. Akanthus-Altar von *Johann Michael Doser* um 1720.

TIEFBRUNN Gem. Mintraching, Kr. Regensburg. *Karte 14*

Kath. Filialkirche St. Stephan. Frühgotischer Bau mit Choreinwölbung des 15. Jh.; Fenster teilweise barock verändert. – Flachgedeckter Saalbau mit eingezogenem Chor im 5/8-Schluß. Turm mit Spitzhelm an der südöstlichen Langhausecke; urspr. Fensteröffnungen mit Maßwerknasen bzw. mit abgefasten Rechteckrahmungen. Ebenfalls gotisch zwei spitzbogige Schlitzöffnungen im Westgiebel. – Im einjochigen Chor auf Spitzkonsolen ruhendes Netzgewölbe mit ausgekehlten Rippen und Tellerschlußsteinen.

TIEFENBACH Kr. Cham. *Karte 6*

Der 1180 erstmals erwähnte Ort im Besitz wechselnder Adelsgeschlechter.

Kath. Pfarrkirche St. Veit. 1719–21 erbaut. 1914 nach Osten um gestrecktes Oktogon und halbrund geschlossenen Chor erweitert. – Westturm mit Zwiebeldach und 1759 aufgesetzter Laterne. – Im barocken Langhaus Tonnengewölbe mit Stichkappen und Rahmenstuck über gestaffelten Pilastern, im Erweiterungsbau Deckenfresken; Bildfenster 1914. Zweigeschossige Westempore, von drei Kreuzgratgewölben unterfangen. – Ausstattung der Erbauungszeit um 1720. Hochaltar, konkaver viersäuliger Aufbau mit seitlichem Ranken- und Bandelwerk, Tabernakel in Empireformen. Überlebensgroße Seitenfiguren der Apostelfürsten, Altarblatt hl. Vitus, 1720 von *Valentin Reischl*, Waldmünchen. Ähnlich, jedoch bescheidener aufgebaut, die Seitenaltäre, der linke mit Figur der Muttergottes, um 1480; der rechte 1722 von Franz Nikolaus Pongratz von Reisach von Schneeberg und Tiefenbach und seiner Gemahlin gestiftet, mit Altarblatt hl. Sippe und 1805 aufgestelltem Reliquienschrein der hl. Juliana. – Prozessionsstangen aus dem 18. Jh. – An den Kirchenwänden Epitaphien des Ortsadels, 18. Jh.

Profanbauten. Im aufstrebenden Ort mehrere stattliche Neubarockbauten um 1900.
Pfarrhof (Hauptstr. 16), ein zweigeschossiger Halbwalmdachbau, 1821 dat.

TIEFENTHAL Stadt Wörth a. d. Donau, Kr. Regensburg. *Karte 14*

Kath. Kirche St. Ulrich und Wolfgang. Auf einem Berg hoch über dem Ort gelegen. – Urspr. doppelgeschossige Kapelle des 12. Jh. Diese seltene, mit der Burgkapelle in ▷ Breitenstein vergleichbare Anlage läßt auf eine Verbindung mit dem für Tiefenthal noch im 17. Jh. bezeugten Edelsitz schließen. Barocke Umgestaltung. – Beträchtlich eingezogene, halbrunde Apsis mit je einem östlichen und südlichen Rundbogenfenster in zwei Geschoßhöhen, das untere südliche mit gotischer Maßwerknase. Barocker Turmaufsatz mit achteckigem Obergeschoß und Zwiebelhaube. An der Langhaussüdseite sockelartiger, gestufter

Mauerabsatz. In Emporenhöhe beiderseits je eine Schlitzöffnung, im übrigen weisen die Langhausflanken barocke Oculi auf. – Apsiskalotte des urspr. Obergeschosses verdeckt durch die im 17. Jh. durchgehend eingezogene Flachdecke. Hinter dem Hochaltar die Eckpfeiler erhalten, die das Kreuzgewölbe des Untergeschosses trugen. – Altar um Mitte 17. Jh., Säulenretabel mit Tafelbild der hll. Wolfgang, Ulrich und Albert (?), geschnitztes Antependium um 1740. – Figur des hl. Sebastian, um 1500; gestohlen u. a. eine sitzende Holzfigur des hl. Wolfgang, 2. Hälfte 13. Jh.

TIRSCHENREUTH. *Karte 3*

Als Mittelpunkt eines Rodungsgebietes wurde der 1134 erstmals erwähnte Ort wohl schon im 10. Jh. gegründet (legendäre Entstehung durch den germanischen Stamm Thurs). Seit 1217 Ausbau zum wirtschaftlichen und administrativen Stützpunkt des Klosters Waldsassen. Wohl gegen Ende des 13. Jh. wurde im Zug einer planmäßigen Erweiterung der große rechteckige Straßenmarkt angelegt. 1306 Verleihung des Marktrechtes. 1364 Erhebung zur Stadt durch das Kloster Waldsassen.

Stadtanlage

Der von einem rasterförmigen Straßennetz umschlossene, in Nordsüdrichtung angelegte Straßenmarkt (Maximilianplatz) trägt trotz des großen Stadtbrandes von 1814 noch die typischen Züge einer oberpfälzischen Ackerbürgerstadt. Die traufseitigen Reihen der zumeist schlichten zweigeschossigen Häuser mit Toreinfahrten werden von dem Renaissancebau des Rathauses auf der Westseite und der Pfarrkirche in der Nordwestecke überragt. Auf dem Platz das Denkmal des bayerischen Sprachforschers Johann Andreas Schmeller (1785–1852), die Bronzebüste von dem Münchener *Anton Heß* 1891.

Stadtbefestigung

Der in Hanglage von Bächen umflossenen Stadt boten – vergleichbar einer Inselstadt – zwei 1219 angelegte, große Teiche Schutz (1804 aufgelassen). Lediglich die Ostseite wurde unter Abt. Johannes IV. (1323–1337) durch eine Mauer mit Halbschalen- und Tortürmen abgesichert, wovon nur der sog. Klettnersturm im Süden erhalten blieb.

Kath. Pfarrkirche Mariä Himmelfahrt. Die 1299 errichtete Kirche wurde durch den Stadtbrand 1475 bis auf die Fundamente des Chors mit nordwestlichem Strebepfeiler zerstört. Danach Wiederaufbau, Turm nach Bauinschrift von „*Jakob Mair* 1487“ vollendet. Nach weiterer Brandkatastrophe (1633) Erneuerung des Langhauses, Weihe 1669. 1722/23 Anbau der Wallfahrtskapelle zur Schmerzhaften Mut-

tergottes an die Langhaussüdseite. 1769 zweijochige Verlängerung nach Westen durch *Philipp Muttone*. Häufiger Wechsel der Ausstattung. Letzte Restaurierung 1980/82.
Dreischiffige Staffelhalle, an das Mittelschiff anschließender Chor mit 5/8-Schluß. Im südlichen Chorwinkel sechsgeschossiger Turm mit eingezogener Laternenzwiebelhaube. Der Chor durch Schrägsockel, gestufte Strebepfeiler, Kaffgesims und zweibahnige Maßwerkfenster gegliedert. Nur das Sockelgesims des nordwestlichen Strebepfeilers korrespondiert mit dem umlaufenden Schrägsockel, die übrigen liegen tiefer. – Innen besitzt der Chor ein spätgotisches Sterngewölbe auf profilierten Konsolen. In allen drei durch Pfeilerarkaden verbundenen Schiffen des Langhauses Kreuzgratgewölbe mit verschliffenen Scheiteln. – Deckenbilder von *Oskar Martin-Amorbach* 1931/32. Moderne Farbfenster mit überwiegend mariologischer Thematik nach Entwürfen von *Josef Oberberger*, München.
★ Ausstattung. – Hochaltar, ein um 1500 entstandener Flügelaltar mit neugotischem Sockel und Gesprenge. An den Außenseiten Bilder eines Passionszyklus, innen Schnitzreliefs in neugotischer Fassung: im Schrein unter Astwerk vielfigurige Kreuzigungsszene, seitlich die hll. Martin, Nikolaus, Johannes Bapt. und Johannes Ev.; in den Seitenflügeln, zweireihig angeordnet, die Zwölf Apostel und die hll. Urban, Georg, Cosmas und Damian. – An der Chornordwand Relief: Mariä Heimsuchung, um 1510, wohl aus der gleichen Werkstatt wie der Flügelaltar. – An der Langhausostwand Gemälde: nördlich Mariä Himmelfahrt, um 1850, südlich Kreuzabnahme Christi, sign. „*I(ohann). C(aspar). Sing*“. – Die ganze Mittelschiffbreite einnehmender Orgelprospekt, um 1730, von musizierendem David bekrönt. – An den Längswänden Figuren der Zwölf Apostel, 1. Hälfte 18. Jh.

Kath. Wallfahrtskapelle zur Schmerzhaften Muttergottes. Quadratischer Raum mit Flachkuppel, am Scheitel kleine Kuppel statt ehem. Laterne. Stukkaturen der Erbauungszeit (Akanthusranken, Engel und Putten), stuckgerahmte Medaillons mit erneuerten Fresken aus dem Marienleben. – Altar, Tabernakelaufbau in Rokokoformen mit Gnadenbild „Unserer Lieben Frau von Tirschenreuth“. Die Pietà wurde 1690 von *Adam Pehr*, Tirschenreuth, aus Ton gefertigt. Seitlich Reliquienschreine mit den sell. Silvan und Urban.
Auf der Marktplatzseite des Chors Ölberg, dat. 1708, mit gefaßten Steinfiguren. Darüber Figurengruppe aus Granit: der Gekreuzigte wendet sich zur hl. Luitgart, 1. Hälfte 18. Jh., nach dem Prager Vorbild des *Mathias Braun*. – Davor Dreifaltigkeitssäule aus Granit, 1. Hälfte 18. Jh. (bis 1814 auf dem Marktplatz), neuerdings als eine der wenigen noch stehenden Pestvotivsäulen in Bayern erkannt. Am Sockel Figur der Maria Immaculata, von den hll. Franziskus und Johannes von Nepomuk flankiert.

Kath. Friedhofskapelle St. Johannes Ev. Über einen durch Blendarkaden gegliederten Friedhofaufgang (2. Hälfte 18. Jh.), an dessen Fuß

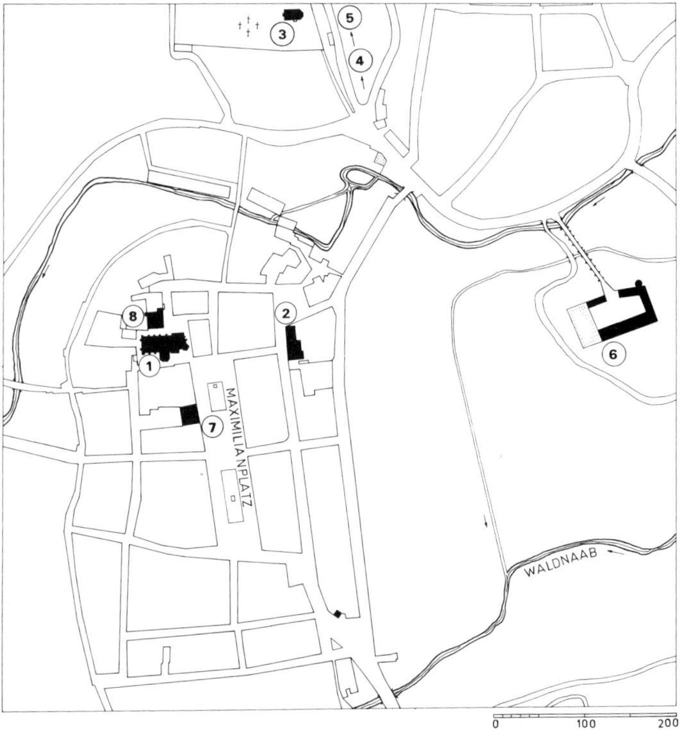

Tirschenreuth

1 *Pfarrkirche Mariä Himmelfahrt*
2 *Klosterkirche St. Kunigunde*
3 *Friedhofskapelle St. Johannes Ev.*
4 *St. Peter*
5 *Dreifaltigkeits-Seminarkirche*
6 *Fischhof*
7 *Rathaus*
8 *Pfarrhaus*

sich eine Ölberggrotte befindet, erreichbar. Südöstlich vor der Ölberggrotte zeigt die Murschrott-Brunnenkapelle (um 1900) den Ursprungsort der Tirschenreuther Wallfahrt an. – 1783 auf dem Platz des Vorgängerbaus von 1594–96 als Stiftung des Vilsbiburger Tuchmachers Johann Georg Nebner errichtet. – Dreiseitig geschlossene Saalkirche, östlicher Zwiebeldachreiter mit blechernem Tod. – Altar um 1783, Altarblatt mit hl. Johannes Bapt. und hl. Johannes Ev. im Nazarenerstil. – An den Kirchenwänden eine Reihe von Epitaphien des 16.–18. Jh.

Kath. Kirche St. Peter. Nördlich der Stadt als älteste Kirche Tirschenreuths bereits 1130 erwähnt. Der bestehende Bau um 1720 errichtet. Restaurierung 1978/88. – Rechteckbau mit Dachreiter. – Segmentbogiger, einspringender Chorbogen. – Ausstattung teilweise in Neurenaissanceformen. Stuhlwangen mit Rollwerkmotiven des ausgehenden 17. Jh. – Gemälde mit Geiger und hl. Kümmernis, Anfang 17. Jh.

Westlich daneben die **Dreifaltigkeits-Seminarkirche der Steyler Missionare von St. Peter.** Sechseckiger Zentralbau aus Backsteinmauerwerk mit farbigen Betonglaswänden, 1961/63 von *Hans Beckers,* Regensburg, errichtet.

Klosterkirche St. Kunigunde. 1854/55 Errichtung von Kirche und Kloster auf dem Platz des Schlosses, das, als Residenz der Waldsassener Äbte unter Johann IV. (1323–37) erbaut, nach mehrmaligen Zerstörungen 1835/37 abgetragen wurde. Restaurierung 1986/87. – Rechteckraum, der stark eingezogene Chor von Sakristeiräumen flankiert. Westlicher Dachreiter mit Spitzhelm. – Neugotische Ausstattung.

Fischhof, jetzt Amtsgericht (Mähringer Straße 11). Zum Fischhof – ehem. inmitten des Oberen Stadtteiches – führt eine zehnjochige, 1748–50 von *Johann Philipp Muttone* aus Granitquadern erbaute Brücke. – Als Zehenthof („Grangia Vischhove") des Klosters Waldsassen im 13. Jh. entstanden. Der bestehende Bau von 1680, verändert im 18. Jh.; Sanierung 1980–84. – Langgestreckter zweigeschossiger Hauptbau mit hohem Satteldach, im Osten und Norden von niedrigen Trakten begleitet, nördlich ausspringender Rundturm. Gliederung durch geohrte Fensterrahmungen und Eckquader. – Im Rundturm Kapelle mit Kuppel und Laterne, unter Abt Wigand von Deltsch (1756–92) eingerichtet. Rokoko-Altar mit Pietà, von Figuren der hll. Aloysius und Stanislaus flankiert; Abschlußgitter mit dem Abtswappen.

Rathaus. 1582/83 erbaut, 1814 bis auf die Vorderfront abgebrannt. – Dreigeschossiger Bau mit Schopfwalmdach und zweigeschossigem Erker. Das von Halbsäulen flankierte Rundbogenportal ebenso wie die faszierten Fensterrahmungen mit geraden Verdachungen. Der Erker über reich profilierter, auf Bartmannskopf ruhender Steinkonsole; mit farbig gefaßten Wappenreliefs: auf der Vorderseite Wappen von Kurpfalz und Waldsassen, an den Schmalseiten je zwei Bürgerwappen.

Invalidenheim (Hospitalstraße 1). Das 1694 erbaute Spital geht angeblich auf eine Stiftung König Konrads 1254 für durchreisende Pilger zurück. 1904/05 weitgehender Neubau, umgebaut 1978. – An der Südseite des dreigeschossigen Baus Wappentafel mit Inschrift von 1694. – Im Westabschnitt ehem. Hauskapelle mit Kreuzgratgewölbe und Stichkappen.

Kath. Pfarrhaus (Kirchplatz 3/4). 1720/22 als Priorat des Klosters Waldsassen erbaut. – Breitgelagerter zweigeschossiger Walmdachbau mit genuteter Eck- und Sockelzone. Architektonisch gerahmte Portale.

Bürgerhäuser. Falkenberg Str. 4. Mayer-Villa. In Neurenaissanceformen malerisch-asymmetrisch gegliederter Bau um 1890 mit reichem plastischen Jugendstildekor. – Davor barocker Säulenbildstock mit Relief des Gnadenstuhls, Figuren der hll. Maria und Johannes auf dem Sockel, der die Stifterinschrift „Anna Margaretha Wittmanin 1739" trägt.

Johannisbrücke über dem Mühlbach. Dreijochige Quaderbrücke mit Steinfiguren der hll. Helena und Johannes von Nepomuk, wohl 1732, verbreitert 1972.

Steinerne **Säulenbildstöcke** mit Laternen im Umkreis der Peterskirche: in der St. Peter-Straße die nach Waldsassen weisende „Eiserne Hand", dat. 1696 (?), und im Lindenweg die sog. Stiftlandsäule, dat. 1693.

TÖGING

Stadt Dietfurt a.d. Altmühl, Kr. Neumarkt i.d. Opf. *Karte 12*

Kath. Pfarrkirche St. Bartholomäus. 1852–54 in historisierenden Formen erbaut. Innenrestaurierung 1977. – Saalbau, Ostturm mit Spitzhelm über Dreiecksgiebeln. – Neuromanische Ausstattung mit spätgotischen Holzfiguren, z.T. aus der Friedhofskirche übernommen. Neben dem Hochaltar die hll. Petrus (um 1500) und Jakobus (Anfang 16. Jh.), an den Langhauswänden: links hl. Agnes (um 1500) und Relief Marientod (Ende 15. Jh.), rechts hl. Willibald (um 1500).

Kath. Friedhofskirche St. Peter. Frühgotische Anlage, im 17./18. Jh. geringfügig verändert, Gesamtrestaurierung 1986–88. – Die Südseite der Kirche spärlich belichtet durch ein kleines und ein großes Lanzettfenster, an der Ostseite schmales Rundbogenfensterchen. Im Westabschnitt zu beiden Seiten wohl spätere, rechteckige Fenster- bzw. Türöffnung in eigentümlicher Kalksteinrahmung mit segmentbogigem Sturz. – Eingezogener, quadratischer Chor mit (späterem) Kreuzgewölbe im Ostturm mit Zeltdach. Der runde Chorbogen, die Bretterdecke und die Holzempore im Schiff stammen aus der Umbauphase.

Ehem. Schloß. Die aus dem Hirschberger Ministerialengeschlecht stammenden Schenken von Töging vom 12.–16. Jh. bezeugt. – Neben der Kirche im 16. Jh. unter Einbeziehung älterer Bausubstanz mit teilweise noch erhaltender Ringmauer errichtet. Saniert und umgebaut 1988/89. – Langgestreckter, dreigeschossiger Bau mit hohen Stufengiebeln. Im Innern Blockstufentreppe und Holzriegelwände.
Urspr. dazugehörig der ehem. Zehentstadel in der Angerstr. 2, ein geräumiger, zweigeschossiger Bau mit Treppengiebel aus dem 16./ 17. Jh.

Ehem. Synagoge (Beilngrieser Str. 1). Zweigeschossiger Bau mit geschweiftem Giebel, 17./18. Jh., jetzt zu einem Wohnhaus umgebaut.

Südlich der Kirche ein **Gasthaus** (Beilngrieser Str. 14) mit hohem Stufengiebel, wohl 16. Jh.

TRAIDENDORF Markt Kallmünz, Kr. Regensburg. *Karte 8*

Kath. Kirche St. Leonhard. Schlichte rechteckige Kapelle aus der Zeit des ▷ Schlosses, um 1685. Dachreiter mit Kuppeltürmchen im Westen. Ohne Chor, flachgedeckt. Spätgotische Holzfiguren, Maria und Johannes, um 1450, dem Münchner Bildschnitzer *Erasmus Grasser* zugeschrieben. Bewegte Figuren, Hände und Füße ausdrucksvoll hervorgehoben aus fülligem, in massige Falten gelegtem Gewand.

★ **Schloß.** Seit dem 15. Jh. ist ein Hammerschloß nachweisbar. Von 1655–1733 im Besitz der Freiherren von Tänzl zu Tratzberg. Unter diesen Neubau 1684. – Vorspringender dreigeschossiger Mittelbau zu fünf Achsen. Seitlich niedere, breite Ökonomietrakte. An der Westseite großer Garten. Hauptfassade nach Osten, segmentbogiges Pilasterportal mit Wappen in Stuckkartusche. Figurennische mit Muttergottes. Außeninstandsetzung 1969, dabei Putzumrandung der Fenster erneuert. – Im Innern originale Raumdispositionen mit fester Ausstattung des späten 17. Jh. erhalten. Bemerkenswerte Stuckdecken in allen Geschossen, eine reiche Abfolge und dekorative Vielfalt ohne Beispiel im ländlichen Schloßbau der südwestlichen Oberpfalz. Stilistisch dem Umkreis des *Giovanni Battista Carlone* und *Jacopo Tornino* zuzurechnen. – Dreigeteiltes Erdgeschoß, flachtonnengewölbte zentrale Durchfahrt mit Quadraturstuck. Seitlich zwei, durch geschweifte Bogenöffnung verbundene, stuckierte Räume. Rechts zweiläufige Podesttreppe, mündend in rechteckigen Fletz im Obergeschoß. – An der Gartenseite ehem. Schloßkapelle, urspr. zweigeschossig mit stukkiertem Gewölbe (abgehängt). Nach Süden zwei Räume mit Kassetten- bzw. Rahmenstuck. – Im 2. Obergeschoß Saal mit prächtiger Stuckdecke der Erbauungszeit: Rollwerkkartuschen, Engelsköpfe, an Bändern aufgehängte Fruchtgirlanden. – Südlich angrenzend Raumdecken mit Kartuschen- und Muscheldekor, charakteristisch das Motiv der im Ornament verschlungenen Tuchdraperien.

TRAILLING Markt Lam, Kr. Cham. *Karte 11*

Kapelle St. Anna. Der eingezogene, dreiseitig geschlossene Chor Ende 17. Jh. errichtet, dazu um die Mitte 18. Jh. das Langhaus. Im 19. Jh. reiche Ausgestaltung, Einzug einer Empore und einer neuen Holzdecke im Langhaus. Restaurierung 1986/87. – Verschindelter Zwiebeldachreiter über dem Chor. Im Innern Holzfelderdecke, im Chor mit dekorativen Rahmenformen. – Drei Altäre aus dem 2. Viertel des 18. Jh., mit gewundenen Säulen, Laub- und Bandelwerkdekor. Hochaltar mit Gruppe der Anna Selbdritt, vier Seitenfiguren und Engeln. Am linken Seitenaltar Kreuzigungsgruppe, am rechten Maria Immaculata, von Heiligen flankiert.

TRAUNFELD Markt Lauterhofen, Kr. Neumarkt i. d. Opf. *Karte 7*

Kath. Pfarrkirche St. Willibald. Von fast runder Friedhofsmauer umschlossen, im Süden rundbogige Toröffnung mit Pultdach, wohl 17. Jh. – Gotische Anlage, barock verändert. Instandsetzungen 1980 innen, 1988 außen. – Fünfgeschossiger Chorturm mit gotischem Ostfenster in Spitzbogengewände, gekuppelten Schallöffnungen (Trennsäulchen achteckig) und achtseitigem Spitzhelm. – Eingezogener, quadratischer Chor mit Kreuzgewölbe, im Schiff Flachdecke mit Rahmenstuck und nazarenischen Deckenbildern. – Ausstattung Mitte 18. Jh. Hochaltar, zierliches Viersäulenretabel mit reichem Rocailledekor und Altarblatt, hl. Willibald. – Die zweisäuligen Seitenaltäre mit spröderer Ornamentik und Nischenfiguren, links hl. Sebastian, rechts Muttergottes. – Kanzel stilgleich mit dem Hochaltar, über dem Sockelgesims Putten als Personifikationen der göttlichen Tugenden.

TRAUSNITZ Kr. Schwandorf. *Karte 5*

Kath. Pfarrkirche St. Joseph. Neugotischer Saalbau von 1890–93. – Eingezogener, dreiseitig geschlossener Chor, Kreuzgratgewölbe. – Neugotische Ausstattung. Hochaltar, neugotischer Flügelaltar mit Holzfigur des hl. Joseph und bemalten Seitenflügeln. Einbezogen sind gotische Flachreliefs aus der ehem. Kirche in Altenthann: stehende Heilige um 1520, überfaßt. – Seitenaltäre der Erbauungszeit mit originaler Fassung, desgleichen die Kanzel. – Unter der Westempore Maria-Hilf-Bild des 18. Jh., Ölbild mit Textilschmuck in Schnitzrahmen, gestiftet von Maria von Hannakamb.

Ehem. kath. Pfarrkirche St. Wenzeslaus, jetzt Friedhofskirche. Die gegen Ende des 13. Jh. bezeugte Pfarrkirche wurde gegen 1370 durch die Zenger erneuert; der frühere Chor bildet die heutige Kirche, sog. Versöhnungskapelle, deren 1730 erweitertes Langhaus 1892 abgetragen wurde. Nordseitig dreigeschossiger, mit Zinnen abschließender Turm (sog. Sachsenturm), vermutlich bereits zur Pfarrkirche des 13. Jh. gehörig. Restaurierung 1980–82. – Der gotische ehem. Chor zweijochig mit 5/8-Schluß; Netzgewölbe über Spitzkonsolen, Schlußstein mit Wappen der Zenger. – Ausstattung. – Flügelaltar um 1500, sog. Versöhnungsaltar, verändert 1730, restauriert und neu aufgestellt 1890. Im Mittelteil lebensgroße Mondsichelmadonna, seitlich und in der Predella Schnitzreliefs: Verkündigung an Maria, Heimsuchung und Episoden aus der Kindheit Jesu. – Spätgotische Holzfiguren der hl. Katharina und eines Bischofs. – An der Nordwand Epitaph des Thomas von Sparneck († 1591) mit Tafelbild in der expressiven Formensprache und Farbigkeit des Manierismus, Ende 16. Jh.: Auferstehung Christi, darunter der Stifter mit Familie; Renaissancerahmung mit Wappenreihen u. a. der Familien Sparneck, Brandt und Taufkirchen. – Zahlreiche bemerkenswerte Grabdenkmäler der Zenger, Sparneck und Freiherrn von Karg-Bebenburg, 15.–18. Jh.

Burg Trausnitz im Tal, heute Jugendherberge. 1261 erstmals urkundlich genannt. Spätestens um 1284 war die Burg im Besitz der Herzöge von Bayern, sie verblieb aber weiterhin als Lehen bei den Walthurnern; später begegnen auch die Zenger als Mitbesitzer, die im 14. Jh. schließlich die alleinigen Besitzer wurden. Friedrich der Schöne von Österreich wurde nach der Schlacht von Mühldorf 1322 hier von Ludwig dem Bayern gefangengehalten. 1515/16 verkauften die Zenger die Burg, die dann u. a. im Besitz der Sparneck, Hannakam und Karg-Bebenburg war. 1830 rettete König Ludwig I. die Burg vor dem Verfall und ließ notwendige Reparaturen durchführen. Eingreifende bauliche Veränderungen vor allem im 20. Jh.

Über der Pfreimd auf einer Hügelzunge unterhalb des Marktes gelegen und von diesem sowie dem vorgelagerten Wirtschaftshof – das um 1700 durch die Sparneck errichtete sog. Feldschlösschen – durch einen tiefen Halsgraben getrennt. Verhältnismäßig kleine, trapezförmige Dreiflügelanlage ohne Ringmauern, Mitte 13. Jh. Die hohen Außenmauern der einen schmalen Hof umschließenden Burg bilden zugleich den Bering. Eingang an der Westseite, gedeckt durch den Bergfried an der Nordwestecke. Das spitzbogige Portal und ein Biforienfenster an der Südseite deuten auf eine Entstehungszeit um die Mitte des 13. Jh. – Dreigeschossige, unterkellerte Wohntrakte. Im Obergeschoß des Nordflügels, dem ehem. Palas, der sog. Rittersaal, bis in das 19. Jh. nordseitig in fünf großen Arkaden geöffnet. Der quadratische Bergfried aus Bruchsteinmauerwerk mit Eckquaderung hatte an der Südseite eine erhöhte Einstiegsöffnung. Im Innern sind von vier Geschossen drei kreuzgratgewölbt; die Erschließung erfolgt abschnittsweise durch geradläufige Treppen innerhalb der Mauerstärke.

TRAUTENBERG Gem. Krummennaab, Kr. Tirschenreuth. *Karte 2*

Ehem. Schloß. Reste der mittelalterlichen Burg auf einer Anhöhe nordöstlich des Ortes. – Stammsitz der seit dem 13. Jh. archivalisch greifbaren Trautenberger, 1387 an Peter Pfreimder. Die nachfolgenden Eigentümer: 1444–1556 die Schütz von Leineck, 1597 bis etwa 1650 die Grün, im 18./19. Jh. die Hirschberger, seit 1849 die Lindenfelser. Zweigeschossiger Bau mit Walmdach und Zwerchhaus, im Kern 1608,

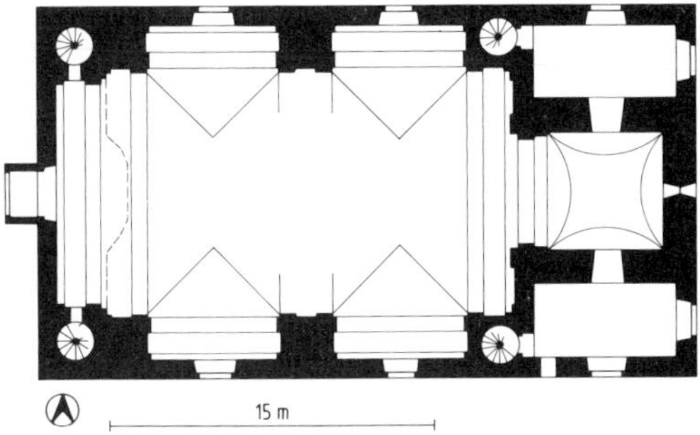

Trautmannshofen, Pfarr- und Wallfahrtskirche Mariä Namen

im 18./19. Jh. und nach Brand 1933 verändert. Über dem Portal Allianzwappen der Erbauer Hans von der Grün und Susanna Österreicher von Teublitz, dat. 1608. – Nebengebäude 18./19. Jh., mit Wappentafel des Vorgängerbaus, dat. 1615.

TRAUTMANNSHOFEN

Markt Lauterhofen, Kr. Neumarkt. *Karte 7*

Der höchst gelegene Ort des Landkreises Neumarkt (600 m), wohl in fränkischer Zeit entstanden, erstmals 1068 erwähnt. 1326 zum Amt Troßberg gehörig.

★ **Kath. Pfarr- und Wallfahrtskirche Maria Namen.** Die Kirche liegt in einem Friedhof mit starker, in das 16. Jh. zurückgehender Wehrmauer, die zwei große Rundbogenzugänge besitzt, der südwestliche in Pilasterrahmung, 18. Jh. – Die Marienwallfahrt in Trautmannshofen, eine der ältesten und bedeutendsten der Oberpfalz, blühte bis zur Reformation. Der Kult gründet sich auf die Legende, das Gnadenbild habe drei Brandattacken der Hussiten unversehrt überstanden. In der 2. Hälfte 17. Jh. veranlaßte Kurfürst Ferdinand Maria einen Kirchenneubau zu Ehren der Maria vom Sieg, wobei der gotische Chorturm einbezogen wurde. Die 1655–66 errichtete Kirche wurde bereits ab 1686 nach Erstlingsplänen *Leonhard Dientzenhofers* von dessen Bruder, „Maurermeister" *Georg Dientzenhofer,* völlig umgebaut, 1689 von deren Bruder *Wolfgang* vollendet. Stuckierung und Freskierung um 1760. Seit 1947 eigene Pfarrei. Gesamtrestaurierung 1950–60, weitere Außenrestaurierung 1982.

Weite zweijochige Wandpfeilerkirche von ausgewogenen Maßverhältnissen; der eingezogene quadratische Chor im gotischen Ostturm mit achtseitigem Spitzhelm, flankiert von niedrigen, mit Langhaus und Chorstirn in gleicher Flucht abschließenden Sakristeien. – Zwischen

den Wandpfeilern Kapellen mit darüberliegenden Emporen. Den Wandpfeilern vorgelegte toskanische Doppelpilaster mit Triglyphengebälk, überspannt von einer Stichkappentonne. In den Seitenkapellen Quertonnengewölbe mit Stichkappen, im Chor eine böhmische Kappe. – Stuck in Rocailleformen, mit Blütengirlanden und Brokaten angereichert, am Chorbogen das Pfalz-Bayern-Wappen. – Deckengemälde von *Johann Michael Wild*, um 1760. Hauptthema: Lobpreisung der Maria vom Sieg (in den Altären fortgesetzt), ferner die Entstehungsgeschichte der Wallfahrt. Das große Deckenfresko von herz- und kartuschenförmigen Medaillons umgeben. Im Chor Esther vor Ahasver, von marianischen Allegorien gerahmt.
Die ungewöhnlich einheitliche Ausstattung der Erbauungszeit, von Amberger und Neumarkter Künstlern ausgeführt, unterstreicht die kraftvolle, harmonische Raumarchitektur. Hochaltar 1689 von *Erhard Wirsching* nach Entwurf von *Fr. Johannes Hörmann*. Aufbau mit vier gewundenen Weinlaubsäulen, Seitenfiguren der hll. Joachim und Anna; Altarblatt Mariä Himmelfahrt, 1874 von *C. Wiederhut* aus Augsburg nach *Guido Reni* (Alte Pinakothek München). – Seitenaltäre im gleichen Stil, mit von Engeln getragenen, herzförmigen Glasschreinen, im rechten Altar das Gnadenbild „Unversehrte Mutter", eine spätgotische Figur mit barocken Insignien und neuzeitlicher Kleidung. – In ähnlichen Formen, nur bescheideneren Ausmaßes die vier Altäre der Seitenkapellen. Zwischen kannelierten und gewundenen, rebenumrankten Säulen Muschelnischen, darin Figuren der Immaculata und des hl. Johannes von Nepomuk (links), der hll. Joseph und Antonius von Padua (rechts). – Aus der gleichen Zeit die Apostelfiguren in Muschelnischen der Seitenkapellen und der äußeren Pfeilerpaare. – Kanzel mit reichem Muschelwerkdekor, bekrönend der Salvator Mundi, um 1760, Stuhlwangen mit gleicher Ornamentik. – Orgelgehäuse von 1742, verändert 1892. – Votivbilder, bis auf 1660 zurückgehend.

TREFFELSTEIN Kr. Cham. *Karte 6*

Kath. Pfarrkirche hll. drei Könige. Nach Norden gerichteter Neubau 1934 durch Architekt *Max Wittmann*, Regensburg, 1937 geweiht. Renovierung 1970. Der dreiseitig geschlossene Chor der Vorgängerkirche von 1727–29 an der Ostseite als Seitenkapelle einbezogen. Turm mit Zeltdach an der Chorwestseite. – Gerade geschlossener, eingezogener Chor, Langhaus mit Holzdecke. Wandfresken einschließlich des Kreuzweges 1936/37 von *Georg Winkler*, München. – Ehem. Hochaltarblatt, Anbetung der hll. drei Könige, 18. Jh., an der Westwand. – Im urspr. Chor farbig gefaßtes Relief, Anbetung der hll. drei Könige, um 1480.

Burgruine, sog. Drachenturm. 1316 erstmals ein „Drevenstein", 1331 die Burg erwähnt. Häufiger Wechsel bedeutender Adelsgeschlechter. Seit 1542 Landsassengut. – Von der Anlage auf einem Gneiskegel inmitten des Ortes nur noch der etwa 15 m hohe zylindrische Bergfried erhalten (saniert). Die Technik des 2,50 dicken, in schmalen Lagen geschichteten Gneismauerwerks weist noch in das 11. Jh.

TREMMERSDORF

Gem. Speinshart, Kr. Neustadt a. d. Waldnaab. *Karte 1*

Kath. Kirche St. Peter und Paul. In das Mittelalter zurückgehende Chorturmkirche, am Langhaus noch Teile des romanischen Quadermauerwerks vorhanden (2. Hälfte 12. Jh.). 1716/17 grundlegender Umbau durch den am Westtrakt des ▷ Speinsharter Klosters tätigen Maurermeister *Konrad Hiller*. 1774 wurde nach Brandzerstörung das Turmobergeschoß mit Pilastergliederung und Spitzhelm durch Maurermeister *Johann Adam Preysinger* errichtet, 1793 bereits wieder durch *Lambert Preysinger* instandgesetzt. Eingreifende Veränderungen im Deckenbereich der Kirche 1768, 1868 und 1906/07. Letzte Gesamtrestaurierung 1983–86. – An der Langhaussüdseite ehem. gotische Portalrahmung mit zwei Stäben und Kehlen, zugesetzt. – Langhaus durch toskanische Doppelpilaster gegliedert, neubarocke Spiegeldecke mit Laub- und Bandelwerkstukkaturen (1909) sowie großem Deckenbild, 1906/07 von *Bonifaz Locher* aus München: Abschied der Apostel Petrus und Paulus vor römischer Stadtkulisse. Westempore um 1770 stuckiert.

Ausstattung. – Hochaltar mit vier rebenumrankten, gewundenen Säulen, letztes Drittel 17. Jh., spätere Umbauten. Statt Altarblatt barocke Holzfigur des Gekreuzigten, in seitlichen, von Ranken eingefaßten Nischen Figuren der Apostelfürsten, um 1515. – Seitenaltäre 1741 von dem aus Gent stammenden Bildhauer *Jacobus van der Hackhen*, Ende 19. Jh. Altarblätter durch Figuren ersetzt, links Muttergottes auf Mondsichel, Anfang 16. Jh. – Kanzel 1717 von *Johann Michael Doser* aus Auerbach, der gleichzeitig den Hochaltar um Engelsfiguren bereicherte; nach dem Kirchenbrand von 1774 durch den Klosterschreiner *Jakob Steinl* und dessen Sohn *Andreas* wieder hergestellt. Am Korpus die Vier Evangelisten in Muschelnischen, bekrönend Gottvater.

Reste der Friedhofsbefestigung mit Rundturm des 15. Jh. Neben dem Eingang Nische mit fragmentarischer Sitzfigur des Petrus, wohl 15. Jh. – Nordöstlich einbezogen in den Bering der barocke Walmdachbau des ehem. Schulhauses, das 1748–50 wahrscheinlich nach Plänen des Speinsharter *P. Hugo Strauß* entstand und nach dem Brand von 1793 wieder aufgebaut wurde.

TREVESENHAMMER

Gem. Pullenreuth, Kr. Tirschenreuth. *Karte 2*

Ehem. Hammerschloß. Im 14.–19. Jh. Eisenhammer. – In das 17./18. Jh. zurückgehender, dreigeschossiger Walmdachbau mit zwei Eckrisaliten und zwei von Zwiebelhauben bekrönten, runden Ecktürmen.

Über dem Eingang Wappen der Hammerfamilie Sperl, dat. 1827. – Südlich die Ökonomiegebäude, dat. 1921, im Kern 18./19. Jh. Daneben stark beschädigter oktogonaler Pavillon von 1840/50.

TROSCHELHAMMER

Stadt Pressath, Kr. Neustadt a. d. Waldnaab. *Karte 5*

Ehem. Hammerschloß. Im Kern 16. Jh. Mit zweifenstrigem Flacherker, unterstützt von Pfeilern (ehem. Säulen). Die Traufe überschneidender Volutengiebel. Im 18. Jh. ummgestaltet mit Mansarddach und Putzgliederung. In jüngster Zeit störende bauliche Veränderungen.

U

UMELSDORF Markt Kastl, Kr. Amberg-Sulzbach. *Karte 8*

Kath. Filialkirche St. Nikolaus. Chorturmkirche des späten 13. Jh. aus Kalksteinquadern. Gesamtrestaurierung 1986/88. – Flachgedeckter Saalbau, eingezogener, quadratischer Chor mit abgefasten Kreuzrippen. Runder Chorbogen auf profilierten Kämpfern. – An den östlichen Langhausecken je ein romanischer Kragstein mit an der Unterseite angesetztem Wulst erhalten. – Ausstattung. – Altäre Ende 17. Jh. Hochaltar mit reichem Akanthusschnitzwerk, Altarblatt mit Szene aus dem Leben des hl. Nikolaus, Seitenfiguren: südlich hl. Nikolaus, um 1500, nördlich hl. Wolfgang. – Seitenaltäre später umgestaltet, nördliches Altarblatt: Tod des hl. Joseph.

UNTERAUERBACH
Gemeinde Schwarzach, Kr. Schwandorf. *Karte 9*

Kath. Pfarrkirche St. Nikolaus. Besonders einheitlicher Kirchenbau in neuromanischen Formen, errichtet 1902/03 durch *E. Dünnbier*. 1981 restauriert. – Saalraum mit eingezogenem Chor und Rundapsis. Im Westen in Arkaden geöffnete Vorhalle über Untergeschoß. – Ausstattung und Ausmalung sowie die figürlichen Farbfenster stammen einheitlich aus der Bauzeit. Die Altäre von Bildhauer *Loibl*, Regensburg.

UNTERBRUCK Gem. Kastl, Kr. Tirschenreuth. *Karte 1*

Schloß. Urspr. wohl ein Wasserschloß. – Dreigeschossiger Walmdachbau, im Kern mittelalterlich, im 16. Jh. nach Osten erweitert, zuletzt renoviert 1983/84. – Südliche Längsfront mit westlichem Erker und zwei Rundbogenportalen, das westliche mit Wappen; kugelbekrönte Mauerpfeiler des 18. Jh. in der Sockelzone.

UNTERBUCHFELD Gem. Deining, Kr. Neumarkt. *Karte 7*

Kath. Filialkirche St. Maria. Frühgotische Chorturmanlage, barock verändert. Außenrenovierung 1978. – Turm mit Zeltdach, in seinem Erdgeschoß der eingezogene, rechteckige Chor mit Kreuzgratgewölbe und tonnenartig breitem Gurt. – Ausstattung. – Hochaltar um 1700, Aufbau mit gewundenen, laubumrankten Säulen und seitlicher Akanthusschnitzerei. Im Mittelfeld Relief der himmelfahrenden Maria, darüber Hl. Dreifaltigkeit, als Seitenfiguren hl. Anna Selbdritt und hl. Joachim. – Linker Seitenaltar mit zwei gewundenen Weinrebensäulen und reichem Knorpelwerk nach Mitte 17. Jh.; Altarblatt nazarenisch. Gegenüber eine Rosenkranzmadonna, 1. Hälfte 18. Jh. – An der Empore Doppelwappen in Akanthusrahmen.

UNTERDEGGENBACH

Gem. Schierling, Kr. Regensburg. *Karte 14*

Kath. Filialkirche St. Valentin. Eine kleine barocke Kirche, die im westlichen Teil erhalten ist, wurde 1863 um eine Achse nach Osten und den Chor erweitert. Der westliche Turm mit Treppengiebeln ist in seiner Substanz wohl noch spätmittelalterlich. – Saalkirche mit niedriger Westempore; eingezogener, dreiseitig geschlossener Chor; flachgedeckt über Hohlkehle. – Ausstattung. – Drei Altäre um 1670. Hauptaltar: zweisäuliges, reich gegliedertes Säulenretabel, in der Mittelnische Figurengruppe der hl. Anna Selbdritt um 1520, wohl Landshuter Arbeit; seitlich die hll. Florian und Sebastian; in der Auszugsnische Halbfigur des hl. Valentin, um 1500. – Die zweisäuligen Seitenaltäre besitzen zwei figürliche Reliquiare der hll. Philipp und Jakobus, um 1670, im rechten Altarauszug Figur des hl. Sebastian, um 1500. – Am Chorbogen reich gestaltete Rosenkranzmadonna, 2. Hälfte 17. Jh. Über der Sakristeitür Figur des Auferstandenen, um 1500. An der Südwand des Schiffs bemerkenswerter Kruzifixus der Zeit um 1200, die Arme in nachmittelalterlicher Zeit ersetzt. Der schlanke Körper ist fast stereometrisch aufgebaut, die Linien auf ein Mindestmaß reduziert, vgl. Werke in ▷ Regensburg, St. Jakob und St. Ulrich. In der Mitte der Emporenbrüstung Figur des hl. Vitus im Kessel, um 1500. – Kirchengestühl um 1670, mit groben Akanthusschnitzereien.

Steinbrücke, sog. Römerbrücke (Zaitzkofener Rudolf-Hell-Straße). An einer nicht mehr existierenden Altstraße von Unterdeggenbach nach Zaitzkofen, neben der heutigen Kreisstraße R 1, überspannt die wohl spätmittelalterliche, einjochige Brücke den Deggenbach. Errichtet aus flachen, unregelmäßigen Bruchsteinschichten, Auffahrten leicht verbreitert.

UNTERHAIMBUCH Gem. Mötzing, Kr. Regensburg. *Karte 14*

Kath. Filialkirche St. Margareta. Dreiseitig geschlossener Saalbau um 1730. Westturm mit achteckigem Glockengeschoß und Zwiebelhaube. – Tonnengewölbe mit tief eingeschnittenen Stichkappen, umlaufende Pilastergliederung. – Deckenfresken um 1730, in geschweiften Stuckrahmen von Ost nach West: Tod der hl. Margareta, Kreuzauffindung durch die hl. Helena, Wundbehandlung des hl. Sebastian. – Ausstattung. – Hochaltar um 1730, Aufbau mit gedrehten und glatten Säulen, Bild der hl. Margareta, im Auszug Marienkrönung. Seitenfiguren der hll. Sebastian und Florian, neben dem Tabernakel Rokokobüsten der hll. Joachim und Anna. – Seitenaltar Ende 18. Jh., mit Kopie des Maria-Hilf-Bildes von *Lukas Cranach,* im Auszug Medaillonbild des hl. Rupert. – Kanzel um 1730.

UNTERLAICHLING Gem. Schierling, Kr. Regensburg. *Karte 14*

Kath. Pfarrkirche Mariä Himmelfahrt. Bereits im 9. Jh. eine Kirche nachgewiesen. Die bestehende Anlage ist spätgotisch. 1680 Erweiterung des Langhauses, 1721 Umgestaltung im Innern. 1904 Verlängerung nach Westen, neues Portal. – Spätgotischer Turm südlich am Chor, fünfgeschossig ohne Gliederung, mit Staffelgiebel. Im Erdgeschoß Sterngewölbe. – Der eingezogene Chor hat dreiseitigen, mit spätgotischem Rippennetz erhaltenen Schluß (wohl 2. Hälfte 15. Jh.). In drei Achsen Stichkappen-Tonnengewölbe auf hängenden Rechteckkonsolen. – Breites, aus der Chorachse gerücktes Langhaus, Flachdekke mit Voute. – Ausstattung. – Hochaltar dat. 1687, vermutlich im 18. Jh. mit Akanthusschnitzerei und Seitenfiguren, den hll. Joachim und Anna, überarbeitet bzw. ergänzt. – Schlichte Seitenaltäre des ausgehenden 17. Jh. Auf beide verteilt qualitätvolle spätgotische Schnitzfiguren um 1520/30: links die hll. Barbara, Katharina, Elisabeth, rechts die hll. Andreas, Stephan, Sebastian. – Grabdenkmäler. Im Chor bemerkenswertes Kalksteinepitaph für Bartholomeus Schrenck von Notzing, errichtet 1588. – Kalksteinepitaph für Karl Alexander Schrenck von Notzing zu Prandstetten († 1609). An der Südwand des Langhauses Rotmarmorepitaph mit Flachrelief für Pfarrer Peter Sponring († 1585). An der Westwand querrechteckiges Epitaph für Pfarrer Georg Pistorius († 1633).

Leichenkapelle um 1730. Kleiner Saalbau, im halbrunden Chorschluß stuckierte Muschel. – Altärchen um 1680, bis 1904 in der Kirche. Tafelbild, Auferweckung des Lazarus, frühes 17. Jh. – Epitaph für Karl Schrenck von Notzing († 1616) und seine Gemahlin Anna Regina († 1658).

UNTERÖLSBACH

Gem. Berg b. Neumarkt i. d. Opf., Kr. Neumarkt i. d. Opf. *Karte 7*

Kath. Kirche St. Willibald. Bau des 15. Jh., 1877 erweitert und umgebaut. Außenrestaurierung 1986. – Saalbau mit eingezogenem quadratischen Chor; Giebelreiter mit Achteckaufsatz und Spitzhelm (19. Jh.). Im Chor Sterngewölbe und urspr. Spitzbogenfenster in der Ostwand, im Langhaus mit Holzfelderdecke. – Ausstattung. – Frühbarocke Altäre des 17. Jh., die Ornamentik z. T. klassizistisch und später verändert. Mittelnische des Hochaltars mit Figur des hl. Willibald, die Seitenteile mit halbplastischen Figuren der hll. Walburga und Wunibald, seitlich des Tabernakels die hll. Isidor und Florian. – Rechts vom Chorbogen Figur der hl. Anna mit Marienkind, wohl 2. Hälfte 17. Jh.

UNTERPFRAUNDORF

Markt Beratzhausen, Kr. Regensburg. *Karte 8*

Kath. Filialkirche St. Jakobus d. J. 1683 errichtete Saalkirche mit eingezogener, halbrunder Apsis; Zwiebeldachreiter. – Apsiswölbung mit

Stichkappen, Schiff flachgedeckt über Hohlkehle, Rahmenstuck. – Hochaltar, Säulenretabel mit Altarblatt, bez. „*M. Widemann* Mahler 1683".

UNTERSANDING Gem. Thalmassing, Kr. Regensburg. *Karte 14*

Kath. Filialkirche St. Pankratius. Der Saalbau mit eingezogenem, dreiseitig geschlossenem Chor wurde im späten 17. Jh. wohl unter Einbeziehung älteren Mauerwerks errichtet. Vom Vorgänger beibehalten der gotische Turm an der Langhaussüdseite mit Treppengiebeln (Ende 14. Jh.). – Über Hohlkehle flachgedecktes Langhaus mit Rahmenstuck, Chor mit Tonnengewölbe und Stichkappen. – Glasmalereien im Chor um 1883. – Ausstattung. – Hochaltar um 1700 mit Altarblatt des frühen 19. Jh. – Seitenaltäre Mitte 17. Jh. – Kanzel um 1730 mit Schalldeckelfigur des Guten Hirten. – Orgelgehäuse Anfang 19. Jh. Im Langhaus Holzfiguren: hl. Pankratius, um 1490; Muttergottes, 1. Hälfte 18. Jh.

UNTERTRAUBENBACH Stadt Cham, Kr. Cham. *Karte 10*

Kath. Pfarrkirche St. Martin. Der 1719 errichtete Bau zuletzt 1989 restauriert. – An der Südseite des eingezogenen, halbrund geschlossenen Chors Turm mit Treppengiebel, sein Obergeschoß nach Brand von 1814 erneuert. – Tonnengewölbe mit Stichkappen, im Chor auf Pilastern, im Langhaus auf Wandpfeilern. – Ausstattung des 19. Jh. weitgehend im Stil der Neurenaissance. – Dreistalliges Chorgestühl mit flachen Rokokoschnitzereien, von Wappen der Grafen von Taufkirchen und der Freiherrn von Köck auf Thierlstein bekrönt. Das Laiengestühl in ähnlichen Formen. – Grabdenkmäler an den Kirchenwänden, u. a. die Epitaphien aus Solnhofer Kalkstein für Johann Nepomuk Freiherr von Köck auf Thierlstein und Traubenbach († 1761) sowie für seine Gemahlin Maria Josepha Freifrau von Pfetten, geb. von Pettenkofen († 1800), sign. *Bernhard Grosser.*

UNTERWEICKENHOF
Stadt Velburg, Kr. Neumarkt. i. d. Opf. *Karte 7*

Kath. Kapelle St. Lorenz. Im 17. Jh. unter Einbeziehung der mittelalterlichen Langhausmauern errichtet. – Flachgedeckter Saalbau mit dreiseitigem Ostabschluß, sechsseitiger Giebelreiter mit Zwiebeldach. Im kreuzgewölbten Chor zweisäuliger Altar mit seitlichen Akanthusranken und Figur des hl. Laurentius, um 1700.

UNTERWILDENAU
Markt Luhe-Wildenau, Kr. Neustadt a. d. Waldnaab. *Karte 5*

Schloß. Das Landsassengut der Waldauer von Waldthurn erstmals erwähnt 1311 bei der Schenkung von Gütern an das Kloster Waldsassen. 1606–1714 Eigentum der Diez von Weidenberg. Nach Wechsel gelangte das Schloß an die jetzigen Besitzer, die Freiherrn von Hirschberg. Eigene Gerichtsbarkeit bis 1849. – Weiherhaus des frühen 17. Jh., die barocken Ökonomiegebäude nach dem Brand von 1887 erneuert. Um 1930 historistische Umgestaltung des Kernbaus und südöstlicher Erweiterungsbau durch den Weidener Stadtbaurat *Josef Linhart*. Renovierung 1969, Dachsanierung 1984. – Die Weiherhausanlage umschlossen vom Schleif- und Mühlbach, von der nahen Naab abgezweigte Kanäle. Am Schleifbach befand sich ein zugehöriger, 1387 von Peter Ruitz geleiteter Eisenhammer, später umfunktioniert in ein Polier-, zuletzt Kleinwasserkraftwerk. – Der dreigeschossige Satteldachbau des Weiherhauses in großenteils erhaltener rechteckiger Bruchsteinummauerung mit niedrigen Rundtürmen an den westlichen Ecken (der südliche wohl eine neuere Ergänzung). – Im Innern zweischiffige, kreuzgratgewölbte Eingangshalle über zwei Stützen. Im Obergeschoß Holzfelderdecke über Unterzügen, bemalt im Stil der Neurenaissance von dem Weidener *Hans Wilhelm Vierling*, 1923.

Südwestlich schließen etwa kreisförmig die Ökonomiegebäude an, mit ehem. Malzhaus und Schloßkapelle St. Laurentius mit spitzem Dachreiter. Im Innern Flachdecke mit Holzfeldereinlagen, einspringender Chorbogen. – Altar im Typus der böhmisch-oberpfälzischen Akanthusaltäre (renovierungsbedürftig), möglicherweise von *Johann Michael Doser*, um 1720, wiederaufgebaut und überarbeitet 1943 (nachträglich 1700 dat.). Im Rankengeflecht Figurennische des hl. Laurentius und Wappen der Diez von Weidenberg (wohl Johann Ludwig). An den Wänden zwei Figuren von *Vierling*.

URSENSOLLEN Kr. Amberg-Sulzbach. *Karte 8*

Kath. Pfarrkirche St. Vitus. Angeblich 1712 (wohl schon Ende 17. Jh.) erbaut, 1955 um Querhaus und Chorturm mit Zeltdach nach Osten erweitert. Innenrestaurierung 1989. – Im barocken Langhaus gurtengegliederte Stichkappentonne über kräftigen toskanischen Pilastern. – Ausstattung. – Altäre um 1712, wohl alle von *Johann Michael Schaller* aus Velburg. Hochaltar mit vier gedrehten Säulen und seitlichen Akanthusranken. Seitenaltäre im Typus der böhmisch-oberpfälzischen Akanthus-Altäre mit Nischen- und Seitenfiguren, bekrönend Stifterwappen der Haller von Hallerstein; links die hll. Joseph, Petrus und Paulus, rechts Muttergottes um 1470 (Kopf überarbeitet, Kind barock ergänzt), seitlich die hll. Franz Xaver und Johannes von Nepomuk. – Unter den Grabdenkmälern Epitaph für Johann Erckenprechtshausen († 1578) an der Südwand, mit Relief des knienden Ritters vor Kruzifixus und der Stadt Jerusalem, Messingguß.

URSULAPOPPENRICHT
Markt Hahnbach, Kr. Amberg-Sulzbach. *Karte 4*

Kath. Pfarrkirche St. Ursula. Neubarocker Bau von *Heinrich Hauberrisser* 1912. – Westturm mit Schweifhelm. Eingezogener, dreiseitig geschlossener Chor mit Stichkappentonne, geschweifter Chorbogen. Langhaus mit Flachdecke über umlaufender Voute, die Flanken segmentförmig ausgebaucht. Großes Deckenfresko von *Josef Wittmann* 1959 (bez.), Bildfenster aus der Bauzeit. – Ausstattung des 18. Jh. aus dem Vorgängerbau übernommen. Hochaltar angeblich aus der Martinskirche in ▷ Amberg, 1763 viersäulig ausgebaut und mit Figuren von *Peter Hirsch* sowie Altarblatt, Maria Immaculata, von *Matthias Pösl* versehen; wohl urspr. zum Altar gehörig die Figuren der Apostelfürsten an der nördlichen Chorwand. – Seitenaltäre um 1730, mit übereck gestellten Säulen, Nischen- und Seitenfiguren: nördlich die hll. Andreas, Margareta und Wendelin, südlich die hll. Ursula, Sebastian und Martin. – Kanzel mit Rocailledekor, am Korpus die göttlichen Tugenden, personifiziert durch Putti, auf dem Schalldeckel Engel mit Gesetzestafeln. – Kreuzwegbilder (Öl auf Leinwand) des 18. Jh. – Unter den Heiligenfiguren eine Mondsichelmadonna des Rokoko.

UTZENHOFEN Markt Kastl, Kr. Amberg-Sulzbach. *Karte 8*

Kath. Pfarrkirche St. Vitus. 1983 Neubau mit Zwiebelturm unter Verwendung der Nord- und Westwand der Vorgängerkirche aus dem 18. Jh. – Prachtvolle Rokoko-Ausstattung des mittleren 18. Jh. Sechssäuliger Hochaltar mit Nischenfigur des hl. Vitus im Kessel, Seitenfiguren der hll. Georg und Florian sowie Paulus und Bartholomäus über den seitlichen Durchlässen. – Nördlicher Seitenaltar mit Figuren der hll. Leonhard und Augustinus, der südliche mit Altarblatt ‚Arme Seelen im Fegfeuer', und Figuren der hll. Sebastian und Rochus. – Kanzel mit Figuren der Evangelisten in Muschelnischen.

V

VELBURG Kr. Neumarkt i.d. Opf. *Karte 8*

Die 1129 erstmals erwähnte Burg der Legende nach 1153 durch Otto II. von Velburg gegründet, im darauffolgenden Jahr die Talsiedlung Altenveldorf. Mit dem Übergang an die Wittelsbacher (1217) – nach dem Aussterben der Velburger – entstand wohl um 1250/60 am Westhang des Burgberges der neue Markt Veldorf, Erstnennung um 1285. Um 1410 Stadtgründung (nicht wie literarisch überliefert schon um 1310). 1507 als Schenkung an die Reichsritter von Wispeck. Nach deren Aussterben 1574 Heimfall an Pfalz-Neuburg. Mit der nun folgenden Verlegung des herzoglichen Pflegamtssitzes von der Burg in die Stadt vollzog sich die Namensumbildung in Velburg. Erst 1575 eigene Pfarrei. Durch die Auflösung des Pflegamts im 19. Jh. und vor allem durch die Anlage des Truppenübungsplatzes Hohenfels im 20. Jh. büßte die Stadt ihre einstige zentrale Stellung ein.

Stadtanlage

Planmäßige Anlage des 13. Jh. über annähernd trapezförmigem Grundriß. Die Hauptachse bildet der ungefähr in Nord-Süd-Richtung liegende Straßenmarkt, der sich im südlichen Drittel gabelt und dort vom freistehenden Rathaus dominiert wird. Vom Marktplatz zweigen etwa radial zur Burg zwei Straßen ab, die vor ihrem Zusammenschluß an der Stadtmauer die Pfarrkirche umschließen. – Am Marktplatz meist giebelständige Ackerbürgerhäuser, die nach einigen Bränden, vor allem von 1540, mehrfach erneuert wurden. Um den alten Verkehrsknotenpunkt am Rathaus gruppieren sich repräsentative, mit dem Pflegamt in Verbindung stehende Gebäude. Die rückwärtigen Wirtschaftsgebäude sind durch die beiden den Stadtplatz parallel begleitenden Gassen erschlossen.

Stadtbefestigung

Die Befestigung wohl anläßlich der Stadterhebung erneuert, erste Erwähnung 1417. Von der früher mit 13 Türmen, Graben und Zaun bewehrten Ringmauer sind einzelne Mauerreste aus Bruchsteinwerk im nordwestlichen und südöstlichen Bereich sowie ein vielleicht noch in das 13. Jh. zurückgehender Rundturm („Stadtwachtturm") im Osten erhalten. Von urspr. drei Toren steht noch das „hintere" im Norden, mit wohl im 16. Jh. angebautem Vortor (1952 erweitert und instandgesetzt), das „untere Tor" 1874, das „obere Tor" 1893 niedergelegt.

★ **Kath. Stadtpfarrkirche St. Johannes Bapt.** Der Unterbau des Turmes geht wohl noch in die Entstehungszeit des Ortes, Mitte 13. Jh., zu-

rück. Chor und Mittelschiff spätgotisch. Turm nach Brand 1574 wieder aufgebaut, wohl ebenfalls im 16. Jh. das linke Seitenschiff hinzugefügt. 1717–21 Anbau des rechten Seitenschiffs und Barockisierung des Innenraums durch *Georg Puchtler*. Innenrestaurierungen 1959 und 1984/85.
Außenbau. – Am eingezogenen Chor mit 3/8-Schluß, ebenso wie an der Nord- und Westseite des Langhauses, gestufte Strebepfeiler. Die seitlichen drei- bzw. zweibahnigen Chorhauptfenster mit Maßwerk, teilweise erneuert. Im nördlichen Chorwinkel der Turm, dem 1665 der Neumarkter Zimmermeister *Martin Halbmaier* eine Zwiebelhaube aufsetzte. Kurzes dreischiffiges Langhaus unter gemeinsamem Satteldach, durch tiefes Herabschleppen auf das rechte Seitenschiff asymmetrische Giebelfront. – Inneres. – Tonnengewölbe mit Stichkappen, das an den Chor in gleicher Breite anschließende Mittelschiff durch kräftige Pfeilerarkaden von den flachgedeckten Seitenschiffen getrennt. An den Stirnen der Pfeiler und an den Längswänden toskanische Doppelpilaster mit Gebälkstücken. – Stukkaturen mit Akanthusranken, Vasen und Rosetten, über dem Chorbogen von Engeln getragenes Chronogramm 1720, zu beiden Seiten des Chorbogens Putten mit den Wappen von Pfalz-Neuburg. Aus der gleichen Zeit die Fresken: im Chor Anbetung des Allerheiligsten durch die Pfarrpatrone, darunter präsentiert ein Engel die Ansicht der stark befestigten Stadt Velburg; im Mittelschiff Szenen aus dem Leben des hl. Johannes Bapt.; in den Seitenschiffen Darstellungen von durch den hl. Rosenkranz erwirkten Wundern: im südlichen Seitenschiff die Schlachten von Wien (1571) und Lepanto (1578) sowie Sieg des Prinzen Eugen vor Peterwardein (1716); an der Orgelbrüstung eine weitere Ortsansicht, angeblich nach altem Bild von 1427.
Ausstattung weitgehend aus der Umbauphase, von Pfleger und Kastner Johann Rudolf von Windisch (1724–30) in Auftrag gegeben, ausgeführt von dem Velburger Meister *Johann Michael Schaller*. Der Hochaltar ist eine Nachschöpfung des früheren Hauptaltars (1680–85) im Straßburger Münster. Ein perspektivischer Aufbau in zwei Ebenen: Rückwand mit Altarblatt Taufe Christi von *Jakob Heybel* 1686, vordere Partie mit vier gedrehten Säulen und Seitenfiguren der hll. Sebastian und Katharina. – Das Glanzstück der Ausstattung ist der rechte Seitenaltar mit seinem Aufbau aus Akanthusranken. *Schaller* gelang mit ihm der einmalige Versuch, den „böhmischen Akanthus-Altar" in die Stilsprache des Rokoko umzusetzen. In der Mittelnische bewegte Figur des hl. Joseph mit Kind, seitlich Figuren der hll. Franz Xaver und Ignatius; darüber formieren sich fleischige Ranken zu Konsolen mit Halbfiguren der hll. Joachim und Anna. – Links der Bruderschaftsaltar von 1744, mit Figuren der Himmelskönigin und der hll. Dominikus und Katharina von Siena (Rosenkranzverleihung). – Kanzel ebenfalls in retrospektiven, dem Hochaltar angeglichenen Formen, mit Figuren der Kirchenväter zwischen gedrehten Säulchen. – Gestühl mit üppigen Rankenschnitzereien und späteren Rocaille-Bekrönungen

Velburg

1 Stadtpfarrkirche St. Johannes Bapt.
2 Friedhofskirche St. Anna
3 Wallfahrtskirche St. Wolfgang
4 Wallfahrtskirche Herz-Jesu
5 Rathaus
6 Ehem. Pfleghaus
7 Ehem. Hofkasten
8 Ehem. Zehentstadel
9 Stadttor

(1959 vereinzelt ergänzt), im Chor die „Stadt- und Kirchenratsstühle". – Sechseckiger Taufstein des 16. Jh. – Am südwestlichen Pfeiler aus der Friedhofskirche stammende Gruppe der Anna Selbdritt, um 1520/25 vom Meister des dortigen Hochaltars geschaffen. Die Physiognomien sinnlich-realistisch wiedergegeben. Am Pfeiler gegenüber Gruppe der Pietà von *Schaller*. Ebenfalls von ihm, rechts neben dem Chorbogen, Figur des hl. Johannes von Nepomuk auf Konsole mit dem Wappen des Pflegers und Chronogramm 1725. An den östlichen Pfeilern Figuren der beiden Apostelfürsten, wohl 2. Hälfte 17. Jh. – Links neben dem Chorbogen geschnitztes Ehewappen des Kurfürsten Karl Theodor von Pfalz-Neuburg und seiner Frau Maria Elisabeth von Sulzbach, um 1760. – Grabdenkmäler des 15.–18. Jh., bemerkenswert das Rotmarmorepitaph für den Ritter Jörg Wispeck zu Velburg und Wernberg, Erbkämmerer des Erzstifts Salzburg und Feldhauptmann der Pfälzer im Landshuter Erbfolgekrieg († 1518), mit Relief des Verstorbenen in voller Rüstung, in der Rechten die Rennfahne, die Linke am Schwertgriff, unter einem Kielbogen stehend.

★ **Kath. Friedhofskirche St. Anna.** Um 1400 errichtet, Langhaus in der 1. Hälfte 17. Jh. erneuert. Innenrestaurierung 1959. – An der Westfront profiliert gerahmtes Rundbogenportal und Giebelreiter mit Achteckaufsatz und Spitzhelm. – Der eingezogene, dreiseitig geschlossene Chor mit drei (zwei davon zugesetzt) genasten Spitzbogenfenstern; tief ins Gewölbe einschneidende, gestelzte Schildbogen über Wandpfeilern. Im Schiff Flachdecke mit Stukkaturen um 1720 und Fresko der Immaculata. – Drei bedeutende spätgotische Flügelaltäre. Bemerkenswert der Hochaltar mit lebendig gestalteten Reliefs: im Schrein Marienkrönung, an den Flügeln vier Ritterheilige in zeitgemäßen Rüstungen: Georg, Sebastian (als einziger mit dem modernen Haarschnitt der Maximilianszeit), Florian und Eustachius; die Predella mit Marientod in detailfreudiger Schilderung sowie die Wappen der Wispeck und Nothaft – als Stifter des Altars kommt Georg Wispeck († 1518) in Frage. Von demselben Meister wohl auch der linke Seitenaltar: im Schrein Figuren der hll. Barbara und Katharina, an den Flügeln Reliefs der hll. Apollonia und Dorothea, außen Gemälde der hll. Margareta und Ursula; die Standflügel mit den hll. Agnes und Walburga heute an der rechten Langhauswand. Der rechte Seitenaltar stilistisch abweichend und früher, um 1500: im Schrein thronende Muttergottes und Anna Selbdritt, an den Flügeln hl. Katharina und hl. Apollonia, rückseitig Verkündigungsbild; 1959 mit Panzertabernakel versehen. – Am Chorbogen links spätgotische Figur des hl. Leonhard. – Die älteste Grabplatte der Kirche für Maria Praun († 1644) an der Rückwand, urspr. im Boden am Chorbogen, gibt einen Anhaltspunkt für den barocken Umbau.

★ **Kath. Wallfahrtskirche Herz-Jesu.** Die einzige Herz-Jesu-Wallfahrtskirche Bayerns steht auf dem Kreuzberg, später Calvariberg genannt, westlich von Velburg. 1723 erwarben hier die Eremiten fr. Arsenius

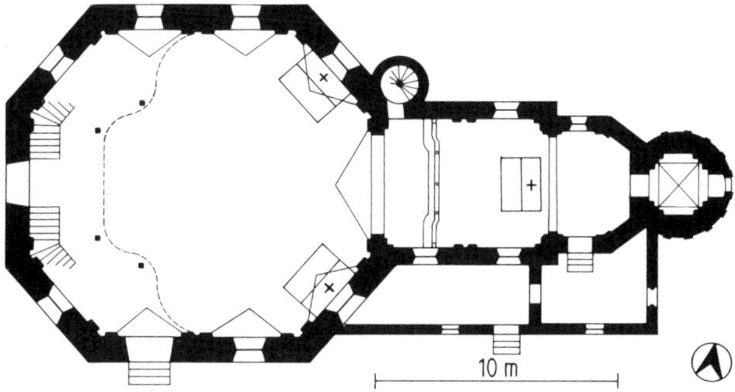

Velburg, Wallfahrtskirche Herz-Jesu

(† 1756) und fr. Andreas († 1769) Müller aus dem rheinischen Erasbach eine gegen 1700 von dem Waldbruder Constantin gegründete Eremitenklause. Um 1740 errichteten sie eine Hl.-Grab-Kapelle, der 1770 nach Westen der Anbau einer kleinen dreijochigen Saalkirche – der heutige Altarraum – folgte. Infolge des regen Pilgerzustroms 1791/92 von dem Velburger Bürgermeister und Bildhauer *Joseph Däntl* um einen oktogonalen Zentralbau abermals vergrößert. Gesamtrenovierung 1966–71.

Der achteckige Ostturm mit Zeltdach 1920 über der Grabeskapelle errichtet. Westlich anschließend heutige Sakristei und Altarraum mit Flachdecke über kräftiger toskanischer Pilasterordnung, die Sakristei als ehem. Chor schwach eingezogen und dreiseitig geschlossen. – Das gestreckte Oktogon von niedrigem, achteckigem Turm mit Zeltdach bekrönt. Im Innern Flachdecke über Vouten mit Stichkappen, gekuppelte Pilaster mit Gebälkstücken. – Deckengemälde 1795 von *Lorenz Joseph Forster* aus Kallmünz. Das bei der letzten Restaurierung freigelegte, große Deckenfresko mit Verehrung des Herzens Jesu durch die Stände der Erde, von kartuschenförmigen Medaillons mit biblischen Motiven umgeben. An der Emporenbrüstung Ortsansichten und die Begründerin der Herz-Jesu-Andacht, die hl. Margareta Maria Alacoque. Das Chorfresko mit der Darstellung des Abendmahls von einem unbekannten Künstler. – Die einheitliche, frühklassizistische Ausstattung stammt bis hin zu den Türen, Kirchen- und Beichtstühlen ebenfalls von *Däntl.* Die vornehme Weißgoldfassung der Altäre und Kanzel (bei der letzten Restaurierung wiederhergestellt) schafft in Verbindung mit der hellen Raumwirkung eine ausgesprochen freundliche Atmosphäre. Hochaltar von 1794, 1817 von *Adam Bittner* umgestaltet: sechssäuliges Retabel mit Seitenfiguren und Altarblatt Herz

Jesu von dem Amberger *Konrad Wild,* Mitte 18. Jh. – Seitenaltäre, bemerkenswerte Viersäulen-Retabel in Empireformen mit qualitätvollen Altarblättern eines Münchner Künstlers: links Herz Mariä, seitlich Figuren der hll. Joachim und Anna; rechts hl. Sebastian, als Seitenfiguren die hll. Felix und Nabor. – Im Chor Votivbilder mit Stadtansichten von Landshut und Neumarkt (1785), Deining und Greding (1796); außerdem zahlreiche Votivkerzen, bis ins 19. Jh. zurückgehend. – An den westlichen Schrägseiten Kalksteinreliefs mit Inschriften, von fr. *Andreas Müller* angefertigt. – In der Grabeskapelle lebensgroße Schnitzfiguren des Leichnams Christi, der hll. Maria Magdalena und Petrus, Mitte 18. Jh., ebenfalls von *Müller* angefertigt.

Ev. Spitalkirche St. Leonhard. Um 1603 südlich vor der Stadt als Spitalkapelle erbaut. Seit 1964 in ev. Kirchenbesitz. – Saalbau mit eingezogenem, dreiseitig geschlossenem Chor und Giebelreiter, dat. 1803. Im Innern Flachdecke mit Rahmenstuck.

Burgruine. Baunachrichten fehlen über die Burg, die Mitte 17. Jh. aufgelassen und als Steinbruch verwendet wurde; die wenigen Mauerreste weisen ins späte 12. Jh. – Der spätromanische Bering über gleichschenklig dreieckigem Grundriß noch erkennbar, ebenso auf der Nordseite die Fundamente des quadratischen Bergfrieds und Rest des Tores. Fragmente eines wohl erst im 16. Jh. errichteten Tores an der Westseite.

Rathaus. Das alte Rathaus 1541 errichtet, 1861 abgebrochen. Das bestehende als Schulgebäude 1863–65 in neugotischen Formen mit Zinnengiebeln und Blendmaßwerk erbaut. 1974/75 für die erneute Nutzung als Rathaus umgebaut.

Ehem. neues Pfleghaus (Burgstraße 8). Im 17. Jh. als Taverne errichtet, diente dann als neues Pfleghaus, im 19. Jh. als Rentamtsgebäude und 1902–1975 als Rathaus. – Zweigeschossiger Bau mit Schweifgiebel, Standerker und Eckpilastern. – Im ersten Obergeschoß Stuckdekken, 2. Viertel 18. Jh.

Ehem. Hofkasten (Hinterer Markt 2). Der traufseitige Satteldachbau im 17. Jh. über älterer Bausubstanz errichtet. Polygonaler Erkerturm mit Zwiebelhaube an der Nordseite.

Daneben der **ehem. Zehentstadel** (Hinterer Markt 4), heute Altersheim. Steiler dreigeschossiger Giebelbau des 16./17. Jh.

VIEHHAUSEN Gem. Sinzing, Kr. Regensburg. *Karte 13*

Kath. Pfarrkirche St. Leonhard, Wolfgang und Katharina. Nördlich an das ▷ ehem. Schloß (später Klarissenkloster) angebauter neuromanischer Bau, 2. Hälfte 19. Jh. – Saalkirche mit eingezogenem, halbrundem Chor, von seitlichen Altarnischen begleitet. Turm westlich über der Vorhalle. – Zweisäuliger Hochaltar des frühen 18. Jh. mit Altarblatt hl. Familie; Mensaplatte mittelalterlich. Auf den Seitenaltären

Figuren der Muttergottes und des hl. Joseph, Werke des 19. Jh. – An der Südwand Figur des hl. Wolfgang, Mitte 18. Jh.
An der Westseite der Kirche kleine Gnadenkapelle, darin Halbfigur der Muttergottes, 2. Hälfte 18. Jh.

Ehem. Schloß, jetzt Pfarrhof. Ein mittelalterlicher befestigter Vorgängerbau im Dreißigjährigen Krieg zerstört. Um 1700 Wiederaufbau durch Franz Wilhelm Freiherr von Rosenbusch. – Rechteckige dreigeschossige Barockanlage, ostseitig ein Turm mit quadratischem Untergeschoß, darüber achteckig mit Zwiebelhaube. Das Innere für die Nutzung als Klarissenkloster gegen Ende des 19. Jh. verändert.

Burgruine Niederviehhausen. Das Burggelände ist durch neue Wohnbebauung entstellt, der Turm eingezäunt, nur aus der Ferne sichtbar. – Die Viehhauser sind seit dem 13. Jh. nachweisbar, häufiger Besitzwechsel. Seit der Zerstörung im Dreißigjährigen Krieg ist die Burg Ruine. 1891 wurde sie von Kommerzienrat Fr. Pustet dem Historischen Verein geschenkt, heute im Besitz der Stadt Regensburg. – Nur der ehem. Bergfried, wohl 12. Jh., ist auf einem nach Osten vorspringenden Hang über der Laaber erhalten: sechsgeschossig mit einer Höhe von 22 m, Mauerwerk aus großen Quadern, vielfach mit Buckeln; ein Einstieg befand sich im 3. Obergeschoß an der Ostseite.

VILSECK Kr. Amberg-Sulzbach. *Karte 4*

Vilseck als Burgort erstmals Ende des 12. Jh. erwähnt; die Burg war als herrschaftspolitischer Mittelpunkt der dem Bamberger Hochstift unterstellten Vogtei Vilseck wohl im 11./12. Jh. entstanden. Mit dem Aussterben der damit belehnten Sulzbacher (1188) ging das Bamberger Lehen vorübergehend (bis 1269) an die Hohenstaufer über, die Vilseck im Sinne einer Landbrücke zwischen Nürnberg und Eger planmäßig zur Stadt ausbauten. Der Bamberger Bischof Werntho Schenk von Reicheneck ließ ab 1332 die Stadt, an die sich im Spätmittelalter Vorstädte angliederten, befestigen. Das Bamberger Amt kam erst 1802 an Bayern.

Stadtanlage

Zwischen den beiden Polen, der Burg Dagestein im Osten und der Pfarrkirche St. Ägidius im Südwesten, konzentriert sich um die annähernd in T-Form zusammentreffenden Hauptstraßenzüge Herrengasse, Breite Gasse und Marktplatz die Kernstadt mit zahlreichen Ackerbürgerhäusern aus dem 17.–19. Jh. Mehrere schwere Brände veränderten das Stadtbild: vor allem in 19. Jh. Begradigung der Straßen und Wiederaufbau der vorher giebelständigen Häuser in traufständiger Straßenlage zu zwei Geschossen.

★ **Kath. Pfarrkirche St. Ägidius.** Nach Bauinschrift am zweiten nördlichen Strebepfeiler des Chors 1407 Baubeginn der Kirche unter Einbeziehung des romanischen Vorgängers aus dem 11. Jh. 1751–53 Neu-

bau des Langhauses durch Maurermeister *Wendel Schwesinger* aus Waischenfeld unter Leitung des Bambergers *Johann Jakob Michael Küchel.* Renovierungen 1938/39 (Neufassungen), 1962 und 1973.
Barocke Wandpfeilerkirche mit gotischem eingezogenen Chor mit 5/8-Schluß. Im südlichen Chorwinkel der quadratische Turm mit 1819 letztmals verändertem, eingezogenem Spitzhelm, Unterbau und Nordwand romanisch (Schlitzfenster, innen derbes Quadermauerwerk). Der stattliche dreijochige Chor mit gestuften Strebepfeilern und Spitzbogenfenstern, urspr. Maßwerk mit Fischblasen- und Paßfigurationen nur noch in den Fenstern der Chorschrägen. Bildfenster mit Heiligenmedaillons, 1902 von *Schmitt,* Bamberg. Im Innern Kreuzrippengewölbe auf späteren, an den Ecken konkav eingezogenen Lisenen mit Halbrundvorlagen, die korinthisierenden Kapitelle mit Blüten, ebenso wie im Langhaus, im 18. Jh. anstuckiert. – Am kurzen Langhaus mit Sandsteingliederung klingen zentralisierende Tendenzen an: abgeschrägte Westecken, Westfront mit konkaven Ausbuchtungen, an der Nordseite konvex vorschwingender Portalrisalit, dat. 1752 und bekrönt von Steinfigur des hl. Ägidius; im Innern ausgerundete Ecken, vorschwingende Westempore. Das weite Schiff von gurtengegliederter Stichkappentonne überwölbt, nach Westen über der Empore und nach Osten, zum niedrigeren, stark eingezogenen Chor vermittelnd, abgewölbt. Zwischen den fast freistehenden Wandpfeilern Kapellen, durch Emporen mit geschnitzter Brüstung unterteilt; quergelagertes Tonnengewölbe. – Blasse Deckenbilder im Schiff von 1754, 1938 die Übermalung von 1895 entfernt: Anbetung des Lammes, Opfer Melchisedechs, Salvator Mundi, Jakobs Traum, hl. Helena.
Prachtvolle barocke Ausstattung. – Hochaltar angeblich 1713/14 von *Johann Michael Doser*, den Stilformen nach jedoch erst 2. Viertel 18. Jh. Stattliches konkaves Viersäulenretabel mit Akanthus- und Rocailledekor, Seitenfiguren der hll. Georg, Sebastian, Bischof Otto I. und Wolfgang, im Auszug Schnitzgruppe der Marienkrönung, flankiert von Kaiser Heinrich II. und Kunigunde. – Die reich gestalteten Seitenaltäre *Franz Martin Mutschele* aus Bamberg zugeschrieben, 1766–75. Die vorderen Seitenaltäre mit Säulen und Volutenpilastern: Der nördliche Kreuzaltar mit Altarblatt des Gekreuzigten und plastisch ausgeführten Assistenzfiguren; der südliche mit Altarblatt Mariä Verkündigung, von Figuren der hll. Joachim und Anna flankiert. Vier Altäre in den Seitenkapellen, die östlichen Retabel mit Volutenstreben, Putten und Altarblättern: nördlich hl. Kajetan, südlich hl. Johannes von Nepomuk; die rückwärtigen Retabel mit übereck gestellten Pfeilern und Nischenfiguren: nördlich hl. Joseph, südlich hl. Laurentius. – Reich geschmückte Kanzel, 1760/70, von Moses mit den Gesetzestafeln bekrönt. – Orgelgehäuse mit Akanthusschnitzereien, um 1710. – Taufstein mit geschnitzter Taufgruppe, bez. 1754. – An den Chorwänden sechs Schnitzreliefs des früheren Hochaltars mit Szenen aus dem Marienleben, um 1515 nach Holzschnitten von *Albrecht Dürer.* An der Südwand die Vierzehn Nothelfer mit Christkind,

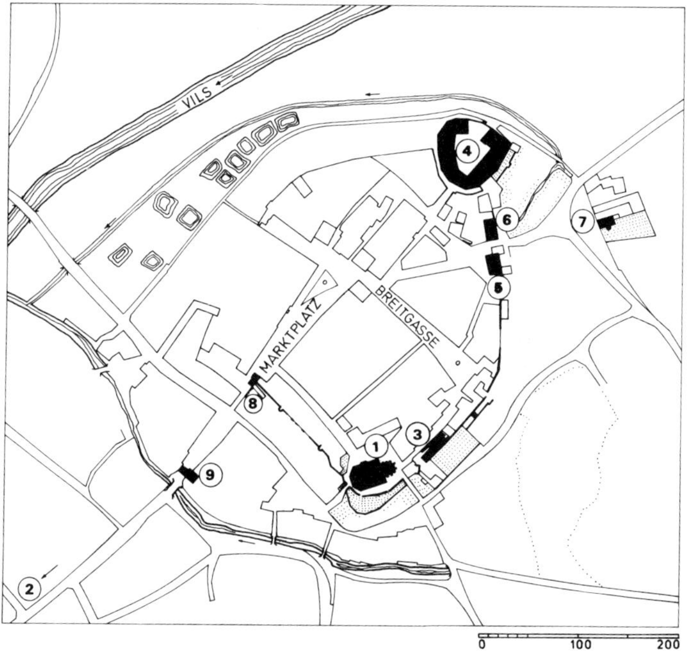

Vilseck

1 *Pfarrkirche St. Ägidius*
2 *St. Leonhard*
3 *Ehem. Kapuzinerhospiz, heute Pfarrhof*
4 *Burg Dagestein*
5 *Bürgerspital*
6 *Ehem. Burghut (Bärnhof)*
7 *Ehem. Burghut (Schlößl)*
8 *Vogltürm*
9 *Hafnertor*

elf Figuren Anfang 16. Jh., die übrigen im 18. Jh. ergänzt. In der Eingangskapelle eine Pietà des 18. Jh.
Am Außenbau südlich eine Ölbergkapelle mit bemalten lebensgroßen Steinfiguren und Passionsreliefs um 1500; nördlich Nischenfigur des Geißelheilands, 18. Jh.

Kath. Filialkirche St. Leonhard. Angeblich 1505/06 errichtet, 1897 renoviert, um 1890 noch Maria-Hilf-Patrozinium, 1986/87 restauriert. Flachgedeckter Saalbau des 16. Jh. mit eingezogenem Chor im 5/8-Schluß, westlicher Zwiebeldachreiter. Chor mit Spitzbogenfenster und Kaffgesims. Spitzbogiges, profiliertes Portal an der Nordseite, ein vermauertes, rundbogiges an der Südseite des Langhauses. – Im Chor Kappengewölbe mit ausgekehlten Rippen, Laub- und Bandelwerkstukkaturen, spitzer Chorbogen. – Neugotische Altäre: Hochaltar mit Muttergottes des 18. Jh. im Schrein. Nördlicher Seitenaltar mit Schnitzrelief der hl. Anna Selbdritt, Anfang 16. Jh.

Ehem. Kapuzinerhospiz, heute Pfarrhof. 1715–1803 Kapuzinerhospiz, renoviert 1988. – An die mittelalterliche Stadtmauer angrenzender Walmdachbau mit westlichem Seitenflügel, frühes 18. Jh. Einfriedungsmauer mit Rundbogentor, bez. 1805.
Gegen Westen folgt das 1911 auf dem Platz der ehem. Laurentiuskapelle errichtete Benefiziumsgebäude mit dem anliegenden Schwarzen Tor der ▷ Stadtbefestigung.

★ **Stadtbefestigung.** Zwischen 1332 und 1380 entstand unter Einbeziehung der halben kreisförmigen Burganlage die Stadtbefestigung über annähernd fünfeckigem Grundriß, mit Wehrgang und etwa 13 Halbrund- und Vierkanttürmen. Seit etwa 1430 Verstärkung durch Zwingermauer und drei große, heute aufgelassene Weiher, die infolge von Überflutungen Veränderungen der Straßenführung und somit der Torsituation erforderten. Im Nordwesten das frühere Haupttor, das Vils- oder Weihertor, später auch Pulverturm genannt, 1375; an der Außenseite das Wappen des Bamberger Hochstiftes und des Bischofs Lambert von Brunn (1374–1387). Gegen Norden Anbau des in das Hochmittelalter zurückgehenden ehem. Burgguthofs, nach 1740 erneuert; 1745–56 und 1765–1802 Pflegersitz; 1985 saniert. – Das Obertor (sog. Vogltum) im Südwesten gilt als Wahrzeichen der Stadt. Mit Halbwalmdach, Zwiebeldachreiter und Eckquadern, an der Innenseite das vom Untertor übertragene Wappen des Fürstbischofs Lothar Franz von Schönborn, dat. 1727, außen Wappenstein des Hochstifts Bamberg; 1568 Anbau an der Westseite. Nordöstlich das 1905 abgebrochene Untertor. Das Schwarze Tor im Süden, dessen Baureste aus dem 12. Jh. (wohl urspr. Torhaus) auf eine frühere Befestigungsanlage schließen lassen.

Burg Dagestein. Dagestein, dessen Anfänge in die Zeit Karls des Großen zurückreichen sollen, wurde wohl im 12. Jh. unter den Grafen von Sulzbach als Burg des Bamberger Hochstifts angelegt, erste Nennung

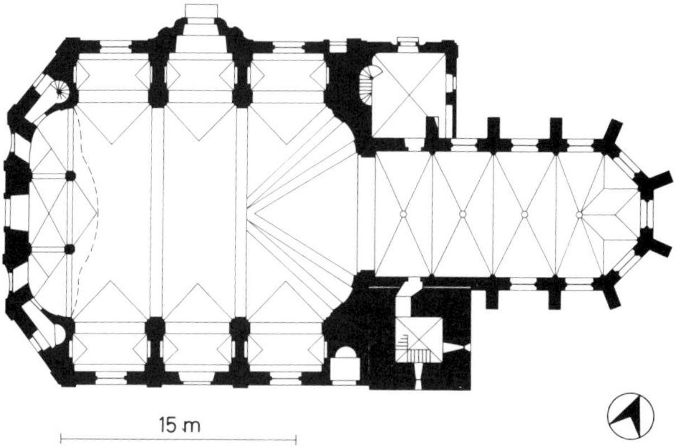

Vilseck, Pfarrkirche St. Ägidius

1190. Umbaumaßnahmen im 15. Jh. unter den pfälzischen Fürsten. 1729–32 umfangreiche Neubauten durch Maurermeister *Paul Meyer* und *Justus Heinrich Dientzenhofer*. Nach Auflösung des Pflegamts 1745 Verwendung als Getreidespeicher. – Die weitgehend auf die Umbauphase im 18. Jh. zurückgehenden ehem. Schloßgebäude gruppieren sich um einen unregelmäßig kreisförmigen Innenhof. Wenige Reste des mittelalterlichen Berings erhalten. Im Südosten der ehem. Bergfried, die beiden Untergeschosse um 1200, Aufstockung im 14. Jh., Renovierung 1972/73. Funktion des sorgfältig ausgeführten Unterbaus unklar, vielleicht Kapelle – die Volkssage verbindet den Bergfried mit dem Deutschherren- oder Templerorden. Im unteren Raum Kreuzgewölbe mit Wulstrippen über Eckvorlagen mit Kämpferplatte und Kehle, links profilierte Rundbogennische, an den Schmalseiten tonnengewölbte Annexe. Der obere Raum mit nachträglich vermauerter, auf Kämpfern ruhender Rundbogenöffnung und rundbogigem Zugang mit Tympanon.

Ehem. Burghut (Froschau 7), sog. Bärnhof. In das 16. Jh. zurückgehender Satteldachbau mit geohrten Sandsteinrahmungen im ersten Obergeschoß. – Im Inneren profilierte Balkendecken der Erbauungszeit.

Ehem. Burghut (Froschau 15), sog. Schlößl. Als Burghut zusammen mit Froschau Nr. 7 um 1500 erwähnt. In der 2. Hälfte des 16. Jh. erbaut, umgestaltet in der 1. Hälfte des 17. Jh. und nach 1700, restauriert 1985–88. – Zweigeschossiger Bau mit Halbwalmdach, an der

Nordseite Portal mit Oberlicht und geohrter Rahmung. An der Südseite Treppenturm, achteckiges Obergeschoß mit Fachwerk, Zeltdach. – Einzelne Gewölbekonstruktionen und Baudetails aus der Erbauungszeit.

Ehem. Bürgerspital (Froschau 14). Gründung im 15. Jh., 1725 Neubau, Sanierung 1977–81. – Zweigeschossiger Satteldachbau mit geohrten Tür- und Fensterrahmungen aus Sandstein, Brüstungsfelder im ersten Obergeschoß.

Ehem. Hammerhof (Herrengasse 2). Wohl im 17. Jh. errichtet, 1976 umgebaut und renoviert. Walmbachbau mit profilierten Fensterrahmungen und rundbogiger Toreinfahrt.

VILSHOFEN Markt Rieden, Kr. Amberg Sulzbach. *Karte 8*

Die Gruppe von drei Kirchen auf einem Höhenrücken erhebt sich weithin sichtbar im Vilstal; Kreuzwegstationen Mitte 18. Jh.

Kath. Pfarrkirche St. Michael. Unter Einbeziehung wohl noch romanischer Mauerteile 1781 errichtet. 1908/09 und 1958 Innenrenonvierung. – Saalbau mit eingezogenem, dreiseitig geschlossenem Chor. Turm mit Spitzhelm (19. Jh.), südlich des Chors. – Über Pilastergliederung flache Stichkappentonne mit Rahmenstuck und Deckengemälden von *Georg Halter* 1909, im Chor kleine Kuppel mit älterem Fresko. – Ausstattung der 2. Hälfte des 18. Jh. – Hochaltar, Baldachinaufbau mit überreichem Schnitzwerk, auf dem Tabernakel Figur des hl. Michael. Nördlicher Seitenaltar mit ikonographisch ungewöhnlichem Altarblatt: Jesus mit flammenden Herzen. – An der Emporenbrüstung volkstümliche Fresken mit der Reformationsgeschichte. – Außen neben dem Portal Sandsteinepitaph für Katharina Wolf Altmann, geb. Mendl († 1563), mit Allianzwappen.

Kath. Allerseelen-Bruderschaftskapelle. Von ehem. Karner unterkellerter Saalbau mit Kreuzrippengewölbe, um 1300; zweischiffige, teils kreuzgratgewölbte Vorhalle im 18. Jh. westlich angebaut. Renovierungen innen 1908/09 und 1964, außen 1969. – Östliche Giebelfront dat. 1668 (?), mit dreibahnigem Spitzbogenfenster und Zwiebeldachreiter. – Rustikale Ausmalung mit Rankendekor und Armeseelenzyklus, angeblich 17. Jh., 1909 von *Hertl* renoviert. – Akanthusrahmen-Altar um 1720 mit Altarblatt, Maria und hl. Laurentius als Fürsprecher der Armen Seelen, seitlich die hll. Leonhard und Johannes von Nepomuk (ehem. Brückenfigur), 18. Jh. – In der Vorhalle lebensgroße Barockfiguren: an der Südwand hl. Familie, in drei Nischen der Westwand Geißelheiland, seitlich hl. Maria Magdalena und hl. Petrus.

Wieskapelle. Bau von 1751 mit eingezogenem, dreiseitig geschlossenem Chor, Zwiebeldachreiter. – Stichkappentonne über Doppelpilastern, stuckgerahmte Decken- und Wandmalereien mit Passionsthematik, 1909 von *Joseph Wirth* aus Stadtamhof überarbeitet. – Altar der

2\. Hälfte des 18. Jh., im Mittelfeld Figur des Wiesheilands (mit echten Haaren), seitlich die hll. Florian und Wendelin.

VILZING Stadt Cham. *Karte 10*

Kath. Expositurkirche St. Laurentius. 1696 unter Einbeziehung des Chorturms und von Teilen der Nord- und Westwand des Vorgängerbaus aus dem 14. Jh. errichtet. – Nach Süden ausgerichteter Saalbau mit eingezogenem, dreiseitig geschlossenem Chor. Wuchtiger Turm an der Ostseite des Langhauses mit durch Doppelpilaster gegliedertem Oktogonaufsatz und Spitzhelm. Sein Erdgeschoß von böhmischer Kappe überwölbt, die urspr. Kreuzgrate verschwunden; an der Ostseite kleines Fenster mit Maßwerknase, an der Nordseite Sakramentsnische. – Der neue Chor gewölbt, im Langhaus Flachdecke. – Hochaltar Anfang 18. Jh. Geschlossener Aufbau mit vier gewundenen Säulen, fast lebensgroßen Figuren der hll. Petrus und Paulus sowie Altarblatt hl. Laurentius (erneuert). – Kanzel Ende 18. Jh., Rokoko, mit klassizistischer Ornamentik, bekrönend Figur des Auferstandenen. – Einige Barockfiguren.

VOHENSTRAUSS Kr. Neustadt a. d. Waldnaab. *Karte 6*

Im 12. Jh. gemeinsam mit ▷ Floß und ▷ Parkstein Besitz der Grafen von Sulzbach, dann staufisch, 1268 an den bayerischen Herzog. Erste Erwähnung des Markts zwischen 1269 und 1280, danach der ältere Siedlungsteil Altenstadt genannt. 1329 ging Vohenstrauß an die Pfalz und blieb mit mehrfachen Unterbrechungen im Besitz verschiedener Wittelsbacher Linien. 1569 kam es unter Pfalzgraf Friedrich V. zur Ausbildung des Teilfürstentums Pfalz-Parkstein-Vohenstrauß, dessen Residenz anfänglich in Weiden, später bis 1597 in Vohenstrauß lag. – Der vermutlich unter Kaiser Karl IV. zur Stadt aufgestiegene Ort erhielt 1912 durch Prinzregent Luitpold eine neuerliche Bestätigung.

STADTANLAGE

Typisch oberpfälzische Gründungsstadt über ovalem Grundriß mit ansteigendem breiten Straßenmarkt in der Achse. Am höchsten Punkt bildet die Burg einen mächtigen Abschluß. Für die Silhouette des Ortes prägend ist neben der kath. Pfarrkirche auch der Turm der ev. Kirche, die nach einem Brand 1842–45 unter Verwendung des gotischen Chors weitgehend auf den alten Fundamenten wiedererrichtet wurde. Einen Akzent im Ortsbild setzt das Rathaus, das 1901–11 in die Flucht der zumeist traufständigen Bürgerhäuser eingefügt wurde, die Breite von ehemals drei Häusern einnehmend. Die dekorativen Schaugiebel und die Fassade variieren Renaissanceformen der Friedrichsburg.

Kath. Stadtpfarrkirche Mariä Unbefleckte Empfängnis. Nach einem 1911 von *Heinrich Hauberrisser* erstelltem Entwurf erst 1927–33 ausgeführt, Konsekration 1929. – Neubarocker Werksteinbau mit Turm an der Nordseite. Dreischiffiges Langhaus mit eingezogenem, dreiseitig geschlossenem Chor, tonnengewölbt mit Stichkappen. Querhausartig eingeschobenes Queroval mit Flachkuppel über Voute. Reiche Dekkenmalerei von *Ludwig Angerer*, München, unter Verwendung zeitgenössischer Porträts. – Neubarocke Ausstattung.

★ **Friedrichsburg.** 1586–93 durch Pfalzgraf Friedrich III. von Zweibrükken-Veldenz nach Plänen von *Leonhard Greineisen* aus Burglengenfeld errichtet. Nach dem Tod des Pfalzgrafen Wohnsitz der Witwe, danach des Pflegers. Im 19. Jh. Sitz verschiedener Ämter, 1862 Bezirksamt und dann Vermessungsamt, später bis 1972 Landratsamt. In den 1980er Jahren ausführlich dokumentierte Instandsetzung und Sanierung als Erwachsenenbildungszentrum. – Massiger, dreigeschossiger Kastenbau mit steilem Satteldach, umstellt von sechs Rundtürmen mit Spitzhelmen (der Mittelturm an der Südseite erst 1903), – ein fortifikatorischer Wohnbau im Typ des Landschlosses, Machtanspruch und Verteidigungsbereitschaft der kleinen Residenz gleichermaßen veranschaulichend. Ungegliedert in verputztem Mauerwerk, geschmückt durch Sandsteinportale zu den Spindeltreppen und, auf Weitsicht berechnet, dekorative Giebel „mit schönen Zinnen in welscher Manier", wie es im Auftragstext heißt. – Kellerhälse deuten tiefe Gewölbe an. – Das Erdgeschoß kreuzgratgewölbt, zweischiffige Eingangshalle über zwei Mittelsäulen, der östlich anschließende Raum jetzt in die gleiche Form gebracht. – Im ersten Obergeschoß mit Schiffskehlenprofilen ornamentierte Bohlenbalkendecken der Erbauungszeit, barocke Rahmenstuckdecken; weitgehend urspr. Innendisposition.
Hohe Befestigungsmauern an drei Seiten um die Burg geführt, an der Südostecke ein runder Wehrturm. Urspr. setzten sich die Befestigungsanlagen auch gegen die Stadt fort.
Seitenflügel flankieren stadtseitig den Hauptbau: im Osten das ehem. Forstamt, sog. Kavaliershaus, ein zweigeschossiger Walmdachbau mit Kernsubstanz um 1600, der westliche Trakt (ehem. Amtsgerichtsgebäude) um 1900 weitgehend umgebaut.

VOITHENBERG Stadt Furth i. Wald, Kr. Cham. *Karte 11*

Altes Schloß. Als Jagdschloß um 1800 von den Voith von Voithenberg errichtet, 1855 aufgestockt, 1904 nordwestlicher Anbau mit rundem, zwiebelbekröntem Eckturm. – Der zweigeschossige Hauptbau mit durch das Voithenberg-Wappen ausgezeichnetem Zwerchgiebel bildet mit den beiden langgestreckten, analog gegliederten Stallungen eine U-förmige Anlage, der Hof durch ein Eisengitter abgeschlossen. – Nördlich dahinter die um 1900 erbaute Reithalle in historisierender Backsteingliederung; Tympanonrelief mit Siegesgöttin und zwei Reitern. – Die alte, 1820 von Heinrich Zacharias Otto Freiherr Voith von Voithenberg auf Herzogau errichtete Schloßkapelle abgebrochen und 1983 durch umgebautes Feuerwehrgerätehaus ersetzt. Figurenausstattung z. T. letztes Drittel 18. Jh.

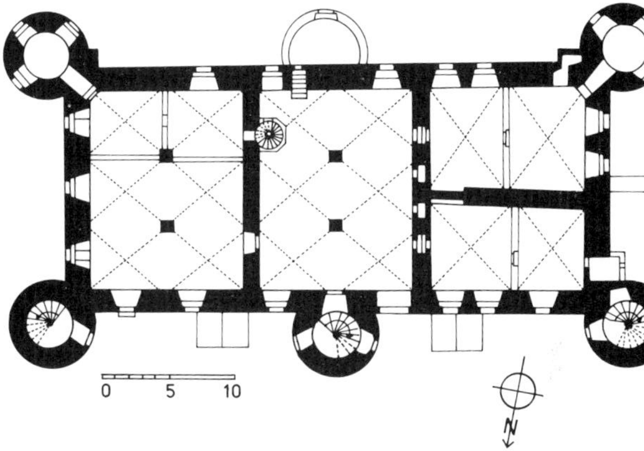

Vohenstrauß, Friedrichsburg

Neues Schloß. Vernachlässigt in einem Terassenpark westlich vor dem alten Schloß. – Ein 1911/12 errichtetes Gasthaus wurde 1923 als Schloß vom malerisch-asymetrischen Typus ausgebaut. Ostturm aus grobem Bruchsteinmauerwerk, nördlicher Laubengang.

VOITHENBERGHÜTTE

Stadt Furth i. Wald, Kr. Cham. *Karte 11*

Zum Besitz der Voith von Voithenberg gehörte auch das **Wohnhaus der ehem. Sägemühle,** sog. Tantenhaus. Langgestreckter, erdgeschossiger Mansarddachbau mit Glockenstuhl, vor 1818. – In nördlicher Richtung **ehem. Hammerschmiede,** um 1825, ein langer, erdgeschossiger Bau mit Schopfwalmdach, verbretterter Westgiebel mit Laube. Im Ostabschnitt original eingerichtete Schmiede mit Mühlrad und Wasserzuführung.

VORBACH Kr. Neustadt a. d. Waldnaab. *Karte 1*

Kath. Kirche St. Anna. Bescheidene Saalkirche des 18. Jh. mit fluchtendem Chor. Nach Westen erweitert 1980, Restaurierung des historischen Teils 1982. – Dreiseitig geschlossener Chor, flachgedeckt wie auch das Langhaus. Umlaufende Hohlkehle, an den Wänden flache Pilaster. An den Ecken verdichteter Deckenstuck um 1730, Bandelwerk weiß mit farbigen Flächen hinterlegt, vereinzelt grünes Blattwerk (wiederhergestellt nach Befund). – Hochaltar um 1760, mit Ähnlichkeit zu Altären in ▷ Luhe. – Polygonale Kanzel auf Pfeiler, um 1730.

W

WAFFENBRUNN Kr. Cham. *Karte 10*

Kath. Pfarrkirche Mariä Himmelfahrt. Nach Norden gerichteter Bau in romanisierenden Formen aus grobem Bruchsteinmauerwerk, 1922. Auf der Westseite trutziger Turm mit Zeltdach, der kurze eingezogene Chor und die Südfront dreiseitig geschlossen. – Dreischiffige Anlage, im Mittelschiff offene Dachkonstruktion; doppelte Westempore mit reichem Holzwerk. – Unter der überwiegend modernen Ausstattung einzelne Barockfiguren.

Schloß. Die Herren von Waffenbrunn Ende 13. Jh. bis nach Mitte 14. Jh. archivalisch belegt, dann kam der Besitz an die Donnersteiner (Darsteiner). Im 16./17. Jh. mehrmaliger Besitzerwechsel. Vom frühen 18. Jh. bis ins 20. Jh. Eigentum der Familie von Paur, später des Baron von Schacky. – In das Mittelalter zurückgehende Anlage, bis in das 20. Jh. mehrfach erweitert und umgebaut. – Ausgedehnter, im Süden eingefriedeter Komplex: östlich die Schloßkapelle, weiter nördlich das Benefiziatenhaus, im Norden und Westen der Schloßgarten, südwestlich die 1926 errichteten Wirtschafts- und Verwaltungsgebäude um großen Innenhof.
Das schlichte **Hauptgebäude** (Schloßhöhe 1) mehrgliedrig, westlich turmartiger Ausbau mit Halbwalmdach. Gemäldesammlung mit Familien- und Herrscherporträts sowie Historienbildern, 18. Jh.
Schloßkapelle. Nach Bauinschrift 1756 durch Franz Peter von Paur erbaut. – Über dem eingezogenen, halbrund geschlossenen Chor Zwiebeldachreiter mit Laterne. – Flachdecke über Hohlkehle, Rahmenstuck. – Kanzel des Rokoko. – Epitaphien aus Solnhofer Kalkstein. Am Chorbogen für Franz Peter Paur († 1757) und für Maria Josepha Walburga von Paur auf Waffenbrunn und Lebendorf, geb. Gräfin von Lobeis († 1773).

Ehem. Benefiziatenhaus. (Schloßhöhe 5). Zweigeschossiger Bau mit Schopfwalmdach, über dem Eingang Inschrifttafel mit den Namen des Gründers, Erbauers und ersten Benefiziaten, dat. 1761.

WAHLSDORF Gem. Schierling, Kr. Regensburg. *Karte 13*

Kath. Kirche St. Michael. 1722 durch den Schierlinger Pfarrer Ignaz Loibl errichtet. Das Äußere der auf einer Anhöhe südlich über dem Dorf liegenden Kirche wird durch den schlanken und hohen Turm mit achteckigem Glockengeschoß bestimmt. – Saalkirche mit eingezogenem, halbrund geschlossenem Chor. Durch doppelte Gurte unterteiltes Tonnengewölbe mit Stichkappen und geschweiftem Rahmenstuck. Gestaffelte Wandpilaster, im Langhaus paarweise angeordnet. Glasgemälde um 1880/90 und 1908. – Ausstattung. – Hochaltar um

1715/20, Säulenretabel mit seitlichem Ranken- und Bandelschnitzwerk, eng verwandt mit dem Hochaltar zu ▷ Birnbach. Altarblatt mit Erzengel Michael, 1871 von *Leopold Weinmayer*, Regensburg, seitlich Figuren der Muttergottes (um 1600) und des hl. Antonius. – Zweisäulige Seitenaltäre um 1760/70. Altarblätter und Auszugsbilder ebenfalls von *Weinmayer* 1871: links hl. Bartholomäus, rechts Maria als apokalyptische Frau. – Kanzel um 1725/30. – Kirchengestühl von 1833. – Im Langhaus zwei Holzfiguren, Johannes von Nepomuk und hl. Wendelin, wohl 1. Hälfte 18. Jh. Kreuzwegbilder um 1730, in alten Rahmen mit Régence-Ornamentik.

WAIDHAUS Kr. Neustadt a. d. Waldnaab. *Karte 6*

Entstehung an der alten Handels- und Heeresstraße von Nürnberg nach Prag. Das Ortsbild Ergebnis der Wiederaufbauphasen nach den zahlreichen Bränden; allein 1903 wüteten vier Großbrände.

Kath. Pfarrkirche St. Emmeram. Nach Brand 1868 Wiederaufbau der 1782 erbauten Vorgängerkirche. 1952–55 nach Osten erweitert. – Querhaus mit spitzem Dachreiter über der Vierung, Westturm mit eingezogenem Spitzhelm, eingezogener, segmentbogig geschlossener Chor. – Wenig organisches Innenraumgefüge, in allen Raumteilen außer dem Chor Spiegeldecken über gestaffelten Pilastern, die durch Rundbogenblenden verbunden sind. – Überlebensgroße Rokokofigur des hl. Johannes von Nepomuk aus Sandstein, im Chor barocke Holzfiguren der hll. Ulrich und Emmeram.

Kath. Dreifaltigkeitskirche. 1851–58 unter Einbeziehung von Teilen des 1814 entstandenen Vorgängers am südwestlichen Ortsrand errichtet. – Neugotischer, nach Süden ausgerichteter Bau, Turm an der Nordseite, das Obergeschoß mit Quaderwerk verblendet, Spitzhelm. Eingezogener, dreiseitig geschlossener Chor. – Neugotische Ausstattung.

WALD Kr. Cham. *Karte 9*

Kath. Pfarrkirche St. Laurentius. Urspr. dem Kloster Reichenbach inkorporiert. – Gotischer Westturm, Langhaus im 18. Jh. errichtet, Chor um 1900 in neugotischen Formen neu erbaut. Renovierung 1964/65. – Turm mit spitzbogigem Zugang, kleinen Spitzbogenfenstern und Zwiebeldach von 1740. – Im Langhaus korbbogiges Stichkappen-Tonnengewölbe über toskanischen Doppelpilastern mit Gebälkstücken. Eingezogener, dreiseitig geschlossener Chor mit Netzrippengewölbe. – Ausstattung. – Hochaltar in Rokokoformen, Aufbau mit weitgestellten gewundenen und glatten Säulen, Altarblatt hl. Laurentius. – Seitenaltäre, Säulenaufbauten der 2. Hälfte 17. Jh. mit im Rokoko bereicherter Ornamentik. Altarblätter Mariä Verkündigung bzw. hl. Leonhard, 18. Jh. Auf den Mensen Bilder Herz Jesu und Herz Mariä in reichen, von Putten flankierten Empirerahmen. – Im

Turmgeschoß Kalksteinfragment einer spätgotischen Sakramentsnische, mit Wimperg und Figurenreliefs. – Kanzel spätes Rokoko, mit klassizistischer Ornamentik durchsetzt, Ende 18. Jh. Am Korpus und an der Rückwand weiß-gold gefaßte Reliefs der Evangelisten bzw. des Sämanns. – Empore und Doppelanlage der Orgel in historistischen Formen, wohl um 1900. – Kruzifixus und Schmerzhafte Muttergottes, 18. Jh. – In der südlichen Seitenkapelle kleines Altärchen, Anfang 18. Jh., und achteckiges gotisches Taufbecken aus Sandstein. – Verschiedene Epitaphien aus Kalkstein an der westlichen Außenwand der Kirche, u. a. für Maria Anna Elisabetha Dürnitzl von Edlhausen († 1691).
Südwestlich der Kirche barocke Friedhofskapelle mit vorgeblendetem Schweifgiebel; innen kreuzgratgewölbt.

WALDAU Stadt Vohenstrauß, Kr. Neustadt a. d. Waldnaab. *Karte 6*

Kath. Filialkirche St Johannes von Nepomuk. 1912 im neubarocken Stil erbaut. Halbrund schließender, eingezogener Chor mit flacher Stichkappentonne, Oratorium an der Nordwand. Rechteckiger, in der Querachse leicht segmentförmig ausgreifender Saal mit Spiegelgewölbe, Westempore. – ★ Ausstattung Anfang 18. Jh., aus der alten Burgkirche. – Hochaltar um 1700, im architekturlosen, geschnitzten Akanthusrahmen, Engel anstelle der seit 1955 separat aufgestellten Figuren der hll. Petrus und Paulus; Altarblatt mit Kreuzigung Christi, niederländisch beeinflußt; reichgeschnitztes Antependium. – Der rechte Seitenaltar, nach 1716, läßt direkten böhmischen Einfluß erkennen: Figur des hl. Johannes von Nepomuk vor von Engeln getragenem Rankenaufbau in der Art eines reich verzweigten Distelstrauches. – Der Marienaltar auf der linken Seite 1948 im gleichen Stil von *Johann Wolfgang Rösch* aus Weiden geschnitzt. – Kanzel mit Rankenwerk und Figuren zweier Kirchenväter (vgl. ▷ Neukirchen zu St. Christoph), ferner Relief mit Romulus und Remus, wohl anspielend auf das Wappen des Freiherrn von Rummel, den seit 1681 die Burg gehörte.

Burg. Weithin sichtbares Zeichen der burgenreichen Geschichte dieser Gegend, dominant für das Ortsbild. – Die Burg der Herren von Waldau, vermutlich ins 12./13. Jh. zurückreichend, auf einem isolierten Serpentinfelsen gelegen. Ältester Teil der ehedem freistehende quadratische Bergfried, 12./13. Jh., jetzt mit Pyramidendach. Sorgfältig versetztes Mauerwerk aus glatten und buckeligen Quadern mit breitem Randschlag. Der Wohnbau vermutlich 14. Jh. Drei Stockwerke hoch aus Bruchsteinmauerwerk, Eckquaderung mit Zangenlöchern. Bergfried und Wohnbau sind durch eine wohl aus dem 15. Jh. stammende Zwischenmauer aus Serpentinbruchsteinen verbunden. Zu Beginn des 18. Jh. wurde nach Abbruch der Dorfkirche die Kirche in der verlassenen Burg eingerichtet, dabei südlich Anbau einer Vorhalle.

Neues Schloß. Dreigeschossiger Walmdachbau mit Durchfahrt. Zu den ältesten Teilen gehört ein zweijochiges gotisches Kreuzrippengewölbe im 1. Obergeschoß, das wohl einem ebenerdigen Raum zugehörte. Im nördlichen Teil im Erdgeschoß und 1. Obergeschoß übereinanderliegend quadratische Räume mit Kreuzgratgewölben über einfacher Mittelsäule. Ökonomiegebäude des 19. Jh.

WALDECK Stadt Kemnath, Kr. Tirschenreuth. *Karte 2*

Anlage

Eine Ansiedlung am Fuß der schon 1124 erwähnten, 1707 zerstörten Burg bildete sich wohl gegen Ende 12. Jh. heraus. Nach dem Brand von 1794 planmäßige Neuanlage des seit dem 15. Jh. mit Marktrecht ausgestatteten Ortes. Zweigeschossige Traufseithäuser säumen die von Nord nach Süd verlaufende alte Handelsstraße, die sog. Goldstraße, die im Süden, am Schloßberg, nach Osten abbiegt. An der westlichen Abzweigung (Köglitzer Straße) fügen sich gestaffelt aneinander gereihte Scheunen in Massivbauweise zu einem malerischen Bild.

★ **Kath. Pfarrkirche St. Johannes von Nepomuk.** Gegenüber dem Schloßberg als markanter Nordabschluß des Marktes. – Pfarrkirche urspr. bei der Burg. 1711 Errichtung der Marktkirche St. Anna, 1794 niedergebrannt. Die jetzige Pfarrkirche ließ 1731 Ignaz Freiherr von Otten als Wallfahrtskirche erbauen, 1738 erweitert. Nach dem Brand überließ sie Franz Anton Reichsgraf Oexle von Friedenberg der Marktgemeinde. 1821/22 Turmbau. Seit 1964 phasenweise Renovierungen. – Nach Norden gerichteter Saalbau mit stark eingezogenem, langem Chor, der innen gerade, außen rund abschließt. An der Südseite Turm aus Sandsteinquadern mit Glockendach und Laterne. – Mit Stichkappen durchsetztes Tonnengewölbe, im Langhaus gedrückt mit flachem Scheitel. Wandgliederung durch toskanische Pilaster mit Gebälkstükken. – Reiche Raumdekoration um 1738, früher den Brüdern *Asam*, heute ihren Schülern zugeschrieben. Stukkaturen, Rocailleformen mit Laub-, Bandel- und Gitterwerk kombiniert, Pilaster mit Muschelwerkkapitellen und Vasen auf den Gebälkstücken, über dem Chorbogen das von Putten gehaltene Wappen des Erbauers Freiherr von Otten. Deckengemäde von *Otto Gebhard* aus Prüfening (zuletzt 1974 restauriert). Im zentralen Bild Johannes von Nepomuk vor dem böhmischen König, nördlich und südlich von je zwei Rundmedaillons mit weiteren Szenen aus dem Leben des Heiligen flankiert; im Chor seine Apotheose. – Prächtige Ausstattung um 1740. Hochaltar, konkaver, durch vegetabile Volutenstreben gegliederter Aufbau mit seitlichem Laub- und Bandelschnitzwerk. Im Zentrum große Figur des Kirchenpatrons, die hll. Petrus und Paulus über den seitlichen Durchlässen. – Seitenaltäre, konkave Retabel mit Volutenpilastern, am linken, der mit monumentaler Kreuzgruppe und Wiesheiland im Tabernakel ausgestattet ist, als Engelshermen ausgebildet. Der rechte Seitenaltar mit Gemälde hl. Anna unterrichtet Maria, wohl um 1800, Seitenfiguren der hll. Augustinus und Walburga; in Klosterarbeit gefaßtes Bruderschaftsbild der Maria vom Trost. – Kanzel bekrönt von Gesetzestafeln und Eherner Schlange. – An der Rückwand volkstümliches Relief mit Hl. Dreifaltigkeit und den Vierzehn Nothelfern, 1. Hälfte 18. Jh. – An der Langhausostwand Sandstein-Gedenkplatte mit Inschrift und Wappen des Stifters, dat. 1731.

WALDERBACH Kr. Cham. *Karte 9*

Ehem. Zisterzienserkloster. Auf einer Anhöhe über dem rechten Regenufer, in Sichtweite zu dem konkurrierenden, burgartig situierten Kloster ▷ Reichenbach. – Den unsicheren, spärlichen Quellen zur Gründungsgeschichte zufolge, wandelte Burggraf Otto I. von Regensburg († 1142) ein kürzlich gegründetes Augustiner-Chorherrenstift in ein Zisterzienserkloster um – so erklärt sich das um den hl. Nikolaus erweiterte Kirchenpatrozinium wie auch die zisterziensischen Gepflogenheiten nicht entsprechende Lage. Die enge Verbindung zwischen Kloster und Stifterfamilie äußert sich zum einen in der Übernahme des Familienwappens, zum anderen in der Bestimmung der Kirche als Familiengrablege. 1143 zog der Gründungskonvent in Walderbach ein, angeblich kam er aus Maulbronn, während Waldsassen jedoch 1308 als Mutterkloster belegt ist. 1428 und 1433 bereiteten Hussiteneinfälle den wirtschaftlichen und moralischen Niedergang der Abtei vor, der 1556 mit der Aufhebung durch Pfalzgraf Ottheinrich seinen Tiefpunkt erreichte. 1562 verließ das letzte Mitglied des Ordens, der sich schon geraume Zeit vorher zur Lutherischen Lehre bekannt hatte, das Kloster. In der Folge wurde ein kurfürstlicher Klosterrichter eingesetzt. 1669 gab Kurfürst Ferdinand Maria den Zisterziensern, die nun Aldersbach schickte, das Kloster zurück. Einer neuerlichen Blüte setzte die Säkularisation ein Ende. Die Klosterkirche ging an die Pfarrei über, während die Klostergebäude u.a. als Landgericht, Rent- und Pfarramt genutzt wurden. Seit 1962 sind darin das auf die Sammlung von Ewald Stark aufbauende Kreismuseum, ferner ein Kindergarten und Gasthof untergebracht.
Baugeschichte. – Hauptbauzeit der Kirche mit mehreren Planänderungen letztes Drittel 12. Jh. Um 1680 Neubau der Konventgebäude. 1748 entstand der neue Chor, 1779 der Turm anstelle der romanischen Vorhalle. Letzte Außenrenovierung der Kirche 1986–88, der Klostergebäude 1975, Umbau und Renovierung der Gaststätte 1986/87, Restaurierung des Festsaals 1988/89.

★ **Pfarrkirche St. Nikolaus und St. Maria, ehem. Zisterzienserabteikirche.** Grundriß, Typus. – Romanische dreischiffige Hallenkirche zu acht kreuzgewölbten Jochen. Für die Hallenform lassen sich heimische Vorbilder finden: die ehem. Klosterkirche von ▷ Regensburg-Karthaus-Prüll, St. Leonhard in ▷ Regensburg, St. Nikolaus in ▷ Nabburg. Der durch Grabung und alte Ansicht belegte urspr. Dreiapsidenschluß im

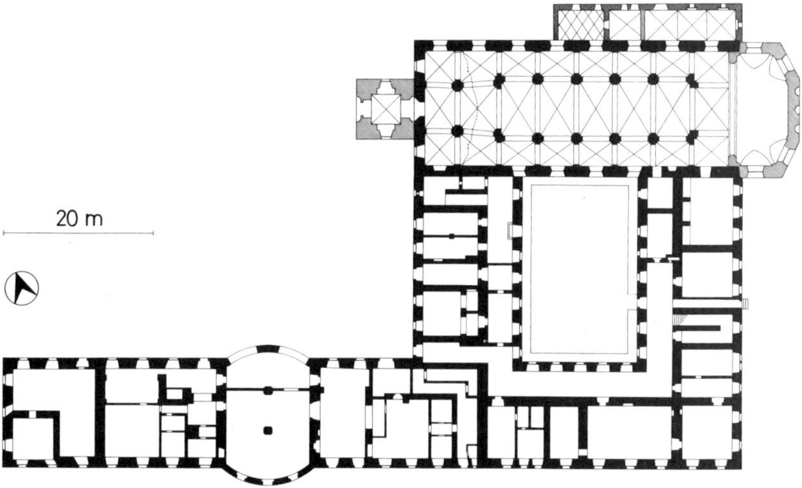

Walderbach, Ehem. Zisterzienserabteikirche St. Nikolaus und St. Maria

Rokoko durch einen dreiseitig abschließenden Chor ersetzt. Erst 1779 – gemäß der Ordensvorschrift besaß die Kirche bis dahin nur einen Dachreiter – kam der in späten Rokokoformen reich gegliederte Westturm hinzu, mit Nischenfigur der Immaculata und gedrückter Laternenzwiebelhaube. Ihm wich eine die gesamte Langhausbreite einnehmende Vorhalle, ebenfalls ein zisterziensisches Baumerkmal. An der Kirchennordseite langgezogener, kreuzrippengewölbter Kapellenanbau des 14. Jh. mit an der Ostseite zweibahnigem, sonst einbahnigen Maßwerkfenstern (bei der Renovierung 1966 kamen unter dem Fußboden Altarsockel und Grabstein von 1315 zum Vorschein).

Außenbau. – Der außen verputzte Baukörper mit im 18. Jh. vergrößerten Rundbogenfenstern, lediglich an der südlichen Innenwand zwei zugesetzte romanische Fenster (das westliche mit Maßwerk des 14. Jh.). Ein Unterschied in der Technik des verblendeten Quadermauerwerks im unteren nordöstlichen Außenbereich gibt einen Bauabschnitt zu erkennen. – In die Stirnwand des Chores eingemauert vier romanische Kragsteine in Form eines Löwenkopfes und dreier Männerköpfe. Darunter drei große Nischen mit Steinfiguren von Ordensheiligen, 18. Jh. – Im Westen das in der letzten Bauphase um 1200 entstandene, zweifach gestufte Gewändeportal mit eingestellten Säulen, die beiden äußeren 1889 freigelegt, Schaftringe ergänzt. Die Kapitelle der inneren Säulen aus Kränzen aufrechtstehender Spitzblätter gebildet, am rechten bartlose Männerköpfe in den Blattzwickeln. Ungewöhnlich die vielfältige Profilierung der Säulenschäfte; die ornamentierten Kanneluren setzen sich in den Bogenläufen fort.

Inneres. – Im Chor Tonnengewölbe mit Stichkappen über Pilastergliederung; dünne Rokokostukkaturen mit Engelsköpfen und Blumenvasen, über dem leicht einspringenden Chorbogen Wappen des Abtes Gerardus Paumann (1752–68). – Das romanische Raumbild im Langhaus hervorragend gewahrt. Der Bau wurde im traditionellen alpenländischen Typus mit drei gleichfluchtenden Apsiden begonnen, dann wohl von Ordensbauleuten mit spezifisch zisterziensischen Bauideen weitergeführt. Während die östlichen Joche wohl annähernd mit den Apsidenbreiten korrespondierten, weitet sich das Mittelschiff in den darauffolgenden Jochen erheblich (etwa um 1,5 m). Die geänderte Disposition der Schiffsbreiten mag mit der Einführung des Hallenschemas zusammenhängen. Im Emporenjoch kommt es wieder zu einer Verengung des Mittelschiffs, bedingt durch die Emporenunterwölbung und die bei Zisterziensern üblichen westlichen Seitenschiffseingänge. – Den Raumeindruck beherrscht die für den westlich orientierten Zisterzienserorden typische, fortschrittliche Gewölbebildung. Nach Georg Dehio (1924) ist Walderbach „unter den nicht zahlreichen romanischen Gewölbebauten des bayerischen Stammlandes einer der interessantesten". Durchwegs gebuste Kreuzgewölbe. Die östlichen Joche beim Chorneubau bis auf die Außenmauern umgestaltet. Die querrechteckigen, etwas höher liegenden Mittelschiffsjoche mit rechteckigen, abgefasten Diagonalrippen, nur über der Empore mit zeitlich fortgeschrittener Stabprofilierung. In ihrer massiven Form unterscheiden sie sich von den ersten französischen Gewölberippen (1130–40). Runde Gurtbogen im Mittelschiff und in den beiden östlichen Seitenschiffsjochen, die übrigen spitzbogig; analog dazu die Scheidbogen, die im 3. Joch zur stumpfen Spitzbogenform übergehen. Die quer durch alle Schiffe gehende, unterwölbte Westempore findet einige Vorbilder im Regensburger Umkreis; im 18. Jh. wurde sie mittels einer über Hohlkehle vorgekragten Schweifbrüstung erweitert. Die Pfeiler durch rechteckige, die Scheid- und Gurtbogen aufnehmende Vorlagen kreuzförmig ausgebildet, in den zum Mittelschiff gewandten Ecken Dienste; Sockel in unterschiedlich akzentuierter Gliederung der attischen Basis, die Kämpfer analog, jedoch in umgekehrter Anordnung profiliert. Die Dienste tragen vielfältig skulptierte Kapitelle in Würfel- bzw. gedrückter Kelchform: Neben vegetabilen und bandförmigen Mustern treten an den westlichen Pfeilern zwei figurale Motive auf – durch Schlangen verbundene Menschenköpfe und an einer Pflanze fressende Vögel –, am südlichen nähert sich das andere Kapitell der fortgeschrittenen Form eines Knospenkapitells. – Von besonderer Bedeutung die originalen, 1888 freigelegten Gewölbemalereien. Die in Mörtelguß hergestellten Gewölbekappen blauschwarz gefaßt, heute nachgedunkelt, im Kontrast dazu die ornamentale Bemalung der Rippen, Scheid- und

Gurtbogen: auf hellem Grund phantasiereiche geometrische Muster – vorwiegend Flechtmotive und Rosetten – in einem Rot-Schwarz-Weiß-Rosa-Akkord, an der Emporenunterwölbung vegetabil bereichert.
Ausstattung. Altäre der 2. Hälfte des 18. Jh. – Hochaltar, weitausgreifender, viersäuliger Baldachinaufbau mit spätbarocker, frühklassizistisch durchsetzter Ornamentik. Altarblatt mit den Kirchenpatronen, goldgefaßte Seitenfiguren, jeweils vor dem Gekreuzigten kniend: links hl. Bernhard, rechts hl. Luitgard. An den Säulensockeln elfenbeinfarben gefaßte Schnitzreliefs mit Szenen aus dem Leben des hl. Nikolaus. – Sechs Seitenaltäre, flache Säulenaufbauten mit zwischen Ranken-, Bandel- und Muschelwerk wechselnder Ornamentik. Die östlichen mit reichgefaßten Reliquientabernakeln der hll. Probus und Fausta sowie Altarblättern von *Valentin Reuschl*, hl. Sebastian (links) und hl. Johannes von Nepomuk (rechts). Die mittleren Altäre dem hl. Bernhard bzw. den Vierzehn Nothelfern geweiht. Der nordwestliche Seitenaltar mit Gemälde Tod des hl. Joseph und Seitenfiguren der hll. Joachim und Anna, gegenüber mit Altarblatt Martyrium der hl. Barbara und Seitenfiguren der hll. Johannes Bapt. und Elisabeth. – Kanzel mit Rocailledekor, bekrönend ein die Gesetzestafeln präsentierender Engel. – Orgelprospekt mit Wappen des Abtes Gerardus Paumann († 1768). – Sechs Beichtstühle und Stuhlwangen mit Rokokoschnitzwerk. – An den Pfeilerstirnen rocaillegerahmte Brustbilder der Zwölf Apostel, 1987 restauriert. – Kreuzwegbilder mit lateinisch-deutschen Sprüchen, die 15. Station mit hl. Helena, dat. 1735. – An der Nordwand Schulterwunden-Christus im Kerker, 2. Hälfte 18. Jh. – Grabdenkmäler. – Grabplatte des Stifters von Kloster Walderbach, Burggraf Otto I. († 1143), im Plattenboden vor dem Chorbogen. – An den Emporenpfeilern die Rotmarmorgrabplatten mit den figürlichen Reliefs der Äbte (nördlich) Georg († 1536) und (südlich) Georg Thannhauser († 1521). – Bemerkenswertes Epitaph für die Jungfrau Agnes Hofer von Lobenstein († 1599), Ätzplatte mit Darstellung der Kreuzigung sowie zahlreichen Wappen der Ahnenprobe, dat. 1606, Regensburger Arbeit.

Ehem. Klostergebäude. Die ehem. Konventgebäude schließen um einen rechtwinkligen Innenhof an die Südseite der Kirche an, südlich ein Verlängerungsbau nach Westen. – Dreigeschossige Walmdachbauten mit flachen Diamantquadern als Eckverstärkung und Fensterbekrönungen. Am Verlängerungstrakt ein durch anspruchsvollere Gliederung ausgezeichneter Risalit, das – nicht ganz im Mittel stehend – an beiden Längsseiten segmentbogig ausspringt; dahinter der zweigeschossige Festsaal. Im Westflügel und im östlichen Teil des Verlängerungstrakts die ehem. Prälatur; über dem Eingang an der Westfront Erker mit drei schmiedeisernen Fenstergittern, Anfang 18. Jh., an der Südfront Portal mit Nischenfigur des hl. Bernhard im Sprenggiebel. – In den meist gewölbten Räumen ist der Deckenstuck mit geometrischem Rahmenwerk aus der Erbauungszeit weitgehend erhalten. Im

großen zweigeschossigen Festsaal, an den westlich der Gästetrakt angrenzte, lange, urspr. gewölbte Fenster nach beiden Seiten und flaches Spiegelgewölbe mit Stichkappen, Deckengemälde von *Otto Gebhard* um 1765/70: Hauptbild mit Gastmahl Josephs in Ägypten, zwischen den Stichkappen die vier Jahreszeiten und Wappen der Äbte Gerardus Paumann (1752–68) Nivardus Bixel (1768–75) sowie des Klosters (Wappen der Königin von Ungarn und der Riedenburg-Stefling). – Im ersten Obergeschoß des Westtrakts Einstützraum zu zwei kreuzgratgewölbten Jochen; gelbglasierter klassizistischer Kachelofen, dat. 1817. Südöstlich anschließend Raum mit Deckenfresko der hl. Maria Magdalena als Büßerin, bez. „*C. D. Asam* invenit 1718". Ebenfalls im Westtrakt zwei Türrahmungen, dat. 1680.
Klosterumfriedungsmauer der 2. Hälfte des 17. Jh. und Gartenmauer mit zwei Portalen (17./18. Jh.) in weiten Strecken erhalten.
Nördlich des Klosterbezirks das ehem. Klosterrichterhaus, später Schulhaus, ein Satteldachbau des 17./18. Jh., im 19. Jh. aufgestockt, mit Gedenktafel für den hier geborenen Franz Xaver Witt, dat. 1913.

WALDERSHOF Kr. Tirschenreuth. *Karte 2*

Der urspr. reichslehenbare Ministerialensitz kam 1263 an das Kloster Waldsassen. 1463 Marktrechte, 1963 Erhebung zur Stadt. – Das Ortsbild verändernde Brände 1607, 1748, 1807.

Kath. Pfarrkirche St. Sebastian. Die 1497 erbaute Kirche 1748 niedergebrannt, 1789 Neubau, 1818/20 wiederhergestellt nach Brand. 1924–28 tiefgreifende Innenrenovierung und Neuausstattung. 1977–79 Außenrenovierung, 1987 Raumschale nach Befund von 1924–28 wiederhergestellt. – Saalbau mit eingezogenem, dreiseitig geschlossenem Chor, flankiert von Sakristeiräumen und Oratorien. An der Langhaussüdseite mächtiger, mit Laternenzwiebelhaube abgeschlossener Turm (gotische Bausubstanz). – Durch Doppelgurte unterteiltes, flaches Tonnengewölbe mit Stichkappen. Wandgliederung durch mit Doppelpilastern besetzte Vorlagen, Wandnischen. – Deckenfresken mit Szenen aus dem Leben des hl. Sebastian, 1924–28 von *Anton Niedermaier* aus Hohenbrunn bei München. – Ausstattung überwiegend neubarock, monumentaler Hochaltar von *Jakob Helmer* aus Regensburg, 1928. Seitenaltäre aus der Kirche in Geisfeld bei Bamberg.

Kath. Kirche St. Sebastian. Neubau 1968 durch *Franz Schuster*, zeltförmiger Klinker- und Betonbau mit Farbfenstern.

Kath. Kapelle St. Josef (Walbenreuther Straße 15). Eine Feldkapelle an dieser Stelle schon im 17. Jh. bezeugt. Die bestehende Kapelle im Kern 1726–27, 1813 und 1849 erneuert. 1980 Außenrenovierung. – Dreiseitig geschlossener Saalbau mit Zwiebeldachreiter. – Viersäuliger Altar mit Nischenfigur des hl. Joseph, 1. Drittel 18. Jh.

Kath. Kapelle St. Johannes von Nepomuk (Kemnather Straße 6). Im Süden am Fuße des Schlosses, Kapelle mit Doppeleingang und hölzerner Nischenfigur des hl. Johannes von Nepomuk, 18. Jh. – Im Innern volkstümliches Schnitzretabel mit Weinranken, Bandelwerk und Kruzifixus.

Ehem. Schloß. Der malerische Baukomplex liegt auf einer leichten Anhöhe am Westrand von Waldershof. – Eine Burghut im 13. Jh. nachweisbar. Seit 1459 unter dem Lehensträger Arnold von Hirschberg das heutige Erscheinungsbild prägende Umbaumaßnahmen. Bis 1803 Richterwohnung. Erste Sicherungsmaßnahmen 1987/88. – Im Osten und Süden bogenförmig angeordnete, zwei- bis dreigeschossige Baugruppe um unregelmäßigen, schmalen Innenhof, an der nördlichen Schmalseite Scheune. Überwiegend Bruchsteinmauerwerk, stellenweise quaderartige Granit- und Quarzsteine, die, ebenso wie der Unterbau, älter, vielleicht noch romanisch sind. Im Ostflügel außen korbbogige (Scheitelstein dat. 1811), innen rundbogige Tordurchfahrt mit Kreuzgratgewölben. Innenhof: Westflügel mit Freitreppe, Spitzbogenzugang in abgefastem Gewände und Wappenstein des Arnold von Hirschberg, dat. 1471. Der Südflügel mit entsprechender Spitzbogenöffnung und Fachwerk im Obergeschoß.

Ehem. Spital (Markt 9). 1808 Umbau des spätmittelalterlichen Gebäudes. – Zweigeschossiger Eckbau mit Halbwalmdach im Westen; östlich zurückversetzt Bau mit weiter Tordurchfahrt.

WALDKIRCH

Gem. Georgenberg, Kr. Neustadt a. d. Waldnaab. *Karte 6*

Das Gebiet um den Schellenberg kam 1276 an das Kloster Waldsassen. Mitte 16. Jh. ging das Klostergut an die Leuchtenberger über, dann wechselnde Besitzer. Auf dem Platz der angeblich schon im frühen Mittelalter gegründeten Bartholomäuskirche stehen heute zwei Kirchen.

Kath. Kapelle St. Johannes Bapt. 1821 errichteter, 1841 geweihter Bau mit dreiseitigem Ostabschluß und Granitrahmungen. Über zwei Granitsäulen aufsteigender Westturm mit zwiebelbekrönter Laterne. – Nördlich daneben ein Kirchenneubau von 1958 (Architekt *Hugo Steininger*). – Zwischen den Kirchen drei verwitterte romanische Granitgrabsteine vom ehem. Wirtschaftshof des Klosters Waldsassen.

WALDKIRCHEN/PETERSBERG

Gem. Seubersdorf, Kr. Neumarkt. *Karte 7*

Kath. Pfarr- und Wallfahrtskirche St. Peter und Paul. Im 17. Jh. (Dachstuhl dat. 1667) hoch auf dem Petersberg erbaut. 1922 etwas breiter nach Westen verlängert. 1989 renoviert. – Chorturmkirche, der quadratische Turm mit steilem Spitzhelm. – Stark eingezogener, kreuzgratgewölbter Chor, das flachgedeckte Schiff durch toskanische Doppelpilaster mit Gebälk gegliedert, nordöstlich eine Seitenkapelle mit Stichkappen-Spiegeldecke. Kräftiger Rahmenstuck, die Fresken erneuert. – Reiche Ausstattung. – Viersäuliger Hochaltar von 1790. Bemerkenswertes Altarblatt mit den Apostelfürsten von dem Münchner Galeriedirektor *Jakob Dorner* 1788. Als Seitenfiguren die hll. Johannes Ev. und Jakobus Minor, aus der an den Langhauswänden verteilten Apostelfolge, wohl 2. Hälfte 17. Jh. – Seitenaltäre 3. Viertel 18. Jh., links Nischenfigur der Muttergottes, rechts Altarblatt Geburt Christi. In der Seitenkapelle frühklassizistischer Altar gegen 1800 in Weiß-Gold-Fassung. Das Säulenretabel mit Altarblatt der Kreuzigung ein vergröbertes Gegenstück zu den Arbeiten von *Georg Däntl* in der Herz-Jesu-Wallfahrtskirche bei ▷ Velburg. – Kanzel mit Bildern der Evangelisten und des Guten Hirten, dat. 1720, zwischen Säulen. – Beichtstühle mit Akanthus- und Bandelwerkschnitzereien, wohl 1720/30.

WALDMÜNCHEN Kr. Cham. *Karte 10*

Vermutlich eine Gründung des Klosters Walderbach. Nach 1250 erste Nennung von „Monacum“. Mit dem Übergang an die Wittelsbacher (vor 1255) unter der Herrschaft der Schwarzenburger. 1256 stritten angeblich Reinboto von Schwarzenburg und der Regensburger Bischof Albertus Magnus um den Kirchenzehent von Waldmünchen. Wohl zur gleichen Zeit Aufstieg zur Stadt (Kodifizierung des Stadtrechts 1492); ein Richter erstmals 1261 genannt. 1310 an die Leuchtenberger verpfändet, ab 1409 häufiger Herrschaftswechsel. Seit 1510 kurpfälzisch. 1527 Einrichtung einer österreichischen Hofpost zwischen Prag und Waldmünchen. 1833 logierte Chateaubriand zwangsweise in der 1615 von den Thurn und Taxis gegründeten Reichsposthalterei. Bis 1972 Kreisstadt. Seit 1950 Aufführung des Freilichtfestspiels „Trenck der Pandur vor Waldmünchen“.

STADTANLAGE UND -BEFESTIGUNG

Die Stadt, ein Straßenknotenpunkt an dem früher bedeutenden Grenzübergang nach Böhmen, ist über etwa ovalem Grundriß auf nach Nordosten steil ansteigendem Gneisfelsen angelegt. Der Verlauf der 1364 ertmals erwähnten, nach 1733 weitgehend aufgelassenen Stadtbefestigung noch erkennbar; sie bestand aus einer mit wenigen Türmen bewehrten Ringmauer und vorgelegtem Graben, die drei Tore 1807–39 abgebrochen. – Im südwestlichen Bereich, im Schnittpunkt der Durchgangsstraßen, der hakenförmige Marktplatz. Nördlich davon wendet die Stadtpfarrkirche ihren Dreiapsidenschluß der Hauptstraße, der auf das ehem. Böhmentor zuführenden Böhmerstraße, zu. Auf der Bergspitze, den Bering an der Nordostecke mit eigener Ringmauer fortsetzend, das ehem. Pflegschloß. Südlich entwickelte sich um ein 1461 bezeugtes Hammerwerk eine ausgedehnte Vorstadt. – Früh einsetzende Zerstörungen – 1266 durch Ottokar II. von Böhmen, 1434 durch die Hussiten – und vor allem die verheerenden Stadtbrände von 1658, 1708, 1711, 1733 und 1799 sowie Artilleriebeschuß im Zweiten Weltkrieg haben deutliche Spuren im Stadtbild hinterlassen. Besonders rege Bautätigkeit durch den Aufschwung nach dem Bau der Eisenbahn 1895 und durch den Ausbau des Fremdenverkehrs in den letzten Jahrzehnten. – Bemerkenswert das unter der Altstadt weit verzweigte, bis zu drei Geschosse tief in den Felsen gehauene, stellenweise gemauerte Gang- und Kellersystem (vgl. ▷ Rötz). Möglicherweise fand die Bevölkerung hier schon im Mittelalter vor den zahlreichen feindlichen Angriffen Zuflucht.

Kath. Stadtpfarrkirche St. Stephan. Erste Baunachricht 1351. Nach den Stadtbränden von 1658 und 1708 unter Einbeziehung des 1553–58 errichteten Turms, der auch als Stadtturm diente, erneuert und vergrößert, 1708/09 Mittelschiff erhöht und wahrscheinlich auch die Seitenschiffe hinzugefügt; gleichzeitig Übernahme der Pfarrechte von der abgebrannten Schloßkirche St. Magdalena. 1872/73 um Querschiff und apsidial geschlossenen Chor mit flankierenden, gleichartig schließenden Sakristeien erweitert. Nach 1945 Behebung der Kriegsschäden und Tieferlegung des Querschiffniveaus. – Außenbau neuromanisch gegliedert. Im südwestlichen Querschiffwinkel Turm mit Oktogonaufsatz und Laternenzwiebelhaube von 1783 (1926 erneuert). – Unorganisches Raumgefüge als Folge der häufigen Veränderungen. Querarme und Mittelschiff mit stichkappendurchsetzten Tonnengewölben, Chorjoch, Vierung und Seitenschiffe mit Kreuzgratgewölben. – Die Apsis- und Wandfresken sowie die Bildfenster von *Robert Rabold,* 1948/49. – Ausstattung. – Im nördlichen Seitenschiff achteckiger gotischer Taufstein aus Granit. – In der westlich an den Turm anschließenden Seitenkapelle Gnadenbild, eine Kopie der Muttergottes von Czenstochau, das Johann Schmid, ein Marketender im Türkenkrieg von 1683–99, in Wien anfertigen ließ. Zu beiden Seiten Figuren der hll. Joachim und Anna, 2. Hälfte 17. Jh. Weitere Figuren des 17. Jh.: Schulterwunden-Heiland in Nische der südlichen Querhauswand; Ölberggruppe (restauriert 1977) vor der Westwand des südlichen Seitenschiffs. An den Öffnungsbogen des Querhauses Reliefs der hll. Erasmus und Wolfgang, um 1480. Die übrigen Figuren meist 1886–88. – Terrakotta-Kreuzwegstationen, 1872 von den Brüdern *Preckl,* Regensburg, 1949 restauriert. – Grabdenkmäler des 18. Jh. an den Wänden der Seitenschiffe, u. a. an der Nordwand die Solnhofer Kalksteinplatte für den Hofmarksherrn, kurfürstlichen Rat und Waldmünchener Stadtpfarrer Michael von Franck auf Döfering († 1781) und für den kurfürstlichen Gerichtsschreiber, ungarischen Bürgermeister und kaiserlichen Postmeister, Johann Christoph Zenger († 1726).

Ehem. Schloß. Das 1439 erstmals erwähnte Pflegschloß seit 1803 Landgericht, später (1862) Bezirksamt, bis 1972 Landratsamt. Nach Brandzerstörungen von 1658, 1708 und 1711 erneuert, 1951/52 umgestaltet, 1981–83 wurde der größte Teil des Schloßkomplexes zusammen mit dem westlich angrenzenden Pfarrhof und Pfarrstadel in ein Jugendhaus umgebaut. – Erreichbar von Südwesten über einen Treppenaufgang im äußeren Schloßhof, um den die Wirtschaftsgebäude gruppiert waren; noch vorhanden das in das 16. Jh. zurückgehende, 1807 erneuerte Schergenhaus (Schloßhof 4), 1989 in ein Heimatmuseum umgebaut, ein dreigeschossiger Bau mit flachem Satteldach, und die ehem. Hofmühle, im Kern 16. Jh. (Schloßhof 10). Die in das 15. Jh. zurückgehende Hauptanlage mit eigenem, von zwei Seiten zugänglichem Bering, mehrmals ausgebessert bzw. erneuert. Am prägnantesten der halbrund vortretende, gewölbt unterkellerte Batterieturm aus Bruchsteinmauerwerk, der urspr. auch als Getreidespeicher diente; südöstlich schließt über einen gewölbten Torweg eine im 17./18. Jh. veränderte Dreiflügelanlage (Schloßhof 1) an, die 1816 zur Landrichterwohnung umgebaut wurde. – An der gegenüberliegenden Seite des inneren Schloßhofes das ehem. Pflegerwohnhaus (Schloßhof 3), ein stattlicher Walmdachbau von 1786, an seiner Rückseite Reste des ehem. Schloßturms. – Nördlich ein Mansarddachbau, der 1982 das alte Waschhaus angepaßt ersetzte. – Westlich des Batterieturms der im 19. Jh. erneuerte Pfarrhof (Pfarrgasse 1) mit ausgedehnten Ökonomiegebäuden, wo beim Umbau bzw. Neubau von 1982 Reste der mittelalterlichen Ringmauer zum Vorschein kamen. Im Hof befand sich bis zum Brand von 1708 die ehem. Schloß- und Pfarrkirche St. Magdalena mit Friedhof: Bei den Umbauarbeiten wurden zwei spätmittelalterliche Granit-Grabplatten entdeckt (heute im Torweg deponiert).

Kath. Spitalkapelle Hl. Dreifaltigkeit und Bürgerspital. (Bahnhofstraße 23). 1453 erste Erwähnung eines Siechenhauses. 1711 Stiftung eines neuen Spitals durch die Familie Franck. 1904/05 Neubau von Spital und Kirche. – Kapelle mit Zwiebeldachreiter und westlicher Vorhalle mit Jugenstilornamentik; über dem Eingang Solnhofer Steinplatte mit Stifterinschrift, dat. 1711, und Chronogramm 1767. – Tonnengewölbe mit Stichkappen, Apsis- und Deckenbilder bez. „1907 *J. Franck*“, mit symbolistischen Anklängen. – Altar der 2. Hälfte des 18. Jh. mit späteren Ergänzungen. An der nördlichen Außenwand zwei Epitaphien für die Kinder Sybilla († 1587) und Margareta Gosl († 1589) sowie für den Waldmünchener Kastner und Richter Ernst Wolf Schiltl († 1574) und seine Gemahlin Margarete († 1582) mit der Ehernen Schlange über der knienden Familie der Verstorbenen.
Spitalgebäude malerisch-asymmetrisch in Formen des Heimatstils, mit bewegter Dachzone, z. T. Zierfachwerk.

Wohnhäuser. In der Hammerstraße (benannt nach dem ehem. Hammerwerk in der Vorstadt) bei Nr. 1 Hofmauer mit gotischem

Spitzbogenzugang; Nr. 2 Walmdachbau mit halbrundem Fassadenturm, im Kern 16. Jh.; in Haus Nr. 7 ist die Apsis der mittelalterlichen ehem. Allerheiligenkirche einbezogen.
Gartenstraße 1. Ehem. Lechner-Villa, heute Polizeipräsidium, um 1910, asymmetrisch im Landhausstil mit reichem Holzwerk und Stuckdekor.

WALDSASSEN Kr. Tirschenreuth. *Karte 2*

Die bürgerliche Besiedlung Waldsassens erfolgte erst nach dem Niedergang des Klosters im 16. Jh., als 1613 die drei Brüder Geisel, Kalviner aus Calw, mit kurfürstlicher Genehmigung eine Tuchmanufaktur aufbauten. Bis 1640 errichteten sie auf abfallendem Gelände westlich des Klosters in strenger Rastergeometrie 37 zweigeschossige Traufseithäuser, die sich noch in der heutigen Bebauung abzeichnen. Die Manufakturstadt fügt sich mit optimaler Platznutzung in den ummauerten Klosterbezirk rechtwinklig zur Wondreb ein, wobei auf einen zentralen Achsenbezug zum Kloster verzichtet wurde. Nach der Rekatholisierung kam der barocke Idealplan einer dreifach größeren Industriestadt mit Sternwerksbefestigung nicht mehr zur Ausführung. 1693 erhielt Waldsassen das Marktrecht – von urspr. 70 „CM" (Curiae marca) bez. Marktrainsteinen zeigen heute noch 28 die ehem. Hofmarksgrenze an. 1896 Stadtrecht.

Ehem. Zisterzienserabtei, heute **Zisterzienserinnenkloster.**

Kloster- und Baugeschichte

Waldsassen, eines der frühesten Zisterzienserklöster Deutschlands, wurde 1133 von Mönchen aus dem thüringischen Volkenrode als Stiftung des Markgrafen Diepold III. von Vohburg gegründet. Bedeutende Privilegien von König Konrad III. (1147) bereiteten die durch die Kaiser Heinrich VI. (1194) und Friedrich II. (1214) sanktionierte Reichsunmittelbarkeit vor. Der reiche, 1185 päpstlich bestätigte Grundbesitz ließ die Abtei zur bedeutendsten Grundherrschaft der nordöstlichen Oberpfalz aufsteigen und eine rege Kolonisierung entfalten: Besiedlung von Sedletz (1143), Bronnbach in Baden (1151) und Ossegg (1194).
Der Gründungsbau wich bald einer 1179 im Beisein Kaiser Friedrich Barbarossas geweihten, repräsentativen Anlage – eine anfangs turmlose (Vierungsturm erst 3. Viertel 15. Jh.), dreischiffige Basilika mit Ostquerhaus und fünf gestaffelten Apsiden. Zerstörungen im Landshuter Erbfolgekrieg 1504, Neuweihe 1517. Niedergang im 16. Jh. als Folge der Anerkennung der pfälzischen Oberherrschaft (1548), der bereits Abt Konrad II. (1394–1417) aus klosterinternen Zwistigkeiten heraus den Weg geebnet hatte. Die Einleitung der Reformation (1556) führte 1571 zur Auflösung des Klosters. Im Zuge der Rekatholisierung nach dem Übergang an Kurbayern 1626 Renovierung der Klosterkirche durch den Jesuitenpater *Johann Balsterer.* 1661 zogen auf Veranlas-

sung des Kurfürsten Ferdinand Maria drei Mönche aus der Zisterzienserabtei Fürstenfeld ein, 1669 wieder Priorat. 1681–1704 enstand unter Leitung *Abraham Leuthners* aus Prag und maßgeblicher Beteiligung *Georg Dientzenhofers* das neue Kloster (seit 1682) mit Kirche: Grundsteinlegung 1685, Baubeginn 1689. Nach *Georg Dientzenhofers* Tod 1689 Weiterführung durch seinen Bruder *Christoph Dientzenhofer*, 1691–1701 durch den Österreicher *Bernhard Schießer* (mit seinem Bruder *Jakob Schießer* als Polier), der 1697 den schon begonnenen Turmbau im Nordwestwinkel des Chors zugunsten einer repräsentativen Zweiturmfassade einstellte – in Mißachtung der zisterziensischen Bauvorschriften. – Die seit 1690 wieder selbständige Abtei erlebte bis zur Säkularisation eine neue Blüte. Seit 1803 private, schulische und wirtschaftliche Nutzung der weitläufigen Klosteranlage; die Kirche wurde der Pfarrei eingegliedert. 1863 von den Zisterzienserinnen aus Landshut-Seligenthal zum Ausbau eines Filialklosters für die Mädchenerziehung erworben. 1894 wurde das Kloster wieder Priorat und 1925 Abtei. 1924 Bau der neubarocken Klosterkirche am westlichen Kreuzgangflügel durch *Hans Schurr* aus München. 1954–57 grundlegende Gesamtrestaurierung der Stiftskirche. 1969 Erhebung zur päpstlichen Basilica Minor. Seit 1976 Teilrestaurierungen. 1984–87 Außenrestaurierung der Kirche einschließlich der Fensterverglasung.

★ **Pfarrkirche Mariä Himmelfahrt und St. Johannes Ev.,** ehem. Zisterzienser-Abteikirche.

Baubeschreibung

An das basilikale Langhaus mit nicht vortretendem Ostquerhaus schließt der schwach eingezogene, rechteckige Langchor. – Außenbau. – Die Zweiturmfassade ist am Salzburger Dom orientiert. Die dreigeschossigen Türme mit eingezogenen Laternenzwiebelhauben über leicht vortretenden, zweigeschossigen Mittelteil verbunden. Im Untergeschoß dorische Pilasterordnung, von mächtigem Segmentbogen überhöht. Das Obergeschoß mit ionischen Pilastern und Dreiecksgiebeln, obenauf Figur des Christus Salvator von *Karl Stilp*. Grau-Weiß-Gelb-Fassung nach Befund von 1704, rekonstruiert 1985/87. – Inneres. – Der relativ hohe Innenraum wird durch die gewaltige Längenausdehnung (82,7 m) bestimmt. Im Hauptschiff über mächtiger Doppelpilastergliederung korinthischer Ordnung drei, durch breite Gurten getrennte querovale Flachkuppeln auf Pendentifs. Als Abseiten Folgen von gelängten Oktogonalkapellen mit in die Attikazone aufsteigenden Emporen, deren muldenförmige Unterwölbung in der Mitte oval durchbrochen ist, so daß der Blick auf die Deckenbilder freigegeben wird. Quadratische Vierung mit Pendentifkuppel, Querhausarme tonnengewölbt. Ein dreijochiger Mönchschor leitet zum querrechteckigen Altarraum über; Längstonne mit Stichkappen und nur zwei Gurtbögen. Die ungewöhnliche Länge des gut belichteten Chors – fast

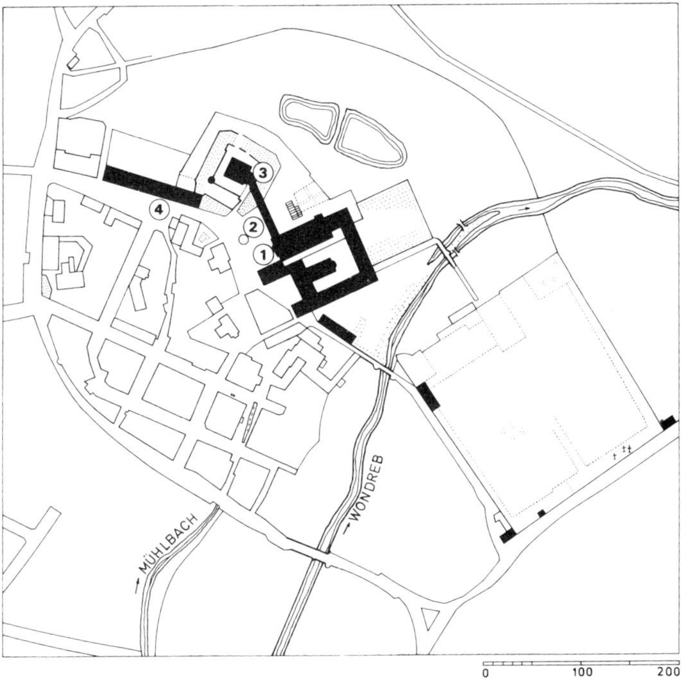

Waldsassen

1 *Ehem. Zisterzienserabtei*
2 *Ehem. Klostergästehaus*
3 *Ehem. Abteischloß*
4 *Ehem. Kastenamt*

ein Drittel der Gesamtlänge – geht auf eine Planänderung zurück; urspr. sollte der Mönchschor durch die Position des Hochaltars unmittelbar hinter der Vierung vom Gesamtraum abgegrenzt werden. Die Längenerstreckung und der gerade Schluß des Chors sind als Reminiszenzen zisterziensischer Bauschemata zu werten. Unter der Orgelempore Oratorium über die gesamte Langhausbreite von *Philipp Muttone* 1735. – Unter dem gesamten Kirchenraum erstreckt sich eine Gruft, die größte Anlage dieser Art in Deutschland, in drei Schiffen von Stichkappentonnen überwölbt, die Grablegen in tiefen Seitennischen.

Bedeutung

Die Stiftsbasilika Waldsassen, mit 82,7 m Länge neben der Zisterzienserkirche Fürstenfeld die längste Barockkirche in Altbayern, gehört zu den bedeutendsten Barockbauten Süddeutschlands. Neben allgemeinen oberitalienischen Einflüssen treten als stilistische Vorbilder Bauten von *Carlo Lurago* in den Vordergrund: das Langhaus des Passauer Doms (1668–77) und vor allem die Prager Jesuitenkirche St. Ignaz (1665–78). In entscheidenden, auf *Georg Dientzenhofer* zurückzuführenden Besonderheiten, wie etwa der lebendigen gegenseitigen Bezugnahme der einzelnen Raumteile und der sorgsam berechneten Lichtführung, geht die Waldsassener Kirche jedoch über ihre Vorbilder hinaus.

Raumdekoration

Die höchst vielfältige, jedoch insgesamt maßvolle Stuckdekoration, 1694–98 von dem zuvor im Passauer Dom tätigen Tessiner *Giovanni Battista Carlone,* akzentuiert und vollendet das Architekturgefüge mit üppigen Blattgirlanden und Blumengestecken, reich gestalteten Kartuschen- und Figurenmotiven. Die Stuckfiguren der Engel, Kirchenväter, Propheten und der Zwölf Früchte des Hl. Geistes haben Teil am beziehungsreichen, in seiner Gesamtheit noch nicht entschlüsselten Programm. Am westlichen Gurtbogen Wappen des Abts Albert Hausner (1690–1710), gegenüber das Bayernwappen. – Der Bandelwerkstuck am Oratorium 1737 von *Paul Marazzi.* – Decken- und Wandfresken 1695–98 von dem Prager Maler *Jakob Steinfels,* in gedämpftem, goldschimmerndem Kolorit. In die an der strengen Rechteckform festhaltenden Chordeckenfresken, die die Gründungsgeschichte des Klosters behandeln, finden neue Bildschöpfungen Eingang. Flankierende Kartuschen mit Leidenswerkzeuge tragenden Engeln und Evangelisten-Medaillons, letztere ausnahmsweise von dem Burgunder *Claudius Mono (Jean Claude Monot)* gemalt, ebenso wie die Darstellung der Vision des Priors Wigand von der Klosterweihe durch den hl. Johannes Ev. an der Stirnseite des Chors (1767 von *Georg Baader* restauriert). In der Attikazone auf das Langhaus übergreifender Zyklus von Heiligen und Seligen des Zisterzienserordens. – In der Vierungskuppel Himmel mit

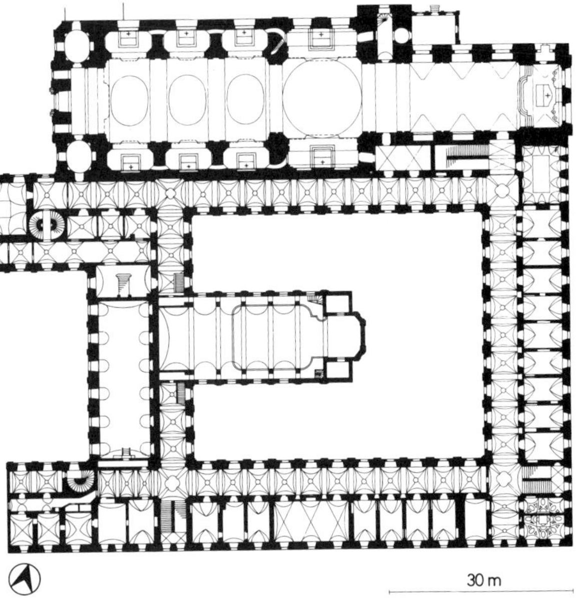

Waldsassen, Pfarrkirche, ehem. Zisterzienser-Abteikirche Mariä Himmelfahrt und St. Johannes

Heiligen, die der Zisterzienser unter dem Schutzmantel Mariens, in den Pendentifs die vier ersten Ordensheiligen. In den Querhausarmen nördlich Szenen aus dem Marienleben, südlich aus der Bernhardslegende. – Die Deckenfresken im Hauptschiff sind den 15 Geheimnissen des Rosenkranzgebetes gewidmet. Das Deckenfresko der Orgelempore zeigt König David und hl. Cäcilie mit musizierenden Putten. – An den Gewölben der Seitenkapellen Ölbilder mit Szenen aus dem Alten Testament, die beiden mittleren von *Johann Gebhard* aus Prüfening, das südwestliche von *Georg Baader* aus Waldsassen.

Ausstattung

Hochaltar 1696 von *Giovanni Battista Carlone*. Über Marmorsokkel monumentaler viersäuliger Stuckmarmor-Aufbau mit Figurenschmuck, als Seitenfiguren die hll. Benedikt und Bernhard von Clairvaux, darüber hl. Johannes Bapt. und Moses. Altarbilder – im Hauptfeld Kreuzigung, im Auszug Gottvater – von *Claudius Mono* 1696/97. Als Besonderheit gilt der freistehende Tabernakelaufbau von *Karl Stilp*

1690: vergoldeter Kugeltabernakel, der die universale Bedeutung der Lehre Christi symbolisiert, von Verkündigungsgruppe und Engeln aus Salzburger Marmor umgeben. Antependium in versilberter und vergoldeter Treibarbeit mit reicher vegetabiler Ornamentik, 1715 von *Georg Göhringer* aus Eger. – In den Seitenaltären des Querhauses ist der Architekturaufbau des Hochaltars in eine etwas spröde Holzkonstruktion umgesetzt, Tabernakelzonen im 3. Viertel 18. Jh. überarbeitet und durch Reliquienschreine mit Katakombenheiligen und Tabernakel von verschiedenen Filigranarbeiten bereichert. Die Antependien als Gegenstücke zum Hochaltar 1715 von *Göhringer*. Der nördliche Altar 1701 von dem einheimischen Schreiner *Martin Vogler*, 1702 von *Gottfried Knieseck* aus Eger gefaßt. Seitenfiguren der hll. Joachim und Joseph, auf den Giebelschenkeln hl. Anna und hl. Elisabeth von *Karl Stilp*. Altarbilder – Mariä Himmelfahrt, im Auszug Christus – von dem Münchener Hofmaler *Johann Andreas Wolff* 1708. Der südliche Bernhardsaltar 1701 von *Johannes Fritsch* aus Waldsassen, 1702 ebenfalls von *Knieseck* gefaßt. Seitenfiguren von *Martin Hirsch*: hl. Edmund von Abingdon, Erzbischof von Canterbury und sel. Abt Hermann von Heisterbach, darüber sel. Erzbischof Arnald von Narbonne und hl. Erzbischof Petrus von Tarentaise. Altarblatt, Apotheose des hl. Bernhard von Clairvaux, 1708 von *Andreas Maisthuber* aus München. – Altäre der Seitenkapellen. – Die beiden östlichen Altäre von 1730/40, sechssäulige Holzaufbauten über Stuckmensen. Der nördliche Altar mit Nischenfigur des Christus Salvator, von Figuren der Zwölf Apostel umgeben; auf der Mensa in Klosterarbeit gefaßter Leib eines Katakombenheiligen. Der südliche Altar mit Figur des hl. Benedikt in der Mittelnische, von sechs Zisterzienserheiligen flankiert. In der Auszugsnische Figur des hl. Robert von Molesmes, von weiteren sechs Ordensheiligen begleitet. Darüber Relief der Schutzmantelmadonna, obenauf die Weltkugel mit berühmten Benediktinerklöstern. – Die rückwärtigen vier Stuckmarmoraltäre 1725 von *Jacopo Appiani*, Altarblätter 1727 von *Giuseppe Ignazio Appiani*, die beiden westlichen noch vor 1744 durch plastische Gruppen ersetzt. Der nordöstliche Altar mit Gemälde: Vision des Priors Wigand von der Klosterweihe durch den hl. Johannes Ev. Der südöstliche mit Altarblatt hl. Michael im Kampf mit dem Teufel und Seitenfiguren des Schutzengels und des Erzengels Raphael. Im Mittelfeld des nordwestlichen Altars Kruzifixus und Schmerzhafte Muttergottes, die seitlichen Figuren der hll. Barbara und Apollonia ebenso wie die hl. Katharina im Auszug wohl von *Karl Stilp*. Der südwestliche Altar mit Pietà-Gruppe und hl. Maria Magdalena im Auszug, Seitenfiguren der hll. Rochus und Sebastian wohl von *Stilp*. – Kanzel mit Überzug aus versilberter und vergoldeter Treibarbeit wohl von *Göhringer*, um 1710/15: In vegetabil ornamentierten Feldern Reliefs der Evangelisten. Auf dem Schalldeckel Figurengruppe mit lehrendem Christus und Putten. – Beichtstühle in den Seitenkapellen von *Johann Fritsch*, Anfang 18. Jh. – Das prächtige Chorgestühl 1696 von *Martin Hirsch* geschnitzt, reicher Putten- und Pflanzendekor, über dem Gesims Figuren Mariens, des Christus Salvator und der Zwölf Apostel, wohl ebenfalls von *Hirsch*; dazwischen je sechs hochovale akanthusgerahmte Ölbilder mit Gestalten aus dem Alten Testament, 1701 von *Claudius Mono*. – Laiengestühl von *Martin Hirsch* 1701, mit üppigem Akanthus- und Fruchtschnitzwerk. – Gehäuse der Hauptorgel 1738, Fassung durch *Georg Baader* 1765. Großer Ausbau des Orgelwerks 1983–89. Neben dem Bernhardsaltar Orgelpositiv von *Josef Gartner* aus Tachau 1802, 1976 aus der nahen ▷ Bärnauer Steinberg-Kirche bezogen und renoviert. – Abschlußgitter und Apostelleuchter um 1700 von Laienbruder *Friedrich Hexemann*. – Kreuzweg, gemalt 1767 von *Elias Dollhopf* aus Tachau. – An den Kapellenwänden Ölgemälde mit Szenen aus der Bernhardslegende, um 1720/30 von *Theodor Freund*.

Klostergebäude. Südlich der Kirche dreigeschossige Klosteranlage um annähernd quadratischen Innenhof. Von dem geplanten Gegenstück im Anschluß an den Westflügel kamen nur Stümpfe im Norden und Süden zur Ausführung. Reiche Gliederung durch Pilaster und Fensterfelder in nach Befund rekonstruierter Fassung. – Vierflügeliger, flachgewölbter Kreuzgang, 1688 von *Bernardo Quadro* aus Bayreuth abwechslungsreich stuckiert, Weiß-Rosa-Fassung 1981/82 nach Befund rekonstruiert. – In den Klosterräumen sind die urspr. Stuckdecken, die zwischen streng geometrischen und vegetabilen Konzeptionen variieren, und Türen einschließlich der Beschläge großenteils erhalten. – Die Sakristei im Erdgeschoß des Ostflügels von Spiegeldecke mit Stichkappen überwölbt. Schwere Deckenstukkaturen von *Giovanni Battista Carlone*: in den Kappen Kartuschen, die mittleren der Schmalseiten mit Stuckreliefs des Papstes Innozenz XII. und des Regensburger Bischofs Joseph Clemens (?). Die Zwischenräume füllen Putten mit liturgischem Zubehör. An der Nordwand eine *Carlone* zugeschriebene Architekturzeichnung. – Die darüberliegenden gleichartigen Räume ebenfalls von *Carlone* 1696/97 stukkiert: Die obere Sakristei im ersten Obergeschoß zeigt in den Ecken sich umarmende Putten, das zweite Obergeschoß einfacher gestaltet. – Südlich der unteren Sakristei folgt der ehem. Kapitelsaal mit strenger architektonischer Wandgliederung. – In den Klosterräumen verstreut 33 großformatige Leinwandbilder: der Rest eines 120-teiligen alt- und neutestamentlichen Zyklus von *Josef Ignaz Raab* 1742, den Abt Wigand von Deltsch 1790 aus dem Kloster Kladrau erworben hatte.

Bibliothek

★ Von besonderer Bedeutung der Bibliotheksaal in den Obergeschossen des Westflügels. Flachgewölbter Rechteckraum mit rund einschneidenden Stichkappen, an den Längsseiten jeweils sechs hohe, stichbogig abgeschlossene Nischen, die westlichen mit großen Rundbogenfenstern, die auch das darunterliegende ehem. Refektorium belichten.

Prachtvolle Ausstattung 1724/25 unter Abt Eugen Schmid, nachdem schon 1688 ein von *Johannes Hörmann S. J.* vorgelegter Entwurf abgelehnt worden war. Hauptzugang auf der nördlichen Schmalseite über Balustertreppe zu dem reich geschnitzten Portal mit Sprenggiebel, vom Abtswappen bekrönt und den Figuren der Fides (Glaube) und Pallas Athene (Weisheit) flankiert, die den programmatischen Ausgangspunkt für die Bibliothek bilden. – Stukkaturen 1725 von *Jacopo Appiani* und seinen Gehilfen *Francesco Chiusa* und *Paolo Marazzi*: an Decke und Wänden zartes, farbig gefaßtes Ranken- und Bandelwerk, von Putten mit Vorhängen und einer Fülle grotesker Fabelwesen bevölkert. In den Fensternischen Allegorien monastischer Tugenden, auf den freien Feldern der Westwand zwei genrehafte Darstellungen. – Deckenfresken von *Karl Hofreiter* aus Bayreuth 1724. Vier aufeinanderfolgende Hauptfresken mit visionären und einer historischen Szene aus dem Leben des hl. Bernhard von Clairvaux, die beiden seitlichen zu querrechteckigen Formaten reduziert; von Nord nach Süd: hl. Bernhard vom Gekreuzigten umfangen („amplexus"), Milchspende Mariens an den Heiligen („lactatio"), Konzil von Reims 1148, Vision des hl. Bernhard; lateinische Sprüche in aufgeschlagenen Büchern eröffnen das übergeordnete Motto der einzelnen Szenen. Zwischen den Stichkappen hochovale Medaillons mit den Vier lateinischen und Vier griechischen Kirchenvätern, in der Querachse mit den hll. Bernhard und Thomas von Aquin.

Fast die gesamte Wandfläche füllende zweigeschossige Regale von dem Waldsassener Schreiner *Andreas Witt*, rhythmisch vor- und zurücktretend mit alternierendem Abschluß: in den Nischen und den Mittelfeldern der Schmalseiten bogenförmige Laubwerkaufsätze mit Büsten antiker Philosophen und Herrscher, wie alle figuralen Schnitzarbeiten von *Karl Stilp*, – als Vorlage dienten, neuesten Erkenntnissen zufolge, Kupferstiche nach *Peter Paul Rubens*. Umlaufende, von fast lebensgroßen Atlanten getragene Galerie mit reich geschnitzten Brüstungsfeldern, rhythmisch zwischen Laubwerk mit grotesken Fabelwesen und Balusterreihen wechselnd. Die Grotesken in den Eckfeldern orientiert an dem 1610 erschienenen „Neuw Grotteßken Buch" des Nürnberger Goldschmieds *Christoph Jamnitzer* (1563–1618). An den Ecken der Nischenregale im Untergeschoß groteske Karyatiden. Die skurrilen Atlanten *Karl Stilps*, die auf Gestalten aus der Commedia dell' Arte zurückgehen, gaben zu den verschiedensten Interpretationen Anlaß. Während frühere Deuter in den burlesken Trägergestalten den langen Prozeß der Buchherstellung illustriert sahen, andere Einflüsse aus Sebastians Brants Narrenschiff entdeckten, stellt man sie heute unter das gemeinsame Leitmotiv des Hochmuts. Damit ist ein zisterziensischer Grundgedanke angesprochen, der nicht im wissenschaftlichen Räsonnieren, sondern einzig in der Demut den Weg zur Wahrheit erkennt. Diesem Thema ist das gesamte Ausstattungsprogramm untergeordnet. – Vom urspr. 24000 Bände des 17./18. Jh. umfassenden Bestand füllen nur noch 2000 die Regale.

Externer Klosterbereich. Südwestlich folgen in der Kirchenstraße Nr. 2 und Brauhausstraße Nr. 1 und 3 die stark veränderten Gebäude der ehem. Brauerei und Mälzerei (im Kern 1. Viertel 17. Jh.) und der ehem. Unterkunft der Laienbrüder (im Kern 15./16. Jh.). Im Süden und Osten weitläufiger Klostergarten mit zweibogiger, durch Balustraden gesicherter Steinbrücke über die Wondreb, unter Abt Wigand von Deltsch (1756–92) von *Philipp Muttone* erbaut. Südlich liegen die „Neuen Gärten" mit langer, hoher Schutzmauer, unter Abt Eugen Schmid (1724–1744) angelegt. An den südlichen Ecken zwei sich entsprechende Mansarddachbauten, die Abt Wigand von Deltsch als Gärtner- und Beichtvaterhaus (restauriert 1983/85) errichten ließ. Dazwischen, an der Innenseite der Mauer, die Grabkapelle (im Kern 18. Jh.) für Amanda Gräfin Raigersberg († 1873).

Nördlich der Kirche schließt in gleicher Flucht das langgezogene **ehem. Gästehaus des Klosters,** heute Pfarrhof, an. Der Bau aus dem späten 17. Jh. gegliedert durch die Fenster paarweise zusammenfassende Blendarkaden, die im Obergeschoß flache Balustersockel haben. 1974/75 Innenumbau und Restaurierung der Fassade nach Befund.
Gegen Norden folgt das **ehem. Abteischloß,** heute Finanzamt. Unter den Äbten Johannes VI. (1433–61) und Nikolaus IV. (1461–79) als Wasserburg mit Wassergraben, durch Ecktürme verstärkter Wehrmauer und Zugbrücke entstanden. 1648 von den Schweden teilweise niedergebrannt, 1676 auf den alten Mauern wiederaufgebaut, restauriert 1976/77. – Dreigeschossiger Bau mit hohem Satteldach, von eingeebnetem Wassergraben umgeben. Ein Befestigungsturm wurde im 18. Jh. zum Gartenpavillon umgebaut. – Im ausgekehltem Steingewände des 15. Jh. Eisentür mit spiralenförmigen Beschlägen, um 1680. – In verschiedenen Obergeschoßräumen Stuckdecken mit reichem figuralen und floralen Dekor, 2. Viertel 18. Jh.; gewölbte Räume mit Rahmenstuck.

Klosterbefestigung. Das Kloster war seit dem 15. Jh. mit einer inneren und äußeren Ringmauer befestigt. Reste davon haben sich in der Karolinen- und Stegwiesenstraße erhalten (Abbrüche seit Ende 17. Jh., Abbruch der beiden Tore 1804, letzte Instandsetzungsmaßnahmen 1980).

Ehem. Kastenamt. Gegenüber dem Abteischloß 1732/37 von *Philipp Muttone* nach Idealplan des ausgehenden 17. Jh. errichtet. Der nordwestliche Abschnitt des 100 m langen Gebäudes 1861 zur ev. Pfarrkirche umgebaut. Der südöstliche Hauptbau, heute Finanzamt. Reich gegliederte Giebelfront mit Sprenggiebelportal, geschweiftem, durchbrochenem Hauptgesims und an den Ecken von genuteten Pilastern flankierte Dreiviertelsäulen. Im Giebel eine *Karl Stilp* zugeschriebene Figur des hl. Florian. Die nordwestliche Giebelseite läßt ähnliche, jedoch bescheidenere Gliederungsformen erkennen.

WALDTHURN Kr. Neustadt a.d. Waldnaab. *Karte 6*

MARKTANLAGE

Nach Osten ansteigender Straßenmarkt mit einfachen Traufseithäusern der 2. Hälfte des 19. Jh. Breite Toreinfahrten führen in die rückwärtigen Ökonomieanlagen. Am östlichen Ende Platzerweiterung für die im Kern barocke ▷ Pfarrkirche (nach Brand 1865/66 erneuert, 1982 Erweiterungsbau nach Süden). Eine Granitbildsäule, bez. 1724, rundet das Marktbild nach Westen ab. Am südöstlichen Ortsrand das „neue Schloß", eine dreiflügelige Anlage mit Innenhof, der Hauptbau mit Walmdach, am Portal bez. 1666, bauliche Veränderungen. – Der Stammsitz der bis ins 13. Jh. nachgewiesenen Waldthurner kam 1666 in den Besitz der Fürsten von Lobkowitz, die das neue Schloß im Markt errichteten.

Kath. Pfarrkirche St. Sebastian. Turm auf der Nordseite mit Spitzhelm über Dreiecksgiebel, dreiseitig geschlossener Chor mit Stichkappen-Tonnengewölbe, Rahmenstuck. Pilastergliederung. – Prozessionsstangen des 18. Jh.

WALL Gem. Wolfsegg, Kr. Regensburg. *Karte 8*

Kath. Kirche St. Leonhard. Kleiner romanischer Rechteckbau mit eingezogener Halbrundapsis; das Quadermauerwerk überputzt. Im Chor Rundbogenfenster und rechteckige Gerätenischen. Veränderungen im 18. Jh.: Dachreiter, Flachdecke und Apsisgesims. – Hauptaltar um 1720/30 mit Schnitzfigur des hl. Leonhard. – Bemerkenswertes Ölbild um 1600: Jesuskind mit Maria und einem Heiligen in einer Flußlandschaft beim Fischen. Barocke Gemälde: Schöne Maria und Unterweisung der Maria durch Anna und Joachim. – Spätgotisches Holzkreuz. Figur des hl. Wendelin 18. Jh.

WALLNSDORF Stadt Berching, Kr. Neumarkt. *Karte 12*

Kath. Filialkirche St. Martin. Frühgotische Chorturmkirche, ab 1748 umgestaltet. Außen 1971, innen 1975/76 restauriert. – Turm mit Achteckaufsatz und Zwiebelhaube. – Flachgedeckter Saalbau mit eingezogenem, quadratischem Chor. – Deckenfresko, Verkündigung an Maria, wohl um 1900. – Ausstattung. – Altäre 1720/30, neubarock überarbeitet, mit Nischenfiguren: am viersäuligen Hochaltar hl. Martin, Ende 15. Jh., am linken Seitenaltar Maria Immaculata, 2. Hälfte 18. Jh., am rechten Seitenaltar hl. Martin (urspr. am Hochaltar). – An der linken Schiffswand das frühere Altarblatt, hl. Simon Stock, in reich geschnitztem Rahmen, 1720/30. Aus der gleichen Zeit das Wappen des Klosters Plankstetten über dem Chorbogen.

WALTENRIETH
Markt Moosbach, Kr. Neustadt a.d. Waldnaab. *Karte 6*

Ehem. Hammer, 1452 erstmals erwähnt. Herrenhaus mit Mansarddach und Figurennischen, 18. Jh., daneben Kapelle mit Zwiebeldachreiter.

WALTERSBERG Gem. Deining, Kr. Neumarkt i.d. Opf. *Karte 7*
Bronzezeitliche Grabhügel östlich des Ortes. Waltersberg war im Mittelalter Reichsgut, dann Propstei des Klosters Bergen.

Kath. Pfarrkirche St. Leonhard. Mitte 18. Jh. errichtet, Weihe 1781. Innenrenovierung 1956. – Saalbau mit schwach eingezogenem, dreiseitig geschlossenem Chor. Turm an der Langhaussüdseite mit Achteckaufsatz, Glockenhaube und Zwiebelbekrönung. Westfassade mit Schweifgiebel und Eckpilastern. Westliches Vorzeichen mit Seelenkapelle, darin bemalte Steinfigur des Erbärmde-Christus, um 1400. – Der kurze, weite Innenraum von einer Korbbogentonne mit Stichkappen überwölbt. Im Schiff toskanische Doppelpilaster mit verkröpften Gebälkstücken. Kräftige Rocaillestukkaturen, vielleicht wie in der ▷ Berchinger Pfarrkirche ein Werk *Johann Michael Bergs,* über dem Chorbogen Chronogramm 1759. – Deckengemälde, ebenso wie die Altarblätter der Seitenaltäre, modern. – Einheitliche Ausstattung aus der Erbauungszeit. Hochaltar, konkaver Sechssäulenaufbau mit vier Seitenfiguren und Altarblatt hl. Leonhard als Fürsprecher; im Auszug von Engeln getragener Gottvater. In ähnlichen Formen die zweisäuligen Nebenaltäre, mit je zwei Seitenfiguren. – Stuckkanzel mit auf dem Schalldeckel sitzendem Posaunenengel. – Beichtstühle, Gestühl und Rahmen der Kreuzwegbilder mit Rocailledekor.

WAPPERSDORF Gem. Mühlhausen, Kr. Neumarkt. *Karte 7*

Kath. Kirche St. Johannes Ev. Frühgotische Chorturmanlage, im 18. Jh. umgestaltet, später nach Westen verlängert. Innen 1975, außen 1988 restauriert. – Chorturm mit Zeltdach. Im eingezogenen, quadratischen Chor Kreuzgewölbe mit ausgekehlten Rippen, östlich über Konsolen; Schlußstein mit Stuckrelief des Lamm Gottes (18. Jh.). – Bandelwerkstukkaturen um 1740 mit Gittermotiven. Zahlreiche Dekkenfresken (erneuert) in stuckgerahmten Medaillons: Maria Immaculata, Abendmahl, Glorie des hl. Joseph, seitlich Kirchenväter, Evangelisten und Heilige. – Ausstattung. – Hochaltar um 1740, mit Altarblatt hl. Johannes Ev., Seitenfiguren der hll. Wunibald und Willibald. Etwa gleichzeitig die Seitenaltäre, heute mit Figuren in den Mittelfeldern: links Muttergottes, 1. Hälfte 18. Jh. rechts hl. Wendelin (modern). – Stuckkanzel um 1740, mit Fresken Heiliger; zugänglich durch einen eigenen Anbau an der Außenseite (1948 durch eine große Sakristei überbaut). – Stuhlwangen mit Rankenschnitzereien um 1720, bei der letzten Renovierung aufgedoppelt. – Im Kirchenraum verschiedene

Grabdenkmäler, u.a. an den Chorwänden: links eine Kalksteinplatte mit farbig gefaßtem Ehewappen für Jakobina Philippina Kastner, geb. Kress von Kressenstein († 1701), rechts als Gegenstück für Maria Magdalena Kastner, geb. Freiin vom Dalem († 1708).

Ehem. Schloß, heute Wirtshaus. Zweigeschossiger Walmdachbau des ausgehenden 17. Jh., über dem Portal Wappen der Kastner und Kreß. Im Innern kreuzgratgewölbte Eingangshalle. In fast allen Räumen der urspr. Rahmenstuck in variierten geometrischen Figurationen erhalten.

WEIDEN. *Karte 5*

Marktgründung wohl Ende 12. Jh., erste Erwähnung von Weiden 1241. „Oppidum" erstmals 1298, „statt" erstmals 1283/1320 genannt. Um 1300–1360 Reichsstadt, dann wechselnden Landesherren unterstellt. Nach der Eroberung durch den Nürnberger Burggrafen Friedrich, Markgraf von Brandenburg und Pfalzgraf Johann von Neumarkt 1421 Gründung des Gemeinschaftsamts Parkstein-Weiden mit zwei Pflegern unter einem gemeinsamen Landrichter. 1714 beide Amtsteile im Fürstentum Sulzbach vereinigt, das schließlich 1777 an das Kurfürstentum Bayern kam. Einer der Lage an der von Frankfurt nach Prag führenden Goldenen Straße zu verdankenden ersten großen Blütezeit, besonders im 14. Jh. unter der entscheidenden Förderung Kaiser Karls IV., setzte der Dreißigjährige Krieg ein jähes Ende. Der Anschluß an die Eisenbahn 1863 ermöglichte die Industrialisierung: seit 1881 bedeutender Ausbau der Glas- und Porzellanfabrikation. 1919 zur kreisunmittelbaren Stadt erhoben. Beträchtlicher Wachstumsanstieg durch die Aufnahme vor allem böhmischer Flüchtlinge nach dem Zweiten Weltkrieg.

Anlage und Stadtentwicklung

Weiden, Mittelpunkt der nordöstlichen Oberpfalz, zählt heute noch zu den geschlossensten gotischen Städten der Oberpfalz, obgleich Umbauten der letzten Jahrhunderte, vor allem aber mehr oder weniger angepaßte Neubauten und durchgreifende Veränderungen der letzten Jahrzehnte sowie eine dezidiert durchgeführte Altstadtsanierung deutliche Spuren hinterließen. Ende 13. Jh. bis wohl Mitte 14. Jh. Ausformung einer planmäßigen Anlage, deren strenge Konzeption auch heute noch am Stadtgrundriß ablesbar ist: ein Oval, von einem breiten, leicht bogenförmig von Südwesten nach Nordosten verlaufenden Straßenmarkt mit rechtwinklig einmündenden Seitengassen, welche meist acht, häufig paarweise gestaffelte Bauparzellen umklammern. Unregelmäßigkeiten im westlichen Sektor (kleinteilige Bebauung um die Pfarrkirche und in der Pfannenstielgasse) deuten den ältesten Siedlungskern an. Inmitten des großen Straßenmarktes trennt das Rathaus den westlichen Oberen Markt vom östlichen Unteren Markt. Die Pfarrkirche

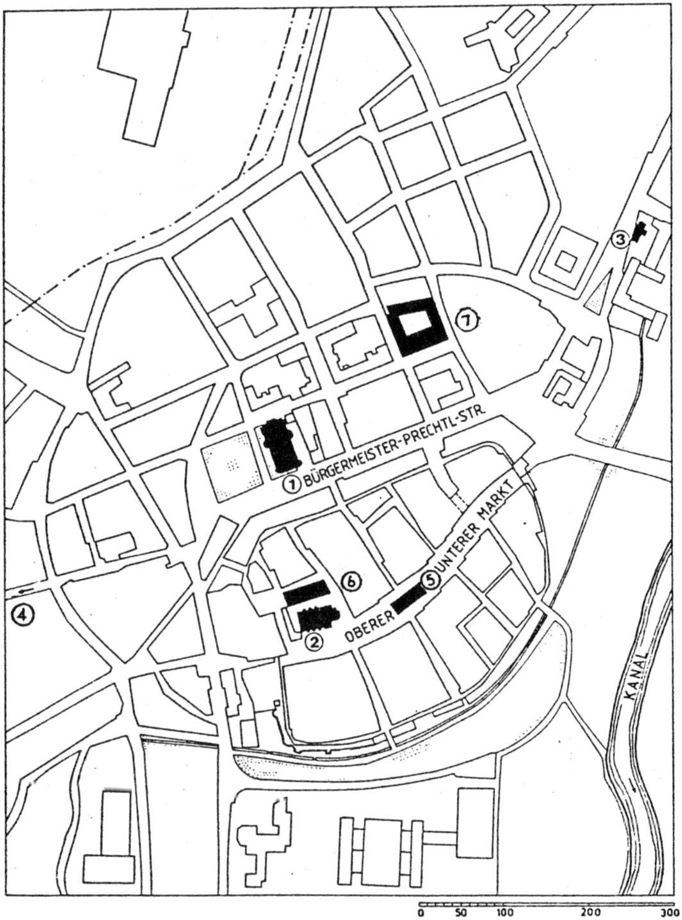

Weiden

1 Kath. Pfarrkirche St. Joseph
2 Ev. Pfarrkirche St. Michael
3 St. Sebastian
4 Kath. Pfarrkirche Herz-Jesu
5 Altes Rathaus
6 Ehem. Almosenkasten
7 Sog. Waldsasser Kasten

wirkt von Nordwesten her mit ihrer durch den spätgotischen Chor und den spätbarocken Turm gebildeten Ostfront entscheidend auf das Platzbild des Oberen Marktes ein, während ihr im Süden eine traufseitige, weitgehend im 19. Jh. überformte Häuserzeile („Stock“ genannt) vorgeschoben ist, die nach 1532 auf dem Platz des ehem. Friedhofs entstand. Die bürgerliche Bebauung – überwiegend im Typ des Ackerbürgeranwesens präsentiert – ist hauptsächlich durch die Wiederaufbauphasen nach den verheerenden Stadtbränden von 1536 und 1540 geprägt. Dabei wurden verbliebene gotische Keller mit Tonnengewölben und Teile der Umfassungsmauern für den Wiederaufbau der vorläufig zweigeschossigen, zwei bis sechs Achsen breiten Giebelhäuser verwendet. Von der zweiten Hälfte des 16. Jh. an erfolgten verschiedentlich Aufstockungen um ein zweites Obergeschoß und reiche Giebelausbildungen, eine eigenwillige Kombination des noch in gotischer Tradition stehenden Stufengiebels mit böhmisch beeinflußten Zierformen der Renaissance. Vor allem am Unteren Markt zeigen die sonst schlichten Giebelfronten kraftvolle Lisenen- bzw. Pilastergliederung und gestufte Giebelkonturen, die vorzugsweise mit variierten Lünettenmotiven besetzt sind. – Stadterweiterungen seit 1416, Lederervorstadt im Osten. Heute begrenzen an dieser Stelle den unregelmäßigen, offenen Schlörplatz öffentliche Gebäude in klassizistischen Formen des 19. Jh. und die in das 17./18. Jh. zurückgehende Gebäudegruppe des ehem. Gasthofs Schwarzer Bär. Auf dem Platz Denkmal des bayerischen Handelsministers Gustav von Schlör (1820–1883), 1885 von *Carl Hocheder* entworfen, Marmorbüste von *Theodor Haf*. – Im Zuge der Industrialisierung breiteten sich entlang der Hauptverkehrsadern neue Viertel nach allen vier Himmelsrichtungen aus.

★ **Ev. Pfarrkirche St. Michael.** Früheste Erwähnung 1341, als König Johann von Böhmen das Besetzungsrecht für die Kirche dem Kloster Waldsassen übertrug; in diese Zeit dürfte auch der erste Kirchenbau fallen (die spärlichen Funde bei Ausgrabungen von 1964 geben keinen Anhaltspunkt für die Theorie einer zweitürmigen romanischen Säulenbasilika als Vorläufer). Wohl 1396 niedergebrannt, 1415 Neubau des Chors mit Flankentürmen (der nördliche wohl seit jeher unvollendet). Nach Zerstörung (1421) Wiederaufbau 1448, das Langhaus als Staffelhalle errichtet (am Westportal überarbeitete Inschrift 1448), Weihe 1469. Selbständige Pfarrei seit 1481. Der erste ev. Pfarrer kam 1535. Nach den Bränden von 1536 und 1540 Instandsetzung der Kirche (Bauinschrift über die Brandschäden hinter der Orgel), 1564 großenteils neu gewölbt, 1576 Turm erneuert. 1627 im Zuge der Rekatholisierung durch die Jesuiten übernommen, 1663–1899 simultane Nutzung. 1759 Einsturz des Turms, dabei Beschädigung der südlichen Chormauer und der östlichen Gewölbejoche. 1762 wurde der Wiederaufbau durch Baumeister *Georg Dobmayer* aus Kaltenbrunn abgeschlossen. Umfassende Renovierung 1899–1907, letzte Gesamtrestaurierung 1976–79.

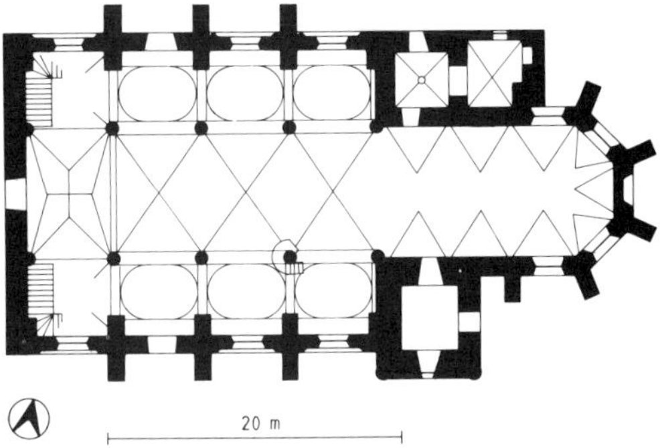

Weiden, Pfarrkirche St. Michael

Dreischiffige Staffelhalle; der dreiseitig geschlossene Chor überschreitet leicht die Flucht des Mittelschiffs. – Außenbau. – Im südlichen Chorwinkel hoher Turm mit eingezogener Zwiebelhaube und Laterne; reiche spätbarocke Gliederung, am obersten, bis 1914 vom Türmer bewohnten Geschoß Galerie mit Schmiedeeisenbrüstung von *Erhard Christian Haberl.* Gegenüber zweigeschossiger Turmstumpf, wohl im 16. Jh. nach Osten zur Sakristei erweitert, Anfang des 20. Jh. angebauter halbrunder Treppenturm. Gliederung des Chors durch gestufte Strebepfeiler und Kaffgesims. Am Langhaus kamen die kräftigen Strebepfeiler wohl erst nach dem Turmeinsturz im 18. Jh. hinzu, ungewöhnlich ihre Kombination mit flankierenden, auf den Sohlbänken fußenden Dreiecksvorlagen (wohl 16. Jh.). Drei korbbogige Portale in Sandsteinrahmungen, über dem westlichen Jahreszahlen 1448 und 1762. – In der südlichen Chorschräge Ölbergkapelle mit Schnitzfiguren des 18. Jh., renoviert 1979, an der Chornordseite Sandsteinrelief mit Ölbergszene, nach 1450, darunter ein Branddatum 1545. – Inneres. Hohe, leicht angespitzte Rundpfeilerarkaden trennen die Schiffe. Unterwölbung der Empore noch urspr.: in der Mitte Sterngewölbe mit ausgekehlten Rippen. Im südlichen Seitenschiff ein Netzgewölbe, gegenüber dünne, später aufgesetzte Rippenstäbe; wohl noch früher (um 1415) das Kreuzrippengewölbe mit Rosettenschlußstein im Turmstumpf. Im Mittelschiff Kreuzgratgewölbe über segmentbogigen Wandvorlagen mit Gebälkstücken, der gleichhohe Chor mit Stichkappentonne über Pilastergliederung. In den Seitenschiffen längsrechteckige böhmische Kappen auf Wandpfeilern, die über Scheidbogen verbunden sind. – Die maßvolle spätbarocke Stuckierung mit kleinteiligen Rahmenmotiven ist dem spätgotischen Raumgefüge angepaßt.

Ausstattung. – Hochaltar 1791 von *Leonhard Bacher* vereinfacht nach Entwurf von *Friedrich Wagner* ausgeführt, beide aus Amberg. Hoher Aufbau mit Säulen, Volutenpilastern und Rocailledekor. Überlebensgroße, weiß-gold gefaßte Seitenfiguren der hll. Petrus und Paulus. Altarblatt Christi Geburt, von dem Sulzbacher Porträtmaler *Johann Christoph Karl.* – Kanzel von *Michael Ketnath* und Bildhauer *Joseph Änders,* beide aus Weiden, Fassung von *Vitus Fuchs* aus Tirschenreuth. Auf dem Schalldeckel hl. Michael, an der Rückwand kartuschengerahmtes Gemälde mit Predigt des Johannes. – Orgel 1564/65 von *Erhard Ditzmann* aus Eger, im 18. Jh. überarbeitet, 1970 umgebaut. – Stuhlwangen z. T. von dem Weidener Schreiner *Michael Meiler,* 2. Drittel 18. Jh., mit Quastendekor. – Grabdenkmäler. – Sandsteinfragmente des Hochgrabs für Anna Maria († 1620) und Aemilie († 1618), Herzoginnen zu Liegnitz, Schwägerinnen des Pfalzgrafen Friedrich: an der südlichen Chorwand Platte mit den knienden Fürstinnen zwischen Teilstück eines Kruzifixus und Inschrifttafeln, eine weitere zwischen acht Wappentafeln an der Wand des südlichen Seitenschiffs. Weitere Grabsteine im Langhaus überwiegend 17. Jh. An der Nordwand des Chores Rotmarmorepitaph für den Stadtrichter Michael Ermweig († 1594) und seine beiden Gemahlinnen, an der Südwand Quarzepitaph für die beiden 1632 verstorbenen Kinder des Ratsherrn Philipp Silberschmidt.
Fragment der mittelalterlichen Kirchhofmauer mit Lichthäuschen aus Granit am Durchgang zum Pfarrwinkel nordwestlich der Kirche.

★ **Kath. Pfarrkirche St. Joseph.** Als eine der größten neueren Kirchen der Oberpfalz nach der Auflösung des Simultaneums von der kath. Pfarrgemeinde weithin sichtbar nördlich der Altstadt errichtet. Dabei erweckt der neuromanische Bau mit seiner Zweiturmfassade im Kontext mit dem spätbarocken Turm der Michaelskirche den Eindruck einer kontinuierlichen, weit zurückgreifenden Stadtentwicklung.
Baugeschichte. 1899–1900 in nur 18 Monaten errichtet, Konsekration 1901. Die erste Phase der Innenraumgestaltung war 1903 abgeschlossen. Historistischer Entwurf der Kirche samt Hochaltar, Seitenaltären, Kanzel und Orgel von dem Münchner Architekten *Johann Baptist Schott,* dem Erbauer der Päpstlichen Basilika in Altötting. 1901 Ausmalung der Apsis durch den Münchner *Franz Hofstötter.* 1905 lieferte er auch die Entwürfe für die weitere Raumdekoration. Darin realisierte er ein einheitliches ikonographisches Programm in einem dem Jugendstil verpflichteten Gesamtkonzept, das auch eine Zerstörung der schon ausgeführten Gemälde und eine gänzliche Neugestaltung der Apsis mit einschloß. 1910–12 oblag die Vollendung allein dem von Anfang an beteiligten Weidener Künstler *Wilhelm Vierling.* – Die im Zweiten Weltkrieg zerstörten Bildfenster der Westseite 1948 bzw. 1951 nach alten Kartons rekonstruiert. Restaurierungen außen 1969–70, innen 1975–78.

Baubeschreibung. – Das Erscheinungsbild der nach Norden gerichteten, dreischiffigen Basilika mit zwei in die Flucht der Außenmauern eingebundenen Fronttürmen erinnert an rheinische Kirchenbauten des 12. Jh. Der Chor schließt mit leicht eingezogener, halbkreisförmiger Apsis, begleitet von kleinen Nebenapsiden. Das Querhaus fluchtet mit den Seitenschiffen und kragt mit der Hauptapsis in Stellung und Gestaltung ensprechenden Apsiden aus. Strenge klar disponierte Gliederung durch Rundbogen- und Rechteckblenden, vorzugsweise mit Bogenfries abgeschlossen, an den drei großen Apsiden zusätzlich Zwerggalerien. Auf bauplastischen Dekor wurde weitgehend verzichtet, nur am zugesetzten Scheitelfenster der Hauptapsis ein Kruzifixus (Kunststein) von *Hofstötter*, von Halbfiguren zweier Engel flankiert; in den drei Tympana Christus, Maria und Joseph von dem Nürnberger Bildhauer *Ferdinand Göschel* 1900. – Inneres. – Dreischiffige Pfeilerbasilika mit kreuzrippengewölbtem Mittelschiff und ausgeschiedener Vierung. Die architektonische Gliederung beschränkt sich auf Pfeiler und Wandvorlagen, während die Wandflächen und Apsiden im Hinblick auf eine reiche Ausstattung frei bleiben.

Gesamtdekoration und Ausstattung. – Das reichhaltige Ausstattungskonzept angeregt durch Vorbilder in der ägyptischen, römischen und frühchristlichen ebenso wie in der zeitgenössischen Kunst, u.a. der Beuroner Schule, vereinheitlicht durch die dekorativen Strukturen des Jugendstils. Dabei werden im Gegensatz zur hierarchischen Ordnung der Künste im doktrinären Historismus alle künstlerischen Medien zu einer Gesamtwirkung verschränkt. Die einzelnen Gattungen – Marmorinkrustation, Mosaik, Glasgemälde, Malerei, Stuckrelief und Stuckplastik – verschmelzen in einem homogenen, von neuer Mystik erfüllten Andachtsraum.

Der unmittelbare Raumeindruck ist steinern. Die tragenden Teile der Architektur sind jedoch von einer dicken Putzschicht überzogen, sandsteinfarben geschlämmt und hausteinartig aufbereitet; die Oberfläche ist durch eingetiefte Ornamente, flache Strukturreliefs, Mosaiksteine und regellose Einkerbungen vielfach belebt. Die gewölbten Teile sind überwiegend in einem matten Blau gehalten, belebt durch verstreute steinfarbene Rosetten und metallen glitzernde, goldene Mosaikkreise, im Chor bereichert um symbolische Tiergestalten.

Umfangreiches farbiges Bildprogramm an Chor- und Hochschiffswänden, Vierungsgewölbe und Apsiskalotten. An den Hochschiffswänden sind alttestamentarische Themen in elf gerahmten Bildfeldern und einer Monumentalplastik als Präfigurationen Christi und des Neuen Bundes dargestellt. An der Westwand Jonas, David und Goliath, Moses und Durchquerung des Roten Meeres, Opfer Isaaks; an der Ostwand Judith und Holofernes, Eherne Schlange, Joseph wird von seinen Brüdern verkauft, Opfer Melchisedechs. – Die in der Tradition von Historienbildern stehenden Wandmalereien bilden nicht den üblichen Fries, – dafür sind die Bildformate und die großfigurigen Kompositionen in sich zu unterschiedlich. Darüber hinaus bewirkt das von

Flach- und Hochrelief, Schrift und Mosaik gebildete Rahmenwerk asymmetrische Zäsuren. Ungewöhnlich die Einfügung der Monumentalgruppe David und Goliath. – Das Vierungsgewölbe enthält als architektonischer Höhepunkt auch das Zentrum des ikonologischen Programms: in wilder Erregung die Vier apokalyptischen Reiter der Geheimen Offenbarung des Johannes. Dieses Thema ist mit der Verherrlichung des Lammes in den Querhausapsiden fortgesetzt, rechts Szene bei der Öffnung des fünften Siegels, links die im siebten Kapitel gepriesene ewige Herrlichkeit des Himmels. – An den Wänden des Querhauses, mehrteilige goldgerahmte Tafelbilder mit Heiligen aus der Frühzeit des Christentums in Deutschland: Nordwand rechts Bonifatius, der die Donar-Eiche fällt, gegenüber ein Triptychon des hl. Wolfgang mit seinen Schülern, seitlich Heinrich II. und Bischof Bruno von Augsburg, links der hl. Emmeram, Gründungsbischof und Mitpatron der Diözese Regensburg, seitlich die beiden Priester Vitalis und Wolflic. Gegenüber in Einzelrahmen die hll. Korbinian und Rupert.

Die Altäre der Querhausapsiden wurden aus der neuromanischen Erstausstattung, ehem. farbig gefaßt, übernommen und von *Hofstötter* vergoldet. Im Westen Herz-Jesu-Altar mit der Vision der hl. Margarethe von Alacoque, seitlich die hll. Franz von Sales und Bernhard von Clairvaux, im Osten Altar der Skapulierbruderschaft. In der Apsidenwand Reliefs mit zwei Christusszenen – Lahmenheilung und Jesus speist mit dem Zöllner – sowie den Kardinaltugenden.

An den Stirnwänden der Nebenchöre Szenen des Alten Bundes mit Erschaffung Adams, Sündenfall, Propheten, eine asymmetrische Komposition aus Relief, Malerei und Wandteppich von *Hofstötter*, sowie auf einem großen antikisierenden Stuckrelief der Einzug der Bundeslade. In diese Ikonographie nicht einbezogen die von *Johann Huber* aus München ausgeführten Seitenaltäre.

Das Presbyterium handelt von der Kirche Christi, im vorderen Chorjoch große Wandbilder mit Maria als Ecclesia und Taufe Christi. Über dem Eingang zur Sakramentskapelle eine plastische Gruppe „Lasset die Kindlein zu mir kommen“, gegenüber Büsten lateinischer und griechischer Kirchenväter. – In der Apsiskalotte monumentaler Gnadenstuhl: Christus von Gold überstrahlt, herabreichend bis in die Wand unmittelbar über der in einer Ädikula stehenden Stuckplastik des Kirchenpatrons. Seitlich überlebensgroßer Apostelfries, unterbrochen von den hll. Michael und Sebastian in den farbigen Glasfenstern.

Hochaltar in Form eines hochmittelalterlichen Reliquienschreins mit Tabernakelturm von dem Münchner Goldschmied *Rudolf Harrach*, die Reliefs von *Georg Albertshofer*. Dieser Aufbau, der urspr. vor einer horizontal gegliederten Apsiswand stand, von *Hofstötter* eingepaßt in eine durch vertikale Bezüge geprägte Altarwand. – An den Hochschiffswänden seitlich der Orgel, auf die Musik anspielend, Büsten des hl. Gregor und der hl. Cäcilie. Die spröde Architektur der Orgelempore dekorativ aufgelockert mit großer Engelsfigur, Maskenköpfen, Reliefs und Mosaiken. – In den sonst sparsam dekorierten Seitenschiffen 16 Farbfenster mit Szenen aus der Passion Christi (nach Kreuzwegstationen von *Moritz von Schwind*), 1900, ebenfalls beibehalten aus der Erstausstattung die Rosettenverglasung der Südfassade mit den Sieben Gaben des Hl. Geistes. – Die Kanzel, nach dem Entwurf von *Johann Baptist Schott*, bestehend aus Marmorkorb und Holzdeckel ist ein Beispiel für die kunsthandwerklich kleinteilige Spezialisierung der gründerzeitlichen Kirchenkunst. *Hofstötter* stellte durch eine Mosaikverkleidung des Pfeilers und zwei als Atlanten eingefügte Stuckfiguren eine Verbindung der im Material unterschiedenen Teile her. – Im westlichen Querhaus das einzige, aus der alten Simultankirche übernommene Bildwerk, ein Kruzifixus der 2. Hälfte 17. Jh. mit fast lebensgroßer Figur der Schmerzensmutter, einem Werk *Ignaz Günthers* um 1770/75, freie Nachbildung des berühmten Gnadenbildes der Herzogspitalkirche in München.

★ **Kath. Stadtpfarrkirche Herz-Jesu.** 1932–35 als letztes Werk des Münchner Architekten *Otho Orlando Kurz* († 1933) durch dessen Schwager *Fritz Becker*, Düsseldorf, errichtet. Bildfenster und Mosaike von *Josef Eberz*, München. Innenrestaurierung 1989/90. – Mit Herz-Jesu wird der gotische, in St. Michael angewandte Typus der Staffelhalle in eine der neuen Sachlichkeit verpflichtete, werkgerecht durchgebildete Architektur des 20. Jh. umgesetzt. – Breit gelagerter, nach Süden gerichteter Putzbau mit flachem Satteldach. Eingezogener, rechteckiger Chor, im Norden Zweiturmfassade mit Pfeilerportikus und Rundfenster mit monumentalem Herz-Jesu-Bild; je ein weiteres großes Rundfenster an den Flanken des Chores, während die Seitenschiffe durch hohe, schmale Rundbogenfenster gegliedert werden. – Der Innenraum wird durch kubische Formen und Einschnitte bestimmt. Kapitellose, querrechteckige Pfeiler, mit gelbem Juramarmor verkleidet, trennen das kasettengedeckte Mittelschiff von den etwas niedrigeren Seitenschiffen. Der mit dem Mittelschiff gleichhohe Chor ist durch Licht und Farbe hervorgehoben: Öffnung zu den flankierenden Anräumen durch je ein fünfteiliges Arkadenfenster. – An allen Wänden, einschließlich der nördlichen Stirnwände, ein 1934–43 gelegtes Goldmosaik, am Chorhaupt monumentales Christ-König-Mosaik mit Maria und Johannes. – Bildfenster, an der östlichen Langhausseite mit Darstellungen der Sieben Sakramente, gegenüber mit den Sieben Werken der Barmherzigkeit. – Kanzel, Figurengruppen der Seitenaltäre und die in Messingguß ausgeführten Kreuzwegstationen 1936 von *Mauritius Pfeiffer*, München. – In der „Unterkirche“ östlich des Chors großes Triptychon mit mariologischen, ungefaßten Schnitzreliefs von *Wilhelm Vierling*, Weiden.

Kath. Kirche St. Sebastian. Als „Neustiftkapelle“ (Stiftung von Georg und Margarete Peck) 1486 erbaut, nach Blitzschlag 1692–97 erneuert und dem hl. Sebastian geweiht. – Nördlich ausgerichteter Bau mit eingezogenem, dreiseitig geschlossenem Chor, Ostturm mit eingezogener Zwiebelhaube. – Tonnengewölbe mit Stichkappen, im Langhaus auf Wandpfeilern, denen an allen drei Seiten toskanische Pilaster mit Gebälkstücken vorgelegt sind. – In Stuckrahmen moderne Deckenbilder, moderne Bildfenster. – Ausstattung. – Neubarocker Hochaltar von *Wilhelm Vierling*, Weiden. – Reste des alten Gestühls mit Fruchtgehängen, 2. Hälfte 17. Jh. – Abschlußgitter gegen 1700. – Im Schiff Kopie des 1792 gemalten Marienbilds der Kapelle zur hl. Staude. – Am Chorbogen u.a. Kalksteinepitaph für die Kinder des Pfalzgrafen Friedrich von Vohenstrauß († 1590), die beiden Prinzen in Arkaden, den Kopf mit Totenkissen hinterlegt, darunter Löwenpaar, Wappen und Allegorien des Todes.

Stadtbefestigung. Der im 14. Jh., wahrscheinlich durch ein Dekret Kaiser Karls IV. 1347 begonnene, bis ins frühe 16. Jh. ausgebaute Bering blieb nur noch an der Südwestecke in allen verteidigungstechnisch wichtigen Bestandteilen erhalten. Auf eine hohe Hauptmauer mit vier Vierkant- und vier Batterietürmen folgte eine Zwingermauer mit Halbschalentürmen. Zusätzlichen Schutz boten ein Wall im Norden und Osten, ein Futtergraben im Westen und ein noch vorhandener, von der Naab gespeister Wassergraben im Süden. 1978–82 Sanierung bzw. Rekonstruierung der Bruchsteinmauern und des Wehrgangs. Zwei Tore im Osten und Westen. Unteres Tor, im 14. Jh. erbaut, nach Beschuß von 1635 instandgesetzt. Über spitzbogiger Durchfahrt zwei Geschosse mit spitzem Helmdach und Laterne; äußeres Vortor, die Flanken mit breiten Zinnen besetzt, Spitzbogentor mit Kopfkonsole (wohl 13. Jh.) am Scheitel, südlich neu geschaffene Fußgängerpforte. An die Nordseite des Tores angebaut das sog. Torwärterhaus (Unterer Markt 38) aus dem 16. Jh., restauriert 1980. Über Holzkonsolen vorgekragter zweigeschossiger Oberbau mit rechteckig gefeldertem Fachwerk, freigelegt 1975. Das südliche Gegenstück („Torbierstübl") modernisiert. Oberes Tor, 1911 zur Straßenerweiterung abgerissen und vereinfacht wiederaufgebaut; bis 1840 verstärkt durch runde Flankentürme und halbkreisförmige, 1513 aufgeführte Vormauer (Rondell). – Von der im 3. Viertel 16. Jh. abgeschlossenen Vorstadtbefestigung nur noch der Flurerturm (Scheibenstraße 9) im Norden erhalten, ein Rundturm mit Kegeldach, 1694 erneuert. Alle übrigen Teile wurden gemeinsam mit der Ledererervorstadt samt Spital und Spitalkirche 1634 auf Anordnung der Schweden zum Bau von Stern-, später Fünfeckschanzen niedergelegt. 1708 Schleifung der Festungswerke, Baumbepflanzung im Norden.

Ehem. Vestes Haus (Pfarrplatz 1). Erbaut am Oberen Tor wohl schon vor 1406, erste Baunachricht 1433. Durchgreifender Umbau 1493, später oft verändert, zuletzt 1989. – Als landesherrlicher Verwaltungsbau Sitz des bereits 1404 erwähnten Pflegers, 1585–93 Residenz des Pfalzgrafen Friedrich von Parkstein, im 19. Jh. kgl. Rentamt. – An der Ostseite von mächtigen Pfeilern flankiertes Portal von 1543. Nördlich angebaut ein langgestreckter Speicherbau mit drei Ladeluken im Nordgiebel, im durch Torbogen erreichbaren Hof Rest der Stadtmauer des 14. Jh.

Altes Rathaus (Oberer Markt 1). 1539–45 von *Hans Nopl* gemeinsam mit Zimmermeister *Hans Stieber* und Steinmetz *Andreas Falk* über den Resten des niedergebrannten Vorgängers neu erbaut. Spätere Veränderungen, 1912–15 durch Stadtbaurat *Johann Wallenreuther* umgestaltet, letzter Umbau 1981. – Zweigeschossiger Giebelbau. An der Nordostseite zur Hälfte in den Bau eingebundener Fassadenturm mit Glokkendach, über rechteckigem Unterbau ab der Giebelzone in oktogonale Obergeschosse übergehend. An der Wand rechts daneben Pranger mit Halseisen, bis 1805 in Funktion. Der südwestlichen Giebelfront wurden 1912–15 eine Freitreppe und ein Annexbau mit Satteldach hinzugefügt; im Giebel 1937 ausgeführtes Mosaik mit Szene der ersten Ortserwähnung im Jahr 1241 (König Konrad IV. und der Egerer Landrichter); an der südlichen Ecke Gedenktafel für die Frauen im Ersten Weltkrieg mit Relief einer Pflügenden. – Das Erdgeschoß wird rechtwinklig durchkreuzt von Passagen mit Stichkappentonnen bzw. Kreuzgratgewölben; seit 1981 sind hier wieder Geschäfte untergebracht – im 16. Jh. waren es 16 Läden neben der Brotbank. – Der historistisch ausgestattete Sitzungssaal im ersten Obergeschoß besitzt noch eine mit Schiffskehlenprofilen ornamentierte Balkendecke des 16. Jh.

★ **„Alte Schule“, ehem. Almosenkasten** (Pfarrplatz 4). Seit 1980 Kulturzentrum Hans Bauer mit Stadtbücherei, Stadtarchiv und Stadtmuseum (Pfarrplatz 4). 1529 erbaut als Kasten für die Abgaben der bereits 1439 erwähnten Almosenstiftung reicher Tuchmacher. 1566 durch den Stadtrichter Michael Ermweig geförderter Wiederaufbau nach Zerstörung durch die Stadtbrände 1536 und 1540. Renovierungen 1663, 1817, 1897, Instandsetzung 1975/76. – Der dreigeschossige langgestreckte Bau umfaßt acht, durch Brandmauern getrennte Reihenhäuser unter gemeinsamem viergeschossigen Dachstuhl, in dem die Getreideabgaben gespeichert wurden.

Sog. Waldsassener Kasten (Luitpoldstraße 5), jetzt als staatliches Keramikmuseum adaptiert. 1739–42 als Wirtschaftshof des Klosters Waldsassen nach Entwurf *Johann Jakob Philipp Muttones* errichtet. Vierseitanlage, die freie Westseite erst 1857 im südlichen Teil zugesetzt. Rustizierte Erdgeschoßzone, die Ecken des Obergeschosses betont durch Dreiviertelrundpfeiler zwischen genuteten Pilastern, geohrte Granitrahmungen. An der Südseite einachsiger Portalvorbau mit geschweiftem Ziergiebel.

Bürgerhäuser

Grundriß und Fronten der Häuser lassen Weiden als eine vor allem im 16. Jh. ausgeformte Ackerbürgerstadt erkennen. Eine seitlich angebrachte, meist kreuzgratgewölbte Durchfahrt führte in den tiefen, von

Stall- und Scheunenbauten umstandenen Hof (vereinzelt heute noch erhalten, z.B. bei Unterer Markt 17, 1985/86 saniert). Im Innern haben sich gelegentlich die häufig mit Schiffskehlenprofilen verzierten Bohlenbalkendecken der Wohnstuben und liegende Dachstühle des 16. Jh. erhalten. Als Beispiel eines typischen, nach 1536 erbauten ★ ehem. Ackerbürgeranwesens sei Oberer Markt 10 angeführt: Durch eine 1981/82 vorbildhaft durchgeführte Sanierung konnten hier alle urspr. Gewölbe einschließlich des wohl noch aus dem 15. Jh. datierenden Kellers, die Rauchkuchl, die Bohlenbalkendecken mit Schiffskehlenprofilen im Obergeschoß und die rückwärtige Dachkonstruktion konserviert werden; Rekonstruktion der spätgotischen Architekturmalerei im kreuzgratgewölbten Durchgang.
Türlgasse 2. Dreigeschossiger Giebelbau mit zweigeschossigem, übereck gestelltem Kastenerker in Renaissanceformen. An der langen Traufseite Baudatum 1583.
Pfarrplatz 2. Im 19. Jh. erbautes Gasthaus. Der dreiseitig vorspringende Südostteil enthält Fundamente des mittelalterlichen Karners. Südfront mit Zwerchhaus und Steinrelief Christus in der Rast, Mitte 15. Jh.

Neuzeitliche Bautätigkeit in gesteigertem Maße zur Zeit der wirtschaftlichen Prosperität infolge der Industrialisierung. Beispiele anspruchsvoller bürgerlicher Bauten des frühen 20. Jh. weist die zum Quartier um die Josephskirche gehörende Kettelerstraße auf, deren Westseite Mietshäuser mit reicher Fassadengliederung in Formen des Historismus bzw. des Jugendstils säumen. – Nr. 11, 1904 nach Plänen von *Johann Baptist Schott* errichtet. Asymmetrisch gegliederte Fassade mit vielfältiger, starr disponierter Ornamentik, die originale leuchtende Farbfassung 1987 wiederhergestellt.
Nordwestlich der Stadt Heimgarten-Siedlung (Rebühl-, Behaim-, Hohenstaufen-, Feilnerstraße), durch die 1918 gegründete Baugenossenschaft Familienheim 1927–30 nach Plänen ihres Aufsichtsratsvorsitzenden *Matthias Hirmer* erbaut. – Lange Häuserzeilen in der Art einer Vierflügelanlage. Im sehr großen, rechteckigen Innenhof durch niedrige Schuppen abgeschirmtes Gartengelände. Die dreigeschossigen Gebäude mit modern expressionistischen wie auch traditionell an die heimische Baukunst anknüpfenden Gliederungsformen; Eckgebäude mit besonderer Giebelausprägung, an der Südecke abgesetzter Bau der „Gaststätte zum Heimgarten".

Firma Witt (Schillerstraße 7/9 und 10/12) Gebäudekomplex westlich der Stadt. Sog. Altbau, 1925–29 von den Nürnberger Architekten *Hans Lehr* und *Karl Leubert* erbaut. Der spätexpressionistische Bau zeichnet sich durch zwei Ecktürme, kräftige gotisierende Lisenengliederung und Fassadenplastik aus. – Büro- und Fabrikgebäude, 1930/31 von demselben Architektenpaar im Stil der Neuen Sachlichkeit errichtet. Fünfgeschossiger Hauptbau mit das Firmenemblem tragendem Turmaufsatz. Gegen Norden schließt entlang der Schillerstraße ein langgestreckter dreigeschossiger Trakt mit zwei verglasten, risalitartig hervorgehobenen Bauteilen an, diese ebenfalls klar und streng gegliederten Bauten in gleichen Formen später mehrmals erweitert.

WEIDENWANG Stadt Berching, Kr. Neumarkt i.d. Opf. *Karte 7*

Weidenwang ist eine karolingische, erstmals 845 erwähnte Gründung. Bis ins 13. Jh. Sitz von Reichsministerialen.

Kath. Pfarrkirche St. Willibald. Kirche und Friedhof umgibt eine Mauer wohl des 16./17. Jh. – Ein Vorgängerbau im 3. Viertel 11. Jh. von Bischof Gundekar II. geweiht. 1762 Neubau durch den Amberger *Johann Wolfgang Diller* unter Verwendung eines gotischen Chorturms. Außenrenovierung 1986. – Im Turm mit Zwiebeldach (seit 1985/86 wieder verschindelt) der eingezogene, quadratische Chor mit Kreuzgewölbe. Schiff mit Flachdecke über Vouten, zweigeschossiger Westempore; die Wände durch Doppelpilaster mit Stuckapplikationen gegliedert. Um 1900 erneuerte Deckenfresken mit der Himmelfahrt Christi, von Medaillons der Evangelisten, Kirchenväter sowie der hll. Willibald und Wunibald (?) umgeben. – Ausstattung. – Hochaltar um 1700, mit Rokokodekor bereichert, Viersäulenretabel mit Engeln, im Mittelfeld Figur des hl. Willibald, seitlich die hll. Bonifatius und Walburga. – Zweisäulige Seitenaltäre um 1730, links mit Figur der Mondsichelmadonna um 1500, rechts mit dem hl. Sebastian. – Kanzel der Erbauungszeit mit Rocailledekor. – Stuhlwangen mit Rocailledekor, 1969 ergänzt. – An den Schiffswänden Figuren der hll. Michael und Joseph, Ende 17. Jh. (früher am Hochaltar). – Beichtstuhl in Neurokokoformen, in der Auszugsnische stilistisch bemerkenswerte bemalte Tonfigur einer sitzenden Muttergottes, um 1420, in beeinträchtigender rustikalbarocker Fassung.

Östlich mit der Kirche verbunden der **Pfarrhof,** ein stattlicher Walmdachbau von 1832, südlich davor der zugehörige Stadel mit Halbwalmdach, 18. Jh.

An der Hauptstraße Denkmal für Christoph Willibald Gluck, dessen Geburtsort man irrtümlich für Weidenwang hielt. Marmorsokkel mit Bronzebüste, 1870 von *Konrad Knoll,* München.

WEIHER Stadt Hirschau, Kr. Amberg-Sulzbach. *Karte 5*

Kath. Filialkirche Mariä Opferung. Wohl mittelalterlichen Ursprungs, im 17. Jh. verändert, restauriert 1980. – Saalbau mit eingezogenem, quadratischem Chor; Dachreiter im Westen. Rundbogiger Westeingang, dat. 1777. – Im Chor Kreuzgratgewölbe, im Langhaus Holzfelderdecke mit Fugenleisten. – Altäre und Kanzel mit Akanthusschnitzwerk, um 1710.

WEIHERSBERG
Gem. Trabitz, Kr. Neustadt a.d. Waldnaab. *Karte 2*

Kath. Wallfahrtskapelle St. Franz von Paula. Auf einer Anhöhe nahe der Straße unterhalb des Schlosses des Stifters gelegen, ein landschaftlicher Akzent. Gewölbte Rotunde des 18. Jh. mit geschweiftem Dach. Westlich quadratischer Vorbau mit Walmdach, ins Achteck übergehend und von einer Zwiebelkuppel bekrönt. Gestiftet als Grablege des Freiherrn von Hirschberg. – Rokokoaltar.

Schloß. Besitzer um 1550 Loheisen, bis ca. 1630 von der Grün. Auf einem Hügel gelegen, von Mauern mit Schießscharten umgeben. Dreigeschossige, traufseitige Anlage. An der Frontseite nach Süden mittig vorgestellt achteckiger Treppenturm, Renaissanceformen der 2. Hälfte 16. Jh. – Im Innern Zisterne und Wendeltreppe, wohl mittelalterlich. Kreuzgratgewölbe im Erdgeschoß, darüber große Räume mit Rokokostuck. Südlich kleiner Nebenbau mit Dachreiter, 1766 (Inschrift).

WEIHERSDORF Gem. Mühlhausen, Neumarkt i.d. Opf. *Karte 7*

Kath. Filialkirche Mariä Himmelfahrt. Die angeblich in das 11. Jh. zurückgehende ehem. Wallfahrtskirche liegt am oberen Ortsrand. Im 15. Jh. Neubau unter Einbeziehung der älteren Langhausmauern. Innenrestaurierung 1986. – Turm mit achtseitigem Spitzhelm an der Nordseite, Westeingang in abgefastem Spitzbogen. Der nicht eingezogene einjochige Chor im 3/6-Schluß mit ausgekehlten Gewölberippen. Einspringender, spitzer Chorbogen mit gefasten Kanten, der Turmzugang in entsprechendem Gewände. Im Schiff Flachdecke mit Rahmen- und Bandwerkstuck, wohl 19. Jh.; Neubarockes Deckenfresko mit Maria Immaculata von *K. Ambos* 1904, aus der gleichen Zeit die Bildfenster. – Dreiteiliger Hochaltar, Ende 17. Jh. Im Mittelfeld Relief der Mondsichelmadonna in weitschwingendem, kostbarem Gewand. Die Seitenflügel mit Gemälden Herz Mariä und Herz Jesu. – Über dem Chorbogen große Rosenkranzmadonna, 1. Hälfte 18. Jh.; seitlich Schmerzhafte Muttergottes und Ecce-homo-Christus, Mitte 18. Jh. An der Südwand Anna-Selbdritt-Gruppe der 1. Hälfte des 18. Jh.

WEILLOHE Gem. Thalmassing, Kr. Regensburg. *Karte 13*

Kath. Filialkirche St. Vitus und Stephanus. Der um 1600 entstandene, flachgedeckte Saalbau 1215 erstmals urkundlich belegt; 1906 nach Westen verlängert. – An der Nordseite des eingezogenen, rechteckigen Chors Turm mit Treppengiebeln. – Rahmenstuck und Deckenbilder: im Chor Christus mit Lamm, 1935 von *Hans Seidl* aus Bad Abbach, im Langhaus Martyrium des hl. Stephanus, 1907 von *Josef Hertl*, etwa gleichzeitig die Glasgemälde im Chor. – Hochaltar der 2. Hälfte des 17. Jh., Säulenretabel mit Knorpelwerkdekor und Seitenfiguren. Seitenaltäre um 1700 mit gewundenen Säulen. – Kanzel und Stuhlwangen in Rokokoformen um 1750.

WEISSENBERG Gem. Edelsfeld, Kr. Amberg-Sulzbach. *Karte 4*

Ev. Kirche St. Vitus. Auf einer Anhöhe über dem Ort. – Im 17. Jh. errichtet. Innenrestaurierung 1985/87. – Flachgedeckter Saal, eingezogener, rechteckiger Chor mit Tonnengewölbe. Westturm mit eingeschnürter Zwiebelhaube. Unter dem Langhaus drei Gruften von 1670. – Altar mit Knorpelwerkschnitzereien, um Mitte 17. Jh., Altarblatt Christus und Nikodemus, kleine Seitenflügel mit Gemälden der hll. Vitus und Nikolaus. – Kanzel aus der gleichen Zeit.

WEISSENKIRCHEN Markt Laaber, Kr. Regensburg. *Karte 13*

Kath. Filialkirche St. Joseph. Unscheinbarer spätromanischer Bau des 13. Jh., Veränderungen 1654; Zwiebeldachreiter. Eingezogener quadratischer Chor mit Flachdecke, halbrunder Chorbogen auf Kämpfer mit Platte und Schräge. Schiff mit rustikaler Holzdecke und -empore, die barocke Raumfassung wiederhergestellt: über rotgefüllte Segmentbogen verbundene, ockerfarbene Pilaster. – Altärchen um 1654 mit Fruchtschnitzwerk, in Mittelnische spätgotische Heiligenfigur (urspr. Nischenfigur des hl. Joseph, heute an der Langhauswand).

WEISSENREGEN Stadt Kötzting, Kr. Cham. *Karte 11*

★ **Kath. Wallfahrtskirche Mariä Himmelfahrt.** Auf einer Anhöhe südlich von Kötzting mit weiter Sicht auf das hügelige Umland. – 1049 schenkte Kaiser Heinrich III. das Gut Weißenregen dem Kloster Niederaltaich. – Die Geschichte der Wallfahrt setzt in der Reformationszeit ein: Der Legende nach entging das Gnadenbild einem kalvinistischen Bildersturm in Nabburg und gelangte hierher auf eine Eiche, wo es 1584 selbst einen Brand heil überstand. Aufgrund einer Wundertätigkeit ließ der Niederaltaicher Abt Bernhard III. Hilz 1593 eine Kapelle errichten, die bereits 1610 und erneut 1659/60 vergrößert werden mußte. Nach deren Abbruch entstand kurz nach 1750 eine Kirche, deren Turm 1756 vollendet wurde, Weihe 1765. 1921 Übergang von der Pfarrei Blaibach an Kötzting. Grundlegende Restaurierung 1975–78.

Außenbau. – Durch geschweifte Ovalfenster gegliederter Saalbau mit eingezogenem, halbrund geschlossenem Chor. Quadratischer Westturm mit Oktogonaufsatz und eingezogener Laternenzwiebelhaube, südlich anschließend die Antoniuskapelle, die 1692 an den Vorgängerbau angefügt wurde (im tonnengewölbten Innern Altar der Erbauungszeit, modern ergänzt).

Im Innern Tonnengewölbe mit Stichkappen (Holzkonstruktion im Langhaus), Wandgliederung durch toskanische Pilaster mit Gebälkstücken, die östlichen Langhausecken ausgerundet. Bei der letzten Renovierung wurde die zurückhaltende, kühle Raumfassung nach Befund rekonstruiert ebenso die urspr. Deckenfresken im Chor freigelegt und ergänzt. Sie zeigen die Geburt Mariens mit ungewöhnlicher Begleitfigur des Bacchus, von marianischen Emblemen umgeben.

Einheitliche Rokoko-Ausstattung von 1752–61, Originalfassungen bei der letzten Restaurierung freigelegt bzw. rekonstruiert. Hochaltar, konkaves Retabel mit gewundenen Säulen, nach rückwärtiger Inschrift 1752 von dem Kötztinger Schreiner *Egid Vischer*. Neuen Erkenntnissen zufolge stammen einzelne Altarteile und die sechs kraftvollen Seitenfiguren der hll. Joseph, Johannes Bapt., Anna, Elisabeth sowie (seitlich der Durchgänge) Joachim und Zacharias von dem Chamer *Quirin Ambros Schödl* († 1742) und gehörten offensichtlich zum vorangehenden Altar; die seitlichen Partien und Gottvater im Auszug fertigte dagegen 1755 *Johannes Paulus Hager*. Im Mittelschrein das Gnadenbild: 45 cm hohe Schnitzfigur einer thronenden Muttergottes des 14. Jh., 1962 z.T. ergänzt, Kind und Bügelkronen im Barock hinzugefügt, besticktes Seidengewand von 1967. Die Durchfensterung des Altargehäuses darf als Anspielung auf das Hl. Haus Mariens gewertet werden. – Ähnlich aufgebaut wie der Hochaltar die Seitenaltäre von 1760, *Hager* zugeschrieben. Bei den Seitenfiguren der hll. Johannes Ev. und Magdalena (links) bzw. der hll. Rochus und Franz Xaver (rechts) verraten die aufwendigen knittrigen Gewanddraperien trotz des überlängten und kapriziös bewegen Figurenstils die Handschrift des Künstlers. Altarblätter und Auszugsbilder 1761 von *Johann Anton Sollfleisch*, erstere 1912 durch das einheitliche Raumbild störende Werke von *K. Keneder*, Cham, ersetzt, links Schmerzhafte Muttergottes, rechts hl. Joseph. – Weithin berühmt die Schiffskanzel, 1758 von *Hager* ausgeführt. Der Grundgedanke von der Gleichsetzung der Kirche mit einem Schiff, das die Gläubigen sicher durch die Gefahren der Welt bringt, wird hier mit liebenswürdiger Detailfreude bildlich konkretisiert. In einem vielschichtigen theologischen Programm werden verschiedene heilsgeschichtliche Motive miteinander kombiniert. Am als Schiff geformten Korpus mit realem Netz fischende Apostel, auf dem Schalldeckel von Gottvater gehaltener Schiffsmast, dessen unterer Teil als ein das Gnadenbild bergender Eichenstamm uminterpretiert ist. – An den Chorwänden Tafelbilder mit ausführlicher Schilderung der Wallfahrtsgeschichte, neuzeitliche Nachempfindungen der verlorenen Originale. – An der Südwand Kreuzigungsgruppe, bemerkenswerte Assistenzfiguren um 1700, Kruzifixus um 1900.

WENZENBACH Kr. Regensburg. *Karte 9*

Kath. Pfarrkirche St. Peter. Die früheste Erwähnung eines Pfarrers in Wenzenbach 1184 und 1194. Der jetzige Kirchenbau 1425–1482. Im späten 17. Jh. Errichtung des Langhauses, Konsekration 1693. 1881 Erneuerung des Turmes. 1901 Verlängerung des Schiffs. – Sechsachsiges Langhaus mit eingezogenem Chor, nördlich Turm mit Rhombendach und Wasserspeiern an den Ecken. – Das Innere einheitlich nach dem Umbau von 1901. Langhaus flachgedeckt, Chor mit 5/8-Schluß, Netzrippengewölbe über achteckigen Spitzkonsolen, Schlußsteine mit Darstellung Christi und Petri und der Jahreszahl 1482. – Bis auf die beiden Westfenster alle Fenster mit Buntverglasung, zumeist 1904/05 aus der Hofglasmalerei *Georg Schneider*, Regensburg; Chorfenster und Nordöstliches Langhausfenster 1937. – Neugotische Ausstattung von 1901. Hochaltar mit Tabernakelturm und Reliefs mit Schlüsselübergabe und Befreiung des Petrus aus dem Gefängnis. Anstelle der uspr. Seitenaltäre über neuen Mensen lebensgroße Figuren des hl. Florian und der Schmerzhaften Muttergottes, um 1740/50. – Der Tonkreuzweg 1889 von *Franz und Friedrich Preckl*, Stadtamhof. – Außen an der Westfassade in einer Nische spätgotische Petrusfigur, spätes 15. Jh. Darunter Ölbergrelief der gleichen Zeit. – Grabdenkmäler. – An der Nordinnenwand des Langhauses figürlicher Rittergrabstein für Philipp Marschall von Pappenheim († 1599). – Im Bodenpflaster vor dem Chor zwei Rotmarmorgrabplatten für die Adelsfamilie der Teuerlinger († 1397 bzw. 1438).

Kreuzsäule (Hauptstraße/Ecke Pestalozzistraße.) in der 1. Hälfte 15. Jh., aufgestellt auf dem Platz der früheren „Kopfstätt“, der Richtstätte der Herrschaft Schönberg. Ob das Denkmal mit der Blutgerichtsbarkeit in Zusammenhang steht, ist bislang ungeklärt, jedoch aufgrund eines Inschriftenrestes auf der Rückseite *„de(m) got gened:“* nicht auszuschließen. Achteckiger Schaft mit Dreiviertelsäulchen, die urspr. Wappen trugen. Auf dem Säulchen eine Figur, seitlich Flankensäulchen mit doppeltem Kielbogen. Rückseitig dat. u.a. 1437. – Neben dem Kreuz kleines Steinkreuz des 16. Jh., wahrscheinlich Grenzstein mit Wappen Bayern und Pfalz-Neuburg.

Schloß Schönberg (Am Schloß 2). 1318 erstmalig nachgewiesen, im Besitz der Herzöge von Bayern. Laut *Wening* entstand 1726 ein neuer Bau. – Imposant auf steilem Hang an der Nordseite über dem Wenzenbach gelegen. Zugang von Westen über einen Graben in den Vorhof. Dieser im Umriß der Ringmauer erhalten, baulich verändert. Hauptbau und nördlich gelegener Hof sind von einer Mauer umgeben. Die urspr. Eingangssituation der Hauptburg mit Bergfried bereits im 18. Jh. zerstört; der folgende Torbau und die nach Osten anschließenden Flügelbauten ebenfalls abgetragen. – Stattlicher dreigeschossiger Walmdachbau. Hauptseite mit Eingang im Norden, nach Süden unregelmäßig gebrochene Front mit zweigeschossigem Erker. Im Innern geräumige Erschließung: barocke Podesttreppe zur Verbindung der übereinanderliegenden rechteckigen Fletze. Davon abgehend die Zimmer. Sparsamer Deckenstuck und geschnitzte Türeinbauten des 18. Jh. – Dem Eingang gegenüber an der Südseite Kath. Schloßkapelle St. Joseph. Rechteckiger Raum mit Westempore, Holzdecke mit Rundbildern. – Hauptaltar um 1700, Säulenaufbau mit Akanthusschnitzerei. Seitenaltar 1722 dat., *Franz Anton Neu* zugeschrieben.

WERNBERG Markt Wernberg-Köblitz, Kr. Schwandorf. *Karte 5*

★ **Burg.** Bis 1280 im Besitz der Landgrafen von Leuchtenberg, anschließend bis zu Beginn des 16. Jh. den Nothaft gehörend, ab 1530 wieder leuchtenbergisch; nach 1646 vorübergehend, ab 1705 endgültig an Bayern. Heute im Besitz der Grafen von Schall. – Auf den nördlichen Ausläufern eines längs der Naab sich hinziehenden, nach drei Seiten steil abfallenden Bergrückens. Die unregelmäßige, im Kern romanische Vierflügelanlage umschreibt vermutlich den alten Bering. Im 16. Jh. verstärkt befestigt und ausgebaut. Schloßkapelle im 18. Jh. erweitert und ausgestattet. Bauliche Änderungen einschließlich teilweiser Aufstockung im 19./20. Jh. – Zugang von Süden aus halbkreisförmig umbautem Vorhof über ehem. doppelten Graben, Zwinger, Torhaus mit östlich anschließender Toranlage des 16. Jh. in trapezförmigen Hof. In der Südostecke des Hofs quadratischer Bergfried aus Großquadern, frühes 13. Jh.; hochliegende Einstiegsöffnung, darüber drei weitere Geschosse; Pyramidendach. Der nordöstlich anschließende Zweiflügelbau birgt im Kern den romanischen Palas; hofseitig doppelgeschossige Arkadenwand, im Obergeschoß Loggien mit Balustraden aus zakkenförmig versetzten Ziegeln, 16. Jh. Im Südwesten Wohntrakt mit Treppenturm, wohl 16. Jh. – Nördlich vorgelagert, an der Westseite des Hofes die Kapelle St. Georg (nicht zugänglich), 1401 konsekriert. Im 18. Jh. umgestalteter Saalbau, eingezogener Chor mit 5/8-Schluß. Tonnenwölbung mit Stichkappen über Pilastern, Rahmenstuck. Zweigeschossige Westempore. Ausstattung des Rokoko.

WERNERSREUTH

Markt Neualbenreuth, Kr. Tirschenreuth. *Karte 3*

Kath. Pfarrkirche St. Andreas. Chorturmkirche aus der Mitte des 17. Jh., wohl mit Verwendung mittelalterlicher Bauteile (Turm). 1726 und 1911 erweitert, 1969 Eingangssituation verändert, Restaurierung 1988. – Turm mit Zwiebeldach, in seinem Erdgeschoß der eingezogene, quadratische Chor mit Kreuzgratgewölbe, flachgedecktes Langhaus. – Hochaltar mit reichem Figurenschmuck, 2. Viertel 18. Jh. – Orgelgehäuse 1. Drittel 18. Jh.

Kath. Allerheiligenkirche. Die Wallfahrtskirche steht in einer Waldlichtung nahe des Ortes auf dem Platz des mittelalterlichen Vorgängerbaus „St. Isidori Einsiedl“. – Anfang 18. Jh. von *Philipp Mühlmayer* erbaut. Restaurierung 1975/76. – Von Stichkappentonne überwölbter Saalbau mit eingezogenem, dreiseitig geschlossenem Chor und östlichem Dachreiter. – Drei Altäre mit Knorpelwerkschnitzereien um 1660, angeblich aus Eger. Zweisäuliger Hochaltar mit Allerheiligenbild. Von Engeln flankierter Rundtabernakel mit Relief der Mannalese, angeblich aus der alten Waldsassener Klosterkirche. – Kanzel mit Posaunenengel, 1. Drittel 18. Jh.

WETTERFELD Stadt Roding, Kr. Cham. *Karte 10*

Kath. Filialkirche St. Ulrich. 1433 erste Erwähnung einer Burgkapelle. 1518 Bau der bestehenden Kirche. 1730 erweitert. Renovierung innen 1965, außen 1987. – Dreiseitig geschlossener Saalbau mit Zwiebel-

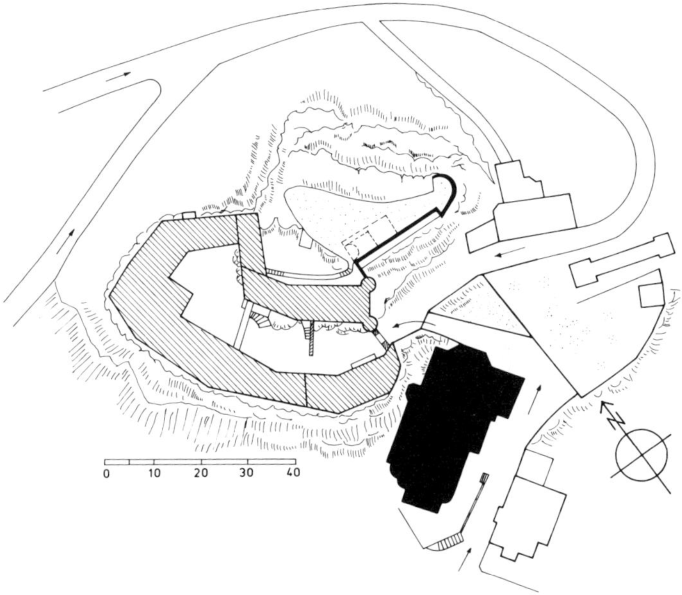

Wernberg, Burganlage

dachreiter. – Im Innern Kreuzgewölbe über Pilastergliederung, die Rippen im 18. Jh. abgeschlagen und Rahmenstuck aufgesetzt; spitzer Chorbogen. – Hochaltar, viersäuliger Aufbau des Frührokoko, Altarblatt hl. Ulrich und hl. Wolfgang. Neben dem Hochaltar Flachrelief des hl. Ulrich, Ende 15. Jh., in Rahmung mit Wappen und Inschrift, dat. 1666. – An den Wänden Epitaphien des Ortsadels, 17./18. Jh.

Altes Schloß. Die Wetterfelder, Ministerialen der Markgrafen von Cham-Vohburg, Anfang 13. Jh. belegt. Um Mitte 13. Jh. Übergang an die Wittelsbacher, 1329 an deren Pfälzer Linie. Im 15. Jh. vier Burggüter. Zerstörung im Dreißigjährigen Krieg. – Ehem. Wasserburg, die ausgedehnte mittelalterliche Anlage mit Kirche im Zentrum und Schloßgebäuden, deren Reste in spätere Wohngebäude einbezogen wurden, noch gut erkennbar. An der Nordostseite durch heute zum größtenteil trockengelegten Weiher geschützt; im übrigen umschlossen von einem bruchsteingemauerten, urspr. mit Wasser gefüllten Graben und einer zu weiten Teilen erhaltenen, gelegentlich in die umliegenden Häuser integrierten Ringmauer. – Im Südwesten das in den Graben vorspringende, spätgotische Torhaus, im östlichen Teil Wohnungseinbaus, Rundbogige Durchfahrt, an der Außenseite seitliche Einlaßpforte und Rechteckblende, die urspr. zur Aufnahme einer Schlagbrücke diente, später durch eine zweibogige Steinbrücke ersetzt.

Ehem. Neues Schloß (Schloßweg 6). Bau des 16./17. Jh., mit Satteldach und Standerkern an der Ostseite und an der Nordwestecke.

Ehem. Pflegamt, sog. Jägerhaus (Freiherr von Schrenk-Straße 5), ein stattlicher Bau des 17. Jh. mit Walmdach.

WETTZELL Stadt Kötzting, Kr. Cham. *Karte 11*

Kath. Pfarrkirche St. Laurentius. Von spätmittelalterlicher Friedhofsmauer umgeben. – Verputzter Chor und Turmunterbau spätgotisch, das romanische Langhaus 1848 in neugotischen Formen durch *Leonhard Schmidtner* aus Landshut erneuert. Restaurierung 1984–87. – Saalbau mit eingezogenem Chor im 5/8-Schluß. Turm an der Chornordseite mit verschindeltem Spitzhelm, 1987 saniert. – Im Chor Sterngewölbe über profilierten Konsolen, im Schiff Holzdecke, neugotische Fassung rekonstruiert. – Neugotische Ausstattung um 1849. Altarblätter nazarenisch, Gemälde des hl. Michael am linken Seitenaltar 1865 aus der Schule *Schlotthauer,* München; die Seitenbilder des Hochaltars von 1934, zwei Halbfiguren 1. Hälfte 18. Jh. – An der rechten Langhauswand Figur des hl. Nikolaus, um 1500. – Einige Barockfiguren.

WIEFELSDORF Stadt Schwandorf, Kr. Schwandorf. *Karte 9*

Kath. Pfarrkirche St. Peter und Paul. Die Pfarrei läßt sich bis um 800 zurückverfolgen. Laut Inschrift am Chor wurde die baufällige romanische Kirche, deren Umfassungsmauern im Langhaus noch erhalten sind, 1748 nach Osten erweitert und barockisiert. Turm südlich am Langhaus. – Verhältnismäßig niedriger, breiter Raum mit vierachsigem, pilastergegliedertem Langhaus; barocke Erweiterung durch Querschiff mit zentraler, querovaler Flachkuppel, Chorraum mit Polygonschluß. Kuppelmalerei mit Rosenkranzübergabe an den hl. Dominikus. – Altäre Mitte 18. Jh. Hauptaltar, reiche Architekturgliederung, mit Mondsichelmadonna der 2. Hälfte des 15. Jh. und barocken Figuren: Gottvater, die hll. Johannes von Nepomuk, Joseph, Petrus und Paulus. – Kanzel um 1730 mit Figuren der Vier Kirchenväter, die Evangelistensymbole am Kanzeldeckel.

WIESAU Kr. Tirschenreuth. *Karte 2*

Wiesau ist seit der Mitte 13. Jh. bezeugt.

Kath. Pfarrkirche St. Michael. 1661–63 Bau der Kirche, 1731 Neubau des Turms; 1753 weitgehender Neubau durch *Philipp Muttone,* 1773–75 Reparatur des Gewölbes und Einzug einer Holzdecke durch *Niko-*

laus Bromberger aus Waldsassen nach Einsturz 1770. 1793 Beschädigung des Dachs. 1934–36 um Querhaus und Chor nach Osten erweitert. Restaurierung 1987. – Westlich eingestellte Ecksäulen, Westturm mit eingezogener Laternenzwiebelhaube. Außen- und Innengliederung der Kirche ähnlich wie in ▷ Beidl unter dem Eindruck der Waldsassener Baukunst entstanden. Kräftige Gliederung der Langhausflanken durch Rundbogennischen. Im Innenraum wird die flache Stichkappentonne durch breite Gurte unterteilt, die auf mit Doppelpilastern besetzten Wandvorlagen aufsetzen. – Neue Deckenfresken von *Walter Scheidemandel* 1953. – Ausstattung. – Hochaltar um 1700. Hohes Säulenretabel mit Seitenfiguren der hll. Benedikt und Bernhard von Clairvaux; neubarocke Veränderungen. Altarblatt hl. Michael von *J. Aichlmayr* aus Tirschenreuth 1887 (sign.). Seitlich des Altars Figuren der hll. Augustinus und Ambrosius. – Neubarocke Seitenaltäre mit Nischenfiguren. – Kanzel mit Rokokoschnitzereien, hl. Paulus auf dem Schalldeckel. – An den Langhauswänden Heiligenfiguren, 1. Hälfte 18. Jh. Westlich vor der Kirche Säulenbildstock aus Granit mit Figur der Muttergottes, dat. 1697.

Kath. Filialkirche Hl. Kreuz. Auf einer Anhöhe über dem Markt 1657–61 anstelle eines mittelalterlichen Vorgängerbaus errichtet, 1740 erweitert. Renovierung innen 1957–59, außen 1975. – Wandpfeilerkirche, eingezogener Chor im quadratischen Ostturm mit Mansarddach und Laterne. – Grund- und Aufriß entschieden auf die Kreuzessymbolik bezogen: am Langhausansatz beiderseits je eine Kapelle und östlich des Chors eine Sakristei, am Außenbau durch ausgeprägte Giebelgliederung hervorgehoben. – Durch Gurte gegliedertes Stichkappen-Tonnengewölbe, das mittlere Langhausjoch mit kleiner Kuppel. Mit Doppelpilastern besetzte Wandpfeiler, an ihren Flanken vermitteln konkav eingebuchtete Pilaster zu den flachen Seitennischen. – Deckengemälde um 1740 mit origineller Ikonographie. Im Chor: Christus im Triumphwagen über Luzifer und personifizierten Lastern, Medaillons mit Kreuzesallegorien in den Kappen. Im Langhaus von Ost nach West: figurenreiche Kreuzesauffindung, Verherrlichung des Kreuzes beim Weltgericht (Kuppel), Erhöhung des Kreuzes durch Kaiser Heraklius, in den Stichkappen allegorische Darstellungen, an der Emporenbrüstung fünf Passionsszenen. In der nördlichen Seitenkapelle Kreuzesvision des Kaisers Konstantin, in der südlichen Verehrung des Kreuzes durch die Vier Weltteile. – Ausstattung 1. Viertel 18. Jh. Hochaltar, Retabel mit Volutenpilastern und seitlichen Akanthusranken, Figuren der hll. Helena und Veronika, Altarblatt Aufrichtung des Kreuzes. Freistehender Tabernakelaufbau um 1730 mit kleiner Pietà-Gruppe und reichgeschnitztem Antependium. – Seitenaltäre mit Nischenfiguren, nördlich hl. Joseph, südlich hl. Maria. Altäre der Seitenkapellen mit Akanthus- und Bandelwerkschnitzereien, nördlich Altarblatt hl. Laurentius, südlich Maria als Gute Hirtin, bez. „*G. M. F.* 1802 fecit“. – Kanzel mit hl. Ignatius auf dem Schalldeckel.

Östlich der Kirche seltene Anlage eines Kalvarienberges. Sechs knapp lebensgroße Granitfiguren in freier Landschaft, beiderseits einer Steintreppe, stellen Christus in verschiedenen Leidensstationen dar, unten rechts beginnend: Ölberg, Gefangennahme, an der Geißelsäule, Dornenkrönung, Ecce-Homo, Kreuztragung.

Kirchplatz 7. Gegenüber der Pfarrkirche ein langgestreckter Traufseitbau, im Kern 1679. 1935 von *Theodor Hötzel* aus Waldsassen historisierend umgestaltet mit neubarocken geschweiften Zwerchgiebeln, Erkertürmchen und Stuckdekor.

WIESENT Kr. Regensburg. *Karte 14*

Kath. Pfarrkirche Mariä Himmelfahrt. Neubau von 1971–73 unter Beibehaltung des 1707 errichteten Chors und des 1818 erneuerten Turms. In der Dachausrichtung am Vorgängerbau orientiert, wurde der Gemeinderaum im Norden ausgebaut, so daß die Südwand heute die Altarwand bildet. – Erhalten der barocke Hochaltar, 1707 von *Bernhard Ehehamb* und *Mathias Schmidtgartner* aus München. Altarblatt von *Joseph Anton März* aus Straubing (sign.), Mariä Himmelfahrt. – Spätgotische Figur der Muttergottes, um 1500, neugefaßt. – Grabdenkmäler. – Eine Reihe künstlerisch bemerkenswerter Renaissance-Epitaphien, Sandstein- und Kalksteinreliefs mit bildlichen Darstellungen, so des Hieronymus Kolb († 1608), in Prachtrüstung. – Hans Dietrich Kolb zu Heilsberg († 1566). – Relief der Kreuzigung mit Stifterfamilie ohne Inschrift, mit Ehewappen der Baumgarten – Trainer. – Hieronymus Kolb († 1608) mit Relief der Auferstehung Christi, dabei Ehewappen Kolb – Baumgarten. – Kalksteinepitaph mit Relief: Jesus bei Maria und Martha, Ehewappen Leublfing – Baumgarten.

Ehem. Schloß. Seit dem 12. Jh. läßt sich das Geschlecht der Wiesenter verfolgen. Ab 1634 ging die Herrschaft an die Grafen von Lintelo. – 1695 erbaute Max Rudolf Thimon von Lintelo den langgestreckten, zweigeschossigen Schloßflügel mit runden Flankentürmen. 1762 fügte Johann Adam von Falkenberg den Querflügel an der Ostseite hinzu. – An der Hauptfassade nach Süden Hausteinportal mit bossierten Pilastern. Im Sprenggiebel Wappen des Erbauers, dat. 1695.

WILCHENREUTH
Gem. Theisseil, Kr. Neustadt a.d. Waldnaab. *Karte 5*

★ **Ev. Kirche St. Ulrich** ehem. Simultankirche. Vermutlich als Kapelle eines Edelsitzes Ende 12. Jh. erbaut. Der Ort erstmals um 1400 genannt. Die Kirche vertritt einen in der Oberpfalz nicht seltenen romanischen Bautypus: Saalkirche mit halbkreisförmiger Ostapsis, Westempore und profanem Obergeschoß. Die Zweckbestimmung bisher nicht eindeutig geklärt, wohl mehreres möglich: Asylstätte, Pilgerherberge, Speicher. Einzigartig in der nördlichen Oberpfalz sind die Fragmente romanischer Apsismalerei.

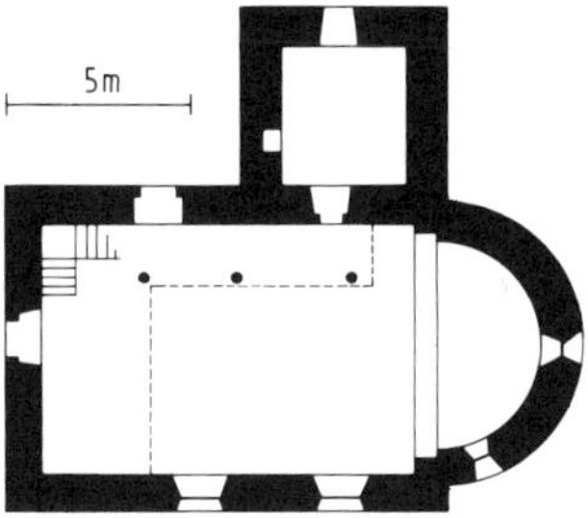

Wilchenreuth, St. Ulrich

Satteldachbau mit eingezogener halbkreisförmiger Apsis, Quadermauerwerk aus Granit, im ersten Obergeschoß verputztes Bruchsteinmauerwerk mit Eckquaderung, drei schmale Rechteckfensterchen. Mehrfache bauliche Änderungen zeichnen sich am Außenbau ab: an der Apsis vom Sockel ausgehende, unvermittelt endende Lisenen; im Osten und Westen Giebelansätze in Quaderbauweise. Beides deutet auf eine nachträgliche Aufstockung hin, möglicherweise im 13. Jh. Urspr. Zugang zu Kirche und profanem Obergeschoß wohl von der im Westen gelegenen Burg durch einen in Emporenhöhe liegenden vermauerten Eingang, außerdem durch ein heute zugesetztes Rundbogenportal im Norden. Nur wenige originale Fenster erhalten. – Die Überdachungen an Eingängen zur Kirche im Westen und Norden, die Sakristei und der sechseckige Fachwerkdachreiter kamen 1912 hinzu. – Breiter, vor allem von Süden beleuchteter Saal mit flacher Holzdecke, Holzemporen auf Steinsäulen im Westen und Norden.
Malereien in der Apsis. In der durch Stufen und kräftige Kämpferprofile abgesetzten Apsiskalotte Majestas Domini, darunter Fries mit sechs, nur im oberen Teil erkennbaren Bildfeldern, links Verkündigung, Maria mit Kind und Kreuzigung. Rankenwerk am Triumphbogen. Die Apsismalereien waren 1903 entdeckt worden; der urspr. Plan, die Fresken für das Bayerische Nationalmuseum abzunehmen, stellte sich nach Entfernung der späteren Übermalungen durch Kunstmaler *Weber* aus Amberg 1907 als nicht durchführbar heraus. Daraufhin wurden die für die infolge der Freilegung leeren Flächen „notwendigen Ergänzungen" beschlossen, die 1912 von Kunstmaler *Ortt* (?) aus Nürnberg „in völlig stilgemäßer Weise" vorgenommen wurden: Vier Evangelistensymbole und zwei Bilder an der nördlichen Chorwand. „Als Abschluß wurde unter der Bildreihe ein Teppichmuster nach alten Motiven angebracht". (Pfarrchronik 1912–17). Die Authentizität der romanischen Malereien ist demzufolge geringer als in den gleichzeitigen Darstellungen des Karners zu ▷ Perschen. In den

Zwickeln der Stirnwand des Schiffes seitlich der Apsis Reste spätmittelalterlicher Malereien.
1912 folgte eine durchgreifende Restaurierung und Neugestaltung der Ausstattung. Auf dem Altar eine Kopie des *Riemenschneider*'schen Kruzifixus der Kirche in Heroldsberg, geschnitzt von Prof. *Leistner*, Nürnberg. Kanzel mit Ergänzungen restauriert. – Erweiterung der Empore nach Norden, Orgelprospekt, Bemalung des Gestühls, neuer Taufstein, Umbau der Sakristei. Das Ergebnis ist ein freundliches Ensemble bäuerlicher Kirchengestaltung im Übergang des späten Historismus zum Heimatstil.

Kath. Expositurkirche St. Ulrich. Neubarocker Bau von 1910. Außen 1983/84, innen 1988/89 restauriert. – An der Südseite des eingezogenen, dreiseitig geschlossenen Chores der Turm mit eingezogener Zwiebelhaube, sein Obergeschoß mit Granitquadern verblendet. – Stichkappentonne mit Rahmenstuck, moderne Bildfenster. – Ausstattung großenteils aus der ehem. ▷ Simultankirche übernommen. Hochaltar um 1670, zweisäuliges Retabel mit Knorpeldekor und spätgotischen Figuren unterschiedlicher Stilphasen: Muttergottes, von den hll. Wolfgang und Ulrich flankiert; weitere spätgotische Figuren der hll. Stephanus und Laurentius an den Chorwänden, hl. Sebastian im Langhaus; die meisten Attribute erneuert bzw. verändert. Im Chor ebenfalls zwei Flügel eines spätgotischen Altars mit Reliefs der hll. Katharina und Barbara. – Die übrige Ausstattung neubarock.

WILDENAU Markt Plößberg, Kr. Tirschenreuth. *Karte 2*

Kath. Kirche St. Erhard. 1906 von *Josef Koch* aus Regensburg in neubarocken Formen errichtet. Nach Westen gerichteter Saalbau mit im Mittelabschnitt ausgebauchten Langhausflanken und eingezogenem, halbrund geschlossenem Chor. Turm mit Doppelzwiebelhaube im nördlichen Chorwinkel. – Drei Rokoko-Altäre, überfaßt und ergänzt. Der rechte Seitenaltar mit Figur des hl. Erhard um 1500 (aus der ehem. Schloßkapelle).

Ehem. Schloß und ev. Kirche. 1183 erste Erwähnung der Wildenauer. 1212–1805 böhmisches Lehen. Seit dem 15. Jh. mehrmaliger Besitzerwechsel, u.a. Belehnung der Reitzenstein. – Kranzförmig um engen Innenhof angeordnete, von Osten zugängliche Anlage auf steil abfallendem Felsen. – Nordwestliche Gebäudegruppe aus Bruchstein- und Quadermauerwerk, 2. Hälfte 17. Jh., 1981–83 Sanierung. Der Westtrakt enthielt im Erdgeschoß bis 1912 die ehem. ev. Schloßkapelle St. Erhard, darüber das ehem. Tafelzimmer, urspr. mit bemalter Holzfelderdecke (mythologische Szenen), dat. 1675. Der Nordtrakt mit gewölbten Pferdestallungen im Erdgeschoß. – Südöstlich 1911/12 Anbau der ev. Kirche, wohl über den Fundamenten des ehem. Palas (1988 Außenrenovierung). Flachgedeckter Saalbau mit eingezogenem, dreiseitig geschlossenem Chor außer Achse. – Sockel- und Eckquader aus Granit. Als Turm dient an der Nordseite der quadratische ehem. Bergfried (1988 Sanierung), viergeschossig mit glockig ausschwingendem Spitzhelm. Die aus dem späteren 12. Jh. stammenden beiden Untergeschosse weisen Buckelquader und darüberliegende kleinere Quader aus Granit auf. Die restlichen Geschosse aus Bruchsteinmauerwerk mit Eckquadern wurden im 14. Jh. aufgesetzt.

WILDENREUTH Stadt Erbendorf, Kr. Tirschenreuth. *Karte 2*

Simultankirche St. Jakob. 1808/10 Kirchenneubau unter Verwendung älterer Mauerteile, nach Brand 1851 Wiederaufbau, Gesamtrestaurierung 1985/86. – Saalbau mit eingezogenem, halbrund geschlossenem Chor. Mit achtseitigem Spitzhelm abgeschlossener Westturm, bez. 1698. – Stichkappentonnengewölbe über Pilastergliederung. – Ausstattung. – Hochaltar 2. Viertel 18. Jh., 1812 aus der Paulanerkirche in ▷ Amberg erworben. Hohes Säulenretabel, Altarblatt mit Auferstehung Christi, 1860 von *Anton Wild* (nach einem Lissaboner Vorbild). – Kanzel 1833, mit Allianzwappen der Podewils-Lindenfels. – An der Langhaussüdwand Kruzifixus, Anfang 18. Jh., angeblich von *Johann Michael Doser* geschnitzt und von *Johann Michael Wild* gefaßt. (1986 freigelegt). – Orgelprospekt 1830/31 von *Eberhard Friedrich Heydenreich*. – Glocke von *Balthasar Platzer* aus Eger 1712.

Schloß. Im 11./12. Jh. Sitz der Herren von Wild, seit 1611 der Freiherrn von Podewils. – Dreigeschossiger Walmdachbau von 1854, 1911 verändert. – An der Nordseite zwei runde Ecktürme, an der Südostecke mächtiger Vierkantturm über Resten des romanischen Bergfrieds. An der westlichen und östlichen Längsfront Steinerker mit ornamentierten Brüstungen.
Westlich des Ortes die pyramidenförmige „Königssäule“, anläßlich der Erhebung Bayerns zum Königreich (1806) errichtet.

WILDENSTEIN
Stadt Dietfurt a.d. Altmühl, Kr. Neumarkt i.d. Opf. *Karte 12*

Ehem. Schloß. Das Geschlecht der Wildensteiner seit dem 13. Jh. bezeugt. Das Schloß blieb mit einer Unterbrechung im 15. Jh. bis 1616 in Familienbesitz, dann Verkauf an Johann Ulrich von Lichtenau, 1722–1826 im Besitz der Grafen von Taufkirchen. Instandsetzung 1983–84, Umbau und Erweiterung 1989. – Die mittelalterliche Burg auf einer nordöstlich ins Laabertal vorspringenden Felszunge bis auf einen Sockel aus Bruchsteinwerk restlos verschwunden. Das bestehende Schloß entstand im südlichen Burgbereich in mehreren Bauphasen: der ostwestliche, zweigeschossige Trakt 1558 errichtet, an der Südseite wurde im 18. Jh. ein flacher Mittelrisalit mit genuteten Pilastern und Dreiecksgiebel eingefügt. Östlich schließt etwa rechtwinklig nach Norden ein Flügel aus der 2. Hälfte des 17. Jh. an. Gleichzeitig wurde die Ostfront des älteren Baus um einen Erkerturm mit Zwiebelhaube bereichert. – Südwestlich am Hautpbau ausspringend die Brauereigaststätte, wohl 1923 in angeglichenen, barockisierenden Formen errichtet. Nordwestlich der ausgedehnte, mehrfach erweiterte Wirtschaftskomplex, heute als Brauerei genutzt.

WILLENHOFEN Stadt Parsberg, Kr. Neumarkt i.d. Opf. *Karte 8*

Kath. Kuratiekirche St. Mauritius. 1735 ersetzte ein Neubau die alte, wohl 1728 abgebrochene Kirche auf dem nahen Moritzenberg. 1904–06 Verlängerung des Schiffs, Neubau des Turms und der Sakristei in barockisierenden Formen durch den kgl. Bauamtsassessor *Gröninger.* Gesamtrestaurierung 1972–75. – Saalbau mit eingezogenem, dreiseitig geschlossenem Chor. Turm mit Achteckaufsatz und eingezogener Zwiebelhaube an der nordwestlichen Langhausecke. – Im Chor Stichkappentonne über Wandpfeiler, im Schiff Flachdecke mit dünnen Bandelwerkstukkaturen der Erbauungszeit, Doppelpilastergliederung. Nazarenisches Deckenbild mit Krönung Mariens (zwei barocke Entwürfe für Deckenbilder mit Geburt Christi und Anbetung der Könige im Pfarrhof, vielleicht von *Otto Gebhard,* nach Mitte 18. Jh.). – Ausstattung. – Altäre und Stuhlwangen aus der Erbauungszeit. Hochaltar, Viersäulenretabel mit Altarblatt Martyrium des hl. Mauritius, Seitenfiguren der hll. Wolfgang und Emmeram. – Linker Seitenaltar mit Nischenfigur der Muttergottes, (2. Hälfte 19. Jh.), seitlich die hll. Florian und Notburga; rechter Seitenaltar mit Nischenfigur des hl. Wendelin, flankiert von hl. Rochus und hl. Sebastian. – Zwei Leinwandbilder des 18. Jh., an der rechten Langhauswand die Auferstehung Christi. – Im Langhaus mehrere Figuren, überwiegend 1. Hälfte 18. Jh., u.a. ein Kruzifixus mit Schmerzhafter Muttergottes. –

WILLHOF Gem. Altendorf, Kr. Schwandorf. *Karte 9*

Kath. Filialkirche St. Jakob. Romanische Chorturmkirche in erhöhter Lage über der Schwarzach, um 1150 erbaut. Wiederherstellung der baufälligen Kirche vermutlich im ausgehenden 17. Jh., am Hochaltar Stifterinschrift von 1682. Durchgreifende Restaurierung 1966–67 mit Freilegung des Mauerwerks am Außenbau. – Die romanische Saalkirche besteht aus großem Quadermauerwerk, durchsetzt mit Bruchsteinen. An der Westfassade, ähnlich ▷ Hof bei Oberviechtach, erhöht eine Rechtecköffnung. An der Südseite Rundbogenportal mit ungleich profilierten Kämpferstücken. Gedrungener Ostturm mit Pyramidendach. – Tonnengewölbter, eingezogener Altarraum, gegen den schlichten Saal mit Holzdecke in kämpferlosem Rundbogen geöffnet. – Hochaltar von 1682, Säulenretabel mit Sprenggiebel, Gemälde des hl. Jakobus.

WILTING Kr. Cham. *Karte 10.*

Kath. Pfarrkirche St. Leonhard. Bau des frühen 15. Jh. 1975–76 Langhaus unter gemeinsamem Dach beträchtlich nach Süden erweitert. – Turm mit barocker Zwiebelhaube an der Chorsüdseite. Der eingezogene Chor mit 5/8-Schluß durch einbahnige, im Scheitel zweibahnige Maßwerkfenster gegliedert. Ebenfalls urspr. die beiden gedrückt spitzbogigen Fenster im östlichen Teil der Langhausnordwand, hier weiter westlich und an der Westseite mehrfach profilierte spitzbogige Portalrahmungen, die nördliche zugemauert. Im 18. Jh. wurde westlich ein halbrund geschlossenes Vorzeichen angebaut, außen und innen durch Pilaster gegliedert. – Im Chor Kreuzgewölbe mit abgefasten Rippen, aufsetzend auf sechs Spitz- und zwei Kopfkonsolen; breiter, spitzer Chorbogen mit gefasten Kanten. Langhausnordwand bis über die Scheitelhöhe der urspr. Fenster sockelartig vorspringend (wohl ältere Mauersubstanz), schräg vorgekragtes Abschlußgesims. – Im gesamten Kirchenraum moderne Bildfenster. – Emporenbrüstung mit Tafelbildern der Zwölf Apostel, 18. Jh. – An der Decke Rosenkranzmadonna um 1700.

WINBUCH Markt Schmidmühlen, Kr. Amberg-Sulzbach. *Karte 8*

Kath. Filialkirche St. Bartholomäus, ehem. Schloßkapelle. Romanischer Bau, im späten 18. Jh. verändert. Instandsetzung 1987/88. – Flachgedecktes Langhaus mit Rahmenstuck, eingezogene halbkreisförmige Apsis, östlicher Kuppeldachreiter. Westportal, dat. 1795, korbbogig wie auch der Apsisbogen. – Einheitliche Ausstattung um 1800. Altar in Formen des Spätrokoko und Frühklassizismus, Tabernakel figurenbekrönt. – Kanzel und Stuhlwangen klassizistisch. – Emporenbrüstung mit Leinwandbildern: Abendmahl, Auferstehung und Himmelfahrt Christi. – Am Apsisbogen Rotmarmorplatte des letzten Hausner von Winbuch († 1697).

Ehem. Landsassengut. Bis Ende 14. Jh. im Besitz der Winbucher, dann der Hausner. – Der bestehende zweigeschossige Walmdachbau im 17./18. Jh. errichtet, korbbogiges Westportal dat. 1795.

WINDISCHESCHENBACH Kr. Neustadt a. d. Waldnaab. *Karte 2*

Der im 13. Jh. erstmals erwähnte Ort erhielt 1952 die Stadtrechte.

★ **Villa Stützel,** heute Jugendtagungshaus (Bahnhofstr. 29). 1892 für Eduard Stützel, den Mitbesitzer der Spiegel- und Salin-Glas-Fabriken Chr. Winkler und Sohn bzw. der Klarahütte errichtet. An der Nordseite moderner Anbau. – Hoch über der zwischen Waldnaab und Bahnlinie gelegenen Fabrik, in Gegenüberstellung und Blickbeziehung zur Burg ▷ Neuhaus situiert, mit Park zur Stadtseite. – Palastartige, kubische Villa im Stil der Neurenaissance, eine Villa Suburbana. Breitgelagert über hohem Sockelgeschoß, an der Nordwestseite große, durch Freitreppen erschlossene Terrasse. Zweigeschossig mit Ecktürmen. Über flachem Walmdach Altane mit Balustrade, im Zentrum achtseitige Laternenkuppel. Geschoßweiser Materialkontrast: Granitbruchstein, fein gefügte und profilierte Sandsteinverkleidung, -rahmung und -giebel. Im Obergeschoß Sichtziegelmauerwerk. – Achsial und stufenweise erschlossen über Allee, Freitreppe und Vorhalle; in übergiebeltem Mittelrisalit die monumentale Halle; quadratisch, über zwei Geschosse reichend mit freischwingender, zweiarmiger gußeiserner Treppenanlage. – Von der Innendekoration aus der Erbauungszeit nur der Stuck in situ; Reste der Neurenaissance-Ausmalung zur Konservierung vorübergehend (1983) abgenommen, ebenso wie um 1905 entstandene Jugendstilmalereien.

WINKLARN Kr. Schwandorf. *Karte 6*

ANLAGE

Der Ort ist Ergebnis einer einheitlich klassizistischen Wiederaufbauplanung nach dem Brand von 1822: rechtwinklige Straßenführung, geschlossene Bebauung mit zweigeschossigen Traufseithäusern; im Zentrum ein Marktplatz von doppelter Straßenbreite. Den östlichen Abschluß bildet die dem Schloß vorgelagerte Pfarrkirche, im Westen Brunnen mit Mariensäule von 1832.

Kath. Pfarrkirche St. Andreas. Erste Nennung einer Kirche um 1270. Nach Brandzerstörung 1822 wurde die Kirche 1826 unter Beibehaltung des barocken Westturms mit Kuppelhaube wiederaufgebaut und mit zusammengekaufter Ausstattung eingerichtet. Renovierungen 1964–66 und 1989. – Breiter Saalraum mit abgerundeten Ecken, eingezogener, halbrund schließender Chor, gedrücktes Stichkappen-Tonnengewölbe. Wandgliederung durch ionisierende Doppelpilaster; geschwungene, doppelgeschossige Westempore. Gebietstypischer Raum, barock-klassizistischer Prägung. – Die reiche Ausstattung stammt aus verschiedenen Stilstufen und ist unterschiedlicher Herkunft: Hochaltar, Säulenretabel um 1730/40, 1835 aus St. Emmeram in ▷ Regensburg erworben; Seitenaltäre in reicher Rokoko-Gliederung, um 1760, 1875 aus St. Martin in ▷ Amberg, auf dem nördlichen Altar Figur der Muttergottes aus der Friedhofskapelle, 18. Jh.; klassizistische Kanzel, 1851 aus Obermünster in ▷ Regensburg; barocke Kreuzwegbilder 1966 aus Altötting. – Im Chor zwei barocke Ölbilder in klassizistischen Rahmen, Stiftungen der Grafen Du Moulin nach Brandzerstörung der Schloßkapelle: links hl. Papst Clemens in Anbetung des Lammes, rechts Auferweckung der Tabitha durch Petrus.

Kath. Friedhofskirche Zu den Vierzehn Nothelfern, ehem. Mariä Himmelfahrt. Spätgotische Anlage, im 17./18. Jh. verändert; Baudaten fehlen. Der bedeutende Michaelsaltar wurde 1835 aus dem ▷ Regensburger Dom erworben. 1986 Innenrestaurierung. – Langgestreckter Achteckbau mit Walmbach; an der Ostseite des Chors quadratischer Turm vorgesetzt, das Obergeschoß oktogonal, Zwiebelhaube. Langhaus und Chor haben spitzbogige Fenster. Durchgehende Holzfelderdecke. Zweigeschossige, wohlproportionierte Holzempore auf Balusterstützen. – Hochaltar um 1615–20: Rundbogenädikula mit annähernd rundplastischem Figurenrelief vor gemaltem Landschaftshinergrund mit flach plastischer Architekturkulisse. Im Zentrum, unter der Hl. Dreifaltigkeit, hl. Michael als Seelenwäger, in einer Dreieckskomposition abgestimmt auf die seitlich angeordneten Engelskaryatiden. Zwischen diesen anmutig bewegten, hoheitsvollen Gestalten, zu Füßen des Schutzengels eine Gruppe von Figuren, von denen zwei in der Haltung von Stiftern durch Engel empfohlen werden. In der durch einen nachträglichen Unterbau erhöhten Predella ein Tafelbild, Martyrium des hl. Blasius. Dieses Renaissanceretabel, einzigartig in der Regensburger Kunstlandschaft, kennzeichnet ein Pathos, das die möglichen Vergleichsstücke aus dem Umkreis des *Hans Krumper,* die Altäre in St. Georg in ▷ Regensburg-Prüfening und in ▷ Regensburg-Karthaus-Prüll nicht erreichen. Auf der bemalten Predella Szenen aus dem Martyrium des hl. Blasius, drei Darstellungen vor einheitlichem Landschaftshintergrund.

WÖRTH a.d. Donau, Kr. Regensburg. *Karte 14*

Pfarrkirche St. Petrus. 1234 vom Domkapitel Regensburg inkorporiert. Vermutlich aus dieser Zeit ein zweischiffiger Kernbau, an den das breitere nördliche Seitenschiff im 14. Jh. angefügt wurde. Turm und Nordportal von 1464, gleichzeitig wohl Einwölbung des südlichen Seitenschiffs. Chor um 1600. Barockisierung Anfang des 18. Jh. Im 19. Jh. neugotische Umgestaltung. Renovierung 1966. – Dreischiffige Basilika mit Turm, der um Mauerstärke in das nördliche Seitenschiff einspringt. Außengliederung durch Spitzbogenblenden, barockes Obergeschoß, Spitzhelm des 19. Jh.; im Untergeschoß kreuzgratgewölbte Vorhalle. – Hauptportal in der Nordwand, zwei spitzbogige Öffnungen. Im Tympanon Tonfigur des thronenden Petrus, dat. 1464, Wappen der Familien Goldner und Schlick (heute Diözesanmuseum Regensburg). – Basilika mit gewölbtem Chor im 3/8-Schluß. Breites Mittelschiff mit barocker Spiegeldecke, in unterschiedlich breiten, teils spitzbogigen Arkaden zu den Seitenschiffen geöffnet. Rundpfeiler nach Süden, Rechteckpfeiler nach Norden. Die Seitenschiffe sind kreuzrippengewölbt, das südliche mit Stern- und Netzfiguration, das nördliche gleichförmig 19. Jh. – Deckenbilder im Chor von *Joseph Anton März:* Himmelfahrt Mariä und mariologische Szenen. Im Langhaus 1717 von *Valentin Reuschl:* Petri Befreiung aus dem Gefängnis, Schlüsselübergabe und Kreuzigung. – Hochaltar von 1868. Grabdenkmäler. – Außen am Chor zahlreiche Grabplatten und Epitaphien, bemerkenswert vor allem die Grabplatte für Ulrich Auer († 1352) sowie Grabplatte für den Metzger „Wolfhardus dictus Scheff" († 1353).

★ **Ehem. Schloß,** heute Seniorenheim, zum Teil in öffentlichem Besitz. Die Herrschaft Wörth seit dem hohen Mittelalter im Besitz des Hochstifts Regensburg. Der Bergfried aus dieser Zeit. 1522 verlegte Bistumsadministrator Pfalzgraf Johann (1507–38) seine Hofhaltung hierher. Unter ihm Ausbau zu einer befestigten Residenz der Renaissance.

1570 waren die Wohnbauten noch unvollendet. Erweiterung und Au bau unter Bischof Albert IV. von Törring (1613–49). Innenausbau teilweise erst unter Bischof Albert Sigmund, Herzog in Bayern (1668–85). – Das Schloß kam 1803 an den Fürstbischof Carl Frhr. von Dalberg. Von 1812–1978 im Besitz des Fürsten Thurn und Taxis. Seit 1984 Wiederherstellung und Ausbau als Seniorenheim.

Das Schloß erstreckt sich südöstlich des ehem. Marktes, erhoben auf isolierter Bergkuppe: Die allseitig von Ecktürmen besetzte, mächtige Baugruppe prägt mit herausragendem Bergfried als wehrhafte Silhouette weithin die Umgebung. An der flach abfallenden Ostseite liegt vorgeschoben der Untere Torbau (A), 1605 dat., Wappen des Bischofs Wolfgang von Hausen. Schmaler Aufgang zwischen seitlichen Zwingern zum Haupttor (B) mit Zugbrücke an der durch tiefen Burggraben geschützten Ostseite. Zweigeschossiges Torhaus zwischen runden Batterietürmen, dat. 1525. Renaissanceädikula mit Allianzwappen von Hochstift Regensburg und Pfalz-Bayern. – Die ausgedehnte Rechteckanlage mit Bauteilen aus verschiedenen Zeiten umschließt einen langgezogenen Burghof (C). Im Nordosten der mächtige Bergfried, ein Wohnturm, um 1200 entstanden. Sechsgeschossig, im Innern mehrfach verändert, durch nachträglich an- und eingebaute Spindeltreppe erschlossen. Im Erdgeschoß tonnengewölbt. Im Obergeschoß nordseitig ein erkerartig ausgesetzter kleiner Raum mit spätgotischem gewundenen Rippengewölbe. – Der Bergfried bildete den Kern der pfalzgräflichen Residenz, durch einen schmalen dreigeschossigen Ostflügel verbunden mit dem Dienstgebäude. Spätgotische Tür- und Fenstergewände. Spuren von Fassadenmalerei der Frührenaissance deuten auf möglichen Einfluß von *Albrecht Altdorfer* oder *Hans Hieber,* die beide am Regensburger Bischofshof tätig waren. – Sog. Dienstgebäude (D). Unter Pfalzgraf Johann errichteter Satteldachbau mit volutenbesetztem Stufengiebel. Stichbogige, nach außen profilierte Fenstergewände, skulptierte Türeinfassung. Tiefe Kellergewölbe. Ebenerdig Küche mit Dürnitz; in ganzer Gebäudetiefe drei weitgespannte Kreuzrippenjoche. Innenliegende Schneckenstiege mit rundem Maßwerkfenster.

Den westlichen Teil des Hofes umschließt der sog. Fürstenbau, dreiteilige Flügelanlage mit Ecktürmen, eng an den Bergabfall herangerückt. Vermutlich bereits unter Pfalzgraf Johann begonnen, zu Beginn des 17. Jh. erweitert ausgestaltet. – Der Westflügel öffnet sich gegen den Hof in einer doppelgeschossigen Pfeilerhalle mit symmetrischen Treppenaufgängen zur Erschließung der rückwärtigen repräsentativen Raumfolge. Skulptierte Baluster und Portalgewände mit Diamant- und Rosettenmotiven. – In der südwestlichen Ecke das ehem. Schlafgemach mit Kassettendecke von 1616. Anschließend im Turm das sog. Rondellzimmer, ausgestattet unter Fürstbischof Albert Sigmund: Stuck 1673 von *Jacopo Tornino* aus Passau, Malerei von *Jakob Heybel* 1676. In der Region seltenes Beispiel eines vollständig erhaltenen profanen Prunkraumes, stilistisch dem sog. Kaisersaal im Schloß ▷ Alt-

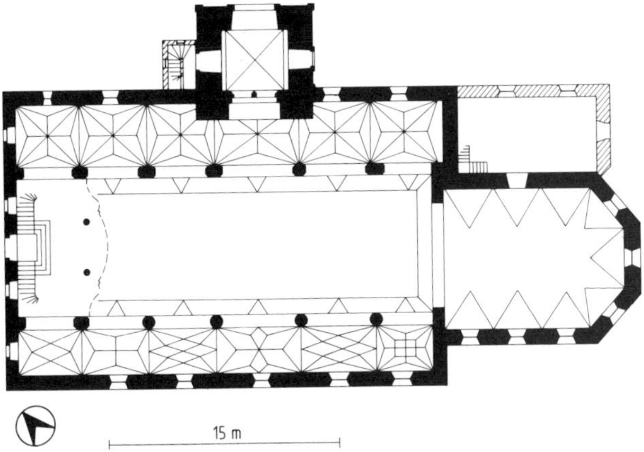

Wörth a.d. Donau, Pfarrkirche St. Petrus

eglofsheim vergleichbar. Sechsteiliges Kappengewölbe mit Gurten über Wandpilastern, stuckiert mit plastischem Rahmenwerk, Fruchtschnüren, Akanthus, Putten und gefäßtragenden Genien. Wappen des Regensburger und Freisinger Hochstifts. – Bildthemen aus den Metamorphosen des Ovid, nach Stichvorlagen des *Antonio Tempesta*. In den Gewölbekartuschen: Merkur und Herse; Minerva besucht den Helikon; Aurora begegnet Kephalos; Kephalos erhält Hund und Speer; Kephalos tötet Procris; Alcyone im Tempel der Juno. Aus gleichem Vorlagenkreis die Bilder in den Fensternischen. An den Pilastern Götterfiguren. – Südflügel. Ehem. Festsaal, bez. mit Wappen des Bischofs Albert IV. von Törring. Längsrechteckig in ganzer Gebäudetiefe mit Stichkappentonne gewölbt. Gedrungene Wandpilaster mit diamantierten Gesimsen. – Im Osten Zugang auf die Empore der Schloßkapelle St. Martin (G), 1616 von Bischof Törring erbaut. Der zweigeschossige Saalbau mit nicht eingezogenem, dreiseitig geschlossenem Chor, verlängert den Südflügel um sechs Achsen. Hohe Rundbogenfenster, nur im Chor mit Maßwerk. An der Nordseite Hausteinportal mit Stufengewände, in Ädikularahmung Wappen des Hochstifts Regensburg, von Bayern und Törring. – Innenraum durchgehend kreuzgratgewölbt. Im Chor Renaissancekonsolen; Stuckrosetten anstelle von Schlußsteinen. Eingezogene Bogenwand zum Langhaus. Im Gewölbe Wappen des Erbauers, dat. 1616, gefertigt von *Meister Wilhelm* aus Wörth. – Hauptaltar Ende 17. Jh., Wappen von Bischof Albert Sigmund (1668–85). Altarbild Tod Mariens, von *Jakob Heybel*, seitlich Schnitzfiguren der hll. Martin und Sigismund. – Seitenaltäre, Kanzel und Gestühl ebenfalls ausgehendes 17. Jh.

WOFFENBACH Stadt Neumarkt, Kr. Neumarkt i.d. Opf. *Karte 7*

Ev. Pfarrkirche St. Margaretha, ehem. Schloßkapelle. 1680 auf älteren Grundmauern errichteter Saalbau mit nicht eingezogenem, dreiseitig geschlossenem Chor. Westturm mit achteckigem Obergeschoß und eingeschnürter Zwiebelhaube. – Im Chor Kreuzgratgewölbe, im Langhaus Holzfelderdecke mit Rosetten. – Altar nach Mitte 17. Jh., mit Gemälde hl. Margaretha, die Seitenfiguren der hll. Willibald und Walburga heute in der 1966/67 erbauten kath. Pfarrkirche St. Willibald.

Ehem. Schloß. Alter Besitz derer von Schweppermann, im 15. Jh. der Freudenberger, in der Folge häufiger Besitzerwechsel. – Im ummauerten Schloßpark mit kugelbesetzten Torpfeilern und Eckpavillons (18./19. Jh.) der 1968 über den alten Fundamenten erneuerte Hauptbau. Wirtschaftsgebäude des 17./18. Jh. mit Mansarddach teilweise erhalten.

WOLFRAMSHOF Gem. Kastl, Kr. Tirschenreuth. *Karte 1*

Schloß. Die „villa Wolframmesdorf" bereits 1045 erwähnt. – Häufig wechselnde Besitzer, darunter die Ochs und die Sparnberger, seit 1725 die Freiherrn von Lindenfels. – Dreigeschossiger stattlicher Halbwalmdachbau in neubarocken Formen von 1899, im Kern wohl 16./17. Jh., Wiederherstellung nach Brand 1921. Front mit Zwerchhaus, Korbbogenportal und Wappen des Carl Christian Ernst von Lindenfels, dat. 1725. Rückwärtig runde Ecktürme mit Kegeldächern, Veranda. – Vorgelagert die Dreiflügelanlage der Ökonomie, dat. 1860, mit Fledermausgauben und Dachreiter. – Hinter dem Schloß romantisch verwilderter Park.

WOLFRING Gem. Fensterbach, Kr. Schwandorf. *Karte 9*

Kath. Expositurkirche St. Michael. Gotischer Bau mit Chorscheitelturm, im 18. Jh. umfassend barockisiert. – Dreiachsiges Langhaus mit gedrückter Stichkappentonne über Doppelpilastern; eingezogener Chor mit 5/8-Schluß und sphärischem Gewölbe mit Stichkappen über Pilastern. – Einheitliche Ausstattung um 1720. – Außen an der Westwand zwei Renaissanceepitaphien.

Schloß. Mächtiger, dreigeschossiger Granitquaderbau, z.T. mit Bukkelquadern, mit steilem Schopfwalmdach; laut einer überlieferten Inschrift um 1570 von Melchior von Saalhausen (wohl unter Verwendung von Teilen eines hochmittelalterlichen Vorgängerbaus) erneuert. – Östlich und südlich des Schlosses die Wirtschaftsbauten, 18./19. Jh.

WOLFSBACH Gem. Ensdorf, Kr. Amberg-Sulzbach. *Karte 8*

Kath. Kirche St. Magdalena. 1689 vermutlich durch den örtlichen Hammerherrn auf älteren Fundamenten erneuert. Renovierung innen

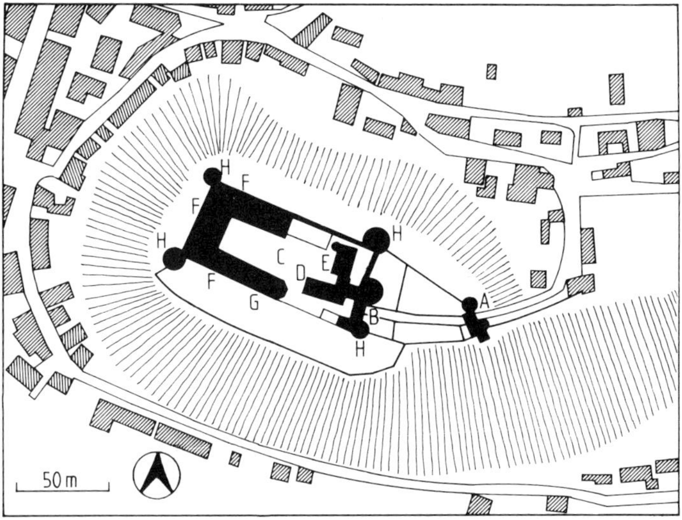

Wörth a. d. Donau, ehem. Schloß

Die Buchstaben im Plan beziehen sich auf die Buchstaben im Text ab S. 818.

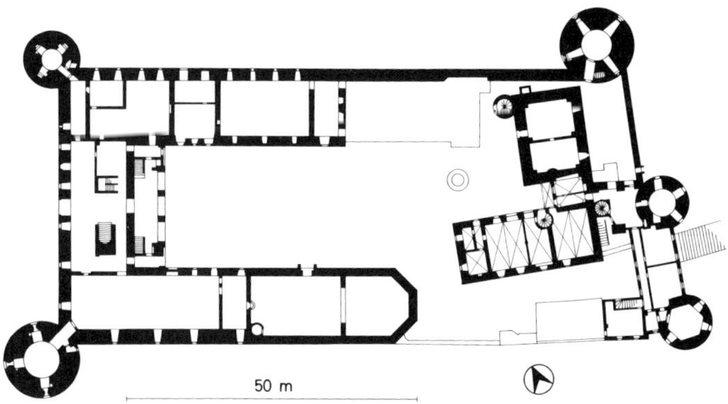

Wörth a. d. Donau, ehem. Schloß, heute Seniorenheim

1963, außen 1985. – Saalbau mit eingezogenem, dreiseitig geschlossenem Chor, spitzem Dachreiter. – Stichkappentonne über rhythmisierten toskanischen Pilastern mit Gebälkstücken. – Zwei Bildfenster aus der Regensburger Werkstatt *M. Schneider,* letztes Viertel 19. Jh. – Ausstattung in frühen Rokokoformen, 2. Viertel 18. Jh.: drei Altäre, Säulen-Pilaster-Aufbauten mit Altarblättern des 19. Jh., Kanzel, Orgelprospekt. Hochaltar mit Altarblatt von dem Amberger Maler *Ernstberger,* 1868. – Kruzifixus mit Schmerzhafter Muttergottes, Rokoko.

Ehem. Hammergut (Hammerbergweg 2). Erste Erwähnung im 14. Jh. – Zweigeschossiger Putzbau um 1600 modernisiert. An der westlichen Längsfront rundbogige, sandsteingerahmte Zugänge, polygonaler Treppenturm mit eingezogener Zwiebelhaube.

WOLFSEGG Kr. Regensburg. *Karte 8*

Burgkapelle St. Laurentius. Am Fuß des steil abfallenden Bergkegels, im Süden außerhalb der Burgmauer auf gewachsenem Felsen im 14. Jh. erbaut. Die urspr. der Maria geweihte Kapelle wurde in der 1. Hälfte des 18. Jh. verändert. – Einschiffig mit dreiseitigem Schluß. Im Innern halbrunde Apsis, eingezogen gegen den flachgedeckten Rechteckraum. Ehem. Herrschaftsempore im Westen, durch einen geschützten Zugang von Norden erreichbar. – Altar um 1700, Holzfiguren der hll. Sebastian und Laurentius.

★ **Burg.** Erster namentlich bekannter Burgherr war der vermutlich 1357 verstorbene Bruno Wolf von Schönleiten. 1358 gab Herzog Ludwig von Bayern, Markgraf zu Brandenburg, die Veste den beiden Töchtern von Schönleiten zum Lehen; 1367 übernommen von Ulrich von Laber d. Ä. und dessen Vetter Hadamar IV. von Laber. Mit Aussterben dieses Geschlechtes 1475 endete die Blütezeit der Burg. 1508 belehnte Kurfürst Friedrich von der Pfalz Leonhard von Eck mit der Burg. 1574 war Hans Thumer III. zu Puchberg († 1587) Besitzer. Ihm gehörte gleichzeitig das Haus Heuport in Regensburg. Mehrfacher Besitzwechsel bis 1880; damals Schenkung an die Gemeinde.

Baugeschichte. – Die in der Gesamterscheinung gotische Burg wurde in verschiedenen Bauphasen errichtet. Gründung wohl durch die Wolf von Schönleiten, im ersten Bauabschnitt um 1278 entstand der Palas zu zwei Geschossen samt Bering und Wehrturm. Etwa 1325–1350 Einwölbung und Unterteilung des Erdgeschosses, um 1403–1410 Aufstockung des Palas, flächiger Verputz der Hofseiten. Im 16. Jh. Einwölbung des ersten Obergeschosses, Anbau des Treppenturms an die Ostseite des Palas. 1721 erhielt der Palas ein Krüppelwalmdach, der Treppenturm einen Giebelaufsatz. Im 19. Jh. Raumunterteilungen im 1. Obergeschoß; allmählicher Verfall. Beginn der Instandsetzung 1932 durch den Regensburger Georg Rauchenberger. Seit 1970 Verwaltung durch ein Kuratorium; Grabungen 1978–1987. Generalsanierung 1986–89 und Adaption als Museum.

Baubeschreibung. – Die Anlage aus Bruchsteinmauerwerk mit Eckquaderung. – Der äußere Bering der ovalen Bergform angepaßt. Halbrunde Mauertürme; erhalten der Torturm und der Zwingerturm, im Übrigen zu Wohnhäusern umgebaut. – Die Kernburg bildet ein unregelmäßiges Polygon, das gegen Westen durch den annähernd rechteckigen Palas abgeriegelt wird. Dessen Außenmauern fortgeführt in den Bering um den Burghof, an der Südseite, wo sich der Eingang befindet, durch Wehrgang gedeckt. Auf der Nordseite schließt an den Palas der halbrunde Wehrturm an. – Palas. Erdgeschoß tonnengewölbt mit Schartenfenstern, Obergeschosse mit großen Fenstern bewohnbar. Ostseitig der quadratische Treppenturm aus unverputztem Ziegelmauerwerk; Maßwerkfries, Profilierung aus Formsteinen. Im Innern geräumige Podesttreppe um eine quadratische hohle Spindel mit spitz-kleeblattbogigen Rechtecköffnungen. Die ehem. Wohnräume heute Teil des Museums, im Obergeschoß Stichkappentonnengewölbe mit rippenartigen Graten. Im Scheitel und an den Kämpfern Lilienenden, sowie kleine Schlußsteine. Massiver Türstock aus der Bauphase 1403–10. Die Räume darüber mit Bohlenbalkendecken. Im sog. Rittersaal an den Wänden gotische Rankenmalereien, um 1980 freigelegt und ergänzt. – Der Wehrturm mit Schneckengewölbe im Untergeschoß. Darüber Gedächtnisraum für Georg Rauchenberger († 1973).
Unter der Burg, bis in 36 m herabreichend, ein von Süden zugängliches Höhlensystem, im sog. tiefen Keller heute ein Höhlenmuseum.

WOLFSKOFEN Gem. Mintraching, Kr. Regensburg. *Karte 14*

★ **Kath. Pfarrkirche St. Mariä Himmelfahrt.** Chorturmanlage mit Spitzhelm, 1939/40 von *Karl Schmid.* Neubarocke Glasgemälde der Erbauungszeit. – Prächtige Barockausstattung (restauriert 1989) aus dem im Truppenübungsplatz Grafenwöhr gelegenen Pappenberg, einem ehemals vielbesuchten Wallfahrtsort am Fuße des Schwarzen Berges. Hochaltar wie auch die Kanzel 1719 von *Johann Michael Doser* aus Auerbach. Viersäuliger Aufbau mit Altarblatt Himmelfahrt Mariens, 1726 von *Johann Thomas Wild* aus Auerbach, der 1721 auch den Altar faßte. – Seitenaltäre 2. Hälfte 18. Jh., Rokokoretabel mit Volutenpilastern, links mit Herz-Jesu-Bild, rechts mit Gemälde der Muttergottes von 1798. – Pestaltäre, Akanthusaltäre von *Doser,* um 1714: Rahmen aus feingliedrigen, mit Blüten durchsetzten Akanthuszweigen um Figurennische, nördlich mit hl. Florian, seitlich die hll. Joseph und Paulus, südlich mit hl. Sebastian, ebenfalls von Heiligen flankiert.

WOLFSTEIN Stadt Neumarkt, Kr. Neumarkt i.d. Opf. *Karte 7*

Burgruine. Liegt auf der Nordwestspitze des nach drei Seiten jäh abfallenden Wolfsteinberges mit weiter Sicht in die Neumarkter Ebene. – Empertus († 1136), um 1080 im Augsburger Turnier genannt, gilt als Stammvater der mächtigen Herren von Wolfstein, die 1552 in den Reichsfreiherrn-, 1672 in den Reichsgrafenstand gelangten. Das Schloß Wolfstein ist um 1120 urkundlich belegt. Nach dem Aussterben der ersten Linie traten 1293 die verwandten Sulzbürger das Erbe an und benannten sich ebenfalls nach der Burg. 1460 kam die Burg als Lehen an Böhmen, 1465 erwarb sie Pfalzgraf Otto II. von Neumarkt. Seit dem 17. Jh. allmählicher Verfall. Bestandssicherung 1952–53.
Die Hauptburg über annähernd trapezförmigem Grundriß durch breiten Graben von der ausgedehnten Anlage der Vorburg im Südosten getrennt; vom Hinterland schirmt ein Halsgraben ab. – Die Anlage der Hauptburg romanisch, außer dem Bergfried und den spärlichen Resten der Burgkapelle nordwestlich daneben stammt der übrige Baubestand jedoch erst aus der Spätgotik. – Über den Graben führte von Süden her eine Brücke zum Tor der Hauptburg, die mit Halbrundtürmen bewehrt war, der östliche noch fragmentarisch erhalten. Die Ringmauer im Norden und Westen in beträchtlicher Höhe erhalten. Vor ihrem letzten Überrest im Südabschnitt erhebt sich der gewaltige runde Bergfried mit 3,4 m dicken Mauern aus unregelmäßigen Dolomitquadern. In 8 m Höhe rundbogiger Einstieg, von dem ein schmaler, flach gewölbter Gang über rechteckigem Zugang in einen runden, kuppelig gewölbten Raum mit Lichtschlitz führt. Steintreppe mit Lichtschlitz zum jetzt offenen Obergeschoß. Nördlich der annähernd rechteckige Palas mit zwei Obergeschossen. Seine starken Bruchsteinmauern mit großen segmentbogigen Fensteröffnungen und Ansätzen von Aborterkern an den Ecken der Nordseite. In der Südwestecke des Burghofs Mauerreste eines kleineren Wohnbaus mit entsprechenden Fensteröffnungen.

WOLKERING Gem. Thalmassing, Kr. Regensburg. *Karte 13*

Kath. Kirche Mariä Himmelfahrt. 1746 erbaut unter Beibehaltung des gotischen Westturmes. – Eingezogener, dreiseitig geschlossener Chor mit Flachdecke wie im einschiffigen Langhaus. Einfacher Rokokostuck. – Deckengemälde zugeschrieben *Otto Gebhard* aus Prüfening, 1954 von Übermalungen des 19. Jh. freigelegt, 1983 restauriert. Im Chor Darbringung im Tempel, im Langhaus Mariä Tempelgang. – Ausstattung. – Im Chor zwei Gemälde von Bauernheiligen, vermutlich die ehem. Altarblätter der Seitenaltäre des 18. Jh. – Hochaltar aus Kittensee (bis 1954 dort als Seitenaltar mit Bild des hl. Georg) im Typ des Akanthusaltars um 1700, zugeschrieben *Johann Michael Schaller* aus Velburg. Schnitzfigur der Muttergottes in Rosenranken mit Schriftbändern, Anrufungen der Lauretanischen Litanei. Der Schnitzrahmen aus breitem, flächigem Akanthuswerk. – An der nördlichen Kirchenwand Steinrelief mit Marientod, derb plastische Arbeit der 1. Hälfte des 15. Jh., neu gefaßt.

WONDREB Stadt Tirschenreuth, Kr. Tischenreuth. *Karte 3*

Pfarrkirche, Totentanzkapelle und Pfarrhof verbinden sich zu einer malerischen Baugruppe.

Kath. Pfarrkirche Mariä Himmelfahrt. In der 1. Hälfte 14. Jh. Umbau der ins 12. Jh. zurückgehenden Kirche (ein Pfarrort 1135 bezeugt). Im 16. Jh. Neugestaltung unter Verwendung der zwei unteren Turmgeschosse und der Chorumfassungsmauern. 1713 (Portalinschrift) Erweiterung des Langhauses durch *Johann Philipp Muttone*. Letzte Restaurierung 1981–82. – Wandpfeilerkirche mit Querhaus vor dem eingezogenen, rechteckigen Chor. Nördlich des Chors quadratischer Turm mit eingezogener Laternenzwiebelhaube, südlich gegenüber Sakristei. – Tonnengewölbe mit Stichkappen, in den Kapellen Quertonnen, im Querhaus zusätzlich mit Stichkappen. Den Wandpfeilern breite toskanische Pilaster vorgelegt. In der Chorostwand außen vermauertes gotisches Schlitzfenster. – Mehrmals übergangene Deckengemälde mit mariologischer Thematik und den Vier Evangelisten, Ende 18. Jh. – Ausstattung größtenteils unter Abt Eugen (1724–44) entstanden. Hochaltar. Viersäuliger Stuckmarmoraufbau, Altarblatt Mariä Himmelfahrt, Ende des 18. Jh. von *Vitus Fuchs* aus Tirschenreuth; seitlich Figuren der hll. Petrus und Paulus. In entsprechenden Formen die Seitenaltäre mit Figurennischen: nördlich mit spätgotischem Gnadenbild einer sitzenden Muttergottes, Seitenfiguren der hll. Benedikt und Bernhard von Clairvaux, südlich hl. Joseph, seitlich die hll. Wendelin und Leonhard. – Rückwärtige Seitenaltäre, der nördliche mit Figur der hl. Barbara, um 1420, durch neue barockisierende Fassung beeinträchtigt, der südliche in spätbarock-klassizistischen Formen mit Kruzifixus und Schmerzhafter Muttergottes. – Kanzel mit Reliefs der Evangelisten, der Gute Hirte auf dem Schalldeckel. – Orgelgehäuse mit Stiftswappen, aus Waldsassen übernommen, wohl von Orgelbauer *Brandenstein* 1748. – An den Kirchenwänden Barockfiguren der Zwölf Apostel von *Martin Hirsch* aus Waldsassen, 1719 erworben. – Volkstümlicher Kreuzweg, sign. „*W.* 1735 *M.*“, 1965 aus Tirol angekauft.

★ **Friedhofskapelle St. Michael.** 1669 nordöstlich der Kirche erbaut, restauriert 1981/82. – Zweiachsiger Rechteckbau mit verschindeltem Dach und Zwiebeldachreiter. – Bemalte Holzfelderdecke, 18. Jh.: 28 Grisaillebilder mit Totentanzzyklus, lateinischen Bibelzitaten und deutschen Merkversen nach Stichvorlagen aus dem 1710 edierten „Allgemeinen Todten-Spiegel“ des Abraham a Santa Clara. – Altar 1789 von dem Einheimischen Johann Kraus gestiftet, mit Gemälde der Sieben Zufluchten. – Gestühl ausgehendes 17. Jh. – An den Wänden Heiligenbilder, überwiegend ausgehendes 18. Jh.

Pfarrhof. Als Sommersitz des Klosters Waldsassen 1726 von *Johann Jakob Philipp Muttone* nördlich der Kirche erbaut, renoviert 1981. – Zweigeschossiger Walmdachbau mit geohrten Tür- und Fensterrahmungen sowie großer Toreinfahrt. An den westlichen Ecken von genuteten Pilastern flankierte Viertelsäulen – ein von *Muttone* häufig angewandtes Motiv. – Rückwärtig um den Innenhof die ehem. Ökonomiegebäude.

WURZ Gem. Püchersreuth, Kr. Neustadt. *Karte 2*

Kath. Pfarrkirche St. Matthäus. Erste Erwähnung 1448. 1934 nach Einsturz des 1683–89 errichteten Vorgängers Neubau nach Plänen *Heinrich Hauberrissers* bis auf den 1787 erhöhten Turm. Restaurierung innen 1984, außen 1979. – Turm an der südwestlichen Langhausecke, mit Quadern verblendetes Glockengeschoß und eingezogene Laternenzwiebelhaube. Ostfront asymmetrisch, da das Satteldach auf das südlich angebaute Seitenschiff herabgeschleppt ist. – Der rechteckige Chor und das Seitenschiff mit Stichkappen-Tonnengewölbe, im Schiff moderne Holzdecke. – Reiche Ausstattung des Rokoko. Drei Altäre, konkave Säulenretabel mit Altarblättern und Seitenfiguren. Die Seitenaltäre mit aufwendig geschnitzten Antependien: Rautenwappen und szenische Reliefs in Laub- und Bandelwerk. – Taufbecken mit Taufgruppe, dat. 1761. – Kanzel mit Schnitzreliefs der schreibenden Evangelisten. – Orgelprospekt an den Seiten erweitert. – An der hölzernen Emporenbrüstung dreizehnteiliger Apostelzyklus. – Im Chorbogen Rosenkranzmadonna des 17. Jh. – Im westlichen Vorzeichen Ölberg-Christus mit Engel, 17. Jh.

Pfarrhof. Vermutlich nach Plan von *Johann Jakob Philipp Muttone.* Stattlicher Mansarddachbau mit geohrten Gewänden, dat. 1780, umgeben von Wirtschaftsgebäuden und Hofmauer.

WUTSCHDORF Gem. Freudenberg, Kr. Amberg-Sulzbach. *Karte 5*

Kath. Pfarrkirche St. Martin. In dominierender Lage auf einer Anhöhe, von einem ummauerten Friedhof umgeben. – Ostturm mit zwiebelbekröntem Glockendach, im Unterbau noch romanisch, flankiert von Anbauten mit Pultdächern, der nördliche gotisch. Langhaus in der 2. Hälfte 18. Jh. umgestaltet, 1832 erweitert. Letzte umfassende Restaurierung 1984–86. – Rechteckiger Saal mit nicht ausgesondertem Chor, mit Rahmenstuck verzierte Westempore, ihr Mittelstück halbkreisförmig vorgezogen. – Flachdecke über seitlichen Vouten, Wandpilaster, Deckenbilder 1957 von *Josef Wittmann.* Im nördlichen Anbau, heute Taufkapelle, Kreuzgewölbe mit ausgekehlten Rippen. – Ausstattung. – Altäre um 1700, ansprechende Retabel mit vier Säulen und Akanthusdekor, Altarblätter im Nazarenerstil, 2. Hälfte 19. Jh. – Kanzel mit Rokokoschnitzwerk, 1789 von *Leonhard Bacher* aus Amberg. – Romanischer Taufstein. – Spätgotische Figuren der hll. Nikolaus und Blasius, weitere Heiligenfiguren des 18. und 19. Jh. Grabdenkmäler. – An der Westwand Wappengrabplatte für Hans von Freudenberg († 1494). – An der westlichen Außenwand Epitaph wohl für Adam von Freudenberg († 1532), mit figürlichem Relief des Verstorbenen im Harnisch mit Schwert und Streitkolben.

Z

ZACKERMÜHLE Gem. Lohberg, Kr. Cham. *Karte 11*

Ehem. Mühle (Sommerauer Straße 5). Bau mit gestuftem Walmdach, 2. Hälfte 18. Jh. teilweise saniert. Obergeschoß Blockbau, an drei Seiten umlaufender Schrot. An der Nordseite Anbau mit verschindeltem Obergeschoß und schiefergedecktem Dachreiter. – Westlich Stallgebäude.

ZAITZKOFEN Gem. Schierling, Kr. Regensburg. *Karte 14*

Ehem. Schloß, heute Priesterseminar Herz-Jesu. Erste Nennung des Ortes zur Zeit des Bischof Ambrichos von Regensburg (864–91); 1240 ist ein Castrum überliefert. Von 1532 bis 1808 hauptsächlich im Besitz der Herren von Königsfeld. 1808 ging das Schloß an Maximilian Joseph von Montgelas, 1834 an Thurn und Taxis. 1926 übernahm es die Missionsgesellschaft der Weißen Väter, danach der Orden der Mariannhiller. Seit 1978 Priesterseminar Herz Jesu.
Stattlicher dreigeschossiger, breitgelagerter Mansarddachbau mit kräftigen Eckrisaliten an der zum Garten gewendeten Ostfassade. Am Hauptportal urspr. eine Bauinschrift des Johann Georg P. J. A. M. Graf von Königsfeld, von 1730. – Erdgeschoß in allen Räumen gewölbt, z. T. modern unterteilt und verändert, wie auch die zentrale Durchfahrt in den Garten. Im Westen zweiläufige, kreuzgratgewölbte Podesttreppe. In der Südwestecke die ehem. Schloßkapelle, 1720 von Maria Katharina Gräfin von Königsfeld gestiftet. 1780/84 neu ausgestattet mit Altar, Deckenbild von *Leopold Blümler Bojus* (zerstört) und Empore. – Der über zwei Geschosse geführte Rechteckraum mit Stichbogentonne zeigt heute, nach Freilegung und Wiederherstellung von 1962, eine in die Erbauungszeit zurückgehende Dekoration. Im Mittelfeld hl. Sippe mit Gottvater und Hl. Geist. – Frühklassizistischer Altar von 1781. Schreinartiger Aufbau gefertigt von dem Kistler *J. Kohlhaupt* aus Stadtamhof. Figuren der Schutzengelgruppe und des hl. Michael von *Simon Sorg*, Regensburg. Altarblatt von *Giovanni Nepo(muk) della Croce* aus Burghausen, 1780 bez., hl. Anna mit Maria, eine Heiligendarstellung im Geist bürgerlicher Aufklärung: Anna, eine ergraute Matrone, ist Maria zugewandt, die aus einem Buch auf ihrem Schoß vorliest. – An der Westwand Totenbild der Stifterin Maria Katharina von Königsfeld, dat. 1724.

Kath. Pfarrkirche St. Stephan. Nord-Süd gerichteter schlichter Saalbau mit eingezogenem Chor, Südturm. Als Ersatz eines Vorgängerbaues 1816 errichtet. Presbyterium 1842/43 nach Norden erweitert. – An der Westwand Schutzmantelmadonna aus Sandstein, Mitte 15. Jh., restauriert 1984.

ZANDT Kr. Cham. *Karte 10*

Kath. Pfarrkirche Mariä Verkündigung. Lisenengegliederter neugotischer Putzbau von 1880. Am eingezogenen, dreiseitig geschlossenen Chor gestufte Strebepfeiler. Westturm mit an den Ecken abgeschrägtem Obergeschoß und Spitzhelm über Dreiecksgiebeln. – Chor mit Rippengewölbe, im Langhaus Holzdecke. – Neuromanische Ausstattung. – Am Hochaltar bemerkenswerte Figur der Mondsichelmadonna, um 1500. – Gotisches hochovales Taufbecken aus Granit, am oberen Rand zwei von urspr. vier Menschenköpfen erhalten. – Kreuzweg 1890 von *Heinrich Oesterer* gemalt. – An der Langhaussüdwand Figur des hl. Johannes von Nepomuk, Mitte 18. Jh.

Ehem. Schloß. Erste Nennung der Zandter 1122. 1382–1439 im Besitz der Sattelboger. 1439 gelangte die Hofmark an die Türlinger zum Türlstein. Ihnen folgten 1536–1851 die Gleißenthaler, danach häufig wechselnde Besitzer. Seit 1949 Alten- und Pflegeheim des Bayerischen Roten Kreuzes. – Neubau des Schlosses im 16. Jh., wahrscheinlich noch vor 1527 durch Eb von Türling zum Türlstein. Barocker Ausbau; 1851 historisierend umgestaltet. Saniert 1950–52, umgebaut 1980–82, östlicher Neubau 1980–81. – Langgestreckter Treppengiebelbau, der am westlichen Turm ansetzende Südabschnitt wohl um 1800 hinzugekommen. An der nördlichen Giebelseite schräg gestellte Ecktürme mit Zinnenabschluß, mit gleichem Abschluß der oktogonale Treppenturm an der Westseite.

ZANGENSTEIN Markt Schwarzhofen, Kr. Schwandorf. *Karte 9*

Burgruine. Von 1360 bis zur Mitte des 16. Jh. im Besitz der Zenger von Schwarzeneck, von 1689 bis zur Mitte des 19. Jh. der Freiherrn von Saur, seit dem frühen 19. Jh. Ruine. – Auf steilem Granitfelsen über der Schwarzach, die hier eine Schleife bildet, gelegen. Teile des Berings mit Spuren eines runden Turms im Norden sowie Reste der Außenmauern des Palas und dessen Kelleranlagen mit Verbindungsgang zum Keller am Fuße des Burgberges erhalten. Im Osten über steilem Bergabfall die Schloßkapelle Unsere Liebe Frau, laut Inschrifttafel 1686 von Johann Friedrich von Aufseß errichtet. – Unregelmäßiger, Teile des ehem. Palas der Burganlage einbeziehender und durch Choranbau erweiterter Rechteckraum. Chor mit Kreuzgewölbe, Langhaus mit Stichkappentonne. Herrschaftsempore an der Nordseite. In der starken südlichen Mauer – ehem. Außenwand des Palas – erkerartig erhöhte Nische. Die Gewölbeausmalung, deutlich von der Restaurierung 1906 geprägt, dürfte eine Überarbeitung barocker Malereien sein. – Barocke Ausstattung. Kleiner Altar in Form einer Ädikula mit gedrehten, weinlaubumrankten Säulen, barocke Pietà. – Gemälde der hll. Apollonia, Wendelin, Florian und Bernhard sowie Geißelung Christi, hl. Familie in einer Landschaft; „Schöne Maria“ von 1735.

ZANT Gem. Ursensollen, Kr. Amberg-Sulzbach. *Karte 8*

Kath. Filialkirche St. Joseph. Auf dem Schloßberg, dessen Westspitze von der romanischen Burgruine der bereits um 1130 bezeugten Zantner eingenommen wird. – Im Kern mittelalterlich, im 18. Jh. unter dem Patronat der Schloßherrn Rummel von Lonnerstadt umgestaltet. Innenrenovierung 1965–67. – Rechteckiger Saalbau mit Flachdecke über Hohlkehle, in das Langhaus eingebundener Westturm mit Spitzhelm. – Großflächige Deckengemälde, wohl 2. Drittel 18. Jh., vielleicht von *Otto Gebhard* aus Prüfening: Glorie des hl. Joseph, von Persifikationen der Vier Weltteile umgeben, über der Empore Engelschor mit Wappen der Rummel von Lonnerstadt, an der Brüstung drei Szenen aus der Kindheitsgeschichte Christi. – Reiche Ausstattung des Rokoko. Marmorierter Hochaltar mit seitlichen Durchgängen und darüberliegenden, geschnitzten Oratorien. Altarblatt hl. Familie.

ZEITLARN Kr. Regensburg. *Karte 9*

Kath. Kirche St. Bartholomäus. Die Pfarrei Zeitlarn wurde spätestens seit dem 12. Jh. vom Kollegiatstift zur Alten Kapelle in Regensburg pfarrlich betreut. – Kirche 1898/99 nach Plänen des Architekten *Roth* errichtet. – Dreischiffige, neuromanische Basilika, landschaftlich sehr wirkungsvoll direkt am östlichen Regenufer gelegen. Turm an der Südseite des eingezogenen, halbrund geschlossenen Chores. Gliederung der Seitenschiffswände durch Lisenen und Blendbogenfriese, Westfassade mit Rosette und Säulenportal, Tympanonrelief, Christus befreit ein Schaf aus Dornengestrüpp, von *J. Helmer,* Regensburg. – Flachgedecktes Mittelschiff auf Pfeilern, Seitenschiffe mit Kreuzgratwölbung. Apsis durch profilierten Chorbogen getrennt. Die bis auf die blanken Obergadenfenster noch erhaltene Buntverglasung der Kirche schuf 1899 die Glasmalereianstalt *Georg Schneider,* Regensburg. – Ausstattung und Einrichtung 1900. Holzfelderdecke von Schreiner *Biermeier;* nur am Chorbogen erhaltene Ausmalung durch *Franz Deigendesch,* Stadtamhof; Hochaltar von Schreiner *Bader* nach Entwurf von *Deigendesch*; Reliquienschrein mit tiefen Figurennischen und Tabernakelturm. Linker Seitenaltar ebenfalls von *Bader,* dreiteiliger Figurenschrein mit Figur der Muttergottes. Rechter Seitenaltar von Bildhauer *Hans Loibl,* Stadtamhof: Figurentabernakel mit Relief der Vierzehn Nothelfer, seitlich Figuren der hll. Alois und Franz von Assisi. Kreuzweg 1902 von *Franz* und *Friedrich Preckl,* Stadtamhof. – An der Westwand bemerkenswertes Ölbergrelief von 1505, Teil eines früheren Grabdenkmals.

ZELL Gem. Zell, Kr. Cham. *Karte 10*

Kath. Pfarrkirche Mariä Himmelfahrt. Neugotischer Bau von 1878–86, Außenrenovierung 1986. – Gliederung des Baus durch zweibahnige Maßwerkfenster und gestufte Strebepfeiler am Chor. Westturm mit Oktogonaufsatz und achtseitigem Spitzhelm über Dreiecksgiebeln. –

Chor mit Netzrippengewölbe und neugotischen Bildfenstern, Langhaus flachgedeckt. Einheitliche neugotische Ausstattung. Am linken Seitenaltar das Gnadenbild, eine spätgotische Muttergottes mit neuem Stoffgewand und echten Haaren. – Grabdenkmäler. An der Westwand drei Graumarmorplatten mit bekrönenden Allianz- und seitlichen Ahnenwappen, von Nord nach Süd: für Frau Maria Anna Freiin von Rummel, geb. Freiin von Nothaft auf Weißenstein († 1756), für Maria Anna Freifrau von Rummel, geb. Freiin Maffei di la Serra († 1802) sowie für den kurfürstlichen Kämmerer Johann Ludwig Freiherr Rummel von Lohnerstadt, Herrn auf Zandt und Zell († 1761).
Im Ort lebensgroße Steinstatue des hl. Johannes von Nepomuk, mit Wappen der Rummel-Nothaft, dat. 1742.

Burgruine Lobenstein. 1340 belehnte Kaiser Ludwig der Bayer mit der Burg die Hofer, die sie bald zu ihrem Hauptsitz ausbauten und bis 1629 blieben. 1633 von den Schweden zerstört. – Nördlich von Zell auf einer Granitkuppe mit weiter Fernsicht gelegen. – Von der mittelalterlichen kleinen Anlage nur noch der rechteckige Wohnturm zu drei Geschossen erhalten, aus regelmäßig geschichtetem Bruchsteinmauerwerk mit Eckquaderung, Schlitz- und große Stichbogenfenster.

ZELL Stadt Dietfurt a. d. Altmühl, Kr. Neumarkt i. d. Opf. *Karte 12*

Kath. Pfarrkirche Unserer Lieben Frau. Frühgotische Anlage, um 1750 durchgreifend umgebaut, 1903 nach Westen verlängert. Außen 1985–86, innen 1987–88 renoviert. – Ostturm mit Zeltdach, Zugang von der Südseite durch Spitzbogenöffnung mit ausgekehltem Gewände; im Erdgeschoß urspr. der Chor, heute die Sakristei, von Spitztonne überwölbt, Reste von Wandmalereien der Erbauungszeit (Ölbergszene, illusionistische Säulen). – Eingezogener, querrechteckiger Chor mit Stichkappen-Tonnengewölbe, Schiff mit Flachdecke. Deckengemälde (übergangen): Marienkrönung (Chor), Golgatha, Geburt Christi. – Ausstattung. – Hochaltar Anfang 18. Jh., mit vier Säulen und Seitenfiguren der hll. Wendelin und Isidor, die gesamte Ostwand einnehmend. – Seitenaltäre 1678 aufgestellt, links mit spätgotischen Figuren der Muttergottes, der hll. Katharina und Barbara, Ende 15. Jh.; rechts mit hl. Koloman und ebenfalls spätgotischen Seitenfiguren der hll. Gregor und Blasius. – In Nische der Ostwand spätgotisches Taufbekken aus Kalkstein, mit Maßwerk und Rebenfries verziert. Kanzel 2. Hälfte 17. Jh., mit hl. Johannes von Nepomuk auf dem Schalldeckel und Tafelbildern der Evangelisten zwischen Säulen.

ZENCHING Gem. Arnschwang, Kr. Cham. *Karte 11*

Kath. Kirche St. Ägidius. 1729/30 unter Beibehaltung gotischer Mauerteile errichtet. 1841/45 Anbau der Seitenkapellen. 1939/40 vergrößerter Langhausneubau. Gesamtrestaurierung 1982–84. – Heute eingezogener, dreiseitig geschlossener Chor, an seiner Nordseite der Turm mit Achteckaufsatz und Zwiebelhaube. – Im Chor Flachdecke mit

Rahmenstuck und Bild des Lamm Gottes, 19. Jh., nazarenische Bildfenster. Die flachen Seitenkapellen mit Quertonnengewölbe, im Langhaus Deckenbilder von 1941. – Ausstattung. – Hochaltar 1759. Hoher Aufbau mit Volutenpilastern und Seitenfiguren der Wetterheiligen, im Auszug Dreifaltigkeits-Gruppe. Seitlich des Altars bewegte Figuren der hll. Sebastian und Florian, Mitte 18. Jh. Seitenaltäre, schlichte zweisäulige Rokokoretabel von 1787. – Kanzel 1736, mit Akanthuswerk und Posaunenengel. – Taufbecken aus Holz um 1730, bekrönt von einer Taufgruppe. – An der Empore drei Leinwandbilder mit christologischer Thematik, 18. Jh. – Bäuerliche Pietà-Gruppe, Mitte 18. Jh.
Südlich Seelenkapelle ein Rechteckbau mit Zwiebeldachreiter, 18. Jh., renoviert 1989.

ZINTLHAMMER Stadt Pressath, Kr. Neustadt a.d. Waldnaab. *Karte 2*

Ehem. Hammerhaus. Ein über die Dächer des Dorfes herausragendes Walmdachhaus, 18. Jh. Zweigeschossig mit flacher Lisenenfelderung, Fensterrahmungen mit Schürzen, Mitteleingang durch Sprenggiebel hervorgehoben.

ZINZENDORF Stadt Wörth a.d. Donau, Kr. Regensburg. *Karte 14*

Kath. Filialkirche St. Matthäus. Romanischer einschiffiger Gewölbebau des 12./13. Jh. mit eingezogener, halbrunder Apsis. Dachreiter mit Rhombendach, 2. Hälfte 19. Jh. In der östlichen Giebel- und der Westwand romanischer Oculus. Oculus des 17. Jh. in der Nordwand unter der Empore. Unter der Dachtraufe rohe Kragsteine. Die Rundbogenfenster des Langhauses und der Apsis wurden bis auf das wohl unveränderte Scheitelfenster der Apsis vergrößert. – Langhaus mit Tonnenwölbung, die im älteren Ostteil aus Bruchsteinen in Mörtelguß, im westlichen Drittel aus Backsteinen aufgeführt ist. Am Chorbogen und der nördlichen Langhauswand kleine Reste freigelegter Wandmalereien des 15. Jh.; am Chorbogen vielleicht Teile einer Kreuzigungsgruppe. – Altar des späten 19. Jh. mit Figuren der Muttergottes, der hll. Joseph und Matthäus.

KÜNSTLERVERZEICHNIS

KARTENANHANG

TSCHECHOSLOWAKEI	Staatsgrenze
REG.-BEZ. OBERBAYERN	Reg.-Bez.-Grenze
Landkreis Tirschenreuth	Landkreisgrenze
93 Schwarzenfeld	Autobahn mit Anschluß
14	Bundesstraße
SCHWANDORF	Kreisstadt
Waldsassen	Stadt
Auerbach i. d. OPf.	Gemeinde
Kappel	Gemeinde-, Stadt-Teil
Pleystein Donaustauf Prüfening	Besondere Sehenswürdigkeit

1
REG.-BEZ. OBERFRANKEN
Fichtelnaab
Haidenaab
Kulmain
Oberbruck
Kemnath
22
Oberndorf
Schlackenhof
Kaibitz
Wolframshof
Mockersdorf
Kastl
Neustadt am Kulm
Unterbruck
Vorbach
Filchendorf
Trabitz
Oberbibrach
Barbaraberg
Schlammersdorf
Burkhardsreuth
Heinersreuth
Speinshart
Tremmersdorf
Feilersdorf
Thurndorf
Landkreis

2
TSCHECHO-SLOWAKEI
REG.-BEZ. OBERFRANKEN
Münchenreuth
Kappel
Konnersreuth
Waldsassen
Fockenfeld
299
Wondreb
Waldershof
15
Mitterteich
Leonberg
Ebnath
Schwarzenreuth
Dechantsees
Neusorg
Pullenreuth
Herzogöd
Fuchsmühl
Riglasreuth
Wiesau
93
Armesberg
Trevesenhammer
Friedenfels
Waldnaab
Fichtelnaab
Schönreuth
Waldeck
Falkenberg
Falkenberg
Grötschenreuth
Erlhammer
Hopfau
22
Thumsenreuth
Drahthammer
Premenreuth
Erbendorf
Reuth b. Erbendorf
Trautenberg
Bernstein
Krummennaab
15
Kammerermühle
Burggrub
Windisch-Eschenbach
Beidl
Gleißenthal
Wildenreuth
Windisch-Eschenbach
Neuhaus
Schönkirch
299
Weihersberg
Zintlhammer
Püllersreuth
Wildenau
Wurz
Kirchendemenreuth
St. Quirin
Landkreis Tirschenreuth
Neustadt a. d. Waldnaab

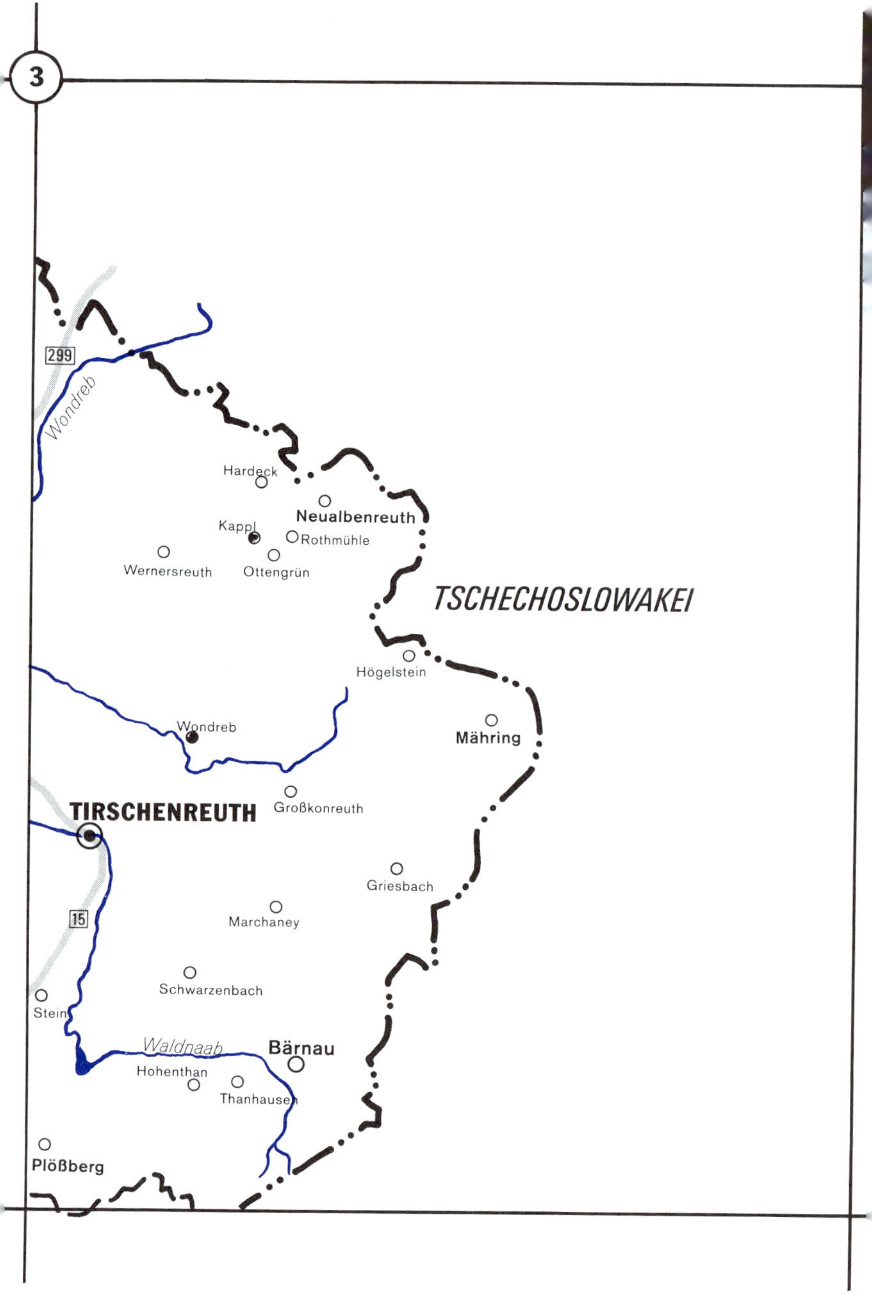
3
299
Wondreb
Hardeck
Neualbenreuth
Kappl
Rothmühle
Wernersreuth
Ottengrün
TSCHECHOSLOWAKEI
Högelstein
Wondreb
Mähring
TIRSCHENREUTH
Großkonreuth
Griesbach
15
Marchaney
Schwarzenbach
Stein
Waldnaab
Bärnau
Hohenthan
Thanhausen
Plößberg

Landkreis Neustadt a. d. Waldnaab

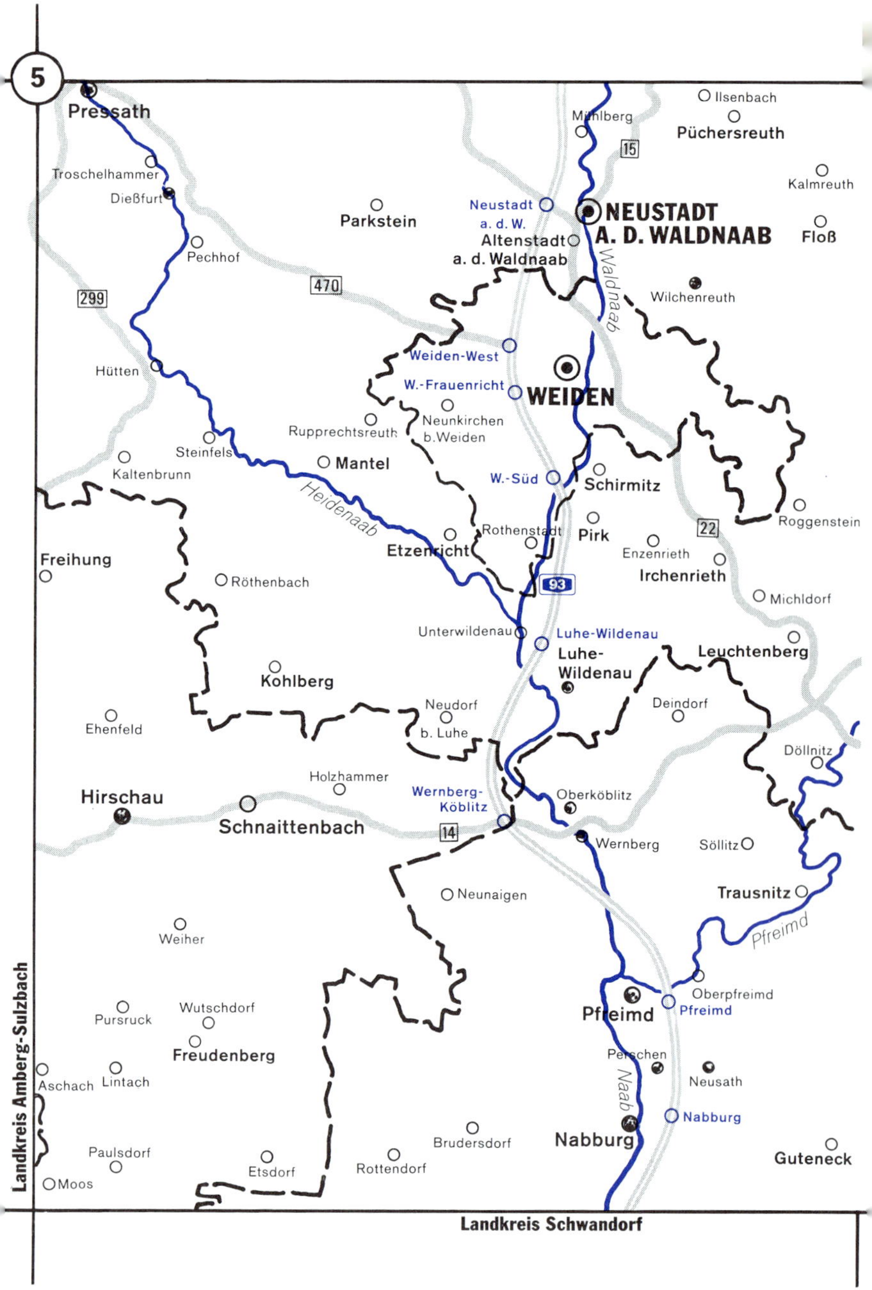

5
Pressath
Troschelhammer
Dießfurt
Pechhof
299
470
Parkstein
Mühlberg
15
Ilsenbach
Püchersreuth
Kalmreuth
Neustadt
a. d. W.
NEUSTADT
A. D. WALDNAAB
Altenstadt
a. d. Waldnaab
Floß
Waldnaab
Wilchenreuth
Weiden-West
W.-Frauenricht
WEIDEN
Hütten
Neunkirchen
b.Weiden
Rupprechtsreuth
Steinfels
Mantel
Kaltenbrunn
W.-Süd
Schirmitz
Heidenaab
Roggenstein
22
Rothenstadt
Pirk
Etzenricht
Enzenrieth
Irchenrieth
Freihung
Röthenbach
93
Michldorf
Unterwildenau
Luhe-Wildenau
Luhe-
Wildenau
Leuchtenberg
Kohlberg
Neudorf
b. Luhe
Deindorf
Ehenfeld
Döllnitz
Holzhammer
Wernberg-
Köblitz
Oberköblitz
Hirschau
Schnaittenbach
14
Wernberg
Söllitz
Neunaigen
Trausnitz
Weiher
Pfreimd
Oberpfreimd
Pfreimd
Pursruck
Wutschdorf
Freudenberg
Perschen
Neusath
Aschach
Lintach
Naab
Nabburg
Nabburg
Brudersdorf
Paulsdorf
Etsdorf
Rottendorf
Guteneck
Moos
Landkreis Amberg-Sulzbach
Landkreis Schwandorf

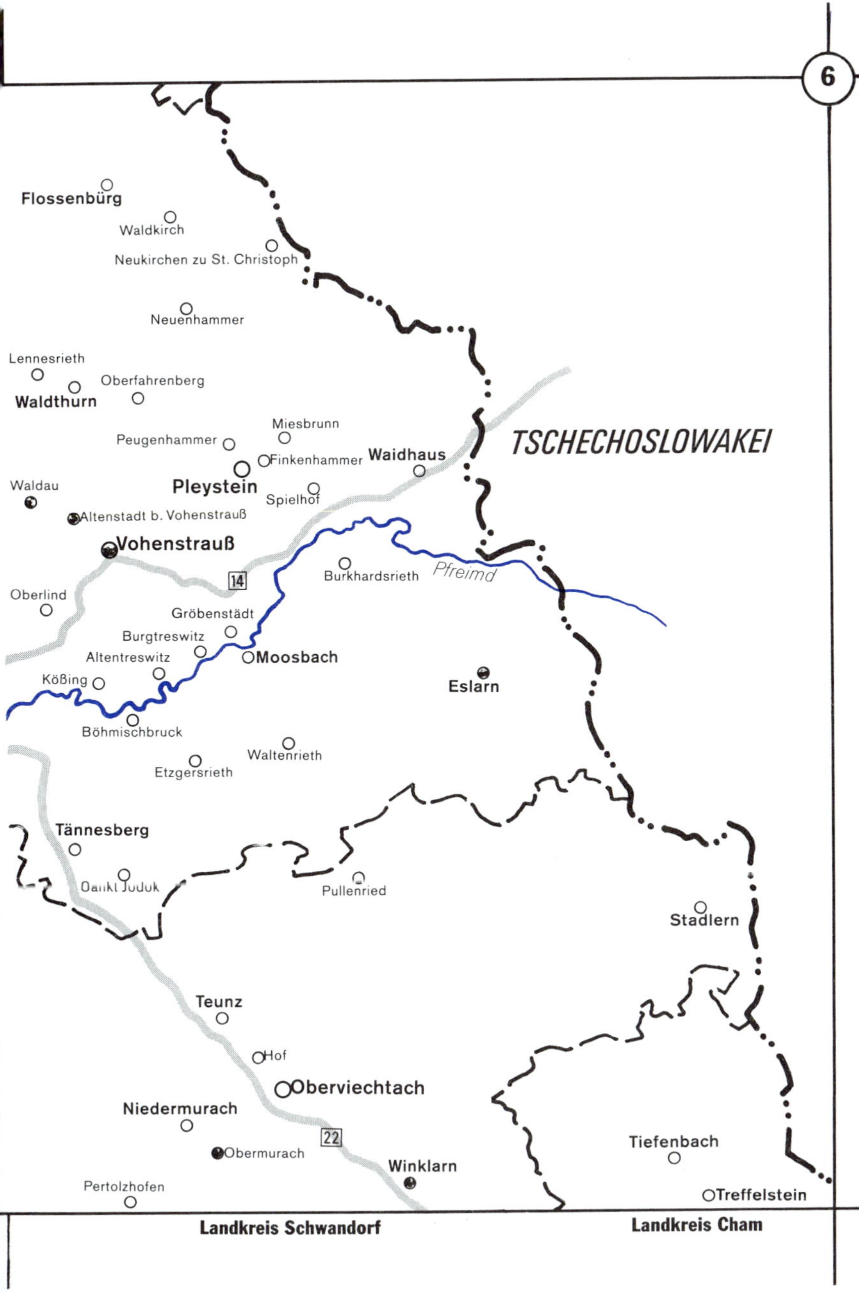
6
Flossenbürg
Waldkirch
Neukirchen zu St. Christoph
Neuenhammer
Lennesrieth
Oberfahrenberg
Waldthurn
Miesbrunn
Peugenhammer
Finkenhammer
Waidhaus
TSCHECHOSLOWAKEI
Waldau
Pleystein
Spielhof
Altenstadt b. Vohenstrauß
Vohenstrauß
Burkhardsrieth
Pfreimd
14
Oberlind
Gröbenstädt
Burgtreswitz
Moosbach
Altentreswitz
Eslarn
Kößing
Böhmischbruck
Waltenrieth
Etzgersrieth
Tännesberg
Pullenried
Stadlern
Teunz
Hof
Oberviechtach
Niedermurach
22
Obermurach
Winklarn
Tiefenbach
Pertolzhofen
Treffelstein
Landkreis Schwandorf
Landkreis Cham

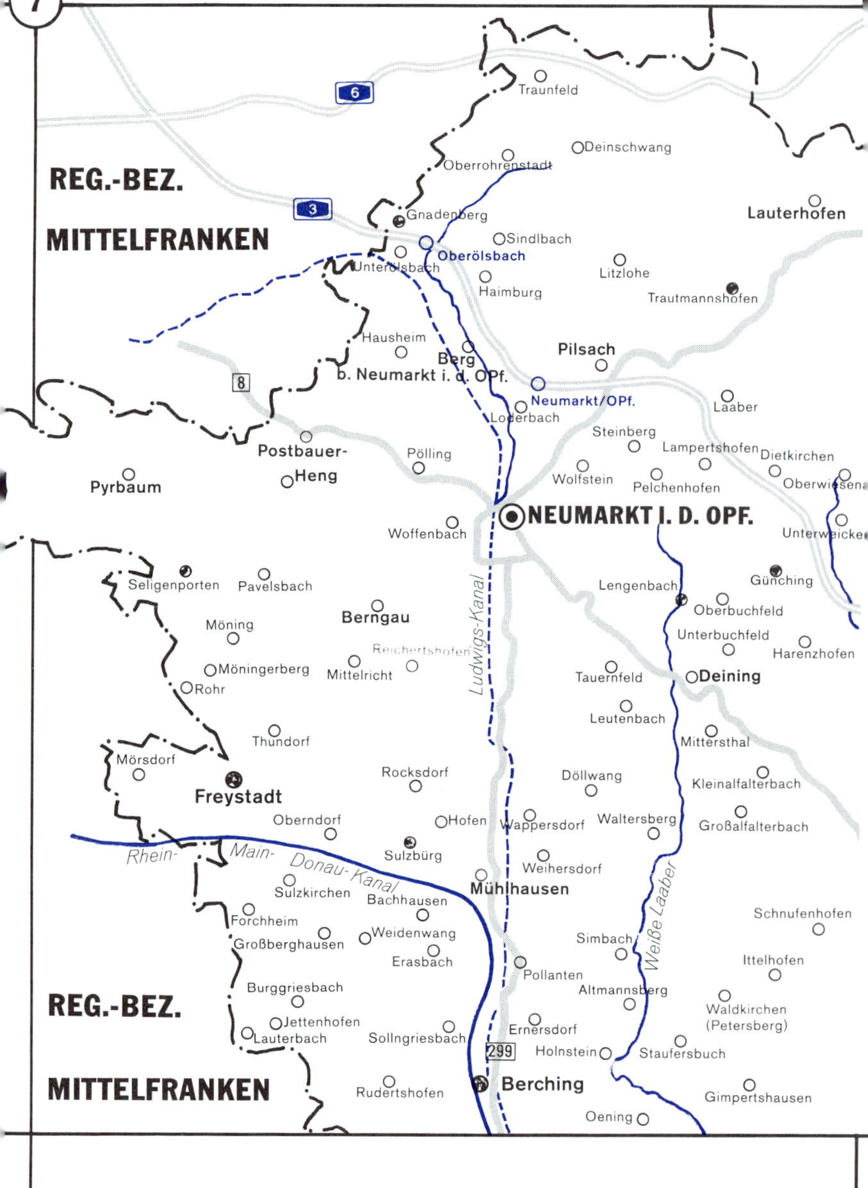
REG.-BEZ.
MITTELFRANKEN
REG.-BEZ.
MITTELFRANKEN
6
3
8
299
Traunfeld
Deinschwang
Oberrohrenstadt
Gnadenberg
Lauterhofen
Sindlbach
Oberölsbach
Unterölsbach
Litzlohe
Haimburg
Trautmannshofen
Hausheim
Berg
b. Neumarkt i. d. OPf.
Pilsach
Neumarkt/OPf.
Laaber
Loderbach
Steinberg
Lampertshofen
Dietkirchen
Postbauer-
Heng
Pölling
Wolfstein
Pelchenhofen
Pyrbaum
NEUMARKT I. D. OPF.
Woffenbach
Seligenporten
Pavelsbach
Lengenbach
Günching
Oberbuchfeld
Möning
Berngau
Unterbuchfeld
Reichertshofen
Harenzhofen
Möningerberg
Mittelricht
Ludwigs-Kanal
Tauernfeld
Deining
Rohr
Leutenbach
Thundorf
Mittersthal
Mörsdorf
Rocksdorf
Döllwang
Kleinalfalterbach
Freystadt
Oberndorf
Hofen
Wappersdorf
Waltersberg
Großalfalterbach
Sulzbürg
Rhein-
Main-
Donau-Kanal
Weihersdorf
Sulzkirchen
Bachhausen
Mühlhausen
Forchheim
Schnufenhofen
Weidenwang
Großberghausen
Simbach
Erasbach
Weiße Laaber
Ittelhofen
Pollanten
Burggriesbach
Altmannsberg
Waldkirchen
(Petersberg)
Jettenhofen
Ernersdorf
Lauterbach
Sollngriesbach
Holnstein
Staufersbuch
Rudertshofen
Berching
Gimpertshausen
Oening

8
Amberg-Sulzbach
Sulzbach-Rosenberg
Amberg/Kastl
6
299
Ursensollen
Kümmersbruck
Haselmühl
Lengenfeld
85
Ebermannsdorf
Theuern
Erlheim
Kastl
Zant
Wolfsbach
Pfaffenhofen
Hausen
Hirschwald
Vils
Ensdorf
Thanheim
Heimhof
Umelsdorf
Utzenhofen
Rieden
Ransbach
Siegenhofen
Freischweibach
Habsberg
Allersburg
Hohenburg
Vilshofen
Adertshausen
Stettkirchen
Winbuch
Schmidmühlen
Landkreis Schwandorf
Sankt Coloman (Walkertswinn)
Deusmauer
TRUPPEN-ÜBUNGSPLATZ
Emhof
Lengenfeld
Sankt Wolfgang
Velburg
Velburg
Rammersberg
Altenveldorf
Dietldorf
Hörmannsdorf
Oberweiling
Ronsolden
Hohenfels
Rudenshofen
Rackendorf
Rohrbach
Hollerstetten
Parsberg
Raitenbuch
Eich
Klapfenberg
Granswang
Carolinenhütte
Eichenhofen
Hackenhofen
Traidendorf
Krappenhofen
Darshofen
Degerndorf
Kallmünz
Dinau
Schrotzhofen
Seubersdorf i. d. OPf.
Parsberg
Lupburg
Beratzhausen
Naab
Hardt
Oberpfraundorf
See
Unterpfraundorf
Rechberg
Heitzenhofen
8
Schwarzenthonhausen
Willenhofen
Duggendorf
Wolfsegg
Rasch
Mausheim
Schwarze Laaber
Herrnried
Kemnathen
Brunn
Haderlsdorf
Wall
Beratzhausen
Laaber
Eichlberg
Landkreis Regensburg

9

Landkreis Regensburg

10
Dieterskirchen
Kulz
Heinrichskirchen
Pillmersried
Biberbach
Hiltersried
Schwarzach
Thanstein
Ast
Waldmünchen
Schwarzenburg
Schönthal
Herzogau
Hillstett
Rötz
Seebarn
Gleißenberg
Grafenkirchen
Darstein
22
Neukirchen-Balbini
Kürnberg
Waffenbrunn
Fronau
Friedersried
Stamsried
Pemfling
Rhanwalting
20
Schwärzenberg
Katzberg
Strahlfeld
Pösing
CHAM
Neubäu
Regen
Runding
85
Wetterfeld
Chammünster
Untertraubenbach
Thierlstein
Chameregg
Lamberg
Chamerau
Heilbrünnl
Roding
Gutmaning
Kirchenrohrbach
Vilzing
Regenpeilstein
Hötzing
Oberraning
Loifling
Schönferchen
Wilting
85
16
Obertrübenbach
Schorndorf
Zandt
20
Dörfling
Harrling
Zell
Neuhaus
Michelsneukirchen
Altrandsberg
Sattelpeilnstein
Martinsneukirchen
Marienstein
(Marnstein)
Quer-St. Quirin
Sattelbogen
Falkenstein
Tannerl
Arrach
REG.-BEZ. NIEDERBAYERN

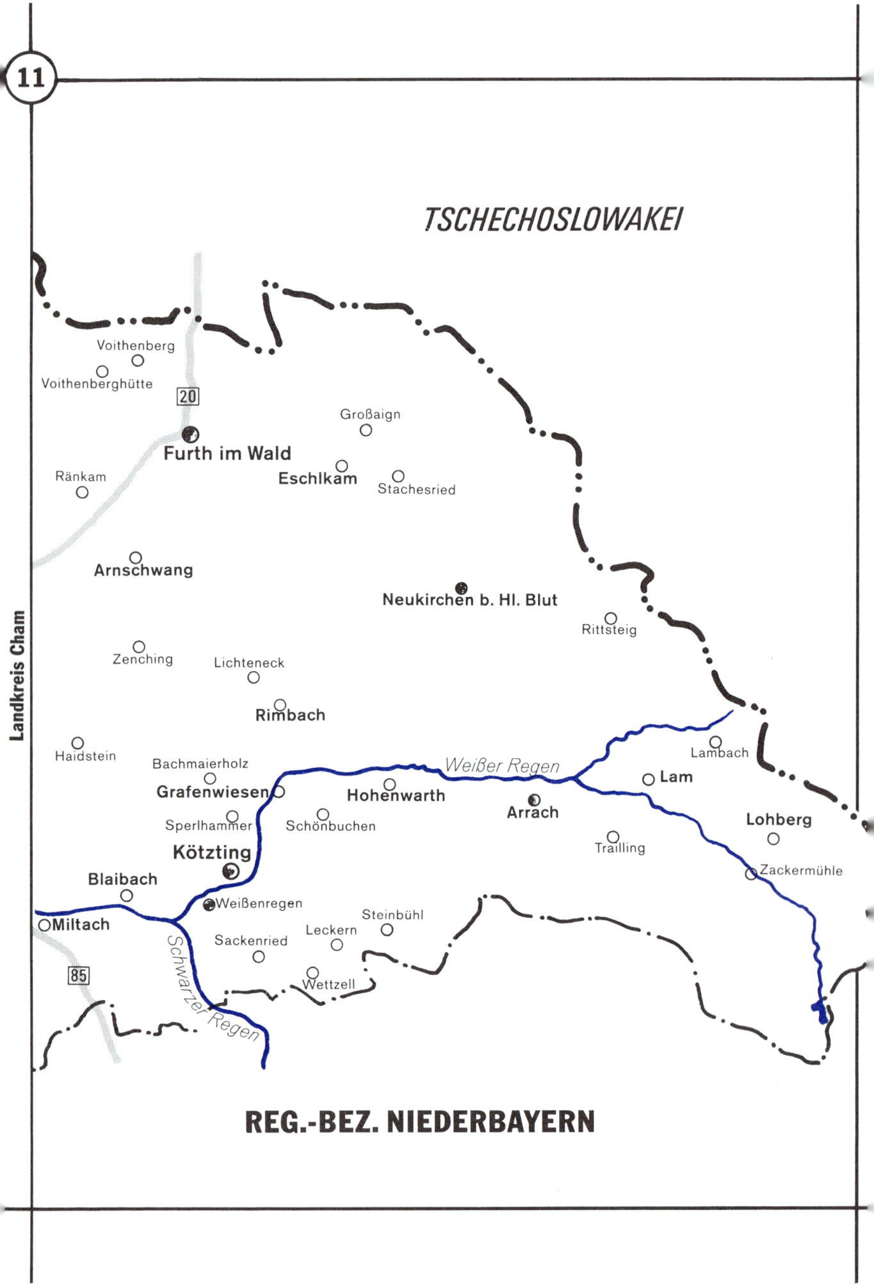
11
TSCHECHOSLOWAKEI
Voithenberg
Voithenberghütte
20
Großaign
Furth im Wald
Eschlkam
Stachesried
Ränkam
Arnschwang
Neukirchen b. Hl. Blut
Rittsteig
Landkreis Cham
Zenching
Lichteneck
Rimbach
Haidstein
Bachmaierholz
Weißer Regen
Lambach
Lam
Grafenwiesen
Hohenwarth
Arrach
Sperlhammer
Schönbuchen
Lohberg
Trailling
Kötzting
Zackermühle
Blaibach
Weißenregen
Steinbühl
Miltach
Leckern
Sackenried
Schwarzer Regen
85
Wettzell
REG.-BEZ. NIEDERBAYERN

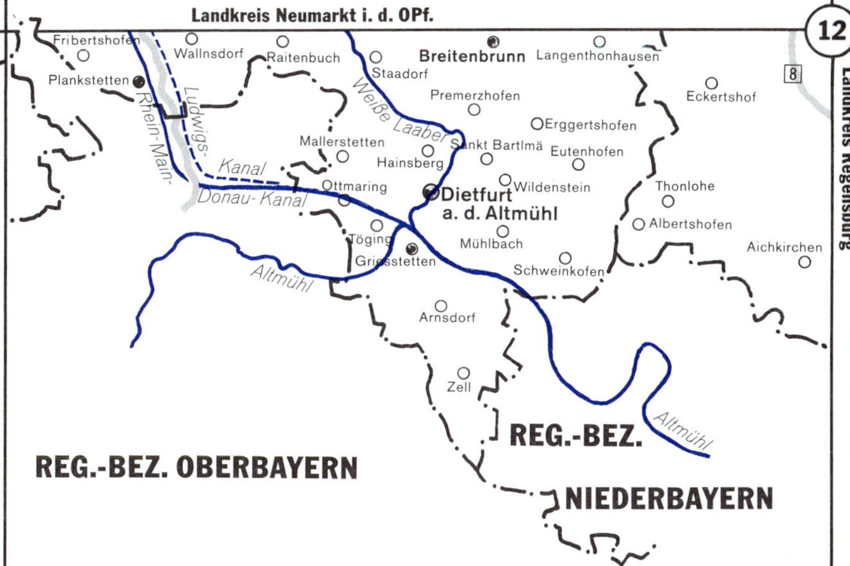

Landkreis Neumarkt i. d. OPf.
12
Landkreis Regensburg
8
Fribertshofen
Plankstetten
Wallnsdorf
Raitenbuch
Staadorf
Breitenbrunn
Langenthonhausen
Eckertshof
Premerzhofen
Erggertshofen
Rhein-Main-
Ludwigs-
Kanal
Donau-Kanal
Weiße Laaber
Mallerstetten
Hainsberg
Sankt Bartlmä
Eutenhofen
Ottmaring
Dietfurt a. d. Altmühl
Wildenstein
Thonlohe
Albertshofen
Töging
Griesstetten
Mühlbach
Schweinkofen
Aichkirchen
Altmühl
Arnsdorf
Zell
REG.-BEZ. NIEDERBAYERN
Altmühl
REG.-BEZ. OBERBAYERN

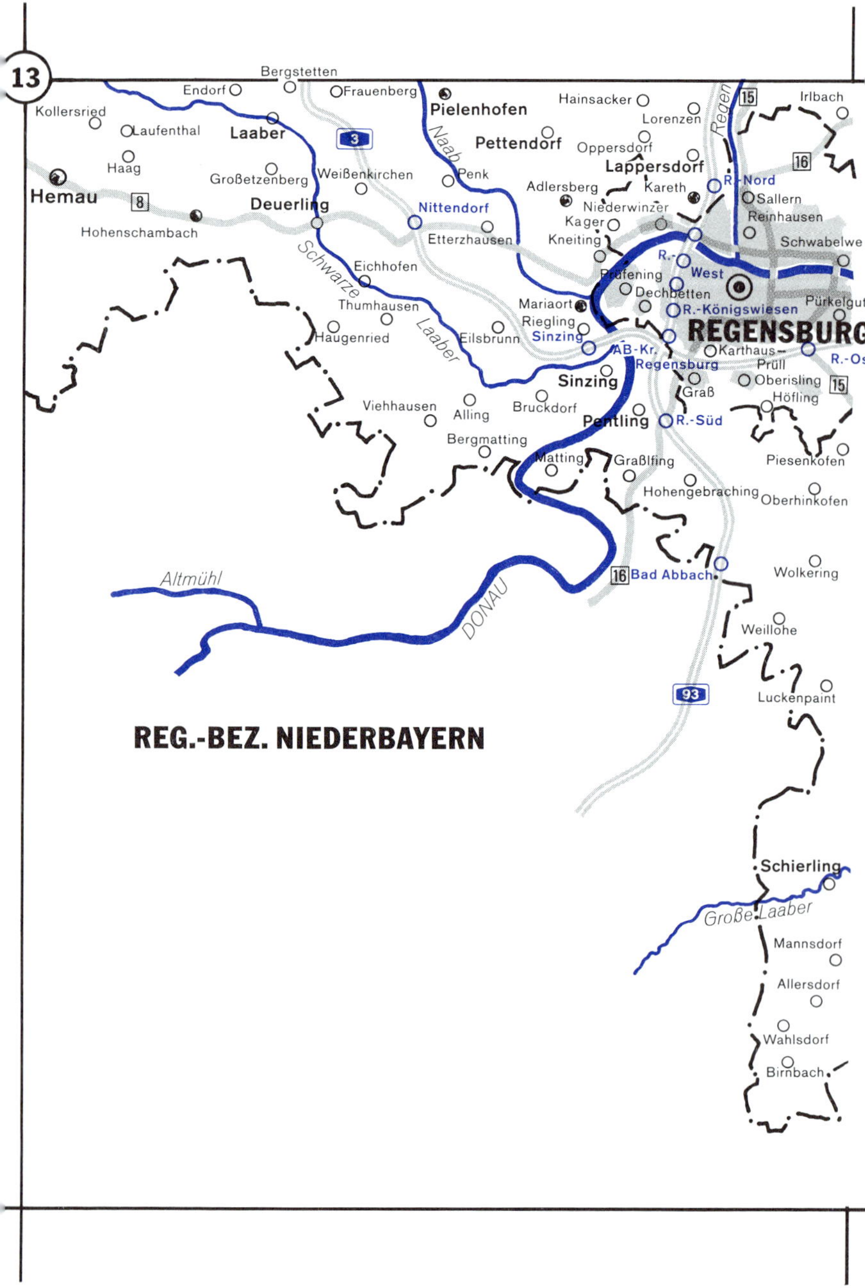
Bergstetten
Endorf
Frauenberg
Pielenhofen
Hainsacker
Lorenzen
Irlbach
Kollersried
Laufenthal
Laber
3
Naab
Pettendorf
Oppersdorf
Regen
15
16
Haag
Hemau
8
Großetzenberg
Weißenkirchen
Penk
Lappersdorf
Adlersberg
Kareth
R.-Nord
Sallern
Deuerling
Nittendorf
Niederwinzer
Reinhausen
Hohenschambach
Etterzhausen
Kager
Kneiting
Schwabelwe
Schwarze
Eichhofen
Prüfening
R.-West
Dechbetten
Thumhausen
Mariaort
R.-Königswiesen
Pürkelgut
Haugenried
Laaber
Eilsbrunn
Riegling
Sinzing
REGENSBURG
AB-Kr. Regensburg
Karthaus-Prüll
R.-Os
Sinzing
Oberisling
15
Graß
Höfling
Viehhausen
Alling
Bruckdorf
Pentling
R.-Süd
Bergmatting
Matting
Graßlfing
Piesenkofen
Hohengebraching
Oberhinkofen
16
Bad Abbach
Wolkering
Altmühl
DONAU
Weillohe
Luckenpaint
93
REG.-BEZ. NIEDERBAYERN
Schierling
Große Laaber
Mannsdorf
Allersdorf
Wahlsdorf
Birnbach

Landkreis Cham
14
16
Ebersroith
Brennberg
Rettenbach
Frauenzell
Donaustauf
Sulzbach
a. d. Donau
Tegernheim
Sarching
Demling
Frengkofen
Wiesent
Wörth a. d. Donau
Kreuzhof
Barbing
Friesheim
Illkofen
Auburg
Tiefenthal
Hofdorf
Zinzendorf
Irl
3
Wörth
R.-Harting
Neutraubling
Rosenhof
Eltheim
DONAU
Harting
Lerchenfeld
Wolfskofen
Geisling
Pfatter
Gmünd
Obertraubling
Niedertraubling
Mintraching
8
Mangolding
Sankt Gilla
Gebelkofen
Egglfing
Scheuer
Tiefbrunn
Köfering
Moosham
Sengkofen
Sankt Bäumel
Alteglofsheim
Riekofen
Dengling
Schönach
Taimering
Thalmassing
15
Langenerling
Hartham
Unterhaimbuch
Neueglofsheim
Hagelstadt
Oberehring
Mötzing
Untersanding
Obersanding
Gailsbach
Sünching
Große Laaber
Höhenberg
Aufhausen
Haidenkofen
Pfakofen
Pfellkofen
Unterlaichling
Rogging
Eggmühl
Zaitzkofen
Inkofen
Unterdeggenbach
Lindach
Pinkofen
Oberdeggenbach
Buchhausen
REG.-BEZ. NIEDERBAYERN

Kleines Lexikon der Fachausdrücke

→ = siehe

Abgefast: Abgeschrägt.

Achse: Gedachte Linie durch ein Gebäude, meist Symmetrie-Achse. Im Aufriß: Fassadenelement, aus dessen gleichartiger Reihung sich der Fassadenaufriß ergibt.

Achtort: → Oktogon.

Achtpaß: → Paß.

Ädikula: Giebelbekrönte Rahmung von Tür, Fenster usw.

Akanthus: Pflanze (Bärenklau) mit stark gezackten Blättern, als Zierform z. B. am → korinthischen Kapitell und seinen Abwandlungen.

Altaraufsatz: Tafel oder Schrein auf dem Altartisch, meist mit „Altar" gleichgesetzt, auch Altarretabel.

Altarauszug: Oberer, gesonderter Teil eines → Altaraufsatzes.

Altarblatt: Altargemälde.

Ambo: In frühchristlicher Architektur ein Lesepodium, Vorläufer der Kanzel.

Antependium: Frontverkleidung des Altartisches.

Apsis: Chorhaupt, im Grundriß meist halbkreisförmig, Standort des Altars.

Architrav: Durchlaufender Stein„balken" über der Säulenstellung; Hauptteil des → Gebälks.

Archivolte: Profilierter Bogenlauf; über Portalen meist ausgeziert.

Arkatur: Bogenstellung, von Säulen oder Pfeilern getragen.

Atrium: Vorhalle, Vorhof.

Attika: Mauerzone über dem Gesims der Säulenreihe.

Attische Basis: Säulen- oder Pfeilerfuß aus Hohlkehle zwischen zwei Wülsten.

Aufgehendes Mauerwerk: Oberirdisches, d. h. sichtbares Mauerwerk.

Baptisterium: Taufkirche.

Barbakane: Außentor einer mehrteiligen Torbefestigung.

Basilika: Kirchenbau, dessen Mittelschiff höher als die Seitenschiffe; durch eigene Fenster beleuchtet. Wenn über den Seitenschiffen Emporen, dann Emporenbasilika. Wenn im Mittelschiff keine eigenen Fenster, dann Pseudobasilika. → Säulenbasilika. → Pfeilerbasilika.

Basis: Fuß einer Säule, Grundmauer, oft reich geschmückt.

Bergfried: Hauptturm einer Burg.

Beschlagwerk: Ornament in Nachahmung bandeiserner Zierbeschläge.

Blendarkade: Unmittelbar der Wand aufliegender Zierbogen; auch Blendbogen (Blend = blind, d. h. nicht durchfenstert, nicht freistehend).

Blendmaßwerk: Unmittelbar der Wand aufliegendes → Maßwerk.

Biforium: Zur Zwillingarkade.

Birnstab: Rippe von birnförmigem Querschnitt.

Böhmische Kappe: Kuppel, deren Basis ein gedachtes Grundquadrat umschreibt. Die überstehenden Kuppelteile gekappt.

Bosse: Unbehauener, roher Stein; unbearbeitete Stirnfläche eines Quaders.

Bruchstein: In seiner Rohform versetzter Stein.

Busig, gebust: Scheitel der Gewölbekappen übersteigt den der → Gurtbögen.

Chor: Der Geistlichkeit vorbehaltener Raum vor dem Hochaltar. Dort das Chorgestühl. Der Chor oft nicht von gleicher Breite wie das Schiff: eingezogener Chor. Der Chorumgang führt um den Chor und das Chorhaupt herum; von ihm gehen die Chorkapellen ab. → Mustergrundriß am Schluß.

Dachreiter: Dem Dachfirst aufsitzendes Türmchen, meist über der → Vierung.

Diamant: Ornament, geschliffenen Edelsteinen nachgebildet.

Dienst: Plastische, im Querschnitt halb- oder dreiviertelrunde, bisweilen auch rechteckige Bauglieder, die der Wand vorgelegt erscheinen. Sie „tragen" die Gewölbe. → Vorlage.

Diptychon: Zwei durch Scharniere verbundene Tafeln. → Triptychon, → Polyptychon.

Doppelkapelle: Kapelle von zwei Geschossen.

Dorisch: Eine der antiken Architektur„ordnungen". Die Säulen haben keine Basis; flaches Kapitell.

Ecklösung: Bewältigung ästhetischer Probleme, wie sie vor allem an Gebäude-Ecken auftreten.

Eingezogen: → Chor.

Emblem: Sinnbild.

Emporenbasilika: → Basilika.

Enfilade: Zimmerflucht, bei der die Verbindungstüren in einer Achse liegen.

Epitaph: Wanddenkmal.

Fassung: ein- oder mehrfarbige Oberflächenbehandlung, auch in verschiedenen Materialien.

Fiale: Gotisches Ziermotiv, Bekrönung des Strebepfeilers in Form eines Türmchens.

Gaden: eigentlich Stockwerk, Geschoß, dann auch Zone, z. B. Fensterzone. – In Franken außerdem: Speicherbauten im Schutze der Ringmauer einer Kirchhofbefestigung.

Ganerbenburg: Burg, die einer Erbengemeinschaft gehört.

Gaube, Gaupe: Stark vortretendes Dachfenster mit eigenem Dächlein. → Zwerchhaus.

Gebälk: Über der Säulenordnung durchlaufende Steinlage aus → Architrav, Fries und Gesims.

Gebundenes System: Einem im Grundriß quadratischen → Joch des Mittelschiffs entsprechen jederseits zwei quadratische Joche in den Seitenschiffen.

Gebust: → busig.

Gesprenge: Bekrönung des Altarschreins.

Gewände: Flanken des Portals.

Gewirtelt: Pfeiler mit einem plastisch vortretenden Ring um den Schaft: Schaftring.

Gewölbe: Tonnengewölbe, meist von halbkreisförmigem Querschnitt. Kreuzgratgewölbe: Durchdringung zweier Tonnengewölbe; die Schnittstellen sind gratig. Kreuzrippengewölbe: anstelle der Grate Rippen. Netzgewölbe: netzartige Anordnung der Rippen ohne Rücksicht auf Jocheinteilung. Klostergewölbe: Kappengewölbe, dessen Kappen auf der Umfassung in ganzer Breite ansetzen und die zum Scheitel konvergieren.

Grisaille: Malerei mit Graufarben.

Gurtbogen: Verstärkungsbogen, quer zur Längsachse. In der Wandzone entsprechen ihm starke Vorlagen. Der Gurtbogen verdeutlicht die Jocheinteilung.

Halbsäule: Nur zur Hälfte aus der Wand hervortretende, im Querschnitt halbkreisförmige → Vorlage.

Hallenkirche: mehrschiffige Kirche, die nur von Fenstern in den Umfassungsmauern beleuchtet wird, da kein Schiff das oder die andern mit einem durchfensterten Obergaden (→ Gaden) übersteigt.

Halsgraben: Bei Burgen in → Spornlage die künstliche Trennung vom Landrücken; Zugang über Zugbrücke.

Haustein: Naturstein, dessen Oberfläche in Steinmetzarbeit behauen ist.

Ionisch: Eine der antiken Architektur„ordnungen". Die Säulen tragen ein → Volutenkapitell.

Joch: Gleichartiges Gewölbeelement, bestimmt häufig vom Grundmaß der → Vierung. Die Einteilung in Joche durch die Wandgliederung und durch → Gurtbogen verdeutlicht.

Kämpfer: Steinlage am Ansatz des Bogens oder des Gewölbes, gegebenenfalls über dem → Kapitell.

Kaffgesims: Außen unter den Fenstern durchlaufendes, abgeschrägtes Gesims.

Kalotte: Kuppelschale.

Kapellenkranz: den → Chor umgebende Kapellenfolge.

Kapitell: Haupt einer Säule oder eines Pfeilers.

Karner: Beinhaus.

Karnies: Architektonisches Schmuckelement mit schwach S-förmig gekrümmtem Profil.

Kartusche: Gerahmte Fläche, oft phantastisch ausgebildet, Träger von Wappen, Initialen, → Emblemen.

Kemenate: heizbares Wohngemach, dann der ganze, das Wohngemach enthaltende Bau.

Klangarkaden: Schallöffnungen im Glockengeschoß des Kirchturms.

Klausur: den Konventualen (Klosterangehörigen) vorbehaltener, nur beschränkt zugänglicher Teil eines Klosters.

Kleeblattbogen: Bogen mit kleeblattförmigem Umriß.

Klostergewölbe: → Gewölbe.

Konche: Nische auf halbkreisförmigem Grundriß, von Kugelsegment überwölbt.

Korbbogen: Gedrückter Rundbogen.

Korinthisch: Eine der antiken Architektur„ordnungen". Die Säulen tragen das → Akanthus-Kapitell.

Krabbe: Gotisches Zierelement in Form gekrümmter Blätter, an → Fialen, → Wimpergen usw. häufig.

Kragstein: Aus der Fläche vorragender Stein, meist als Konsole oder Auflager gedacht.

Kreuzarm: → Mustergrundriß am Schluß.

Kreuzgang: Umgang um den Klosterhof innerhalb der → Klausur, an einer Seite an die Kirche anschließend.

Kreuzgrat: → Gewölbe.

Kreuzrippe: → Gewölbe.

Krüppelwalm: Satteldach mit angeschrägten Giebelspitzen, wie z. B. beim Schwarzwaldhaus.

Krypta: Gewölbter Raum unter dem Chor; Ort des Heiligengrabs.

Kymation: gerundet oder geschwungen (gewellt) profilierte Abschlußleiste.

Langhaus: → Mustergrundriß am Schluß.

Laterne: Turm- oder Kuppelaufsatz in Form einer monumentalen Laterne.

Lettner: Steinerne Schranke, scheidet in Kloster- oder Stiftskirchen die Geistlichkeit von den Laien.

Ligatur: Zusammenziehung von Buchstaben, in Inschriften häufig.

Lisene: Der Wand flach und bandförmig aufliegendes Gliederungselement, ohne Basis und Kapitell.

Maßwerk: Gotische Zierform, ornamental ausgebildete, geometrische Fensterteilung.

Mensa: Deckplatte des Altars.

Mezzanin: Zwischengeschoß, Halbstock.

Mittelrisalit: → Risalit.

Netzgewölbe: → Gewölbe.

Nodus: Verdickung am Schaft des Kelchs.

Narthex: Vorhalle der Kirche.

Nut: Rille.

Obergaden: → Gaden.

Oblong: Längsrechteckig.

Oculus: Rundfenster.

Oktogon: Achteck.

Oratorium: Kleine, meist private Kapelle.

Ordnung: Architektursysteme der Antike, die – in sich abgewogen und typisch – in Art und Aufbau einer Regel folgen. → Dorisch, → ionisch, → korinthisch, → toskanisch.

Palas: Herrschaftlicher Wohn- oder Saalbau einer Burg.

Paradies: Umfriedeter Bezirk vor der Kirche, als → Vorhalle oder → Atrium ausgebildet.

Paß: Eigentlich Zirkelschlag, dann Zierform aus mehreren Kreissegmenten.

Pendentif: Sphärisch ausgebildete Gewölbekappe, die zwischen rechteckigem Unterbau und Rund einer Kuppelkonstruktion vermittelt.

Pfeilerbasilika: Die → Arkatur des Schiffs ruht auf Pfeilern.

Pietà → Vesperbild.

Pilaster: Pfeilerförmige → Vorlage, der Säule analog mit Basis und Kapitell ausgebildet.

Piscina: Taufbecken; Becken an der Wand des Altarraums zum Auswaschen des Altargerätes.

Polychrom: Vielfabrig.

Polygon: Vieleck.

Polyptychon: Mehrere, durch Scharniere miteinander verbundene Tafeln. → Diptychon, → Triptychon.

Predella: Sockel des Altaraufsatzes, auch Staffel genannt.

Profan: Weltlich. Profaniert: dem kirchlichen Zweck entfremdet.

Prospekt: Bei Orgeln die sichtbare, kunstvolle Front.

Pseudobasilika: → Basilika.

Querhaus, Querarm: → Kreuzarm. → Mustergrundriß am Schluß.

Randschlag: Sorgfältige Randglättung bei Quadern.

Refektorium: Speiseraum.

Retabel: → Altaraufsatz.

Risalit: In voller Höhe des Gebäudes vortretender Bauteil.

Rocaille: Muschelrand einer asymmetrischen Kartusche, Leitform des Rococo.

Rustika: Mauerwerk aus Quadern, deren Stirnseite absichtlich rauh geblieben oder, bisweilen kunstvoll, „roh" bearbeitet ist.

Sakral: Kirchlich, geistlich.

Säulenbasilika: Kirchenbau, dessen Arkatur von Säulen getragen wird.

Schaftring: → Gewirtelt.

Schallarkaden: → Klangarkaden.

Scheidbogen: Raumkompartimente scheidender Bogen.

Scheitelrippe: Nebenrippe bei sechs- oder mehrteiligen Gewölben.

Schildbogen: Bogen im Schnitt zwischen Gewölbe und Wand.

Schluß: Form des → Chorhauptes, das im Grundriß rechtwinklig, halbrund oder mit Teilen eines Vielecks schließen kann (3 oder 5 Seiten des Achtecks usw.: 3/8- oder 5/8-Schluß).

Schlußstein: Formal ausgebildeter Schnittpunkt der Rippen; Stein im Scheitel des Bogens.

Schwibbogen: Freistehender Bogen zum Ableiten des Gewölbeschubs oder zum Abstützen einer Mauer.

Sepulchrum: Grab. Bei Altären die Einlassung, in der die Reliquie ruht.

Sgraffitto: Fassadendekoration in Kratzputztechnik. Verschiedenfarbige Putzschichten übereinander, Zeichnung entsteht Einritzen oder Ausschaben.

Sohlbank: Fensterbank, nach außen meist abgeschrägt.

Spiegel: Geglättete Stirn des Quaders.

Spolie: Älteres Bauglied, in neuem Zusammenhang wiederverwendet.

Spornanlage: Burg auf Bergnase.

Sterngewölbe: → Gewölbe.

Staffel: → Predella.

Stipes: Träger des Altartisches.

Stufenhalle: Mittelschiff ist höher als Seitenschiffe, aber ohne eigene Beleuchtung.

Stufenportal: Das → Gewände tritt stufenförmig zurück.

Stützenwechsel: Regelmäßiger Wechsel von Säule und Pfeiler innerhalb einer → Arkatur.

Supraporte: Dekoratives Feld über dem Türsturz.

Tabernakel: Gehäuse zur Aufbewahrung der Hostie.

Tonnengewölbe: → Gewölbe.

Toskanisch: Eine der Architektur„ordnungen", in der römischen Antike den griechischen Ordnungen hinzugefügt. → Ordnung.

Tourelle: Der Mauer aufsitzendes, erkerartiges Türmchen.

Trakt: Größerer, abgesetzter Teil eines Gebäudes; Flügel.

Traufgesims: Sims längs der Traufe, gelegentlich mit Wasserspeiern oder -durchlässen besetzt.

Triforium: Laufgang über den Arkaden; durchfenstert oder blind (wenn Dachstuhl der Seitenschiffe dahinter).

Trikonchos: Gebäudeteil oder Gebäude von kleeblattförmigem Grundriß.

Triptychon: Drei durch Scharniere verbundene Tafeln, als → Altaraufsatz häufig.

Triumphbogen: Ehrenbogen; in der mittelalterlichen Kunst der Transversalbogen zwischen Schiff und → Vierung.

Triumphkreuz: Monumentaler Kruzifix am Triumphbogen oder auf einem Querbalken darunter.

Tumba: Über den Boden sich erhebender Grabkasten, Grabmal dieser Form.

Türsturz: Waagrechter Abschluß der Türöffnung.

Tympanon: Türbogenfeld über dem Türsturz.

Vesperbild: Figur der Muttergottes, den toten Christus auf dem Schoß haltend. → Pietà.

Vierung: Raumteil der Kirche, in dem sich Langhaus und Querhaus durchdringen, → Mustergrundriß am Schluß.

Vierungsturm: Turm über der Vierung.

Volto Santo: Heiliges Antlitz, Kopie eines berühmten Kruzifixus in Lucca, 11. Jh.

Volute: Schneckenförmiges Schmuckelement.

Vorlage: Der Wand zur Verstärkung und Gliederung aufliegender → Pilaster, → Dienst usw.

Wasserschlag: Schräge an senkrechten Bauteilen, z. B. an Strebepfeilern, dem Wasserablauf dienend.

Westwerk: Monumental ausgebildeter Westbau an karolingischen, ottonischen und romanischen Kirchen. Oft in Verbindung mit eigenem Altar.

Wimperg: Gotische Zierform, giebelartige Bekrönung.

Würfelkapitell: Kapitell von kubischer Form; seit dem 11. Jahrhundert.

Zäsur: Einschnitt, Lücke.

Zahnschnitt: Friesartige Reihung klötzchenähnlicher Elemente.

Zentralbau: Bauteile sind im Grundriß auf ein gemeinsames Zentrum bezogen.

Ziborium: Monumentaler Baldachin über dem Altar; auch sakramentaler Deckelkelch für die Hostie.

Zwerchhaus: Giebelartig ausgebildetes Dachfenster, → Gaube. (Zwerch = quer, zum First nämlich).

Zwerggallerie: Kleiner Laufgang mit eigener → Arkatur, meist unter dem Dachansatz umlaufend.

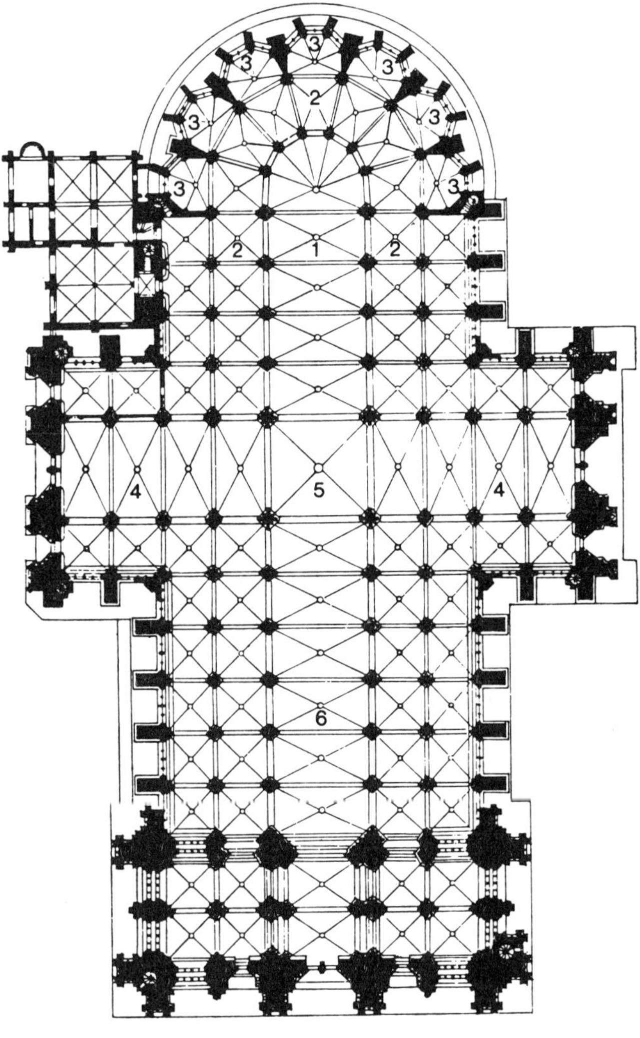

1 Chor
2 Umgang
3 Kapellenkranz
4 Kreuzarm
5 Vierung
6 Langhaus

GEORG DEHIO · HANDBUCH
DER DEUTSCHEN KUNSTDENKMÄLER

Neubearbeitung durch die Dehio-Vereinigungen bzw. im Einvernehmen mit der Vereinigung besorgt durch die Abteilung Forschung des Instituts für Denkmalpflege zu Berlin

Baden-Württemberg I:
Die Regierungsbezirke Stuttgart und Karlsruhe
Bearbeitet von Dagmar Zimdars. 1992

Baden-Württemberg II:
Die Regierungsbezirke Freiburg und Tübingen

Bayern I: Franken
Bearbeitet von Tilmann Breuer, Friedrich Oswald u.a. 1979

Bayern II: Niederbayern
Bearbeitet von Michael Brix u.a. 1988

Bayern III: Schwaben
Bearbeitet von Bruno Bushart und Georg Paula. 1989

Bayern IV: München und Oberbayern
Bearbeitet von Ernst Götz, Heinrich Habel u.a. 1990

Bayern V: Regensburg und die Oberpfalz
Bearbeitet von Jolanda Drexler und Achim Hubel. 1991

Berlin (Ost), Bezirk Potsdam
Bearbeitet vom Institut für Denkmalpflege, Berlin. 1983

Bremen, Niedersachsen
Bearbeitet von Gottfried Kiesow u.a. 1977
2. erweiterte und stark veränderte Auflage, bearbeitet von Gerd Weiß. 1992

Die ehem. Bezirke Cottbus, Frankfurt/Oder
Bearbeitet vom Institut für Denkmalpflege, Berlin. 1987

Hamburg, Schleswig-Holstein
Bearbeitet von Johannes Habich. 1971

Hessen
2. verbesserte und erweiterte Auflage, bearbeitet von Magnus Backes. 1982

Mecklenburg (Die ehem. Bezirke Neubrandenburg, Rostock, Schwerin)
Bearbeitet von der Arbeitsstelle für Kunstgeschichte. 1968
2. überarbeitete Auflage 1980

Rheinland
Erster Band des Landes Nordrhein-Westfalen
Bearbeitet von Ruth Schmitz-Ehmke. 1967.

Rheinland-Pfalz/Saarland
2. verbesserte und erweiterte Auflage, bearbeitet von Hans Caspary, Peter Karn u.a. 1984

Sachsen (Die ehem. Bezirke Dresden, Karl-Marx-Stadt/Chemnitz, Leipzig)
Bearbeitet von der Arbeitsstelle für Kunstgeschichte. 1965

Sachsen-Anhalt I (Der ehem. Bezirk Magdeburg)
Bearbeitet von der Abt. Forschung des Instituts für Denkmalpflege. 1974

Sachsen-Anhalt II (Der ehem. Bezirk Halle)
Bearbeitet von der Abt. Forschung des Instituts für Denkmalpflege. 1976

Thüringen

Westfalen
Zweiter Band des Landes Nordrhein-Westfalen
Bearbeitet von Dorothea Kluge und Wilfried Hansmann. 1966
Nachdruck mit Nachträgen 1986

Es lieferten: Das Dünndruckpapier Rikoprint Schoeller & Hoesch, Gernsbach; Satz und Druck C. H. Beck, Nördlingen